Christoph Berner
Jahre, Jahrwochen und Jubiläen

Beihefte zur Zeitschrift für die alttestamentliche Wissenschaft

Herausgegeben von
John Barton · Reinhard G. Kratz
Choon-Leong Seow · Markus Witte

Band 363

W
DE
G

Walter de Gruyter · Berlin · New York

Christoph Berner

Jahre, Jahrwochen und Jubiläen

Heptadische Geschichtskonzeptionen
im Antiken Judentum

Walter de Gruyter · Berlin · New York

⊗ Gedruckt auf säurefreiem Papier,
das die US-ANSI-Norm über Haltbarkeit erfüllt.

ISBN-13: 978-3-11-019054-0
ISBN-10: 3-11-019054-0
ISSN 0934-2575

Bibliografische Information Der Deutschen Bibliothek

Die Deutsche Bibliothek verzeichnet diese Publikation in der Deutschen Nationalbibliografie;
detaillierte bibliografische Daten sind im Internet über http://dnb.ddb.de abrufbar.

Meinen Eltern

Vorwort

Die vorliegende Arbeit wurde im Dezember 2005 unter dem Titel
‚Zwischen Historiographie und Theologie – Heptadische Geschichtsperiodisierungen im Antiken Judentum' von der Theologischen Fakultät
der Georg-August-Universität zu Göttingen als Dissertation angenommen. Termin des Rigorosums war der 1. Februar 2006.

Mein Dank gebührt Herrn Prof. Dr. H.-J. Becker, der die Arbeit
betreut und mir überdies die Gelegenheit gegeben hat, durch eigenverant-
wortliche Mitarbeit an seinen beiden, von der DFG geförderten Editions-
projekten zum rabbinischen Traktat Avot de-Rabbi Natan wertvolle
Kenntnisse im Bereich der mittelalterlichen Paläographie und Kodikologie
zu erwerben und das Editionshandwerk zu erlernen. Danken möchte ich
ferner Herrn Prof. Dr. R.G. Kratz, der sich nicht nur bereit erklärt hat,
das Korreferat zu übernehmen, sondern mich auch in vielen anregenden
Gesprächen über den gesamten Zeitraum meiner Arbeit mit seinem fach-
kundigen Urteil begleitet hat. Mein Dank gilt schließlich auch der Studien-
stiftung des deutschen Volkes, die mich im August 2004 in ihre Promo-
tionsförderung aufnahm und so zu einem zügigen Abschluß der Dissertation beitrug.

Den deutschsprachigen Herausgebern der Reihe BZAW, Herrn Prof.
Dr. R.G. Kratz und Herrn Prof. Dr. M. Witte, danke ich für die Aufnahme meiner Arbeit sowie dem Verlag Walter de Gruyter, hier besonders
Frau Monika Müller, für die freundliche und kompetente Zusammen-
arbeit.

Zu danken ist auch folgenden bisher nicht erwähnten Personen für
ihren Beitrag zum erfolgreichen Abschluß dieser Arbeit: Frau Anja Klein
und Frau Ulrike Wohlrab für ihre Korrekturen einzelner Kapitel sowie
Frau Dr. Annette Steudel für ihre kritische Durchsicht des Qumranteils
und die daraus resultierenden Anregungen und Verbesserungsvorschläge.
Besonders danken möchte ich schließlich meiner Frau, Birke Siggelkow-
Berner: Sie hat das Projekt von Anfang an mit vielen weiterführenden wie
auch kritischen Gedanken begleitet und in der Endphase unermüdlich und
mit der ihr eigenen Akribie den letzten Korrekturgang des umfangreichen
Manuskripts vorangetrieben. Die schnelle Veröffentlichung der vorliegenden Arbeit ist vor allem ihr Verdienst.

Göttingen im April 2006   Christoph Berner

INHALTSVERZEICHNIS

Kapitel VI: DAS TESTAMENT LEVIS

Kapitel VII: AUSWERTUNG

Kapitel I
EINLEITUNG

Aus der Zeit des Zweiten Tempels ist eine Vielzahl jüdischer Texte erhalten, denen die Geschichte nach dem Muster der Siebenzahl strukturiert gilt. Diese heptadischen Geschichtskonzeptionen bilden den Gegenstand der vorliegenden Untersuchung, der unter *1.* grundlegend eingeführt und in der bisherigen Forschungsdiskussion verortet wird. Daraus ergibt sich das Programm dieser Arbeit, das abschließend kurz zu umreißen ist (*2.*).

1. Der Gegenstand: Heptadische Geschichtskonzeptionen

1.1. Forschungsgeschichtliche Hinführung

Die Ursprünge der wissenschaftlichen Beschäftigung mit dem Gesamtphänomen heptadischer Geschichtskonzeptionen liegen im 19. Jh.:[1] 1883 legte FRAIDL eine Studie unter dem Titel „Die Exegese der siebzig Wochen Daniels in der alten und mittleren Zeit" vor, in der er sich zum Ziel setzt, „die Erklärung und Verwendung der Wochenprophetie Daniels [Dan 9] seit der Zeit, da sie niedergeschrieben wurde, bis zum Zeitalter der Reformation in historischer Weise darzulegen."[2] Während der Großteil der Arbeit die christliche Auslegung des Textes behandelt, geht FRAIDL auch auf Übersetzungen von Dan 9 (𝔊 / 𝔖 / Θ), die Rezeption der „Wochenprophetie" durch Josephus sowie einige jüdische Texte ein, die eine heptadische Struktur aufweisen: Sowohl die Hirtenvision (1 Hen 89,59 - 90,19) als auch die Zehnwochenapokalypse (1 Hen 93,1-10; 91,11-17) gelten ihm als „Nachahmung Daniels"[3], ebenso Jub, AssMos, 4 Esra und Kap. 16-17 des von FRAIDL als judenchristlich eingestuften TestLev. FRAIDL beschränkt sich in seinen äußerst knappen Ausführungen zu

---

1   Ziel dieses Kapitels ist ein forschungsgeschichtlicher Überblick über Beiträge zum Phänomen heptadischer Geschichtskonzeptionen, die über die Exegese einzelner Texte hinausgehen. Die relevante Literatur zu den in dieser Arbeit zu untersuchenden Einzeltexten wird im Zusammenhang der jeweiligen Unterkapitel diskutiert.

2   FRAIDL, *Exegese*, 1.

3   FRAIDL, *Exegese*, 14.

diesen Texten auf eine geraffte Wiedergabe ihres Inhaltes sowie einige Bemerkungen zu ihrer Chronologie und ihrer Abhängigkeit von Dan 9, die zumeist konstatierend am Ende eines Abschnitts vermerkt wird.[4]

In der Ableitung aller nicht-kanonischen heptadischen Geschichtsentwürfe vom neunten Kapitel des kanonischen Danielbuches markiert die Arbeit FRAIDLs einen für das 19. Jh. typischen Ansatz,[5] wie er auch in der bereits 1839 erschienenen Untersuchung von WIESELER zum Ausdruck kommt.[6] Die Ergebnisse in diesem Punkt müssen vom heutigen Forschungsstand aus betrachtet als ebenso überholt gelten wie die beschränkte Textbasis, die damaligen Exegeten zugänglich war. FRAIDL wie zuvor WIESELER kommt das Verdienst zu, die Parallelen der verschiedenen heptadischen Entwürfe als Thema in den wissenschaftlichen Diskurs eingeführt und sich an einer Herausarbeitung der intertextuellen Bezüge versucht zu haben. Das konzeptionelle Proprium, das ein heptadisches System von anderen Chronologien unterscheidet, bleibt indes angesichts der vordringlichen Konzentration auf die Länge der jeweiligen Zeiträume noch unberücksichtigt.

Eine entscheidende forschungsgeschichtliche Zäsur markiert die Entdeckung der Qumrantexte, durch deren Edition eine nicht unbeträchtliche Anzahl zuvor unbekannter heptadisch strukturierter Texte der Forschung zugänglich gemacht wurde. Seit Beginn der 1970er Jahre legte MILIK einige Arbeiten vor, in denen er sich am Rande auch mit dem Phänomen heptadischer Geschichtskonzeptionen befaßt:[7] MILIK findet in den ihm zugänglichen Qumrantexten[8] einen Beleg für die Existenz eines in seinen Ursprüngen perserzeitlichen „Book of Periods", das er auch im Hintergrund von 1 Hen 10,12; 89,59 - 90,19; 93,1-10; 91,11-17; TestLev 16-18 und Dan 9 sieht. „[T]his chronological work presented the sacred history divided into seventy ages corresponding approximately to seventy generations"[9]. Das Operieren mit konzeptionell sehr weit gefaßten „generation-weeks"[10] ermöglicht es MILIK, all jene Texte vor dem Hintergrund des von ihm angenommenen chronologischen Referenzwerkes zu erklären,

---

4 Die gesamte Erörterung der genannten und weiterer Texte erstreckt sich lediglich über 26 Seiten (FRAIDL, *Exegese*, 4-29).

5 Vgl. HILGENFELD, *Jüdische Apokalyptik*, 321f.; VOLKMAR, *Beiträge*, 102.

6 WIESELER streift in seiner ausführlichen Untersuchung zu Dan 9 (*70 Wochen*, 162-173.197-204.205-231) – abgesehen von AssMos und Jub – denselben Textbereich wie FRAIDL, in dem er wie dieser Zeugen der Rezeptionsgeschichte von Dan 9 vereint sieht. Er hebt dabei besonders auf die Kombination heptadischer und dezimaler Zeitmaße ab, die er etwa in dem Konzept „einer 7000jährigen Weltdauer" in 1 Hen verwirklicht findet (a.a.O., 169).

7 Vgl. MILIK, *Problèmes*, 354-360; DERS., *Milkî-ṣedeq*, 95-126; DERS., *Books of Enoch*, 245-259.

8 MILIK behandelt in seinem ausführlichsten Beitrag zum Thema (*Books of Enoch*, 245-259) die Texte 4Q180, 4Q181, 4Q247, 4Q384-390 und 11Q13.

9 MILIK, *Books of Enoch*, 252.

10 Ebd.

die die Zahl 70 zur Darstellung einer geschichtlichen Sequenz einsetzen. Umgekehrt leitet MILIK, insofern 70 Jahrwochen numerisch dem Zeitraum von zehn Jubiläen entsprechen, auch solche Texte von dem imaginären ‚Book of Periods' ab, die eine entsprechende Jubiläenfolge bieten.

Das Vorgehen MILIKs ist in mehrerer Hinsicht problematisch: Er kann nicht nur keine Belege anführen, welche die von ihm postulierte Existenz eines ‚Book of Periods' untermauern würden, sondern läßt auch völlig offen, wie dessen konkrete Inhalte und Gestalt zu denken sind. Das vage Konzept der ‚generation-weeks' wird an keiner Stelle näher erläutert. Das Ergebnis ist ein nebulöses chronologisches Referenzwerk, das einzig deshalb von MILIK zur Vorlage aller von ihm angeführten Einzeltexte erklärt werden kann, weil seine Inhalte nicht näher konkretisiert werden. Blickt man hingegen auf die einzelnen Texte, so wird das gesamte Konzept fraglich: Weder finden in ihnen dieselben Zeitmaße Verwendung, noch werden die jeweiligen heptadischen Folgen auf identische Zeiträume appliziert. Wie erklärt sich etwa unter der Voraussetzung, daß das ‚Book of Periods' nach MILIK von einer Weltdauer von 70 ‚generation-weeks' ausgeht, daß ein Text wie Dan 9 70 Jahrwochen allein für die exilisch-nachexilische Zeit veranschlagt? MILIK versäumt nicht nur, die Diversität der erhaltenen Texte zur Kenntnis zu nehmen, sondern erklärt überdies nicht ihr jeweiliges Verhältnis zum ‚Book of Periods'. Sein Versuch, den gesamten Textbefund durch lineare Ableitung von diesem imaginären Referenzwerk zu deuten, kann daher in keinem Punkt überzeugen.[11]

1975 veröffentlichte WACHOLDER einen Aufsatz unter dem Titel „Chronomessianism", in dem er anhand von Dan 9, „[t]he locus classicus of chronomessianic doctrine"[12], das spezielle Phänomen des „sabbatical messianism" untersucht.[13] Da der Begriff שבוע nicht ein beliebiges Jahrsiebent, sondern einen Sabbatjahrzyklus bezeichne, sei die Chronologie des Textes vor dem Hintergrund eines festen Kalenders von „sabbatical cycles" zu interpretieren, „known to have been observed in Palestine from the post-exilic period to the fifth or sixth Christian century."[14] Dieses System, das WACHOLDER bereits andernorts rekonstruiert hatte,[15] wird von ihm trotz aller Schwierigkeiten im Detail auf die 70 Jahrwochen in Dan 9 appliziert, die als Zeugnis der messianischen Erwartung in einem Sabbatjahr zu interpretieren seien. Der so verstandene Text gilt WACHOLDER als Modell, von dem auch Jub, 11Q13 sowie rabbinische

---

11 Zur Kritik am Modell MILIKs vgl. auch HUGGINS, *Canonical ‚Book of Periods'*, 421-436.
12 WACHOLDER, *Chronomessianism*, 201.
13 WACHOLDER, *Chronomessianism*, 202.
14 WACHOLDER, *Chronomessianism*, 203.
15 Vgl. WACHOLDER, *Calendar*, 1-44.

Traditionen abhängig seien;[16] der im Hintergrund stehende Kalender der Sabbatjahrzyklen habe überdies zur Datierung weiterer messianischer Bewegungen gedient, angefangen vom ersten Auftreten Johannes des Täufers und der Geburt Jesu bis hin zum Bar-Kochba-Aufstand.[17]

Zwar ist WACHOLDER darin zuzustimmen, daß Sabbatjahrzyklen und die als שבעים bezeichneten Zeitsiebente (Jahrwochen) numerisch dieselbe Länge von sieben Jahren aufweisen, die von ihm vertretene Identifizierung beider Größen ist jedoch in mehrerer Hinsicht problematisch: Sie postuliert zu einem wesentlichen Teil aufgrund späterer Belege, die vom rabbinischen Schrifttum bis zu jüdischen Kommentatoren des Mittelalters reichen,[18] einen einheitlichen Sprachgebrauch, der die sprachlichen Differenzierungen zur Zeit der diskutierten heptadischen Entwürfe vollständig ignoriert.[19] Da zudem die Annahme einer fortlaufenden Observanz von Sabbatjahrzyklen seit früh-nachexilischer Zeit hochgradig spekulativ ist,[20] disqualifiziert sich die von WACHOLDER vorgenommene Identifizierung der Geschichtsentwürfe mit diesem imaginären Referenzkalender vollends als historisierende Engführung ohne sichere Basis. Kann bereits die vor diesem Hintergrund vorgenommene Deutung der 70 Jahrwochen in Dan 9 nicht überzeugen,[21] so ist in Ermangelung klarer Argumente noch weniger einsichtig, warum und auf welche konkrete Weise ausgerechnet dieser Text zur Referenzgröße eines ‚sabbatical messianism‘ geworden sein soll. Die von WACHOLDER herausgestellte Abhängigkeit des Jubiläenbuches von Dan 9 ist daher nicht weniger willkürlich als sein kommentarloses Übergehen weiterer heptadischer Geschichtsentwürfe.

Bereits 1978 legte KOCH einen Aufsatz über „Die mysteriösen Zahlen der judäischen Könige und die apokalyptischen Jahrwochen" vor,[22] in dem er den an den Zahlen 12 und 40 und ihrem Produkt 480 orientierten

---

16   Vgl. WACHOLDER, *Chronomessianism*, 209-213.

17   Vgl. WACHOLDER, *Chronomessianism*, 213-218.

18   WACHOLDER, *Chronomessianism*, 203, Anm. 11, führt so u.a. als Beleg an, „[that] Saadia, Rashi, and Ibn Ezra [...] agree that these verses [sc. Dan 9,24-27] referred to the traditional calendar of sabbatical cycles".

19   Grundsätzlich ist zu beobachten, daß das Erlaßjahr (שמטה), das Sabbatjahr (שנת שבתון) und die Jahrwoche (שבוע) nie im selben Kontext begegnen, geschweige denn zueinander in Beziehung gesetzt werden. Daß dabei im Sinne WACHOLDERs der Begriff שבועים zur Bezeichnung von Sabbatjahrzyklen eingesetzt werden kann, ist angesichts von 1QS X 7f. ebensowenig zu bestreiten wie in Anbetracht der andernorts (4Q320 Fr. 4 II 12) in einem identischen Kontext bezeugten Verwendung des Wortes שמטים zu pauschalisieren. Es ist daher immer im Einzelfall zu fragen, ob die fast durchgängig in Geschichtsdarstellungen und nie in einem halachischen Kontext belegte Jahrwoche (שבוע) mit einem Sabbatjahrzyklus identifiziert wurde oder nicht.

20   S.u., *1.3.3.*

21   S.u., *II. 2.3.3.*

22   Vgl. KOCH, *Zahlen*, 433-441.

chronologischen Schemata im dtr und chr Geschichtswerk die Orientierung der „spätisraelitischen Apokalyptik" an der Zahl 490, der „Summe
eines ,potenzierten' Jobeljahres", gegenübergestellt.[23] Hieran knüpfte KOCH
1983 mit seiner Studie „Sabbatstruktur der Geschichte" an,[24] in der er vor
dem Hintergrund der verschiedenen biblischen Chronologien in 𝔐, 𝔊 und
𝔖𝔞𝔪 sowie weiterer Traditionen nachzuweisen sucht, daß die Zehnwochenapokalypse (1 Hen 93,1-10; 91,11-17) ein chronologisches System
von zehn Zeitsiebenten zu je 490 Jahren bezeugt und folglich mit einer
Weltzeit von 4900 Jahren rechnet. Diese „kurze Chronologie" steht nach
KOCH einer „mittlere[n] Chronologie" „offizielle[r] Kreise im Mutterland"
(in 𝔐) und einer „lange[n] Chronologie" der „hellenistische[n] Diaspora"
(in 𝔊) gegenüber, wobei die Differenzen Zeugnis für einen „Kampf um
die gottgesetzten Zeitepochen im Spätisraelitentum" seien.[25]

KOCH bleibt allerdings nicht bei einer isolierten Betrachtung des
Henochtextes stehen, sondern stellt basierend auf seinen hier gewonnenen
Ergebnissen auch grundlegende Überlegungen zum Wesen heptadischer
Geschichtskonzeptionen an, in die er weitere Texte einbezieht.[26] Im Zentrum steht für KOCH dabei „die apokalyptische Theorie von der Weltzeit
als *'olam*", wie es 1997 in seinem bisher letzten Beitrag zum Thema heißt.[27]
Diese Theorie sieht er konkret von den 4900 Jahren der Zehnwochenapokalypse verkörpert, die als Gesamtdauer der Weltzeit auch als impliziter
Hintergrund solcher Texte zu sehen seien, die kürzere heptadische Sequenzen zum Inhalt hätten.[28] Das auf diese Weise definierte apokalyptische Konzept des עולם bleibt für KOCH aber kein reines geschichtstheo-
retisches Konstrukt, sondern gilt ihm, über die Siebenzahl vermittelt, in
entscheidender Weise in der „Natur- wie Geschichtserfahrung" des „alten
Israeliten" verankert,[29] wo es sich in den zeitlichen Ordnungen von
Sabbat, 364-Tage-Kalender sowie Sabbat- und Jobeljahr, aber auch in der
Ordnung des Kosmos auf vielfältige Weise Ausdruck verschafft habe.[30]

Mit seiner akribischen Untersuchung der Zehnwochenapokalypse
leistete KOCH einen wesentlichen Beitrag zur Erforschung dieser Passage

---

23 KOCH, *Zahlen*, 439.
24 Vgl. KOCH, *Sabbatstruktur*, 403-430.
25 KOCH, *Sabbatstruktur*, 422-424.
26 Im Blick auf die Länge (490 Jahre) und inhaltliche Kennzeichnung des siebten Siebents
    führt KOCH, *Sabbatstruktur*, 418-420, Dan 9, TestLev 16, 11Q13, 4Q180-181, 4Q384-390
    und mit Einschränkungen auch die Hirtenvision (1 Hen 89,59 - 90,19) als Parallelen an.
    Am Rande wird auf das Verhältnis von Jub zur ,kurzen Chronologie' der Zehnwochenapo-
    kalypse eingegangen (a.a.O., 422).
27 KOCH, *Sabbat*, 82.
28 KOCH, *Sabbat*, 73, verweist hier explizit auf Dan 9 und das Jubiläenbuch.
29 KOCH, *Sabbatstruktur*, 427.
30 Vgl. KOCH, *Sabbat*, 75-81.

des Äthiopischen Henochbuches. Indem sie als geschichtstheologischer
Entwurf gewürdigt und ins Verhältnis zu den abweichenden biblischen
Angaben gesetzt wird, kristallisieren sich exemplarisch Eigenart und theologische Signifikanz eines heptadischen Systems heraus. Positiv ist ferner
hervorzuheben, daß KOCH das Phänomen heptadischer Geschichtskonzeptionen in der antik-jüdischen Wahrnehmung und Erfahrung von Raum
und Zeit kontextualisiert und es so als Ausdruck der Suche nach einer
auch die Geschichte durchdringenden göttlichen Ordnung in den Blick
nimmt, die dem Rhythmus der Siebenzahl folgt. Grundsätzlich problematisch ist hingegen das aus der Chronologie der Zehnwochenapokalypse
abgeleitete 'Olam-Konzept, dem nach KOCH eine universelle Geltung für
‚die Apokalyptik' zukommt, obwohl ein derartiges Konzept nicht einmal
in 1 Hen begrifflich klar umrissen faßbar ist. Indem er es einfach zum
Hintergrund weiterer Texte erklärt, ohne dies nachzuweisen, verfällt letztlich auch KOCH einer harmonisierenden Betrachtungsweise der Quellen.

Die Früchte ihrer Arbeit über heptadische Geschichtskonzeptionen
faßte DIMANT 1993 in einem Aufsatz zusammen,[31] in dem sie die 70 Jahrwochen aus Dan 9 vor dem Hintergrund einer „comprehensive chronology of history"[32] interpretiert, die sie als Referenzgröße einer Vielzahl weiterer heptadischer Entwürfe ansieht. Dieses chronologische System,
dessen heptadische Strukturen sie mit real observierten Sabbatjahrzyklen
identifiziert, wird von DIMANT durch Kombination der Zehnwochenapokalypse und des Jubiläenbuches rekonstruiert. Es basiert auf der Abfolge
von Einheiten zu 490 Jahren, wobei DIMANT ausgehend von Jub für das
erste Siebent der Zehnwochenapokalypse mit der doppelten Länge (980
Jahre) rechnet, weshalb für das zehnte Siebent noch 100 Jahre verbleiben,
um die angenommene Weltzeit von 5000 Jahren zu erreichen. Mit dem so
gewonnenen chronologischen Referenzsystem bieten sich für DIMANT
neue Verständnismöglichkeiten für Dan 9 und weitere heptadische Geschichtskonzeptionen, die als Segmente der „overall chronology" in den
Blick zu nehmen seien.[33] Es dient ihr somit zugleich als Brücke zwischen
vorqumranischen und qumranischen Texten.[34]

---

31 Vgl. DIMANT, *Seventy Weeks Chronology*, 57-76.
32 DIMANT, *Seventy Weeks Chronology*, 66.
33 DIMANT, *Seventy Weeks Chronology*, 65-76, führt neben 11Q13, 4Q181, 4Q247, 4Q390 und
    der Chronologie der Damaskusschrift auch die Tiervision (1 Hen 85-90), 1 Hen 10,11f.
    und TestLev 16 an.
34 Vgl. DIMANT, *Seventy Weeks Chronology*, 70. In *New Light*, 438, Anm. 68, bezieht DIMANT
    auch den Befund der kalendarischen Qumrantexte in die Betrachtung mit ein, die ihr als
    weiterer Beleg für „the existence of an overall chronology, by years and jubilees, within the
    circles of the community" gelten. Aufgrund des Befundes von 4Q331-333 scheint
    DIMANT, DJD 30, 114, Anm. 40, zudem vorauszusetzen, daß das System über eingeschal-

So zutreffend die Beobachtung der konzeptionellen Gemeinsamkeiten heptadischer Geschichtsentwürfe ist, so wenig kann die von DIMANT präsentierte ‚overall chronology‘ überzeugen. DIMANT setzt nicht nur die Existenz eines derartigen chronologischen Referenzsystems unbegründet voraus, sondern nivelliert zudem die klaren konzeptionellen Unterschiede zwischen Jubiläenbuch und Zehnwochenapokalypse, die gerade gegen ein beide Texte verbindendes System sprechen. An die Stelle einer differenzierten Analyse der einzelnen Texte und einer Herausarbeitung möglicher Beziehungen tritt die Konstruktion einer Universalchronologie, deren Geltung für die Texte pauschal und unabhängig von ihren konkreten Entstehungsumständen postuliert wird. Zwar lehnt DIMANT die von MILIK angenommene chronologische Referenzschrift ab, erklärt aber umgekehrt auch nicht, wie sie sich ihre autoritative Chronologie vermittelt denkt.[35] Ihr begriffliches Lavieren zwischen „common chronology", „the same chronological system" und „common background"[36] spiegelt eine diesbezügliche Unsicherheit in der Sache, die das gesamte System verschwimmen läßt. Zu vorschnell ist schließlich die pauschale Identifizierung von heptadischen Geschichtskonzeptionen und der praktischen Observanz von Sabbatjahrzyklen sowie die Veranschlagung kalendarischer Texte als Zeugnisse einer ‚overall chronology‘. DIMANTs Behandlung der Texte kann daher trotz mancher kenntnisreicher Beobachtung im ganzen nicht überzeugen.

Das 1996 erschienene Werk „Calendar and Chronology, Jewish and Christian" enthält eine Sammlung früherer Arbeiten BECKWITHs, in deren achtes Kapitel ein 1980 veröffentlichter Aufsatz eingegangen ist, der sich der „Essene Chronology" und ihren Konsequenzen für die Endzeitberechnung widmet.[37] BECKWITH unterscheidet folgende heptadische Strukturen, denen er die einzelnen Quellen zuordnet: „The Decade of Jubilees", „The Eccentric Decade of Jubilees", „The Jubilee of Jubilees" und „The Great Weeks".[38] Die genannten Strukturen integrieren sich nach BECKWITH in ein heptadisches Gesamtsystem, das auf eine Weltzeit von

---

tete Priesterdienstzyklen zur Datierung von bedeutenden Gestalten der Zeitgeschichte verwendet wurde.
35 Vgl. DIMANT, DJD 30, 114, Anm. 34.
36 Vgl. DIMANT, *Seventy Weeks Chronology*, 70, und (für das mittlere Zitat) DIES., DJD 30, 114, Anm. 34.
37 Vgl. BECKWITH, *Calendar*, 218-254, und entsprechend DERS., *Significance*, 167-202.
38 Der „Decade of Jubilees" weist BECKWITH, *Calendar*, 220-234, die in der Rezeptionsgeschichte von Dan 9 verorteten Texte 4Q180-181, 11Q13, 4Q387a-390 und TestLev 16f. zu. Die „Eccentric Decade of Jubilees" sieht er durch 1 Hen 89f. repräsentiert, das „Jubilee of Jubilees" durch Jub und die „Great Weeks" durch die Zehnwochenapokalypse (1 Hen 93,1-10; 91,11-17); vgl. BECKWITH, a.a.O., 235-249.

4900 Jahren – „The Jubilee of Centuries"[39] – führe und als solches den Rahmen ‚essenischer Chronologie' aufspanne. In diesen ordnet er die kürzeren Jubiläensequenzen ein, mittels derer die ‚Essener' das Aufkommen ihrer eigenen Gruppierung und ihre Endzeiterwartung präzise in der nachexilischen Geschichte verortet hätten. Die Präzision und Konsistenz der einzelnen chronologischen Texte bildet eine wesentliche Voraussetzung für ihren von BECKWITH angenommenen „practical value": Die ‚Essener' hätten die in der Exilszeit unterbrochene Jobeljahrpraxis wieder aufnehmen wollen und dazu präzise Informationen über die Vergangenheit benötigt: „This information their chronological writings undertook to provide."[40]

Daß BECKWITH große Mühe für die Untersuchung einer Vielzahl heptadischer Chronologien aufgewendet hat, kann nicht in Abrede gestellt werden, seine Ergebnisse allerdings sind mit großer Skepsis zu sehen. Bereits sein Vorhaben, aus Texten verschiedenster Provenienz eine ‚Essene chronology' zu rekonstruieren, ist in hohem Maße problematisch, die Existenz eines solchen Systems wird aber von BECKWITH ohne weitere Begründung einfach vorausgesetzt. Das Resultat ist eine Harmonisierung der Quellen, die, auf chronologisches Rohmaterial reduziert, in das Gesamtbild eingezeichnet werden und so immer nur bestätigen können, was bereits von vornherein feststeht. Anstatt angesichts der Differenzen zwischen den Texten das angenommene Gesamtsystem zu hinterfragen, werden Abweichungen, die gerade die Eigenart eines Textes ausmachen, zum Teil gewaltsam weginterpretiert. Daß keine Exegese der einzelnen Quellen stattfindet, führt aber nicht nur zur Harmonisierung der chronologischen Systeme, sondern auch zur Vermischung der jeweiligen geschichtstheologischen Konzepte, deren große Unterschiede BECKWITH nicht würdigt. Die von BECKWITH entwickelte ‚essenische Chronologie' hat daher keine Basis in den Texten und ist ebenso wenig fundiert wie der ihr zugeschriebene praktische Nutzen einer Wiederaufnahme der Jobeljahrpraxis, für die es keinen klaren Anhaltspunkt gibt.

Ein ausgefeiltes System der „zadokitische[n] Welt-Zeitrechnung"[41] wurde zuletzt 1996 von MAIER präsentiert. Es handelt sich um eine kalendarische Superstruktur, die auf dem 364-Tage-Kalender aufbaut, seine heptadische Struktur konsequent über Jahrwochen und Jubiläen bis in die höheren Zeiteinheiten der Hexa-, Hepta- und Dekajubiläen weiterverfolgt und zudem den sechsjährigen Rhythmus der priesterlichen Rotation integriert. MAIER sieht das so gewonnene System jedoch nicht auf eine kalendarisch-theoretische Dimension beschränkt, sondern versteht es zugleich

---

39 Alternativ ist auch vom „Century of Jubilees" die Rede; vgl. BECKWITH, *Calendar*, 240f.
40 BECKWITH, *Calendar*, 250.
41 MAIER, *Qumran-Essener* III, 140.

als das Grundschema, das für ihn hinter allen bekannten heptadischen Geschichtsentwürfen steht. So kann MAIER etwa im Blick auf die Tiervision (1 Hen 85-90) festhalten, daß sich ihre „Inhalte mühelos den Dekajubiläen der ‚Wochenapokalypse‘ zuordnen und in den Raster einfügen [lassen], der durch die Jubiläenzählung des Jubiläenbuches vorgegeben ist und nun dank der kalendarischen Qumrantexte konsequent ausgearbeitet werden kann."[42] Das Gesamtsystem der zadokitischen Zeitrechnung, das „gegen 245 v. Chr. [...] im Wesentlichen fertig war"[43], umfaßt somit im Entwurf MAIERs neben einer kultisch-kalendarischen Dimension auch eine Chronologie der exilisch-nachexilischen Zeit, die unter Verwendung der höheren heptadischen Zeiteinheiten zu einer Gesamtchronologie der Weltzeit ausgestaltet und so gleichzeitig zur Berechnung des Endtermins verwendet worden sei.

MAIER geht auf die dargestellte Weise weiter als jeder seiner Vorgänger, indem er eine große Synthese zwischen Kalender und Chronologie sowie heptadischen und an der Priesterdienstrotation orientierten Sequenzen schafft, die den Anspruch hat, alle thematisch relevanten Quellen zu integrieren. Angesichts dieser Ausmaße stellt sich in noch höherem Maße als im Fall der bisher diskutierten Gesamtmodelle die Frage nach einer Begründung dieses Vorgehens aus den Texten, die MAIER jedoch schuldig bleibt. Ohne Berücksichtigung thematischer und gattungsspezifischer Charakteristika werden die Quellen auf kalendarisches und chronologisches Rohmaterial reduziert und unter Übergehung der selbst auf dieser Ebene noch unübersehbaren Unterschiede in ein Gesamtsystem eingerechnet. Die Wahrnehmung der einzelnen Texte als individuelle Zeugnisse einer je verschiedenen geschichtlichen Situation wird ersetzt durch die Suche nach dem historisch fragwürdigen Gebilde einer zadokitischen Gesamtchronologie. MAIER übersieht bei der Konstruktion seines Systems, daß die Kombination der verschiedenen Zeitmaße in einem kalendarisch-chronologischen Universalentwurf nur eine mathematische Möglichkeit aufzeigt, deren geschichtliche Realisierung er zwar postuliert, aber am Textbefund zu verifizieren versäumt. Vor diesem Hintergrund bleibt die „zadokitische Welt-Zeitrechnung" ein reines Theorem, das auf der Basis einer harmonisierenden Zusammenschau des Quellenmaterials nur unzureichend begründet ist.

Nach diversen Studien zur Henochliteratur, dem Jubiläenbuch und einzelnen Qumrantexten, in denen auch Fragen des Kalenders und der Chronologie Berücksichtigung fanden, veröffentlichte VANDERKAM im Jahre 2000 einen Aufsatz unter dem Titel „Sabbatical Chronologies in the

---

42 MAIER, *Qumran-Essener* III, 120.
43 MAIER, *Qumran-Essener* III, 135.

Dead Sea Scrolls and Related Literature".[44] Der Aufsatz bietet einen
Überblick über das Phänomen heptadischer Geschichtskonzeptionen, das
von seinen biblischen Wurzeln über das vorqumranische Schrifttum bis zu
Texten der Qumrangruppierung verfolgt wird.[45] Obwohl VANDERKAM
nur mit einer Auswahl des relevanten Textmaterials arbeitet und diese
zudem äußerst knapp behandelt, liefert er einen wertvollen Beitrag zur
Erforschung heptadischer Geschichtskonzeptionen, da im Gegensatz zu
den meisten Vorgängerpublikationen nicht die Rekonstruktion eines übergeordneten chronologischen Systems, sondern das Verständnis der einzelnen Texte im Zentrum steht, wobei besonders der Herausarbeitung der
jeweiligen exegetischen Hintergründe einer Passage ein hoher Stellenwert
zukommt.

Aufgrund der begrüßenswerten Zurückhaltung VANDERKAMs gegenüber spekulativen Rekonstruktionen verlorener oder vermeintlich impli-
zierter Aussagen steht am Ende des kurzen Aufsatzes ein Fazit, das dem
facettenreichen Textbefund Rechnung trägt und mit der nötigen Vorsicht
daraus Konsequenzen zieht. Der Verfasser hält grundsätzlich fest, „[that]
the time spans measured or encompassed by the sabbatical and jubilee
schemes differ considerably within the literature."[46] Die die Texte in ihrer
Diversität verbindende Verwendung derselben heptadischen Zeitmaße sei
auf ihre Zugehörigkeit zu einem Traditionsstrom zurückzuführen. Dabei
dienten Jahrwochen- und Jubiläenfolgen im Kern der Verortung der eigenen Gegenwart im göttlichen Geschichtsplan, dessen tiefere Dimensionen
man durch die vor dem Hintergrund des biblischen Traditionsraumes
hochgradig aufgeladenen Zeitmaße habe herausstellen können. Mit diesen
Ergebnissen gibt VANDERKAM wesentliche Leitlinien für jede Untersuchung heptadischer Geschichtskonzeptionen vor, die in der bisherigen
Forschung über Gebühr vernachlässigt wurden. Seine Würdigung der
Einzeltexte als geschichtstheologische Entwürfe ist methodisch wegwei-
send für eine eingehende Analyse der Quellen, wie sie den Gegenstand der
vorliegenden Arbeit bildet.

---

44 Vgl. VANDERKAM, *Sabbatical Chronologies*, 159-178. Der Aufsatz entspricht dabei im we-
    sentlichen einem Kapitel der bereits 1998 erschienenen Monographie VANDERKAMs über
    die kalendarischen Qumrantexte (*Calendars*, 91-109). Zu den erwähnten Einzeluntersuchun-
    gen des Autors vgl. die im Literaturverzeichnis genannten Publikationen; s.u., *VIII. 3*.
45 VANDERKAM behandelt Dan 9, die Zehnwochenapokalypse (1 Hen 93,1-10; 91,11-17), die
    Tiervision (1 Hen 85-90), das Jubiläenbuch und die Qumrantexte 11Q13, 4Q180-181 und
    4Q384-390. In seinem zwei Jahre früher erschienenen Beitrag sind auch die Damaskus-
    schrift und TestLev 16-17 Teil der Untersuchung (*Calendars*, 98f.106-108).
46 VANDERKAM, *Sabbatical Chronologies*, 177.

1.2. Die Defizite der bisherigen Forschungsbeiträge und die Notwendigkeit eines Neuansatzes

Der vorangehende Überblick über die bisherigen Forschungsbeiträge zeigt, daß das Phänomen heptadischer Geschichtskonzeptionen bisher erst in Ansätzen erforscht ist. Keine Untersuchung bezieht alle relevanten Quellen ein, die heute, nach Abschluß des Editionsprozesses der Qumrantexte, zugänglich sind. Die Möglichkeit und Notwendigkeit, eine Studie des Gesamtphänomens auf der Basis aller erreichbaren Texte zu gründen, bildet den ersten wesentlichen Grund für die vorliegende Untersuchung. Daß diese zugleich einen Neuansatz einschließen muß, liegt in dem problematischen Versuch der meisten bisherigen Beiträge begründet, möglichst viele Texte in ein chronologisches Gesamtschema zu integrieren. Insofern dies nur auf Kosten beträchtlicher Harmonisierungen gelingt, zeigt sich die ganze Problematik dieses Ansatzes, der von der unbegründeten Voraussetzung der Existenz eines derartigen Schemas ausgeht, ohne es aus den Texten belegen zu können.

Da sich die Suche nach einer heptadischen Universalchronologie als Sackgasse erwiesen hat, kann es nicht darum gehen, auch noch die bisher unberücksichtigten Texte in ein derartiges System zu integrieren. Es ist vielmehr nötig, die Texte nicht auf chronologisches Rohmaterial zu reduzieren, sondern sie in ihrem Wesen als geschichtstheologische Entwürfe ernst zu nehmen. Dies erfordert einerseits eine radikale Abkehr von harmonisierenden Betrachtungsweisen sowie von jeglicher Verengung auf die Frage nach der historischen Verwertbarkeit der Chronologien. Es verlangt andererseits nach gründlichen Einzelexegesen, die der sich in den Quellen abzeichnenden Vielfalt Rechnung tragen und das jeweilige Proprium eines Textes herausarbeiten, um auf dieser Basis ein differenziertes Bild des Gesamtphänomens heptadischer Geschichtskonzeptionen zu zeichnen. Zuallererst jedoch bedarf eben dieses Phänomen und damit der Gegenstand der vorliegenden Arbeit einer klaren Definition, ein Schritt, dessen Fehlen in bisherigen Forschungsbeiträgen dazu beigetragen hat, daß Texte unter Verwässerung ihres Eigenprofils als Zeugen für ein nebulöses Gesamtphänomen ‚Kalender – Sabbatjahr – Chronologie‘ veranschlagt werden konnten.

1.3. Heptadische Geschichtskonzeptionen – Definition und Abgrenzung gegenüber verwandten Phänomenen

Als heptadische Geschichtskonzeptionen gelten im Rahmen dieser Arbeit alle Texte, die *auf der Siebenzahl aufbauende Ordnungsgefüge* zur *Darstellung geschichtlicher Ereignissequenzen* verwenden. Das Spektrum reicht von Texten, die der Zahl 70 eine besondere Bedeutung zumessen, bis hin zu solchen – und hierbei handelt es sich um die Mehrzahl –, die mit Jahrwochen- und Jubiläenstrukturen operieren. Sachlich klar hiervon unterschieden sind rein kalendarische sowie solche Texte, die sich mit den Institutionen Sabbat- und Jobeljahr beschäftigen. Beide Phänomene bilden folglich keinen eigenen Gegenstand dieser Untersuchung, sind aber aufgrund der vorhandenen strukturellen Parallelen als möglicher Hintergrund heptadischer Geschichtskonzeptionen im Auge zu behalten und daher im folgenden kurz zu umreißen.

1.3.1. Sabbat- und Jobeljahr

Der Sabbat als Ruhetag zum Abschluß der Sieben-Tage-Woche kann für die hellenistische Zeit bereits als zentraler Faktor jüdischer Identität mit gleichwohl verschiedener praktischer Realisierung gelten.[47] Er findet eine strukturelle Entsprechung in den biblischen Erlaß- und Brachvorschriften im siebten Jahr, beginnend mit dem Bundesbuch, das in Ex 21,2-11 die Freilassung eines hebräischen Sklaven und in Ex 23,10-13 die Ackerbrache thematisiert. Das in Dtn 15,1-11 unter Rückgriff auf die Bestimmungen des Bundesbuches entwickelte Erlaßjahr (שמטה) kombiniert die im siebenjährigen Turnus zu haltende Ackerbrache mit sozialen Aspekten, die Schuldnern und Armen zugute kommen. Auch das Heiligkeitsgesetz (Lev 17-26) propagiert in Lev 25,3-7 unter Rückgriff auf Ex 23,10f. ein in jedem siebten Jahr zu haltendes Brachjahr, bezeichnet als שנת שבתון יהוה לארץ (25,5). Die Wiederherstellung sozialer Gerechtigkeit ist hingegen nach 25,8-24 Funktion des Jobeljahres (יובל) als des 50. Jahres nach Ablauf von sieben Sabbatjahrzyklen,[48] in dessen Rahmen eine allgemeine Freilassung (דרור) für das ganze Land auszurufen ist.[49]

---

47 Vgl. DOERING, *Schabbat*, 574-578.
48 Ob dabei das Jobeljahr zugleich das erste Jahr des nächsten Sabbatjahrzyklus ist oder vielmehr die Zählung der Sabbatjahrzyklen unterbricht, wird seit der Antike kontrovers diskutiert: Während KAWASHIMA, *Jubilee*, 117-119, jüngst letztere Option favorisierte, machte BERGSMA, *Once again*, 121-124, in seiner Reaktion erneut die gegenteilige Position stark. Für diese spricht sicherlich, daß sie in Analogie zu allen heptadischen Geschichtsentwürfen eine fortlaufende Zählung der Sabbatjahrzyklen vorsieht und so der zu erwartenden heptadischen Systemlogik entspricht. Die Plausibilität eines derartigen Modells rechtfertigt aber

Auffälligerweise berichtet die Bibel nach der Einführung der Sabbat-
und Jobeljahrvorschriften in den verschiedenen Schichten des mosaischen
Gesetzes an keiner weiteren Stelle über ihre Praktizierung.[50] Erst für das
2. Jh. v. Chr. finden sich Quellen, die auf eine Lev 25 entsprechende
Brachjahrpraxis schließen lassen.[51] Bereits aus nachchristlicher Zeit stammen Dokumente des Alltagslebens, die zu Datierungszwecken auch auf
Shemiṭṭah-Zyklen rekurrieren, was eine offizielle Zählung derselben voraussetzt.[52] Dieser Quellenbefund legt nahe, daß zwischen dem 2. Jh. v.
Chr. und dem 5. Jh. n. Chr. das Sabbatjahr nicht auf ein Thema des
theoretischen Diskurses beschränkt war, sondern sowohl in seinen Zyklen
berechnet als auch praktiziert wurde.[53] Damit sind allerdings weder Aus-

---

mitnichten seine Verabsolutierung als verbindliche Realität für das gesamte antike Judentum. Da keine Texte vorliegen, die von der Observanz des Jobeljahres zeugen und dieses in
den rabbinischen Texten allein als Gegenstand einer theoretischen Diskussion begegnet
(bNed 61a; bRHSh 9a), lassen sich lediglich die einzelnen Positionen nachvollziehen; die
Frage nach den etwaigen Hintergründen in der religiösen Praxis entzieht sich dagegen
einem methodisch kontrollierten Zugriff.

49 Für eine genauere Untersuchung der einzelnen Bestimmungen sowie ihres altorientalischen
Hintergrundes vgl. LEMCHE, *Manumission*, 38-59, und OTTO, *Programme*, 26-63.

50 Gerade in Passagen, die eine große inhaltliche Affinität zu besagten Vorschriften aufweisen, wird keine explizite Verbindung hergestellt: Weder der Bericht über die sozialpoliti-
schen Maßnahmen Zedekias in Jer 34 – erst in dtr Nachbearbeitung mit den Erlaßjahr-
bestimmungen aus Dtn 15 verbunden – noch das in Neh 5,1-13 überlieferte Vorgehen
Nehemias gegen die Armut lassen ein hinter ihnen stehendes Erlaß- oder Jobeljahr erkennen. Vgl. LEMCHE, *Manumission*, 53. OTTO, *Programme*, 61, konstatiert daher im Hinblick
auf das Erlaßjahr (שמטה): „Bis weit in die nachexilische Zeit blieb das deuteronomische
Programm unerfüllt."

51 So wird in 1 Makk 6,49.53 (vgl. Ant XII 378) eine Nahrungsmittelknappheit bei der
Belagerung der Stadt Bethsur durch Antiochus V. und seinen General Lysias darauf
zurückgeführt, daß das betreffende Jahr ein Sabbatjahr war (6,49: ὅτι σάββατον ἦν τῇ γῇ).
Ähnlich berichtet Josephus in Ant XIII 234f.; Bell I 60, Johannes Hyrkan sei mit seiner
Belagerung der Festung des Ptolemäus gescheitert, weil die Juden dieses Jahr wie jedes
siebte Jahr gemäß dem Sabbatbrauch hätten begehen müssen. Schließlich wird der Hunger,
den die Bewohner Jerusalems bei der Belagerung durch Herodes gelitten hätten, in Ant
XIV 475 ebenfalls auf die Observanz eines Sabbatjahres (ἑβδοματικὸν ἐνιαυτόν) zurückgeführt.

52 So hat der in Wadi Murabbaʿat gefundene Papyrus 18 Teile einer Schuldverschreibung aus
dem Jahr 55/56 n. Chr. erhalten, die in Z. 7 eine Synchronisierung mit einem Erlaßjahr
vornimmt (vgl. MILIK, DJD 2, 100-104). Die שמטה wird ferner auch in Verträgen
zwischen Bar Kochba und Landpächtern zur Datierung verwendet (vgl. MILIK, DJD 2,
122-134). Bereits ins vierte bis späte fünfte nachchristliche Jahrhundert datieren drei in
Zoar (dem biblischen Sodom) gefundene Grabsteine, die das Sterbejahr von Angehörigen
der dortigen jüdischen Gemeinde zunächst in einem Shemiṭṭah-Zyklus verorten und
sodann den seit der Tempelzerstörung vergangenen Zeitraum angeben (vgl. WACHOLDER,
Calendar, 28f.).

53 Vgl. auch die teilweise legendarischen Berichte in Ant III 281-283; XI 338; XIV
202.206.475; Tacitus Hist V 4; mSot 7,8; tTaan 3,9; yTaan 4,5 (68d); bTaan 29a; bArak 11b.
Für eine Beschäftigung mit der שמטה in Qumran sprechen neben einigen kalendarischen
Texten (s.u., *V. 10.*) auch die Passagen 1QS X 1-8; 1QM II 7-9. Die rabbinische Behand-

sagen darüber möglich, wo die historischen Ursprünge seiner Observanz liegen,[54] noch ist klar, ob und von welchen Kreisen des Judentums es in besagtem Zeitraum *durchgängig* observiert wurde. Die Möglichkeit, aus den wenigen Quellen einen mehrere Jahrhunderte umfassenden fortlaufenden Kalender von Sabbatjahrzyklen zu rekonstruieren, ist angesichts dieser Variablen mit großer Skepsis zu beurteilen. Als gesichert festhalten läßt sich lediglich, daß in den beiden ersten vorchristlichen Jahrhunderten, dem Entstehungszeitraum der meisten im folgenden zu untersuchenden Texte, das siebte Jahr sowohl berechnet als auch – zumindest partiell – praktisch realisiert wurde.[55] Für eine Praktizierung des in Lev 25 eingeführten Jobeljahres fehlen hingegen alle Belege.[56]

Sabbat- und Jobeljahr bilden demnach auf zweifache Weise einen Hintergrund für heptadische Geschichtskonzeptionen: Sie sind einerseits wie der Sabbat als Ordnung der Zeiteinteilung biblisch begründet und können von daher im direkten Rekurs auf den biblischen Text als chronologische Grundordnungen adaptiert werden. Da es sich um konkrete Vorschriften der Tora handelt, können sie andererseits, im Fall ihrer praktischen Umsetzung, auch als Ordnungen des alltäglichen Lebens eine Rolle spielen. So ist damit zu rechnen, daß heptadische Geschichtskonzeptionen auch in Anlehnung an eine gegenwärtige Observanz von Sabbatjahrzyklen entwickelt wurden. Schließlich wird als wesentlicher Faktor gerade die sowohl im Blick auf das Jobeljahr als auch hinsichtlich der Erlaßbestimmungen der שמטה (Dtn 15) zu konstatierende Kluft zwischen göttlichem Gesetz und *fehlender* Umsetzung[57] Erlaß- und Jobeljahr für Umdeutungen offengehalten und so ermöglicht haben, sie neu als Grundbausteine eines von Gott sinnvoll strukturierten und auf ein heilvolles Ziel ausgerichteten Geschichtslaufes zu interpretieren.[58]

---

lung des Sabbatjahres hat ihren Niederschlag in mShev gefunden, ein Traktat, der ganz diesem Thema gewidmet ist.

54 Gegen WACHOLDER, *Calendar*, 1-44, der ohne Textbelege von einem Beginn der Sabbatjahrzählung im Jahre 519 v. Chr. ausgeht.

55 Mit dem Prosbul Hillels bestand in den ersten nachchristlichen Jahrhunderten die Möglichkeit, die Erlaßbestimmungen des siebten Jahres zu umgehen; vgl. mShev 10,3-7. Dessen Berechnung war hiervon selbstredend nicht betroffen, wie die oben zitierten Quellen belegen.

56 So auch WACHOLDER, *Calendar*, 2. Auch der Jerusalemer Talmud (yShev 10,3 [39c]) setzt voraus, daß das Jobeljahr nicht praktiziert wird. Als Erklärung dafür wird angeführt, daß seit dem Ende des Nordreiches nicht mehr ganz Israel im Land lebte und damit die in Lev 25,10 bestimmte Voraussetzung für die Praktizierung des Jobeljahres nicht mehr gegeben war.

57 Die genannten Quellen erwähnen lediglich den Brachaspekt des observierten Sabbatjahres.

58 Bereits in Jes 61,1 werden Aspekte des Erlaß- und Jobeljahres in einen endzeitlichen Heilskontext gestellt.

1.3.2. Der 364-Tage-Kalender

Es kann als gesichert gelten, daß im Judentum der hellenistischen Zeit schwere Konflikte um die Frage des zu verwendenden Fest- und Kultkalenders aufbrachen, die etwa ein wesentlicher Auslöser für die Entstehung der Qumrangruppierung waren.[59] Doch bereits für ihre Vorgängergruppierungen, denen wir Texte wie das Astronomische Henochbuch (1 Hen 72-82) oder das Jubiläenbuch verdanken, war die Kalenderfrage von vitalem Interesse, wobei die Texte bei aller Diversität im Detail eine Grundorientierung am Lauf der Sonne verbindet, die zum Idealkonzept des 364-Tage-Kalenders hin transzendiert wurde. In diesem kalendarischen System läßt sich jedes Jahr als Abfolge von exakt 52 Wochen zu je sieben Tagen darstellen, was zur Folge hat, daß die Feste in jedem Jahr auf denselben Wochentag fallen und nicht durch Verschiebungen mit einem Sabbat kollidieren können. Interessanterweise fehlen in den Texten explizite Interkalationsregeln zur Angleichung des 364-Tage-Kalenders an das tropische Sonnenjahr, was angesichts der Tatsache, daß dieses um mehr als einen Tag länger ist, für die Praktikabilität des Kalenders über einen längeren Zeitraum von vitalem Interesse wäre.

Unabhängig davon, wie man dieses Phänomen erklärt, bleibt festzuhalten, daß auf der Ebene der Texte die ideale heptadische Struktur des 364-Tage-Kalenders nicht durch weitere Zusatzregeln gebrochen wird. Gerade in dieser idealen Gestalt bildet er einen Hintergrund der im folgenden zu untersuchenden Geschichtsentwürfe, die aus Kreisen derselben Gruppierungen hervorgingen, von denen auch der 364-Tage-Kalender propagiert wurde: Er bringt vermittelt über die Siebenzahl eine in der Schöpfung begründete Ordnung des Jahreslaufes zum Ausdruck, die – bei Praktizierung des Systems konkret im Alltag erfahrbar – die Suche nach denselben Fundamentalprinzipien gehorchenden Ordnungen des Geschichtslaufes anstoßen konnte.

1.4. Bestimmung der Quellenbasis

Eine umfassende Untersuchung des Phänomens heptadischer Geschichtskonzeptionen kann nicht selektiv anhand einiger ausgewählter Texte erfolgen, sondern bedarf einer breiten Quellengrundlage, die idealerweise alle Texte eines sinnvoll abgesteckten Zeitrahmens umfaßt. Da heptadische Geschichtsentwürfe erstmals zur Zeit des Zweiten Tempels begeg-

---

59   Zum folgenden kurzen Abriß vgl. vertiefend ALBANI, *Rekonstruktion*, 79-125; GLEßMER, *Calendars*, 213-275; VANDERKAM, *Calendars*, 71-90.113-116. Zur Kalenderfrage vgl. auch die Ausführungen unter *IV. 3.2.*; *V. 10.*

nen und hier zugleich den Höhepunkt ihrer Produktion im Antiken Judentum erfahren,[60] wurde diese Epoche als Zeitrahmen gewählt: Alle bis heute bekannten Texte aus der Zeit des Zweiten Tempels,[61] die der unter *1.3.* aufgestellten Definition des Gegenstandes entsprechen,[62] werden im folgenden untersucht, um so eine fundierte Darstellung des Gesamtphänomens – von seinen Anfängen bis zu dem offensichtlich mit der Katastrophe von 70 n. Chr. auch hier gegebenen Einschnitt – zu gewährleisten.

2. Ziel, Methodik und Aufbau der vorliegenden Arbeit

Das sich aus den Defiziten der bisherigen Forschung ergebende Desiderat einer Erforschung heptadischer Geschichtskonzeptionen als geschichtstheologischen Phänomens bildet die leitende Vorgabe der folgenden Untersuchung. Ein solches Programm ist, so zeigt ebenfalls die Forschungsgeschichte, angemessen nur dann zu verwirklichen, wenn es auf der Exegese der Einzeltexte aufbaut, deren individuelles Profil erhebt und erst auf dieser Basis die Frage nach möglichen Verbindungslinien stellt sowie ein Gesamtbild zu zeichnen versucht. Der Ansatz bei einer Analyse des jeweiligen geschichtstheologischen Profils soll zu einer Kurskorrektur in der Forschungsdiskussion beitragen, die sich, in den Sog mathematischer Kombinierbarkeit geraten, nur zu oft allein auf chronologische Großthesen konzentriert und die exegetische Erdung verliert. Während dabei häufig – explizit oder implizit – der Hintergrund einer übergreifenden Referenzchronologie in Korrespondenz zu einer vermeintlich mehr von

---

60　Im rabbinischen Judentum spielen heptadische Geschichtskonzeptionen nur eine untergeordnete Rolle: Neben einigen Passagen in SOR 11; 15; 23-25; 27-29 finden sich die frühesten Belegstellen im Babylonischen Talmud (bArak 12a-13a; bSanh 97a-b). Die in yBer 2,4 (4d-5a) überlieferte Erwartung einer Erlösung Israels im siebten Jahr fällt wie die verwandte Tradition einer entsprechenden Messiaserwartung (bMeg 17b; bSanh 97a) nicht unter die Kategorie heptadischer Geschichtskonzeptionen.

61　Darüber hinaus wurde unter *VII.* das TestLev in die Untersuchung einbezogen, ein christlicher Text, der aber älteres jüdisches Quellenmaterial bewahrt hat und daher von thematischer Relevanz für die vorliegende Arbeit ist. Auf die Untersuchung der zuvor erwähnten rabbinischen Texte wurde verzichtet, da diese in ihrer vorliegenden Gestalt deutlich jünger sind. Zwar besteht theoretisch die Möglichkeit, daß hier Traditionen aus der Zeit des Zweiten Tempels Aufnahme fanden, dies wäre aber durch eine quellenkritische Untersuchung der betreffenden Passagen allererst zu erweisen, ein Unternehmen, das ob der der rabbinischen Literatur eigenen Probleme den Rahmen dieser Arbeit sprengen würde und adäquat nur durch eine eigene Untersuchung erfolgen kann.

62　Zudem werden im Rahmen des Qumranteils einige in der Forschung fälschlicherweise als heptadische Geschichtsentwürfe gehandelte Texte untersucht, um durch die Herausarbeitung ihres Eigenprofils entsprechenden Fehldeutungen vorzubeugen und somit auch auf diesem Weg zu einer klaren Konturierung des Phänomens beizutragen, das im Zentrum dieser Untersuchung steht.

Kontinuität denn von Diskontinuität geprägten Entwicklung ihrer Trägerkreise veranschlagt wird, geht die folgende Untersuchung von der Grundvoraussetzung aus, daß entsprechende Gesamtmodelle erst am Textbefund zu erweisen sind und daher allenfalls am Ende, nicht jedoch am
Anfang einer den Einzeltexten verpflichteten Exegese stehen können.

Das Konzept einer Untersuchung der Texte als geschichtstheologischer Entwürfe zielt darauf, dieselben in ihrem Charakter als theologisch
akzentuierte Geschichtsschreibung zur Geltung zu bringen. Damit ist es
bewußt auch als Gegenmodell zu einer Tendenz in der bisherigen Forschung formuliert, die Texte allein unter dem Aspekt ihrer historischen
Zuverlässigkeit zu untersuchen, darf aber seinerseits nicht als ahistorisch
mißverstanden werden. Es schließt im Gegenteil die Frage nach der
historischen Genauigkeit der heptadischen Chronologien explizit ein, setzt
diese aber eben nicht absolut, sondern versucht jeweils zu klären, ob und
wie geschichtliche Erfahrungen und überkommenes chronologisches Material in einen dezidiert theologisch akzentuierten Geschichtsentwurf integriert wurden. Gleichzeitig ist das Augenmerk auf den bisher über Gebühr
vernachlässigten Aspekt der sich hinter den Texten abzeichnenden Auslegungsvorgänge zu richten, da nur der Einschluß dieser Perspektive ein
Verständnis davon ermöglicht, unter welchen traditionsgeschichtlichen
Vorzeichen und hermeneutischen Leitlinien die jeweiligen Geschichtsdarstellungen konstruiert wurden. Die Untersuchung der Texte als geschichtstheologischer Konstrukte verspricht eine Herausstellung ihres
facettenreichen Profils und so auch eine Einsicht darein, wie das Wesen
der Geschichte jeweils theologisch wahrgenommen wurde.

Die den Kern der Untersuchung bildenden Einzelexegesen zielen auf
ein Verständnis der Texte als geschichtlicher Größen in ihrem jeweiligen
entstehungs- und überlieferungsgeschichtlichen Kontext. Dies geschieht
in der Überzeugung, daß sich das je eigene Profil eines Textes nicht
abstrakt, sondern nur unter Berücksichtigung seines historischen Ortes
herausarbeiten läßt, ein Grundsatz, der im Fall der hier zu untersuchenden
Geschichtskonzeptionen mit besonderem Nachdruck einzuhalten ist, da
diese sich ihrem Wesen nach mit Geschichte beschäftigen, wobei Erfahrungen der Verfasserzeit sowohl explizit als auch implizit in ihre Darstellungen Eingang fanden. Dem historisch-kritischen Ansatz verpflichtet,
darf die Analyse der Texte zudem nicht beim synchronen Textbefund ste-
henbleiben, sondern muß jeweils auch diachron nach möglichen rezipierten Quellenschriften und sekundären Ergänzungen fragen. Die unter
diesen Leitlinien zu erarbeitenden Einzelexegesen bilden schließlich die
zentrale Voraussetzung für eine Gesamtdarstellung des zu untersuchenden
Phänomens heptadischer Geschichtskonzeptionen unter Einschluß der
Frage nach seinen historischen Entwicklungslinien.

Die Abfolge der Kapitel orientiert sich grundsätzlich an der Datierung der behandelten Texte, wobei die Qumrantexte und die Passagen des Äthiopischen Henochbuches in jeweils einem Kapitel zusammengefaßt werden. Auf eine Gliederung nach inhaltlichen Gesichtspunkten wird dabei bewußt verzichtet, da entsprechende Kategorien immer unscharf sind und ein an ihnen orientierter Aufriß der Arbeit erneut ein fragwürdiges Gesamtbild vorgeben sowie textliche Interdependenzen suggerieren würde. Im Gegensatz dazu soll auch der formale Aufbau der Arbeit einer möglichst unvoreingenommenen Untersuchung der einzelnen Texte Vorschub leisten, damit am Ende ein differenziertes Bild dessen stehen kann, was heptadische Geschichtskonzeptionen im Antiken Judentum ausmacht.

Kapitel II
DANIEL 9

1. Forschungslage und Aufgabenstellung

Die wissenschaftliche Exegese des Danielbuches kann auf eine lange
Geschichte zurückblicken, in der zwei Problemkreise im Vordergrund
standen: der zweifache Sprachenwechsel, anhand dessen sich das Buch in
einen hebräischen (Dan 1,1 - 2,4a; 8,1 - 12,13) und einen aramäischen Teil
(Dan 2,4b - 7,28) gliedern läßt, sowie die damit nicht deckungsgleiche, an
der Gattung der Texte orientierte Einteilung in Erzählungen (Dan 1-6)
und Visionen (Dan 7-12). Nach vielfältigen Lösungsversuchen, die zu
diskutieren hier nicht der Ort ist,[1] hat sich in den letzten Jahrzehnten ein
weitgehender Forschungskonsens bezüglich der sog. ‚Aufstockungshypo-
these' gebildet, die ich im folgenden zugrunde lege.[2] Sie geht davon aus,
daß eine perserzeitliche aramäische Sammlung von Danielerzählungen
(Dan 2-6*) durch die Anfügung der aramäischen Vision Dan 7* und damit
verbundene Einträge in Dan 2 unter eine eschatologische Perspektive
gestellt wurde: Es entsteht unter Hinzufügung der Einleitung in Dan 1 das
aramäische Danielbuch (Dan 1-7), anzusetzen nach dem Ende des Perser-

---

1 Zur forschungsgeschichtlichen Entwicklung vgl. KOCH, *Buch Daniel*, 34-76, sowie
   COLLINS, *Daniel*, 12-38. Zu den Übersetzungen, die im Textumfang z.T. beträchtlich von
   𝔐 abweichen und im Fall von Kap. 3-6 (𝔊) auf eine andere hebräische Vorstufe schließen
   lassen, vgl. KOCH, a.a.O., 17-26; COLLINS, a.a.O., 2-12. Eine Untersuchung der Übersetzung von 𝔊 innerhalb der Kap. 7-12 liefert JEANSONNE, *Translation*, 5-133.
2 Einige Exegeten verteidigen noch immer hartnäckig die literarische Homogenität des
   Danielbuches. So sieht etwa ROWLEY, *Unity*, 247-280, Dan als ein einheitliches makka-
   bäisches Werk an. Seine Aufzählung der gemeinsamen Elemente aller Buchteile kann
   jedoch angesichts der gravierenden Unterschiede nicht überzeugen. Ähnlich verfährt
   GAMMIE, *Classification*, 191-204, der bei seiner Betonung der Parallelen zwischen den Erzählungen und Ereignissen unter ptolemäischer Herrschaft allerdings den Grundunter-
   schied zwischen Entstehungs- und Deutungsgeschichte übersieht. Einen anderen Weg
   beschreitet WESSELIUS, *Writing*, 291-310, der Dan für eine Komposition aus der Makkabäerzeit hält und alle Spannungen damit erklärt, daß der Verfasser den Text von Esr (und
   Gen 37-50) spiegele und so eine lockere Materialsammlung schaffe. Gründe für ein solches
   Vorgehen des Verfassers werden jedoch nicht genannt; auch sind die Parallelen zu Esr
   längst nicht in allen Fällen so deutlich, wie WESSELIUS behauptet. So stellt auch sein Ansatz keine Alternative zu einem Wachstumsmodell dar.

reiches unter den Diadochen.[3] Mit der Anfügung der hebräischen Visionen (Kap. 8 -12) zur Zeit Antiochus' IV. liegt das makkabäische Danielbuch vor, welches durch Rückübersetzung von Kap. 1 einen hebräischen Rahmen erhält.[4]

Die literarische Genese des Visionsteiles soll wegen der Bedeutung dieser Fragestellung für die vorliegende Arbeit näher erörtert werden. Bereits auf den ersten Blick fällt auf, daß alle Visionen um denselben Zeitraum kreisen, der auf je neue Weise betrachtet wird. Diese Tatsache sowie damit verbundene Spannungen zwischen den Visionen – u.a. durch unterschiedliche Fristangaben (7,25; 8,14; 9,27; 12,7.11.12) – deuten auf ein Wachstum dieses Teils des Danielbuches hin. Inhaltlich verlagert sich der Akzent im Verlauf der Visionen zunehmend vom Geschick der Weltreiche (Dan 7-8) auf das Tagesgeschehen (Dan 10-12), wobei einer himmlischen Metaebene immer größere Bedeutung zukommt. Besonders Kap. 9 fällt aus dem Rahmen, da es als neues Deutungsschema in Rezeption dtr Theologie die Sündenschuld Israels einführt und eine aktualisierende Auslegung eines Prophetenwortes (Jer 25,11f.; 29,10) vornimmt – ein exegetisches Verfahren, das in dieser expliziten Form im Danielbuch wie in der gesamten hebräischen Bibel singulär ist.[5]

Die Unterschiede der einzelnen Visionen werden in der jüngeren Forschung nicht durchweg,[6] aber in der Mehrheit auf Fortschreibungsprozesse zurückgeführt und durch verschiedene Wachstumsmodelle erklärt:[7] So gilt LEBRAM Kap. 8 als erste, Kap. 9-12 als zweite Fortschreibungsstu-

---

3   Vgl. STECK, *Weltgeschehen*, 55; KRATZ, *Visionen*, 219.235. COLLINS, *Daniel*, 38, datiert die Komposition von Dan 7 „early in the persecution of Antiochus Epiphanes". Dagegen KRATZ, *Translatio*, 43: Die Rahmenkapitel (Dan 2; 7) „wissen [...] noch nichts vom Auftreten des Antiochus IV.; mithin kommt nur das 3. Jh. [...] als Entstehungszeit in Frage."

4   Anders LEBRAM, Art. *Daniel*, 336 (vgl. DERS., *Buch Daniel*, 23), nach dessen Ansicht Dan 1 erst mit Dan 8 als hebräischer Rahmen einer aramäischen Kernsammlung (Kap. 2-7) konzipiert wurde. Dagegen spricht, daß sich – wie von KRATZ gezeigt – das Hebräisch in Dan 1 als Übersetzungshebräisch von der in Dan 8-12 bezeugten Sprachstufe unterscheidet; die Annahme eines aramäischen Danielbuches (Dan 1-7) und einer späteren Rückübersetzung von Dan 1 (KRATZ, *Translatio*, 42) kann daher höhere Plausibilität für sich beanspruchen.

5   S.u., 2.2.5.

6   Vgl. COLLINS, *Daniel*, 38, der grundsätzlich an der Einheitlichkeit des Visionsteiles festhalten will: „The juxtaposition of formally distinct revelations is, in fact, typical of apocalyptic literature." Da es keine Widersprüche innerhalb der Kapitel gebe, sei selbst bei der Annahme von verschiedenen Autoren damit zu rechnen, „that they constituted a coherent school of thought and that their compositions are not merely juxtaposed but complement each other in a larger unit."

7   Zu den in der älteren Forschung vertretenen Wachstumsmodellen vgl. HÖLSCHER, *Entstehung*, 113f.

fe,[8] wogegen STECK mit einem (kurzfristigen) Wachstum der hebräischen Visionen in zwei Schüben rechnet: Kap. 8 und 9 bilden eine erste Fortschreibungsstufe, gefolgt von Kap. 10-12.[9] Dabei zieht auch STECK, obwohl er die mit Dan 9 neu eingebrachte „deuteronomistische Israelperspektive als umfassende theologische Rahmenkonzeption"[10] des makkabäischen Danielbuches betont, aus den formalen und inhaltlichen Besonderheiten des Kapitels keine Konsequenzen für die Genese des Visionsteiles, sondern versteht Dan 9 als notwendige Weiterführung von Dan 8, wo Gabriel „eine qualifizierte Sicht der Zeit Israels einbringt"[11].

Dieser Standpunkt wurde zuerst auch von KRATZ vertreten,[12] der sich jedoch korrigierte und Dan 9 nun mit überzeugenden Argumenten für den jüngsten Teil des Dan hält:[13] Sowohl Dan 9 als auch Dan 10-12 reagierten als Fortschreibung auf das Unverständnis Daniels (8,27), Dan 9 jedoch nicht direkt, sondern „auf dem Umweg über die jeremianischen 70 Jahre, die Daniel nicht versteht. Kap. 10-12 geben dagegen ohne Umschweife Auskunft über das Verständnis von Kap. 8, die Hauptsache von Kap. 9, die 70 Jahre und die Sünde, kommt in Kap. 10-12 nicht vor."[14] Beziehungen zwischen Dan 9 und Dan 10-12 erklärten sich dadurch, daß Kap. 9 Anleihen bei letzteren mache, nicht umgekehrt. Legt man die von KRATZ vertretene Position zugrunde, so ergibt sich folgendes Bild der literarischen Genese des Visionsteiles: Nach der Anfügung von Kap. 7 an die Erzählungen folgt mit Kap. 8 seine (hebräische) Aktualisierung; Kap. 10-12 schreiben die vorangehenden Visionen bis in die Makkabäerzeit fort. Dan 9 setzt als letzte Stufe der literarischen Genese ebenfalls Kap. 8 voraus, bringt aber eine neue, deuteronomistisch gefärbte Perspektive ein.[15] „Kap. 9 zerschneidet den ursprünglichen Zusammenhang zwischen Kap. 8 und 10-12 und schließt die beiden Visionen in Kap. 7-8

---

8   Vgl. LEBRAM, *Buch Daniel*, 22-25.102.
9   Vgl. STECK, *Weltgeschehen*, 55, Anm. 14.
10   STECK, *Weltgeschehen*, 77.
11   STECK, *Weltgeschehen*, 67. Eine explizite Perspektive auf die Geschichte Israels bringt m.E. allerdings erst Dan 9 ein; die einzige Anspielung auf Israel in Kap. 8 liegt mit V. 24 (עם קדשים) vor.
12   Vgl. KRATZ, *Translatio*, 73.
13   Vgl. KRATZ, *Visionen*, 230. Bereits DILELLA, *Book of Daniel*, 14, hält Dan 9 für die letzte Stufe in der Redaktionsgeschichte des Danielbuches, das seine Endredaktion dem Verfasser dieses Kapitels verdanke. Auch HAßLBERGER, *Hoffnung*, 398, betont die Unterschiede zwischen Dan 9 und Dan 8; 10-12. Er stellt fest, „daß eine Verbindung zwischen Dan 10-12 und Dan 9 nicht besteht, Kap. 9 liegt also nicht im Horizont des Verfassers und war ihm offensichtlich unbekannt, so daß Kap. 9 sowohl sinngemäß als auch literarisch nicht zwischen Dan 8 und 10-12 steht".
14   KRATZ, *Visionen*, 230.
15   Zur Datierung s.u., *2.1.2. c)*.

ab. Kap. 10-12 führen danach nur noch im einzelnen aus, was in 7-9 vorausgesehen und vorausgesagt ist."[16]

Daß Dan 9 die letzte Fortschreibungsstufe im Dan bildet, läßt sich auch inhaltlich plausibel machen, insofern das Kapitel eine Neudeutung der 70 jeremianischen Exilsjahre bietet, die durch die Datierungen in Dan 1,1.21 den chronologischen Rahmen des Buches abstecken.[17] Die Tatsache, daß Dan 9 als Neudeutung der 70 jeremianischen Jahre die letzte Fortschreibungsstufe des Danielbuches darstellt, ist daher nicht hinreichend damit erklärt, daß sich auch dieses Thema passend im Kontext der Visionen unterbringen ließ, sondern ist als Antwort auf das bereits *buchinterne* Problem der Prophezeiung Jeremias zu verstehen, deren vom chronologischen Rahmen vorausgesetzte Erfüllung unweigerlich mit der bereits in Dan 7f.; 10-12 reflektierten Realität unter Antiochus IV. kollidieren mußte (s.u., *2.1.1.*).[18]

Mit der Abhebung von Dan 9 als letzter Fortschreibungsstufe des Danielbuches, die die Perspektive der auf das Geschick der Weltreiche ausgerichteten Visionen in die Sichtweise Israels transformiert, ist bereits der Einstieg in die folgenden Ausführungen gegeben: Basierend auf einer Analyse (*2.1.*), die Aufbau und Genese von Dan 9 zum Inhalt hat, folgt eine Exegese des Textes (*2.2.*), die zur Darstellung des chronologischen Systems der 70 Jahrwochen[19] hinführt (*2.3.*). Am Ende steht eine Zusammenschau der Ergebnisse (*3.*).

2. Die Interpretation der 70 jeremianischen Jahre in Dan 9

2.1. Analyse

2.1.1. Kontext und Aufbau

Daß Dan 9 sich von den übrigen hebräischen Visionen in mehreren Punkten unterscheidet, wurde bereits im vorangehenden Abschnitt festgestellt. Hier sei nun der Blick auf den engeren Kontext gerichtet: In Dan 8,27

---

16   KRATZ, *Visionen*, 236. Im Zuge der Fortschreibungen ist auch mit weiteren Einschaltungen in den vorhergehenden Kapitel zu rechnen, mittels derer diese an die je neuen Kontext angepaßt wurden; vgl. DiLELLA, *Book of Daniel*, 14; KRATZ, *Visionen*, 236, Anm. 41-44.

17   Vgl. hierzu KRATZ, *Translatio*, 263, und ferner die bei RIGGER, *Siebzig Siebener*, 64, Anm. 6, genannten Autoren.

18   Vgl. KRATZ, *Visionen*, 233f.

19   Zur Begründung der hier und im folgenden vertretenen Übersetzung des Begriffs שבוע als ‚Jahrwoche' s.u., *2.3.2.*

erfährt der Leser, wie Daniel nach der Deutung der Vision von Widder und Ziegenbock durch den *angelus interpres* Gabriel wieder zu seinem Dienst am babylonischen Hof zurückkehrt. Die Deutung war jedoch keinesfalls erschöpfend, sondern die Vision bedrückt ihn weiter und er versteht sie nicht (8,27b: ואין מבין ואשתומם על המראה ואין מבין). Diese abschließende Feststellung weist voraus auf die Deutung, die Daniel in Kap. 10-12 zuteil werden wird:[20] Nach 10,2f. bereitet sich Daniel durch Fasten auf den Empfang einer Offenbarung vor, die ihm durch den Engel überbracht wird (11,1 - 12,4). Es handelt sich um eine detaillierte Antwort auf die offengebliebene Frage nach dem Sinn der Vision in Kap. 8, welche den Zeitraum von der Herrschaft der Perser bis zum Anbruch der Endzeit umfaßt. Auch Dan 9 liefert die Daniel nach 8,27b versagte בינה,[21] jedoch nicht direkt wie in Kap. 10-12, sondern auf dem ‚Umweg' über die 70 jeremianischen Jahre.[22] Bei genauerem Hinsehen stellt sich jedoch heraus, daß es sich mitnichten um einen bloßen Umweg handelt. Vielmehr wird mit Dan 9 über die Deutung der 70 jeremianischen Jahre eine neue theologische Perspektive etabliert, die sich keineswegs darin erschöpft, lediglich eine Antwort auf das Unverständnis in 8,27 zu geben, sondern darüber hinaus die das Danielbuch in seiner Endgestalt prägende dtr Deutungskategorie der fortdauernden Sündenschuld Israels einführt.[23]

Die mit Dan 9 eingebrachte neue Perspektive kommt auch durch die redaktionellen Klammern zum Ausdruck, welche das Kapitel mittels Datierungen in 9,1 und 10,1 mit dem Kontext verknüpfen – Datierungen, die nicht auf eine historisierende Kontextualisierung reduzierbar, sondern selbst Ausdruck des theologischen Interesses von Dan 9 sind. Nach Dan 9,1 befindet sich Daniel im ersten Jahr Dareios des Meders (vgl. Dan 6,1), Sohn des Aḥašweroš (= Xerxes).[24] Eine Erklärung dieser Datierung bietet

---

20 Auch in 7,28b wird die aktualisierte Offenbarung in Kap. 8 vorbereitet. Die Feststellungen des Unverständnisses und der Beunruhigung bilden redaktionelle Nahtstellen, die den Übergang zur nächsten Offenbarung vorbereiten und zugleich rechtfertigen, weshalb „viermal hintereinander auf verschiedene Weise ungefähr dasselbe gesagt ist" (KRATZ, *Visionen*, 236).

21 Vgl. Dan 9,22.23.

22 Die Auslegung der 70 Jahre nimmt dabei das Ende von 8,26 (כי לימים רבים) auf und füllt diese ‚vielen Tage' inhaltlich.

23 Den Aufweis dieser tragenden Funktion von Kap. 9 leistete STECK mit seinem wegweisenden Aufsatz *Weltgeschehen und Gottesvolk*; vgl. bes. 67-78.

24 Die historische Einordnung dieses Königs ist mit großen Schwierigkeiten verbunden. Der Achämenide Dareios I. Hystaspes (522-486 v. Chr.) war weder medischer König noch Sohn des Xerxes, sondern hatte selbst einen Sohn namens Xerxes (I., 486-465/4 v. Chr.). Da es keine alternativen Deutungen gibt, die letzte Plausibilität beanspruchen können, ist mit DEQUEKER zu folgern: „Darius the Mede is [...] a figure created by the author of Daniel. It is based upon the historical Persian king Darius I Hystaspes, but is situated

das dem aramäischen Danielbuch zugrundeliegende Vier-Reiche-Schema,[25] das seine Füllung mit der Abfolge der Babylonier, Meder, Perser und
Griechen erfährt. Die Erzählungen spielen nach dem zu Beginn eröffneten Rahmen (Dan 1,1.21) im Zeitraum zwischen der Eroberung Jerusalems durch Nebukadnezar und der chronistischen Heilswende im ersten
Jahr des Kyros (1,21; 6,29; vgl. 2 Chr 36,21f.; Esr 1,1). Durch Verbindung
mit dem Vier-Reiche-Schema ergibt sich das chronologische Gerüst der
Erzählungen: Daniel dient zunächst unter den Babyloniern (Nebukadnezar: Dan 1-4; Belshazar: Dan 5), dann unter den sie ablösenden Medern
(Dareios der Meder: Dan 6,1) bis zur Übernahme der Herrschaft durch
die Perser (Kyros: Dan 6,29). Die Visionen greifen diese Chronologie wieder auf, indem Dan 7-8 unter Belshazar, Dan 9 unter Dareios dem Meder
und Dan 10-12 im dritten Jahr des Kyros angesiedelt werden.

Alles deutet darauf hin, daß auch die Angabe בשנת שלוש לכורס (10,1)
im Zuge der Einfügung von Dan 9 in den Visionsteil gelangte: Im dritten
Jahr des Kyros sind die 70 Jahre des Exils bereits überschritten – und
noch immer befindet sich Daniel unter den Exulanten. Dieselben 70
Jahre, die nach Dan 1,1.21 den chronologischen Rahmen der Wirksamkeit
Daniels aufspannen, bilden bereits ein buchinternes Problem, insofern die
Visionskapitel, aus der Perspektive Israels in den Blick genommen, der
Auffassung einer Restitution im ersten Jahr des Kyros inhaltlich diametral
entgegenstehen. Dan 9,2 nennt dieses Problem beim Namen und löst es
durch die Offenbarung Gabriels, es handele sich bei den 70 Jahren um 70
Jahrwochen (Dan 9,24). Der Bruch mit einem wörtlichen Verständnis der
70 Jahre findet schließlich einen Niederschlag in der Plazierung von Dan 9
im jetzigen Kontext der Visionen, die den ursprünglichen Zusammenhang
zwischen Dan 8,27 und 10,2 sprengt, um mittels der Datierungen in 9,1
und 10,1 einen neuen zu schaffen: Kurz vor dem Ende der beschlossenen
Exilszeit wird unter Dareios dem Meder (9,1)[26] durch die Offenbarung,

---

during the empire of the Medes, the second of the four world empires in Daniel"
(DEQUEKER, *King Darius*, 187f.; vgl. COLLINS, *Daniel*, 348). Aus der Vielzahl von Versuchen, Dareios den Meder historisch einzuordnen, sei hier nur auf KOCH, *Dareios*, 130, verwiesen, der die These aufstellt, „daß der vorher in Medien beheimatete babylonische Vize-
könig Gaubaruwa das Vorbild für Dareios den Meder in den Daniellegenden abgegeben
hat". Selbst wenn solche historischen Reminiszenzen hinter Dareios dem Meder stehen
sollten, bleibt die Gestalt dennoch fiktiv.

25　Vgl. RIGGER, *Siebzig Siebener*, 291; einen Überblick der Entwicklung des Schemas bietet
　　KOCH, *Dareios*, 130-139.

26　Unter Dareios, אשר המלך על מלכות כשדים, gehört die Zeit Babels (Jer 25,11f.) bereits der
　　Vergangenheit an, die Heilswende unter Kyros steht direkt bevor. Auch KOCH, *Bedeutung*,
　　194, betont die theologische Bedeutung der Datierung: „Daniel betet gleichsam im Jahr 69
　　der Jeremiafrist. Wird das Jahr 70 wirklich und wahrhaftig die Wende heraufführen?"

daß es sich bei den 70 Jahren um 70 Jahrwochen handelt, die Erwartung der Restitution unter Kyros obsolet. Dem trägt die Datierung in 10,1 Rechnung, nach der der Leser Daniel auch im *dritten* Jahr des Kyros noch unter den Exulanten antrifft.[27]

Wenden wir uns nun dem Aufbau von Dan 9 zu: Nach der Datierung (9,1) folgt die erzählerische Einleitung, die zugleich das Thema des Kapitels liefert: Daniel sinnt in den Schriften (בספרים) über die Zahl der Jahre nach, die Jerusalem nach dem Wort Jeremias zerstört liegen soll (9,2). Er wendet sich im Gebet an Gott (9,3.4a) und spricht ein langes Bußgebet, in dem er die Sünde Israels bekennt (9,4b-19). Noch während des Gebets erscheint Gabriel, um Daniel zu unterweisen, daß es sich bei den 70 Jahren um שבעים שבעים (70 Jahrwochen) handelt, die nach göttlichem Beschluß über Israel und die Heilige Stadt beschlossen sind (9,20-24). Es folgt eine nähere Erläuterung, nach der die 70 Jahrwochen in drei Epochen zu sieben, zweiundsechzig und einer Jahrwoche unterteilt sind (9,25-27). Mit der ausführlichen Schilderung der letzten Epoche endet das Kapitel, und der Leser findet sich ohne erzählerische Überleitung im dritten Jahr des Kyros wieder (10,1) – nach der chronistischen Heilswende, die nach der Belehrung über die wirkliche Natur der 70 Jahre in Dan 9 aber gar keine besondere Zäsur mehr darstellt. Die 70 Jahre dauern vielmehr bis in die Gegenwart der Verfasser fort, umfassen auch die in Kap. 10-12 geschilderten Ereignisse und charakterisieren sie grundlegend als eine Zeit der Sünde Israels und des göttlichen Zornes.

2.1.2. Die Genese von Dan 9

Handelt es sich bei Dan 9 um die letzte Fortschreibungsstufe im Danielbuch, so ist abschließend die Frage zu stellen, ob das Kapitel aus einem Guß ist oder seinerseits Spuren literarischen Wachstums aufweist. Diesbezüglich sind vor allem die Stellung des Bußgebets (*a*)) und die Struktur des Jahrwochenorakels (*b*)) von Bedeutung, auf deren Analyse die abschließende Beurteilung der Genese des Kapitels (*c*)) aufbauen muß.

---

27 Daß, wie MAIER, *Qumran-Essener* III, 119f., meint, dem dritten Jahr des Kyros besondere Signifikanz zukommt, weil es das Ende eines Jobelzyklus markiert, ist reine Spekulation. Diese Annahme beruht auf der Rekonstruktion einer heptadischen Universalchronologie, für deren Existenz sich aus den Quellen keine Belege anführen lassen; s.u., *2.3.3.*

a) Das Bußgebet (Dan 9,4b-19) – integraler Bestandteil des Kapitels oder Nachtrag?

Die Forschungsdiskussion über Dan 9 wurde lange von der Frage nach der Stellung des langen Bußgebetes beherrscht. Die Tatsache, „daß sich das Gebet 9,4b-19 eines eigenen Stils befleißigt, sich auf die Daniel-Verhältnisse kaum bezieht, zudem den Gottesnamen Jahwä gebraucht, der sonst im Buch fehlt, und überdies im Zusammenhang entbehrlich ist"[28], gaben schon früh Anlaß zu literarkritischen Hypothesen. „Das Gebet wird lange als nachmakkabäischer Eintrag angesehen (NOTH; GINSBERG; BENTZEN). In jüngster Zeit melden sich jedoch Stimmen, die es für den ursprünglichen Verfasser beanspruchen [...] (PLÖGER; DELCOR; schon BAYER; JUNKER; MONTGOMERY)."[29] Diese Tendenz hat sich seit der Mitte des 20. Jh. immer weiter durchgesetzt und gibt in neueren Publikationen besonders aus dem englischen Sprachraum gemeinhin den Ton an,[30] wie das Beispiel von COLLINS zeigt: Dieser tendierte ursprünglich dazu, das Gebet als redaktionellen Nachtrag auszuscheiden,[31] optiert aber in seinen neuesten Beiträgen zum Thema unter besonderem Verweis auf die enge sprachliche Verklammerung mit dem Rahmenteil für die Authentizität des Gebets: „In view of these correspondences, it is best to conclude that, although the prayer was not composed for the present context, it was included purposefully by the author of Daniel 9 and was not a secondary addition."[32]

Hat sich in den letzten Jahrzehnten in der Forschung auch die Tendenz durchgesetzt, das Bußgebet nicht einfach als Nachtrag abzutun, bleibt doch die traditions- und überlieferungsgeschichtliche Frage heiß

---

28 KOCH, *Buch Daniel*, 73f. Als weiteres Argument wird etwa von CHARLES, *Commentary*, 226f., oder HARTMAN, *Book of Daniel*, 248, angeführt, daß im Blick auf die Offenbarung kein Bußgebet, sondern ein Gebet um Erleuchtung zu erwarten sei. Nach JONES, *Prayer*, 492, schließlich widerspricht die dtr Perspektive des Gebetes dem Determinismus des Auslegungsteiles. Ob diese Argumente stichhaltig sind, wird im folgenden zu prüfen sein.

29 KOCH, *Buch Daniel*, 74.

30 Anders allerdings HARTMAN / DILELLA. Letzterer hält das „obviously interpolated Hebrew prayer" für eine letzte Fortschreibungsstufe des Danielbuches (*Book of Daniel*, 14). Auch HARTMAN, *Book of Daniel*, 248, folgt dieser Ansicht: „The original text of ch. 9 merely said that Daniel prayed, but it did not quote the words of his prayer. This suggested to some later editor the possibility of inserting the words of a prayer here."

31 „[The author] may have simply inserted a traditional prayer at this point. It is probably easier, however, to suppose that the prayer was added by a redactor" (COLLINS, *Apocalyptic Vision*, 186).

32 COLLINS, *Daniel*, 348. Für die Authentizität des Gebetes optieren ferner KOCH, *Buch Daniel*, 74; KRATZ, *Translatio*, 41, Anm. 117; LACOCQUE, *Liturgical Prayer*, 121-123; JONES, *Prayer*, 491.

diskutiert. Eine große Zahl der Exegeten hält das Gebet für ein Traditionsstück,[33] eine Position, der LACOCQUE unter Verweis auf die engen Parallelen zu anderen dtr Bußgebeten[34] prononciert Ausdruck verliehen hat: „The penitential prayer we are considering here, especially in the form it has in Daniel 9, is not an original creation. At its core, the prayer is exilic. It has been remodelled in the fourth century by Ezra and Nehemia, in the second century by ‚Daniel' and ‚Baruch'"[35]. Autor des ursprünglichen Gebetes sei ein palästinischer Jude gewesen, der sich während des Exils in Jerusalem befunden habe,[36] als möglichen „Sitz im Leben" schlägt LACOCQUE die Freitagsliturgie im Jerusalemer Tempel vor.[37] Eine der Stärken seines Aufsatzes besteht unbestritten im Aufweis der engen Parallelen zwischen dem Bußgebet in Dan 9 und anderen kanonischen und außerkanonischen Gebetstexten sowie in der Betonung der starken Rezeption biblischer Stoffe in diesen Texten. Grundsätzlich zu bemängeln ist hingegen der methodisch stark verengte Ansatz, der eine lineare literarische Entwicklung eines Urtextes voraussetzt und sich gegen die Annahme komplexerer Traditions- und Überlieferungsverhältnisse, die auch die Möglichkeit literarischer Neuschöpfungen einschließen, strikt verwehrt.

Eine grundsätzlich andere Sichtweise liegt den Arbeiten STECKs zugrunde. Bereits in seinem Buch *Israel und das gewaltsame Geschick der Propheten* von 1967 hatte STECK eine „lebendige Überlieferung der dtr Tradition"[38] postuliert, die ihren Ausdruck in immer neuen Texten gefunden

---

33 So COLLINS, *Liturgical Prayer*, 186; DERS., *Daniel*, 348; KOCH, *Buch Daniel*, 74; HARTMAN / DILELLA, *Book of Daniel*, 248.

34 Zum Teil wörtliche Parallelen finden sich in Esr 9,6-15; Neh 1,5-11; 9,6-37; Ps 79; 106; 1QS I 24b - II 1; 4QDibHam^a-c (= 4Q504-506); CD XX 28-30 sowie in den griechischen Texten Tob 3,1-6; Bar 1,15 - 3,8; 3 Makk 2,2-20; Est C und Dan 3,26-45 𝕲. Eine eingehende Analyse dieser und weiterer Texte findet sich bei STECK, *Israel*, 110-121.

35 LACOCQUE, *Liturgical Prayer*, 127.

36 Dies legten vor allem die Ausdrücke הקרבים (9,7) und לכל סביבתינו (9,16) nahe, die darauf hindeuteten, „that the author of the original text was in Jerusalem, and not in Babylon or in Susa according to the fiction fostered by the book of Daniel" (LACOCQUE, *Liturgical Prayer*, 134).

37 Als Beleg für diese These führt LACOCQUE, *Liturgical Prayer*, 134, das Gebet aus 4QDibHam an, seiner Ansicht nach „the latest stage of the prayer"; da in dessen Anschluß ein neuer Abschnitt unter der Überschrift הודות ביום השבת (VII 4) beginnt, folgert LACOCQUE, a.a.O., 135: „Thus, what precedes in the manuscript (i.e. I:1 to VII:3) was considered as a hymn for Friday." Daß LACOCQUE überhaupt die Möglichkeit einräumt, aus dem Qumrantext Rückschlüsse auf den von ihm postulierten Urtext ziehen zu können, offenbart die ganze methodische Schwäche seiner Argumentation, die im Kern auf der Annahme beruht, es handele sich bei allen von ihm diskutierten Gebetstexten im Grunde um *ein* exilisches Gebet.

38 Vgl. STECK, *Israel*, 121: „Keines dieser Gebete nimmt das dtrGB lediglich aus einer älteren literarischen Vorlage auf; sie zeigen vielmehr trotz der gewahrten Grundstruktur eine äußerst vielfältige Verbindung von dtr Aussagemomenten, die so wenig wie die Erhaltung

habe.[39] Dieses Modell wird eher der Diversität der Texte gerecht, da es gerade von diesem Befund ausgeht und nicht, wie im Fall von LACOCQUE, den Quellen die starre Hypothese einer von einem Urtext ausgehenden linearen Entwicklung aufzwingt. Der Textbefund legt vielmehr nahe, für das 2. Jh. v. Chr. mit komplexen Entstehungs- und Überlieferungsverhältnissen der Bußgebete zu rechnen, die auch Neuschöpfungen einschließen,[40] die im Geist einer lebendigen dtr geprägten Tradition biblische Überlieferung und liturgisches Formelgut aktualisierend aufgreifen.[41] Die zugespitzte Alternative ‚lebendige Tradition oder Textüberlieferung' führt sich von daher selbst *ad absurdum*, da beides gar nicht voneinander zu trennen ist, sondern in einem wechselseitigen Verhältnis steht, in dem sich lebendige Tradition immer wieder in neue Texte ergießt, die ihrerseits neue Traditionsbildung anstoßen.

---

der Vorstellungsstruktur des dtrGB zu erklären ist, wenn man lediglich an literarische Übermittlung der dtr Tradition denkt; die Belege weisen für den ganzen Zeitraum vielmehr auf *lebendige Überlieferung* der dtr Tradition, die sich in der Bildung von Bußgebeten immer wieder manifestiert".

39   Hierin von LACOCQUE, *Liturgical Prayer*, 127, scharf kritisiert („The German critic must therefore draw the far-fetched conclusion that the deuteronomistic tradition was still very much alive until the mid second century, to the extent that the Maccabean authors have a deuteronomistic style"), verteidigt STECK, *Weltgeschehen*, 73, Anm. 89, seine These unter neuerlichem Verweis auf „die traditionsgeschichtliche Frage, die zahlreiche Quellen – und beileibe nicht nur die Gebete! – der Spätzeit stellen", und die LACOCQUE „nicht zur Kenntnis genommen oder nicht verstanden hat. Aus purer Schriftbenutzung kommen keine homogenen deuteronomistisch geprägten Aussagen in dieser Spätzeit zustande!"

40   Daß dabei selbstredend auch literarische Abhängigkeiten vorliegen, zeigt das Gebet Baruchs (Bar 1,15 - 3,8), das auf Dan 9 zu rekurrieren scheint. WAMBACQ, *Prières*, 475, liefert eine synoptische Darstellung der Parallelen und folgert, der Autor von Bar „développe la prière de Daniel en y insérant d'autres passages"; er habe dabei aber alle Anspielungen auf den desolaten Zustand des Tempels übergangen. Auch STECK, *Buch Baruch*, 39, betont, daß neben den Gebeten aus Esr und Neh besonders Dan 9 Vorbild für das Gebet Baruchs war: „Ihm geht B[ar] trotz sachbedingter Umakzentuierungen (Betonung der Zerstreuung), Erweiterungen aus Dtn und Jer (Detaillierungen von Schuld und Gericht) und Auslassungen (Zerstörung Jerusalems) in der Abfolge genauestens entlang".

41   Eine besondere Rolle für die Frage nach dem Ursprung des Bußgebetes in Dan 9 spielt der äußerst fragmentarisch erhaltene Text 4QDan^e (= 4Q116) – unter den in Qumran gefundenen Handschriften der einzige potentielle Textzeuge für Dan 9. Nach ULRICH, *Text of Daniel*, 582, ist aufgrund des materiellen Befunds zu vermuten, daß die Handschrift aus hasmonäischer Zeit nur das Bußgebet enthielt; ebenso FLINT, *Daniel Tradition*, 43. Ob allerdings aufgrund der sieben vorhandenen Fragmentteile, von denen keines mehr als ein vollständiges Wort erhalten hat, eine klare Zuordnung zu Dan 9 vorgenommen werden kann, erscheint fraglich. Ebenso wahrscheinlich ist, daß mit 4QDan^e ein Gebet ähnlicher Prägung vorliegt, welches sich in den fließenden Entstehungs- und Überlieferungsprozeß liturgischer Texte einordnet. Um weitere Aussagen über Art und Umfang der Handschrift treffen zu können, wäre eine materielle Rekonstruktion vorzunehmen.

Da das kollektive Bußgebet in Dan 9,4b-19 nicht in ein klares literarisches Abhängigkeitsverhältnis zu vergleichbaren Gebetstexten zu setzen ist, sollte mit einer Neubildung aus der Makkabäerzeit gerechnet werden.[42] Dafür spricht auch, daß einige Stellen in den V. 12b-18 Anklänge an die Zeit Antiochus' IV. vermuten lassen.[43] Die Formulierung אשר לא נעשתה כאשר נעשתה בירושלם ... in V. 12b könnte auf die Religionspolitik unter Antiochus IV. anspielen, mit hoher Wahrscheinlichkeit gilt dies für die Begriffe מקדשך השמם (V. 17) und שממתינו (V. 18), welche als direkter Anklang an die mit der Wurzel שמם dargestellten Kultfrevel unter Antiochus IV. zu verstehen sind (vgl. Dan 8,13; 9,27; 11,31; 12,11). Das Gebet greift damit Vorgänge aus der Zeit Antiochus' IV. unter dtr Perspektive auf und verortet sie durch die in Dan 9 entwickelte literarische Fiktion des Beters Daniel in einem exilischen Milieu. Die Zusammenschau von Exil und eigener Gegenwart unter dem Aspekt der fortdauernden Sündenschuld Israels und des ihr korrespondierenden göttlichen Zornes bildet eine Vorstellung, die nach STECK charakteristisch für die dritte Stufe des dtr Geschichtsbildes ist.[44] Dieselbe Überzeugung von einer Verlängerung der Exilszeit bis in die Gegenwart der Verfasser wird theologisch auch im Rahmenteil von Dan 9 reflektiert, dort explizit in der Auslegung der 70 jeremianischen Jahre als 70 Jahrwochen.

Damit läßt sich eine erste Parallele zwischen der geschichtstheologischen Perspektive des Bußgebets und des Rahmenteils festhalten, die durch den Blick auf die Rezeption der biblischen Tradition weiter vertieft werden kann. Wie bei vergleichbaren Gebetstexten ist auch beim Bußgebet in Dan 9 der starke Rückbezug auf die biblische Tradition charakteristisch: Sowohl das stellvertretende Schuldbekenntnis Daniels für Israel in 9,4b-14(15) als auch die sich in 9,16-19 anschließende Bitte an Gott, sich seines Volkes und seiner heiligen Stadt zu erbarmen,[45] ist beherrscht von biblisch geprägten Theologumenoi, ja das ganze Gebet kann geradezu als Florilegium von Schriftzitaten angesehen werden.[46] So kann LACOCQUE

---

42 So auch STECK, *Weltgeschehen*, 73; KRATZ, *Visionen*, 233, und JONES, *Prayer*, 491. Für ein Traditionsstück votieren ohne Beachtung der dargestellten Argumente u.a. LACOCQUE, *Liturgical Prayer*, 119; COLLINS, *Daniel*, 348, und HARTMAN, *Book of Daniel*, 248. Nach FISHBANE, *Biblical Interpretation*, 487, handelt es sich um „an old liturgical pattern [which] has been stylistically adapted to its context."

43 Vgl. STECK, *Weltgeschehen*, 73, Anm. 89.

44 Vgl. STECK, *Israel*, 186f.

45 Dan 9,15 kommt eine Brückenfunktion zu, indem durch die neuerliche Anrede Gottes (ועתה אדוני אלהינו) vom Bekenntnis- zum Bitteil übergeleitet wird (vgl. Esr 9,8.10; Neh 9,32).

46 Eine ausführliche Auflistung der Parallelen bieten BAUER, *Buch Daniel*, 185f.; COLLINS, *Daniel*, 350f.; LACOCQUE, *Liturgical Prayer*, 133-141. Der Charakter des Gebets als

zu Recht folgern: „Daniel 9:4ff is a mosaic of quotations from Deuteronomy and Jeremiah, occasionally also from 1 Kings, Leviticus and Ezekiel."[47] Besonders die häufigen Bezüge zum Dtn und zu Jer[48] sind neben den Aufnahmen von Lev 26[49] als entscheidende Parallelen zwischen Gebet und Rahmenteil[50] hervorzuheben, die verdeutlichen, daß beide in Anlehnung an dieselben biblischen Passagen gestaltet sind.

Sowohl die theologische Beurteilung der eigenen Gegenwart als auch der Rückbezug auf Texte der dtr Tradition verbinden Bußgebet und Rahmenteil; daß beide Teile auch kompositorisch aufeinander bezogen sind, zeigt eine Reihe von sprachlichen Berührungspunkten:[51] Das Verb להשכיל (V. 13) begegnet erneut in Gabriels Rede (V. 22). Die Wurzel שמם in V. 17f. steht in Beziehung zu שקוצים משמם in V. 27. Mit dem Ausgießen des Schwures (האלה והשבועה ... ותתך: V. 11) korrespondiert das Ausgießen der Vernichtung über den Verwüster (תתך על שמם: V. 27). Der Schwur (השבועה) in V. 11 erinnert über Wortassonanz an die siebzig

---

Zitatensammlung biblischer Texte erklärt auch die stilistischen Besonderheiten im Wechsel der Personen (V. 4.9.11), die aus der Übernahme geprägten Formelgutes resultieren dürften.

47 LACOCQUE, *Liturgical Prayer*, 130.

48 Bereits die Anrede Gottes als הגדול והנורא in V. 4b findet eine Parallele in Dtn 7,21, der nächste Versteil ולשומרי מצותיו ... שומר הברית zitiert wörtlich Dtn 7,9 (vgl. 7,12). Auch die folgenden Motive nehmen direkt Bezug auf das Dtn bzw. Teile des dtr Geschichtswerkes: das Sündenbekenntnis חטאנו ועוינו והרשענו (V. 5, vgl. 1 Kön 8,47); das Hören auf Gottes Stimme (V. 10, vgl. Dtn 4,30); Fluch und Schwur (V. 11, vgl. Dtn 28,15-68; 29,20); Mose als Diener Gottes (V. 11, vgl. Dtn 34,5); die Erfüllung von Gottes Worten [...] unter dem Himmel (V. 12, vgl. Dtn 9,5; 2,25; 4,19); Gottes Machterweis im Exodus (V. 15, vgl. Dtn 6,21; 9,26); das Nennen von Gottes Namen über Jerusalem (V. 18, vgl. Dtn 12,5). Die beiden zuletzt genannten Motive begegnen auch im Jeremiabuch (Jer 32,20f.; 7,10f.), zu dem eine Vielzahl weiterer motivischer Bezüge besteht: Israels Ablehnung der Propheten (V. 6, vgl. Jer 7,25; 25,4; 26,5; 29,19; 35,15; 44,4f.); die Aufzählung von Königen, Fürsten und Vätern (V. 6, vgl. Jer 44,21; 1,18); die Schamesröte (V. 7, vgl. Jer 7,19); die Zerstreuung Israels (V. 7, vgl. Jer 16,15; 23,3; 32,37); die Nahen und Fernen (V. 7, vgl. Jer 25,26); die Propheten als Übermittler der Tora (V. 10, vgl. Jer 26,4; 32,23); das Ausgießen des göttlichen Zorns (V. 11, vgl. Jer 7,20; 42,18; 44,6); Gott als Bringer großen Unheils für sein Volk (V. 12, vgl. Jer 35,17; 36,31); Gott als Wächter (V. 14; vgl. Jer 44,27); Gottes Zorn (V. 16; vgl. Jer 23,20; 30,24); die Bitte, Gott möge sich um seiner selbst willen erbarmen (V. 17; vgl. Jer 14,7).

49 Ein deutlicher Rückgriff auf Lev 26 ist in Dan 9,9.16 (vgl. Lev 26,40), 9,11 (vgl. Lev 26,27-45) und 9,17 (Wurzel שמם, vgl. Lev 26,31-33) zu verzeichnen. Dies ist deshalb von Belang, weil in Lev 26,34f.43 die Exilszeit als nachgeholte Sabbatruhe des Landes interpretiert wird, womit ein bereits über 2 Chr 36,21f.; Esr 1,1 vermittelter Hintergrund für die Interpretation der 70 jeremianischen Jahre als 70 Jahrwochen gegeben ist; s.u., *2.3.1.*

50 Vgl. hierzu die Ausführungen unter *2.2.*

51 Vgl. JONES, *Prayer*, 491f.

Siebente (שבעים שבעים) in V. 24 (vgl. Gen 21,28-31).[52] Das Tetragramm schließlich begegnet nicht nur innerhalb des Bußgebetes, sondern auch in V. 2.4a.[53] Schließlich greift das erste Trikolon in V. 24 mit חטאת und עון zentrale Begriffe des Bußgebets auf (9,5.8.11.13.16). Diese terminologischen Bezüge machen deutlich, daß Gebet und Rahmenteil nicht nur inhaltliche Parallelen aufweisen, sondern auch kompositorisch miteinander verzahnt sind. Damit ist nicht bewiesen, daß das Bußgebet ursprünglicher Bestandteil von Dan 9 war, es bleibt aber festzuhalten, daß es in einem organischen Bezug zur Auslegung der 70 jeremianischen Jahre zu sehen ist und – Nachtrag oder nicht – eine bestimmte Funktion im Kapitelganzen erfüllt.

Ausgehend von einer Abgrenzung des deterministischen Jahrwochenorakels von dem mit diesem vermeintlich unvereinbaren dtr Bußgebet, versucht JONES die Funktion des Gebets als negative Kontrastfolie zu begründen: „Deuteronomic retribution was insufficient to give insight [...] to Israel, but Gabriel's *apokalypsis* could. [...] The prayer is needed to ‚set the stage' for Gabriel, and when the prayer is ignored, we are being told, in effect, that the calamity was decreed and it will end at the appointed time, quite apart from prayers"[54]. Die Plausibilität dieser Theorie hängt entscheidend davon ab, wie V. 23a zu deuten ist. JONES versteht die Wendung בתחלת תחנוניך יצא דבר als Hinweis darauf, daß nicht der Inhalt des Gebetes die Offenbarung bewirkte, sondern deren Ergehen bereits zuvor beschlossen war: „This emphasizes that the decision had already been made."[55] Der Vers ist jedoch auf diese Weise fehlinterpretiert. Daß zu Beginn der Bitten ein Wort ausging, gemeint ist die an Daniel ergehende Offenbarung,[56] heißt eben nicht, daß dies *vor* dem Gebet oder unabhängig von ihm geschieht. Folgt man der Dramaturgie des Kapitels, ist damit zunächst einmal der Tatsache Rechnung getragen, daß nach V. 20f. (ועוד אני מדבר) der Deuteengel noch während des Gebets auftritt; seine

---

52   Vgl. SEELIGMANN, *Voraussetzungen*, 162, der den analogen Fall einer zweifachen Deutung des Wochenfestes in Jub 6,21 anführt, das über den Begriff שבוע nicht nur als *Wochen*-Fest, sondern auch als „Fest der Eide und des Bundesschlusses" verstanden werden kann.

53   Gegen CHARLES, *Commentary*, 225, der, weil er das Gebet für einen Nachtrag hält, das Tetragramm in 9,2 zu אלהים emendiert und damit gerade einen Beleg für die Übereinstimmungen mit dem Rahmenteil eliminiert.

54   JONES, *Prayer*, 492f. Zu einem vergleichbaren Ergebnis kommt DITOMMASO, *4QPseudo-Daniel*[A-B], 122: „Daniel 9 is therefore an explicit, purposeful rejection of the Deuteronomic theology of history".

55   JONES, *Prayer*, 493.

56   Dafür spricht vor allem das Ende von V. 23 ובין בדבר והבן במראה, womit die folgende Offenbarung (V. 24-27) eingeleitet wird.

Aussendung zu Beginn desselben ist daher erst einmal ganz praktisch notwendig, damit Gabriel rechtzeitig zur Stelle sein kann.

Hier stehenzubleiben hieße aber, die Aussageabsicht des Textes zu verkürzen. Mit der sofortigen Aussendung und dem Herbeieilen[57] des Boten – alles geschieht im Verlauf des Gebets – soll zum Ausdruck gebracht werden, daß Daniel vor Gott besondere Gnade gefunden hat und deshalb der prompten Offenbarung für wert befunden wurde. Eben dies betont auch Gabriel, wenn er zur Begründung seines Kommens in V. 23 anführt: כי חמודות אתה. Daß Aussendung und Auftreten des Engels noch erfolgen, während der geliebte Mann Daniel betet, spricht gerade für eine enge Verbindung des Gebetes mit der an Daniel ergehenden Offenbarung. Diese Überschneidung der Handlungsachsen weist bereits voraus auf eine enge theologische Verzahnung, die noch zu demonstrieren ist. Sie bringt daher gerade nicht zum Ausdruck, daß Gott Daniels Gebet ignoriert, sondern will hervorheben, daß Gottes Offenbarung Daniel als Büßenden erreicht. Gabriels Auftritt erschöpft sich nicht in der Übermittlung einer Botschaft, sondern setzt die *praxis pietatis* Daniels ins Recht, der prototypisch für die Frommen der Makkabäerzeit steht. All dies spricht klar gegen die von JONES vertretene These, die von der unbegründeten Voraussetzung einer vermeintlichen Unvereinbarkeit zwischen dtr Bußtheologie und apk Determinismus ausgeht und dabei gerade die von STECK auch für den Rahmenteil nachgewiesene dtr Prägung übergeht.[58]

Daß das Gebet in einem engen Verhältnis zur Interpretation der 70 Jahre Jeremias steht, wird auch von LACOCQUE betont. Gegen das von TOWNER vorgebrachte Argument, der Inhalt des Gebetes werde vom Kontext völlig ignoriert, daher handele es sich um „a mere exercise of piety"[59], wendet er ein, „that there is a direct relationship between, not only the genre but also the content of the prayer, on the one hand, and the angelic response to Daniel on the other hand."[60] Wie in V. 17-19 zum Ausdruck komme, gehe es bei dem Gebet darum, Gott an seine Absicht zu erinnern. Das Bekenntnis der Sünde, ausgedrückt durch das Hif'il התודה, solle nicht Gottes, sondern die eigene Einstellung verändern, um Vergebung zu erlangen. Israels Sünde sei schließlich die Ursache dafür,

---

57   Zur Wendung מעף ביעף s.u., *2.2.2.*
58   Vgl. STECK, *Weltgeschehen*, 72f. Gänzlich unplausibel an dem von JONES vertretenen Modell ist die Tatsache, daß der Verfasser ein mit sechzehn Zeilen den Umfang des übrigen Textes bei weitem überschreitendes Gebet eingefügt haben sollte, das ihm lediglich als Negativfolie dient, ohne dessen Theologie auch nur einmal eindeutig aufzugreifen, geschweige denn zu verwerfen.
59   TOWNER, *Retributional Theology*, 212.
60   LACOCQUE, *Liturgical Prayer*, 123.

daß die Geschichte nicht ihrem von Gott vorgesehenen Verlauf gefolgt sei: „Were it not for that crime, the prophecy of Jeremiah, chapter 25, would have found its fulfillment right after 70 years of exile. The unconfessed iniquity of the people has caused an indefinite delay in the accomplishment of the promise. But thanks to Daniel's and the Hassidim's true repentance, the 70 years become 70 weeks of years."[61]

Die Ansicht LACOCQUEs, die Buße Daniels und der von ihm prototypisch vertretenen Verfasserkreise bilde die Ursache für die Verkürzung der göttlichen Zorneszeit auf 70 Jahrwochen, erscheint zweifelhaft, da Dan 9 keine Aussagen über menschliches Verhalten als Faktor zur Veränderung des göttlichen Geschichtsplanes trifft, sondern beides in ein Korrespondenzverhältnis stellt, insofern eine der göttlich verhängten Zorneszeit von 70 Jahrwochen entsprechende Haltung der Buße angebracht ist. Entscheidend ist vielmehr, daß das Gebet durch die Hitpaʻel-Formen des Verbs ידה in den Rahmenversen 9,4.20, die eine terminologische Parallele zu Lev 26,40 bilden, als Ausdruck der dort angesagten Umkehr gesehen werden kann.[62] Insofern Lev 26 durch die Verknüpfung von Exil und Sabbatjahr auch als wichtiger Hintergrund des Jahrwochenorakels zu gelten hat, ist hiermit eine erste exegetische Brücke gegeben, die Gebet und Rahmenteil verbindet. Auf Jer 29 als weiteren zentralen Schriftbezug hat WILSON verwiesen: Er nimmt Jer 29 als Quelle für die in Dan 9 diskutierten 70 Jahre an, wobei er betont, daß in der Jeremiastelle „the restauration is not simply assured, but rests on the fulfillment of certain conditions expressed in 29.12-14."[63] Die Israeliten sollen Gott suchen und beten – beides tue Daniel in Dan 9,3-4a.4b-19, woraus WILSON folgert, „that the positioning of this prayer [...] serves as an attempt to have Daniel fulfill the conditions of restauration"[64].

Damit ist Jer 29 neben Lev 26 als zweiter wesentlicher Anknüpfungspunkt für ein Gesamtverständnis von Dan 9 gegeben, das Bußgebet und Jahrwochenorakel vor dem biblischen Hintergrund aufeinander bezogen sieht. Die Passagen Jer 29,12-14 und Lev 26,40-45 sind prägend für das geschichtstheologische Modell der 70 Jahrwochen, und sie bestimmen zugleich Charakter und Funktion des Bußgebetes, das die Gebetsperspektive festschreibt, die in Anbetracht eines sich bis in hellenistische Zeit erstreckenden Exils angemessen ist. Daß der *angelus interpres* Daniel als Be-

---

61 LACOCQUE, *Liturgical Prayer*, 123. Das Bußgebet wird auch von FISHBANE, *Biblical Interpretation*, 489, als Ausdruck der in Lev 26,40 geforderten Umkehr gesehen; ebenso COLLINS, *Daniel*, 347.

62 So auch FISHBANE, *Biblical Interpretation*, 489, und COLLINS, *Daniel*, 347.

63 WILSON, *Prayer of Daniel*, 95.

64 WILSON, *Prayer of Daniel*, 96.

tenden erreicht und ihm daraufhin den wahren Sinn der 70 jeremianischen Jahre enthüllt, unterstreicht die untrennbare Verbindung zwischen Offenbarungswissen und diesem entsprechenden Verhalten, welche die Danielkreise prototypisch in der Person des exilischen Helden verankert wissen.

Die vorangehenden Ausführungen konnten zeigen, daß zwischen Bußgebet und Rahmenteil von Dan 9 nicht nur deutliche inhaltliche und terminologische Parallelen bestehen, sondern daß dem Gebet eine entscheidende Funktion im jetzigen Kontext des Kapitels zukommt. Damit ist ausgeschlossen, daß es sich um einen ‚orthodoxen‘ Nachtrag ohne tieferen Bezug zum Inhalt des Jahrwochenorakels handelt, gleichwohl aber nicht bewiesen, daß das Bußgebet auch ein ursprünglicher Bestandteil von Dan 9 war. Um den Fall zu entscheiden, ist in zwei Richtungen zu fragen, einerseits nach literarischen Brüchen, die durch die nachträgliche Einfügung des Gebetes entstanden sein könnten, und andererseits danach, ob der Text auch ohne das Gebet eine sinnvolle Struktur aufwiese. Die zweite Frage läßt sich eindeutig bejahen: Nimmt man das Bußgebet (Dan 9,4b-19) einschließlich der Einleitung V. 4a versuchsweise aus dem Text, so ergibt sich ein möglicher Anschluß von V. 20 an V. 3. Auf die Feststellung, Daniel habe unter Fasten in Sack und Asche gebetet (9,3: ואתנה פני את אדני האלהים לבקש תפלה ותחנונים בצום ושק ואפר) folgte dann in 9,20 die Einleitung des Auftretens Gabriels noch während des Gebets (ועוד אני מדבר ומתפלל). Daß auffälligerweise auch V. 21 mit denselben Worten (ועוד אני מדבר בתפלה) beginnt und das Auftreten Gabriels erst hier vermeldet wird, führt bereits auf die erste Frage und läßt sich als Indiz dafür werten, daß hier eine Dublettenbildung als Resultat einer nachträglichen Einfügung des Bußgebetes vorliegt.

Die Dublette zwischen V. 20 und 21 läßt sich am leichtesten dadurch erklären, daß in V. 20 wie auch in der Einleitung des Gebetes (V. 4a) unter Verwendung der Wurzel ידה (Hitpaʿel) der bisher im Text nicht explizierte Aspekt des Sündenbekenntnisses besonders betont werden soll, der für den Charakter des Gebets zentral ist. Dazu wurde bei der Einfügung des Bußgebets mit V. 4a.20 in Anlehnung an das auch für die geschichtstheologische Perspektive des Jahrwochenorakels zentrale Kapitel Lev 26 ein Rahmen geschaffen, um diesen Aspekt hervorzuheben (Lev 26,40: והתודו את עונם; vgl. Dan 9,4a: ואתודה; 9,20a: ומתודה). Obwohl sich das Bußgebet, wie dargelegt, harmonisch in den Kontext von Dan 9 einfügt, spricht der literarische Befund in 9,20.21 dafür, daß es einschließlich seiner in 9,4a.20 geschaffenen Kontextualisierungen nachgetragen wurde;[65]

---

65   Anders COLLINS, *Daniel*, 347, für den auch die Dubletten kein Kriterium bilden, das Gebet als Nachtrag auszuscheiden.

im Grundbestand des Kapitels hat folglich V. 21 direkt an V. 3 angeschlossen. Die Einfügung des Gebetes erfolgte dabei nicht als Korrektur oder Überblendung des ursprünglichen Textes, sondern zur Untermauerung der in ihm entfalteten Geschichtsperspektive durch die Explizierung der seit den Tagen Daniels angemessenen Gebetshaltung. Wann diese Fortschreibungsstufe anzusetzen ist, wird nach der Abhebung möglicher Wachstumsschichten im Text des Jahrwochenorakels (Dan 9,24-27) abschließend unter *c)* zu erörtern sein.

b) Die literarische Integrität von Dan 9,24-27

Im Gegensatz zum bereits diskutierten Fall des Bußgebetes wurden in der Forschung Ursprung und Genese des Jahrwochenorakels in 9,24-27 viel seltener untersucht. Die Annahme einer literarischen Vorstufe findet sich etwa bei GRABBE, der davon ausgeht, „[that] the author of Daniel 7-12 has taken over and adapted an earlier oracle known to him.“[66] Ähnlich vermutet DEQUEKER in Anbetracht der Datierung unter Dareios dem Meder (9,1) hinter dem vorliegenden Text „a more original interpretation of Jeremiah in relation to Darius II and the reconstruction of the temple after the exile.“[67] Eine Wachstumshypothese wird hingegen von LEBRAM vertreten, der V. 27 für einen aktualisierenden Nachtrag hält, den er seinem „Red. II“ zuschreibt. Dieser habe die sich ursprünglich auf den Untergang von Stadt und Tempel beziehende Prophezeiung auf die Aufhebung des Opferkultes umgedeutet.[68] Auch LAATO plädiert unter Aufweis formaler und inhaltlicher Spannungen dafür, V. 27 stelle einen makkabäischen Nachtrag zu einer älteren Prophezeiung (V. 24-26) dar, die sich an Sach 12-14 orientiere. So sei nach V. 26 das Heiligtum zerstört, V. 27 scheine dagegen seine Existenz vorauszusetzen. Die Struktur der V. 24-26 folge einem Muster von Trikola, in das sich V. 27 nicht einfüge.[69]

Auch weitere Spannungen sprechen dafür, daß mit V. 26 ursprünglich ein bündiger Schluß des Textes vorlag, der mit V. 27 fortgeschrieben wurde: So beschreibt V. 27 offenkundig weitere Aktionen des נגיד, ob-

---

66 GRABBE, *End of the Desolation*, 70. Die Argumentation GRABBEs stützt sich auf die Beobachtung, daß V. 24-27 schwer in den historischen Kontext der Makkabäerzeit paßten, sowie auf terminologische Besonderheiten: Im Dan begegnen der משיח und der Plural הרבים nur hier, ברית habe ferner eine politische Bedeutung, was von KOCH, *Buch Daniel*, 150, allerdings bestritten wird; zur Bedeutung der Wendung ברית לרבים s.u., *2.2.4*.

67 DEQUEKER, *King Darius*, 197.

68 Vgl. LEBRAM, *Buch Daniel*, 24.110.

69 Vgl. LAATO, *Seventy Yearweeks*, 221; die Orientierung der Gliederung an der Zahl Drei hebt bereits WIESELER, *70 Wochen*, 68, hervor.

wohl dessen Tod bereits in V. 26 erwähnt wird (וקצו בשטף). Ein letztes,
entscheidendes Argument für eine Fortschreibungshypothese resultiert
schließlich aus der Struktur des Textes: In V. 25 werden zunächst sieben
Jahrwochen, gefolgt von 62 Jahrwochen, erwähnt. V. 26 schließt daran mit
der Wendung ואחרי השבועים ששים ושנים an und schildert die Ereignisse
der letzten, siebzigsten Jahrwoche, die ihr Ende mit einem Krieg findet.
Durch V. 27 wird die letzte Jahrwoche, explizit als שבוע אחד bezeichnet,
erneut aufgegriffen und konkretisiert, was dafür spricht, daß es sich um
eine aktualisierende Fortschreibung des ursprünglich mit V. 26 endenden
Orakels handelt: Während die Darstellung der siebzigsten Jahrwoche hier
mit dem vagen Vorausblick auf das Ende des frevlerischen נגיד in einer
Überflutung (וקצו בשטף) und endzeitliche Wirren (ועד קץ מלחמה נחרצת
שממות) schloß, werden durch V. 27 Andeutungen auf zeitgeschichtliche
Vorgänge unter Antiochus IV., eben jenem נגיד, eingetragen und durch
die Aufteilung des Septenniums in zwei Hälften in einer kleinräumig
differenzierten Binnenchronologie verortet.[70]

Als wesentlicher exegetischer Hintergrund der Fortschreibung kommt
Jes 10,22f. in den Blick, ein Text, mit dem zahlreiche terminologische Berührungspunkte bestehen und der geradezu den exegetischen Schlüssel für
die Ereignisse der letzten Jahrwoche abzugeben scheint.[71] Daß dem so ist,
macht besonders das Ende von Dan 9,27 deutlich (ועד כלה ונחרצה תתך על
שמם), das fast wörtlich mit Jes 10,23 übereinstimmt.[72] Da allerdings
bereits in V. 25f. deutliche Parallelen zur Jesajastelle zu verzeichnen sind,[73]
ist festzuhalten, daß dieser Bezug nicht erst durch die Ergänzung von
V. 27 in den Text eingetragen wurde. Es ist vielmehr, insofern in V. 27 die

---

70 Bereits WIESELER, *70 Wochen*, 46-48, bemerkt aufgrund der sprachlichen Parallelen, V. 27
    sei V. 26 nachgebildet und ziele wie dieser auf den Tod des frevlerischen Fürsten, nimmt
    aber keinen Nachtrag an.
71 Auf die Jesajaparallele verweist bereits MICHAELIS, *Versuch*, 207; vgl. FISHBANE, *Biblical
    Interpretation*, 489f.; KOCH, *Bedeutung*, 199; RIGGER, *Siebzig Siebener*, 296-298; VON RAD,
    Theologie II, 337. Im Hintergrund steht die im 2. Jh. v. Chr. verbreitete Gleichsetzung von
    Syrien und Assyrien, weshalb ein Text wie Jes 10, der ursprünglich das Gericht über Assur
    zum Inhalt hatte, mühelos auf die Seleukiden bezogen werden konnte (vgl. KOCH, a.a.O.,
    206). Daß dieses Phänomen nicht auf Dan 9 beschränkt zu sehen ist, zeigt SEELIGMANN,
    Midraschexegese, 171: „Eine Reihe von Danielstellen (ix 27; xi 10, 27, 30, 36, 40) an denen die
    markantesten Ausdrücke aus Jesaja mit Anspielungen auf Numeri- und Habakuk-Texte
    verweben [sic!] sind, liest sich wie ein aktualisierender Kommentar zu Jesajah's Prophetie
    über Assur"; zur Aufnahme von Jes 10 in Dan 11 vgl. auch FISHBANE, a.a.O., 490f.
72 Die Wendung כלה ונחרצה begegnet überdies in Jes 28,22.
73 Vgl. die Verwendung der Wurzel שטף in V. 26 sowie der seltenen Form חרוץ in V. 25, die
    beide aus Jes 10,22 entlehnt sind. In deutlichem Bezug zu Jes 10,23 ist ferner die am Ende
    von V. 26 stehende Form נחרצת zu sehen. Zur inhaltlichen Aufnahme der Jesajapassage
    s.u., *2.2.3.* u. *2.2.4.*

längste sprachliche Parallele zu Jes 10,23 besteht, davon auszugehen, daß der Redaktor, auf dessen Hand der Vers zurückgeht, diesen im Anschluß an die bereits vorhandenen Jesajabezüge und dieselben weiter explizierend gestaltete. Dan 9,27 ist daher als aktualisierende Fortschreibung des Jahrwochenorakels zu interpretieren, die Ereignisse der Zeitgeschichte, unter Bezugnahme auf Jes 10,23 formuliert, in den Text einträgt.

Die in Anklang an Jes 10,23 gestalteten Formulierungen am jeweiligen Ende von V. 26 und 27 liefern auch ein wesentliches Argument dafür, daß die durch die Fortschreibung näher thematisierte Jahrwoche wirklich der in V. 26 bereits dargestellten siebzigsten Jahrwoche entspricht und nicht etwa in deren Anschluß zu verorten ist. Durch die terminologische Klammer zwischen beiden Versenden (9,26: ‏נחרצת שממות‎; 9,27: ‏ועד כלה ונחרצה‎ ‏תתך על שמם‎) wird eine Synchronität der jeweils zuvor geschilderten Ereignisse hergestellt, vor deren Hintergrund sich auch die eingangs genannten Spannungen im Duktus in ein kohärentes Gesamtbild integrieren. Daß V. 27 die Frevel des ‏נגיד‎ darstellt, obwohl dessen Ende bereits in V. 26 notiert wird, und ferner von Eingriffen in den Tempelkult berichtet, obwohl Stadt und Tempel nach V. 26 bereits verheert wurden, ist nur deshalb möglich, weil der Vers eine differenziertere Beschreibung desselben Zeitraumes bietet, dessen Ende mit dem vor dem Hintergrund von Jes 10,23 erwarteten Vernichtungsgericht in beiden Versen identisch dargestellt wird.[74] Liegt daher mit Dan 9,27 eine aktualisierende Fortschreibung des Jahrwochenorakels vor, so ist nun abschließend der Versuch zu unternehmen, unter Einbeziehung der Ausführungen zum Bußgebet die wahrscheinliche Genese des Kapitels nachzuzeichnen und in einen historischen Bezugsrahmen zu stellen.

c) Ergebnis

Nach den vorangehenden Ausführungen ist davon auszugehen, daß mit Dan 9 die letzte größere Fortschreibungsstufe des Danielbuches vorliegt und das Kapitel überdies seinerseits Gegenstand eines Fortschreibungs-

---

74 Dabei ist angesichts der gedrängten Konstruktion von Dan 9,26c (‏ועד קץ מלחמה נחרצת‎ ‏שממות‎: ‚bis zum Ende eines Krieges sind Verwüstungen beschlossen' oder ‚bis zum Ende eines beschlossenen Krieges gibt es Verwüstungen') zu fragen, ob nicht entweder die Begriffsverbindung ‏נחרצת שממות‎ oder nur ihr letztes Glied ebenfalls erst im Zuge der Fortschreibung in den Text gelangt sein könnte, um eben die dargestellte Verklammerung der Zeitebenen herzustellen. Da jedoch die im Hintergrund stehende Orientierung an Jes 10,23 bereits vor der Ergänzung von V. 27 den Text prägte und zudem ein sperriger Stil für das Orakel als ganzes charakteristisch ist, fehlen klare Indizien für die Abhebung einer Bearbeitungsschicht in V. 26.

prozesses war, in dessen Verlauf einer Grundschicht in 9,1-3.21-26 die aktualisierende Erweiterung in 9,27 und das Bußgebet mit den Rahmenversen (9,4-20) zugewachsen ist. Bezieht man die zeitgeschichtlichen Anspielungen als Datierungskriterium in die Betrachtung mit ein, so ergibt sich
folgendes Entstehungsmodell: Die Grundschicht von Dan 9 enthält in
V. 25 einen Reflex auf die Ermordung Onias' III. (170/169 v. Chr.),[75] was
dieses Jahr als *terminus post quem* fixiert. Obwohl erst die Fortschreibungsstufe in V. 27 die von Antiochus IV. im Jahr 167 v. Chr. durchgeführten
Kultreformen expliziert, ist die Annahme zwingend, daß bereits die
Grundschicht diese voraussetzt: Einerseits legen dies die vagen zeitgeschichtlichen Bezüge in V. 26 nahe, andererseits ergibt sich dasselbe als
Konsequenz aus der Bestimmung von Dan 9 als letzter Fortschreibungsstufe des Danielbuches, der folglich die entsprechenden Passagen über
Antiochus IV. in Dan 7,24f.; 8,9-14.23-25; 11,21-45 bereits vorgelegen haben müssen. Daher ist davon auszugehen, daß die Grundschicht von Dan
9 nach 167 v. Chr. für ihren jetzigen Kontext im Rahmen der hebräischen
Visionen verfaßt wurde.[76]

Bei der Definition eines *terminus ante quem* für die Grundschicht kann
als wahrscheinlich gelten, daß Dan 9 zwar die Kultfrevel des Jahres 167 v.
Chr. kennt, aber noch vor dem erwarteten Ende der letzten Jahrwoche
(164/163 v. Chr.)[77] verfaßt wurde.[78] Dafür spricht vor allem, daß Dan
9,24 nach Abschluß der 70 Jahrwochen mit der direkten Verwirklichung
der endzeitlichen Heilsgrößen rechnet, was als nachträgliche Beschreibung
der makkabäischen Erfolge nicht zu plausibilisieren ist.[79] Demgegenüber

---

75 Meinen Ausführungen liegt die von GOLDSTEIN, *I Maccabees*, 161-174, herausgearbeitete
    Chronologie der Makkabäerzeit zugrunde. Zum Jahr der Ermordung Onias' III. vgl. auch
    DERS., *II Maccabees*, 239f.

76 Die Annahme, das Jahrwochenorakel gehe im ganzen (GRABBE, *End of the Desolation*, 70;
    DEQUEKER, *King Darius*, 197) oder zu einem Teil (LAATO, *Seventy Yearweeks*, 221) auf eine
    vormakkabäische literarische Vorstufe zurück, ist nicht allein aufgrund seiner zeitgeschicht-
    lichen Bezüge, sondern auch deshalb wenig plausibel, weil die 70 Jahrwochen in Dan 9
    erkennbar an den in Dan 1,1.21 aufgespannten chronologischen Rahmen des Danielbuches
    anknüpfen, dessen späte Passagen sie bereits voraussetzen. Dan 9 beruht nicht auf einer
    wie auch immer gearteten Vorlage, sondern wurde für seinen jetzigen Kontext im Daniel-
    buch verfaßt.

77 Zur historischen Bezugsgröße der letzten Jahrwoche vgl. die Ausführungen unter *2.3.3.*

78 Auch FISHBANE, *Biblical Interpretation*, 484, geht von einer Abfassung von Dan 9 noch vor
    dem Ende der letzten Jahrwoche aus, setzt dabei aber die literarische Einheitlichkeit des
    Kapitels voraus. Sein Hauptargument für eine „genuine prediction", das FISHBANE in der
    schematischen und historisch unpräzisen Aufteilung der letzten Jahrwoche findet, greift
    allerdings ins Leere, da diese, wie zu zeigen sein wird, in dieser Hinsicht höchst präzise
    ausfällt.

79 Die Danielkreise scheinen den Makkabäern zwar nicht grundsätzlich feindlich, aber doch
    distanziert gegenübergestanden zu haben; vgl. Dan 11,34, wo sich עזר מעט möglicherweise

scheint die Fortschreibungsstufe in V. 27 bereits auf den Tod Antiochus IV. (164 v. Chr.) zurückzublicken und eine Bestätigung für die Abgrenzung der letzten Jahrwoche liefern zu wollen, insofern sie hervorhebt, daß zwischen der Ermordung Onias' III. (170/169 v. Chr.) und dem Sterbejahr Antiochus' IV. (164 v. Chr.) wirklich sieben Jahre vergingen, in deren Mitte, nach einer halben Jahrwoche, die Kultreform stattfand (167 v. Chr.). Erfolgte die Fortschreibung noch vor Ende des erwarteten Schwellenjahres 164/163 v. Chr., so ergab sich keine Kollision mit der in 9,24 zum Ausdruck gebrachten endzeitlichen Naherwartung. Zugleich aber ist mit der Möglichkeit zu rechnen, daß Dan 9,27 bereits nach diesem Jahr verfaßt wurde, um wie auch die verschiedenen Fristangaben in den hebräischen Visionen[80] nachträglich die Präzision der Voraussagen zu demonstrieren. Dan 9,27 wäre dann als Neuinterpretation zu werten, welche das mit dem Ausbleiben der endzeitlichen Restitution drohende Scheitern des gesamten Jahrwochenorakels dadurch zu verhindern sucht, daß sie seine Erfüllung mit dem Untergang Antiochus' IV. festschreibt.[81]

Ist demnach die Grundschicht von Dan 9 aller Wahrscheinlichkeit nach zwischen 167 v. Chr. und 164 v. Chr. entstanden und noch 164/163 v. Chr. oder kurz danach um V. 27 ergänzt worden, stellt sich abschließend die Frage nach dem Gebet. Da dieses keineswegs einen störenden Nachtrag bildet, sondern sich im Gegenteil in den dtr Grundton des Kapitels einfügt und ebenfalls Anklänge an die Makkabäerzeit erkennen läßt, ist davon auszugehen, daß es von den Danielkreisen bewußt für seinen jetzigen Kontext gestaltet wurde, um diesen um den in den Rahmenversen 9,4a.20 explizierten Aspekt des Sündenbekenntnisses zu bereichern. Da es die Grundhaltung der Buße als den Zeichen der Zeit gemäß darstellt und in die Bitte mündet, Gott möge sich des verheerten Jerusalems erbarmen, ist die naheliegendste Erklärung, daß es noch vor dem erwarteten Ende der 70 Jahrwochen, also noch vor dem Jahr 164/163 v. Chr. in seinen heutigen Kontext gelangte. Damit ist sowohl die

---

auf die Makkabäer bezieht. Sie erwarteten einen Wandel der Lage aber nicht von Menschenhand, sondern allein durch das Eingreifen Gottes; vgl. COLLINS, *Daniel*, 66f.386. Es ist daher wahrscheinlich, daß sie auch den Kampf der Makkabäer im Kontext der nahe geglaubten Endzeit deuteten, jedoch undenkbar, daß sie deren Triumph mit der endzeitlichen Gottesherrschaft hätten identifizieren können.

80 Zu den Fristangaben in Dan 7,25; 8,14; 9,27; 12,7; 12,11f. vgl. GESE, *dreieinhalb Jahre*, 399-421.

81 Dabei ist auffällig, daß Dan 9,27 die Wiedereinweihung des Tempels mit keinem Wort erwähnt, obwohl sich diese noch vor dem Tod Antiochus' IV. ereignete; vgl. GOLDSTEIN, *I Maccabees*, 165f. Dies spricht eindeutig dafür, daß dieses Ereignis nicht als Erfüllung der in 9,24 angekündigten Salbung eines Hochheiligen interpretiert und die endzeitliche Verwirklichung als noch ausstehend geglaubt wurde.

Grundschicht als auch die Ergänzung des Bußgebetes im Zeitraum zwischen 167 und 164/163 v. Chr. anzusiedeln, und V. 27 muß dem Ganzen als letzte Fortschreibungsstufe wenig später zugewachsen sein. Dieses Wachstumsmodell verbindet Literarkritik und Redaktionsgeschichte und ermöglicht ein sinnvolles Gesamtverständnis von Dan 9,[82] dessen Exegese den Gegenstand des folgenden Kapitels bildet.

2.2. Exegese

Auf der Grundlage der vorangehenden Ausführungen zur Genese des Danielbuches im allgemeinen und von Dan 9 im besonderen ist nun eine Exegese des Kapitels vorzulegen. Deren Schwerpunkt soll auf der Herausarbeitung des geschichtstheologischen Profils des Textes liegen, um auf diese Weise ein Verständnis des Jahrwochenorakels zu entwickeln. Da dieses das Ergebnis einer Auslegung der 70 von Jeremia prophezeiten Exilsjahre ist, kommt der Untersuchung der Auslegungsvorgänge und ihrer hermeneutischen Hintergründe ein zentraler Stellenwert zu. Wie bereits im Ansatz deutlich geworden ist und im weiteren näher zu demonstrieren sein wird, ist Dan 9 durch eine Vielzahl direkter und indirekter Anklänge an biblische Texte untrennbar mit der biblischen Tradition verbunden, vor deren Hintergrund die Vergangenheit und Gegenwart der Danielkreise wahrgenommen werden. Dieses Phänomen,

---

82 Im Gegensatz dazu liefert RIGGER, *Siebzig Siebener*, 63-121, eine literarkritische Analyse von Dan 9, deren Ergebnisse nicht überzeugen können: So geht er von einer spärlichen Grundschicht (V. 1aα.2aβ.bα.24; 10,2f.) aus, die noch keinen Verweis auf die 70 jeremianischen Jahre, sondern lediglich die Offenbarung der 70 Jahrwochen aus 9,24 enthalten habe. Diese sei dann durch zwei Fortschreibungsschübe, auf die auch das Bußgebet aufgeteilt werden müsse, und weitere Ergänzungen zur vorliegenden Textgestalt angewachsen. Die von RIGGER postulierte knappe Grundschicht ist zwar inhaltlich homogen, im Duktus der hebräischen Visionen jedoch völlig undenkbar, da ihre Kernaussage, Daniel hätte die wahre Dauer der Verheerung Jerusalems erkannt, nicht der Tatsache Rechnung trägt, daß der Visionär Daniel im Gegensatz zum Traumdeuter der aramäischen Erzählungen von selbst gar nichts mehr versteht, sondern der himmlischen Vermittlung durch den Deuteengel Gabriel bedarf. Dies übersieht RIGGER aber genauso wie die evidenten Auslegungsbezüge zwischen Jahrwochenorakel und jeremianischer Prophezeiung, die er ohne Not auf mehrere Schichten verteilt, was zur Folge hat, daß die evidente Struktur des Textes völlig verdunkelt wird. RIGGERs Analyse ist ein Paradebeispiel für literarkritische Arbeit am Text vorbei: Er löst Probleme, wo keine sind, schafft neue, wo keine waren, und übergeht die wirklich vorhandenen. Trotz vieler im Detail wertvoller Beobachtungen sind daher die Ergebnisse RIGGERs zur Genese von Dan 9 grundsätzlich zurückzuweisen; zur Kritik des literarkritischen Ansatzes RIGGERs vgl. auch die Rezension von REDDITT, CBQ 61/1, 348f.

von SEELIGMANN auf den unglücklichen Begriff „Midraschexegese" gebracht,[83] gilt es im folgenden besonders zu beachten.

2.2.1. Das exegetische Problem und Daniels Gebet (Dan 9,1-19)

Nach Dan 8,27b ist Daniel von der empfangenen Vision beunruhigt und
versteht sie nicht (ואין מבין).[84] Hier knüpft 9,2 an, wo der Leser Daniel –
nach 9,1 kurz vor Ablauf der 70 Jahre im ersten Jahr Dareios des Meders
– in den Schriften nachsinnend antrifft (בינתי בספרים).[85] Der Gegenstand
seines Nachsinnens, die 70 jeremianischen Jahre, war durch die Ergänzung der Geschichtsoffenbarungen (Dan 7; 8; 10-12) zum buchinternen
Problem geworden, das nach einer exegetischen Lösung verlangte. Wie im
gesamten Visionsteil ist Daniel auch in Kap. 9 nicht mehr der geistbegabte
Traumdeuter der Erzählungen, sondern bedarf zum Erkenntnisgewinn der
himmlischen Vermittlung. Daß Daniel hier nicht den Offenbarungsemp-
fang durch Fasten und Selbstkasteiung vorbereitet (10,2f.), daß er ferner
nicht explizit die בינה (8,15), sondern תפלה ותחנונים sucht, mag auf den
ersten Blick verwundern.[86] Statt dessen spricht er, bekleidet mit dem

---

83 Vgl. SEELIGMANN, *Voraussetzungen, passim.* Der Begriff „Midraschexegese" ist deshalb
problematisch, weil ‚Midrash' eine rabbinische Gattung bezeichnet, deren Eigenarten nicht
für frühere Auslegungstexte veranschlagt werden können. Um begriffliche Konfusion zu
vermeiden, wird daher, in Ermangelung einer präzisen Begrifflichkeit, das Phänomen als
‚aktualisierende Schriftauslegung' etc. umschrieben. Daß hier dringend eine begriffliche
Klärung nötig ist, mahnt nicht nur der in der Forschung inflationäre und schwammige
Gebrauch des Begriffes ‚Midrash' an, sondern umgekehrt auch die Tatsache an, daß in 4Q174
III 14 und 4Q256 Fr. 9 1 (par 4Q258 Fr. 1 1) ‚Midrash' als Gattungsbezeichnung verwendet wird, woraus sich zwingend eine Kollision mit dem identischen rabbinischen Gattungsbegriff ergibt.
84 Vermutlich handelt es sich bei Dan 8,27b um einen im Zusammenhang mit der Einfügung
von Kap. 9 in den Visionsteil verfaßten Nachtrag, der durch die Betonung des Unverständnisses Daniels die Offenbarung der 70 Jahrwochen einleiten soll.
85 RIGGER, *Siebzig Siebener,* 17f.75-77, verweist zu Recht auf die Ambivalenz der Form בינתי,
deren Bedeutungsspektrum zwischen ‚verstehen' (Θ / 𝔙) und ‚nachsinnen' (𝔊) liegt. Im
Kontext des gesamten Kapitels kann jedoch nur letzterer Sinn zutreffend sein, da das Verstehen erst mit dem Auftreten Gabriels möglich wird. Das von RIGGER vertretene Modell,
wonach Dan 9,2 als Teil der von ihm angenommenen Grundschicht des Kapitels die
Erkenntnis Daniels über die 70 Jahrwochen vermelde, kann vor dem Hintergrund des in
den Visionen propagierten Danielbildes, wonach Erkenntnis nur noch über himmlische
Vermittlung möglich ist, nicht überzeugen.
86 Die Konstruktion לבקש תפלה ותחנונים (‚Gebet und Bitten zu suchen') ist ungewöhnlich
und hat in der Forschung zu verschiedenen Erklärungen geführt. Während BENTZEN,
Daniel, 73, am Text von 𝔐 festhalten will und erklärend anmerkt, das Gebet komme „nicht
von selbst, es muß gesucht werden", schreiten andere zu Emendierungen. So übersetzt
COLLINS, *Daniel,* 344, in Anschluß an 𝔙: „I set my face to the Lord God to petition with

Büßergewand, ein ausführliches Bekenntnis der Schuld Israels (V. 4b-19), das in die Bitte umschlägt, Gott möge sich seines Volkes und Jerusalems erbarmen und die verheerende Lage des Exils beenden (V. 15-19).

Wer hier ein Gebet quasi als Mittel zum Zweck erwartet, um eine göttliche Reaktion hervorzurufen, muß sich an seinem Inhalt stoßen, der Bitten um Einsicht und Erkenntnis vermissen läßt. Im Beter Daniel manifestiert sich vielmehr eine theologische Grundhaltung, die das ganze Kapitel durchzieht und daher auch die Auslegung der 70 jeremianischen Jahre als 70 Jahrwochen dominiert. STECK hat darauf hingewiesen, daß in Dan 9 eine Stufe des dtr Geschichtsbildes vorliegt, nach der die Zeit der Sünde Israels und des göttlichen Zornes bis in die Gegenwart andauert.[87] Dies bedeutet umgekehrt für Israel, daß die einzige dieser theologischen Qualifizierung der Zeit angemessene Haltung die der Buße ist, und genau das bringt Daniel durch sein Sündenbekenntnis[88] im Büßergewand zum Ausdruck. Er wird so zum idealtypischen Vorbeter der Danielkreise, die sich ebenfalls noch im Exil wähnten – demselben Exil, dessen Fortdauern über die von Jeremia prophezeiten 70 Jahre hinaus in Dan 9 exegetisch begründet wird.

Die Überlagerung der historischen Ebenen im Bewußtsein der Verfasser wird ermöglicht durch die Aktualisierung der jeremianischen Prophezeiung. Wenn der Leser zu Beginn des Kapitels Daniel über den Schriften nachsinnend antrifft (9,2), so ist hiermit zugleich der Ausgangspunkt des folgenden Gedankengangs gegeben: der den Danielkreisen zugängliche biblische Text. Entscheidend ist dabei, daß Daniel sich nicht isoliert mit einer Jeremiastelle beschäftigt, sondern ,in den Schriften' (בספרים) über die Zahl der Jahre nachsinnt, die sich nach der Prophezeiung Jeremias über den Ruinen Jerusalems erfüllen sollen (אשר היה דבר יהוה אל ירמיה

---

prayer and supplication in fasting, sackcloth, and ashes". Es ist dabei in jedem Fall festzuhalten, „[that] the prayer serves to remind the Lord of the prophecy and petition for mercy rather than to request illumination" (a.a.O., 349). Nicht begründbar ist dagegen die Annahme HARTMANs, *Book of Daniel*, 238, der in Anschluß an die in Dan 8,13 bezeugte Wendung ואבקשה בינה auch in Dan 9 ein Gebet um Erleuchtung voraussetzt. Im Kontext von Dan 9 wäre umgekehrt sogar denkbar, daß bewußt ein Gegenpol gegen das zu erwartende לבקש בינה gesetzt werden soll: Wie vom Ende des Kapitels her klar wird (V. 20-23), ereilt Daniel die Erkenntnis nicht, nachdem er inbrünstig um Erkenntnis flehte, sondern nach seinem Bußgebet. Diese im Gebet geäußerte Haltung wird durch die an Daniel ergehende Offenbarung ins Recht gesetzt und soll möglicherweise bereits durch die ungewöhnliche Wendung לבקש תפלה umschrieben werden.

87   Vgl. STECK, *Weltgeschehen*, 72f.
88   Besondere Beachtung im Rahmen des Gebets verdient das Hitpaʿel התודה (9,4.20), das auch in Lev 26,40 begegnet, dort im direkten Kontext der Sabbatruhe des Landes während des Exils (s.o., 2.1.2. a)). Auch RIGGER, *Siebzig Siebener*, 244-250, betont die enge Verbindung mit Lev 26.

הנביא למלאות לחרבות ירושלם). Wie im folgenden zu zeigen ist, wird in Dan 9 die jeremianische Prophezeiung der 70 Jahre im Licht weiterer biblischer Passagen in einem gegenwartsrelevanten Sinn aufgeschlossen.[89] Vor diesem Hintergrund wird man nicht zu weit gehen, wenn man Daniels Sinnen in den Schriften (9,2) – gemeint sind dann alle Schriften,[90] denen ein gegenwartsrelevanter Sinn beigemessen wurde, nicht nur die, welche explizit die 70 Jahre zum Inhalt haben[91] – nachgerade als Überschrift des in 9,24-27 ausgeführten exegetischen Programms versteht.[92]

Die Auffassung der Danielkreise, hinter einem Prophetentext verberge sich ein für die eigene Gegenwart relevanter Sinn, erinnert an die exegetische Methodik der erstmals in Qumran bezeugten *Pesharim*, weshalb Dan 9 häufig auch als *Pesher* bezeichnet wird.[93] Trotz einer grundsätzlichen Nähe in der aktualisierenden Auslegung eines prophetischen Textes bestehen allerdings auffällige Unterschiede, die eine Zuschreibung von Dan 9 zur Gattung der *Pesharim* fraglich machen: So fehlt in Dan 9 ein fest

---

89 Da die in Dan 9,24-27 gebotene Auslegung nicht auf die einlinige Interpretation einer Schriftstelle verengt ist, erübrigt sich auch die Frage, welche der beiden Passagen, die die 70 Jahre Jeremias bezeugen (Jer 25,11f.; 29,10) eigentlich ausgelegt wird. Mit beiden Stellen sind deutliche Berührungspunkte zu verzeichnen, was in Anbetracht des in Dan 9 betriebenen exegetischen Programms nicht verwundern sollte. Der Versuch WILSONs, *Prayer*, 93, Jer 29 zum Generalschlüssel für das Verständnis von Dan 9 zu erklären – mit dem Begriff ספרים liege eine Anspielung auf die Briefe des Propheten in Jer 29 vor –, kann in Anbetracht der sich in Dan 9 abzeichnenden Auslegungsvorgänge nicht überzeugen.

90 Zu Recht betont COLLINS, *Daniel*, 348, gegen HARTMAN und DiLELLA, „[that] it is anachronistic to speak here of ‚canonized sacred scriptures‘“. Es ist jedoch anzunehmen, daß dem Verfasser von Dan 9 die Schriften der späteren Kanonteile Tora und Neviim (und Teile der Ketuvim) in einer Form vorgelegen haben werden, die sich von ihrer heutigen Gestalt nicht mehr nennenswert unterschied. Daß sie diese Texte als feste Größe betrachteten, legt die Tatsache nahe, daß sie sich darauf mit dem Begriff ספרים beziehen können. Auch RIGGER, *Siebzig Siebener*, 183, geht davon aus, „daß sich der Terminus ספרים auf ein breites Spektrum von Schriften bezieht, dessen Umfang bereits weit über den Pentateuch hinausging und neben den (dtr redigierten) Geschichtsbüchern und dem chronistischen Geschichtswerk auch Prophetenbücher umfaßte." Zum Umfang der ספרים vgl. auch KOCH, *Bedeutung*, 192.

91 Vgl. Jer 25,11f.; 29,10; Sach 1,12; 7,5; 2 Chr 36,21f.; Esr 1,1: Neben dem expliziten Bezug auf Jeremia nimmt Dan 9,2 mit למלאות 2 Chr 36,21 auf, die Trümmer Jerusalems (חרבות ירושלם) korrespondieren der in Sach 1,12; 7,5 auf die Zerstörung des Heiligtums gerichteten Perspektive; der Aspekt des Fastens in Dan 9,3 reflektiert die Fastenthematik aus Sach 7. Zur Deutungsgeschichte der 70 Jahre Jeremias s.u., *2.3.1.*

92 KOCH, *Bedeutung*, 199, spricht im Blick auf den Umgang mit der prophetischen Tradition zutreffend von einer „systematischen Verknüpfung profetischer Weissagungen"; s. dazu im folgenden.

93 So etwa RIGGER, *Siebzig Siebener*, 216; KRATZ, *Visionen*, 233: „Nicht versteckt, sondern ganz offen ein Pescher ist Kap. 9".

geprägtes exegetisches Formular,[94] und es wird keine fortlaufende Einzelexegese eines prophetischen Buches, sondern vielmehr die Auslegung
einer Prophezeiung im Licht weiterer biblischer Passagen vorgenommen.
Die Vermittlung der Exegese durch einen himmlischen Boten schließlich
ist ein in den *Pesharim* nicht bezeugtes Element.[95] Dan 9 ist demnach nicht
zutreffend der Gattung der *Pesharim* zuzuschreiben,[96] es handelt sich jedoch ebenso wenig um einen unter den Gattungsbegriff *thematischer
Midrash* (vgl. 11QMelchizedek) zu fassenden Text,[97] da das Jahrwochenorakel nicht ein Thema im Licht verschiedener biblischer Texte behandelt,
sondern auf diese rekurriert, um eine konkrete Prophezeiung auszulegen.
Trotz hermeneutischer Parallelen läßt sich Dan 9 keiner der beiden exegetischen Gattungen zuweisen, sondern bildet eine Vorstufe der in Qumran
bezeugten exegetischen Texte, in denen dieselbe Hermeneutik als eigene
Gattung mit prägenden Formelementen begegnet.[98]

2.2.2. Das Auftreten Gabriels (Dan 9,20-23)

Obwohl in Dan 9,2 das exegetische Programm der Danielkreise dargelegt
wird, das in der in V. 24-27 folgenden Auslegung Gestalt gewinnt, ist es
entscheidend, sich vor Augen zu führen, daß der Text dieselbe nicht als

---

94 In 1QpHab, einem exemplarischen *Pesher*, werden die Formeln פשר הדבר, פשרו על,
    ואשר אמר, זה, הוא oder המה verwendet; vgl. FISHBANE, *Biblical Interpretation*, 454, sowie
    grundlegend ELLEDGE, *Exegetical Styles*, 191-208. Die Wurzel פשר begegnet nur im aramäi-
    schen Teil des Danielbuches und bezeichnet die Deutung eines Traumes (2,7.9.25.30.36.45;
    4,3.15.21), der *Mene-Tekel*-Inschrift (5,7.15.26) und einer Vision Daniels (7,16). In keinem
    der Fälle geht es um ein Prophetenwort, und nirgends läßt sich ein formelhafter Gebrauch
    des Begriffs nachweisen. Die Texte stehen vielmehr in einer Tradition der Divination und
    Traumdeutung mit mesopotamischem Ursprung (akk. pašāru), die ihren Weg in die bibli-
    schen Schriften gefunden hat (vgl. Gen 40,12.18); vgl. FISHBANE, *Biblical Interpretation*, 455.
95 In 1QpHab VII 3-8 wird die Auslegung auf den durch göttliche Offenbarung inspirierten
    ‚Lehrer der Gerechtigkeit‘ (מורה הצדק) zurückgeführt.
96 Ebenso COLLINS, *Daniel*, 359, nach dessen Meinung Dan 9 den *Pesharim* aus Qumran zwar
    formal nahesteht, nicht jedoch der identischen Gattung zugehört.
97 Zur Bestimmung dieser in der Qumranforschung fest geprägten Gattung, die ausdrücklich
    vom rabbinischen Midrash zu unterscheiden ist, vgl. FITZMYER, *Further Light*, 25f.;
    GARCÍA MARTÍNEZ u.a., DJD 23, 222; STEUDEL, *Texte* II, 175; VAN DER WOUDE,
    Melchisedek, 357.
98 Vgl. auch die bei FRÖHLICH, *Pesher*, 304, gebotene Darstellung zur Entwicklung der
    Pesharim, die Dan 9 allerdings unverständlicherweise nur am Rand streift und den Schwer-
    punkt auf die mesopotamischen Vorstufen der Traumdeutungen in Dan 2-7 legt. Die
    Ausführungen bleiben gerade im Blick auf das Verhältnis von Dan 9 zu den exegetischen
    Qumrantexten sehr oberflächlich, insofern Dan 9 und im selben Atemzug Dan 10-12 als
    mögliche Vorstufen der *Pesharim* genannt werden. Hier ist deutlich differenzierter vorzu-
    gehen.

Ergebnis des Schriftstudiums Daniels, sondern durch den himmlischen Boten Gabriel vermittelt wissen will. Die zentrale Bedeutung, die der himmlischen Sphäre in den Visionen Daniels zukommt, wird in Dan 9 konsequent auch für die Schriftauslegung in Anspruch genommen, was zugleich deren Autorität untermauert.[99] Daß Daniel von Gabriel nicht irgendwann, sondern כעת מנחת ערב, zur Zeit des Abendopfers, aufgesucht wird (V. 21) ist kein Zufall, sondern verweist auf die kultische Bedeutung der Tageszeit. Warum Daniel ausgerechnet zu dieser Stunde ins Gebet vertieft ist, erklärt sich, wenn man sich in Erinnerung ruft, daß er sich im Exil, also fernab des Jerusalemer Tempels befindet, der zudem in Trümmern liegt. Angesichts der Unmöglichkeit, die täglichen Tempelopfer geregelt zu vollziehen, zeigt Daniel durch sein Gebet ein für die Diaspora typisches Verhalten – die Teilhabe am physisch unerreichbaren Kultzentrum durch Vergeistigung des Kultus.[100]

Bezieht man die bereits dargestellte Identifikation der geschichtlichen Situation Daniels mit jener der Danielkreise in das Bild mit ein, wird deutlich, daß sich diese erneut in derselben Situation sehen konnten: Durch die Kultreform Antiochus' IV. (Dan 9,27: ישבית זבח ומנחה) war der Tempel entweiht und der Tempelkult faktisch wirkungslos geworden.[101] Auch an dieser Stelle bildet das prototypische Verhalten Daniels die Möglichkeit, Rückschlüsse auf die kultischen Gewohnheiten der Danielkreise zu ziehen: Es ist gut denkbar, daß das Gebet zur Zeit des Abendopfers (vgl. Esr 9,5), vielleicht sogar in der Form dem in Dan 9 bezeugten ähnlich, zu den festen Institutionen dieser Gruppe gehörte.

Die an Daniel ergehende Offenbarung wird bereits in 9,22 summarisch durch das ויבן als Belehrung über die unverständlichen 70 Jahre der Prophezeiung Jeremias charakterisiert,[102] womit bewußt das Unverständ-

---

99 Dabei ist mit COLLINS, *Apocalyptic Vision*, 75, festzuhalten, daß die Vermittlung durch einen Engel gleichzeitig der Tatsache Rechnung trägt, daß Gott selbst während der 70 Jahrwochen nicht aktiv in der irdischen Sphäre tätig wird.

100 LACOCQUE, *Livre de Daniel*, 140f., spricht hier von einer „télescopage de deux réalités que l'Auteur unit: le Temple est céleste-terrestre, transcendent l'espace; le Culte transcende le Temps. Se trouvant en Babylonie sous le règne de Darius, Daniel se tourne, au moment de l'offrande du soir, vers Jérusalem [V. 3] et, effectivement, il est dans le Temple et offre ‚minḥah'."

101 Eine Strukturanalogie bietet die Stellung der Qumrangruppierung zum Tempel, die nach STEGEMANN, *Essener*, 242–245, aufgrund des in Jerusalem verwendeten falschen Kultkalenders von einer großen Distanz gekennzeichnet ist, was freilich nicht zu einer kategorischen Verwerfung des Tempels geführt zu haben scheint.

102 Die Abfolge ויבן וידבר (9,22) wurde in der Forschung aufgrund der vermeintlich problematischen Reihung der Verben häufig zu ויבא וידבר emendiert – Gabriel könne Daniel nicht unterweisen, bevor er mit ihm spreche (vgl. BENTZEN, *Daniel*, 66; COLLINS, *Daniel*, 345; HARTMAN, *Book of Daniel*, 239; PORTEOUS, *Buch Daniel*, 108; anders LACOCQUE, *Livre de*

nis Daniels (8,27: ואין מבין) und seine Bemühungen über den Schriften (9,2: בינתי בספרים) aufgegriffen und zugleich gelöst werden. Dies unterstreicht die neuerliche Aufnahme der Wurzel בין in der Wendung להשכילך בינה am Ende von V. 22, an der sich erneut demonstrieren läßt, wie Daniel als Prototyp einer Gruppe auf die hinter ihm stehenden Kreise transparent wird: Das Hif'il השכיל läßt sofort an ihre Gruppenbezeichnung als משכילים (Dan 11,33.35; 12,3.10) denken. Wenn Gabriel auftritt, um Daniel zu belehren, so belehrt er in Wahrheit die Danielkreise und begründet so deren Lehre von der Ausdehnung der 70 Jahre auf 70 Jahrwochen.

Der folgende Vers (Dan 9,23) enthält nicht etwa die Offenbarung, sondern transportiert weitere theologische Implikationen, die besonders für das Verständnis des Bußgebets wichtig sind. Wie bereits dargelegt, soll vor allem das prompte Kommen des Boten unterstrichen werden,[103] womit zugleich das Gebet Daniels nicht etwa relativiert, sondern in seiner Intention gerade unterstrichen wird. Daniel ist ein ‚geliebter Mann' ([איש] חמודות) gerade *als Büßer*, der die Zeichen der Zeit erkannt hat und sich dementsprechend verhält.[104] Auch hier werden im Hintergrund Aussagen über die Danielkreise getroffen, welche die theologische Überzeugung Daniels teilen und demzufolge selbst als אנשי חמודות zu gelten haben. Die Aufforderung Gabriels, den folgenden דבר zu begreifen (ובין בדבר), spielt erneut mit der Wurzel בין, ebenso wie der parallel konstruierte Appell bezüglich der Vision (והבן במראה). Dieser verwundert zunächst, liegt doch eine der Besonderheiten von Dan 9 gerade im Fehlen einer Vision, an deren Stelle die Schriftauslegung tritt.

Die vermeintliche Schwierigkeit löst sich jedoch schnell auf, wenn man erkennt, daß es sich hierbei um ein Element der kontextuellen Verklammerung handelt. Bereits der sich auf die Person Gabriels beziehende

---

Daniel, 139f.). Dieses Argument greift allerdings ins Leere, da die beiden Verben keine zeitliche Abfolge bezeichnen müssen. Das programmatisch am Anfang des Verses stehende ויבן gibt vielmehr als Motto der folgenden Auslegung vor, die ganz unter dem Vorzeichen der Daniel zuvor versagten בינה steht.

103 Große Beachtung hat in der Forschung die Frage gefunden, wie die Wendung מעף ביעף נגע אלי (9,21) zu übersetzen sei. Während einige eine Herleitung von יעף (= müde sein) vertreten (vgl. MICHAELIS, *Versuch*, 32-34), Gabriel also ermüdet bei Daniel eintrifft, hat sich in Anklang an die frühen Übersetzungen meist die Tendenz durchgesetzt, מעף ביעף von einem יעף II (= fliegen) abzuleiten (vgl. HASEL, Art. יעף, 711f.), womit die Passage den frühesten biblischen Beleg für einen fliegenden Engel böte; so etwa BENTZEN, *Daniel*, 66; HARTMAN, *Book of Daniel*, 239.243; COLLINS, *Daniel*, 352; PORTEOUS, *Danielbuch*, 114. Bei allen Unsicherheiten im Detail bleibt festzuhalten, daß die Aussageabsicht des Textes, die rasche Ankunft Gabriels noch während des Gebets zu betonen, in jedem Fall als gesichert gelten kann.

104 Er erfüllt so die in Lev 26,40-43; Jer 29,12-14 für die Exilszeit geforderte Umkehr (s.o., *2.1.2. a)*).

Relativsatz אשר ראיתי בחזון בתחלה in V. 21 erfüllt dieselbe Funktion, indem er auf das Auftreten Gabriels in 8,15-26 Bezug nimmt. Die Aufforderung והבן במראה in 9,23 bringt demzufolge zum Ausdruck, daß die folgende Offenbarung nicht nur für die Frage nach den 70 Jahren bedeutsam ist, sondern auch Aufschluß über die Vision in Kap. 8 gibt, deren Sinn ja nach 8,27b eben nicht erschöpfend geklärt war! Durch derartige Verklammerungen mit dem Kontext gewinnt die These weitere Plausibilität, daß es sich bei Dan 9 um die letzte Fortschreibungsstufe des Danielbuches handelt. Die neu entwickelte, dtr geprägte Perspektive der bis in die Gegenwart fortdauernden Exilszeit wird so als theologischer Rahmen für die detaillierten hebräischen Visionen der Kap. 8; 10-12 festgeschrieben (s.o., *1.*).

2.2.3. Das ursprüngliche Jahrwochenorakel (Dan 9,24-26)

Der Beginn der Offenbarung in V. 24 bietet sogleich die Lösung des exegetischen Problems in V. 2: Die dort genannten שבעים שנה, die sich nach dem דבר Jeremias über den Trümmern Jerusalems erfüllen sollten, werden durch einfache Verdopplung des Konsonantenbestandes der Zahl 70 als שבעים שבעים (70 Jahrwochen) interpretiert – die in Dan 9 gebotene Auslegung ist bereits sprachlich in der Prophezeiung Jeremias angelegt. Als Bezugsgrößen der 70 Jahrwochen werden das Volk (עמך) und die heilige Stadt (עיר קדשך) angeführt – über sie wurde der Zeitraum beschlossen (נחתך). Das Nif'al der Wurzel חתך, die biblisch nur hier belegt ist, wird gemeinhin als ,verhängt / bestimmt' wiedergegeben. Versucht man, die Grundbedeutung der Wurzel חתך (= abschneiden)[105] stärker für die Interpretation von Dan 9,24 fruchtbar zu machen, so erscheint die Übersetzung von נחתך als ,beschlossen' angemessen, in der sowohl das Moment des Verhängtseins als auch das der Begrenzung einer Unheilszeit mitklingen.[106] Die Verbindung beider Aspekte ist, wie im Blick auf den Fortgang

---

105 Vgl. GESENIUS, *Handwörterbuch*, 268; KOEHLER / BAUMGARTNER, *Lexikon* I, 349.

106 So bereits HENGSTENBERG, *Christologie*, 414: „Eine abgekürzte Zeit ist eine genau bestimmte und begränzte." Auch LACOCQUE, *Liturgical Prayer*, 124, betont das Moment der Begrenzung der Unheilszeit. Daß diese Begrenzung jedoch als Folge der Buße eintrete, das Verhältnis von Bußgebet und Ende der 70 Jahrwochen also als kausal zu fassen sei, läßt sich am Text nicht erhärten. Nach KOCH, *Bedeutung*, 198, ist das נחתך in 9,24 so zu verstehen, daß hier vom Herausschneiden der 70 Jahrwochen „aus dem Gesamtbestand der Schöpfungszeit" die Rede sei. Im Hintergrund sieht er „verbreitete Theorien von durchgängigen 490-Jahre-Rhythmen in der ganzen von Gott gesteuerten Schöpfungszeit". Daß die in Dan 9 dargestellte Epoche faktisch einen Ausschnitt aus der Weltzeit darstellt, ist nicht zu bestreiten, berechtigt jedoch nicht dazu, dies als explizite Aussage in der Form

des Textes deutlich wird, gerade das Charakteristische der 70 Jahrwochen, deren Charakter als Sündenzeit ebenso irreversibel feststeht wie die Überwindung des Widergöttlichen nach ihrem Ende.

Der göttliche Beschluß der 70 Jahrwochen über Volk und Heilige Stadt kommt vor dem Hintergrund des Bußgebetes zunächst als Resultat des fortwährenden Ungehorsams Israels in den Blick. Die 70 Jahrwochen entsprechen dem göttlichen Schwur, Unheil über das ungehorsame Volk zu bringen (9,11; vgl. Dtn 28,15-68; 29,20), ein Sachverhalt, der feinsinnig in der Doppeldeutigkeit der Wurzel שבע (,schwören' / ,Siebent') mitklingt. Als faktisch siebenfache Verlängerung der 70 Jahre erfüllen sie die Drohung, Israel werde für seine Sünden siebenfach bestraft werden (Lev 26,18).[107] Daß der göttliche Beschluß nicht eine vorübergehende Strafaktion zum Inhalt hat, sondern mit der Abgrenzung eines Sündenzeitraumes ein neues Ziel verfolgt, bringt die finale Infinitivkonstruktion in 9,24 zum Ausdruck. Die 70 Jahrwochen als Setzung Gottes machen ein für allemal den unheilvollen Kreislauf aus Sünde des Volkes, Umkehr und neuerlicher Sünde unmöglich, insofern in ihrem Anschluß der Umschwung in die Endzeit erfolgt. In dieser Endgültigkeit der 70 Jahrwochen, die als schlimmste, aber eben auch als letzte Epoche der (Unheils-)Geschichte Israels in den Blick genommen werden, besteht der charakteristische Unterschied zwischen Dan 9 und früheren Stufen des dtr Geschichtsbildes.[108]

Die Infinitivkonstruktion in Dan 9,24 zerfällt in zwei aufeinander bezogene Trikola, deren erstes vom Ende negativer, das zweite vom Auftreten positiver Größen handelt. So strukturiert enthält V. 24 ein geballtes theologisches Potential, dessen Bedeutung für die Auslegung der folgenden Verse nicht überschätzt werden kann. Die Begriffe je für sich genommen sind theologisch hoch aufgeladen und tief in der biblischen Tradition verankert, ihr Nebeneinander bildet faktisch ein Exzerpt zentraler heilsgeschichtlicher Topoi. Dabei werden die 70 Jahrwochen von zwei Seiten in den Blick genommen: Sie sind zunächst der Zeitraum, in dem die negativen Größen des ersten Trikolons (עון / חטאות / פשע) an ihr Ende kommen, und werden andererseits durch Erfüllung der positiven Größen des zweiten Trikolons (צדק עלמים / חזון ונביא / קדש קדשים) charakterisiert.

חתך zu verankern, zumal das gesamte Danielbuch seinen Blickwinkel nicht über die exilisch-nachexilische Epoche und die anschließende Endzeit hinaus weitet. Da der Text keine Kenntnis eines umfassenderen heptadischen Schemas verrät, zu dem er seine Aussagen in Beziehung gesetzt sehen will, tragen derartige Spekulationen über ein implizit vorausgesetztes Weltzeitkonzept für sein Verständnis nichts aus.

107 So auch COLLINS, *Daniel*, 352; HARTMAN, *Book of Daniel*, 250.
108 Vgl. STECK, *Israel*, 186f.

Der gedanklichen Steigerung von der „‚Entsorgung' des jede heilvolle Zukunft bedrohenden ‚Sündenmülls'"[109] zur Verwirklichung der Heilsereignisse – die sechs Begriffe des zweiten Trikolons überbieten die drei des ersten auch quantitativ – scheint ein zeitlicher Fortschritt zu entsprechen. Daß V. 24 auf die Etablierung eines eschatologischen Ideals abzielt, kann mit COLLINS als unbestritten gelten,[110] entscheidend ist dabei aber die Frage, wie sich das im Vers nicht explizierte zeitliche Verhältnis der Ereignisse zueinander bestimmen läßt. Im Blick auf die folgenden Ausführungen (V. 25-27) ist es naheliegend anzunehmen, daß die Erfüllung von Sünde und Frevel den vollen Zeitraum der 70 Jahrwochen in Anspruch nimmt und sich erst im Anschluß daran, also bereits jenseits des betrachteten Zeitraumes, die positiven Heilsgrößen verwirklichen können.[111] Der Vers wäre demnach sinngemäß folgendermaßen zu verstehen: ‚70 Jahrwochen sind beschlossen, daß sich *in ihnen* das Negative erfülle und damit die Voraussetzung gegeben ist, daß *dann* die Heilszeit anbrechen kann.' Um der Gefahr einer übermäßigen Schematisierung zu entgehen, ist es allerdings unerläßlich, zunächst die Elemente der Trikola genauer zu untersuchen.

Das erste Begriffspaar לכלא הפשע ist ohne Parallele in anderen biblischen und außerbiblischen Texten, kann aber in seiner Bedeutung eingegrenzt werden, wenn man den Blick auf das Danielbuch richtet. Dort begegnet die Wurzel פשע an drei weiteren Stellen (8,12.13.23), an den beiden ersten klar im Kontext des Kultfrevels. Zudem ist ein heidnischer Hintergrund wahrscheinlich, da in Kap. 8 der Frevel im Namen des anmaßenden Königs beschrieben wird und der Begriff nicht Teil des von Daniel stellvertretend gesprochenen Sündenbekenntnisses Israels (9,4-19) ist. ‚70 Jahrwochen, den Frevel zu vollenden',[112] sind folglich im Kontext des Danielbuches zunächst als Zeitraum zu verstehen, in dem die heidnischen Fremdherrscher das jüdische Volk unterjochen.[113]

---

109 KOCH, *Bedeutung*, 198.

110 Vgl. COLLINS, *Daniel*, 353f., der zum Vergleich auf 1 Hen 10,20-22 und 11QPs[a] verweist. Die besondere terminologische Nähe zu 11QPs[a] ist auffällig und scheint auf ein enges Verhältnis beider Texte hinzudeuten.

111 Gegen COLLINS, *Daniel*, 354, der ohne Berücksichtigung der V. 25-27 folgert: „The infinitives refer to what will be fulfilled at the end of the seventy weeks."

112 לכלא ist im Kontext sinnvoller als Infinitiv Piʻel von כלה zu fassen (vgl. zu dieser Bildung § 75rr bei GESENIUS, *Grammatik*, 225), da dieselbe Form zwar auch von der Wurzel כלא (‚begrenzen') stammen kann, es im Blick auf den endzeitlichen Umschwung aber eher darum geht, daß das Maß des Frevels voll wird, um ihn sodann für immer auszutilgen (להביא צדק עולמים).

113 Vgl. auch COLLINS, *Daniel*, 354: „The iniquity that must be completed surely includes the desecration of the temple by the Syrians and the Jewish Hellenizers."

Das zweite Begriffspaar ולחתם חטאות (‚und Sünden zu versiegeln') ist nach dem *Qere* als ולהתם חטאות (‚und Sünden vollzumachen') zu lesen. OTZEN folgt hier dem *Ketiv*, das er als Ansage der endzeitlichen Sündenvergebung interpretiert.[114] Dieser Vorschlag ist stark in Zweifel zu ziehen, da es dem Duktus des Textes zufolge nicht um die Beschreibung einmaliger Akte, sondern um die wesentlichen Charakteristika des Zeitraumes geht, der bis zum Ende durch eine Klimax zunehmender Schlechtigkeiten gekennzeichnet ist. Vor diesem Hintergrund erscheint das *Qere* plausibler, zumal sich das *Ketiv* als Resultat einer Verwechslung mit der im letzten Versteil begegnenden Form לחתם erklären läßt.[115] Die Aussage ‚70 Jahrwochen, der Sünden Maß vollzumachen' (להתם חטאות)[116] ist dabei im theologischen Kontext von Dan 9 in den Blick zu nehmen: Nach 9,20 bekennt Daniel seine Sünde und die Sünde seines Volkes (חטאתי וחטאת עמי ישראל). Sodann ist das für die Sabbatjahrthematik so wichtige Kapitel Lev 26 zu erwähnen, wo gleich viermal (V. 18.21.24.28) die göttliche Strafe aufgrund der Sünden (!) Israels angedroht wird.[117]

Daß hier schwerpunktmäßig die Sünden ganz Israels im Blick sind, welche im Bußgebet ausführlich bekannt werden, hat COLLINS unter Verweis darauf in Zweifel gezogen, daß in Dan 11 „a clear distinction is made within Israel between those who violate the covenant and those who remain faithful. The traditional Deuteronomistic theology, then, which envisages the sin of all Israel, is not adequately nuanced for the situation envisaged in Daniel."[118] Daß im Danielbuch ein besonderes Selbstverständnis der Danielkreise innerhalb des Judentums transportiert wird, ist unbestreitbar. Gleichzeitig aber zeigt Dan 11,33, daß sich die משכילים auf das Volk Israel bezogen wußten, insofern von der Unterweisung der Vielen durch die משכילי עם die Rede sein kann. COLLINS ist zwar darin rechtzugeben, daß die dtr Theologie nicht unmodifiziert rezipiert wurde – daß

---

114 Vgl. OTZEN, Art. חתם, 286.

115 Dem *Qere* folgen auch COLLINS, *Daniel*, 345; DIMANT, *Seventy Weeks Chronology*, 59, Anm. 11; HARTMAN, *Book of Daniel*, 239; LACOCQUE, *Livre de Daniel*, 139; PORTEOUS, *Buch Daniel*, 108. Anders BENTZEN, *Daniel*, 66; LEBRAM, *Buch Daniel*, 105; RIGGER, *Siebzig Siebener*, 37f.

116 Wie im Fall des diskutierten *Ketiv/Qere*-Problems herrscht auch bei der Form חטאות Unklarheit, insofern manche Übersetzungen dem *Qere* folgend hier eine Singularform bieten (𝔊 / 𝔙). Da sich dies als Angleichung an die sonst in Dan 9,24 gebräuchlichen Singulare plausibilisieren läßt, ist der Plural als *lectio difficilior* beizubehalten. Ebenso COLLINS, *Daniel*, 345; HARTMAN, *Book of Daniel*, 239; LEBRAM, *Buch Daniel*, 105; RIGGER, *Siebzig Siebener*, 38; anders etwa BENTZEN, *Daniel*, 66; LACOCQUE, *Livre de Daniel*, 139.

117 Die Verbindung zwischen Dan 9 und Lev 26 wurde bereits hinsichtlich der seltenen *Hitpaʿel*-Formen der Wurzel ידה betont, durch die das Sündenbekenntnis ausgedrückt wird (Lev 26,40; Dan 9,4.20); s.o., *2.1.2*.

118 COLLINS, *Daniel*, 354.

dies jedoch geschah, nur eben in veränderter Form, ist nach der Arbeit
STECKs nicht mehr in Zweifel zu ziehen.[119] Vorstellbar ist ein besonderes
Sendungsbewußtsein der Danielkreise, die sich selbst als der verheißene
Rest Israels wußten, und zugleich stellvertretend für das sündige Volk als
ganzes eine theologische Überzeugung lebten, wie sie das Bußgebet
spiegelt. Im Duktus des Textes jedenfalls sind es unbestreitbar die im Gebet bekannten Sünden Israels, deren Maß in den 70 Jahrwochen voll werden muß.

Die dritte Infinitivkonstruktion des ersten Trikolons schließlich
spricht vom Sühnen der Schuld (ולכפר עון). Der biblische Hintergrund
der Wurzel כפר ist äußerst facettenreich und umfaßt Aussagen, die von
der Wiedergutmachung einer zwischenmenschlichen Schuld oder einer
Verschuldung vor Gott bis hin zu Fragen kultischer Reinheit reichen, wie
sie zentral in der priesterlichen Tradition begegnen.[120] In diesen Zusammenhang gehört auch der Versöhnungstag (Lev 16; vgl. 23,26-32) als
zentrales Fest, an dem die kultische Reinheit des durch Israels Sünden ver-
unreinigten Tempels wiederhergestellt wird. Die Verbindung der Wurzeln
כפר und עון ist dabei sehr selten, und lediglich an einer Stelle (1 Sam 3,14)
begegnet sie in eindeutig kultischem Kontext. Dagegen überwiegen Aussagen, in denen Gott Handlungsträger ist und die Vergebung von Schuld
ausgedrückt wird (Ps 78,38; Jes 22,14; 27,9; Jer 18,23).[121] Daß auch in
Dan 9,24 das ולכפר עון in dieser Weise zu verstehen ist, legt sich nahe,
wenn man den Kontext des Verses und die theologischen Grundüberzeugungen des Verfassers in die Betrachtung mit einbezieht, charakterisieren doch die beiden ersten Glieder des ersten Trikolons die 70 Jahrwochen als Zeit, in der פשע und חטאות ihr volles Maß erreichen, um sodann
endgültig überwunden zu werden.

Daß die Aussage ‚70 Jahrwochen, die Schuld zu sühnen' nicht einen
fortwährenden Prozeß kultischer Entsühnung im Blick hat, sondern ihr
gedankliches Ziel in der endgültigen Sühnung von Schuld am Ende der
Epoche findet, ergibt sich so einerseits aufgrund des direkten Kontexts.
Daß dies überdies in der gedanklichen Konzeption der Danielkreise nicht
anders sein kann, wird klar, wenn man sich vergegenwärtigt, daß der
Tempelkult als Ort kultischer Sühne ausgefallen ist. Die 70 Jahrwochen als
ganze sind quasi tempelfreie Zeit, die Errichtung des Zweiten Tempels

---

119 Vgl. STECK, *Weltgeschehen*, 67-78, und die Ausführungen unter *2.1.2. a)*.
120 Vgl. LANG, Art. כפר, 306-318.
121 Vgl. auch CD III 18: כפר בעד עונם; XIV 19: ויכפר עונם. Die theozentrische Dimension des
Sühnehandelns in 9,24 hebt auch RIGGER, *Siebzig Siebener*, 258f., hervor.

wird mit keinem Wort erwähnt,[122] und auch seine Entweihung durch
Antiochus IV. stellt nur den Gipfelpunkt einer Epoche ohne ordnungsge-
mäßen Tempelkult dar. Findet die Aussage ולכפר עון damit ihren Schwerpunkt in der endgültigen Sühnung der Schuld, wobei Gott als implizites
Subjekt zu denken wäre, so bedeutet dies allerdings gerade nicht, daß die
kultische Dimension der Sühne aus dem Blick geraten wäre. Das der
Formulierung ולכפר עון korrespondierende Glied des zweiten Trikolons
(ולמשח קדש קדשים) zeigt gerade, daß die Frage des wahren Kultus nicht
als Thema betrachtet werden kann, mit dem die Danielkreise bereits
abgeschlossen hatten. Sie bildet umgekehrt gerade einen Kernpunkt ihrer
endzeitlichen Erwartung,[123] angesichts der Erfahrungen der Gegenwart
auf das Eschaton verschoben.

Die Glieder des ersten Trikolons zielen auf das Ende von חטאות, פשע
und עון und greifen dabei auf theologisch hoch aufgeladene Termini zurück. Der Hintergrund, der im Bußgebet greifbar wird, ist auch hier
unverkennbar, wobei im Gegensatz zu den biblischen Ausprägungen des
dtr Geschichtsbildes nicht mehr von der Umkehr des Volkes ein Umschwung der Lage herbeigeführt werden kann, sondern der Anbruch des
Heils mit der Frist der 70 Jahrwochen verknüpft ist, in denen Sünde und
Frevel zunächst ihr volles Maß erreichen müssen. Der Blick ist dabei sowohl auf die Schuld Israels als auch auf die Frevel der Heiden gegenüber
Gottes Volk gerichtet, wie sie in den Übergriffen unter Antiochus IV.
ihren Kulminationspunkt finden.[124] Dieselben drei Begriffe (חטאות, פשע
und עון) begegnen auch in Jer 33,8, hier im Zusammenhang der verheißenen Wiederherstellung, in deren Kontext Gott Judas Sünden vergeben
und es von aller Schuld reinigen wird. Es ist sehr wahrscheinlich, daß der
Jeremiatext auch von den Danielkreisen assoziiert wurde,[125] was die An-

---

122 Interessanterweise enthält auch das Bußgebet im Gegensatz zu Esr 9,8f. keine Bitte um
     den noch ausstehenden Wiederaufbau des Tempels.
123 Vgl. auch die Parallele Jes 27,9, wo das Sühnen der Schuld Jakobs (יכפר עון יעקב) in unlös-
     bare Verbindung mit der Abschaffung heidnischer Kultstätten gebracht wird. Die große
     sprachliche Nähe zur Wendung ולכפר עון in Dan 9,24 macht es wahrscheinlich, daß der
     Jesajatext hier rezipiert wurde. Die Götzenopferaltäre der Vergangenheit finden ihre Ana-
     logie in der Entweihung des Jerusalemer Tempels durch Antiochus IV. Beides stellt ein
     schuldhaftes Vergehen dar, dessen Beseitigung Voraussetzung der Vergebung ist. Die ge-
     genwärtige Entweihung des Tempels konnte so vor dem biblischen Hintergrund als letzter
     Hinderungsgrund der erwarteten endzeitlichen Sühnung der Schuld und Weihung eines
     Hochheiligen gedeutet werden.
124 Die Verbindung zwischen Sünde Israels und Frevel der Heiden sieht auch PORTEOUS,
     Buch Daniel, 115: „Wichtig ist, daß man erkennt, daß der Verfasser andeuten möchte, es
     werde nicht nur die Bosheit des Antiochus, sondern auch der Aufruhr Israels zu Ende
     gebracht. Daniels Bußgebet muß ganz ernst genommen werden."
125 Vgl. dazu die folgenden Ausführungen zu Dan 9,26 (יכרת משיח).

nahme stützt, daß das Ende der Unheilszeit und der Beginn der Heilszeit durch das Eingreifen Gottes am Ende der 70 Jahrwochen erwartet wurden. Ebenfalls im Hintergrund der drei in Dan 9,24 verwendeten Begriffe könnte Mi 7,18f. stehen, wo diese im Kontext der endzeitlichen Entsühnung des Gottesvolkes begegnen.

Daß פשע, חטאות und עון mit dem Erreichen ihres vollen Maßes zugleich überwunden werden, wird durch das zweite Trikolon zum Ausdruck gebracht, dessen Glieder denen des ersten zugeordnet sind. Als erstes Glied begegnet die Wendung ולהביא צדק עלמים, die das Heraufführen ewiger Gerechtigkeit aussagt. Der Terminus עולם, der im biblischen Sprachgebrauch die Grundbedeutung „fernste Zeit" trägt,[126] findet im Plural vor allem in Zusagen des Heils und des Mitseins Gottes Verwendung, deren Unverbrüchlichkeit so unterstrichen wird.[127] Die Verknüpfung mit צדק ist sonst biblisch nicht belegt, fügt sich jedoch gut in den Heilskontext ein. Dies unterstreicht auch die Parallele in 11QPs^a XXII 13, wo Zion ewige Gerechtigkeit verheißen wird. Daß es sich in Dan 9,24 um eine eschatologische Aussage handelt, verdeutlicht der Blick auf den Kontext des Danielbuches, in dessen hebräischem Teil der Singular עולם zur Charakterisierung des endzeitlichen ewigen Lebens der Gerechten verwendet wird (12,2f.).[128] Das Heraufführen ewiger Gerechtigkeit als endzeitliches Geschehen steht so den 70 Jahrwochen gegenüber, in denen der Frevel sein volles Maß erreicht (לכלא הפשע). Die begrenzte Zeit der Sünde wird quantitativ wie qualitativ durch Gerechtigkeit ohne Maß überboten.[129]

Blickt man auf den Kontext von Dan 9, so zeigt sich, daß das Bringen ewiger Gerechtigkeit (להביא צדק עלמים) zugleich die Aussage kontrastiert, Gott habe aufgrund der Sünden des Volkes großes Übel über es gebracht (9,12: להביא עלינו רעה גדלה).[130] Daß dieses Heilsgeschehen in die Endzeit verlagert wird, unterstreicht erneut die Akzentverschiebung, welche das klassische dtr Geschichtsbild in Dan 9 erfahren hat. Mit RIGGER ist überdies auf die Parallele bei DtJes zu verweisen, wo in 45,8 unter Aufnahme des Schöpfungsterminus ברא eine endzeitliche Neuschöpfung ausgesagt wird: „Diese Neuschöpfung bedeutet für das Volk Gottes *und* für

---

126 JENNI, *Wort 'ōläm* I, 246; vgl. BRIN, *Concept*, 85-113; PREUß, Art. עולם, 1144-1159.

127 Vgl. 1 Kön 8,13; 2 Chr 6,3; Ps 61,5; 145,13; Jes 26,4; 45,17.

128 Daß ewiges Leben zugleich als Prädikat Gottes ausgesagt werden kann, zeigt Dan 12,7 (וישבע בחי העולם); vgl. 4,31. Zur eschatologischen Dimension von Dan 9,24 im Verhältnis zu Dan 12 vgl. auch PREUß, Art. עולם, 1156.

129 BRIN, *Concept*, 277f., betont, daß der Plural עולמים neben seiner zeitlichen auch eine superlativische Dimension hat, die in Konstruktusverbindungen deutlich zutage tritt.

130 Im Hintergrund dieser Aussage ist erneut Lev 26 zu sehen.

die Welt Erlösung (vgl. 45,20-25), צדק meint nunmehr das eschatologische Heilshandeln Jahwes in seiner universalen Tragweite."[131] Stellt man dieses Verständnis in Rechnung, so erscheint die Wendung להביא צדק עלמים programmatisch als Eröffnung des zweiten Trikolons, indem sie die scharfe Zäsur, die mit Beginn der Heilszeit von Gott gesetzt wird, prononciert zum Ausdruck bringt.

Das mittlere Glied des zweiten Trikolons hat die Versiegelung von Vision und Propheten zum Inhalt (ולחתם חזון ונביא), wobei die Deutung dieser Aussage durch das Fehlen biblischer Parallelen nicht unbeträchtlich erschwert wird. Lediglich der in Qumran gefundene Text 4QMyst[b] (4Q300) spricht ebenfalls von der Versiegelung der Vision: ,denn versiegelt ist vor euch das Siegel der Vision' (Fr. 1 I 2: חתום מכם ח[תם החזון). Wie der weitere Kontext klarmacht, steht das Bild der versiegelten Vision hier eindeutig für verwehrte Erkenntnis, die Unmöglichkeit der Einsicht in die göttlichen Geheimnisse. Daß ein entsprechend negativer Zusammenhang auch in Dan 9,24 vorausgesetzt werden muß, ist allerdings im Kontext der eschatologischen Verheißung äußerst unwahrscheinlich. Die Begriffe חזון und נביא sind tief in der prophetischen Tradition verwurzelt,[132] die demzufolge zunächst als Hintergrund in den Blick gerät. Von zentraler Bedeutung ist dabei die Beobachtung, daß חזון zu den Kernbegriffen der hebräischen Visionen des Danielbuches zählt (Dan 8,1.2.13.15.17.26; 9,21.24; 10,14; 11,14; 12,11),[133] während נביא nur in Dan 9 begegnet (V. 2.6.10.24).

Bereits im Zuge der Ausführungen zu Dan 9,23 wurde dargelegt, daß die an Daniel ergehende Offenbarung nicht nur den דבר Jeremias erläutert, sondern darüber hinaus zugleich maßgeblich für das Verständnis der Visionen (מראה) der Kap. 8; 10-12 ist. Die besondere Neuerung in Dan 9 gegenüber den hebräischen Visionen besteht dabei gerade im Rekurrieren auf die mit dem Namen Jeremias verknüpfte Prophezeiung des siebzigjährigen Exils. Die sich hierin äußernde biblische Hermeneutik, deren Nähe zu den *Pesharim* bereits gezeigt wurde, hat ihre Besonderheit darin, daß Schriftauslegung eng mit visionärem Empfang verknüpft ist; in der literarischen Fiktion von Dan 9 geschieht sie vermittelt durch den Offenbarer Gabriel, den Daniel bereits zuvor ,in der Vision geschaut hatte' (9,21; vgl. 8,15). Die Tatsache, daß der Terminus נביא nur in Dan 9 begegnet, ist das Resultat der hier erstmals bezeugten Verwendung propheti-

---

131 RIGGER, *Siebzig Siebener*, 201.

132 Zur Verbindung der Wurzel חזה mit dem נביא vgl. JEPSEN, Art. חזה, 825.

133 חזון in der besonderen Bedeutung einer Schauung endzeitlicher Geschehnisse scheint zudem gleichbedeutend mit dem Begriff מראה zu sein (8,15.16.26.27; 9,23; 10,1.6.7.8.16.18); vgl. JEPSEN, Art. חזה, 832.

scher Texte als Botschaften, deren wahrer Sinn sich auf die eigene Gegenwart bezieht. In eben diesem Sinn wird der Begriff נביא in seiner besonderen Verbindung mit חזון zu verstehen sein, die Begriffe sind nicht einfach austauschbar.[134]

Wenn nun von 70 Jahrwochen לחתם חזון ונביא die Rede ist, so scheint dabei der Akzent weniger auf ihrer *Ver*siegelung als vielmehr auf ihrer *Be*siegelung als Abschluß und affirmativen Bestätigung zu liegen.[135] Dies gilt nicht nur aufgrund des eben dargestellten hermeneutischen Zugangs zur Prophetie, sondern auch in Anbetracht des direkten Kontextes von V. 24, der auf die endzeitliche Erfüllung abzielt.[136] Mit der endzeitlichen Besiegelung der prophetischen Botschaft und der visionären Schauungen erfolgt nicht nur ihre Bestätigung, sondern Gott selbst erweist sich durch die Erfüllung seines Heilsplanes als treu.[137] Da in Dan 12,4.9 von der Versiegelung (חתם) und dem Verbergen (סתם) des Buches für die letzte Zeit die Rede ist, wird man zugleich auch für 9,24 erwägen müssen, ob neben der eschatologischen Besiegelung von Vision und Prophet nicht zugleich an eine Versiegelung derselben für die Dauer der Unheilszeit gedacht ist, so daß ihre wahre Dimension nur den sich in der letzten Zeit wähnenden

---

134 Gegen COLLINS, *Daniel*, 354, nach dessen Ansicht חזון und נביא als Synonyme zu deuten sind. Daß, wie von COLLINS ferner behauptet, hier schwerpunktmäßig an Jeremias Prophezeiung zu denken ist, ist einmal deshalb unwahrscheinlich, weil diese weder als חזון, geschweige denn als נביא bezeichnet wird, muß jedoch als Möglichkeit vollends ausscheiden, wenn man auf den Duktus von 9,24 achtet, in dem es um die Erfüllung abstrakter theologischer Kategorien geht. Dies muß auch COLLINS einräumen, wenn er sogleich zugesteht „but the allusion probably includes all prophecy that is construed eschatological" (ebd.). Als Teil derselben ist selbstredend auch an die Erfüllung der 70 jeremianischen Jahre nach 70 Jahrwochen zu denken. LEBRAM, *Buch Daniel*, 108, legt korrekt dar, es gehe bei חזון und נביא nicht schwerpunktmäßig um die jeremianischen 70 Jahre, begründet dies jedoch völlig unzutreffend damit, daß diese bereits mit der Rückkehr der Exilierten ihre Erfüllung gefunden hätten. Daß dies nicht die Meinung der Danielkreise war, beweist schlagend die Existenz von Dan 9!

135 Vgl. OTZEN, Art. חתם, 288. Ebenso äußert sich RIGGER, *Siebzig Siebener*, 202-207.

136 Das Motiv der Erfüllung einer חזון findet sich auch in Dan 11,14, wo der Aufstand der Vielen geschieht להעמיד חזון. Eine eschatologische Dimension ist auch in 11QPsᵃ XXII 13f. präsent, wo in einem Kontext der endzeitlichen Erfüllung auch חזון und חלומות נביאים genannt sind.

137 Vgl. auch OTZEN, Art. חתם, 288, und PORTEOUS, *Buch Daniel*, 115, nach deren Ansicht mit der Erfüllung der Prophetie zugleich ihr Ende verbunden ist. Die Frage nach dem ,Ende der Prophetie' im Horizont von Dan 9 ist allerdings um Einiges komplexer: Insofern sich der Text selbst nicht als prophetische Schrift versteht, sondern autoritative prophetische Texte auslegt, blickt er in gewisser Weise bereits auf ein ,Ende der Prophetie' zurück. Dieses wird allerdings auf der Ebene der Auslegung transzendiert, die ja gerade von einem zentralen Gegenwartsbezug der Propheten ausgeht. Die von Dan 9 erwartete endzeitliche Erfüllung exilischer Prophezeiungen ist daher nicht mit dem ,Ende der Prophetie' zu verwechseln, das kein expliziter Gegenstand des Textes ist.

Danielkreisen offenbar wird, in deren Gegenwart sie sich zugleich erfüllen. Dies hätte selbstredend Konsequenzen für das zeitliche Verständnis
der Trikola aus V. 24, die man dann nicht schematisch auf die Zeit der 70
Jahrwochen (erstes Trikolon) und die danach anbrechende Endzeit (zweites Trikolon) aufteilen könnte.

Schließlich begegnet als drittes Glied des zweiten Trikolons die Salbung eines Hochheiligen – ולמשח קדש קדשים. Die Verbindung קדש
קדשים ist vor allem kultisch geprägt; als solche kann sie das Heiligtum (Ex
30,36; Ez 43,12; 45,3; 48,12), einen Teil desselben (den Altar: Ex 29,37;
30,10), Opfer (Lev 2,3; 6,10) oder sogar die Opfergesetze bezeichnen (Lev
6,18; 7,1). Die Salbung (משח) eines Hochheiligen ist zwar biblisch nicht
belegt, es existieren jedoch Aussagen von der Salbung der Stiftshütte
und/oder der Kultgegenstände (Ex 30,26; 40,9-11). Daß man sich mit der
Salbung eines Hochheiligen in Dan 9,24 im direkten gedanklichen Umfeld
des Kultzentrums befindet, ist daher naheliegend, besonders wenn man
sich vor Augen führt, daß die Eingriffe Antiochus' IV. in den jüdischen
Tempelkult in Dan 9,26f. als integraler Bestandteil der Greuel während
der letzten Jahrwoche dargestellt werden und nach einer Aufhebung verlangen.

Gemeinhin wird angenommen, in V. 24 werde mit ולמשח קדש קדשים
auf die erwartete Wiedereinweihung des Tempels angespielt, die 164 v.
Chr. Wirklichkeit wurde.[138] Es ist jedoch Vorsicht davor geboten, die Aussage ihrer eschatologischen Schlagkraft zu berauben, die der Verskontext
mit Beseitigung von Sünde und Etablierung ewiger Gerechtigkeit transportiert. Die erwartete Salbung eines endzeitlichen Heiligtums wird einen
konkreten Anknüpfungspunkt in der Hoffnung auf Beseitigung der seleukidischen Kultfrevel gehabt haben, ist zugleich aber von einem deutlichen
Überschuß gekennzeichnet: Ziel ist nicht die Wiederherstellung eines
Kultbetriebs, wie er vor den Religionsedikten praktiziert wurde. Der Zweite Tempel, an keiner Stelle von Dan 9 positiv erwähnt, ist im Konzept der
70 Jahrwochen vielmehr selbst Teil einer Epoche, die als ganze unter dem
Vorzeichen des Gerichts steht und in den Greueln unter Antiochus IV.
lediglich ihre notwendige letzte Zuspitzung erfährt. Den wahren Kultus
kann erst die erwartete endzeitliche Salbung eines Hochheiligen ermöglichen, die vielleicht bewußt in Analogie zur Salbung der Stiftshütte in der
Wüste (Ex 30,26; 40,9) formuliert wurde.[139]

---

138 Vgl. COLLINS, *Daniel*, 354; zur Chronologie s.u., *2.3.3.*
139 Vgl. BENTZEN, *Daniel*, 73f., der hier im Anschluß an BAYER Anklänge an den
     „Gedanke[n] von der Wiederkehr der Urzeit in der Endzeit" findet.

Insofern bleibt festzuhalten, daß mit dem Ausdruck ולמשח קדש
קדשים mehr ausgesagt wird, als sich in der makkabäerzeitlichen Wiedereinweihung des Tempels erfüllte. Es geht um die letztgültige Ermöglichung eines Kultbetriebes, in dem alle bestehenden Defizite behoben sein
werden. Daß dies zugleich wesentliche Implikationen für die Frage nach
der Priesterschaft hat, ist evident. Das Interesse der Danielkreise an der
Person des Hohenpriesters scheint an einigen Stellen durch, so etwa in
9,25, wo der erwähnte משיח נגיד mit hoher Wahrscheinlichkeit den Hohenpriester Josua bezeichnet, sowie in 9,26, wo durch die Wendung יכרת
משיח der Mord an Onias III. beschrieben wird.[140] RIGGER hat zutreffend
herausgestellt, daß es vor dem biblischen Hintergrund bei der Salbung
eines Hochheiligen inhaltlich um die Ermöglichung der endzeitlichen
Gemeinschaft Gottes mit seinem Volk geht, beide Größen – die Gegenwart Gottes in Relation zum erwählten Volk – also für diese Aussage
theologisch zentral sind.[141] Die Einsicht in den theologisch umfassenden
Sinn der Salbung eines Hochheiligen berechtigt jedoch nicht dazu, in Dan
9,24 eine messianische Erwartung einzutragen.[142] Die von DIMANT im
Blick auf die Trikola-Struktur gezogene Folgerung, der Text spiegele eine
dreifache Messiaserwartung, entbehrt jeder Grundlage in Dan 9.[143]

DIMANT gründet ihre problematische messianische Deutung des
Textes auf dem Nachweis einer engen inhaltlichen Beziehung zwischen
den Gliedern beider Trikola, die allerdings ebenfalls nicht durchgängig so
evident ausfällt, wie DIMANT behauptet.[144] Daß die in ihnen ausgesagten

---

140 Auch LACOCQUE, *Livre de Daniel*, 144, sieht die Verbindung zwischen Heiligtum und
    Priesterschaft: Der Ausdruck „„Saint des Saints' désignerait non seulement le Temple
    restauré, mais le sacerdoce fidèle autour duquel se grouperait la communauté d'Israël."
    Demzufolge könne der Jerusalemer Tempel zwar von Atiochus IV. entweiht werden, aber
    das Volk als „Temple ‚adamique' ne peut être avili". Daß mit einer Spiritualisierung des
    Tempelkultes auch für die Danielkreise zu rechnen ist, wurde bereits im Blick auf das
    Gebet Daniels zur Zeit des Abendopfers (9,22) hervorgehoben. Dennoch ist Vorsicht
    hinsichtlich des Begriffes ‚menschlicher Tempel' angebracht: Lediglich in 4QMidrEschat^a
    III 6 (4Q174) findet sich die Wendung מקדש אדם, an die alle klaren Anklänge in Dan 9
    fehlen. Aus der Erwartung der endzeitlichen Salbung eines Hochheiligen sollten keine
    vorschnellen Schlüsse auf dessen konkrete Gestalt gezogen werden, erst recht nicht auf ein
    vermeintliches Selbstverständnis der Danielkreise als מקדש אדם.
141 Vgl. RIGGER, *Siebzig Siebener*, 207-211.
142 So auch COLLINS, *Daniel*, 354; HARTMAN, *Book of Daniel*, 244.
143 Vgl. DIMANT, *Seventy Weeks Chronology*, 60: „The three pairs relate to the future, they may
    refer to three eschatological figures: the royal Davidic Messiah, the eschatological Prophet
    and the messianic High Priest, all known from other contemporary sources." Die Autorin
    versäumt es dabei nicht nur, die „other contemporary sources" beim Namen zu nennen,
    sie geht zudem nicht darauf ein, inwiefern die dargestellten messianischen Konzepte je in
    einem Zusammenhang begegnen.
144 Hierzu und zum Folgenden vgl. DIMANT, *Seventy Weeks Chronology*, 60.

Ereignisse durchgängig menschliche Vermittler einschlössen, bildet, insofern diese nirgendwo Erwähnung finden, nur ein sehr schwaches Argument. Blickt man auf das erste Begriffspaar (ולהביא צדק / לכלא פשע עלמים) so läßt sich mit DIMANT eine verbindende juridische Komponente festhalten, wobei nicht übersehen werden darf, daß dem Begriff פשע in Danielbuch eine spezifische Funktion zur Bezeichnung heidnischer Frevel zukommt und das Heraufführen *ewiger* Gerechtigkeit nicht auf ein juridisches Konzept beschränkt zu sehen ist, sondern dieses zu einem Zustand allumfassender endzeitlicher Gerechtigkeit hin transzendiert. Die inhaltliche Verbindung zwischen der Überwindung heidnischen Frevels und dem Erreichen eines universellen Zustandes der Gerechtigkeit und damit eine intendierte Korrespondenz des ersten Begriffspaares (ולהביא / לכלא פשע צדק עלמים) erscheint vor diesem Hintergrund durchaus plausibel.

Eine organische Verbindung des zweiten Begriffspaares (ולהתם חטאות / ולחתם חזון ונביא) aufzuzeigen, fällt hingegen schwerer: Der von DIMANT gebrachte Verweis, es gehe in beiden Fällen um Prophetie, da es sich bei חטאות um das Objekt derselben handele, kann nicht überzeugen, da er nicht erklärt, warum ausgerechnet diese beiden Glieder miteinander verbunden wurden – schließlich können genausogut Frevel (פשע) und Schuld (עון) Inhalt prophetischer Anklage sein.[145] Die engste Verbindung beider Aussagen scheint in der formalen Nähe der Infinitive להתם und לחתם zu bestehen. Eine inhaltliche Beziehung ist dagegen erst wieder beim dritten Begriffspaar (ולמשח קדש קדשים / ולכפר עון) in der Sühnefunktion des Heiligtums nachweisbar (vgl. Ex 29,37; 30,10; Lev 10,17; 16). Sie wird zudem über die in Jes 27,9 gegebene Verbindung von Sühnung und Abschaffung der Götzenaltäre gestützt. Wenn man den Blick von der rein terminologischen Ebene auf die gedankliche Verbindung beider Teile des dritten Trikolons richtet, wird jedoch deutlich, daß hier nicht in Analogie zu den beiden ersten Begriffspaaren ein Schema vorzustellen ist, in dem einem kontinuierlichen Sühneprozeß die Salbung eines Hochheiligen am Ende der 70 Jahrwochen gegenübergestellt würde. Das Sühnen der Schuld ist, wie gezeigt, in Ermangelung einer kultischen Instanz gerade als Akt Gottes zu denken, dessen Vollzug in der Logik des Jahrwochenmodells das Ende des Zeitraums markieren muß.

Diese Beobachtung führt zurück auf die bereits eingangs angerissene Frage nach der zeitlichen Dimension der Infinitivkette. Der naheliegende Vorschlag, V. 24 dahingehend zu verstehen, in den 70 Jahrwochen müsse sich zunächst alles Übel erfüllen, damit sodann die Heilsgrößen Verwirklichung finden können, scheint mir die gedankliche Struktur des Textes

---

145 Vgl. z.B. Jes 1,4; Jer 2,22; 3,13; Hos 5,5; 7,13; 8,1.13.

grundsätzlich zutreffend wiederzugeben. Diese Grundstruktur darf hingegen, wie bereits hinsichtlich des dritten Gliedes des ersten Trikolons (לכלא
פשע) angemerkt, nicht schematisch auf die Trikola aufgeteilt werden: Wie
die Sühnung als endgültige Vergebung der Schuld im Gegensatz zu den
ersten beiden Gliedern nicht auf den gesamten Zeitraum der 70 Jahrwochen zu beziehen ist, können umgekehrt nicht alle Glieder des zweiten
Trikolons in die Endzeit verlegt werden: Die Versiegelung von Vision und
Propheten fällt zeitlich in den Rahmen der 70 Jahrwochen, an deren Ende
ihre Besiegelung zu erwarten steht. Entscheidende Bedeutung kommt
hierbei der letzten Jahrwoche zu, die als Zeit der schlimmsten Wehen
zugleich die Schwelle ins nahe Eschaton bildet. Das Gefälle der V. 25-27
zur letzten Jahrwoche ist somit erst in seiner gedanklichen Verlängerung
in die anbrechende Endzeit angemessen erfaßt. Diese bildet als Epoche
des ungebrochenen Heils den eigentlichen Zielpunkt von Dan 9, dessen
Erreichen jedoch zugleich untrennbar mit dem Ablauf der von Gott beschlossenen Unheilszeit verbunden ist.

Hier ist abschließend die Frage nach dem Verhältnis Gottes zu der in
V. 24 entfalteten theologischen Zielbestimmung der 70 Jahrwochen zu
stellen. Auffälligerweise wird Gott im Kontext der Offenbarung nicht
einmal explizit erwähnt. Er greift selbst nicht in den Lauf der Geschichte
ein und ist lediglich im Hintergrund präsent, wie die Sendung Gabriels
(9,21-23) zeigt. Dennoch spiegelt der Text die feste Überzeugung von
einem göttlichen Heilsplan, der sich gerade im Konzept der 70 Jahrwochen umfassenden Unheilszeit Ausdruck verschafft:[146] Diese sind von
Gott nach Dan 9,24 gerade als Zeitraum der Gottferne beschlossen, in
dem sich das Übel entfalten und sein volles Maß erreichen kann, damit
aber zugleich begrenzt ist, da Gott nach dem Ende der Zornesepoche
einen endgültigen Umschwung ins endzeitliche Heil herbeiführen wird.[147]
Die Erfüllung der Unheilszeit leisten einerseits die Frevler, die durch ihr
Tun im Geheimen dem göttlichen Heilsplan entsprechen.[148] Dem korrespondiert andererseits auf seiten der sich als die Gerechten wissenden

---

146 So auch RIGGER, *Siebzig Siebener*, 194-197, der die Dimension des göttlichen Heilsplanes
     überzeugend herausarbeitet.
147 Die aktive Rolle Gottes im endzeitlichen Geschehen tritt unverkennbar in der Aufnahme
     von Jes 10,23 in Dan 9,26f. zutage, durch die Gottes wirkmächtiges Handeln als Voll-
     strecker der beschlossenen Vernichtung ausgedrückt wird; s. dazu im folgenden.
148 Daß die mittels der Infinitivkonstruktionen ausgedrückten Zielbestimmungen der 70 Jahr-
     wochen Inhalt des göttlichen Beschlusses sind, darf daher, gegen COLLINS, *Daniel*, 353,
     nicht dazu führen, sie als alleinige Aktionen Gottes zu interpretieren. In der Verwirkli-
     chung des göttlichen Heilsplanes sind göttliches und menschliches Handeln untrennbar
     miteinander verflochten.

Danielkreise die von Daniel prototypisch praktizierte Haltung der Buße (9,3-20), die den Zeichen der Zeit einzig angemessen ist.[149]

An die geschichtstheologische Zielbestimmung der 70 Jahrwochen (9,24) schließt sich in 9,25-27 ihre chronologische Entfaltung an: Die ersten sieben Jahrwochen reichen vom Ausgang des Wortes להשיב ולבנות ירושלם bis zu einem gesalbten Führer (9,25). Während viele Ausleger die beiden Infinitive zusammenziehen und mit ‚wiederaufbauen' übersetzen,[150] hat LACOCQUE hervorgehoben, die Hif'il-Form להשיב spiele auf die in der Exilsprophetie belegte Wendung השיב את השבות[151] an.[152] Verfolgt man diesen Gedanken weiter, so kommt als entscheidender Hintergrund Jer 29,10 in den Blick,[153] die Prophezeiung der Restitution nach 70 Jahren (להשיב אתכם אל המקום הזה), als deren Auslegung das gesamte Jahrwochenorakel konzipiert ist. In Dan 9,25 liegt damit ein Anzitat vor, das nicht zuletzt dazu dient, die Identität des zuvor genannten דבר mit der Prophezeiung Jeremias herauszustellen.[154] Dabei ist in Dan 9 eine deutliche Akzentverschiebung zugunsten einer Betonung des Wiederaufbaus Jerusalems zu verzeichnen, die bei Jeremia nicht explizit wird: Während 9,25a (להשיב ולבנות ירושלם) noch als elliptische Aussage verstanden werden kann, die sich unter Rückgriff auf Jer 29,10 als ‚das Volk zurückzuführen und Jerusalem aufzubauen' übersetzen ließe,[155] bezieht sich die parallele Begriffspaarung תשוב ונבנתה in 9,25b lediglich auf den Wiederaufbau Jerusalems.[156]

Der Wiederaufbau Jerusalems erfüllt sich im zweiten Abschnitt der Geschichtsschau, den 62 Jahrwochen (V. 25b), die sich an die ersten

---

149 RIGGER, *Siebzig Siebener*, 259-281, bestimmt daher den gesamten Zeitraum als Zeit der Läuterung und der Buße, wobei er besonders das in Ez 20 begegnende Läuterungsgericht als Hintergrund herausstellt. Hierbei darf allerdings nicht übersehen werden, daß nach Ez 20,36-38 Gott selbst als Hirte seines Volkes Gericht hält, wogegen in Dan 9 gerade nicht von Gottes Handeln die Rede ist.

150 Vgl. HARTMAN / DILELLA, *Book of Daniel*, 240; LEBRAM, *Buch Daniel*, 105; MONTGOMERY, *Commentary*, 378.

151 Vgl. Jer 32,44; 33,7.11.26(*Qere*); 49,6.39(*Qere*); Ez 39,25; Joel 4,1; Klgl 2,14. Die Wendung im Qal (שב את שבות) bezeugen u.a. Jer 29,14; 30,3.18; 31,23; 48,47; Ez 16,53; 29,14.

152 Vgl. LACOCQUE, *Livre de Daniel*, 145: „Daniel adopte le verbe au hifil et le laisse sans complément parce que sa portée est immédiament comprise." Auch COLLINS, *Daniel*, 355, bemerkt, „[that t]he use of השיב is appropriate for the return of exiles rather than for restoring a city", zieht daraus aber keinerlei Konsequenzen.

153 Die enge Parallele zu Jer 29,10 hebt auch MCCOMISKEY, *Seventy ‚Weeks'*, 27, hervor.

154 So bereits WIESELER, *70 Wochen*, 19f. Auf alternative Interpretationen ist bei der Diskussion der Chronologie einzugehen; s.u., *2.2.2.*

155 So auch WIESELER, *70 Wochen*, 19-21.

156 Damit bietet Dan 9,25 ein plastisches Beispiel für den Aufgriff und die gleichzeitige Neuinterpretation eines prophetischen Textes.

sieben Jahrwochen (V. 25a) anschließen.[157] Der משיח נגיד, wahrscheinlich
der zadokitische Hohepriester Josua,[158] markiert als Vertreter der Rückkehrergeneration die Schwelle zwischen beiden Zeiträumen und weist zugleich auf den ebenfalls als משיח bezeichneten Onias III. voraus, der nach
Ablauf der 62 Jahrwochen ermordet wird (9,26). Während die mit diesem
Ereignis eingeläutete letzte Jahrwoche den Zielpunkt des Textes bildet
und folglich am breitesten ausgeführt ist, werden die 62 Jahrwochen trotz
ihrer Länge nur als Zwischenzeit in den Blick genommen. In ihnen findet
die jeremianische Prophezeiung der Restitution ihre vermeintliche Erfüllung im Wiederaufbau Jerusalems,[159] dessen theologische Qualität jedoch
hinter den Erwartungen zurückbleibt. Der Wiederaufbau ist im Konzept
von Dan 9 kein glänzendes Ereignis, sondern wird vielmehr als trübe
Epoche in den Blick genommen, die sich über 62 Jahrwochen in bedrängten Zeiten (ובצוק העתים) erstreckt,[160] ohne einen wirklichen Abschluß zu
finden.

Die einzige Näherbestimmung erfährt der Wiederaufbau durch die
Wendung רחוב וחרוץ, meist als nähere Beschreibung städtebaulicher Maß-

---

157 Daß dabei in 𝔐 der *Atnach* zutreffend eine Zäsur zwischen den sieben und den 62 Jahrwochen setzt, und diese nicht wie in Θ zu *einer* chronologischen Angabe (7+62 = 69 Jahrwochen) zusammenzuziehen sind, muß als erwiesen gelten, da sonst dem in 9,25b geschilderten Wiederaufbau eine Zeitangabe fehlte und der Anschluß von תשוב ונבנתה ohne
Kopula syntaktisch in der Luft hinge; vgl. hierzu MCCOMISKEY, *Seventy ‚Weeks‘*, 19-25;
ADLER, *Survey*, 223; gegen BECKWITH, *Daniel 9*, 521f. Daß zudem die Annahme unsinnig
ist, 69 Jahrwochen würden als Summe zweier Jahrwochensegmente angegeben, betont bereits Isaac NEWTON, *Observations*, 137: „Had that been *Daniel's* meaning, he would have
said *sixty and nine weeks*, and not *seven weeks* and *sixty two weeks*, a way of numbering used by
no nation."

158 So COLLINS, *Daniel*, 355; HARTMAN, *Book of Daniel*, 251; RIGGER, *Siebzig Siebener*, 261; als
Alternativen wurden vor allem Serubbabel (so bereits bei Hilarianus, *Chronologia* 10,11; vgl.
KNOWLES, *Interpretation*, 159) und Kyros (so u.a. MCCOMISKEY, *Seventy ‚Weeks‘*, 28f.) favo-
risiert, das priesterliche Interesse der Danielkreise und die Bezeichnung des Hohenpriesters
Onias III. als משיח (9,26) sprechen jedoch deutlich für die Identifizierung des in V. 25 ge-
nannten משיח נגיד als des Hohenpriester Josua; vgl. ADLER, *Survey*, 205.

159 Dies wird, wie dargelegt, mit dem Wiederaufgriff der Verbindung להשיב ולבנות (V. 25a)
durch תשוב ונבנתה in V. 25b ausgedrückt. Soll dabei die Modifikation der Aussage auch
zum Ausdruck bringen, daß die in Jer 29,10 verheißene Restitution des Volkes im perserzeitlichen Wiederaufbau keine Erfüllung fand? Dies scheint angesichts der im folgenden
darzustellenden negativen Bewertung desselben durchaus im Bereich des Möglichen zu
liegen.

160 Das nur in Dan 9,25 belegte Substantiv צוק ist ungewöhnlich, nicht viel gebräuchlicher die
in Jes 8,22; 30,6; Spr 1,27 belegte Femininform צוקה. Sie deshalb jedoch in Anklang an
Dan 8,17; 11.13.35.40; 12,4.9 zu קץ zu emendieren, ist nicht gerechtfertigt, zumal die Rede
vom ‚Ende‘ der Zeiten an dieser Stelle das chronologische Gerüst des Textes zerstören
würde.

nahmen verstanden und demzufolge mit ‚Platz und Graben' übersetzt.[161] Dabei stellt sich allerdings die Frage, warum die sonst extrem knappe Darstellung des Zeitraums ausgerechnet durch eine derartige Angabe näher bestimmt wurde und zudem der nur in Dan 9,25 in der Bedeutung ‚Graben' belegte Begriff חרוץ Verwendung fand. Ginge es lediglich um die Bezeichnung von Teilen einer Stadt, wäre viel eher die gebräuchliche Verbindung חוץ ורחוב zu erwarten,[162] die von 𝔖 auch an dieser Stelle eingetragen wird.[163] Auffälligerweise spielt die Wurzel חרץ eine zentrale Rolle in Jes 10,22f., einer Passage, von der in Dan 9,26f. extensiv Gebrauch gemacht wird. Die in Jes 10,22 ausgesprochene Drohung gegen Assur כליון חרוץ שוטף צדקה (‚die beschlossene Vernichtung bringt Fluten der Gerechtigkeit') steht im direkten Kontext der Umkehr eines Restes aus Israel (Jes 10,20-23), ein Motiv, das auch für die Identität der Danielkreise maßgeblich gewesen zu sein scheint. Da mit Jes 10,20-23 ein Schlüsseltext dieser Gruppe vorliegt, spricht vieles dafür, daß das Auftreten der Konsonantenfolge חרוץ in Dan 9,25 und Jes 10,22 nicht zufällig ist. M.E. wurde eine gebräuchliche Verbindung wie חוץ ורחוב bewußt modifiziert und durch die Form חרוץ mit einer doppelten Kodierung versehen, so daß diese mit einiger Mühe als Teil der Stadt verstanden werden,[164] darüber hinaus aber ihre eigentliche Bedeutung erst als Verweis auf Jes 10,22 entfalten konnte.[165]

Setzt man die Angabe רחוב וחרוץ in Beziehung zu Jes 10,22, so läßt sie sich als weitere Relativierung des perserzeitlichen Wiederaufbaus lesen:[166] Die jeremianische Prophezeiung der Restitution nach 70 Jahren findet in den 62 Jahrwochen lediglich eine kümmerliche Verwirklichung und steht dabei immer unter dem Vorzeichen des drohenden Vernichtungsgerichtes (Jes 10,22f.), so daß die wahre Erfüllung der Restitution im Vollsinn des

---

161 So LEBRAM, *Buch Daniel*, 105; vgl. COLLINS, *Daniel*, 346 („square and moat"); LACOCQUE, *Livre de Daniel*, 139 („places et fossés").

162 Vgl. Spr 1,20; 5,16; 7,12; 22,13; in direktem Verszusammenhang begegnen beide Begriffe ferner in Jes 15,3; Jer 5,1; 9,20; Am 5,16; Nah 2,5.

163 Dieselbe Tendenz zeigen auch die anderen Übersetzungen: Hinter *muri* bzw. τεῖχος in 𝔞 und Θ könnte heb. חיץ (‚Mauer') stehen; 𝔖 mißinterpretiert das schwierige רחוב וחרוץ als εἰς πλάτος καὶ μῆκος (‚Länge und Breite'; 9,27).

164 Der Apparat der BHS verweist für חרוץ in der Bedeutung ‚Graben' auf Belegstellen in aramäischen Inschriften sowie das akk. ḫarīṣu.

165 Bereits WIESELER, *70 Wochen*, 22, hebt den Sinn von חרוץ als ‚beschlossen' hervor, weist aber die städtebauliche Dimension völlig zurück.

166 Auch RIGGER, *Siebzig Siebener*, 262f., diskutiert die Wendung רחוב וחרוץ und kommt zu dem Schluß, durch die Betonung bautechnischer Maßnahmen solle hervorgehoben werden, man habe sich während der 62 Jahrwochen nur mit Äußerlichkeiten beschäftigt. Diese Beobachtung kann maßgeblich durch den dargestellten Jesajabezug vertieft werden.

Wortes noch aussteht.[167] Erst die mit der letzten Jahrwoche erreichte Gegenwart der Verfasser, auf die Jes 10,22f. gedeutet wird, bringt mit dem Untergang des Verwüsters die Voraussetzung für eine endzeitliche Erfüllung des von Jeremia prophezeiten Exilsendes. Die Ausdrücke רחוב וחרוץ und ובצוק העתים integrieren sich damit in das negative Geschichtsbild der Danielkreise, die zwar nicht die Faktizität des perserzeitlichen Wiederaufbaus leugnen, wohl aber dessen Bedeutung relativieren und damit dem chronistischen Modell und seinen geistigen Erben, unter die auch der in Dan 1,1.21 aufgespannte chronologische Rahmen des Danielbuches zu zählen ist, eine klare Absage erteilen.[168] Eine Wende ist nur von Gottes Eingreifen am Ende der beschlossenen 70 Jahrwochen zu erwarten, deren Gefälle klar auf die letzte Verschärfung der Lage im letzten Septennium zuläuft, in dem sich bereits das nahe Ende abzeichnet.

Die Zuspitzung der Ereignisse beginnt אחרי השבעים ששים ושנים (Dan 9,26), also in der letzten Jahrwoche, in der ein Gesalbter ‚abgeschnitten wird‘ (יכרת משיח). Ungewöhnlich ist die Verbindung der Wurzel כרת mit einem משיח: Das Verb im Nif'al mit *waw consecutivum* bezeichnet in der Gesetzestradition als *terminus technicus* die ‚Ausrottung‘ eines Übertreters, also die an ihm zu vollziehende Todesstrafe.[169] Ebenso kann der in weisheitlicher Tradition stehende Ps 37 das Verb zur Beschreibung der zu erwartenden Ausrottung der רשעים verwenden (Ps 37,28.34.38).[170] Eine Seltenheit sind dagegen in einem Heilskontext stehende Aussagen wie die Zusage Gottes im Noahbund (Gen 9,11), kein Leben solle jemals mehr durch die Wasser der Sintflut vernichtet werden (יכרת). Die Verknüpfung des Nif'al der Wurzel כרת mit einem positiv besetzten Objekt begegnet in der prophetischen Anklage Jeremias (Jer 7,28), die Wahrheit sei im Mund des widerspenstigen Volkes ausgerottet (אבדה האמונה ונכרתה מפיהם). Die in Dan 9 belegte Kombination mit dem משיח ist ohne Parallelen. Da hier wahrscheinlich an die Ermordung Onias' III. gedacht ist, schwingen möglicherweise die Gesetzestraditionen mit, in denen das Nif'al der Wurzel כרת die Vollstreckung der Todesstrafe bezeichnet. Zusammen mit der nach Θ möglicherweise korrekten Rekonstruktion des problematischen

---

167 Ebenso äußert sich BLUHM, *Daniel 9*, 455: „Dieser Wiederaufbau wird unter Weglassung der für den Chronisten wichtigen Ereignisse nur beiläufig erwähnt. Er erfolgt denn auch in ‚kümmerlichen Zeiten‘ (V. 25b) und endet zuletzt, d. h. mit dem Beginn der letzten Jahrwoche in Krieg und Zerstörung (V. 26).“ Die Relativierung des Wiederaufbaus betont bereits EICHHORN, *Siebenzig Jahrwochen*, 807.

168 Ebenso KRATZ, *Translatio*, 266f.

169 Vgl. Ex 12,15.19; 30,33.38; 31,14; Lev 7,20.21.25.27; 17,4.9; 18,29; 19,8.

170 Das Auftreten des Nif'als der Wurzel כרת ist auch in eschatologischen Zusammenhängen belegt, so in 11QPsᵃ, wo von der Ausrottung von Lüge und Übel (XXII 6f.: שקר ועול נכרתו) sowie der Feinde Zions (XXII 10f.: סביב נכרתו צריך ציון) die Rede ist.

ואין לו als ואין לו דין gewönne dieser Hintergrund zusätzliche Plausibilität, kann aber nicht mit Sicherheit bewiesen werden.[171]

Theologisch bedeutsamer ist eine andere Beobachtung: So erscheint die Aussage יכרת משיח in neuem Licht, wenn man an Jer 33,17f. denkt, wo von der Zusage Gottes die Rede ist, es werde David und den levitischen Priestern niemals an einer Person fehlen, die auf dem Thron sitzt und die Opfer vollzieht. Auch hier wird das Nifʿal יכרת verwendet, zusammen mit der Präposition ל, was als ‚jemandem ermangeln an‘ zu übersetzen ist. M.E. stehen genau diese Stellen, schwerpunktmäßig Jer 33,18, hinter der Verbindung יכרת משיח. Das Abreißen der Linie rechtmäßiger Hoherpriester mit dem Mord an Onias III. konnte durch diese dezente, dem Eingeweihten jedoch ohne Umschweife verständliche Anspielung ausgesagt und zugleich biblisch rückgebunden werden. Die entstandene Spannung zwischen der Ermordung des Hohenpriesters und der göttlichen Zusage fand ihre Auflösung im Glauben an das Ende der 70 Jahrwochen, an dem sich Gott wieder als der souveräne Herr der Geschichte erweisen würde (Dan 9,27; vgl. Jes 10,23), als der er letztlich auch hinter dieser von ihm verhängten Unheilsperiode steht.[172]

Die Ereignisse der letzten Jahrwoche finden ihre Fortsetzung mit der Verwüstung von Stadt und Heiligtum durch das Volk eines kommenden Fürsten: והעיר והקדש ישחית עם נגיד הבא (9,26b). Die syntaktisch äußerst lockere Konstruktion bringt die von Antiochus IV. begangenen Frevel zur

---

171 Das offensichtlich defizitäre ואין לו stellt eine jahrhundertealte *crux interpretum* dar: 𝔊 übersetzt καὶ οὐκ ἔσται, faßt also das ואין לו als ואיננו auf; nach Θ (καὶ κρίμα οὐκ ἔστιν ἐν αὐτῷ) wäre eine ursprüngliche Formulierung ואין לו דין vorauszusetzen, der ermordete Gesalbte hätte folglich keine ordentliche Gerichtsverhandlung gehabt (so auch PORTEOUS, *Buch Daniel*, 108). Ferner wird erwogen, der Satz könne aussagen, der Gesalbte hätte keinen rechtmäßigen Nachfolger (EICHHORN, *Siebenzig Jahrwochen*, 789; DEQUEKER, *King Darius*, 200). Nach LACOCQUE, *Livre de Daniel*, 146, steht hinter der kryptischen Formulierung die Wendung ואין לו מנחם (Klgl 1,2.9.16.17.21; Koh 4,1). COLLINS, *Daniel*, 346, schließlich plädiert dafür, in Anklang an Dan 11,45 zu ואין עוזר לו zu emendieren; ähnlich RIGGER, *Siebzig Siebener*, 54. Das Spektrum der erwähnten Lösungsvorschläge bildet lediglich einen Ausschnitt aus den in der Forschung diskutierten Positionen (für eine Übersicht vgl. LACOCQUE, *Livre de Daniel*, 145f.; RIGGER, *Siebzig Siebener*, 51-54). Wenn auch eine vollständig überzeugende Lösung des Problems nicht zu erreichen ist, liegen mit der durch die Parallele in Θ gedeckten Emendierung zu ואין לו דין sowie der in Anschluß an Dan 11,45 gestalteten Interpretation als ואין עוזר לו die besten Alternativen vor. Gegen letztere spricht allerdings, daß Dan 11,45 auf das Ende des als Frevler dargestellten Antiochus IV. blickt, die Analogie zur Ermordung des Gesalbten also nur gebrochen vorhanden ist. Will man nicht eine bewußte Kontrastierung annehmen, für die der Text allerdings keine Belege bietet, ist die Version ואין לו דין vorzuziehen.

172 RIGGER, *Siebzig Siebener*, 295, sieht im יכרת משיח unter Aufgriff von Gerichtsterminologie eine weitere Verschärfung des Unheils zum Ausdruck gebracht, bemerkt jedoch nicht den Bezug zu Jer 33.

Darstellung, welche auch in Dan 8,25f. unter Verwendung derselben Wurzel (שחת) im Hifʻil thematisiert werden. Diese Form gewinnt vor dem biblischen Hintergrund an Aussagekraft, wo sie im Blick auf Jerusalem und den Tempel in zweierlei Hinsicht begegnet: Heilszusagen vom Aufhören des Frevels auf dem Heiligen Berg (ולא ישחיתו בכל הר קדשי: Jes 11,9; 65,25; vgl. Dan 9,20) stehen der Gerichtsandrohung Gottes gegenüber, den Hochmut Judas und Jerusalems zu verderben (Jer 13,9; 22,7). Im Rahmen der Geschichtsschau haben beide Seiten ihren Platz, die Gerichtsandrohung kulminiert in den Greueln der letzten Jahrwoche, die zugleich als Durchgangsstadium zum endzeitlich verheißenen Heil geglaubt werden kann.

Das in V. 26b erwähnte ‚Volk des kommenden Fürsten‘ (עם נגיד הבא)[173] wird in der Forschung meist auf die syrischen Truppen Antiochus’ IV. gedeutet.[174] Eine Erklärung darf sich jedoch nicht mit dem Herausarbeiten der historischen Referenzgrößen begnügen, sondern muß vielmehr berücksichtigen, wie das entsprechende Ereignis dargestellt wird, welche Deutung es also erfährt. LACOCQUE hat unter Verweis auf die enge Verzahnung mit dem Bußgebet hervorgehoben, durch die Begriffe עם und נגיד werde die Usurpation heilsgeschichtlicher Bedeutung durch Antiochus IV. und seine Anhänger zum Ausdruck gebracht: „Pour Daniel, il y a usurpation de la dignité d’Israël par son oppresseur. C’est pourquoi oussi les sbires du persécuteur sont appelés un עם, un peuple, comme Israël est un עם“[175]. Für diese Deutung spricht die Tatsache, daß im

---

173 Während sich diese Wiedergabe in der neueren Forschung durchgesetzt hat (vgl. BENTZEN, *Daniel*, 68; COLLINS, *Daniel*, 346; LACOCQUE, *Livre de Daniel*, 139; LEBRAM, *Buch Daniel*, 105; PORTEOUS, *Buch Daniel*, 108), führte die lockere syntaktische Konstruktion bereits früh zu alternativen Auffassungen: So verstehen 𝕲, Θ und 𝔙 das עם des hebräischen Texts als עם (‚mitʻ), Dan 9,26b wird folglich dahingehend interpretiert, daß Stadt und Tempel *mit* dem kommenden Fürsten vernichtet werden. Insofern unter dieser Voraussetzung zur Herstellung klarer syntaktischer Bezüge auch die Form ישחית zum Nifʻal יִשָּׁחֵת zu emendieren wäre, da עם als Subjekt verlorengeht, ist hier auf jeden Fall an 𝕸 festzuhalten, wo die Notwendigkeit einer Emendierung entfällt; ebenso RIGGER, *Siebzig Siebener*, 54f. Ebenfalls zurückzuweisen ist die in Anschluß an 𝕲 (καὶ ἥξει ἡ συντέλεια αὐτοῦ) zuletzt von HARTMAN, *Book of Daniel*, 240, vertretene Kombination des הבא mit dem im direkten Anschluß stehenden וקצו zu einem vermeintlich ursprünglichen ובא הקץ, die sich ausschließlich auf die offensichtliche Fehl- oder Uminterpretation in 𝕲 berufen kann, an 𝕸 und den anderen Versionen aber keinen Anhalt findet.

174 Vgl. COLLINS, *Daniel*, 357. PORTEOUS, *Buch Daniel*, 117, sieht in V. 26b „eine Anspielung auf die Strafexpedition des Apollonius im Sommer des Jahres 168 v. Chr.“; nach HARTMAN, *Book of Daniel*, 252, ist hiermit auf die Niederschlagung eines Aufstandes in Jerusalem (169 v. Chr.) oder auch auf die Plünderung des Tempels Bezug genommen. Die militärische Deutung kann sich sprachlich darauf stützen, daß Kriegsvolk in 1 Sam 14,15 als העם המצב והמשחית bezeichnet wird.

175 LACOCQUE, *Livre de Daniel*, 146.

Bußgebet Israel als עם bezeichnet wird (9,6.15.16.19), und sich hinter dem נגיד in 9,25 mit dem Hohenpriester Josua eine positive Gestalt verbirgt.[176] Es ist daher gut vorstellbar, daß die Begriffswahl als bewußte Kontrastierung eine heimliche Polemik gegen Antiochus IV. und seine Sympathisanten zum Ausdruck bringen soll.

Nach dem Auftreten Antiochus' IV. in der letzten Jahrwoche und den von ihm verursachten Verheerungen, die den Höhepunkt des von Gott beschlossenen Strafzeitraumes markieren, bildet der Untergang des Verwüsters den Abschluß der 70 Jahrwochen. Er findet sein Ende in einer Überflutung (וקצו בשטף), einem typischen Element endzeitlicher Wehen (Jes 28,2.15.17f.; Dan 11,40), mit dem ein weiterer terminologischer Anklang an Jes 10,22 gegeben ist: Die Prophezeiung Jesajas, die beschlossene Vernichtung lasse Gerechtigkeit heranfluten (כליון חרוץ שוטף צדקה), ließ sich ganz konkret auf das erhoffte Ende Antiochus' IV. beziehen, mit dessen Untergang so zugleich das endzeitliche Kommen Gottes assoziiert werden konnte. Daß eine derartige Interpretation der Jesajastelle im Hintergrund von Dan 9,26 steht, zeigt nicht zuletzt das Versende, das bis zum Ende eines Krieges beschlossene Verwüstungen vorhersagt: Hier wird erneut ein literarischer Topos, diesmal vom endzeitlichen Krieg (ועד קץ מלחמה), mit einem Anklang an Jes 10,23 (כלה ונחרצה; vgl. Dan 9,26: נחרצת שממות) verbunden, um die Erwartung des baldigen göttlichen Vernichtungsgerichtes im Text zu verankern.[177] Hiermit endete der Text ursprünglich, ohne eine explizite Heilsperspektive zu entfalten, die jedoch implizit präsent ist – einerseits über die prophetischen Texte, die im Hintergrund von Dan 9 stehen und andererseits über die in 9,24 entfaltete positive Zielbestimmung der 70 Jahrwochen sowie schließlich durch die weiteren Visionen des Danielbuches (vgl. 12,1-3).

2.2.4. Der aktualisierende Nachtrag (Dan 9,27)

Die mit dem Ende von Dan 9,26 bereits abgeschlossene Geschichtsschau der 70 Jahrwochen wird durch den Nachtrag von V. 27 um eine aktualisierende Beschreibung der letzten Jahrwoche erweitert. Dieser scheint das in der Grundschicht des Kapitels noch als zukünftig erwartete Ende Antiochus' IV. bereits als geschichtliches Faktum vorauszusetzen und

---

176 Vgl. auch die Nennung des נגיד ברית in Dan 11,22, womit nach COLLINS, *Daniel*, 382, Onias III. gemeint sein könnte.

177 Vgl. auch die Aufnahme von Jes 10,23 in Dan 11,36, wo es von dem Frevelkönig heißt והצליח עד כלה זעם כי נחרצה נעשתה. Auch hier ist daran gedacht, daß Gott ein Ende der Unheilszeit beschlossen hat.

gestaltet in der Rückschau die Binnenchronologie der 70. Jahrwoche ob der frappierenden Schlüsselereignisse an ihrem Anfang, in ihrer Mitte und an ihrem Ende näher aus.[178] Damit wird eine Erfüllung des Jahrwochenorakels festgeschrieben, die ganz auf den Untergang des frevlerischen Seleukidenherrschers ausgerichtet ist, dabei aber die nach V. 24 in Anschluß an die 70 Jahrwochen zu erwartende Verwirklichung der endzeitlichen Heilsgüter in der Schwebe läßt. Wie der Redaktor, auf dessen Hand Dan 9,27 zurückgeht, die Ereignisse des Jahres 164 v. Chr. hierzu ins Verhältnis setzte, ob er sich möglicherweise gar von der Euphorie der makkabäischen Erfolge mitreißen ließ und diese als Vorboten der endzeitlichen Erfüllung deutete, muß offen bleiben.

Erst vom Ende von V. 27 her, das über den Anklang an Jes 10,23 eine Verknüpfung mit dem Ende des vorhergehenden Verses herstellt und damit die in beiden Versen dargestellten Ereignisse miteinander synchronisiert und in der letzten Jahrwoche verortet, erklärt sich, daß das Verb והגביר auf den in V. 26 erwähnten נגיד (Antiochus IV.) Bezug nimmt, dessen Handlungen nun näher ausgeführt werden. Seit langem wird in der Forschung kontrovers diskutiert, was die Wendung והגביר ברית לרבים konkret bezeichnet. Inhaltlich eingeordnet in eine Aufzählung der Schandtaten des Fürsten, ist zunächst davon auszugehen, daß auch sie ein negatives Ereignis zum Ausdruck bringt. Daher sieht eine Mehrzahl der Exegeten hierin eine Anspielung auf ein politisches Bündnis zwischen Antiochus IV. und hellenisierenden Juden.[179] Gegen diese Deutung wird vor allem ins Feld geführt, daß eine säkulare Bedeutung des Wortes ברית für das Danielbuch sonst nicht nachgewiesen werden kann.[180] Eine weitere Schwierigkeit stellt die Wurzel גבר im Hif'il dar, sonst nur in Ps 12,5 bezeugt, jedoch ohne direktes Objekt und in der Bedeutung ‚sich als stark erweisen'. Schließlich ist zu fragen, ob sich die Bezeichnung רבים auf Juden beziehen läßt, die mit Antiochus IV. kooperierten, und nicht vielmehr, wie in 11,33; 12,3 eine Gruppe bezeichnet ist, der die משכילים zumindest neutral gegenüberstehen. Bereits BENTZEN hat demzufolge die Wendung והגביר ברית לרבים dahingehend interpretiert, sie bringe zum

---

178 S.o., *2.1.2.*

179 So unter Verweis auf 1 Makk 1,11-14 HARTMAN, *Book of Daniel*, 252; vgl. COLLINS, *Daniel*, 357; MONTGOMERY, *Commentary*, 385; PORTEOUS, *Buch Daniel*, 118.

180 In Dan 9,4 ist eindeutig der Bund Gottes mit Israel bezeichnet; der ברית קודש scheint in 11,28.30 als Selbstbezeichnung der Frommen zu fungieren, eine primär religiöse Bedeutung herrscht auch in 11,22.32 vor; vgl. KOCH, *Buch Daniel*, 150.

Ausdruck, daß die Ausübung des Bundes für viele schwergemacht werde.[181]

Anders argumentiert LEBRAM, nach dessen Ansicht der ברית לרבים
die Selbstbezeichnung der Gegner des Antiochus darstellt, deren Bewegung sich in der letzten Jahrwoche als stark zeige (והגביר).[182] Das Problem
der Deutung LEBRAMs besteht aber darin, daß die syntaktischen Bezüge in
V. 27 verlorengehen: Die Abschaffung der Opfer hat kein klares Subjekt
und die Hif῾ilform ישבית wäre in eine Nif῾alform zu emendieren, um dieses Folgeproblem zu lösen. Auch RIGGER diskutiert den Fall und kommt
aufgrund der dargelegten Schwierigkeiten zum Schluß, Subjekt der Aussage sei die Zeitangabe שבוע אחד. Demnach würde eine Woche den Bund
für die Vielen stark machen, wobei ‚die Vielen‘ „eine Bezeichnung für die
Gruppe der Jahwetreuen"[183] sei. Gegen diese Deutung spricht – neben der
problematischen Gruppenbestimmung – vor allem, daß die Jahrwochen
im ganzen Orakel niemals Handlungsträger sind und das Verb והגביר formal auf derselben Ebene wie die Hif῾ilformen in 9,26 steht, also kaum mit
einem Subjektwechsel zu rechnen ist.

LACOCQUE erwägt die Möglichkeit einer bewußten Verwendung des
positiv konnotierten Begriffs ברית als Mittel zur Kontrastierung der frevlerischen Realität: „Sur le support politique qu'Antiochus trouva dans
certains milieux juifs [...] ‚la multitude' (des Juifs hellénisés) décide d'entrer
en ‚alliance' avec les nations avoisinantes."[184] Da das Element der Kontrastierung bereits in den Wendungen יכרת משיח und עם נגיד (9,26) nachweisbar ist, erscheint diese Annahme durchaus plausibel. Der ברית לרבים
beschreibt demnach die Allianz zwischen Antiochus IV. und hellenisieren-

---

181 Vgl. BENTZEN, *Daniel*, 68. Das Hif῾il והגביר sei demzufolge als ‚schwer werden' zu verste-
     hen und habe sich ursprünglich auf den Bund als Subjekt bezogen, sei von den Masoreten
     jedoch als Aussage über den נגיד interpretiert worden.
182 Vgl. LEBRAM, *Buch Daniel*, 105.110. Im Blick auf Dan 11,33; 12,3 wäre dann sogar zu
     erwägen, ob nicht ausgesagt werden soll, der Bund (der Danielkreise) erweise sich für die
     Vielen als stark, ob also erneut eine Beziehung beider Gruppen im Blick ist.
183 RIGGER, *Siebzig Siebener*, 59.
184 LACOCQUE, *Livre de Daniel*, 147. Allerdings favorisiert LACOCQUE eine alternative Erklä-
     rung, die auf der Vermutung basiert, mit Dan 9 liege eine Übersetzung eines ursprünglich
     aramäischen Originals vor: „A la base de notre expression, il y aurait וקים יתקף jouant sur
     le double sens de קים: alliance ou statut, et c'est ce dernier terme de l'alternative qui serait
     en fait correct ici. Antiochus édictera une loi dure contre la multitude" (ebd.). Gegen eine
     unglückliche Übersetzung eines vermeintlichen aramäischen Originals spricht jedoch meh-
     reres: So fehlt nicht nur jeglicher zwingende Beleg für die Existenz einer aramäischen
     Vorlage, sondern es erscheint zudem als höchst unwahrscheinlich, daß bei der Übersetzung
     gerade der im Danielbuch eindeutig unpolitisch geprägte Begriff ברית zur Wiedergabe des
     möglicherweise als doppeldeutig empfundenen קים gebraucht worden wäre. Die Heran-
     ziehung eines imaginären aramäischen Originals trägt daher nichts zur Erklärung der Wen-
     dung ברית לרבים aus.

den Juden gerade nicht als *terminus technicus* für ein politisches Bündnis, sondern durch bewußte Verwendung eines heilsgeschichtlich positiv belegten Begriffs: Der Frevler Antiochus, so müßte man dann den Text verstehen, treibt seine Anmaßung so weit, einen (Gegen-)Bund zu schließen, der als Gegenüber des wahren, der Auffassung der Danielkreise nach in ihrer eigenen Gruppe Fortsetzung findenden Bundes Gottes (vgl. 11,33; 12,3) zu stehen kommt. Der Herrscher krönte damit seine, bereits in 9,26 durch die kontrastierende Rede vom עם נגיד הבא gebrandmarkte Hybris damit, daß er sich schließlich mit seinem Bündnis gegen den wahren Bund stellt und die Opfer abschafft (9,27).[185]

Die Abschaffung der Opfer kennzeichnet den Beginn der letzten halben Jahrwoche.[186] Zwar müssen die Begriffe זבח und מנחה hier exemplarisch für den Tempelkult als ganzen gesehen werden – es soll nicht nur die Abschaffung dieser beiden Opferarten ausgesagt werden –,[187] die Begriffswahl verdient aber nichtsdestoweniger eine Erklärung, zumal im Gegensatz zu Dan 8,12; 11,31; 12,11 nicht die Abschaffung des Tamid-Opfers, sondern eben von זבח und מנחה berichtet wird. Dies findet einen ersten positiven Grund darin, daß das von Daniel כעת מנחת ערב gesprochene Gebet (9,21) offensichtlich bewußt als Ersatz des abgeschafften abendlichen Speiseopfers (מנחה) eingeführt wird. Daß in 9,27 die Abschaffung des Schlachtopfers (זבח) im selben Atemzug genannt wird, scheint darüber hinaus auf eine Parallele zu Jer 33,18 hinzudeuten, wo beide Opfer im Kontext der Zusage erwähnt werden, es werde den levitischen Priestern niemals an einer Person fehlen, die diese darbringt. Da die Jeremiastelle bereits als wichtiger Hintergrund von V. 26 in den Blick gekommen ist, wo die Aussage, ein Gesalbter werde abgeschnitten (יכרת משיח), vermutlich die göttliche Zusage der ungebrochenen priesterlichen Sukzession kontrastiert (ולכהנים הלוים לא יכרת איש), ist davon auszugehen, daß die Abschaffung der Opfer ebenfalls als bewußte Kontrastierung derselben Heilszusage formuliert ist. Die Verschärfung der widergöttlichen Zustände zu Beginn der letzten Jahrwoche findet ihre weitere Steigerung am Anfang ihrer letzten Hälfte – die Ermordung des rechtmäßigen Hohenpriesters

---

185 Vgl. LACOCQUE, *Livre de Daniel*, 147: „L'Auteur emploie le terme positif de ‚berith' (alliance) dans le même esprit qu'il disait d'Antiochus qu'il est un ‚nagid' (chef) comme le Grand Prêtre messie est un ‚nagid'."

186 Daß sich die Aufhebung des Opferkultes zu Beginn der in 9,27 genannten halben Jahrwoche ereignet und diese zugleich die zweite Hälfte der letzten Jahrwoche füllt, hebt bereits WIESELER, *70 Wochen*, 67, hervor. Diese Interpretation legt sich einerseits aufgrund des gedanklichen Gefälles nahe, das auf das Ende der 70 Jahrwochen abzielt, und muß andererseits in Anbetracht der zeitgeschichtlichen Bezüge als erwiesen gelten; s.u., 2.3.3.

187 „By ‚sacrifice and oblation' is meant the totality of the cult, bloody and unbloody sacrifice" (MONTGOMERY, *Commentary*, 386).

wird noch übertrumpft von der gänzlichen Annullierung des Tempel-
kultes. Mit dieser Ereignisfolge ist der negative Höhepunkt der in Dan 9
entfalteten Geschichtsschau erreicht, der durch den krassen Widerspruch
zu Jer 33,18 in seiner ganzen theologischen Tragweite erkennbar wird.

In einem Zusammenhang mit der Abschaffung der Opfer steht ein
Vorgang, der durch die sich in V. 27 anschließende Wendung ועל כנף
שקוצים משמם zum Ausdruck gebracht wird. Grundsätzlich bestehen zwei
Möglichkeiten, den Versteil zu konstruieren: Entweder man zieht den Plural שקוצים zu ועל כנף, was eine Konstruktusverbindung ergäbe, die als
attributive Bestimmung des Ortes dem Begriff משמם zugeordnet wäre –
‚und auf dem Flügel der Abscheulichkeiten ist ein Verwüster‘;[188] oder man
zieht alternativ die Worte שקוצים und משמם zusammen – ‚und auf einem
Flügel ist ein Greuel, der verwüstet‘ –, und der Text wäre in Anschluß an
Dan 11,31; 12,11 zu שקוץ משמם zu emendieren,[189] dem sprichwörtlichen
‚Greuel der Verwüstung‘.[190] Daß hierbei aller Wahrscheinlichkeit nach auf
die Errichtung einer Statue oder eines Tempelaufsatzes für den syrischen
Gott בעל שמים im Jerusalemer Tempel angespielt wäre (vgl. 1 Makk 1,54;
2 Makk 6,2; Ant XII 253), kann als Forschungskonsens gelten.[191] Was
aber wäre konkret darunter zu verstehen, daß sich ‚der Greuel der Verwüstung‘ על כנף befindet?

Während die frühen Übersetzungen mit ihrer Wiedergabe der Stelle
als καὶ ἐπὶ τὸ ἱερόν (Θ / 𝔊) bzw. *et in templo* (𝔙) sehr allgemein gehalten

---

188 So bei BENTZEN, *Daniel*, 68; LEBRAM, *Buch Daniel*, 105. LACOCQUE, *Livre de Daniel*, 140,
     übersetzt 𝔐 in der vorgestellten Weise, neigt aber im Kommentar anderen Rekonstruktio-
     nen zu (s. im folgenden).
189 Nach LACOCQUE, *Livre de Daniel*, 148, handelt es sich bei der überlieferten Pluralform
     שקוצים um „une dittographie avec la première lettre du mot suivant"; ebenso RIGGER,
     Siebzig Siebener, 61. Diese Annahme ist jedoch reichlich spekulativ und kann nur eine Notlö-
     sung des Problems bieten.
190 Vgl. COLLINS, *Daniel*, 346; HARTMAN, *Book of Daniel*, 240; unter Angabe einer weiteren Al-
     ternative auch PORTEOUS, *Buch Daniel*, 108.
191 Vgl. COLLINS, *Daniel*, 357; HARTMAN, *Book of Daniel*, 252f.; LACOCQUE, *Livre de Daniel*,
     147f.; LEBRAM, *Buch Daniel*, 110; PORTEOUS, *Buch Daniel*, 118; WIESELER, *70 Wochen*, 37.
     BICKERMANNN, *Gott der Makkabäer*, 105-109, geht davon aus, daß als Symbol der Gottheit
     ein Betyl auf dem Altar aufgestellt worden sei. Zur Untermauerung seiner These kann er
     auf Parallelen aus anderen syro-phönizischen Kulten verweisen, in denen die Gottheit
     nicht von einer Statue, sondern durch einen Stein- oder Holzblock verkörpert gedacht
     wurde. Durch die Errichtung eines solchen Gegenstands wäre der Altar zum Sockel des
     Kultobjektes umfunktioniert worden, eine Konsequenz, die auch hinter den Danielstellen
     (8,13; 11,31; 12,11) stehen könnte, wo die Abschaffung der Opfer mit der Errichtung des
     שקוץ משמם in einem Atemzug genannt wird. Für einen Überblick über die Verehrung des
     בעל שמים vgl. EIßFELDT, *Ba'alšamēm*, 1-31.

sind, ließe sich in Anschluß an 1 Makk 1,54[192] daran denken, daß mit עַל
כָּנָף der Altar selbst oder ein Teil desselben gemeint ist.[193] Dafür finden
sich jedoch in biblischen und zeitgenössischen Texten keinerlei Belege.[194]
Ebenso kann der Vorschlag, כָּנָף als Äquivalent zu קֶרֶן zu fassen, also als
Horn des Altars, der Beweislast nicht standhalten.[195] Es wurden daher
auch Versuche unternommen, in עַל כָּנָף einen Verweis auf einen anderen
Ort des Tempels zu finden, etwa von MONTGOMERY, der in Anklang an
Mt 4,5 / Lk 4,9 (τὸ πτερύγιον τοῦ ἱεροῦ) hier die Zinne des Tempels
bezeichnet sieht.[196] Dem steht entgegen, daß die griechischen Bibelüber-
setzungen an keiner Stelle πτέρυξ oder πτερύγιον verwenden, um den Teil
einer Gebäudestruktur zu bezeichnen,[197] und כָּנָף folglich auch in Dan 9,27
nicht mit dem Stamm πτέρυξ, sondern allgemeiner mit ἱερόν wiedergegeben wird.[198] Der ntl. Befund kann daher den Sinn von Dan 9,27 sprachlich
nicht erhellen. EIßFELDT hat in Anschluß an GESENIUS vermutet, der
Tempel könnte zur Zeit Antiochus IV. mit einer Flügelsonne im Giebel
geschmückt gewesen sein, die ihn als Heiligtum des בַּעַל שָׁמַיִם ausgewiesen
habe.[199] Der Text sei folglich zu בַּעַל כָּנָף ('Herr der Flügel') zu emendieren, womit eine Anspielung auf einen weiteren Namen dieses Gottes vor-

---

192 Dort heißt es von Antiochus IV.: ᾠκοδόμησεν βδέλυγμα ἐρημώσεως ἐπὶ τὸ θυσιαστήριον;
vgl. Ant XII 253.

193 Vgl. etwa auch GESE, *dreieinhalb Jahre*, 404, der im Begriff ‚Flügel' eine Anspielung auf die
Aufstellung von „Altarwangen nach römischem Vorbild mit Zeussymbolen" vermutet.

194 Neben der vielfach belegten Grundbedeutung ‚Flügel' begegnet das Substantiv כָּנָף auch als
Saum eines Kleidungsstückes (1 Sam 15,27), *Flanke einer Armee* (1QM IX 11) und *Ecke* bzw.
Ende der Welt (Jes 11,12; 24,16; Ez 7,2). An keiner Stelle ist jedoch eine Berührung mit dem
Motivkreis ‚Altar / Tempel' gegeben.

195 So vertreten von LACOCQUE, *Livre de Daniel*, 147, im Anschluß an DELCOR. Kritisch
äußert sich dagegen COLLINS, *Daniel*, 358.

196 Vgl. MONTGOMERY, *Commentary*, 386-388.

197 Selbiges gilt für das hellenistische Judentum: Im Gesamtwerk des Flavius Josephus gibt es
nur wenige Belege für das Wort πτέρυξ, davon alle in der Grundbedeutung ‚Flügel'. Das
Diminutiv πτερύγιον ist nicht belegt (vgl. RENGSTORF, *Concordance* III, 590f.). Auch im
Werk Philos existieren lediglich zwei Belege für πτέρυξ, auch hier nicht zur Bezeichnung
einer Gebäudestruktur (vgl. BORGEN, *Philo-Index*, 304).

198 Einige Θ-Handschriften übersetzen כָּנָף wörtlich mit πτερύγιον (ἕως πτερυγίου ἀπὸ
ἀφανισμοῦ). Auch diese Varianten vermögen den Text von 𝔐 nicht zu erhellen. Sie stellen
den Versuch einer möglichst genauen Wiedergabe dar, können jedoch nicht als Argument
verwendet werden, um eine architektonische Nebenbedeutung der Wurzel כָּנָף zu belegen.
Vielmehr ließe sich erwägen, ob sie nicht überhaupt erst die Grundlage des in Mt 4 par
bezeugten (Miß-)Verständnisses des πτερύγιον als Tempelzinne bilden.

199 EIßFELDT, *Gesenius*, 298. Der Autor kann andernorts auf eine Vielzahl epigraphischer und
archäologischer Belege aus der Zeit seit dem ersten vorchristlichen Jahrhundert verweisen,
die den Gott in der Darstellung als Flügelsonne zeigen. Sie stammen aus Gebieten, „die
einmal zum seleukidischen Reich gehört oder doch in Beziehungen zu ihm gestanden haben" (EIßFELDT, *Ba'alšamēm*, 178; vgl. DERS., *Flügelsonne*, 412-419).

liege.[200] Da weder das Vorhandensein einer Flügelsonne im Giebel des Tempels noch der besagte Gottesname zur fraglichen Zeit bezeugt ist, bleiben die Ausführungen EIßFELDTs allerdings sehr spekulativ.[201]

Weil keine der vorgestellten Interpretationen in letzter Konsequenz überzeugen kann, hat COLLINS dafür plädiert, den Text in Anlehnung an Dan 11,38 zu על כנם zu emendieren.[202] Damit ergäbe sich der Sinn, daß sich ‚an ihrer Statt‘, nämlich an Stelle der abgeschafften Opfer, jetzt der ‚Greuel der Verwüstung‘ befände. Das entbehrt nicht der Logik, ist aber auf die Annahme einer Verschreibung von ursprünglich ם zu ף angewiesen, die paläographisch wenig wahrscheinlich ist.[203] Will man keiner der dargestellten, zumeist mit Emendierungen verbundenen Lösungen folgen, bleibt als einzige Möglichkeit die eingangs notierte Alternative, den Plural שקוצים zu ועל כנף zu ziehen und beides als Konstruktusverbindung zu interpretieren.[204] Geht man von der sich ergebenden Arbeitsübersetzung *‚und auf Greuelsschwinge ein Verwüster‘* aus, so läge damit zunächst ein möglicher Verweis auf das plötzliche Auftreten von Antiochus IV. vor,[205] der, als שמם bezeichnet, nach 9,26f. am Ende der 70. Jahrwoche zugrunde gehen wird. Ruft man sich in Erinnerung, daß der Text vielfach assoziativ aufgebaut ist, so weitet sich das Bedeutungsspektrum zugleich auf die Einsetzung des mit der Person Antiochus’ IV. untrennbar verbundenen Götzen בעל שמים im Jerusalemer Tempel, dessen Name mit dem Begriff (מ)שמם polemisch verfremdet werden konnte.

Die mehrdeutige Wendung *‚und auf Greuelsschwinge ein Verwüster‘* wäre vor diesem Hintergrund nicht auf einen konkreten bautechnischen Eingriff, etwa die Errichtung eines Altaraufsatzes, beschränkt zu sehen, son-

---

200 Vgl. EIßFELDT, *Gesenius*, 299; ebenso, im Anschluß an EIßFELDT, BENTZEN, *Daniel*, 68.

201 Daß die nach EIßFELDT, *Gesenius*, 299, in *Ras Shamra* für das 2. Jt. belegte Gottesbezeichnung in der Makkabäerzeit bekannt und gebräuchlich war, müßte erst bewiesen werden.

202 „The best solution is to emend the text to על כנם“ (COLLINS, *Daniel*, 358).

203 Vgl. die Darstellung YARDENIs, *Book of Hebrew Script*, 47-66, zu den frühen Schriftformen vom 3. Jh. v. Chr. bis zur Zeit des Bar-Kochba-Aufstandes.

204 Als Hauptargument gegen diese naheliegendste Deutung wird seit jeher ins Feld geführt, daß in Dan 11,31 und 12,11 der Singular השקוץ משמם bzw. שקוץ שמם gebraucht wird, weshalb in Dan 9,27 von einer Verschreibung auszugehen sei. Da jedoch bereits hier eine sprachliche Varianz zu verzeichnen ist und in 8,13 im selben Kontext die Begriffsverbindung פשע שמם begegnet, ist die Annahme unzutreffend, das Danielbuch verwende den ‚Greuel der Verwüstung‘ bereits als fest geprägten *terminus technicus*. Lediglich die Wurzel שמם tritt konstant auf, das Bezugswort jedoch kann variieren; vgl. HAßLBERGER, *Hoffnung*, 343.

205 Vgl. DOMMERSHAUSEN, Art. כנף, 245f.: „Die Lesart Dan 9,27 (‚Und auf Flügeln von Greueln [kommt] einer, der verwüstet‘) braucht nicht korrigiert zu werden, wenn damit das plötzliche und außergewöhnlich furchtbare Auftreten des Verwüsters angedeutet werden soll.“ Auch RIGGER, *Siebzig Siebener*, 61f., findet keine hinreichenden Gründe zu emendieren.

dern brächte vielmehr, diese einschließend, die Vielzahl der religionspolitischen Maßnahmen Antiochus' IV. unter gleichzeitiger Polemik gegen seine Person und den von ihm verehrten Götzen auf den Begriff.[206] Vor diesem Hintergrund der Mehrdeutigkeit ist auch nicht kategorisch auszuschließen, daß mit der ‚Greuelsschwinge' auf die aus der Ikonographie bekannte Darstellung der Flügelsonne als Emblem des בעל שמים angespielt wird, sollte diese zur Zeit Antiochus' IV. verwendet worden sein. Bezieht man zuletzt auch den biblischen Hintergrund in die Betrachtung mit ein, so ruft der Begriff כנף im Tempelkontext Assoziationen an die geflügelten Cherubim im Allerheiligsten (1 Kön 6,23-27; 8,6f.; 2 Chr 3,10-13; 5,7f.) und die Cherubim auf der Lade (Ex 25,18-22; 37,7-9) wach.[207] Damit ist eine weitere mögliche Sinndimension besagten Teils von Dan 9,27 aufgezeigt, insofern der Gegenwart Gottes und seines himmlischen Hofstaates die *Greuelsschwinge* des Verwüsters kontrastierend gegenübergestellt werden konnte.[208]

Angesichts der sich abzeichnenden Mehrdeutigkeit der Formulierung ועל כנף שקוצים משמם spricht nichts dafür, sie ihres wahrscheinlich intendierten Bedeutungsspektrums zu berauben, indem man sie zu *einer* klar umrissenen Aussage ‚emendiert'. Das Kommen des Verwüsters auf Greuelsschwinge scheint vielmehr bewußt mehrere Facetten zu umgreifen: Während die ‚Greuelsschwinge' im Tempelbezirk einerseits die Flügel der Cherubim kontrastiert, andererseits auf konkrete bildliche Darstellungen

---

206 Bereits LACOCQUE, *Livre de Daniel*, 148, nimmt die bewußte Mehrdeutigkeit des Textes wahr, insofern er in 9,27 ein Wortspiel voraussetzt, mittels dessen bewußt die Wörter כנף und קרן kontrastiert würden: „Le mot ‚aile' fait donc, à notre sens, jeu de mots, indiquant à la fois les coins de l'autel à YHWH et les ailes des ‚abominations'." Der Plural שקוצים, welcher die Kongruenz mit dem folgenden משמם vermissen lasse, sei zugleich als mögliche Anspielung auf das einzige andere Substantiv zu verstehen, das im Hebräischen als Plural ein Verb im Singular regieren könne: אלהים. „L'idole d'Antiochus prétend être l'Elohim des Juifs, elle n'est que ‚Shiqutsim'. Elle prétend représenter le El Elyon d'Israël, le Ba'al Shamin des Juifs des Syriens, elle n'est que ‚meshomém', effrayante, dévastatrice, à l'image de son auteur, Antiochus ‚le dévastateur'" (ebd.). Zwar ist die Grundeinsicht LACOCQUEs in den assoziativen Charakter des Textes zutreffend, seine einzelnen Beobachtungen sind hingegen kritisch zu sehen: So ist die Annahme, bei כנף und קרן handele es sich um Synonyme, wie bereits dargelegt, unzutreffend. Der Versuch, in שקוצים eine Anspielung auf אלהים zu sehen, ist schließlich zweifelsohne innovativ, bleibt aber reine Spekulation.

207 Vgl. auch Ausdrücke, die vom beschirmenden Schatten der Flügel Gottes oder der Zuflucht unter seinen Flügeln sprechen (Ps 17,8; 36,8; 57,2; 61,5; 63,8; 91,4; Ru 2,12).

208 RIGGER, *Siebzig Siebener*, 296-298, argumentiert in dieselbe Richtung, wenn er in Dan 9,27 eine im Rückgriff auf das Jes 10,22f.; 28,15 verbindende Thema der Hybris und ihrer endzeitlichen Bestrafung gestaltete Interpretation der Ereignisse in Jerusalem unter Antiochus IV. findet: „Die Hybris des Antijahwe manifestiert sich für diesen Verfasser offenbar in Antiochus IV., seinem quasi-göttlichen Anspruch und seinem Angriff auf die Jahwereligion" (a.a.O., 298).

des בעל שמים Bezug nimmt und schließlich auch die Plötzlichkeit der Kulteingriffe zum Ausdruck bringen könnte, umgreift der polemische Begriff משמם die Person Antiochus' IV. und die von ihm in Jerusalem eingeführte syrische Gottheit, wobei die Gesamtaussage gerade in ihrer Offenheit auch die terminologische Assoziation des in Dan 8,13; 11,31; 12,11 beschriebenen Eingriffs in den Tempelkult ermöglicht.

Nimmt man die Passage vom Ende des Verses, zugleich Ende des Jahrwochenorakels, in den Blick, welches in der Vernichtung des שמם gipfelt, so ist als zentrale Aussage des Textes festzuhalten, daß Antiochus IV. zuletzt mit dem von ihm verehrten Götzen untergeht. Daß sich der Gott Israels als geschichtsmächtig erweisen wird, ja aus der Perspektive des wahrscheinlich nach den Ereignissen von 164 v. Chr. arbeitenden Redaktors, auf den V. 27 zurückgeht, als geschichtsmächtig erwiesen hat, ist durch das prophetische Zeugnis, als dessen Auslegung sich Dan 9 begreift, von jeher festgeschrieben: Das Auftreten des Verwüsters auf Greuelsschwinge wird nur solange währen, bis die Zeit der beschlossenen Vernichtung kommt (Jes 10,23). Der erfahrenen שממות von Stadt und Heiligtum korrespondiert das Ende des Verwüsters, der von Gott zu שממות עולם (Jer 25,11f.; vgl. Dan 9,27) gemacht wird.[209]

2.2.5. Fazit: Dan 9 als Auslegungstext

Die Exegese von Dan 9 hat gezeigt, daß das Kapitel als ganzes in einem organischen Bezug zur biblischen Tradition zu sehen ist, die auf verschiedene Weise rezipiert wird. Dabei bildet die dtr Theologie den wesentlichen Hintergrund, der durch terminologische Anklänge sowohl im Bußgebet als auch im Rahmenteil durchgängig präsent ist, aber nicht unmodifiziert in das geschichtstheologische Modell der 70 Jahrwochen Aufnahme fand: Dieses spiegelt eine Stufe des dtr Geschichtsbildes, die auf radikale Weise dem Teufelskreis aus Sünde, Umkehr und neuerlicher Sünde das Konzept einer von Gott beschlossenen Zorneszeit entgegensetzt, in der sich das Widergöttliche ungehindert entfalten darf, ja sein volles Maß erreichen soll, um im Anschluß an der Schwelle zur Endzeit irreversibel beseitigt zu werden (vgl. Jer 33).[210] Dem heilsgeschichtlichen Konzept der ältesten

---

209 Ähnlich bereits WIESELER, *70 Wochen*, 45, der allerdings שמם als Passivform interpretiert und folgert: „[A]m Ende jener halben Woche wird durch Gottes Strafgericht aus dem משמם ein שמם, aus dem Verwüster ein Verwüsteter."

210 Dieser Gedanke ist indirekt bereits in der jeremianischen Interpretation der 70 Jahre als Zeit Babels angelegt und wird in Dan 9 exegetisch von der Perspektive des einen Fremdvolkes auf alle Weltherrschaft ausgedehnt, insofern sie sich in ihrem Übergriff auf

Strata des aramäischen Danielbuches, das hinter dem Handeln der Welt-
mächte letztlich das Handeln Gottes sah,[211] steht in Dan 9 eine 70 Jahrwochen während Unheilsgeschichte Israels gegenüber, in der Gott selbst
nicht mehr geschichtsmächtig wirksam wird. Während das Kapitel seine
negative Sicht der exilisch-nachexilischen Zeit mit den übrigen Visionen
des Danielbuches (Dan 7f.; 10-12) teilt, ist das Spezifikum von Dan 9, die
dtr gefärbte Israelperspektive, im wesentlichen Ergebnis einer Schriftre-
zeption, die sich mit biblischen Darstellungen der Geschichte Israels aus-
einandersetzt.

Neben der allgemeinen Nähe zur dtr Gedankenwelt sind für Dan 9
vor allem die direkten exegetischen Bezüge entscheidend, die den Text
prägen. Dieser präsentiert sich explizit als Auslegung der 70 jeremianischen Jahre, die in Gestalt des von Gabriel überbrachten Jahrwochenorakels in ihrer Bedeutung für die Gegenwart der Danielkreise aufgeschlossen
werden. Daß der Text dabei nicht die lineare Auslegung *eines* Prophetenwortes bietet, sondern vielmehr das Problem der 70 Exilsjahre im Licht
der Schrift beleuchtet, wird bereits in Dan 9,2 programmatisch festgehalten, wo die ספרים als zentrale exegetische Referenzgröße eingeführt
werden. Dabei sind neben Passagen wie Dtn 28,15-68; 29,20; Lev 26,18,
mittels derer sich die 70 שבעים als Erfüllung des göttlichen Unheilsschwu-
res plausibilisieren lassen, besonders weitere prophetische Texte von
Bedeutung, die in den Auslegungsprozeß der 70 Jahre einbezogen werden
und die Weissagung Jeremias in ihrem eigentlichen, die Gegenwart der
Danielkreise zur Zeit des Makkabäeraufstandes betreffenden Sinn auf-
schließen. Das Programm aktualisierender Prophetenexegese verwirklicht
sich in Dan 9,25-27 in Gestalt eines im ‚Orakelstil‘ gehaltenen Geschichts-
überblickes, in dem Schriftstellen wie zeitgeschichtliche Reflexe oft nur
durch Anspielungen und begriffliche Mehrdeutigkeiten präsent sind.[212]

Gerade angesichts der Kürze und stilistischen Besonderheiten des
Textes kommt den impliziten exegetischen Bezügen eine entscheidende

---

Gottes Volk als widergöttlich erweist; ihr korrespondiert aus der Perspektive Israels die
finale Begrenzung der Sünden des Volkes auf den Zeitraum der 70 Jahrwochen. Die Verbindung beider Perspektiven kann mit KRATZ, *Translatio*, 232, zutreffend so beschrieben
werden, daß „Weltgeschichte letztlich als ein Moment der Geschichte Israels [...] erscheint.“

211 Vgl. KRATZ, *Translatio*, 222. Über das geschichtstheologische Konzept hinaus wird Gottes
Wirken nicht zuletzt ganz praktisch in seinem Eingreifen zur Errettung der Frommen (Dan
3; 6) deutlich.

212 Vgl. SEELIGMANN, *Voraussetzungen*, 150-181, der Anspielungen, Spiel mit Doppelbedeu-
tungen sowie die Grundüberzeugung, die Schrift treffe in Wahrheit Aussagen über die
eigene Gegenwart, als wesentliche Merkmale des von ihm als „frühe Midraschexegese“
bezeichneten Phänomens herausstellt.

Funktion zu, insofern diese allererst eine vordergründig verborgene theologische Tiefendimension ans Licht bringen. So werden durch Anklänge an Jer 33,18 die sich unter Antiochus IV. ereignenden Übergriffe auf Priesterschaft und Kultus als Brechung zentraler Heilsverheißungen in den Blick genommen und so allererst in ihrer ganzen Tragweite sichtbar gemacht. Das Konzept der 70 Jahrwochen als Zeitraum der Gottferne, an dessen Ende die Sünde ihr volles Maß erreicht, plausibilisiert die Spannung zwischen geschichtlicher Realität und einer Heilsprophetie, die als Gotteswort gerade wegen ihres vordergründigen Scheiterns die Gewißheit einer endzeitlichen Verwirklichung in sich birgt. Der fortwährende Rekurs auf Jes 10,22f. in Dan 9,26f. zeigt, daß am Ende der 70 Jahrwochen mit Gottes vollmächtigem Einschreiten gerechnet wird, eine Gewißheit, die in der exegetischen Überzeugung gründet, Jesajas Prophezeiungen gegen Assur seien in ihrem Vollsinn gegen die zeitgenössischen seleukidischen Machthaber gerichtet. Da Gottes Eingreifen in Dan 9 sonst nirgends explizit erwähnt wird, hat dieser exegetische Bezug eine entscheidende Bedeutung für die der Geschichtsschau zugeordneten Gottesaussagen.

Die exegetischen Bezüge sind nicht nur für die Herausarbeitung der theologischen Tiefendimensionen des Textes essentiell, sondern die sich in ihnen äußernde Hermeneutik findet auch eine enge Analogie in der Struktur der 70 Jahrwochen: Dem Schwerpunkt auf der letzten Jahrwoche als Verfasserzeit entspricht die hermeneutische Grundüberzeugung, daß die zentrale Bedeutung der Propheten in ihrer Gegenwartsrelevanz liegt. Insofern die letzte Jahrwoche aber nicht isoliert, sondern eben als Abschluß einer Sequenz von 70 Jahrwochen eingeführt wird, verrät der Text zugleich ein Interesse, den zentralen Gegenwartsbezug in ungebrochene Kontinuität zur Vorgeschichte zu setzen. Die erste Etappengrenze der 70 Jahrwochen nach sieben Septennien nimmt bewußt auf die Faktizität des perserzeitlichen Wiederaufbaus Bezug, relativiert diesen aber gerade in seiner Bedeutung als heilsgeschichtliche Epochenmarke und erteilt damit auch allen im Gefolge des Chronisten stehenden Entwürfen, die von einer geschichtlichen Erfüllung der 70 jeremianischen Jahre ausgehen, eine klare Absage. Die Prophezeiung Jeremias erschöpft sich nicht in ihrem Gegenwartsbezug, sondern hat im Bewußtsein der Danielkreise durchaus eine Vergangenheitsdimension, die gerade deshalb in Dan 9 aufgegriffen wird, weil sich in ihr nicht eine Erfüllung der Prophezeiung in ihrem Vollsinn ereignet hat.[213]

---

213 Auch KOCH, *Bedeutung*, 198, betont, „dass Dan 9 der Jeremiaweissagung einen doppelten Sinn zuschreibt. Sie betrifft zunächst tatsächlich 70 Jahre Exil. Doch diese werden bei tieferer Betrachtung typologisch zum Vorbild für 70 grössere, eschatologische Zeitsiebente“. Bereits WIESELER, *70 Wochen*, 49.64f., streicht heraus, daß die 70 Exilsjahre auch in

Die Binnenstruktur der Jahrwochensequenz ist daher in ihrer Gegenüberstellung von scheinbarer Erfüllung der jeremianischen Prophezeiung nach sieben Jahrwochen und ihrer vollständigen, endzeitlichen Erfüllung nach 70 Jahrwochen ein direktes Spiegelbild der Hermeneutik einer gegenwartsbezogenen Prophetenexegese, die in Dan 9 zutage tritt. Verfolgt man diesen Gedanken weiter, so erscheint die Abgrenzung der letzten Jahrwoche einerseits als Resultat der hermeneutischen Grundentscheidung, den Zielpunkt prophetischer Botschaft in der eigenen Gegenwart zu finden, und andererseits als motiviert durch die Erfahrungen eben dieser Gegenwart, die wiederum vor dem biblischen Hintergrund als Schwelle zur Endzeit greifbar ist. Die verbleibenden mittleren 62 Jahrwochen erfüllen dann zunächst die Aufgabe, das faktische Scheitern des perserzeitlichen Wiederaufbaus aufzuzeigen, führen aber zugleich in stetigem Gefälle auf die letzte Jahrwoche hin, in der das Unheil seinen Höhepunkt erreicht. Schließlich sind auch die chronologische Abgrenzung und Binnengliederung der 70. Jahrwoche – ihr Beginn mit der Ermordung des משיח sowie die neuerliche Zäsur in ihrer Mitte durch die Abschaffung der Opfer – als Synthese von zeitgeschichtlichen Bezügen und der prophetischen Tradition (Jer 33,18) zu sehen, deren Heilszusagen in scharfem Kontrast zu den schlimmsten Wehen der Unheilszeit stehen.

Das Phänomen der Schriftauslegung und die mit ihm verbundenen hermeneutischen Grundentscheidungen bilden daher nicht nur den zentralen Hintergrund der Interpretation der 70 jeremianischen Jahre als 70 Jahrwochen oder der geschichtstheologischen Darstellung des Zeitraumes, sie tragen bereits einen wesentlichen Teil zur Strukturierung der Jahrwochenchronologie bei. Deren näherer Untersuchung ist das folgende Kapitel gewidmet.

2.3. Die 70 Jahrwochen als geschichtstheologisches Modell

Das Ziel des folgenden Kapitels ist die Untersuchung der mit den 70 Jahrwochen verbundenen chronologischen Implikationen. Da die den Ausgangspunkt von Dan 9 bildenden 70 Jahre bereits Gegenstand einer vordanielischen innerbiblischen Auslegungsgeschichte sind, ist zunächst auf diese Vorgeschichte näher einzugehen, wobei auch nach möglichen Ursprüngen der 70 Jahre zu fragen ist (*2.3.1.*). In einem nächsten Schritt sind

---

ihrem konkreten geschichtlichen Sinn in den Blick genommen würden, irrt sich aber, wenn er das Exilsende als positives Ereignis deutet, das in Dan 9 zum Vorbild einer entsprechenden Erwartung bezüglich des Endes der 70 Jahrwochen geworden sei.

die sich aus der heptadischen Struktur des Systems ergebenden chronologischen Konsequenzen zu untersuchen (*2.3.2.*), bevor abschließend das Verhältnis zur absoluten Chronologie des entsprechenden Zeitraums zu klären ist (*2.3.3.*).

2.3.1. Die Auslegungsgeschichte der 70 Jahre in den biblischen Schriften

Daß die 70 Jahre bereits vor Dan 9 Gegenstand einer innerbiblischen Auslegungsgeschichte waren, kann als unbestritten gelten. Sie begegnen explizit in Jer 25,11f.; 29,10; Sach 1,12; 7,5; 2 Chr 36,21f.; Esr 1,1 in jeweils unterschiedlichen Deutehorizonten. Daß dieser Hintergrund auch dem Verfasser von Dan 9 präsent war, zeigt sich an den sprachlichen Bezugnahmen auf die genannten Texte: Neben dem expliziten Rekurs auf Jeremia liegt in 9,2 mit למלאות eine Aufnahme von 2 Chr 36,21 vor, der Fastenaspekt (9,3) greift auf die in Sach 7,5 erfolgte Verknüpfung dieses Motivs mit den 70 Jahren zurück. Nicht nur zur Erhellung der Bezugstexte von Dan 9, sondern auch im Blick auf Ursprung und Modifikation der 70-Jahres-Frist ist eine Analyse der genannten Texte unerläßlich. Dabei ist allerdings einschränkend vorwegzuschicken, daß eine Untersuchung der Abhängigkeiten zwischen den einzelnen Aussagen abschließend nur im Zuge einer redaktionskritischen Analyse der jeweiligen Gesamtkompositionen und damit selbstredend nicht im Rahmen dieser Arbeit erfolgen kann. Es ist daher lediglich intendiert, die sich eindeutig abzeichnenden Abhängigkeiten herauszuarbeiten und mögliche Szenarien für den Ursprung und die frühe Rezeptionsgeschichte des Motivs eines siebzigjährigen Exils aufzuzeigen.

KRATZ hat bei seiner Erörterung des Verhältnisses von Dan 1-6 zum chronistischen Geschichtsbild bereits eine Entwicklungslinie aufgezeigt, die ich meinen folgenden Ausführungen als Arbeitshypothese zugrundelege.[214] Der älteste Beleg liegt nach seiner Einschätzung mit Sach 1,12 vor: Dort begegnet im Kontext der Reitervision die Frage des Engels, wie lange Gott Jerusalem und den Städten Judas noch zürnen wolle, da bereits 70 Jahre des Zornes verstrichen seien. Die in 1,14-17 folgende göttliche Antwort verheißt die neuerliche Zuwendung Gottes zu Jerusalem und den Wiederaufbau des Tempels. Als Zeitraum sind daher, so KRATZ, zunächst die Jahre zwischen Tempelzerstörung und -wiederaufbau im Blick (586-

---

214 Vgl. KRATZ, *Translatio*, 261-267.

519 v. Chr.),[215] was in der absoluten Chronologie den genannten 70 Jahren recht nahe kommt. An die in Sach 1,12 entfaltete Perspektive schließen nach KRATZ Sach 7f. an und bestimmen die 70 Jahre neu als Zeit des Fastens und der Klage (7,5; vgl. 7,1-3; 8,18f.), die freilich ihrerseits Grund zur prophetischen Anklage des Volkes werden, insofern es nicht um Gottes, sondern um seiner selbst willen fastet (7,6f.) und zentrale Forderungen sozialer Gerechtigkeit mißachtet (7,9f.). Die in Kap. 8 geweissagte Heilsrestitution betrifft den im Gericht übriggebliebenen ‚Rest des Volkes‘ (8,6.11.12).

Bei der positiven Bestimmung des Restes setzt nach KRATZ Jer 29,10 an, indem diese Perspektive auf die Exilierten angewandt wird, deren Rückführung die im Brief Jeremias mitgeteilte Weissagung verspricht. Ferner werden die 70 Jahre durch den Zusatz לבבל als Zeit Babels definiert, nach deren Abschluß die göttlichen Heilspläne ihre Verwirklichung finden werden (29,11-14). Ausgangspunkt für die rückwirkende Berechnung der 70 Jahre ist demnach, so KRATZ, die Rückführung der Exilierten, wonach als Zeit Babels rechnerisch die Jahre von 609 bis 539 v. Chr. in Betracht kommen, „sachlich begradigt mit Jer 25,1 bzw. 36,1; 45,1; 46,2 [gelangt man] in das Jahr 605/4 v. Chr."[216].

Jer 25,11f. stellen nach KRATZ einen der spätesten Belege dar, der die Sacharjatexte und Jer 27,2; 29,10 voraussetze. Der Aspekt der Zerstörung Jerusalems aus Sach 1; 7 werde mit dem Motiv der Zeit Babels aus Jer 27,7; 29,10 verknüpft; demzufolge liege ein besonderer Akzent auf dem Babelgericht (25,12). Die 70 Jahre kommen folglich als Zeitraum zwischen dem Ende Judas (597/586 v. Chr.) und dem Ende der babylonischen Herrschaft 539 v. Chr. in den Blick; sie konstituieren einen Spannungsbogen zwischen dem Beginn der Herrschaft Babels mit der Zerstörung Jerusalems (25,11) und ihrem Endpunkt durch das endgültige Vernichtungsgericht über Babel nach Ablauf der siebzigjährigen Frist (25,12).

Nicht das Motiv des Vernichtungsgerichtes aus Jer 25,11f., sondern die golaorientierte Sichtweise Jeremias (Jer 29,10) wird in 2 Chr 36,21f. (vgl. Esr 1,1) ausdrücklich aufgenommen und unter Rezeption von Lev 26,31-35 mit der Theorie vom leeren Land verknüpft. Dabei findet die jeremianische Prophezeiung eine doppelte Erfüllung (למלאות דבר יהוה בפי ירמיהו): Einerseits ermöglicht die Exilierung eine Erstattung der versäumten Sabbate (36,21), und andererseits verwirklicht sich mit der Machtübernahme der Perser sowie mit der im Kyrosedikt eingeleiteten Restitution

---

215 Ob sich der endgültige Fall Jerusalems 587 oder 586 v. Chr. ereignete, ist in der Forschung seit jeher umstritten; im Rahmen dieser Arbeit wird in Anschluß an EDWARDS, *Year*, 101-106, letzteres Datum als wahrscheinlichere Option vorausgesetzt.

216 KRATZ, *Translatio*, 261f.

das Ende der Zeit Babels (36,22f.). Infolge dieser theologischen Neuakzentuierung erhalten die 70 Jahre einen klaren chronologischen Rahmen
zwischen der Zerstörung Jerusalems und dem Kyrosedikt, was effektiv
eine numerische Verkürzung auf knapp 50 Jahre zur Folge hat (586-539 v.
Chr.):[217] „Unter dem Namen des Jeremia [...] klingen die prophetischen
Erwartungen an und finden im ‚ersten Jahr des Kyros', sobald die Proklamation 2Chr 36, 22f; Esr 1,1-4 ergangen ist, ihre prompte Erfüllung"[218].

Daß jede der genannten Stellen bei der Interpretation der 70 Jahre
eigene Akzente setzt, sollte deutlich geworden sein. Ebenso muß als unbestreitbar gelten, daß die chronistischen Belege mit ihrem ausdrücklichen
Rückverweis auf Jeremia die Kenntnis von Jer 25,11f.; 29,10 voraussetzen.
Wesentlich schwieriger und demzufolge in der Forschung umstritten ist
die Frage nach dem ältesten Beleg für die 70 Jahre und somit nach der
Richtung des traditionellen Gefälles. Die dargestellte Position von KRATZ,
nach der der älteste Beleg mit Sach 1,12 vorliegt und die Jeremiatexte die
sacharjanischen Belege voraussetzen, stellt eine Randposition dar; zumeist
gelten die Passagen des Jeremiabuches als älteste Stufe der Überlieferung.[219] Daß weder die sacharjanischen noch die jeremianischen Belege
für die 70 Jahre als ursprünglicher Teil ihres weiteren literarischen Kontextes vorausgesetzt werden können,[220] verkompliziert das Problem zusätzlich, insofern die frühe Rezeptionsgeschichte der 70 Jahre zwingend
als ein Aspekt der Redaktionsgeschichte beider Prophetenbücher in den
Blick zu nehmen ist. Da sich das rezeptionsgeschichtliche Gefälle allein

---

217 Daß dem Chronisten diese gewaltige Diskrepanz zur absoluten Chronologie verborgen ge-
     blieben sein könnte, ist schwer vorstellbar. Seine Aufnahme der 70 jeremianischen Jahre
     läßt sich daher nur so erklären, daß sie als traditionelle Exilschiffre rezipiert und als solche
     in das eigene heilsgeschichtliche Konzept integriert wurden. Ähnlich auch GRELOT,
     semaines d'années, 181, der eine Rezeption der jeremianischen Weissagung als „chronologie
     symbolique" vermutet. PLÖGER, *Siebzig Jahre*, 70, geht davon aus, daß durch die Festschrei-
     bung der Erfüllung der jeremianischen Prophezeiung mit der perserzeitlichen Restitution
     zugleich Erwartungen einer noch ausstehenden eschatologischen Verwirklichung der 70
     Jahre eine Absage erteilt werden sollte. Daß mit der Existenz solcher Strömungen zu rech-
     nen ist, zeigt nicht zuletzt Dan 9, wo sie schließlich als radikale Absage an das chronistische
     Geschichtskonzept zum Durchbruch gelangen; s. dazu im folgenden.
218 KRATZ, *Translatio*, 262f.
219 Vgl. KRATZ, *Translatio*, 261, Anm. 477, der sich für die von ihm vertretene Position
     lediglich auf WELLHAUSEN und DUHM berufen kann. Nach BLUHM, *Daniel 9*, 451, ist „die
     Echtheit der Jeremiastellen unbestritten", Sacharja und der Chronist seien daher von Jere-
     mia abhängig. Auch GRELOT, *semaines d'années*, 172, hält die Jeremiastellen für „substantiel-
     lement authentiques"; ebenso HARTMAN, *Book of Daniel*, 247. PLÖGER, *Siebzig Jahre*, 67-73,
     umgeht das Problem, indem er auf eine Erörterung der Jeremiastellen verzichtet, scheint
     aber dazu zu tendieren, diese als ursprünglich anzusehen.
220 Zu den Sacharjabelegen vgl. SCHÖTTLER, *Gott*, 49-59; eine Übersicht über redaktionsge-
     schichtliche Modelle zu Jer 25; 29 bietet MCKANE, *Commentary*, 623-633.

aufgrund der mehrdeutigen intertextuellen Bezüge zwischen Sach und Jer nicht befriedigend bestimmen läßt, ist auch die grundlegendere Frage nach dem wahrscheinlichen Ursprung der 70-Jahre-Tradition zu stellen, deren Beantwortung ein Kriterium für die Bestimmung des ursprünglicheren Überlieferungskontextes verspricht.

Nach BLUHM gehen die 70 Jahre auf eine Prophezeiung Jeremias zurück, der mit der runden Zahl 70 die Unbußfertigkeit des Volkes kritisiert und sich gegen in seiner Gegenwart auftretende Heilspropheten gestellt habe: „Der Ruf zur Umkehr mittels der Siebzig-Jahre-Weissagung ist das prophetische Anliegen, niemals aber eine chronologische Voraussage der babylonischen Herrschaft oder der tempellosen Zeit.“[221] Erst bei der Rezeption der Jeremiastellen sei das Mißverständnis eingetreten, der numerische Wert der 70 Jahre habe eine konkrete chronologische Bedeutung. Da eine Zuschreibung der 70 Jahre zur Person Jeremias höchst problematisch ist[222] und zudem die Annahme, eine Zeitangabe entbehre jeglicher chronologischer Dimension, kaum überzeugt, kann die von BLUHM vertretene Position nicht zur Erhellung der Ursprünge der 70 Jahre beitragen. Die Tatsache, daß die 70 Jahre recht genau dem Zeitraum zwischen Tempelzerstörung (586 v. Chr.) und -wiedereinweihung (519 v. Chr.) bzw. Fertigstellung des Zweiten Tempels (516 v. Chr.) entsprechen, läßt im Gegensatz zu BLUHM gerade an einen möglichen realhistorischen Hintergrund denken, der dann zur Ausprägung einer in der runden Zahl 70 verkörperten Tradition der tempellosen Zeit führte, die später als Exilschiffre mit unterschiedlichen Konnotationen rezipiert werden konnte.[223]

---

221 BLUHM, *Daniel 9*, 452.
222 Vielmehr ist davon auszugehen, daß mit Jer 25,1-14 ein dtr geprägtes Summar von Jer 1-25 vorliegt; vgl. MCKANE, *Commentary*, 630; THIEL, *Redaktion von Jeremia 1-25*, 262-275; WHITLEY, *Term*, 67f. Da auch in Jer 29 von dtr Redaktionsprozessen auszugehen ist (vgl. MCKANE, a.a.O., 727-748; THIEL, *Redaktion von Jeremia 26-45*, 11-19; WHITLEY, a.a.O., 65f.), gewinnt die Annahme an Plausibilität, daß auch hier die 70 Jahre als dtr Interpretament in den Text gelangten. Mit MCKANE, a.a.O., 630, ist zu vermuten, daß aus nachexilischer Perspektive die Gerichtsbotschaft Jeremias gemäß der in Dtn 18,9-22 aufgestellten Kriterien wahrer Prophetie verifiziert werden sollte. Dies läßt sich besonders an der Aufforderung Jeremias in 29,5-9 demonstrieren, die Exulanten sollten sich auf eine lange Zeit einstellen, die heftige Polemik gegen falsche Heilspropheten enthält. In nachexilischer Zeit mußte das Dilemma entstehen, daß der Prophet mit seiner Voraussage als gescheitert erschien und damit seine Glaubwürdigkeit gefährdet war. Durch die Einfügung der Weissagung einer Restitution nach 70 Jahren konnte Jeremia vor dem Hintergrund der historischen Entwicklung hingegen als wahrer Prophet rehabilitiert werden.
223 So auch WHITLEY, *Term*, 61-72, nach dessen Ansicht die 70 Jahre die Fertigstellung des Zweiten Tempels im Jahre 516 v. Chr. bereits voraussetzten, weshalb sie der exakten Zeitspanne zwischen Tempelzerstörung und -wiederaufbau entsprächen.

Obwohl eine Ableitung der 70 Jahre aus der absoluten Chronologie der tempellosen Zeit, zugleich ein mögliches Indiz für die von KRATZ angenommene Priorität der sacharjanischen Belege, einen nachexilischen Ursprung der Frist nahelegt, ist auf eine altorientalische Parallele zu verweisen, die in der Literatur ebenfalls als möglicher Hintergrund gehandelt wird:[224] Der Asarhaddon-Inschrift Ep 10,2b-9a/10,19-20[225] zufolge hatte Marduk ursprünglich 70 Jahre der Entvölkerung Babylons bestimmt, in seiner Barmherzigkeit verkürzte er diese Frist jedoch auf 11 Jahre.[226] Da der Text die 70-Jahres-Frist nicht näher begründet, läßt er sich zwar als möglicher Beleg für die Verwendung der Zahl 70 zur Bezeichnung einer „offenbar feststehende[n] Frist im Zusammenhang von Stadt- und Tempelzerstörungen"[227] anführen, deren Ursprünge aber erneut im Dunkeln bleiben. Daß im Hintergrund die durchschnittliche Dauer eines menschlichen Lebens stehen könne (vgl. Ps 90,10), weshalb nach Ablauf von 70 Jahren kein Glied einer betreffenden Generation mehr am Leben und somit ein echter Neuanfang möglich sei, stellt eine denkbare Erklärung dar, die jedoch insofern zirkulär ist, als sie biblische Passagen zur Erläuterung einer altorientalischen Inschrift heranzieht und diese dann ihrerseits zum Vorbild der 70 Jahre erklärt.[228] Wie der Hintergrund der in der Asarhaddon-Inschrift erwähnten 70 Jahre unklar bleibt, stellt letztlich auch die Annahme einer in dieser verkörperten altorientalischen Tradition, derzufolge 70 Jahre als Frist zwischen Zerstörung und Wiederaufbau galten, eine bloße Hypothese dar. Daß eine solche Tradition ferner als vorderorientalisches Gemeingut angesehen werden kann und, wie etwa GRELOT voraussetzt,[229] als solches ihren Eingang in die biblischen Texte fand, ist zur Gänze unbeweisbar.[230]

---

224 Vgl. KRATZ, *Translatio*, 261; GRELOT, *semaines d'années*, 173-175.

225 Der Text findet sich bei BORGER, *Inschriften*, 15.

226 Die Verkürzung wird als Folge einer Zeichenvertauschung erklärt, ein genialer Kunstgriff, der die Ehre des Gottes rettet, insofern die ursprüngliche Voraussage im umgestellten Zeichenbestand erhalten bleibt: Hintergrund ist, daß die Zahlen 11 und 70 in der Keilschrift durch dieselben beiden Keile in umgekehrter Reihenfolge repräsentiert werden; vgl. BORGER, *Inschriften*, 15.

227 KRATZ, *Translatio*, 261.

228 Die These diskutiert GRELOT, *semaines d'années*, 175.

229 Vgl. GRELOT, *semaines d'années*, 175: „Ainsi il est plausible qu'à l'arrière-plan de Jérémie se trouve déjà un thème littéraire connu dans le moyen Orient."

230 Auch das Vorkommen der runden Frist von 70 Jahren für die Zerstörung der Stadt Tyrus in Jes 23,15-17 läßt sich nur schwer als weiterer Beleg einer entsprechenden altorientalischen Tradition anführen, da der Text sehr spät ist und vermutlich bereits auf die jeremianischen Stellen zurückblickt; vgl. GRELOT, *semaines d'années*, 173; ähnlich auch WHITLEY, *Term*, 69-71.

Der zentrale Hintergrund der 70 Jahre bleibt demnach die absolute Chronologie der tempellosen Zeit, wobei mögliche bereits bekannte Traditionen bezüglich einer siebzigjährigen Frist zwischen Zerstörung und Wiederaufbau ihrer Herausbildung und Etablierung als Exilstypus des biblischen Schrifttums zusätzlich förderlich gewesen sein könnten.[231] Während das Verhältnis der frühesten Belegstellen in Jer 25,11f.; 29,10 und Sach 1,12; 7,5 hier nicht abschließend zu klären ist, bleibt festzuhalten, daß die 70 Jahre sich als runde Zahl schon früh von ihrer realhistorischen Bezugsgröße ablösen und als traditionelles Interpretament in verschieden akzentuierte Darstellungen der Exilszeit eingehen konnten. Die dabei entstehenden Spannungen mit der absoluten Chronologie der jeweiligen Zeiträume, auf die man die 70 Jahre applizierte, wurden offensichtlich nicht als Problem wahrgenommen, ein Phänomen, das nicht hinreichend mit dem Verweis auf unzureichende Kenntnisse der exilischen Chronologie erklärt werden kann, sondern vielmehr beredtes Zeugnis von der Macht der Tradition der 70 Jahre gibt, die einen zentralen Eckpfeiler für Darstellungen der Exilszeit bildete.

Die Überlieferung der 70 Jahre als Prophezeiung Jeremias wird einen wesentlichen Teil zu ihrer dauerhaften Durchsetzung als Exilstypologie beigetragen haben: Bereits der Chronist führt die 70 Jahre als דבר יהוה בפי ירמיהו ein (2 Chr 36,21; vgl. Esr 1,1), verkürzt sie aber faktisch, wie dargelegt, auf die knapp 50 Jahre zwischen der Zerstörung Jerusalems und dem Kyrosedikt (586 bis 539 v. Chr.). Entscheidend ist dabei, daß hier erstmals unter Bezug auf Lev 26 die 70 Jahre mit dem Aspekt der Sabbatruhe des Landes in Verbindung gebracht werden,[232] der Zeitraum also als heptadisch strukturiert verstanden ist.[233] Sowohl im expliziten Rekurs auf die 70

---

231 Ferner verdient die Analogie zu der 70 Generationen währenden Sicherheitsverwahrung der gefallenen Engel Beachtung, die in 1 Hen 10,12 erwähnt wird. Ob hier allerdings eine frühere Traditionsstufe vorliegt, welche die Zahl 70 zur Kennzeichnung eines von Gott verhängten Strafzeitraumes kennt, oder die 70 Generationen vielmehr als Ableger der 70 Exilsjahre zu sehen sind, ist nicht mit letzter Sicherheit zu entscheiden; s.u., III. 4.

232 Angesichts der faktischen Verkürzung des Zeitraums auf die knapp 50 Jahre zwischen Exilsbeginn und Kyrosedikt ist es wahrscheinlich, daß die 70 jeremianischen Jahre gerade nicht, wie FISHBANE, *Biblical Interpretation*, 483, voraussetzt, wörtlich als zehn Sabbatjahrzyklen, sondern bereits im übertragenen Sinn als Sequenz von sieben Septennien oder ein Jubiläum verstanden wurden. Daß das Jobeljahr dabei keine Erwähnung findet, erklärt sich insofern, als es nach den Vorgaben aus Lev 26 bei der ‚Theorie vom leeren Land‘ einzig um die Verbindung der Motivkreise Exil und Land geht, wofür sich naturgemäß die auf das Brachgebot zentrierten Bestimmungen zum Sabbatjahr anbieten (Lev 25,1-7), nicht jedoch das schwerpunktmäßig auf Beseitigung der sozialen Ungerechtigkeiten ausgerichtete Jobeljahr.

233 Daß bereits bei Jeremia die 70 Jahre als zehn Sabbatzyklen gefaßt seien, meint GRELOT, *semaines d'années*, 177, mit besonderem Blick auf die in Jer 34 thematisierte Sklavenfreilas-

Jahre als Prophezeiung Jeremias als auch in ihrer heptadischen Akzentuierung besteht eine wesentliche Gemeinsamkeit zwischen dem Chronisten
und Dan 9 – die Deutungen könnten trotzdem kaum unterschiedlicher
ausfallen: Während der Chronist die 70 Jahre in Anschluß an Lev 26 als
Zeit des leeren Landes interpretiert und ihr Ende mit dem im Kyrosedikt
inaugurierten perserzeitlichen Wiederaufbau gekommen sieht, wird in Dan
9 mit diesem Modell, das letztlich auch hinter der Binnenchronologie des
Danielbuches steht,[234] radikal gebrochen: Erst nach siebzig Jahrwochen ist
mit einer Erfüllung der jeremianischen Prophezeiung zu rechnen, die
nicht durch menschliches Wirken, sondern durch das endzeitliche Eingreifen Gottes selbst herbeigeführt wird.

2.3.2. 70 Jahrwochen – Implikationen des heptadischen Systems

Die in 2 Chr 36,21f. – unter Rekurs auf die bereits in Lev 26,32-35 etablierte Synthese von Exils- und Sabbatjahrthematik – entwickelte Deutung
der 70 jeremianischen Jahre als Zeit der Sabbatruhe für das Land findet
auch terminologisch einen Niederschlag in der Rede von שבתות, womit
die Sabbatjahrbestimmungen aus Lev 25 aufgegriffen werden. Dagegen ist
in Dan 9 weder von שמטה (Dtn 15) noch von שבתות oder דרור (Lev 25)
die Rede, sondern die Deutung der 70 Jahre wird allein durch den Begriff
שבעים vorgenommen, der mit der im Konsonantenbestand identischen
Zahl 70 zur Wendung שבעים שבעים verbunden ist. Die 70 שבעים sind in
ihrem strikten Wortsinn zunächst als 70 Siebente zu fassen, um der
Grundbedeutung von שבוע als „festes Zeitsiebent"[235] Rechnung zu tragen.

---

sung aufweisen zu können: „[L]es 70 ans représentent 10 périodes sabbatiques, au terme
desquelles le salut de Dieu adviendra comme une grande *šᵉmiṭṭah* pour le peuple réduit en
esclavage." Dem ist einerseits entgegenzuhalten, daß die in Jer 34 berichtete Freilassung in
keinem erkennbaren Bezug zu einer zyklischen Erlaßpraxis steht (vgl. THIEL, *Redaktion von
Jeremia 26-45*, 39). Hinzu kommt andererseits, daß, selbst wenn es in der Spätzeit Judas eine
entsprechende Praxis gegeben haben sollte, wofür jegliche Quellenbelege fehlen, damit
nichts für ein Verständnis der 70 Jahre gewonnen ist, da diese offenkundig weder in Jer
25,11f.; 29,10 noch in Sach 1,12; 7,5 als Abfolge von Sabbatjahrzyklen dargestellt sind,
sondern lediglich als Gesamtzeitraum in den Blick genommen werden. Den 70 Jahren an
ihren vorchronistischen Belegstellen eine heptadische Struktur zuzuschreiben oder gar
ihren Ursprung in der Observanz von zehn Sabbatjahrzyklen zu suchen, erscheint im Blick
auf den Quellenbefund als pure Spekulation.

234 S.o., *2.1.1.*
235 KOCH, *Sabbatstruktur*, 406; vgl. OTTO, Art. שבע, 1016. Auch RIGGER, *Siebzig Siebener*, 186f.,
begründet seine bereits im Titel seiner Untersuchung festgeschriebene Wortwahl mit Rückverweis auf KOCH. M.E. stellt die Rede von ‚Siebzig Siebenern' lediglich einen unbehol-
fenen Übersetzungsversuch dar, der verkennt, daß sich die – zu Recht hervorgehobene –

Daß dabei an einen Zeitraum von sieben Jahren zu denken ist, die bisher verwendete Übersetzung als ‚Jahrwoche' also zutrifft, kann in Anbetracht des Gesamtbefundes heptadischer Geschichtskonzeptionen zwar als naheliegend, nicht aber *a priori* als sicher erwiesen gelten.[236] Erst in Relation zur absoluten Chronologie, und zwar insofern sich das letzte Zeitsiebent exakt mit dem Zeitraum 170/169-164/163 v. Chr. zur Deckung bringen läßt, ist ein unwiderlegbares Argument dafür gefunden, daß in Dan 9 wirklich 70 Jahrwochen, also 490 Jahre im Blick sind.[237]

Während in 2 Chr 36,21f. das Sabbatjahr als siebtes Jahr im Blick ist, dient der Begriff שבוע in Dan 9 zur Bezeichnung des Zeitraumes von sieben Jahren. Das Fehlen der mit den zyklischen Erlaßvorschriften verknüpften Termini erklärt sich daher als Resultat einer auf die zeitliche Dauer ausgerichteten Perspektive, impliziert aber keineswegs, daß die biblischen Bestimmungen zu Sabbat- und Jobeljahr keinen Hintergrund der in Dan 9 entfalteten heptadischen Geschichtsschau bilden.[238] Im Gegenteil sind die bereits angestellten Beobachtungen zu den exegetischen Hintergründen der Dreiteilung der 70 Jahrwochen (s.o., *2.2.5.*) wesentlich durch den Nachweis zu präzisieren, daß dem Text eine implizite Jubiläenstruktur zugrunde liegt: Nach 49 Jahren (sieben Jahrwochen) folgt nicht etwa das gemäß Lev 25 zu erwartende יובל im fünfzigsten Jahr,[239] sondern

---

Ambivalenz der Begriffspaarung שבעים שבעים im Deutschen nicht adäquat verwirklichen läßt.

236 Gebräuchlicherweise bezeichnet der Begriff שבוע in heptadischen Geschichtsentwürfen den Zeitraum von sieben Jahren, wie es das Jubiläenbuch (s.u., *IV.*) und die unter *V.* diskutierten Qumrantexte durchgängig bezeugen. Daß er auch zur Bezeichnung längerer Zeiträume verwendet werden kann, zeigt allerdings das Beispiel der Zehnwochenapokalypse (1 Hen 93,1-10; 91,11-17); s.u., *III. 2.2.2.*

237 Daß mit dem Begriff שבוע in Dan 9 die zeitliche Dimension einer Jahr- und nicht einer Tagewoche gemeint ist, zeigt auch Dan 10,2, wo die dreiwöchige Fastenzeit Daniels als שלשה שבעים ימים angegeben wird, wobei der Zusatz ימים (die Verbindung beider Begriffe findet sich biblisch nur hier!) jedes Mißverständnis der zeitlichen Dimension ausräumt. Wahrscheinlich handelt es sich um einen erläuternden Zusatz, der bereits auf die Einfügung von Dan 9 zurückblickt und vor dem Hintergrund der dort ebenfalls als שבעים bezeichneten *Jahr*-Wochen klarstellt, daß Daniel nicht 21 Jahre, sondern lediglich drei Wochen fastet.

238 Als Hintergrund der erfolgten ‚Aufstockung' der 70 jeremianischen Jahre auf die siebenfache Dauer von 490 Jahren, verweist COLLINS, *Daniel,* 352, mit HARTMAN, *Book of Daniel,* 250 und FISHBANE, *Biblical Interpretation,* 482f., zutreffend auf die Verbindung zu Lev 25f. (vgl. besonders 26,18) und 2 Chr 36, wo die motivische Verknüpfung von Sabbatjahr und Exil bereits angelegt ist.

239 Auch FISHBANE, *Biblical Interpretation,* 482f., hebt wie zuvor bereits MARSHAM, *Canon,* 613, und Isaac NEWTON, *Observations,* 133, die implizite Jubiläenstruktur des Textes hervor; letzterer folgert: „as the *seventy* and the *sixty two weeks* were *Jewish* weeks, ending with sabbatical years; so the *seven weeks* are the compass of a *Jubilee,* and begin and end with actions proper for a *Jubilee,* and of the highest nature for which a *Jubilee* can be kept". So ist

weitere quälende 62 Jahrwochen בצוק העתים. Erst nach der siebzigsten
Jahrwoche, also nach Abschluß von zehn Jubiläenzyklen, ereignet sich die
endzeitliche Heilswende; die Jubiläenstruktur des Textes unterstreicht somit zusätzlich die Abwertung des perserzeitlichen Wiederaufbaus.[240] Sie
legt zudem die Annahme nahe, daß die Etablierung der in 9,24 aufge-
zählten Heilsgüter, über deren Zeitpunkt sich der Text ausschweigt, als
‚großes Jobeljahr' direkt nach Ablauf von 490 Jahren erwartet wurde.

Lassen die שבעים שנה Jeremias in ihrer Interpretation als שבעים
שבעים, 70 Jahrwochen, zunächst an das Sabbatjahr als Abschluß eines siebenjährigen Zyklus denken, so zeigt sich, daß der für die Binnenstruktur
des Textes zentrale Bezug auf das in Lev 25 eingeführte יובל verweist.[241]
Dessen Rezeption läßt eine klare Eschatologisierung erkennen,[242] die aus
einer umfassenden Neuinterpretation der ursprünglich auf Ausgleich der
sozialen Unterschiede zielenden Maßnahmen im Sinne der ultimativ von
Gott zu verwirklichenden Heilszeit resultiert. Der Hintergrund des Jobeljahres verdeutlicht, daß das zentrale Interesse an einer aktualisierenden
Interpretation der 70 jeremianischen Jahre unter gleichzeitiger Zurückweisung ihrer vermeintlichen Erfüllung mit der perserzeitlichen Restitution
zugleich in der heptadischen Logik des Entwurfes verankert ist. Dessen
Jahrwochenschema bietet keine ausgefeilte Chronologie der exilisch-
nachexilischen Zeit, sondern beschränkt sich auf die Darstellung der

---

der am Ende des Jubiläums auftretende משיח, der Hohepriester Josua, unbestreitbar eine
dem Zeitpunkt angemessene positive Gestalt (vgl. KOCH, *Sabbatstruktur*, 427), dies darf
aber nicht den Blick darauf verstellen, daß das von den ersten sieben Jahrwochen konsti-
tuierte Jubiläum prinzipiell von seiner Überbietung durch die Jubiläendekade her in den
Blick zu nehmen ist: Die von Jeremia prophezeite Restitution erfüllt sich nicht unter den
Persern, sondern erst im Anschluß an die mit der Ermordung des zweiten Gesalbten
(Onias III.) eröffnete siebzigste Jahrwoche. Von daher ist auch FISHBANE, a.a.O., 483, zu
widersprechen, nach dessen Meinung Dan 9 das Ende der ersten sieben Jahrwochen als
„first stage of release from foreign hegemony" interpretiert. Das hiermit implizierte Konzept einer stufenweise fortschreitenden Heilsverwirklichung widerspricht grundsätzlich
dem in Dan 9 entworfenen Geschichtsmodell, nach dem bis zum Ablauf der 70 Jahrwochen ja gerade mit einer stetigen Verschärfung der Lage zu rechnen ist, damit sich sodann
radikal der Umschlag ins endzeitliche Heil vollziehen kann.

240 Insofern die 70 Jahre Jeremias in 2 Chr 36,21f. effektiv auf die knapp 50 Jahre zwischen
der Zerstörung Jerusalems und dem Kyrosedikt reduziert sind, ist zudem mit der Möglichkeit zu rechnen, daß die sieben Jahrwochen in Dan 9,25 die explizite Kenntnis dieses
chronistischen Jubiläums voraussetzen. Ein derartiger Bezug zur absoluten Chronologie,
den auch RIGGER, *Siebzig Siebener*, 259, und STAHL, *Weltengagement*, 104f., voraussetzen, ist
gut denkbar, muß aber andererseits auch nicht zwingend im Horizont von Dan 9 liegen, da
das Jubiläenschema wie gezeigt aus sich selbst heraus Plausibilität gewinnt. Auf die Frage
ist abschließend erneut unter *2.3.3.* einzugehen.

241 Vgl. WACHOLDER, *Chronomessianism*, 243: „The author of Daniel [...] without mentioning it
[sc. the jubilee] directly made it the most significant unit of the divine division of time."

242 Ebenso BACCHIOCCHI, *Sabbatical Typologies*, 172-174; LACOCQUE, *Livre de Daniel*, 143.

geschichtstheologisch zentralen Zäsuren. Das theologische Interesse bestimmt den geschichtlichen Blickwinkel, so daß die 62 mittleren Jahrwochen lediglich als Brücke zur nachdrücklichen Abwehr des Glaubens an die bereits erfolgte Restitution sowie als Überleitung zur Zeit der Entscheidung in den Blick genommen werden,[243] die mit der letzten Jahrwoche erreicht ist.[244]

2.3.3. Die 70 Jahrwochen und die absolute Chronologie der exilisch-nachexilischen Zeit

Sowohl der Zugang über die sich hinter Dan 9 abzeichnenden Auslegungsvorgänge als auch über die sich systembedingt nahelegenden chronologischen Zäsuren ermöglicht ein problemloses Verständnis der 70 Jahrwochen einschließlich ihrer Binnengliederung, wobei sich beide Ansätze in ein kohärentes Erklärungsschema integrieren. Daß WIESELER dennoch „die prophetische Stelle des Daniel Cap. 9, 24-27. zu den schwierigsten und dunkelsten der Schrift"[245] rechnet und MONTGOMERY im Blick auf die Chronologie der 70 Jahrwochen gar von dem „Dismal Swamp of O.T. criticism"[246] sprechen kann, hat seinen entscheidenden Grund darin, daß der seit frühchristlicher Zeit die Auslegungs- und Forschungsgeschichte prägende Ansatz darauf ausgerichtet ist, die chronologischen Angaben aus Dan 9 mit den historischen Gegebenheiten der exilisch-nachexilischen Zeit zu korrelieren. Die sich unabhängig vom Interesse des jeweiligen Interpreten durchgängig ergebenden Spannungen zur absoluten Chronologie haben dabei zu einer Vielzahl teilweise äußerst innovativer Erklärungen Anlaß gegeben, auf deren Hauptrichtungen im folgenden einzugehen ist.[247]

---

243 So auch RIGGER, *Siebzig Siebener*, 259, der die 62 Jahrwochen als Rest nach der Subtraktion der theologisch bedeutsamen ersten und letzten Epoche versteht; ähnlich HARTMAN, *Book of Daniel*, 250.

244 Daß auch die Halbierung der letzten Jahrwoche eine besondere heptadische Signifikanz hat, insofern, wie RIGGER, *Siebzig Siebener*, 296, und ALBANI, *Astronomie*, 101, annehmen, mit ihrer Mitte eine Anspielung auf den vierten Tag der Schöpfungswoche vorliegen könnte, an dem die für den Kalender entscheidenden Himmelslichter geschaffen wurden, scheint mir den Text überzustrapazieren.

245 WIESELER, *70 Wochen*, 1.

246 MONTGOMERY, *Commentary*, 400.

247 Die Flut der seit der Antike verfaßten Abhandlungen über Dan 9 macht eine Diskussion aller Positionen im Rahmen dieser Arbeit unmöglich; einen Überblick über die ältere Forschung bieten etwa HÄVERNICK, *Commentar*, 386-399, und WIESELER, *70 Wochen*, 69-91.

Bereits im 3. Jh. n. Chr. legte der christliche Chronograph Sextus Julius Africanus eine Deutung der 70 Jahrwochen vor,[248] die sich als klassische *interpretatio christiana* etablierte und so im wesentlichen unverändert noch 1832 von HENGSTENBERG vertreten wurde: Die 70 Jahrwochen beginnen nach diesem Modell im 20. Jahr des Artaxerxes Longimanus, da in diesem das Gebet Nehemias zu datieren sei (Neh 1), dessen Erhörung den Wiederaufbau initiiert habe.[249] Die 70. Jahrwoche setze dann mit dem öffentlichen Auftreten Jesu ein, dessen Tod ihre in Dan 9,27 bezeichnete Mitte markiere. Während diese Interpretation im wesentlichen auf der von Θ repräsentierten Texttradition fußt,[250] wurden auch unter Rückgriff auf 𝔐 christlich-messianische Deutungen entwickelt, wie etwa die 1733 von Isaac NEWTON vertretene:[251] Demnach reichten die 70 Jahrwochen (9,24) vom 7. Jahr des Artaxerxes Longimanus, dem Jahr der Rückkehr Esras, bis zur Kreuzigung, die 62 Jahrwochen (9,25) hingegen ab dem 20. Jahr desselben Regenten bis zur Geburt Jesu. Die eine Jahrwoche (9,27) schließlich markiere die sieben Jahre zwischen Kreuzigung und Verwerfung der Juden, wogegen NEWTON die sieben Jahrwochen (9,25) bezogen sieht auf „the time when *Antichrist* shall be destroyed by the brightness of *Christ's* coming".[252]

1771 grenzt sich MICHAELIS scharf von allen bisherigen Modellen ab, die den Zielpunkt der 70 Jahrwochen mit Jesus Christus in Verbindung bringen. Diese nähmen ihr erwünschtes Ergebnis bereits zum Ausgangspunkt und übersähen dabei das in 9,24 ans Licht kommende Interesse des Textes: „Also von Volk, Stadt und Tempel ist die Frage; und vom Meßias

---

248   Zu Person und Werk des Africanus, dessen Chronographie nur in Fragmenten erhalten ist, vgl. GELZER, *Africanus* I, 1-19.

249   Vgl. zum Folgenden HENGSTENBERG, *Christologie*, 524-579. Die entsprechenden Passagen des Africanus bietet GELZER, *Africanus* I, 112f.

250   Im Hintergrund ist die altkirchliche Durchsetzung von Θ als christlichem Referenztext für das Danielbuch zu sehen. Da hier das bereits in 𝔐 angelegte mögliche Mißverständnis, die in 9,25 genannten sieben und 62 Jahrwochen seien einander syntaktisch zugeordnet und bezeichneten einen Zeitraum von 69 Jahrwochen, durch einen mittels eines zusätzlichen καί nach den 62 Jahrwochen geschaffenen Neueinsatz festgeschrieben wurde, ließen sich die in V. 25 und 26 genannten Gesalbten bzw. Salbungen miteinander identifizieren, so daß der Text nun auf das Auftreten des einen Messias, Jesus Christus, nach 69 Jahrwochen gedeutet werden konnte; vgl. hierzu MCCOMISKEY, *Seventy ,Weeks'*, 19-25.

251   Vgl. zum Folgenden NEWTON, *Observations*, 128-143.

252   NEWTON, *Observations*, 132. MCCOMISKEY, *Seventy ,Weeks'*, 18-45, legte noch 1985 eine verwandte Deutung vor, nach der die heptadische Chronologie in Dan 9 mit dem Kommen des Antichristen ihren Zielpunkt erreicht. Die 70 שבעים seien dabei allerdings nicht als Jahrwochen mit konkreter chronologischer Bedeutung zu verstehen, sondern brächten lediglich durch den numerischen Symbolismus der Siebenzahl ein Konzept der Vollkommenheit zum Ausdruck.

die Antwort: siehet dis wahrscheinlich aus?"[253] MICHAELIS setzt dem eine Erklärung entgegen, die auf der Annahme beruht, hinter den Jahresangaben stehe eine Rechnung nach Mondjahren, deren Verkürzung gegenüber dem Sonnenjahr folglich mit zu berücksichtigen sei:[254] Er zählt so die in Dan 9,24 erwähnten 70 Jahrwochen als 490 Mondjahre, was ihn, das erste Jahr Dareios des Meders (nach der Referenzchronologie des Usserius ca. 537 v. Chr.) als Ausgangspunkt fixierend, bis zur römischen Eroberung Jerusalems durch Pompeius (63 v. Chr.) führt. Aufgrund seiner Emendierung von Dan 9,25 auf der Basis handschriftlicher Varianten nimmt MICHAELIS weitere 70 und 62, also 132 Mondjahre (nicht Jahrwochen!) an, die ihn ins Jahr 66 n. Chr. führen. Die letzte Jahrwoche, in Dan 9,27 beschrieben, entspreche den sieben Jahren des Jüdischen Krieges bis zur vollständigen Niederlage im Jahr 73 n. Chr.[255]

Wie MICHAELIS weist auch der anonyme Autor eines 1776 in London erschienenen Traktates über Dan 9 eine *interpretatio christiana* des Textes zurück, dessen Aussage allein auf die jüdische Geschichte beschränkt zu sehen sei:[256] Nach seiner Ansicht wird Daniel in 9,24-27 eine direkte Antwort auf seine in 9,2 gestellte Frage nach dem Ende des Exils zuteil, die ganz konkret die direkte Zukunft des perserzeitlichen Wiederaufbaus betrifft. Das Wort שבוע sei demzufolge konkret als Sieben-Tage-Woche zu fassen, und hinter den in 9,25f. erwähnten Protagonisten ständen Kyros und sein Nachfolger Kambyses. Ersterer hätte sieben Wochen nach der an Daniel ergehenden Offenbarung sein Edikt zur Rückkehr der Juden erlassen und sei nach weiteren 62 Wochen ermordet worden, wonach in der letzten Woche die Übergriffe der Samaritaner den Tempelkult zum Erliegen gebracht hätten, bis schließlich Kambyses, der Judenfeind, sein Ende gefunden habe.

Während die bereits von Porphyrius als literarische Fiktion enttarnte exilische Verfasserschaft des Danielbuches noch unangetastet bleibt,[257] finden sich im ausgehenden 17. Jh. vereinzelt Stimmen, die Dan 9 als Prophezeiung der Religionsverfolgung unter Antiochus IV. lesen und damit auf die heute gängige Deutung vorausweisen. So schließt MARSHAM seine Ausführungen mit dem Satz: „An ultra Epiphanem prospexerit Daniel,

---

253 MICHAELIS, *Versuch*, 13.
254 Vgl. zum Folgenden die Zusammenfassung bei MICHAELIS, *Versuch*, 250-256.
255 Auch die traditionelle jüdische Deutung läßt die 70 Jahrwochen zur Zeit des Jüdischen Krieges enden, nimmt als finales Ereignis des Zeitraumes aber bereits die Tempelzerstörung (70 n. Chr.) an; so etwa in SOR 28,96-117; eine Übersicht über weitere jüdische Positionen bis ins ausgehende Mittelalter bietet FRAIDL, *Exegese*, 121-134.
256 Vgl. zum Folgenden ANONYMUS, *Free Inquiry*, 1-49.
257 Zur Kritik des Porphyrius (3. Jh. n. Chr.) an der altkirchlichen Danielinterpretation vgl. CASEY, *Porphyry*, 15-33.

viderint alii; nobis revertendum est."[258] Nach MARSHAM reichen die ersten sieben Jahrwochen bis zu Kyros; mit der Nennung der 62 Jahrwochen in V. 25b setze allerdings ein weiterer Abschnitt der Geschichtsdarstellung ein, der am perserzeitlichen Aufbau des Zweiten Tempels und an seiner Wiedereinweihung durch die Makkabäer orientiert sei, auf die der Text in 9,27 abziele. Auch CORRODI nimmt 1781 einen Zielpunkt der 70 Jahrwochen in der Makkabäerzeit an:[259] Die 62+1 Jahrwochen umspannen nach seiner Ansicht den Zeitraum zwischen dem Beginn des Exils und der Tempelweihe durch Judas Makkabäus, woran die zuerst genannten sieben Jahrwochen als Zeit bis zum Auftreten des Messias anzuschließen seien.

Die von CORRODI gegen die Textsequenz von Dan 9 rekonstruierte Chronologie zeigt paradigmatisch das grundlegende Problem, dem sich alle Versuche ausgesetzt sehen, die 70 Jahrwochen zwischen Exilsbeginn und Makkabäeraufstand unterzubringen: 490 Jahre sprengen den betreffenden Zeitraum selbst bei einem vorausgesetzten frühen Beginn im ersten Jahr Nebukadnezars (604 v. Chr.) um immer noch 50 Jahre. EICHHORN, der in seinem Beitrag von 1790 die Jahrwochensequenz zu eben diesem Zeitpunkt einsetzen läßt,[260] hat folglich die wenigsten Schwierigkeiten mit den 62 Jahrwochen, die er von hier bis zum Regierungsantritt Antiochus' IV. reichen läßt, woran sich, unter der Voraussetzung einer in Dan 9 überschlagenen Zwischenzeit von wenigen Jahren, die letzte Jahrwoche als Zeit der Religionsverfolgungen anschließe. Das Problem sind die ersten sieben Jahrwochen (Dan 9,25a), deren 49 Jahre sich in diesem Zeitrahmen nirgends mehr einfügen lassen, weshalb sie EICHHORN *rückwärts* rechnet, und zwar vom Kyrosedikt (dem am Versanfang genannten דבר) bis zu Nebukadnezar (dem משיח נגיד).

VON LENGERKE zeigt in seinen Ausführungen von 1835 eine Grundalternative zur Lösung des chronologischen Dilemmas auf: Nach seiner Ansicht beginnen die 70 Jahrwochen mit der Zerstörung Jerusalems, weshalb die ersten sieben Jahrwochen bis zum Kyrosedikt reichen müßten; sie seien aber nicht als separater Zeitraum, sondern als Teil der im folgenden genannten 62 Jahrwochen zu verstehen. Da die 70 Jahrwochen mit dem Tod Antiochus' IV. endeten, errechnet VON LENGERKE das Ende der 62 Jahrwochen durch Subtraktion der nun fehlenden acht Jahrwochen vom Zeitpunkt dieses Ereignisses, was ihn ins Jahr führt, in dem die Regierung Antiochus' III. begann.[261] Auch HITZIG läßt die letzte Jahrwoche unter Antiochus IV. enden und verlegt von hier ausgehend den Beginn der vor-

---

258 MARSHAM, *Canon*, 619; vgl. zum Folgenden 610-619.
259 Vgl. CORRODI, *Geschichte*, 247-258.
260 Vgl. zum Folgenden EICHHORN, *Siebenzig Jahrwochen*, 761-814.
261 Vgl. VON LENGERKE, *Buch Daniel*, 442-451.

angehenden 62 Jahrwochen ins Jahr 606 v. Chr.; die ersten sieben Jahrwochen sieht er wie VON LENGERKE als Zeitraum zwischen der Zerstörung Jerusalems und dem Kyrosedikt, womit sie erneut als Teil der 62 Septennien aufzufassen wären.[262]

In seiner 1839 erschienenen Arbeit zur Chronologie von Dan 9 legt WIESELER nach einer scharfen Abrechnung mit bisherigen Forschungspositionen einen Neuansatz in der Deutung von Dan 9,24-27 vor, der in einer Synthese bisheriger Auslegungsmuster besteht und der Passage einen doppelten Sinn zumißt: In 9,24 werde zunächst eine Antwort auf die von Daniel (9,2) gestellte Frage nach der Dauer des Exils gegeben, die in 70 Wochen, also in der direkten Zukunft des im ersten Jahr Dareios des Meders kurz vor der persischen Machtübernahme lebenden Daniel zu erwarten sei.[263] Erst ab 9,25 beziehe sich der Text auf Jahrwochen, die ab dem Jahr 606 v. Chr. als Datum der jeremianischen Prophezeiung zu berechnen seien. Da WIESELER das in 9,24 gebrauchte Verb נחתך als Hinweis auf die göttliche Verkürzung des Zeitraumes interpretiert, läßt er die in 9,25 genannten sieben Jahrwochen für seine Rechnung aus. Das Jahrwochenorakel umfasse demzufolge faktisch nur 63 Jahrwochen, die WIESELER mit dem Todesjahr Antiochus' IV. (164 v. Chr.) enden sieht.

Das aufgezeigte Spektrum der älteren Forschung zeigt exemplarisch das Grunddilemma, mit dem sich alle Versuche konfrontiert sehen, die 70 Jahrwochen mit der absoluten Chronologie zu synchronisieren: Da die Geschichtsschau ihren Zielpunkt unbestreitbar in der Makkabäerzeit erreicht,[264] ist man gezwungen, den klaren zeitlichen Überschuß der 490 Jahre durch Zusatzannahmen aufzulösen, die keinen klaren Anhalt in Dan 9 finden und die fortlaufende Jahrwochensequenz zerstören. Es verwundert daher nicht, daß manche modernen Interpreten das chronologische Dilemma dadurch umgehen, daß sie den Danielkreisen genauere

---

262 Vgl. HITZIG, *Buch Daniel*, 168-170. Auch VOLKMAR, *Beiträge*, 113, Anm. 2, bekennt sich zum Prinzip einer überlappenden Rechnung der Jahrwochensegmente: „[D]ie 70 Jahrwochen sollst du nur nicht ganz nacheinander zählen, sondern auch zum Theil, die eine, neben den andern."

263 Vgl. zum Folgenden WIESELER, *70 Wochen*, 91-124.

264 Anders allerdings BECKWITH, der eine Deutung von Dan 9 auf die Zeit Jesu Christi zu favorisieren scheint. Er setzt die messianische Deutung der frühen Interpreten auch für 𝔐 als ursprünglich voraus und muß, da er die Auslegungsgeschichte des Kapitels bereits im 3. Jh. v. Chr. beginnen läßt, mit einem vormakkabäischen (danielischen?) Ursprung desselben rechnen. Daß sich BECKWITH hier, obwohl er sonst eher dazu tendiert, die Texte mit chronologischen Details überzuinterpretieren, mit der Feststellung der „imprecision of the figures in the 70-Weeks prophecy" begnügt, ist nicht nachvollziehbar und scheint der Tatsache geschuldet zu sein, daß sich eine *interpretatio christiana* argumentativ nicht besser am Text belegen läßt; vgl. BECKWITH, *Daniel 9*, 541f., unverändert übernommen in *Calendar*, 274f.

Kenntnisse der perserzeitlichen Epoche absprechen, weshalb die historischen Ungenauigkeiten aus Unkenntnis resultierten: „One may rightly
doubt if the author of Daniel 9 had an accurate knowledge of the
chronology of the period."[265] Auch COLLINS sieht sich u.a. durch die in
Dan 9,1 vorgenommene Datierung unter dem fiktiven Meder Dareios veranlaßt, hinter der Chronologie der 70 Jahrwochen gar nicht erst historische Genauigkeit zu vermuten. Die den Zeitraum zwischen Kyrosedikt
und Antiochus IV. sprengenden 62 Jahrwochen seien daher nicht als
Fehlkalkulation, sondern als „round number" zu verstehen,[266] wobei allerdings unklar bleibt, was sie eigentlich so rund macht.

Insofern bereits im 19. Jh. alle möglichen Optionen einer Synchronisierung der 70 Jahrwochen mit der absoluten Chronologie ausgeschöpft
waren, begegnen im Prinzip dieselben Modelle am Ende des 20. Jh. erneut, geben sich aber durch die stärkere Betonung des auch in anderen
Texten präsenten heptadischen Hintergrundes einen neuen Anstrich. So
rechnet 1975 WACHOLDER die ersten sieben Jahrwochen als Zeit des
Exils ab 604 v. Chr., wo er in bekannter Weise auch die 62 Jahrwochen
einsetzen läßt, denn „Daniel seems to insist that the time of the exile was
to be counted as part of the sixty-two cycles, the period of Jerusalem's
rebuilding."[267] Nach 62 Jahrwochen befinde man sich im Jahr 170/169 v.
Chr., woran sich die letzte Jahrwoche mit den Ereignissen unter Antiochus IV. anschließe. Da nun allerdings die sieben Jahrwochen durch ihre
Interpretation als Teil der folgenden 62 Jahrwochen zum Erreichen der in
9,24 genannten Gesamtlänge von 70 Septennien fehlten, sei damit zu
rechnen, daß der Autor von Dan 9 eine letzte Jobelperiode von 49 Jahren
oder 7 Jahrwochen im Sinn gehabt habe, die mit der messianischen Zeit
identisch sei.

Während WACHOLDER zwar betont, die in Dan 9 genannten שבעים
seien mit den in exilisch-nachexilischer Zeit durchgängig observierten
Sabbatjahrzyklen identisch, deren Kalender er ausgehend von Dan 9 sogar
bis ins Jahr 604 v. Chr. rekonstruiert,[268] ergeben sich hieraus keine neuen
Argumente für die von ihm vorgenommene überlappende Anordnung der
Jahrwochensegmente. Im Gegensatz dazu gewinnt DIMANT aus der fast
identischen Grundannahme, zur Zeit des Zweiten Tempels habe es einen
festen Kalender von Sabbatjahrzyklen gegeben, den sie aus dem Material

---

265 HARTMAN, *Book of Daniel*, 250; ebenso FISHBANE, *Biblical Interpretation*, 483.
266 COLLINS, *Daniel*, 356; ähnlich auch FISHBANE, *Biblical Interpretation*, 483, nach dessen
     Ansicht für den Verfasser von Dan 9 „the overall symbolic scheme" der 70 Jahrwochen
     zentral ist.
267 WACHOLDER, *Chronomessianism*, 205.
268 Vgl. WACHOLDER, *Chronomessianism*, 203.208.

heptadischer Geschichtsentwürfe rekonstruiert,[269] ein Argument dafür, warum die einzelnen Jahrwochensegmente überlappen können: Jedes der in Dan 9 genannten Jahrwochensegmente sei lediglich im Rahmen dieses chronologischen Referenzsystems zu verorten, womit die Notwendigkeit ihrer fortlaufenden Rechnung als ungebrochene heptadische Sequenz entfalle. So reichen nach DIMANT die ersten sieben Jahrwochen von 583 bis 535 v. Chr., die 62 Jahrwochen setzten dagegen bereits vorher ein und umfaßten den Zeitraum von 604 bis 171 v. Chr., woran sich die letzte Jahrwoche anschließe.

Auch MAIER entwickelt eine Interpretation von Dan 9 vor dem Hintergrund eines heptadischen Referenzsystems, der von ihm durch Kombination alles erreichbaren chronologischen und kalendarischen Materials rekonstruierten „zadokitischen Weltzeitrechnung"[270]. Er stößt dabei jedoch auf unlösbare Schwierigkeiten bei der Synchronisierung mit der Referenzchronologie, da die 70 Jahrwochen, in Relation zu den in dieser vorgegebenen Periodengrenzen gesehen, nicht in die Zeit des Makkabäeraufstandes, sondern „zur endzeitlichen Wende am Ende des 8. Dekajubiläums um 98/7 v. Chr." führten. Angesichts des offensichtlichen Bezugs zur Makkabäerzeit, der die Endgestalt von Dan 9 prägt, stellt MAIER radikal den etablierten Datierungskonsens in Frage: „Erfolgte also die Überarbeitung und Reinterpretation, aus der die erhaltene Textgestalt hervorgegangen ist und die auf die Ereignisse zwischen 168-164 v. Chr. zielte, erst danach [sc. nach 98/7 v. Chr.] – in Unkenntnis oder mit bewußter Ignorierung der zadokitischen Zeitrechnung?"[271]

Das Vorgehen MAIERs zeigt paradigmatisch die Aporien aller Ansätze auf, die versuchen, die 70 Jahrwochen in Dan 9 vor dem Hintergrund einer Referenzchronologie zu erklären. Diese stellt ein reines Konstrukt dar, das in einer nivellierenden Behandlung der Einzeltexte zunächst aus diesen abstrahiert wird, um sodann wieder zu ihrer Interpretation herangezogen zu werden. Ein derartig unkritisches Vorgehen ist nicht nur unzulässig, seine problematischen Resultate erschweren das Verständnis von Dan 9 sogar zusätzlich, da einige Probleme, wie sich im Fall MAIERs zeigt, allererst bei der Annahme eines derartigen Systems auftreten. Da für dessen Existenz alle Belege fehlen und auch im Text von Dan 9 nichts dafür spricht, daß die 70 Jahrwochen in Anschluß an eine wie auch immer geartete Referenzgröße gestaltet wurden, sind auch die von DIMANT und WACHOLDER entwickelten Deutungsmodelle mit großer Skepsis zu sehen.

---

269 Vgl. zum Folgenden DIMANT, *Seventy Weeks Chronology*, 57-76.
270 Vgl. MAIER, *Qumran-Essener* III, 101-160.
271 MAIER, *Qumran-Essener* III, 120, Anm. 77.

Die Annahme eines imaginären Sabbatjahrkalenders bietet keinen hinreichenden Grund dafür, die in Dan 9 genannten Jahrwochensegmente gegen den offensichtlichen Sinn des Textes nicht als fortlaufende Sequenz, sondern überlappend zu deuten.

Es ist daher zu konstatieren, daß eine unüberbrückbare Kluft zwischen den 70 Jahrwochen und der absoluten Chronologie des von ihnen abgedeckten Zeitraums besteht. Versuche, diese um jeden Preis aufzulösen, können sich nicht mehr auf Dan 9 berufen und sind zum Scheitern verurteilt, weil ihre Voraussetzung, der Text müsse sich in volle Übereinstimmung mit der absoluten Chronologie bringen lassen, nicht von Dan 9 geteilt wird. Ruft man sich das unter *2.2.5.* und *2.3.2.* herausgearbeitete geschichtstheologische Interesse in Erinnerung, das in einer aktualisierenden Neudeutung der 70 jeremianischen Jahre unter gleichzeitiger Zurückweisung des perserzeitlichen Wiederaufbaus als ihrer vermeintlichen Erfüllung besteht und maßgeblich die Binnenstruktur der Jahrwochen bestimmt, so ist der Versuch ihrer vollständigen *Ableitung* aus der absoluten Chronologie zugunsten der Frage aufzugeben, wie in Dan 9 Geschichte *konstruiert* wird. Dieser Ansatz wird grundsätzlich bereits 1806 von BERTHOLDT vertreten, nach dessen Ansicht die 70 Jahrwochen „keine arithmetische, aus der Chronologie zu berechnende, sondern eine allgemeine prophetische Zeitangabe" sind. Damit ist nicht ihre „historische Beziehung"[272], sondern lediglich die Notwendigkeit geleugnet, den gesamten Zeitraum aus der absoluten Chronologie ableiten zu müssen. Während die ersten sieben Jahrwochen vom Untergang Judas bis zum Kyrosedikt reichten und die letzte Jahrwoche in die Regierungszeit Antiochus' IV. falle, kann BERTHOLDT die Tatsache, daß der Zeitraum des Wiederaufbaus mit 62 Jahrwochen angegeben wird, dadurch erklären, daß eben soviel Zeit verbleibt, wenn der Verfasser die Ereignisse seiner jüngsten Vergangenheit der geschichtlichen Realität möglichst nahekommend in den Rahmen einer Jahrwoche faßt.

Bildet das mittlere Segment der 62 Jahrwochen lediglich den Rest, der sich aus der geschichtstheologisch motivierten Binnengliederung zwingend ergibt,[273] so wäre es dennoch ein völliger Fehlschluß, dem Text

---

272 BERTHOLDT, *Daniel*, 613; vgl. zum Folgenden 613-616.

273 Daß die 62 Jahrwochen „mit ihren 434 Jahren die Zeit der Herrschaft der judäischen Könige nach der deuteronomistischen Chronologie [umfassen], die jetzt büßend wiederholt werden muss" (STAHL, *Weltengagement*, 105; vgl. LAATO, *Seventy Yearweeks*, 224), mag möglicherweise assoziiert worden sein, war aber sicher nicht der Ausgangspunkt für die Absteckung dieses mittleren Jahrwochensegments. Dasselbe gilt für die von KRATZ, *Visionen*, 234, aufgezeigte Entsprechung zum Alter des Meders Dareios, der nach Dan 6,1 mit 62 Jahren die Macht übernimmt.

jeglichen Bezug zur absoluten Chronologie abzusprechen: Bereits die
ersten sieben Jahrwochen stimmen auffällig genau mit dem Zeitraum
zwischen der Zerstörung Jerusalems und dem Kyrosedikt überein; mit den
von ihnen umspannten 49 Jahren kann neben ihrer heptadischen Signifikanz (ein Jubiläum) durchaus auch ein Bezug zur effektiven Dauer des
Exils im Entwurf des Chronisten verbunden worden sein.[274] In unbe-
streitbarem Bezug zur Verfasserzeit steht die letzte Jahrwoche, die exakt
mit den Jahren 170/169–164/163 v. Chr. zur Deckung gebracht werden
kann, in deren Mitte (167 v. Chr.) die Kultreform Antiochus' IV.
anzusetzen ist (vgl. Dan 9,27). Dabei ist entscheidend, daß die betreffenden sieben Jahre nach dem Zeugnis von 1 Makk 6,49.53 (vgl. Ant XII
378) aller Wahrscheinlichkeit nach als ein im Jahr 164/163 v. Chr. enden-
der Sabbatjahrzyklus zu gelten haben.[275] Obwohl die 70 Jahrwochen wie
dargelegt nicht als ganze aus einem imaginären Kalender von Sabbatjahrzyklen ableitbar sind, zeigt die wahrscheinliche Entsprechung der letzten
Jahrwoche mit einem derartigen Zyklus, daß die heptadische Chronologie
in Dan 9 nicht allein aus der Auslegung des biblischen Sabbatjahres
resultiert, sondern einen konkreten Anknüpfungspunkt in dessen Observanz zur Zeit des Verfassers hatte.

Die letzte Jahrwoche ist daher nicht nur aufgrund der Tatsache für die
Chronologie bedeutsam, daß zwischen der Ermordung Onias' III. und
dem Tod Antiochus' IV. *beliebige* sieben Jahre liegen, sondern gewinnt ihre
besondere Signifikanz aus ihrer Deckungsgleichheit mit einem *Sabbatjahrzyklus*, dessen Erfahrungsbezug das gesamte System zusätzlich stützt. Die
70 Jahrwochen in Dan 9 sind dabei wie dargelegt weder im ganzen aus der
absoluten Chronologie abzuleiten, noch wollen sie als Kalender von
Sabbatjahrzyklen verstanden werden; sie integrieren aber beide Dimensionen, indem konkrete historische Vorgaben in die Konstruktion eines
geschichtstheologischen Entwurfes eingehen, der eine Antwort auf ein
exegetisches Problem liefern will. Der Auslegungsbezug und das heptadische System definieren die hermeneutischen, theologischen und strukturellen Voraussetzungen, unter denen die exilisch-nachexilische Zeit als

---

274 Ob der Zeitraum dabei von den Danielkreisen erst errechnet werden mußte, ist allerdings
    fraglich. Denkbar ist genauso, daß hier bereits eine Tradition rezipiert wurde, die der
    Exilszeit die Dauer eines Jubiläums zumaß; vgl. HITZIG, *Buch Daniel*, 159; VANDERKAM,
    Sabbatical Chronologies, 163f.

275 Zu den mit der Datierung dieses Sabbatjahres verbundenen höchst komplexen Fragen der
    Chronologie von 1 Makk vgl. GOLDSTEIN, *I Maccabees*, 315-318, der überzeugend die
    Argumente WACHOLDERs, *Calendar*, 8-11, widerlegt, nach dessen Ansicht das Sabbatjahr
    ein Jahr später zu datieren ist. Für das Modell GOLDSTEINs, das ich hier zugrundelege,
    spricht sich auch DIMANT, *Seventy Weeks Chronology*, 62, Anm. 23, aus; vgl. ferner KOCH,
    Sabbatstruktur, 427.

70 Jahrwochen in den Blick genommen wird. Da die Gesamtlänge des
Zeitraums durch die Rückbindung an das prophetische Zeugnis über allen
Zweifel erhaben ist und das heptadische System seine Evidenz sowohl im
Blick auf die Zäsur des perserzeitlichen Wiederaufbaus als auch hinsicht-
lich der Gegenwart der Danielkreise beweist, weshalb sich notwendig 62
Jahrwochen als numerischer Rest für die Zwischenzeit ergeben,[276] liegt mit
Dan 9 ein in sich völlig stimmiger geschichtstheologischer Entwurf vor.[277]

3. Fazit: Dan 9 als heptadischer Geschichtsentwurf

In den vorangehenden Ausführungen konnte gezeigt werden, daß Dan 9
die letzte größere Fortschreibungsstufe des Danielbuches bildet, die in den
primär am Geschick der Weltreiche orientierten Visionsteil eine dtr geprägte Israelperspektive als neue geschichtstheologische Deutungskategorie einführt, die auch das Vier-Reiche-Schema umgreift. Insofern die 70 jeremianischen Jahre hinter dem chronologischen Rahmen des Daniel-

---

276 Ob dabei dem Verfasser von Dan 9 eine Spannung der 62 Jahrwochen zu differierenden
     chronologischen Vorgaben bewußt war, läßt sich aus dem Text nicht ableiten. Da dieser
     mit seiner Überschätzung des Zeitraums zwischen Tempelzerstörung und eigener Gegen-
     wart nicht alleine steht, wie etwa das Beispiel des 60 Jahre früher anzusetzenden Demetrius
     zeigt (vgl. WALTER, *Fragmente*, 292), ist nicht auszuschließen, daß der Verfasser die 62 Jahr-
     wochen in weitgehender Übereinstimmung mit ihm bekannten Daten absteckte. Es ist al-
     lerdings genauso denkbar, daß in Ermangelung von Quellenmaterial zur persischen und
     früh-hellenistischen Zeit überhaupt keine Vergleichsgröße vorhanden war, an der ein chro-
     nologischer Konflikt hätte aufbrechen können. Die Frage bleibt jedoch letztlich für die In-
     terpretation von Dan 9 zweitrangig, denn angesichts der dargestellten Evidenz des Systems
     wären differierende Angaben sicherlich als fehlerhaft zurückgewiesen worden.
277 Der in 𝔐 geschlossene heptadische Entwurf hat auf der Stufe der Übersetzungen zum Teil
     gravierende Modifikationen erfahren, die am deutlichsten in 𝔊 zutage treten, wo nicht nur
     die Struktur von 9,25-27, sondern auch die chronologischen Angaben völlig verändert
     wurden: Durch Addition ergibt sich zu Beginn von V. 26 eine Abfolge von 7+70+62 nicht
     näher bezeichneten Zeiteinheiten, die in 9,27 erneut begegnen, diesmal als 7+70 ‚Zeiten'
     (καιρούς) und 62 ‚Jahre' (ἔτη). Obwohl Fehler und Mißverständnisse bei der Übersetzung
     des sprachlich schwierigen hebräischen Textes durchaus wahrscheinlich sind, ist es unzu-
     lässig, die von 𝔊 gebotene Version wie JEANSONNE, *Translation*, 123-130, als einen einzigen
     Irrtum abzutun. Es ist vielmehr gerade in bezug auf die Chronologie mit bewußten
     Modifikationen zu rechnen, wobei die bereits von FRAIDL, *Exegese*, 7, geäußerte Vermu-
     tung, „dass der Uebersetzer dort, wo er den Ausdruck ‚Woche' beibehält, diese Woche aus-
     drücklich als Tageswoche genommen, dass er die übrigen Zeitangaben aber als Jahreszah-
     len aufgefaßt hat", nicht vorschnell von der Hand gewiesen werden sollte. Einer genaueren
     Überprüfung bedürfte in diesem Zusammenhang die von WIESELER, *70 Wochen*, 201f.,
     Anm. e), vorgelegte Interpretation, wonach sich durch Addition der Zeitmaße (7+70+62)
     die 139 Jahre ergeben, die vom Beginn der seleukidischen Zeitrechnung bis zur Herrschaft
     Antiochus' IV. vergehen.

buches stehen (vgl. 1,1.21), ihr Ende im ersten Jahr des Kyros aber angesichts der Verirrungen der hellenistischen Zeit nicht mehr als Erfüllung der Prophezeiung Jeremias gelten kann, reagiert Dan 9 mit ihrer Deutung als 70 Jahrwochen auf ein im makkabäischen Danielbuch selbst angelegtes Problem: Das erste Jahr des Kyros wird als Epochenmarke obsolet, Daniel befindet sich auch in dessen drittem Jahr noch unter den Exulanten (10,1), und ein Ende der Unheilszeit ist erst in ferner Zukunft zu erwarten – in der Gegenwart der Kreise, denen das Danielbuch seinen Abschluß verdankt. Über die zeitgeschichtlichen Anspielungen der letzten Jahrwoche läßt sich die Entstehungszeit der Grundschicht von Dan 9 (V. 1-3.21-26) und ihrer Erweiterung durch das Bußgebet (V. 4-20) auf die Jahre nach 167 v. Chr., aber noch vor Ablauf der letzten Jahrwoche (164/163 v. Chr.) eingrenzen. Die aktualisierende Ergänzung von V. 27 setzt bereits den Tod Antiochus' IV. voraus, ist also frühestens 164 v. Chr., möglicherweise aber bereits nach dem Schwellenjahr 164/163 v. Chr. entstanden.

Der Text von Dan 9 ist in all seinen Teilen untrennbar auf einen biblischen Hintergrund bezogen, der in verschiedener Weise rezipiert wird: So ist die Wahrnehmung der Geschichte Israels unter dem Aspekt seiner fortwährenden Sünde klar im dtr Traditionsraum verwurzelt, dessen Geschichtsbild jedoch eine letzte Radikalisierung erfährt, insofern mit einer Umkehr des Gottesvolkes als Ermöglichungsgrund einer heilvollen Zukunft nicht mehr gerechnet wird. Vielmehr sind die 70 Jahrwochen von Gott als Zeitraum beschlossen, in dem die Sünde ihr volles Maß erreicht, um in der dann hereinbrechenden Endzeit dauerhaft überwunden zu werden. Die 70 Jahrwochen haben von daher zwei Seiten: Sie sind als Zeit völliger Gottferne, in der sich alles Widergöttliche ohne Schranken ausbreiten kann, der Tiefpunkt der Geschichte Israels, bilden aber als Begrenzung der Unheilszeit zugleich die Garantie dafür, daß in ihrem Anschluß eine ewige Heilszeit der Gottgemeinschaft hereinbricht. Das Gebet Daniels (9,4-19) bringt in deutlicher Weise zum Ausdruck, daß die den Zeichen der Sündenzeit – von Daniel bis in die Gegenwart der Verfasserkreise – einzig angemessene Haltung die der Buße sein kann.

Mit der Beobachtung, daß das in Dan 9 entfaltete Geschichtsbild in der dtr Tradition steht und somit indirekt auch auf biblische Passagen Bezug nimmt, ist lediglich eine Facette des Textes benannt, der seinem Wesen nach Auslegungstext ist. Das Nachsinnen Daniels in den Schriften über den Sinn der 70 jeremianischen Jahre (9,2) bringt das exegetische Programm des Textes auf den Punkt, das sich hinter dem durch die Vermittlung Gabriels autorisierten Jahrwochenorakel (9,24-27) verbirgt: Dan 9 bietet nicht die einlinige Auslegung einer einzelnen Schriftstelle, sondern beleuchtet ein exegetisches Problem im Licht der Schrift. Dabei kommt der aktualisierenden Prophetenexegese eine hermeneutische

Schlüsselfunktion zu, die den Text bereits in die Nähe der exegetischen Qumrantexte rückt, ohne daß er allerdings deren Gattungsmerkmale aufwiese. Trotzdem steht auch hinter Dan 9 die Grundüberzeugung, daß die von Jeremia prophezeiten 70 Jahre der Verwüstung Jerusalems (Jer 25,11f.; 29,10) ihre wahre Erfüllung erst in der Gegenwart der Verfasserkreise erfahren, auf die auch eine Reihe weiterer prophetischer Stellen abzielen (Jes 10,22f.; Jer 33,17f.), die oft nur durch terminologische Anspielungen im Text des Jahrwochenorakels (Dan 9,25-27) zum Mitschwingen gebracht werden, aber die theologische Tiefendimension der 70 Jahrwochen wesentlich bestimmen.

Mit dem Aufweis der hermeneutischen Grundüberzeugung, den prophetischen Schriften komme ein wesentlicher Gegenwartsbezug zu, ist bereits ein erster Anknüpfungspunkt für das Verständnis der Jahrwochenchronologie gegeben. Deren Gliederung spiegelt dieselbe gedankliche Struktur, insofern der wahre Zielpunkt der 70 Jahre am Ende der siebzigsten Jahrwoche gefunden wird, mit der zugleich die Gegenwart der Danielkreise erreicht ist. Dabei wird die ursprüngliche Dimension einer Erfüllung der 70 Jahre im perserzeitlichen Wiederaufbau nicht einfach übergangen, sondern fließt vielmehr in Gestalt der ersten sieben Jahrwochen (9,25) in den Text ein, um dann allerdings durch den Verweis auf die folgenden 62 Jahrwochen in bedrängten Zeiten (9,26) sofort in ihrer heilsgeschichtlichen Bedeutung relativiert zu werden. Die Binnengliederung der Jahrwochensequenz trägt so eindeutig dem exegetischen Interesse des Textes Rechnung, die 70 jeremianischen Jahre unter gleichzeitiger Zurückweisung alternativer Interpretationen in ihrer eigentlichen, gegenwartsrelevanten Bedeutung zu erhellen. Die Relativierung des perserzeitlichen Wiederaufbaus zugunsten der endzeitlichen Restitution wird dabei auch in der Struktur des heptadischen Systems selbst verankert, insofern nicht nach einem Jubiläum, den ersten sieben Jahrwochen, sondern erst nach zehn Jubiläen mit der Erfüllung der Prophezeiung Jeremias zu rechnen ist, wobei der letzten Jahrwoche als Zeit der finalen Bedrängnis zentrale Bedeutung zukommt.

Die Chronologie der 70 Jahrwochen muß vor diesem Hintergrund als integraler Bestandteil eines geschichtstheologischen Entwurfes verstanden werden, ohne hiervon abstrahierbar zu sein. Jeder Versuch, die 70 Jahrwochen von der absoluten Chronologie herzuleiten oder sie vollständig mit dieser zu synchronisieren, handelt dem Charakter des Textes zuwider und hat deshalb durchweg in Aporien geendet. Legt man hingegen das hier entwickelte Verständnis von Dan 9 zugrunde, läßt sich zeigen, daß in die Konstruktion der Jahrwochensequenz durchaus deutliche Bezüge zur absoluten Chronologie eingingen: So entsprechen die ersten sieben Jahrwochen auffällig genau der chronistischen Exilszeit (586-539 v. Chr.), und es ist durchaus denkbar, daß sie nicht allein als signifikante Zäsur, sondern auch in Kenntnis dieser Tatsache abgesteckt wurden. Völlig evident ist die exakte Übereinstimmung der letzten Jahrwoche mit den Ereignissen der Jahre 170/169–164/163 v. Chr., wobei entscheidend ist, daß dieser Zeitraum zugleich einem Sabbatjahrzyklus entspricht. Damit gewinnt die letzte Jahrwoche eine feste Verankerung in der Observanz des Sabbatjahres, das in Dan 9 von seiner agrarisch-sozialen Dimension abstrahiert und in Gestalt der שבעים zum strukturbildenden Prinzip der Heilsgeschichte modifiziert wird.

Das geschichtstheologische Modell der 70 Jahrwochen schließt daher Übereinstimmungen mit der absoluten Chronologie ein, ohne im ganzen auf diese reduzierbar zu sein. Durch die aktualisierende Auslegung der 70 jeremianischen Jahre, deren Erfüllung im nahen Sabbatjahr 164/163 v. Chr. geglaubt wurde, ist neben dem Zielpunkt zugleich der Ausgangspunkt mit dem Beginn des Exils gesetzt. Im so abgesteckten Rahmen wird eine Chronologie der exilisch-nachexilischen Epoche konstruiert, deren einzige weitere Zäsur nach Ablauf von sieben Jahrwochen sich dem zentralen Interesse verdankt, den perserzeitlichen Wiederaufbau zu integrieren, um ihn zur wahren Erfüllung der Prophezeiung Jeremias in Beziehung zu setzen. Die bis zur letzten Jahrwoche verbleibenden 62 Jahrwochen ergeben sich zwingend als Rest; daß sie den entsprechenden Zeitraum in der absoluten Chronologie sprengen, ist aufgrund der geschichtlichen Fixpunkte der 70 Jahrwochen unumgänglich, im Horizont des heptadischen Systems aber ohne Belang.

Folgt man den Vorgaben und dem theologischen Interesse des Textes, so zeigt sich die Jahrwochenchronologie als kunstvolles, in sich geschlossenes und somit zugleich schlüssiges geschichtstheologisches System, dessen heptadische Struktur auf eine endzeitliche Erfüllung der Prophezeiung Jeremias führt, die über die Verankerung der letzten Jahrwoche in der Verfasserzeit zugleich konkret berechenbar wird. Daß Dan 9,27, möglicherweise bereits nach Verstreichen des erwarteten Endzeittermins ergänzt, eine Teilerfüllung des Jahrwochenorakels festschreibt, weist voraus auf die Rezeptionsgeschichte des Textes, dessen Deutungen auch nach Jahrhunderten noch dieselben beiden Grundalternativen aufzeigen, indem sie die Erfüllung des Jahrwochenorakels entweder als bereits geschehen voraussetzen oder sie erst zukünftig erwarten.

Kapitel III
DAS ÄTHIOPISCHE HENOCHBUCH

1. Forschungslage und Aufgabenstellung

Das Äthiopische oder Erste Henochbuch[1] ist eine der Hauptquellen für heptadische Geschichtskonzeptionen im Antiken Judentum. Während Teile von ihm bis ins dritte vorchristliche Jahrhundert zurückreichen, ist die im folgenden neben anderen Passagen zu untersuchende Zehnwochenapokalypse den hebräischen Visionen des Danielbuches in etwa kontemporär, nach Ansicht mancher Exegeten sogar älter als diese.[2] Trotz des anzunehmenden Alters der in 1 Hen überlieferten Texte sieht ihr Ausleger sich mit der Tatsache konfrontiert, daß das Werk vollständig nur in einer äthiopischen Übersetzung erhalten ist, deren älteste Textzeugen aus dem 14. Jh. stammen; der Großteil der Handschriften entstand gar erst in den folgenden Jahrhunderten.[3] Die Hauptbasis für die Untersuchung der antik-jüdischen Urversion bildet daher eine Tertiärübersetzung, welche nur von späten Handschriften repräsentiert ist, die ihrerseits Jahrhunderte von der Entstehung dieser Übersetzung trennen.[4] Die komplizierten Überlieferungsverhältnisse des Werkes erschweren die Frage nach seiner ursprünglichen Gestalt erheblich.

Hinzu kommt, daß 1 Hen selbst kein homogenes Werk darstellt, sondern in mehreren Schüben über einen längeren Zeitraum gewachsen sein muß, bis es seine heutige Gestalt erreichte. Dabei lassen sich fünf große literarische Einheiten voneinander abgrenzen: Das *Buch der Wächter* (Kap. 1-36), die *Bilderreden* (Kap. 37-71), das *Astronomische Henochbuch* (Kap.

---

1   Im folgenden 1 Hen.

2   Vgl. die Ausführungen unter *2.1.2. a)*.

3   Zur handschriftlichen Basis der äthiopischen Version vgl. KNIBB, *Ethiopic Book* II, 21-37; NICKELSBURG, *1 Enoch*, 15-17; TILLER, *Commentary*, 142f.; UHLIG, *Henochbuch*, 470-477.

4   UHLIG, *Henochbuch*, 483-488, der einen forschungsgeschichtlichen Überblick zu dieser Frage bietet, kommt zum Schluß, daß zumindest ein Großteil von 1 Hen ursprünglich auf Aramäisch verfaßt war, wofür auch der Qumranbefund spricht (s. im folgenden). Auf dem Weg zu der erhaltenen äthiopischen Fassung ist mit weiteren Zwischenstufen zu rechnen: So wird gemeinhin angenommen, daß im Zuge einer Übersetzung der biblischen Schriften ins Altäthiopische bis ins 7. Jh. n. Chr. auch 1 Hen unter Rückgriff auf eine „stark semitisch geprägte griechische Vorlage" übersetzt wurde (UHLIG, a.a.O., 485; vgl. KNIBB, *Ethiopic Book* II, 46; MILIK, *Books of Enoch*, 88; NICKELSBURG, *1 Enoch*, 9-20).

72-82), das *Buch der Traumvisionen* (Kap. 83-90) und das *Paränetische Buch*
bzw. *Henochs Epistel* (Kap. 91.92-105),[5] ergänzt um Anhänge in Kap. 106-
108.[6] Die nachweisliche Struktur aus fünf Teilen hat in der Forschung
zum Postulat eines „Enochic Pentateuch" geführt, erstmals vertreten von
DIX und später aufgegriffen von MILIK.[7] Wenn auch diese These in Anbetracht der aramäischen Textzeugen von 1 Hen nicht aufrechtzuerhalten
ist,[8] so sieht sie doch Richtiges in der Nähe zwischen Kap. 91 und dem
Ende des Deuteronomiums (Dtn 31-34), eine Beobachtung, die in jüngeren Publikationen dazu geführt hat, eine als Testament Henochs stilisierte
Grundsammlung anzunehmen.

Unter Rückgriff auf den Textbestand von 4QEn[c] wird der maximale
Umfang der Grundsammlung von NICKELSBURG wie folgt bestimmt:
„the Book of the Watchers (1 Enoch 1-36 + a fuller form of 81:1-4); a
narrative describing Enoch's return to earth (something close to 81:5-
82:3); the Dream Visions (chaps. 83-85); a continuation of the narrative
begun in 81:5-82:4ab (chap. 91); the Epistle (chaps. 92-105); a concluding
narrative about the birth of Noah (chaps. 106-107)."[9] Die Anfänge dieser
Sammlung reichen nach NICKELSBURG in vormakkabäische Zeit zurück,
den dargestellten Umfang habe sie spätestens bis zur Mitte des 1. Jh. v.
Chr. erhalten, aus der die in Qumran gefundenen Textzeugen stammen (s.
im folgenden). Im weiteren Verlauf der Textüberlieferung sei das Korpus
um das bereits in Qumran separat bezeugte astronomische Buch (Kap. 72-
82), die Bilderreden (Kap. 37-71) und den Anhang in Kap. 108 erweitert
worden und habe so den Umfang des äthiopischen Textes erreicht.

Der Schwerpunkt der folgenden Ausführungen liegt auf den beiden
letzten Buchteilen – dem Buch der Traumvisionen und dem Paränetischen
Buch –, da diese die zu untersuchenden Texte der Zehnwochenapokalypse (1 Hen 93,1-10; 91,11-17) sowie der Tiervision (1 Hen 85-90) enthalten. Auch diese Passagen sind vollständig nur auf Äthiopisch erhalten,
wobei mit der Entdeckung der Qumrantexte aramäische Fragmente aus
Höhle 4Q bekannt wurden, die Teile von ihnen bezeugen. Sie repräsentieren ein Überlieferungsstadium, das der Entstehungszeit der betreffenden
Texte viel näher kommt als die zuvor zugänglichen Versionen. MILIK
kommt das Verdienst zu, diese Fragmente durch seine Edition 1976 all-

---

5   Kap. 91 kommt eine Brückenfunktion zu, was die Frage aufwirft, ob es nicht bereits zum
    folgenden Teil zu zählen ist; vgl. hierzu die Ausführungen unter *2.1.1.*
6   Zur Abgrenzung der literarischen Einheiten und zu den damit verbundenen forschungsge-
    schichtlichen Fragen vgl. NICKELSBURG, *1 Enoch*, 21-28.117f.
7   Vgl. DIX, *Enochic Pentateuch*, 29-42; MILIK, *Books of Enoch*, 58.77f.183f.
8   Von den in Qumran gefundenen Schriftrollen umfaßt keine einzige alle vorausgesetzten
    fünf Teile; vgl. VANDERKAM, *Major Issues*, 89f.
9   NICKELSBURG, *1 Enoch*, 23.

gemein zugänglich gemacht zu haben.[10] Von ihnen bezeugen die Texte 4QEn^c-f Passagen aus dem Buch der Traumvisionen; fast der gesamte Text der Zehnwochenapokalypse sowie weitere Teile aus Kap. 91-93 finden sich in 4QEn^g, ein Manuskript, dessen Bedeutung besonders für die Frage nach der ursprünglichen Reihenfolge innerhalb dieser Kapitel kaum überschätzt werden kann (s.u., *2.1.1.*).[11]

Ziel der folgenden Erörterungen ist es, die Texte aus 1 Hen, die heptadische Strukturen zur Darstellung geschichtlicher Sequenzen verwenden, in ihrem überlieferungsgeschichtlichen Kontext zu erhellen und ihr geschichtstheologisches Profil herauszuarbeiten. Es handelt sich hierbei, wie bereits erwähnt, um die Zehnwochenapokalypse (1 Hen 93,1-10; 91,11-17) und die Tiervision, hier besonders ihren als Hirtenvision bezeichneten Teil (1 Hen 89,59 - 90,19), sowie eine Stelle aus dem Wächterbuch (1 Hen 10,12). Dabei werden die aramäischen Fragmente als älteste erreichbare Textfassung – wo vorhanden – die Textgrundlage bilden, die jedoch immer mit den übrigen Textzeugen ins Verhältnis zu setzen ist. Da insgesamt jedoch nur zu einem kleinen Teil der zu diskutierenden Passagen Parallelen unter den Qumrantexten gefunden wurden, wird die Untersuchung meist auf dem äthiopischen Text aufbauen müssen.[12] Angesichts der vielfach heterogenen handschriftlichen Bezeugung von 𝔈𝔱𝔥 ist allerdings sogleich einzuschränken, daß *die* äthiopische Version von 1 Hen nicht existiert. Wer mit dem äthiopischen Text arbeiten will, steht daher unweigerlich vor der Notwendigkeit einer Gewichtung der Textzeugen.[13]

---

10 MILIK, *Books of Enoch*; zu nennen sind hier auch die vorangehenden Publikationen MILIKs, so die Aufsätze *The Dead Sea Scrolls Fragment of the Book of Enoch* (1951); *Hénoch au pays des aromates (ch. xxvii à xxxii): Fragments araméens de la grotte 4 de Qumran (Pl. I)* (1958), und *Problèmes de la littérature hénochique à la lumière des fragments araméens de Qumrân* (1971).

11 Zum Umfang des in Qumran bezeugten Henochtextes vgl. MILIK, *Books of Enoch*, 6; NICKELSBURG, *Books of Enoch at Qumran*, 100f.

12 Darüber hinaus existiert ein koptisches Fragment, in dem sich Parallelen zu 1 Hen 93,3-8 finden (ediert von DONADONI, *Frammento*, 197-202). MILIK, *Books of Enoch*, 81f., der eine lateinische Übersetzung bietet, kommt nach dem Vergleich mit dem aramäischen Text zum Schluß, der koptische Text (𝔎) sei sehr zuverlässig und im Zweifelsfall auch der äthiopischen Version vorzuziehen. 𝔎 ist daher im folgenden als wertvoller Textzeuge in die Argumentation einzubeziehen.

13 Die meisten Übersetzer zollen ihr durch die Rekonstruktion eines eklektischen Textes Tribut, der nach ihrer Einschätzung den höchsten textlichen Wert besitzt, so im Gefolge von DILLMANN, *Liber Henoch*, und CHARLES, *Ethiopic Version of the Book of Enoch*, auch BLACK, *Book of Enoch*; NICKELSBURG, *1 Enoch*; TILLER, *Commentary*; UHLIG, *Henochbuch*. Eine seltener realisierte Alternative bildet die Zugrundelegung einer Handschrift mit einem Variantenapparat, so bei ISAAC, *1 Enoch*; KNIBB, *Ethiopic Book*.

Grundlage der folgenden Ausführungen ist die von CHARLES vorgelegte Edition, die ggf. zu weiterem Material der aktuelleren Textausgaben und Übersetzungen ins Verhältnis zu setzen ist. Besonders die von UHLIG und NICKELSBURG angestellten Überlegungen zur Beurteilung der Varianten werden immer wieder für die Bestimmung des besten Textes heranzuziehen sein. Die Arbeit mit einem eklektischen Text ist angesichts des uneinheitlichen handschriftlichen Befundes unumgänglich, wobei sich dasselbe Problem an den Stellen noch verstärkt, wo Teile älterer Fassungen von 1 Hen erhalten sind. Der beste Text ist hier nicht nur durch eine Gewichtung der äthiopischen MSS, sondern zusätzlich durch Einbeziehung dieser Textfassungen zu rekonstruieren.

2. Die Zehnwochenapokalypse (1 Hen 93,1-10; 91,11-17)

2.1. Analyse

2.1.1. Die ursprüngliche Textsequenz in 1 Hen 91-93

Generationen von Auslegern sahen sich mit der Tatsache konfrontiert, daß der äthiopische Text der Kap. 91-93 offensichtlich gestört ist. Dies zeigt sich unbestreitbar daran, daß die Zehnwochenapokalypse in zwei Teile getrennt ist: Während in 91,12 das achte Siebent explizit genannt wird und bis V. 17 die Siebente neun und zehn inklusive eschatologischem Ausblick folgen, stehen die ersten sieben Siebente, nach demselben Schema aufgebaut und daher unverkennbar ursprünglich Teil derselben literarischen Einheit, nicht, wie zu erwarten wäre, vor, sondern erst im Anschluß an das letzte Siebent, genauer in 93,1-10. Daß hier eine Dislokation im äthiopischen Text vorliegt, wurde seit jeher vermutet;[14] lange umstritten blieb ihre Ursache sowie die genaue Rekonstruktion der ursprünglichen Version, wobei der Textbestand der literarischen Nahtstellen bis heute kontrovers diskutiert wird. Dabei hat sich ein Grundkonsens gebildet, nach dem die Textsequenz der Kap. 91-93 durch Versetzen des Abschnitts 91,(11)12-17 in folgender Reihenfolge wiederher-

---

14   „Dass nun V. 12-17 nicht ursprünglich hier standen, folgt theils daraus, dass der Ausdruck ‚eine andere Woche' schon als bekannt voraussetzt, dass nach Wochen gerechnet wird, während doch bisher von Wochen nicht die Rede war, theils daraus, dass was in V. 12 als Geschäft und Aufgabe in der achten Weltwoche beschrieben wird, eben unmittelbar vorher in V. 11 schon entwickelt war, also unmöglich V. 12 an V. 11 durch die Formel ‚und darnach' sich anschliessen kann" (DILLMANN, *Buch Henoch*, 290).

zustellen ist:[15] 91,1-10.18-19; 92,1 - 93,10; *91,(11)12-17*; 93,11-14. Die Annahme einer Dislokation von 1 Hen 91,12-17 und die Einordnung dieser Textpassage nach 1 Hen 93,10 führte dazu, daß 91,11 im Gefolge von CHARLES meist als nachträglicher redaktioneller Verbindungsvers ausgeschieden wurde, der die entwurzelten V. 12-17 im neuen Kontext hätte einleiten sollen.[16]

Nicht nur für die Frage nach der Ursprünglichkeit von V. 11, sondern für die Rekonstruktion des im Äthiopischen dislozierten Textes im ganzen, stellten die Funde vom Toten Meer einen Meilenstein dar. Die aramäische Qumranhandschrift 4QEn^g belegt einerseits die Zugehörigkeit von 91,11 – wenn auch in kürzerer Form – zum Grundbestand der Zehnwochenapokalypse und ist andererseits auch insofern von unschätzbarem Wert, als hier erstmals der direkte Übergang von 93,10 zu 91,11 bezeugt ist, was es ermöglicht, die seit langem in der Forschung übereinstimmend postulierte ursprüngliche Reihenfolge endlich auch textlich zu verifizieren. Für die wissenschaftliche Beschäftigung mit der Textgeschichte des Henochbuches führte fortan kein Weg mehr an den aramäischen Henochfragmenten aus Qumran vorbei, die mit MILIKs Pionierarbeit *The Books of Enoch* 1976 der Öffentlichkeit zugänglich gemacht wurden. Alle seitdem erschienenen Publikationen konnten sich auf die Arbeit MILIKs stützen, wenn dies auch in recht unterschiedlichem Ausmaß und oft unter deutlicher Abgrenzung von manchen seiner Ergebnisse geschah.[17]

Obwohl die Entdeckung der aramäischen Fragmente das Problem der ursprünglichen Textsequenz der Zehnwochenapokalypse einer gesicherten Lösung zuzuführen half, stellte sich durch den Vergleich zwischen der aramäischen und der äthiopischen Version eine Vielzahl neuer Fragen hinsichtlich der ursprünglichen Gestalt des Abschnittes. So kommt MILIK

---

15 Vgl. CHARLES, *Book of Enoch*, 218; KNIBB, *Ethiopic Book* II, 218; MILIK, *Books of Enoch*, 48; UHLIG, *Henochbuch*, 674. EIßFELDT, *Einleitung*, 837, nennt als ursprüngliche Reihenfolge 93,1-14 gefolgt von 91,12-17, scheint also den poetischen Abschnitt 93,11-14 innerhalb der Zehnwochenapokalypse zu lokalisieren, ohne sich dazu explizit zu äußern. So bereits DILLMANN, *Buch Henoch*, 297.

16 „As for this verse [sc. 91,11], we must regard it as an interpolation added by the final editor in order to introduce vv. 12-17" (CHARLES, *Book of Enoch*, 227). Bereits DILLMANN, *Buch Henoch*, 290, hatte dieselbe Abgrenzung vorgenommen; vgl. auch EIßFELDT, *Einleitung*, 837; MARTIN, *Livre d'Hénoch*, 240.

17 Grundlegende Kritik an einigen von MILIKs Transkriptionen äußerte SOKOLOFF, *Notes*, 197-224, da diese zu optimistisch seien. Eine kritische Auseinandersetzung mit MILIKs Publikation findet sich ferner bei NICKELSBURG, *The Books of Enoch in Recent Research*, 210-217, und VANDERKAM, *Major Issues*, 85-97. Einen Überblick über die Aufnahme der Arbeit MILIKs in den seitdem erschienenen maßgeblichen Publikationen zum Henochbuch bieten GARCÍA MARTÍNEZ / TIGCHELAAR, *Books of Enoch*, 131-146.

bei der Rekonstruktion von 4QEng,[18] dem einzigen Qumrantext mit Parallelen zu den betreffenden Kapiteln, zu folgendem Schluß: „Calculations made on the original state of the scroll which contained this manuscript, as also some phrases preserved in Aramaic, show without any doubt that the beginning of the Epistle of Enoch (91: 1-10) was more fully developed in the original than in the Ethiopic version. The Aramaic text corresponding to 92: 3-5 was also longer, and the section 93: 11-14 (itself quite different from the Ethiopic text) was preceded by an analogous text three times as long as the Ethiopic passage."[19] Dieses Ergebnis kann in seiner Tragweite kaum überschätzt werden, bedeutet es doch, daß mit gravierenden Unterschieden zwischen der aramäischen und der äthiopischen Version zu rechnen und die Frage nach der Überlieferungtreue der äthiopischen Übersetzung mit nie dagewesener Schärfe zu stellen wäre. In der Konsequenz von MILIKs Anordnung der Fragmente führt jedoch kein Weg an den skizzierten Schlußfolgerungen vorbei.[20]

Da sich nach MILIKs Rekonstruktion gravierende Unterschiede zwischen aramäischem und äthiopischem Text ergeben, steht eine vergleichende Untersuchung beider Versionen des redaktionellen Gesamtkomplexes 1 Hen 91-93 vor fast unlösbaren Schwierigkeiten. Hier könnte ein Grund dafür liegen, daß man sich des aramäischen Fragments 4QEng selbst in jüngeren Publikationen nur sehr stiefmütterlich angenommen hat, und es meist ausschließlich zur textkritischen Untersuchung einzelner Passagen herangezogen wurde.[21] Dabei wurde lange ohne Widerspruch hingenommen, daß die Passagen, die nach MILIKs Rekonstruktion in 𝔐

---

18 4QEng wird von MILIK, *Books of Enoch*, 46.246, unter Verweis auf CROSS in die Mitte des ersten vorchristlichen Jahrhunderts datiert, was heute Forschungskonsens ist.

19 MILIK, *Books of Enoch*, 48; vgl. 247.

20 Zur Anordnung der Fragmente vgl. MILIK, *Books of Enoch*, 247; Plates XXI - XXIV.

21 DEXINGER, *Zehnwochenapokalypse*, 105-109, geht bei seiner Analyse von 1 Hen 91-93 unter weitgehender Ignorierung der aramäischen Texte schwerpunktmäßig literarkritisch vor. Er findet in 4QEng eine erste Redaktionsstufe (R¹), wogegen die äthiopische Übersetzung eine zweite Redaktionsstufe (R²) darstelle, versäumt es aber, diesen Befund mit den sich aus der Rekonstruktion des Qumrantextes ergebenden Konsequenzen ins Verhältnis zu setzen. Auch BLACK, *Book of Enoch*, 85, ignoriert in seiner Übersetzung die vom aramäischen Text bezeugte Abfolge und setzt das Poem (93,11-14) vor die Zehnwochenapokalypse, obwohl 4QEng eindeutig einen Übergang zu 94,1 belegt. Auch in seinem Kommentar bleibt er eine Erklärung dieser Umstellung schuldig, die er, wie OLSON in einem persönlichen Gespräch in Erfahrung gebracht hat, „on purely redactional grounds" vorgenommen habe (*Original Sequence*, 73, Anm. 16). Charakteristisch für die weitgehende Ignorierung der aramäischen Texte ist auch das Vorgehen COUGHENOURs, *Woe-Oracles*, 195, Anm. 14. Er konstatiert lapidar, die auf CHARLES zurückgehende Reihenfolge, nach der Kap. 92 vor 91,1-10 zu stehen kommt, sei „acceptable", und führt darauf lediglich der Vollständigkeit halber auch MILIKs Ergebnisse an. Eine Auswertung des Befundes der aramäischen Fragmente sucht man vergeblich, wie überhaupt die Entscheidung für das von CHARLES vertretene Modell mit keinem Wort begründet wird.

wesentlich umfangreicher gewesen sein sollen (92,3-5; 91,1-10), in 4QEn[g] überhaupt nicht erhalten sind. Die Annahme ihres größeren Umfanges ist vielmehr ausschließlich die zwingende Konsequenz der Anordnung der Fragmente, genauer von Fr. 1.[22] Erst 1993 wurde von OLSON eine alternative Rekonstruktion vorgelegt, die dieser Tatsache Rechnung trägt.[23] Aufgrund ihrer weitreichenden Folgen für Aufbau und Struktur der aramäischen Version von 1 Hen 91-93 ist die von MILIK vorgenommene Plazierung dieses Fragments zu prüfen und mit der von OLSON vorgeschlagenen Alternative ins Verhältnis zu setzen.

4QEn[g] Fr. 1 enthält die Überreste von 14 Zeilen einer Kolumne; an seinem rechten Rand ist das Zeilenende einer weiteren Kolumne erkennbar, die folglich im Duktus des Textes vorangegangen sein muß. Inhaltlich besteht ab Z. 3 Übereinstimmung mit Kap. 91,18f.; 92,1-2a, wobei über die Identifikation der ersten beiden Zeilen Uneinigkeit herrscht. Nach MILIK handelt es sich um eine stark gekürzte Version von 91,10,[24] BLACK plädiert für 91,17b.[25] Da Fr. 1 mit 92,2a endet und Fr. 2 den Abschnitt 92,5b - 93,4a umfaßt und folglich nach der im Äthiopischen überlieferten Reihenfolge danach zu verorten wäre, ordnet MILIK Fr. 1 vor Fr. 2 ein, ist jedoch aufgrund ihrer Form gezwungen, beide in aufeinanderfolgenden Kolumnen zu lokalisieren.[26] Dies hat zur Folge, daß MILIK mit insgesamt fünf Kolumnen auf zwei Bögen rechnet, die auf ein leeres Vorsatzblatt zu Beginn des ersten Bogens gefolgt seien: Von Kol. I ist nach diesem Modell lediglich das Ende einer Zeile am rechten Rand von Fr. 1 erhalten, das im übrigen Kol. II zuzuordnen ist. Fr. 2 bildet die rechte untere Ecke von Kol. III; das bisher nicht erwähnte Fr. 3, materiell und inhaltlich eindeutig einzuordnen, umfaßt Teile der linken Hälfte derselben Kolumne, den Großteil von Kol. IV und einen Teil von Kol. V.

Aufgrund der Einordnung von Fr. 1 vor Fr. 2 ist MILIK gezwungen, den Verlust umfangreicher, aus dem äthiopischen Text unbekannter Passagen in den jeweils oberen Teilen der Kolumnen anzunehmen. Diese ‚Phantompassagen' sind jedoch genau genommen lediglich Resultat der Plazierung von Fr. 1, für die sich keinerlei Gründe aus dem materiellen Befund gewinnen lassen, sondern die einzig und allein auf der Annahme beruht, daß wie im äthiopischen, so auch im aramäischen Text 92,2 vor

---

22   Die von MILIK vorgenommene Numerierung der Fragmente mit Kleinbuchstaben wird hier aus Gründen der Einheitlichkeit im Blick auf das gängige Vorgehen bei Qumrantexten mit arabischen Zahlen wiedergegeben; ‚Fr. 1' entspricht daher ‚Fr. a' bei MILIK usw.

23   Vgl. zum Folgenden OLSON, *Original Sequence*, 69-94.

24   Vgl. MILIK, *Books of Enoch*, 247.260f.

25   Vgl. BLACK, *Apocalypse of Weeks*, 464-469.

26   Dies ist insofern unumgänglich, als Fr. 2 den rechten Rand des Bogens erkennen läßt, Fr. 1 hingegen, wie bereits erwähnt, keinen solchen Rand, sondern Reste einer weiteren Kolumne an seiner rechten Kante aufweist.

92,5 stehen muß. Hier setzt OLSONs Kritik an, da als Resultat der von ihm angenommenen Blattvertauschung[27] auch mit textlichen Unstimmigkeiten in Kap. 92 zu rechnen sei und die Reihenfolge der äthiopischen Übersetzung nicht einfach für den aramäischen Text vorausgesetzt werden könne: „‚Chapter 92' is a mirage. It was created by the same dislocation which moved 91.11-17 to its present position in the Ethiopic version."[28] Gibt man hingegen die Reihenfolge innerhalb von Kap. 92 auf, so läßt sich mit OLSON Fr. 1 in Kol. V über Fr. 3 plazieren,[29] was unübersehbare Vorteile mit sich bringt: Der gesamte erhaltene Textbestand aus 4QEn^g kann auf ursprünglich drei Kolumnen verteilt werden, wodurch sich die bei MILIK vorausgesetzten ‚Phantompassagen' in Luft auflösen. „The three ‚fuller' Aramaic passages are not lost; they never existed."[30] Zudem ergibt sich eine ursprüngliche Textsequenz in Kap. 91-93, die sich, wie zu zeigen sein wird, auch inhaltlich plausibilisieren läßt. Diese gestaltet sich nach OLSONs Rekonstruktion folgendermaßen: 91,1-10; 92,3 - 93,10; 91,11 - 92,2; 93,11-14.[31]

Die dargestellte Rekonstruktion von 4QEn^g bildet die Grundlage, auf der OLSON den äthiopischen Text erklärt. Er hält eine irrtümliche Blattvertauschung für die Ursache der Dislokation von 1 Hen 91,11-17 und führt als Argument gegen die bisweilen vertretene These einer intentionalen Umstellung ins Feld,[32] dies sei bei einem numerierten Text wie der Zehnwochenapokalypse sehr unwahrscheinlich; zudem unterbreche die Passage 91,11-17 den Kontext von Kap. 91: Nach V. 10 befinde man sich bereits in der Zeit des Endgerichts, falle mit V. 11f. jedoch wieder dahinter zurück in eine ‚Epoche des Schwertes', und erst mit V. 15 sei der Tag des Gerichts wieder erreicht. All dies spricht nach OLSON eindeutig gegen eine bewußte Versetzung von besagter Passage. Die Annahme einer Blattvertauschung hat entscheidende Implikationen für den ursprünglichen Text, da durch einen solchen Fehler im Gegensatz zu einem redak-

---

27 S. dazu im folgenden.

28 OLSON, *Original Sequence*, 76.

29 Auf die genaue Plazierung der winzigen Fragmente 4 und 5 muß OLSON, *Original Sequence*, 74, nicht näher eingehen, da sie für die Frage nach der ursprünglichen Reihenfolge irrelevant sind. Das von MILIK, *Books of Enoch*, 247.259, erwähnte leere Vorsatzblatt kann von OLSON in Ermangelung detaillierterer (Bild-)Informationen nicht berücksichtigt werden, er vermutet aber, „that if any blank fragments exist, they have no direct connection to the 4QEn^g fragments" (a.a.O., 76). Da MILIK sich nicht näher zu dem Vorsatzblatt äußert und, von seinen Andeutungen abgesehen, keine Belege für dessen Existenz vorliegen, sollte es aus den Rekonstruktionsbemühungen ausgeklammert werden, zumal auch im Fall der Existenz eines solchen Blattes nichts zwingend gegen OLSONs Rekonstruktion spräche.

30 OLSON, *Original Sequence*, 76.

31 Zur Anordnung der Fragmente nach MILIK und OLSON vgl. die als *Anhang* zu diesem Kapitel gebotene Übersicht.

32 So bereits bei CHARLES, *Book of Enoch*, 221.

tionellen Eingriff mehrere Seiten in Mitleidenschaft gezogen werden. Somit ist nach OLSON damit zu rechnen, daß sich im äthiopischen Text *an
mehreren Stellen* Spuren von Überarbeitungen finden lassen, mittels derer
versucht wurde, die durch die Blattvertauschung unvermeidlich entstandenen Brüche nachträglich zu glätten.

OLSON appliziert zum Nachweis seiner Annahmen die sich aus seiner
Rekonstruktion von 4QEn^g ergebende Textsequenz modellhaft auf einzelne Seiten einer Handschrift mit der äthiopischen Übersetzung, wodurch sich folgende Aufteilung ergibt:

Seite 1	*Seite 2*	*Seite 3*	*Seite 4*
91,1-10	92,3-5; 93,1-10	91,11-19; 92,1-2	93,11-14; 94,1-8
			(± einige Verse)

Basierend auf der Annahme einer entsprechend aufgeteilten äthiopischen Handschrift, läßt sich nach OLSON die Entstehung des heutigen
äthiopischen Textes durch die irrtümliche Vertauschung der Seiten 2 und
3 erklären.[33] Wie OLSON selbst einräumt, kann dieses Modell nicht vorbe-
haltlos als Beweis für die Annahme einer Blattvertauschung angeführt
werden, sondern bietet lediglich eine Arbeitshypothese, die in Anbetracht
des langen und komplizierten Überlieferungsprozesses von 1 Hen eine
Schematisierung und Simplifizierung darstellen muß.[34] Gleichwohl läßt
sich ihr relativer Wert dadurch prüfen, ob sie die Abweichungen der äthi-
pischen Übersetzung von dem von OLSON rekonstruierten aramäischen
Text besser erklären kann als die Annahme einer bewußten Textumstel-
lung. Die Konsequenzen des von OLSON entwickelten Modells auch für
diese Frage soll der folgende Vergleich zwischen 𝔐 und 𝔐ä klären.

Wie in der Forschung bereits häufiger bemerkt,[35] besteht eine auffällige Parallelität zwischen 91,10 und 92,3, zwei Versen, zu denen in den
äthiopischen Handschriften zudem überdurchschnittlich viele Varianten
bezeugt sind. DEXINGER kommt in seiner literarkritischen Analyse des
Abschnittes zum Schluß, daß beide Verse ursprünglich direkt aufeinander
folgten und durch den Einschub eines Redaktors nachträglich getrennt
wurden.[36] Von NICKELSBURG zu Recht wegen seiner atomistischen Analyse kritisiert, die den Befund der aramäischen Fragmente nicht hinrei-

---

33   Lediglich Seite 2 sprengt nach OLSONs Berechungen den Rahmen einer ‚Normalseite‘ (ca.
      35 Zeilen) um etwa 7 Zeilen, was gegenüber dem auf MILIK zurückgehenden Modell aber
      eine nur geringe Schwankung darstellt, da hier Seite 2 fast doppelt so lang wie Seite 1
      gewesen sein müßte; vgl. OLSON, *Original Sequence*, 77.

34   Vgl. OLSON, *Original Sequence*, 78.

35   Vgl. u.a. BLACK, *Book of Enoch*, 295; zu den Positionen DEXINGERs und OLSONs s. im fol-
      genden.

36   Vgl. DEXINGER, *Zehnwochenapokalypse*, 107.

chend berücksichtige,[37] bekommt DEXINGERS These durch die von
OLSON vorgelegte Rekonstruktion neuen Rückhalt, nach der 92,3 im ara-
mäischen Text direkt an 91,10 anschloß. OLSON führt jedoch anders als
DEXINGER die in der äthiopischen Übersetzung erfolgte Trennung beider
Verse nicht auf planvolle redaktionelle Komposition, sondern auf zufällige
Blattvertauschung zurück. Noch vor der Blattvertauschung sei es durch
Dittographie zu einer partiellen Dopplung von 91,10 in 92,3 gekommen,
indem das Ende des ersten Verses – nach OLSON zugleich Seitenende –
zu Beginn der folgenden Seite wiederholt worden sei. Diese Annahme ist
möglich, bleibt jedoch in Ermangelung eines handschriftlichen Belegs sehr
hypothetisch.

Da 92,3 in 4QEng nicht erhalten ist, lassen sich auf der Basis des
aramäischen Textes keine Aussagen über die ursprüngliche Gestalt des
Verses treffen. Entscheidend ist, daß bereits der von DEXINGER aufgrund
inhaltlicher Entsprechungen postulierte ursprüngliche Anschluß des Verses an 91,10 eine Bestätigung in OLSONS Rekonstruktion von 4QEng
findet. Dabei ist festzuhalten, daß der Befund der Versionen an dieser
Stelle keine eindeutige Entscheidung zuläßt, ob die Trennung beider Verse
zufällig durch Blattvertauschung (OLSON) oder intentional durch den
Eingriff eines Redaktors (DEXINGER) erfolgte – beide Modelle sind im
folgenden weiter im Auge zu behalten. Nach OLSONS Rekonstruktion
ergibt sich ein inhaltlich homogener Abschnitt, der von 91,1 bis 92,4
reicht: Die Paränese Henochs läuft auf das endzeitliche Gericht über die
Gottlosen zu (91,7-10), dessen positive Kehrseite die Auferstehung der
Gerechten und ihre Ausstattung mit Weisheit darstellt (91,10). Mit 92,3f.
wird der Duktus der an die Gerechten ergehenden Verheißung harmonisch fortgeführt und mit dem Zuspruch, in ewigem Licht zu wandeln, zu
einem stimmigen Ende gebracht. Folgt man dagegen der Rekonstruktion
MILIKs, so müßte 91,18 direkt an 91,10 angeschlossen haben, was zu
einem unverkennbaren Bruch durch den Neueinsatz der Rede und die
Ankündigung Henochs führt, die Wege der Gerechtigkeit und des Frevels
zu zeigen. Der inhaltliche Befund stützt an dieser Stelle eindeutig OLSONS
Rekonstruktion.

---

37 Vgl. NICKELSBURGS Rezension zu DEXINGER in JBL 100, 669f.; vgl. auch VANDERKAM,
Studies in the Apocalypse of Weeks, 513-518. Das dreistufige Modell, das DEXINGER,
Zehnwochenapokalypse, 102-109, entwickelt, sieht vor, daß die ursprünglich selbständigen
Texte einer „Metuschelach-Apokalypse" (91,1.3b-10; 92,3-5) und der Zehnwochenapokalypse (92,1a.c.d; 93,3b-10; 91,11aram-17) von einem ersten Redaktor auf einer Stufe verbunden wurden, die von den aramäischen Fragmenten bezeugt wird. Ein zweiter Redaktor
habe sie dann zu der Form überarbeitet, die heute der äthiopische Text bietet. Das einseitig
literarkritische Vorgehen DEXINGERS kann angesichts der überlieferungsgeschichtlichen
Fragen, die sich aufgrund der handschriftlichen Bezeugung der Zehnwochenapokalypse
stellen, nicht überzeugen.

Durch die Dislokation von 1 Hen 91,11-17 entstand ein harter Übergang zwischen 91,10 und dem nun direkt hieran anschließenden Vers
91,11: Ist zunächst von *dem Gerechten* im Singular die Rede, begegnet nach
91,11 ein Subjekt im Plural. Zur Auflösung der hier entstandenen
Spannung bot sich den Schreibern zunächst die Möglichkeit, den Plural in
91,11 durch die Wiedergabe im Passiv zu umgehen – ein Schritt, der in
manchen äthiopischen Handschriften seinen Niederschlag gefunden hat.
Da der Vers in den MSS auffällig uneinheitlich bezeugt ist, hatte bereits
KNIBB hier das Resultat nachträglicher Glättungen des Textes aufgrund
einer Dislokation von 91,11-17 vermutet.[38] Dasselbe Phänomen läßt sich
auch für 91,10 zeigen, wo der ursprüngliche Singular in Angleichung an
den neuen Fortgang des Textes mit 91,11 in einen Plural umgewandelt
wurde.[39] Die äthiopischen Handschriften bezeugen demnach durch ihre
Glättungsversuche, daß der Übergang von 91,10 zu 91,11 als problematisch empfunden wurde. Dies allein kann einen intentionalen Hintergrund
der Translokation nicht widerlegen, paßt aber besser zur Annahme einer
zufälligen Blattvertauschung.[40]

Der zweite unbestritten nicht ursprüngliche Übergang liegt zwischen
93,10 und 93,11 vor, da hier ehemals die Passage 91,11-17(19) anschloß:
Nach 93,10 befindet man sich im siebten Siebent, 93,11 setzt dagegen
völlig unvermittelt mit einer rhetorischen Frage ein, die das bis V. 14
reichende weisheitlich-kosmologische Poem einleitet, wobei bereits der an
dieser Stelle auftretende plötzliche Gattungswechsel verdeutlicht, daß hier
kein ursprünglicher Übergang vorliegen kann. Schon häufiger wurde vermutet, daß das Ende von 93,10, nach dem die siebenfache Unterweisung
von Gott ‚bezüglich seiner ganzen Schöpfung‘ gegeben wird, eine nachträgliche Glosse darstellt. Vor dem Hintergrund des sich durch die Dislokation ergebenden abrupten Übergangs zum folgenden Poem erscheint
diese These als sehr plausibel, da dieser Zusatz durch Aufgriff der Schöp-
fungsthematik eine inhaltliche Verbindung zwischen der Unterweisung
und dem Schöpfungspoem herstellt. Daß es sich um einen glättenden
Nachtrag handelt, unterstreicht nicht zuletzt der erhaltene Text von
4QEn^g, in dem derselbe fehlt und auch in der Lakune am Zeilenende vor

---

38   Vgl. KNIBB, *Ethiopic Book* II, 218.
39   So in einigen äthiopischen Handschriften; vgl. OLSON, *Original Sequence*, 80-82, der zudem
      spekuliert, ob 91,10 nicht ursprünglich auch mit einem singularischen Personalpronomen
      geendet habe, aber zugestehen muß, daß für diese Annahme keine handschriftlichen Zeu-
      gen vorliegen.
40   Hätte ein Redaktor den gesamten Abschnitt versetzt, so wäre zu erwarten, daß er ihn in
      seinen neuen Kontext besser eingeflochten und die Spannungen des äthiopischen Textes
      vermieden hätte.

dem Beginn von 91,11 nicht genug Platz verbleibt, um ihn ehemals enthalten haben zu können.[41]

Einen letzten wesentlichen Beitrag zum Verständnis der ursprünglichen Textgestalt von Kap. 91-93 liefert OLSON im Blick auf die Einbettung des Poems (93,11-14). Nach MILIK folgt auf das Ende der Zehnwochenapokalypse in 91,17 ein umfangreicher, gleichwohl nicht erhaltener Text, und erst in dessen Anschluß kommt das Poem zu stehen. In OLSONs Modell läßt sich hingegen eine direkte Verbindung zwischen 92,2 und dem Poem aufzeigen, die zusammen eine Einleitung der in Kap. 94-105 folgenden prophetischen Orakel bilden.[42] „The sequence, 92.2 + The Nature Poem + 94f., gives us a coherent schema. Enoch first tells his sons [...] not to be troubled by their inability to understand the times. All they need to know is that God is in control and has set times for everything in his own wisdom. Enoch then goes on (into the Nature Poem) to ask a series of rhetorical questions to the effect that, after all, who *does* understand the mysteries of the heavenly realm? We are then launched into a long series of prophetic oracles, beginning with ch. 94."[43]

Durch 92,2 und die rhetorischen Fragen in 93,11-14 werde Henochs Autorität als Offenbarer des Folgenden gestärkt, da als zwingende Antwort die Einsicht folgen müsse, Henoch allein habe alle Mysterien geschaut (vgl. 1 Hen 1-36), weshalb seine Offenbarungen um so untrüglicher und zuverlässiger seien. So hält bereits MILIK die Passage für eine „eulogy of Enoch [...] who had just accomplished things inaccessible to simple mortals"[44]. Die Aufnahme des Poems, möglicherweise ein Traditionsstück,[45] in den jetzigen Kontext läßt sich nach OLSONs Modell also unter kompositorischen Gesichtspunkten plausibel machen, indem dieser Text eine klar umrissene Funktion innerhalb der Einleitung der ab Kap. 94 folgenden Offenbarungen erhält.[46] Es fügt sich hier wesentlich homo-

---

41 Vgl. BLACK, *Book of Enoch*, 291; OLSON, *Original Sequence*, 82.

42 Die vor 93,11 erhaltenen äußerst fragmentarischen Zeilen könnten demnach den Übergang von 92,2 gebildet haben, wobei die von MILIK, *Books of Enoch*, 269-271, vertretene Rekonstruktion als Kette rhetorischer Fragen durchaus stimmig ist, angesichts des faktisch erhaltenen Textes aber sehr spekulativ bleibt.

43 OLSON, *Original Sequence*, 84.

44 MILIK, *Books of Enoch*, 270; vgl. BOCCACCINI, *Beyond the Essene Hypothesis*, 112; NICKELSBURG, *Enoch as Scientist*, 217f.

45 Vgl. OLSON, *Original Sequence*, 83. BLACK, *Book of Enoch*, 286, findet gute Gründe für und gegen die Abfassung des Poems in Henochkreisen, und kommt zu dem offenen Schluß, daß die betreffenden Verse „are not unworthy, as literature, of the Hebrew sapiential tradition to which they belong."

46 Diese Funktion tritt nach BOCCACCINI, *Beyond the Essene Hypothesis*, 111f., noch klarer zutage, wenn man 94,6 - 104,6 als Nachtrag ausscheidet, da in 104,10-13 die im Poem gestellten rhetorischen Fragen durch die Betonung der Offenbarungsautorität Henochs beantwortet würden.

gener ein als in den ihm nach MILIKs Modell zukommenden Zusammenhang nach einem längeren ‚Phantomtext', über dessen Inhalt sich nur spekulieren läßt. Besonders die Verbindung mit 92,2 kann überzeugen, wodurch die eingangs dargestellte These OLSONs zusätzliches Gewicht erhält, nach der Kap. 92 kein homogenes Ganzes darstellt, sondern als Resultat der Dislokation verstanden werden muß.

Erst infolge der Dislokation sei eine Verbindung von 92,2 und 92,3 entstanden, die ursprünglich nicht gegeben war. OLSON kann hier erneut auf eine Anzahl von Varianten unter den äthiopischen MSS verweisen, die sich seiner Meinung nach als Angleichungen an den neu geschaffenen Kontext verstehen lassen: „Some of the strange readings found in the *variae lectiones* of 92.3-4 look like attempts to accommodate 92.3-4 to 92.1-2 by introducing plural forms or abstractions into the text."[47] Auf jeden Fall springt sofort ins Auge, daß der Übergang von 92,2 zu 92,3 inhaltlich holprig und die Ermahnung, aufgrund der Zeiten nicht besorgt zu sein, nur sehr locker mit der direkt folgenden Verheißung der Auferstehung der Gerechten verbunden ist. Dies stützt auch inhaltlich die Rekonstruktion OLSONs, nach der ursprünglich 92,3 an 91,10 anschloß und 92,2 von 93,11 gefolgt wurde.

Ein gravierender Unterschied zum Konsensmodell besteht darin, daß OLSON zwischen 91,17 und 91,18f. keinen Bruch sehen muß (und kann!), da der Übergang vom Ende der Zehnwochenapokalypse (91,17) in Kol. IV fast vollständig erhalten ist und in Kol. V der obere Teil von Fr. 1 mit 91,18 (Z. 3) direkt anschließt.[48] Als Konsequenz läge mit 91,18f. keine Einleitung zur Zehnwochenapokalypse, sondern vielmehr ein Fazit derselben vor. Auf den ersten Blick erscheint dies nicht unbedingt plausibel, da die Ankündigung Henochs, seinen Kindern die Pfade der Gerechtigkeit und des Frevels sowie das, was sich ereignen wird, zu zeigen, problemloser als Einleitung denn als Fazit verstanden werden kann. OLSON kann jedoch überzeugend auf einige wertvolle äthiopische Textzeugen verweisen, die denselben Satz mit einer Vergangenheitsform konstruieren. Nimmt man diese als ursprünglich an,[49] so läßt sich 91,18 als zweiteiliges Zwischenfazit interpretieren: Die zunächst genannten zwei Wege beziehen sich auf den paränetischen Teil in 91,1-10; 92,3-5; daß Henoch seinen Nachkommen ferner gezeigt hat, was geschehen wird, kann als eindeutige

---

47 OLSON, *Original Sequence*, 87. Im Zuge der Angleichungen müssen auch die in Fr. 3 vor 93,11 erhaltenen Zeilenreste getilgt worden sein, was zweifellos plausibel ist, wenn es sich, wie von OLSON angenommen, um einen Übergang von 92,2 handelte – dieser wäre im neu entstandenen Kap. 92 fehl am Platze gewesen.

48 Die kaum entzifferbaren ersten beiden Zeilen könnten das Ende von 91,17 enthalten haben.

49 Zusätzliche Evidenz läßt sich aus 4QEn^g nicht gewinnen, da Teile von 91,18 zwar im oberen Teil von Fr. 1 bezeugt sind, die entscheidenden Verbformen jedoch fehlen.

Referenz auf die soeben abgeschlossene Zehnwochenapokalypse verstanden werden.

Ein letztes Ergebnis läßt sich aus OLSONs Rekonstruktion für den Umfang der eigentlichen Epistel gewinnen: Bereits BLACK hatte vermutet, daß dieser Titel nicht etwa den gesamten Text der Kap. 91-105, sondern nur einen Teil derselben bezeichne.[50] Diese Vermutung sieht OLSON durch die von ihm rekonstruierte ursprüngliche Reihenfolge der Kap. 91-93 bestätigt, in deren Rahmen 92,1 als Postskript zu stehen komme, das den vorhergehenden Teil als eigentliche Epistel Henochs authentifiziere. Die Epistel bestehe damit lediglich aus:

1. einer Einleitung: 93,1-2,
2. der Zehnwochenapokalypse: 93,3-10; 91,11-17,
3. einem Fazit: 91,18f., und
4. dem Postskript: 92,1.

In einem derartig abgesteckten Rahmen wäre die Zehnwochenapokalypse der eigentliche Hauptteil der Epistel, was nach OLSON deren zu erwartendem Inhalt viel besser entspreche „than the ill-defined epistle left us by either the Ethiopic version or the current consensus about the original order of these chapters. Too much of this ‚epistle' consists of straight-forward moral exhortations suitable to any number of religious or ethical systems of antiquity. ‚Stick to the path of righteousness and stay away from the path of wickedness' is hardly the stuff of secret revelation."[51] Dieses inhaltliche Argument ist nicht sehr stichhaltig, da einerseits die Bezeichnung ‚Epistel' kein klares inhaltliches Ausschlußkriterium bietet und andererseits die pauschale Abqualifizierung der Kap. 94ff. als ‚Konsens-ethik' eine Unterbestimmung ihrer offenbarungstheologischen Relevanz darstellt.[52] Von daher stellt die Deutung von 92,1 als Postskript eine Möglichkeit dar, die inhaltlich nur schwer untermauert werden kann. OLSON favorisiert zwar diese Variante, was die skizzierte Abgrenzung der Epistel zur Folge hätte, räumt jedoch ein, daß sich der Vers ebenso als Präskript der ab 92,2 folgenden Offenbarungen verstehen lasse, wobei in der Konsequenz die Zehnwochenapokalypse selbst nicht Teil der Epistel wäre.[53]

---

50 Vgl. BLACK, *Book of Enoch*, 285.

51 OLSON, *Original Sequence*, 88f.

52 Die gedankliche Struktur von 1 Hen 92-105 faßt NICKELSBURG, *Apocalyptic Message*, 326, überzeugend folgendermaßen zusammen: „The revelation of God's unseen world and future paradoxically calls the oppressed community to faith, courage, and joy in the present."

53 Für diese Möglichkeit ließe sich ins Feld führen, daß im Postskript des Chester-Beatty-Michigan-Papyrus aus dem 4. Jh. der vorangehende Teil (1 Hen 97,6 - 107,3) als Ἐπιστολὴ Ἐνώχ bezeichnet wird, wenn auch nicht mehr auszumachen ist, welchen genauen Textbestand diese dann gehabt hätte. Zwar läßt sich mit BLACK, *Book of Enoch*, 285, vermuten, daß das griechische Manuskript diesen Titel aus einem ursprünglichen Zusammenhang

Unabhängig davon, ob man 92,1 als Post- oder als Präskript interpretiert, liegt eine unumgängliche Konsequenz der von OLSON vorgenommenen Anordnung der Fragmentteile darin, daß der Vers nicht mehr als Überschrift vor Kap. 91 gezogen werden, die Epistel folglich nicht 1 Hen 91 - 105 umfaßt haben kann.[54] Mir scheint eine größere Wahrscheinlichkeit dafür zu bestehen, daß mit 92,1 das Präskript zum folgenden Teil vorliegt, da der Vers strukturell anderen Überschriften, etwa in 1 Hen 1,1; 14,1, gleicht und von daher besser als Einleitung denn als Postskript verständlich ist, zumal letzterer Fall ohne Analogie wäre.[55] Die Frage nach dem ursprünglichen Umfang der Epistel ist zu komplex, um sie im Rahmen dieser Arbeit adäquat behandeln zu können.[56] Sie ist in diesem Zusammenhang überdies nicht entscheidend, zumal durch die vordergründige Bestimmung der Ausdehnung der Epistel nur wenig für das Verständnis ihres Inhaltes erreicht ist. Es wird daher das vordringliche Ziel des folgenden Kapitels (*2.1.2. b)*) sein, inneren Aufbau und redaktionelle Anordnung der verschiedenen literarischen Einheiten in 1 Hen 91-105 nachzuvollziehen, als deren eine auch die Zehnwochenapokalypse in den Blick kommt.

Fassen wir die Ergebnisse zusammen: Die von OLSON vorgelegte Rekonstruktion der ursprünglichen Textsequenz in 1 Hen 91-93 hat sich als Arbeitshypothese bewährt, da sie ein sinnvolles Verständnis des aramäischen Textes ermöglicht, ohne in Aporien zu führen.[57] Sie ist viel plau-

---

geborgt und zur Bezeichnung des gesamten Abschnittes Kap. 91-107 verwendet habe. Da jedoch keines der für den Epistelanfang in Frage kommenden Kapitel im Papyrus erhalten ist, wird man schwerlich aus seiner Existenz sichere Schlüsse über die ursprüngliche Abgrenzung der Epistel ziehen können.

54   Von daher muß auch MILIK, *Books of Enoch*, 246, widersprochen werden, nach dessen Meinung 4QEn^g wahrscheinlich nur den Text der Epistel, hier Kap. 91-105, umfaßte. Dies ist schon deshalb unhaltbar, weil Teile aus Kap. 91 der Überschrift in 92,1 vorausgehen, weshalb man MILIKs Aussage wohl dahingehend verstehen muß, daß sie nicht ausgehend vom Text, sondern aufgrund der in der Sekundärliteratur verbreiteten Begrenzung der Epistel auf Kap. 91-105 getroffen ist. Zwar liegt mit diesen Kapiteln unbestreitbar eine kompositorische Einheit vor (s.u., *2.1.2. b)*), ihre Bezeichnung als ‚Epistel‘ ist jedoch angesichts von 4QEn^g nicht mehr aufrechtzuerhalten. Für die Frage, ob 4QEn^g ausschließlich diese Kapitel umfaßte, ist dagegen allein der materielle Befund entscheidend, und hier hängt viel von der Annahme des leeren Vorsatzblattes ab, für dessen Existenz sich keine sicheren Belege beibringen lassen. Daher sollte auf Spekulationen über den Umfang von 4QEn^g verzichtet werden; ähnlich auch NICKELSBURG, *Epistle of Enoch*, 333, Anm. 1; DERS., *Books of Enoch at Qumran*, 103.

55   Vgl. auch 1 Hen 100,6, wo der Verweis auf ‚die Worte dieser Epistel‘ vorkommt, was einen Rückbezug auf 92,1 darstellen würde. Dann aber kann die Epistel schwerlich in 92,1 geendet haben. So auch NICKELSBURG, *1 Enoch*, 414.

56   Vgl. hierzu etwa NICKELSBURG, *Books of Enoch at Qumran*, 104, Anm. 21, und BOCCACCINI, *Beyond the Essene Hypothesis*, 104-113.

57   Für eine abschließende Beurteilung der Rekonstruktion OLSONs wäre eine materielle Rekonstruktion von 4QEn^g nötig.

sibler als der im Gefolge von MILIK etablierte Konsens, nach dem mit umfangreichen ‚Phantompassagen' zu rechnen wäre, die in 4QEnᵍ nicht erhalten sind. Auch für eine Beurteilung des Ursprungs der im äthiopischen Text bezeugten Dislokation von 1 Hen 91,11-17 bietet die Untersuchung OLSONs wertvolle Hinweise: Während die Nahtstellen in 91,10f. und 93,10f. auch auf die intentionale Umstellung der Passage hinweisen könnten, gewinnt die These einer Blattvertauschung durch die Brüche in Kap. 92 an Plausibilität, das erst durch einen derartigen Schreiberirrtum entstanden sein wird.[58] Daß die äthiopischen Handschriften besonders an den durch die zu vermutende Blattvertauschung entstandenen Nahtstellen divergieren, spricht für nachträgliche Glättungsversuche und untermauert die These zusätzlich. Wann genau im Laufe der langen Überlieferung von 1 Hen sich die Blattvertauschung ereignete, läßt sich hingegen nicht mehr ausmachen.

Die im vorangehenden Teil vorgestellte Rekonstruktion OLSONs wird die Grundlage der folgenden Ausführungen bilden.[59] Ihre Konsequenzen

---

58   So auch VANDERKAM, *Studies in the Apocalypse of Weeks*, 518: „The simplest solution to the textual problems of *1 Enoch 91-93* remains the suggestion that a leaf of a MS was accidentally misplaced from chap. 93 to chap. 91 and the dislocations gave rise to editorial adjustments in the context of 91:11." Für einen intentionalen Hintergrund der Dislokation sprechen sich dagegen aus: NICKELSBURG, *1 Enoch*, 414f.; DEXINGER, *Zehnwochenapokalypse*, 107; BLACK, *Apocalypse of Weeks*, 469; KNIBB, *Ethiopic Book* II, 218; UHLIG, *Henochbuch*, 674. Wer die Dislokation als Werk eines Redaktors versteht, muß allerdings nicht nur begründen, warum dieser den Text auseinanderriß, ohne die entstandenen Brüche zu glätten, sondern steht vor allem vor dem Problem, Kap. 92 in seiner vorliegenden Gestalt als ursprünglichen Bestandteil des aramäischen Textes fassen zu müssen, obwohl dies nach OLSONs Rekonstruktion von 4QEnᵍ unmöglich und aufgrund inhaltlicher Spannungen unwahrscheinlich ist.

59   Auch BOCCACCINI, *Beyond the Essene Hypothesis*, 104, legt OLSONs Modell seinen Ausführungen zugrunde. Ablehnend urteilt NICKELSBURG, *1 Enoch*, 414: Ein Hauptargument gewinnt er aus OLSONs Interpretation von 92,1 als Postskript, die ihm aus oben genannten Gründen nicht einleuchten will. Dabei übersieht er jedoch, daß OLSON diese Möglichkeit zwar favorisiert, aber auch das klassische Verständnis der Stelle als Präskript der folgenden Epistel nicht ausschließt, das ich, wie dargelegt, bevorzugen würde. OLSONs Rekonstruktion von 4QEnᵍ ist von der Interpretation dieser Stelle überhaupt nicht betroffen. Hier macht es sich NICKELSBURG zu einfach, wenn er angesichts dieses sicherlich anfechtbaren Punktes die gesamte Rekonstruktion OLSONs ablehnt, ohne auf den kodikologischen Befund mit einem Wort einzugehen. Auch die Argumente, die NICKELSBURG gegen die These einer irrtümlichen Dislokation und für einen planvollen Eingriff ins Feld führt, sind primär inhaltlicher Natur und werden von OLSON als redaktionelle Angleichungen nach der Dislokation plausibel gemacht. Daß von der Seitenvertauschung anscheinend nur vollständige Sätze betroffen waren, mag unwahrscheinlich klingen, ist aber nicht auszuschließen und berührt vor allem die Anordnung der *aramäischen* Fragmente. So wenig sich OLSONs Rekonstruktion mit letzter Sicherheit beweisen läßt, so sehr ist sie aus genannten Gründen dem MILIKschen Modell vorzuziehen. Wenn man wie NICKELSBURG an diesem klassischen Konsensmodell festhalten will, so darf man sich nicht darauf beschränken, potentielle Mängel der Konkurrenzentwürfe aufzuzeigen, sondern ist selbst in die Pflicht genommen, Beweise für die eigene Position zu nennen.

für den ursprünglichen Aufbau des Paränetischen Buches faßt abschließend die folgenden Übersicht zusammen.

Der ursprüngliche Aufbau des Paränetischen Buches (1 Hen 91-105)

I. Henochs erste Rede   **91,1-10; 92,3 - 93,10; 91,11-19**

   1. erstes Orakel   91,1-10; 92,3-5
                                           Versammlung der Familie /
                                           Unterweisung /
                                         Voraussage der Zukunft

   2. zweites Orakel   93,1-10; 91,11-19
                                           Henoch liest aus den Büchern /
                                         Zehnwochenapokalypse

II. Henochs zweite Rede   ***(92,1)* 92,2; 93,11-14; 94-105** (Epistel)

   1. Einleitung   *(92,1)* 92,2; 93,11-14
                                           (Präskript) /
                                         Vorbereitung der Offenbarungsautorität
                                           Henochs unter Aufnahme des Poems

   2. Offenbarungen   94-105

Anhang: Rekonstruktionen von 4QEng[60]

nach MILIK, *Books of Enoch*, 245-272:[61]

Kol. V   IV   III   II   I

  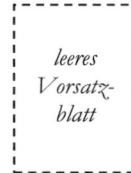

leeres
*Vorsatz-
blatt*

Fr. 3   Fr. 2   Fr. 1

nach OLSON, *Original Sequence*, 69-94:

Kol.   V   IV   III

Fr. 1

Fr. 3   Fr. 2

---

60 Das verwendete Bildmaterial wurde von MILIK, *Books of Enoch*, Plates XXI-XXIV, über-
    nommen und digital weiterbearbeitet.
61 Auf Zuordnung der winzigen Fragmentteile 4 und 5 wurde verzichtet, da ihre Plazierung
    für die Rekonstruktion zu vernachlässigen ist.

2.1.2. Die Zehnwochenapokalypse im Rahmen von 1 Hen 91-105

Unabhängig von der Rekonstruktion der ursprünglichen Reihenfolge innerhalb von Kap. 91-93 kann aufgrund des Textbefundes von 4QEn^g als unbestritten gelten, daß in 93,(1-2).3-10; 91,11-17 zwei ursprünglich zusammengehörige Teile einer literarischen Einheit überliefert sind, die sich klar vom Kontext abgrenzen läßt und in einschlägigen Publikationen des deutschen Sprachraumes gemeinhin als ‚Zehnwochenapokalypse‘ bezeichnet wird.[62] Schon angesichts der eng mit dem eigentlichen Beginn des Textes in 93,3 verknüpften Einleitungsverse 93,1-2 – nur durch die Einführung Henochs als Sprecher wird das ‚Ich‘ in 93,3 überhaupt verständlich – zeigt sich, daß eine Analyse der Zehnwochenapokalypse nicht auf die Untersuchung ihrer kontextuellen Einbettung verzichten kann. Die zuerst zu diskutierende Frage nach dem Ursprung des Textes (*a*)) muß daher die Entstehung der literarischen Makroeinheit 1 Hen 91-105 berücksichtigen; die Ergebnisse dieses Schritts sind abschließend in Beziehung zum synchronen Befund zu setzen (*b*)), indem geklärt wird, wie die Zehnwochenapokalypse in ihren literarischen Rahmen eingebettet ist.

a) Ursprung und Datierung des Textes

Da das Henochbuch nachweislich gewachsen ist und auch die Kap. 91-105 von diesem Phänomen nicht ausgenommen sind, soll als Ausgangspunkt der Erwägungen zur kontextuellen Einbettung die in Qumran bezeugte Entwicklungsstufe dienen. Im Zuge der Erörterungen zu 4QEn^g konnte die Vermutung MILIKs, die Schriftrolle habe ursprünglich mit

---

62 KOCH, *Sabbatstruktur*, 404f., hält den Begriff für unangebracht und schlägt vor, statt dessen von einer „Zehn-Epochen-Lehre" zu sprechen, ohne dies jedoch selbst konsequent zu tun. Sein Argument, es handele sich nicht um eine Apokalypse, da die wichtigen Gattungsmerkmale im Text fehlten, halte ich nicht für stichhaltig: Nach 93,2, dem einleitenden Verweis auf die Erkenntnisquellen Henochs im Rahmen seiner Himmelsreisen (vgl. 1 Hen 17,2 - 34,4), ist die folgende Belehrung eindeutig als Übermittlung einer geheimen, himmlischen Offenbarung gekennzeichnet, weshalb es mir nur sachgerecht erscheint, sie als Apokalypse zu bezeichnen; vgl. NICKELSBURG, *1 Enoch*, 439; DERS., *Enoch as Scientist*, 217. Der zweite Einwand KOCHs, mit ‚Woche‘ liege eine irreführende Wiedergabe des Begriffs שבוע vor, wiegt schwerer. Es ist allerdings zu fragen, ob die von KOCH vorgeschlagene Alternative ‚Epoche‘ glücklich gewählt ist und nicht zuviel des im Begriff שבוע enthaltenen Bedeutungsspektrums aufgibt. Obwohl ich mich zur neutralen Übersetzung von שבוע als ‚Siebent‘ entschlossen habe, halte ich es aus Gründen der Sprachkonvention für vertretbar, die gebräuchliche Bezeichnung des Textes als ‚Zehnwochenapokalypse‘ beizubehalten.

Kap. 91 begonnen und lediglich den Text der ‚Epistel'[63] enthalten, nicht erhärtet werden. Da der ursprüngliche Umfang dieser Handschrift nicht mehr rekonstruierbar ist, können Aussagen über den weiteren Kontext der Einbettung nur durch den Blick auf die übrigen aramäischen Henochfragmente gewonnen werden, von denen her sich bestimmen läßt, welche Teile des Äthiopischen Henochbuches in Qumran überhaupt bekannt waren. Da der Text der Bilderreden (Kap. 37-71) überhaupt nicht, das astronomische Buch (Kap. 72-82) dagegen immer in eigenen Manuskripten bezeugt ist,[64] wird man annehmen können, daß keiner der Texte Teil von 4QEn^g war.

Bezieht man 4QEn^c als umfangreichste erhaltene Handschrift in die Betrachtung mit ein, so läßt sich nachweisen, daß zumindest dieses Manuskript Teile des Wächterbuches (Kap. 1-36), der Traumvisionen (Kap. 83-90), des Paränetischen Buches (Kap. 91.92-105) sowie des Noah-Anhangs (Kap. 106f.) umfaßte. Das bedeutet freilich nicht, daß auch 4QEn^g denselben Umfang hatte, belegt aber, daß gegen Ende des 1. Jh. v. Chr.,[65] also nur wenig später als 4QEn^g, die genannten Teile nicht nur für sich genommen bekannt waren, sondern bereits in einem literarischen Zusammenhang überliefert wurden, was für das geringfügig älter zu schätzende Manuskript 4QEn^g einen ähnlichen Umfang wahrscheinlich macht. Daß das Wächterbuch und die Traumvisionen – zumindest in Teilen – vorlagen, kann zweifelsfrei durch Blick auf die älteren Handschriften 4QEn^{a.b.e.f} belegt werden.[66] Ob Teil derselben Handschrift oder nicht – die in 4QEn^g überlieferte Zehnwochenapokalypse ist nicht losgelöst von den übrigen, in Qumran bezeugten Teilen des Henochbuches zu betrachten. Daß diese als Hintergrund präsent sind, zeigt sich nicht zuletzt an expliziten Bezugnahmen z.B. auf die Himmelsreisen Henochs (1 Hen 93,2; vgl. 1 Hen 17-36).

Läßt sich für die von den Qumrantexten bezeugte überlieferungsgeschichtliche Stufe der dargestellte Textumfang nachweisen, so stellt sich die Frage nach dem Alter dieser Entwicklungsstufe und ihrer Entstehung. Besonders im Blick auf die Zehnwochenapokalypse wurde immer wieder die Vermutung geäußert, hier liege ein altes Traditionsstück vor, welches von einem Redaktor nachträglich in seinen heutigen Textzusammenhang integriert worden sei. So erwägt CHARLES einen vormakkabäischen Ur-

---

63 In der folgenden forschungsgeschichtlichen Diskussion wird der Begriff ‚Epistel' überall dort in Anführungszeichen gesetzt, wo er noch nicht den sich aus OLSONs Rekonstruktion ergebenden Textbereich bezeichnet; s.o., *2.1.1.*

64 Vgl. MILIK, *Books of Enoch*, 6; NICKELSBURG, *Books of Enoch at Qumran*, 100f.

65 MILIK, *Books of Enoch*, 178, datiert 4QEn^c in das letzte Drittel des ersten vorchristlichen Jahrhunderts.

66 Zur Datierung vgl. MILIK, *Books of Enoch*, 140.164.225.244; NICKELSBURG, *Books of Enoch at Qumran*, 100.

sprung der Zehnwochenapokalypse, wogegen die ‚Epistel' erst in der ersten Hälfte des 1. Jh. v. Chr. entstanden sei.[67] BLACK hält die Apokalypse für eine Schöpfung der Makkabäerzeit, die auf ältere Traditionen zurückblicke, und optiert für eine Entstehung in großer Nähe zum Danielbuch, auf jeden Fall vor der Wiedereinweihung des Tempels (164 v. Chr.). Der jetzige überlieferungsgeschichtliche Kontext des paränetischen Teils sei wesentlich später und speise sich inhaltlich aus der Zehnwochenapokalypse.[68] Ebenfalls von einem Traditionsstück geht NICKELSBURG aus, der als Hauptargument inhaltliche Unterschiede zur ‚Epistel' anführt: Das Konzept der Erwählung finde sich allein in der Zehnwochenapokalypse, gehöre dort aber zu den zentralen theologischen Aussagen, was mit hoher Wahrscheinlichkeit für einen einstmals selbständigen Text spreche.[69] Auch DEXINGER scheint von einem Traditionsstück auszugehen, äußert sich jedoch nicht eindeutig.[70] Schließlich vermutet auch UHLIG, daß die Zehnwochenapokalypse als ältester Teil der ‚Epistel' ursprünglich selbständig umgelaufen sei.[71]

Die These, mit der Zehnwochenapokalypse liege ein Traditionsstück vor, war niemals absolut konsensfähig, und so haben sich immer namhafte Gegner gefunden, die sich für die Identität ihres Verfassers mit dem der ‚Epistel' aussprachen: Bereits MILIK sieht keinen Grund, den Text als Traditionsstück zu verstehen, nennt jedoch auch selbst keine Gründe für seine Position.[72] Hier setzt VANDERKAM mit der zutreffenden Feststellung an, daß sich allein aus der Tatsache, daß mit der Zehnwochenapokalypse eine abgeschlossene literarische Einheit vorliegt, nicht folgern lasse, diese habe einst unabhängig vom Kontext existiert.[73] Vielmehr ließen sich etwa im Gegensatzpaar Sünder/Gerechter sowie im Verweis auf die

---

67   CHARLES, *Book of Enoch*, liii-liv.221.228. Diese Spätdatierung der ‚Epistel' begründet CHARLES damit, daß diese den Konflikt zwischen Pharisäern und Sadduzäern widerspiegele; ähnlich auch BEER, *Buch Henoch*, 230. Wie u.a. VANDERKAM, *Enoch and the Growth*, 143f., nachgewiesen hat, ist diese Zuweisung kaum aufrechtzuerhalten, da sich keinerlei zeitgeschichtlichen Anspielungen aufzeigen lassen, die eindeutig auf die von CHARLES favorisierte Epoche bezogen sind.

68   Vgl. BLACK, *Book of Enoch*, 288f.

69   Vgl. NICKELSBURG, *Epistle of Enoch*, 340.

70   Vgl. DEXINGER, *Zehnwochenapokalypse*, 102. Die stiefmütterliche Behandlung dieser Einleitungsfragen in der Untersuchung DEXINGERs verwundert besonders, da doch die Zehnwochenapokalypse gerade exemplarisch für das Phänomen ‚Apokalyptik' betrachtet wird. Daher bleibt mir die Äußerung DEXINGERs unverständlich, eine Stellungnahme zu Datierungsfragen des Äthiopischen Henochbuches sei „nicht nötig" (a.a.O., 16). Lediglich für die isoliert betrachtete Zehnwochenapokalypse wagt DEXINGER eine Datierung in die Anfangszeit der Makkabäerkämpfe um das Jahr 166 v. Chr., weshalb sie als „vordanielisch" zu gelten habe (a.a.O., 139).

71   Vgl. UHLIG, *Henochbuch*, 708.

72   Vgl. MILIK, *Books of Enoch*, 255f.

73   Vgl. VANDERKAM, *Enoch and the Growth*, 145.

himmlischen Bücher enge inhaltliche Berührungen mit dem Korpus der ‚Epistel' nachweisen, was stark für die Identität des Autors spreche. Die von VANDERKAM angeführten Gründe lassen sich noch vermehren: So verweist GARCÍA MARTÍNEZ darauf, daß in ‚Epistel' und Zehnwochenapokalypse die Gruppe der Weisen und ihre irrenden Gegner eine bedeutende Rolle spielen und auch das nach NICKELSBURG in der ‚Epistel' zentrale Thema der Reichtümer eine Parallele in der achten Epoche finde: „In brief, I feel that, for want of evidence to the contrary, the surmise must be upheld of only one and the same author for the ‚Apocalypse of Weeks' and the rest of the *Epistle of Enoch*."[74]

Es bleibt daher, die Argumente für und wider die Identität des Autors von ‚Epistel' und Zehnwochenapokalypse gegeneinander abzuwägen: Gegen eine solche läßt sich inhaltlich ins Feld führen, daß das Konzept der Erwählung keine Parallele in der ‚Epistel' findet; dafür sprechen aber auf derselben Ebene die engen thematischen Berührungspunkte. Angesichts der sich abzeichnenden Gemeinsamkeiten und Unterschiede zwischen ‚Epistel' und Zehnwochenapokalypse müssen lineare Erklärungsmodelle zu kurz greifen. Vielmehr ist der Tatsache Rechnung zu tragen, daß die Kap. 91-105 ein Sammelbecken verschiedener Traditionen darstellen,[75] die in Einzelheiten durchaus Differenzen und Akzentverschiebungen aufweisen können, deren Einheit in einem Grundbestand henochischer Theologumena jedoch nie auf dem Spiel steht. Dieser Tatsache ist auch im Blick auf die Zehnwochenapokalypse Rechnung zu tragen: So verdeutlichen ihre engen inhaltlichen Berührungspunkte mit den übrigen Teilen des Henochbuches, daß der Text als Ausfluß desselben breiten Traditionsstromes verstanden werden muß.[76] Zugleich heben die ihm eigenen Besonderheiten im dominanten Erwählungskonzept, der Art der Geschichtsperiodisierung sowie dem dreifach strukturierten Eschaton den Text von seinem traditionsgeschichtlichen Umfeld ab und kennzeichnen ihn als konzeptionelle Einheit.

Da der genaue Ablauf der Redaktionsprozesse wie auch die im Hintergrund stehenden sozialgeschichtlichen Umstände im Dunkeln bleiben, ist die Frage nach dem Ursprung der Zehnwochenapokalypse nicht mit letzter Sicherheit zu entscheiden. Es kann nicht ausgeschlossen werden, daß der Text, unter möglichem Rückgriff auf traditionsgeschichtliche Vor-

---

74 GARCÍA MARTÍNEZ, *Qumran and Apocalyptic*, 84.
75 Dieser Sachverhalt wird bereits von BEER, *Buch Henoch*, 230, treffend auf den Punkt gebracht: „Die allgemeine Einheit des jetzigen Buchs ist nur künstlich hergestellt durch eine mosaikartige Aneinanderreihung ursprünglich selbständiger Traditionen".
76 So auch BLACK, *Book of Enoch*, 289: „If the Apocalypse of Weeks began its existence as an independent work, it must be regarded as part of the Enoch saga."

stufen,[77] erst für seinen jetzigen Kontext verfaßt wurde. Angesichts der konzeptionellen Geschlossenheit der Passage und ihrer eigenen inhaltlichen Akzente ist jedoch der Schluß naheliegender, daß der Text dem Redaktor der ‚Epistel' bereits als literarische Einheit vorlag und als solche in seinen heutigen Kontext integriert wurde.[78] Die große sprachliche wie inhaltliche Nähe zum Kontext spricht dafür, daß der Text in seiner Besonderheit als mit den zentralen Aussagen des Henochbuches konform verstanden wurde und dieses um eine weitere Facette bereichern sollte. Dies legt eine große Nähe der Verfasserkreise zu den Redaktoren nahe, über deren genaues Verhältnis sich selbstredend nur spekulieren läßt.

Geht man davon aus, daß der Text der Zehnwochenapokalypse dem Redaktor der ‚Epistel' bereits vorlag, so bleibt noch die Datierungsfrage offen. Hier hat sich aufgrund der Datierung der Qumranfunde ein *terminus ad quem* um die Mitte des ersten vorchristlichen Jahrhunderts etablieren lassen. Nach MILIK zeigt das Vorhandensein bestimmter Archaismen, daß 4QEn^g und 4QEn^c Abschriften von einer Handschrift darstellen, die um 100 v. Chr. entstand – der Text der ‚Epistel' müßte folglich älter sein.[79] Zwar lassen sich aufgrund sprachlicher Details Indizien gewinnen, die für eine Datierung mit in Anschlag gebracht werden können – ohne textimmanente Kriterien muß diese jedoch vage bleiben. Solche Kriterien sind aus der ‚Epistel' nur schwer zu gewinnen, wie auch VANDERKAM feststellt: „The parenetic and therefore rather timeless character of much of the Epistle frustrates any attempt to date it precisely."[80] Daher ist man maßgeblich auf den Text der Zehnwochenapokalypse selbst verwiesen, in dem sich aufgrund seines Interesses an der Geschichte eher zeitgeschichtliche Anspielungen erwarten lassen.

Entscheidend für die Datierung eines Textes wie der Zehnwochenapokalypse ist es, den Punkt in seinem Duktus auszumachen, an dem die Geschichtsschau in ‚echte' Weissagung umschlägt. Diesen Punkt findet die Mehrzahl der Exegeten am Ende des am breitesten ausgeführten siebten Siebents (93,9f.; 91,11), wobei der Verfasser selbst als Mitglied der ent-

---

77 Vgl. KOCH, *Sabbatstruktur*, 420.

78 Da zum Verständnis der Ich-Perspektive in den ersten beiden Siebenten der einführende Rahmen in 93,1-3a unerläßlich ist, kann der Text in der vorliegenden Gestalt unmöglich ohne einen Erzählrahmen umgelaufen sein. Handelt es sich um ein Traditionsstück, so muß dieses einen zumindest dürren Erzählrahmen gehabt oder in 93,3f. ohne Ich-Perspektive existiert haben.

79 MILIK, *Books of Enoch*, 48f.; vgl. OLSON, *Original Sequence*, 73.

80 VANDERKAM, *Enoch and the Growth*, 144. NICKELSBURG, *1 Enoch*, 425-429, versucht, aufgrund der Weherufe der Epistel in Kap. 94-100 Rückschlüsse auf die sozialen Umstände zur Zeit der Entstehung zu ziehen, kommt aber zum Schluß, daß man über einen Zeitrahmen zwischen dem ersten Drittel des 2. Jh. v. Chr. und der Hasmonäerzeit nicht hinauskommt.

standenen Gruppe der Erwählten zu verstehen wäre.[81] Anders argumentiert DEXINGER, der den Umschlag in die Prophezeiung zukünftiger Ereignisse erst im achten Siebent verortet (91,12f.).[82] Sein Hauptargument gewinnt er daraus, daß das hier erwähnte Schwert nur sinnvoll sei, wenn damit „eine konkrete kriegerische Auseinandersetzung zur Zeit der Verfasser und nicht nur allgemein der endzeitliche Kampf der Guten gegen die Bösen gemeint ist."[83] Hinter dem achten Siebent stehe daher ein Reflex auf den Beginn der makkabäischen Erhebung, und der Text wolle die beteiligten Kämpfer ermuntern.

Warum jedoch die Zeit des Schwertes nur als historische Reminiszenz verständlich sein soll, begründet DEXINGER nicht, und es wird seinen Kritikern darin Recht zu geben sein, daß angesichts der Parallelen in 1 Hen 90,19 und 4Q246 hier viel eher an eine endzeitliche Schlacht gedacht ist.[84] Ferner läßt sich, wie VANDERKAM gezeigt hat, gerade aufgrund der inneren Struktur der Zehnwochenapokalypse, der Dominanz der Siebenzahl sowie des Aufbaus der jeweiligen Siebente plausibel machen, daß nur das siebte, überdies am längsten ausgeführte Siebent, als Zeit der Abfassung in Betracht kommt.[85] Insgesamt sind die Argumente für die Position DEXINGERs eindeutig zu schwach, um die Identifizierung des achten Siebents als Verfasserzeit aufrechtzuerhalten. Daher spricht vordergründig nichts gegen die klassische Verortung der Verfasserkreise am Ende des siebten Siebents, eine Voraussetzung, die sich selbstredend in der Analyse des Textes wird erhärten lassen müssen.

Die Deutung des ‚abtrünnigen Geschlechts' und der ‚erwählten Gerechten' der siebten Epoche als Gruppierungen unter seleukidischer Herrschaft und damit eine Datierung der Zehnwochenapokalypse in das frühe zweite vorchristliche Jahrhundert wird heute von der Mehrzahl der Ausleger vertreten.[86] Uneinigkeit herrscht jedoch besonders hinsichtlich

---

81 Vgl. BEER, *Buch Henoch*, 300; BLACK, *Book of Enoch*, 291; CHARLES, *Book of Enoch*, liii.228; DILLMANN, *Buch Henoch*, 296; GARCÍA MARTÍNEZ, *Qumran and Apocalyptic*, 85f.; KOCH, *Sabbatstruktur*, 418; MARTIN, *Livre d'Hénoch*, xciv-xcv; VANDERKAM, *Enoch and the Growth*, 149.

82 Vgl. DEXINGER, *Zehnwochenapokalypse*, 136-140.

83 DEXINGER, *Zehnwochenapokalypse*, 136f.

84 „The battle against the wicked in week eight is rather to be interpreted as an eschatological conflict against the nations, not as a historical war" (VANDERKAM, *Studies in the Apocalypse of Weeks*, 522). Zur Kritik an DEXINGER vgl. auch GARCÍA MARTÍNEZ, *Qumran and Apocalyptic*, 85f.; NICKELSBURG, *1 Enoch*, 449.

85 Vgl. VANDERKAM, *Studies in the Apocalypse of Weeks*, 521-523. Auf die innere Struktur des Textes wird im Rahmen der Analyse im Detail eingegangen; s.u., *2.2.1*.

86 Vgl. die im folgenden angeführten Positionen. Anders MILIK, *Books of Enoch*, 255f., der die Epistel einschließlich Zehnwochenapokalypse am Übergang zum ersten vorchristlichen Jahrhundert datieren will, aber Argumente schuldig bleibt. Einen ganz anderen Weg schlägt THORNDIKE, *Apocalypse of Weeks*, 163-184, ein, die in der Zehnwochenapokalypse eine

des Verhältnisses zur makkabäischen Erhebung: Reflektiert die Zehnwochenapokalypse bereits Vorgänge unter Antiochus IV., oder hat sie davon
noch keine Kenntnis? CHARLES favorisiert eine Datierung vor der makkabäischen Erhebung, da keine Anklänge an Antiochus IV. erkennbar seien,
räumt aber ein, „[that] the date is wholly doubtful."[87] Auch GARCÍA
MARTÍNEZ kommt zu einer Datierung – allerdings der gesamten ‚Epistel'
– vor den von Antiochus IV. initiierten religionspolitischen Maßnahmen,
da diese Ereignisse anders als in Tiervision und Danielbuch keinen erkennbaren Niederschlag im Text gefunden hätten. Ein weiteres Indiz für
eine Datierung der ‚Epistel' in das frühe 2. Jh. v. Chr. finde sich in der
Tatsache, daß das Jubiläenbuch (Jub 4,18) diese bereits zitiere.[88]

Nach VANDERKAM kommen lediglich zwei mögliche Daten als Entstehungszeit in Frage, die beide zudem nahe beieinander liegen: entweder
kurz vor den Dekreten Antiochus' IV. oder aber kurz nach ihrem Erlaß
und damit bereits in der Frühzeit der makkabäischen Erhebung.[89] Auch
NICKELSBURG folgt dieser Einschätzung, wobei sich bei ihm eine
Tendenz zu einer vormakkabäischen Datierung abzeichnet.[90] Die Vorsicht
NICKELSBURGs in diesem Punkt ist äußerst gerechtfertigt, da sich keine
sicheren Kriterien für eine der beiden Möglichkeiten gewinnen lassen. Die
einzigen Indizien – die höhere Wahrscheinlichkeit, daß die Verfasserzeit
im siebten Siebent zu lokalisieren ist, sowie das Fehlen aller Anklänge an
die Maßnahmen Antiochus' IV. – legen eine Frühdatierung in die Jahre
vor 167 v. Chr. nahe und sprechen gegen die u.a. von DEXINGER favorisierte Interpretation des Textes als Produkt der Makkabäerzeit.[91] Zu demselben Schluß gelangt auch VANDERKAM, der an anderer Stelle die zweite
der eingangs notierten Alternativen favorisiert und unter Aufgriff der dar-

---

verschlüsselte Geschichte der Qumrangemeinschaft sieht und den Text nach ihren
Ausführungen ins letzte Drittel des ersten vorchristlichen Jahrhunderts datieren müßte.
Dieser Ansatz, auf den im Rahmen der Analyse weiter einzugehen sein wird, übergeht
völlig den traditions- und überlieferungsgeschichtlichen Kontext und verkennt vor allem
den grundlegenden Unterschied zwischen der – theoretisch denkbaren – *Rezeption* der
Zehnwochenapokalypse als Geheimlehre und ihrer ursprünglichen Intention.

87 CHARLES, *Book of Enoch*, liii. Aufgrund des Fehlens klarer Anspielungen auf das Auftreten
der Makkabäer plädiert auch BEER, *Buch Henoch*, 230, für eine Frühdatierung „noch vor 167
v. Chr."; ähnlich EIßFELDT, *Einleitung*, 838. MARTIN, *Livre d'Hénoch*, xciv-xcv, nimmt aus
denselben Gründen einen Ursprung der Zehnwochenapokalypse vor 170 v. Chr. an.

88 GARCÍA MARTÍNEZ, *Qumran and Apocalyptic*, 91f.; zum Thema vgl. VANDERKAM, *Enoch
Traditions*, 229-251. Zur Datierung des Jubiläenbuches s.u., *IV. 2.*

89 Vgl. VANDERKAM, *Enoch and the Growth*, 145f.

90 Vgl. NICKELSBURG, *1 Enoch*, 440f.

91 Vgl. DEXINGER, *Zehnwochenapokalypse*, 136-140. Für eine Datierung in vormakkabäische
Zeit optieren auch HENGEL, *Judentum*, 320, Anm. 443; STECK, *Israel*, 153; STEGEMANN,
Jüdische Apokalyptik, 41.

gelegten Argumente folgert: „[T]he ApW is pre-Maccabean and thus the earliest Jewish apocalypse in which one meets *vaticinia ex eventu.*"[92]

Fassen wir zusammen: Nach Abwägung aller Indizien ist es am plausibelsten, die Zehnwochenapokalypse als Werk eines Autors zu verstehen, der noch vor den Edikten Antiochus' IV. wirkte.[93] Wann der Text in den Kontext der Kap. 91-105 inkorporiert wurde, läßt sich nicht mehr feststellen – in den in Qumran gefundenen Abschriften des Henochbuches ist dieser Schritt bereits vollzogen. Obwohl keine Verfasserschaft durch den Autor der ‚Epistel' anzunehmen ist, weist die Zehnwochenapokalypse enge Berührungspunkte mit anderen Henochtraditionen auf, was ihre Aufnahme in die von 1 Hen repräsentierte Sammlung überhaupt erst erklärt. Da die redaktionelle Einbindung des Textes bereits einen ersten Verstehenshorizont repräsentiert, erscheint es sinnvoll, vor der Untersuchung der Zehnwochenapokalypse zunächst den Blick auf den engeren redaktionellen Kontext zu richten, wie er auf der Überlieferungsstufe der Qumrantexte begegnet.

b) Die Einbettung der Zehnwochenapokalypse in Kap. 91-105

Bereits mit 90,38 endet die zweite Vision Henochs (1 Hen 85-90), in der er die Geschichte Israels chiffriert als Geschichte verschiedener Tiere schaut, die ihr Ziel mit der Errichtung des eschatologischen Heiligtums findet. In 90,39-42 wird der Erzählrahmen aus 83,1f. bzw. 85,1 wieder aufgegriffen, indem Henoch bestürzt aus seinem Traum erwacht und sich schließlich auch an seinen ersten Traum erinnert, womit die Verbindung beider Träume und somit die Einheit der Kap. 83-90 unterstrichen wird.[94] Ein neuer Abschnitt beginnt mit 91,1 und kommt durch die erneute Anrede Methusalems auf einer gedanklichen Linie mit 82,1 (vgl. 83,1) zu stehen, womit die erzählerische Metaebene der Testamentseröffnung wieder erreicht ist.[95] Mit 91,3 setzt eine an seine Nachkommen gerichtete

---

92 VANDERKAM, *Studies in the Apocalypse of Weeks*, 523.
93 Nicht überzeugen kann die Datierung MÜLLERs, *Studien*, 74f., dem der Text als frühhasmonäisch gilt. Sein Hauptargument, die Zehnwochenapokalypse spiegele einen gegenüber früheren Texten radikalisierten Separatismus, ist weder zutreffend (s.u., *2.1.3.*), noch böte es ein klares Datierungskriterium.
94 Zur Genese und literarischen Einheit der Kap. 83-90 vgl. den Abschnitt zur Tiervision unter *3.*
95 NICKELSBURG, *1 Enoch*, 337, hebt die Funktion von 81,1 - 82,4 als erzählerischer Brücke hervor. Nach seiner Einschätzung sollte dieser Abschnitt ursprünglich die Kap. 1-36 mit Kap. 91-105 verbinden, indem er eine narrative Brücke zwischen Henochs Himmelsreisen und seiner irdischen Paränese bot. 1 Hen 81,1 - 82,4; 91-105 seien daher als literarische Einheit zu sehen: „It begins with Enoch's viewing of the heavenly tablets; continues through his return to earth, his transmission of his writings, and his instruction to his chil-

Ermahnung Henochs ein, die sich bis 91,10 erstreckt, woran nahtlos 92,3-5 anschließen und den Abschnitt zu Ende führen: Aufhänger der Paränese ist Henochs Vision über den Geschichtslauf, nach der die Ungerechtigkeit zunehmen wird (91,3-6), bis daß Gott ihr im Endgericht ein für allemal ein Ende setzen und die Gerechten belohnen wird (91,7-10; 92,3-5). Zentrale geschichtstheologische Gedanken der Zehnwochenapokalypse werden hier bereits vorweggenommen, die ebenfalls eine Entsprechung in der Geschichtsschau der Tiervision haben (s.u., *3.1.4.*).

Mit 93,1-3a wird der Erzählfaden wieder aufgegriffen, indem der Inhalt der folgenden Lehren genannt und ihre Autorität durch den Rückverweis auf ihren himmlischen Ursprung zugleich über jeden Zweifel erhaben begründet wird (vgl. 81f.).[96] Die so eingeführten Lehren gewinnen Gestalt in der Zehnwochenapokalypse (93,1-10; 91,11-17) und werden durch das Resümee in 91,18f. in den mit 91,1 eröffneten Rahmen eingebunden: Henoch hat seinen Nachkommen die Wege der Gerechtigkeit (91,1-10; 92,3-5) und das Kommende (93,1-10; 91,11-17) gezeigt. Die Eröffnung dieser Kenntnisse zieht einen neuerlichen Appell nach sich, auf den Wegen der Gerechtigkeit zu wandeln (91,19). Von daher präsentiert sich der gesamte Abschnitt (91,1-10; 92,3-5; 93,1-10; 91,11-19) als äußerst planvoll konzipiertes Ganzes, an dessen Ende die Paränese des Beginns (91,3) wieder aufgenommen wird. Das Resümee hebt die Doppelstruktur des Abschnittes hervor und erinnert auf diese Weise an 90,42, wo eine ähnliche Funktion der rückwirkenden Verbindung der beiden Träume intendiert ist.[97] So ist die Zehnwochenapokalypse als Offenbarung eingebunden in einen paränetisch ausgerichteten Gesamtzusammenhang und ergänzt durch das ihr eigene Wochenschema die auf der Grundlage derselben theologischen Grundüberzeugungen konzipierte Geschichtsschau in 91,1-10; 92,3-5.

Mit 92,1 als Präskript beginnt ein neuer Abschnitt – die Epistel, die sich bis Kap. 105 erstreckt.[98] Die Aufforderung, wegen der Zeiten nicht betrübt zu sein, findet eine Begründung im Hinweis darauf, daß allein Gott souveräner Herr der Zeiten ist. Das Motiv der Verunsicherung wird

---

     dren; and is completed with reference to their final transmission to the last generations, who then testify to the whole earth."

96   Auch NICKELSBURG, *1 Enoch*, 441, hebt hervor, daß mit 93,1-3a eine Fortführung des Erzählfadens vorliegt, der mit Kap. 81 einsetzt.

97   Eine ähnliche Doppelstruktur scheint auch hinter 81,6 zu stehen, wo die sieben Engel Henoch auffordern, seine Belehrungen zweifach – im Blick auf die beiden Nachtgesichte in Kap. 83-90 – zu geben; vgl. NICKELSBURG, *1 Enoch*, 341.

98   Welchen Umfang dieser Teil hatte, ist aufgrund des Befundes der Qumrantexte nicht mehr eindeutig auszumachen, da diese lediglich den Anfang (4QEn^g) und das Ende (4QEn^c) der Epistel bezeugen, wogegen der Teil 94,3 - 104,12 fehlt. Vgl. hierzu NICKELSBURG, *Books of Enoch at Qumran*, 104, Anm. 21, und BOCCACCINI, *Beyond the Essene Hypothesis*, 104-113.

nun in 93,11-14 durch eine Kette von rhetorischen Fragen aufgegriffen, die die menschliche Ohnmacht angesichts der himmlischen Mysterien prononciert zum Ausdruck bringen und direkt in das Bekenntnis münden müssen: ‚Kein Sterblicher vermag diese Dinge zu begreifen, außer Henoch, dem all dies auf seinen Himmelsreisen direkt kundgetan wurde.' Ziel des poetischen Abschnitts 93,11-14 ist eindeutig die Untermauerung der Offenbarungsautorität Henochs, die in 93,11 durch den Anklang an Dtn 4,33 als derjenigen Moses in nichts nachstehend stilisiert wird. Henoch hat Gott geschaut (14,24 - 16,3), mit eigenen Augen hat er die Grenzen der Erde (Kap. 17-19; 21-32) und die Himmel gesehen (Kap. 18; 32) sowie die Anzahl und Gesetzmäßigkeiten der Gestirne (Kap. 33,3f.; 72-82) erkannt. Erneut wird hier durch Rückverweise, die keinem kundigen Leser verborgen bleiben können, das ganze Spektrum der Henochtradition zum Mitklingen gebracht, was die ab 94,1 folgenden Unterweisungen unangreifbar macht.[99]

Durch den Blick auf die engere kontextuelle Einbettung der Zehnwochenapokalypse konnte herausgestellt werden, daß der Text in einem Zusammenhang steht, in dem verschiedene Topoi dicht miteinander verwoben sind: Die paränetische Ausrichtung ist auf die kosmologischen und geschichtstheologischen Offenbarungen gegründet, die eine Gewißheit der göttlichen Ordnung hinter allem erfahrenen Chaos vermitteln und so die Ermahnungen Henochs, von den beiden möglichen Wegen den der Gerechtigkeit zu wählen, letztinstanzlich begründen. Essentieller Bestandteil dieses Flechtwerkes ist auch die Zehnwochenapokalypse, welche entsprechend der bei Henochs Himmelsreisen geschauten kosmischen Ordnung auch eine Ordnung des Geschichtslaufes festschreibt.

2.1.3. Exegese von 1 Hen 93,1-10; 91,11-17

Der Ausgangspunkt der folgenden Ausführungen ist die von 4QEn[g] bezeugte, aramäische Version der Zehnwochenapokalypse, da diese die älteste erreichbare Textfassung darstellt. Weil dieses Manuskript nicht den kompletten Text bietet und auch in den erhaltenen Passagen nicht immer zweifelsfrei zu lesen ist, ist es unumgänglich, auch den äthiopischen Text hinzuzuziehen. Die Textgrundlage ist daher nicht einfach gegeben, sondern muß durch einen kritischen Vergleich der verschiedenen Versionen rekonstruiert werden. Daß die Arbeit mit einem Mischtext methodisch nicht unproblematisch ist, bedarf keiner weiteren Begründung, ihre Not-

---

99 Eine ähnliche Struktur der testamentarischen Unterweisung mit analogen Begründungen der Offenbarungsautorität weist NICKELSBURG, *1 Enoch*, 452f., in 2 Hen 33-44 nach.

wendigkeit steht jedoch in Anbetracht der Textüberlieferung außer Frage. Um Klarheit hinsichtlich der von mir vorausgesetzten Textgrundlage zu schaffen, soll zunächst eine Übersetzung der Zehnwochenapokalypse folgen, die den Textbestand der Versionen in der vorgenommenen Rekonstruktion erkennbar macht, deren entscheidende Abweichungen in Anmerkungen diskutiert werden. An allen Stellen, wo der aramäische Text positiv bezeugt ist, wird die Übersetzung **fett** gesetzt, normaler Satz deutet dagegen an, daß es sich um Passagen handelt, die ursprünglich Teil von 4QEn^g waren, aber nicht mehr (vollständig) erhalten und daher zu rekonstruieren sind. Textabschnitte, die allein in der äthiopischen Version bezeugt sind, werden *kursiv* wiedergegeben.[100]

93,1:   Und danach geschah es, daß **Henoch seine Rede** aufnahm

93,2:   **und sagte:**[101] Bezüglich der Söhne der Gerechtigkeit
          und bezüglich der Erwählten des 'alam,   *4QEn^g III*
          die hervorgeh**en aus der Pflanze der Wahrheit**[102] [und der
          Gerechtigkeit]:[103]
          Dies sage ich euch und tue es euch kund, **meine** Söh**ne:**
          Mir, Henoch, wurde gezeigt die Vision des Himmels,
          und durch **ein Wort der Wächter und Heiligen**[104] habe ich

---

100 Bei der Übersetzung habe ich mich entschieden, die für das geschichtstheologische Profil des Textes entscheidenden Begriffe שבוע / ሰቡዕ und עלם / ዓለም möglichst offen wiederzugeben – ersteren als ‚Siebent', letzteren zumeist als ‚'alam' transkribiert –, um ihr Bedeutungsspektrum nicht vorschnell einzuengen. Während auf Bedeutungsnuancen von 'alam in der folgenden Exegese einzugehen ist, wird die Frage nach der Länge eines Siebents erst unter *2.2.2.* behandelt.

101 𝔐 ist an dieser Stelle äußerst fragmentarisch; 𝔄ꝉ𝔥 hat unterschiedliche Varianten des einleitenden Verses, in denen die folgende Rede – womöglich in Anknüpfung an 93,2 – als Belehrung aus den Büchern stilisiert wird, wofür in 𝔐 Belege fehlen. Die Rekonstruktion, in Anschluß an 1 Hen 1,2f. (vgl. 93,3 𝔐), folgt KOCH, *Sabbatstruktur*, 409, und NICKELSBURG, *1 Enoch*, 434f.; sie ist dem Vorschlag MILIKs, *Books of Enoch*, 263-265, vorzuziehen, der durch die Annahme eines Rückverweises auf die Epistel (וכדי יהב אגרתה) äußerst spekulativ und zudem nicht mit der rekonstruierten Textsequenz in 1 Hen 91-93 vereinbar ist (s.o., *2.1.1.*).

102 Das Substantiv יצבא ist sonst nicht bezeugt, in seiner Bedeutung ‚Festigkeit / Wahrheit' jedoch klar abzugrenzen. Es ist stilistisch gezielt im Konstruktus נצבת יצבא eingesetzt (vgl. NICKELSBURG, *1 Enoch*, 442).

103 Von 𝔄ꝉ𝔥 abweichend scheint in 𝔐 dieser Teil des Verses hypotaktisch angeschlossen gewesen zu sein. MILIK, *Books of Enoch*, 263, rekonstruiert den Text dementsprechend als די סלקן מן (vgl. KOCH, *Sabbatstruktur*, 409). Aufgrund des Kontextes denkbar wäre auch, wie von NICKELSBURG, *1 Enoch*, 435, in Erwägung gezogen, die Rekonstruktion די צמח]ן. Die lange Lesart ‚Pflanze der Wahrheit *und Gerechtigkeit*', von MILIK, ebd., in seiner Rekonstruktion von 𝔐 vorausgesetzt (נצבת יצבתא וקושטא), findet eine Entsprechung in einigen äthiopischen MSS (ተከለ ጽድቅ ወርቱዕ); NICKELSBURG, ebd., präferiert die kurze Version ‚Pflanze der Wahrheit': „The long reading [...] appears to be conflate".

alles erkannt,
und auf den Tafeln des Himmels habe ich all**es gele**sen und
versta**nden.**

93,3: **Und darauf nahm Henoch seine Rede auf und sagte:**
Ich, Henoch, **als Siebter wurde ich ge**boren im **ersten** Siebent,
und bis zu mir dauerte **Gerechtigkeit**[105] no**ch an.**[106]

93,4: Und nach mir wird ein **zweites** Siebent erstehen, **in dem Lüge**
und Gewalttat aufblühen;[107]
und in ihm wird das erste Ende sein, und in ihm wird ein Mann gerettet.
Und nachdem es vollendet ist,[108] *wird Ungerechtigkeit wachsen,*
und ein Gesetz wird für die Sünder gemacht.[109]

---

104 In 𝔐ᵗʰ ist die Rede von ‚heiligen Engeln' (ቅዱሳን መላእክት), ein Ausdruck, hinter dem
NICKELSBURG, *1 Enoch*, 435, die ursprünglichere Wendung עירין וקדשין (‚Wächter und
Heilige') vermutet.

105 Der in 𝔐 verwendete Begriff קשוט / קשטא kann als ‚Wahrheit' oder ‚Gerechtigkeit' wiedergegeben werden. Da es sich im Kontext der Zehnwochenapokalypse um den positiven
Leitbegriff schlechthin handelt, ist die Frage seiner Übersetzung entscheidend. Ich favori-
siere im Anschluß an alle einschlägigen Übersetzungen seine Wiedergabe als ‚Gerechtigkeit', die sich auch sprachlich durch den Gerichtsbezug (93,5; 91,12: קשט דין) nahelegt.
Im Hintergrund ist ein facettenreiches, theologisch aufgeladenes Gerechtigkeitskonzept zu
sehen, das Orthodoxie und Orthopraxie miteinander verbindet und in einen Geschichtsentwurf einzeichnet, der auf ihre endzeitliche Verwirklichung abzielt.

106 DILLMANN, *Buch Henoch*, 67.294, übersetzt 𝔐ᵗʰ ተዓገሠ im Verskontext als „während Gericht und Gerechtigkeit noch verzogen", ausgehend von einer Grundbedeutung des Verbs
ዓገሠ = ‚zurückhalten'. Zielpunkt wäre demnach das Flutgericht in der folgenden Woche.
Die Wiedergabe mit ‚andauern' ist im Duktus des Textes vorzuziehen (vgl. die Parallele in
𝔐), sieht sich aber inhaltlich dem Problem ausgesetzt, daß nach 1 Hen 106 der Niedergang
der Menschheit bereits in den Tagen von Henochs Vater Jared einsetzt; vgl. BLACK, *Book*
of Enoch, 289. KOCH, *Sabbatstruktur*, 412, fragt zudem an, ob die Wiedergabe von כבר mit
‚noch' sachgerecht ist, und will lieber an eine „adverbiale Ableitung vom Verb ,dick, stark
sein'" denken, wofür er auf 𝔐 (‚compositum') verweist. Angesichts der unsicheren Lesung
von כבר sollte m.E. von derartigen Spekulationen abgesehen werden. Aufgrund der Parallele in 𝔐 und der Logik des Textes, nach der sich erst in der zweiten Woche große Frevelhaftigkeit erhebt, halte ich die vorgenommene Übersetzung für angemessener. Zum
selben Schluß kommen CHARLES, *Book of Enoch*, 229; KNIBB, *Ethiopic Book* II, 224;
NICKELSBURG, *1 Enoch*, 435; UHLIG, *Henochbuch*, 711.

107 Gegen 𝔐ᵗʰ hat MILIK, *Book of Enoch*, 264, den Text hier in Anklang an das in 4QEnᵍ und 𝔐
konstant bezeugte Schema ‚und dann wird Siebent x erstehen, in dem ...' rekonstruiert. Ihm
folgen KOCH, *Sabbatstruktur*, 408, NICKELSBURG, *1 Enoch*, 434.436, und VANDERKAM,
Studies in the Apocalypse of Weeks, 520; anders DEXINGER, *Zehnwochenapokalypse*, 178.

108 Der Satz scheint sich nur schwer in die chronologische Gesamtstruktur einzufügen. Mit
NICKELSBURG, *1 Enoch*, 436, zu der in 93,5.6.7.8.10; 91,13 bezeugten Wendung ‚und an
seinem Ende' zu emendieren, mag auf den ersten Blick plausibel erscheinen, ermangelt
aber einer Textgrundlage. Am einfachsten ist die zuerst von DILLMANN, *Buch Henoch*, 294,
vorgeschlagene Lösung, nach der hier vom Ende der Sintflut die Rede ist, nach dem sich
das erneute Aufkommen der Ungerechtigkeit ereignet. Ebenso argumentiert auch
VANDERKAM, *Studies in the Apocalypse of Weeks*, 519. Unverständlich bleibt die knappe
Erläuterung bei UHLIG, *Henochbuch*, 711, wonach das Ende des ersten Siebents gemeint sei.

93,5:   *Und danach wird ein drittes Siebent erstehen:*
          An seinem Ende wird ein Mann erwählt zur Pflanze des gerechten
          Gerichts,[110]
          und aus ihm geht die Pflanze der Gerechtigkeit auf ewig hervor.[111]

93,6:   *Und danach wird ein viertes Siebent erstehen:*
          An seinem Ende werden Visionen von Heiligen und Gerechten gesehen,[112]
          und ein Gesetz für alle Generationen und ein umfriedeter Raum wird ihnen
          gegeben.[113]

93,7:   *Und danach wird ein fünftes Siebent erstehen:*
          An seinem Ende wird das Haus der Herrlichkeit und Herrschaft für die
          Ewigkeit gebaut.

93,8:   *Und danach wird ein sechstes Siebent erstehen:*
          In ihm erblinden alle, und die Herzen aller entfernen sich von der Weisheit.
          In ihm steigt ein Mann auf,
          und an seinem Ende wird das Haus der Herrschaft mit Feuer verbrannt,
          und in ihm wird das ganze Geschlecht der erwählten Wurzel zerstreut.[114]

---

109 Die meisten MSS bezeugen die aktivische Lesart ‚er wird ein Gesetz machen' (ይገብር). Im
     Gefolge von CHARLES, *Book of Enoch*, 230, wird an der Stelle von vielen Auslegern zur
     Passivform ይትገበር emendiert: Vgl. DEXINGER, *Zehnwochenapokalypse*, 178; KOCH,
     Sabbatstruktur, 409; NICKELSBURG, *1 Enoch*, 436; anders BLACK, *Book of Enoch*, 289f., der in
     Anschluß an DILLMANN, *Buch Henoch*, 295, bei der Aktivform bleibt und hier eine Anspie-
     lung auf den Noahbund findet. Auch UHLIG, *Henochbuch*, 711, bevorzugt die aktivische Va-
     riante. Ich halte das Passiv für ursprünglich, da im gegenteiligen Fall ein klares Subjekt feh-
     len würde. Zur Deutung des Inhalts vgl. die im Anschluß folgende Exegese.
110 Ich folge in meiner Rekonstruktion KOCH, *Sabbatstruktur*, 408-412, und NICKELSBURG,
     1 Enoch, 436, die im Anschluß an MILIK, *Books of Enoch*, 265, diese Einleitungsformel gegen
     ßith (‚und danach wird in Siebent x ... geschehen') für ursprünglich halten; vgl. ß. Derselbe
     Fall liegt 93,6.7.8.10; 91,13 vor.
111 Der von ßith bezeugte Anschluß mit ‚nach ihm' (ወእምድኅሬሁ) ist schwerfällig, da eigent-
     lich ein ‚aus ihm' [sc. Abraham] zu erwarten wäre. Bereits CHARLES, *Book of Enoch*, 230, hat
     daher vorgeschlagen, von einer Verschreibung eines ursprünglichen ואחריתו in ואחריו aus-
     zugehen. BLACK, *Book of Enoch*, 290, nimmt denselben Fehler im Aramäischen an (Ver-
     schreibung von אחרתה in אחרה). Auch wenn die von ßith bezeugte Lesart (‚nach ihm') ur-
     sprünglich sein sollte, wird man sie angesichts der hier etablierten Kontinuitätslinie und
     ihrer Aufnahme in 93,10 im Sinne von ‚in seinem Gefolge' interpretieren müssen, was die
     hier gebotene Übersetzung ‚aus ihm' rechtfertigt; vgl. KOCH, *Sabbatstruktur*, 409.
112 Umstritten ist, wie die Varianten, etwa ‚Visionen von Heiligen und Gerechtigkeit', zu wer-
     ten sind; letztere wird von BLACK, *Book of Enoch*, 290, aus inhaltlichen Gründen vorge-
     zogen. Die Mehrzahl der Ausleger setzt hingegen die hier wiedergegebene, besser bezeugte
     Alternative voraus: Vgl. CHARLES, *Book of Enoch*, 230; DEXINGER, *Zehnwochenapokalypse*,
     178; DILLMANN, *Buch Henoch*, 68.295; NICKELSBURG, *1 Enoch*, 434; UHLIG, *Henochbuch*,
     712.
113 NICKELSBURG, *1 Enoch*, 436, liest hier in Anschluß an ß ‚in ihm gegeben' (= in diesem
     Siebent) statt ‚ihnen gegeben'. Diese Emendierung ist jedoch im Kontext nicht zwingend.
114 BLACK, *Book of Enoch*, 291, zieht die besser bezeugte Variante ‚das ganze Geschlecht und
     die Wurzel der Macht' vor, und vermutet in Anklang an 2 Kön 25,26; Jer 41,16f., dieser
     Text sei aus einem ursprünglichen ‚das ganze Geschlecht und die Heerführer' entstanden,
     womit auf den Fall Jerusalems und die Zerstreuung nach Ägypten angespielt worden sei.

93,9:   *Und danach wird ein siebtes Siebent erstehen:*
          In ihm wird sich ein abtrünniges Geschlecht erheben,
          zahlreich sind seine Werke, aber alle seine Wer**ke geschehen in
          Ab**trünnigkeit.

93,10:   An seinem Ende werden **die Er**wählt**en erwählt**
          zu Zeugen der Gerechtigkeit   *4QEn⁸ IV*
          aus der **Wu**rzel **der Gerechtigkeit des 'alam,**[115]
          denen **siebenfache Weisheit und Erkenntnis gegeben wird.**[116]

91,11:   **An ihnen ist es, auszurotten die Wurzeln der Gewalttat und
          das Werk der Lüge darin, um** Gericht **zu vollziehen.**[117]

91,12:   **Danach wird ein achtes Siebent der Gerechtigkeit erstehen:**
          In ihm wird ein Schwert **gegeben allen Gerechten,**
          um gerechtes Gericht an allen Frevlern zu vollziehen,[118]
          und sie werden in ihre Hände gegeben.

91,13:   **Und an seinem Ende erwerben sie Besitztümer in Gerech-
          tigkeit,**[119]
          und es wird gebaut das Heiligtum der Herrschaft **des
          Großen**
          **in der Größe seiner Herrlichkeit für alle Generationen der
          'alamin.**

91,14:   **Danach wird ein neuntes Siebent erstehen:**
          Gerechtes **Ge**richt **wird in ihm offenbart allen Söhnen der
          ganzen Erde,**[120]
          und alle Täter **des Frevels verschwind**en **überall von der
          ganzen Erde und werden in die Grube** des 'alam **geworfen.**[121]

Obwohl diese Deutung nicht unmöglich ist, bevorzuge ich die weniger spekulative Alternative.

115   Zu den Varianten in 𝔐th vgl. NICKELSBURG, *1 Enoch*, 436.

116   Zur Funktion der in 𝔐th erhaltenen Glosse ‚bezüglich seiner ganzen Schöpfung' als Einleitung von 93,11-14 s.o., *2.1.1.*

117   Daß 𝔐th hier deutlich länger als 𝔐 ist, erklärt sich als Resultat redaktioneller Angleichungen an den neuen, infolge der Dislokation geschaffenen Kontext (s.o., *2.1.1.*); vgl. BLACK, *Book of Enoch*, 291f.

118   𝔐 מן כול רשיעין bereitet Schwierigkeiten. KOCH, *Sabbatstruktur*, 411, übersetzt wörtlich: „[Gericht] zu vollziehen unter Abtun (= weg von) aller Frevel / Frevler". In Anbetracht von V. 12d und des von 𝔐th bezeugten Textes (ይትገበር ኵነኔ ጽድቅ እምአለ ይገፍዑ) scheint mir die Wiedergabe als ‚Gericht vollziehen an' die einzige Möglichkeit darzustellen.

119   Die offene Wiedergabe von בקשוט als ‚in Gerechtigkeit' ist einer instrumentalen (so KOCH, *Sabbatstruktur*, 411) oder kausalen Bestimmung vorzuziehen, zumal sie diese nicht ausschließt.

120   Ich folge der Rekonstruktion NICKELSBURGs, *1 Enoch*, 437, da es in Anbetracht des zugrundeliegenden Formulars wahrscheinlicher ist, die Lakune als יק]ום דב[ה zu füllen, als mit MILIK, *Books of Enoch*, 266, וק]שוט ו[דין קשוט zu lesen. Paläographisch ist der Fall nicht zu entscheiden.

Und es werden **alle** Menschen **auf den Pfad der Gerechtigkeit des 'alam** sehen.

91,15:   **Danach** ein zehntes Siebent:
In dessen sieben**tem Teil wird das Gericht des 'alam sein, und das Ende des großen Gerichts** wird rächend unter den Heiligen vollzogen.[122]

91,16:   **Und der erste Himmel vergeht in ihm,
und ein** neuer **Him**mel wird erscheinen.
Und alle Gewalten **des Himmels** leuch**ten und strahlen in alle 'alam**in siebenfach.

91,17   Und danach **sind der** Sie**bente viele,**[123] die kein **Ende haben** ihrer **An**zahl für 'alamin,[124]
in denen **sie** Gutes und Gerech**tigkeit vollbringen.**
[Und von da an wird die Sünde nie mehr erwähnt werden.][125]

---

121   Es ist nicht eindeutig, ob 𐡰 (וכול עב[ד]י רשעיא) von Taten oder Tätern spricht, der Kontext der ‚Höllenfahrt' legt jedoch gegen den Mehrheitstext von 𐡰 (ኩሎ ተግባረ ፈሲሳን) letzteres nahe; so auch BLACK, *Book of Enoch*, 294; MILIK, *Books of Enoch*, 267; vgl. KOCH, *Sabbatstruktur*, 411; NICKELSBURG, *1 Enoch*, 437.
Das in 𐡰 bezeugte ominöse Versende ‚und die Welt wird zur Vernichtung aufgeschrieben' (ወይጽሐፍ ለሕጉለ ዓለም) hat keine Parallele in 4QEng. Unterschiedliche Versuche wurden unternommen, den betreffenden Versteil als Resultat eines Mißverständnisses zu erklären, so von MILIK, *Books of Enoch*, 269, der eine Folge mehrerer Übertragungsfehler bei der Übersetzung ins Griechische annimmt. BLACK, *Book of Enoch*, 294, hält eine Verschreibung von ῥιφήσεται in γραφήσεται für die wahrscheinliche Ursache; NICKELSBURG, *1 Enoch*, 437, geht von einer Verwechslung von κατάγω mit καταγράφω aus. Wie auch immer man sich hier entscheidet, der Text von 4QEng verdeutlicht, daß der enigmatische Versteil, der noch CHARLES, *Book of Enoch*, 232f., dazu veranlaßte, 91,14d aus Gründen der Textlogik ans Ende von V.13 zu ziehen, nicht zum ursprünglichen Textbestand von 91,14 gehörte.

122   Der Text ist an dieser Stelle kaum zu rekonstruieren: Die äthiopischen MSS zerfallen grob in zwei Gruppen, die einen kurzen und einen langen Text bieten, welch letzterer jedoch nicht in die Lakune in 4QEng Fr. 3 IV 23 paßt. Meine Rekonstruktion kann sich auf KOCH, *Sabbatstruktur*, 411-413, MILIK, *Books of Enoch*, 266-269, und NICKELSBURG, *1 Enoch*, 435-437, stützen. Die in der äthiopischen Langversion zusätzliche Phrase ‚und es [sc. das Gericht] wird an den Wächtern des ewigen Himmels vollzogen' wird von MILIK und KOCH als interpretative Glosse erklärt; vgl. BLACK, *Book of Enoch*, 294. Dagegen zieht NICKELSBURG in Erwägung, die ursprüngliche Langversion sei in 4QEng durch Homoioteleuton ausgefallen.

123   KOCH, *Sabbatstruktur*, 410.413, liest mit SOKOLOFF, *Notes*, 200, die Form שגו gegen MILIK, *Books of Enoch*, 266, (שגי). Paläographisch ist der Fall nicht sicher zu entscheiden, aber grammatisch spricht alles für den Vorschlag SOKOLOFFs, da hier eine Kongruenz zwischen dem pluralischen Substantiv und dem Verb שגו im gleichen Numerus herrscht, die bei MILIKs singularischem Adjektiv שגי fehlt.

124   KOCH, *Sabbatstruktur*, 410, erwartet hier den Plural לעלמין, wogegen MILIK, *Books of Enoch*, 266, den Singular לעלם postuliert. Da die Aussage in einem gedanklichen Zusammenhang mit 91,16 steht und dort mit hoher Wahrscheinlichkeit der Plural belegt ist, folge ich KOCH.

In Anschluß an die vorgelegte Übersetzung soll nun eine Exegese des Textes folgen, in deren Rahmen Aufbau und zentrale Aussagen zu untersuchen sind. Die hierbei gewonnenen Erkenntnisse werden die Grundlage für die unter *2.2.* folgende Erörterung der Chronologie bilden.

1 Hen 93,1-3a fungieren als Einleitung zur Zehnwochenapokalypse, wobei die V. 1 und 3a als *inclusio* eine narrative Rahmung um V. 2 bilden, in dem zentrale Inhalte der anschließenden Geschichtsschau aufgegriffen werden: Während Henoch, der Aufforderung der Engel (81,5f.) folgend, seine Rede an seine Söhne richtet, werden indirekt als eigentliche Adressaten der Offenbarung die ‚Söhne der Gerechtigkeit‘ (ወ·ሉ·ደ ጽድቅ) und die ‚Erwählten des *'alam*‘ (ኍፉ·ያነ ዓለም) angesprochen, die den Sproß der ‚Pflanze der Wahrheit [und Gerechtigkeit]‘ (ተክለ ርትዕ; vgl. 𝔐 נצבת יצבתא [וקושטא]) bilden. Betrachtet man das Textganze, so springt sofort ins Auge, daß diese Personen durch die auf sie applizierte Terminologie selbst im heilsgeschichtlichen Konzept der Zehnwochenapokalypse verankert werden. Sie stehen in Kontinuität zu der nach 93,5 im dritten Siebent wurzelnden ‚Pflanze der Gerechtigkeit‘ (ተክለ ጽድቅ), und man wird recht in der Annahme gehen, daß es sich um eben jene Gruppe handelt, die nach 93,10 am Ende des siebten Siebents erwählt wird, da sich hier dieselben Begriffs- und Motivkomplexe ballen – Erwählung, Gerechtigkeit, Pflanze –, die nach 93,2 die Adressaten kennzeichnen.

Verfolgt man diesen Gedanken weiter, so ist festzustellen, daß angesichts der Einleitung in 93,1-3a der Inhalt der Zehnwochenapokalypse selbst unter die Ausstattung der Erwählten mit ‚siebenfacher Erkenntnis‘ (93,10) fallen muß: „The content of the Apocalypse concerns the eternal community of the chosen that has come forth from the firmly rooted plant of Israel.“[126] Während Henoch auf der Ebene der literarischen Fiktion seine Rede an seine leiblichen Söhne richtet, werden diese zugleich transparent auf die hinter dem Text stehenden Verfasserkreise,[127] so daß diese schon in der Einleitung als Gegenstand und eigentliche Adressaten der folgenden Offenbarung in den Blick kommen. Somit ist bereits in 93,2, setzt man diesen Vers in Beziehung zur folgenden Geschichtsschau, eine Dynastie der Gerechten angelegt – von den Söhnen Henochs (erstes Siebent) über die erwählte Pflanze (drittes Siebent) bis zu ihrem Sproß in Gestalt der Henochgruppierung (siebtes Siebent). Die Gruppenbezeichnung als ‚Erwählte des *'alam*‘ ist daher vor dem Gesamtkonzept der Zehn-

---

125 Dieser Satz ist in 𝔐 nicht erhalten und muß entweder in den verlorenen ersten Zeilen von Fr. 1 gestanden haben oder, wie von KOCH, *Sabbatstruktur*, 413, angenommen, eine spätere Glosse darstellen.

126 NICKELSBURG, *1 Enoch*, 442.

127 Vgl. NICKELSBURG, *1 Enoch*, 442, der diesen Zug auch in 1 Hen 92,1; 94,1.3 erkennt.

wochenapokalypse zu verstehen und im Rahmen der folgenden Erörterungen zu explizieren.

Nach der skizzierten Doppelfunktion von 93,2a als Inhalts- und Adressatenangabe bietet die zweite Vershälfte von 93,2 eine dreifache, klimaktisch strukturierte Untermauerung der folgenden Offenbarung: Henochs Geschichtsschau basiert auf seiner Vision der himmlischen Gegebenheiten, der Vermittlung durch die himmlischen Wesen und der Fixierung aller Ereignisse auf den himmlischen Tafeln (vgl. 81,1f.). Sie ist als solche dreifach autorisiert und über jeden Zweifel erhaben, weshalb mit 93,3a unter Rekurs auf den Erzählrahmen die eigentliche Offenbarung eingeführt werden kann.[128] In nahtlosem Anschluß wird in 93,3b das erste Siebent der Geschichtsschau aus der Perspektive Henochs eingeleitet, der sich selbst in Anknüpfung an den Sethitenstammbaum (Gen 5) als Siebten in der betreffenden Epoche einführt (አነ ሳብዕ ተወለድኩ በቀዳሚት ስንበት). Die besondere Signifikanz der Zahl Sieben in einer an derselben orientierten Geschichtsdarstellung muß nicht eigens betont werden – Henoch kommt ein dem Inhalt des von ihm Offenbarten entsprechender Platz in der Gesamtchronologie zu.

Daß bis zu Henochs Zeit Gerechtigkeit andauerte, mag verwundern, wenn man vom biblischen Text ausgeht, wo nach Gen 3f. Sündenfall und Brudermord Ereignisse darstellen, die der Zeit Henochs vorausgehen. Allerdings muß beachtet werden, daß die Henochtradition die Frage nach dem Ursprung des Bösen nicht unter Verweis auf den Sündenfall beantwortet, sondern als zentrales Ereignis den Abfall der Wächter sieht, deren Übertretungen auch die Menschheit verderben (1 Hen 6-11). Ausgehend von der Textsequenz der Genesis, in der diese Ereignisse erst in 6,1-4 – also nach der Entrückung Henochs – berichtet werden, widerspricht daher nichts der Aussage, die Gerechtigkeit habe bis in die Tage Henochs gedauert. Da sich der Wächterfall nach 1 Hen 106,13 jedoch bereits in den Tagen Jareds, seines Vaters, ereignet, scheint sich eine neuerliche Spannung, diesmal innerhalb der Henochtradition selbst, aufzutun. Insofern 1 Hen aus verwandten, aber je eigen akzentuierten Teilen besteht, könnte man die Diskussion an dieser Stelle mit dem Verweis auf zwei unterschiedliche Konzeptionen beenden. Die Frage nach dem Ort des Wächterfalls in der Zehnwochenapokalypse bleibt jedoch zentral, weil ihn das Engelgericht im zehnten Siebent voraussetzt.

Da Lüge und Gewalttat unter den Menschen erst im zweiten Siebent Raum greifen (93,4), bleibt für das theologisch vorgängige Auftreten der Wächter, obwohl nicht explizit erwähnt, im Rahmen der Darstellung der

---

128 NICKELSBURG, *1 Enoch*, 443, hat zu Recht darauf verwiesen, daß der diskutierte Abschnitt 93,1-3a auffällige Ähnlichkeiten mit dem Beginn des Henochbuches in 1,2f. aufweist, und nach seinem Dafürhalten wurden diese Anfangsverse hier bewußt als Vorlage adaptiert.

Zehnwochenapokalypse nur das erste Siebent. Dies muß jedoch kein Widerspruch zur Aussage sein, daß bis in die Tage Henochs Gerechtigkeit herrschte (93,3b); im Gegenteil: Der Text bietet in 93,3f. eine schematische Gegenüberstellung von erstem und zweitem Siebent – Henoch verkörpert als der letzte prädiluvische Gerechte ein Idealbild, von dem die Menschheit im zweiten Siebent scharf abgegrenzt wird. Erkennt man diese Kontrastierung als Kernaussage der Passage, so wird deutlich, daß vom Text keine präzise Auskunft über den Wächterfall zu erwarten ist: Obwohl dieser implizit im Blick ist, bleibt er im Hintergrund der hier auf die menschliche Sphäre zentrierten Darstellung. Dies bedeutet allerdings nicht, die Geschichtsschau sperre sich gegen ihre assoziative Ausgestaltung mit weiteren, in der Henochtradition zentralen Details: Die aufkeimende Ungerechtigkeit in den Tagen Jareds, die Situation der Paränese in Erwartung einer Verschlechterung der Zustände nach der in Kürze bevorstehenden Entrückung Henochs[129] – all dies konnte ein kundiger Leser mit der Kennzeichnung des ersten Siebents ohne weiteres verbinden, wobei die Kernaussage von 93,3b, nach der Henoch und sein Umfeld der Hort der קשטא waren, dadurch niemals auf dem Spiel stand.[130]

Die Wende zum Schlechten erfolgt im zweiten Siebent (93,4), das durch die einleitende Angabe ‚nach mir‘ (አማድ፡ነፈP) deutlich von der Zeit Henochs abgesetzt wird, die in 93,3b beschrieben wurde.[131] Das Aufblühen von Lüge und Gewalttat (שקרא וחמסא) stellt somit eine Gegenbewegung zu der die Zeit Henochs kennzeichnenden קשטא dar und weist auf die Geschehnisse im siebten Siebent voraus, wo dasselbe Begriffspaar erneut begegnet.[132] NICKELSBURG legt dar, daß beide Begriffe zudem zum Kernbestand der in der Epistel gegen die Irrlehrer gerichteten Vorwürfe

---

129 Dieselbe Perspektive spiegelt die Paränese in 91,4f., nach der Henoch auf das Aufkeimen der Ungerechtigkeit vorausblickt.

130 In den Bereich einer möglichen assoziativen Anreicherung des textlichen Grundgerüstes mit ausschmückenden Details gehört auch die von NICKELSBURG, *1 Enoch*, 443, in Anschluß an Sap 4,10-15 gemachte Beobachtung, Henochs Entrückung – im Text nicht erwähnt! – spiegele ein Schema der Bewahrung eines Gerechten vor der Sünde, das sich auch in 93,4.5.8.9f. finde.

131 DILLMANN, *Buch Henoch*, 294, hat darauf hingewiesen, daß die Angabe ‚nach mir‘ offen läßt, ob das Übel nach Henochs Geburt oder nach seiner Entrückung einsetzt. Hier darf nicht übersehen werden, daß das ‚nach mir‘ das Aufkommen des zweiten Siebents einleitet, das seinerseits den Rahmen für die zunehmende Verderbnis bietet. Die von DILLMANN aufgezeigte Alternative ist hier explizit überhaupt nicht im Blick. Ziel der schematischen Darstellung ist lediglich, Henoch als Repräsentanten der Gerechtigkeit (93,3b) zu charakterisieren, als der er an der Schwelle zum im zweiten Siebent einsetzenden Verfall steht. Daß DEXINGER, *Zehnwochenapokalypse*, 122, das ‚nach mir‘ auf die Zeit nach der Entrückung Henochs deutet, ist daher mit dem Text vereinbar, aber nicht explizit aus diesem ableitbar.

132 Dabei wird die Pflanzenmetaphorik nicht zufällig sein, sondern auf den Kontrast zur ‚Pflanze der Gerechtigkeit‘ abheben.

gehören.[133] Setzt man diese Beobachtung in Beziehung zu der Selbstverortung der Verfasserkreise im siebten Siebent, so wird deutlich, daß die Vorgänge im zweiten Siebent als eine Vorwegnahme der eigenen Gegenwart interpretiert werden konnten.

Das ‚erste Ende‘ (**ቀዳሚት ፍጻሜ**), das auf das Aufblühen von Lüge und Gewalttat folgt, wird gemeinhin als Anspielung auf die Flut verstanden,[134] was zusätzliche Unterstützung von Seiten des biblischen Textes erhält, nach dem (Gen 6,11.13) חמס (vgl. 1 Hen 93,4: חמסא) der Flut vorausging. Die Geschichtsschau folgt damit weiterhin dem Rahmen der Genesis, weshalb die Rettung eines Mannes auf die Bewahrung Noahs in der Sintflut bezogen werden muß. Hier wird mit dem kommenden Ende und der Errettung eines Gerechten (Gen 7,1; 1 Hen 10,1-3; vgl. 10,16-11,2) eine Typologie etabliert, die den Text auch im weiteren durchzieht und bei der Schilderung des Endgerichtes, appliziert auf die Rettung der Gerechten, wieder aufgenommen wird (vgl. 1 Hen 93,9f.; 91,11-13).[135]

Die Flut als erstes Ende überwindet jedoch nach 93,4 nicht die Ungerechtigkeit, die vielmehr im Anschluß erneut zunimmt (**ወእምድኅሬ ተፈጸም ትልህቅ ዐመፃ**). Somit wird bereits im zweiten Siebent ein Gefälle angelegt, das zur endgültigen Überwindung der Ungerechtigkeit auf ein zweites Ende im Eschaton zuläuft.[136] Ihrem Zunehmen im ausgehenden zweiten Siebent scheint die Gabe eines ‚Gesetzes für die Sünder‘ (**ሥርዐት ለኃጥአን**) zu entsprechen. DILLMANN sieht hier aufgrund der doppelten Bedeutung von **ሥርዐት** (‚Gesetz‘ und ‚Bund‘) einen Hinweis auf die „noachitische Bundschliessung und Gesetzgebung" (Gen 8,21 - 9,17).[137] DEXINGER hat dagegen darauf hingewiesen, daß nach Jub 6f. das Schließen des Noahbundes und die Gabe der noachitischen Gebote zu differenzieren seien,[138] und NICKELSBURG betont in Anknüpfung an 1 Hen 89,11 und Jub 7,27-29 die gedankliche Verbindung zwischen der Sünde der Söhne Noahs und der Gabe der Vorschriften gegen das Blutvergießen, die nach 1 Hen 93,4 anders als in Gen 9 bereits eine Reaktion auf diese Sünde bilden.[139] Nach meinem Dafürhalten ist daher der Übersetzung ‚Gesetz‘ der Vorzug zu geben, zumal die biblische Bundestradition an entscheidenden Stellen nicht als solche rezipiert wird (vgl.

---

133 Vgl. NICKELSBURG, *1 Enoch*, 443.
134 Vgl. u.a. BLACK, *Book of Enoch*, 289; CHARLES, *Book of Enoch*, 230; NICKELSBURG, *1 Enoch*, 443f.
135 Vgl. DEXINGER, *Zehnwochenapokalypse*, 123; NICKELSBURG, *1 Enoch*, 444.
136 Dieser Gedanke findet sich auch in 91,5-9, wo mit der Flut das erste Ende der Ungerechtigkeit verbunden ist, diese aber darauf erneut schlimmer denn je aufkommt und erst im Endgericht vollends überwunden wird.
137 DILLMANN, *Buch Henoch*, 295; vgl. BEER, *Buch Henoch*, 300.
138 Vgl. DEXINGER, *Zehnwochenapokalypse*, 124.
139 Vgl. NICKELSBURG, *1 Enoch*, 444.

93,6). Die Gabe eines Gesetzes ist demzufolge zu fassen als eine Maßnahme zur Eindämmung der prä- wie postdiluvisch herrschenden חמסא.[140]

Das sich anschließende dritte Siebent (93,5) kommt nur von seinem Ende her in den Blick und bezeugt damit erstmals das für die meisten Segmente der Geschichtsschau charakteristische Schema ‚und danach ersteht Siebent x ... und an seinem Ende geschieht y‘ (... ומן בתרה יקום שבוע ‏ועם סופה ...). Was sich am Ende des dritten Siebents ereignet, muß vor dem Hintergrund einer seit der Sintflut von חמסא geprägten Welt verstanden werden: Unter bewußter Verwendung des Begriffskreises um den zentralen Terminus קשטא wird mit der Erwählung eines Mannes zur ‚Pflanze des gerechten Gerichts‘ (ይትኀረይ ብእሲ ለተክለ ኵነኔ ጻድቅ) ein positiver Gegenakzent gesetzt. Alles spricht für die klassische Deutung, die in diesem Mann Abraham sieht:[141] Die Situation seiner *Erwählung* – in modifizierter Aufnahme von Gen 12[142] – sowie die sich hieran anknüpfende Tradition, die in diesem Ereignis eine Abkehr von der ihn umgebenden Götzenverehrung sieht (vgl. Jub 11f.), fügen sich bestens in das theologische Gefälle der Zehnwochenapokalypse, nach dem die Erwählung zur Pflanze des gerechten Gerichtes in einer von Ungerechtigkeit geprägten Zeit anzusiedeln ist.

Mit der Erwählung Abrahams in einer von חמסא gezeichneten Epoche ist die zentrale Typologie angelegt, mittels derer die Verfasserkreise an späterer Stelle ihr eigenes Aufkommen darstellen: Die sich im siebten Siebent ereignende Erwählung der Gerechten (93,10) greift die Terminologie aus 93,5 auf und läßt so die Abrahamstypologie aufblitzen. Die Verbindung beider Ereignisse transzendiert jedoch die typologische Ebene, insofern über die nach 93,5 aus Abraham wachsende Pflanze der Gerechtigkeit eine historische Kontinuität aufgemacht wird, an die in 93,10 ausdrücklich angeknüpft wird, indem von einer Erwählung der Gerechten ‚*aus* der Wurzel der Gerechtigkeit‘ die Rede ist. Das Bild der Pflanze findet bereits biblisch vielerorts zur Bezeichnung Israels Verwendung und begegnet besonders im Exilskontext mit verschiedenen Facetten (Jes 6,13; 11,1; 60,21; 61,1-3; Jer 1,10; 2,21; Ps 80,9-16). Auch im Henochbuch wird es an anderen Stellen aufgegriffen, wobei nach 10,3; 84,6 nicht Abraham, sondern Noah zur Wurzel der Pflanze wird, die ihrerseits nicht Israel, sondern die neue, in Gerechtigkeit wandelnde Menschheit der Endzeit

---

140 NICKELSBURG, *1 Enoch*, 444, hält es in Anknüpfung an 91,11 für wahrscheinlich, daß auch in 93,4 der Begriff חמסא hinter dem äthiopischen Text steht.

141 Vgl. u.a. BLACK, *Book of Enoch*, 290; CHARLES, *Book of Enoch*, 230; NICKELSBURG, *1 Enoch*, 444.

142 Das Wortfeld um בחר (ኀረየ bzw. ኅርየ) spielt in der gesamten Abrahamüberlieferung der Genesis keine Rolle; vgl. aber Neh 9,7!

bezeichnet (10,16f.21f.). Die in der Zehnwochenapokalypse vorgenommene Bestimmung Abrahams als Wurzel und Israels als Pflanze setzt also gegenüber den genannten Stellen in Kap. 10 und 84 einen spürbar anderen
Akzent, der in Jub 1,16; 16,26; 21,24; 36,6 wieder begegnet.[143]

Abraham, die Pflanze des gerechten Gerichts (ተክለ ኵነኔ ጽድቅ),
wird in 93,5 als Wurzel einer – so wird man die im äthiopischen Text am
Versende stehende Wendung ለዓለም ዓለም interpretieren müssen – un-
ausrottbaren Pflanze der Gerechtigkeit eingeführt, welche die Kontinuität
Israels durch alle Brüche und Widerfahrnisse der Geschichte hindurch
garantiert, und als deren Sproß sich schließlich auch die Henochkreise
wissen.[144] Problematisch ist die Bestimmung des genauen Sinnes, der mit
ኵነኔ ጽድቅ / דין קשט verbunden ist. Im Kontext von 91,12, wo die
Wendung erneut begegnet, geht es um das endzeitliche Gericht, das von
den Gerechten vollzogen wird, und es ist naheliegend, daß mit 93,5, wie
die Gruppe der Gerechten selbst, so auch das von ihnen vollstreckte Gericht in Abraham heilsgeschichtlich verankert werden soll. Es bleibt jedoch die Frage, ob sich darüber hinaus auch ein konkreter Anknüpfungspunkt für ‚gerechtes Gericht' in der Biographie Abrahams finden läßt.

DEXINGER geht von der in einigen Qumrantexten bezeugten Wendung משפט צדק aus und nimmt daher für 1 Hen 93,5 die Bedeutung
„rechte Satzung" an.[145] Die Schwäche dieser Argumentation in der
unbewiesenen Identifizierung von hebr. משפט mit aram. דין beseitigt
NICKELSBURG durch den Verweis auf weiteres Quellenmaterial, das eine
entsprechende Verwendung des Begriffes דין belegt. Es sei daher denkbar,
daß hinter 1 Hen 93,5 eine Jub 12,25-27 entsprechende Tradition stehe,
nach der Abraham bereits mit Teilen der Tora vertraut gewesen wäre.[146]
Eine derartige Annahme ist möglich, birgt jedoch die Gefahr, den Blick
auf die Kernaussage der Textes zu verstellen: Diese läßt sich nicht von der
inneren Struktur der Zehnwochenapokalypse abstrahieren, für die, wie
noch zu zeigen sein wird, eine innere Symmetrie kennzeichnend ist, nach
der das dritte mit dem achten Siebent korrespondiert. Man sollte daher bei
der Erörterung der Wendung דין קשט nicht den von 91,12 her eindeutigen
Gerichtsbezug verwässern, sondern als Kernaussage die Korrespondenz
beider Epochen festhalten, welche den Grund des Endgerichts bereits in
den Tagen Abrahams gelegt sein läßt. Auf dieser Basis erst haben Spekula-

---

143   Vgl. hierzu auch die von DEXINGER, *Zehnwochenapokalypse*, 164-169, vorgelegte Begriffsana-
lyse zur Verbindung נצבת קשט.
144   NICKELSBURG, *1 Enoch*, 445, verweist auf Parallelen in den Qumrantexten, in denen dieselbe Begrifflichkeit zur Selbstbezeichnung avanciert (1QS VIII 5; XI 7-9; CD I 7f.).
145   DEXINGER, *Zehnwochenapokalypse*, 150-164.170.
146   Vgl. NICKELSBURG, *1 Enoch*, 446.

tionen über einen Hintergrund des gerechten Gerichts Abrahams in einer Kenntnis des Gesetzes ihr Recht.

Das sich in 93,6 anschließende vierte Siebent wird auf dieselbe Weise dargestellt wie die vorangehende Epoche, indem lediglich die Ereignisse seines Endes berichtet werden. Über den vorgegebenen chronologischen Rahmen, der mit 93,5.7 klar abgesteckt ist, lassen sich die geschilderten Begebenheiten zur Zeit des Exodus lokalisieren. Nicht unproblematisch ist dabei die Deutung der ‚Gesichte von Heiligen und Gerechten' (ራእየተ ቅዱሳን ወጻድቃን): DILLMANN sieht hier einen *genitivus subjectivus* und deutet die Wendung dementsprechend als „Offenbarungen, welche den heiligen und gerechten Leuten, den Israeliten, gegeben werden."[147] Während UHLIG eine Anspielung auf die Machterweise Gottes in Ägypten findet,[148] rückt die Mehrzahl der Ausleger die Visionen in größere zeitliche Nähe zum Sinaigeschehen. DEXINGER sieht in ihnen eine Beschreibung von Gesetzgebung und Auszug, die als „‚Gesichte' bezeichnet werden, [... weil] in der Apokalyptik die Vision jener Vorgang ist, in dem die heilsrelevanten Tatsachen vermittelt werden."[149] Dieses sehr pauschale Urteil läßt jedoch klare Belege im Text vermissen.

BLACK geht von einem *genitivus objectivus* aus und will in den ‚Heiligen' in Anschluß an Dtn 33,2 die Engel der Sinaitheophanie sehen, wogegen die ‚Gerechtigkeit' – BLACK rekonstruiert den Text hier abweichend – die Gabe der Tora bezeichne.[150] Die angelologische Deutung wird auch von NICKELSBURG vertreten, der beide Termini unter Verweis auf 1 Hen 39,4f. auf himmlische Wesen bezieht: „The ‚holy and righteous' are surely the angels"[151]. Als Möglichkeiten kämen dann eine Anspielung auf eine in Anschluß an Ex 24,9-11 entwickelte Vision des himmlischen Hofstaates oder aber eine Jub 48,13 nahestehende Variante der Exoduserzählung, in der Engelwesen eine besondere Rolle spielten, in Betracht. Was den genauen Inhalt der Visionen angeht, ist mit NICKELSBURG zu folgern: „Perhaps the author is referring to the whole of the exodus and the Sinai events."[152] In Ermangelung einer breiteren Textbasis kommt man hier über Spekulationen nicht hinaus.

Unumstritten am Sinai anzusetzen sind die in 93,6c berichteten Ereignisse, die Gabe eines Bundes/Gesetzes für alle Generationen (ሥርዐት ለትውልደ ትውልድ) und eines umfriedeten Raumes (ዐጹድ).

---

147 DILLMANN, *Buch Henoch*, 295.
148 Vgl. UHLIG, *Henochbuch*, 712. Ähnlich bereits BEER, *Buch Henoch*, 300, der die Wendung auf die „Wunder beim Auszug aus Ägypten" bezieht.
149 DEXINGER, *Zehnwochenapokalypse*, 128.
150 BLACK, *Book of Enoch*, 290.
151 NICKELSBURG, *1 Enoch*, 446.
152 Ebd.

Wie bereits in 93,4 ist eine Ambivalenz des Begriffes *šer'at* zu konstatieren, der sowohl ‚Bund' als auch ‚Gesetz' bedeuten kann. Insofern sich beides sinnvoll mit dem Sinaigeschehen verbinden läßt, kann die zu präferierende Bedeutung nur aus dem Kontext erschlossen werden. Da die Bundesschlußthematik bei der Aufnahme der Abrahamstradition in 93,5 auffälligerweise nicht rezipiert wird, ist nach meinem Dafürhalten auch hier die Bedeutung ‚Gesetz' vorzuziehen. Der in einem Atemzug mit der Gesetzesgabe genannte ‚umfriedete Raum' (*'aṣad*) gibt erneut Rätsel auf. DEXINGER führt drei verschiedene Deutungen an,[153] deren erste hier ein Synonym für das Gesetz voraussetzt, während die zweite, vertreten etwa von CHARLES,[154] auf die Landnahme abhebt und der dritten eine Anspielung auf die Stiftshütte als wahrscheinlich gilt.[155] Im Gefolge DILLMANNs hat sich die Heiligtumsdeutung weitgehend durchgesetzt, die sich eindeutig auf ﬡ stützen kann.[156] Das Ende des vierten Siebents ist demnach schwerpunktmäßig durch den Komplex Gesetzesgabe und Stiftshütte gekennzeichnet, und vielleicht ist DILLMANN darin zuzustimmen, daß nach 1 Hen 89,34f. im übertragenen Sinn „auch an die Umzäunung ihres (sc. der Israeliten) Lebens mit dem Gesetze zu denken" ist.[157]

Ohne auf die in Jos bis 2 Sam berichteten Ereignisse einzugehen, erwähnt der Text in 93,7 als nächstes Großereignis am Ende des fünften Siebents den Tempelbau: Das ‚Haus der Herrlichkeit und Herrschaft' wird für die Ewigkeit gebaut (ቤት ስብሐት ወመንግሥት ይትሐነጽ እስከ ለዓለም). Eine ähnliche Bezeichnung für den Tempel begegnet in 93,8 und 91,13, offensichtlich abgeleitet aus ﬡ היכל מלכות רבא.[158] Bezieht man 103,1 und 104,1 in die Betrachtung mit ein, wo die Begriffe ‚der Große' und ‚Herrlichkeit' miteinander verbunden werden, so wird deutlich, daß es in 93,7 um die Einwohnung des כבוד Gottes im Heiligtum geht (vgl. 1 Kön 8,11). In diesem Sinne ist auch der Begriff מלכות auf die Gottesherrschaft zu beziehen und nicht, wie durch DILLMANN angeregt,[159] auf den Bau des Königspalastes. Die Institution des Königtums wird interessanterweise gerade übergangen – im dezidiert theokratischen Entwurf des Textes ist Raum nur für die מלכות רבא Gottes. So ist mit dem Ende des fünften Siebents eine klare Absage an alle im Gefolge des Chronisten stehenden Modelle gegeben, die eine Statthalterschaft der irdischen Reiche postu-

---

153 Vgl. DEXINGER, *Zehnwochenapokalypse*, 128.
154 Vgl. CHARLES, *Book of Enoch*, 230.
155 So bei BEER, *Buch Henoch*, 300.
156 Vgl. BLACK, *Book of Enoch*, 290; DEXINGER, *Zehnwochenapokalypse*, 128; DILLMANN, *Buch Henoch*, 295; NICKELSBURG, *1 Enoch*, 446; UHLIG, *Henochbuch*, 712.
157 DILLMANN, *Buch Henoch*, 295. Eine interessante Analogie hierzu bietet die spätere rabbinische Rede vom ‚Zaun um die Tora' (סייג לתורה); vgl. ARN A 1.
158 So in 4QEnᵍ zu 1 Hen 91,13 belegt.
159 Vgl. DILLMANN, *Buch Henoch*, 295.

lieren. Nicht über die Institution des davidischen Königtums, sondern über den Tempel als Ort der Einwohnung Gottes realisiert sich die Aus-übung der מלכות; das Heiligtum wird damit zum zentralen Ort der Got-tesbegegnung, durch den die Achse führt, die Israel und seinen Gott im Lauf der Geschichte verbindet.

Vor diesem Hintergrund ist auch die Bestimmung zu verstehen, der Tempel werde für die Ewigkeit (እስከ ለዓለም) gebaut. KOCH hat diese Übersetzung stark kritisiert, da bereits in 93,8 von der Tempelzerstörung berichtet werde, weshalb sich die Rede von einem ‚ewigen Tempel' *ad absurdum* führe.[160] Ob man dieser vermeintlichen Schwierigkeit jedoch durch eine alternative Übersetzung von *'alam* entgehen kann, erscheint mir zweifelhaft. Der einzige Ausweg bestünde darin, hier eine Bedeutung ‚Weltzeit' in dem Sinne anzunehmen, diese erstrecke sich vom Tempelbau bis zu seiner Zerstörung, sei also letztlich identisch mit der Dauer eines Siebents. Der Text selbst läßt jedoch kein solches Weltzeitenschema er-kennen, sondern führt bei genauerem Hinsehen vielmehr auf eine Ana-logie zur Errichtung des endzeitlichen Tempels (91,13). Bezieht man die in Abraham etablierte Wurzel der Gerechtigkeit (93,5) sowie das Her-vorgehen der Gerechten aus ihr (93,10) in die Betrachtung mit ein, so ist sehr wahrscheinlich, daß auch die Errichtung des Heiligtums im Sinne der Etablierung einer dauerhaften Institution zu verstehen ist.[161] Mit der Er-wählung Abrahams und dem Bau des Tempels sind der Geschichte dauer-hafte Strukturen (לעלם) eingepflanzt, die durch alle Widrigkeiten und Brü-che des Geschichtslaufes hindurch fortdauern und in der Endzeit ihre wahre Verwirklichung finden.

Die Siebente drei bis fünf sind demnach gekennzeichnet durch die sich jeweils an ihrem Ende ereignende Etablierung einer heilsgeschichtlich bedeutsamen Größe: ‚Pflanze der Gerechtigkeit' (93,5), Tora und Stifts-hütte (93,6) sowie schließlich der Tempel (93,7). In 93,8 setzt dagegen mit dem Beginn des sechsten Siebents eine Epoche des Verfalls ein, die nicht erst von ihrem Ende her, sondern als ganze in den Blick genommen wird: Alle Menschen erblinden (ይሰውኡ ውስቴታ ጽሉላን ኮሉ፞ሎሙ), und die Herzen aller wenden sich von der Weisheit ab (ወይትረሥዑ ልቦሙ ለኮ፞ሎሙ እምጥበብ) – eine Kollektivaussage, die gemeinhin in Anbe-tracht der Parallelen in 1 Hen 89 auf die Zeit der Reichsteilung bezogen wird.[162] Ohne weitere Differenzierung zwischen Nord- und Südreich wird der Niedergang dergestalt beschrieben, daß in Anklang an die in Kap. 98f.

---

160 Vgl. KOCH, *Sabbatstruktur*, 407.
161 So urteilt bereits DILLMANN, *Buch Henoch*, 295; vgl. DEXINGER, *Zehnwochenapokalypse*, 129f.; NICKELSBURG, *1 Enoch*, 447.
162 Vgl. CHARLES, *Book of Enoch*, 231; DEXINGER, *Zehnwochenapokalypse*, 130; DILLMANN, *Buch Henoch*, 295; NICKELSBURG, *1 Enoch*, 447.

verwendete Begrifflichkeit besonders an die Sünde des Götzendienstes zu denken ist. Die Geschehnisse werden so an das Aufblühen von שקרא im zweiten Siebent (93,4) angeschlossen und weisen zugleich auf die Zeit des Verfassers im siebten Siebent und die dann erwartete Ausrottung der Falschheit voraus. Vor dem Hintergrund des allgemeinen Abfalls ist auch der in 93,8 erwähnte Aufstieg eines Mannes zu verstehen, der auf die Himmelfahrt Elias abzielen wird und den bereits in 93,3.4.5 etablierten Typos der Errettung eines Gerechten in einer von Ungerechtigkeit geprägten Epoche aufnimmt.[163]

Der zunehmende Verfall steuert auf ein Fiasko zu, das am Ende des sechsten Siebents in Tempelzerstörung und Exilierung Gestalt gewinnt. Die Verbrennung des Tempels (ይዉዒ ቤተ መንግሥት በእሳት) – hier nur ‚Haus der Herrschaft‘ genannt, wohl weil das Epitheton ‚Herrlichkeit‘ als Ausdruck der Einwohnung Gottes eher der ewigen Institution zuzuordnen und damit menschlicher Destruktion entzogen ist – konterkariert den Bau desselben am Ende des vorausgehenden Siebents und kann doch nur die irdische Manifestation vernichten, wogegen die ‚für immer‘ etablierte Institution auf eine neue, eschatologische Verwirklichung drängt. Ebenso kratzt die komplette Zerstreuung des ‚Geschlechtes der erwählten Wurzel‘ (ይዘረዉ ኮሉ ዘመደ ሥርዉ ኅሩይ) nur an der geschichtlichen Oberfläche, indem sie zwar das vorfindliche sündige Israel trifft, dessen Wurzel jedoch, die in der Erwählung Abrahams gesetzt ist (93,5), unbeschadet überdauern läßt, so daß diese am Übergang zur Endzeit wieder eine Pflanze hervorbringen kann. Im Blick auf den großen zugrundeliegenden Heilsplan bleiben daher Tempelzerstörung und Exilierung – als Reaktion auf die allgemeine Verderbnis notwendige! – Episode, die den unwiderstehlichen Drang zur eschatologischen Verwirklichung Israels und seiner Gottgemeinschaft im Heiligtum nicht zu hemmen vermögen.

Die Geschehnisse des sechsten Siebents finden eine Fortsetzung im siebten Siebent, das in 93,9f.; 91,11 breit ausgeführt wird. Wie bereits dargelegt endet diese Epoche in der Zeit des Verfassers, umfaßt also den Zeitraum zwischen Exil und seleukidischer Herrschaft. Unter Übergehung aller zentralen Ereignisse dieses Zeitraums – weder die Rückkehr aus dem Exil noch der Wiederaufbau des Tempels werden erwähnt – ist lediglich vom Aufkommen eines abtrünnigen Geschlechts (ትዉልድ ዕሉት) die Rede, das viele Werke vollbringt, alle jedoch in Abtrünnigkeit (93,9). Hier klingen u.a. Stellen wie Dtn 32,5.15-18 an, wo das zentrale Thema Götzendienst ist – in der äthiopischen Bibelübersetzung in derselben Terminologie wiedergegeben wie in 1 Hen 93,9. Ferner ist an 1 Hen 89,73-75 zu denken, wo dieselbe Epoche auf eine ähnlich negative Art beschrieben

---

163 Vgl. NICKELSBURG, *1 Enoch*, 447.

wird. Die radikale Absage, die hier allen Errungenschaften der nachexilischen Zeit erteilt wird, ist unübersehbar. Die bis in die Gegenwart des
Verfassers reichende Zeit der Abtrünnigkeit bildet die Negativfolie, vor
der die Erwählung der Gerechten geschildert wird. Ihre Gegenwart ist
nach 91,11 durch חמסא und שקרא charakterisiert, dieselben Begriffe, die
nach 93,4 dem ersten Ende in Gestalt der Sintflut vorausgehen.

Davon entschieden abgegrenzt vollzieht sich nach 93,10 am Ende des
siebten Siebents die Erwählung der Erwählten zu Zeugen der Gerechtigkeit (לשהדי קשט) und ihre Ausstattung mit ‚siebenfacher Weisheit und
Erkenntnis‘ (שבעה פ[עמי]ן חכמה ומדע). Erwählt ‚aus der ewigen Pflanze
der Gerechtigkeit‘ (93,10: א[ל]מ[ן נ[צבת] קשט על[מ / አግዕዝት ኅሩያ
ኀጽድቅ; vgl. 93,5) werden sie in direkte heilsgeschichtliche Kontinuität zu
Abraham gestellt.[164] Der Gegensatz zu dem vorausgehenden abtrünnigen
Geschlecht könnte nicht radikaler formuliert werden, und dieses avanciert
geradezu zur Gegnerschaft der Erwählten schlechthin (vgl. 99,2; 104,10).
Die Erwählung aus der Wurzel Abrahams läßt ein exklusives Gruppenverständnis als das wahre Israel erkennen,[165] die Berufung zur Zeugenschaft
für die Gerechtigkeit legt jedoch zugleich nahe, daß Sinn derselben nicht
die Bildung eines esoterischen Zirkels, sondern das Bezeugen der קשטא in
einer von חמסא und שקרא durchseuchten Welt ist.[166] Das Zeugnis der Erwählten gründet auf der ihnen siebenfach, also umfassend und vollständig
verliehenen Erkenntnis,[167] deren Quelle der aufmerksame Leser nach 93,2
selbst in den Händen hält.[168] Ihr Auftreten als Zeugen zielt, wie man in
91,11 erfährt, auf die vollständige Ausrottung der Wurzeln von שקרא und
חמסא[169] und auf das zu vollziehende Gericht (לעבד [דין]), an dessen Vollstreckung im achten Siebent sie aktiv teilhaben (91,12).

Fassen wir die Beobachtungen zum siebten Siebent zusammen: Es
wird am ausführlichsten behandelt und ist durch eine Reihe kunstvoller
Kontrastierungen strukturiert. So steht der bereits seine ganze Hybris
spiegelnden Erhebung des abtrünnigen Geschlechts die Erwählung der
Gerechten gegenüber, die sich in ungebrochener Kontinuität zur abraha-
mitischen Wurzel Israels befinden. Durch ihr Zeugnis der Gerechtigkeit
(קשטא), das sich auf die ihnen zuteil gewordene siebenfache Weisheit und
Erkenntnis (חכמה ומדע) stützt, leiten sie die Beseitigung der alles Übel

---

164 Gegen MÜLLER, *Studien*, 185, der gegen den expliziten Wortlaut von 93,10 als zentrales
  Charakteristikum der Erwählung die „Diskontinuität zur Vergangenheit" hervorhebt.
165 Zu diesem Schluß gelangt auch DEXINGER, *Zehnwochenapokalypse*, 177, als Resultat seiner
  Untersuchung der Erwählungsterminologie.
166 Diese offensive Ausrichtung der Henochgruppierung erstmals deutlich herausgearbeitet zu
  haben, ist das Verdienst NICKELSBURGs, *Epistle of Enoch*, 343-345.
167 So auch NICKELSBURG, *1 Enoch*, 448.
168 So bereits DILLMANN, *Buch Henoch*, 296; vgl. FRAIDL, *Siebzig Wochen*, 15.
169 Dieselbe Terminologie begegnet in den Gerichtsschilderungen in 91,5.8.

bewirkenden Untugenden Gewalttat und Lüge (חמסא ושקרא) ein, die die
Weltgeschichte nach dem Ende der Tage Henochs des Gerechten durchziehen, und legen somit das Fundament des Gerichts, das sich über die
verbleibenden drei Siebente erstreckt.[170]

Mit dem Ende des siebten Siebents steht man nach allgemeiner Auffassung an der Schwelle zur Endzeit, deren Anbruch in den Siebenten
acht bis zehn geschildert wird.[171] In 91,12 ist das achte Siebent programmatisch als Epoche der Gerechtigkeit überschrieben, in der *alle Gerechten* –
das um die aus der Zeugenschaft der Erwählten Gewonnenen erweiterte
Gottesvolk[172] – gerechtes Gericht an *allen Frevlern* vollstrecken: תתיה]ב
חרב] לכול קשיטין למעבד דין קשוט מן כול רשיעין. Das Bild des Schwertes
(חרב / ሰይፍ), das hier eingesetzt wird, ist bereits biblisch für das göttliche
Gericht bezeugt (Jes 34,6; Jer 47,6) und wird in Ez 30,24-26 ebenfalls zum
Ausdruck der Übertragung desselben an einen menschlichen Agenten
verwendet. Daß die Verleihung des Richtschwertes an die Gerechten ein
gebräuchliches Motiv in der Henochliteratur darstellt, zeigt die entsprechende Sektion der Tiervision (1 Hen 90,19). Der Zweck der Verleihung
des Schwertes besteht in der Vollstreckung gerechten Gerichts (ከመ
ይትገበር ኵነኔ ጽድቅ), womit eine bewußte Aufnahme der in 93,5
angelegten Bezeichnung Abrahams als ‚Pflanze des gerechten Gerichts‘
(ተከለ ኵነኔ ጽድቅ) vorliegt. Die Gerechten, die in Kontinuität zur in
Abraham gesetzten Wurzel stehen, realisieren nun auch die in seiner Erwählung bereits angelegte Zielbestimmung zum gerechten Gericht, indem
sie Vollstrecker desselben werden.[173]

Mit der erwarteten Auslieferung der רשיעין in die Hände der קשיטין
vollzieht sich endgültig die heilvolle Wende für die Gruppe der Gerechten, die ihre vorherige Opferrolle abstreifen und sich zu militanten Voll-
streckern des Gerichts wandeln (vgl. 95,3; 98,12).[174] Der Umschlag der
Zustände aus dem Status der Perversion und Abtrünnigkeit (93,9) zur Gerechtigkeit findet Ausdruck auch in 91,13: Am Ende des achten Siebents
erwerben die Gerechten Besitztümer *in Gerechtigkeit* (יקנון נכסין בקשוט)
und bilden damit ein klares Gegenbild zur frevelhaften Bereicherung der

---

170 Daß das Auftreten der Erwählten somit auf die universelle Heilsvollendung zielt, die das
     Ende des Gerichts markiert, übersieht MÜLLER, *Studien*, 185, nach dessen Verständnis
     „allein jenem asidäischen Konventikel die eschatologische Zukunft des Heils garantiert"
     ist.
171 Vgl. hierzu auch die Ausführungen zur Entstehungszeit der Zehnwochenapokalypse unter
     2.1.2. a).
172 Vgl. NICKELSBURG, *1 Enoch*, 448.
173 Als möglicher biblischer Anknüpfungspunkt bietet sich Gen 15,14 an – die einzige Stelle
     innerhalb der Abrahamserzählung, an der das Wort דין begegnet.
174 Das Thema der Unterdrückung der Gerechten durch die Frevler durchzieht die Kap. 92-
     105 wie ein roter Faden; vgl. NICKELSBURG, *1 Enoch*, 423f.

Gottlosen (94,7; 97,8).[175] Im Hintergrund stehen biblische Traditionen vom ungestörten Leben in der Endzeit, wie sie etwa Jes 60,21f.; 65,20-23 bezeugen. Neben dem Erwerb von Besitztümern ist das Ende des achten Siebents durch den Bau des endzeitlichen Heiligtums geprägt,[176] in deutlicher terminologischer Anknüpfung an 93,7.8 und zugleich in superlativischer Überbietung als היכל מלכות רבא ברבות זוה לכול דרי עלמין (በተ ንጉሥ ዐቢይ በስብሐት እስከ ለዓለም) bezeichnet.

Die Zielbestimmung des ersten Tempels, als Haus der Einwohnung und Herrschaft Gottes in Ewigkeit zu bestehen (93,7), findet nach ihrer geschichtlichen Brechung (93,8) nun ihre endgültige Verwirklichung im Eschaton. Nickelsburg bemerkt, daß vor dem biblischen Hintergrund (Jes 56,7f.; 60; 65,17-25) der Bau des endzeitlichen Tempels nicht vom Bau des endzeitlichen Jerusalems zu trennen sei;[177] im Kontext der Zehnwochenapokalypse liegt der Akzent jedoch unübersehbar auf der Errichtung des Tempels, während Jerusalem nirgends explizit erwähnt wird und lediglich implizit, etwa als Hintergrund des Besitzerwerbs im Blick ist. Die Kernaussage von 1 Hen 91,13 ist daher der Bau des endzeitlichen Heiligtums (vgl. Ez 40-48), in dem sich Kultus und Gottesherrschaft zugleich realisieren. Hierin erfüllt sich der bereits mit der Erbauung des ersten Tempels intendierte theokratische Entwurf, der geschichtlich gescheitert war, wie die kontinuierliche Degeneration bis in die Zeit des Verfassers zeigt (93,8f.).[178] Die Endgültigkeit und Unwiderruflichkeit des endzeitlichen Heiligtums wird durch seine Bestimmung ‚für alle Generationen der *'alamin*‘ festgeschrieben (vgl. 10,22; 103,4.8; 104,5) – hier dürfte die deutsche Wiedergabe ‚in Ewigkeit‘ alles andere als unpassend sein.

Das nach der Errichtung des eschatologischen Heiligtums einsetzende neunte Siebent (91,14) kommt in seiner Gänze in den Blick, wobei das die Siebente drei bis acht prägende Schema, nach dem besonders am Ende

---

175 NICKELSBURG, *1 Enoch*, 449, führt an, daß der Begriff נכסין häufig in 1QGenAp XX-XXII zur Bezeichnung der Besitztümer Abrahams und seiner Zeitgenossen Verwendung findet. Zwar lassen sich hieraus keine Belege für eine Abrahamstypologie hinter 91,13 gewinnen, doch es ist zumindest mit der Möglichkeit zu rechnen, daß eine solche auch im Blick auf den Erwerb von Besitztümern bestand.

176 Eine mögliche Verknüpfung beider Themenkreise ist über Texte wie Jes 60,5-11; Hag 2,6-9 gegeben.

177 Vgl. NICKELSBURG, *1 Enoch*, 449; vgl. auch CHARLES, *Book of Enoch*, 233; DILLMANN, *Buch Henoch*, 302, die hier eine Anspielung auf Tempel und Stadt finden, wobei der Tempel im Zentrum des Interesses stehe.

178 DEXINGER, *Zehnwochenapokalypse*, 140, übersieht gerade diesen entscheidenden Zug des Textes, wenn er davon spricht, der Tempel habe nicht wiedererbaut werden müssen, da er unter Antiochus IV. gar nicht zerstört, sondern nur entweiht gewesen sei. Abgesehen von der schwerlich aufrechtzuerhaltenden zeitgeschichtlichen Deutung, verkennt DEXINGER, daß es für die Verfasser der Zehnwochenapokalypse einen legitimen Zweiten Tempel offenkundig gar nicht gab!

einer Epoche entscheidende Ereignisse zu verorten sind, aufgegeben ist. Kern dieses neunten Siebents ist die an alle Menschen ergehende Offenbarung gerechten Gerichts (יתגלא לכול בני ארעא[וק]שוט ו[ד]ין קשוט בה / ኵሎ ፆድቅ ትትከሠት ለኵሎ ዓለም), womit das Gericht eine universelle Dimension erhält (vgl. PsSal 2,17f.; 8,8). BLACK hat mit Recht auf das Modell eines in Stufen fortschreitenden Gerichts hingewiesen: Es betrifft zunächst Israel (91,12), sodann alle Menschen (91,14) und schließlich die himmlischen Wesen (91,15).[179] Daß von einer Offenbarung desselben die Rede ist, sollte nicht den Blick auf seinen konkreten Vollzug verstellen und dazu führen, daß man nur noch von einer Offenbarung ‚gerechter Satzung' spricht.[180] Gleichwohl zeigt sich hier eine begriffliche Ambiguität, die von der hohen Bedeutung der Offenbarungserkenntnis her zu fassen ist: Die sich im Henochbuch selbst spiegelnde Erkenntnis läßt die Erwählten zu Zeugen der Gerechtigkeit werden (93,10) und legt so den Grundstein ihrer richtenden Tätigkeit (91,11f.). In der Offenbarung des gerechten Gerichts klingt daher die Offenlegung der seit jeher auf den himmlischen Tafeln (93,2) festgehaltenen Wahrheiten mit, die die sachliche Grundlage der ergehenden Gerichtsentscheidung bilden. Die Offenbarung des gerechten göttlichen Gerichts und sein Vollzug weiten über den mit 93,5 gegebenen terminologischen Berührungspunkt den Bezugsrahmen der in Abraham wurzelnden Pflanze auf die gesamte Menschheit aus, insofern sich קשטא universell durchsetzt. NICKELSBURGs Vermutung, daß hier in Anschluß an 1 Hen 100,6 und 104,12 - 105,2 eine Fortsetzung des Zeugenauftrages der Erwählten anzunehmen sei, wird von daher zutreffen.[181]

Als Folge verschwinden nach 91,14 alle Übeltäter von allen Orten der Erde (וכול עב]די רשעיא יעברו[ן מן כול ארעא / ወኵሎ ተግባረ ረሲዓን ይወፅእ እምዲበ ኵሎ ምድር) und werden in den עלם בור geworfen – eine sonst nirgends belegte Begriffsverbindung, die als Bezeichnung der Unterwelt[182] (vgl. Jes 14,15.19; Ez 32,18; Ps 28,1; 88,5) oder eines ähnlichen Strafortes (1 Hen 10,4-6.12-14) zu verstehen sein wird. Die positive Kehrseite dieser Beseitigung aller Übeltäter wird dadurch zum Ausdruck gebracht, daß alle Menschen fortan auf den ‚Weg ewiger Gerechtigkeit' (ארח קשט עלמא) sehen werden (vgl. 99,10). Somit vollzieht sich im neunten Siebent die universelle Bekehrung aller Menschen, ausgedrückt durch

---

179 BLACK, *Book of Enoch*, 293f.; vgl. DEXINGER, *Zehnwochenapokalypse*, 141f.; LICHT, *Time*, 179. Anders DILLMANN, *Buch Henoch*, 302, der von der Fortdauer des in 91,12 beschriebenen Gerichts ausgeht.
180 So NICKELSBURG, *1 Enoch*, 449, in Anschluß an Dexinger, *Zehnwochenapokalypse*, 141.169f.
181 Vgl. NICKELSBURG, *1 Enoch*, 450.
182 Vgl. BLACK, *Book of Enoch*, 294; DEXINGER, *Zehnwochenapokalypse*, 141f.

die Offenbarung des Gerichts, die Beseitigung der Übeltäter[183] und die zuletzt erfolgende Wendung aller auf den Weg ewiger Gerechtigkeit. Ein ähnlicher Gedanke spiegelt sich in 1 Hen 10,20-22; 90,28-38, wo die gesamte Menschheit einen Zustand des Friedens und der Verehrung des einen Gottes Israels erreicht, der bereits bei Tritojesaja anklingt (Jes 56,7f.; 60; 66,18-24). Die Gottesherrschaft, fokussiert im endzeitlichen Heiligtum, hat damit unter den Menschen ohne Einschränkung Raum gegriffen, das in Abraham etablierte Leitmotiv der קשטא hat sich auf Erden universell durchgesetzt.

Die dritte Stufe des Gerichts schließlich ereignet sich im zehnten und letzten Siebent (91,15f.): In seinem siebten Teil wird das Gericht des *'alam* (בשבי[עה דין עלמא) stattfinden und ‚das Ende des großen Gerichts‘ (קץ דינא רבא) wird an den Heiligen vollzogen. Der aramäische Text ist an der betreffenden Stelle sehr schlecht erhalten, was die Deutung zusätzlich erschwert. In Hinblick auf die im Buch gebräuchliche Bezeichnung der Engel als ‚Heilige‘ hat sich die Meinung durchgesetzt, hier gehe es um das Gericht über die Wächter, in deren Abfall nach der Auffassung der Henochkreise die Ursache des Bösen zu sehen ist (1 Hen 6-16).[184] Deutlich ist, daß das Engelsgericht den Abschluß des die vorigen Siebente durchziehenden Gerichtshandelns darstellt, weshalb dem Epitheton *'alam* ein entsprechend umfassender Sinn zukommen muß: Nach dem Gericht über Israel (91,12) und alle Menschen der *Erde* (91,14) kommt als Höhe- und Endpunkt das Gericht über die Wesen aus dem Reich des *Himmels* zu stehen. Vor diesem Hintergrund läßt sich der Begriff קץ am sinnvollsten als ‚Ende‘ übersetzen: Das Engelsgericht ist das Ende des großen, die Siebente acht bis zehn umfassenden Gerichtes (vgl. 1 Hen 22,4). Entscheidend ist dabei, daß eine deutliche Parallele zum ersten Siebent aufgebaut wird: Henoch wird *als Siebter* im ersten Siebent geboren – in einer Zeit der Gerechtigkeit vor der einsetzenden Degeneration der Menschheit, die durch den Fall der Wächter hervorgerufen wird. Das Gericht an den Wächtern erfolgt *im siebten Teil* des zehnten Siebents, was die abschließende Wiederherstellung der קשטא auch im Bereich des Himmels vollendet.

Dem Gericht folgt nach 91,16 die Erneuerung des Himmels, ganz in Anknüpfung an jesajanische Terminologie formuliert: ושמין קדמין בה יעברון ושמין חדתין יתחזון / ወሰማይ ቀዳማይ የዐልፍ ወየኀልፍ ወሰማይ ኀዲስ ይትረአይ. Das Vergehen des alten und das Entstehen eines neuen

---

183 NICKELSBURG, *1 Enoch*, 449, erwägt, ob in Anschluß an 91,9, wo diese Passage (91,14) rezipiert wird, hier nicht auch ein konkreter Bezug zur Beseitigung des Götzendienstes gegeben sein könnte.

184 Vgl. CHARLES, *Book of Enoch*, 233; DEXINGER, *Zehnwochenapokalypse*, 142; DILLMANN, *Buch Henoch*, 302f.; NICKELSBURG, *1 Enoch*, 450.

Himmels erinnert sofort an Jes 65f.;[185] die sich im Text anschließende Erwähnung des ewigen siebenfachen Leuchtens der himmlischen Mächte (וכול שלטני] שמיא צ[הר]ין ודנחין לכול עלמי]ן שבעה פעמין / **ወኵሉ· ኃይለ ሰማያት ያበርሁ ሰብዓተ ምኵስቢተ**) rekurriert auf Jes 30,26 und muß hier, aufgrund der großen Bedeutung der Siebenzahl im Rahmen der Zehnwochenapokalypse, als besonders gewichtige Aussage gefaßt werden, welche die Vollendung des himmlischen Reiches unterstreicht.[186] Somit schließt sich der große Kreis der Geschichtsschau mit dem Ablauf des zehnten Siebents, an dessen Ende der vollkommene Zustand wieder erreicht wird, der zu Beginn des ersten Siebents herrschte. Setzt man die nach 1 Hen 18,12-16; 86,1-3 gegebene Beziehung von Wächtern und himmlischen Lichtern voraus, so läßt sich mit NICKELSBURG folgern: „[T]he renewal of the luminaries makes up for the deficiency caused by the fall of the watchers."[187] Mit Engelsgericht und Erneuerung der Himmelskörper ist zugleich das erneute Aufkommen menschlicher Sünde durch einen neuerlichen Fall der Engel endgültig unmöglich gemacht, und erst jetzt, nach Vollendung des himmlischen Reiches, ist die Möglichkeit für den Beginn einer dauerhaften Heilszeit auch auf Erden gegeben.

So ist nach Abschluß des zehnten Siebents zwar das Ende des gebotenen Geschichtsüberblicks erreicht, nicht jedoch das Ende der Geschichte Gottes mit den Menschen: Vielmehr schließt sich jetzt, nach Beseitigung der Sünde, die Heilszeit an (91,17), die von Gutem und Gerechtigkeit gekennzeichnet ist (טבא וקש[טא יעבדון / **በኂሩት ወበጽድቅ ይከውኑ**), und in der die Sünde keine Erwähnung mehr findet (**ወኃጢአት እምህ አ.ትትበሀል እሰከ ለዓለም**).[188] Was als Kontinuum bleibt, ist die Struktur der Siebente, die ohne Zahl für immer fortdauern (שבעין שגי [די לא] איתי סוף לכול מן]ניניהון לעלם / **ሰብዓታት ብዙኃት እለ አልቦን ኍልቄ ለዓለም**) und auch der Heilszeit ihre Ordnung aufprägen.

---

185 Mit der Art der Rezeption von Jes 65,17 in 1 Hen 91,16 befaßt sich VAN RUITEN, *Influence*, 161-166.

186 Vgl. 1 Hen 72,1 und Jub 1,29, wo sich eine ähnliche Erwartung bezüglich der endzeitlichen Erneuerung der himmlischen Lichter findet. Zwar ist motivisch eine Nähe zu der von COLLINS, *Apocalyptic Vision*, 136-138, an Stellen wie Dan 12,1; 1 Hen 104,2; TestMos 10,9 nachgewiesenen hellenistischen Vorstellung einer „astral immortality" gegeben, nach der sich die Unsterblichkeit der Gerechten als Teil des himmlischen (Engels-)Heeres verwirklicht, jedoch sind die Unterschiede nicht zu übersehen: Die Zehnwochenapokalypse kennt kein Unsterblichkeitskonzept, und die Aussage in 91,17 beschränkt sich auf die Erneuerung der himmlischen Sphäre. Von daher ist auch der von DEXINGER, *Zehnwochenapokalypse*, 143, unter Rekurs auf Dan 12,3 vertretenen Deutung der ‚Mächte des Himmels' auf die משכילים eine Absage zu erteilen.

187 NICKELSBURG, *1 Enoch*, 450.

188 Ob der letzte Teilsatz, wie von KOCH, *Sabbatstruktur*, 413, angenommen, eine Glosse darstellt, die nicht zum ursprünglichen Text gehörte, läßt sich aufgrund des Textbestandes von 4QEn^g nicht mehr ausmachen.

2.2. Die Chronologie der zehn Siebente

Die Exegese des Textes hat ans Licht gebracht, daß derselbe durch eine Vielzahl von Querbezügen zwischen einzelnen Ereignissen gekennzeichnet ist, die auf eine äußerst kunstvolle Komposition schließen lassen. Es liegt daher nahe, bei der Untersuchung der heptadischen Chronologie der Zehnwochenapokalypse von ihren strukturellen Besonderheiten auszugehen, zumal diese, wie zu zeigen sein wird, für das geschichtstheologische Profil des Textes viel entscheidender sind als die zumeist ausschließlich gestellte Frage nach der Länge eines Siebents. Die Untersuchung der Chronologie setzt daher mit strukturellen Beobachtungen ein, die abschließend in einer graphischen Übersicht präsentiert werden (*2.2.1.*). Im Anschluß daran ist die Frage nach der Länge der Siebente und den konkreten chronologischen Implikationen des Textes in Relation zu anderen Darstellungen desselben Zeitraums zu stellen (*2.2.2.*).

2.2.1. Strukturelle Beobachtungen

Meine Ausführungen können an VANDERKAM anknüpfen, der auf die symmetrische Komposition der Zehnwochenapokalypse aufmerksam gemacht hat.[189] So fällt bereits beim Blick auf die gestalterischen Mittel auf, daß lediglich die Siebente drei bis acht durch ein Geschehen an ihrem Ende gekennzeichnet sind;[190] während die erste und zehnte Epoche jeweils von ihrem siebten Teil her in den Blick kommen, fehlen in Siebent zwei und neun Bezüge auf einen besonderen Zeitpunkt. Bereits diese formalen Beobachtungen legen es nahe, den Text der Zehnwochenapokalypse als planvoll gestaltete Ringkomposition zu verstehen. Unter Berücksichtigung der inhaltlichen Schwerpunkte läßt sich eine ,Spiegelachse' nach dem fünften Siebent einziehen, welche die Symmetrie des Textes transparent macht.

Henoch als Siebter des ersten Siebents markiert die Zäsur, bis zu der Gerechtigkeit andauert (93,3). Das Engelgericht im siebten Teil des zehnten Siebents (91,15) ist das abschließende Ereignis, mit dem dieselbe wiederhergestellt wird. Die Zwischenzeit ist gekennzeichnet durch einen fortschreitenden Verfall, der von den Engeln auf die Menschheit und im speziellen schließlich auch auf das erwählte Israel übergreift, und durch

---

189 Vgl. VANDERKAM, *Studies in the Apocalypse of Weeks*, 518-521. Ähnlich bereits LICHT, *Time*, 178-180. Eine detaillierte Darstellung der Struktur des Textes bietet REID, *Structure*, 190-195, ohne jedoch aus ihr nennenswerte Konsequenzen für seine Interpretation zu ziehen.

190 Die Betonung des Endes der Siebente wird schon von EWALD, *Abhandlung*, 36, Anm. 2, im Rahmen des von ihm herausgearbeiteten Generationenschemas hervorgehoben.

die Gegenbewegung eines dreifachen Gerichts, in dem zunächst die Sünde Israels, sodann der ganzen Menschheit und schließlich der gefallenen Engel getilgt wird. Die Symmetrie zwischen der Zeit vor Henoch (dem Siebten) und nach dem Engelgericht (im siebten Teil) ist daher inhaltlich über die noch bzw. wieder herrschende universelle Gerechtigkeit gegeben; eine Korrespondenz zwischen Henoch und dem Engelgericht liegt ferner darin, daß es Henoch selbst ist, der nach 1 Hen 12-16 den Untergang der gefallenen Wächter ankündigt. Der heilvolle Zustand am Ende der zehnten Epoche, der mit der Entstehung eines neuen Himmels vollendet wird, ist schließlich in Analogie zu der – wiewohl nicht erwähnten – ersten Schöpfung zu sehen, die den Beginn des ersten Siebents markieren muß.[191]

Die Züge einer Ringkomposition lassen sich weiter verfolgen, wenn man vom äußeren, mit den Siebenten eins und zehn gegebenen, zum nächst inneren Ring fortschreitet. Die Siebente zwei und neun sind gekennzeichnet durch das Aufkommen (93,4) und die Überwindung (91,14) der Sünde aller Menschen. Beide sind dreigliedrig strukturiert, wobei das mittlere Glied der zweiten Epoche, die Sintflut als ‚erstes Ende‘, dem mittleren Glied der neunten Epoche, dem Ausmerzen aller Übeltäter und ihrer Fahrt in die Unterwelt, entspricht. Das dritte Glied des neunten Siebents, das davon kündet, alle Menschen würden dem Pfad ewiger Gerechtigkeit (קשט עלמא) folgen, stellt die Auflösung des im ersten Glied der zweiten Epoche ausgesagten Aufkommens von Lüge und Gewalttat (שקרא וחמסא) dar. Die Offenbarung des gerechten Gerichts, welche die Überwindung der menschlichen Sünde im neunten Siebent einleitet, findet eine Entsprechung in der Gabe eines Gesetzes für die Sünder nach dem Flutgericht des zweiten Siebents. Es läßt sich also zeigen, daß sich die Züge einer Ringkomposition nicht auf eine bloß thematische Korrespondenz der Siebente eins und zehn bzw. zwei und neun beschränken, sondern ausgehend von der postulierten Spiegelachse nach der fünften Epoche ist nachweisbar, daß die Geschichtsbewegung der ersten beiden Siebente am Ende exakt umgekehrt wird.

Folgt man dem dargestellten Schema, so verbindet der nächst innere Ring die Siebente drei und acht: Der Erwählung Abrahams zur ‚Pflanze des gerechten Gerichts‘ (93,5) und der hierin erfolgten Begründung Israels korrespondiert die programmatische Kennzeichnung des achten Siebents als Epoche der Gerechtigkeit (91,12), in der von Abrahams Erben eben das bereits in seiner Erwählung als Zielvorgabe angelegte Gericht an den

---

191 Gegen MAIER, *Qumran-Essener* III, 120, nach dessen Ansicht die „Wochenapokalypse [...] mit Henochs Epoche beginnt“. Dem widerspricht eindeutig 1 Hen 93,3, wo Henoch gemäß Gen 5 als siebter Patriarch des ersten Siebents eingeführt wird, das folglich mit der Schöpfung einsetzen muß.

Sündern Israels vollzogen wird. Neben den Zügen der Ringkomposition findet sich in den bereits formal über die konstante Betonung des Endes als Einheit abgegrenzten Siebenten drei bis acht ein weiteres Schema, das dem Verlauf der Heilsgeschichte Israels folgt. Es ist maßgeblich über die Pole der Erwählung Abrahams am Ende des dritten Siebents (93,5) und der Erwählung der Gerechten am Ende des siebten Siebents (93,10) bestimmt,[192] welche den Zielpunkt des heilsgeschichtlichen Gefälles an der Schwelle zur Endzeit darstellt, an deren Heraufführen die Gerechten maßgeblich beteiligt sind.[193]

Folgen wir zunächst den Spuren dieses Schemas, bevor wir die Fährte der Ringkomposition wieder aufnehmen: Es beginnt mit der Erwählung Abrahams (93,5) und folgt der Geschichte Israels über die heilsgeschichtlichen Zäsuren Sinai (93,6) und Tempelbau (93,7), alle Ereignisse gefaßt als Ende eines sonst nicht näher in den Blick genommenen Siebents, genauer der Siebente drei bis fünf. Mit Beginn des sechsten Siebents kommen die Epochen als ganze in den Blick, insofern sich in ihnen anbahnt, was an ihrem Ende geschieht: Während die Entfernung aller von der Weisheit die Katastrophe von Tempelzerstörung und Exil am Ende des sechsten Siebents zur Folge hat (93,8), bilden die sich im siebten Siebent radikal verschlechternden Zustände die Negativfolie für die Erwählung der Gerechten, mit deren Zeugnis das Ende der Ungerechtigkeit beginnt (91,11). Die in Abraham eingeführte heilsgeschichtliche Kontinuitätslinie durchzieht so die Siebente drei bis acht, in denen Israel durch die Zeit der Abtrünnigkeit hindurch seiner Bestimmung zur קשטא zugeführt wird.

Von der siebten Epoche als Kernzeit ausgehend läßt sich sodann eine Symmetrie selbst hinsichtlich der Ereignisse am Ende des achten Siebents konstatieren: Der Bau des endzeitlichen Tempels und der Erwerb von Besitztümern in Gerechtigkeit kontrastieren Tempelzerstörung und Exilierung am Ende des sechsten Siebents, als Scharnier kommt also die Erwählung der Gerechten am Ende des siebten Siebents in den Blick, welche die heilvolle Wende einleitet. Daß dieser Zeitpunkt in einem heptadischen Geschichtsüberblick wie der Zehnwochenapokalypse die heilsgeschichtliche Zäsur schlechthin darstellen muß, bedarf keiner gesonderten Begründung. Wann sonst, wenn nicht am Ende des siebten Siebents, sollte den Gerechten siebenfache Erkenntnis verliehen werden? Das heilsgeschicht-

---

192 Die hierin zum Ausdruck gebrachte Kennzeichnung der Gerechten als wahre Erben Abrahams hebt auch HARTMAN, *Functions*, 11, hervor.

193 Die zentrale Position des siebten Siebents in einem heptadischen Entwurf wie der Zehnwochenapokalypse bedarf keiner weiteren Begründung; in Analogie zu dem in Lev 25 eingeführten Jubiläum nach 7x7 Jahren, ist im Anschluß ein ‚großes Jubiläum' zu erwarten – Israel erfährt im achten Siebent über die Erwählten seine Wiederherstellung; vgl. VANDERKAM, *Biblical Interpretation*, 111.

liche Israelschema stellt somit den Kern einer universellen Geschichtsschau dar und verbindet sich in seiner teleologischen Ausrichtung zugleich
aufs engste mit der aus konzentrischen Kreisen bestehenden Ringkomposition. Dies läßt sich besonders gut an der Beziehung der Siebente drei
und acht aufzeigen, die über die in ihnen ablaufende Geschichte Israels
inhaltlich verknüpft werden und diese gleichsam zwischen den Polen be-
stimmungsgemäßer Erwählung und Vollendung dieser Bestimmung nach
dem Gericht an den Frevlern aufspannen.

Die Struktur der Ringkomposition läßt sich auch bei den mittleren
Siebenten vier bis sieben aufzeigen: So korrespondiert der visionäre Zug
der Gesetzesgabe am Sinai im vierten Siebent (93,6) mit dem Weisheits-
empfang der Gerechten im siebten Siebent (93,10), deren Lehren nach
dem Selbstverständnis des Henochbuches auch als Ausfluß göttlicher
Offenbarung verstanden werden wollen (93,2). Die Lehren der Henochkreise werden so bewußt in Korrespondenz zur Gabe der Tora an Mose
formuliert.[194]

Daß schließlich die beiden mittleren Siebente fünf und sechs miteinander in Beziehung stehen, ist aufgrund ihrer thematischen Verknüpfung
über Tempelbau (93,7) und Tempelzerstörung (93,8) evident. Im Rahmen
der Ringkomposition *und* vor dem Hintergrund der Geschichte Israels
kommt dem Ende des fünften Siebents eine entscheidende Bedeutung als
Epochenmarke zu: Der Tempelbau stellt die Krönung der mit Erwählung
und Gabe der Tora einsetzenden Heilsgeschichte Israels dar, insofern er
dessen ewige Bestimmung zur Gottgemeinschaft zum Ausdruck bringt.
Der mit der sechsten Epoche beginnende Verfall führt dagegen in
scharfem Kontrast vor Augen, daß die seit den Tagen Henochs gärende
menschliche Sünde auch vor Israel nicht haltgemacht hat: Die Zeichen
stehen seit Beginn des sechsten Siebents unwiderruflich auf Gericht, das
mit dem Hereinbrechen der Endzeit einsetzen und die Welt schließlich
ihrer schöpfungsgemäßen Bestimmung zuführen wird. Dieser Geschichtsverlauf ist im Konzept der Zehnwochenapokalypse kein kontingentes
Geschehen, sondern folgt einem vorgegebenen Heilsplan (vgl. 92,2), der
allein die endgültige Überwindung der Sünde garantieren kann.

Die von NICKELSBURG vorgenommene Charakterisierung der Zehnwochenapokalypse als Ausführung des Schemas ‚Gerechtigkeit/Ungerech-
tigkeit und folgendes Gericht' läßt sich demnach erheblich vertiefen durch

---

194 Vgl. NICKLESBURG, *Enoch as Scientist*, 218, der unter Verweis auf 1 Hen 93,11-14 folgert:
„Enoch's vision of the God's throne room is likened to the event at Sinai, and his cosmo-
logical teaching supplements, or supersedes the Mosaic Torah." Eine adäquate Beschreibung des Verhältnisses zwischen Henochtradition und Tora muß dabei jedoch immer
berücksichtigen, daß die Tora als autoritativer Referenztext vorausgesetzt wird, der zwar
ergänzt und uminterpretiert wird, dabei aber nie ersetzt werden soll.

den Blick auf die geschichtstheologische Struktur des Textes,[195] der die Geschichte Israels als zentrales Thema in einen universalgeschichtlichen Entwurf mit kosmologischen Seitenlinien einbettet. Er folgt der biblischen Chronologie bis in die nachexilische Zeit und verknüpft diese mit dem Schema einer Abfolge von zehn שבעין. Die Konstanz der Siebenzahl als grundlegender Einheit zur Zeiteinteilung verleiht dem Lauf der Geschichte ein Moment der Ordnung, das sich nicht nur als chronologischer Rahmen, sondern auch in der Beschreibung bestimmter Ereignisse als Vollendung signalisierendes Zeichen wiederfindet: Siebenfache Erkenntnis der Gerechten und siebenfaches Strahlen des neuen Himmels werden mit der alles durchziehenden heptadischen Struktur der Geschichte durch die Symbolik der Zahl verbunden, die Gott seiner Schöpfung von Anbeginn eingestiftet hat.

Während die Abfolge der Siebente als von Gott gesetzt und für alle Zeiten fortdauernd geglaubt wird, präsentiert die Zehnwochenapokalypse mit dem zwischen Schöpfung und Vollendung aufgespannten Zeitrahmen nicht einfach ein Geschichtssegment, sondern den gesamten Ablauf der Weltgeschichte als in sich geschlossene Einheit. Die zehn Siebente bilden dabei fünf konzentrisch um eine imaginäre Achse am Ende des fünften Siebents angeordnete Paare, die den Geschichtslauf für ein Erfüllungsschema transparent werden lassen.[196] Der Spiegelsymmetrie desselben folgend wurde die, im Anschluß an die Verfasserzeit die Siebente acht bis zehn umfassende, endzeitliche Epoche in Entsprechung zu den ersten drei Siebenten gestaltet.[197] Wie sich die in der Gegenwart der Verfasserkreise ihren Höhepunkt erreichende Abtrünnigkeit nur als Resultat der mit dem Abfall der Wächter einsetzenden, die ganze Menschheit prägenden und auch vor Israel nicht haltmachenden Sündengeschichte begreifen ließ, so mußte das folgende Gericht den Verfall in derselben Weise beenden. In vollendeter Korrespondenz von Urzeit und Endzeit wird im Text die bi-

---

195 Vgl. NICKELSBURG, *1 Enoch*, 438. Auch die von REID, *Structure*, 194f., herausgestellte dreifache Struktur des Textes, bestehend aus Einleitung, Geschichtsschau und Beschreibung des Gerichts, mag rein formal zutreffen, übersieht aber gerade, daß das Gericht wesentlicher Bestandteil der zehn Siebente ist, und zerstört so die herausgestellte innere Symmetrie derselben.

196 Die Feststellung MÜLLERs, *Studien*, 160, daß die von der Zehnwochenapokalypse „vorgenommene numerische Periodisierung der Geschichte nur eine Hilfsfunktion ausübt und keinen Selbstzweck in Richtung ‚Universalgeschichte' verfolgt", kann demnach dem Charakter des heptadischen Systems in keiner Weise gerecht werden.

197 Diese Symmetrie des Textes wird gänzlich von SCOTT, *On Earth*, 213, übersehen, der lediglich eine „partial and asymmetrical complementarity between ‚weeks' 1-7 and 8-10" wahrnimmt.

blische Vorgeschichte in die Zukunft gespiegelt und gibt den Ablauf des endzeitlichen Gerichts vor.[198]

Daß die Vollendung nicht bereits nach dem achten Siebent erreicht ist, liegt daher nicht, wie KOCH meint, an einer mangelnden Symbolkraft der Zahl Acht,[199] sondern hat seinen positiven Grund in der Einsicht, daß nach der Wiederherstellung Israels im achten Siebent weitere zwei Siebente für das Gericht an der Menschheit und an den Wächtern nötig sind, weil die Degeneration derselben die ersten zwei Siebente in Anspruch nahm. Sah man sich selbst am Ende der siebten Epoche eines Geschichtsverlaufes, wie ihn die Zehnwochenapokalypse schildert, so konnte in Wahrung der gottgesetzten Symmetrie der Zeiten die Vollendung erst nach Ablauf von drei weiteren Siebenten eintreten. Die Tatsache, daß hier erstmals eine Periodisierung der Endzeit begegnet, wie u.a. MILIK hervorgehoben hat,[200] findet also ihren Grund in eben dieser vorausgesetzten Symmetrie des Geschichtslaufes.

Einen entscheidenden Punkt, der meist zu wenig beachtet wird, bildet die Tatsache, daß die zehn Siebente unter Einschluß des endzeitlichen Segments den Geschichtslauf in ein Zeitkonzept einbetten, das von einer unendlichen Aufeinanderfolge von Siebenten ausgeht. Die Zeiten nach dem Engelsgericht und der Schöpfung eines neuen Himmels – von einer neuen Erde verlautet nichts! – unterscheiden sich von den vorhergehenden zehn Epochen dadurch, daß die Welt nun ihrer schöpfungsgemäßen Bestimmung entsprechend existiert. Die zehn Siebente umfassende Weltgeschichte ist damit als Vorlauf der ewigen Heilszeit einerseits eine ‚Sündenschleife' in der ewig fortdauernden Sequenz der Siebente, die durch den Fall der Wächter nötig wurde und diesen und seine Folgen in einer allein Gott würdigen Symmetrie und damit auch Souveränität kompensiert. Sie ist aber nicht darauf zu beschränken, da in ihrem Rahmen die Etablierung heilsgeschichtlicher Größen wie der ‚Pflanze der Gerechtigkeit' und des Heiligtums fällt, die auch nach der Schaffung eines neuen Himmels im ewigen Reigen der Siebente Bestand haben. Die in die Ringkomposition eingezeichnete Geschichte Israels ist das *movens* des heilsgeschichtlichen Prozesses, insofern die Erwählten des siebten Siebents mit ihrem Zeugnis das Endgericht heraufführen und die ewige Heilszeit für alle Menschen auf Gottes Einwohnung im Heiligtum fokussiert ist, das sich erstmals als innergeschichtliche Größe manifestierte.

---

198 Auch LICHT, *Time*, 179, bemerkt den symmetrischen Aufbau des Textes und die Entsprechung zwischen den ersten und den letzten drei Siebenten. Er übersieht jedoch, daß diese inhaltlich über Sünde und Gericht miteinander verknüpft sind. Dieselbe Kritik trifft HARTMAN, *Functions*, 11.

199 Vgl. KOCH, *Sabbatstruktur*, 421.

200 Vgl. MILIK, *Books of Enoch*, 254; GARCÍA MARTÍNEZ, *Qumran and Apocalyptic*, 85.

Übersicht: Die geschichtstheologische Struktur der Zehnwochenapokalypse

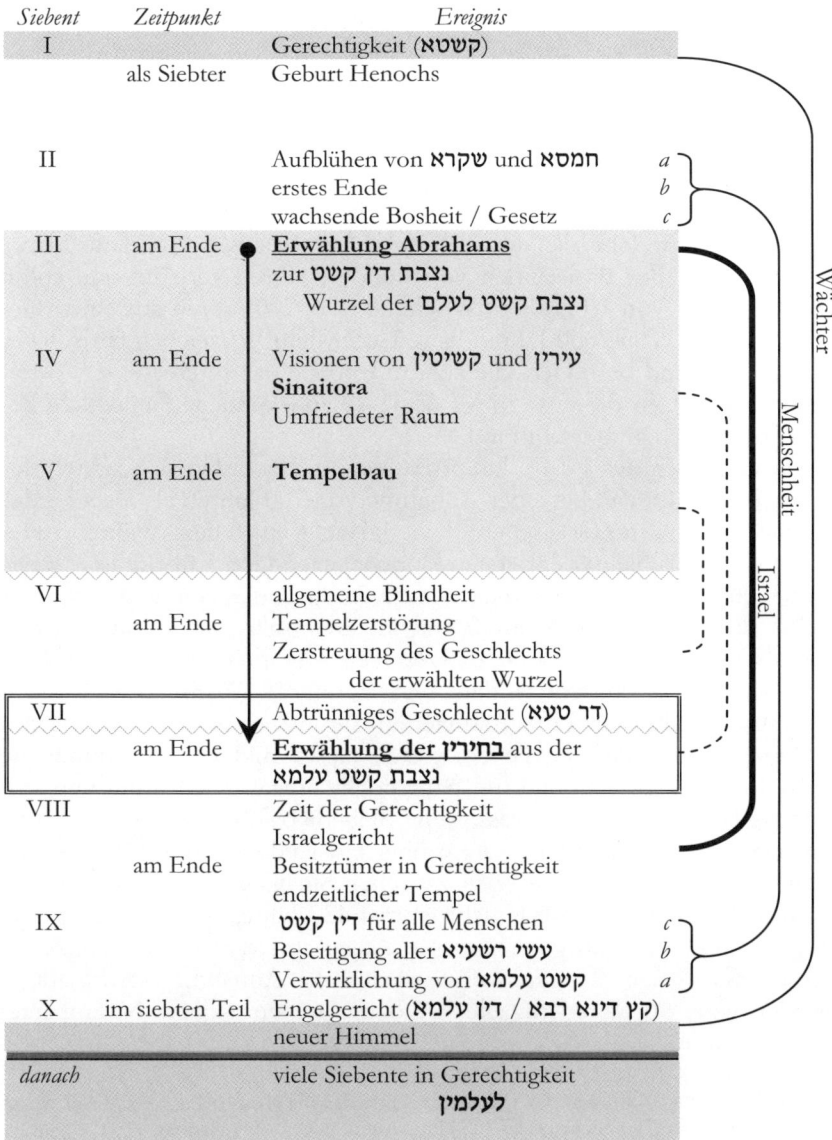

Siebent	Zeitpunkt	Ereignis	
I		Gerechtigkeit (קשטא)	
	als Siebter	Geburt Henochs	
II		Aufblühen von שקרא und חמסא	a
		erstes Ende	b
		wachsende Bosheit / Gesetz	c
III	am Ende ●	**Erwählung Abrahams**	
		zur נצבת דין קשט	
		Wurzel der נצבת קשט לעלם	
IV	am Ende	Visionen von קשיטין und עירין	
		Sinaitora	
		Umfriedeter Raum	
V	am Ende	**Tempelbau**	
VI		allgemeine Blindheit	
	am Ende	Tempelzerstörung	
		Zerstreuung des Geschlechts	
		der erwählten Wurzel	
VII		Abtrünniges Geschlecht (דר טעא)	
	am Ende	**Erwählung der** בחירין aus der	
		נצבת קשט עלמא	
VIII		Zeit der Gerechtigkeit	
		Israelgericht	
	am Ende	Besitztümer in Gerechtigkeit	
		endzeitlicher Tempel	
IX		דין קשט für alle Menschen	c
		Beseitigung aller עשי רשעיא	b
		Verwirklichung von קשט עלמא	a
X	im siebten Teil	Engelgericht (קץ דינא רבא / דין עלמא)	
		neuer Himmel	
danach		viele Siebente in Gerechtigkeit	
		לעלמין	

Wächter

Menschheit

Israel

2.2.2. Die Länge des betrachteten Zeitraums

In der bisherigen Analyse wurde durch die neutrale Wiedergabe des Begriffs שבוע / ሰንበት als ‚Siebent' bewußt offengelassen, welchen Zeitraum diese Einheit umfaßt, ja ob überhaupt an die Abfolge von zehn Epochen gleicher Dauer gedacht ist. Ziel des folgenden Kapitels ist die Klärung dieser Frage unter Berücksichtigung der bisher in der Forschung vertretenen Ansätze.

Bedingt durch die Überlieferung des Henochbuches im Schriftenkanon der äthiopischen Kirche entwickelte sich eine mittelalterliche Auslegungstradition, welche die der Zehnwochenapokalypse inhärente Siebenerstruktur mit der Basiseinheit von hundert Jahren verband und somit durch Addition von 10 großen ‚Wochen' zu je 700 Jahren auf einen Gesamtzeitrahmen von 7000 Jahren kam. Unter dem Vorzeichen christlicher Eschatologie fand besonders die zehnte Epoche das Interesse der Ausleger, da man mit ihr das etwa in Mt 25,31-46 angekündigte Endgericht bereits von Henoch geweissagt fand.[201]

Die Exegeten des 19. Jh. knüpften hier an,[202] wurden sich jedoch des Problems bewußt, daß bei einer Annahme von 700 Jahren als Dauer jedes Siebents ernste chronologische Schwierigkeiten entstehen: Während Henochs Geburt als Siebter der ersten Epoche, nach Gen 5 መ 622 *anno mundi* anzusetzen, noch gut mit einer derartigen Grundannahme harmoniert, brachte die sich allgemein durchsetzende Identifikation des siebten Siebents als Verfasserzeit mit sich, daß der Text erst in christlicher Zeit, kurz vor dem Jahr 4900, entstanden sein könnte.[203] Während sich nach DILLMANN die Epochen drei und vier auf Grundlage der Basiseinheit von 700 Jahren plausibilisieren ließen, werde dieses Bild vollends durch die Chronologie der zweiten und fünften Epoche umgeworfen: Aufgrund von Flut und Noahbund müsse das zweite Siebent bis in die Zeit nach 1656 *anno mundi* reichen, also bei weitem über ein Ende im Jahr 1400 hinausgehen; das fünfte Siebent als Zeit zwischen Sinaigeschehen und Tempelbau umfasse nach 1 Kön 6,1 nicht einmal 480 Jahre, da selbst diese Zeit bereits vom Exodus an gerechnet sei. Angesichts dieser Schwierigkeiten folgert DILLMANN: „Dadurch erweist sich die Annahme gleichmäßiger Perioden von 700 Jahren für alle 7 Wochen als unmöglich. Nimmt man

---

201 Vgl. etwa WENDT, *Maṣḥafa Milād*, 47.56.

202 Vgl. WIESELER, *70 Wochen*, 166: „So berechnet der falsche Henoch die ganze Weltdauer zu 70 Geschlechtern, von denen jedes 100 Jahre dauert, oder zu 7000 Jahren."

203 Dies bemerkt auch LAURENCE, *Book of Enoch*, 208-211, in seiner Ausarbeitung der Chronologie, der eben jenes 700-Jahre-Intervall zugrunde liegt. Im Blick auf die achte Periode muß er folgern: „Now as this week comprehends the period between the commencement of the third, and that of the tenth century after Christ, it is evident that here again his prophecy completely fails" (a.a.O., 210).

dazu, dass überhaupt bei den alten Israeliten die Rechnung nach Jahren der Welt noch gar nicht so geläufig und vielmehr die Rechnung nach Generationen im A. T. als die gewöhnliche erscheint, und selbst solchen Angaben, in welchen die Dauer einer Periode in Jahreszahlen ausgedrückt ist, zu Grunde liegt, so muss man schon zum Voraus diese Rechnung nach Geschlechtern als die Grundlage unserer Wocheneintheilung vermuthen, und ein eingehender Versuch zeigt, dass diess der Schlüssel zum Verständnis des ganzen ist."[204]

Der unbestreitbare Vorteil der Generationendeutung liegt in der Tatsache, daß sie ein Verständnis des Gesamtzeitraumes der zehn Siebente als Folge von 70 Generationen zu ermöglichen scheint, bei dem die absolute Länge jeder Epoche variieren kann, solange sich ein konsequent eingehaltenes Generationenschema aufzeigen läßt. DILLMANN ist dann auch bemüht, dieses nachzuweisen, muß jedoch zu der Hilfsannahme greifen, das Siebenerschema sei in den Epochen sechs und sieben auf das Doppelte erweitert worden, da hier nur eine Abfolge von jeweils 14 Hohenpriestern rekonstruiert werden könne.[205] Mehrere Gesichtspunkte der Generationendeutung sind problematisch: So beruht sie auf der Voraussetzung, durch Kombination verschiedener biblischer Stellen dieselbe Generationenfolge rekonstruieren zu können, die der Zehnwochenapokalypse zugrunde liegt, verkennt dabei aber, daß dies den Beweisgang geradezu auf den Kopf stellt, da sich die Siebenerfolge in den biblischen Texten gar nicht durchgängig verfolgen läßt und zudem die Frage übergangen wird, welche Texte von den Henochkreisen überhaupt rezipiert wurden. In Ermangelung einer gründlichen Analyse der Zehnwochenapokalypse führt die Generationenthese auf ein Gemisch verschiedenster biblischer Generationenfolgen, die gänzlich unterschiedlichen Traditionen zuzurechnen sind (Erzväter / Könige / Hohepriester). Betrachtet man dagegen den Text der Zehnwochenapokalypse eingehender, so springt ins Auge, daß ein Interesse an Königs- und Priesterdynastien nirgendwo explizit geäußert wird, wie überhaupt das Muster einer Generationenfolge keine Rolle spielt.

Trotz der – kaum wahrgenommenen – Kritikpunkte faßte die Generationendeutung unter Rekurs auf die 70 Generationen, die nach 1 Hen 10,12 als Zeitraum in den Blick kommen, während dessen die abtrünnigen Engel gefesselt auf den Tag ihres Gerichts warten (s.u., 4.), in der Literatur der folgenden Jahrzehnte Fuß, bot sie doch die scheinbar plausibelste Erklärung des Siebenerschemas. So sieht FRAIDL die Zehnwochenapoka-

---

204 DILLMANN, *Buch Henoch*, 299. Gegen die Annahme, die Siebente seien von identischer Dauer, wendet sich auch HOFMANN, *Schriftbeweis* I, 421.

205 Vgl. DILLMANN, *Buch Henoch*, 299-301. Dasselbe Generationenschema findet sich bei EWALD, *Abhandlung*, 36, Anm. 2.

lypse zwar als „Nachahmung Daniels", kommt in seiner abrißartigen Analyse jedoch zu dem Schluß, daß es in 1 Hen 93,1-10; 91,11-17 nicht um „Jahrwochen, sondern höchstwahrscheinlich [um] Generationen von ungleicher Dauer" gehe.[206]

Erst CHARLES beurteilt die Generationenthese als noch unbefriedigender als die Rechnung mit der Basiseinheit von 700 Jahren, da sich eine durchgängige Generationenfolge überhaupt nicht aufzeigen lasse, hält aber an der Grundeinsicht fest, es müsse sich um Perioden variabler Länge handeln: „Rather we are to regard the ten weeks as periods of varying length, each one of which is marked, especially towards its close by some great event"[207]. Dieser Vorschlag bietet den Vorzug, die Geschichtsschau der Zehnwochenapokalypse sowohl mit der biblischen als auch mit der absoluten Chronologie zur Deckung zu bringen, um den Preis allerdings, daß die Siebente jegliche Kontur verlieren und die Einheit stiftende Siebenerstruktur auf eine rein begriffliche Ebene ohne zeitliches Korrelat verlegt wird.[208]

Eine Gegenbewegung setzte mit der Arbeit MILIKs ein, in welcher der Text der Zehnwochenapokalypse nicht mehr isoliert betrachtet, sondern in einem traditionsgeschichtlichen Kontinuum verortet wird, in dem MILIK eine Vielzahl anderer Texte mit heptadischen Geschichtsperiodisierungen stehen sieht.[209] Nach seinem Dafürhalten habe der Autor der Zehnwochenapokalypse ein Zehn-Jubiläen-Schema modifiziert: „He replaces the ten jubilees by the ten weeks of years and compresses the history of the world, starting from Adam, into seven Weeks, hence into one complete jubilee"[210]. MILIK sieht in der traditionsgeschichtlichen Verortung Richtiges, argumentiert jedoch zu kurzschlüssig, insofern er die Unterschiede zwischen den Texten übersieht und die Frage nach der zeitlichen Dauer einer שבוע gar nicht mehr stellt. Das Resultat ist eine breite, nebulöse Jahrwochen/Jubiläen-Tradition, die zur Lösung der mit den Periodisierungen verbundenen chronologischen Probleme letztlich nichts beizutragen vermag. So verwundert es wenig, daß DEXINGER wohl in Ermangelung von Alternativen zu dem von CHARLES vertretenen Mo-

---

206 FRAIDL, *Siebzig Wochen*, 14f.
207 CHARLES, *Book of Enoch*, 228; ebenso FRÖHLICH, *Time*, 90.
208 Keinen Nachhall gefunden hat der Ansatz THORNDIKEs, *Apocalypse of Weeks*, 163-184, wonach jedes Siebent einen Zeitraum von nur sieben Jahren umfasse und die Zehnwochenapokalypse als chiffrierte Geschichte der Qumrangemeinschaft verstanden werden müsse. Die Siebente konnten von der Qumrangruppierung zwar theoretisch in der von THORNDIKE dargestellten Art und Weise rezipiert werden, müssen aber in ihrer Ursprungsintention – allein schon aufgrund der frühen Datierung – anders verstanden werden.
209 Vgl. MILIK, *Books of Enoch*, 248-259.
210 MILIK, *Books of Enoch*, 255.

dell zurückkommt und das gesamte Problem des durch den Begriff שבוע bezeichneten Zeitraumes nur mit folgendem Satz streift: „Man wird daher fragen müssen, ob die einzelnen Wochen überhaupt als gleich lang gedacht werden dürfen."[211]

Der von MILIK gemachte Vorstoß verhallte jedoch nicht ungehört, sondern stieß weitere Arbeiten an, die den Versuch unternahmen, dem chronologischen Dilemma über die dem Text inhärente Sabbatstruktur näherzukommen. Entscheidende Bedeutung kommt hier der Arbeit KOCHs zu, der in einer detaillierten Analyse des biblischen Materials und mit der Zehnwochenapokalypse verwandter Texte zu folgender Gesamtdarstellung ihrer Chronologie vorstößt:[212] Ausgehend von der entscheidenden Bedeutung, welche die Siebenzahl im Text der Zehnwochenapokalypse hat, kommt er für den Zeitraum einer שבוע auf 490 Jahre als ein Vielfaches der Zahl Sieben.[213] Da auch die שבעים שבעים aus Dan 9 auf einen Gesamtzeitrahmen von 490 Jahren führten, sei mit dieser Zahl als „Zeitsiebent höherer Ordnung"[214] auch für die Zehnwochenapokalypse zu rechnen.[215]

Das dritte Siebent, von KOCH gefaßt als Zeitraum zwischen Sem und Abraham, lasse sich bestens als Zeitraum von 490 Jahren verstehen, da nach der Chronologie der Genesis zwischen der Zeugung des Erstgeborenen Sems im zweiten Jahr nach der Flut und der Zeugung Isaaks im 99. Lebensjahr Abrahams genau 490 Jahre lägen. Auch das vierte Siebent als Zeit zwischen Isaak und Mose umfasse denselben Zeitraum, wenn man Gen 25,6 mit Ex 12,40 Sam kombiniere: Zum 430 Jahre währenden Aufenthalt Israels in Kanaan und Ägypten addiert KOCH die 60 Jahre vor der Zeugung Jakobs und erhält 490 Jahre. Für die fünfte und sechste Epoche, die an Exodus und Sinaigeschehen anschließen und über die Schwellenmarke des Tempelbaus bis zum Ende des Exils reichen, ergebe sich auf der Grundlage der biblischen Quellen dasselbe Bild: 480 Jahre vergingen nach 1 Kön 6,1 zwischen Exodus und Baubeginn des Salomonischen Tempels, 430 Jahre umfasse nach der Chronologie der Königebücher die Regierungszeit der judäischen Könige, weitere 70 Jahre vergingen bis zur Neuweihe des Zweiten Tempels. Zähle man diese Angaben zusammen, so

---

211 DEXINGER, *Zehnwochenapokalypse*, 120.
212 Vgl. KOCH, *Sabbatstruktur*, 403-430.
213 Für „Welt-Wochen von 400 - 500 Jahren" spricht sich vor dem Hintergrund von Dan 9 bereits HILGENFELD, *Jüdische Apokalyptik*, 321, aus, ohne jedoch die Frage im Detail weiter zu verfolgen.
214 KOCH, *Sabbatstruktur*, 415.
215 Bereits zuvor war DOEVE, *Parousieverzögerung*, 35, allerdings unter gänzlicher Mißachtung der Siebenerstruktur und allein auf das Verhältnis des sechsten und siebenten Siebents zur absoluten Chronologie gestützt, zum Schluß gekommen, „dat de auteur van de Tien-Weken-Apocalyps [...] rekent met perioden in de orde van groote van 400 jaar elk."

komme man auf (480+430+70 =) 980 Jahre, aufgeteilt auf zwei Epochen ergäben sich also Zeiträume von jeweils genau 490 Jahren.

Das siebte Siebent umfaßt nach KOCHs Auffassung die nachexilische Epoche bis in die Gegenwart des Verfassers, und vor dem Hintergrund von Dan 9 und weiteren Texten sei auch hier mit einer Dauer von 490 Jahren zu rechnen, wodurch KOCH allerdings wieder mit dem bereits bei der Analyse von Dan 9 erörterten Problem umgehen muß, daß derselbe Zeitraum in der absoluten Chronologie um einiges kürzer ist (s.o., *II. 2.2.2.*).[216] Noch problematischer gestaltet sich der Nachweis des 490-Jahre-Schlüssels für die ersten beiden Epochen: Nach 𝔐 vergehen von den Tagen Adams bis zur Sintflut 1656, nach 𝔊 gar 2242 Jahre.[217] Unter Einbeziehung der in Relation zu 𝔐 um etwa 100 Jahre kürzeren Chronologien von 𝔖am und Jub kommt KOCH auf das Jahr 522 als Geburtsjahr Henochs. Spannungen im Text des Jubiläenbuches lassen ihn zudem vermuten, es seien weitere 100 Jahre in den Tagen Adams abzuziehen, wodurch er für die Geburt Henochs ins Jahr 422 gelangt, den siebten Teil der ersten 490-Jahre-Epoche. Nicht viel besser liegen die Dinge beim zweiten Siebent, das nach 𝔐 erneut zu lang ausfällt. Besonders das hohe Erstzeugungsalter von Noah mit bereits 500 Jahren durchkreuzt die Rechnung, weshalb KOCH auf eine Stelle bei Pseudo-Philo (LAB 1,22) verweist, die ihm ursprünglicher zu sein scheint und lediglich von 300 Jahren spricht: „Würde man für die Henochüberlieferung die 300 Jahre mit den weiteren Zahlen der zweiten *šabu͑͑ ͑* bei Sam und Jub verbinden, käme man auf das Jahr 420 als das Jahr, in dem Noah erstmals gezeugt hat (und die Flut begann). Dies würde hervorragend zum Henoch-Schema passen."[218]

Die von KOCH hervorgehobene ‚hervorragende Paßgenauigkeit‘ des 490-Jahre-Schemas kann einer kritischen Prüfung kaum standhalten: Bei genauerem Hinsehen fällt auf, daß in keiner einzigen Epoche die angenommenen 490 Jahre exakt mit der absoluten Chronologie oder den diversen von KOCH herangezogenen inner- und außerbiblischen Chronologien übereinstimmt. Die Versuche, die vermißte Deckungsgleichheit herzustellen, muten zum Teil, wie im Fall der ersten beiden Siebente, äußerst gewaltsam an und bringen zum Ausdruck, daß KOCH nicht von den Quellen her das 490-Jahre-Schema aufweist, sondern dasselbe für eine imaginäre biblische Referenzchronologie bereits voraussetzt. Bei allen

---

216 Er schlägt hier keine eindeutige Lösung vor, sondern zieht lediglich in Erwägung, ob „nicht doch Dillmanns Deutung [sc. des siebten Siebents] auf die Zeit Johannes Hyrkans einer Erwägung wert sein" sollte (KOCH, *Sabbatstruktur*, 420).

217 Eine Übersicht über die unterschiedlichen Angaben der biblischen Versionen bietet der tabellarische Anhang zu *V. 3.3.2. a)*.

218 KOCH, *Sabbatstruktur*, 418.

Vorteilen, welche das Modell KOCHs durch die starke Berücksichtigung der im Text entscheidenden Siebenzahl hat, ist daher grundsätzlich festzuhalten, daß eine direkte Ableitung aus den uns bekannten biblischen Chronologien fehlschlägt. Daß dem so ist, sollte eigentlich nicht weiter verwundern, da biblisch keine Chronologie aus zehn Siebenten gleicher Länge existiert, sondern eine solche auch vom Henochtext erst im Blick auf das biblische Material konstruiert werden mußte. So spiegelt KOCH ironischerweise in seiner Argumentation gerade das Vorgehen der Zehnwochenapokalypse, indem er zehn Siebente gleicher Länge als strukturierendes Moment auf die biblische Erzählsequenz zurückprojiziert, dabei aber den Anschein erweckt, ein bereits biblisch gegebenes Schema offenzulegen. Da keine biblische Chronologie bekannt ist, die mit zehnmal 490 Jahren rechnet und in der Zehnwochenapokalypse hätte rezipiert werden können, bleibt festzuhalten, daß die von KOCH suggerierte *direkte und vollständige Ableitung* des von ihm angenommenen Modells aus dem biblischen Text unmöglich ist.

Ähnlich wie KOCH geht auch DIMANT von der Abfolge fester Zeiteinheiten mit der identischen Länge von jeweils 490 Jahren oder zehn Jubiläen aus.[219] Durch Kombination der Angaben der Zehnwochenapokalypse mit denen des Jubiläenbuches rekonstruiert sie ein chronologisches Raster, muß allerdings aufgrund der nach biblischem Bericht extrem langen Lebenszeit der ersten Menschen bereits für das erste Siebent die Dauer von (2x490 =) 980 Jahren annehmen. Nach weiteren acht Siebenten zu je 490 Jahren müsse sich das zehnte Siebent bereits an das Jahr 4900 anschließen, weshalb es nach Vermutung DIMANTs das bis ins Jahr 5000 verbleibende Jahrhundert umfaßt. Weder ist eine derartige Kombination von Jubiläenbuch und Zehnwochenapokalypse zulässig,[220] noch überzeugt das Schema im Falle des Henochtextes, da die Symmetrie der שבעין durch den gewaltigen zeitlichen Unterschied zwischen erster und zehnter Epoche gebrochen wird, wo doch gerade diese beiden durch die jeweilige Hervorhebung ihres siebten Teils aufeinander bezogen sind (s.o., 2.2.1.). Das von DIMANT vorausgesetzte Universalschema ist ein reines Kunstprodukt, das sich mit keinem seiner vorausgesetzten ‚Quelltexte' mehr verträgt und folglich auch nichts zur Klärung ihrer Chronologie beitragen kann.

Wie KOCH und DIMANT findet auch BECKWITH konkrete chronologische Implikationen in den zehn Siebenten der Zehnwochenapokalypse, rechnet aber aufgrund ihrer Relation zur biblischen und absoluten Chronologie mit Einheiten unterschiedlicher Länge: „The ten weeks, therefore,

---

219 Vgl. DIMANT, *Seventy Weeks Chronology*, 57-76.
220 Vgl. hierzu auch die Ausführungen unter *V. 3.4.2.*

are not of arbitrary or indefinite length, but neither are they all of the same length. Each of the weeks, when divided into its 7 ‚days‘, yields a period which to the Essenes was significant, whether 100, 70, 49 or 20 years.‟[221] Da auch BECKWITH davon ausgeht, daß die zehn Siebente sich über insgesamt 4900 Jahre erstrecken, gestaltet er diesen Zeitrahmen im Blick auf die einzelnen Siebente folgendermaßen aus: Die ersten drei Siebente umfaßten je 700 Jahre („a week of centuries“), das vierte wie das siebte 350 Jahre („a week of jubilees [...] rounded up by the addition of 7 years“), das fünfte, sechste, neunte und zehnte 490 Jahre („7 x 70 years“) und das achte schließlich 140 Jahre („7 periods of 20 years“).[222]

Zwar gelingt es BECKWITH auf die dargestellte Weise, die heptadische Struktur des Textes ernstzunehmen und mit einem Gesamtzeitrahmen von 4900 Jahren zu verbinden, das Ergebnis ist jedoch teuer erkauft. Es beruht auf einer unzulässigen Harmonisierung verschiedenster Quellen, die mit der Zehnwochenapokalypse unter dem Etikett ‚essenisch‘ subsummiert werden, ohne daß dieser Schritt eine eigene Begründung erführe. Doch selbst diese gewaltsam hergestellte Quellenharmonie ermöglicht es BECKWITH nur unter diversen Zusatzannahmen, die Chronologie der Zehnwochenapokalypse zu erläutern. Seine Ergebnisse für die Länge der einzelnen Siebente sind im Detail nicht überzeugend, da unüberbrückbare Spannungen zu den biblischen und nichtbiblischen Referenztexten bestehen bleiben, die durch komplizierte Sonderregeln nur scheinbar aufgelöst werden.[223] Man kann sich des Eindrucks nicht erwehren, daß BECKWITH sich den Text für seine Grundannahme, er umfasse 4900 Jahre, passend rechnet, ohne diese mit einem Wort zu begründen. Dieses Vorgehen ist hochgradig zirkulär und kann nicht mehr als Exegese des Textes bezeichnet werden.[224]

---

221 BECKWITH, *Calendar*, 249 (unverändert übernommen aus *Significance*, 196).

222 BECKWITH, *Calendar*, 245-249.

223 Um etwa das vierte Siebent auf 350 Jahre zu bringen, muß BECKWITH, *Calendar*, 246f., die 343 Jahre der von ihm angenommenen „week of jubilees“ um weitere sieben Jahre ergänzen, wofür er auf die nebulöse Analogie zur Aufrundung eines „jubilee of jubilees [...] by the addition of 49 years“ verweist, Belege aus dem Text selbst jedoch schuldig bleibt.

224 Auch BECKWITH entgeht nicht, daß die Zehnwochenapokalypse mit ihrer kontinuierlichen Rede von ‚Siebenten‘ die von ihm vertretene Deutung nicht unbedingt nahelegt. Er erklärt dies damit, „[that] the prophecy cannot be interpreted without a prior knowledge of Essene chronology and eschatology, and was probably devised as a sort of riddle, meaningful to those who had this knowledge but meaningless to others“ (*Calendar*, 249). Das Verständnis des Textes als chronologische Geheimlehre spiegelt paradigmatisch den gezwungenen und verengten Ansatz von BECKWITH, der die Zehnwochenapokalypse mit aller Gewalt in die von ihm angenommene essenische Universalchronologie integrieren will und dabei die offenkundigen strukturellen Besonderheiten des Textes und dessen geschichtstheologisches Profil überhaupt nicht mehr wahrnimmt.

Trotz aller Unterschiede im Detail verbindet die vorgestellten Interpretationen eine identische Fragerichtung, insofern versucht wird, das chronologische Schema der Zehnwochenapokalypse aus ihren angenommenen Referenztexten abzuleiten. Daß dies in keinem Modell vollständig gelingt, sollte zu der simplen Erkenntnis führen, daß die Zehnwochenapokalypse als ganze aus uns bekannten Texten unableitbar ist. Die zur Untermauerung der jeweiligen Thesen angeführten Zusatzannahmen sind vor allem deshalb problematisch, weil sie den suggerierten Rahmen der Ableitung verlassen und eine Textgrundlage für die Erläuterung der zehn Siebente allererst konstruieren. So postuliert KOCH eine von 𝔊, 𝔐 und 𝔖𝔞𝔪 abweichende biblische Chronologie, um aus dieser die heptadische Struktur der Zehnwochenapokalypse zu erklären, BECKWITH und DIMANT abstrahieren aus dem Henochtext und kontemporären Zeugnissen ein chronologisches Referenzsystem, das zur Grundlage ihrer Interpretation wird. Indem sich die diskutierten Modelle selbst als Konstruktionen entlarven, verlieren sie ihren Status als Ableitungen der in der Zehnwochenapokalypse präsentierten Chronologie aus einem oder mehreren Referenztexten. Sie sind deshalb jedoch nicht wertlos, da sie gerade in ihrem Wesen als Konstruktionen mit dem Henochtext übereinstimmen, der seinerseits eine heptadische Chronologie konstruiert.

Es ist demnach möglich, daß eines der vorgestellten Modelle – ganz oder in Teilen – die zehn Siebente so konstruiert und ins Verhältnis zu Referenztexten setzt, wie es der Intention der Zehnwochenapokalypse entspricht. Um hier Klarheit zu erlangen, ist es nötig, die zentralen Aussagen der Zehnwochenapokalypse als Ausgangspunkt zu nehmen, wie sie im vorangehenden Teil herausgearbeitet wurden: Nicht nur der dargestellte Geschichtslauf, sondern auch die sich anschließende endlose Heilszeit und damit die Weltzeit als ganze gilt als in שבעין gegliedert. Damit ist die Siebenzahl als konstantes, Ordnung stiftendes Element der Chronologie gesetzt, und eben die Rede von unablässig aufeinander folgenden Siebenten als zentrales Strukturmoment macht es unwahrscheinlich, hier damit zu rechnen, daß dem Verfasser Epochen unterschiedlicher Dauer vorschwebten.[225] Da – anders als in 1 Hen 10,12 – eben nicht von Generationen die Rede ist, kann eine Generationenfolge nicht als chronologischer Generalschlüssel dienen; daß ein solches Schema dennoch an einer passenden Stelle in den Rahmen der שבעין eingebunden werden

---

225 So mit NICKELSBURG, *1 Enoch*, 440, und KOCH, *Sabbatstruktur*, 414, gegen YARBRO COLLINS, *Numerical Symbolism*, 1242, und VANDERKAM, *Biblical Interpretation*, 111, der zudem ohne Begründung ein nicht näher bestimmtes Auslegungsverhältnis zu den 70 jeremianischen Jahren (Jer 25,11f.; 29,10) annimmt.

konnte, zeigt der Reflex auf die Geburt Henochs als siebten Patriarchen (93,3).[226]

Daß mit einer identischen Länge jedes Siebents zu rechnen ist, legt sich nicht nur angesichts der durchgängigen Terminologie, sondern auch über die in Epoche drei bis acht wiederkehrende Datierung der Schlüsselereignisse auf das jeweilige Ende nahe, die mit einer zugrundeliegenden Sabbat- oder Jubiläenstruktur aufs beste harmonieren würde. Sabbat und Jobeljahr markieren die Zielpunkte heptadischer Zeiträume, die in ihnen verorteten Ereignisse sind von besonderer geschichtstheologischer Signifikanz.[227] Da die Epochen drei bis acht lediglich über ihre Bezeichnung als שבוע und die Ereignisse an ihrem Ende chronologisch näher bestimmt werden, spricht alles dafür, daß hier ein festes Schema wiederkehrt, bei dem weniger das *Wie* der Binnenchronologie als vielmehr das *Daß* einer identischen, die Zeiten durchziehenden Ordnung entscheidend ist. Die u.a. von HARTMAN und NICKELSBURG betonte Trostfunktion der Zehnwochenapokalypse steht und fällt mit der Verläßlichkeit der in immer gleichen Intervallen wiederkehrenden chronologischen Zäsuren.[228] Auch von daher spricht nichts dafür, hier mit שבעין unterschiedlicher Dauer zu rechnen.[229]

Als zentrale Aussage der Zehnwochenapokalypse kann daher festgehalten werden, daß die – Kosmos und Kalender durchdringende – Schöpfungsordnung Gottes in Gestalt der שבעין auch dem Geschichtslauf eingestiftet ist. Die konsequente Durchführung dieses Gedankens vollzieht sich anhand der dargestellten Abfolge von zehn Siebenten, die inhaltlich in Form einer Ringkomposition aufeinander bezogen sind. Das hiermit gegebene geschichtstheologische Konstrukt ist über die Vollendung signalisierende Siebenzahl in den gesamten Traditionskonnex der

---

226 Alle sonst an der Siebenzahl orientierten Aussagen sind in Relation zum grundlegenden שבעין-Schema zu bewerten. Insofern läßt sich aus 93,3 nicht ableiten, daß etwa das erste Siebent als Folge von sieben Generationen, andere Siebente hingegen als Abfolge von Jahren zu deuten seien, ein Versuch zur Lösung der skizzierten Schwierigkeiten, der m.E. bisher noch nicht unternommen wurde, aber am Text vorbeilaufen muß.

227 Die Verknüpfung entscheidender Ereignisse mit dem Ende einer Jahrwoche oder eines Jubiläums ist ein typisches Merkmal heptadischer Geschichtskonzeptionen, das besonders klar in der ausführlichen Geschichtsdarstellung des Jubiläenbuches zutage tritt (s.u., *IV. 3.3.*).

228 Vgl. HARTMAN, *Functions*, 11; NICKELSBURG, *1 Enoch*, 440.

229 Daß die Henochkreise an einer Ordnung der Zeiten interessiert waren und sich mit ihrer ‚wissenschaftlichen' Erforschung beschäftigten, zeigt das astronomische Henochbuch (1 Hen 72-82): Der von ihm propagierte Sonnenkalender betont gerade das Vorhandensein einer verläßlichen, gottgesetzten Ordnung des Jahreslaufes. Auch die von Henoch auf seinen Himmelsreisen geschauten Naturphänomene, auf die in 93,2; 91,16 direkt angespielt wird, sind Ausdruck dieser kosmisch-zeitlichen Weltordnung. Sollte dies ausgerechnet im Fall der שבעין anders liegen?

Henochkreise eingewoben, was die Verweise auf siebenfache Erkenntnis (93,10) und siebenfaches Strahlen der Himmelskörper (91,16) unmißverständlich zum Ausdruck bringen. Die Evidenz des heptadischen Systems ist daher als Voraussetzung, nicht jedoch als Ergebnis der Beschäftigung mit der biblischen und nachbiblischen Geschichte zu werten. Die Henochkreise lebten in der Gewißheit, daß die der Schöpfung als ganzer eingestiftete Siebenerstruktur *auch* den Geschichtsverlauf prägt, ja prägen *muß.*

Nimmt man die in den Augen der Verfasserkreise unangreifbare Plausibilität einer heptadischen Struktur der Geschichte zum Ausgangspunkt, so läßt sich das Vorgehen der Zehnwochenapokalypse adäquat als Applizierung dieser geschichtstheologischen Grundüberzeugung auf die biblische Geschichte und die erwartete Endzeit beschreiben. Die strukturellen Implikationen des heptadischen Systems werden, wie unter *2.2.1.* dargelegt, sowohl im Blick auf den Gesamtzeitraum von zehn (7+3) Siebenten als auch hinsichtlich der Gestaltung der einzelnen Siebente bewußt eingesetzt. Der Text konstruiert auf diese Weise im selektiven Rückgriff auf biblische Traditionen ein heilsgeschichtliches Schema, das seine Kohärenz aus der Abfolge gleicher Siebente gewinnt. Er prägt dem diffusen chronologischen Befund der Bibel eine sinnstiftende Ordnung auf, indem er ans Licht bringt, daß Henoch, die Sintflut, Abraham, die Gabe der Tora, der Bau des Tempels und seine Zerstörung in eine feste Sequenz von Zeitsiebenten gleicher Länge fallen, die einen ersten Zielpunkt mit dem Aufkommen der Henochgruppierung am Ende des zentralen siebten Siebents findet.

Die Zehnwochenapokalypse beantwortet daher die Frage nach dem Ort ihrer Verfasserkreise im von Gott bestimmten Geschichtslauf durch den Aufweis der großen heptadischen Ordnungsgefüge in der biblisch bezeugten Vorgeschichte und der endzeitlichen Gerichtsphase. Dabei spielen die Vorgänge der profanen Weltgeschichte keine Rolle: Ein Interesse etwa an einer Abfolge mehrerer Reiche, wie es das Danielbuch spiegelt, liegt nicht im Horizont des Textes, wie überhaupt alle politischen Ereignisse unberücksichtigt bleiben oder lediglich, wie am Ende des sechsten Siebents, andeutungsweise in Relation zu ihren heilsgeschichtlichen (Negativ-)Folgen in den Blick rücken. Auch die Ereignisse der Verfasserzeit werden zwar erwähnt, dienen jedoch nur als Vorspiel der entscheidenden Zäsur am Ende des siebten Siebents und werden, was leicht übersehen wird, nicht durch nähere Bestimmungen in den chronologischen Rahmen eingearbeitet. Es liegt also nicht im Horizont des Textes, eine ausgefeilte Chronologie der Geschichte Israels zu bieten, sondern er beschränkt sich auf den Aufweis einer heptadischen Ordnung für die aus den biblischen

Schriften rezipierten zentralen Ereignisse, vor deren Hintergrund die Henochgruppe ihre eigene Existenz deutete.

Interpretiert man das System der zehn Siebente in der dargestellten Weise als Aufweis einer verborgenen Struktur der biblischen Heilsgeschichte, die nicht aus den biblischen Schriften abgeleitet, sondern umgekehrt erläuternd auf diese zurückprojiziert wird, so bleibt die Frage nach der Länge eines Siebents bestehen. Daß die Zehnwochenapokalypse lediglich die Existenz einer Abfolge von Siebenten gleicher Dauer postuliert, ohne an einer näheren Bestimmung dieser Dauer Interesse zu haben, wäre im Kontext heptadischer Geschichtskonzeptionen ein singulärer Fall und im Blick auf den Charakter des Textes wenig wahrscheinlich: Die verhüllende Rede von ‚Siebenten' impliziert bereits die Frage nach dem numerischen Wert der verwendeten Basiseinheiten, und es ist daher anzunehmen, daß im Hintergrund ein klar umrissenes Konzept von einem „Zeitsiebent höherer Ordnung"[230] steht. Daß jedem Siebent, wie seit KOCH weitgehend als Konsens gilt, die Dauer von 490 Jahren als korrespondierend zu denken ist,[231] stellt dabei eine plausible Annahme dar, insofern es sich um eine signifikante heptadische Makrostruktur handelt, die der Verfasser sowohl durch verwandte chronologische Traditionen als auch durch die Exegese einzelner biblischer Texte hätte verifiziert finden können.

So ist mit der Möglichkeit zu rechnen, daß der Verfasser der Zehnwochenapokalypse die etwa in Dan 9 bezeugte Tradition kannte, nach der vom Exilsbeginn bis zur Schwelle der Endzeit 490 Jahre vergehen, und vor diesem Hintergrund das siebte Siebent absteckte, das eben diese geschichtliche Epoche umfaßt. Die Evidenz der 490 Jahre erst einmal vorausgesetzt, erscheint ferner durchaus plausibel, daß der Verfasser diese durch Kombination verschiedener Jahresangaben des biblischen Textes zusätzlich verifiziert finden konnte: Implizite heptadische Sequenzen, etwa im chronologischen Material der Königebücher, lassen sich, dies zeigt nicht zuletzt die Forschungsgeschichte, problemlos von jedem nachweisen, der ihre Existenz voraussetzt.[232] War damit das Siebent von 490 Jahren als chronologische Basiseinheit gegeben und in der biblischen Geschichte partiell nachweisbar, so konstruiert die Zehnwochenapokalypse auf dieser Grundlage und unter den dargestellten geschichtstheologischen Leitlinien ihre Chronologie der zehn Siebente. Der Text ist damit kein Exzerpt biblischer Daten, sondern ein eigenständiger Entwurf, der die im

---

230 KOCH, *Sabbatstruktur*, 415.

231 Vgl. etwa MAIER, *Qumran-Essener* III, 120; SCOTT, *On Earth*, 128; STEGEMANN, *Jüdische Apokalyptik*, 41; sowie, mit den dargestellten Abweichungen bezüglich des ersten und zehnten Siebents, auch DIMANT, *Seventy Weeks Chronology*, 57–76.

232 Vgl. die vorangehenden Ausführungen zum Modell KOCHs.

biblischen Text gerade nicht explizierte heptadische Ordnung des gesamten Geschichtslaufes allererst ans Licht bringt.

2.3. Fazit: Die zehn Siebente als geschichtstheologische Größe

Die Zehnwochenapokalypse (1 Hen 93,1-10; 91,11-17) kleidet die geschichtstheologischen Grundüberzeugungen der Henochkreise in einen kunstvoll strukturierten Entwurf. Gedanken, die bereits im direkten Kontext aufscheinen (1 Hen 91,5-9) werden vertiefend aufgenommen und um weitere Facetten ergänzt: So begegnet erneut die Korrespondenz zwischen Flut- und Endgericht, eingebettet allerdings in ein ausgefeiltes dreifaches Gerichtskonzept, das in der Reihenfolge Israel – Menschheit – Wächter die Ausbreitung der Sünde in umgekehrter Reihenfolge behebt. Ebenfalls neu ist die im Henochbuch sonst nicht bezeugte heilsgeschichtliche Verankerung der Verfasserkreise über das Erwählungskonzept, das sie als Erben Abrahams zugleich als das wahre Israel präsentiert.

Welt-, Menschheits- und Israelgeschichte begegnen im Rahmen eines heilsgeschichtlichen Schemas, das aus zehn Siebenten besteht, die auf mehrere Arten strukturiert sind: Einerseits wird in Spiegelsymmetrie das Aufkommen von Lüge und Gewalttat (שקרא וחמסא) in den ersten Siebenten sowie ihre Überwindung in dem die letzten drei Siebente umfassenden Endgericht ausgesagt, wobei die Ereignisse der Urzeit zugleich den Fahrplan der endzeitlichen Wiederherstellung vorgeben. Die zehn Siebente, auf den himmlischen Tafeln eingeschrieben (93,2), stellen so die von Gott gesetzte Zeit des menschlichen und himmlischen Abfalls dar, nach deren Ende sich die ewige Heilszeit anschließen wird, die mit der Sündenzeit nur noch die Struktur der Siebente gemein hat. Andererseits fällt in denselben Zeitraum die Etablierung der heilsgeschichtlichen Größen Israel, Gesetz und Heiligtum, die als Grundpfeiler der intendierten Gottgemeinschaft in Gerechtigkeit (קשטא) nicht Erscheinungen einer Zwischenzeit darstellen, sondern in der ewigen Abfolge der Siebente fortbestehen werden. Die Zehnwochenapokalypse zeichnet die in den Erwählten kulminierende Geschichte Israels als *movens* der Weltgeschichte in einen umfassenden Entwurf ein: Es ist das Auftreten dieser Erwählten in Harmonie mit dem göttlichen Heilsplan, das die Vollendung der Schöpfung durch das dreistufige Gericht heraufführt.

Die Siebente drei bis acht umfassen die Geschichte Israels von ihrer Begründung in Abraham bis zu ihrer vollen endzeitlichen Verwirklichung und unterstreichen die Zentralstellung des erwählten Volkes auch durch ihre symmetrische Position in der Ringkomposition, umschlossen von zwei weiteren Kreisen, die den Blickwinkel auf alle Menschen und schließlich auf die himmlische Sphäre weiten. Das geschichtstheologische Profil des Textes erschließt sich primär über seine Struktur, insofern keine detaillierte Chronologie, sondern eine Darstellung der großen Ordnungsgefüge der Geschichte vorliegt. Die Wahl einer heptadischen Darstellungsweise ist vor dem Hintergrund von Bibel und Henochtradition besonders signifikant. Sie trägt der göttlichen Schöpfungsordnung Rechnung, deren Vollkommenheit in der Siebenzahl hervortritt, die sich in allen Bereichen der geschaffenen Welt wiederfindet: Raum und Zeit, Kosmologie und Geschichte tragen den Stempel der Zahl Sieben und sind untrennbar aufeinander bezogen. Insofern der Kosmos gegenwärtig als geordnet erfahrbar ist, verbürgt diese Erkenntnis zugleich die feste Gewißheit, daß Gott seine harmonisch strukturierte Schöpfung so zur Vollendung führen wird, wie Henoch es aus den himmlischen Schriften wiedergibt.[233]

Die Zehnwochenapokalypse erweist sich als geschichtstheologisches Konstrukt, das die Evidenz eines heptadischen Entwurfes voraussetzt und dessen systemimmanente Gestaltungsmöglichkeiten konsequent ausschöpft. Daß dabei mit jedem Siebent die Länge von 490 Jahren verbunden wurde, ist gut vorstellbar, da ein derartiges Zeitsiebent höherer Ordnung nicht nur strukturell plausibel ist, sondern dem Verfasser überdies bereits aus der Tradition bekannt gewesen sein könnte und sich schließlich auch hinter manchen Angaben der biblischen Chronologie vermuten ließ. Dabei ist allerdings dem Mißverständnis vorzubeugen, die Chronologie der Zehnwochenapokalypse sei zur Gänze aus den biblischen Schriften oder einem anderen Referenztext abgeleitet. Das Schema der zehn Siebente gleicher Länge ist vielmehr in seiner vorliegenden Gestalt allein die schöpferische Leistung des Verfassers, der gerade in Ermangelung einer stringent durchgeführten biblischen Chronologie ein System konstruiert, um die heilsgeschichtliche Ordnung hinter den für die Henochkreise zentralen Figuren und Ereignissen hervorzuheben. Die biblische Vorgeschichte wird dabei in einen universalgeschichtlichen Entwurf eingezeichnet, der auch eine Antwort auf die Position der Verfasserkreise im gottgesetzten Ablauf der Siebente gibt: Diese befinden sich zwar an der zentralen Schwelle zum Endgericht, die Heilsvollendung wird aber noch weitere drei Siebente auf sich warten lassen – nicht aufgrund einer unerklärlichen Verzögerung, sondern weil ein dreistufiges Gericht über einen Zeitraum von drei Siebenten aufgrund der Symmetrie unumgänglich ist, die Gott als Schöpfer dem Geschichtslauf eingestiftet hat und der er als Beherrscher der Welt Folge leistet.

---

233 NICKELSBURG, *Enoch as Scientist*, 218, hat diesen Zusammenhang zutreffend auf den Punkt gebracht: „Thus, in the midst of suffering, one can take courage *now*, because God's will is already being done in heaven and in the far reaches of the cosmos."

3. Die Tiervision (1 Hen 85-90)[234]

3.1. Analyse

3.1.1. Ursprung und Kontextualisierung von 1 Hen 85-90 – die Tiervision im Rahmen des Buches der Traumvisionen (1 Hen 83-90)

Daß mit Kap. 83-90 eine Makroeinheit innerhalb des Äthiopischen Henochbuches vorliegt, ist aus mehreren Gründen ersichtlich: Zunächst markiert die Anrede Methusalems in 83,1 einen Neueinsatz, der den Beginn einer literarischen Einheit kennzeichnet. Diese ist in Anknüpfung an die mit 81,1 - 82,4 etablierte erzählerische Fiktion der Testamentseröffnung gestaltet, und ihr Ende (90,42) wird durch den folgenden, auf derselben Erzählebene liegenden Neueinsatz (91,1) klar markiert. Verbunden damit ist die in den Rahmenversen 83,1-3 und 90,42 programmatisch formulierte Tatsache, daß Kap. 83-90 sich um den Bericht zweier nächtlicher Visionen ranken, womit ein Offenbarungsmedium eingeführt wird, das sonst in 1 Hen nur unterschwellig vorhanden ist[235] und diesen Kapiteln zu Recht die an der Textgattung orientierte Bezeichnung als *Buch der Traumvisionen* eingetragen hat.

Beide Traumvisionen sind durch Ankündigung (83,1-3) und Erinnerung Henochs (90,42) redaktionell miteinander verzahnt; die Andersartigkeit der Offenbarungsform im Vergleich zum Wächterbuch (Kap. 1-36) und der damit verbundene Wechsel der Rolle Henochs – vom Kenner der himmlischen Geheimnisse zum vom Inhalt seiner Schauungen beunruhigten Visionär – werden erzählerisch aufgefangen durch die biographische Rückverortung der Träume in Henochs frühe Jugend, also noch vor den Beginn seiner Himmelsreisen.[236] Trotz der aufgrund desselben Offenbarungsmediums gegebenen formalen Gemeinsamkeiten weisen beide Traumvisionen deutliche Unterschiede auf: Die erste umfaßt im Kern nur zwei Verse (83,3f.) und bildet lediglich den Ausgangspunkt für eine sich fortspinnende Handlung, in der die Antwort Mahalalels (83,7f.), des Großvaters Henochs, eine Deutung der Vision auf das drohende Flutgericht bietet, die wiederum zum Ausgangspunkt eines Gebetes Henochs

---

234 Im folgenden verwende ich den Begriff ‚Tiervision‘, der dem Text angemessener ist als die ebenfalls häufig begegnende Bezeichnung ‚Tierapokalypse‘, da die visionären Züge überwiegen und ein spezifischer Offenbarungskontext nicht erkennbar ist. Auf den Unterabschnitt der 70 Hirtenzeiten (1 Hen 89,59 - 90,19) wird als ‚Hirtenvision‘ rekurriert.

235 In 1 Hen 13,8; 14,4 wird auf eine Traumvision Henochs bezüglich des Gerichtes über die gefallenen Wächter angespielt.

236 So bereits DILLMANN, *Buch Henoch*, 252; vgl. TILLER, *Commentary*, 231f. Warum wie in Jub 4,19f. Henochs Visionen mit seiner Hochzeit enden, ist inhaltlich unklar, scheint aber eine verbreitete Tradition zu spiegeln.

wird (84,1-6), das seinen Anfang im Lobpreis der göttlichen Allmacht und Weisheit nimmt und in einer Bitte um die Verschonung eines Restes, identisch mit den Gerechten, vor der Vernichtung der Sintflut gipfelt.

Während also die Perspektive des ersten Visionsteils (1 Hen 83f.) explizit nur bis zur Flut in den Tagen Noahs reicht und der zeitliche Bezugsrahmen lediglich implizit über das Motiv der ‚Pflanze der Gerechtigkeit‘ (84,6) bis in die Zeit des Verfassers ausgeweitet wird, bietet der zweite, die Kap. 85-90 umfassende Teil (die Tiervision) eine umfangreiche allegorische Geschichtsschau von den Uranfängen bis zum Anbruch der Endzeit, die den gesamten Raum der betreffenden Kapitel einnimmt und folglich nicht das Schema von Vision und folgender Interpretation, charakteristisch nicht nur für das vorangehende Nachtgesicht (Kap. 83f.), sondern auch für die Kap. 7 und 8 des Danielbuches, teilt. Es sind somit zwei in ihrer Ausgestaltung recht unterschiedliche Visionsschilderungen in 1 Hen 83-90 miteinander verbunden worden, eine Erkenntnis, die die Frage nach Ursprung der Teile und Ablauf des Redaktionsprozesses – sowohl im Blick auf den Buchteil als auch auf das Buchganze – unvermeidlich nach sich zieht.

Daß die beiden Visionen einen unterschiedlichen Ursprung haben und ihre heutige Einheit nicht der Identität ihres Autors, sondern der Arbeit eines Redaktors verdanken, läßt sich bereits aus den angestellten Beobachtungen bezüglich des unterschiedlichen Aufbaus und Inhalts ableiten. Nicht nur Spannungen wie etwa der abrupte Personenwechsel von 85,1 zu 85,2, sondern auch die unterschiedlichen Intentionen beider Texte sprechen dafür, daß diese auf verschiedene Autorenkreise zurückgehen – ein Sachverhalt, den TILLER in seinem Kommentar folgendermaßen zusammenfaßt: „The function of the *An. Apoc.* seems to be to promote a certain political stance and to encourage those that already adhere to it. The function of the first dream-vision seems to be to legitimate the heirs of the Enochic traditions over against other possibly competing groups."[237] Daß, wie TILLER weiter vermutet, das engere Gruppenverständnis der ersten Vision für ein späteres Entwicklungsstadium der Henochtradition spricht, ist möglich, keineswegs jedoch zwingend, wenn man berücksichtigt, wie wenig sich effektiv über Gestalt und Entwicklung der Henochkreise sagen läßt.

Es ist daher damit zu rechnen, daß die Tiervision aufgrund ihrer kompositorischen Geschlossenheit einen ursprünglich selbständigen Text darstellt, der von einem Redaktor nachträglich mit der ersten Vision im jetzigen Kontext verbunden wurde. Ob diesem Redaktor auch die erste Vision (1 Hen 83f.) bereits vorlag oder ob sie erst für ihren jetzigen Kontext

---

237 TILLER, *Commentary*, 99.

geschaffen wurde, läßt sich auf der Basis des Textes nicht mehr eindeutig entscheiden.[238] Die Tatsache der gemeinsamen Überlieferung zeigt jedoch, daß der Redaktor beide Visionen inhaltlich für kompatibel erachtete und möglicherweise, sollte die von TILLER geäußerte Vermutung bezüglich der späteren Entstehung der ersten Vision zutreffen, die aus der Tradition übernommene Tiervision um einen Text aus seinem näheren Umfeld ergänzte und dadurch zugleich unter ein neues Vorzeichen stellte.[239] Daß die Kombination beider Texte keineswegs beliebig ist, betont auch REESE, der soweit geht, die Tiervision „als die göttliche, im Traum gegebene Antwort auf das Gebet Henochs" zu deuten, und zu dem Schluß kommt: „Gegenstand der Geschichtsdarstellung ist demnach nicht die Weltgeschichte schlechthin, sondern die Geschichte der ‚ewigen Samenpflanze', die Geschichte Israels."[240] Ob sich diese Zielbestimmung aufrechterhalten läßt, wird der Analyseteil zeigen müssen.

Nur wenig läßt sich über die historische Verortung des ersten Visionsteiles (Kap. 83f.) sagen: Da er sich um das erwartete Flutgericht rankt und eine weitere geschichtliche Perspektive nicht entfaltet wird, ist naturgemäß nicht damit zu rechnen, Kriterien für die Datierung aus zeitgeschichtlichen Anspielungen zu gewinnen. Lediglich das am Ende des Gebetes (84,6) aufscheinende Bild der Gerechten als einer Pflanze erinnert an die Vorstellungswelt der Zehnwochenapokalypse, wo es an mehreren Stellen begegnet und auf ein entsprechendes Selbstverständnis der Verfasserkreise schließen läßt. Dies ermöglicht jedoch keine klaren Rückschlüsse, da auch die Zehnwochenapokalypse nur näherungsweise zu datieren ist und die Art ihres Verhältnisses zur ersten Traumvision unklar bleibt.[241] Daß sich beide Texte im Rahmen der Henochüberlieferung besonders nahestehen, ergibt keine eindeutigen Kriterien für die Eingrenzung der näheren Entstehungsverhältnisse. Besser liegen die Dinge im Fall der Tiervision (1 Hen 85-90): Die in ihrer allegorischen Geschichtsschau verschlüsselt geschilderten Ereignisse lassen sich mit bekannten historischen Begebenheiten verbinden. Die Verfasserzeit kann demnach durch die Fixierung des Punktes eingegrenzt werden, an dem die Perspektive vom Bericht über Vergangenes in ‚echte' Weissagung umschlägt.

Bereits DILLMANN versucht, diesen Punkt im Duktus des Textes zu orten, und kommt zu dem Schluß, daß in 90,15 das Ende der erlebten Geschichte erreicht sei – alles Weitere beziehe sich auf die erwartete Zu-

---

238 Vgl. TILLER, *Commentary*, 99f.
239 Die direkte Abfolge einer kurzen und einer ausführlichen Vision findet eine Analogie in der Anordnung der Zehnwochenapokalypse hinter der kurzen Methusalem-Apokalypse (1 Hen 91,5-10); vgl. VANDERKAM, *Enoch and the Growth*, 160.
240 REESE, *Geschichte Israels*, 16.
241 Zur Datierung der Zehnwochenapokalypse s.o., *2.1.2. a)*.

kunft.[242] Er sieht hinter den geschilderten Ereignissen Parallelen zur Regierungszeit Johannes Hyrkans und setzt daher den Text um das Jahr 110 v. Chr. an.[243] Eine frühere Datierung in die Makkabäerzeit vertritt CHARLES, nach dessen Ansicht die Epoche der letzten zwölf Hirten (90,6-19) um 200 v. Chr. einsetzt und das große Horn in 90,9 auf Judas Makkabäus zu beziehen ist. Da von einem Ende des Krieges keine Rede mehr sei, müsse der Text noch vor dem Tod des Judas entstanden sein, möglicherweise noch vor der Wiedereinweihung des Tempels.[244] Die Makkabäerthese, die sich innerhalb der folgenden Jahrzehnte zu einem Forschungskonsens entwickelt, findet nur noch gelegentlich Widerspruch, so etwa von BEER, der bei DILLMANNs Datierung in die Zeit Johannes Hyrkans bleibt.[245]

Einen wesentlichen Beitrag zur Durchsetzung der Makkabäerthese leistet MILIK, der unter Aufgriff der bereits von CHARLES und MARTIN angestellten Beobachtungen nachzuweisen sucht,[246] daß 1 Hen 90,13-15 aufgrund frappierender Parallelen zu 2 Makk 11,6-12 als Schilderung des makkabäischen Sieges bei Bethsur verstanden werden müsse. In 90,16 werde auf die gleichzeitige Bedrohung durch die umliegenden Völker angespielt, mit 90,17 schließlich verlasse man den Boden erlebter Geschichte. „The Book of Dreams was accordingly composed during 164 B.C., probably in the early months of that year, during the few weeks which followed the battle of Bethsur."[247]

Vermehrt um den möglichen Bezug auf die Beseitigung Onias' III. in 90,8, das Auftreten von Judas Makkabäus in 90,9 und die Anspielung auf seine Erfolge gegen Apollonius und Seron in 90,12[248] scheint die Sachlage klar für eine Verortung des Verfassers zur Zeit der makkabäischen Erhebung zu sprechen, der dieser eindeutig positiv gegenübersteht. Eine entsprechende Datierung der vorliegenden Textgestalt der Tiervision wird daher in fast ausnahmslos allen Publikationen der letzten drei Jahrzehnte vertreten, wenn auch nicht alle Autoren so kühn wie MILIK sind und das

---

242 Vgl. DILLMANN, *Buch Henoch*, xliv; dagegen zählt EWALD, *Abhandlung*, 48, bereits V. 14 zur erwarteten Zukunft.

243 Auch EWALD, *Abhandlung*, 54, und HILGENFELD, *Jüdische Apokalyptik*, 327, sprechen sich für eine Entstehung unter Johannes Hyrkan aus.

244 Vgl. CHARLES, *Book of Enoch*, 180; ähnlich MARTIN, *Livre d'Hénoch*, xcv-xcvi, nach dessen Ansicht die Kap. 83-90 im Zeitraum zwischen 166 und 161 v. Chr. entstanden sein müssen. Eine Datierung in die Makkabäerzeit wird bereits von Exegeten des 19. Jh. vertreten; vgl. etwa FRAIDL, *Exegese*, 13, und den Forschungsüberblick bei GEBHARDT, *70 Hirten*, 163-246. Sie wird scharf von VOLKMAR, *Beiträge*, 100, zurückgewiesen, dem das gesamte Henochbuch als zur Zeit des Bar-Kochba-Aufstandes entstanden gilt.

245 Vgl. BEER, *Buch Henoch*, 230.

246 Vgl. CHARLES, *Book of Enoch*, 211; MARTIN, *Livre d'Hénoch*, 227.

247 MILIK, *Books of Enoch*, 44.

248 Vgl. TILLER, *Commentary*, 78.

Datum bis auf den Monat genau bestimmen wollen.[249] BLACK hingegen hebt hervor, daß aufgrund der in 1 Hen 90,28f. geäußerten Erwartung der Errichtung eines endzeitlichen Heiligtums nicht damit zu rechnen sei, daß die Wiedereinweihung des Tempels durch die Makkabäer bereits eingetreten war.[250] Man wird jedoch dem von TILLER geäußerten Einwand stattgeben müssen, daß es angesichts einer ohnehin negativen Haltung der Tiervision zum Zweiten Tempel durchaus denkbar wäre, wenn ihr Verfasser das Ereignis seiner Wiedereinweihung einfach ignoriert hätte.[251] Aus der Nichterwähnung der Tempelweihe ist daher kein eindeutiges Datierungsargument zu gewinnen, und man wird lediglich daran festhalten müssen, daß der Text mit hoher Wahrscheinlichkeit auf Ereignisse bis ins Jahr 164 v. Chr. Bezug nimmt und daß in Ermangelung klarer Anspielungen auf spätere Entwicklungen nichts dafür spricht, mit einer Abfassung deutlich jenseits dieses Zeitpunktes zu rechnen.[252]

Einer klaren Datierung der Tiervision in die Zeit, als die makkabäische Erhebung ihre ersten großen Erfolge sammelte, scheint nach allem Gesagten nichts im Wege zu stehen, zumal sich auch paläographisch keine Gegenargumente benennen lassen.[253] Dieser Datierungskonsens kann jedoch nur solange als unangefochten gelten, wie man die literarische Integrität des Textes nicht in Zweifel zieht. Bereits CHARLES hatte das Buch der

---

249 So plädieren GARCÍA MARTÍNEZ, *Qumran and Apocalyptic*, 77f., und VANDERKAM, *Enoch and the Growth*, 162, für ein Datum in den späten 160er Jahren. UHLIG, *Henochbuch*, 673f., vermißt zwar schlagende Beweise für die Makkabäerthese, optiert aber aufgrund aller Indizien für eine Datierung ins Jahr 165/164 v. Chr. REESE, *Geschichte Israels*, 15, geht von einer Abfassung „in den Anfängen der makkabäischen Erhebung (zwischen 166 und 160 v.Chr)" aus, wobei angesichts des angegebenen Zeitraumes die Rede von „den Anfängen" etwas irreführend ist.

250 Vgl. BLACK, *Book of Enoch*, 274; ähnlich auch STECK, *Israel*, 154, Anm. 3.

251 Vgl. TILLER, *Commentary*, 79.

252 DIMANT, ההיסטוריה על-פי חזון החיות, 18-37 (vgl. DIES., ירושלים והמקדש בחזון החיות, 177-193; DIES., *Qumran Sectarian Literature*, 542-547), hat versucht nachzuweisen, daß die Tiervision ein Werk aus der Frühzeit der Qumrangruppierung darstellt. Man wird jedoch trotz der sicherlich vorhandenen Affinitäten zu den Texten dieser Gruppierung – nicht zuletzt die in Höhle 4Q gefundenen aramäischen Fragmente des Buches der Traumvisionen bezeugen eine Wertschätzung dieses Teils von 1 Hen – nicht vorschnelle Rückschlüsse auf eine Identität der Verfasser ziehen dürfen. Zu komplex und diffus ist die Quellenlage, um das gegenseitige Verhältnis der hinter den in Qumran gefundenen Texten stehenden Verfasser eindeutig zu bestimmen. So hat GARCÍA MARTÍNEZ, *Qumran and Apocalyptic*, 78, zu Recht darauf hingewiesen, daß es im Blick auf die in anderen Qumrantexten vertretenen Positionen verwunderlich wäre, wenn sich die Gruppierung in ihrer Frühzeit derartig einseitig zugunsten der Makkabäer geäußert habe, wie dies in der Tiervision der Fall ist.

253 Das älteste in Qumran gefundene Henochfragment, 4QEn^f, wird von MILIK, *Books of Enoch*, 5.41.244, in die Zeit zwischen 150 und 125 v. Chr. datiert. Paläographisch ließe sich daher als *terminus ante quem* für die Tiervision das letztgenannte Jahr festhalten, was einer Entstehung zur Zeit der Makkabäer selbstredend nicht entgegensteht (vgl. VANDERKAM, *Enoch and the Growth*, 161).

Traumvisionen aufgrund seiner literarischen Homogenität zwar als singulären Fall im gesamten Henochkorpus hervorgehoben, gleichwohl aber konstatiert, daß mit 90,14b eine Interpolation vorliege, die darauf zurückgehe, daß es sich bei 90,13-15 um eine Dublette zu 90,16-18 handele.[254] Da das Problem ausgerechnet innerhalb der Verse auftritt, die als einzige klare Indizien für eine Datierung bieten, ist seine Tragweite schwerlich zu unterschätzen. Um eine bessere Orientierung über die Problemlage zu ermöglichen, sei daher zunächst der Text nach der von UHLIG vorgelegten Übersetzung synoptisch dargeboten:[255]

90,13 Und ich schaute, bis die Hirten, Adler, jene Geier und Habichte kamen, und sie schrieen den Raben zu, daß sie das Horn jenes Bockes zerbrechen sollten, und sie kämpften und stritten mit ihm, und es stritt mit ihnen und schrie, daß ihm Hilfe käme.

90,14 Und ich schaute, bis jener Mann kam, der die Namen der Hirten aufschrieb und hinaufbrachte vor den Herrn der Schafe, und der half ihm und zeigte ihm alles, und seine Hilfe kam herab zu jenem Bock.

90,15 Und ich schaute, bis der Herr der Schafe im Zorn über sie kam und alle, die ihn sahen, flohen, und alle fielen in die Finsternis vor seinem Angesicht.

90,16 Alle Adler, Geier, Raben und Habichte kamen zusammen, und alle Schafe des Feldes kamen mit ihnen, und alle kamen zusammen und halfen sich, daß sie jenes Horn des Bockes zerbrächen.

90,17 Und ich schaute jenen Mann, der das Buch nach dem Spruch des Herrn führte, bis er dieses Buch der Vernichtung öffnete, die jene letzten zwölf Hirten angerichtet hatten, und er wies vor dem Herrn der Schafe nach, daß sie weit mehr als (die) vor ihnen vernichtet hatten.

90,18 Und ich schaute, bis der Herr der Schafe zu ihnen kam und den Stab seines Zornes in seine Hand nahm und die Erde schlug, und die Erde brach auseinander, und alle wilden Tiere und alle Vögel des Himmels fielen von jenen Schafen und sanken in die Erde, und sie schloß sich über ihnen.

90,19 Und ich schaute, bis den Schafen ein großes Schwert gegeben wurde, und die Schafe zogen gegen alle wilden Tiere aus, daß sie sie töteten, und alle wilden Tiere und Vögel des Himmels flohen vor ihrem Angesicht.

TILLER hat sich in seinem Kommentar eingehend mit der literarischen Integrität des Abschnittes 1 Hen 90,13-19 beschäftigt und die bisher in der Forschung vertretenen Anschauungen drei grundlegenden Positionen

---

254 Vgl. CHARLES, *Book of Enoch*, 179.
255 Vgl. UHLIG, *Henochbuch*, 699f.

zugewiesen:[256] Die Vertreter der ersten Position, neben CHARLES ist hier u.a. auch MARTIN zu nennen, rechnen, wie bereits angerissen, im Fall der V. 13-15.16-18 mit einer Dublette, die sich im Kern als Ergebnis von Textkorruption erklären lasse.[257] So findet CHARLES in 90,16-18 das Original, in V. 13-15 das Resultat einer irrtümlichen Dublettenbildung, und versucht ferner, auch alle weiteren Probleme auf einen korrupten Text zurückzuführen, den er kunstvoll zu emendieren weiß. TILLER hat hier zu Recht kritisch angemerkt, daß die Übereinstimmungen zwischen den beiden Teilen der vermeintlichen Dublette keinesfalls so groß sind, daß sie die Grundannahme einer irrtümlichen Dopplung rechtfertigen könnten, daß ferner ein Großteil der Unterschiede von CHARLES überhaupt nicht als solche wahrgenommen würden und, so wäre zu ergänzen, daß schließlich die fast ausschließlich auf textkritischer Ebene angesiedelten Erklärungen der Abweichungen keineswegs befriedigend ausfallen.[258]

Daß die Dublette als Resultat von Textkorruption zu fassen sei, hat daher in Ermangelung schlagender Argumente in der Folgezeit nur noch wenig Unterstützung gefunden. Vielmehr etablierte sich eine zweite Position, die den gegenteiligen Weg einschlug und die Annahme einer Dublette für obsolet erklärte: So scheint MILIK, ohne auf die Fragestellung explizit einzugehen, keine Schwierigkeiten mit der Reihenfolge des äthiopischen Textes zu haben, der nach seiner Ansicht nach 90,16 den Boden erfahrener Geschichte verläßt und mit 90,17 in den Bereich endzeitlicher Erwartung eintritt.[259] UHLIG verweist lediglich auf CHARLES und konstatiert ohne weitere Stellungnahme: „Mit der Annahme dieser These müßten starke Inkongruenzen hingenommen werden."[260] BLACK betont die Unterschiede zwischen V. 13 und V. 16, die auf abweichende historische Umstände hindeuteten und keinesfalls als Dubletten verstanden werden könnten. V. 15 könne hingegen durchaus eine Dopplung zu V. 18 darstellen, „but with features not represented in v. 18", und V. 19 sei schließlich möglicherweise an seiner jetzigen Stelle deplaziert und könne seinen ursprünglichen Ort im Anschluß an V. 16 oder V. 17 gehabt haben.[261] An diesem Punkt bleibt BLACK stehen, ohne einen eigenen Lösungsvorschlag zu unterbreiten und die, durch seine Vermutungen eher größer gewordene, Unklarheit zu beseitigen.

Lediglich VANDERKAM entwickelt ein relativ geschlossenes Bild: Auch er sieht keinen zwingenden Grund für die Annahme einer Dublette;

---

256 Vgl. TILLER, *Commentary*, 63-70.
257 Vgl. CHARLES, *Book of Enoch*, 209-211; MARTIN, *Livre d'Hénoch*, 229f.
258 Vgl. TILLER, *Commentary*, 64f.
259 Vgl. MILIK, *Books of Enoch*, 65.
260 UHLIG, *Henochbuch*, 699.
261 BLACK, *Book of Enoch*, 276f.

während es zwischen V. 13 und V. 16 auffällige Gemeinsamkeiten gebe, überwögen jedoch im Fall der beiden weiteren potentiellen Verspaare (V. 14.17; V. 15.18) die Unterschiede, und auch V. 19 könne bei genauerem Hinsehen keinesfalls als in seinem jetzigen Kontext deplaziert gelten.[262] So zutreffend die von VANDERKAM vorgebrachten Argumente auch sind, und so sehr sie den letzten Beweis liefern, daß die u.a. von CHARLES vertretene Dublettenthese zu kurz greift, so sehr übergehen sie jedoch die Beobachtung, die einst zu dieser These führte, daß nämlich die V. 13-15.16-18 auffällige Parallelen aufweisen, die einer Erklärung bedürfen.

Einen Erklärungsversuch dieser Besonderheit will die dritte von TILLER angeführte Position bieten, die mit einem stufenweise fortschreitenden Wachstum des Textes rechnet. So geht als erster GOLDSTEIN von einer Entstehung des Abschnitts 90,9-19 in (mindestens) drei Schritten aus: Der Grundbestand finde sich in V. 9a.11.17-18 und habe lediglich den Triumph der Frommen zum Inhalt gehabt. In einer zweiten Stufe seien V. 9b-10.12-16 hinzugefügt worden, womit die Karriere von Judas Makkabäus Eingang in den Text gefunden habe. Schließlich sei V. 19 interpoliert worden, der wahrscheinlich auf den Sieg des Judas über Nikanor anspiele.[263] Die von GOLDSTEIN zur Begründung seiner Schichtung angeführten Argumente sind jedoch nicht beweiskräftig, wie TILLER überzeugend darlegt.[264] Die meisten der von GOLDSTEIN notierten literarischen Spannungen bestehen nur dem Schein nach und lösen sich bei genauerer Lektüre des Textes schnell auf. Zudem ist seine Identifizierung der im Text genannten Vögel mit bestimmten Offiziellen am seleukidischen Hof vom Gesamtduktus der Tiervision her unhaltbar.

So muß NICKELSBURG, der an die Arbeit GOLDSTEINs anknüpft, feststellen, daß lediglich zwei ernstzunehmende Faktoren auf eine Fortschreibung hindeuten: „The first is the tension between references to the many sheep and the one ram and his horn. The second is the duplication of common narrative elements."[265] Bringe man diese Faktoren in Anschlag, bestätige sich jedoch die von GOLDSTEIN vorgenommene Schichtung, ja sie lasse sich sogar noch weiter treiben. Unter Abhebung auf Strukturanalogien zerlegt NICKELSBURG den Text (1 Hen 90,6-19) in zwei parallele Stränge, dessen erster (90,6-8.9a.11.17-19) um den zweiten

---

262 Vgl. VANDERKAM, *Enoch and the Growth*, 162f.
263 Vgl. GOLDSTEIN, *I Maccabees*, 40-42.
264 Vgl. TILLER, *Commentary*, 67-69.
265 NICKELSBURG, *1 Enoch*, 396.

(90,9b.10.12-16) ergänzt worden sei, was die heute vorliegende Textgestalt zum Ergebnis gehabt habe.[266]

TILLER hat hier zu Recht eingewandt, daß viele der von NICKELSBURG dargestellten Parallelen auf sehr schwacher Grundlage ruhen und zum Teil eindeutigere Analogien aus dem Blickfeld drängen, wie etwa im Fall von V. 16, der V. 13 viel eher entspreche als V. 19. Ferner existierten nur wenige Verbalparallelen, und außerhalb von V. 13-18 bestehe die einzige nachweisliche Entsprechung zwischen V. 6 und V. 9b-10a, sie falle jedoch äußerst gering aus.[267] TILLER gesteht zu, daß eine quellenkritische Analyse wie im vorliegenden Fall nicht allein auf dem Nachweis von Verbalparallelen aufbauen kann und räumt ferner ein, daß V. 11 mit der plötzlichen Betonung der Machtlosigkeit der Schafe den Übergang zwischen V. 10 und V. 12 zu stören scheint. Anders als bei GOLDSTEIN und NICKELSBURG dürfe dies jedoch nicht zu der Lösung führen, V. 9b-10.12-16 als spätere Redaktionsschicht auszuscheiden, sondern kennzeichne am ehesten V. 11 selbst als spätere Interpolation, wobei auch das nicht zwingend sei und die Spannung auch als bewußtes Stilmittel betrachtet, V. 11 also für den ursprünglichen Textbestand veranschlagt werden könne.[268]

TILLER kehrt für seinen Lösungsvorschlag zu der von CHARLES und MARTIN behandelten Frage der Dublette zwischen 90,13-15 und 90,16-18 zurück. Alle weiteren Parallelen stilistischer Art, auf denen ein Großteil der Rekonstruktion NICKELSBURGs beruht, läßt er dabei als Argumente für eine Fortschreibung zu Recht außer Acht: „These parallels [...] demonstrate nothing more than perhaps a stylistic device to draw parallels between various historical events or the use of similar language to describe

---

266 Vgl. NICKELSBURG, *1 Enoch*, 397. Leider bleibt ein Großteil der Rekonstruktion unklar. NICKELSBURG legt zwar dar, seine Rekonstruktion entspreche weitestgehend dem von GOLDSTEIN gemachten Vorschlag, übergeht aber, daß nach dessen Modell mit einem dreistufigen Wachstum zu rechnen ist, und sorgt überdies für Verwirrung, wenn er (wohl irrtümlich) das in seiner zweiten Spalte gebotene Material für GOLDSTEINs Grundschicht reklamiert, während es sich gerade um Teile handelt, die dieser seiner Fortschreibungsstufe zuschreibt. Lediglich aus seinen Konsequenzen für die Datierung läßt sich rückschließen, daß NICKELSBURG hier wohl die Reihenfolge beider Spalten vertauscht hat, da er von einer Aktualisierung unter Judas Makkabäus spricht (a.a.O., 398), das für diesen stehende Horn aber Teil der zweiten Spalte ist, weshalb es sich bei dieser folglich nicht um die Grund-, sondern eine Ergänzungsschicht handeln muß. Die Schichtung NICKELSBURGs wurde daher hier sinngemäß korrigiert wiedergegeben.

267 Vgl. TILLER, *Commentary*, 70. NICKELSBURG, *1 Enoch*, 398, kritisiert an TILLERs Vorgehen, dieser vernachlässige in seiner Konzentration auf Verbalparallelen sequenzielle Übereinstimmungen, räumt aber ein, daß eindeutige Argumente für seine und die von TILLER propagierte Möglichkeit (s. im folgenden) fehlten. (Daß NICKELSBURG in demselben Werk auf TILLER reagieren kann, aus dem dieser ihn zitiert, hat seinen Grund darin, daß letzterer eine Vorversion des späteren Hermeneia-Kommentars zur Verfügung hatte.)

268 Vgl. TILLER, *Commentary*, 70.

similar events. What is needed is to show that one member of a doublet is inappropriate in its context or causes some disjunction"[269]. Im Fall von V. 13-15.16-18 sei nun genau dies gegeben: Die Parallelität zwischen beiden Abschnitten sei unbestreitbar, hinzu komme als entscheidender Punkt, daß das erste Eingreifen Gottes (V. 15) noch während der Herrschaft der Hirten stattfinde und sich insofern nur schwer mit dem Grundgedanken der Tiervision vertrage, daß Gott während der Herrschaft der Hirten nicht in die irdischen Angelegenheiten eingreift. Der entsprechende, in V. 18 berichtete Gerichtsakt Gottes dagegen füge sich problemlos in den Duktus des Textes ein, da mit der Übergabe des Buches (90,17) Bilanz über die beendete Herrschaft der letzten zwölf Völkerengel gezogen werde und Gottes richtendes Eingreifen nach Beendigung dieser Zeit das entscheidende Ziel der endzeitlichen Erwartung der Verfasserkreise darstelle.

Da V. 17 als zentrale Aussage integraler Bestandteil des Textes sein müsse und der Abschnitt 90,16-18 sich spannungsfrei an 90,12 anfüge, rechnet TILLER damit, daß V. 13-15 nachträglich nach dem Modell von V. 16-18 geformt und an der jetzigen Stelle eingefügt wurden.[270] V. 19 scheine durch den neuerlichen Kampf gegen die wilden Tiere zwar mit V. 18 in Spannung zu stehen, da diese dort bereits erschlagen worden seien, bei genauerem Hinsehen zeige sich jedoch, daß diese Aussage in Relation zu den Schafen verstanden werde müsse, hier also nur die direkten Verfolger Israels im Blick seien, wogegen erst das Schwertgericht in V. 19 einen universellen Zug habe. Daher müsse V. 19 nicht als Nachtrag betrachtet werden – schon gar nicht als ein aus einer historischen Reminiszenz gespeister –, die Gabe des Schwertes sei vielmehr als ein populäres Motiv für den endzeitlichen Kampf der Gerechten zu verstehen (vgl. 1 Hen 91,12).[271]

TILLERs Rekonstruktion ist am einsichtigsten, weil sie die Spannungen des Textes auf einfache Weise zu lösen vermag, ohne komplizierte Schichtungen vorzunehmen, die einer klaren textlichen Basis entbehren.[272] Es

---

269 TILLER, *Commentary*, 71.

270 Vgl. TILLER, *Commentary*, 71f. Damit ist letztlich die bereits von CHARLES vertretene Grundeinsicht wieder erreicht, wenn auch mit dem Unterschied, daß die Dublette als Resultat einer bewußten redaktionellen Änderung gefaßt und nicht als Fall von Textverderbnis verstanden wird.

271 Vgl. TILLER, *Commentary*, 72. Demnach bliebe lediglich im Fall von 90,11 unklar, ob es sich um einen Nachtrag handelt. Zwingend scheint mir diese Annahme jedoch nicht zu sein, da – wie von TILLER dargelegt – dieser Vers zwar im Textfluß als sperrig erscheint, es sich hierbei jedoch gut um ein literarisches Mittel handeln kann, das der dramaturgischen Gestaltung dient.

272 Sowohl von GOLDSTEIN als auch von NICKELSBURG wird zwar richtig gesehen, daß der Text fortgeschrieben wurde, die vorgeschlagenen Modelle sind jedoch gemessen an der

bleibt die Frage, aus welchem Anlaß V. 13-15 nach dem Modell von V. 16-18 gestaltet wurden. Um diese Frage zu beantworten, ist ein Blick auf die Akzentverschiebungen nötig, die ersteren Abschnitt von letzterem unterscheiden: Neu gegenüber der Vorlage ist, daß in V. 14 der Engel nicht bei seiner Funktion als Protokollant der Untaten der Hirten stehenbleibt (so V. 17), sondern dem Bock (Judas Makkabäus) aktiv zu Hilfe kommt. Analog ist in V. 15 von einem Eingreifen Gottes noch während der Zeit der Hirten die Rede, wobei dies eigentlich erst nach deren Ende zu erwarten wäre (so V. 18). Der Ergänzer von 90,13-15 war also daran interessiert, die makkabäischen Siege durch das Element der Angelophanie (90,14) und Theophanie (90,15) zusätzlich zu unterstreichen.[273]

TILLER sieht hier zwei grundsätzlich verschiedene Möglichkeiten: Entweder enthält die Ergänzung Reminiszenzen an konkrete Schlachten, oder der gesamte Aufstand sollte nach dem Modell himmlischer Unterstützung glorifiziert werden.[274] Für die erste Möglichkeit spricht, daß neben dem u.a. von MILIK herausgestellten Bezug zur Schlacht von Bethsur (Angelophanie: 1 Hen 90,13b-14; vgl. 2 Makk 11,8) die in 90,15 berichtete Theophanie eine Parallele in der Schilderung der Schlacht von Carnaim (2 Makk 12,22) hat. Für die zweite Möglichkeit läßt sich hingegen ins Feld führen, daß auch in 2 Makk 15,27 von einer Theophanie, in 2 Makk 3,24-36; 5,2-4; 10,29f. von einer Angelophanie während einer Schlacht die Rede ist; die Identifikation der hinter 1 Hen 90,13-15 stehenden Ereignisse ist also mit Vorsicht zu genießen, da hier genauso ein verbreiteter Typus der Stilisierung militärischer Siege anklingen könnte.

Wie auch immer man sich entscheidet – TILLER selbst neigt dem zweiten Modell zu, da es die Texte nicht überstrapaziere[275] –, die Datierungsmöglichkeiten der Tiervision bleiben im Rahmen des bereits eingangs dargestellten Forschungskonsenses: Aufgrund der Anspielung auf Ereignisse des Jahres 166 v. Chr. in 90,12 gewinnt man dieses Jahr als *terminus post quem* für die noch nicht erweiterte Grundfassung, die mit 90,16 in eine Prophezeiung zukünftiger Ereignisse umschlägt. Deutet man V. 13-15 als einen unter dem unmittelbaren Eindruck der Ereignisse verfaßten Nachtrag über die Schlachten von Bethsur (164 v. Chr.) und Carnaim (163 v. Chr.) und trägt ferner der Tatsache Rechnung, daß der Text vom Tod des Judas Makkabäus (161 v. Chr.) noch nichts zu wissen

---

Problemstellung viel zu kompliziert, da bis auf V. 13-15.16-18 keine schwerwiegenden Spannungen bestehen, die nach einer literarkritischen Lösung verlangen.

273 Dabei wird sich nicht abschließend klären lassen, in welchem Verhältnis der Ergänzer zu den Verfasserkreisen stand: Die Akzentverschiebungen deuten auf einen Wandel in der theologischen Überzeugung, dem jedoch kein Wechsel der Gruppenzugehörigkeit entsprechen muß; vgl. TILLER, *Commentary*, 77f.

274 Vgl. TILLER, *Commentary*, 74.

275 Vgl. TILLER, *Commentary*, 78.

scheint, so ist die Annahme naheliegend, daß die Grundfassung im Jahr
163 abgeschlossen war und bis spätestens 161 v. Chr. um V. 13-15 ergänzt
wurde. Sieht man hinter 90,13-15 lediglich einen allgemeinen Typus zur
Stilisierung militärischer Erfolge nach dem Modell einer himmlischen
Unterstützung, hat dies keine nennenswerten Konsequenzen für die
Grundfassung, die dann irgendwann zwischen 166 und 161 v. Chr. entstanden sein müßte. Die Ergänzung selbst könnte theoretisch auch deutlich jünger sein, wobei positiv nichts für diese Annahme spricht. Trotz der
Identifizierung von 90,13-15 als Fortschreibung ändert sich also nichts
Wesentliches am Datierungskonsens, der die Entstehung der Tiervision in
der zweiten Hälfte der 160er Jahre verortet.[276]

In Ermangelung klarer Datierungskriterien aus dem Text der ersten
Traumvision (1 Hen 83f.) läßt sich nur wenig Gesichertes über den
Zeitpunkt ihrer Entstehung, der Verbindung mit der Tiervision zum Buch
der Traumvisionen sowie dessen Inkorporation in 1 Hen sagen. Der handschriftliche Befund zeigt, daß die nach MILIK aus der Mitte des ersten
vorchristlichen Jahrhunderts stammenden Handschriften 4QEn^{c-e} die
Tiervision als Teil eines Henochbuches kennen, von dem Abschnitte des
Wächterbuches (Kap. 1-36) und – im Fall von 4QEn^c – auch des Paränetischen Buches bezeugt sind. Spätestens in dieser Zeit, so wird man folgern
können, wurde die Tiervision als Teil einer Sammlung von Henochtraditionen überliefert, die den Grundstock zum Äthiopischen Henochbuch
bilden sollte.[277] Obwohl weder Teile des ersten Nachtgesichts (1 Hen 83f.)
noch der redaktionellen Verbindungsstücke, welche die Tiervision mit
diesem zum Buch der Traumvisionen verknüpfen (1 Hen 85,1; 90,42), in
den Qumrantexten erhalten sind, wird man dennoch folgern können, daß
Kap. 83f. bereits Teil des Textes waren. Weder gibt es im Text der ersten
Vision Anhaltspunkte, die auf ein späteres Entstehungsdatum schließen
lassen, noch ist die narrative Verknüpfung von 83,1 mit dem Erzählrahmen des Buches entbehrlich.[278]

Die wahrscheinlichste Lösung ist demnach folgendermaßen zu denken: Nach ihrer Entstehung gegen Ende der 160er Jahre wird die Tiervision eine Zeitlang unabhängig umgelaufen sein und sodann mit der ersten
Vision zum Buch der Traumvisionen (1 Hen 83-90) verbunden worden

---

276 Anders im Falle der Rekonstruktion NICKELSBURGs, der zwar für die Fortschreibung ein
     Datum im Jahr 163 v. Chr. annimmt, für seine Grundschicht aber, die noch keinen Bezug
     zu den Makkabäern hat, zu einer möglichen Datierung am Ende des 3. Jh. kommt (*1 Enoch*,
     361). Wie die von NICKELSBURG vorgelegte Schichtung ist auch diese Frühdatierung
     schwerlich haltbar.
277 Zwar scheint 4QEn^f bereits aus dem 2. Jh. v. Chr. zu stammen (s.u., *3.1.2.*), da der kleine
     erhaltene Teil des Manuskripts jedoch lediglich Parallelen zu Kap. 86 bietet, sind keine wei-
     teren Rückschlüsse auf die Ursprünge des Buches der Nachtgesichte möglich.
278 Vgl. auch NICKELSBURG, *1 Enoch*, 337, zur Bestimmung des ursprünglichen Erzählfadens.

sein, dies wahrscheinlich bereits im Zusammenhang ihrer Inkorporierung als Teil des Henochbuches. Daß diese Schritte auf der Stufe der aramäischen Qumranfragmente, also um die Mitte des 1. Jh. v. Chr., bereits abgeschlossen waren, kann als sicher gelten; wann genau sie jedoch vollzogen wurden, läßt sich aufgrund der zugänglichen Quellenbasis nicht sicher bestimmen. Der Gesamtbefund scheint allerdings dafür zu sprechen, die betreffenden redaktionellen Vorgänge in nicht allzu großer zeitlicher Distanz von der Entstehung der Tiervision in der Makkabäerzeit anzusetzen, mit großer Sicherheit also noch im Verlauf des zweiten vorchristlichen Jahrhunderts.

3.1.2. Die textliche Bezeugung der Tiervision

Die Tiervision ist vollständig nur in der äthiopischen Version erhalten. Dennoch existieren einige Handschriften, die ältere Vorstufen überliefern: Hier sind zunächst die aramäischen Qumranfragmente zu nennen, auf die bereits ansatzweise eingegangen wurde. Teile der Tiervision werden von insgesamt vier, in Höhle 4Q gefundenen MSS bezeugt (4QEn[c-f]), deren ältestes, 4QEn[f], von MILIK in frühhasmonäische Zeit (150-125 v. Chr.) datiert wird.[279] Der Text ist äußerst fragmentarisch, läßt sich aber mit hoher Wahrscheinlichkeit 1 Hen 86,1-3 zuordnen. Die übrigen drei Handschriften, nach MILIK während des ersten vorchristlichen Jahrhunderts entstanden,[280] bezeugen fast ausschließlich Teile von Kap. 89: 89,31-37 (4QEn[c]); 89,11-14.29-31.43f. (4QEn[d]); 88,3 - 89,6; 89,7-16.26-30 (4QEn[e]).

Neben den aramäischen Handschriften ist auch ein griechisches Manuskript (*Codex Vaticanus Graecus 1809*) erhalten, das sich ins 10. oder 11. Jh. datieren läßt und einen V. 42-49 umfassenden Auszug aus Kap. 89 enthält. Die Handschrift selbst hat den Charakter einer Sammlung von Exzerpten aus verschiedenen Werken, und die Überschrift des Henochabschnittes (Ἐκ τοῦ τοῦ Ἐνὼχ βιβλίου χρῆσις) deutet darauf hin, daß auch dieser bereits aus einer ähnlichen Sammelhandschrift mit Henochauszügen entnommen wurde.[281] Ferner wurden von MILIK Fragmente des

---

279 Vgl. MILIK, *Books of Enoch*, 244.
280 Vgl. MILIK, *Books of Enoch*, 178.217.225. Am ältesten einzuschätzen wäre demnach 4QEn[c], datierbar in die erste Hälfte des ersten vorchristlichen Jahrhunderts. Etwas später, wohl im letzten Drittel desselben Jahrhunderts, wäre sodann mit der Entstehung von 4QEn[c] zu rechnen. 4QEn[d] schließlich wird von MILIK für das Werk eines Schülers des Schreibers letztgenannter Handschrift gehalten und müßte demnach ungefähr zur selben Zeit entstanden sein.
281 Der Text ist u.a. abgedruckt bei CHARLES, *Book of Enoch*, 195-198, und wurde zuletzt von BLACK, *Apocalypsis Henochi Graece*, 37f., ediert; vgl. KNIBB, *Ethiopic Book* II, 17f.; UHLIG, *Henochbuch*, 478.

Codex Oxyrhynchus 2069, eines Papyrus, der wahrscheinlich gegen Ende des 4. Jh. n. Chr. entstand, Teilen der Tiervision zugeordnet: Nach seiner Ansicht handelt es sich bei den fol. 1r und 2r um 1 Hen 85,10 - 86,2, auf 1v und 2v findet er Parallelen zu 1 Hen 87,1-3.[282] Ob diese Identifizierung aufrechtzuerhalten ist, erscheint jedoch als äußerst fraglich, da pro Zeile der winzigen Fragmente im besten Fall drei Wörter erhalten sind und die Zuweisung zu 1 Hen maßgeblich auf den von MILIK vorgenommenen Ergänzungen basiert.[283]

Den größten textlichen Wert für die Untersuchung der Tiervision haben daher die aramäischen Qumranfragmente, sowohl aufgrund ihres hohen Alters als auch wegen des Umfangs des erhaltenen Textes, wenn auch das Verhältnis zur Gesamtlänge der Tiervision bei weitem nicht so günstig ausfällt wie im Fall der Zehnwochenapokalypse. Die folgende Analyse wird daher primär von der äthiopischen Version ausgehen und diese an den gegebenen Stellen mit den aramäischen und griechischen Passagen kritisch ins Verhältnis setzen. Zuvor sei jedoch zunächst kurz auf die allegorische Bildwelt des Textes eingegangen, da diese den Schlüssel für das Verständnis desselben liefert.

3.1.3. Die allegorische Natur der Tiervision

„Der Verf. der folgenden ziemlich geschmacklosen Allegorie hält sich im Allgem. an die bekannte nationale Geschichte [...]. Die Helden der Heilsgeschichte vergleicht er mit Haustieren, die Altvorderen mit Stieren, die Epigonen mit Schafen, durch die Degenerierung der Tiere die Dekadenz der Väter an Kraft und Glaube veranschaulichend. Entsprechend ihrer feindl. Haltung zu Israel werden die Heiden [...] mit Bestien und Raubvögeln verglichen. Die untreuen Engel sind als Sterne, die treuen als Menschen dargestellt."[284] Diese, für das frühe 20. Jh. typische Kurzcharakterisierung der Tiervision aus der Feder BEERs soll den Einstieg für die folgende, kurze Erläuterung der Bildwelt des Textes bilden, ist sie doch bestens geeignet, die Kontinuitäten und Brüche der Forschungsgeschichte zu diesem Thema vor Augen zu führen.

Daß es der Tiervision nicht darum geht, eine absonderliche Tiergeschichte zu präsentieren, sondern daß hinter den einzelnen Tieren bestimmte Gestalten der Geschichte Israels stehen, haben bereits die ersten Ausleger wahrgenommen (vgl. Barn 16,5). Gleichwohl herrscht in der

---

282 Vgl. MILIK, *Problèmes*, 372.

283 Ähnlich skeptisch äußern sich KNIBB, *Ethiopic Book* II, 196f., und VANDERKAM, *Enoch and the Growth*, 160, Anm. 52. Ersterer bietet eine Wiedergabe des erhaltenen Textbestandes.

284 BEER, *Buch Henoch*, 289.

Sekundärliteratur eine nicht zu übersehende Unschärfe hinsichtlich der genauen Bezeichnung dieses Phänomens vor: Der sich als Traumvision präsentierende Text wird als ‚symbolische Geschichtsschau‘ oder ‚Allegorie‘ charakterisiert, im Blick auf seine einzelnen Elemente ist die Rede von ‚Symbolen‘, ‚Bildern‘ oder ‚Metaphern‘.[285] Die Verwendung dieser Begriffe erscheint in vielen Fällen nicht hinreichend reflektiert, wenn ihnen nicht gar eine gewisse Beliebigkeit anhaftet. Zutreffend ist die Bestimmung des Textes als Allegorie, verstanden als eine Erzählung, in der jedes ihrer Glieder eine Korrespondenzgröße außerhalb seiner selbst aufweist.[286] So gefaßt präsentiert sich die Tiervision auf zwei Ebenen: „the surface story about cattle, the sheep and their keepers, and the predatory animals; and the real story, the referent of the surface story which is the history of humanity as seen in the ‚true‘ light of divine and angelic activity.“[287] Die Tiervision will dabei nicht primär ihre Aussage verhüllen, damit sie nur den Augen der Eingeweihten offenbar werde, sondern eröffnet durch die Wahl der Darstellung einen neuen Blickwinkel auf die menschliche Geschichte in ihrer kosmischen Verflechtung: „The allegory bridges the cosmic dualism between heaven and earth, and the angels are seen as being as much part of the life of Israel as a shepherd is a part of the life of a sheep.“[288]

Mit der Bestimmung der Tiervision als Allegorie verbunden ist die Frage, wie seine einzelnen Elemente zutreffend zu bezeichnen sind. TILLER will zwischen „signs“ und „symbols“ unterscheiden: „By sign I mean the individual characters, events and things of the narrative each of which points to an external referent. I use the more general term symbol of any of the more evocative representations that seem to be more culturally loaded, rather than simple ad hoc signs whose representations work only within the allegory.“[289] Dabei ist jedoch die Anfrage zu stellen, ob sich eine klare Trennlinie zwischen beiden Bezeichnungen wirklich ziehen läßt, ob also ein bestimmtes Element nur ‚sign‘ oder nur ‚symbol‘ sein kann. Da diese Trennung problematisch und der Symbolbegriff zudem für die präzise Bezeichnung des vorliegenden sprachlichen Phänomens zu weitschweifig ist, soll TILLERs Unterscheidung hier dahingehend modifiziert übernommen werden, daß prinzipiell jedes Element auf der Bildhälfte der Allegorie unter dem *terminus technicus* ‚Bild‘ geführt wird.

---

285 Vgl. BEER, *Buch Henoch*, 289; DILLMANN, *Buch Henoch*, 254f.; FRÖHLICH, *Symbolical Language*, 629-636; NICKELSBURG, *1 Enoch*, 357f.
286 So bei BEER, *Buch Henoch*, 289; DILLMANN, *Buch Henoch*, xxxv; NICKELSBURG, *1 Enoch*, 357 („full-blown animal allegory“); REID, *Enoch and Daniel*, 62 („theriomorphic, historical allegory“); TILLER, *Commentary*, 21-28.
287 TILLER, *Commentary*, 22.
288 TILLER, *Commentary*, 27f.
289 TILLER, *Commentary*, 24.

Darüber hinaus handelt es sich bei manchen dieser Bilder, etwa den Tieren, um Metaphern, verstanden in dem von PORTER in seiner Untersuchung zu Dan 7 und 8 im Anschluß an den Sprachphilosophen Max BLACK herausgearbeiteten Sinn eines „tension or interaction view of metaphor"[290]: Die Funktion des Zeichens erschöpft sich nicht in einer einlinigen Repräsentation des Bezeichneten, sei es in Form einer begrifflichen Ersetzung oder eines Vergleiches,[291] sondern Zeichen und Bezeichnetes sind in einem lebendigen Beziehungsverhältnis zu sehen, in dem sich durch ihre Kombination neue semantische Dimensionen erschließen.

Legt man den skizzierten Metaphernbegriff zugrunde, so rückt auch die Allegorie in ein neues Licht. Mit den von RICOEUR zur Beschreibung einer Metapher gebrauchten Worten gesprochen: Die Allegorie „ist viel mehr als eine Stilfigur, sie bringt eine semantische Neuerung mit sich".[292] Die allegorische Gestalt der Tiervision ist nicht einfach eine verhüllende Decke, die der Leser abstreifen muß, um zu erkennen, daß es hier in Wahrheit um die Geschichte von Adam bis zum Eschaton geht; es geht vielmehr um eben diese Geschichte *als Tiergeschichte*, die gedeutet und damit neu erfahren wird vor einem traditionellen motivischen Hintergrund. Die Tiervision allegorisiert die biblische Geschichte unter Rückgriff auf biblische Motive, die in ihrer Interaktion auf der Bildebene die Darstellung um ein neu geschaffenes Bedeutungspotential bereichern. So erschöpft sich die allegorische Bezeichnung Israels als Schafe nicht in der Ersetzung eines Begriffes durch einen beliebigen anderen, sondern bringt ein breites Bedeutungsspektrum zum Mitschwingen, das verloren wäre, wollte man das Substitut ‚Elefanten' verwenden. Insofern beides – literarische Form und Inhalt – in einem sachlichen Korrespondenzverhältnis steht, kann die Allegorie nicht einfach als der offenbarten Wahrheit vorgeschaltet gelten, sondern die Wahrnehmung ihres Bildgehaltes ist selbst Teil des intendierten Erkenntnisprozesses.

Die dem Text von BEER unterstellte Geschmacklosigkeit stellt daher ein ästhetisches Werturteil dar, das als gänzlich unangemessen zu gelten hat, besonders dann, wenn man sich vor Augen führt, daß die Allegorie nicht durch beliebig gewählte Haustiere konstituiert ist, sondern in der Wahl ihrer Bilder feinsinnig aus der biblischen Tradition schöpft. REESE hat als „Grundmetapher" die biblische Bezeichnung Israels als Schafe und seiner Führer bzw. Gottes selbst als Hirten herausgearbeitet,[293] deren Aus-

---

290 PORTER, *Metaphors and Monsters*, 12, vgl. 3-12; vgl. RICOEUR, *Stellung*, 45-70.

291 Vgl. PORTER, *Metaphors and Monsters*, 4, der nach seiner kurzen Diskussion der bisherigen Forschungslage zu Dan 7 und 8 folgert: „Most exegetes of Daniel 7 and 8 hold a combination of substitution and comparison views."

292 RICOEUR, *Stellung*, 45.

293 Vgl. REESE, *Geschichte Israels*, 18.

sagenspektrum von Rückblicken auf die Vergangenheit bis zu Erwartungen einer künftigen Heilswende reicht.[294] Mit Recht wurde in der Literatur immer wieder auf Jer 23,1-4 und Ez 34 als zentralen Hintergrund der Tiervision hingewiesen.[295] Beide Texte bieten eine ähnliche Grunddynamik wie sie auch die letzte Epoche der Tiervision kennzeichnet (1 Hen 89,59 - 90,19): Gott bestellt Hirten für sein Volk, die jedoch ihrem Fürsorgeauftrag nicht gerecht und daher zur Rechenschaft gezogen werden. Sodann wendet sich Gott selbst seinem verstreuten Volk zu, führt es zurück und bestellt ihm neue, gute Hirten. Der Hauptunterschied besteht darin, daß nach 1 Hen 89,60 mit dem Hirtenamt ein Zerstörungsauftrag verbunden ist, für den sich keine Anklänge in Jer 23 und Ez 34 finden, wohl aber in Sach 11,4-17.[296] Somit lassen sich zentrale Motivkomplexe und Handlungsstränge der Tiervision bereits auf der Stufe der biblischen Texte nachweisen, die von daher als Quellen des Textes im Auge zu behalten sind.[297]

Mit großem Nachdruck wird in der Forschung auf die Parallelen der Tiervision zu den in Dan 7; 8 überlieferten Visionen hingewiesen.[298] Dabei ist sicherlich zutreffend, daß der metaphorische Gebrauch von Tiernamen im Rahmen einer visionären Geschichtsschau die Texte verbindet. Zugleich aber sollte nicht übersehen werden, daß diese fundamentale Unterschiede aufweisen: Weder lassen sich die Kap. 7; 8 des Danielbuches im Sinne der oben aufgestellten Definition als Allegorien bestimmen, noch ist das hier dominante mythische Element in gleicher Weise für die Tiervision nachweisbar.[299] Schließlich wirkt die von PORTER vertretene Bestim-

---

294 Zu denken ist etwa an 2 Sam 7,7; Ps 77,21; 78,52.71; Jes 63,11; Jer 50,6f.; Sach 10,2f. (Vergangenheit); Jes 40,11; Jer 23,3; 31,10; Ez 34; Mi 2,12; 4,6-8; Zeph 3,19; Sach 9,16 (Zukunft).

295 Vgl. NICKELSBURG, *1 Enoch*, 391; REESE, *Geschichte Israels*, 18; REID, *Enoch and Daniel*, 64; TILLER, *Commentary*, 59, Anm. 96. Zur Rezeption von Jer 25 s.u., *3.1.4. b)*.

296 Der von VANDERKAM, *Enoch and the Growth*, 164-168, herausgestellte Bezug zu Jer 25 wird unter *3.1.4.* und *3.2.* verhandelt.

297 REID, *Enoch and Daniel*, 61, verweist ferner auf Ri 9 und Ez 17, die Jotamsfabel und das Gleichnis vom Adler, übersieht aber bei seiner Betonung der formalen Parallelen zur Tiervision, daß es sich zumindest bei erstgenanntem Text um keine Allegorie handelt, so daß sich über die Einsicht in eine gewisse Verwandtschaft der Gattungen keine weiterreichenden Schlüsse für die Tiervision ziehen lassen. Überhaupt läßt der breit ausgeführte formkritische Ansatz REIDs Ergebnisse für ein vertieftes Verständnis der betrachteten Quellen vermissen; so auch TILLER, *Commentary*, 23.

298 So folgert PORTER, *Metaphors and Monsters*, 121, im Fazit seiner Studie, daß die Hirtenmetapher den Kern sowohl der danielischen Visionen als auch der Tiervision darstelle. FRÖHLICH, *Symbolical Language*, 635, geht gar so weit, im Dan die Quelle von 1 Hen 85-90 zu vermuten.

299 Vgl. hierzu NICKELSBURG, *1 Enoch*, 357; vgl. auch COLLINS, *Apocalyptic Vision*, 95-118, der den Hintergrund der danielischen Visionen im vorderorientalischen Mythos herausarbeitet, jedoch mit einem unscharfen Allegoriebegriff arbeitet.

mung der Hirtenmetapher als Kern auch der Danieltexte gezwungen, da im gesamten Danielbuch weder Hirten noch Schafe begegnen.[300] So sehr der Verweis auf die Parallelen zu Dan 7; 8 sein Recht hat, so sehr sollte doch die Erkenntnis der Unterschiede vor allzu vorschnellen, nivellierenden Vergleichen bewahren. Eine lineare Ableitung des allegorischen Schemas der Tiervision wird auch vom Danielbuch her nicht gelingen. Vielmehr ist mit TILLER zu folgern: „It seems, therefore, that the allegorical scheme of the *An. Apoc.* was not derived primarily from any single model, but was a development of a popular metaphor with parallels in dozens of biblical text [sic!]."[301]

Bildet der Metaphernkomplex ‚Hirten – Schafe' das Zentrum der Tiervision, so sind die anderen Tiere von hier aus in den Blick zu nehmen. Dabei ist jeweils der biblische und zeitgenössische Hintergrund im Auge zu behalten, will man die Bedeutung eines Tieres im Duktus der Tiervision angemessen erfassen. Hier kann nicht der Ort sein, diese begriffs- und motivgeschichtlichen Untersuchungen *in extenso* durchzuführen.[302] Vielmehr wird es Ziel der Exegese sein, diesen Aspekt, auf die geschichtstheologische Struktur des Textes zugespitzt, in die Betrachtung einfließen zu lassen.

3.1.4. Exegese von 1 Hen 85-90

Ziel der folgenden Erörterungen kann aufgrund des Umfangs des zu betrachtenden Textes nicht sein, eine detaillierte Einzelexegese zu liefern.[303] Vielmehr sollen Aufbau und theologische Grundgedanken der Tiervision herausgearbeitet werden, um vor diesem Hintergrund ihren geschichtstheologischen Entwurf darzustellen. Dafür soll zunächst jeder Abschnitt zusammengefaßt und sodann auf seine Kernaussagen hin untersucht werden (*3.1.4. a)*).[304] Sodann ist auf dieser Grundlage die geschichtstheologische Struktur des Textes herauszuarbeiten (*3.1.4. b)*).

---

300   Vgl. PORTER, *Metaphors and Monsters*, 120.
301   TILLER, *Commentary*, 59.
302   Vgl. dazu TILLER, *Commentary*, 21-60.
303   Hierfür sei verwiesen auf den ausführlichen Kommentar TILLERs und den entsprechenden Abschnitt bei NICKELSBURG, *1 Enoch*, 354-408.
304   Die Inhaltsangaben der einzelnen Abschnitte sind um der besseren Übersichtlichkeit willen von den jeweils folgenden Kommentierungen durch eine andere Darstellungsweise abgesetzt.

a) Überblick: Aufbau und Kernaussagen der Tiervision

1 Hen 85,3b-10: Von Adam bis zu den Sethiten

Nach der die V. 1-2 umfassenden Einleitung der zweiten Traumvision und ihrer Verortung in der Jugend Henochs vor seiner Hochzeit (V. 3a) beginnt in V. 3b die eigentliche Vision mit dem Hervorgehen eines weißen Bullen (Adam) aus der Erde, gefolgt vom Auftreten einer Färse (Eva) sowie zweier Kälber, deren eines schwarz (Kain) und das andere rot (Abel) ist. Das rote wird vom schwarzen verfolgt und ist darauf nicht mehr zu sehen (V. 4: Ermordung Abels), wogegen der Verfolger heranwächst und mit einer Färse viele ihm gleiche Rinder hervorbringt (V. 5: die Nachkommen Kains). Die V. 6-7 berichten von der verzweifelten Suche der ersten Kuh (Eva) nach dem roten Kalb (Abel) und ihrer Klage, woran sich die Geburt eines weiteren weißen Bullen und vieler schwarzer Rinder anschließt (V. 8). Dieser weiße Bulle (Seth) wächst heran, und aus ihm geht eine lange Reihe ebenfalls weißer Rinder hervor, die einander gleichen (V. 9f.: die Sethiten).

Kap. 85 bietet eine allegorisierte Wiedergabe der Ereignisse aus Gen 2-5, die jedoch einerseits nicht vollständig rezipiert werden und andererseits um weitere Traditionen ergänzt sind: So greift das Hervorgehen des ersten weißen Bullen (ሰዓም ጸዓዳ) aus der Erde erkennbar auf Gen 2 zurück, wogegen der priesterschriftliche Schöpfungsbericht (Gen 1) und die Paradieserzählung (Gen 3) unerwähnt bleiben. Der Einfluß außerbiblischer Traditionen zeigt sich an der als Verfolgung gestalteten Version des Brudermordes und dem Bericht über Evas vergebliche Suche und ihre Klage über den Verlust ihres Sohnes.[305] Die ersten Menschen sind durchweg als Rinder dargestellt und werden begrifflich lediglich nach Alter und Geschlecht unterschieden.[306] Von entscheidender Bedeutung ist daher ihre Näherbestimmung durch Farben, die vom grundsätzlichen Antagonismus zwischen weiß (ጸዓዳ) und schwarz (ጸሊም) bestimmt ist: „As white symbolizes participation in the chosen race, so black represents exclusion from the chosen race."[307] Es geht also primär darum, zwei bereits in den Anfängen der Menschheit angelegte gegensätzliche Abstammungslinien zu etablieren, mit denen sich spätere Generationen korrelieren lassen. Insofern der Gegensatz positiv – negativ hinter dieser Farbgebung steht, sind auch moralische oder kultische Konnotationen vorhanden, sie erweisen sich gegenüber der Etablierung dieser Linien jedoch als sekundär und werden folglich auch nicht konsequent durchgehalten.[308] Daß Abel als rotes

---

305 Vgl. Jub 4,7. Diese aggadische Notiz ist ohne biblische Parallele und mag auf einem Wortspiel zwischen dem Namen הבל und aram. ‚klagen' (אבל) beruhen; vgl. NICKELSBURG, *1 Enoch*, 372; REESE, *Geschichte Israels*, 21, Anm. 34.

306 Zur Begrifflichkeit vgl. TILLER, *Commentary*, 227.

307 TILLER, *Commentary*, 226.

308 Vgl. NICKELSBURG, *1 Enoch*, 371; TILLER, *Commentary*, 226.

Kalb bezeichnet wird, scheint seinen Grund am ehesten in seinem blutigen Tod zu haben.[309]

Mit der durchgängigen Darstellung der ersten Nachkommen Adams als Rinder wird einerseits eine Unterscheidung zwischen dieser Epoche und der Zeit Israels als Zeit der Schafe angelegt; zugleich ist über die Einführung einer weißen und einer schwarzen Abstammungslinie die Kontinuität auch späterer Generationen des erwählten Volkes mit den Menschen der ersten Tage gewährleistet (s. im folgenden).

1 Hen 86,1 - 87,1: Der Fall der Wächter und das Auftreten der Riesen

Durch den Neueinsatz der Rede Henochs wird in 86,1 ein zweiter Teil der Vision eingeführt: Henoch schaut den Fall eines Sternes (Azael),[310] der mitten unter den Bullen weidet, was die Korruption der großen, schwarzen Bullen nach sich zieht (86,2).[311] Analog zum Fall des ersten Sternes schließt sich in der Vision der Fall vieler weiterer Sterne an (die übrigen abtrünnigen Wächter), die sich zu diesem gesellen, zu Bullen werden und unter den Rindern weiden (86,3). Sie paaren sich mit den Kühen,[312] worauf diese Elefanten, Kamele und Esel (Riesen) gebären (86,4), die ihrerseits beginnen, die Rinder zu verfolgen und zu verschlingen, hiermit eine große Furcht auf Erden hervorrufen und sich schließlich sogar gegen Ihresgleichen wenden (87,1).

Kap. 86 entfaltet wie 1 Hen 6-8 die in Gen 6,1-4 lediglich kurz notierten Ereignisse, die in ihrer elaborierten Form einen Grundpfeiler der Henochtradition bilden. Dabei ist NICKELSBURG zuzustimmen, daß die Tiervision ein anderes Stadium in der Entwicklung der Tradition spiegelt als das Wächterbuch:[313] Charakteristisch ist die zentrale Rolle Azaels, der in 86,1 als erster auf die Erde herabkommt, nach 1 Hen 6,7 jedoch lediglich einer der Obersten Shemihazahs ist, zugleich aber durch seine Lehren maßgeb-

---

309 Den Blutbezug legt auch 1 Hen 89,9 nahe (s. im folgenden). So ließe sich ferner vermuten, ob hier nicht eine Anspielung auf Abels blutiges Opfer (Gen 4,4) unter Aufgriff der roten Kuh aus Num 19 vorliegen könnte; so NICKELSBURG, *1 Enoch*, 371, in Anschluß an TILLER, *Commentary*, 226. Allerdings mutet diese Erklärung sehr konstruiert an, weshalb der Bezug zur Ermordung Abels vorzuziehen ist. Zu kurz greift FRÖHLICH, *Symbolical Language*, 630, nach deren Ansicht die rote Farbe eine neutrale Bedeutung hat.

310 Daß es sich bei dem gefallenen Stern um Azael handelt, ist eindeutig, da der Bericht seiner Bindung durch einen Erzengel (1 Hen 88,1) eine vollständige Entsprechung in 10,4f. findet, wo Azael und Raphael namentlich erwähnt sind; vgl. BLACK, *Book of Enoch*, 258f.; NICKELSBURG, *1 Enoch*, 372; TILLER, *Commentary*, 236.

311 Die Bedeutung der einzelnen Versteile ist umstritten, zumal mit der Möglichkeit von Textkorruption zu rechnen ist; vgl. BLACK, *Book of Enoch*, 259; NICKELSBURG, *1 Enoch*, 373; TILLER, *Commentary*, 237-239. Dabei ist besonders strittig, ob sich hinter den ‚großen (und) schwarzen Bullen' nur die Kainiten (TILLER), Kainiten und Sethiten (BLACK) oder die mit den Kainiten vermischten Sethiten verbergen (NICKELSBURG).

312 Der verwendete Vergleich ihrer Genitalien mit den Geschlechtsteilen von Hengsten mag auf Ez 23,20 zurückgehen.

313 Vgl. NICKELSBURG, *1 Enoch*, 372.

lich für den Verfall der Menschen verantwortlich gemacht wird (8,1; vgl.
9,6). Die im Buch der Wächter schillernde Gestalt Azaels ist in Kap. 86
klarer umrissen, zumal er nicht in Konkurrenz zu anderen Engelsfürsten
steht. Die Sünde der Engel im Verleugnen ihrer himmlischen Zugehörigkeit wird bildhaft durch ihr Weiden mit den Rindern zum Ausdruck gebracht und erreicht ihren Gipfelpunkt in ihrem sexuellen Verkehr mit
menschlichen Frauen, welcher der Bestimmung ihrer geistigen Natur zu
unsterblichem Leben diametral entgegensteht (vgl. 15,6f.). Die aus diesen
Verbindungen hervorgehenden Riesen bringen vollends Chaos über die
Erde, indem sie, wie analog in Kap. 7 berichtet, den Menschen zur Bedrohung werden und sich schließlich gegenseitig bekämpfen (87,1). Während
die Folgen des Engelfalles für die Tiervision hiermit ihren Gipfelpunkt erreichen, steht nach 1 Hen 8 die Korruption der Menschheit durch die
Lehren Azaels noch aus – dieselben Vorgänge, auf die 86,2 anzuspielen
scheint und die hier noch vor dem Auftreten der anderen Wächter und ihrer Vermischung mit den Menschen angesiedelt sind. Auch diese Abweichung in der Sequenz der Ereignisse spricht dafür, daß die Tiervision eine
eigenständige Version der Wächtererzählung bietet, die nicht linear aus
dem Wächterbuch ableitbar ist.

1 Hen 87,2 - 88,3: Das Gericht über die Wächter

Durch neuerlichen Einsatz der Rede Henochs wird eine weitere Zäsur im Ablauf
der Vision markiert: Vier weiße Menschen (Erzengel), gefolgt von drei weiteren,
kommen vom Himmel herab (87,2). Henoch ist Zeuge, wie die drei letztgenannten Menschen ihn selbst an einen hohen Ort entrücken, von dem aus er einen alles überragenden Turm (der himmlische Tempel) sieht (87,3)[314] und die kommenden Ereignisse schauen soll (87,4). Einer der vier Menschen bindet den ersten
Stern (Azael) und wirft ihn in einen tiefen Abgrund (88,1), ein weiterer übergibt
den Elefanten, Kamelen und Eseln (Riesen) ein Schwert, die darauf einander zu
bekämpfen beginnen (88,2). Ein dritter der Menschen schließlich bindet alle übrigen Sterne und wirft sie in eine Schlucht (88,3).

Mit dem Auftreten der als Menschen (ሰብእ) dargestellten Erzengel wird
ein Wendepunkt im Geschichtsverlauf erreicht, der dem Fortgang der
Handlung in 1 Hen 9-10 entspricht. Dem wird auch dadurch Rechnung
getragen, daß wie in 9,1 zunächst vier Erzengel erscheinen und erst durch
die drei nachfolgenden die aus Kap. 20 bekannte Gesamtzahl Sieben erreicht wird. Die weiße Farbe der Engel ruft viele Assoziationen wach, die
hier mitklingen mögen,[315] im Kontext der Farbsymbolik der Tiervision ist

---

314 Die Identifizierung des Turmes als himmlisches Heiligtum ist von 89,50.66.73 her gesichert; vgl. DILLMANN, *Buch Henoch*, 257; NICKELSBURG, *1 Enoch*, 374.
315 BLACK, *Book of Enoch*, 260, sieht Weiß als Grundfarbe himmlischer Wesen; TILLER,
Commentary, 245, betont den priesterlich-liturgischen Bezug und vermutet, die Erzengel sei-
en als Priester des himmlischen Kultes gesehen worden.

jedoch vor allem daran zu denken, daß hier eine Entsprechung zwischen den Erzengeln und der in Adam etablierten weißen Linie geschaffen werden soll, eine Beobachtung, die im Blick auf die Korrespondenz zwischen irdischer und himmlischer Welt nicht zu unterschätzen ist. Daß Henoch zunächst seine eigene Entrückung an einen hohen Ort (መካን ነዋኅ) schaut, wahrscheinlich das hier auf dem Gottesberg situierte Paradies,[316] ist zunächst mit TILLER auf Henochs endgültige Entrückung zu beziehen (vgl. 1 Hen 70,1). Folgerichtig wäre dieses Ereignis auf der Ebene der geschauten Zukunft anzusiedeln und würde nicht selbst während der Vision stattfinden.[317] Insofern Henoch einerseits seine zukünftige Entrückung nur schaut, sie andererseits aber bereits mitvollzieht, indem er der Aufforderung des Engels nachkommt, an diesem Ort bis zum Ende der Vision zu *bleiben* (87,4),[318] besteht eine unübersehbare Unschärfe im Text, der die erzählerische Ebene mit dem Inhalt der Vision verschmilzt.

Das in 1 Hen 88 berichtete Strafhandeln der Erzengel entspricht in seinem Ablauf 1 Hen 10,4-12: Zuerst wird Azael gebunden und in eine Grube gestoßen (88,1; vgl. 10,4-5), sodann werden die Giganten gegeneinander aufgebracht (88,2; vgl. 10,9), und zuletzt erfolgt die Bindung der übrigen abtrünnigen Wächter und ihre Verbannung in eine Schlucht (88,3; vgl. 10,12). Der Rückverweis auf ihre sexuellen Ausschweifungen durch das drastische Bild der Pferdegenitalien (88,3: ኀፈረተ አፍራስ; vgl. 86,4) unterstreicht gegenüber 10,11 zusätzlich die Schwere, die diesen Vergehen in den Augen des Verfassers der Tiervision zukommt. Daß die Parallele im Buch der Wächter viel breiter ausgeführt ist, könnte NICKELSBURGs These bestätigen, die Tiervision rekurriere auf ein älteres Stadium des Wächtermythos.[319] Dieses wäre dann in Kap. 6-11 um weitere Details angereichert und theologisch neu akzentuiert worden.

---

316 Vgl. TILLER, *Commentary*, 248.
317 Vgl. TILLER, *Commentary*, 248.
318 Vgl. auch 1 Hen 90,31, wonach Henoch zurück zu den Schafen geführt wird, in deren Mitte er am Ende seiner Vision erwacht (1 Hen 90,39)!
319 Vgl. NICKELSBURG, *1 Enoch*, 372.

1 Hen 89,1-9: Die Sintflut[320]

Einer der Menschen belehrt einen weißen Bullen (Noah), der sich daraufhin ein Schiff baut, in dem mit ihm drei weitere Bullen wohnen.[321] Nach der Abdeckung des Schiffes (89,1) schaut Henoch, wie die Wasser vom Himmel und aus der Erde hervorbrechen und schließlich die ganze Erde in Finsternis bedecken (89,2-4). Während das Schiff auf dem Wasser treibt, ertrinken alle Bullen, Esel, Kamele und Elefanten (89,5f.). Darauf werden die Zuflüsse geschlossen und Abflüsse geöffnet, so daß das Wasser abfließt, das Schiff auf festem Boden aufsetzt und die Finsternis dem Licht weicht (89,7f.).[322] Der weiße Bulle (Noah) verläßt das Gefährt mit den drei anderen Bullen (Noahs Söhne), deren einer weiß ist und ihm gleicht (Shem); der zweite Bulle ist rot, der dritte schwarz (Ham und Japhet). Zuletzt entfernt sich der weiße Bulle (Noah) von den anderen.

Der Sintflutabschnitt paraphrasiert Material aus Gen 6,5 - 9,19, kombiniert dieses aber mit außerbiblischen Traditionen und setzt entschieden eigene Akzente: So nimmt die eingangs erwähnte Belehrung Noahs eine Tradition auf, zu der sich im biblischen Bericht keine Parallele findet (vgl. 1 Hen 10,1-3). Im Duktus der Tiervision ist diese Belehrung Werk des vierten Erzengels, nachdem die ersten drei in Kap. 88 strafend tätig geworden waren. Die Belehrung durch einen Engel parallelisiert Noah vor dem Hintergrund der Henochtradition zusätzlich zu seiner weißen Farbe mit Henoch. Nicht allein in der gattungstechnisch gegebenen Schwierigkeit, Tiere in einer Tierallegorie wiederzugeben, sondern bereits im überkommenen Traditionsgut scheint es begründet, daß allein Noah und seine drei Söhne – ohne ihre Frauen! – die Arche bewohnen (vgl. 1 Hen 10,1-3; 67,1-3; 83f.; 106,15-18).[323] Während das kosmologische Modell einer durch Schleusen in Himmel und Erde zu überflutenden Welt, lediglich präzisiert durch die Siebenzahl (!) der himmlischen Öffnungen, biblisch ist

---

320 Der an dieser Stelle erhaltene aramäische Text (4QEn^e) ist deutlich kürzer als die äthiopische Version. TILLER, *Commentary*, 258, spricht von zwei Rezensionen desselben Textes und vermutet, im Aramäischen sei die ältere von beiden erhalten. Da sich 𝔊ᵗʰ als Ausarbeitung des von 𝔄 gebotenen Textes unter Rückgriff auf weitere Traditionen erklären läßt, scheint mir diese Vermutung zuzutreffen (s. im folgenden).

321 Die wichtigste Abweichung des an dieser Stelle längeren äthiopischen Textes besteht in der Erwähnung einer Transformation des Bullen in einen Menschen (89,1: ወኮነ ሰብአ), in der Sprache der Tiervision ein Verweis auf die Verwandlung Noahs in einen Engel. TILLER, *Commentary*, 259, hält dies für eine in Anklang an 89,36 gestaltete Glosse, wogegen NICKELSBURG, *1 Enoch*, 368.375, an 𝔊ᵗʰ als ursprünglicher Version festhalten will. Da 4QEn^e Fr. 4 I 14 nicht genügend Platz für die von 𝔊ᵗʰ bezeugte Langversion bietet, ist nicht unwahrscheinlich, daß TILLER mit der Annahme einer Glosse richtig liegt. Wann diese in den Text gelangt sein könnte, ist allerdings völlig unklar.

322 Erneut ist 𝔊ᵗʰ deutlich elaborierter als der von 4QEn^e bezeugte aramäische Text: Der Ablauf der Sintflut wird durch Einführung einer sich mit Wasser füllenden Umfassung präzisiert, was auf ein ausgefeilteres kosmologisches Modell schließen läßt; vgl. NICKELSBURG, *1 Enoch*, 375f.

323 Ein „Interesse am Schicksal der umkommenden Kreatur" vermag ich daher gerade nicht zu erkennen; gegen REESE, *Geschichte Israels*, 23.

(Gen 7,11), findet die die Flut begleitende Finsternis keinen Anhaltspunkt im biblischen Bericht, ist aber als Element in mesopotamischen Flutgeschichten bezeugt und muß dem Verfasser der Tiervision als Tradition bekannt gewesen sein.[324]

Das Hervorgehen Noahs und seiner drei Söhne aus der Arche ist auf kunstvolle Weise dem Hervorgehen Adams aus der Erde und dem Auftreten seiner Söhne gleichgestaltet: Jeweils folgen auf einen weißen Bullen drei Bullen in den Farben Weiß, Rot und Schwarz, wobei die Reihenfolge in 89,9 umgekehrt ist. „Noah and his sons are the patriarchs of a new creation who explicitly parallel the first patriarchs."[325] Die erste Zeit nach der Menschenschöpfung wird mit der Zeit nach der Flut unter gleichen theologischen Vorzeichen gesehen; die zu Beginn etablierten Abstammungslinien halten sich durch, und das bedeutet in der Sicht der Tiervision gerade, daß nach der Flut keine Rückkehr in einen Zustand allgemeiner, uranfänglicher Harmonie stattfindet, da ein solcher auch zur Zeit Adams nicht herrschte. Lediglich die Brut der Wächter ist mit der Flut beseitigt – die Vorzeichen menschlichen Lebens sind dagegen gleich geblieben.[326]

Ist die theologische Dimension der Farbgebung auch deutlich, so wirft die Zuweisung der einzelnen Farben zu den Söhnen Noahs doch Probleme auf. Daß der weiße Bulle Shem sein muß, ist eindeutig, da nur über seine Nachkommen die weiße Abstammungslinie bis in die Zeit Israels fortgeführt werden kann. Nach der Reihenfolge aus Gen 9,18 wäre Ham der rote und Japhet der schwarze Bulle. Unglücklicherweise ist die Bedeutung der Farben in diesem Zusammenhang nicht eindeutig; die Näherbestimmung als ‚rot wie Blut' (ቀይሕ ከመ ደም) schreit geradezu nach einem identifizierbaren Ereignis im Leben der Söhne oder ihrer Nachfahren. NICKELSBURG hat vermutet, Ham werde als blutrot charakterisiert, womit eine Anspielung auf den Fluch Kanaans (Gen 9,25) und das blutige Schicksal dieses Landes vorliege.[327] Andererseits trägt die Farbe Schwarz besonders negative Konnotationen und könnte daher, zieht man in Betracht, daß allein Ham die Blöße seines Vater sah, eine ebenso passende Charakterisierung dieses Sohnes sein.[328] Da Japhet im biblischen Bericht recht blaß bleibt, bietet seine Person keine Indizien für die Zuweisung der

---

324 Vgl. NICKELSBURG, *1 Enoch*, 376; TILLER, *Commentary*, 263f.

325 NICKELSBURG, *1 Enoch*, 376.

326 Läßt sich im Duktus der Genesis mit Selbstverpflichtung Gottes (8,21f.), Neuordnung der Welt und Noahbund (9,1-17) noch ein Neuanfang mit optimistischer Perspektive finden, so übergeht der Autor der Tiervision diese Ereignisse ohne Grund: Für ihn strebt die Menschheitsgeschichte unaufhaltsam auf das Endgericht zu, das allein die Voraussetzung dafür schafft, daß alle Menschen mit Israel in der Gemeinschaft Gottes leben.

327 Vgl. NICKELSBURG, *1 Enoch*, 376.

328 Vgl. NICKELSBURG, *1 Enoch*, 376; TILLER, *Commentary*, 267.

Farben Schwarz und Rot. Der Fall läßt sich daher nicht mit abschlie-
ßender Sicherheit entscheiden.[329] Daß es dem Verfasser lediglich um die
Etablierung einer Adam-Noah-Typologie ging und die Verteilung der Farben auf die Söhne Noahs zufällig vonstatten ging, ist hingegen höchst unwahrscheinlich. Besonders der explizite Vergleich mit Blut scheint auf eine
identifizierbare Begebenheit im Leben eines der Söhne Bezug zu nehmen,
und man wird die Möglichkeit in Erwägung ziehen müssen, daß hier uns
unbekannte Traditionen über das Leben der Söhne Noahs im Hintergrund
stehen.

Ebenfalls nicht unumstritten ist die Identität des weißen Bullen, mit
dessen Entfernung 1 Hen 89,9 schließt (**ወዉእቱ፡ ዝኩ፡ ለህም፡ ጸዐዳ፡ ኀለፈ፡
እምኔሆሙ።**). Die meisten Ausleger sehen hier eine Anspielung auf Noahs
Tod, wobei TILLER in Erwägung zieht, es könne von einem der Entrückung Henochs und Elias analogen Ereignis die Rede sein.[330] Eine weitere Möglichkeit bestände darin, den Satz auf Shem zu beziehen, der sich
dann von seinen Brüdern abgesondert hätte.[331] Aufgrund der Erzählsequenz des biblischen Textes, an die sich die Tiervision bis dato stark an-
lehnt, erscheint die Deutung auf den Tod Noahs am zwanglosesten, wenn
auch die Alternativen nicht gänzlich von der Hand zu weisen sind.

1 Hen 89,10-27: Von den Nachkommen Noahs bis zum Exodus

Aus den drei Bullen geht eine Vielzahl wilder Landtiere und Vögel, aber auch ein
weißer Bulle (Abraham) hervor. Während sich die wilden Tiere gegenseitig bekämpfen, zeugt der weiße Bulle einen Wildesel (Ismael) und einen weiteren
weißen Bullen (Isaak). Der wiederum bringt ein schwarzes Wildschwein (Esau)
und einen weißen Widder (Jakob) hervor, der seinerseits zwölf Schafe (die zwölf
Stämme) zeugt (89,10-12). Eines dieser Schafe (Joseph) wird den Eseln (Midiani-
ter) ausgeliefert, die es den Wölfen (Ägypter)[332] übergeben, unter denen schließlich auch die übrigen elf Schafe, die der Herr der Schafe (Gott) herbeiführte,
leben und sich vermehren (89,13f.). Die Wölfe beginnen, die Schafe zu fürchten
und ihre Nachkommen zu töten, worauf diese zu ihrem Herrn flehen, der herab-
steigt und sie weidet. Er entsendet ein Schaf (Mose), das zu den Wildeseln (Mi-
dianiter) entkommen war, zu den Wölfen, die es gemeinsam mit einem anderen
Schaf (Aaron) davor warnt, die Schafe weiter zu knechten (89,15-18). Als jene die
Schafe härter als zuvor unterdrücken, schreitet der Herr der Schafe ein und

---

329 Die von BLACK, *Book of Enoch*, 264, favorisierte Lösung sieht einen Bezug zu den Volks-
gruppen der Semiten, Hamiten und Japhetiten, kann allerdings ebenfalls nicht die Farbgebung erklären. Die Versuche BEERs, *Buch Henoch*, 291, und DILLMANNs, *Buch Henoch*, 258,
eine Erklärung über deren Hautfarben vorzunehmen, können nicht überzeugen.
330 Vgl. CHARLES, *Book of Enoch*, 191; NICKELSBURG, *1 Enoch*, 376; TILLER, *Commentary*, 263f.;
UHLIG, *Henochbuch*, 684.
331 So DILLMANN, *Buch Henoch*, 258.
332 Zur Darstellung Ägyptens als ‚Wölfe' vgl. NICKELSBURG, *1 Enoch*, 378; TILLER,
Commentary, 272.

schlägt die Wölfe, die nun selbst zu klagen beginnen, wogegen die Schafe verstummen (89,19f.). Der Herr begleitet den Auszug seiner Schafe, die von den verblendeten Wölfen bis zu einem Schilfmeer verfolgt werden, das sich vor den Schafen teilt, um ihren Durchzug zu ermöglichen. Die Wölfe verfolgen sie, bis sie auf den Herrn der Schafe treffen, vor dessen Angesicht sie fliehen, ohne dem anschwellenden Wasser entkommen zu können.

Die äußerst knappe Zusammenfassung der in Gen 10-50 berichteten Ereignisse in 1 Hen 89,10-14 beschränkt sich im wesentlichen auf die Darstellung der Generationenfolge. Entscheidend ist einerseits der mit Jakob einsetzende Wechsel von Rindern zu Schafen (አባግዕ), andererseits die Kontinuität markierende Kennzeichnung Jakobs als weißen Widders (89,12: በጎ ጸዐዳ). Hiermit wird Israel unter die Bestimmung der Zugehörigkeit zur weißen Abstammungslinie gestellt, und es kann schwerlich überschätzt werden, daß die nächsten weißen Schafe erst an der Schwelle zur Endzeit auftreten (90,6). Der Übergang von Rindern zu Schafen markiert damit das Erreichen der biblisch begründeten Kernmetapher[333] und ist nur so adäquat erfaßt, nicht hingegen als primäres Zeichen allgemeiner Degeneration.[334]

Bereits in die Zeit vor der Entstehung Israels reichen die Wurzeln seiner späteren Unterdrücker zurück, die in 89,10 in Gestalt verschiedenster Wildtiere als Nachfahren der Söhne Noahs eingeführt werden, wodurch der spätere, in der Kontrastierung kultisch reiner Schafe mit nach Lev 11 unreinen Tieren bestehende Antagonismus bereits angelegt ist. Die als Wölfe dargestellten Ägypter betreten als erste Gegner die Bühne der Geschichtsschau, die in 89,15-27 die wesentlichen Ereignisse aus Ex 1-15 bietet, diese jedoch um einige Facetten bereichert, die nicht Teil der biblischen Erzählung sind: So werden durch das Herabsteigen Gottes als Herrn der Schafe, sein Weiden derselben und sein Angriff auf die Unterdrücker Motive aus anderen biblischen Kontexten im Text verankert,[335] die in Abwandlung und Kontrastierung den weiteren Verlauf der Vision durchziehen. Zugleich nimmt der Tod der Ägypter im Schilfmeer eine schon bei der Sintflut (89,6) etablierte Gerichtstypologie auf, die erneut auf das Endgericht vorausweist (90,15.18).[336]

---

333 Zum zentralen Metaphernpaar Schafe/Hirten s.o., *3.1.3.*

334 So noch BEER, *Buch Henoch*, 289; DILLMANN, *Buch Henoch*, 254f.; kritisch dagegen bereits CHARLES, *Books of Enoch*, 191. TILLER, *Commentary*, 274f., sieht im Wechsel von Rindern zu Schafen einen möglichen Reflex auf den Niedergang der Lebenserwartung seit den Tagen der prädiluvischen Patriarchen, hebt aber als zentrale Aussage hervor, „[that] the change from bull to sheep represents the beginning of the nation Israel".

335 Vgl. die Ausführungen unter *3.1.3.*

336 So auch NICKELSBURG, *1 Enoch*, 378f., und TILLER, *Commentary*, 279-287.

1 Hen 89,28-40: Wüstenwanderung, Sinai und Landnahme

Die Schafe (Israel) entkommen den Wassern des Meeres und ziehen in eine Wüste, wo sie beginnen, ihre Augen zu öffnen. Der Herr der Schafe (Gott) weidet sie und gibt ihnen Wasser und Gras; ein Schaf (Mose) führt sie. Es steigt auf einen hohen Felsen (Sinai) und wird vom Herrn der Schafe zurückgesandt (89,28f.). Die Schafe schauen die Majestät ihres Herrn und verfallen in große Furcht, aus der sie zum Leitschaf schreien (89,30f.). Dieses steigt erneut auf den Felsen, aber hinter seinem Rücken beginnen die Schafe abzuirren, worüber ihr Herr erzürnt. Das Leitschaf steigt herab und trifft die meisten Schafe mit verblendeten Augen an, die sich darauf sehr fürchten und zu ihren Hürden zurückzukehren wünschen. Zusammen mit anderen Schafen (die Leviten) wendet sich das Leitschaf gegen die Abtrünnigen und tötet sie, worauf die [übrigen] abgewichenen Schafe zu ihren Hürden zurückkehren (89,32-35). Daraufhin wird das Leitschaf in einen Menschen verwandelt, der dem Herrn der Schafe ein Haus baut, in dem er alle Schafe stehen läßt (89,36). Nach dem Tod eines Schafes (Aaron) sterben auch die großen Schafe (die Wüstengeneration) und werden durch kleinere Artgenossen ersetzt, die einen Fluß (den Jordan) erreichen. Schließlich trennt sich das Leitschaf von der Herde und entschläft, worauf die Schafe es suchen und klagen (89,37f.). Nach Abschluß ihrer Klage überschreiten sie den Fluß und erreichen mit dem Haus, geführt von zwei Schafen (Josua und Eleasar), ein fruchtbares Land, wo sie satt werden (89,39f.).

Der Abschnitt deckt die Ex 15 - Jos 3 berichteten Ereignisse ab, setzt aber wieder entschieden eigene Akzente: Der vielschichtige biblische Wüstenwanderungs- und Sinaikomplex wird auf einige Linien beschnitten, die sich um das zentrale Metaphernpaar der geöffneten oder verblendeten Augen ranken.[337] Das Öffnen der Augen (ወእንጎሁ ይክሥቱ አዕይንቲሆሙ) vollzieht sich nach 89,28 auffälligerweise bereits während der Wüstenwanderung und noch vor der Ankunft am Sinai, bis zu der ein inniges Verhältnis zwischen Gott und seinem Volk vorherrscht.[338] Die Gabe der Tora, Zentrum der biblischen Sinaiperikope, tritt demgegenüber völlig in den Hintergrund,[339] Kernereignis ist die Theophanie am Sinai (89,30f.). Dem idealen Zustand der Gottunmittelbarkeit des Volkes und der ihr korrespondierenden rechten Erkenntnis wird in 89,32 sein verblendetes Abirren bei Moses zweitem Aufstieg auf den Gottesberg diametral entgegenge-

---

337 Vgl. zu Ursprung und Parallelen den entsprechenden Exkurs bei NICKELSBURG, *1 Enoch*, 380f.

338 Nach 1 Hen 89,28 öffnen die Schafe ihre Augen in einer Zeit, da Gott selbst mit seinem Volk zieht und es weidet. Da die Tiervision die Wüstenwanderung vor der Ankunft am Sinai als Zeit der unmittelbaren Nähe zwischen Gott und seinem Volk stilisiert, verwundert es nicht, daß die nach biblischem Zeugnis in diesen Zeitraum fallenden Murrgeschichten unberücksichtigt bleiben.

339 Lediglich bei dem von Mose gewiesenen Weg (89,32) könnte es sich um eine Anspielung auf die Gabe der Tora handeln; vgl. REESE, *Geschichte Israels*, 28f.

setzt (vgl. Ex 32).[340] Der daraus resultierende Zorn Gottes und die blutige Bestrafung der verirrten Schafe komplettieren ein Bild, welches das Grundmuster der im folgenden entfalteten Geschichte Israels bildet, deren stetiger Wechsel von Verblendung und Bestrafung erst zum Ende kommt, als die sich selbst als Lämmer stilisierenden Verfasserkreise an der Schwelle zur Endzeit ihre Augen öffnen (90,6).[341]

Das nächste erwähnte Ereignis, die Errichtung der Stiftshütte durch Mose, der sich von einem Schaf in einen Menschen verwandelt (89,36),[342] führt die für den Text zentrale Dimension des Kultus ein, der wesentlicher Bestandteil der rechten Befolgung des göttlichen Willens ist. Nach Bestrafung der Abtrünnigen und ihrer Rückkehr zu den Hürden (89,35) wird durch den Bau des ‚Hauses' (ቤት) ein Neuanfang gesetzt, der den späteren Bau Jerusalems (Haus) und des Tempels (Turm) bereits antizipiert (vgl. 89,50.56.66). Das ‚Haus, in dem alle Schafe Platz finden' ist daher nicht auf die Stiftshütte selbst zu beschränken, sondern umfaßt das um diese angeordnete Lager der Israeliten (vgl. Num 1f.) und bringt so das um sein Kultzentrum gruppierte Leben des Volkes zum Ausdruck.[343]

Die Ereignisse zwischen dem Tod Aarons, dem Ende der Wüstengeneration, die im Bild durch kleinere Schafe abgelöst wird, dem Erreichen des Jordans und dem Tod Moses werden äußerst gerafft wiedergegeben: 1 Hen 89,37f. umfaßt damit Num 20 bis Dtn 34. Ähnlich knapp ist das

---

340 Die parallele Formulierung kontrastiert das Erblinden in 89,32 (ወአባግዕ አኃዙ ይጼለሉ አዕይንቲሆሙ·) mit dem Öffnen der Augen in 89,28 (ወአኃዙ ይክሥቱ አዕይንቲሆሙ·).

341 Angesichts der zentralen Gegenüberstellung von Blindheit und Sehen stellt sich die Frage nach dem Inhalt rechter Erkenntnis. Da die Schafe ihre Augen noch vor der Ankunft am Sinai öffnen, vermuten NICKELSBURG, *1 Enoch*, 379, und TILLER, *Commentary*, 292, hier sei an die Satzungen gedacht, die Gott selbst Israel in Mara gibt (Ex 15,25f.). Dies würde den Grundzug der Gottunmittelbarkeit als Charakteristikum der frühen Wüstenphase unterstreichen. Ob hierin jedoch eine Distanz der Verfasser zur von Mose vermittelten Tora mitschwingt, läßt sich nicht eindeutig beantworten, da die Tora zwar nicht im Zentrum der Passage steht, in 89,32 jedoch im Blick sein könnte. Deutlich ist nur soviel, daß es bei dem Metaphernpaar Blindheit/Sehen um die rechte Erkenntnis und Befolgung des göttlichen Willens, also im Kern um halachische Fragen geht. Dabei ist inhaltlich eine wesentliche Entsprechung zu den Überzeugungen der Henochkreise vorauszusetzen, die sich selbst als weiße Lämmer mit geöffneten Augen darstellen (90,6) und so als Ausprägung derselben Erkenntnistypologie verstehen, die bereits in der Wüstenwanderung angelegt ist. Warum TILLER, *Commentary*, 292, Anm. 15, diesen in der Logik des Textes evidenten Bezug leugnet, ist unverständlich.

342 Ob diese Transformation sich mit DILLMANN, *Buch Henoch*, 261, angemessen damit erklären läßt, daß dem Verfasser die Errichtung eines Gebäudes durch ein Tier unvorstellbar erschien, ist zweifelhaft. In der Bildsprache der Tiervision stellen Menschen Engelwesen dar, und von daher ist es wahrscheinlicher, hier einen Bezug zur Verherrlichung Moses (Ex 34,29-35) zu sehen, die von den Verfassern als Transformation in einen Engel gestaltet wurde; vgl. NICKELSBURG, *1 Enoch*, 381; TILLER, *Commentary*, 296.

343 Vgl. NICKELSBURG, *1 Enoch*, 381f.; TILLER, *Commentary*, 296; ähnlich CHARLES, *Book of Enoch*, 194.

Josuabuch in 89,39f. zusammengefaßt: Die Landnahme unter der Führung Josuas und Eleasars[344] wird unter Auslassung aller Details als positives Ereignis angeführt, mit dem Israel das Land der Verheißung betritt und gesättigt um das kultische Zentrum lagert. Damit ist ein Zustand erreicht, welcher der Situation nach dem Durchzug durchs Schilfmeer entspricht, wenn auch mit dem entscheidenden Unterschied, daß die unmittelbare Gottesgemeinschaft nicht mehr gegeben ist.

1 Hen 89,41-50: Von der Richterzeit bis zum Bau des Salomonischen Tempels

Die Augen der Schafe sind abwechselnd geöffnet und verschlossen, bis ein Schaf (Samuel) die Führung übernimmt, worauf sich ihre Augen öffnen (89,41). In der Bedrängnis durch Hunde, Füchse und Wildschweine wird ein Widder (Saul) erweckt, der die Bedränger vernichtet (89,42f.). Das Schaf (Samuel) sieht, wie der Widder seinen Weg verläßt und sich gegen die Schafe wendet, worauf es vom Herrn der Schafe gesandt wird, ein anderes Schaf (David) zum Widder zu erheben, daß es die Schafe führe, während die Bedrängnis durch die Hunde (Philister) fortdauert (89,44-46). Der erste Widder verfolgt den zweiten, wird aber von den Hunden zu Fall gebracht (Sauls Tod). Unter Führung des zweiten Widders vermehren sich die Schafe, die wilden Tiere werden vernichtet und ihre Macht über die Schafe wird gebrochen. Nach seinem Tod übernimmt ein kleines Schaf als Widder die Herrschaft (89,47-49: Salomo).[345] Ein großes Haus für die Schafe (Jerusalem) mit einem hohen Turm für ihren Herrn (der Tempel) wird errichtet, und dem auf diesem Turm stehenden Herrn wird ein voller Tisch vorgesetzt (89,50: die Tempelopfer).

Unter Übergehung aller weiteren Details wird die Richterzeit lediglich kurz gestreift und dabei vor dem Hintergrund des zentralen Metaphernpaares Sehen/Blindheit in ihrer theologischen Signifikanz bestimmt. Das Auf und Ab dieser Epoche zwischen Abfall des Volkes, Bestrafung, Umkehr, Errettung und neuerlichem Abfall wird damit auf das Problem der Erkenntnis des göttlichen Willens zugespitzt und auf dieselbe Weise gedeutet wie schon Wüstenzeit und Sinaigeschehen.

Wie bereits im Fall Moses kommt einzelnen Führungspersönlichkeiten eine entscheidende Bedeutung zu, hier zunächst Samuel, der nach 89,41 ganz Israel auf den rechten Weg zurückführt (vgl. 1 Sam 7,3-17). Die Bezeichnung Sauls als Widder zielt auf die Unterstreichung seiner Führungsrolle und rekurriert auf die entsprechende Beschreibung Jakobs (89,12.14):

---

344 Die Deutung des zweiten Schafes auf Eleasar ist derjenigen auf Kaleb vorzuziehen, da nach biblischem Bericht Josua die Funktionen Moses übernimmt, wogegen Eleasar die Nachfolge Aarons antritt (Num 20,25f.; Dtn 10,6; 14,1; 17,4); vgl. NICKELSBURG, *1 Enoch*, 382; TILLER, *Commentary*, 300; gegen CHARLES, *Book of Enoch*, 194.

345 1 Hen 89,48b gehört sinngemäß hinter 89,49, eine Umstellung, die auch das zu dieser Stelle erhaltene griechische Fragment (*Codex Vaticanus Graecus 1809*) zu bestätigen scheint; vgl. CHARLES, *Book of Enoch*, 197; KNIBB, *Ethiopic Book* II, 208; UHLIG, *Henochbuch*, 692; anders DILLMANN, *Buch Henoch*, 262.

Den Königen wird eine ähnliche Funktion zugemessen wie dem Stamm-
vater Israels, wobei sich ihre Führungsrolle maßgeblich in ihren militärischen Erfolgen über die als wilde Tiere dargestellten Feinde manifestiert.[346] Während im Falle Davids und Salomos die kritischen Töne des
biblischen Berichts unberücksichtigt bleiben, wird allein Sauls Abfall als
Abirren vom rechten Weg gebrandmarkt. Davids Erhebung zum König
wird demgegenüber als Folge eines göttlichen Beschlusses dargestellt, und
die sich anschließende Blüte des Volkes während seiner Regierungszeit
hat, wie schon zur Zeit des Exodus, ihren eigentlichen Ermöglichungsgrund in der Anwesenheit und im Handeln Gottes selbst.[347]

Folglich erreicht die Geschichtsschau ihren positiven Kulminationspunkt mit der Errichtung des Jerusalemer Tempels. Stadt und Heiligtum –
das Haus (ቤት) mit seinem Turm (ማኅፈድ) – werden im Bild eng miteinander verbunden,[348] durch die Bestimmung Jerusalems für das Volk
und des Tempels für Gott wird die Gottesgemeinschaft erneut konstituiert, die bereits im ebenfalls als ‚Haus‘ bezeichneten Lager um die Stiftshütte verwirklicht war, nun aber als neues Kernelement um den Opferkult
bereichert ist (89,50). Dieser steht als Zentrum der Gottesverehrung in
einem unlösbaren Verhältnis zur Einwohnung Gottes im Tempel; die
kultische Vermittlung ist an die Stelle der Gottunmittelbarkeit der frühen
Wüstengeneration getreten (vgl. 89,21-27). Die Tage Davids und Salomos
sind demnach als eine Zeit in den Blick genommen, während der Israel
aufblüht, indem es seiner Bestimmung als Volk Gottes gerecht wird und
auf dem rechten Weg wandelt. Davon radikal abgegrenzt soll unter den
Epigonen ein Verfall einsetzen, der erst in der endzeitlichen Etablierung
der Gottesgemeinschaft wieder aufgehoben wird.

1 Hen 89,51-58: Die Zeit der geteilten Reiche

Erneut beginnen die Schafe abzuirren, indem sie auf vielen Wegen gehen und ihr
Haus verlassen (89,51). Ihr Herr sendet darauf einige Schafe als Mahner (die Propheten), die aber von ihren Artgenossen getötet werden; nur eines dieser Schafe
(Elia) wird von dem Herrn gerettet und zu Henochs hohem Ort entrückt
(89,52f.). Auf die Verblendung seiner Herden reagiert der Herr, indem er selbst
Haus und Turm verläßt und die Schafe in die Hände der wilden Tiere ausliefert,
damit diese sie zerreißen (89,54-56). Henoch tritt darauf für die Schafe ein, aber
ihr Herr bleibt unbewegt und freut sich über ihr Schicksal (89,57f.).

---

346 Zur Deutung der einzelnen wilden Tiere vgl. NICKELSBURG, *1 Enoch*, 383; REESE,
   Geschichte Israels, 31, Anm. 85.
347 Vgl. REESE, *Geschichte Israels*, 31.
348 Zur Identifikation von Haus und Turm vgl. auch DIMANT, ירושלים והמקדש בחזון החיות,
   178-183.

In 1 Hen 89,51-54 findet sich eine knappe Bewertung des von 1 Kön 12 bis in die letzten Kapitel von 2 Kön dargestellten Zeitraumes.[349] Unter Absehung von allen Details wird er als Zeit der Verirrung beschrieben, während der Israel auf vielen Wegen wandelt und das ihm zugedachte ,Haus' verläßt (89,51: ስሕቱ ወሖሩ በብዙኅ ፍናዋት ወሐደጉ ዝኩ ቤተ ዚአሆሙ·).[350] Die Sünde des Volkes trägt primär kultische Züge und steht daher in einer Reihe mit der Verehrung des goldenen Kalbes (89,32-35) und den Verirrungen der Richterzeit. Die Verblendung hat schließlich auch zur Folge, daß die von Gott als Mahner gesandten Propheten vom Volk verfolgt und getötet werden,[351] so daß das einzig positive Ereignis des gesamten Zeitraumes die Entrückung Elias darstellt – bewußt mit der Entrückung Henochs parallelisiert.

Die Abtrünnigkeit erreicht ihren Gipfelpunkt mit dem vollständigen Verlassen von Stadt und Tempel (89,54: ኃደጉ ቤቶ ለእግዚእ ወማ኎ፈዱ), also dem Aufkündigen der nach 89,50 mit der Verbindung beider Größen (neu) konstituierten Gottesgemeinschaft.[352] Die Reaktion Gottes besteht darin, daß er sein Volk zunächst zur Vernichtung in die Hände der Fremdvölker ausliefert (89,55),[353] am Ende aber selbst Stadt und Tempel verläßt (89,56). Wie Israel *Gottes* Haus und Turm verlassen hat (89,54), so verläßt er nun ,*ihr* Haus und *ihren* Turm' (89,56: ሐደገ ለዝኩ ቤተ ዚአሆሙ· ወማ኎ፈዱሙ·). Diese zweifache Kennzeichnung Jerusalems und des Tempels hebt die Bedeutung des Ortes als Schnittmenge göttlicher und menschlicher Sphäre hervor. Hier manifestierte sich die wechselseitige Bestimmung Gottes und seines Volkes, ein filigranes Gefüge, das durch Israels Verblendung einseitig zerstört wurde, weshalb Gottes Rückzug aus der verwaisten Begegnungsstätte nur folgerichtig sein muß.[354]

Mit Gottes Rückzug ist zugleich das Schicksal des Volkes endgültig besiegelt, insofern es nun keine Rettung mehr aus der Hand der Unterdrücker geben kann. Anders als zur Zeit der ägyptischen Gefangenschaft, als auf das Schreien des Volkes das machtvolle Einschreiten Gottes folgte (89,19f.), ist diese Möglichkeit ausgeschlossen, so daß selbst das Flehen

---

349 Präzise Aussagen darüber, bis zu welchem Punkt der Text der in 2 Kön gebotenen Darstellung folgt, sind angesichts seiner allgemein gehaltenen Darstellung der Spätzeit Judas nur schwer möglich; s.u., *3.2.*

350 Auch grundsätzlich positiv gezeichnete Könige wie Hiskia und Josia bleiben unerwähnt, da sie das Unheilsgefälle der Zeit nicht zu verändern vermochten; vgl. NICKELSBURG, *1 Enoch*, 384.386.

351 Zur traditionsgeschichtlichen Verankerung dieser Aussage im dtr Geschichtsbild vgl. STECK, *Israel*, 110-195.

352 NICKELSBURG, *1 Enoch*, 384f., findet hier eine Anspielung auf die 2 Kön 21 berichteten Kultfrevel Manasses; vgl. auch TILLER, *Commentary*, 319.

353 Zur möglichen Identifizierung der genannten wilden Tiere vgl. NICKELSBURG, *1 Enoch*, 385; TILLER, *Commentary*, 320.

354 Vgl. hierzu auch den biblischen Hintergrund in Ez 10,18-22.

Henochs ohne Wirkung verhallt. Vielmehr freut Gott sich am Leid seines Volkes, eine Aussage, die unterstreichen soll, daß allein Israel für seine Lage verantwortlich ist.[355] Der scharfe Kontrast zu Gottes bis in die Tage Salomos reichender Fürsorge ist unübersehbar.

1 Hen 89,59-64: Die Beauftragung der 70 Hirten[356]

> Der Herr übergibt seine Schafe in die Hände von 70 Hirten (Engel), die sie in genauer Befolgung der göttlichen Befehle hüten sollen, um dabei eine jeweils vorgegebene Zahl zu töten (89,59f.). Zugleich beauftragt er heimlich einen Anderen (Erzengel), der alle Taten der Hirten aufschreiben soll, damit der Herr sehen kann, ob diese nach seinem Befehl handeln oder, wie er voraussieht, mehr Schafe vernichten, als ihnen aufgetragen war (89,61-64).

Die in 89,59-64 geschilderten Ereignisse spielen in der Sphäre des himmlischen Hofstaates und schließen so bruchlos an den vorangehenden Abschnitt an. Nach Gottes Rückzug aus dem Tempel weilt er nicht länger auf Erden, sondern überträgt nun das bisher von ihm selbst innegehabte Hirtenamt über sein Volk an 70 Stellvertreter.[357] Unübersehbar ist die Spannung zwischen dem Fürsorgeauftrag des Hirtenamtes und der einzig konkreten Aufgabe der Hirten (**ኖላዊያን**), eine von Gott festgesetzte Anzahl Schafe zu töten.[358] Da die Tiervision alle Menschen als Tiere darstellt, können sich hinter den Hirten nicht, wie noch von DILLMANN angenommen, heidnische Herrscher verbergen,[359] sondern es muß sich um Engel handeln.[360] Auch der in 89,61 zum Schreiber berufene ‚Andere' – man beachte den Fall aus der Allegorie! – ist als himmlisches Wesen zu denken, nach 90,22 einer der sieben Erzengel (vgl. 87,2). Seine Beauftragung zum himmlischen Protokollanten trägt Gottes Voraussicht Rechnung, daß die

---

355 Vgl. NICKELSBURG, *1 Enoch*, 386; TILLER, *Commentary*, 322.

356 1 Hen 89,59 - 90,19 bilden vermittelt über das Thema der 70 Hirten eine geschlossene Einheit, deren Bezeichnung als ‚Hirtenvision' jedoch nicht darüber hinwegtäuschen sollte, daß hier ein integraler Bestandteil der Tiervision, keineswegs aber ein einstmals selbständiger Text vorliegt.

357 Gott ‚verstößt' (**ገደፈ**) Israel in die Hand der Hirten (89,59), eine Aktion, die das Verlassen der Schafe (**ኀደገ**: 89,58) auf die Spitze treibt; vgl. NICKELSBURG, *1 Enoch*, 390; TILLER, *Commentary*, 325.

358 Gegen REESE, *Geschichte Israels*, 35, der den Fürsorgeaspekt in der Beauftragung durch Gott zu stark herausstellt. Dagegen ist mit TILLER, *Commentary*, 325, einzuwenden, daß die Epoche der 70 Hirten primär Zeit der Bestrafung ist.

359 Vgl. DILLMANN, *Buch Henoch*, 265; ebenso EWALD, *Abhandlung*, 49; zu weiteren Positionen des 19. Jh. vgl. den Forschungsüberblick bei GEBHARDT, *70 Hirten*, 163-246. Auch FRÖHLICH, *Symbolical Language*, 631, scheint diese Identifikation vorauszusetzen, wenn sie schreibt: „Sheep stand for the people of Israel, shepherds for their rulers."

360 So erstmals von HOFMANN, *Schriftbeweis* I, 422, festgestellt; vgl. BEER, *Buch Henoch*, 294; BLACK, *Book of Enoch*, 270f.; CHARLES, *Book of Enoch*, 199-201; MARTIN, *Livre d'Hénoch*, 217; MILIK, *Problèmes*, 356; NICKELSBURG, *1 Enoch*, 390; REESE, *Geschichte Israels*, 35, Anm. 111; TILLER, *Commentary*, 325; VANDERKAM, *Sabbatical Chronologies*, 167.

Hirten mehr Schafe ermorden werden als befohlen (89,61: ያሐጕሱ እምውስቴቶሙ ፈድፋደ እምዘ አዘዝክዎሙ). Die Niederschrift aller ihrer Taten bietet daher die Grundlage dafür, sie in der Endzeit zu richten.[361]

Mit der Einführung der 70 Hirtenengel ergibt sich eine grundlegende Wandlung in der theologischen Wahrnehmung der Geschichte Israels: Seit dem Ausgang der Königszeit steht diese in einem Korrespondenzverhältnis zur himmlischen Sphäre der Engel und ist deren Herrschaft unterworfen. Gott selbst hat sich mit der Bestellung der 70 Hirten endgültig aus dem irdischen Bereich zurückgezogen und überläßt Israel für seine Sünden dem strafenden Handeln dieser Engel. Zugleich hat aber die göttliche Vorsehung durch die Begrenzung ihrer Zahl auf 70 ein Ende dieser Strafperiode gesetzt, an die sich das durch die Einsetzung des Schreibers bereits antizipierte Gericht anschließen wird.

1 Hen 89,65-72a: Die 70 Hirten – erste Epoche

Die Hirten beginnen, mehr Schafe zu vernichten als befohlen. Ausgeliefert in die Hand von Löwen, Panthern und Wildschweinen, geht die Mehrzahl der Schafe zugrunde; das Haus (Jerusalem) wird zerstört und der Turm (der Tempel) verbrannt, weshalb Henoch trauert. Er kann nicht mehr sehen, ob die Schafe in das Haus gehen (89,65-67).

Die Überantwortung der Schafe an die wilden Tiere folgt klaren Vorgaben: Jeder Hirte bekommt eine bestimmte Zahl von Israeliten überantwortet, über jeden wird genau Buch geführt, aber jeder tötet mehr Schafe als aufgetragen, was erneut die Klage Henochs hervorruft (89,68f.). Der Schreiber bringt sein Buch vor den Herrn der Schafe, der es verlesen läßt und anschließend versiegelt niederlegt (89,70f.). Damit haben die Hirten 12 Stunden lang geweidet. (89,72a)

Mit der Überantwortung in die Hand der Hirten gehen die ersten katastrophalen Folgen für Israel einher: Die meisten Schafe fallen den Löwen, Panthern und Wildschweinen zum Opfer, die auch ‚Turm' und ‚Haus' vernichten (89,66: ወአውዐዩ ለዝኩ ማገፈድ ወከረዩ ለዝኩ ቤት).[362] Die Zerstörung von Stadt und Tempel durch die Babylonier sowie die sich anschließende zweite Deportation (vgl. 2 Kön 25,1-21) markieren einen absoluten Tiefpunkt in der Geschichte Israels: Nachdem sich zuerst Israel vom rechten Kult abgewandt, sodann Gott selbst den Ort seiner irdischen Präsenz verlassen hat, ist durch die Zerstörung des Heiligtums jeder Zweifel daran ausgeräumt, daß eine geschichtliche Anknüpfung an den einst hier gesetzten Ermöglichungsgrund des Verhältnisses zwischen Gott und Israel ausgeschlossen ist.

---

361 Zur Bedeutung der himmlischen Bücher in 1 Hen vgl. NICKELSBURG, *1 Enoch*, 478-480.

362 Die Identifizierung der Löwen als Babylon ist unumstritten, auf welche Völker sich die Panther und Wildschweine beziehen, ist dagegen unklar (Aram und Edom?); vgl. NICKELSBURG, *1 Enoch*, 393; TILLER, *Commentary*, 331f.

Entscheidend ist daher, daß durch die Notiz in 89,65, wonach die Hirten mehr Schafe töten als befohlen, der gesamte Abschnitt, und damit auch Tempelzerstörung und Exil, unter das Vorzeichen der Engelsexzesse gestellt werden. Der Text sagt weder, daß Gott diese Ereignisse befürwortet, noch daß er sie ablehnt, sondern hält Gott aus der unter die Lenkung der Hirten gestellten irdischen Sphäre konsequent heraus. Im himmlischen Bereich hingegen entgeht Gott keiner ihrer Schritte, weil der himmlische Schreiber über alles akribisch Buch führt, damit das Geschriebene anschließend vor Gott verlesen werden und sodann als Zeugnis für den Tag des Endgerichts aufbewahrt werden kann.[363] Dasselbe Grundschema bestimmt die Darstellung der weiteren Hirtenepochen, indem, mit Ausnahme der dritten Epoche (90,2-5), zunächst wiedergegeben wird, wie die Hirten mit den ihnen anvertrauten Schafen verfahren, und sich sodann die Schilderung der Protokollvorgänge anschließt.

Wesentlich für die chronologische Binnenstruktur des Textes ist die Zuordnung von 89,72a. Folgt man dem äthiopischen Text, so ist das zwölfstündige Weiden der Hirten ‚danach' (ወእምዕኄሁ·), also in Anschluß an die erste Epoche anzusetzen. Damit bliebe diese ohne explizite Nennung der Anzahl der ihr zugehörigen Hirten, ein singulärer Fall, da in 1 Hen 90,1.5.17 jeweils am Ende einer Epoche die entsprechende Anzahl Hirten erwähnt wird. Man wird daher am ehesten mit NICKELSBURG V. 72a als eine entsprechende Schlußnotiz zum ersten Abschnitt (89,65-71) ziehen müssen, die im Laufe der Textüberlieferung irrtümlich als Anfang des folgenden Abschnittes verstanden wurde.[364] Die damit verbundenen Implikationen für die Chronologie sollen unter *3.2.* eingehender diskutiert werden.

---

[363] Nach 1 Hen 89,68 wird jedem Hirten zu seiner Zeit eine bestimmte Zahl Schafe zum Töten überantwortet, wobei die Abweichungen gegenüber dieser zu erfüllenden Tötungsquote peinlich genau protokolliert werden. Diese bürokratisch anmutende Vorstellung gewährleistet in den Augen der Henochkreise, daß im Endgericht einem jeden nach seinen Werken Gerechtigkeit widerfährt. REESE, *Geschichte Israels*, 36, hat zu Recht betont, daß nach 1 Hen 89,70 nicht nur die Anzahl der Getöteten, sondern jeder Einzelne von ihnen verzeichnet wird, eine Erkenntnis, deren Trostfunktion nicht unterschätzt werden sollte.

[364] Vgl. NICKELSBURG, *1 Enoch*, 394; so bereits CHARLES, *Book of Enoch*, 203; DILLMANN, *Buch Henoch*, 269; EWALD, *Abhandlung*, 51; anders BECKWITH, *Calendar*, 237f. (s.u., *3.2.*). HENGEL, *Judentum*, 343, bezieht dagegen wie REESE, *Geschichte Israels*, 35, Anm. 112, die Angaben 89,72; 90,5.17 auf die zweite bis vierte Epoche. Aufgrund der sich für diese Epoche ergebenden Abfolge von 12, 23 und 12 (= 47) Hirtenzeiten muß die in diesem Modell nicht genannte Anzahl der Hirten während der ersten Epoche durch Subtraktion von der Gesamtzahl 70 errechnet werden, was 23 Hirtenzeiten ergibt. Dieses Vorgehen erscheint wenig plausibel, da so die klare Struktur des Textes völlig verloren geht: Im ersten Fall wäre die Anzahl der Hirten gar nicht genannt, im zweiten zu Beginn der entsprechenden Epoche und in den beiden verbleibenden am jeweiligen Ende. Folgt man hingegen der von NICKELSBURG vertretenen Rekonstruktion, ergibt sich, daß jede Epoche an ihrem jeweiligen Ende eine Notiz über die Anzahl der Hirten aufweist.

1 Hen 89,72b - 90,1: Die 70 Hirten – zweite Epoche

Henoch sieht, wie drei Schafe zurückkehren, um das Haus (Jerusalem) aufzubauen, aber von den Wildschweinen daran gehindert werden (89,72). Sie beginnen erneut zu bauen, errichten den Turm (den Tempel), welcher ‚der hohe Turm' genannt wird, und stellen einen Tisch vor dem Herrn auf, aber das Brot auf ihm (die dargebrachten Opfergaben) ist unrein (89,73). Schafe wie Hirten sind verblendet, und eine große Zahl der Schafe wird vernichtet. Der Herr der Schafe bleibt ruhig, bis alle Schafe über das Feld verstreut sind und sich mit den wilden Tieren vermischt haben (89,74f.).365 Der Schreiber liest sein Buch vor dem Herrn der Schafe unter Flehen für die Schafe vor, legt es nieder und geht (89,76f.). Damit haben 35 Hirten ihre Zeit vollendet (90,1).366

Die Identität der Schafe, von deren Rückkehr die Rede ist, läßt sich nicht eindeutig bestimmen, wenn auch nach Esr 5,1 (vgl. 3 Esr 6,2) zunächst an Serubbabel und Josua zu denken wäre.367 Entscheidend ist die Darstellung des Wiederaufbaus: Er wird im Blick auf die Stadt zunächst behindert durch den Widerstand der ‚Wildschweine'.368 Der anschließende Tempelbau gelingt zwar, das Resultat stellt aber nur einen Schatten des Salomonischen Tempels dar (89,73; vgl. 89,50): Er *ist* kein hoher Turm, sondern wird nur so *genannt* (ወይሰምይ ማኅፈድ ነዊኅ); man errichtet einen Tisch für Gott, von dessen Anwesenheit auf dem Turm aber nichts mehr verlautet; die dargebrachten Opfergaben schließlich sind unrein und daher unbrauchbar. Gleichsam als Fazit der kultischen Untauglichkeit des Zweiten Tempels liest sich die Konstatierung der allgemeinen Blindheit, die nun explizit zum ersten Mal auch von den Hirten ausgesagt ist (89,74: ጽሉላን አዕይንቲሆሙ ወኢይሬእዩ ወኖሉቶሙኒ). Anders als in der vergangenen Epoche beschränkt sich die Bestrafung der Schafe nicht mehr

---

365 Der Vers ist mehrdeutig, da nach 𝔐 lediglich die Rede davon ist, daß sich die Schafe mit ‚ihnen' vermischten (ወተደመሩ ምስሌሆሙ). Im Kontext ist am ehesten an die wilden Tiere zu denken, möglicherweise ein Bezug auf die Mischehenproblematik des Esrabuches; vgl. Tob 4,12f. Ähnlich auch NICKELSBURG, *1 Enoch*, 395; TILLER, *Commentary*, 341; UHLIG, *Henochbuch*, 696.

366 Alle MSS bezeugen die Zahl 37. Da nach Addition weiterer 23 Hirten aber die Gesamtzahl 58 (nicht 60!) erreicht wird (90,5), muß es sich um einen, wahrscheinlich sehr frühen, Schreiberirrtum handeln, wie er bereits angesichts der problematischen Zuordnung von 89,72a zum Anfang der zweiten Hirtenepoche vermutet wurde. Daß die sich durch Addition aller Angaben ergebende Gesamtzahl von 72 Hirten nicht korrigiert wurde, obwohl der Text explizit von nur 70 Hirten spricht, könnte einen Grund darin haben, daß sie in Beziehung zur traditionellen Annahme einer Gesamtzahl von 72 Nationen gesehen wurde; vgl. BLACK, *Book of Enoch*, 274; DILLMANN, *Buch Henoch*, 271f.; TILLER, *Commentary*, 345.

367 Seit DILLMANN, *Buch Henoch*, 271f., wird erwogen, daß ursprünglich von zwei Rückkehrern die Rede war und die in 𝔐 durchgängig bezeugte Zahl Drei auf eine verderbte Lesart zurückgeht. Zur Identität der Personen vgl. BEER, *Buch Henoch*, 295; BLACK, *Book of Enoch*, 273; CHARLES, *Book of Enoch*, 203; MARTIN, *Livre d'Hénoch*, 221f.; NICKELSBURG, *1 Enoch*, 394; TILLER, *Commentary*, 338f.

368 Zur Identifizierung der als Wildschweine bezeichneten Gegner als Edomiter oder Samaritaner vgl. NICKELSBURG, *1 Enoch*, 394; TILLER, *Commentary*, 339f.

auf ihre Vernichtung durch die wilden Tiere, sondern führt zu ihrer Zerstreuung, die wiederum die Vermischung des Volkes mit den Heiden zur Folge hat. Der Bestand Israels ist so nicht mehr nur durch feindliche Übergriffe von außen, sondern zusätzlich auch noch von innen gefährdet, indem es sich unter den Heiden aufzulösen droht.

Weder von Gott noch von den Hirten ist eine Rettung aus dieser Situation zu erwarten, doch bleibt indirekt ein positiver Ausblick gewahrt, denn in den himmlischen Büchern ist wieder jede Tat der Hirten bezeugt, Gott selbst bekannt und für das Endgericht aufbewahrt (89,76f.). Mit der Vollendung von 35 Hirtenzeiten ist die Hälfte des unter die Obhut der Hirten gestellten Zeitraumes abgelaufen.

1 Hen 90,2-5: Die 70 Hirten – dritte Epoche

> Henoch schaut, wie Geier, Habichte und Raben unter der Führung der Adler die Augen der Schafe aushacken und ihr Fleisch fressen, worauf diese schreien und Henoch in ihre Klage einstimmt (90,2f.). Hunde, Adler und Habichte lassen von den Schafen nur Gerippe übrig und dezimieren ihre Zahl (90,4). Nach der Zeit der verantwortlichen 23 Hirten sind insgesamt 58 Zeiten vollendet (90,5).

Eine Neuerung in der Schilderung der dritten Epoche besteht in der erstmaligen Darstellung der heidnischen Unterdrücker als Vögel. Die Nationen, die sich dahinter verbergen, haben gemäß 89,10 wie die anderen Fremdvölker ihren Ursprung nach der Sintflut. Wenn auch eine eindeutige Identifizierung der einzelnen Vögel kaum zu leisten ist, kann davon ausgegangen werden, daß sie für die griechischen Herrscher und ihre Verbündeten stehen.[369] Daß sie die Schafe nicht nur fressen, sondern auch ihre Augen aushacken (90,2: ወይከርዩ አዕይንቲሆሙ), liegt einerseits als für Vögel typische Aktion in der Logik des Bildes; andererseits wird der Bezug zur fortdauernden Blindheit Israels kaum zufällig sein, und von daher gesehen zementieren die Übergriffe der Vögel die Verblendung des Volkes. Der Schrei der Schafe, deren Fleisch verzehrt wird, verhallt ungehört und findet das einzige Echo in Henochs Klage über den verantwortlichen Hirten. Unaufhaltsam werden die Schafe von ihren Feinden bis auf die Knochen abgenagt (እስከ ቆሙ ባሕቲቱ አዕፅምቲሆሙ), eine eindrucksvolle Umkehrung des Bildes aus Ez 37,6, welche der dort geäußerten Hoffnung auf eine Wiederbelebung Israels die radikale Dezimierung des Volkes entgegensetzt (90,4). Der hiermit erreichte Tiefpunkt in der Geschichte Israels wird auch dadurch unterstrichen, daß allein am Ende der dritten Epoche die himmlische Parallelebene ausgeblendet bleibt und

---

369   Vgl. NICKELSBURG, *1 Enoch*, 395; TILLER, *Commentary*, 345f. CHARLES, *Book of Enoch*, 205, nimmt eine sehr präzise Zuordnung der einzelnen Vögel zu den Diadochenreichen vor, die aus dem Text in dieser Eindeutigkeit nicht ableitbar ist.

nichts von dem Protokoll des Engels und seiner Fürsprache verlautet (90,5).

1 Hen 90,6-19: Die 70 Hirten – vierte Epoche

Den weißen Schafen werden Lämmer geboren, die ihre Augen öffnen und nach den Schafen schreien, welche jedoch nicht hören, weil sie taub und verblendet sind (90,6f.). Die Raben (Seleukiden) nehmen eines der Lämmer (Onias III.) und zerreißen die Schafe (90,8). Den Lämmern wachsen Hörner, aber sie werden von den Raben niedergeworfen, bis ein großes Horn (Judas Makkabäus) hervorsprießt. Darauf werden die Augen der Schafe geöffnet, und die Böcke folgen dem Ruf des Hornes und kommen zu ihm (90,9f.). Die Attacken der Raubvögel dauern fort und rufen bei den Böcken Klage hervor; die Versuche der Raben, das Horn niederzureißen, bleiben jedoch erfolglos (90,11f.).
Ein vereinter Angriff der Hirten und Raubvögel richtet sich gegen das Horn, das um Hilfe schreit, worauf ihm der Mann, der die Bücher führt (Erzengel), zur Seite eilt (90,13f.). Darauf erscheint der Herr der Schafe, vor dem alle Widersacher fliehen und in der Finsternis verschwinden (90,15). Erneut schließen sich alle Raubvögel und wilden Tiere[370] zusammen, um das Horn des Bockes zu zerbrechen (90,16). Darauf öffnet der Mann das Buch der Vernichtung, in dem die Taten der zwölf letzten Hirten verzeichnet sind, und weist vor dem Herrn der Schafe (Gott) nach, daß sie weit mehr als ihre Vorgänger vernichtet haben (90,17). Nun tritt der Herr der Schafe auf und schlägt mit dem Stab des Zornes auf die Erde, die sich auftut und die Wildtiere und Vögel verschlingt (90,18). Den Schafen wird ein großes Schwert verliehen, mit dem sie gegen alle Wildtiere ausziehen, um sie zu töten; diese fliehen vor ihrem Angesicht (90,19).

Die vierte Epoche bildet den Übergang von der Verfasserzeit zu den endzeitlichen Ereignissen. Sie ist eindeutig am längsten ausgeführt, wobei erneut das einzig im vorigen Abschnitt nicht bezeugte Schema der Korrespondenz irdischer und himmlischer Ebene zum Tragen kommt. Ausgangspunkt der Ereignisse ist die Geburt von Lämmern durch weiße Schafe (90,6: **መነስአት ተወልዱ እምዝኩ አባግዕት ጸዓዳ**). Diese öffnen ihre Augen und schreien zu ihren Eltern, die aber nicht auf sie hören, weil sie nicht nur völlig blind, sondern auch völlig taub sind. Die allegorische Selbstbeschreibung der Henochkreise als Lämmer greift auf die gesamte bis dato geschilderte Vorgeschichte zurück und bringt sie durch terminologische Anklänge zum Mitschwingen. Durch das erstmalige Aufblitzen der Farbe Weiß seit den Tagen Jakobs (89,12) wird signalisiert, daß die ‚Lämmer' über ihre Elterngeneration in derselben Abstammungslinie stehen, die seit den Tagen Adams und Seths die Weltgeschichte durchzieht. Erstmals wird dieses Motiv mit dem in der Darstellung der Geschichte

---

370 Eigentlich ‚wilde Schafe' (**አባግዕ ገዳም**), was auf eine weitere Unterscheidung innerhalb Israels hindeuten würde. Wahrscheinlicher ist hingegen, daß hier ursprünglich von wilden Tieren die Rede war, da die Anwesenheit derselben unter den Verfolgern von 90,18 vorausgesetzt ist; vgl. NICKELSBURG, *1 Enoch*, 388f.; TILLER, *Commentary*, 363f.

Israels verwurzelten Bild der geöffneten Augen verbunden. Beide zentralen Punkte, die Abstammung von der Sethitischen Linie und Israels Bestimmung, auf dem rechten Weg zu wandeln, sehen die Henochkreise in ihrer Bewegung verwirklicht, die somit doppelt legitimiert ist. Davon klar abgegrenzt ist die Generation der Väter, die im Ungehorsam verharrt und das Mahnen der Henochgruppierung so ignoriert, wie einst Israel die Stimme der Propheten ignorierte (89,51).[371]

Hauptgegner Israels in dieser Epoche sind die durch Raben symbolisierten Seleukiden,[372] die in gewohnter Manier die Schafe vernichten.[373] Deren Wehrlosigkeit wird im Bild erstmals dadurch durchbrochen, daß den Lämmern Hörner (አቅርንት) wachsen, die zwar von den Raben niedergeworfen werden, doch gleichwohl die Ära des Widerstandes einläuten, die unter dem großen Horn (ቀርን ዓቢይ), Judas Makkabäus,[374] zum Erfolg gelangen wird. Sein Auftreten geht mit dem Auftun der Augen auf seiten der verblendeten Schafe einher (90,10: ወተፈትሐ አዕይንቲሆሙ), der Makkabäeraufstand wird also nicht auf eine militärische Seite beschränkt gesehen, sondern zugleich als Reformbewegung im Sinne des henochischen Erkenntnisideals wahrgenommen.[375] In Relation zur Person des Judas wird eine Trennung in Schafe (አባግዕ) und Böcke (ደበላት) aufgemacht: Die Böcke folgen seinem Ruf und scharen sich um ihn, in der Unterdrückung durch die Raben rufen sie zu Gott, während die Schafe schweigen. Möglicherweise ist hier, wie TILLER annimmt, eine Unterscheidung zwischen Unterstützern der Makkabäer (Böcke) und solchen Juden intendiert, die der Bewegung fernblieben und nicht einmal um göttlichen Beistand flehten (Schafe).[376] Letzte Sicherheit läßt sich in diesem Punkt allerdings nicht gewinnen.

371　Vgl. TILLER, *Commentary*, 352. Hier scheint eine Auseinandersetzung der Gruppierung, in deren Reihen die Tiervision entstand, mit einer Vorgängergruppierung ihren Niederschlag gefunden zu haben: Diese steht zwar in der weißen Abstammungslinie, verharrt aber in Blindheit, folgt also offensichtlich nicht den Lehren der sich als Lämmer mit geöffneten Augen darstellenden Verfasserkreise, was sich jedoch nach 90,10 im Verlauf des Makkabäeraufstandes ändert (s. im folgenden).

372　Vgl. CHARLES, *Book of Enoch*, 205; TILLER, *Commentary*, 345f.359.

373　Die in 90,8 erwähnte Ergreifung eines Lammes wird wahrscheinlich auf die Beseitigung Onias' III. anspielen; vgl. NICKELSBURG, *1 Enoch*, 400; TILLER, *Commentary*, 352-354.

374　Zur Identifizierung des großen Hornes als Judas Makkabäus s.o., 3.1.1.

375　Das Auftreten von Judas Makkabäus (90,9-12) wird in Analogie zum Aufstieg Davids (89,45-49) geschildert – in beiden Fällen triumphieren Widder über die wilden Tiere. Die Tiervision parallelisiert somit ihre Gegenwart mit der Zeit Davids: Am Ende der 70 Hirtenzeiten ist mit dem Auftreten der Makkabäer der Keim für die universelle Vollendung all dessen gelegt, was bereits in den Tagen Davids und Salomos verwirklicht wurde, aber durch den Ungehorsam Israels verlorenging.

376　Vgl. TILLER, *Commentary*, 357; anders NICKELSBURG, *1 Enoch*, 400, der hinter den Böcken militärische Führer vermutet.

Auf die historischen Reflexe der folgenden Verse (90,12-15) und die
Bestimmung von V. 13-15 als nach dem Vorbild von V. 16-18 gestalteter
Fortschreibung in Zusammenhang mit den makkabäischen Erfolgen bei
Bethsur, wurde unter *3.1.1.* bereits ausführlich eingegangen. Entscheidend
ist die abweichende Rolle der himmlischen Akteure: Auf der Stufe der
Fortschreibung ruft der Hilfeschrei des Judas das Einschreiten des Schrei-
berengels und schließlich das Auftreten Gottes selbst hervor, womit der
Triumph über die Feinde garantiert ist. Dagegen folgt der ursprüngliche
Text (90,16-18) dem Grundschema der einzelnen Hirtenepochen und
führt es zu seinem Ziel: Der vereinte Ansturm des postdiluvischen Bestia-
riums (90,16; vgl. 89,10) gegen das Horn ruft den himmlischen Protokollanten auf den Plan, der vor Gott nachweist, daß die letzten zwölf Hirten
es schlimmer getrieben haben als alle ihre Vorgänger. Resultat ist das Einschreiten Gottes, das erneut in Beziehung zu vergangenen Ereignissen gesetzt wird, indem das Versinken der Angreifer in der sich öffnenden Erde
auf Sintflut und Schilfmeerwunder anspielt.[377]

Die vollständige Umkehrung der Zustände nach Beendigung der letzten Hirtenzeiten bringt 1 Hen 90,19 zum Ausdruck: Mit dem Schwert
(ሰይፍ) in Händen verläßt Israel erstmals die Opferrolle und wendet sich
gegen die verbliebenen heidnischen Völker, die vor seinem Angesicht fliehen.[378]

1 Hen 90,20-27: Das Endgericht

Henoch schaut, wie ein Thron in dem lieblichen Land (Israel) aufgerichtet wird,
auf dem der Herr der Schafe (Gott) Platz nimmt und die versiegelten Bücher ein-
sieht (90,20). Die sieben weißen Menschen (Erzengel) bringen die Sterne (Wächter), der Schreiber die 70 Hirten vor den Herrn (90,21-23). Die Sterne werden als
Sünder befunden und in eine feurige Tiefe geworfen, dasselbe geschieht mit den
70 Hirten (90,24f.). Schließlich öffnet sich eine zweite feurige Tiefe, in welche die
allesamt als Sünder befundenen verblendeten Schafe geworfen werden, um darin
zu brennen (90,26f.).

Die Schilderung des Endgerichtes führt die unterschiedlichen Erzählfäden
der vorangehenden Geschichtsschau zusammen und verdeutlicht damit,
daß deren Gefälle von vornherein auf dieses Gericht zulief. Es folgt einem
ähnlichen Schema wie in Dan 7,9f., findet aber auf Erden statt (vgl. 1 Hen
1,4; 25,3), genauer im ,lieblichen Land' Israels (90,20: በምድር ሐፃዝ; vgl.
89,40). Gott greift als Richter auf die versiegelten Bücher zurück und wird

---

377 Vgl. NICKELSBURG, *1 Enoch*, 401; TILLER, *Commentary*, 365.
378 Das Motiv des Schwertes begegnet in vergleichbarem Zusammenhang auch in der Zehn-
       wochenapokalypse (1 Hen 91,12), mit dem Unterschied, daß dort zunächst vom Gericht
       die Rede ist, das die Gerechten unter den frevelhaften Israeliten vollziehen, während die
       Hirtenvision das Augenmerk auf die Bekämpfung der Heidenvölker legt.

von den sieben Erzengeln unterstützt, welche die jeweils Angeklagten herbeiführen. Das Gericht vollzieht sich in drei parallel strukturierten Phasen, in denen auf das Auftreten der Angeklagten ihre Verurteilung als Sünder und anschließende Verbringung an einen feurigen Strafort folgen.[379]

Entsprechend der Reihenfolge ihres Wirkens werden von den Engeln zuerst die abtrünnigen Wächter gerichtet, sodann die frevelhaften Hirten. In einer kurzen Rekapitulation der Ereignisse wird in beiden Fällen implizit ein Hauptanklagepunkt benannt: Den Wächtern wird durch das drastische Bild der Pferdegenitalien die in 86,4 erwähnte sexuelle Verbindung mit den ‚Kühen‘ vorgeworfen, aus der die Riesen entsprangen; im Fall der 70 Hirten bestätigen die Bücher das Vorwissen Gottes, sie würden mehr Schafe ermorden als vorgesehen (90,22; vgl. 89,61). Der feurige Strafort, an den die verurteilten Engel verbracht werden, wird auf dieselbe Art beschrieben wie die von Henoch auf seinen Reisen geschauten Schluchten (1 Hen 18,11 - 19,1; 21,7-10), wobei die Strafe in ewigen Feuerqualen nicht nur die Wächter (vgl. 10,6.13), sondern auch die Hirten einschließt. Unter Übergehung der Heidenvölker, an deren Stelle die sie lenkenden Engelshirten gerichtet werden, kulminiert das Gericht mit der Verurteilung der Abtrünnigen Israels, die auf dieselbe Weise vonstatten geht wie im Fall der Engel. Auch ihr Strafort ist von derselben Art, aber nicht mit dem erstgenannten identisch; hinter seiner Lokalisierung südlich von Jerusalem steht offenkundig eine Tradition, die auch in 1 Hen 26f. entfaltet wird (vgl. Jer 7,32).[380] Das brennende Gebein der verurteilten Schafe treibt das in 90,4 verwendete Strafmotiv auf die Spitze, wonach die Schafe bis auf die Knochen abgenagt wurden.[381]

1 Hen 90,28-38: Restauration und Heilszeit

Henoch sieht, wie das ganze alte Haus (Jerusalem) mit seinem Inhalt entfernt und an einen Ort im Süden verbracht wird. An seiner Stelle wird ein neues Haus errichtet, welches das alte an Größe und Pracht übertrifft und in dem sich die Schafe befinden (90,28f.). Alle übrigen Tiere fallen nieder, um den verbliebenen

---

379 Auch die Zehnwochenapokalypse beschreibt in 1 Hen 91,12-16 ein dreistufiges Gericht, das zunächst Israel, sodann die Menschheit und schließlich die Wächter betrifft (s.o., *2.2.1.*). Dagegen beziehen sich von den drei Phasen des in der Tiervision geschilderten Endgerichts die ersten beiden auf Engel und erst die dritte auf Israel. Die Reihenfolge ist gegenüber der Zehnwochenapokalypse nicht nur umgekehrt, sondern es fehlt zudem ein Pendant zum Menschheitsgericht.

380 Zu den Straforten vgl. NICKELSBURG, *1 Enoch*, 403f.; TILLER, *Commentary*, 371f.

381 Der Text läßt offen, ob das Gericht alle abtrünnigen Israeliten seit den Tagen des Exodus oder nur die noch lebenden betrifft. Für erstgenannte Annahme spricht lediglich, daß alle abtrünnigen Engel gerichtet werden – es handelt sich aber eben auch um unsterbliche Wesen. Da nichts im Text für das Konzept einer Auferstehung zum Gericht (vgl. aber 90,33!) in Anschlag gebracht werden kann, ist davon auszugehen, daß dieses lediglich an den noch lebenden Israeliten vollzogen wird.

Schafen zu huldigen, und gehorchen ihnen aufs Wort (90,30). Henoch wird zusammen mit einem Widder von den weiß gekleideten Menschen in die Mitte der Schafe gebracht, die alle weiß sind und reine Wolle haben (90,31f.). Alle Umgekommenen und Zerstreuten finden sich mit den wilden Tieren und Vögeln im Haus des Herrn ein, der von Freude erfüllt ist (90,33). Das Schwert wird vor seinen Augen versiegelt, und alle Schafe sind mit sehenden Augen in dem Haus versammelt, das ihre Zahl nicht fassen kann (90,34-36). Ein weißer Bulle mit großen Hörnern wird geboren, den alle wilden Tiere und Vögel fürchten und anflehen. Schließlich werden alle Tiere in weiße Bullen verwandelt, und der Herr der Schafe ist voller Freude über sie (90,37f.).

Nach dem Abschluß des Gerichts über die Sünder Israels wird das alte Jerusalem entfernt und von Gott selbst durch ein neues ersetzt, welches jenes in jeder Hinsicht übertrifft. Mit der Betonung der Höhe des Neuen Jerusalems (90,29) werden bisher für den Tempel (,hoher Turm') reservierte Attribute auf die Stadt übertragen, während von der Errichtung eines endzeitlichen Tempels überhaupt nicht die Rede ist. Der Skopos liegt vielmehr auf der bestimmungsgemäßen Versammlung Israels, dargestellt als weiße Schafe mit reiner Wolle, im Haus ihres Herrn, ein Vorgang der auch sprachlich in große Nähe zur Versammlung Israels im Lager um die Stiftshütte (89,36) gerückt wird. Die kultische Vermittlung der Gottesgemeinschaft scheint durch die unmittelbare Nähe zwischen sündlosem Volk und Gott obsolet geworden zu sein.[382] Die finale Wiederbringung aller Zerstörten und Zerstreuten, im ersten Fall wird an die Auferstehung der Gerechten gedacht sein (90,33),[383] macht die Wiederherstellung Israels komplett.

Die Bestimmung Israels ist hiermit jedoch erst nach innen verwirklicht und um eine weitere Perspektive zu ergänzen: Dies geschieht durch die Einbeziehung der Außenperspektive auf die Heidenvölker, die nun Israel untertan sind (90,30) und sich mit dem Volk Gottes im Neuen Jerusalem versammeln (90,33).[384] Jetzt erst ist von der Freude Gottes die Rede,[385] und das Schwert, mit dem Israel an seinen Unterdrückern Rache übte, kann versiegelt werden.[386]

---

382 Vgl. NICKELSBURG, *1 Enoch*, 405.
383 Vgl. NICKELSBURG, *1 Enoch*, 405f.; TILLER, *Commentary*, 380f.
384 Im Hintergrund steht die Tradition der Völkerwallfahrt zum Zion; vgl. Jes 2,2-4; Mi 4,1-3.
385 Während in 1 Hen 89,58 von Gottes Freude über das Leid seines abtrünnigen Volkes die Rede ist, wird hier unter zur Gänze umgekehrten Vorzeichen das Motiv für die Heilszeit wieder aufgegriffen. Beide Stellen verbindet, daß Gottes Freude jeweils das Glücken seines Heilsplanes voraussetzt, der sich über die Bestrafung Israels bis zur endzeitlichen Vollendung erstreckt.
386 Probleme verursacht 90,31, wo von der Rückführung Henochs von seinem himmlischen Aussichtspunkt berichtet wird, die sich Hand in Hand mit einem ,Widder' (ደበላ) vollzieht, dessen Identität nicht eindeutig zu ermitteln ist. Nach MILIK, *Books of Enoch*, 45, ist an Judas Makkabäus zu denken, wobei unklar bleibt, wie dieser zu Henoch in den Himmel gelangt ist. Die Mehrzahl der Exegeten bezieht die Aussage auf Elia, der nach 89,52 zu

Der Zielpunkt der Geschichte Israels ist erreicht, als das ganze Volk die Augen öffnet (ወአዕይንቲሆሙ ለኵሎሙ ተከሥተ) und in der Gegenwart Gottes das endzeitliche Jerusalem anfüllt (90,35f.). Die Vision Henochs endet jedoch nicht an diesem Punkt, sondern führt, entsprechend ihrem Anfang bei den Nachkommen Adams, auf eine demselben korrespondierende Vollendung, die mit der Rückverwandlung aller Tiere von Schafen und Wildtieren in weiße Bullen erreicht ist (90,38: ወኮነ ኵሎሙ አልህምተ ጸዓዳ) – dieselben Tiere, von denen alle Arten ihren Ausgang nahmen. Ausgangspunkt dieser Wiederherstellung urzeitlicher Anthropologie in der Endzeit ist die Verwandlung eines Individuums in einen weißen Bullen mit großen Hörnern (90,37), nach MILIK Anknüpfung an den ebenso beschriebenen Adam und zugleich Übertrumpfung desselben, da dessen tierischem Repräsentanten die großen Hörner fehlen (vgl. 85,3f.).[387] Daß derselbe weiße Bulle ein Bild für ‚den Messias' sei, wurde vielfach vermutet, wobei man zugleich bemerkte, daß sein Auftreten verwunderlich spät berichtet wird und der Gestalt überdies keinerlei konkrete Funktion zuzukommen scheint.[388] BLACK hat daher dafür plädiert, die messianische Deutung der Gestalt zugunsten ihres Verständnisses als zweiter Adam zurückzufahren.[389] Dem ist hinsichtlich der Dynamik des Textes uneingeschränkt stattzugeben, da die Aufnahme der geprägten Farb- und Tiermetaphorik in erster Linie auf Vollendung und Überbietung der anthropologischen Situation in den Tagen Adams und Noahs abhebt.[390] Daß die Gestalt daneben auch messianische Züge tragen mag,

---

Henoch gebracht wird, dort allerdings nicht explizit als ‚Widder' (ደበላ) bezeichnet ist (vgl. CHARLES, *Book of Enoch*, 215; NICKELSBURG, *1 Enoch*, 405; TILLER, *Commentary*, 377f.). Trotzdem ist die Deutung auf Elia aus dem Duktus des Textes deutlich naheliegender als die Verbindung mit Judas Makkabäus und verdient von daher den Vorzug. Damit böte 1 Hen 90,31 den frühesten Beleg für die Vorstellung einer endzeitlichen Wiederkunft Elias und Henochs. Unklar bleibt dabei, ob ihre Datierung ‚vor dem Gericht', das mit 90,27 bereits abgeschlossen ist, einen bewußten (redaktionellen?) Rückschritt in der Ereignisfolge intendiert oder als Fall von Textkorruption zu fassen ist. Das Problem diskutieren NICKELSBURG, *1 Enoch*, 405, und TILLER, *Commentary*, 379.

387 Vgl. MILIK, *Books of Enoch*, 45. NICKELSBURG, *1 Enoch*, 407, verweist zu Recht auf die Analogie zu der bei Paulus begegnenden Adam-Christus-Typologie; vgl. 1 Kor 15,45-50.

388 Vgl. BEER, *Buch Henoch*, 298; CHARLES, *Book of Enoch*, 215; DILLMANN, *Buch Henoch*, 286; REESE, *Geschichte Israels*, 42f. MÜLLER, *Studien*, 165, will aus diesen Gründen 1 Hen 90,37-39 als Nachtrag ausscheiden, übersieht aber, daß die Rückverwandlung aller Menschen in weiße Bullen (90,38) als Wiederherstellung des Urzustandes einen integralen Bestandteil des Konzeptes der Tiervision bildet und sich der Vers daher nicht sinnvoll als Zusatz bestimmen läßt.

389 Vgl. BLACK, *Book of Enoch*, 279f.

390 Obwohl zunächst Adam als Bezugsgröße des endzeitlichen weißen Bullen in den Blick kommt, darf nicht übersehen werden, daß auch Noah, Seth, Shem und Abraham als weiße Bullen dargestellt sind und sich die Zugehörigkeit zur weißen Abstammungslinie später in Israel fortsetzt. Der endzeitliche weiße Bulle markiert demnach die Vollendung der

soll nicht grundweg bestritten werden, ist aber von dieser Kernaussage her zu fassen.[391] Ihre plakative Bezeichnung als ‚*der* Messias' muß dagegen zu kurz greifen, zumal sie zu leicht *ein* homogenes Messiaskonzept suggeriert, das sich an den Quellen nicht verifizieren läßt.[392]

Mit der Freude Gottes über die neue Menschheit findet die Vision ihren Abschluß. In 90,39-42 wird der mit 85,1 begonnene Erzählrahmen zu Ende geführt und zugleich das Buch der Nachtgesichte als ganzes abgeschlossen.

b) Die geschichtstheologische Struktur der Tiervision

Entsprechend der Tatsache, daß die Bildwelt der Tiervision um den biblisch geprägten Metaphernkomplex ‚Hirten – Schafe' als Bezeichnung des Verhältnisses zwischen Gott und seinem Volk kreist, der im Rahmen der Allegorie perspektivisch erweitert wird, liegt der Skopos des Textes auf der Geschichte Israels, die in einen menschheitsgeschichtlichen Rahmen gestellt wird. Die Vision als ganze etabliert verschiedene Typologien, welche es ermöglichen, Personen und Ereignisse selbst weit auseinander liegender Epochen miteinander zu identifizieren und somit Kontinuitätslinien aufzuzeigen, die den Lauf der Geschichte durchziehen. Hier sind, wie gezeigt, zunächst vor allem die in der Allegorie verwendeten Tiere und Farben zu nennen. Entscheidend sind ferner die stereotyp begegnenden Beschreibungen des Verhältnisses zwischen Gott und Israel: die Gegensätze zwischen sehenden und verblendeten Augen sowie dem Wandeln auf oder dem Abirren vom rechten Weg, aber auch Gottes Freude und

---

Menschheit als Vollendung dieser, die zwischen Schöpfung und Eschaton aufgespannte Geschichte durchziehenden Abstammungslinie.

391 So weist NICKELSBURG, *1 Enoch*, 406, darauf hin, daß nach Ez 34,23f. ein davidischer Messias als Führungsgestalt erwartet wird, nachdem Gott bereits die Schafe erlöst hat. Da Ez 34 eine Hauptquelle der Tiervision bilde (s.o., *3.1.3.*), könne besagte Stelle hinter dem Bild vom weißen Bullen stehen, den nach 1 Hen 90,37 alle wilden Tiere vor ihrer Verwandlung fürchten. Diese Deutung beruht zu einem wesentlichen Teil auf der von NICKELSBURG vorgenommenen Rekonstruktion von 90,38, nach der dieser Bulle ein Anführer wird, kann aber aufgrund der textlichen Probleme in diesem Vers keineswegs als gesichert gelten.

392 Die Deutung des weißen Bullen wird zusätzlich durch 90,38 erschwert, wo von einem weißen Stier mit schwarzen Hörnern die Rede ist. Aufgrund der gravierenden textlichen Probleme dieses Verses (vgl. UHLIG, *Henochbuch*, 704), lassen sich lediglich zwei grundsätzliche Möglichkeiten aufzeigen: Entweder es handelt sich um dieselbe Gestalt (so CHARLES, *Book of Enoch*, 216; NICKELSBURG, *1 Enoch*, 406f.), oder es ist an zwei verschiedene endzeitliche Zentralfiguren gedacht (so MILIK, *Books of Enoch*, 45). Angesichts der unlösbaren textlichen Spannungen (vgl. TILLER, *Commentary*, 385-389) ist eine eindeutige Entscheidung des Falles nicht möglich.

Zorn, sein rettendes Eingreifen und sein Rückzug aus der irdischen Sphäre.

Die mit der Geburt der Lämmer erreichte Gegenwart des Verfassers (90,6) wird somit in einem geschichtlichen Kontinuum verortet, das zwischen Schöpfung und Vollendung aufgespannt ist und eine in sich geschlossene Einheit bildet. Durch Kombination biblischer und außerbiblischer Traditionselemente entwickelt die Tiervision ein Geschichtsmodell, das es ermöglicht, die Widerfahrnisse der makkabäischen Zeit vor einem weiteren Horizont verständlich zu machen. Sie kommen als finale Bedrängnis vor der in Kürze erwarteten Heilswende in den Blick, spiegeln so zunächst die Vorgänge nach dem Fall der Wächter und rücken zugleich deren Resultat im Flutgericht in den Blick (86,1 - 89,9): Wie die Gottlosigkeit in den Tagen Noahs einen Gipfelpunkt erreichte, so auch zur Zeit der Henochkreise; wie in den Tagen der Flutgeneration das göttliche Gericht nicht auf sich warten ließ, so steht es auch in der Gegenwart unmittelbar bevor, diesmal jedoch in unwiderruflicher Endgültigkeit, insofern nun auch die gefallenen Wächter, seit der Sintflut in Fesseln gelegt, ihr gerechtes Urteil erwarten.

Verfasserzeit und Endgericht werden typologisch unübersehbar mit der Epoche der Wächter und dem folgenden Flutgericht assoziiert,[393] was eine Dreiteilung der betrachteten Geschichte zur Folge hat: die Epochen (1) von Adam bis zur Sintflut und (2) von den Söhnen Noahs bis zum Endgericht sowie (3) die sich anschließende Zeit der Heilsvollendung.[394] Der Aufweis dieses dreigliedrigen Schemas zeigt jedoch lediglich einen verwendeten Faden der Gegenwartsdeutung auf. Nicht minder entscheidend ist der Zugang über die Darstellung der Geschichte Israels, die von einem ständigen Auf und Ab gekennzeichnet ist und deren Ziel, die Gemeinschaft Gottes mit seinem Volk, nach der frühen Wüstenzeit erst mit Errichtung des Salomonischen Tempels wieder für kurze Zeit eingeholt wird (89,50). Die erneute Untreue Israels jedoch initiiert eine unheilvolle Entwicklung, die sich mit dem Rückzug Gottes und der Überantwortung seines Volkes in die Hände der 70 Hirten fortsetzt und bis in die Gegenwart der Verfasserkreise reicht. Erst vor diesem Hintergrund findet die seit dem Exil andauernde Unheilsgeschichte Israels eine Erklärung, die in Anknüpfung an das dtr Geschichtsbild formuliert wird:[395] Israel selbst hat sein Los zu verantworten, da es Gott fortwährend ungehorsam war. Die göttliche Fürsorge für das erwählte Volk wird in der Konsequenz Engelwesen übertragen, explizit modifiziert als Strafauftrag. Die ganze Schwere der von den Hirten gesteuerten Unterdrückung Israels

---

393 Zur Identifizierung von Sintflut und Endgericht vgl. Jes 24,16-20.
394 Vgl. NICKELSBURG, *1 Enoch*, 354.
395 Vgl. STECK, *Weltgeschehen*, 154-157.

durch die Heidenvölker liegt gleichwohl nicht im Interesse Gottes, wenn sie auch vorausgesehen war. Trotz dieses Wissens bindet sich Gott an seinen Geschichtsplan und überantwortet sein Volk in die Hände der Hirtenengel, er bleibt aber der Hort der – erst endzeitlich zu verwirklichenden – Gerechtigkeit, insofern er das gesamte Regiment der Hirten protokollieren läßt, um sie im Endgericht nach ihren Werken zu richten.

Durch die Einführung der 70 Hirten liefert die Tiervision eine Erklärung der Situation Israels zur Zeit ihrer Abfassung und löst zugleich das damit verbundene Theodizeeproblem: Die Zeit der 70 Hirten ist von Gott als Strafe für Israels Auflehnung unabänderlich beschlossen, und erst mit Gottes Wiederkunft zum Endgericht kann eine Bestrafung für den exzessiven Machtmißbrauch der Engel erfolgen. VANDERKAM hat auf die Vielzahl der Querbezüge zu Jer 25 hingewiesen, die verdeutlichen, daß die Epoche der 70 Hirten nicht als Erfindung der Henochkreise, sondern vielmehr als Resultat der Exegese prophetischer Texte verstanden werden muß.[396] Nach Jer 25,3-9 kommt das Exil vor allem aufgrund der Mißachtung des prophetischen Zeugnisses über Israel – derselbe Gedanke wird in 1 Hen 89,51.53 angeführt und geht der Überantwortung Israels in die Hände der Hirten voraus. Der Bezug der 70 Hirten zu den 70 Exilsjahren ist unübersehbar, jedoch nicht ausschließlich auf numerischer Ebene gegeben, sondern bereits in der Bezeichnung der heidnischen Herrscher als Hirten angelegt (Jer 25,34-38).[397] Die Schilderungen der endzeitlichen Schlacht (1 Hen 90,18f.) und des anschließenden Gerichts weisen starke Affinitäten zu Jer 25,16.27-38 auf.

Somit beruht nicht allein die Einführung der 70 Hirten auf der Adaption biblischer Vorbilder,[398] sondern auch wesentliche Grundlinien des unter ihrer Herrschaft stehenden Zeitraums sind durch das prophetische Zeugnis vorgegeben.[399] Wie im Fall von Dan 9 liegt auch mit

---

396 Vgl. VANDERKAM, *Enoch and the Growth*, 165-167.

397 MILIK, *Books of Enoch*, 254, stellt wie BECKWITH, *Calendar*, 236, HENGEL, *Judentum*, 342, und VANDERKAM, *Calendars*, 101, einen Bezug zu einer Tradition her, nach der die 70 Völker der Erde (vgl. Gen 10; Dtn 32,8) von einer entsprechenden Anzahl von Völkerengeln beherrscht werden. Während das Völkerengel-Konzept in kontemporären Texten bezeugt ist (vgl. Dan 10,13), finden sich in der Henochtradition keine expliziten Belege für die Vorstellung von 70 Nationen und Völkerengeln. Zwar sieht die Hirtenvision die Herrschaft der Hirtenengel hinter den Übergriffen der heidnischen Reiche auf Israel, den 70 Engeln entspricht jedoch eine deutlich geringere Anzahl feindlicher Nationen. Einzig die Grundeinsicht in eine Beziehung zwischen Nationen und Engeln teilt die Tiervision mit der von o.g. Autoren angeführten Tradition, die Rede von 70 Hirtenengeln hingegen ist sinnvoll nur von der Auslegung der 70 jeremianischen Jahre ableitbar.

398 Neben den gezeigten Bezügen zu Jer 25 stellt Ez 34 den entscheidenden Referenztext für die Motivwelt des Textes dar; s.o., *3.1.3.*

399 Auch REESE, *Geschichte Israels*, 43, hebt die Bedeutung prophetischer Texte als Hintergrund der Tiervision hervor, greift aber zu kurz, indem er den Verfassern jegliche Originalität ab-

1 Hen 89,59 - 90,19 ein Lösungsversuch der sich um die 70 jeremianischen Jahre rankenden theologischen Probleme vor, der gleichwohl unübersehbar eigene Akzente setzt.[400] Eingebunden in den großen Rahmen der Tiervision wird die Prophezeiung Jeremias nicht durch den exegetischen Kunstgriff einer Jahrwocheninterpretation neu gedeutet, sondern durch Einbeziehung der in der Henochliteratur zentralen Sphäre der himmlischen Wesen in ihrem gegenwartsrelevanten Sinn aufgeschlossen. Wenn Jeremia von 70 Jahren spricht, so die Antwort der Tiervision, ist damit die Herrschaft von 70 Engeln für einen festgelegten Zeitraum gemeint.

Dabei ist unübersehbar, daß die absolute Dauer des Zeitraumes unerwähnt bleibt, wie auch die Tiervision als ganze ihre geschichtstheologischen Kontinuitätslinien zeichnet, ohne chronologische Fragen anzureißen. Ihr Entwurf gewinnt keinen Halt durch die Abgrenzung absoluter Zeiträume, sondern seine Plausibilität fußt auf dem Nachweis wiederkehrender, die Geschichte durchziehender Muster, die ein Moment der Ordnung etablieren. Die endzeitliche Vollendung weist zurück auf die bereits im Geschichtslauf bruchstückhaft verwirklichten Heilsereignisse, und diese antizipieren ihrerseits gerade in ihrer Gebrochenheit die eschatologische Heilszeit. Mit REESE ist daher zu konstatieren, daß die Zukunftserwartung der Tiervision „vom Gang der Geschichte nicht abzutrennen ist [...]. Die Apokalyptik der Tiervision hat kein Interesse am Ausmalen der Zukunft, spricht nicht vom radikalen Ende oder dem Abbruch des Alten, sie weiß aber von der göttlichen Richtigstellung und Vollendung der Geschichte"[401].

Die Zeit Israels bildet den Kern der Tiervision, deren Perspektive gleichwohl nicht auf die Geschichte des Gottesvolkes beschränkt ist. Im Gegenteil liegt der Skopos auf der endzeitlichen Vollendung der gesamten Menschheitsgeschichte, die aber nicht direkt, sondern nur über Israel verwirklicht werden kann. Die universelle Etablierung der Gottesgemeinschaft im Eschaton ist trotz der unübersehbaren Parallelität von Urzeit und Endzeit nicht einfach *Wieder*herstellung eines verlorenen Urzustandes; sie bedeutet vielmehr die Vollendung des mit Israels Erwählung intendierten, innergeschichtlich gleichwohl nur gebrochen verwirklichten göttlichen Heilsplans und dessen Ausdehnung auf alle Menschen. Das universelle Heil geht von Israel aus, gründet in der Geschichte des Gottesvolkes

---

spricht. Gerade in der Hervorhebung der bleibenden Geltung des Prophetenwortes durch Adaption desselben an die eigene Gegenwart liegt die Originalität ihres Denkens.

400 Ähnlich bereits CHARLES, *Book of Enoch*, 200f.: „The theory of the seventy shepherds is a development of the seventy years of Jeremiah"; vgl. BEER, *Buch Henoch*, 294; VOLKMAR, *Beiträge*, 102.

401 REESE, *Geschichte Israels*, 44.

und nimmt von dessen Wiederherstellung seinen Ausgang (90,6-38).[402] Erst mit der Herausarbeitung dieser Beziehung ist das Geschichtsbild der Tiervision adäquat erfaßt.

3.2. 70 Hirten – 70 Zeiten – 70 Stunden: Chronologische Implikationen

Wie gezeigt gelingt es dem Verfasser durch Einführung der in Anklang an Jer 25 gestalteten 70 Hirten, die Wahrnehmung seiner eigenen Gegenwart theologisch einzuholen und dieselbe in einem universalen Geschichtsentwurf zu verorten. Die Aufnahme der 70 jeremianischen Exilsjahre als 70 Hirtenzeiten stellt wie im Fall von Dan 9 klar, daß ein Ende des göttlichen Zornes erst in der eigenen Gegenwart zu erwarten ist. Dies kann nicht anders sein, weil die Herrschaft der von Gott eingesetzten Engel bis in die eigenen Tage dauert – ein früheres Ende der Leiden Israels ist daher ebenso ausgeschlossen wie ein weiterer Aufschub der Erlösung. Die Herrschaft der 70 Hirten kann aufgrund dessen nicht als beliebig lang, sondern nur als von Gott auf einen festen Zeitraum begrenzt gedacht sein.[403] Dabei geht allerdings weder die konkrete Länge der Hirtenzeiten explizit aus dem Text hervor, noch fügen sich die wechselnden Angaben von ‚Stunden‘ (89,72: ሰዓት) oder ‚Zeiten‘ (90,5: ጊዜያት) auf den ersten Blick in ein kohärentes chronologisches System.[404] Weil man durch ihre Addition jedoch wieder auf die vorgegebene Zahl 70 kommt, ist davon auszugehen, daß die variierenden Zeitbegriffe jeweils Segmente der 70 Hirtenzeiten beschreiben.

Somit liegt der Schluß nahe, ‚Zeiten‘ und ‚Stunden‘ als zwei Wiedergaben derselben zeitlichen Kategorie zu fassen, zumal die Alternative, der Text konstruiere die Herrschaft der 70 Hirten unter bewußtem Rückgriff auf zwei verschiedene Zeitmaße, sich am Text nicht erhärten läßt.[405] Be-

---

402 Von daher ist REESE, *Geschichte Israels*, 45, zu widersprechen, der sicherlich zutreffend die Zentralstellung Israels im Geschichtsentwurf der Tiervision hervorhebt, dabei aber zu einseitig bleibt, insofern er den Bezug Israels zur endzeitlichen Vollendung der gesamten Menschheit unberücksichtigt läßt. Dieselbe Kritik trifft auch die ähnlich einseitige Darstellung bei FRÖHLICH, *Symbolical Language*, 635.

403 Vgl. die Notiz in 90,1, nach der jeder Hirte die Zeit seiner Herrschaft vollendet (ወፈጸሙ ኵሎሙ በበጊዜሆሙ).

404 TILLER, *Commentary*, 338, gelangt daher zu folgendem skeptischen Fazit: „The only thing that is certain is that the succession of shepherds is meant to indicate a succession of times".

405 Nach CHARLES, *Book of Enoch*, 203, gehen beide Begriffe auf eine Übersetzung des griechischen ὥρα zurück. Da der erhaltene aramäische und griechische Henochtext die Hirtenvision nicht umfaßt, läßt sich diese Vermutung aber nicht bestätigen. Daß ‚Zeiten‘ und ‚Stunden‘ dennoch derselben zeitlichen Kategorie zuzurechnen sind, legt sich etwa von

reits an diesem Punkt wird ein breites Spektrum möglicher Interpretationen erahnbar, das seinen Hauptgrund eben darin findet, daß die allegorische Gestalt des Textes auch für die verwendeten Zeitbegriffe in Anschlag zu bringen ist. Es ist demzufolge ebensowenig auszuschließen, daß sich hinter den kargen chronologischen Angaben der Tiervision ein ausgefeiltes System verbirgt, das sich wie die verwendeten Tiermetaphern dem Eingeweihten erschließt, wie mit der gegenteiligen Möglichkeit zu rechnen ist, der Text führe die 70 Hirtenzeiten lediglich als Auslegung der 70 jeremianischen Jahre an, ohne ein Interesse an ihren konkreten chronologischen Implikationen zu entwickeln.

Die Annäherung an eine Lösung des Problems kann nur von dem Wenigen ausgehen, das der Text explizit sagt, und hier ist neben der absoluten Dauer der Unheilszeit lediglich ein weiteres ordnungsstiftendes Moment etabliert: die Vierteilung der 70 Hirtenzeiten in Segmente zu zwölf, dreiundzwanzig, dreiundzwanzig und zwölf ‚Zeiten' bzw. ‚Stunden'.[406] Auf den ersten Blick zeigt sich der symmetrische Charakter der Einteilung, in der die beiden mittleren wie das erste und das letzte Segment einander numerisch entsprechen.[407] Als Grundlage für die folgende Diskussion läßt sich daher festhalten, daß der Text erstens mit einer festen Länge des Gesamtzeitraums der 70 Hirtenzeiten rechnet und diesen zweitens in der dargestellten Weise als in vier Teile gegliedert denkt. Da die Tiervision eine allegorische Darstellung geschichtlicher Ereignisse bietet, ist nun zunächst die Aufteilung der Hirtenzeiten auf die betrachtete geschichtliche Sequenz herauszustellen, um sodann die Frage zu beantworten, ob sich im Vergleich mit der absoluten Chronologie dieses Zeitraums oder einer ihm zugeordneten Tradition das Konzept der Hirtenzeiten schärfer umreißen läßt.

Bereits bei der Suche nach dem Beginn der 70 Hirtenzeiten fällt auf, daß der Text der Tiervision keineswegs eindeutig ist. So erfährt man in 89,59 von der Einsetzung der 70 Hirten, ohne daß klar wäre, zu welchem Zeitpunkt der Geschichte Israels diese stattfindet. Während sich hinter V. 54 eine Anspielung auf den Bruch der Kultzentralisation und die Reichsteilung zu verbergen scheint, ist weitestgehend unklar, welcher Zeitraum in V. 55-58 in den Blick genommen wird. Meines Erachtens werden hier weite Teile der Königszeit subsummiert, unter die bereits das – nicht explizit erwähnte – Ende des Nordreiches fallen muß.[408] Die Epoche der ersten zwölf Hirten wird daher am wahrscheinlichsten in der Spätzeit

---

1 Hen 90,5 her nahe, wo eine Gesamtheit von 58 ‚Zeiten' begegnet, die auch die zwölf ‚Stunden' aus 89,72a einschließt.

406 Zur Rekonstruktion dieser Einteilung s.o., *3.1.4. a).*

407 Auf die Symmetrie des Textes verweist bereits DILLMANN, *Buch Henoch,* 266.

408 Vgl. die Deutung der wilden Tiere aus 89,55f. bei UHLIG, *Henochbuch,* 693.

Judas einsetzen,[409] auf jeden Fall noch vor der Zerstörung Jerusalems und des Salomonischen Tempels,[410] auf die in 89,66 deutlich angespielt wird.[411] Das Ende der ersten zwölf Hirtenzeiten ist nicht eigens benannt und kann lediglich über den Beginn der zweiten Epoche annähernd auf die Machtübernahme der Perser eingegrenzt werden.[412] Die zweite und dritte Epoche, jeweils 23 Zeiten, werden in der Literatur meist auf den Zeitraum von Kyros bis zum Beginn der seleukidischen Herrschaft über Israel verteilt, wobei man beide durch das Auftreten Alexanders des Großen trennt.[413] Diese Aufteilung zeichnet sich jedoch im Text lediglich implizit unter der Oberfläche der Allegorie ab: Enthalten die ersten 23 Zeiten klare Anspielungen auf den perserzeitlichen Wiederaufbau (89,72-74), so ist der Wechsel in den hellenistischen Machtbereich in der dritten Epoche allein daran erkennbar, daß die Schafe nun vor allem von Raubvögeln bedrängt werden; eindeutige zeitgeschichtliche Anspielungen vermißt man dabei ganz. Die Epoche der letzten zwölf Hirten beginnt nach 90,6 mit dem Entstehen der Verfasserkreise und erstreckt sich über den Makkabäeraufstand bis zum erwarteten Umschlag in die Endzeit.

Es ist unübersehbar, daß die allegorische Darstellung der Tiervision keine messerscharfe Abgrenzung des Gesamtzeitraums und seiner einzelnen Segmente in Relation zur geschichtlichen Sequenz zuläßt. Die Angaben sind umgekehrt jedoch auch nicht so unscharf, daß sie den Versuch unmöglich machten, die Hirtenzeiten durch den Vergleich mit außertextlichen Referenzgrößen näher zu bestimmen. Während die noch von EWALD vertretene Deutung der 70 Hirten als heidnische Herrscher heute nicht mehr aufrechtzuerhalten ist,[414] hat sich als Alternative etabliert, die

---

409 NICKELSBURG, *1 Enoch*, 392, und BECKWITH, *Calendar*, 236f., sprechen sich für die Regierungszeit Manasses als Beginn der 70 Hirtenzeiten aus (s. im folgenden). TILLER, *Commentary*, 330f., favorisiert einen Zeitpunkt zwischen der ersten und der zweiten babylonischen Deportation.

410 Gegen DILLMANN, *Buch Henoch*, 266, nach dessen Ansicht sich die Herrschaft der ersten zwölf Hirten lediglich über die Zeit des Exils erstreckt.

411 Für einen deutlich früheren Beginn der ersten zwölf Hirtenzeiten mit dem Angriff der Assyrer auf Israel spricht sich CHARLES, *Book of Enoch*, 200, aus: „The first period begins with the attack of Assyria on Israel and ends with the return from the captivity under Cyrus, 89[60-71].“ Ähnlich auch BLACK, *Book of Enoch*, 271; EWALD, *Abhandlung*, 52; MARTIN, *Livre d'Hénoch*, 218, MILIK, *Books of Enoch*, 254, und HENGEL, *Judentum*, 344.

412 Ebenso TILLER, *Commentary*, 330f., der die erste Epoche als Zeit der babylonischen Herrschaft faßt.

413 Vgl. CHARLES, *Book of Enoch*, 201; DILLMANN, *Buch Henoch*, 266; EWALD, *Abhandlung*, 53; MARTIN, *Livre d'Hénoch*, 218; MILIK, *Books of Enoch*, 254.

414 EWALD, *Abhandlung*, 48-55, hält die 70 Hirten für eine ideale Größe, mit der jedoch reale historische Gestalten verbunden worden seien. Er arbeitet daher eine detaillierte Abfolge von 70 heidnischen Herrschern heraus, die er mit Demetrios II. enden sieht. Seine Interpretation setzt dabei nicht nur eine unzutreffende Datierung des Textes zur Zeit Johannes Hyrkans voraus, sondern erliegt überdies dem Mißverständnis der Hirten als heidnischer

Hirtenzeiten in einen heptadischen Bezugsrahmen zu stellen. So nimmt MILIK an, daß die Hirtenvision „presupposes the existence of a document dividing the sacred history into seventy periods"[415]. Er bleibt jedoch nicht nur Beweise für die Existenz des von ihm vorausgesetzten chronologischen Referenzwerkes schuldig, sondern geht auch mit keinem Wort auf die konkreten chronologischen Implikationen seiner These für die Hirtenvision ein. Auch die Beobachtung MILIKs, die Unterteilung der 70 Hirtenzeiten in die Abschnitte 12 – 23 – 23 – 12 folge dem Wochenschema 6x12, woran sich die dem Sabbat korrespondierende Heilszeit anschlösse, kann nicht überzeugen und trägt nichts zu einem Verständnis der Chronologie bei.[416]

Deutlich konkreter sind die Ausführungen NICKELSBURGs, der ihnen die programmatische Überschrift „Seventy Shepherds Ruling for Seventy Weeks of Years"[417] voranstellt, die er folgendermaßen begründet: Da die 70 Jahrwochen in Dan 9 wie die Tiervision eine Lösung des mit Jer 25,11f.; 29,10 gestellten exegetischen Problems lieferten und die von ihnen abgedeckten 490 Jahre mit dem Zeitraum zur Deckung gebracht werden könnten, den der Henochtext beschreibe, sei eine Identifizierung von Hirtenzeiten und Jahrwochen naheliegend.[418] Folglich umfasse die erste Epoche der zwölf Hirten 12x7 oder 84 Jahre und erstrecke sich von einem Beginn irgendwann in der Regierungszeit Manasses (687-642 v. Chr.) bis zur Zerstörung Jerusalems. Sie finde also ihr Ende bereits zwischen 587 und 577 v. Chr. Die sich anschließenden 23 Hirtenzeiten oder 161 Jahre reichten folglich bis 426/416 v. Chr., die dritte Epoche identischer Länge bis 265/255 v. Chr. Die Herrschaft der letzten zwölf Hirten schließlich erstrecke sich bis ins Jahr 181/171 v. Chr.

Herrscher. Ebenfalls nicht mehr aufrechtzuerhalten ist die von VOLKMAR, *Beiträge*, 87-134, vertretende Interpretation, nach der jeder Hirtenzeit die Länge von zehn Jahren zukommt und die Hirtenvision zur Zeit des Bar-Kochba-Aufstandes endet. Eine kritische Auseinandersetzung mit den Positionen EWALDs und VOLKMARs bietet bereits GEBHARDT, *70 Hirten*, 173-175.187-231.

415 MILIK, *Books of Enoch*, 43.
416 Vgl. MILIK, *Books of Enoch*, 254; DERS., *Problèmes*, 356-358. Weder geht diese Rechnung auf – 6x12 ergibt, wie auch MILIK zugesteht, eben nicht 70, sondern 72 –, noch gibt es einen Beleg im Text, daß hier an eine übergeordnete Siebenerstruktur gedacht ist, zumal bereits die sechs Zwölferperioden der Phantasie MILIKs entspringen.
417 NICKELSBURG, *1 Enoch*, 391; vgl. zum Folgenden 391-393. Auch BLACK, *Book of Enoch*, 271, FRÖHLICH, *Time*, 87f., HENGEL, *Judentum*, 342, MAIER, *Qumran-Essener* III, 120, und MILIK, *Books of Enoch*, 254, deuten die 70 Hirtenzeiten als 70 Jahrwochen, führen aber die chronologischen Konsequenzen dieser Annahme nicht im Detail aus.
418 Eine Identifizierung der 70 Hirten mit den 70 Jahrwochen des Danielbuches wurde bereits 1860 von HILGENFELD, *Jüdische Apokalyptik*, 322, vorgenommen. Auch WIESELER, *70 Wochen*, 163f., Anm. a), sieht die 70 Hirten nach dem Vorbild von Dan 9 gestaltet, äußert sich aber nicht über die chronologischen Konsequenzen dieser Beobachtung.

Das von NICKELSBURG entwickelte Modell suggeriert eine Schlüssigkeit, bei der leicht aus dem Blick gerät, daß es zu einem großen Teil auf Vermutungen beruht.[419] So ist die Annahme, die Herrschaft der Hirten beginne zur Zeit Manasses, zwar möglich, entbehrt aber zwingender Argumente, womit das gesamte im folgenden entfaltete System auf einer unsicheren Basis steht. NICKELSBURG muß ferner zu der Hilfsannahme greifen, daß die erwähnten Ereignisse jeweils in die Mitte der Epochen fallen, um sie mit dem von ihm gesteckten Zeitrahmen verbinden zu können. Schließlich enden nach seiner Rechnung die 70 Hirtenzeiten bereits vor Beginn der makkabäischen Erhebung, die Vision sei daher bereits um 200 v. Chr. entstanden. Wie unter *3.1.1.* dargelegt, spricht nichts für einen vormakkabäischen Ursprung des Textes. NICKELSBURG bleibt aber nicht nur zwingende Gründe für den von ihm beschrittenen Sonderweg bei der Datierung schuldig, sondern reflektiert vor allem überhaupt nicht, wie die Chronologie des Textes zur Zeit der Makkabäer verstanden wurde, in der dieser auch nach NICKELSBURG seine Endgestalt mit Anspielungen auf Judas Makkabäus erhielt. Die von NICKELSBURG vorgestellte Interpretation beruht damit zu einem nicht unbeträchtlichen Teil auf Spekulationen, eindeutige Belege aus dem Text sind dagegen nicht vorhanden.

Auch BECKWITH legt eine Interpretation der 70 Hirtenzeiten als Jahrwochen vor, die er mit der programmatischen Überschrift „The eccentric decade of jubilees" versieht.[420] Die Bezeichnung der Jubiläendekade (490 Jahre) als „eccentric" erklärt sich durch ihre Abweichungen von der von BECKWITH angenommenen heptadischen Normalfolge: Die Hirtenvision „stands apart [...] in that the decade of jubilees with which it apparently deals is not called such, and is an isolated decade, not in the same series, but overlapping with decades in the series."[421] Trotz dieser für die Arbeit BECKWITHs ungewöhnlichen Einsicht in die individuelle Gestalt eines Textes verbleibt dem Autor in der seiner Ansicht nach ebenfalls ‚essenischen' Damaskusschrift eine Referenzgröße, die es ihm erlaubt, den Beginn der Hirtenzeiten zu fixieren. Insofern beide Texte auf das Aufkommen der ‚Essener' abzielten, das sich nach CD I 5-9 390 Jahre nach Exilsbeginn ereigne, müßten die 490 Jahre der Hirtenvision folglich 100 Jahre vor dem Exil einsetzen.

Da Manasse 99½ Jahre vor der Deportation im Jahre 596 v. Chr. an die Macht gekommen sei, setze der Text den Herrschaftsbeginn der Hirtenengel mit diesem Ereignis gleich. Insofern die erste Hirtenepoche mit dem Ende des Exils schließe, seien die angegebenen zwölf Hirtenzei-

---

419 Vgl. die Kritik bei TILLER, *Commentary*, 59f.
420 Vgl. zum folgenden BECKWITH, *Calendar*, 235-238. Der Text entspricht *Significance*, 182-184.
421 BECKWITH, *Calendar*, 235.

ten (84 Jahre) jedoch zu kurz. An der betreffenden Stelle (1 Hen 89,72)
müsse daher ein Fall von Textkorruption vorliegen, und im Text habe ursprünglich ‚zwölf Stunden und zwölf Stunden' gestanden, was mit 24x7
oder 168 Jahren näherungsweise den 170 Jahren entspreche, die seit dem
Herrschaftsbeginn Manasses vergangen seien. Da die erste Epoche nach
der von BECKWITH vertretenen Rekonstruktion nun bereits 24 Hirtenzeiten oder Jahrwochen umfaßt, verbleiben für die zweite lediglich elf
Hirtenzeiten, die BECKWITH ausgehend von seiner Interpretation von
TestLev 17 mit dem Hohenpriester Jojakim enden sieht. Die 23 Jahrwochen (161 Jahre) der dritten Hirtenzeit reichten bis zum Aufkommen des
„proto-Essene movement", die letzten zwölf Jahrwochen bis in die Tage
der ‚Essener' und Makkabäer.[422]

BECKWITH entwirft ein heptadisches Modell, das hervorragend zu der
von ihm vorausgesetzten ‚essenischen' Universalchronologie paßt, aber
keine Basis im Text der Hirtenvision hat. Dies zeigt sich symptomatisch
an der skizzierten Emendierung von 1 Hen 89,72a, die nicht mehr die
Erklärung einer schwierigen Passage zum Ziel hat, sondern den Text mit
der von vornherein vorausgesetzten Chronologie abgleichen soll.[423] Fast
alle Argumente, die BECKWITH anführt – so auch der nirgends auch nur
implizit erwähnte Hohepriester Jojakim, mit dessen Auftreten er den Endpunkt der zweiten Epoche markiert sieht – stammen nicht aus der Hirtenvision, sondern werden aus anderen Quellen gewonnen und unkritisch zur
Interpretation des Henochtextes herangezogen. Das von BECKWITH propagierte Modell hat damit nur noch wenig mit einer Exegese der Tiervision zu tun und kann nichts zum Verständnis ihrer Chronologie beitragen.[424]

Daß keines der dargestellten Jahrwochenmodelle als Interpretation der
70 Hirtenzeiten überzeugen kann, hat neben den genannten Einwänden
den primären Grund darin, daß sich zu ihrer Untermauerung keine schlagenden Argumente aus dem Text beibringen lassen. In der Darstellung der
Hirtenzeit spielt, von der Gesamtzahl 70 abgesehen, die Sieben keinerlei

---

422 BECKWITH, *Calendar*, 237.
423 Die Annahme, in 1 Hen 89,72a habe ursprünglich gestanden, die Hirten weideten ‚zwölf
     Stunden und zwölf Stunden', ist angesichts fehlender handschriftlicher Belege nicht nur
     aus der Luft gegriffen, sondern zudem überhaupt nicht plausibel: Der Text addiert an allen
     Stellen die verwendeten Zeitmaße einfach auf (90,1.5), hätte also in 89,72a wenn überhaupt
     explizit 24 Stunden erwähnt. BECKWITHs Annahme ist nur deshalb nötig, um die nicht in
     sein System passenden 12 Stunden als Fall von Haplographie erklären zu können.
424 Ebenfalls nicht überzeugen kann der Versuch DIMANTs, *Seventy Weeks Chronology*, 64f., die
     70 Hirtenzeiten als Sabbatjahrzyklen zu interpretieren, die sie, dem von ihr angenommenen
     Sabbatjahrkalender entsprechend, in die Jahre zwischen 604/3 und 115/4 datiert. Weder
     kann die Existenz eines solchen Kalenders als Hintergrund des Textes vorausgesetzt
     werden, noch sind die chronologischen Konsequenzen dieses Modells als Auslegung der
     zur Makkabäerzeit verfaßten Hirtenvision plausibel.

Rolle, und auch der weitere Kontext der Tiervision weist keine Elemente einer heptadischen Chronologie auf.[425] Daß dennoch die Interpretation der Hirtenzeiten als Jahrwochen nicht einfach pauschal von der Hand zu weisen ist, hat seinen alleinigen Grund darin, daß die allegorische Gestalt des Textes seinen Ausleger sensibilisieren sollte, auch unter der Oberfläche der verwendeten Zeitbegriffe mit einer weiteren Bedeutungsebene zu rechnen. Die Kehrseite ist, daß man gerade aufgrund dieser besonderen Gestalt des Geschichtsüberblicks Gefahr läuft, mehr in die Hirtenvision hineinzudeuten, als von ihren Autoren intendiert war. Hier liegt eine unbestreitbare Schwäche der Jahrwochenmodelle, die eine Interpretation der Chronologie des Textes bieten, die zwar theoretisch denkbar, aber nicht sicher aus diesem ableitbar ist.

Der Versuch, die 70 Hirtenzeiten ausgehend von der absoluten Chronologie als 70 Jahrwochen zu verstehen, könnte nur dann überzeugen, wenn er eine spannungsfreie Interpretation auch ihrer Binnengliederung ermöglichte. Da dies nicht der Fall ist, stellt sich die Frage nach einer alternativen Erklärung, die stärker bei der Hirtenvision selbst ansetzt. Hierzu ist es nötig, den Text der Hirtenvision nicht isoliert, sondern als integralen Bestandteil der Tiervision in den Blick zu nehmen. Er bietet eine auf das zentrale Metaphernpaar ‚Hirten – Schafe' bezogene Auslegung von Jer 25, welche die dort bezeugten 70 Exilsjahre und die Bezeichnung der heidnischen Herrscher als Hirten zu dem Modell der 70 Hirtenengel zusammenzieht. Da die Tiervision kein Interesse an chronologischen Details hat, sondern eine Geschichtsschau im Medium der Allegorie entwirft, welche Ziel und Entwicklungslinien der Geschichte typologisch darstellt, ist zu fragen, ob nicht auch der Abschnitt über die 70 Hirten als Auslegung von Jer 25 *ohne* den Hintergrund einer detaillierten Chronologie verständlich ist.[426] In diesem Fall müßte sich die Vierteilung des betrachteten Zeitraumes anders und befriedigender als durch den Bezug auf die absolute Chronologie erklären lassen.

Wenn es sich nicht primär um Reflexe auf die Länge eines bestimmten Zeitraums handelt, welche alternative Bedeutung könnte den Zahlen Zwölf und Dreiundzwanzig zukommen? Legt man die wahrscheinliche

---

425 Im gesamten Text der Tiervision begegnet die Sieben lediglich in zwei weiteren Zusammenhängen: So ist die Rede von sieben Schleusen, aus denen sich nach 89,2 die Wasser über die Erde ergießen; nach 87,2 treten sieben Erzengel auf. In beiden Fällen schlagen sich traditionelle Vorstellungen nieder, die keine chronologischen Implikationen haben.

426 So bereits vermutet von MARTIN, *Livre d'Hénoch*, 218: „Il est même fort probable que son auteur n'avait pas en vue cet accord détaillé, qu'il voulait donner seulement une esquisse à grands traits, en classant les événements dans quatre périodes". Ähnlich auch DILLMANN, *Buch Henoch*, 267: Der Autor „weiss nur von 12 und 23 Zeiten, in denen auch 12 und 23 Herrscher regieren; aber weiter ins einzelne will er das Verhältnis der Zeiten und Herrscher nicht verfolgt wissen."

Reihenfolge der Hirtenzeiten 12 – 23 – 23 – 12 zugrunde,[427] so ist eine eindeutige Spiegelsymmetrie zu verzeichnen, insofern die erste und vierte sowie die zweite und dritte Epoche einander numerisch entsprechen. Die für sich genommen unüberschaubaren 70 Hirtenzeiten gewinnen somit eine klare Struktur, die ihre gottgesetzte Ordnung unterstreicht. Dabei ist auffällig, daß 12 und 23 zwar nicht durcheinander teilbar sind, aber doch in einem Verhältnis von nahezu eins zu zwei zueinander stehen. Anders formuliert: Will man 70 Zeiten in vier Unterepochen teilen, von denen jeweils zwei die identische Länge haben, und sollen zudem die beiden langen Abschnitte (näherungsweise) doppelt so lang wie die kurzen sein, so bleiben lediglich die Zahlen 12 und 23. Damit ist jedoch nicht erklärt, welchen Sinn eine derartige Einteilung im Rahmen des Textes macht, da die geschichtstheologische Signifikanz der Vierteilung des Zeitraums und der gewählten Zahlen nach wie vor im Dunkeln bleibt.

Daß die 70 Hirtenzeiten in vier Segmente gegliedert begegnen, wurde in der Literatur häufig mit dem danielischen Vier-Reiche-Schema in Verbindung gebracht,[428] was eine Möglichkeit darstellt, die aufgrund der zu verzeichnenden Unterschiede zwar nicht überbewertet werden sollte,[429] zumindest aber einen möglichen traditionellen Anknüpfungspunkt für die Einteilung der Hirtenzeiten markiert. Eine Annäherung über den biblischen Traditionsraum bietet sich aber auch im Blick auf die Zahlen 12 und 23 an: Während die Zwölf in einer Vielzahl von Zusammenhängen begegnet, deren populärster sicherlich die 12 Stämme Israels betrifft, ist die Dreiundzwanzig kaum belegt. Von den fünf Belegen entfallen vier auf die Geschichtsbücher,[430] lediglich einer gehört zur prophetischen Tradition. Er findet sich interessanterweise ausgerechnet in Jer 25, einem Kapitel, das, wie gezeigt, eine Hauptquelle der Hirtenvision bildet. Dort wird die Rede des Propheten, die auf die Ansage der 70 Jahre zuläuft, durch die

---

427 Vgl. dazu die Ausführungen unter *3.1.4. a).*

428 Vgl. HILGENFELD, *Jüdische Apokalyptik*, 322; BEER, *Buch Henoch*, 294; CHARLES, *Book of Enoch*, 201; MILIK, *Books of Enoch*, 254; NICKELSBURG, *1 Enoch*, 393.

429 So ist nicht zu übersehen, daß sich zwar die ersten drei Epochen auf die Abfolge von Babyloniern, Persern und Griechen beziehen lassen, mit der Machtübernahme der letzten zwölf Hirten jedoch kein neues Großreich auftritt, sondern die Herrschaft der Seleukiden fortgesetzt wird. Zudem sind die vier Epochen keineswegs jeweils von der Herrschaft eines Volkes geprägt, sondern durch die Übergriffe einer Vielzahl verschiedener Heidenvölker auf Israel charakterisiert. Wenn die Tiervision das vom Danielbuch bezeugte Vier-Reiche-Schema rezipiert – nicht notwendig über die Kenntnis des Danielbuches! –, so geschieht dies unter nicht unerheblichen Modifikationen, wobei aus der Abfolge von vier Weltreichen ein viergeteilter Unheilszeitraum wird, in dem Israel in der Hand der 70 Engel ist, die es den Fremdvölkern ausliefern.

430 Ri 10,2; 2 Kön 23,31; 1 Chr 2,22; 2 Chr 36,2. Es handelt sich bis auf 1 Chr 2,22 (23 Städte) durchweg um Altersangaben, die nicht als Hintergrund der Hirtenzeiten in Betracht kommen.

Aussage eingeleitet, Jeremia habe 23 Jahre zum Volk gepredigt, ohne Gehör zu finden (25,3). Die Mißachtung der Propheten stellt nach 1 Hen 89,51.53 einen wesentlichen Teil der Sünde Israels dar, die zur Einsetzung der Hirtenengel führt. Angesichts der zentralen Bedeutung von Jer 25 für die 70 Hirtenzeiten ist die Annahme naheliegend, daß auch die beiden Epochen, während derer je 23 Hirten herrschen, von der jeremianischen Vorlage beeinflußt sind. Die Strafe für Israels Ungehorsam fände dann auch numerisch einen Niederschlag, insofern der dreiundzwanzigjährigen vergeblichen Verkündigung Jeremias die Herrschaft von zweimal 23 Hirten entspräche.

Es erscheint daher wahrscheinlich, daß nicht nur der Gesamtzeitraum von 70 Hirtenzeiten, sondern zu einem wesentlichen Teil auch seine Binnengliederung das Ergebnis einer Auslegung von Jer 25 darstellt. Sollte eine den 23 Jahren, in denen Jeremias Botschaft ohne Folgen verhallte, entsprechende Zeit unter dem Strafregiment der Hirtenengel verankert werden, so hätten an diesem Punkt auch die dargestellten mathematischen Erwägungen zur weiteren Aufteilung der 70 Hirtenzeiten greifen können: Die *zweimal* 23 Strafzeiten überböten damit einerseits die dreiundzwanzigjährige Mißachtung des prophetischen Zeugnisses und fügten sich andererseits mit zwei weiteren Epochen der symbolträchtigen Länge von zwölf Strafzeiten in einen Gesamtentwurf ein, dessen Spiegelsymmetrie die göttliche Ordnung auch hinter dem Regiment der 70 Hirten erkennbar macht. Damit ist lediglich eine Möglichkeit beschrieben, wie ausgehend von Jer 25 der Zeitraum untergliedert worden sein könnte. Das Material läßt sicherlich weitere Modelle zu, wobei mit der Markierung von Jer 25 als zentralem Eckpunkt des hinter der Binnengliederung stehenden Traditionsgutes Wesentliches gewonnen ist.

Im Gegensatz zu den diskutierten Jahrwochenmodellen, deren Ableitung der verschiedenen Hirtenzeiten aus der absoluten Chronologie nur unter weitgehender Aufgabe der Textgrundlage gelingt, bietet die vorgelegte Deutung der Hirtenvision als Exegese von Jer 25 eine ernstzunehmende Alternative. Sie muß die angesichts ihrer Symmetrie unbestreitbar schematisierte Chronologie nicht auf dem Umweg über geschichtliche Referenzgrößen erklären, sondern kann sie direkt als geschichtstheologisches Konstrukt aus den Vorgaben der Tradition ableiten. Die 70 Hirtenzeiten mit ihrer vorliegenden Untergliederung sind demnach als Ordnungsstruktur zu deuten, welche der darzustellenden Sequenz der Geschichte Israels aufgeprägt wird. Sie sind aus keinem realhistorischen Hintergrund abgeleitet, sondern konstruieren Geschichte auf eine Weise, wie sie unter den Vorzeichen der Schriftexegese wahrgenommen wird. Dies schließt nicht prinzipiell aus, daß der Text eine konkrete Vorstellung mit der Länge der Hirtenzeiten verbindet, seien es Jahrwochen oder ein anderer Zeitraum;

das Entscheidende bleibt aber, daß auch diese Teil der Konstruktion, also
nicht einfach aus der absoluten Chronologie oder einem Referenztext ableitbar wäre.

Auch die hier entwickelte Interpretation der Hirtenvision kann nicht
die Unmöglichkeit der Annahme einer Jahrwochenchronologie hinter den
70 Hirtenzeiten beweisen. Führt man sich aber vor Augen, was eigentlich
für sie spricht, so ist es neben vagen Berührungen mit der absoluten Chronologie des betrachteten Zeitraumes vor allen Dingen die Nähe zu Dan 9,
die immer wieder ins Feld geführt wird. Obwohl es sich um kontemporäre
Texte handelt, finden sich keine Belege für eine gegenseitige Abhängigkeit.[431] Die einzige Gemeinsamkeit besteht in der Rezeption der 70 jeremianischen Jahre als Zeit des göttlichen Zornes, die jedoch zu zwei völlig
verschiedenen Auslegungen geführt hat.[432] Es scheint daher einzig
adäquat, die 70 Jahrwochen und die 70 Hirtenzeiten als voneinander unabhängige Antworten auf das Problem der von Jeremia prophezeiten 70 Jahre zu fassen.[433] Betrachtet man allein den Text der Hirtenvision als Auslegung von Jer 25, so läßt sich explizit nichts für eine Jahrwochendeutung
anführen. Dies sollte Zurückhaltung vor vereinnahmenden Interpretationen anmahnen und auch der Möglichkeit Raum geben, daß der Henochtext im Gegensatz zu Dan 9 gerade keine ausgefeilte Jahrwochenchronologie im Blick hat,[434] sondern die Bedeutung der 70 jeremianischen
Jahre durch den exegetischen Kunstgriff der Hirtenzeiten löst, deren wahre Länge allein Gott kennt, deren nahes Ende für den Verfasser jedoch
bereits spürbar war.

---

431 Ebenso ADLER, *Survey*, 208, Anm. 26. Sicherlich unzutreffend ist daher die von
FRÖHLICH, *Symbolical Language*, 633-636, aufgestellte Behauptung, die Hirtenvision verbin-
de das Vier-Reiche-Schema aus Dan 2; 7 mit den 70 Jahrwochen aus Dan 9.

432 Bereits die betrachteten Zeiträume divergieren: Während nach Dan 9 die 70 Jahrwochen
mit dem Exil einsetzen, beginnt die Herrschaft der 70 Hirten nach 1 Hen 89,59 noch in
vorexilischer Zeit. Zu den Unterschieden im Detail vergleiche die Ausführungen unter
II. 2. und *III. 3.1.*

433 Bereits EWALD, *Abhandlung*, 48-50, sieht Dan 9 im Hintergrund des Hirtenschemas, setzt
aber überdies eine Verbindung mit der Zehnwochenapokalypse voraus, die nach seiner Ansicht das Modell bildet, nach dem die gesamte Tiervision gestaltet wurde: Der Verfasser
lege die „7te Weltwoche" der Zehnwochenapokalypse zugrunde, „und ein Nebenblick auf
das B. Daniel genügte ihm vollends aus 7 hier 70 zu bilden" (a.a.O., 50). Da das vorausgesetzte Verhältnis der Texte zueinander nicht nachweisbar ist und überdies den Blick auf
den naheliegenden Auslegungsbezug zu Jer 25 verstellt, trägt dieses Modell nichts zu einer
Erklärung der 70 Hirtenzeiten bei.

434 Daß die 70 Hirten in späteren Zeiten im Licht der 70 Jahrwochen aus Dan 9 verstanden
werden konnten, zeigt TestLev 16 (s.u., *VI. 3.1.*). Mit diesem Beleg aus der Rezeptionsgeschichte beider Texte ist jedoch nichts für das ursprüngliche Verständnis der Hirtenvision
gewonnen.

3.3. Fazit: Die Stellung der 70 Hirten im Rahmen der Tiervision

Die Tiervision entwickelt im Medium der Allegorie ein gesamtgeschichtliches Modell, das seine Kohärenz durch Einführung verschiedener Typologien gewinnt, mittels derer sich selbst zeitlich weit auseinander liegende Ereignisse miteinander assoziieren lassen. Die Gebrochenheit der innergeschichtlichen Heilsverwirklichung verleiht dem Gesamtentwurf dabei ein unübersehbares Gefälle, das auf die endzeitliche Vollendung zuläuft. Die 70 Hirtenzeiten haben eine Zentralstellung im Gesamtentwurf der Tiervision, insofern sie an einem Punkt enden, an dem sich die beiden Grundlinien ihres Geschichtskonzepts verbinden: Deren erste stellt die Korrespondenz von Sintflut und Endgericht her und zielt auf den universellen Aspekt endzeitlicher Vollendung, während die zweite verdeutlicht, daß dieses Ziel nur über die Geschichte Israels und in Anknüpfung an die in ihr etablierten Heilsgüter erreichbar ist. Der sich unter der Herrschaft der letzten zwölf Hirten wähnende Verfasser kontextualisiert durch das Konzept der 70 Hirten seine eigene Gegenwart in einem gesamtgeschichtlichen Kontinuum und deutet sie als Zeit des Umbruchs vor der nahe geglaubten endzeitlichen Vollendung.

Der Text deutet die Widerfahrnisse der Gegenwart als Gipfelpunkt einer bis in die Spätzeit Judas zurückreichenden Strafzeit, die Gott mit der Herrschaft von 70 Hirtenengeln über Israel verhängt hat. Die Alleinverantwortung dafür wird Israel gegeben, das die zur Zeit Davids und Salomos herrschende Gemeinschaft von Volk und Gott einseitig aufgekündigt und so den Rückzug der irdischen Präsenz Gottes und die Übertragung des Hirtenamtes an die Engel, pervertiert als Tötungsauftrag, provoziert hat. Die gesamte Epoche von der Einsetzung der Hirtenengel bis in die Gegenwart der Henochkreise steht für Israel unter dem Vorzeichen der Gottferne und gerechten Strafe, einer Strafe, die gleichwohl durch das eigenmächtige Walten der Hirtenengel das von Gott gesetzte Maß sprengt. Das Blatt kann sich erst wenden, wenn der über Israel beschlossene Strafzeitraum erfüllt wird und Gott die abtrünnigen Engel und Israeliten im Gericht ihrem gerechten Urteil zuführt. Daß dieser Zeitpunkt unmittelbar bevorstand, leiteten die Verfasserkreise aus dem Aufkommen ihrer eigenen Gruppierung und den Erfolgen der Makkabäer ab, Ereignisse, die im Blick auf die von der Tiervision entfaltete Geschichtsschau wie das Aufleuchten der heilvollen Vergangenheit verstanden werden mußten. Dies ließ nur den einen Schluß zu, daß die Herrschaft der 70 Hirten in Kürze ablaufen würde.

Die 70 Hirtenzeiten bilden demnach einen zentralen Bestandteil der Tiervision. Sie sind zudem nur dann recht verstanden, wenn man sie vor ihrem traditionellen Hintergrund wahrnimmt: Motivisch gründend auf biblischen Traditionen (Jer 23; Ez 34; Sach 11) resultieren sie aus einer aktualisierenden Auslegung der 70 jeremianischen Jahre (Jer 25) als Herrschaftszeit von 70 himmlischen Hirten. Dabei ließ sich zeigen, daß auch die zweimal 23 Hirtenzeiten als Segmente der Binnenchronologie ihren wahrscheinlichen Ursprung in Jer 25 haben. Die symmetrische Vierteilung des Zeitraums (12 – 23 – 23 – 12) bringt zudem die gottgesetzte Ordnung der verhängten Strafzeit zum Ausdruck. Die 70 Hirtenzeiten bilden somit ein geschichtstheologisches Konstrukt, das aus der Exegese eines prophetischen Textes im Licht weiterer Traditionen gewonnen und in die Tiervision integriert wurde. Dem korrespondiert, daß eine Ableitung des Hirtenschemas aus der absoluten Chronologie oder einer bekannten Darstellung des betrachteten Zeitraumes fehlschlägt.

Die in der Forschung oft vertretene Identifizierung der 70 Hirtenzeiten mit den 70 Jahrwochen aus Dan 9 ist vor diesem Hintergrund problematisch. Die Tiervision als ganze zeigt kein Interesse an heptadischen Geschichtsperiodisierungen, sondern entfaltet eine Geschichtsallegorie, in der chronologische Details keinen Platz haben. Auf der Basis des Textes spricht daher positiv nichts für eine Interpretation der 70 Hirtenzeiten als Jahrwochen, und es sollte die Möglichkeit in Betracht gezogen werden, daß der Text mit dem Konzept der 70 Hirten eine Deutung von Jer 25 vorlegen will, die einer konkreten chronologischen Bestimmung des Zeitraums gerade ausweicht. Als entscheidend festzuhalten ist daher, daß die Hirtenvision eine eigenständige Deutung der 70 jeremianischen Jahre bietet, die ohne einen expliziten chronologischen Bezug eine Erklärung für Israels Leiden unter heidnischer Fremdherrschaft bereithält. Diese berücksichtigt sowohl die Schuld des Gottesvolkes als auch die überharte Strafe und bringt beides in einen Ausgleich, der auch die Theodizeefrage beantwortet: Gott steht als Souverän auch hinter den symmetrisch geordneten 70 Hirtenzeiten und wird nach deren von ihm vorherbestimmten Ende als endzeitlicher Richter Gerechtigkeit auch den Engeln widerfahren lassen, die ihren Strafauftrag übertrieben.

4. ‚Und binde sie für 70 Generationen' – 1 Hen 10,12

Nicht erst in der Tiervision (1 Hen 85-90), sondern bereits im Rahmen des Wächterbuches (1 Hen 1-36) begegnet die Zahl 70 in Verbindung mit himmlischen Wesen. Aufgrund des sicherlich vormakkabäischen Ursprungs der betreffenden Stelle 1 Hen 10,12 und ihres engeren Rahmens im Wächtermythos (Kap. 6-11) muß man davon ausgehen, daß hier die früheste erhaltene Belegstelle für die Verwendung der 70 als Zeitangabe im Bereich der außerkanonischen Schriften vorliegt.[435]

In 1 Hen 10 wird das göttliche Gericht geschildert, das in den Tagen Noahs über die durch Taten und Lehren der Wächter und der von ihnen gezeugten Riesen verdorbene Erde kommt (vgl. Kap. 6-9). Während die aus der Verbindung mit menschlichen Frauen hervorgegangenen Bastarde zu ihrer sofortigen Vernichtung gegeneinander aufgehetzt werden (10,9), sollen die abtrünnigen Engel bis zum Tage des Endgerichts gebunden und an einem finsteren Ort unter der Erde verwahrt werden. Diesbezüglich ergeht zunächst der göttliche Auftrag an Raphael, Azael zu binden und in die Finsternis unter der Wüste Dudael zu schleudern (10,4-6); parallel gestaltet wird in 10,11-13 Michael beauftragt, Shemihazah und die übrigen abtrünnigen Engel zu fesseln und an einem ähnlichen Ort zu verwahren. Wie Azael sollen auch sie am Tag des Gerichtes auf ewig in einen feurigen Abgrund geschleudert werden (10,6.13).

Während im Falle Azaels von einer Sicherheitsverwahrung ,für den *'alam* (ⵘⵁⵎ ⵉⵐⵜⵛ ⵍⵏⵍⵐ)[436] bis zum Tag des Gerichts die Rede ist (10,5f.), wird die Dauer der Gefangenschaft der übrigen Wächter in 1 Hen 10,12 mit 70 Generationen angegeben,[437] ein Zeitraum, der im gesamten Henochbuch nur an dieser Stelle begegnet. Die sonst bezeugten Angaben zu Straforten und -zeiten (vgl. 1 Hen 18,6-13; 21,1-10) machen deutlich, daß die Tradition der Gefangenschaft der Engel bis zu ihrer Verurteilung und ewigen Feuerstrafe an verschiedenen Stellen des Henochbuches in unterschiedlichen Variationen begegnet, von denen eine in 10,12 überliefert ist.[438] Während nach dieser speziellen Ausformung der Tradition 70 Generationen zwischen den Tagen Noahs und dem Gericht über die abtrünnigen Wächter vergehen, hat die zuvor erwähnte Einkerkerung Azaels für den *'alam* (10,5), obschon sie im selben Erzählzusammenhang steht und den identischen Zeitraum im Blick hat, keinerlei Generationenbezug.

---

435 Hier ist nicht der Ort, die komplizierte Forschungsdiskussion zur Entstehung und Datierung des Wächterbuches aufzurollen. Für alle Einleitungsfragen stütze ich mich auf die Darstellung bei NICKELSBURG, *1 Enoch*, 21-36.

436 Die beiden möglichen Interpretationen des Begriffs *'alam* treten gut in den griechischen Übersetzungen der Stelle zutage (εἰς τοὺς αἰῶνας und εἰς τὸν αἰῶνα). Da in 1 Hen 10,5f. nur von einer Verwahrung Azaels bis zum Tag des Gerichts die Rede ist, ist m.E. die singularische Wiedergabe vorzuziehen, hinter der ein qualifiziertes *'alam*-Konzept stehen könnte, das den Begriff im Sinne von ,Weltzeit' faßt.

437 4QEn[b] ist hier stark fragmentarisch, so daß lediglich die Wendung שבעין ד erhalten ist; MILIK, *Books of Enoch*, 175, ergänzt zu שבעין דרין, was ﬁﬕ ⵍⵏⵗⵌⵍ ⵜⵙⵡⵍⵉ (griech. ἑβδομήκοντα γενεάς) entspricht.

438 Neben der nicht näher spezifizierten Zeitangabe ,bis zum Tag des Gerichts' (10,4f.; 88,1.3) begegnen auch konkretere Angaben: So ist in 18,16; 21,6 von 10000 Jahren bis zum Gericht über die abtrünnigen Engel die Rede. Für eine Übersicht über Straforte und -zeiten vgl. TILLER, *Commentary*, 253.

Das vereinzelte Aufblitzen einer 70 Generationen währenden Strafzeit für die gefallenen Engel fügt sich demzufolge selbst im engeren Kontext des Wächterbuches nicht in ein ausgefeiltes chronologisches Konzept – geschweige denn im Blick auf das Ganze des Äthiopischen Henochbuches.

Trotz der in diesem Punkt anzumahnenden kritischen Distanz wurden in der Literatur auch spätere Passagen aus 1 Hen wie selbstverständlich für die Interpretation von 1 Hen 10,12 herangezogen. So entsprechen nach FRAIDL und DILLMANN die 70 Generationen der Chronologie der Zehnwochenapokalypse, „wornach es 10 Weltwochen, jede zu 7 grossen Geschlechtern gibt; 70 Geschlechter ist also eine Umschreibung für die Zeitdauer *dieser* Welt."[439] Diese Identifikation ist nicht aufrechtzuerhalten, da der Zehnwochenapokalypse nachweislich kein Generationenschema zugrunde liegt und überdies 1 Hen 12 erst in den Tagen Noahs ansetzt und keine Parallele zum ersten Siebent der Zehnwochenapokalypse aufweist. Weder der betrachtete Zeitraum noch die Art der Betrachtung stimmen also überein – eine Einsicht, die davor hüten sollte, 1 Hen 10,12 als eine Art ‚komprimierte' Zehnwochenapokalypse zu interpretieren.

Nach MILIK, der bemüht ist, die ihm bekannten Geschichtsperiodisierungen auf ein chronologisches Werk zurückzuführen, findet sich der früheste Reflex auf eben dieses Werk in 1 Hen 10,12. „In making only this brief reference, the author of the Book of Watchers seems to assume that his readers have direct knowledge of a work which divided the sacred history into seventy ages."[440] Dasselbe Werk stehe hinter Texten wie 4Q180 und 4Q181 (s.u., *V. 3.*) und es bestehe kein Zweifel, „that it is precisely to this ‚Book of Periods' that the passage in En. 10: 12 refers. Thus this chronological work presented the sacred history divided into seventy ages corresponding approximately to seventy generations […] up to the advent of the eschatological era."[441] MILIK gelangt ausgehend von seinem Postulat eines chronologischen Werkes, das hinter allen verwandten Texten stehe, zu einem Ergebnis, das aus mehreren Gründen nicht überzeugen kann: Nicht nur bleibt er jeden Beweis für die Existenz des hypothetischen „Book of Periods" schuldig,[442] sondern auch die Aussage, 1 Hen 10,12 beziehe sich auf dieses Werk, ist aus der Luft gegriffen, da explizit an dieser Stelle überhaupt kein Bezug zu einer anderen Schrift zu verzeichnen ist. Völlig unklar bleibt bei alledem, was durch die Annahme

---

439 DILLMANN, *Buch Henoch*, 101; vgl. WIESELER, *70 Wochen*, 166; EWALD, *Abhandlung*, 36, Anm. 1; HILGENFELD, *Jüdische Apokalyptik*, 321; FRAIDL, *Exegese*, 15.

440 MILIK, *Books of Enoch*, 248.

441 MILIK, *Books of Enoch*, 251.

442 Durch die Übersetzung des Beginns von 4Q180 (פשר על הקצים) als „Commentary on (the book of) periods" versucht MILIK, *Books of Enoch*, 251, auf gezwungene Art, die Existenz besagten Werkes zu beweisen, für die sich auch aus diesem Text keinerlei Argumente beibringen lassen; s.u., *V. 3.1.1.*

des „Book of Periods" konkret für das Verständnis der 70 Generationen gewonnen ist.[443]

So kann von MILIKs Ausführungen lediglich eine Feststellung dem kritischen Blick standhalten – die bereits eingangs angesprochene Bestimmung von 1 Hen 10,12 als frühester antik-jüdischer Belegstelle, nicht jedoch für die Existenz des von MILIK postulierten chronologischen Werkes, sondern nur für die Verwendung der Zahl 70 zur Angabe der Länge eines Zeitraumes. Spätere Bezeugungen analoger Art finden sich, jeweils besonders akzentuiert, in Dan 9, 1 Hen 89,59 und TestLev 16, wobei hier durchweg ein Auslegungsbezug zu den 70 Jahren Jeremias zu verzeichnen ist. Die genannten Texte ermöglichen es, eine Traditionsbildung nachzuzeichnen, deren frühe Spuren sich bereits in der Bibel (Jer 25,11f; 29,10; Sach 1,12; 7,5; 2 Chr 36,21f.; Esr 1,1) abzeichnen, und in deren Entwicklung aus den 70 Jahren des babylonischen Exils etwa die 70 Jahrwochen des Danielbuches oder die 70 Hirtenzeiten der Tiervision werden konnten. Die Texte in ihrer Diversität verbindet dabei ein erweitertes Exilsverständnis, wonach die Sünde Israels und der strafende Zorn Gottes nicht mehr mit dem perserzeitlichen Wiederaufbau als beendet gelten können, sondern bis in die Gegenwart des Verfassers andauernd zu denken sind.

Auch die in 1 Hen 10,12 erwähnte, 70 Generationen dauernde Gefangenschaft der abtrünnigen Wächter weist eine unbestreitbare Nähe zu dem dargestellten Traditionsstrom auf: Gott sieht sich aufgrund einer Situation des Frevels veranlaßt, eine 70 Zeiteinheiten umfassende Strafzeit zu verhängen, nach deren Abschluß die Etablierung eines sündenfreien Zustandes folgen wird. Allerdings ist nicht zu übersehen, daß der für alle auf die 70 jeremianischen Jahre zurückgehenden Konzepte konstitutive Bezug auf Israel und die exilisch-nachexilische Zeit in 1 Hen 10,12 fehlt. Die Parallele beschränkt sich auf die Verhängung eines Strafzeitraumes, der hier eben nicht Israel, sondern die gefallenen Wächter betrifft. Auch sie werden aufgrund ihrer Übertretungen nach göttlichem Beschluß mit einem Strafzeitraum belegt, der zugleich ihrer sicheren Verwahrung dient, damit sie an seinem Ende ihr gerechtes Urteil erhalten. Angesichts der Unterschiede zu dem sich aus den 70 Exilsjahren speisenden Traditionsstrom ist es nicht naheliegend, auch 1 Hen 10,12 in diesen einzugliedern. Vielmehr erscheint es wahrscheinlich, daß es sich um verschiedene Traditionen handelt, welche die Zahl 70 als Chiffre für eine göttlich verhängte Strafzeit kennen. Ob dabei die in 1 Hen 10,12 bezeugte Vorstellung bereits im Hintergrund der 70 Exilsjahre zu sehen oder umgekehrt ursprüng-

---

443 Ebenfalls nicht nachvollziehbar ist die Tatsache, daß DIMANT, *Seventy Weeks Chronology*, 65, 1 Hen 10,11f. unter die Texte zählt, die „seventy weeks" als Zorneszeit definieren. Die Stelle hat offensichtlich keinen Jahrwochenbezug und selbst dessen implizite Annahme wäre widersinnig, da der hier betrachtete Zeitraum 70 Jahrwochen bei weitem sprengt.

lich aus diesen hervorgegangen ist, oder ob schließlich ein noch komplexeres Verhältnis zwischen beiden Traditionen anzunehmen ist, muß angesichts ihrer weitestgehend unklaren Ursprünge offen bleiben.[444]

Die in der Henochliteratur populäre Vorstellung einer ‚Sicherheitsverwahrung' der Wächter bis zum Tag des Gerichts (vgl. 1 Hen 10,4f.;
88,1.3), wird demnach in 10,12 unter Aufgriff eines traditionellen Motivs
näher als 70 Generationen dauernde Gefangenschaft bestimmt. Die Einführung der Generationenfolge dient dabei nicht der Etablierung einer
detaillierten Chronologie,[445] sondern ermöglicht die Aufnahme der traditionell mit der Zahl 70 verbundenen Bedeutungsnuancen. Die 70 Generationen geben einerseits einen hinreichenden Eindruck von der Länge des
Zeitraums und kennzeichnen diesen andererseits als von Gott verhängte
Strafzeit. Da die Länge einer Generation keine chronologisch scharf umrissene Größe darstellt,[446] sind die 70 Generationen adäquat nur als geschichtstheologisch signifikante, runde Zeitangabe zu fassen, die die an
anderen Stellen von 1 Hen bezeugten Beschreibungen desselben Zeitraums um eine weitere Facette ergänzt, ohne sich mit diesen in ein überge-
ordnetes chronologisches System zu integrieren.

5. Fazit: Heptadische Geschichtskonzeptionen im Äthiopischen Henochbuch

Die mit 1 Hen vorliegende Sammlung von Henochtraditionen enthält drei
Passagen, in denen auf je verschiedene Weise heptadische Strukturen zur
Darstellung geschichtlicher Sequenzen eingesetzt werden: Während im
Rahmen des Wächtermythos in 1 Hen 10,12 die Vorstellung einer Einkerkerung der gefallenen Engel für siebzig Generationen begegnet, teilt die
Zehnwochenapokalypse (1 Hen 93,1-10; 91,11-17) den gesamten Geschichtslauf zwischen Schöpfung und endzeitlicher Neuschöpfung in eine
Abfolge von zehn Siebenten (שבוע / ሰምንት) ein. Die allegorische Geschichtsschau der Tiervision (1 Hen 85-90) findet schließlich ihren Abschluß mit einem als Hirtenvision bezeichneten Abschnitt (1 Hen 89,59 -
90,19), nach dem die Geschichte Israels seit der späten Königszeit unter
der Herrschaft von 70 strafenden Hirtenengeln steht. Obwohl Teil des-

---

444   Vgl. hierzu auch die Ausführungen zu den 70 Jahren unter *II. 2.3.1.*
445   Gegen BLACK, *Book of Enoch*, 137, der MILIK folgt und hinter 1 Hen 10,12 dasselbe chro-
      nologische Schema sieht, das Texten wie der Zehnwochenapokalypse, dem Buch der
      Traumvisionen (!), Dan 9 und dem Jubiläenbuch zugrunde liege.
446   Vgl. hierzu BRIN, *Concept*, 58-64.247-252.

selben Sammelwerkes, verbinden sich die drei genannten Passagen nicht zu einem Gesamtbild – die Suche nach der einen heptadischen Chronologie des Äthiopischen Henochbuches ist daher zugunsten einer Betrachtung der Einzeltexte in ihrem jeweiligen geschichtlichen Entstehungsumfeld aufzugeben.

Der älteste Beleg innerhalb von 1 Hen liegt mit den in 1 Hen 10,12 genannten 70 Generationen vor, die von Gott als Strafzeitraum über die gefallenen Engel verhängt werden. Trotz unübersehbarer struktureller und inhaltlicher Parallelen zu den 70 jeremianischen Jahren und ihren bekannten Deutungen sind angesichts der bestehenden Unterschiede nicht vorschnell Abhängigkeiten zu konstruieren. Da jeglicher Bezug auf Israel und das Exil fehlt, könnte mit 1 Hen 10,12 auch die unabhängige Ausformung einer Tradition vorliegen, die die Zahl 70 als geschichtstheologische Chiffre für die Dauer eines Strafzeitraumes verwendet und so vielleicht ihrerseits bereits das biblische Konzept einer siebzigjährigen Exilszeit prägte. Umgekehrt ist auch nicht kategorisch auszuschließen, daß die 70 Generationen währende Einkerkerung der gefallenen Engel in 1 Hen 10,12 in Kenntnis und somit in bewußter Modifikation dieses klassischen Exilstypus formuliert wurde.

Unabhängig von den traditionsgeschichtlichen Hintergründen bleibt festzuhalten, daß die 70 Generationen nur als geschichtstheologisch signifikante, runde Zeitangabe zutreffend interpretiert sind. Der Text intendiert keine präzise Chronologie des Zeitraums zwischen Wächterfall und Endgericht – ein Sachverhalt, der bereits aufgrund der Verwendung des Generationenbegriffs deutlich sein sollte, dessen Identifizierung mit präzisen – heptadischen wie nicht-heptadischen – Zeitmaßen unzulässig ist.

Im Gegensatz zu 1 Hen 10,12 ist im Fall der Hirtenvision (1 Hen 89,59 - 90,19) ein klarer Auslegungsbezug zu den 70 jeremianischen Jahren zu verzeichnen: Der Text bildet einen integralen Bestandteil der wahrscheinlich zwischen 166 und 161 v. Chr. entstandenen, pro-makkabäischen Tiervision (1 Hen 85-90), die einen im Medium der Allegorie verfaßten universalgeschichtlichen Entwurf bietet. Motivisch in Jer 23, Ez 34 und Sach 11 verwurzelt, entfaltet die Hirtenvision eine Auslegung von Jer 25, in der aus den 70 Jahren Babels 70 Hirtenengel werden. Gott selbst hat sich von seinem sündigen Volk abgewandt und es diesen himmlischen Hirten zur Bestrafung ausgeliefert, das göttliche Hirtenamt ist zum Strafauftrag modifiziert. Von der Spätzeit Judas bis zum Anbruch der Endzeit, an deren Schwelle sich der Verfasser wußte, übernimmt jeder Engel die Herrschaft für eine festgesetzte Zeit, um gegen das abtrünnige Israel die Heidenvölker heraufzuführen, wobei durchweg mehr Israeliten zu Tode gebracht werden, als Gott als gerechte Strafe bestimmt hat.

In diesem Geschichtsmodell erfolgt eine theologische Lösung des über die Zeit Babels bereits in Jer 25 angelegten Problems heidnischer Fremdherrschaft, die sowohl die gerechte Bestrafung Israels als auch die als maßlos empfundene Unterdrückung berücksichtigt und beides über das Konzept der pflichtvergessenen Hirtenengel in ein stimmiges Gesamtbild integriert. Während die vermutlich ebenfalls durch Jer 25 angestoßene Gliederung der 70 Hirtenzeiten in vier Segmente zu 12 – 23 – 23 – 12 Zeiten die innere Symmetrie des Strafzeitraums hervorhebt und damit ein Moment der Ordnung etabliert, das Gott als Setzer und Begrenzer desselben impliziert, zeigt der Text wie die Tiervision im ganzen keinerlei Interesse an chronologischen Details. Die immer wieder unternommenen Versuche, die 70 Hirten mit den 70 Jahrwochen aus Dan 9 zu identifizieren, entbehren daher jeglicher Grundlage und verzerren das Profil des Textes, der das exegetische Problem der 70 jeremianischen Jahre einer eigenständigen Lösung zuführt. Mit dem Ende der 70 Hirtenzeiten ist im Gesamtentwurf der Tiervision die geschichtstheologisch zentrale Schwelle erreicht, an der die Frommen durch ihre Rückkehr zur Tora den ersten Schritt auf dem Weg beschreiten, der zur endzeitlichen Vollendung der gesamten Menschheit zu ihrem einstmals in der Schöpfung verwirklichten Idealzustand führt.

Eine Korrespondenz von Urzeit und Endzeit ist schließlich auch ein wesentlicher Zug der Zehnwochenapokalypse (1 Hen 93,1-10; 91,11-17). Diese wahrscheinlich noch vormakkabäische Geschichtsdarstellung umfaßt den Zeitraum zwischen Schöpfung und endzeitlicher Neuschöpfung und gliedert ihn als Abfolge von zehn Siebenten (שבוע / ሳምንት), durch deren symmetrische Anordnung die Grunddynamiken des von Gott geordneten Geschichtslaufes zum Ausdruck gebracht werden. So wird durch das die Siebente acht bis zehn umfassende endzeitliche Gericht an Israel, der gesamten Menschheit und den Wächtern die Sünde in exakter Umkehrung ihrer Ausbreitung in den ersten Siebenten wieder ausgetilgt, was eine ewige Heilszeit im Anschluß an das zehnte Siebent ermöglicht. Die sich am Ende des siebten Siebents verortenden Verfasserkreise sind damit zwar noch weit von der endgültigen Heilsvollendung entfernt, spielen aber eine zentrale Rolle, die ihrer in der Logik des heptadischen Systems bedeutungsschweren Position entspricht: Sie sind der jüngste Sproß der in Abraham gesetzten Wurzel Israels, und es ist ihr Zeugnis für die Gerechtigkeit, das das endzeitliche Israelgericht und damit den Prozeß der vollständigen Heilsrestitution initiiert.

Durch das Operieren mit Zeitsiebenten integriert sich der Geschichtsentwurf der Zehnwochenapokalypse in einen Traditionskonnex der Henochliteratur, der die Siebenzahl als Zeit und Raum durchziehendes Muster der göttlichen Schöpfungsordnung kennt, und schreibt eine entsprechende Ordnung auch für die Geschichte fest. Daß dabei an eine Abfolge von Siebenten gleicher Länge zu denken ist, steht aufgrund der Textlogik unbestreitbar fest, und es ist plausibel, mit jedem Siebent die Dauer von 490 Jahren zu verbinden. Dafür spricht einerseits, daß es sich um eine sinnvolle heptadische Makroeinheit handelt, die dem Verfasser andererseits bereits als traditionell aufgeladener Zeitraum bekannt gewesen sein könnte und sich, ihre Evidenz erst einmal vorausgesetzt, vereinzelt auch unter der Oberfläche der biblischen Chronologie finden ließ. Trotz dieser traditionellen Anknüpfungspunkte ist der Text im ganzen aus der Tradition unableitbar: Sein Verfasser hinterließ kein schriftgelehrtes, systematisierendes Exzerpt biblischer Angaben, sondern konstruierte auf ingeniöse Weise ein chronologisches System, das in seiner einfachen und stringenten Darstellung das bietet, was der biblische Text gerade vermissen läßt.

Kapitel IV
DAS JUBILÄENBUCH

1. Forschungslage und Aufgabenstellung

Kein anderer erhaltener Text aus vorchristlicher Zeit bezeugt ein vergleichbar minutiös ausgearbeitetes chronologisches System wie das Jubiläenbuch. Als *rewritten bible* bietet es eine ausgefeilte Neuerzählung von Genesis und Teilen des Exodusbuches, die unübersehbar eigene Akzente setzt, indem sie etwa zentrale Weisungen der Tora bereits in der Zeit der Ur- und Vätergeschichte wurzeln läßt. Die grundlegende Überzeugung von einer heptadisch strukturierten Schöpfungsordnung findet ihre geschichtstheologische Entfaltung in der Einteilung der gesamten Geschichtsschau in eine durchgängige Sequenz von Jahrwochen- und Jubiläenzyklen, welcher das Buch seinen Namen ספר מחלקות העתים verdankt, unter dem es in CD XVI 3f. zitiert wird.[1]

Daß das Jubiläenbuch nicht nur unter einem hebräischen Titel bekannt, sondern ursprünglich auch auf Hebräisch verfaßt war, wurde lange Zeit vermutet und kann seit der Entdeckung der Qumrantexte als gesichert gelten:[2] Fragmente von 14 Abschriften des Werkes wurden in den Höhlen 1-4Q und 11Q gefunden, eine Anzahl, die auf den hohen Stellenwert schließen läßt, den das Jubiläenbuch für die Qumrangemeinschaft hatte.[3] Nach allgemeinem Forschungskonsens[4] wurde die hebräische Ur-

---

1   So auch BERGER, *Buch der Jubiläen*, 295; VANDERKAM, *Book of Jubilees* II, 1; anders ZEITLIN, *Zadokite Fragments*, 15, der תורת משה für den Titel des Werkes hält, aber zwingende Argumente für seine Annahme schuldig bleibt. Da auch 4Q228 Fr. 1 I 2.9 das Jubiläenbuch mit der Begriffsverbindung מחלקות העתים zitiert (s.u., *V. 5.2.*), ist davon auszugehen, daß der Text gemäß seines Eingangsteiles als ספר מחלקות העתים bekannt war. Das von DIMANT, DJD 30, 114, Anm. 39, vorgebrachte Argument, die auch in 4Q217 Fr. 2 1; 4Q228 Fr. 1 I 2.4.7.9; 4Q384 Fr. 9 2 bezeugte Wendung מחלקות העתים sei ein „technical term", weshalb CD XVI 3f. nicht als Referenz für den Titel des Jubiläenbuches gelten dürfe, ist nicht stichhaltig, da hier ja explizit ein ספר מחלקות העתים, also ein konkretes Werk über die Einteilungen der Zeiten genannt wird, womit nach der Quellenlage allein das Jubiläenbuch gemeint sein kann (s.u., *V. 2.2.3.*).
2   Für die vorqumranische Forschung vgl. VANDERKAM, *Book of Jubilees*, vi, Anm. 7.
3   Vgl. VANDERKAM, *Jubilees Fragments*, 635-648. Die von MILIK vorgenommene Identifizierung des Papyrus 4Q217 als fünfzehnte Abschrift des Jubiläenbuches wird von VANDERKAM unter Verweis auf bestreitbare Lesungen MILIKs in Zweifel gezogen (a.a.O.,

fassung zunächst ins Griechische übersetzt – eine selbst nur in Zitaten erhaltene Tochterübersetzung,[5] auf der die späteren Übertragungen ins Syrische, Lateinische und Äthiopische basieren. Vollständig erhalten ist das Werk allein in der äthiopischen Übersetzung, deren älteste Textzeugen aus dem 15. Jh. stammen.[6] Der äthiopische Text wird folglich die Grundlage der nachfolgenden Untersuchung bilden,[7] ist dabei aber, wo vorhanden, immer mit den übrigen Textfassungen kritisch ins Verhältnis zu setzen. Besondere Bedeutung kommt hier selbstredend den Qumranfragmenten zu, da sie der Urfassung sprachlich und zeitlich am nächsten stehen, wenn auch nicht einfach mit ihr zu identifizieren sind.

Die Entdeckung der qumranischen Textzeugen des Jubiläenbuches stellt nicht nur einen Meilenstein für die Erforschung der Überlieferungsgeschichte des Werkes dar, sondern bietet zugleich ein wesentliches Kriterium für die Klärung der Datierungsfrage. Die im Gefolge DILLMANNs vorherrschende Auffassung, mit dem Jubiläenbuch liege ein Dokument des 1. Jh. n. Chr. vor,[8] erweist sich nun nicht mehr allein aufgrund textimmanenter Kriterien als irrig, sondern kann ausgehend von den paläographischen Bestimmungen der identifizierten Fragmente eindeutig widerlegt werden. Ein Teil des ältesten Fragments 4Q216 ist in einer Semikursive geschrieben, die sich zwischen 150 und 100 v. Chr. datieren läßt.[9] Der *terminus ante quem* für die Entstehung des Jubiläenbuches fällt somit in die zweite Hälfte des 2. Jh. v. Chr., was auch eine Spätdatierung wie die etwa von CHARLES vertretene sicher ausschließt.[10] Zur Eingrenzung des *terminus post quem* ist man hingegen im wesentlichen auf zeitgeschichtliche An-

---

640); für eine Diskussion des Textes vgl. VANDERKAM, DJD 13, 23-33. Obwohl 4Q217 an keiner der wenigen erhaltenen Stellen vollständig mit der in 𝔍𝔲𝔟 bezeugten Version des Jubiläenbuches übereinstimmt, bleibt doch eine auffällige Nähe zu diesem bestehen, so daß hier entweder eine sonst nicht bekannte Version von Jub oder aber ein unbekanntes Werk repräsentiert ist, das Jub – zumindest in Teilen – paraphrasiert.

4 Vgl. die Einleitungen bei BERGER, *Buch der Jubiläen*, 285-294, und VANDERKAM, *Book of Jubilees* II, vi-xxi.

5 Eine Übersicht über die Zitate bietet RÖNSCH, *Buch der Jubiläen*, 251-322(382); vgl. auch DENIS, *Introduction aux pseudépigraphes grecs*, 150-162.

6 Für eine Übersicht der äthiopischen Handschriften vgl. BERGER, *Buch der Jubiläen*, 290f., und VANDERKAM, *Book of Jubilees* I, xi.

7 Ich lege dabei den von VANDERKAM, *Book of Jubilees* I, vorgelegten kritischen Text zugrunde.

8 Vgl. DILLMANN, *Buch der Jubiläen* II, 88; RÖNSCH, *Buch der Jubiläen*, 527-529. Einen Überblick über weitere Positionen der frühen Forschungsgeschichte bietet VANDERKAM, *Origins*, 4-12.

9 Vgl. VANDERKAM, *Jubilees Fragments*, 639f.; DERS., DJD 13, 2.

10 CHARLES, *Book of Jubilees*, li-lxvi, hält Jub für eine pro-hasmonäische Propagandaschrift pharisäischen Ursprungs, die unter Johannes Hyrkan entstanden sei.

spielungen angewiesen,[11] wobei vor dem Hintergrund der antihellenistischen Stoßrichtung des Textes heute zumeist mit seiner Entstehung frühestens unter Antiochus IV. gerechnet wird.

Neben den Schilderungen kriegerischer Auseinandersetzungen in Jub
34-38 wird besonders die in Kap. 23 enthaltene sog. ‚Apokalypse‘ für die
Gewinnung von Datierungskriterien bemüht. Da die Schilderung des endzeitlichen Abfalls Elemente enthält, die sich auf die Eingriffe Antiochus’
IV. und seiner jüdischen Unterstützer in den Tempelkult beziehen lassen
(23,19.21.23), ist die Zeit des Makkabäeraufstandes immer wieder als mögliche Entstehungszeit des Jubiläenbuches in den Blick genommen worden:[12] So optiert BOHN, der als erster eine Datierung ins 2. Jh. v. Chr.
vertritt, für die Abfassung „in der Zeit, während welcher die Partei der
Chasidim, aus deren Kreise es hervorgegangen ist, mit dem neuen Herr-
scherhause noch Hand in Hand ging.“[13] SCHWARZ setzt die Entstehung
des Werkes unter der Herrschaft von Antiochus IV. an, und STECK verweist auf den Zeitraum zwischen 167 und 162 v. Chr.[14] Auch
NICKELSBURG befürwortet eine Datierung zu Beginn der 160er Jahre,
räumt aber zugleich die Möglichkeit einer späteren Ansetzung zwischen
161 und 152-140 v. Chr. ein.[15]

VANDERKAM hat ausgeführt, daß die große Aufmerksamkeit, welche
die das gesamte Buch durchziehenden Fragen der Observanz von Sabbat
und Festen, der Beschneidung sowie der Gebote gegen öffentliche Nacktheit erfahren, sich am zwanglosesten in einer geschichtlichen Situation
nach den Edikten Antiochus’ IV. erklären lassen.[16] Für die Datierungsfrage sei ferner zu berücksichtigen, daß an vielen Stellen des Jubiläenbuches ein Rückgriff auf Stoffe aus 1 Hen zu verzeichnen sei, der sich nicht
allein als Ergebnis gemeinsamer Traditionen erklären lasse.[17] So habe den

---

11 Grundsätzlich skeptisch gegenüber der Möglichkeit, präzise zeitgeschichtliche Anspielun-
    gen aus Jub zu gewinnen, zeigt sich DORAN, *Non-Dating*, 11: „[T]he narratives in Jubilees,
    when read as literature, reveal no support for those who wish to argue for a precise
    Maccabean dating of Jubilees.“ DORAN selbst scheint ein vormakkabäisches Datum zu
    favorisieren, bleibt aber – in Anbetracht seiner Skepsis nachvollziehbar – sehr zurückhal-
    tend.

12 Anders GOLDSTEIN, *Date*, 63-83, nach dessen Ansicht das Buch noch vor den Religions-
    edikten Antiochus’ IV. entstanden sein muß, und zwar mit hoher Wahrscheinlichkeit in
    den Jahren 169-167 v. Chr. Zu einer Datierung in vormakkabäische Zeit tendiert auch
    STEGEMANN, *Jüdische Apokalyptik*, 33.

13 BOHN, *Bedeutung*, 172.

14 Vgl. SCHWARZ, *Identität*, 102; STECK, *Israel*, 158. Ähnlich jüngst auch SCOTT, *On Earth*,
    220, der die Jahre 166-160 v. Chr. als wahrscheinlichen Entstehungszeitraum in den Blick
    nimmt.

15 Vgl. NICKELSBURG, *Jewish Literature*, 78f.

16 Vgl. VANDERKAM, *Textual and Historical Studies*, 241-246.

17 Vgl. VANDERKAM, *Enoch Traditions*, 229-251; DERS., *Origins*, 20.

Verfassern des Jubiläenbuches bereits das Buch der Nachtgesichte (1 Hen 83-90) vorgelegen, das wahrscheinlich in der zweiten Hälfte der 160er Jahre entstand.[18] Folglich rechnet VANDERKAM mit der Entstehung des Jubiläenbuches zur Zeit einer sich bereits konsolidierenden Hasmonäerdynastie, genauer in den Jahren des *Intersacerdotiums* (159-152 v. Chr.). Hinter der Betonung der Alleingültigkeit des Sonnenkalenders (vgl. Jub 6,29-32) verberge sich der Versuch priesterlicher Kreise, denselben in dieser Zeit wieder am Jerusalemer Tempel zu etablieren. Eine spätere Entstehung sei dagegen unwahrscheinlich, da man in diesem Falle klarere zeitgeschichtliche Anspielungen erwarten dürfe.[19]

Optimistischer ist hier BERGER, der in Jub 46,6-11 einen Reflex auf den Tod von Ptolemaios IV. im Jahre 145 v. Chr. findet und daher mit der Entstehung des Jubiläenbuches zwischen 145 und 140 v. Chr. rechnet.[20] Ähnlich hatte bereits CHARLES in Jub 31,15a einen Hinweis auf früh-hasmonäische Zustände gesehen, als der Hohepriester zugleich das höchste politische Amt bekleidete.[21] Dies würde bedeuten, daß Jub hier entweder die Einsetzung Jonathans (152 v. Chr.) oder Simons (140 v. Chr.) reflektiert. VANDERKAM hat allerdings zurecht eingewandt, den Hohenpriestern sei auch vor dem Amtsantritt Jonathans die doppelte Funktion als politische und religiöse Führer zugekommen, weshalb sich die Deutung von Jub 31,15a auf Vorgänge nach 152 v. Chr. nicht zwingend nahelege. Zudem sei aufgrund der theologischen Ausrichtung des Jubiläenbuches kaum plausibel zu machen, warum das Werk die Ernennung eines illegitimen Priesters durch einen heidnischen Herrscher als Erfüllung des Segens Isaaks stilisieren sollte.[22]

Während sich trotz aller Abweichungen im Detail ein klarer Datierungskonsens um die Mitte des 2. Jh. v. Chr. abzeichnet und das Jubiläenbuch aufgrund der Nähe zu den in den Qumrantexten vertretenen Positionen heute meist als Produkt einer vorqumranischen Gruppierung aus priesterlichem Milieu gilt,[23] wird seit der frühen Forschung fast durchweg

---

18 S.o., *III. 3.1.1.* Zum wahrscheinlichen Rückgriff auf weitere Henochtexte in Jub 4 s.u., *3.3.3.*

19 Vgl. VANDERKAM, *Textual and Historical Studies*, 283f.

20 Vgl. BERGER, *Buch der Jubiläen*, 300. Man wird allerdings die Anfrage stellen müssen, ob diese zeitgeschichtliche Interpretation des Abschnittes wirklich so eindeutig ist, wie BERGER glauben macht.

21 Vgl. CHARLES, *Apocrypha and Pseudepigrapha* II, 60.

22 Vgl. VANDERKAM, *Textual and Historical Studies*, 246-254.

23 So bei BERGER, *Buch der Jubiläen*, 298; DENIS, *Introduction* I, 394; DAVENPORT, *Eschatology*, 17f.; HEMPEL, *Place*, 195; NICKELSBURG, *Jewish Literature*, 79; VANDERKAM, *Origins*, 3.20-22. Als Ort wird meist Palästina angenommen oder eine Entstehung in Jerusalem in Erwägung gezogen. Vgl. auch TESTUZ, *Idées*, 29-39, der den Text allerdings erst gegen 110 v. Chr. datieren will.

unhinterfragt vorausgesetzt, mit Jub liege ein literarisch homogener Text
vor, der in einem Zug konzipiert worden sei.[24] Dabei bestehen unübersehbare Spannungen, die bereits 1971 DAVENPORT dazu veranlaßten, ein
Redaktionsmodell zu entwickeln, nach dem die eschatologischen Passagen
in Jub 1; 23 dem Text in zwei Wachstumsschüben zugewachsen sind.[25]
Das von DAVENPORT propagierte Modell hat sich allerdings nicht durchsetzen können, und die mit ihm verbundenen Fragen der Textgenese
werden auch in den aktuellsten Publikationen keiner intensiveren Auseinandersetzung für Wert befunden.[26] Dies ist besonders deshalb bedauer-
lich, weil alle von der unbewiesenen Voraussetzung literarischer Homogenität ausgehenden Untersuchungen der Chronologie des Jubiläenbuches
letztlich auf unsicherem Grund gebaut sind. Die Genese des Textes ist
eine Überlebensfrage für das Verständnis seiner Chronologie – ihr sei
daher das folgende Kapitel gewidmet.

2. Die Genese des Jubiläenbuches

Das Unbehagen vieler Exegeten angesichts einer literarkritischen Untersuchung des Jubiläenbuches scheint einen Grund in dem Vorurteil zu haben,
mit der Ausscheidung bestimmter Passagen als sekundär sei zugleich die
Leugnung verbunden, daß diese für die Endgestalt des Textes eine sinnvolle Funktion erfüllen könnten. Das Gegenteil ist der Fall: Wie jede

---

24   Die 1887 von EPSTEIN vertretene Auffassung, der vorliegende Text von Jub sei nicht vollständig, sowie die Ansicht SINGERs (1898), Jub 50 bilde einen Zusatz, markieren Ausnahmen der frühen Forschungsgeschichte, die in den folgenden Jahrzehnten ohne größere Re-
sonanz verhallten; vgl. hierzu LITTMANN, *Buch der Jubiläen*, 37f., und DOERING, *Jub 50:6-
13*, 359-387. Ebenfalls nicht durchsetzen konnte sich die von WACHOLDER, *Relationship*,
205-216, verfochtene These, Jub selbst sei lediglich ein Teil einer übergeordneten Komposition, zu der auch die Tempelrolle zu rechnen sei. Trotz nicht zu leugnender konzeptioneller und theologischer Berührungspunkte zwischen beiden Texten kann die Annahme
ihrer ursprünglichen Zugehörigkeit zu ein und demselben Werk angesichts fundamentaler
Unterschiede in keiner Hinsicht überzeugen; vgl. NAJMAN, *Seconding Sinai*, 63.
25   Vgl. DAVENPORT, *Eschatology*, 10-18. Schon TESTUZ, *Idées*, 39-42, beobachtet inhaltliche
Spannungen, die ihn dazu veranlassen, Jub 1,7-25.28; 23,11-32; 24,28b-30 als Werk eines
späteren Redaktors auszuscheiden, der zwischen 65 und 38 v. Chr. gewirkt habe: Diese
Passagen „reflètent un autre esprit, d'autres préoccupations, et sons l'écho de circonstances
extérieures différentes" (41). TESTUZ bleibt allerdings bei dieser Beobachtung stehen und
versäumt es, ein stringentes Redaktionsmodell zu entwickeln. Die von ihm vorgenommene
Abgrenzung etwaiger Nachträge erweist sich am Text als nicht stichhaltig; s.u., *2.1.*
26   So handelt SCOTT, *On Earth*, 9f., die ganze Frage mit zwei Sätzen ab: „For purposes of the
present study, the book as we have it is treated as a unity, although arguments have been
adduced to suggest that the eschatological predictions in *Jubilees* 1 and 23 may have been
added secondarily. More likely, however, these chapters are inseparable from the chronological framework of the book as a whole."

Fortschreibung sind auch die potentiellen Ergänzungen des Jubiläenbuches als Versuch, den Text um einen vorher nicht vorhandenen Aspekt zu bereichern, nur im Kontext des Buchganzen zu würdigen, dem sie ja gerade eine neue Perspektive vorgeben. Damit ist umgekehrt aus der Beobachtung, daß die fraglichen Passagen etwa in Jub 1 zentrale Vorgaben für das Verständnis des Jubiläenbuches in seiner vorliegenden Gestalt enthalten, kein Argument für die Annahme gewonnen, es müsse sich um ursprüngliche Bestandteile des Textes handeln. Vielmehr ist das Augenmerk auf Akzentverschiebungen und Spannungen im Text zu richten, die sich nicht als das Werk eines Autors, sondern plausibler als Produkte von Fortschreibungsvorgängen erklären lassen. Wie im folgenden zu zeigen sein wird, ergeben sich gerade hinsichtlich der im Rahmen dieser Arbeit diskutierten geschichtstheologischen Struktur des Textes Auffälligkeiten, welche die Annahme zwingend erscheinen lassen, daß das Jubiläenbuch Gegenstand eines Fortschreibungsprozesses war.

2.1. Literarkritische Analyse

Daß die Genese eines Textes nur mit den Mitteln literarkritischer Analyse nachzuzeichnen ist, gilt uneingeschränkt auch für das Jubiläenbuch, wobei in dessen speziellem Fall zwei Dinge gesondert zu berücksichtigen sind: So ist man einerseits primär auf die äthiopische Übersetzung verwiesen, die als einzige den kompletten Text erhalten hat und die Untersuchung der Genese des ursprünglichen hebräischen Textes nur gebrochen durch dessen mehrfache Übersetzung und jahrhundertelange Tradierung ermöglicht. Andererseits ergibt sich eine weitere Erschwernis aus dem Charakter des Jubiläenbuches selbst, das oft wörtlich am biblischen Text entlanggeht, in dessen Rahmen aber eigene Abschnitte einschaltet. Die sich im Text abzeichnenden literarischen Nahtstellen dürfen folglich nicht durchweg als Indizien für etwaige Nachträge interpretiert werden, sondern können genauso auf den Verfasser der Grundschrift zurückgehen. Eine literarkritische Analyse des Jubiläenbuches und die Entwicklung eines Redaktionsmodells sind daher kein einfaches Unterfangen, sondern abschließend nur durch eine detaillierte Untersuchung des Textes unter Einbeziehung aller erreichbaren Textzeugen zu realisieren. Da dies den Rahmen der vorliegenden Arbeit sprengen würde, kann hier lediglich ein Basismodell vorgelegt werden, das speziell auf die Frage der geschichtstheologischen Struktur ausgerichtet ist und auf den von DAVENPORT erarbeiteten Ergebnissen aufbaut.

Ausgangspunkt des von DAVENPORT vorgelegten Redaktionsmodells ist die Beobachtung, daß die eschatologischen Aussagen des Jubiläenbuches sich nicht spannungsfrei in ein Gesamtbild integrieren,[27] weshalb er eine uneschatologische Grundschicht und zwei je eigen akzentuierte Fortschreibungsstufen des Werkes annimmt.[28] DAVENPORT geht von der Grundfassung einer Engelsrede aus (Jub 1,1-4a.29*; 2,1 - 50,4*), welche die Tora durch den Nachweis zu legitimieren beabsichtigt habe, daß ihre Befolgung bereits in den Tagen der Erzväter Realität war. Dieses Grundstratum mit Ursprung im späten dritten oder frühen zweiten vorchristlichen Jahrhundert sei sodann zur Zeit des Makkabäeraufstandes neu redigiert (R_1) und durch die Zusätze Jub 1,4b-26; 50,5, Nachträge in 1,29 sowie die Ergänzung der ‚Apokalypse‘ in Jub 23,14-31 auf die Theodizeeproblematik zugespitzt worden: Gott ist treu und allein Israel trifft die Schuld für seine gegenwärtige Lage, da es fortwährend die Tora verletzte. Eine letzte Redaktion (R_2) in Qumran habe schließlich zwischen 140 und 104 v. Chr. den Text um seine expliziten Heiligtumsbezüge in Jub 1,27f.29; 4,26; 31,14 ergänzt sowie einen Teil von Jub 23,21 nachgetragen.

Sieht man zunächst von der Datierungsfrage ab, so bietet DAVENPORT ein in seinen Grundzügen überzeugendes Entstehungsmodell, das allerdings in einigen Punkten zu präzisieren ist. So versäumt DAVENPORT zu explizieren, daß hinter dem Problem der verschiedenen eschatologischen Perspektiven die grundlegendere Frage steht, wie sich das Ende des in Jub 50,4 im Vorausblick auf die Landnahme schließenden detaillierten heptadischen Geschichtsentwurfes überhaupt mit der in 1,4.26f.29 sowie im Prolog programmatisch formulierten Charakterisierung des Textes als universeller Geschichtsschau von der Schöpfung bis zur endzeitlichen Vollendung in Einklang bringen läßt. Das Jubiläenbuch als *Jubiläen*-Buch endet mit der Landnahme, und nicht erst die Endzeit, sondern der gesamte zeitliche Zwischenraum, der in Jub 1; 23 im Eilschritt durchmessen wird, ist nicht mehr Teil dieses heptadischen Entwurfes, sondern vielmehr der Versuch, denselben zu einem universalgeschichtlichen Modell auszugestalten.[29] Als Grundhypothese ist daher festzuhalten, daß das Jubiläenbuch ursprünglich mit der Landnahme schloß und nicht nur keine eschatologische, sondern überdies auch keine weitere geschichtliche Perspektive entfaltete – beides gelangte erst im Zuge der Fortschreibungen in den Text.

---

27 Vgl. DAVENPORT, *Eschatology*, 1-9.

28 Vgl. zum Folgenden DAVENPORT, *Eschatology*, 10-18.

29 Daß der in Jub 1,4.26f.29 formulierte Anspruch, einen universalgeschichtlichen Entwurf zu präsentieren, in Spannung zum Umfang der heptadischen Chronologie steht und sich lediglich vor dem Hintergrund der hier als Ergänzungen ausgeschiedenen Passagen in Jub 1; 23 plausibilisieren läßt, wurde, allerdings ohne redaktionskritische Konsequenzen, bereits häufiger festgestellt; vgl. CHARLES, *Book of Jubilees*, 7; VANDERKAM, *Studies on the Prologue*, 272. Mit den Worten von COLLINS, *Apocalyptic Imagination*, 82: „There are a few anticipatory glances toward the end of history, which may satisfy the claim of the introduction."

Wenden wir uns daher den potentiell fortgeschriebenen Kapiteln im Detail zu: Sieht man zunächst vom Prolog ab, so liegt mit Jub 1,1-4 eine in wörtlichem Anschluß an Ex 24,12-18 gestaltete erzählerische Einleitung vor,[30] die die Offenbarung des Jubiläenbuches im Kontext der Gabe der Sinaitora verortet. Auf derselben Ebene ist auch der Beginn von 1,29 angesiedelt, wo der Angesichtsengel als Träger der Tafeln eingeführt wird, auf dessen Aufforderung Mose in 2,1 zu schreiben beginnen soll. Nicht die in Jub 1 **אתה** offenkundig vorherrschende Konfusion der Verfasserangaben – einmal ist Mose (1,5.7.26; vgl. 2,1), einmal der Angesichtsengel (1,27) als Schreiber des Jubiläenbuches vorausgesetzt –,[31] sondern vor allem die Tatsache, daß erst 1,29 den Engel als Träger der Tafeln einführt, spricht stark dafür, daß die den Erzählrahmen brechenden V. 5-28 nicht zum ursprünglichen Textbestand gehören. Hier ist vielmehr vor dem Subjektwechsel in 1,29, durch den der Angesichtsengel zum Akteur wird, eine Gottesrede eingeschoben, die in dtr Tradition die Geschichte Israels unter das Vorzeichen des Ungehorsams stellt und damit die grundsätzliche Nichtbefolgung der frisch verliehenen Tora festschreibt, deren Beherzigung erst mit der Umkehr des Gottesvolkes an der Schwelle zur Endzeit beginnt.[32]

Die ergänzte Gottesrede (1,5-26), in 1,19-21 durch die Interzessionen Moses unterbrochen, wird in 1,26 durch die an Mose ergehende Aufforderung abgeschlossen, alles niederzuschreiben, wobei als Zeitraum die gesamte Geschichte bis zur endzeitlichen Vollendung im Blick ist. Derselbe Zeitraum wird auch in 1,27f. als Inhalt der göttlichen Offenbarung definiert, hier allerdings zugespitzt auf die Errichtung des endzeitlichen Tempels auf dem Zion – ein Motiv, das in Jub sonst keine Rolle spielt. Dies macht es in Anschluß an DAVENPORT plausibel, beide Verse einer weiteren Redaktionsschicht zuzuweisen. Während die Identifizierung von Jub 1,5-28 als komplett sekundäre Passage, die in den zwischen 1,4.29 aufgespannten Erzählrahmen eingefügt wurde, aus genannten Gründen unumgänglich und zugleich methodisch unproblematisch ist, stellt die Herausarbeitung des ursprünglichen Textbestandes der beiden Rahmen-

---

30 Die sprachlichen Parallelen zum hebräischen Text kommen in den in 4Q216 I 4-11 erhaltenen Passagen klar zum Ausdruck.

31 Diese Spannung muß in 4Q216 IV 6 noch nicht bestanden haben, wo die mögliche Form להכתיב (Jub 1,27) die Vorstellung zum Ausdruck bringen könnte, der Engel *diktiere* Mose, weshalb letzterer weiter als Schreiber zu denken wäre; vgl. VANDERKAM, *Book of Jubilees* II, 6; DERS., DJD 13, 12.

32 Daß die Gottesrede nicht nur formal aus dem Rahmen des durch den Angesichtsengel vermittelten Jubiläenbuches herausfällt, sondern überdies auch ihrem Inhalt nach die Orientierung an Ex 24 zugunsten einer Aufnahme dtr Theologumena aufgibt, hebt auch VANDERKAM, *Studies on the Prologue*, 266-268, hervor, ohne daraus jedoch literarkritische Konsequenzen zu ziehen; ähnlich auch STECK, *Zeugen* I, 445-447, Anm. 1.

verse eine bei weitem größere Herausforderung dar. Dabei ist besonders angesichts des überbordenden Inhalts von V. 29 deutlich, daß hier mit Erweiterungen zu rechnen ist: Der gesamte zweite Teil des Verses mit dem Ausblick auf die eschatologische Neuschöpfung und die Errichtung des endzeitlichen Tempels kann erst im Zuge der Fortschreibungen in den Text gelangt sein.

Obwohl die äthiopische Version von Jub 1,29 offensichtlich gestört[33] und der hebräische Text nicht erhalten ist,[34] läßt sich mit großer Sicherheit der erste Teil des Verses als Grundschicht definieren. Demnach endete der Vers nach der Einführung des Angesichtsengels mit der Bestimmung des Inhalts der von ihm getragenen Tafeln, welche den Geschichtslauf (ኩፋሌ ዓመታት) von der Erschaffung von Tora und Zeugnis (እምአመ ፍጥረት ሕግ ወለስምዕ) an in seinen Jahrwochen- und Jubiläenfolgen akribisch verzeichnen (ለሱባዔሁ ለኢዮቤልዎን በበ ዓመት በኩሉ ጣልቆሙ). Mit dem so gewonnenen Grundbestand von Jub 1,29 ist zugleich ein Anknüpfungspunkt für die Identifizierung potentieller Nachträge im ursprünglich direkt vorangehenden V. 4 gegeben. Es erscheint unter diesen Voraussetzungen im Gegensatz zu DAVENPORT gerade nicht sinnvoll, 1,4b als sekundär auszuscheiden, da hier sowohl die Einteilung (ኩፋሌ) der Zeiten, als auch Tora und Zeugnis erwähnt werden, womit es sich um zwei integrale Bestandteile der Grundschicht von 1,29 handelt.[35] Zwar ist zutreffend, daß beides auch im offensichtlich sekundären Summarium 1,26 begegnet, dieser Sachverhalt läßt sich aber sinnvoll als Aufnahme zentraler Begriffe der Grundschicht erklären und spricht gerade nicht für den sekundären Charakter von V. 4b.

Betrachtet man die Parallele zwischen Jub 1,4 und 1,26, so zeigt sich, daß es umgekehrt viel plausibler ist, die in V. 4a eingebrachte universalgeschichtliche Perspektive, wonach Gott Mose את הראשונים ואת האחרונים ואת אשר יבוא kundtut, als Nachtrag auszuscheiden, der im Anschluß an die identisch formulierte Passage in 1,26a gestaltet wurde.[36] Demnach

---

33 So verzeichnen die himmlischen Tafeln nach 1,29 𝔐th die Einteilungen der Jahre von der Zeit der Neuschöpfung an (እምዕለተ ፍጥረት ሐዳስ), wobei im Verskontext allein die Aussage sinnvoll wäre, sie verzeichneten ihn von der Schöpfung *bis zur* Neuschöpfung; zu entsprechenden Emendierungsvorschlägen vgl. VANDERKAM, *Book of Jubilees* II, 6f.

34 4Q217 bietet zwar Parallelen zu Jub 1,29, weicht aber extrem von 𝔐th ab und kann daher nicht als direkter Textzeuge veranschlagt werden; vgl. VANDERKAM, DJD 13, 23-27.

35 DAVENPORT, *Eschatology*, 13, Anm. 1, übersieht bei seinem Versuch, die Wendung ‚Tora und Zeugnis‘ einer Bearbeitungsschicht zuzuweisen nicht nur, daß es sich um Zentralbegriffe der Grundschrift handelt, deren Verbindung auch in Jub 2,33; 3,14 belegt ist. Er produziert zudem Unstimmigkeiten in 1,29, wo nun von der Erschaffung von Jahrwochen und Jubiläen die Rede wäre, ein singulärer Fall, gegenüber dem die Erschaffung von ‚Tora und Zeugnis‘, reflektiert vermutlich auch in Jub 2,24, deutlich vorzuziehen ist.

36 Eine Entsprechung zu ואת אשר יבוא fehlt zwar in Jub 1,4a 𝔐th, eine Ergänzung dieser Wortfolge erscheint aber angesichts der Zeilenlänge in 4Q216 angeraten. Auszuschließen

hätte Jub 1,4 ursprünglich als Kurzzusammenfassung des Jubiläenbuches fungiert, in dem Mose ‚die Einteilungen der Zeiten für die Tora und das Zeugnis' kundgetan werden (ויודיעהו יהוה את מחלקות העתים לתורה ולתעודה). Erst der Redaktor, der den eschatologisch zugespitzten ge-schichtlichen Exkurs in Jub 1,5-26 einschob, schuf die heutige Gestalt von V. 4, indem er die universalgeschichtliche Perspektive eintrug und so zu-gleich das ursprüngliche Satzgefüge sprengte: Gott tut Mose את הראשונים ואת האחרונים ואת אשר יבוא kund und ‚nennt ihm' – das Fehlen eines Bezugsverbs für die folgenden Akkusative motiviert die Ergänzung von הגיד לו – die Einteilungen der Zeiten.

Die Grundschicht von Jub 1 bot daher in den V. 1-3.4*.29* eine er-zählerische Einleitung des folgenden Textes, die neben der Offenbarungs-situation zugleich dessen Inhalt skizzierte: Jub präsentiert die Einteilungen der Zeiten (1,4: מחלקות העתים), genauer der Jahre in ihrer heptadischen Strukturierung (1,29), allerdings nicht absolut, sondern in ihrem Bezug zu Tora und Zeugnis (1,4: לתורה ולתעודה; vgl. 1,29). Mit der Tora, zu denken ist hier wahrscheinlich ganz konkret an die fünf Bücher Moses, und dem ihm zugeordneten Zeugnis der himmlischen Tafeln,[37] beides nach 2,24 am Schöpfungssabbat geheiligt, ist zugleich der geschichtliche Rahmen zwi-schen Schöpfung und Sinai vorgegeben, der in Jub 2-50 konkret entfaltet wird. Die detaillierte heptadische Darstellung dieser Epoche wurde von einem Redaktor durch die Einschaltung von Jub 1,5-26, die dargestellten Ergänzungen in V. 4 sowie Zusätze in V. 29 zu einem universalge-schichtlichen Entwurf mit eschatologischer Perspektive erweitert, der in einem weiteren Schritt um die in V. 27f.29 explizierten Bezüge zum end-zeitlichen Tempel auf dem Zion ergänzt wurde.[38] Im Prolog, der eine

---

ist aus denselben Gründen, daß in 4Q216 מחלקות כל העתים stand – ᎏ ᎏ scheint im Laufe der Textüberlieferung in den Vers gelangt zu sein und der die Endgestalt des Textes prägenden universalgeschichtlichen Perspektive Rechnung zu tragen; zur wahrscheinlichen Textgestalt von Jub 1,4a in 4Q216 vgl. VANDERKAM, DJD 13, 7.

37 S.u., *3.1.*

38 Angesichts des problematischen Textes von Jub 1,29 ᎏ gestaltet sich eine klare Abgren-zung der beiden Redaktionsschichten gegeneinander als schwierig. Am wahrscheinlichsten erscheint die Annahme, daß der an die Grundschicht anschließende Passus, der den Zeit-rahmen bis zur endzeitlichen Neuschöpfung ausdehnt (ወኢየዐልዎን ... ፍጥረት ምድር), aus der Feder des ersten Redaktors stammt, der V. 5-26 ergänzte und in diesem Zuge auch V. 4 überarbeitete. Daß nicht nur der folgende Tempelbezug (እስከ አመ ይትፈጠር መቅደስ እግዚአብሔር በኢየሩሳሌም በደብር ጽዮን), sondern auch die das Versende be-stimmende Rückkehr zur Neuschöpfungsthematik der zweiten Bearbeitungsschicht zuzu-weisen ist, bildet in Anschluß an DAVENPORT, *Eschatology*, 16, Anm. 2, die naheliegendste Erklärung: Hier wird die bereits vom ersten Bearbeiter eingebrachte Erneuerung der himmlischen Gewalten aufgegriffen und durch den Bezug zu den ‚Erwählten Israels' näher bestimmt. Ebenfalls auf den zweiten Bearbeiter wird mit DAVENPORT der Nachtrag der eschatologischen Zionsperspektive in Jub 4,26 zurückzuführen sein, nicht jedoch der si-cherlich ursprüngliche Vers 31,14.

Zusammenfassung von Jub 1,1-4.29 bietet, wäre schließlich die Näherbestimmung ‚für alle Jahre der Ewigkeit‘ (ውስተ ኵሉ ዓመታተ ዓለም) als
Ergänzung des ersten Redaktors auszuscheiden, durch die auch hier ein
universalgeschichtlicher Bezug eingetragen wurde.

Die Grundschicht von Jub 1 sei abschließend im Zusammenhang dargestellt.

Jub	Äthiopisch[39]	Hebräisch (4Q216)[40]	Deutsch
1,1	ወኮነ በቀዳሚ ዓመት በፀአቶሙ ለደቂቀ እስራኤል እምነ ግብጽ በወርኀ ሣልስ አመ ዐሡሩ ወሰዱሱ ለውእቱ ወርኅ ተናገረ እግዚአብሔር ለሙሴ እንዘ ይብል ዕርግ ኀቤየ ውስተ ደብር ወእሁብከ ክልኤ ጽላተ እብን ዘሕግ ወዘትእዛዝ ዘመጠነ ጸሐፍኩ ታለብዎሙ·	ויהי בשנה הראשונה לצאת בני ישראל מן מצרים[41] בחודש השלישי בששה עשר לחודש הזה דבר יהוה אל מושה לאמר עלה אלי ההרה ואתן לך את שני לוחות האבן התורה והמצוה אשר כתבתי להורותם	Im ersten Jahr des Auszugs der Israeliten aus Ägypten, am 16. Tag des dritten Monats, sprach der HERR zu Mose: „Steige auf zu mir auf den Berg. Ich werde dir die zwei steinernen Tafeln der Tora und des Gebo-tes geben, die ich geschrieben habe, daß du sie lehrest."
1,2	ወወርገ ሙሴ ውስተ ደብረ እግዚአብሔር ወነደረ ስብሐት እግዚአብሔር ውስተ ደብረ ሲና ወጸለሉ	ויעל מושה אל הר יהוה וישכן כבוד יהוה על הר סיני ויכסהו הענן ששת ימים	Da stieg Mose auf den Berg des HERRN. Und die Herrlichkeit des HERRN wohnte auf

---

39 Der äthiopische Text folgt der kritischen Edition VANDERKAMs, *Book of Jubilees* I, 1-7.
40 Obwohl äußerst fragmentarisch erhalten, läßt sich der Text von 4Q216 mit großer Sicherheit rekonstruieren, da Jub hier aufs engste an Ex 24,12-18 angelehnt ist. Die Rekonstruktion folgt, wo nicht anders vermerkt, VANDERKAM, DJD 13, 5; die in 4Q216 erhaltenen
Passagen sind durch Unterstreichungen hervorgehoben. Jub 1,29 ist in 4Q216 nicht mehr
bezeugt, allerdings finden sich deutliche Parallelen in 4Q217 Fr. 1-2, ohne daß eine der
Stellen mit der aus Jub 1,29 𝔪th bekannten Version übereinstimmte. Fr. 2 bietet vielmehr
eine eigentümliche Mischform aus Jub 1,4 und 1,29 (vgl. Fr. 2), die nur noch in Bruchstücken vorhanden ist, aber darauf hindeutet, daß gerade hinsichtlich dieser beiden Verse
mit textlichen Fluktuationen zu rechnen ist, was die Fortschreibungshypothese zusätzlich
stützen könnte. Jub 1,29 wurde ausgehend von 𝔪th und unter Berücksichtigung der terminologischen Besonderheiten von 4Q217 rekonstruiert; zum Versanfang vgl. auch die Parallele in Ex 14,19.
41 Die von VANDERKAM, DJD 13, 5, vertretene Rekonstruktion מצרים מן ist zwar ungewöhnlich, da beide Wörter biblisch durchweg zu ממצרים zusammengezogen werden
(WACHOLDER, *Jubilees*, 197, will hier entsprechend ändern); sie sollte dennoch nicht vorschnell von der Hand gewiesen werden, da die kürzere Alternative ממצרים nicht den Platz
am Zeilenanfang ausfüllt.

	ደመና ስዱስ ዕለተ		dem Sinai, und die Wolke bedeckte ihn für sechs Tage.
1,3	ወጸውዖ ለሙሴ በዕለተ ሳብዕት በማእከለ ደመና ወርእየ ስብሐተ እግዚአብሔር ከመ እሳት ዘይነድድ ውስተ ርእሰ ደብር	ויקרא אל מושה ביום השביעי בתוך הענן וירא את כבוד יהוה כאש אוכלת⁴² בראש ההר	Und er rief Mose am siebten Tag in die Wolke, und der sah die Herrlichkeit des HERRN wie ein verzehrendes Feuer auf dem Gipfel des Berges.
1,4	ወሀሎ ሙሴ ውስተ ደብር አርብዓ ዕለተ ወአርብዓ ሌሊተ ወአምሮ እግዚአብሔር ኩፋሌ መዋዕላት ወለሕግ ወለስምዕ	ויהי מושה בהר ארבעים יום וארבעים לילה ויודיעהו יהוה את <u>מחלקות העתים</u> <u>לתורה</u> ולתעודה.	Und Mose blieb auf dem Berg für 40 Tage und 40 Nächte, während der HERR ihm die Einteilungen der Zeiten für die Tora und das Zeugnis kundtat.
1,29	ወነሥአ መልአከ ገጽ ዘየሐውር ቅድመ ተዓይኒሆሙ· ለእስራኤል ጻሌተ ዘኩፋሌ ዓመታት እምአመ ፍጥረት ሕግ ወለስምዕ ለሱባዔሁ ለኢዮቤልዎን በበ ዓመት በኮሉ· ኖልቆሙ·	ויקח מלאך הפנים ההולך לפני מחנה ישראל את הלוחות אשר בהם מחלקות השנים מבריאת התורה והתעודה לשבועי יוביליהם⁴³ כל שנה במספר.	Und der Angesichtsengel, der vor dem Lager der Israeliten wandelte, nahm die Tafeln über die Einteilungen der Jahre von der Zeit an, da die Tora und das Zeugnis geschaffen wurden, in bezug auf die Jahrwochen ihrer Jubiläen, Jahr für Jahr in ihrer vollen Zahl.

---

42 Die Wendung אש אוכלת ist aufgrund ihrer Bezeugung in Ex 24,17 (𝔐 und 𝔖𝔞𝔪) mit WACHOLDER, *Jubilees*, 198, gegenüber der von VANDERKAM, DJD 13, 5, vertretenen Alternative אש בוערת vorzuziehen. Wie aus späterem Kontext klar wird (a.a.O., 182), legt VANDERKAM hier anscheinend 𝔊 (πῦρ φλέγον) zugrunde (vgl. 𝔖).

43 Gegen VANDERKAM, DJD 13, 25, der die Passage als לשבועות יובליהם rekonstruiert, und dabei übersieht, daß שבוע in der Bedeutung Jahrwoche im Jubiläenbuch (vgl. 2Q20 Fr. 1 1; 4Q223-224 Unit 2 III 11) wie auch in anderen heptadischen Geschichtskonzeptionen (vgl. Dan 9,24-26) einen maskulinen Plural bildet. Obwohl VANDERKAM dies nicht expliziert, scheint er hier CD XVI 3f. (ספר מחלקות העתים ליוביליהם ובשבועותיהם) zu folgen, wo der Titel des Jubiläenbuches unter Einschluß einer femininen Pluralform zitiert wird. Da dieser Titel selbst jedoch nicht Teil des Textes von Jub ist, sondern erst nachträglich (in CD?) als

2,1	ወይቤ መልአከ ገጽ ለሙሴ በቃለ እግዚአብሔር እንዘ ይብል ጸሐፍ ኵሎ ነገረ ፍጥረት	ויאמר מלאך הפנים אל משה בדבר יהוה לאמר כתוב כל דברי הבריה	Und auf den Befehl des HERRN sagte der Angesichtsengel zu Mose: „Schreibe alle Worte über die Schöpfung...“

Hat sich für Jub 1 zeigen lassen, daß die Grundbeobachtungen DAVENPORTs zutreffend, die von ihm daraus gezogenen literarkritischen Konsequenzen aber in einigen Punkten zu korrigieren sind, so ist nun auch Jub 23, nach DAVENPORT Ort der zweiten großen Einschaltung, näher zu untersuchen. Geht man vom biblischen Text aus, so zeigt sich, daß sich die literarische Gestaltung des Todes Abrahams in Jub 23,1-8 eindeutig an Gen 25,7-10 orientiert und der Erzählfaden in Jub 24,1 unter fast wörtlicher Verwendung von Gen 25,11 wieder aufgenommen wird. Daß der am menschlichen Lebensalter orientierte Exkurs (Jub 23,9-32) in Relation zu Gen 25 einen Überschuß bildet, erweist die Passage jedoch noch nicht als Nachtrag, wäre es doch genauso denkbar, daß der Verfasser des Textes hier eine literarische Einheit in den vorgegebenen Rahmen der Genesis integrierte. So spricht, wie DAVENPORT gezeigt hat, einiges dafür, daß 23,9-13.32 zum ursprünglichen Textbestand zu zählen sind:[44] Mit der in V. 32 an Mose ergehenden Aufforderung, alles niederzuschreiben, sowie dem damit verbundenen Verweis auf die himmlischen Tafeln, liegt ein typisches Element des Jubiläenbuches vor (vgl. Jub 2,1; 4,32; 5,13; 6,30), und auch die Jubiläenangaben in V. 9-13 sprechen dafür, daß diese Passage keinen Nachtrag darstellt.

Demgegenüber fällt auf, daß der sich in 23,14-31 anschließende Geschichtsüberblick mit absoluten Jahreszahlen operiert und genau genommen nur das näher ausführt, was in V. 9-13 bereits anklingt: Dort wird das in Relation zu seiner vorbildlichen Gerechtigkeit relativ niedrige Sterbealter Abrahams zum Ausgangspunkt einer Erörterung über die sich seit den Tagen der prädiluvischen Patriarchen proportional zur wachsenden Frevelhaftigkeit verringernde menschliche Lebensspanne,[45] die bis zum Tag des Endgerichts keine zwei Jubiläen mehr überschreiten und mit einer Vielzahl von Mühen belastet verbracht werden wird. Hier schließt Jub 23,14 an und bringt dieses Stadium der letzten Degeneration explizit mit dem ‚bösen Geschlecht‘ (ትውልድ እኪት) in Verbindung, aus dessen

---

Zusammenfassung des Jubiläenprologs formuliert wurde, ist es nicht zulässig, gegen den in Jub bezeugten Sprachgebrauch für Jub 1,29 eine Femininform anzunehmen.

44   Vgl. DAVENPORT, *Eschatology*, 32, Anm. 1.
45   Zur thematischen Verbindung mit dem Sterbealter Abrahams vgl. auch VANDERKAM, *Biblical Interpretation*, 123f.; SCOTT, *On Earth*, 106.

Perspektive in 23,15 ein neuerlicher Rückblick auf das lange Leben der Altvorderen als Kontrast zur Kurzlebigkeit der Gegenwart formuliert wird. Jub 23,16-21 führen die Frevel der sündigen Generation im Detail aus, woran sich mit 23,22-25 eine Schilderung der göttlichen Strafen anschließt, an deren Ende der absolute Tiefpunkt erreicht ist, wenn selbst Säuglinge wie Greise sein werden. Erst mit der Umkehr zum göttlichen Gesetz nimmt die Lebensspanne wieder zu, bis ein Zustand des Heils in dauerhafter Jugend verwirklicht ist (23,26-29) und die Gerechten in ihrer Auferstehung ins Recht gesetzt werden (23,30f.).

Es ist daher mit DAVENPORT davon auszugehen, daß Jub 23,14-31 einen Nachtrag darstellen, der in dem in V. 9-13 vorgegebenen Motiv des Lebensalters seinen Anknüpfungspunkt fand und einen an ihm orientierten Geschichtsüberblick mit eschatologischem Ausblick in Kap. 23 eintrug. Während der Text ursprünglich lediglich die Verringerung des menschlichen Lebensalters bis zum Endgericht konstatierte, historisiert der Redaktor diese Vorgabe und entwickelt sowohl eine explizite Israelperspektive als auch einen konkreten zeitgeschichtlichen Bezug. Die geschichtliche Grunddynamik zwischen Sünde des Volkes, göttlicher Strafe, endlicher Umkehr und eschatologischer Heilsverwirklichung findet dabei eine Entsprechung in dem in Jub 1,5-26 ergänzten Geschichtsabriß, wobei nicht übersehen werden darf, daß dieser die Geschichte Israels als ganze im Blick hat, wogegen Jub 23,14-31 auf das Geschick des ‚bösen Geschlechts‘ (23,14.16) konzentriert ist. Trotz der konzeptionellen Parallelen zwischen beiden Fortschreibungen ist es daher nicht zwingend, sie mit DAVENPORT der Hand desselben Redaktors zuzuweisen.[46] Die spezielle Perspektive von Jub 23,14-31, die Israels Umkehr als Auslöser einer gesamtmenschlichen Restitution im Eschaton definiert,[47] spricht eher für die Annahme eines weiteren Redaktors.

Liegen mit Jub 1,5-26; 23,14-31 zwei Erweiterungen vor, die eine dtr gefärbte universalgeschichtliche Perspektive in den Text eintragen, so finden sich Spuren derselben Fortschreibungsprozesse auch in 50,5, wo in

---

46 Vgl. DAVENPORT, *Eschatology*, 46. Ob dabei die von DAVENPORT vertretene Ausscheidung eines weiteren Nachtrages in 23,21 stichhaltig ist, berührt bereits Datierungsfragen und ist daher abschließend unter *2.2.* zu prüfen.

47 Unübersehbar ist die Analogie zur Darstellung der Tiervision (1 Hen 85-90), der dieselbe dynamische Entwicklung einer Degeneration der Menschheit und ihrer eschatologischen Restitution zugrunde liegt; vgl. KISTER, לתולדות כת האיסיים, 6f. Ein entsprechendes Geschichtsmodell wurde unter Rekurs auf Ps 90 in Jub 23 inhaltlich ausgestaltet; vgl. KUGEL, *Jubilees Apocalypse*, 322-337, sowie zu weiteren biblischen Bezugstexten ENDRES, *Biblical Interpretation*, 52-62. Daß dabei dem Redaktor bereits literarische Versatzstücke vorlagen, scheint unwahrscheinlich: So hält DAVENPORT, *Eschatology*, 35-46, den poetischen Teil in 23,24-31 für ein Traditionsstück, übersieht dabei aber, daß dieser, wie auch DORAN, *Non-Dating*, 7f., betont, vom Kontext abstrahiert überhaupt nicht verständlich ist.

direktem Anschluß an das Ende des ursprünglichen Geschichtsüber-
blickes (50,4) und vor der sich ab 50,6 anschließenden, zum Grundbestand gehörigen Sabbatparänese[48] durch eine einfache Abschlußnotiz der
durch die Fortschreibungen eingetretenen Akzentverschiebung Rechnung
getragen wird: Jub 50,5 blickt voraus auf eine nicht näher spezifizierte
Folge von Jubiläen bis zur Reinigung Israels von aller Sünde und dem für
alle Zeiten friedlichen Leben im satansfreien Land und holt so die geschichtstheologische Perspektive der Fortschreibungen in Jub 1; 23 ein,
um ihren geschichtlichen Überschuß gegenüber dem Grundentwurf durch
den Verweis auf die fortlaufende Jubiläenfolge zumindest formal an die in
Jub 1-50 entfaltete Sequenz der 50 Jubiläen anzuschließen. Während
Jub 50,5 als konzeptioneller Abschluß sowohl von Kap. 1 als auch von
Kap. 23 in ihrer jeweiligen Endgestalt gelesen werden kann, sprechen die
eindeutigen terminologischen Berührungen mit Jub 23 dafür,[49] daß der
Vers auf den Redaktor zurückgeht, der 23,14-31 ergänzte.[50]

2.2. Stadien der Redaktion

Die unter *2.1.* vorgelegte literarkritische Analyse trägt der Tatsache Rechnung, daß der ausgefeilte heptadische Geschichtsentwurf des Jubiläenbuches in 50,4 offensichtlich am Sinai endet, und demonstriert, daß eine
entsprechende Grundschicht durch die Ergänzung von 1,5-26.27f.; 23,14-
31; 50,5 sowie Nachträge in 1,4.29 erweitert wurde. Während bereits der
Grundtext im Rahmen der halachischen Passagen seinen Zeitrahmen
durch vereinzelte Vorausverweise mit zeitgeschichtlicher Stoßrichtung
transzendieren kann, die die ewige Geltung des entsprechenden Gebotes
festschreiben (2,33) oder seine Nichtbefolgung konstatieren (6,35-38),[51]
und ferner mit dem Endgericht vereinzelt eine eschatologische Perspektive aufblitzt (4,19.23; 5,13-16; 9,15; 10,17; 23,11; 24,29f.),[52] machen erst

---

48 Zur Ursprünglichkeit des Abschnittes Jub 50,6-13 vgl. DOERING, *Jub 50:6-13*, 359-387.
49 Die Negativgrößen, von deren Überwindung in 50,5 die Rede ist, werden auch in
    23,14.16f. genannt; die Erwartung einer ewigen Heilszeit ohne Satan und Übeltäter (ወአልቦ
    እንከ ሎቱ፡ መነሂ ሰይጣን ወአልቦ መነሂ እኩየ) ist in Anschluß an 23,29 (ወአልቦ መነሂ
    ሰይጣን ወአልቦ መነሂ እኩየ) formuliert. Einen Anknüpfungspunkt für diese Vorstellung
    bot bereits Jub 40,9; 46,2, wonach die Zeit Josephs am ägyptischen Hof satansfrei war.
50 Vgl. DAVENPORT, *Eschatology*, 15, der allerdings, wie dargelegt, auch Jub 1,5-26 demselben
    Redaktor zuschlägt.
51 Vgl. auch Jub 49,18-21, wo im Zuge der Passavorschriften auch der erste Tempel in den
    Blick genommen wird.
52 Auffälligerweise spielt das Endgericht in den sekundären Passagen 1,5-28; 23,14-31, von
    einem vagen thematischen Anklang in 23,30 abgesehen, keine explizite Rolle mehr! Diese
    Beobachtung unterstreicht die Annahme, daß die Endgestalt des Jubiläenbuches nicht aus
    einem Guß ist, sondern verschiedene Perspektiven miteinander verbindet.

die Nachträge in Kap. 1; 23 die *Geschichte Israels im verheißenen Land* zum zentralen Thema. Diese wird als Unheilsgeschichte, die ihren geglaubten Tiefpunkt in der Gegenwart der Redaktoren, kurz vor dem Anbruch der Endzeit erreicht, in das Jubiläenbuch integriert, das so faktisch zu einem universalgeschichtlichen Entwurf avanciert, dessen heptadische Struktur jedoch für die Zeit nach der Landnahme in 50,5 nur noch konstatiert, nicht aber mehr ausgeführt wird. Diese grundsätzlichen Überlegungen zum Fortschreibungscharakter müssen im Rahmen dieser Arbeit genügen, zumal sie die zentrale Schwierigkeit miteinander konkurrierender Geschichtsperspektiven auflösen.[53] Es gilt nun, den wahrscheinlichen Redaktionsprozeß des Werkes unter Einschluß der Datierungsfrage in den Blick zu nehmen.

Obwohl viele der zeitgeschichtlichen Bezüge, die meist zu einer Datierung des Jubiläenbuches herangezogen werden, Teil der Nachträge in Jub 1; 23 sind, ergeben sich nach deren Ausscheidung für den Grundbestand keine grundlegend neuen Datierungsoptionen: Festzuhalten ist, daß das Werk in Anbetracht seiner unverkennbar antihellenistischen Stoßrichtung frühestens in der Mitte des 3. Jh. v. Chr. entstanden sein kann, da seitdem, wie HENGEL nachgewiesen hat,[54] mit zunehmenden Hellenisierungstendenzen im palästinischen Judentum zu rechnen ist.[55] Daß dennoch erst ein Jahrhundert später realistisch mit der Entstehung des Jubiläenbuches zu rechnen ist, liegt nicht primär an möglichen Reflexen auf militärische Erfolge der Makkabäer,[56] sondern vor allem an der Tatsache, daß der Text nicht nur Henochtraditionen voraussetzt, sondern bereits auf Passagen von 1 Hen wie das Buch der Traumvisionen rekurriert, die aller Wahrscheinlichkeit nach erst in den 160er Jahren entstanden.[57] Dies vorausgesetzt erscheint es sinnvoll, in Anschluß an VANDERKAM zwar nicht für

---

53 Dabei kann grundsätzlich ebenso wenig ausgeschlossen werden, daß etwa bezüglich der halachischen Positionen redaktionelle Eingriffe vorgenommen wurden, wie die Möglichkeit einer nachträglichen Überarbeitung der Datierungen kategorisch von der Hand zu weisen ist. Dennoch darf gerade im Fall der Datierungen nicht die lange Überlieferungsgeschichte des Textes übersehen werden, in deren Verlauf nicht nur mit bewußten Änderungen, sondern auch mit Fehlern zu rechnen ist. Der Versuch von WIESENBERG, *Jubilee*, 38-40, in Jub eine zelotische Redaktion nachzuweisen, nach deren Eingriff das 50. Jubiläum nicht mehr, wie ursprünglich, am Sinai, sondern mit der Landnahme endete, entbehrt daher einer gesicherten Grundlage. Er ist überdies auch angesichts der zentralen Bedeutung, die dem Land in Jub zukommt, nicht zu plausibilisieren; s.u., *3.3.*

54 Vgl. HENGEL, *Judentum*, 108-195.

55 Sicher ausgeschlossen werden kann daher auch die von ZEITLIN, *Book of Jubilees*, 21.31, aufgestellte These, mit Jub liege ein vorhellenistischer Gegenentwurf zur Tora vor, der die klare antihellenistische Stoßrichtung des Textes eindeutig entgegensteht.

56 So wurden nach VANDERKAM, *Textual and Historical Studies*, 217-241, die kriegerischen Auseinandersetzungen in Jub 37-38 (möglicherweise auch in Jub 34,2-9) nach dem Vorbild militärischer Siege unter Judas Makkabäus gestaltet.

57 Vgl. VANDERKAM, *Enoch Traditions*, 229-245.

die Endgestalt des Jubiläenbuches, wohl aber für dessen Grundentwurf mit einer Entstehung während des *Intersacerdotiums* der Jahre 159-152 v. Chr. zu rechnen.[58]

Ist das Jubiläenbuch bereits in seinem Grundentwurf nachmakkabäisch, wird damit die Annahme DAVENPORTs unmöglich, die Fortschreibungsstufe in Jub 1,4.5-26.29; 23,14-31; 50,5 sei in der Makkabäerzeit entstanden. Ein späterer Ursprung der Ergänzungen in Jub 1 ist jedoch unproblematisch, da die hier zutage tretende Überzeugung der Verfasserkreise, mit der eigenen Umkehr den Umschwung zur heilvollen Zukunft zu initiieren, zwar zur Zeit des Makkabäeraufstandes bezeugt ist (vgl. 1 Hen 90,6), aber eben auch für spätere Gruppierungen mit einem vergleichbaren Selbstverständnis plausibel gemacht werden kann. Dagegen ist zutreffend, daß Jub 23,14-20 den Makkabäeraufstand reflektieren,[59] mit 23,21 liegt aber ein Übergang in die Folgezeit vor, so daß die bis 23,31 geschilderten Ereignisse explizit als nachmakkabäisch dargestellt werden.[60] Sowohl Jub 1,5-26 als auch Jub 23,14-31 lassen sich daher problemlos als Versuch lesen, die auch nach den Erfolgen der Makkabäer noch als unverändert erfahrene Sünde Israels theologisch einzuholen und im Jubiläenbuch zu verankern.[61] War dieses ursprünglich als priesterliche Programmschrift in den Jahren 159-152 v. Chr. konzipiert,[62] so könnte das faktische Scheitern der propagierten halachischen Positionen Anlaß zu den in Jub 1; 23 bezeugten Fortschreibungen gegeben haben, die den Text unter das Vorzeichen einer sich bis in die Gegenwart erstreckenden Sündenzeit stellen und die Befolgung des göttlichen Willens an die Schwelle zum Eschaton verschieben.

Versucht man, auf die sich in diesem Fortschreibungsprozeß niederschlagenden Vorgänge zurückzuschließen, so fällt sowohl zeitlich als auch inhaltlich eine auffällige Nähe zur Entstehung der Qumrangruppierung auf, die wesentlich aus einem Konflikt um Fragen des Kultkalenders und

---

58 Vgl. VANDERKAM, *Textual and Historical Studies*, 283f.; s.o., *1*.

59 So auch TESTUZ, *Idées*, 167. Zu kurz greift hingegen DORAN, *Non-Dating*, 10, der bei aller berechtigten Distanz gegenüber einer vorschnellen zeitgeschichtlichen Deutung der in Jub 23,14-31 getroffenen Aussagen mit der von ihm propagierten Alternative, der Abschnitt erschöpfe sich in der Darstellung eines „general social collaps", nicht überzeugen kann.

60 Dies sieht auch DAVENPORT, *Eschatology*, 43f., der den Übergangsvers 23,21 als Nachtrag ausscheiden will, weil der gesamte Passus 23,14-31 seiner Ansicht nach makkabäischen Ursprungs ist. Da diese Möglichkeit wie dargelegt ausscheidet, erübrigt sich auch die Notwendigkeit dieses am Text nicht zu rechtfertigenden literarkritischen Eingriffs. Jub 23,21 ist gerade deshalb integraler Bestandteil der Fortschreibungsstufe, weil der Vers die Gegenwart des nachmakkabäischen Redaktors einholt.

61 So bereits HENGEL, *Judentum*, 411; vgl. BERGER, *Buch der Jubiläen*, 300.

62 Vgl. KUGLER, *From Patriarch*, 144, der den Charakter des Jubiläenbuches – wenn auch unter Einschluß der sekundären Passagen – zutreffend als „new charter for Hasmonean-era judaism" bestimmt; ähnlich auch ENDRES, *Biblical Interpretation*, 249f.

den Hohenpriester hervorgegangen ist.[63] Indem Jub 1,14; 23,19.21 das Scheitern des in Jub 6 propagierten 364-Tage-Kalenders als offiziellen Kultkalenders sowie des in Jub 31 etablierten Priesterideals notieren, spiegeln sie genau diese Vorgänge, was bereits diese Fortschreibungen und nicht erst, wie von DAVENPORT angenommen,[64] die Ergänzung der Heiligtumsbezüge in 1,27f.29 in die Frühzeit der Qumrangruppierung ab 152 v. Chr. verweist. Dafür sprechen nicht nur die unbestreitbare theologische Nähe sowie die durch die große Anzahl von Abschriften belegte Hochschätzung, die Jub in Qumran genoß, sondern auch auffällige terminologische Berührungspunkte: So wird in Jub 1,20 Belial[65] genannt, dessen Name sonst nur noch in Jub 15,33 Erwähnung findet,[66] in den Qumrantexten hingegen häufig bezeugt ist. Die sich hier andeutende Beziehung läßt sich auch sprachlich untermauern: Jub 1,20 ('möge der Geist Belials nicht über sie herrschen') ist auf dieselbe Weise formuliert wie CD XII 2 par 4Q271 Fr. 5 I 18 (ימשלו בו רוחות בליעל).[67]

Die in Jub 1,20 formulierte Bitte Moses, Gott möge den Geist Belials nicht über Israel herrschen lassen, ist demnach für das Jubiläenbuch ebenso singulär – hier ist durchweg der Fürst Mastema[68] der Gegner, Jub 19,28 erwähnt gar explizit die 'Geister Mastemas' (መናፍስተ መስቴማ) – wie im Kontext der Qumrantexte gebräuchlich, was einen möglichen Ursprung der Ergänzungsschicht Jub 1,5-26 mit den zugehörigen Nachträgen in 1,4.29 in der Frühzeit der Qumrangruppierung unterstreicht. Auch der vom zweiten Redaktor des Kapitels, auf den 1,27f. sowie der letzte Teil von 1,29 zurückgehen, in V. 29 hergestellte Bezug zu den 'Erwählten Israels' (ኅሩያነ እስራኤል) deutet in dieselbe Richtung, insofern das Selbstverständnis als בחירי ישראל in der Qumrangruppierung verbreitet

---

63 Vgl. hierzu STEGEMANN, *Entstehung*, 242; STEUDEL, אחרית הימים, 236-238; VANDERKAM, *Einführung*, 121-126.

64 Vgl. DAVENPORT, *Eschatology*, 15f.

65 In 𝔍th an dieser Stelle wiedergegeben als 'Belḥor' (ቤልሖር).

66 Diese Auffälligkeit notiert bereits TESTUZ, *Idées*, 41, im Kontext seiner redaktionskritischen Erwägungen.

67 Die ውሉደ ቤልኣር (= בני בליעל), die nach Jub 15,33 ihre Kinder unbeschnitten lassen, sind ebenfalls als Negativgruppe aus den Qumrantexten bekannt (4Q174 I 8; 4Q286 Fr. 7 II 6). Es ist daher zu erwägen, ob nicht auch die Passage 15,33f. oder zumindest die Aussage über die 'Söhne Belials' erst in einem späteren Stadium in den Text gelangt sein könnte.

68 So in Jub 11,5.11; 17,16; 18,9.12; 48,2.9.12.15 (መኮንን መስቴማ). Dabei ist keineswegs sicher, daß 'Mastema' ursprünglich als Eigenname verstanden wurde. Da der Begriff abgesehen von Jub 10,8 nie absolut, sondern immer in Begriffsverbindungen begegnet, ist vielmehr mit der Alternative zu rechnen, daß er als Abstraktum eine Klasse widriger Engel, die 'Geister der Anfeindung' (19,28; vgl. 49,2), unter der Führung ihres Fürsten bezeichnete. Da keine der Stellen in den Qumranfragmenten des Jubiläenbuches erhalten ist, läßt sich dies im hebräischen Text nicht mehr verifizieren, ein Indiz bietet allerdings der Sprachgebrauch der 'Pseudo-Jubiläen-Texte', die 'Mastema' nie als Eigennamen verwenden; s.u., *V. 4.1.* und *4.2.*

war (vgl. 1Q37 Fr. 1 3; 4Q171 Fr. 11 2; 4Q174 I 19). Weniger konkret sind die terminologischen Bezüge zwischen den Qumrantexten und der Ergänzung in Jub 23: Das in 23,14-31 im Zentrum des Interesses stehende ‚böse Geschlecht' (ትውልድ እኪት) findet lediglich in 1QSb III 7 (דור עולה) eine mögliche Parallele, fügt sich aber konzeptionell in die Gedankenwelt der Qumrangruppierung ein.[69] Da Jub 23,21 die priesterlichen Frevel derer in den Blick nimmt, die den makkabäischen Kämpfen entkamen, ist gut vorstellbar, daß hier konkret an die Einsetzung Jonathans als Hohenpriester gedacht ist, die 152 v. Chr. wahrscheinlich zur Vertreibung des Lehrers der Gerechtigkeit und zur Entstehung der Qumrangruppierung führte.[70]

Es spricht daher vieles dafür, daß die zwischen 159 und 152 v. Chr. entstandene Grundschrift ab der Mitte des 2. Jh. v. Chr. in der frühen Qumrangruppierung durch Jub 1,5-26; 23,14-31; 50,5 sowie Nachträge in 1.4.29 erweitert wurde.[71] Dabei dürfte Jub 23,14-31 und der davon terminologisch abhängige Vers 50,5 als erste Erweiterung in den Text gelangt sein, als direkte Reaktion auf die Ereignisse des Jahres 152 v. Chr., die erneut eschatologische Erwartungen und die Sehnsucht nach einem endzeitlichen Triumph der Gerechten über die Frevler weckten. Die allgemeiner gehaltene Ergänzung von Jub 1,5-26 (mit den Nachträgen in 1,4.29) zieht dagegen bereits die Konsequenzen aus dem in Jub 23 eingetretenen Perspektivwechsel und schreibt diesen programmatisch im Eingangskapitel fest. Zwischen beiden Eingriffen wird nicht viel Zeit vergan-

---

69   Ein inhaltlicher Berührungspunkt ist ferner mit CD X 8-10 gegeben, wo das Jub 23 beherrschende Thema der Verringerung der menschlichen Lebensdauer anklingt; vgl. TESTUZ, *Idées*, 181, und SCOTT, *On Earth*, 111, Anm. 82, der hier eine Abhängigkeit der Damaskusschrift von Jub vermutet. Zur Aufnahme von Jub in CD unter dem Gesichtspunkt der Chronologie vgl. die Ausführungen unter *V. 2.2.*

70   In diese Richtung deutet auch die bereits von KISTER, לתולדות כת האיסיים, 13f., herausgestellte Parallele zwischen Jub 23,21 und 1QpHab VIII 8-13, zwei Stellen, die auf ähnlich polemische Weise dieselben Vorgänge zu beschreiben scheinen; vgl. auch die parallele Beschreibung des ungezügelten Wütens der Heidenvölker (Jub 23,23) bzw. der Kittäer (1QpHab IV 10-12) gegen Jung und Alt.

71   Hier ist auch der materielle Befund der ältesten erhaltenen Kopie zu erwähnen: Die Handschrift 4Q216 stammt aus der zweiten Hälfte des 2. Jh. v. Chr. und kommt daher der wahrscheinlichen Entstehungszeit des Jubiläenbuches sehr nahe. Daß das erste Blatt, das neben dem Prolog auch Jub 1 enthält, auf einen späteren Schreiber aus dem 1. Jh. v. Chr. zurückgeht und erst sekundär an die ältere Rolle angefügt wurde, mag mit VANDERKAM, DJD 13, 1, als Reparatur einer verschlissenen Passage zu erklären sein. Man könnte aber alternativ vermuten, daß hier nachträglich eine ältere Kopie des Werkes, in der Kap. 1 noch nicht seine heutige Gestalt hatte, aktualisiert wurde, womit nach den auffälligen textlichen Fluktuationen in 4Q217 ein zweites Indiz für die Annahme qumranischer Wachstumsprozesse in Jub 1 vorläge. Die von HEMPEL, *Place*, 190, aus dem materiellen Befund von 4Q216 abgeleitete Annahme, Jub habe ursprünglich mit Kap. 2 begonnen, ist dagegen unzulässig, da das Buch auf seine erzählerische Einleitung in 1,1-4*.29* angewiesen ist.

gen sein, wie auch der Nachtrag des Heiligtumsbezuges in 1,27f.29 bald erfolgt sein dürfte. Noch in der Frühzeit der Qumrangruppierung, spätestens in den 140er Jahren, wird das Jubiläenbuch seine heutige Gestalt erhalten haben, kann es doch bereits in CD XVI 3f. als autoritative, in 4Q228 Fr. 1 I 9 gar wie eine kanonische Schrift zitiert werden.[72]

Die immer wieder notierte Kontinuität zwischen dem Jubiläenbuch und den Qumrantexten erklärt sich nach allem Gesagten daraus, daß das Werk selbst die Entstehung der Qumrangruppierung spiegelt: Ursprünglich verfaßt in den Jahren 159-152 v. Chr. als Programmschrift priesterlicher Kreise im Umfeld des zu dieser Zeit als Hoherpriester amtierenden Lehrers der Gerechtigkeit, bleibt es ein zentraler Text der sich nach dessen Scheitern bildenden Gruppierung, die ihre eigene Situation durch Fortschreibungen im Text verankert. Die Endgestalt des Jubiläenbuches blickt nicht mehr auf ganz Israel, sondern auf die ,Erwählten Israels‘, und spiegelt die Rückkehr seiner Trägerkreise zur eschatologischen Hoffnung, womit ein über die Rezeption der Henochtexte bereits im Grundentwurf angelegtes Potential aktiviert wird. Der Text wandelt sich so von einer Abhandlung über ,die Einteilungen der Zeiten der Tora und des Zeugnisses‘ zu einem universalgeschichtlichen Entwurf, der nach 1,29 erst mit der endzeitlichen Vollendung sein Ziel erreicht.[73]

Ausgehend von den dargestellten Erwägungen zur Genese des Jubiläenbuches ist im folgenden Kapitel das geschichtstheologische Profil des Textes in seiner Grund- wie in seiner Endgestalt herauszuarbeiten. Dies soll unter besonderer Berücksichtigung seiner theologischen Schwerpunkte erfolgen, deren Verhältnis zur entfalteten Chronologie von zentraler Bedeutung ist. Daher sind im Anschluß an eine Annäherung an das dem Jubiläenbuch eigene Selbstverständnis (*3.1.*) zunächst die zentralen Themen des Jubiläenbuches als Konstante aller Stadien der Textgenese herauszuarbeiten (*3.2.*). Darauf aufbauend soll unter *3.3.* die die Grundschrift prägende heptadische Chronologie einer eingehenden Analyse

---

72 Daß auch der Bezug auf den endzeitlichen Tempel in Jub 4,26 auf den zweiten Bearbeiter von Jub 1 zurückzuführen ist und ferner in 15,33 mit einer qumranischen Bearbeitung gerechnet werden muß, wurde bereits erwähnt. Dieser Befund legt die Möglichkeit nahe, daß noch an weiteren Stellen entsprechende Einschaltungen vorliegen, die durch nähere Untersuchungen herauszuarbeiten wären. Die von TESTUZ, *Idées*, 41, aufgestellte Behauptung, auch Jub 24,28b-30 sei sekundärer Bestandteil des Textes, erscheint allerdings nicht als zwingend, da sowohl die hier erwähnten Kittäer als auch die Vernichtung der Philister im Endgericht nicht in Spannung zur Konzeption des Grundentwurfes stehen.

73 Vgl. dazu die Ausführungen unter *3.4.*

unterzogen werden, die auch das Verhältnis dieses Systems zu seinen biblischen und außerbiblischen Vorgaben zum Gegenstand hat. Hieran wird eine Darstellung der sich aus den Fortschreibungen ergebenden chronologischen Modifikationen anschließen (*3.4.*), durch die das Jubiläenbuch allererst zu einem universalgeschichtlichen Entwurf wurde. Die Ausführungen unter *4.* bieten eine Zusammenschau aller Ergebnisse.

3. Exegese

3.1. Das Jubiläenbuch als autoritative Leseanleitung für ‚Tora' und ‚Zeugnis'

Das Jubiläenbuches ist zwar in seinem gesamten Aufbau durchgängig an der Sequenz des biblischen Textes Gen 1 - Ex 24[74] orientiert – eine Tatsache, der es seine Bezeichnung als ‚Kleine Genesis'[75] verdankt –, erzählt diesen jedoch nicht einfach nach, sondern setzt entschieden eigene Akzente, indem es Ereignisse übergeht, breiter ausführt oder ergänzt. Für das Verständnis der mit dieser Neuerzählung verbundenen theologischen Interessen ist daher von entscheidender Bedeutung, wie sich das Jubiläenbuch selbst zum biblischen Text positioniert. Geht man von der unter *2.* rekonstruierten ursprünglichen Gestalt des Einleitungskapitels aus (Jub 1,1-4*.29*), so ist festzuhalten, daß der Text die Einteilungen der Zeiten (מחלקות העתים) in ihrer heptadischen Strukturierung bietet (1,4.29), dies jedoch nicht absolut, sondern in bezug auf ‚Tora' und ‚Zeugnis' (לתורה ולתעודה). Nach STECK, der sich in einer akribischen Untersuchung mit dem Zeugniskonzept des Jubiläenbuches beschäftigt hat, blickt der Text hier „auf die *Gesamtheit* der Zeit von allem Anfang an (Schöpfung); das ‚Gesetz' auf die in ihr geltenden Ordnungen, das ‚Zeugnis' auf die diesbezüglich in ihr ausgeführten Handlungen."[76]

Diese auf den ersten Blick schlüssige Bestimmung von תורה und תעודה hält jedoch einer genaueren Prüfung nicht stand: So ist zwar zutreffend, daß geschichtliche Ereignisse Gegenstand des ‚Zeugnisses' sein können (4,19; 10,17) und dieses ferner mit einem Ausblick auf die Nichtbefol-

---

74   Zwar bildet der Exodus das letzte erwähnte Ereignis der Geschichtsschau (Jub 48; vgl. Ex 12), die erzählerische Einleitung in Jub 1,1-4.29; 2,1 greift jedoch eindeutig auf den in Ex 24 berichteten Aufstieg Moses auf den Sinai zurück. Daß der biblische Text über Ex 12 hinaus als Leitfaden rezipiert wird, beweist auch der in Jub 50,1 vorliegenden Rückverweis auf Ex 16,1, mit dem die Kundgabe des Sabbatgebotes bereits in die Wüste Sin zurückverlegt wird.

75   Erstmals bezeugt bei Hieronymus als Μικρογένεσις; vgl. BERGER, *Buch der Jubiläen*, 312.

76   STECK, *Zeugen* II, 77.

gung einer Vorschrift verbunden werden kann (6,12.32f.38), bezeugt werden aber nach 4,18; 7,31; 16,28 auch ganz einfach halachische Bestimmungen, die implizit auf dieselbe Weise ihrer geschichtlichen Verwirklichung harren wie die unter dem Begriff ‚Tora' subsummierten (6,14; 13,26; 15,25; 24,11; 30,10; 32,10; 49,7; 50,1.6.13).[77] Die von STECK entwickelte inhaltliche Bestimmung der Begriffe, die als ‚Tora' die konkreten Vorschriften und als ‚Zeugnis' deren geschichtliche (Nicht-)Befolgung faßt, ist daher zu schematisch, um dem Textbefund gerecht zu werden. Nähert man sich dem Begriff תעודה aus dem Kontext des Jubiläenbuches an, so fällt vielmehr auf, daß er konkret all das bezeichnet, was, rückgebunden an die himmlischen Tafeln, an außerbiblischen Offenbarungen anklingt bzw. expliziert wird. Die Lehren Noahs (7,31) und die Schriften Henochs (4,18f.; 10,17) sind ebenso ‚Zeugnis' wie letztlich das Jubiläenbuch selbst (23,32; 30,17).

Das Zeugniskonzept des Jubiläenbuches umfaßt daher nicht konkrete Inhalte wie das Verhalten Israels in der Geschichte, sondern gibt primär eine Antwort auf die mit der Herausbildung eines kanonischen Bibeltextes verbundene Frage nach der Geltung weiterer Offenbarungsschriften wie der Henochbücher, allgemeiner noch auf die Frage, ob und wie Toragehorsam vor der Gabe der Tora überhaupt denkbar ist. Die Rückverlegung zentraler Gebote in die Zeit der Patriarchen, ja letztlich bis in die Schöpfungswoche (2,17), die das Jubiläenbuch kennzeichnet, wird inhaltlich durch die Vorstellung aufgefangen, daß diese seit jeher auf den himmlischen Tafeln verzeichnet sind. Während erst mit der Gabe der Tora am Sinai eine vollständige Kundgabe des Gotteswillens stattfindet (33,16), werden frühere Offenbarungen wichtiger Vorschriften konzeptionell durch die Einführung des Zeugniskonzeptes eingeholt.[78] Diese Bestimmung des Begriffs תעודה vorausgesetzt, legt sich für die in 1,4.29 komplementär genannte תורה die Annahme nahe, daß hier an die Tora als Pentateuch gedacht ist. Ob diese zutrifft, ist durch eine nähere Untersuchung des Begriffs ‚Tora' (äth. ሕግ) im Jubiläenbuch zu überprüfen.[79]

---

77 Vgl. KISTER, על שני מטבעות לשון, 295: „ברוב המקומות בספר היובלים הכוונה ב'תעודה' למצווה ולחוק".

78 Vgl. GARCÍA MARTÍNEZ, *Heavenly Tablets*, 258f.; GLEßMER, *Aussagen*, 137. Insofern bietet das Zeugniskonzept des Jubiläenbuches eine Analogie zur rabbinischen Vorstellung von der mündlichen Tora, wobei mit NAJMAN, *Seconding Sinai*, 126, in Anbetracht der zentralen Bedeutung schriftlicher Fixierung des Zeugnisses einschränkend festzuhalten ist, „[that] we are dealing here with very different conceptions of authority of text and author."

79 Da nur der äthiopische Text von Jub vollständig erhalten ist, muß die folgende Untersuchung notwendigerweise auf der nicht mehr zu beweisenden und daher nicht unproblematischen Voraussetzung aufbauen, daß sich hinter ሕግ durchgängig, vermittelt über die Zwischenstufe νόμος, ein ursprüngliches תורה verbirgt.

Faßt man zunächst die Stellen ins Auge, an denen ሕግ allein begegnet, so zeigt sich, daß der Begriff zur Bezeichnung einer konkreten Vorschrift verwendet werden kann, häufig verbunden mit der Betonung ihrer ewigen Geltung, die durch ihre Fixierung auf den himmlischen Tafeln verbürgt ist (13,26; 15,25; 30,10; 32,10; 49,7; 50,1.13). Im Plural kann ሕግ in einem Atemzug mit den ebenfalls göttliche Willensäußerungen bezeichnenden Begriffen ሥርዐት, ትእዛዝ und ፍትሐት (24,11; 50,6) genannt werden, ohne daß das jeweilige Proprium der Begriffe klar umrissen wäre. Eine terminologische Austauschbarkeit zeigt auch die abwechselnde Verwendung von ሥርዐት und ሕግ zur Bezeichnung einer auf den himmlischen Tafeln fixierten Vorschrift mit ewiger Geltung.[80] Während hier zwischen ሕግ und ሥርዐት keine semantische Differenz erkennbar ist, zeigt sich an wenigen anderen Stellen ein Sprachgebrauch, der auf ein klarer umrissenes Torakonzept schließen läßt: So ist in 33,16 davon die Rede, daß Vorschrift (ሥርዐት), Gericht (ኵነኔ) und Gesetz (ሕግ) erst in den Tagen Moses vollständig offenbart wurden *als Gesetz* dieser Zeit mit ewiger Geltung (ከመ ሕግ ጊዜ በመዋዕሉ ወሕግ ዘለዓለም ለትውልድ ዘለዓለም). Hier begegnen offenkundig im Kontext desselben Verses zwei unterschiedliche Verwendungen des Begriffs ሕግ, deren zweite als konkrete Bezeichnung des mosaischen Gesetzes die erste einschließt.[81]

Vor dem Hintergrund des bisher herausgearbeiteten Bedeutungsspektrums, das dem Begriff ሕግ / תורה im Jubiläenbuch zukommt, ist auch ein Versuch zu unternehmen, die eigentümliche Rede von dem ‚ersten Gesetz‘ (2,24) bzw. dem ‚Buch des ersten Gesetzes‘ (6,22) zu erschließen. Nach der von STECK geäußerten Ansicht wird in der Wendung וזאת התעודה והתורה הראש[ו]נה[82] (2,24) auf das zuvor eingeführte Sabbatgebot Bezug genommen, das, bereits in der Schöpfung angelegt, faktisch das erste Gebot darstelle.[83] Das in Jub 6,22 genannte ‚Buch des ersten Gesetzes‘ (መጽሐፈ ሕግ ዘቀዳሚ), in dem die Vorschriften zum Wochenfest geschrieben stehen, bezeichne hingegen nicht, wie gelegentlich vertreten,[84] den Pentateuch, sondern aufgrund des engen Sachzusammenhangs mit dem Sabbat wahrscheinlich „analog 2,24 die Darstellung der Jub 2 errich-

---

80   Vgl. etwa Jub 13,26; 14,20; 15,5.14.25.28; 45,12; 49,8.22.

81   Unzutreffend ist dagegen die von TESTUZ, *Idées*, 102.118f., vertretene Deutung von Jub 33,16, wonach es sich bei Jub um das erst in Moses Tagen offenbarte ‚Gesetz‘ handelt. Sie verkennt, daß Jub sich selbst nicht als ‚Tora‘ versteht, sondern dem Bereich des ‚Zeugnisses‘ zugehört. Als solches reflektiert es gerade die Gabe der Tora, für deren Inhalt es, wie im folgenden zu zeigen ist, eine autoritative Leseanleitung geben will.

82   Vgl. 4Q216 VII 17; dagegen schließt ﬁﬂﬁ dieselbe Wendung durch ein Relativpronomen an die zuvor genannten Heiligen an; vgl. VANDERKAM, DJD 13, 22.

83   Vgl. STECK, *Zeugen* II, 74, Anm. 22.

84   Vgl. CHARLES, *Book of Jubilees*, 53; DAVENPORT, *Eschatology*, 11, Anm. 7; SCOTT, *On Earth*, 11; WERMAN, תורה, 78.

teten Ordnung"[85]. So sehr STECK darin zuzustimmen ist, daß das ‚erste Gesetz' nicht mit dem Pentateuch zu identifizieren und einem etwa mit Jub vorliegenden ‚zweiten Gesetz' gegenüberzustellen ist,[86] ist doch ein Bezug zum mosaischen Gesetz, das ja, wie sich in 33,16 zeigt, durchaus als דת in den Blick genommen werden kann, nicht vorschnell von der Hand zu weisen. Verfolgt man diese Spur weiter, so fällt auf, daß sowohl der Sabbat, auf den sich 2,24 bezieht, als auch das Wochenfest, nach 6,22 im ‚Buch des ersten Gesetzes' fixiert, gerade nicht aus allen Teilen des Pentateuch gleichermaßen, sondern speziell aus den Vorschriften der Bücher Ex und Lev abgeleitet sind.[87]

Es sollte daher erwogen werden, ob nicht mit dem in Jub 2,24; 6,22 genannten ‚ersten Gesetz' eine Beschreibung des ersten Teils der mosaischen Tora (Ex; Lev) intendiert ist, die dem Dtn als faktisch zweitem Gesetz gegenübergestellt wird.[88] Während die Bezeichnung des Sabbatgebotes als התעודה והתורה הראש[ו]נה (2,24) auch in Anschluß an Steck als Hervorhebung von dessen zentraler Rolle als erstem Gebot gelesen werden kann, ist das ‚Buch des ersten Gesetzes' (6,22) am adäquatesten als Teil des im Pentateuch fixierten mosaischen Gesetzes (33,16) erfaßt. Damit wäre ein weiterer Beleg für das sich abzeichnende Spektrum gefunden, in dem das Jubiläenbuch den Begriff דת / תורה als halachischen Terminus verwenden kann. Ein Beleg für den eingangs postulierten Sprachgebrauch im Sinne einer Bezeichnung des Pentateuchs steht jedoch noch aus, ist aber aus Jub 30,11f. zu erbringen.

Hier wird Mose im Anschluß an den Bericht von der Schändung Dinas beauftragt, den Israeliten zu *bezeugen* und sie zu ermahnen, ihre Töchter nur mit Volksgenossen zu vermählen (30,11), wozu in 30,12 begründend auf die biblische Darstellung des Vorfalls bei Sichem verwiesen

---

85 STECK, *Zeugen* II, 74, Anm. 22.

86 Gegen CHARLES, *Book of Jubilees*, 7; VANDERKAM, *Biblical Interpretation*, 117.

87 So wird die erste – und einzige ausführliche – Einführung des Sabbatgebotes (Ex 31,12-17) wie das entsprechende Gebot des Dekalogs (Ex 20,8-11) ganz im Sinne von Jub 2 durch Verweis auf die Schöpfungswoche begründet, wogegen in Dtn 5,12-15 der Exodus angeführt wird; das in Jub 6,21 entwickelte Verständnis des Wochenfestes als Fest des Bundes und der Erstlinge steht ebenfalls Lev 23,15-22 näher als der Parallele in Dtn 16,9-12, da nur hier (Lev 23,17) der Aspekt der Erstlinge expliziert ist. Sowohl Sabbat (Ex 20; 31) als auch Wochenfest (Lev 23) entsprechen in ihrer heptadischen Struktur den chronologischen Makroeinheiten Jahrwoche und Jubiläum, die ebenfalls in Lev (Kap. 25) biblisch begründet werden, d.h. auch hinsichtlich der Chronologie bestätigt sich, daß das Jubiläenbuch eine enge Verbindung zwischen Ex und Lev voraussetzt; vgl. SCOTT, *On Earth*, 11f., Anm. 23: „[C]hronologically, Leviticus 25-26, which is so fundamental to the overall conception of time in *Jubilees*, belongs together with the Decalogue and Book of the Covenant".

88 Vgl. auch die von TESTUZ, *Idées*, 102, geäußerte Vermutung zum ‚ersten Gesetz': „Désigne-t-il le Pentateuque entier, ou seulement une portion de cet ouvrage; il n'est pas possible de le dire."

wird: ‚Deshalb habe ich dir in den Worten der Tora alles niedergeschrieben, was die Sichemiten Dina antaten' (በእንተዝ ጸሐፍኩ ለከ ውስተ ቃለ ሕግ ኵሎ ግበሮሙ ለሰቂ፞ም ዘገብሩ ላዕለ ዲና). Inhalt der ‚Worte der Tora' sind hier offensichtlich keine halachischen Bestimmungen, sondern ganz konkret die narrative Passage Gen 34, deren für Jub entscheidende Aussage (V. 14) im direkten Anschluß an die oben zitierte Passage wörtlich aufgegriffen wird.[89] Jub 30,12 ist daher der entscheidende Beleg dafür, daß sich das Jubiläenbuch mit dem Begriff ‚Tora' (ሕግ) nicht nur auf die halachischen, sondern auch auf die narrativen Passagen des Pentateuchs bezieht, ja wahrscheinlich die gesamte Größe der fünf Bücher Moses in den Blick nehmen kann.[90] Die Stelle bestätigt überdies die eingangs getroffene Unterscheidung von ‚Tora' und ‚Zeugnis': Die halachischen Konsequenzen der Schändung Dinas, die biblisch gerade nicht expliziert werden, fallen in den Bereich des von Mose zu leistenden Zeugnisses, das faktisch mit Jub 30,11 vorliegt. Sie werden aber durch das Zitat von Gen 34,14 auch in der Tora verankert und gelten dem Jubiläenbuch in dem dort notierten Beschluß der Brüder Dinas bereits angelegt.

Es zeichnet sich somit im Jubiläenbuch eine Vielzahl von Verwendungsmöglichkeiten des Begriffs ሕግ / תורה ab, der, angefangen bei konkreten Einzelvorschriften über das mosaische Gesetz bis hin zum Pentateuch, verschiedenste Größen bezeichnen kann – die jeweils gültige Bedeutung ist dabei immer nur aus dem Kontext zu erheben. Blickt man unter diesem Vorzeichen auf Jub 1,4.29, so erscheint es in Anbetracht der Rede von ‚Tora' und ‚Zeugnis' angebracht, davon auszugehen, daß hier ein umfassendes Phänomen dargestellt wird. Nach den vorangehenden Ausführungen ergibt sich zudem, daß dabei, gegen STECK, nicht die Gegenüberstellung von „*Ordnungswissen*" und „*Vorgangswissen*"[91] intendiert ist, sondern zum mindesten eine Zuordnung von mosaischem Gesetz und

---

89 Die Abweichung vom biblischen Text (‚unsere Tochter' statt ‚unsere Schwester'; vgl. VANDERKAM, *Book of Jubilees* II, 195) ist auf die Intention des Jubiläenbuches zurückzuführen, in Gen 34 eine Vorschrift für ganz Israel als Nachkommen Jakobs zu verankern.

90 So DAVENPORT, *Eschatology*, 11, Anm. 7; ähnlich WERMAN, תורה, 78. Nach SCOTT, *On Earth*, 11, und VANDERKAM, *Biblical Interpretation*, 117, ist hier speziell an die Bücher Gen und Ex zu denken. Da Jub 6,22 offensichtlich das ‚Buch des ersten Gesetzes' als Teil des Pentateuchs kennt, bleibt allerdings unklar, warum ausgerechnet die Bücher Gen und Ex in Jub 30,12 pauschal als ‚Tora' bezeichnet worden sein sollten. Ein Bezug auf den gesamten Pentateuch erscheint demgegenüber zwangloser. Zu frühen Bezeichnungen des Pentateuch als תורה bzw. νόμος, so etwa im Sirachprolog (1.8f.24) sowie möglicherweise in CD V 2 (ספר התורה); VII 15 (ספרי התורה), vgl. auch LÓPEZ, Art. תורה, 635-637, sowie grundlegend HENGEL, *Schriftauslegung*, 35-43.51-61.

91 STECK, *Zeugen* I, 457; eine ähnlich Unterscheidung findet sich auch bei WERMAN, תורה, 85, hier allerdings im Zusammenhang mit der unzutreffenden Deutung von תורה ותעודה und התורה והמצוה als miteinander korrespondierender Begriffspaare; vgl. die folgende Anmerkung.

weiteren Offenbarungstexten vorgenommen wird. Bezieht man zusätzlich
den Inhalt der Aussagen in 1,4.29 auf das Buchkorpus, so legt sich eine
noch nähere Eingrenzung des Torabegriffs nahe: Die programmatische
Vorgabe, Mose erhalte Einblick in die Einteilungen der Zeiten *der ‚Tora'*
und des ‚Zeugnisses' (1,4: מחלקות העתים לתורה ולתעודה), wird in Jub 2-50
ausgeführt, insofern hier genau der Zeitrahmen zwischen der Schöpfung,
zugleich Erschaffung von תורה und תעודה (1,29), und der Gabe der
Sinaitora mit Vorausblick auf die Landnahme nach den 40 Wüstenjahren
(50,4) dargestellt ist, den auch der Pentateuch umfaßt.[92]

Im Blick auf das Buchganze ist daher davon auszugehen, daß in Jub
1,4.29 mit ‚Tora' und ‚Zeugnis' konkret der Pentateuch und die diesen
ergänzenden Offenbarungsschriften bezeichnet werden,[93] denen gegenüber sich das Jubiläenbuch, selbst תעודה, hier als autoritative Leseanleitung positioniert.[94] Daß es in dieser Funktion die Tora nicht ersetzen und
nicht mit ihr identifiziert werden will,[95] zeigt nicht zuletzt der Erzählrahmen, den es sich in Relation zum biblischen Bericht selbst gibt: Während
Jub 1,1-4* Ex 24,12-18 aufnehmen, wird in Jub 2; 50 über die den Rahmen dominierende Sabbatparänese perspektivisch die Einführung des
Sabbatgebotes in Ex 31,12-17 eingeholt. Damit wird das Jubiläenbuch

---

92 Diese Interpretation ist vagen paraphrastischen Deutungen der Wendung מחלקות העתים
    לתורה ולתעודה eindeutig überlegen; gegen KISTER, על שני מטבעות לשון, 297, der hier eine
    Bezeichnung der „חלקות העת לפי תורת השמים" findet. Als unzutreffend ist auch die zuerst
    von WACHOLDER, *Jubilees*, 209, vertretene Ansicht zurückzuweisen, Jub präsentiere sich in
    1,4 selbst als „Torah-Admonition" gegenüber dem biblischen „Torah-Commandment"
    (1,1). Dies ist bereits deshalb abwegig, weil von תורה ותעודה und nicht, wie WACHOLDER
    vorgibt, von תורה תעודה die Rede ist. Völlig unverständlich bleibt daher, wie WERMAN,
    תורה, 82, *ohne* die Kopula zu unterdrücken, weiterhin der Argumentation WACHOLDERs
    folgen, ja diese noch ausbauen kann: „[T]he phrase תורה ותעודה itself designates the march
    of history", deren Einteilungen Jub vermittle. Diese Interpretation beruht auf einer ge-
    zwungenen Deutung der Begriffsverbindung תורה ותעודה, die nicht aufrechtzuerhalten ist.
    Folgt man der Satzlogik, führt kein Weg an der hier vertretenen Auslegung vorbei, wonach
    in Jub 1,4 die in Kap. 2-50 folgende Geschichtsschau gegenüber ‚Tora und Zeugnis' posi-
    tioniert wird. Die in Jub 1,1 aus Ex 24,12 übernommene Wendung התורה והמצוה ist daher
    nicht auf einer begrifflichen Ebene mit תורה ותעודה (1,4) zu sehen, sondern fällt vollstän-
    dig unter den in 1,4 gebrauchten Torabegriff, der hier den Pentateuch bezeichnet: Mose
    steigt gemäß Ex 24 auf den Sinai, wo er die Tora empfängt (1,1) und zudem die mit dem
    Jubiläenbuch vorliegende Geschichtsoffenbarung vermittelt bekommt, die dieser Tora wie
    dem außerbiblischen Zeugnis als Leseanleitung vorgeordnet ist (1,4).
93 Da ‚Tora und Zeugnis' in Jes 8,16.20 als komplementäres Begriffspaar begegnen, ließ sich
    die in Jub 1,4.29 vorgenommene Zuordnung zugleich biblisch rückbinden; vgl. hierzu
    grundsätzlich STECK, *Zeugen* I, 459.464f.; VANDERKAM, *Studies on the Prologue*, 269f.;
    WERMAN, תורה, 83.
94 Ebenso NAJMAN, *Seconding Sinai*, 44: Ziel von Jub sei es „not to replace, but rather to
    accompany traditions already regarded as authoritative, and thus to provide those traditions
    with their proper interpretive context."
95 Daß es Jub nicht darum geht, die Bibel zu ersetzen, betont bereits DILLMANN, *Buch der
    Jubiläen* II, 75; vgl. auch NAJMAN, *Seconding Sinai*, 43-50; gegen WACHOLDER, *Jubilees*, 209.

selbst zur inhaltlichen Klammer zwischen der an Mose ergehenden Aufforderung, auf den Sinai zu steigen (Ex 24,12), und der Übergabe der
Tafeln (Ex 31,18). Die Sabbatparänese in 50,6-13 leitet über Ex 31,12-17
direkt auf dieses Ereignis hin und ermöglicht einen nahtlosen Leseanan-
schluß in der Tora, deren Gabe (Ex 31,18) wie ihre Vorgaben nun unter
dem hermeneutischen Vorzeichen des Jubiläenbuches stehen. Ebenfalls
vermittelt über die Sabbatthematik, greift der Text bis zur Schöpfungswoche zurück, integriert so die gesamte Genesis in den Rahmen der Geschichtsschau und bringt auch sie als Teil der Mose am Sinai offenbarten
Tora in den Blick.[96]

3.2. Zentrale Themen

Das in Jub 1,4.29 vorgegebene Programm einer autoritativen Leseanleitung für Tora und Zeugnis findet seine Umsetzung im Buchkorpus (Jub 2-
50). Orientiert an der Sequenz des biblischen Textes integriert das Jubiläenbuch die Kundgabe des göttlichen Willens in die Darstellung des von
Gott geordneten Geschichtslaufes zwischen Schöpfung und Landnahme.
Das Konzept der himmlischen Tafeln,[97] auf denen Tora und Zeugnis seit
der Schöpfung verzeichnet sind (1,29; vgl. 2,24), ermöglicht es, die Befolgung zentraler halachischer Bestimmungen[98] bereits in den Tagen der
Erzväter zu verankern,[99] und verbürgt zugleich deren ewige Geltung. Eine
entscheidende Rolle kommt hierbei dem Hebräischen zu, das bereits die
Sprache der Schöpfung darstellt, die als Schriftsprache auch den Büchern
der Patriarchen zugrunde liegt (12,25-27). Das Moment der Sprachlichkeit
verbindet das Schöpferwort und den Ausdruck des Schöpferwillens in den
Vorschriften der Halacha, welche sich an der „verborgenen [hebräischen]
Textur" orientieren, die allem Geschaffenen innewohnt.[100]
    Das Jubiläenbuch schafft durch das Konzept einer sukzessiven
geschichtlichen Offenbarung des auf den himmlischen Tafeln verzeich-

---

96   Vgl. BERGER, *Buch der Jubiläen*, 279; VANDERKAM, *Genesis 1*, 303f. Daß die Genesis für Jub
     in den Bereich der Mose offenbarten Tora fällt, konnte bereits bezüglich Jub 30,12 gezeigt
     werden.

97   Zu den Funktionen der himmlischen Tafeln vgl. GARCÍA MARTÍNEZ, *Heavenly Tablets*, 243-
     259.

98   Grundlegend für die Erschließung der Halacha des Jubiläenbuches ist die 1930 von
     ALBECK, *Buch der Jubiläen*, 3-37, vorgelegte Untersuchung.

99   Als wesentliches gestalterisches Mittel fungieren in diesem Zusammenhang die Vermächt-
     nisreden der Patriarchen, deren halachische Inhalte, wie LAMBERT, *Last Testaments*, 82-107,
     gezeigt hat, in engem Bezug zur jeweiligen biographischen Situation zu sehen sind.

100   MÜLLER, *Hebräische Sprache*, 171. Das hieraus resultierende Korrespondenzverhältnis zwi-
     schen den Vorschriften der himmlischen Tafeln und der Patriarchen betont auch EGO,
     Heilige Zeit, 209.

neten göttlichen Willens eine Synthese von Vätergeschichten und Sinaitora, die gerade in ihrer Voraussetzung einer vorisraelitischen Observanz
wesentlicher Vorschriften doch ganz auf die zentrale Rolle Israels abzielt.
Nicht nur wird die Gesamtzahl aller Gebote erst am Sinai offenbart
(33,16) und die Observanz von Sabbat- und Jobeljahr an Israels Inbesitznahme des verheißenen Landes gebunden (50,2), die Erwählung Israels ist
in untrennbarer Bezogenheit auf das zentrale Sabbatgebot bereits in der
Schöpfung verankert: Dessen ewige Gültigkeit im Himmel und auf Erden
ist nicht nur der Schöpfung mit hebräischen Lettern eingeschrieben, sondern im Schöpfungshandeln Gottes selbst begründet, der am sechsten Tag
alle Werke vollendet (Jub 2,16f.). Dieser Aspekt, in Jub 2 durch Verknüpfung von Gen 1 und Ex 31,12-17 festgeschrieben,[101] unterscheidet es von
allen anderen Geboten und bietet zugleich den Anknüpfungspunkt für das
besondere Gottesverhältnis Israels, dessen Erwählung zur Heiligung des
Sabbats ebenfalls am Schöpfungssabbat von Gott verkündet wird (2,19-
21.31).[102] Mit der Stiftung des Sabbats und der Erwählung Israels ist in der
Schöpfung bereits das Ziel der folgenden Geschichtsschau angelegt,[103]
was im Text auch numerisch seinen expliziten Niederschlag gefunden hat:
Die Erschaffung des Sabbats nach 22 Werken (Jub 2,23) findet ihre exakte
Entsprechung im Auftreten Jakobs nach 22 Generationen.[104]

Ist die Erwählung Israels bereits in der Schöpfung verankert, so kann
die Hervorhebung der Tatsache, daß zentrale göttliche Vorschriften bereits von den Erzvätern observiert wurden, nicht die Zentralstellung des
Gottesvolkes untergraben. Sie soll diese im Gegenteil gerade betonen, insofern die für Israel konstitutive und im Bundesschluß besiegelte Befol-

---

101 Vgl. STECK, *Aufnahme*, 156-172; VANDERKAM, *Genesis 1*, 305f. Ein ausführlicher sprach-
     licher Vergleich zwischen Jub 2 und Ex 31 findet sich bei VAN RUITEN, *Primaeval History*,
     52-57.

102 Vgl. DOERING, *Concept*, 187: „*Israel's identity and its sabbath observance are unseparably connected
     by the fact that both are founded in the first sabbath.*" Durch exklusive Verbindung mit Israel
     wird die Schöpfungsordnung des Sabbats gegen universalistische Deutungsmöglichkeiten
     immun gemacht, wie sie später etwa von Philo oder Josephus vertreten werden, die im Ge-
     gensatz zu Jub gerade bemüht sind, im Hintergrund der jüdischen Sabbatobservanz eine
     gemeinmenschliche Ordnung aufzuweisen; vgl. DOERING, a.a.O., 190.

103 Diese wird Mose nach Jub 1,3 selbst an einem Sabbat offenbart!

104 Vgl. SCOTT, *On Earth*, 169; STECK, *Aufnahme*, 165; VANDERKAM, *Genesis 1*, 318; VAN
     RUITEN, *Primaeval History*, 49. Die Spuren derselben Zahlensymbolik lassen sich mit
     TESTUZ, *Idées*, 73, noch weiter verfolgen: So ist Jakob nicht nur der siebte Patriarch, dem
     ein besonderer göttlicher Gunsterweis zuteil wird, seine Umbenennung in Israel und die
     damit verbundene Offenbarung der großen Zukunft seiner Nachkommen erfolgt zudem
     am 22. Tag des siebten Monats (32,16ff.; vgl. 31,3). Damit wurde ein Bezug zum Schöp-
     fungssabbat selbst in der Datierung dieses Ursprungsereignisses des Gottesvolkes veran-
     kert. Die Parallele zu den 22 alttestamentlichen Büchern sowie den 22 Lettern des Alpha-
     bets wird hingegen erst von den griechischsprachigen Rezipienten des Textes expliziert;
     vgl. MILIK, *Recherches*, 549f.

gung des göttlichen Willens als Zielpunkt eines Offenbarungsgeschehens in den Blick kommt, das sich über die Erzväter bis zur Schöpfung zurückverfolgen läßt.[105] VANDERKAM sieht hier zu Recht eine Stoßrichtung gegen Tendenzen der Verfasserzeit, die im Bund als Aussonderung und Verpflichtung gleichermaßen bestehende Identität des jüdischen Volkes durch Verleugnung der Bundesvorschriften zusehends aufzuweichen und der Übernahme hellenistischer Ideale zu opfern.[106] Er vermutet im Anschluß an BICKERMANN und HENGEL,[107] daß Kreise des Judentums den in ihren Augen mit der Gabe der Tora begründeten jüdischen Partikularismus durch Verweis auf eine „primal time of unity with the nations"[108] auszuhebeln suchten (vgl. 1 Makk 1,11). Demgegenüber stelle das Jubiläenbuch klar, daß es eine solche Zeit nie gegeben habe, sondern Israels Erwählung wie die in Teilen bereits von den Erzvätern observierten Gebote in der Schöpfung selbst verankert seien.[109]

Die deutliche antihellenistische Stoßrichtung des Jubiläenbuches, positiv gefaßt als Versuch zur Identitätssicherung Israels, findet ihren Niederschlag in der konkreten Gestaltung einzelner Bestimmungen, die auf Praktiken der Verfasserzeit hin transparent werden. Hier sind etwa Vorschriften über Ehe und Beschneidung zu nennen, die, polemisch gewendet gegen zeitgenössische Praktiken der Mischehe (30,11-17) und Vermeidung bzw. chirurgischen Aufhebung der Beschneidung (15,11-14.33f.), unter schärfsten Strafandrohungen das im göttlichen Gebot festgeschriebene Bekenntnis zur Einzigartigkeit Israels einfordern. Dieselbe Frontlinie ist auch hinter der scharfen Polemik gegen öffentliche Nacktheit erkennbar (Jub 3,30f.) – Leibesertüchtigung im hellenistischen Gymnasion, die in den Augen der Verfasser durch Aufweichung des göttlichen Gebotes die Identität Israels gefährden mußte. Nicht minder zentral als die genannten Vorschriften, mit denen eine Abgrenzung nach außen vorgenommen wird, sind solche Bestimmungen, die, ebenfalls im besonderen Erwählungsbewußtsein des Gottesvolkes gründend, nach innen gerichtet sind und im Kern Fragen der rechten Gottesverehrung betreffen. Demzufolge liegt ein zentrales Augenmerk auf Bestimmungen, die direkt oder indirekt mit dem Kultus verbunden sind: Zu nennen sind hier etwa Opfervorschriften (21,5-15), Fragen kultischer Reinheit (21,16-18), die Gabe des

---

105 Die Verbindung von Offenbarungswissen und Bundesschluß findet sich bereits bei Noah (Jub 6,10; 10,13) und Abraham (Jub 11,16; 12,25-27; 14,18.20; 15,4.9.11-14.19.21).
106 Vgl. VANDERKAM, *Origins*, 20-22.
107 Vgl. BICKERMANN, *Gott der Makkabäer*, 126-133; HENGEL, *Judentum*, 486-564.
108 VANDERKAM, *Genesis 1*, 321.
109 Vgl. TESTUZ, *Idées*, 117f.

Priesterzehnten (32,9-15) und der Erstlinge (7,36f.) sowie die ordnungsgemäße Begehung der jährlichen Feste.[110]

Daß mit dem Jubiläenbuch eine Programmschrift priesterlicher Kreise vorliegt, zeigt nicht nur die starke Gewichtung der Kultgesetzgebung, sondern auch das in Jub 30-32 in der Person Levis verankerte Priesterideal.[111] Levi und seine Nachkommen sind zum ewigen Priesteramt erwählt (30,18), eine Zentralstellung, der auch durch den besonderen Segen Isaaks (31,12-17) Ausdruck verliehen wird. Sie dienen Gott im Tempel wie die Engel im Himmel (Jub 31,14; vgl. 6,18) und gewährleisten so die exakte Synchronität des irdischen mit dem himmlischen Kultus, auf die Israels Erwählung abzielt (2,18).[112] Das Jubiläenbuch sieht die Aufgaben der Priester jedoch nicht auf den kultischen Bereich beschränkt, sondern propagiert faktisch eine Hierokratie, in der die Nachkommen Levis zu Herrschern und Richtern ganz Israels avancieren (31,15). Ebenfalls in den priesterlichen Aufgabenbereich fällt schließlich die Tradierung und Aktualisierung der in den Tagen der Vorväter verfaßten Schriften (45,16): Levi wird zum Tradenten einer Überlieferung, die in den Tagen Henochs ansetzt (Jub 4,17-21) und über Abraham (11,16; 12,25-27) bis in seine Gegenwart reicht,[113] um sodann unter priesterlicher Obhut weitergetragen zu werden. Die so etablierte Traditionskette gründet im Zeugnis der himmlischen Tafeln und reicht bis zu den priesterlichen Kreisen, denen der Verfasser des Jubiläenbuches zugehört, ein Sachverhalt, der das Jubiläenbuch als Bestandteil desselben Überlieferungskontinuums kennzeichnet.

Eng verbunden mit der bereits erwähnten Akzentsetzung auf der Kultgesetzgebung ist die vom Jubiläenbuch bezogene Position in der Ka-

---

110 Die theologische Zentralstellung des Bundesgedankens bringt es mit sich, daß im Fall des Wochenfestes ein ehemaliges Erntefest (Lev 23,15-22) den zusätzlichen Aspekt der Bundeserneuerung erhält (Jub 6,10f.16-21); vgl. EISS, *Wochenfest*, 170-176; GLEßMER, *Calendars*, 270.

111 Vgl. auch die analoge Darstellung Levis in ArLev, die, wie KUGLER, *From Patriarch to Priest*, 146-155.222, gezeigt hat, für die Verwendung derselben Quelle spricht; s.u., *VI. 1.*

112 Vgl. DOERING, *Concept*, 187f. Daß der himmlischen Sphäre auch in anderer Hinsicht zentrale Bedeutung zukommt, zeigt bereits das Konzept der himmlischen Tafeln, auf denen nicht nur Weltordnung und Halacha verzeichnet sind, sondern überdies auch die Taten aller Menschen für das Endgericht festgehalten werden (5,13f.). Die enge Beziehung zwischen Himmel und Erde findet schließlich auch geschichtlichen Niederschlag: Daß himmlische Wesen auch das irdische Geschick beeinflussen, zeigt die modifizierte Aufnahme des Wächtermythos (1 Hen 6-16) in Jub 4 (vgl. VANDERKAM, *Enoch Traditions*, 244f.) sowie das Wirken Mastemas und seiner Agenten (10,3-11; 48,15-19), die jedoch nie der göttlichen Kontrolle entzogen sind; zur Sphäre der Engel vgl. auch den grundlegenden Überblick bei TESTUZ, *Idées*, 75-86.

113 Als weitere Stationen des Überlieferungsprozesses werden Noah und sein Sohn Sem (10,13f.) sowie Jakob (32,26) und Joseph (39,6) benannt.

lenderfrage:[114] Welcher Kalender verwendet wird, stellt *die* zentrale Frage
dar, wenn es um die sakrale Struktur des Jahres geht, und nach Ansicht
der hinter dem Buch stehenden Verfasserkreise ist einzig der am Sonnenlauf orientierte Kalender geeignet, das Funktionieren des irdischen Kultus
und seine Übereinstimmung mit dem Gottesdienst der Engel zu gewährleisten. Das in Jub 6,29-32 entwickelte Modell geht daher von einem
solaren Kalender aus, nach dem der Jahreslauf in 52 Wochen oder 364
Tage eingeteilt ist.[115] Dies gewährleistet gegenüber einem am Mondlauf
orientierten System, gegen das in 6,33-38 polemisiert wird, daß in jedem
Jahr Sabbate und Feste auf exakt denselben Tag fallen, wogegen eine
Observanz lunarer Aspekte unweigerlich Verschiebungen zur Folge hat,
was zur kultisch katastrophalen Überlappung heiliger und profaner Tage
führt und damit das zentrale Gebot der Sabbatheiligung untergräbt.[116] Der
am Sonnenlauf orientierte Kalender wird dagegen als das einzige System
dargestellt, welches eine der von Gott mit der Sieben-Tage-Woche gesetzten Schöpfungsordnung (Jub 2; 50) adäquate Einteilung auch des Jahreslaufes gewährleistet. Es geht also letztendlich um die Rückbindung eines
idealen Zahlensystems an die astronomischen Realitäten, im Fall des
Jubiläenbuches allein an den Lauf der Sonne (vgl. Jub 2,9).[117]

---

114 Eine grundlegende Untersuchung bietet JAUBERT, *Le calendrier des jubilés et de la secte de
     Qumran*, 250-264; DIES., *Le calendrier des jubilés et les jours liturgiques*, 35-61.
115 Vom astronomischen Standpunkt lassen sich drei Arten von Kalendern unterscheiden:
     Sonnenkalender, Mondkalender und Lunisolarkalender. Dabei ist die vorherrschende An-
     sicht irreführend, der 364-Tage-Kalender sei *per se* ein reiner Sonnenkalender, da die Mehr-
     zahl der kalendarischen Qumrantexte wie auch die einschlägigen Passagen des astronomi-
     schen Henochbuches (1 Hen 72-82) komplizierte Synchronisierungen mit dem Mondlauf
     bezeugen; vgl. die Darstellung bei GLEßMER, *Calendars*, 233-268. Allein Jub vertritt in sei-
     ner scharfen Zurückweisung jeglicher Beobachtung des Mondes einen reinen Sonnenkalen-
     der; vgl. ALBANI, *364-Tage-Kalender*, 98-103; GLEßMER, a.a.O., 231.
116 Der Zentralstellung des Sabbats korrespondiert auf astronomischer Ebene die alleinige
     Observanz der Sonne (Jub 2,1.9); vgl. DOERING, *Concept*, 192.194.
117 Der ideale Charakter dieses Kalenders zeigt sich nicht zuletzt an der Interkalationsproble-
     matik, die daraus resultiert, daß das tropische Sonnenjahr mit 365,25 Tagen 1,25 Tage
     länger ist als der ideale Solarzyklus von 364 Tagen. Mit den Worten ALBANIs, *364-Tage-
     Kalender*, 101: Es handelt „sich gewissermaßen um ein [sic!] ideale kalendarische Gegenwelt
     zur kalendarischen Wirklichkeit mit ihren komplizierten Näherungsrechnungen." In der
     Praxis ergibt sich ohne Interkalation zwingend ein ‚Wandeljahrmodell': Der Jahresanfang
     und alle Festtermine beginnen sich rückwärts durch die Jahreszeiten zu verschieben und
     erreichen erst nach 294 Jahren wieder ihre Ausgangsposition (vgl. ALBANI, a.a.O., 104f.).
     Dieses Phänomen steht jedoch in diametralem Gegensatz zum Interesse des Jubiläenbu-
     ches an einer genauen jahreszeitlichen Fixierung der Feste und ist daher mit seinem kalen-
     darischen System unvereinbar (so auch GLEßMER, *Calendars*, 238). Ob und wie die Verfas-
     serkreise des Jubiläenbuches ihren idealen Kalender praxistauglich machten, läßt sich aller-
     dings nicht bestimmen. Für eine weitere Diskussion der Interkalationsproblematik sowie
     von Ursprung und Entwicklung des in mehreren Variationen überlieferten 364-Tage-
     Kalenders vgl. ALBANI, a.a.O., 103-122. Auf die im Rahmen dieser Arbeit relevanten ka-
     lendarischen Qumrantexte wird unter *V. 10.* eingegangen.

Der dargestellte zentrale Stellenwert, den der solar begründete 364-Tage-Kalender im Jubiläenbuch einnimmt, bietet einen passenden Anknüpfungspunkt für die folgende Beschäftigung mit der Chronologie des Textes. Der Kalender bildet den idealisierten astronomischen Hintergrund für den Nachweis einer gottgesetzten heptadischen Zeitordnung, die nach dem Modell der Sieben-Tage-Woche nicht nur das einzelne Jahr, sondern auch die geschichtlichen Sequenzen strukturiert.[118]

3.3. Die Chronologie des Grundentwurfs

3.3.1. Grundlagen und theologische Signifikanz des heptadischen Systems

Das Jubiläenbuch entfaltet in Kap. 2-50 getreu der Vorgaben von Jub 1,4*.29* eine konsequent heptadisch strukturierte Geschichtsschau von der Schöpfung bis zum Eintritt Israels in das verheißene Land, der nach Jub 50,4 aus der Perspektive Moses noch 40 Jahre in der Zukunft liegt. Es bedient sich dazu, wie bereits im Prolog angekündigt, der chronologischen Makroeinheiten Jahrwoche (heb. שבוע / äth. ሱባዔ) und Jubiläum (heb. יובל / äth. ኢዮቤል und Derivate), die ein vollständig in sich geschlossenes System aufspannen, in dem sich alle Ereignisse durch Angabe von Jubiläum, Jahrwoche und Jahr präzise verorten lassen:[119] So wird, um ein Beispiel anzuführen, der Tod Jakobs in Jub 45,13 in das vierte Jahr der fünften Jahrwoche des 45. Jubiläums datiert.[120] Zugleich sind mit diesem Grundgerüst absolute Jahresangaben verbunden, die meist aus der biblischen Tradition übernommen, in manchen Fällen aber auch errechnet wurden. Letzteres gilt etwa für die ebenfalls in Jub 45,13 bezeugte Notiz, Jakob habe bis zu seinem Tod 17 Jahre in Ägypten gewohnt.

Daß sich das Jubiläenbuch nicht auf heptadisch strukturierte Angaben beschränkt, sondern bisweilen auch die Dauer bestimmter Ereignisse in Jahren angibt, hat den positiven Nebeneffekt, daß – neben den Jahrwo-

---

118 Zur Verbindung von Kalender und Chronologie vgl. auch GLEßMER, *Calendars*, 237.

119 Bei der Angabe der Länge eines Zeitraumes in Jahrwochen zeichnet sich die Tendenz ab, den Begriff שבוע / ሱባዔ durch den Zusatz שנים / ዓም·ት näher zu bestimmen (vgl. Jub 4,7; 6,8; 11,16; 12,16; 19,2.12; 23,8; 24,12; 25,4; 36,18 [שבועי שנים; in 4Q223-224 Unit 2 III 11]; 46,1 [שנים; in 2Q20 Fr. 1 1]; 47,10), wohl um die hier, im Gegensatz zur Datierungsfolge Jubiläum/Jahrwoche/Jahr, im Hebräischen (nicht im Äthiopischen!) auftretende Möglichkeit auszuschließen, es könne sich um Wochen von sieben Tagen handeln. Letztere werden lediglich in 3,11; 6,30 durch den Zusatz ימים / ዕለታት näher spezifiziert.

120 Aufgrund der besseren Darstellbarkeit werden die Datierungen des Textes im folgenden nach dem Schema ,Jubiläum/Jahrwoche/Jahr', im gewählten Beispiel also 45/5/4, wiedergegeben.

chen als Einheiten von je sieben Jahren – auch die Länge der Jubiläen eindeutig bestimmt werden kann. Anders als im Fall von Lev 25 wird im Jubiläenbuch mit dem Begriff יובל nicht das 50. Jahr, sondern der Zeitraum von 49 Jahren bezeichnet,[121] wie sich etwa an Jub 4,29 oder 45,13 eindeutig demonstrieren läßt.[122] Dennoch bildet Lev 25 den zentralen Hintergrund der Chronologie des Jubiläenbuches, in der gegenüber der biblischen Vorlage lediglich der Maßstab verschoben ist: Entscheidend ist nicht mehr das 50. Jahr, sondern das 50. Jubiläum, das den Rahmen für Exodus und Sinaigeschehen vorgibt und zum Zentralereignis der Landnahme hinführt.[123] Der gewählte Gesamtzeitrahmen der Geschichtsschau ist daher wesenhaft durch das heptadische System bedingt: Dieses bildet kein austauschbares Mittel zur chronologischen Gliederung, sondern ist selbst integraler Bestandteil eines Konzeptes von Geschichte, das diese als durchgängig in Konformität mit der göttlichen Schöpfungsordnung strukturiert wahrnimmt.[124]

Da die höheren chronologischen Einheiten der Jahrwoche und des Jubiläums vermittelt über den 364-Tage-Kalender bruchlos auf die im Sabbat kulminierende Sieben-Tage-Woche rückführbar sind, präsentiert sich das gesamte chronologische System als konsequente Ausgestaltung der von Gott in der Schöpfungswoche etablierten zeitlichen Grundordnung.[125] Dabei ist über den Kalender ein direkter Anknüpfungspunkt für die kultische Praxis der Verfasserkreise gegeben, die sich perfekt mit der zumeist auf den Tag genau datierten Praxis der Patriarchen synchronisieren läßt, da das ‚Wandern‘ eines Datums im Jahreslauf ausgeschlossen werden kann.[126] Trotz seiner praktischen Dimension gilt es jedoch, den Kalender nicht auf diese zu verengen oder das Jubiläenbuch gar auf die Propagierung eines bestimmten kalendarischen Modells zu beschrän-

---

121 Vgl. DILLMANN, *Buch der Jubiläen* II, 73; TESTUZ, *Idées*, 138; VANDERKAM, *Konzept*, 82; WIESENBERG, *Jubilee*, 6.

122 Nach Jub 4,29 stirbt Adam mit 930 Jahren, was sich nur dann mit der Angabe des Todesjahres (19/7/6) deckt, wenn man als Dauer eines Jubiläums 49 Jahre zugrunde legt. Dasselbe gilt für das Lebensalter Jakobs von 147 Jahren oder drei Jubiläen; vgl. Jub 45,13.

123 S.u., *3.3.3.*

124 Wie das 50. Jubiläum vor dem Hintergrund von Lev 25 als Zielpunkt der Geschichtsschau definiert ist, verdankt sich auch deren Binnengliederung mittels Jahrwochen und Jubiläen der chronologischen Adaption der biblischen Bestimmungen zu Sabbat- und Jobeljahr. Wie das 50. Jubiläum im großen, markiert dabei im kleinen bereits das Ende jeder Jahrwoche eine systembedingte Zäsur, die gestalterisch durch die Verlegung zentraler Ereignisse auf ein entsprechendes Jahr genutzt werden kann; s.u., *3.3.2.*

125 Vgl. DOERING, *Concept*, 181; SCOTT, *On Earth*, 82.

126 Wenn also Jakob am 15. Tag des dritten Monats das Wochenfest begeht (Jub 44,1-5), ergibt sich aufgrund des zugrunde gelegten Kalenders, daß auch Israel, das dieses Fest zur Bundeserneuerung jährlich feiern soll, dieses an genau der Stelle im Jahreslauf tut, an der es seit den Tagen Noahs auf Erden gefeiert wird (Jub 6,17-22; 15,1; 16,13; 22,1; 29,7); vgl. EISS, *Wochenfest*, 165-176.

ken.[127] Der 364-Tage-Kalender ist nur eine von vielen Vorschriften, deren Befolgung das Jubiläenbuch anmahnt, bietet aber als solche zugleich einen wichtigen Bestandteil der Chronologie, insofern er Tages- und Jahresebene miteinander verbindet. Gerade in dieser Doppelfunktion ist er charakteristisch für das Jubiläenbuch als ganzes, das Geschichte und Halacha als Einheit wahrnimmt.[128]

Diese Wahrnehmung, die das Wesen des Jubiläenbuches ausmacht, ist in der Darstellung des Schöpfungssabbats begründet: In ihm ist nicht nur der Keim angelegt, aus dem die gesamte Geschichtsschau inhaltlich wie strukturell erwächst, er begründet darüber hinaus auch die im Jubiläenbuch vorliegende Synthese aus Geschichtsdarstellung und Halacha, insofern geheiligte Zeit und Heiligung der Zeit in ihm zusammenfallen: Unaufgebbarer Bestandteil der Geschichte Israels auf dem Weg mit Gott ist die Befolgung des göttlichen Willens. Insofern die Erwählung Israels am Schöpfungssabbat im Zentrum auf die Heiligung des Sabbats im verheißenen Land abzielt, demonstriert die strukturell aus dem Sabbat erwachsende Chronologie die konsequente geschichtliche Verwirklichung der bereits in der Schöpfungsordnung verankerten Vorgaben.[129] Da dem Geschichtslauf mit seiner Sabbatstruktur ein unauslöschlicher Israelbezug eingeschrieben ist, kommt die gesamte Weltgeschichte letztlich nur als ein Aspekt der Heilsgeschichte des Gottesvolkes in den Blick.

3.3.2. Die heptadische Chronologie als *rewritten bible*

Ziel des folgenden Abschnitts kann es nicht sein, eine umfassende Untersuchung zur Art der Rezeption biblischer und außerbiblischer Stoffe im Jubiläenbuch vorzulegen. Ein derartiges Unternehmen stellt unbestreitbar ein Desiderat der Forschung dar, würde aber den Rahmen dieser Arbeit bei weitem sprengen.[130] Die folgenden Ausführungen sind demgegenüber auf die chronologischen Angaben des Jubiläenbuches beschränkt, die mit dem biblischen Text ins Verhältnis zu setzen sind (*a*)), um herauszuarbei-

---

127 So auch WIESENBERG, *Jubilee*, 4: „His chronology, not his calendar, is the object of primary interest to the writer of the *Book of Jubilees*." Ebenso VANDERKAM, *Konzept*, 80; anders STEGEMANN, *Jüdische Apokalyptik*, 40f.

128 Vgl. dazu auch BERGER, *Buch der Jubiläen*, 283.

129 Dies unterstreicht auch die bereits erwähnte Entsprechung zwischen den 22 Schöpfungswerken und den 22 Generationen von Adam bis Jakob (vgl. Jub 2,23).

130 Erste Ansätze bietet die von ENDRES, *Biblical Interpretation*, 18-225, vorgelegte Studie, die allerdings auf die Generation Jakobs und seiner Söhne beschränkt bleibt, sowie ferner die umfangreiche Untersuchung VAN RUITENS, *Primaeval History*, 9-363, zur Rezeption von Gen 1-11; einige allgemeine Beobachtungen finden sich bei VANDERKAM, *Biblical Interpretation*, 117-125.

ten, in welchem Maße das Jubiläenbuch bei der Konstruktion seiner Chronologie auf diesen als Vorlage zurückgreift, wie es ihn rezipiert, und welchen Einfluß außerbiblische Traditionen haben (*b*)). Da der im Jubiläenbuch rezipierte Bibeltext mit keiner bekannten Fassung identisch ist, sondern auf eine hebräische Vorlage schließen läßt, die auffällige Parallelen mit 𝕲 und 𝕾𝖆𝖒 aufweist,[131] sind in die Suche nach potentiellen biblischen Hintergründen der einzelnen chronologischen Angaben neben 𝕸 vor allem diese beiden Fassungen des biblischen Textes einzubeziehen.[132]

a) Überblick: Die chronologischen Angaben und der biblische Text

Die Geschichtsschau des Jubiläenbuches umfaßt bis zum Erreichen des erzählerischen Settings am Sinai den in Gen 1 bis Ex 24 beschriebenen Zeitraum und blickt bis auf den 40 Jahre später erwarteten Einzug ins verheißene Land voraus, der an der Schwelle zum 51. Jubiläum angesiedelt ist. Die Darstellung setzt in Jub 2,1 mit dem Beginn der Schöpfung ein und folgt bis zum Kapitelende dem ersten Schöpfungsbericht (Gen 1,1 - 2,4), der durch Verbindung mit Ex 31,12-17 ganz auf die Sabbatheiligung und die damit verbundene Erwählung Israels zugespitzt wird.[133] Die Zentralstellung des Sabbats prägt auch den Blickwinkel auf den zweiten Schöpfungsbericht (Jub 3; vgl. Gen 2,4b-24), insofern auf die Schöpfungswoche eine zweite, parallel konstruierte Woche folgt, in der Adam allen Tieren Namen gibt, bis am sechsten Tag Eva aus seiner Rippe hervorgebracht wird (Jub 3,6). Ist damit die Sieben-Tage-Woche als chronologische Grundeinheit in der Schöpfung selbst verankert, werden im folgenden die aus ihr erwachsenden höheren heptadischen Zeiteinheiten

---

131 VANDERKAM, *Textual and Historical Studies*, 103-138, kommt in seiner ersten vergleichenden Untersuchung zu dem Ergebnis, „that one should not look to the MT or the proto-MT as the source of Jub.'s biblical material. Rather, its text was at home in Palestine" (a.a.O., 137). Vor allem aufgrund neuer textlicher Evidenzen der äthiopischen Überlieferung des Jubiläenbuches gibt er jedoch später die hier angelegte Annahme einer homogenen palästinischen Textfamilie, die neben der Vorlage von Jub auch 𝕲 und 𝕾𝖆𝖒 eingeschlossen habe, zugunsten eines komplexeren Modells auf: „[T]he biblical *Vorlage* of Jub was too widely divergent from LXX and Sam to justify including the three witnesses in a single, evolving *family* of biblical texts. The scriptural readings in Jub indicate that a more complicated textual situation prevailed in Palestine than the theory of local texts suggests" (*Jubilees and the Hebrew Texts*, 461).

132 Die äthiopische Überlieferung des biblischen Textes bietet keine signifikanten Übereinstimmungen mit den chronologischen Angaben des Jubiläenbuches, so daß ein nachträglicher Einfluß von dieser Seite ausgeschlossen werden kann; vgl. die als Anhang zu diesem Kapitel gebotene Übersicht.

133 Zur Rezeption von Gen 1 in Jub 2 vgl. STECK, *Aufnahme*, 154-172; VANDERKAM, *Genesis 1*, 300-321.

durch Verknüpfung mit der Paradieserzählung eingeführt: Nach Jub
3,15.17 bebaut Adam den Garten Eden für sieben Jahre, also eine Jahrwoche, bis die Schlange mit ihrem Auftreten das Ende des Aufenthaltes im
Paradies einläutet. Das Jubiläum gibt schließlich den Zeitraum an, in dem
sich Adam und Eva des geschlechtlichen Verkehrs enthalten (Jub 3,34).
Somit dient die Schöpfungs- und Paradieserzählung des Jubiläenbuches
auch der sukzessiven Einführung der relevanten Zeitmaße Woche, Jahrwoche und Jubiläum, welche die gesamte Chronologie bestimmen.

Im folgenden sollen alle weiteren Datierungen des Jubiläenbuches in
ihrem Verhältnis zur biblischen Chronologie dargestellt werden. Dabei
wird jeweils abschnittsweise zunächst eine tabellarische Übersicht geboten,[134] an die sich eine Auswertung anschließt, in deren Rahmen auch auf
die sich im einzelnen ergebenden chronologischen Spannungen eingegangen wird.[135]

Von den Söhnen Adams und Evas bis zum Herabsteigen der Wächter

Jub	Ereignis	Datierung	Anmerkungen	Bibl. Parallelen
4,1	Geburt Kains	2/3/x		*Gen 4,1*
4,1	Geburt Abels	2/4/x		*Gen 4,1*
4,2	Geburt Ewans	2/5/x		
4,2-4	Kain tötet Abel	3/1/x		*Gen 4,3-16*
4,7	4 JW Trauerzeit Adams und Evas	bis 3/5/4		
4,7	Geburt Seths	3/5/4	*im 130. Jahr Adams*	*Gen 4,25f.;* <u>5,3</u>
4,8	Adam zeugt Asura	3/6/1		
4,9	Kain heiratet Ewan / Ewan gebiert Henoch	Ende 4. Jub.		*Gen 4,17*

---

134 Zum Aufbau der Tabelle: Die Angaben der Datierungsspalte sind nach dem Schema
,*Jubiläum / Jahrwoche / Jahr*' organisiert. Fehlt eine Angabe im Jubiläenbuch, steht an ihrer
Stelle ein ,x'. Verweise auf biblische Referenztexte sind kursiv gesetzt, wenn in diesen keine
explizite, Jub entsprechende, Datierung bezeugt ist; im positiven Fall ist die Angabe unterstrichen und, bei Differenzen in den Versionen, in Klammern um die mit Jub übereinstimmende Version ergänzt. Bei der Wiedergabe der seltenen Namen folge ich der revidierten
Lutherübersetzung von 1984; sind die Namen biblisch nicht belegt, übernehme ich die
Wiedergabe von BERGER, *Buch der Jubiläen*. Ergänzend sei auf die tabellarische Darstellung
bei VANDERKAM, *Konzept*, 86-89, verwiesen, die den biblischen Befund unberücksichtig
läßt, dafür aber die Datierungen des Jubiläenbuches mit einer Hilfszählung *anno mundi* flankiert. Die im folgenden präsentierte Übersicht stimmt mit dem Modell VANDERKAMs
überein, kommt aber an mehreren Stellen zu anderen Ergebnissen als RÖNSCH, *Buch der
Jubiläen*, 239-247, in seiner tabellarischen Auflistung der chronologischen Daten.
135 Zur besseren Orientierung beim Umgang mit dem im folgenden diskutierten chronologischen Material vgl. die Tabelle im Anhang zu diesem Kapitel, die eine Übersicht über die
Genealogie von Adam bis Abraham in den unterschiedlichen Versionen des biblischen
Textes und in Jub bietet.

Jub	Ereignis	Datierung	Anmerkungen	Bibl. Parallelen
4,9f.	Kain als Städtebauer / 9 weitere Kinder Adams	5/1/1		Gen 4,17 / 5,4
4,11	Seth heiratet Asura	5/5/x		
4,11f.	Asura gebiert Enos, der als erster Gott anruft	5/5/4		Gen 4,26; 5,6
4,13	Enos heiratet Noam	7/3/x		
4,13	Noam gebiert Kenan	7/5/3		Gen 5,9
4,14	Kenan heiratet Mualelet	Ende 8. Jub.		
4,14	Mualelet gebiert Mahalalel	9/1/3		Gen 5,12
4,15	Mahalalel heiratet Dina	10/2/x		
4,15	Dina gebiert Jared	10/3/6		Gen 5,15
4,16	Jared heiratet Baraka	11/4/x		
4,16	Baraka gebiert Henoch	11/5/4		Gen 5,18
4,20	Henoch heiratet Edna	12/7/x		
4,20	Edna gebiert Methusalem	12/7/6	Henochs 65. Jahr	Gen 5,21
4,21	Henochs Aufenthalt bei den Wächtern	6 Jub.[136]	ca. 300 Jahre	Gen 5,22
4,27	Methusalem heiratet Edna	14/3/1		
4,27	Edna gebiert Lamech	14/3/1		Gen 5,25
4,28	Lamech heiratet Bitanos	15/3/x		
4,28	Bitanos gebiert Noah	15/3/x[137]		Gen 5,28
4,29	Tod Adams mit 930 Jahren	19/7/6		Gen 5,5
4,31	Tod Kains	19/7/7		

---

136 Indem Henochs Aufenthalt bei den Engeln in Jub 4,21 mit sechs Jubiläen (ስድስተ ዘኢዮቤልዉሳት ዓመታት = 294 Jahre) angegeben wird, findet gegenüber den in Gen 5,21 genannten 300 Jahren eine faktische Verkürzung um sechs Jahre statt. Diese Diskrepanz erklärt sich am leichtesten als Resultat des Versuchs, diesem Ereignis aus dem Leben der Zentralfigur Henoch eine signifikante Jubiläenangabe zuzuordnen – sechs Jubiläen sind die nächstmögliche Annäherung an die biblische Vorgabe. Daß hier zugleich, wie SCOTT, On Earth, 66, meint, der „„otot" cycle" (= 6 Jubiläen) als chronologische Makrostruktur eingeführt werden soll, ist nicht überzeugend; s.u., 3.3.3.

137 Das Geburtsjahr Noahs innerhalb der dritten Jahrwoche ist nicht genannt, läßt sich aber auch nicht spannungsfrei errechnen: Den einzigen chronologischen Fixpunkt bietet Jub 6,18, wonach Noah das Wochenfest vom Ende der Flut bis zu seinem Tod für 350 Jahre begeht. Folglich ergibt sich 34/6/6 als 350. Festjahr und somit zugleich als Todesjahr Noahs, der 950 Jahre vorher, so Jub 10,16 mit Gen 9,29, also in 15/4/1, geboren sein müßte. Dies widerspricht allerdings der expliziten Erwähnung der dritten Jahrwoche des 15. Jubiläums in Jub 4,28. Diese Spannungen der Noahdaten scheinen ihre Ursache in einer bewußten Verschiebung des Fluttermins zu haben (s. im folgenden); sie bieten jedoch keinen hinreichenden Anhaltspunkt für die von HUGHES, Secrets, 22-26, angenommene nachträgliche Überarbeitung der Flutchronologie.

Jub	Ereignis	Datierung	Anmerkungen	Bibl. Parallelen
4,33	Noah heiratet Amzera	25/5/1		
4,33	Geburt Sems	25/5/3	*um das*	*Gen 5,32*
4,33	Geburt Hams	25/5/5	*500. Lebensjahr*	*Gen 5,32*
4,33	Geburt Japhets	25/6/1	*Noahs*	*Gen 5,32; 6,10*
5,1	Engel und Menschen-frauen zeugen Riesen	25/x/x[138]		*Gen 6,1*

Für die Ausarbeitung der prädiluvischen Chronologie stützt sich der Verfasser des Jubiläenbuches hauptsächlich auf die Genealogien in Gen 4f., deren Angaben in eine fortlaufende Geschichtsschau eingearbeitet werden.[139] Dabei wird nur ein Teil der reichen chronologischen Vorgaben übernommen, die in Jub 4 überdies in ein Formular integriert sind, das zwar ebenso fest geprägt, dabei aber gänzlich anders akzentuiert ist als in Gen 5. Während dort jeweils das Zeugungsalter des Vaters, der Name seines Sohnes sowie die weiteren Jahre seines Lebens mit einer abschließenden Notiz über das Sterbealter vermerkt werden und sich darauf dasselbe Schema mit dem Sohn wiederholt, erwähnt und datiert Jub 4 zunächst die Hochzeit des Vaters unter Nennung des Namens und der genealogischen Verortung seiner Frau. Die zentrale Rolle der Mütter, die in Gen 5 völlig übergangen werden, zeigt sich auch daran, daß im Anschluß an die Datierung der Hochzeit nicht die Zeugung, sondern die Geburt des Sohnes erwähnt und schließlich seine Benennung durch den Vater im chronologischen Raster verortet wird.[140]

Zur Gänze unrezipiert bleiben abgesehen vom Fall Adams (Jub 4,29) die Angaben des Sethitenstammbaumes zum Sterbealter der Patriarchen. Lag hier offenkundig nicht das Interesse des Verfassers des Jubiläenbuches, so zeigt sein Umgang mit dem angegebenen Zeugungsalter ein anderes Bild: Zwar wird nur bei Adam explizit erwähnt, daß er zum Zeitpunkt der Geburt Seths 130 Jahre alt war (Jub 4,7; vgl. Gen 5,3),[141] die sonst

---

138 Die Datierung በአሐቲ፡ ዘኢዮቤልዉ፡ ዝንቱ፡ (‚in einem bestimmten [Jahr] dieses Jubiläums') ist nicht eindeutig; vgl. BERGER, *Buch der Jubiläen*, 349; VANDERKAM, *Book of Jubilees* II, 31. Vor dem Hintergrund des direkt vorangehenden Verses (4,33) ist mit VANDERKAM, *Konzept*, 86, davon auszugehen, daß sich 5,1 auf das 25. Jubiläum zurückbezieht.

139 Die zeitliche Überschneidung der am Ende von Gen 4 berichteten Ereignisse mit dem Beginn der Stammtafel in Gen 5 hat dazu geführt, daß in Jub 4,7ff. Teile aus beiden Kapiteln ineinander gearbeitet wurden, was den direkten Fortgang der Handlung gewährleistet, ohne die Dopplungen der Genesis zu reproduzieren.

140 Das besondere Interesse an den Müttern läßt sich auch an anderen Stellen des Jubiläenbuches nachweisen, so etwa in Jub 35, wo Rebekka eine biblisch nicht bezeugte Zentralstellung zukommt. Im Hintergrund steht das Problem der Bestimmung der Volkszugehörigkeit, das im Jubiläenbuch über die Mutter gelöst wird; vgl. die Ehegesetze in Jub 30,5-17.

141 Der Verfasser des Jubiläenbuches überträgt die Angaben der Genesis von der Zeugung eines Sohnes auf die Geburt desselben. Da dies konsequent geschieht, ergeben sich keine chronologischen Spannungen hinsichtlich der Schwangerschaftszeit.

durchweg als heptadische Datierungen gehaltenen Angaben zum Zeugungsalter lassen sich aber ohne Schwierigkeit in Zeiträume konvertieren und so mit Gen 5 vergleichen: Da Seth bei der Geburt des Enos nicht 105 (Gen 5,6), sondern 98 Jahre zählt (Jub 4,11), ergibt sich ein Überschuß der Genesis von sieben Jahren, der jedoch in Jub 4,13 wieder kompensiert wird, da Enos bei der Geburt seines Sohnes Kenan nicht 90 (Gen 5,9), sondern 97 Jahre alt ist. In exakter Übereinstimmung mit Gen 5,12 hat Kenan bei der Geburt seines Sohnes Mahalalel 70 Jahre vollendet (Jub 4,14). Sollte das Minus bzw. Plus von sieben Jahren im Fall von Seth und Enos auf einen Fehler bei der Überlieferung des Textes zurückgehen,[142] so fänden sich für die ersten vier Generationen der Menschheit (Adam bis Kenan) exakt die Angaben der Genesis im Blick auf die Zeugung der nächsten Generation rezipiert – der Gesamtzeitraum stimmt in jedem Fall überein.

Mit der Generation Mahalalels beginnen die Abweichungen zwischen Genesis und Jubiläenbuch größer zu werden: Bei der Geburt seines Sohnes Jared ist dieser 66 Jahre alt (Jub 4,15), nach Gen 5,15 (𝔐 und 𝔖𝔞𝔪) dagegen erst 65 (𝔊: 165). Jared selbst erlebt die Geburt seines Sohnes Henoch mit 61 statt mit 162 Jahren (Jub 4,16; vgl. Gen 5,18 𝔐 und 𝔊; 𝔖𝔞𝔪: 62 Jahre). Faßt man beide Angaben zusammen, ergibt sich zwar eine deutliche Diskrepanz von 100 bzw. 200 Jahren gegenüber dem Zeugnis von 𝔐 und 𝔊, aber eine exakte Übereinstimmung mit 𝔖𝔞𝔪, und es erscheint denk-

---

142　So vermuten RÖNSCH, *Buch der Jubiläen*, 285, und CHARLES, *Book of Jubilees*, 32, angesichts der Datierung der Geburt des Enos im Werk des byzantinischen Chronographen Syncellus (bei ADLER / TUFFIN, *Chronography*, 14), der hier auf das Jubiläenbuch rekurriert, dieses Ereignis müsse um eine Jahrwoche von 5/5/4 auf 5/6/4 verschoben werden, um den ursprünglichen Sinn des Textes wiederherzustellen; vgl. VANDERKAM, *Book of Jubilees* II, 24; VAN RUITEN, *Primaeval History*, 129f. Die Annahme eines Fehlers in der Textüberlieferung muß allerdings mit der Zusatzhypothese operieren, am Versende, das sich im heutigen Text explizit auf die zu Beginn des Verses genannte fünfte Jahrwoche zurückbezieht („und in ihrem vierten Jahr' / መበራ·ብ0· ለ·ቱ·), sei die ursprüngliche Jahrwochen- und Jubiläenangabe („und im vierten Jahr *der sechsten Jahrwoche dieses / des sechsten Jubiläums*') ausgefallen. Es sollte daher alternativ auch eine intentionale Modifikation der biblischen Vorgaben erwogen werden: Da Jub das Zeugungsalter aller Patriarchen zwischen Seth und Noah mit weniger als 100 Jahren angibt, könnte mit der gegenüber Gen 5 um sieben Jahre vordatierten Geburt Enos' (Jub 4,11) bewußt das Ziel verfolgt worden sein, das Zeugungsalter Seths von 105 auf 98 Jahre zu verringern. Diese Abweichung wäre dann durch die Anhebung des Folgezeitraumes um sieben Jahre kompensiert worden, der mit 97 Jahren ebenfalls unter 100 Jahren bleibt. Auch SCOTT, *On Earth*, 66f., vermutet eine intentionale Änderung mit dem Ziel, die Geburtsjahre Enos' und Henochs mit einem Abstand von genau einem 'Otot-Zyklus (= 6 Jubiläen) zu datieren. Dagegen spricht jedoch nicht nur grundsätzlich, daß schlagende Argumente für die Existenz von 'Otot-Zyklen als chronologische Makrostruktur innerhalb des Jubiläenbuches fehlen (s.u., *3.3.3.*), sondern auch, daß die fraglichen Geburtsjahre zwar exakt 6 Jubiläen auseinander liegen, dabei aber mitten in den ersten bzw. zweiten Zyklus nach der Schöpfung fallen und so die von SCOTT postulierte ungebrochene 'Otot-Sequenz überlagern würden.

bar, daß das in 4,15 angegebene Alter Mahalalels durch einen Schreiberirrtum verfälscht wurde und ursprünglich um ein Jahr niedriger lag als im heutigen äthiopischen Text (10/3/5 statt 10/3/6).[143] Sollte eine Verschreibungshypothese zutreffen, so hätte Jub bei beiden sich um die Person Jareds rankenden Angaben exakt mit 𝔖𝔞𝔪 übereingestimmt. Selbst im Fall, daß die Angabe in Jub 4,15 𝔍𝔲𝔱𝔥 ursprünglich ist, bleibt festzuhalten, daß zwischen Jub und 𝔖𝔞𝔪 darin Einigkeit herrscht, daß zwischen der Geburt Mahalalels und Henochs genau 100 Jahre weniger vergehen als nach Gen 5 𝔐 (𝔊: 200 Jahre).

Wird die Geburt Methusalems im Jahr, in dem Henoch 65 Jahre zählt, von Jub 4,20 und Gen 5,21 in allen Textfassungen übereinstimmend bezeugt und sind auch die sechs Jubiläen, die Henoch nach Jub 4,21 mit Engeln verbringt, als Aufnahme der biblisch durchgängig belegten 300 Jahre (Gen 5,21) zu erklären, so tun sich in den folgenden beiden Generationen gewaltige Diskrepanzen auf: Methusalem ist bei der Geburt Lamechs nicht 187 (𝔊: 167) Jahre alt (Gen 5,25), sondern nur 65 (Jub 4,27), womit das Jubiläenbuch erneut der Angabe aus 𝔖𝔞𝔪 (67 Jahre) am nächsten kommt. Noah schließlich wird etwas über ein Jubiläum später geboren (Jub 4,28: 15/3/x), wogegen nach Gen 5,28 𝔐 182 (𝔊: 188) Jahre vergehen; auch hier besteht trotz der offenen Datierung die größte Nähe zwischen Jub und 𝔖𝔞𝔪 (53 Jahre). Hinsichtlich der Rezeption von Gen 5 in Jub 4 läßt sich demnach festhalten, daß die engsten Berührungspunkte mit dem samaritanischen Pentateuch vorliegen, insofern die Abweichungen nie mehr als drei Jahre betragen.[144] Das Jubiläenbuch teilt mit 𝔖𝔞𝔪 die Tendenz, die Abstände zwischen den Generationen von Jared bis Lamech einander anzugleichen. So reiht sich die Geburt Lamechs ein in die seit vier Generationen bestehende Tradition der Geburt des Stammhalters im siebten Jahrzehnt des Vaters. Sollten die oben angestellten Erwägungen zur ursprünglichen Gestalt von Jub 4,15 zutreffen, so fiele die Geburt der Söhne Mahalalels, Henochs und Methusalems jeweils auf einen Zeitpunkt, an dem ihre Väter 65 Jahre vollendet haben, lediglich im Falle Jareds wären es 62 Jahre.[145]

Sinkt das Zeugungsalter seit den Tagen Adams stetig ab, so ist mit Noah erneut ein extremer Anstieg zu verzeichnen. Die Vorgabe aus Gen 5,32, Noah habe mit 500 Jahren seine drei Söhne gezeugt, definiert offenkundig die nächste chronologische Zäsur des Jubiläenbuches, in dem der Zeitraum zwischen der Geburt Noahs im 15. und seiner, der Geburt der

---

143 In diese Richtung deutet auch die Angabe des Syncellus (bei ADLER / TUFFIN, *Chronography*, 15); vgl. VANDERKAM, *Book of Jubilees* II, 25.

144 Vgl. VAN RUITEN, *Primaeval History*, 128–130.

145 Die prominente Rolle des 65. Jahres mag daher rühren, daß es genau die Hälfte der 130 Jahre markiert, die Adam bei der Geburt seines Sohnes Seth zählt.

Noachiten vorgeschalteten Heirat im 25. Jubiläum weitestgehend ereignis-
los bleibt: Außer den Sterbejahren Adams, der gemäß Gen 5,5 mit 930
Jahren das Zeitliche segnet (19/7/6: Jub 4,29), und Kains (19/7/7: Jub
4,31) finden sich keine weiteren Datierungen. Da das Geburtsjahr Noahs
nicht exakt angegeben ist (15/3/x), lassen sich die Geburten Sems
(25/5/3), Hams (25/5/5) und Japhets (25/6/1) nur grob in die erste Dekade des sechsten Jahrhunderts seines Lebens einordnen. Deutlich ist
aber, daß gegenüber der Vorgabe aus Gen 5,32 das Problem gelöst wird,
daß Noah mit seiner Frau kaum drei Söhne in einem Jahr zeugen kann.

Von der Sintflut bis zur Geburt Abrams

Jub	Ereignis	Datierung	Anmerkungen	Bibl. Parallelen
5,22	Noah baut die Arche	27/5/5[146]		*Gen 6,13ff.*
5,23	Noah betritt die Arche	27/5/6		*Gen 7*
5,31f.	Noah verläßt die Arche	27/5/7		*Gen 8*
6,18	Feier des Wochenfestes	27/5/7[147]		
7,1f.	Noah pflanzt Wein, der Frucht bringt. Weinernte	27/7/1 27/7/4 27/7/5		*Gen 9,20*
7,18	Geburt des Sem-Abkömmlings Arpachschad[148]	27/6/2	*2 Jahre nach der Flut*	Gen 11,10
7,20	Noah gibt alle bekannten Ordnungen weiter	28/x/x		
8,1	Arpachschad heiratet Rasuijah	29/1/x		
8,1	Rasuijah gebiert Kainam	29/1/3		*Gen 11,13* ⅏
8,5	Kainam heiratet Melka	30/2/1		*Gen 11,13* ⅏
8,6	Melka gebiert Schelach	30/2/4		*Gen 10,24; 11,12*
8,6	Schelach heiratet Muak	31/5/1[149]		

---

146 Die äthiopischen Handschriften bezeugen mit Formen der Zahl Zwei einen offenbar ver-
   derbten Text. Aus dem Kontext wird klar, daß es sich nicht um das zweite (ክልኤቱ
   ኢየቤልው), sondern nur um das 27. Jubiläum handeln kann; vgl. CHARLES, *Ethiopic Version
   of the Hebrew Book of Jubilees*, 47; VANDERKAM, *Book of Jubilees* II, 35.
147 Daß die Feier des Wochenfestes sich im siebten Jahr ereignet, ist nicht explizit erwähnt,
   wird aber aus dem Handlungsablauf plausibel, da sie noch in der fünften Jahrwoche und
   zugleich nach dem Verlassen der Arche einzuordnen ist. Es bleibt also nur das siebte Jahr.
148 Der äthiopische Text ዝንቱ ትውልድ ('dies ist die Nachkommenschaft') ergibt keinen
   Sinn und ist mit CHARLES, *Ethiopic Version of the Hebrew Book of Jubilees*, 27, Anm. 29, und
   VANDERKAM, *Book of Jubilees* II, 46, als Verschreibung eines ursprünglichen ዝንቱ
   ተወልደ ('dieser [Arpachschad] wurde geboren') zu erklären, die vielleicht durch Verwechslung mit dem Anfang der biblischen Parallele Gen 11,10 ('dies ist die Nachkommenschaft')
   hervorgerufen wurde.
149 Im Äthiopischen ('in dem Jahr und in dem 30. Jubiläum' – በዓመት ወበሠሳሳ ኢየቤልው)
   liegt ein Fall von Textkorruption vor, der mit DILLMANN, *maṣḥaf kufāle*, 35, Anm. 3, auf ein

Jub	Ereignis	Datierung	Anmerkungen	Bibl. Parallelen
8,7	Muak gebiert Eber	31/5/5		*Gen 10,24; 11,14*
8,7	Eber heiratet Azurad	32/7/3		
8,8	Azurad gebiert Peleg	32/7/6		*Gen 10,25; 11,16*
8,10	Noahs Söhne teilen die Erde untereinander auf	33/x/x		*Gen 10*
10,18	Peleg heiratet Lomna	33/2/1		
10,18	Lomna gebiert Regu	33/2/4		*Gen 11,18*
10,1	Dämonen leiten Noahs Söhne in die Irre	33/3/x		
10,20	Beginn des Turmbaus	33/4/x	*Dauer: 43 Jahre*	*Gen 11,1-9*
10,27	Vertreibung nach Zerstörung des Turmes	34/4/1		
10,15f.	Tod Noahs mit 950 Jahren	34/6/6[150]		<u>*Gen 9,29*</u>
11,1	Regu heiratet Era	35/3/1		
11,1	Era gebiert Serug	35/3/7[151]		*Gen 11,20*
11,2	Noahs Söhne bekämpfen einander	35/x/x[152]		
11,7	Serug heiratet Melka	36/5/1		
11,8	Melka gebiert Nahor	36/5/1		*Gen 11,22*
11,9	Nahor heiratet Jaska	37/6/1		
11,10	Jaska gebiert Terach	37/6/7		*Gen 11,24*
11,14	Terach heiratet Edna	39/2/1		
11,15	Edna gebiert Abram	39/2/7		*Gen 11,26*

ursprüngliches በቀዳሚ መበሠላሳ ኢዮቤልው. (‚im ersten und im 30. Jubiläum' = ‚im 31. Jubiläum') zurückzuführen ist, zumal diese Datierung sich auch kontextuell nahelegt; ebenso CHARLES, *Ethiopic Version of the Hebrew Book of Jubilees*, 31; LITTMANN, *Buch der Jubiläen*, 55; VANDERKAM, *Book of Jubilees* II, 51; anders BERGER, *Buch der Jubiläen*, 370.

150 Das Todesjahr Noahs läßt sich von Jub 6,18 her bestimmen. Demnach feiert Noah vom Ende der Sintflut (27/5/7) bis zu seinem Tod das Wochenfest für den Zeitraum von sieben Jubiläen und einer Jahrwoche (350 Jahre), was, rechnet man 27/5/7 als erstes Festjahr mit, auf das Todesdatum 34/6/6 führt.

151 ꬽትኈ በሳብዕ ሱባዔሁ ለዝ ሱባዔ (‚in der siebten Jahrwoche dieser Jahrwoche') ergibt keinen Sinn und muß aus በሳብዕ ዓመቱ (‚im siebten Jahr') verschrieben sein; so im Gefolge DILLMANNs, *mashaf kufāle*, 45, Anm. 9, auch CHARLES, *Ethiopic Version of the Hebrew Book of Jubilees*, 39; LITTMANN, *Buch der Jubiläen*, 60; BERGER, *Buch der Jubiläen*, 385; VANDERKAM, *Book of Jubilees* II, 64.

152 Der handschriftliche Befund läßt nicht eindeutig erkennen, ob die Wendung መበዝ ኢዮቤልው. (‚in diesem Jubiläum') an das Ende von 11,1 oder den Beginn von 11,2 gehört. Meines Erachtens spricht mehr für letztere Option, da in 11,1 bereits eingangs das 35. Jubiläum genannt wird und eine weitere Jubiläenangabe im selben Vers überflüssig ist, wogegen die chronologische Einordnung der in 11,2 geschilderten Ereignisse eine Datierung erfordert; so mit VANDERKAM, *Book of Jubilees* II, 64, gegen LITTMANN, *Buch der Jubiläen*, 60, und BERGER, *Jubiläenbuch*, 385f.

Daß die nach der Geburt der Noahsöhne und dem Auftreten der Riesen in Jub 5 als nächste erwähnten Ereignisse mit der Flut zusammenhängen, verdankt sich erneut dem Erzählfaden der Genesis, die in 6,13 mit der Sintflutperikope einsetzt. Dabei orientiert sich nicht nur die Erzählsequenz, sondern auch die Datierung der Flut an biblischen Vorgaben. Nach Gen 7,6.11 steigen die Wasser in Noahs 600. Lebensjahr und sind ein Jahr später versiegt (Gen 8,13). Seinem Interesse an der Ordnung der Zeiten zufolge greift das Jubiläenbuch die Angaben der Genesis auf und läßt die Flut bis auf den Tag genau ein Jahr dauern (Jub 5,23.31f.).[153] Der Aufenthalt Noahs in der Arche fällt in die erste Dekade des siebten Jahrhunderts seines Lebens, der Patriarch ist also unabhängig von der genauen Datierung seiner in Jub 4,28 erwähnten Geburt (15/3/x) um wenig älter als nach Gen 7,6.11; 8,13. Daß die Wasser im letzten Jahr einer Jahrwoche versiegen (27/5/7), wird dabei kaum zufällig sein, sondern ein gestalterisches Interesse spiegeln: Der Verfasser unterstreicht auf diese Weise die Bedeutung des Flutendes, zugleich Zeitpunkt der irdischen Begründung des theologisch zentralen Wochenfestes (6,18).[154]

Das nächste Ereignis, dessen Datierung direkt auf die Genesis zurückgeführt werden kann, ist die Zeugung Arpachschads durch Sem im zweiten Jahr nach der Sintflut (Jub 7,18; vgl. Gen 11,10). Allerdings hat die zweite chronologische Vorgabe des biblischen Textes, nach der es sich um das 100. Jahr Sems handelt, keinen Niederschlag in Jub 7,18 gefunden, da man sich hier nach 4,33 bereits in Sems 104. Jahr befindet. Die in Jub 7,18 erkennbare Orientierung an Gen 11 setzt sich nach der Erörterung der noachitischen Vorschriften (7,20-39) in Kap. 8 fort, insofern die hier beginnende Darstellung der Generationenfolge nach Sem eng an die Stammtafel dieses Noahsohnes (Gen 11,10-26) angelehnt ist. Wie bei der Rezeption von Gen 5 lassen sich auch hier dieselben Akzentsetzungen beobachten: Das Sterbealter der Patriarchen bleibt unerwähnt, wofür erneut die Namen der Frauen in Verbindung mit einer diesmal präzisen Datierung der Hochzeit genannt werden; wieder findet nicht das Datum der Zeugung, sondern der Geburt und Benennung Erwähnung.

---

153   Vgl. auch die Parallele 4Q252 I 3 - II 3, eine Passage des Genesiskommentars, die ebenfalls der Flutchronologie gewidmet ist.

154   Die sich hierbei ergebende Dehnung des in Gen 7,6.11; 8,13 vorgegebenen Zeitrahmens dürfte auch die bei den Lebensdaten Noahs zu verzeichnenden Spannungen hervorgerufen haben: Obwohl Noah beim Flutende faktisch bereits älter als in der biblischen Chronologie ist, legt der Verfasser diese in Jub 6,18 unmodifiziert zugrunde und veranschlagt ebenfalls 350 Jahre für die dem Patriarchen nach der Sintflut verbleibende Lebensdauer. Er rechnet also folgerichtig weiter, was allerdings, wie auch bei den Abrahams- und Josephsdaten nachweisbar (s. im folgenden), dazu führt, daß die effektive Lebenszeit Noahs nicht mehr mit dem angegebenen traditionellen Sterbealter im Einklang steht.

Auffälligerweise ist von der für Jub 4 charakteristischen Nähe zu 𝔖𝔞𝔪 in Jub 8 nichts mehr erkennbar. Die Erwähnung Kainams (8,1.5), der lediglich nach Gen 11,13f. 𝔊 (vgl. Lk 3,36) als Zwischenglied vor Schelach in die Generationenfolge tritt, spricht dagegen vordergründig für eine größere Nähe zu 𝔊, die sich jedoch hinsichtlich der chronologischen Daten nicht bestätigt: So wird Kainam geboren, als Arpachschad 64 Jahre zählt (Jub 8,1), nach Gen 11,12 𝔊 vergehen ganze 135 Jahre. Schelach erblickt 57 Jahre später das Licht der Welt (Jub 8,6), wogegen Gen 11,13 𝔊 hier 130 Jahre hat. 𝔐 und 𝔖𝔞𝔪 kennen Schelach als Sohn Arpachschads und lassen zwischen beiden den Zeitraum von 35 bzw. 135 Jahren verstreichen – in Jub und 𝔊 vergehen zwischen beiden Patriarchen über den Umweg des zwischengeschalteten Kainam 121 bzw. 265 Jahre. Der diffuse Befund setzt sich auch bei den nächsten beiden Gliedern der Genealogie fort, bei denen lediglich 𝔊 und 𝔖𝔞𝔪 übereinstimmen: Schelach und Eber trennen nach Jub 8,7 71 Jahre, wohingegen in Gen 11,14 𝔐 30 (𝔊 und 𝔖𝔞𝔪: 130) Jahre genannt sind. Schließlich ist Eber bei der Geburt seines Sohnes Peleg 64 Jahre alt (Jub 8,8) – Gen 11,16 𝔐 läßt 34 (𝔊 und 𝔖𝔞𝔪: 134) Jahre zwischen beiden vergehen.

Im Anschluß an die Geburtsnotiz Pelegs wird die in Anklang an Gen 10 gestaltete geographische Völkertafel (Jub 8,9 - 9,15) in den Stammbaum der Semiten eingeflochten, indem die Aufteilung (פלג) der Erde unter den Söhnen Noahs wie bereits in Gen 10,25 über Wortassonanz mit dem Namen Peleg (פלג) verbunden wird. Ihre nicht näher spezifizierte Datierung in das 33. Jubiläum[155] ist wie die Notiz, daß die Söhne Noahs in 33/3/x von Dämonen in die Irre geleitet werden (Jub 10,1), biblisch ohne Parallele und markiert den Beginn einer Erzählsequenz, die ihren Zielpunkt damit erreicht, daß Noah die all sein Wissen enthaltenden Bücher seinem Lieblingssohn Sem überreicht (Jub 10,13f.). Da hiermit die Tradierung des Patriarchenwissens in den Generationen nach Noah gesichert ist, schließt sich die Sterbenotiz Noahs (Jub 10,15f.) folgerichtig an. Sie bietet einen sinnvollen Abschluß der Zeit Noahs und bildet zugleich einen Anknüpfungspunkt für die Wiederaufnahme des in Jub 8,9 verlassenen Semitenstammbaums. Daß die Funktion der aus Gen 9,29 übernommen 950 Jahre Noahs als Schlußnotiz einer Erzähleinheit im Zentrum steht, zeigt sich auch an der fehlenden heptadischen Datierung seines Todesjahres. Errechnet man es ausgehend von Jub 6,18 (34/6/6), zeigt sich, daß es sogar die chronologische Sequenz sprengt, insofern es den bis zum Ende

---

155 FREY, *Weltbild*, 265, und VANDERKAM, *Konzept*, 97, Anm. 37, sehen hier eine besondere Zäsur erreicht, da zwei Drittel des Gesamtzeitraumes von 50 Jubiläen verstrichen seien. Diese Beobachtung sollte jedoch in einem heptadischen System nicht überbewertet werden.

von Kap. 10 angeführten Ereignissen um mehr als ein Jubiläum vor-greift.[156]

Ab Jub 10,18 schwenkt die Betrachtung wieder auf die Völkertafel der Semiten ein, indem mit der Hochzeit Pelegs und der Geburt seines Sohnes Regu die Ereignisse chronologisch verortet werden (33/2/1 bzw. 33/2/4), die sich in ihrem Duktus nahtlos an die Geburt Pelegs (Jub 8,8) anschließen.[157] Erneut ist das Verhältnis zu den Angaben aus Gen 11 diffus: Während in 𝔐 das Zeugungsalter der vier Generationen von Peleg bis Nahor konstant um die 30 Jahre angegeben wird,[158] ist Peleg nach Jub 10,18 bei der Geburt seines Sohnes erst zwölf, Regu hingegen bereits 108 (11,1), Serug 57 (11,8) und Nahor 62 (11,9). Die erreichte Gesamtzeit ist mit 239 Jahren fast doppelt so lang wie nach Gen 11 𝔐 (121 Jahre), aber nur gut halb so lang wie die 471 Jahre in 𝔊 und 𝔖𝔞𝔪. Vor dem Hintergrund dieser massiven Abweichungen sticht um so mehr ins Auge, daß das Alter Terachs bei der Geburt seines Sohnes Abram nach Jub 11,15 exakt mit den 70 Jahren deckungsgleich ist, die aus Gen 11,26 bekannt sind: Abrams Geburt am Ende einer Jahrwoche (39/2/7), genau 70 Jahre nachdem sein Vater in einem parallel positionierten Jahr das Licht der Welt erblickte (37/6/7), fügt sich dabei perfekt in das heptadische System des Jubiläen-buches ein. Daß einzig hier die Angaben mit der Genesis übereinstimmen, bestätigt den Befund, der sich bereits hinsichtlich der Person Henochs und Noahs abzeichnet: Trotz der teilweise gravierenden Unterschiede der Textfassungen herrscht bezüglich der Lebensdaten biblischer Zentralge-stalten Einigkeit.

Das Leben Abra(ha)ms

Jub	Ereignis	Datierung	Anmerkungen	Bibl. Parallelen
11,16f.	Abrams Abkehr von den Götzen	39/4/7	*im Alter von 2 Jahrwochen*	
11,23	Abram erfindet eine Sämaschine	39/5/1		
12,1	Abrams Gespräch mit seinem Vater Terach	39/6/7		
12,9	Abram heiratet Sara	40/2/7		*Gen 11,29*
12,10	Haran heiratet	40/3/3		*Gen 11,29*

---

156 Dies gilt bereits für die Datierung der Dämonenübergriffe (Jub 10,1) in 33/3/x; auch die Geburt Regus in 33/2/4 (Jub 10,18) und die hiermit verknüpfte Erzählung vom Turmbau (Jub 10,19-27) werden nach der Sterbenotiz Noahs angeführt, obwohl sie sich im System des Jubiläenbuches vor Noahs Tod ereignen.

157 Der Name Regus wird dabei zum Aufhänger für die Einbindung der Turmbauerzählung (Jub 10,19-27); vgl. VANDERKAM, *Book of Jubilees* II, 61.

158 Peleg: 30 (𝔊 und 𝔖𝔞𝔪: 130); Regu: 32 (𝔊 und 𝔖𝔞𝔪: 132); Serug: 30 (𝔊 und 𝔖𝔞𝔪: 130); Nahor: 29 (𝔊 und 𝔖𝔞𝔪: 79); vgl. Gen 11,18.20.22.24.

Jub	*Ereignis*	*Datierung*	*Anmerkungen*	*Bibl. Parallelen*
12,10	Geburt Lots	40/3/7		*Gen 11,27*
12,12	Abram verbrennt mit 60 Jahren einen Götzen-tempel	40/4/4		
12,15	Beginn des Aufenthalts in Haran	40/4/5	*für 2 JW*	*Gen 11,31; 12,4*
12,16ff.	Offenbarung an Abram / Verheißung	40/6/5		*Gen 12,1*
12,28	Abram beschließt, nach Kanaan zu ziehen	40/6/7		
13,8	Abram errichtet einen Altar in Bethel	40/7/1		*Gen 12,8*
13,10	Abram lebt in Hebron	40/7/1	*für 2 Jahre*	
13,11	Abram zieht nach Ägypten	40/7/3		*Gen 12,10*
13,11	Gefährdung der Ahnfrau	41/1/1		*Gen 12,11ff.*
13,12	Erbauung von Tanais	41/1/2[159]		*Num 13,22*
13,16	Rückkehr Abrams und Opfer in Bethel	41/1/3		*Gen 13,1*
13,17	Trennung von Lot	41/1/4		*Gen 13,1-13*
13,19ff.	Landverheißung / Abram geht nach Hebron	41/1/4		*Gen 13,14-18*
13,22ff.	Feldzug der 4 Könige / Abram errettet Lot	41/1/4		*Gen 14*
14,1-20	Bundesschluß mit Abram	41/1/4		*Gen 15*
14,24	Hagar gebiert einen Sohn / Benennung Ismaels	41/1/5		*Gen 16,16*
15,1f.	Abram feiert das Fest der Erstlinge	41/4/5		
15,3-24	Bundesschluß / Beschneidung / neue Namen	41/4/5		*Gen 17*
16,1-12	Eiche von Mamre / Gericht über Sodom	41/4/5		*Gen 18-20*
16,16	Sara ist schwanger	41/4/5[160]		*Gen 18,10*
16,13	Geburt Isaaks im dritten Monat	41/4/6[161]		*Gen 21,2*

---

159 Die Erbauung der Stadt Tanais (= Tanis, das biblische Zoan) wird in Jub 13,12 ‚sieben Jahre nach Hebron' datiert, da nach Num 13,22 beide Städte mit Abstand von sieben Jahren entstanden; vgl. DILLMANN, *Buch der Jubiläen* II, 78.

160 Der Text gibt 41/4/6 als Jahr der Schwangerschaft an, was aber in Spannung zu den weiteren Angaben der Chronologie steht; vgl. die folgende Anmerkung zu Jub 16,13.

161 Die Chronologie der Geburt Isaaks bereitet Probleme: Nach Jub 16,13 kommt Isaak im dritten Monat eines nicht näher bezeichneten Jahres zur Welt, wogegen es zwei Verse später heißt, Sara sei im siebten Monat des Jahres 41/4/6 schwanger gewesen (Jub 16,15f.).

Jub	Ereignis	Datierung	Anmerkungen	Bibl. Parallelen
17,1	Fest zur Entwöhnung Isaaks	41/5/1		*Gen 21,8*
17,15	Mastema läßt Gott Abraham versuchen	41/7/1	*in Jub 18 aus-geführt*	*Gen 22*
19,1	Abraham wohnt gegen-über von Hebron	42/1/1	*für 2 JW*	
19,2.7	Tod Saras mit 127 Jahren	42/3/1		<u>*Gen 23,1f.*</u>
19,10	Isaak heiratet Rebekka	42/3/4		*Gen 24;* <u>*25,20*</u>
19,11	Abraham heiratet Ketura	42/3/4		*Gen 25,1*
19,12	Ketura gebiert sechs Söhne	42/3/5	*in 2 JW*	*Gen 25,2*
19,13	Geburt Jakobs und Esaus	42/6/2		*Gen 25,24-26*
20,1	Abraham unterweist seine Kinder	42/7/1[162]		
21,1f.	Abraham unterweist mit 175 Jahren Isaak	42/7/6		
22,1	Abrahams Tod mit 175 Jahren	43/1/2[163]		<u>*Gen 25,7*</u>

Bei den erwähnten Ereignissen aus der Jugend Abrams, biblisch ohne Parallele, findet die bereits bei seiner Geburt und der Geburt seines Vaters zu beobachtende Vorliebe für das letzte Jahr einer Jahrwoche eine Fortsetzung in der chronologischen Verortung seiner Abkehr von den Götzen

---

Eine Schwangerschaft vom siebten Monat bis zum dritten Monat des Folgejahres umfaßt genau neun Monate, weshalb es naheläge, die Geburt Isaaks in das Jahr 41/4/7 zu datieren. Dem stehen allerdings die Datierungen in 19,2.7.10 entgegen, die eindeutig 41/4/6 als Geburtsjahr voraussetzen, weshalb mit VANDERKAM, *Konzept*, 95, die Angabe zur Schwangerschaft Saras in Jub 16,15 um ein Jahr zu reduzieren ist. Mit dem dargestellten Datierungsproblem ist die grundsätzlichere Schwierigkeit verbunden, daß die Reihenfolge der erwähnten Ereignisse vertauscht ist, so daß entweder bewußt eine Rückblende eingesetzt wird oder nachträgliche Eingriffe in den Text zu diesem Resultat führten: Möglicherweise gehören Jub 16,13f. mit der Erwähnung von Isaaks Geburt ursprünglich hinter V. 19 und wurden an ihre heutige Stelle versetzt, da in ihnen wie in den vorhergehenden Versen die Chronologie durch Monatsangaben weiter untergliedert ist. V. 15 hätte dann ursprünglich an V. 12 angeschlossen, um die Erfüllung der in 16,4 getroffenen Vorhersage einer Rückkehr der Engel nach Schwangerschaftsbeginn direkt nach der die Schwangerschaft ermöglichenden Heimsuchung Gottes (16,12) festzuhalten.

162 Möglicherweise reflektiert auch 4Q559 Fr. 1 3f. dieses Ereignis und datiert es gemäß den Vorgaben des Jubiläenbuches in Isaaks 65. Lebensjahr; vgl. NEBE, *4Q559*, 86. Letzte Sicherheit ist hier jedoch angesichts des schlechten Erhaltungszustandes des Fragments nicht zu gewinnen.

163 Die in Jub 22,1 מתה bezeugte Datierung des Todes Abrahams ins 44. Jubiläum muß fehlerhaft sein, da sie mit den weiteren Angaben der Chronologie kollidiert; vgl. VANDERKAM, *Book of Jubilees* II, 127. Daß hier ursprünglich das 43. Jubiläum angegeben war, wie bereits von DILLMANN, *Buch der Jubiläen* II, 20, angenommen, bestätigt 4Q219, Fr. 9b: והיי]ה בשבוע הרישון לשלושה וארב[עים היובל.

und der Vertreibung der Raben (11,16-22: 39/4/7), des Gespräches mit seinem Vater (12,1-8: 39/6/7) und seiner Hochzeit (12,9: 40/2/7).[164] Das nächste datierte Ereignis aus dem Leben Abrams läßt den Patriarchen mit 60 Jahren (12,12: 40/4/4) als Brandstifter in einem Götzentempel in Ur auftreten, in dessen Flammen Haran den Tod findet.[165] Es schließen sich weitere 14 Jahre an, die Abram in Haran verbringt (12,15), woraufhin mit der in 12,16-24 geschilderten Verheißung an den 75jährigen der in Gen 12,1-4 vorgegebene chronologische Rahmen wieder eingeholt wird. BROCK hat gezeigt, daß die Vertreibung der Raben, das Niederbrennen des Tempels und der sich anschließende vierzehnjährige Aufenthalt in Haran auf identische Weise auch in einer syrischen Überlieferung mit der Biographie Abrams verknüpft werden.[166] Da die zu verzeichnenden Abweichungen eine direkte Abhängigkeit vom Jubiläenbuch ausschlössen, sei mit einer gemeinsamen Tradition zu rechnen, die ihren ursprünglichen Sinn in der Lösung eines chronologischen Dilemmas der Genesis (𝔐 und 𝔊) hinsichtlich des Todes Terachs gehabt habe.[167]

---

164 Vgl. VANDERKAM, *Konzept*, 91f.

165 Hier liegt eine Deutung des Todes Harans באור כשדים (Gen 11,28) vor, die mit dem Doppelsinn von אור (Ortsname / ‚Feuer‘) spielt; vgl. BROCK, *Abraham*, 135f.

166 Vgl. BROCK, *Abraham*, 135-152. Die Überlieferung findet ihren literarischen Niederschlag in einem Brief Jakobs von Edessa sowie, in einer gekürzten Fassung, in der *Catena Severi* Ephraims des Syrers (Quellennachweis bei BROCK, a.a.O., 136).

167 Nach Gen 11,26 ist Terach bei Abrams Geburt 70 Jahre alt und stirbt im Alter von 205 in Haran (Gen 11,32). Da Abram nach Gen 12,4 Haran mit 75 Jahren verlassen hat, müßte sein Vater bis zu seinem Tod dort noch 60 Jahre (205-70-75 = 60) allein zugebracht haben. Diese fatale Vernachlässigung der Fürsorgepflicht gegenüber dem Vater konnte nach BROCK, *Abraham*, 144, dadurch gelöst werden, daß man den Aufenthalt in Ur bis ins 60. Jahr Abrams streckte – der Zeitpunkt seiner Konversion, markiert durch das Niederbrennen des Götzentempels – und die 75 Jahre erst ab diesem Jahr rechnete: „In other words, Abraham left Harran 75 years after leaving Ur and the destruction of the pagan idols in the temple." Während dieses Modell, vertreten auch von Hieronymus (*Quaestiones hebraicae in Gen 12,4*), eine Dehnung der Lebenszeit Abrams zur Folge hat, spiegelt ein von BROCK diskutierte syrische Tradition einen weiteren Schritt der Traditionsbildung: Hier wird durch Subtraktion der 60 Jahre, nach denen Abram Ur verläßt, von den 75 Jahren, mit denen er nach Gen 12,4 von Haran aufbricht, das Todesjahr Terachs an das Ende eines *vierzehnjährigen* Aufenthaltes in Haran verlegt: „In other words, Terah died when Abraham was 74, so that Abraham has sufficient time to give his father a decent burial in Harran, before he himself leaves that town, aged 75 according to Gen 12,4" (BROCK, a.a.O., 142). Da Abram hier nicht mehr *im 75. Jahr seiner Konversion*, sondern gemäß Gen 12,4 *im Alter von 75 Jahren* Haran verläßt, wird das chronologische Dilemma des Bibeltextes faktisch auf Kosten der Lebenszeit Terachs gelöst, dessen Tod gegenüber Gen 11,32 um 60 Jahre vorverlegt wird. Damit ist letztlich die in Gen 11,32 𝔖𝔞𝔪 gefundene Lösung eingeholt, wonach Terach im Gegensatz zu 𝔐 und 𝔊 nicht im Alter von 205, sondern von 145 Jahren stirbt – in demselben Jahr, in dem Abram Haran 75-jährig verlassen kann (Gen 12,4), ohne seine Sohnespflicht zu vernachlässigen. Die Frage der jeweiligen Aufenthaltsdauer in Ur und Haran im Verhältnis zur Lebenszeit Terachs bildet auch den Gegenstand von 4Q252 II 8-10, wo ein weiteres Modell entwickelt wird, das sich in Anbetracht des schlechten Erhaltungszustandes der Passage jedoch nicht mehr im Detail nachvollziehen läßt.

Das Jubiläenbuch rezipiert diese Tradition, zeigt dabei jedoch kein Interesse mehr an der Frage, die ursprünglich ihre Entstehung anstieß: Der Tod Terachs findet, wie für den Umgang des Textes mit den biblischen Genealogien charakteristisch, überhaupt keine Erwähnung, vielmehr ist der Fokus auf eine möglichst frühe Bekehrung Abrams gerichtet, die bereits die Voraussetzung für die Vertreibung der Raben durch den Vierzehnjährigen bildet (11,16-22). Daß Abram hier ein Jahr jünger ist als in der syrischen Parallele, die ihn als Fünfzehnjährigen mit den Raben konfrontiert sieht, läßt sich als Anpassung der traditionellen Vorgabe an das heptadische System plausibilisieren, in dem das Ereignis genau zwei Septennien nach Abrams Geburt auf das letzte Jahr einer Jahrwoche gelegt wird, um seine Bedeutung bereits systemintern hervorzuheben. Demgegenüber wurden sowohl das Niederbrennen des heidnischen Tempels in Ur, 60 Jahre nach Abrams Geburt, sowie die sich anschließenden zwei Jahrwochen (14 Jahre) in Haran unverändert aus der Tradition übernommen. Die traditionelle Verknüpfung 60+14 dient der Strukturierung des Zeitraumes, nach dem Abram 75 Jahre erreicht, ein Datum, das gemäß Gen 12,4 als zentrale Vorgabe rezipiert wird (Jub 12,16) – in seiner Bedeutung noch dahingehend aufgewertet, daß der längst zum einen Gott bekehrte Abram nun in die höheren Lehren der hebräischen Schriften eingeführt wird und sich damit in die Kette der erzväterlichen Tradenten des Schöpferwillens einreiht.

Eine Akzentverschiebung gegenüber Gen 12,1-4 zeichnet sich nicht nur inhaltlich in der Aufwertung der Berufung Abrams durch seine Einreihung in die Tradentenkette ab, sondern hat auch chronologisch ihren Niederschlag gefunden, insofern Abram erst zwei Jahre später nach Kanaan auszieht (12,28).[168] Durch die Entkopplung beider Ereignisse gelingt es dem Verfasser von Jub 12, einerseits die Bedeutung des Alters von 75 Jahren aus Gen 12,4 zu übernehmen, andererseits aber den Aufbruch in das verheißene Land (40/6/7) auf ein Datum zu legen, dem in der Logik

---

168 BROCK, *Abraham*, 144f., folgert aus der Tatsache, daß Abram nach 12,15 vierzehn Jahre in Haran zugebracht habe und diesen Ort mit 77 Jahren verlasse (12,28), der Patriarch sei aus Ur erst mit 63 Jahren fortgezogen. Dagegen ist mit VANDERKAM, *Konzept*, 93f., einzuwenden, daß der in Jub 12,15 erwähnte Auszug nach Haran sich erzählerisch direkt an den zuvor erwähnten Vorfall im heidnischen Tempel anschließt. Der Text läßt nicht nur nicht erkennen, daß Abram nach Vollendung seines 60. Lebensjahres weitere drei Jahre in Ur verbrachte, die in 12,15 genannten 14 Jahre in Haran fügen sich überdies nur dann nahtlos in den chronologischen Rahmen, wenn sie direkt im Anschluß gezählt werden. Sie bezeichnen nicht die Gesamtdauer des Aufenthaltes in Haran, sondern lediglich den Zeitraum bis zum nächsten Ereignis, der in 12,16 eingeführten Verheißung, die an Abram mit 75 Jahren ergeht (vgl. Gen 12,1-4). Die traditionell vorgegebene Bedeutung der 14 Jahre *als Gesamtdauer* des Haranaufenthaltes wurde nicht, wie BROCK irrtümlich vorauszusetzen scheint, im Jubiläenbuch unmodifiziert übernommen, sondern vielmehr durch Kombination mit den biblischen Vorgaben in ein neues chronologisches System integriert.

des heptadischen Systems besondere Signifikanz zukommt, da es sich
einerseits um das Ende einer Jahrwoche handelt und Abram andererseits
zu diesem Zeitpunkt 77 Jahre alt ist.[169] In der Modifizierung der biblischen
Vorgabe ist allerdings ein Problem angelegt, das sich im folgenden immer
dann manifestieren wird, wenn es um die Übernahme absoluter Altersangaben aus der Genesis geht. Für die in Jub 13,1 - 14,20 entwickelte Chronologie der in Gen 12-15 undatierten Ereignisfolge bleibt es ohne Konsequenz, zeigt sich jedoch mit ganzer Schärfe an der chronologischen Verschiebung, die bei der Geburt Ismaels eintritt: Zwar wird der Zeitpunkt
seiner *Zeugung*, zehn Jahre nachdem sich Abram erstmalig in Kanaan nie-
dergelassen hat (Gen 16,3),[170] in Jub 14,24 konsequent auf die *Geburt* in
41/1/5 übertragen. Da Abram nach 12,28 Haran aber nicht mit 75, sondern mit 77 Jahren verläßt und Kanaan erst mit 78 Jahren erreicht (13,8),
setzt sich der hier angelegte Überschuß von drei Jahren auch in der Datierung dieses Ereignisses fort: Bei Ismaels Geburt ist Abram nicht 86, wie
Jub 14,24 in Anschluß an Gen 16,16 angibt, sondern bereits 89.

Trotz der offenkundigen Abweichung wurde in Jub 14,24 die Altersangabe Abrams einfach aus Gen 16,16 übernommen und nicht mit der
revidierten Chronologie abgeglichen – ein Phänomen, das noch häufiger
begegnen wird. So kann Jub 15,17 den nun in Abraham umbenannten
Patriarchen zum Zeitpunkt der Sohnesverheißung mit Gen 17,17 auf seine
Vaterschaft als Hundertjähriger blicken lassen, obwohl er bereits jetzt 110
Jahre alt wäre und nicht, wie in Gen 17,1 vorausgesetzt, 99. Die im selben
Jahr (41/4/5) angesetzte Beschneidung (15,1.23f.) ereignet sich im Gegensatz zu Gen 17,25 nicht dreizehn, sondern 21 Jahre nach Ismaels Geburt.
Mit Jub 15 ist der Unterschied gegenüber den Angaben der Genesis um
weitere acht Jahre vermehrt, so daß sich für die Abrahamdaten eine Abweichung von insgesamt elf Jahren ergibt.[171] Die Geburt Isaaks in 41/4/5,
bei der Abraham folglich nicht 100, sondern bereits 111 Jahre zählt, wird
zum neuerlichen chronologischen Fixpunkt, ab dem das Jubiläenbuch unter Rekurs auf das Material der Genesis folgerichtig weiterrechnet. So wird
vor dem Hintergrund von Gen 23,1f. Saras Tod mit 127 Jahren genau 37

---

169 Die Bedeutung dieses Datums betont auch VANDERKAM, *Konzept*, 94.

170 Die Chronologie des Aufenthalts Abrams in Ägypten, der in diesen Zeitraum fällt,
entspricht der des Genesis-Apokryphons XIX 22-27. Während WACHOLDER, *How Long*,
53, hier eine Abhängigkeit des Jubiläenbuches vom Genesis-Apokryphon annimmt, ist
nach heutigen Erkenntnissen, wonach letzteres erst im 1. Jh. v. Chr. entstanden sein wird,
eher von einem umgekehrten Verhältnis auszugehen; vgl. FITZMYER, *Observations*, 277;
DERS., Art. *Genesis Apocryphon*, 302f.

171 VANDERKAM, *Konzept*, 95, vermutet, daß die Angaben in Jub 15 irrtümlich um eine Jahrwoche und ein Jahr vermehrt wurden, geht aber nicht weiter darauf ein, wann und wie dies
konkret geschehen sein könnte. Als Alternative sollte allerdings auch ein nicht mehr nachvollziehbarer intentionaler Hintergrund nicht kategorisch ausgeschlossen werden.

Jahre nach der Geburt Isaaks angesetzt (19,2.7), bei der sie 90 Jahre alt gewesen sein soll.[172] Ebenso unverändert rezipiert das Jubiläenbuch den biblischen Referenztext, indem es die Hochzeit Isaaks und Rebekkas genau 40 Jahre nach Isaaks Geburt datiert (Jub 19,10; vgl. Gen 25,20).

Wird in Jub 17-19 der karge Zeitrahmen der Genesis für die Anfangsjahre Isaaks übernommen und mit Datierungen weiterer Ereignisse, auf deren zeitliche Verortung der biblische Bericht nicht eingeht, gefüllt, so folgt die Geburt Jakobs und Esaus in Jub 19,13 wieder erkennbar Gen 25,26, auch wenn Isaak zu diesem Zeitpunkt nicht 60, sondern eigentlich erst 59 Jahre alt ist.[173] Diese Abweichung fällt jedoch im Vergleich mit den chronologischen Aporien gering aus, die sich um die Datierung von Abrahams Tod ranken: Rechnet man vom in Jub 11,15 genannten Geburtsjahr an, so fiele der Tod Abrahams mit 175 Jahren eigentlich in das Jahr 42/6/7, das jedoch im Jubiläenbuch unbesetzt bleibt. Das aus Gen 25,7 übernommene Sterbealter bleibt jedoch nicht unrezipiert, sondern begegnet explizit gleich an zwei Stellen, die überdies zwei verschiedenen Jahren der Geschichtsschau zugeordnet sind.

Nach Jub 21,1f. unterweist Abraham seinen Sohn Isaak mit 175 Jahren (42/7/6), obwohl seit seiner Geburt bereits 181 Jahre vergangen sind. Sein Tod läßt weitere drei Jahre auf sich warten und tritt gemäß Jub 22,1 in 43/1/2 ein, zu einem Zeitpunkt, an dem Abraham eigentlich bereits 184 Jahre alt wäre, ohne daß dieser systeminterne Widerspruch gegen die neuerliche Betonung der 175 Jahre eine Auflösung erfährt (22,7; 23,8).[174] Damit ist die Abweichung gegenüber den rezipierten biblischen Abrahamdaten im Vergleich zu Jub 15,1 zwar um zwei Jahre gesunken, sie fällt mit insgesamt neun Jahren aber immer noch deutlich aus. Daß es zu derartigen Abweichungen kam, sollte angesichts der spärlichen Vorgaben und ihrer oft unter bewußten Modifikationen vorgenommenen Integration in das heptadische System grundsätzlich nicht weiter verwundern. Dabei zeichnet sich bei der Datierung des Todes Abrahams exemplarisch ab, daß der Verfasser oft weniger vom Gesamtzeitraum als vielmehr vom engeren Kontext ausgegangen ist: Während das ‚korrekte' Todesjahr Abrahams nur fünf Jahre nach der Geburt Jakobs und Esaus liegen würde, liefert

---

172 Dabei ergeben sich allerdings, anders als im Fall der Abrahamdaten, keine systeminternen Spannungen, da Jub das Geburtsjahr Saras unerwähnt läßt.

173 Vgl. auch die obigen Ausführungen zum Geburtsjahr Isaaks, das aus den widersprüchlichen Angaben von Jub 16,13.16 zu rekonstruieren ist (41/4/5). Im Fall der unwahrscheinlichen Alternative 41/4/6 wäre Isaak bei der Geburt der Zwillinge nicht ein, sondern sogar zwei Jahre jünger als nach Gen 25,26.

174 CHARLES, *Book of Jubilees*, 137, löst das Problem durch eine radikale Emendierung der Angabe in Jub 22,1 von 43/1/2 zu 42/6/7 und erhält so das Jahr, in dem Abraham 175 Jahre alt ist. Die in Jub 21 berichtete Unterweisung der Nachkommen sei entsprechend von 42/7/6 um eine Jahrwoche auf 42/6/6 rückzudatieren (a.a.O., 132).

Jub 22,1 mit seiner aufs Ganze gesehen verspäteten Verortung des Todes Abrahams ein Jahr, das, im Zusammenhang dieses Binnensegments der Chronologie gedacht, der biblischen Chronologie wieder recht gut entspricht, insofern die 15 Jahre, die nach der Genesis zwischen Geburt der Zwillinge und Abrahams Tod liegen, mit effektiv 14 Jahren fast erreicht werden.[175]

Daß trotzdem gleich an zwei Stellen fälschlicherweise das Alter Abrahams mit 175 Jahren angegeben wird, spricht umgekehrt dafür, daß zentrale Vorgaben der Tradition nicht nur nicht einfach übergangen, sondern als bedeutungsgeladene Interpretamente auch bewußt in die Chronologie eingeflochten werden konnten, um etwa die in Jub 21 wiedergegebene Belehrung Isaaks unter das Vorzeichen einer testamentarischen Vermächtnisrede zu stellen. Obwohl unbestreitbar chronologische Spannungen zu verzeichnen sind, bilden diese doch keinen hinreichenden Grund, der von WIESENBERG vertretenen Folgerung zuzustimmen, sie seien „a sign of repeated revisions of that book which were not consistently carried through."[176] Vielmehr lassen sich die Spannungen hinreichend mit VANDERKAM als Resultat systembedingter Änderungen, der Übernahme bedeutungsgeladener biblischer Vorgaben und schließlich auch möglicher Schreibfehler erklären,[177] die angesichts der komplizierten Textüberlieferung des Jubiläenbuches als Faktor nicht zu unterschätzen sind. Eine Revisionsthese ist damit nicht kategorisch ausgeschlossen, bedarf aber einer wesentlich besseren Begründung, als sie WIESENBERG vorlegt: Die Katalogisierung von Spannungen ohne eine synthetische Erklärung des Befundes kann nicht die Annahme verschiedener Revisionen begründen – besonders dann nicht, wenn diese wie bei WIESENBERG durch die nähere Bestimmung dieser Revisionen als inkonsistent gegen eine kritische Überprüfung immunisiert wird.

Isaak, Jakob und Joseph

Jub	Ereignis	Datierung	Anmerkungen	Bibl. Parallelen
24,1	Isaak wohnt beim Brunnen des Gesichts	43/3/1	*für 7 Jahre*	*Gen 24,62; 25,11*
24,2	Dürre	43/4/1		*Gen 26,1*
24,8	Isaak bei Abimelech in Gerar	43/4/2		*Gen 26,1*
24,12	Isaak lebt in Gerar	43/4/3	*für 3 JW*	*Gen 26,6*

---

175 Nach Gen 21,5 ist Abraham bei der Geburt Isaaks 100 Jahre alt, die Zwillinge werden im 60. Jahr Isaaks (dem 160. Jahr Abrahams) geboren (Gen 25,26). Folglich vergehen weitere 15 Jahre bis zum Tod Abrahams im Alter von 175.

176 WIESENBERG, *Jubilee*, 32.

177 Vgl. VANDERKAM, *Konzept*, 96.

Jub	*Ereignis*	*Datierung*	*Anmerkungen*	*Bibl. Parallelen*
24,17	Isaak verläßt auf Bitten Abimelechs Gerar	43/7/1		*Gen 26,16*
24,21	Theophanie in Beerscheba	44/1/1		*Gen 26,23f.*
25,1	Rebekka ermahnt Jakob	44/1/2		
26,1	Isaak will Esau segnen	44/1/7		*Gen 27*
27,19	Jakob zieht nach Haran	44/2/1[178]		*Gen 28,10*
28,1	Dienstbeginn bei Laban	44/2/1	*Dienst für 1 JW*	Gen 29,18.20
28,2f.	Jakob erhält Lea und Silpa	44/3/1	...	Gen 29,24
28,8-10	Jakob erhält auch Rahel und Bilha	44/3/1	*+ weitere 7 Jahre*	Gen 29,27-30
28,11	Geburt und Benennung Rubens	44/3/1		*Gen 29,32*
28,13	Geburt und Benennung Simeons	44/3/3		*Gen 29,33*
28,14	Geburt und Benennung Levis	44/3/6		*Gen 29,34*
28,18	Geburt und Benennung Dans	44/3/6		*Gen 30,5f.*
28,15	Geburt und Benennung Judas	44/4/1		*Gen 29,35*
28,19	Geburt und Benennung Naphtalis	44/4/2		*Gen 30,7f.*
28,20	Geburt und Benennung Gads	44/4/3		*Gen 30,10f.*
28,22	Geburt und Benennung Issachars	44/4/4		*Gen 30,17f.*
28,21	Geburt und Benennung Assers	44/4/5		*Gen 30,12f.*
28,23	Geburt Sebulons und Dinas	44/4/6		*Gen 30,19-21*
28,24	Geburt und Benennung Josephs	44/4/6		*Gen 30,22-24*
29,5	Jakob zieht nach Gilead	44/4/7		*Gen 31,21; 31,41*
29,14	Jakob überschreitet den Jordan	44/5/1		
30,1f.	Jakob in Salem / Schändung der Dina	44/6/1[179]		*Gen 34*

---

178 Daß Jakob von seiner Geburt bis zu diesem Zeitpunkt 69 Jahre in Kanaan wohnte, wird möglicherweise in 4Q559 Fr. 2 2 aus den Vorgaben des Jubiläenbuches abgeleitet; vgl. NEBE, *4Q559*, 86.

179 In dasselbe Jahr fallen die in Kap. 31 und 32 überlieferten Prophezeiungen Isaaks an Juda und Levi.

Jub	*Ereignis*	*Datierung*	*Anmerkungen*	*Bibl. Parallelen*
32,33	Geburt und Benennung Benjamins	44/6/1		*Gen 35,16-18*
32,34	Rahels Tod	44/6/1		*Gen 35,19*
33,21	Jakob zieht mit seinen Söhnen zu seinen Eltern	44/6/3		*Gen 35,27*
34,1	Jakobs Söhne in Sichem[180]	44/6/6		*Gen 37,12*
34,10	Joseph wird zu seinen Brüdern gesandt	44/6/7		*Gen 37,13f.*
35,1	Rebekka ermahnt Jakob	45/1/1[181]		
36,1	Isaaks Vermächtnis an seine Söhne	45/1/6		
36,18	Isaaks Tod mit 180 Jahren	45/1/6		Gen 35,28f.
40,11f.	Joseph steht vor dem Pharao	45/1/6	*mit 30 Jahren*	Gen 41,46
40,12	Beginn der siebenjährigen Fruchtbarkeit	45/2/1	*vgl. Jub 41,22*	Gen 41,47
41,1	Juda verheiratet Er mit Tamar	45/2/2		*Gen 38,1*
36,21	Tod Leas	45/2/4		
41,7	Tod Batsuas, der Frau Judas	45/2/5		
41,8	Juda trifft Tamar	45/2/6		*Gen 38,12ff.*
41,21	Tamar gebiert Zwillinge	45/2/7		*Gen 38,27ff.*
41,22	Ende der siebenjährigen Fruchtbarkeit	45/2/7	*vgl. Jub 41,12*	
42,1	Beginn der siebenjährigen Unfruchtbarkeit	45/3/1		Gen 41,53f.
42,20	Zweiter Zug der Söhne Jakobs	45/3/2		*Gen 43,11ff.*
43,17	Joseph sendet im zweiten Dürrejahr nach Jakob	45/3/2		Gen 45,9-11
45,1.6	Israel erreicht das Land Gosen	45/3/2	*mit 130 Jahren*	*Gen 46,28f.; 47,9*
45,9.11	Aussaat im ersten Jahr nach der Dürre	45/4/1		*Gen 47,11ff.*
45,13	Tod Jakobs mit 147 Jahren	45/5/4		Gen 47,28
46,1	Prosperität Israels	45/5/5	*für 10 JW*[182]	*Ex 1,6f.*

---

180 In 34,2-9 ist die biblisch nicht bezeugte, wahrscheinlich in Anklang an Gen 14 gestaltete Erzählung vom Krieg gegen die sieben Amoriterkönige überliefert.

181 Das in Jub 35,6.27 erwähnte Sterbealter von 155 Jahren ist biblisch ohne Parallele, wie überhaupt keine Sterbenotiz über Rebekka überliefert ist. Gen 49,31 reflektiert bereits ihren Tod.

Jub	Ereignis	Datierung	Anmerkungen	Bibl. Parallelen
46,3.8	Tod Josephs mit 110 Jahren	46/6/2		Gen 50,26

Während viele Abrahamdaten aus der Genesis übernommen werden konnten, ist die Chronologie der ersten Zeit nach Abrahams Tod ohne biblische Parallele (Jub 24; vgl. Gen 26). Gleichwohl ist erkennbar, daß der größere Zeitrahmen auch hier unter Rekurs auf biblische Referenztexte abgesteckt wurde: Die nach Jub 25 an Jakob im Alter von neun Jahrwochen ergehende Ermahnung Rebekkas, keine Kanaanäerin zu ehelichen (vgl. 22,18-24), wird durch den Rückblick Jakobs auf 22 Jahre Streit mit seinem Bruder über eben dieses Thema näher bestimmt (Jub 25,8). Hier liegt ein dezenter Rückverweis auf Gen 26,34f. vor, wonach Esau mit 40 Jahren eine Hethiterin heiratet und seinen Eltern große Sorgen verursacht. Diese Notiz, die Gen 26 im Anschluß an die Beerscheba-Theophanie überliefert, wurde von den Verfassern des Jubiläenbuches, die Kap. 24 mit Beerscheba beschließen, in Gestalt eines chronologischen Reflexes in das paränetische Kap. 25 eingeflochten: Esau hat mit 40 Jahren das im Jubiläenbuch zentrale Gebot gebrochen, nur eine Volksgenossin zu heiraten, und daraufhin 22 Jahre lang erfolglos versucht, seinen Bruder zu überzeugen, dasselbe zu tun, der nun mit 63 Jahren schwört, niemals dem Beispiel Esaus zu folgen (Jub 25,9). Erst von der Kenntnis der biblischen Chronologie her, die in Jub 25 implizit vorausgesetzt wird, erschließt sich der Sinn der 22 Jahre.

Die im Duktus der Genesis folgenden Ereignisse von der Segnung Jakobs durch Isaak bis zur Trennung von Laban (Gen 27-31) wurden vom Verfasser des Jubiläenbuches erneut auf Schwellenjahre seines Systems gelegt (Jub 26-29): So stiehlt Jakob den Erstgeburtssegen im letzten Jahr einer Jahrwoche (44/1/7) und tritt seinen Dienst bei Laban im ersten Jahr des folgenden Septenniums an (44/2/1). Die aus Gen 29 übernommene zweimal siebenjährige Dienstzeit für Lea und Rahel füllt so exakt zwei Jahrwochen, woran sich weitere sechs Jahre anschließen, bis Jakob Laban nach zwanzigjährigem Dienst verläßt (44/4/6) und den Jordan zu Beginn

---

182 Die 10 Jahrwochen, während derer Israel nach Jakobs Tod in Ägypten zu einer großen Nation heranwächst (46,1), reichen bis 47/1/4, sprengen so aber die Näherbestimmung dieser Prosperitätsphase ‚für alle Tage Josephs' deutlich, da dieser nach 46,8 über zwei Jahrwochen zuvor stirbt (46/6/2). Ereignet sich der Tod Josephs *vor* Verstreichen der zehn Jahrwochen, so schließt der Beginn der Knechtschaft Israels in 47/2/1 (46,9-16) nicht direkt, sondern *nach* einer Lücke von vier Jahren an das Ende dieses Zeitraumes an. Es ist daher davon auszugehen, daß die zehn Jahrwochen als runde Zahl nur die ungefähre Dauer der Prosperität Israels angeben sollen; ihre Verknüpfung mit der Lebenszeit Josephs bietet dabei ein aus Ex 1,8 übernommenes theologisches Interpretament ohne konkrete chronologische Bedeutung.

der fünften Jahrwoche überschreitet (Jub 29,14).[183] Auch die mit dem Aufenthalt bei Laban verbundene Gesamtdauer von 20 Jahren wurde aus Gen 31,28.41 exakt übernommen, so daß die grobe chronologische Struktur dieser Epoche ganz mit der biblischen Vorlage übereinstimmt. Mit ihr verwoben wurden präzise Geburtsangaben der Kinder Jakobs, die im Buch Genesis keine Parallelen haben.[184]

Auch in Jub 30,1 - 34,9 folgt der Verfasser der erzählerischen Sequenz der Genesis (Kap. 34f.) und liefert Datierungen der einzelnen Ereignisse, die bis in die sechste Jahrwoche des 44. Jubiläums reichen. Den Zeitrahmen steckt der Verkauf Josephs in die Sklaverei ab, der sich nach Gen 37,2 (vgl. Jub 46,3) im Alter von 17 Jahren ereignet. Jub 34,10 verlegt dieses Ereignis an das Ende einer Jahrwoche (44/6/7), in dem Joseph von seinem Geburtsjahr (44/4/6) an gerechnet allerdings erst 15 Jahre alt ist, und begrenzt so zugleich die Datierungsmöglichkeiten für die vorangehenden Ereignisse. Die Altersangaben, welche die Genesis zu den einzelnen Stationen der Karriere Josephs bietet, werden auch im folgenden genau rezipiert und bilden das chronologische Gerüst für den Zeitraum bis zu seinem Tod (Jub 46). Dabei hält sich die effektive Abweichung von zwei Jahren gegenüber dem biblischen Bericht durch: Wenn Joseph in 45/1/6 mit angeblich 30 Jahren vor dem Pharao steht (Jub 40,11f.; vgl. Gen 41,46), so ist er, von seinem angegebenen Geburtsjahr an gerechnet, erst 28, zum Zeitpunkt seines Todes nicht 110, sondern 108 Jahre alt (Jub 46,3.8; vgl. Gen 50,26).[185] Erneut zeigt sich, daß das Jubiläenbuch bei einzelnen Angaben von seiner Vorlage abweicht, dann aber folgerichtig weiterrechnet, weshalb die Intervalle zwischen den biographischen Stationen Josephs in Genesis und Jubiläenbuch identisch bleiben, das jeweilige Lebensalter aber differiert.

---

183 SCOTT, *On Earth*, 206, hat hervorgehoben, daß bereits mit Jakobs Rückkehr nach Gilead in 44/4/7 (Jub 29,5) eine besondere Bedeutung verbunden sei, da schon mit der Überschreitung des Arnon das verheißene Land erreicht werde, das Jakob hier am Ende einer Jahrwoche betrete, genau 45 Jahrwochen vor dem Eintritt seiner Nachkommen am Ende des 50. Jubiläums.

184 Eine vergleichbar ausgefeilte Chronologie des Aufenthaltes Jakobs bei Laban entwickelt bereits der jüdische Chronograph Demetrius (3. Jh. v. Chr.). Signifikante Übereinstimmungen mit Jub 27-29 sind jedoch nicht zu verzeichnen – es handelt sich um zwei voneinander unabhängige Bearbeitungen des biblischen Materials; vgl. JACOBY, *Fragmente* III C 2, 666f.; WALTER, *Fragmente*, 285.

185 Jub 46,3 liefert ein Summar des Lebens Josephs, das im ganzen mit den Angaben der Genesis identisch ist. Lediglich die Unterteilung der dreizehn Jahre unter Potiphar und im Gefängnis in 10+3 Jahre ist nicht explizit im Text der Vorlage gegeben, wahrscheinlich aber in der Notiz angelegt, daß der Pharao träumte, nachdem Joseph zwei Jahre im Gefängnis gesessen hatte (Gen 41,1). Diese ließ sich dahingehend interpretieren, daß der Traum in Josephs drittes Gefängnisjahr fiel, woraufhin zehn Jahre für die Zeit im Hause Potiphars verblieben.

Die strikte Orientierung an der chronologischen Sequenz bringt es mit sich, daß das Jubiläenbuch in Gen 37ff. erzählerisch entkoppelte, synchrone Ereignisse miteinander verknüpft und in eine fortlaufende Darstellung überführt. Dasselbe Phänomen läßt sich bereits hinsichtlich des Todes Isaaks beobachten, der schon in Gen 35,28 erwähnt ist, mit Jub 36,18 aber in die Zeit der Josephsgeschichte verlegt wird, da die lange Lebenszeit Isaaks von 180 Jahren diese Verschiebung gegenüber der Erzählsequenz der Genesis nötig macht. Daß Isaak im Jahr seines Todes nicht wie angegeben 180, sondern erst 175 Jahre alt ist, scheint in kompositorischen Erwägungen begründet zu sein: Isaak stirbt in demselben Jahr, in dem der Aufstieg Josephs beginnt (40,11f.), wodurch beide Ereignisse miteinander verknüpft werden und das betreffende Jahr als besondere Zäsur in den Blick kommt.[186] Dabei wurde wie bereits im Fall der Abrahamsdaten (21,1f.; 22,1; 23,8) das traditionell geprägte Sterbedatum trotz der Kollisionen mit der heptadischen Chronologie übernommen.

Wie zuvor bei den Dienstjahren Jakobs hat der Verfasser auch bei den sieben fetten und sieben mageren Jahren Sorge getragen, diese deckungsgleich mit zwei Jahrwochen in die Gesamtchronologie zu inkorporieren (Jub 40,12; 42,1). Diese bilden einen 14 Jahre umfassenden Rahmen, in den die Gen 38-46 berichteten Ereignisse eingeordnet sind. Dabei wurden, wo vorhanden, auch nähere Angaben der Genesis exakt übernommen, wie etwa die Datierung der Aufforderung Josephs an seinen Vater, er möge nach Ägypten kommen, ins zweite Dürrejahr (Jub 43,17; vgl. Gen 45,11). Daß Jakob mit 130 Jahren in die Provinz Gosen zieht, geht auf Gen 47,9 zurück, wobei, von der Geburtsnotiz (Jub 19,13) an gerechnet, eigentlich erst 126 Jahre vergangen wären. Dieselbe Differenz von vier Jahren hält sich auch im folgenden durch und begegnet wieder in der Sterbenotiz Jakobs (Jub 45,13), die sein Alter gemäß Gen 47,28 mit 147 Jahren angibt – darin zutreffend, daß seit seinem Eintritt ins Land Ägypten 17 Jahre vergangen sind, in absoluten Zahlen gleichwohl um vier Jahre zu hoch.

Die letzte aus der Genesis übernommene Notiz betrifft das Sterbealter Josephs, das gemäß Gen 50,26 mit 110 Jahren angegeben wird (Jub 46,3.8). Daß das Jubiläenbuch hier explizit 80 Jahre für die Dauer von Josephs Dienst unter dem Pharao anführen kann, verdankt sich einer Kombination von Gen 41,46 und 50,26: Als Dreißigjähriger kommt Joseph an den ägyptischen Hof, den er bis zu seinem Tode nicht mehr verläßt. Dabei setzt sich, wie bereits bemerkt, auch beim Sterbealter Josephs derselbe Überschuß von zwei Jahren gegenüber der effektiv seit seiner Geburt ver-

---

186 Unklar ist dagegen, wie die Spannungen der Altersangabe in Jub 31,27 zustande kamen: Seine Vermächtnisreden hält Isaak nicht wie angegeben im Alter von 165, sondern, von seinem Geburtsjahr 41/4/6 an gerechnet, bereits mit 156 Jahren.

gangenen Zeit fort, der die gesamte Biographie des Jakobssohnes seit seinem Verkauf in die Sklaverei kennzeichnet.

Bis zum Exodus und der Gabe der Tora

Jub	Ereignis	Datierung	Anmerkungen	Bibl. Parallelen
46,9	Ägypten gegen Kanaan	47/2/2		
47,1	Amram kommt aus Kanaan nach Ägypten	47/7/7		
47,1	Geburt Moses	48/4/6		*Ex 2,1*
47,9	Mose wird aufgezogen	48/4/7	*für 3 JW*	
47,10	Mose am Königshof	48/7/7	*für 3 JW*	*Ex 2,10*
48,1	Mose zieht nach Midian	49/3/6	*für 5 JW + 1 Jahr*	*Ex 2,15*
48,1	Mose kehrt nach Ägypten zurück	50/2/2		*Ex 4,20ff.*; <u>7,7</u>
50,4	40 Jahre bis zum Eintritt ins Land	50/2/2	*vgl. Jub 1,1*	<u>Ex 16,35</u>[187]

Da mit dem Tod Josephs das Ende der Genesis erreicht ist und die Handlung des Exodusbuches erst nach einem größeren zeitlichen Abstand einsetzt (vgl. Ex 1,6-8), gewinnt die Darstellung des Jubiläenbuches in Ermangelung von Quellenmaterial einen Grad von Spärlichkeit, wie er seit der Wiedergabe der urzeitlichen Genealogien nicht mehr begegnete. Bis zur Geburt Moses sind lediglich der Kampf zwischen Kanaan und Ägypten und die Einreise Amrams erwähnt – beide Ereignisse fallen in das ansonsten ereignislose 47. Jubiläum (Jub 46,9; 47,1), das durch das Auftreten Amrams in 47/7/7 zugleich beschlossen wird. Mögen diese Angaben auch erfunden sein, so ist ihre Abgrenzung nach hinten keineswegs zufällig, sondern durch die biblische Tradition vorgegeben.

Schwellenjahr ist die Geburt Moses, die in das wenig symbolträchtige Jahr 48/4/6, genau 120 Jahre vor dem Eintritt in das verheißene Land und dem Ende der Geschichtsschau, verlegt wird (Jub 47,1). Dieses Datum ist kein Zufall, sondern es wurde durch Kombination der vierzigjährigen Wüstenwanderung Israels mit dem Alter Moses, in dem dieser den Auszug seines Volkes fordert, errechnet. Nach Ex 7,7 ist Mose genau 80 Jahre alt, als er vor den Pharao tritt; addiert man die 40 Jahre der Wüstenwanderung, so kommt man auf 120 Jahre zwischen Moses Geburt und Eintritt ins Land. Dieser Zeitraum wird von Jub 47,1 bei der Datierung der Geburt exakt eingehalten, wie auch Mose nach Jub 48,1 mit genau 80 Jahren (50/2/2) vor den Pharao tritt. Ist hiermit das Jahr des Exodus und

---

187 Zum Zeitraum der 40 Wüstenjahre vgl. ferner Num 14,33f.; 32,13; Dtn 2,7; 8,2.4; 29,4; Jos 5,6.

damit zugleich der erzählerische Ausgangspunkt am Sinai erreicht (1,1-4.29), bleibt nur der Ausblick auf die Landnahme als finales Ereignis (Jub 50,4). Der Zeitraum vor Moses 80. Lebensjahr ist dagegen chronologisch grob ausgestaltet und in drei große Jahrwochenblöcke aufgeteilt. Daß der Aufenthalt in Midian mit seiner Dauer von fünf Jahrwochen und einem Jahr die Symmetrie der Angaben von jeweils genau drei Jahrwochen für Moses Erziehung und seine Zeit am Königshof bricht, bestätigt nur den hohen Stellenwert der chronologischen Vorgaben: nach 3+3+5 Jahrwochen und einem Jahr sind exakt 80 Jahre vergangen und das Alter erreicht, in dem Mose nach Ex 7,7 den Auszug seines Volkes aus der Knechtschaft anführen soll.

Anhang: Die Genealogie von Adam bis Abraham

Gen	Ereignis		𝔐	𝔊	Sam	𝔄[188]	Jub	
5,3-5	Adam	*zeugt mit*	130	130	130	230	130	4,7
		stirbt mit	930	930	930	930	930	4,29
5,6-8	Set	*zeugt mit*	105	105	105	205	98	4,11
		stirbt mit	912	912	912	912		
5,9-11	Enos	*zeugt mit*	90	90	90	190	97	4,13
		stirbt mit	905	905	905	905		
5,12-14	Kenan	*zeugt mit*	70	70	70	170	70	4,14
		stirbt mit	910	910	910	910		
5,15-17	Mahalalel	*zeugt mit*	65	165	65	165	66	4,15
		stirbt mit	895	895	895	895		
5,18-20	Jared	*zeugt mit*	162	162	62	162	61	4,16
		stirbt mit	962	962	847	962		
5,21-24	Henoch	*zeugt mit*	65	65	65	165	65	4,20
		entrückt mit	365	365	365	365	365	4,21
5,25-27	Methusalem	*zeugt mit*	187	167	67	187	65	4,27
		stirbt mit	969	969	720	969		
5,28-31	Lamech	*zeugt mit*	182	188	53	182	50-55	4,28
		stirbt mit	777	753	653	777		
5,32; 9,29	Noah	*zeugt mit*	500	500	500	500	ca. 500	4,33
		stirbt mit	950	950	950	950	950	10,16
11,10f.	Sem	*zeugt mit*	100	100	100	100	104	7,18
		lebt danach	500	500	500	500		
11,12f.	Arpachschad	*zeugt mit*	35	135	135	135	64	8,1
		lebt danach	403	430	303	430		

---

188 Angaben nach DILLMANN, *Veteris Testamenti Aethiopici Tomus Primus*, 10f.17.19f. Die vereinzelt in den MSS bezeugten Varianten sind für den Vergleich mit Jub ohne Belang.

Gen	Ereignis		𝕸	𝕲	Sam	𝖎	Jub	
11,13	Kainam	*zeugt mit*		130		130	57	8,6
		lebt danach		330		430		
11,14f.	Schelach	*zeugt mit*	30	130	130	130	71	8,7
		lebt danach	403	330	303	330		
11,16f.	Eber	*zeugt mit*	34	134	134	134	64	8,8
		lebt danach	430	370	270	270		
11,18f.	Peleg	*zeugt mit*	30	130	130	130	12	10,18
		lebt danach	209	209	109	209		
11,20f.	Regu	*zeugt mit*	32	132	132	132	108	11,1
		lebt danach	207	207	107	207		
11,22f.	Serug	*zeugt mit*	30	130	130	135	57	11,8
		lebt danach	200	200	100	200		
11,24f.	Nahor	*zeugt mit*	29	79	79	79	62	11,10
		lebt danach	119	129	69	129		
11,26.32	Terach	*zeugt mit*	70	70	70	70	70	11,15
		stirbt mit	205	205	145	205		

b) Die Konstruktion des chronologischen Systems im Spannungsfeld zwischen Vorgaben der Tradition und gestalterischen Interessen

Als Ergebnis des vorangehenden Überblicks läßt sich festhalten, daß das Jubiläenbuch zwar der erzählerischen Sequenz der biblischen Vorlage (Gen 1 - Ex 24) folgt, seinem Charakter als *rewritten bible* jedoch nicht nur durch deren umakzentuierte Neuerzählung, unter Auslassung bestimmter Passagen und Ergänzung anderer, sondern auch hinsichtlich der chronologischen Angaben entspricht, die nur zu einem Teil Anhalt an einer der biblischen Textfassungen finden. Ziel dieses Kapitels ist es, die Konstruktion der in Jub 2-50 entfalteten heptadischen Chronologie vor dem Hintergrund der biblischen und der außerbiblischen Tradition in Grundzügen nachzuzeichnen. Dabei ist dem Problem Rechnung zu tragen, daß die chronologischen Angaben des äthiopischen Textes, auf den man sich fast durchweg stützen muß, im Laufe der Überlieferung in nicht bekanntem Maße durch Fehler (und intentionale Änderungen?) entstellt worden sein können.[189] Da das Jubiläenbuch allerdings grundsätzlich bis auf wenige Ausnahmen alle Ereignisse in seinem heptadischen Raster absolut datiert, ergibt sich der Vorteil, daß, anders als im Fall der biblischen Chronologie, die durchweg auf der Angabe von Zeiträumen aufbaut, ein Fehler nicht zu

---

189 Vgl. etwa die auffälligen Abweichungen in Jub 4 gegenüber Gen 5 und die im Vergleich zum erhaltenen hebräischen Text fehlerhafte Datierung in Jub 22,1 𝔍𝔦𝔱𝔥.

Verschiebungen im System führt. Trotz der anzunehmenden Brechungen durch den Überlieferungsprozeß, die ihren Niederschlag in manchen problematischen Angaben gefunden haben mögen, ist es daher möglich, die Konstruktion der heptadischen Chronologie, wenn nicht bis ins letzte Detail, so doch in ihren zentralen Punkten nachzuvollziehen.

Den Ausgangspunkt der folgenden Erörterungen muß die Einsicht bilden, daß das Jubiläenbuch mit seiner 50 Jubiläen umfassenden Chronologie des Zeitraums zwischen Schöpfung und Landnahme einen eigen akzentuierten geschichtstheologischen Entwurf vorlegt. Das in Lev 25 eingeführte Jobeljahr wird zur strukturbildenden Vorlage der Geschichtsschau, die demonstrieren soll, daß der Weg Israels bis ins verheißene Land in vollendeter Harmonie mit der gottgesetzten heptadischen Zeitordnung verläuft und nach 50 Jubiläen sein Ziel erreicht. Ist damit der Gesamtzeitrahmen als Grundvorgabe von Anfang an definiert, so können die Angaben der biblischen Chronologie, denen ein entsprechendes Schema evidenterweise nicht zugrunde liegt, nicht unmodifiziert übernommen worden sein.[190] Der Versuch einer vollständigen Ableitung des heptadischen Systems aus einer biblischen Vorlage muß unter diesen Voraussetzungen scheitern, nicht zuletzt, weil er verkennt, wie sich das Jubiläenbuch selbst positioniert: Es legt gemäß seines Selbstverständnisses die Ordnung der Zeiten frei, die in den chronologischen Unschärfen des biblischen Textes verborgen ist. Die entscheidende Frage muß daher lauten, inwieweit und an welchen Stellen die heptadische Chronologie biblische Vorgaben integriert und wo sie diese zum Erreichen eigener Zielsetzungen oder aus systeminternen Zwängen modifiziert oder gar übergeht.

Geht man vom Ende der Geschichtsschau aus, der Landnahme nach 50 Jubiläen, fällt auf, daß Abraham nach Jub 11,15 genau 575 Jahre zuvor (39/2/7) geboren wird. Dabei ergibt sich eine auffällige Übereinstimmung mit zwei in allen biblischen Textfassungen durchgängig bezeugten Angaben, die kaum zufällig sein wird: So erreicht Abraham gemäß Gen 12,4 ein Alter von 175 Jahren; nach Gen 15,13 (vgl. Jub 14,13) ergeht an ihn die Prophezeiung, seine Nachfahren würden 400 Jahre lang in ägyptischer Knechtschaft zubringen.[191] Addiert man beide Angaben, ergeben sich

---

190 Daß der Zeitrahmen von 50 Jubiläen die Grundvoraussetzung des im Jubiläenbuch entfalteten chronologischen Systems definiert, betont auch WIESENBERG, *Jubilee*, 29.

191 Auch VANDERKAM, *Konzept*, 96, verweist auf diesen Zusammenhang. Interessanterweise werden die 400 Jahre gegenüber Gen 15,13 dahingehend modifiziert, daß sie nicht mehr bis zum Exodus, sondern bis zum Eintritt ins verheißene Land reichen; die Akzentverschiebung gegenüber dem biblischen Text demonstriert dessen Auslegung durch den Verfasser des Jubiläenbuches. Von daher ist WIESENBERG, *Jubilee*, 30-37, zu widersprechen, der aufgrund von Gen 15,13 und der Beobachtung chronologischer Spannungen eine ursprüngliche Version des Jubiläenbuches postuliert, die ihren Zielpunkt mit dem Exodus erreicht habe. Diese habe sodann eine an Ex 12,40 orientierte Überarbeitung erfahren, durch

exakt die 575 Jahre, die nach Jub 11,15 zwischen Abrahams Geburt und Landnahme verstreichen. Das Geburtsjahr Abrahams und damit auch der Einsatzpunkt der den Großteil des Jubiläenbuches beherrschenden Vätergeschichte wurde offensichtlich durch die Kombination biblischer Vorgaben vom Ende der 50 Jubiläen her berechnet. Auf dieselbe Weise wurde auch die Geburt Moses 120 Jahre vor der Landnahme datiert (48/4/6: Jub 47,1): Mose führt mit 80 Jahren den Auszug Israels aus der ägyptischen Knechtschaft an (Jub 48; Ex 7,7), dessen Eintritt ins verheißene Land noch weitere 40 Jahre auf sich warten lassen soll (Jub 50,4; Ex 16,35). Damit stecken die in genauer Übereinstimmung mit den biblischen Vorgaben berechneten Geburtsjahre Abrahams und Moses den Zeitrahmen für die Vätergeschichte ab, der dann weiter ausgestaltet wurde.

Betrachtet man die chronologische Ausgestaltung der Vätergeschichte im Detail, so zeigt sich ein komplexeres Bild: Hier wurden nicht nur die biblischen Angaben übernommen, sondern mit außerbiblischen Stoffen fanden auch chronologische Traditionen ihren Eingang in das Jubiläenbuch, wie etwa die Darstellung der Jugend Abrahams zeigt.[192] Daher ist auch angesichts der übrigen biblisch nicht belegten Angaben zum Leben der Erzväter mit der Möglichkeit zu rechnen, daß das Jubiläenbuch hier – zumindest teilweise – weitere, uns unbekannte Traditionen rezipiert. Während in diesen Fällen über die Art der Aufnahme nur spekuliert werden kann, zeigt der Blick auf die biblischen Parallelen, daß die Rezeption der chronologischen Vorgaben nicht von ihrer Adaption an das heptadische System zu trennen ist: So entschließt sich Abraham nach Jub 12,28 im siebten Jahr einer Jahrwoche (40/6/7), nach Kanaan zu ziehen, obwohl oder vielmehr weil er zu diesem Zeitpunkt bereits 77 und nicht, wie biblisch belegt, 75 Jahre zählt (Gen 12,4). Der Aufbruch ins Land der Verheißung wurde hier bewußt auf ein Schwellenjahr des heptadischen Systems verlegt, dessen Bedeutung durch das Alter Abrahams zu diesem Zeitpunkt zusätzlich unterstrichen wird.

Lassen sich auch nicht alle Abweichungen von den biblischen Vorgaben intentional erklären, so zeigt doch der erwähnte Fall des Aufbruchs Abrahams nach Kanaan, daß intentionale Anpassungen an das heptadi-

---

die die Landnahme an das Ende der Geschichtsschau gerückt sei. WIESENBERG verfehlt es nicht nur, seine Revisionsthese am Text zu belegen (s.o., *3.3.2. a)*), er übersieht zudem vollständig, daß das verheißene Land einen zentralen Inhalt des Textes bildet, der sich durch den Hinweis auf chronologische Spannungen nicht als sekundär erweisen läßt. Die Existenz Israels im Land ist bereits in der Erwählung des Gottesvolkes am Schöpfungssabbat als Zielpunkt der 50 Jubiläen festgeschrieben. Daß schließlich der aller Voraussicht nach mehrere Jahrhunderte jüngere Targum Pseudo-Jonathan denselben Zeitraum bis zum Exodus voraussetzt, trägt für den Nachweis einer oder mehrerer Revisionen der Chronologie des Jubiläenbuches schlechterdings nichts aus.

192 S.o., *3.3.2. a)*.

sche System einen Rezeptionsfaktor bilden, der chronologische Verschiebungen hervorrufen konnte, wie sie sich, durch mögliche Überlieferungsfehler noch verstärkt, im erhaltenen Text abzeichnen. Da das Jubiläenbuch seine Chronologie durch absolute Datierungen (Jubiläum/Jahrwoche/Jahr) konstruiert, ergeben sich explizite Spannungen nur an den Stellen, wo trotz eingetretener Verschiebungen die biblisch bezeugten Zeiträume einfach übernommen wurden. So stimmen im Fall Abrahams, Isaaks, Jakobs und Josephs die nach dem Text der Genesis zitierten Sterbejahre nirgends mit dem Sterbealter überein, das sich ergeben müßte, wenn man vom in Jub angegebenen Geburtsjahr an rechnet. Weitet man den Blickwinkel auf die biographischen Daten, so zeigt sich, daß auch diese unter Ignorierung eingetretener Verschiebungen einfach übernommen wurden. So wurde der Verkauf Josephs in die Sklaverei erneut auf das letzte Jahr eines Septenniums verlegt (Jub 34,10), und obwohl Joseph zu diesem Zeitpunkt erst 15 Jahre zählt, berechnet der Text alle weiteren Stationen seines Lebens so, als sei er wie im biblischen Referenztext 17 Jahre alt gewesen. Der hier angelegte Überschuß von zwei Jahren, den die zitierten Angaben der Genesis gegenüber dem heptadischen System aufweisen, setzt sich bis ins Todesjahr Josephs fort, der nach Jub 46,3.8 im Alter von 110 stirbt, obwohl er eigentlich erst 108 wäre.

Das Beispiel der Biographie Josephs demonstriert zweierlei: Einerseits stützt sich das Jubiläenbuch zur Ausgestaltung seiner Binnenchronologie auf aus der biblischen Tradition errechnete zeitliche Intervalle, die peinlich genau eingehalten werden. Andererseits werden trotz eingetretener Verschiebungen, von denen zwar die Abstände zwischen den biographischen Stationen, aber eben nicht die ihnen zugeordneten Altersangaben unangetastet bleiben, letztere unverändert zitiert. Daß dem Verfasser des Jubiläenbuches die sich so zwingend ergebenden chronologischen Spannungen verborgen geblieben sein könnten, erscheint wenig plausibel, da er seine Rechenkunst auch über lange Jubiläensequenzen demonstriert, in deren heterogenes System er die biblischen Vorgaben exakt konvertiert.[193] Daß hier umgekehrt durchweg Überlieferungsfehler bei den heptadischen Angaben vorliegen, scheidet ebenfalls als Erklärung aus, da das Erreichen systeminterner Schwellenjahre am einfachsten auf intentionale Modifikationen zurückzuführen ist. Es bleibt daher nur die Konsequenz, daß der Verfasser bestimmte Vorgaben der Tradition wie das Sterbealter der Patriarchen für so autoritativ erachtet haben muß, daß er sie auch dann unverändert übernahm, wenn sie mit seinem System gar nicht mehr in Einklang zu bringen waren. Daß Abraham mit 175 Jahren starb, scheint von Gen 25,7 her unverrückbar festgestanden zu haben – eine Angabe, die auch

---

193   Vgl. etwa die exakte Berechnung des Sterbejahres Adams (19/7/6) in Jub 4,29.

dann zitiert wurde, wenn der Patriarch zum angegebenen Zeitpunkt (Jub 22,1) eigentlich bereits 184 Jahre zählte.

Bietet das Geburtsjahr Abrahams, in dargestellter Weise vom Ende der 50 Jubiläen her berechnet, den Ausgangspunkt für die Ausgestaltung der folgenden Vätergeschichte, so ist mit ihm zugleich der *terminus ad quem* für die chronologische Darstellung der gesamten Vorgeschichte – von der Schöpfung bis zu Abrahams Vater Terach – gegeben. Als biblisches Quellenmaterial standen hier vor allem die Genealogien in Gen 5; 11 zur Verfügung, wobei das Verhältnis zwischen den bereits in den Fassungen des Bibeltextes stark differierenden Angaben und dem Befund des Jubiläenbuches alles andere als eindeutig ausfällt. Zwar zeigt sich bei der Rezeption des Sethitenstammbaums eine deutliche Übereinstimmung mit den Angaben von Gen 5 𝔖𝔞𝔪, die Geburtsjahre der Nachkommen Sems hingegen stehen in keinem erkennbaren Bezug zu einer erhaltenen Fassung von Gen 11. Als vordergründig naheliegendste Erklärung bietet sich daher an, daß der Verfasser für die Zeit bis Noah einer 𝔖𝔞𝔪 entsprechenden Vorlage folgte und den Zeitraum bis zur Geburt Abrahams, die als chronologischer Fixpunkt bereits im System verankert war, unter möglichem Rückgriff auf uns unbekannte Traditionen, im Kern jedoch den eigenen chronologischen Interessen und Erfordernissen verpflichtet, ausgestaltete.

Diese geradlinige Erklärung bedarf allerdings einer näheren Überprüfung: So ist mit Feststellung der Parallelen zwischen Jub 4 und Gen 5 𝔖𝔞𝔪 noch nicht erwiesen, wie das Verhältnis zwischen beiden konstituiert ist. Obwohl sich auch sonst zeigen läßt, daß die biblische Vorlage des Jubiläenbuches auffällige Nähen zu 𝔖𝔞𝔪 aufweist,[194] ist sie doch nicht mit diesem identisch, allein deshalb schon nicht, weil mit der Existenz von 𝔖𝔞𝔪 in seiner vorliegenden Gestalt erst zu einer Zeit zu rechnen ist, in der auch das Jubiläenbuch bereits existierte.[195] Aber auch die gemeinhin vertretene Ansicht, Jub 4 rezipiere eine Gen 5 𝔖𝔞𝔪 *entsprechende* biblische Vorlage,[196] bedarf einer Begründung, ist doch prinzipiell nicht auszuschließen, daß die in Jub 4 entfaltete Chronologie als Vorlage der in Gen 5 𝔖𝔞𝔪 bezeugten Angaben fungiert haben könnte.

Als eine wesentliche Voraussetzung zur Untermauerung einer derartigen Hypothese wäre allerdings der Nachweis zu erbringen, daß die in

---

194 Vgl. VANDERKAM, *Textual and Historical Studies*, 136-138; DERS., *Jubilees and the Hebrew Texts*, 457.

195 Vgl. die von E. & H. ESHEL, *Dating*, 215-240, vorgelegten Ergebnisse, wonach der von 𝔖𝔞𝔪 bezeugte biblische Text erst im 2. Jh. v. Chr. in samaritanischen Kreisen seine heutige Gestalt gewann.

196 Vgl. HUGGINS, *Book of Periods*, 435: Die Chronologie des Jubiläenbuches „is built upon a biblical chronology that closely parallels that of the Samaritan Pentateuch [...] at least for the period before the flood." Ebenso MURTONEN, *Chronology*, 136; ähnlich bereits DILLMANN, *Buch der Jubiläen* II, 77, und GELZER, *Africanus* II, 258f.

Jub 4 bezeugte Version des Sethitenstammbaums aus gestalterischen Interessen des Verfassers erwachsen ist. Hierfür ließe sich aber lediglich die mancherorts geäußerte Vermutung ins Feld führen, der Text ziele darauf ab, den in der Sequenz der Genesis mit der Zeugung der Riesen folgenden Niedergang (Gen 6,1-4) im 25. Jubiläum zu verankern (Jub 5,1), um der numerischen Zäsur bei der Hälfte der betrachteten Gesamtzeit von 50 Jubiläen eine angemessene inhaltliche Bestimmung zu geben.[197] Da die Vermischung von Menschen und Engeln allerdings nicht präziser verortet (Jub 5,1: 25/x/x) und das Ereignis überdies nur beiläufig erwähnt wird, ist auf diese Weise aber kaum ein Beweis für einen intentionalen Hintergrund des in Jub 4 abgesteckten Gesamtzeitraums, geschweige denn für den seiner chronologischen Unterteilung zu erbringen – ihre Priorität gegenüber Gen 5 Sam läßt sich aus Jub 4 nicht begründen.

Damit ist allerdings die eingangs geäußerte Vermutung, Jub 4 folge einer Gen 5 Sam entsprechenden Vorlage, noch nicht bewiesen, sie kann aber durch einen Blick auf die geringen Abweichungen zwischen beiden Texten untermauert werden: Die sich bei den Geburtsjahren der Patriarchen von Enos bis Jared in Jub 4 gegenüber Gen 5 Sam ergebenden Verschiebungen lassen sich entweder auf intentionale Änderungen oder auf Überlieferungsfehler zurückführen.[198] Dasselbe gilt für das Geburtsjahr Lamechs in Jub 4,27, das zwei Jahre früher liegt als in Gen 5,28 Sam.[199] Während sich demnach wahrscheinlich machen läßt, daß eine Gen 5 Sam entsprechende Chronologie in Jub 4 modifiziert und gegebenenfalls durch Fehler entstellt wurde, muß die umgekehrte Annahme mit deutlich mehr Variablen operieren: Sollte sich die in Sam bezeugte Version des Sethitenstammbaumes aus Jub 4 speisen, so hätte sie zunächst aus dem heptadischen System abstrahiert werden müssen, um sodann auf eine Weise verändert zu werden, die die heutigen Abweichungen zeitigte, ohne daß in Ermangelung einer der heptadischen Chronologie vergleichbaren übergeordneten Struktur die Notwendigkeit oder Wahrscheinlichkeit[200] dieser Abweichungen zu plausibilisieren wäre.

---

197 Vgl. FREY, *Weltbild*, 265; VANDERKAM, *Konzept*, 97, Anm. 37.
198 Vgl. die entsprechenden Ausführungen unter *3.3.2. a)*.
199 Allerdings bliebe hier der Sinn einer intentionalen Änderung im Dunkeln.
200 Da in Gen 5 im Gegensatz zu Jub kein absolutes Datierungssystem zugrunde liegt, sondern jeweils das Alter einer betreffenden Person angegeben wird, ist der in Sam vorliegende Befund nicht sinnvoll als fehlerhafte Überlieferung einer Jub entsprechenden Vorlage zu erklären: Da der Gesamtzeitraum zwischen den Geburten von Enos und Henoch in beiden Texten übereinstimmt, deren jeweilige Datierungen (mit Ausnahme der Geburt Mahalalels) aber durchgängig differieren, hätten in Sam gleich vier Einzelfehler eintreten müssen, die sich sodann gegenseitig kompensiert hätten. Dies ist – im Gegensatz zum Datierungssystem von Jub, in dem sich derselbe Befund auf zwei Einzelfehler zurückführen läßt – nicht sinnvoll vorstellbar.

Ist somit davon auszugehen, daß eine Gen 5 𝔖𝔞𝔪 entsprechende Vorlage hinter Jub 4 steht, so sagt dies allerdings noch nichts über deren konkrete Gestalt. Die naheliegendste Option, das Jubiläenbuch greife auf einen entsprechenden Bibeltext zurück, kann den Textbefund von Jub 4 in jedem Fall nicht vollständig erklären, da der hier präsentierte Sethitenstammbaum mit der Erwähnung der jeweiligen Ehefrauen und Brautväter nachweislich auch außerbiblische Traditionen einschließt.[201] Es ist daher immerhin theoretisch vorstellbar, daß die chronologischen Angaben in Jub 4 nicht aus der dem Verfasser vorliegenden Version von Gen 5, sondern aus einer diesem Text zugeordneten Tradition stammen, aus der auch die biblisch nicht bezeugten genealogischen Angaben übernommen wurden.

Kann damit – trotz aller Unsicherheit im Detail – vorausgesetzt werden, daß im Hintergrund der in Jub 4 bezeugten chronologischen Angaben eine mit Gen 5 𝔖𝔞𝔪 übereinstimmende Vorlage steht, ergibt sich, daß sowohl der Zeitraum zwischen Schöpfung und Noah als auch zwischen Abraham und Landnahme unter Rückgriff auf den biblischen Text und ihm zugeordnete Traditionen strukturiert wurde. Auf diese Weise war zugleich der Zeitrahmen abgesteckt, der für den in Gen 11 bezeugten Semitenstammbaum noch verblieb, und es ergibt sich folgerichtig, daß der biblische Text, dem kein vergleichbares heptadisches Schema zugrunde liegt, hier nicht mehr unmodifiziert übernommen werden konnte. Daß die Zeit zwischen Sem und Abraham in Jub 8-11 keiner bekannten Fassung des biblischen Textes entsprechend gestaltet wurde, fügt sich bestens ins Bild: Hier wurde der Verfasser offensichtlich in stärkerem Maße als bisher selbst tätig, um die chronologische Lücke zu schließen. Dabei zeichnet sich das gestalterische Interesse ab, die Geburt des Stammhalters möglichst in die siebte Dekade seines Vaters zu datieren.[202] Eindeutig im Interesse des Textes liegt auch die Integration Kainams in die Genealogie, da nur so die in Jub 2,23 postulierte Entsprechung zwischen den 22 Schöp-

---

201 Mit SCHÄFER, *Götzendienst*, 143-147, ist in Erwägung zu ziehen, ob es sich bei den seit der Zeit Dinas (Jub 4,15) erwähnten sechs Brautvätern nicht ursprünglich um Engel gehandelt haben könnte und das Jubiläenbuch hier eine Tradition bewahrt hat, in der die Vermischung von Engeln und Menschen positiv bewertet wird.

202 Die Angaben rangieren zwischen 57 und 71 Jahren (Serug bzw. Schelach). Lediglich die Geburt Regus sprengt diesen Rahmen, da sein Vater Peleg zu diesem Zeitpunkt erst 12 Jahre alt wäre und Regu selbst bei der Geburt seines Sohnes Serug mit 108 Jahren bereits ein überdurchschnittlich hohes Alter erreicht hätte (Jub 10,18; 11,1). Diese auffälligen Abweichungen legen die Vermutung eines Datierungsfehlers nahe: Datiert man das Geburtsjahr Regus um genau ein Jubiläum vor (von 33/2/4 auf 34/2/4), so fügen sich die Angaben mit 61 bzw. 59 Jahren exakt in den Rahmen, der sonst in Jub 8-11 durchweg eingehalten wird, und die problematische Annahme eines erst zwölfjährigen Vaters Peleg wird obsolet. Da die äthiopischen Textzeugen sich bezüglich der Datierung einig sind, müßte der Fehler bereits früh im Überlieferungsprozeß des Jubiläenbuches eingetreten sein.

fungswerken vor dem Sabbat und der gleichen Anzahl von Generationen vor dem Auftreten Jakobs zustande kommt.

Ob Kainam, der lediglich aus Gen 11,13 𝕭 bekannt ist, auch Teil der biblischen Vorlage des Jubiläenbuches war, oder ob seine Aufnahme in Jub 8,6 auf eine außerbiblische Tradition zurückzuführen ist, stellt eine letztlich nicht zu beantwortende Frage dar.[203] Daß aber wie bereits in Jub 4 auch mit dem Einfluß außerbiblischer Traditionen zu rechnen ist, zeigt sich erneut an der Erwähnung der Ehefrauen und ihrer Väter, wobei hier die Hochzeitsdaten im Gegensatz zu Jub 4 meist bis aufs Jahr genau angegeben werden.[204] Im Hintergrund des in Jub 8-11 präsentierten Semitenstammbaums ist daher ein komplexer Rezeptionsprozeß zu vermuten, der biblische und außerbiblische Quellen einschließt, deren Vorgaben unter Modifikation der chronologischen Daten in den zwischen der Generation der Sintflut und der Geburt Abrahams verbleibenden Zeitraum integriert wurden.

Warum der Verfasser seiner Gen 5 𝕾𝕬𝕸 entsprechenden Vorlage mit großer Genauigkeit folgte und die Einsparungen auf Kosten von Gen 11 vornahm, läßt sich nur vermuten: Möglicherweise kamen die Angaben des Sethitenstammbaums seinen geschichtstheologischen Interessen auf uns unbekannte Weise entgegen, vielleicht waren sie aber auch traditionell stärker gefestigt als die Geburtsjahre der Nachkommen Sems. Dafür könnte sprechen, daß die Angaben zu den Generationen von Adam bis Noah in sechs von zehn Fällen von allen Fassungen des biblischen Textes übereinstimmend bezeugt werden[205] – in Gen 11 herrscht dagegen lediglich Einigkeit darüber, daß Abraham geboren wird, als sein Vater Terach 70 Jahre zählt.[206]

Die übereinstimmende Bezeugung bestimmter Angaben sticht im grundsätzlich zu verzeichnenden Durcheinander divergierender genealogischer Daten um so deutlicher hervor und weist auf eine wesentliche her-

---

203   Vgl. hierzu auch SCOTT, *On Earth*, 168f., Anm. 21.

204   Daß gerade der offensichtlich besonders frei gestaltete Semitenstammbaum (Jub 8-11) die konkretesten Hochzeitsdaten liefert, ist auffällig. Lag hier, im Gegensatz zu Jub 4, eine Tradition vor, die Datierungen der Hochzeitsjahre einschloß, die in Relation zu den frei abgesteckten Geburtsjahren übernommen werden konnten, oder wurde der Verfasser, da er letztere modifizieren mußte, auch bei der Datierung der Hochzeiten in höherem Maße selbst gestalterisch tätig? Die Frage muß offen bleiben.

205   Sollte die Datierung in Jub 4,11 aufgrund eines Fehlers um eine Jahrwoche verschoben sein, werden fünf dieser Angaben auch vom Jubiläenbuch bezeugt; vgl. hierzu die Ausführungen unter *3.3.2. a)*. In diesem Fall fiele einzig die Geburt Sems in ein anderes Lebensjahr seines Vaters (Jub 4,33; vgl. Gen 5,32).

206   Zwar stimmen 𝕭 und 𝕾𝕬𝕸 bei allen Zeugungsjahren – mit Ausnahme des nur in 𝕭 erwähnten Kainam – überein, die Angaben zur Lebensdauer der Patriarchen variieren jedoch beträchtlich; vgl. die als Anhang zum vorangehenden Kapitel gebotene tabellarische Übersicht.

meneutische Differenzierung im Umgang mit den biblischen Genealogien
hin: Offensichtlich kennt der in den verschiedenen Systemen seinen Ausdruck findende „Kampf um die gottgesetzten Zeitepochen im Spätisraelitentum"[207] klare Regeln, nach denen die Lebensdaten bestimmter biblischer Zentralfiguren (Adam bis Kenan, Henoch, Noah, Abraham) nicht
mehr zur Disposition stehen. Während die Tradition hier bereits einen hohen Grad von Stabilität erreicht hat, sind mit den genealogischen Statisten
zugleich die Sollbruchstellen des Systems vorgegeben, an denen sich je
nach geschichtstheologischem Interesse Zeiträume strecken oder stauchen
lassen. Diese Beobachtung gilt für die unterschiedlichen Fassungen des
biblischen Textes im selben Maße wie auch für das Jubiläenbuch, das zur
Schließung der letzten Lücke seiner Chronologie in Jub 8-11 eine eigene
Version des Semitenstammbaumes konstruieren muß, um dann die autoritativen Abrahamdaten wieder aus der Tradition übernehmen zu können.

Der Stellenwert, den der biblische Text für das Jubiläenbuch hat, ist
daher nicht pauschal mit der scheinbaren Alternative zwischen autoritativ
und nicht autoritativ zu erfassen, sondern die in ihr angelegte Unterscheidung bildet ein individuelles Rezeptionskriterium, insofern verschiedene
Grade von Autorität in der biblischen Vorlage selbst differenziert werden.
Nur unter dieser Voraussetzung ist es überhaupt verständlich, daß das
Jubiläenbuch ein eigenes chronologisches System entfaltet, das sich nicht
als Gegenentwurf zur biblischen Chronologie positioniert, sondern gemäß
Jub 1,4 vielmehr als deren verbindliche Entfaltung gelten kann. Indem es
den als autoritativ erachteten Angaben des Bibeltextes ohne Einschränkung folgt, fixiert es auf Kosten der genealogischen Randfiguren in Gen
11 die wesentlichen Zäsuren innerhalb des gewählten Gesamtzeitrahmens
der 50 Jubiläen. Dessen heptadische Struktur setzt weitere Gestaltungsim-
pulse, die ebenfalls zu bewußten Verschiebungen gegenüber den biblischen Vorgaben führen konnten. Durch die an einigen Stellen zu notie-
rende Verlegung zentraler Ereignisse auf das in Analogie zum Sabbatjahr
gewichtige letzte Jahr eines Septenniums werden diese systemintern hervorgehoben, ohne daß damit eine Konkurrenz zu den biblisch mit ihnen
verbundenen Datierungen intendiert wäre, die – obgleich rechnerisch
überholt – wie selbstverständlich weiter zitiert werden können.

Neben dem Grundpfeiler der biblischen Tradition, auf dem die Chronologie des Jubiläenbuches in ihren wesentlichen Teilen ruht, sind auch
weitere Traditionen von Bedeutung, über deren genaue Gestalt und Aufnahme sich allerdings in den allermeisten Fällen lediglich spekulieren

---

207 KOCH, *Sabbatstruktur*, 422.

läßt.[208] Obwohl manches chronologische Detail hier seinen Ursprung haben wird, bleibt doch die heptadische Chronologie in ihrer vorliegenden Gestalt die originäre Leistung des Verfassers des Jubiläenbuches, der im Rückgriff auf biblische und außerbiblische Traditionen auch die in 1,4 propagierte Zielvorgabe verwirklicht, die Einteilungen der Zeiten *für Tora und Zeugnis* darzulegen. Im Spannungsfeld zwischen Vorgaben der Tradition und gestalterischen Interessen läßt sich nicht nur die heptadische Makrostruktur, sondern wie gezeigt auch eine Vielzahl chronologischer Auffälligkeiten plausibilisieren, die häufig auf intentionale Änderungen in Verbindung mit einem Festhalten an dominanten Vorgaben der Tradition zurückgeführt werden können. Während sich aufgrund der Überlieferungssituation des Jubiläenbuches und unserer mangelnden Kenntnis der dem Verfasser vorliegenden Quellen eine Erläuterung jeder einzelnen Datierung als unmöglich erweist, können doch wesentliche Grundlinien herausgearbeitet werden, die den Text als gestalterisch eigenständigen, dabei aber den biblischen Vorgaben im hohen Maße verpflichteten Beitrag zu einer auch die divergierenden Fassungen der Genesis durchziehenden Diskussion über die weltgeschichtliche Verflechtung des Weges Gottes mit Israel kennzeichnen.

3.3.3. Der geschichtstheologische Skopos des Grundentwurfes

Der heptadische Geschichtsentwurf des Jubiläenbuches endet mit der Landnahme. Diese schlichte Feststellung kann nicht genug betont werden, führt man sich vor Augen, welche Versuche bereits unternommen wurden, verschiedenste universalgeschichtliche Perspektiven im Text nachzuweisen.[209] Von deren Notwendigkeit befreit mit letzter Konsequenz die unter *2.* vorgelegte literarkritische Analyse, die zu dem Ergebnis führte, daß erst mit der Ergänzung von Jub 1,5-26.27f.; 23,14-31; 50,5 sowie mit den Nachträgen in 1,4.29 die Perspektive auf das Scheitern der Geschichte Israels im Land der Verheißung geweitet wurde. Während die chronologischen Konsequenzen dieses Perspektivwechsels den Gegenstand des folgenden Kapitels bilden (*3.4.*), soll es zunächst nur um den geschichtstheologischen Skopos des Grundentwurfes gehen.

Wie bereits unter *3.3.1.* dargelegt, ist der im Jubiläenbuch gewählte Zeitrahmen von 50 Jubiläen keineswegs zufällig, sondern verdankt sich

---

208 Festzuhalten ist allerdings der Negativbefund, daß die frühen chronologischen Traditionen der griechischsprachigen Diaspora, greifbar etwa im Werk des Demetrius, keinen erkennbaren Bezug zu den Angaben des Jubiläenbuches aufweisen.

209 Vgl. zur kritischen Auseinandersetzung mit diesen Positionen die Ausführungen unter *3.4.2.*

einem bewußten Rückgriff auf Lev 25: Das hier eingeführte Gebot einer
in jedem 50. Jahr zu vollziehenden Freilassung und Ackerbrache wird zum
Modell des in Jub 2-50 entfalteten Geschichtsentwurfes, der seinen Zielpunkt im 50. Jubiläum, dem ‚Jubiläum der Jubiläen' (2,30), erreicht,[210] in
dem *ganz Israel* vom Joch der ägyptischen Sklaverei befreit wird, um das
verheißene Land zu betreten.[211] Das minutiös ausgearbeitete heptadische
System demonstriert, daß Israels Anspruch auf das verheißene Land aus
der Schöpfungsordnung selbst ableitbar ist. So entfaltet das Jubiläenbuch
eine Ordnung der Zeiten, die mit der Ordnung des Raumes untrennbar
verbunden ist, und entwirft „ein Bild des von Gott vorgängig und irreversibel *geordneten Weltganzen.*"[212] Im Geschichtslauf verwirklicht sich der
von Gott am siebten Schöpfungstag getroffene Entschluß, Israel zu er-
wählen (Jub 1,19), durch den dem Volk eine unverwechselbare Identität in
der Bezogenheit auf seinen Gott eingestiftet ist. Die volle Realisierung
dieser im Gottesbund besiegelten Identität ist nur im verheißenen Land
möglich, das den Raum für die Begegnung zwischen Gott und seinem
Volk bildet.[213]

Die Landnahme nach Ablauf von 50 Jubiläen schreibt damit nicht
weniger als die raumzeitliche Erfüllung der gottgesetzten Schöpfungsordnung fest, die sich mit dem Weg Israels und bereits zuvor, auf diesen
hingeordnet, mit dem Weg der Patriarchen entfaltet. Das Jubiläenbuch
etabliert so auf eine Weise, die die Weltgeschichte letztlich nur als Geschichte des Gottesvolkes kennt, eine unangreifbare Gründungslegende
Israels, die allen Anpassungsbestrebungen an die griechische Kultur die
schöpfungstheologisch begründete Überlegenheit Israels entgegenhält.
Israel ist dabei durch seine Erwählung noch am Schöpfungssabbat nicht
nur älter als alle anderen Völker und ihnen daher überlegen,[214] mit der

---

210 Vgl. FREY, *Weltbild*, 266; SCOTT, *On Earth*, 84f.; VANDERKAM, *Konzept*, 97-99;
WIESENBERG, *Jubilee*, 16. Dagegen übersieht BECKWITH, *Calendar*, 185, den zentralen Bezug auf Lev 25, wenn er folgert, „that the jubilee of jubilees has been rounded up from
2401 to 2450 [...] to make it divisible into decades of jubilees." Diese rein numerisch orientierte Argumentation verkennt zur Gänze die theologische Tiefe, die über den biblischen
Referenztext gegeben ist.

211 Eine mögliche Aufnahme dieses Konzeptes bietet 4Q379 Fr. 12 4-6, wonach Israel den
Jordan in einem Jobeljahr durchschreitet; vgl. NEWSOM, DJD 22, 271.

212 FREY, *Weltbild*, 286.

213 Vgl. JUHL CHRISTIANSEN, *Covenant*, 83: „[W]ithout its territorial space, Israel's present
identity would be *threatened* because lack of geographical boundaries implies lack of a place
for God."

214 In Anbetracht der klaren anti-hellenistischen Stoßrichtung des Textes liegt selbstverständlich besonders die Priorität Israels vor den Griechen im Blickpunkt des Verfassers. Daß
dabei im Horizont des heptadischen Systems zugleich eine Überbietung der nach ADLER,
Universal Chroniclers, 3, seit dem 3. Jh. v. Chr. gebräuchlichen Olympiadenrechnungen liegt,
ist zumindest denkbar, aber nicht zu beweisen, da deren Kenntnis für den Verfasser von

Erwählung zur Heiligung des Sabbats ist gleichzeitig festgehalten, daß die Identität des Gottesvolkes nur in untrennbarer Bezogenheit auf die Befolgung des Schöpferwillens besteht. Vor diesem Hintergrund verbindet das Jubiläenbuch die Einsicht in die Ordnung der Zeiten, die Israels Sonderstellung demonstriert, mit der Gebotsparänese, welche ein dieser korrespondierendes Verhalten einfordert.

Der das 50. Jubiläum beschließende Eintritt ins Land ist vor diesem Hintergrund das zentrale Ereignis, in dem sich geschichtlich zur Gänze realisiert, was in der Erwählung Israels angelegt und im Bundesschluß bekräftigt ist, der alljährlich 49 Tage nach dem Fest der ungesäuerten Brote beim Wochenfest besiegelt wird:[215] Erst im verheißenen Land ist der Ort gegeben, wo alle göttlichen Gebote ihre Erfüllung finden können, erst jetzt, so formuliert Jub 50,2-4 in Anschluß an Lev 25,2,[216] sind Sabbat- und Jobeljahr zu observieren.[217] Der Vollzug der in chronologische Basisbausteine überführten halachischen Bestimmungen setzt damit erst zu dem Zeitpunkt ein, an dem die Geschichtsschau des Jubiläenbuches endet. Die in 50,2-4 zu verzeichnende Rückverwandlung von Jahrwoche und Jubiläum in halachische Bestimmungen findet ihre direkte Fortsetzung mit der abschließenden Sabbatparänese (50,6-13): Wurde in Jub 2 der Sabbat als zeitliche und halachische Grundordnung eingeführt,

---

Jub nicht vorausgesetzt werden kann. Mit Sicherheit auszuschließen ist die von TESTUZ, *Idées*, 134-137, angenommene Abhängigkeit von neupythagoräischen Zahlenspekulationen.

215 Zur Korrespondenz zwischen den 50 Jubiläen und dem Wochenfest vgl. VANDERKAM, *Konzept*, 97; zum Ort des Wochenfestes im Festkalender des Jubiläenbuches vgl. EISS, *Wochenfest*, 168.

216 Vgl. SCOTT, *On Earth*, 161.

217 Entscheidend ist in diesem Zusammenhang die Interpretation des Resümees Jub 50,1-4: Hier wird ausgehend vom Rückblick auf die Begründung des Passafestes noch einmal der *Sequenz des biblischen Textes* vom Exodus bis zur Gabe der Tora gefolgt, in Relation zu der die Gabe des Sabbatgebotes und der Bestimmungen zu Sabbat- und Jobeljahr verortet werden: So wird nach Jub 1 das Sabbatgebot Israel bereits in der Wüste Sin kundgetan (vgl. Ex 16,1), womit sich zugleich das im biblischen Text angelegte Problem löst, daß nach Ex 16,21-30 bereits hier der Sabbat gebrochen wird, von dem Israel eigentlich erst am Sinai (Ex 20; 31) Kenntnis haben kann. Jub 50,2f. nimmt darauf die Gabe der *biblischen Bestimmungen* zum Sabbat- und Jobeljahr in den Blick (Ex 23; Lev 25), die sich allerdings über den Zeitpunkt ausschweigen, zu dem diese im Land zu observieren sind: ‚Sein Jahr [sc. das Jahr des Jubiläums; vgl. 50,3] haben wir dir nicht gesagt' (Jub 50,2). Die Vermittlung dieser Kenntnis, auf die Israel im Land zwingend angewiesen ist (50,3), übernimmt das Jubiläenbuch – ‚darum habe ich für dich die Jahrwochen und Jubiläen angeordnet' (50,4) –, nach dessen Chronologie exakt 50 Jubiläen bis zur Landnahme vergehen und Israels erstes Jahr im verheißenen Land zugleich den Beginn eines Sabbatjahrzyklus markieren muß. Erst die Erkenntnis, daß Jub 50,2f. auf die biblischen Texte blickt und das Jubiläenbuch selbst nicht vor 50,4 in die Betrachtung einbezogen wird, ermöglicht ein sinnvolles Verständnis der Passage und behebt die bei der Interpretation von 50,2 durchweg zu verzeichnenden Unsicherheiten bzw. Fehldeutungen; vgl. BERGER, *Buch der Jubiläen*, 552; FREY, *Weltbild*, 267, Anm. 28; GLEßMER, *Aussagen*, 136f.158; SCOTT, *On Earth*, 85f.183; WIESENBERG, *Jubilee*, 17.

aus der sich alle weiteren heptadischen Zeitmaße entfalten ließen, so bildet eine Einschärfung des Sabbatgebotes den sinngemäßen Abschluß des Textes, der hier nahtlos von der Geschichtsschau in die Gebotsparänese übergeht und in dieser ausmündet.[218] Damit steht am Ende des Jubiläenbuches die geschichtstheologisch begründete Einforderung der Gebotsobservanz: Wesensmäßiger Bestandteil der jüdischen Identität ist die Erfüllung des göttlichen Willens in der Absonderung von den Völkern, die gerade nicht als Separatismus, sondern als konsequente Entfaltung der Schöpfungsordnung zu sehen ist.

Das Jubiläenbuch holt so die Situation seiner Rezipienten auf der Ebene der Gebotsparänese ein, ohne sie in die Geschichtsschau zu integrieren. Da vermittelt über den propagierten Kultkalender ein nahtloser Übergang zwischen der Verfasserzeit und der dargestellten Vorgeschichte gegeben ist, kann der seit der Landnahme vergangene Zeitraum in seiner geschichtlichen Dimension problemlos ausgeblendet werden: Um in Übereinstimmung mit der Praxis der Erzväter ein bestimmtes Fest begehen zu können, reicht die Kenntnis seines Datums – die Anzahl der zwischenzeitlich vergangenen Jahre ist unerheblich, denn das Idealsystem des 364-Tage-Kalenders garantiert den absolut identischen Ablauf jedes einzelnen Jahres. Lediglich die Observanz von Sabbat- und Jobeljahr setzt das Wissen um ihre geschichtliche Sequenz voraus, das Jubiläenbuch gibt hierauf jedoch offensichtlich keine Antwort, sondern zeigt lediglich auf, daß die für die Zeit im Land vorausgesetzte Praxis nahtlos an die seit der Schöpfung ablaufenden heptadischen Folgen anschließt.[219] Das Jubiläenbuch ist damit kein defizitärer Geschichtsentwurf, sondern es verwirklicht exakt das in 1,4 formulierte Programm, indem es als autoritative Leseanleitung Tora und Zeugnis flankiert. Mit der Landnahme, auf die Mose noch vorausblickt,[220] ist der Zeitpunkt erreicht, ab dem die Tora in ihrem vollen Umfang und auf eine Weise, wie sie das Jubiläenbuch vorgibt, zu prakti-

---

218 Dieselbe Entwicklung spiegelt sich auch in der Formulierung der Schlußnotiz Jub 50,13: Während Mose nach Jub 1,4 die ‚Einteilungen der Zeiten für Tora und Zeugnis‘ offenbart bekommt, formuliert der Engel hier im Rückblick, er habe für Mose ‚die Gesetze der jeweiligen Zeiten‘ niedergeschrieben. Die Gebotsparänese dominiert die Endperspektive des Textes.

219 Damit ist selbstredend nicht gesagt, daß die priesterlichen Kreise, denen der Text entstammt, keine konkreten Berechnungen von Sabbat- und Jobeljahrzyklen vornahmen, die propagierte Observanz der betreffenden Vorschriften setzt dieses im Gegenteil sogar zwingend voraus. Festzuhalten bleibt jedoch, daß entsprechende Berechnungen keinen Teil des Jubiläenbuches bilden.

220 Daß die Landnahme noch 40 Jahre in der Zukunft liegt und nicht mehr berichtet wird, hat seinen alleinigen Grund in der literarischen Fiktion des Jubiläenbuches als an Mose auf dem Sinai ergehende Offenbarungsschrift und bietet keinerlei Anhaltspunkte für die von WIESENBERG, *Jubilee*, 37f., vertretene Annahme, der Text habe sein ursprüngliches Ende mit dem Exodus erreicht.

zieren ist – von den Zeitgenossen Josuas wie auch vom Israel in frühhasmonäischer Zeit.

Daß das Jubiläenbuch mit der Landnahme und damit an der Schwelle
zum ‚Zeitalter der Tora‘[221] schließt, ist daher in bezug auf sein Ziel und
sein Selbstverständnis absolut plausibel. Zwar kennt das Jubiläenbuch
eschatologische Konzepte wie das Endgericht (4,19.23; 5,13-16; 9,15;
10,17; 22,22; 23,11; 24,29f.) und weitet vereinzelt zur Untermauerung
eines bestimmten Gebots die Perspektive auf die Zeit im Land (49,18-21)
oder auf Israels Nichtbefolgung einer Vorschrift (6,33-38), in keinem Fall
jedoch wird der heptadische Rahmen der Geschichtsschau über die explizit entfalteten 50 Jubiläen hinaus erweitert. Daß nach Jub 32,21; 45,14
(vgl. Gen 49,1!) Jakob Einblick in den gesamten Geschichtsverlauf erhält,
ist ebenfalls nicht mit dem Inhalt des Jubiläenbuches zu vermischen:
Wenn dieses, unter möglichem Rückgriff auf eine bekannte Tradition, die
Kenntnis universalgeschichtlicher Entwürfe notiert, so wird es dadurch
selbst noch lange nicht zu einem solchen! Dasselbe gilt auch für die
möglichen Erwähnungen der Zehnwochenapokalypse in Jub 4,18 sowie
der Tiervision in 4,19.[222] Sie sind eingebettet in ein Summar der Henochtradition, das auch die Kenntnis kosmologischer Passagen (4,21), des
Wächtermythos (4,22) und astronomischer Stücke (4,17) voraussetzt,[223]

---

221 Problematisch ist allerdings die von TESTUZ, *Idées*, 139, und VANDERKAM, *Konzept*, 97, getroffene Aussage, das 50. Jubiläum schließe das ‚Zeitalter des Zeugnisses‘ und eröffne das
‚Zeitalter der Tora‘. Sie mag formal zutreffen, insofern nach der Gabe der Sinaitora nicht
mit der Entstehung weiterer außerkanonischer Schriften, im Konzept des Jubiläenbuches
unter den Begriff ‚Zeugnis‘ gefaßt, zu rechnen ist. Deren *Geltung* als Ergänzung und Erschließung der Tora bleibt aber gerade bestehen, wie nicht zuletzt das sich selbst als ‚Zeugnis‘ verstehende Jubiläenbuch beweist. Das ‚Zeitalter des Zeugnisses‘ schließt daher in gewisser Weise auch das ‚Zeitalter der Tora‘ ein – abgeschlossen ist mit deren Gabe lediglich
das ‚*Entstehungs*-Zeitalter des Zeugnisses‘.

222 Vgl. CHARLES, *Book of Jubilees*, 37f.; NICKELSBURG, *1 Enoch*, 74; VANDERKAM, *Enoch
Traditions*, 234f.; SCOTT, *On Earth*, 128. Während der Bezug auf die Tiervision in 4,19 sehr
klar ausfällt, bleibt unsicher, ob sich 4,18 auf die Zehnwochenapokalypse bezieht, da diese
zwar heptadisch strukturiert ist, aber nicht die Feingliederung bis auf Jahres- und Monats-
ebene bietet, die in 4,18 vorausgesetzt ist. Bereits CHARLES, *Book of Jubilees*, 37, bezweifelt
daher, daß Jub 4,18 einen konkreten Text aus 1 Hen reflektiert. Angesichts der deutlichen
Differenzen zum Inhalt der Zehnwochenapokaypse sollte mit VAN RUITEN, *Primaeval
History*, 165, ernsthaft die Alternative erwogen werden, daß das Jubiläenbuch hier auf einen
anderen, uns möglicherweise unbekannten Teil der Henochtradition anspielt. So vermutet
ALBANI, *Zyklen*, 14, daß, während Jub 4,17 auf 1 Hen 72-82 als astronomisches Referenzwerk rekurriere, Jub 4,18 einen Text im Blick habe, der die kultische Anwendung des
Kalenders thematisiere; ähnlich bereits MILIK, *Books of Enoch*, 61-64, dessen Annahme, Jub
4,18 beziehe sich auf ein mit 4Q319 identisches „Book of the Signs“ jedoch reine Spekulation bleibt.

223 Daß das Henochsummar in Jub 4, wie DIMANT, *Biography*, 23, meint, eine von 1 Hen völlig
unabhängige Ausformung einer aggadischen Tradition darstellt, ist angesichts der deutlichen textlichen Parallelen kaum plausibel. Wahrscheinlich ist lediglich, daß dem Verfasser

und werden weder gesondert hervorgehoben noch in erkennbarer Weise in ihrer chronologischen Dimension rezipiert. Jub 4,18f. notiert lediglich ihr Vorhandensein als Zeugnis, demgegenüber das eigene geschichtstheologische Modell tonangebend ist.[224]

Mit der Person Henochs schließlich ist eine letzte Mutmaßung verbunden, die dem Text zwar nicht *per se* eine universalgeschichtliche Perspektive unterstellt, wohl aber mit einer besonderen chronologischen Makrostruktur rechnet. SCOTT hat aus der Tatsache, daß Henoch nicht wie in Gen 5,21 300 Jahre, sondern sechs Jubiläen bei den Engeln weilt (Jub 4,21), geschlossen, hier solle der eben diesen Zeitraum umfassende 'Otot-Zyklus eingeführt werden, der in den kalendarischen Qumrantexten die Priesterdienstabteilungen mit den heptadischen Folgen der Sabbatjahre synchronisiert.[225] Nicht nur die Länge des Aufenthaltes bei den Engeln werde mit genau sechs Jubiläen angegeben, bis zu dessen Beginn seien ferner genau zwölf Jubiläen, also zwei volle 'Otot-Zyklen vergangen, was kaum zufällig sein könne. Das Jubiläenbuch schließe den himmlischen Aufenthalt Henochs als dritten 'Otot-Zyklus hier nahtlos an und trage der besonderen priesterlichen Bedeutung des Zeitraums Rechnung, insofern Henoch nach Jub 4,25 als Priester tätig werde. Folgt man SCOTT, so ist hier gar der Ursprung des 'Otot-Systems zu sehen: „[It] was originally conceived as a grand unit of chronological measure intended to connect the rotation of priestly service in the Temple to the time when the antediluvian patriarch Enoch began his priestly service in the primeval sanctuary."[226]

Nicht erst diese Folgerung erscheint wenig plausibel, stellt sie doch die numerisch evidente Begründung der 'Otot-Zyklen als kalendarische Superstruktur zugunsten einer dubiosen Ableitung aus der Biographie Henochs völlig auf den Kopf; bereits der Nachweis einer 'Otot-Sequenz als zentraler chronologischer Strukturvorgabe des Jubiläenbuches ist schlechterdings nicht zu erbringen: In der Zeit nach Henoch verlieren sich, wie auch SCOTT eingesteht,[227] alle Spuren, und auch ihr Nachweis für das Leben Henochs steht auf tönernen Füßen. So ist zunächst festzuhal-

---

auch schriftliche oder mündliche Henochtraditionen bekannt waren, die keinen Eingang in 1 Hen fanden.

224 Daß es zu deutlichen Korrekturen einzelner Aussagen von 1 Hen kommen konnte, zeigt nicht nur die scharfe Abgrenzung von jeglicher Observanz des Mondlaufes (6,36-38), sondern wahrscheinlich auch die in Jub 15,32 getroffene Aussage, Gott lasse keinen Engel über Israel herrschen, die polemisch das Konzept der Hirtenvision (1 Hen 89,59 - 90,19) aufzugreifen scheint.

225 Vgl. hierzu SCOTT, *On Earth*, 36-71; eine Diskussion von 4QOtot (4Q319) folgt unter *V. 10.2.1.*

226 SCOTT, *On Earth*, 62.

227 Vgl. SCOTT, *On Earth*, 67.

ten, daß in Jub 4,21 der Aufenthalt Henochs bei den Engeln zwar in Anschluß an die Geburtsnotiz Methusalems (4,20) erwähnt, selbst aber nicht
datiert wird. Da Methusalem in 12/7/6 (= 587 *anno mundi*) geboren wird,
datiert SCOTT den Beginn des Aufenthalts ins Folgejahr – „Enoch was
with the angels for ‚six jubilees of years', that is, 588-882 AM"[228] –, ohne
zu bemerken, daß der nächste 'Otot-Zyklus erst ein Jahr später, nämlich
zu Beginn des 13. Jubiläums (= 589 *anno mundi*) beginnen würde. Korrek-
terweise müßten daher zwei Jahre zwischen dem zuletzt erwähnten Ereignis, der Geburt Methusalems, und dem Beginn der Himmelsreise vergehen, um diese mit der 'Otot-Sequenz zu synchronisieren. Wenn deren
Existenz wirklich, wie SCOTT annimmt, so zentral für die Chronologie des
Jubiläenbuches ist, bleibt völlig unverständlich, warum sich dieses hier mit
der lapidaren Angabe der Zeitdauer begnügt, ohne durch eine eindeutige
Datierung Klarheit zu schaffen.

Wird damit die bruchlose Integration der einzig explizit genannten
sechs Jubiläen in das von SCOTT postulierte 'Otot-Raster fraglich, so ist
dieses auch als Hintergrund der ersten zwölf Jubiläen in Frage zu stellen:
Da, wie unter *3.3.2. b)* gezeigt, die Chronologie des gesamten Zeitraumes
nach einer Gen 5 Sam entsprechenden Vorlage gestaltet wurde, hätte der
Verfasser die entsprechende 'Otot-Sequenz nicht selbst entwickelt, sondern bereits zufällig im biblischen Text impliziert vorgefunden, ohne sie
sodann als solche zu explizieren – eine kaum plausible Konstruktion.
Schließlich ist auch die von SCOTT hervorgehobene Einführung Henochs
als idealen Priester in Zweifel zu ziehen: Dieser ist nach Jub 4,23-25 lediglich ‚nebenberuflich' als Priester im Garten Eden tätig, seine Entrückung
an diesen Ort dient zunächst seiner Einsetzung als Protokollant menschlicher Taten (10,17!). Gegen Henochs priesterliche Zentralstellung spricht
ferner nicht nur, daß der Kultkalender erst nach der Flut offenbart wird
(6,29-32), sondern auch, daß Levi, der explizit als idealer Priester charakterisiert ist (30,18; 31,12-17), nicht nur in keinem erkennbaren Bezug zu den
imaginären 'Otot-Zyklen steht, sondern überdies in seinem Amt in keinerlei Beziehung zu Henoch gesetzt wird, was doch zu erwarten wäre, ver-
körperte dieser wirklich den prototypischen Priester.

SCOTT überinterpretiert daher das biographische Summar in 4,21-25
in zweierlei Hinsicht, indem er ihm zunächst eine eindeutige chronologische Struktur unterstellt und sodann eine priesterliche Zentralstellung
Henochs ableitet, die sich weder aus dieser Passage noch aus dem Buchganzen begründen läßt.[229] Auch das letzte Argument, die Verkürzung des

---

228 SCOTT, *On Earth*, 57.
229 Der Verweis auf den endzeitlichen Zionstempel in 4,26, durch den SCOTT, *On Earth*, 68,
       den kultischen Bezug zusätzlich untermauert sieht, ist wahrscheinlich sekundär und schei-
       det daher für den Grundentwurf des Jubiläenbuches aus; s.o., *2.1.*

Aufenthalts Henochs bei den Engeln auf sechs Jubiläen (= 294 Jahre)[230] gegenüber den in Gen 5,21 bezeugten 300 Jahren sei nur vor dem Hintergrund einer 'Otot-Struktur erklärbar, da das Jubiläenbuch sonst seiner biblischen Vorlage sehr getreu folge,[231] hat keine Schlagkraft, da es die Identität der sechs Jubiläen mit einem 'Otot-Zyklus bereits voraussetzt und nicht belegt. Weit weniger spekulativ ist die Annahme, daß die Verkürzung auf sechs Jubiläen vom auch sonst zu verzeichnenden Interesse geleitet ist, runde heptadische Zeitmaße mit der Biographie biblischer Zentralgestalten zu verbinden[232] – in diesem Fall wird die den vorgegebenen 300 Jahren am nächsten kommende volle Jubiläensequenz erreicht. Daß diese Modifikation auch dadurch angestoßen wurde, daß von der Schöpfung bis zu diesem Zeitpunkt ziemlich genau zweimal sechs Jubiläen verstrichen waren, ist vorstellbar. Um eine *fortlaufende* 'Otot-Sequenz *als chronologische Grundeinheit* zu belegen, ist diese Koinzidenz jedoch eindeutig zu schwach.[233]

Es bleibt festzuhalten, daß Jahrwoche und Jubiläum die einzigen nachweisbaren Strukturelemente der im Jubiläenbuch entfalteten heptadischen Chronologie darstellen, die selbst in ihrem Gesamtzeitrahmen von 50 Jubiläen auf das in Lev 25 eingeführte Jobeljahr rückführbar ist. Indizien dafür, daß der Grundentwurf weitere *chronologische* Makrostrukturen voraussetzt,[234] fehlen hingegen genauso wie alle Anzeichen für eine implizite

---

230 Daß hier überhaupt eine Verkürzung vorliegt, wird von DIMANT, *Biography*, 21, Anm. 17, in Zweifel gezogen, nach deren Ansicht der Verfasser des Jubiläenbuches an dieser Stelle im Gegensatz zu seinem sonstigen Sprachgebrauch von Jubiläen zu je 50 Jahren ausgeht, deren sechs folglich exakt die in Gen 5,21 vorgegebenen 300 Jahren ergäben. Diese Annahme rettet zwar die Übereinstimmung mit der biblischen Vorlage, ist aber kaum überzeugend, da die Möglichkeit, der Verfasser würde lediglich an dieser Stelle mit dem Begriff יובל einen längeren Zeitraum bezeichnen, weder sprachlich plausibel noch mit der Stringenz des chronologischen Systems vereinbar ist, das ja gerade aus der bruchlosen Integration aller heptadischen Zeiteinheiten seine Überzeugungskraft gewinnt.

231 Vgl. SCOTT, *On Earth*, 42-50.

232 Vgl. die Ausführungen unter *3.3.2.*, die dieses Interesse, auch unter bewußter Abänderung (!) der Vorgaben der Genesis, an verschiedenen Stellen nachweisen.

233 Ebenso BEN-DOV, DJD 21, 202, Anm. 9. Daran änderte sich auch dann nichts, wenn, wie auch ALBANI, *Zyklen*, 34, vorauszusetzen scheint, hinter der Verkürzung des Aufenthalts Henochs wirklich der Versuch stehen sollte, dessen Biographie mit einem kalendarisch signifikanten Zeitraum zu verbinden: Selbst in diesem Fall läge lediglich ein 'Otot-Fragment vor, eine fortlaufende 'Otot-Sequenz ist in keinem Fall nachweisbar.

234 Dies gilt nicht nur für den 'Otot-Zyklus, sondern selbstredend auch für die mit ihm verbundene sechsjährige Rotation der Priesterdienstabteilungen, die SCOTT, *On Earth*, 23-25, ebenfalls in Jub impliziert sieht, ohne einen klaren Textbeleg beibringen zu können. Dabei kann und soll nicht bestritten werden, daß dem Verfasser entsprechende Strukturen des Kultkalenders bekannt gewesen sein können, entscheidend bleibt jedoch, daß er diese nicht *als chronologische Strukturelemente* adaptiert! Im Horizont dieser Unterscheidung ist auch die von GLESSMER, *364-Tage-Kalender*, 397f., im Anschluß an MILIK, *Books of Enoch*, 61, und BERGER, *Buch der Jubiläen*, 283.344, vertretene Auffassung zu sehen, in Jub 4,18 werde das

universalgeschichtliche Perspektive. Das Jubiläenbuch verkörpert in seiner ursprünglichen Gestalt nicht mehr und nicht weniger als das in 1,4 angekündigte Programm einer autoritativen Leseanleitung für Tora und Zeugnis: Es steckt mit dem Pentateuch den geschichtlichen Rahmen zwischen Schöpfung und Landnahme ab und entwickelt eine Synthese von Geschichtsdarstellung und Halacha, die dieser Zeitrahmen bereits impliziert, insofern mit dem Eintritt ins Land die Befolgung des göttlichen Willens in allen Einzelheiten verbunden ist.

Die korrekte Interpretation des Gotteswillens in Kombination mit der die geschichtliche Identität Israels letztgültig begründenden Chronologie ist der Gegenstand des Jubiläenbuches, das sich mit dem Anspruch, Tora und außerbiblisches Zeugnis zu erschließen, als priesterliche Programmschrift positioniert. An das Israel der frühhasmonäischen Zeit gerichtet, fordert es die Befolgung des göttlichen Willens mit dem Verweis darauf, daß jegliche Anpassung an die hellenistische Kultur in letzter Konsequenz der Schöpfungsordnung selbst zuwiderläuft, in der Israels Aussonderung von allen Völkern bereits angelegt ist. War dem Verfasser so ein in jeder Hinsicht überzeugender Gesamtentwurf gelungen, so besteht kein Zweifel daran, daß er auch an die Durchsetzbarkeit des von ihm propagierten Programms glaubte. Erst dessen faktisches Scheitern verkehrte diesen grundsätzlichen Optimismus ins Gegenteil und stieß einen Fortschreibungsprozeß an, durch den die Geschichte Israels im verheißenen Land als Geschichte des Scheiterns in den Blick genommen wurde, die erst an der Schwelle zur Endzeit eine Heilswende erfährt.[235]

„Siebent der Jubiläen" „als kalendarische Grundeinheit", genauer als eine 4Q319 entsprechende „Schaltungsanweisung" eingeführt; ebenso ALBANI, *Zyklen*, 40. Dies ist nicht unmöglich, kann allerdings keineswegs als gesichert gelten, zumal wie bereits dargelegt unklar ist, auf welchen Teil der Henochtradition Jub 4,18 Bezug nimmt. Grundsätzlich problematisch bliebe, daß in Jub 4,18 unkommentiert eine Schaltungsregel angeführt würde, die im kalendarischen Kapitel Jub 6 und auch sonst im Buch keinerlei Niederschlag gefunden hat. Da grammatisch nichts zwingend für die Annahme spricht, die in ɦ.ɦ überwiegend, aber nicht durchweg bezeugte Singularverbindung ‚das Siebent der Jubiläen' (ሱ-ባዒሆ^ሙ· ለኢዮቤልዉሳት) bezeichne eine sieben Jubiläen umfassende Sequenz (vgl. VANDERKAM, *Book of Jubilees* II, 26), markiert die von DILLMANN, *Buch der Jubiläen* I, 240, über CHARLES, *Book of Jubilees*, 37, und LITTMANN, *Buch der Jubiläen*, 47, bis hin zu VANDERKAM, ebd., vertretene Übersetzung, Henoch habe ‚die Siebente der Jubiläen', nämlich die Jahrwochensequenz der Jubiläen, dargelegt, nach wie vor eine plausible, m.E. die plausiblere Alternative.

235 Daß dagegen bereits der Grundentwurf die Befolgung der Tora mit der Perspektive einschärft, 40 Jahre vor der endzeitlichen Heilswende zu leben, wie DAVENPORT, *Eschatology*, 73, aus Jub 50,4 ableitet, ist wenig plausibel. Der Vers trägt ursprünglich schlicht der Tatsache Rechnung, daß zwischen dem Sinaigeschehen, das die Erzähleben des Jubiläenbuches markiert, und der Landnahme gemäß der biblischen Vorlage 40 Jahre vergehen, und hat noch keine eschatologische Neudeutung der Wüstensituation im Blick; diese vollzieht sich erst auf der Ebene der Ergänzungen; s.u., *3.4.1.*

3.4. Die Chronologie des Jubiläenbuches in seiner Endgestalt

Im folgenden soll die Endgestalt des Jubiläenbuches, einschließlich der unter *2.1.* abgehobenen Bearbeitungsschichten, untersucht werden. Dabei sind vor allem zwei Fragerichtungen im Auge zu behalten: Wie verschiebt sich durch die Fortschreibungen der geschichtstheologische Akzent, und welche chronologischen Konsequenzen ergeben sich? Zur Beantwortung der ersten Frage sollen zunächst die Ergänzungen in Jub 1; 23 in der Reihenfolge ihrer wahrscheinlichen Entstehung (s.o., *2.2.*), also beginnend mit Kap. 23, betrachtet werden (*3.4.1.*). Auf dieser Grundlage ist unter *3.4.2.* möglichen Konsequenzen für eine (heptadische) Universalchronologie nachzugehen.

3.4.1. Die Verschiebung der geschichtstheologischen Perspektive durch die Ergänzungen in Jub 1; 23

Während bereits der Grundentwurf an die Sterbenotiz Abrahams (23,8) einen Exkurs über die Degeneration der menschlichen Lebensdauer anschloß (23,9-13),[236] der unter Rückgriff auf den traditionellen Topos der menschlichen Verderbtheit erklären soll, warum der exemplarische Gerechte Abraham mit *nur* 175 Jahren das Zeitliche segnete, nimmt der Ergänzer von 23,14-31 diesen Exkurs zum Aufhänger für einen Geschichtsüberblick, der besonders auf die Zeit des ‚bösen Geschlechts‘ (ትውልድ እኪት) konzentriert ist. Mit 23,14 werden die im Grundentwurf zuletzt genannten Plagen (23,13) als Strafen eben jenes Geschlechts neu interpretiert, das somit bereits eingangs als zentrales Thema der gesamten Ergänzung markiert wird. Jub 23,15 resümiert dann auch nur noch kurz die bereits in 23,9-12 dargestellte Degeneration seit den Tagen der prädiluvischen Patriarchen – allerdings nicht mehr in heptadischen Jahresangaben! –, bevor mit 23,16 wieder die Zeit des ‚bösen Geschlechts‘ erreicht ist, der im folgenden das ganze Interesse gehört. Dabei ergibt sich eine eigentümliche Synthese mit der aus 23,9-13 übernommenen allgemeinmenschlichen Perspektive, die grundsätzlich beibehalten, dabei aber durch Reflexe auf die Übertretungen dieses Geschlechts überblendet wird.

Der Redaktor gestaltet unter Rückgriff auf den Plagenkatalog in 23,13 ein Szenario, in dem die ganze Welt allein aufgrund des ‚bösen Geschlechts‘ erschüttert wird (23,18f.). Dessen konkret benannte Sünden las-

---

236 Dieses Motiv findet seine grundsätzliche Entsprechung in Gen 5; 11; die sich hier abzeichnende Verringerung des Lebensalters ist zwar nicht explizit aus dem Jubiläenbuch ablesbar, das die Sterbejahre meist unerwähnt läßt, sie hat aber ihren impliziten Niederschlag im bis in die Tage Abrahams stetig sinkenden Zeugungsalter gefunden (Jub 4; 8-11).

sen sich durchweg auf den Bruch des Bundes und das Verlassen der Tora
zurückführen (23,16.19) – das ‚böse Geschlecht' ist die Gruppe der mit
dem Hellenismus sympathisierenden Juden, die erst in blutigen Auseinandersetzungen mit den Makkabäern in ihre Schranken verwiesen wird.
Jub 23,20 beschreibt genau diese Unruhen der Makkabäerzeit, mit der jedoch in den Augen des Redaktors das ‚böse Geschlecht' keineswegs sein
Ende findet: Diejenigen, die entkommen, lassen nicht ab von ihrem frevelhaften Treiben, so daß auch in frühhasmonäischer Zeit, der Gegenwart
des Redaktors, die Sünde Israels ungebrochen ist (23,21). Die Ergänzung
von Jub 23,14-31 holt ganz konkret diese Epoche der Geschichte Israels
ein, um zu demonstrieren, daß der Makkabäeraufstand als geschichtlicher
Wendepunkt fehlinterpretiert ist: Wurde das Jubiläenbuch ursprünglich in
der Überzeugung verfaßt, das von ihm verfochtene Programm sei im
Nachhall der makkabäischen Erfolge *für ganz Israel* durchsetzbar, bringt
Jub 23,21 nachdrücklich das Scheitern dieser Hoffnungen zum Ausdruck.

Der vermutlich keine zwei Dekaden nach den religionspolitischen
Verfolgungen unter Antiochus IV. lebende Redaktor findet so zurück zu
einer partikularistischen Perspektive, wie sie bereits die Frommen der
Makkabäerzeit kennzeichnet, die sich selbst in einer endzeitlichen Be-
drängnissituation an der Schwelle zur Heilszeit wußten. Daß deren Ermahnungen letztlich noch ohne Erfolg blieben (23,16.20f.), wird durch die
als göttliche Offenbarung an Mose gestaltete Passage ebenso begründet
wie der revidierte eschatologische Fahrplan: Israels Sünde hat noch nicht
hier, sondern erst unter den Hasmonäern ihren Höhepunkt erreicht, mit
dem eine letzte Verschärfung der göttlichen Strafen verbunden ist (23,22-
25). Erst jetzt ist der Zeitpunkt gekommen, an dem sich die endzeitliche
Heilswende durch die Umkehr zum göttlichen Gebot vollziehen kann
(23,26).[237] An diesem Punkt schlägt die Unheilsgeschichte ins Heil um,
was zur Folge hat, daß das menschliche Lebensalter schließlich seine bereits in der Schöpfung intendierte Höhe erreicht (Jub 23,27f.).[238] In der
eschatologischen Heilszeit triumphieren die Gerechten über die gerichteten Frevler, bis am Ende die Güte und Vollmacht Gottes alles überstrahlt
(23,29-31).[239]

In seiner Endgestalt bietet Jub 23 eine eschatologisch abgeschlossene
negative Geschichtsdarstellung, die im Anschluß an das bereits im Grundentwurf – als Erläuterung des Sterbealters Abrahams – enthaltene Thema
einer stetig sinkenden menschlichen Lebensdauer entwickelt wurde. Die

---

237 Die Bezeichnung der Frommen als ‚Kinder' (23,16.26) bildet eine deutliche Parallele zur
     Tiervision, die in vergleichbarem Kontext von ‚Lämmern' spricht (1 Hen 90,6f.).
238 Vgl. SCOTT, *On Earth*, 120.
239 Einen wesentlichen biblischen Hintergrund der dargestellten Restitution bildet Jes 65,17-
     25; vgl. ENDRES, *Biblical Interpretation*, 59f.; SCOTT, *On Earth*, 121-125.

gesamtmenschliche Perspektive ist dabei zwar weiterhin vorhanden, tritt aber in den Hintergrund der dominanten Israelbezüge, so daß zwar der Grundgedanke einer durch Israels Umkehr initiierten Restitution der gesamten Menschheit erkennbar ist (23,27), dieser aber im Vergleich zu 1 Hen 85-90 nicht mehr im Detail ausgeführt wird. Nicht hier lag das zentrale Interesse des Redaktors, der 23,14-31 ergänzte, sondern in der Deutung einer die unmittelbare Vergangenheit und die eigene Gegenwart betreffenden Entwicklung, die der vom Grundentwurf in den Blick genommenen Möglichkeit, Israel könne im verheißenen Land leben und den göttlichen Willen befolgen, radikal widersprach und damit das Jubiläenbuch selbst in Frage stellte. Theologisch eingeholt wurde diese Entwicklung durch die Rückkehr zum dtr Erbe: Israels fortwährender Ungehorsam bleibt die Ursache allen Unheils, das sich, wie angekündigt (Dtn 30,16.20),[240] auch in der Verringerung der Lebensdauer *im Land* niederschlägt. Allein die Rückkehr der Frommen zum göttlichen Gebot kann den Weg zu einer nur noch eschatologisch zu denkenden vollen Heilsrestitution Israels eröffnen.[241]

Während Jub 23,14-31 lediglich den letzten Abschnitt der Geschichte Israels beschreibt, der durch die Herrschaft des ,bösen Geschlechts' charakterisiert ist, greift Jub 1 die hier eingeführte dtr Perspektive auf und gestaltet sie zu einem Überblick über die Geschichte Israels im Land aus, der als programmatisches Eröffnungskapitel die Neuinterpretation des Jubiläenbuches festschreibt und dieses unter das Vorzeichen des kontinuierlichen Ungehorsams Israels stellt. Der knappe Geschichtsabriß aus dem Munde Gottes (1,5-26) bezeugt – unter reicher Rezeption biblischer Tradition[242] – die für die dritte Stufe des dtr Geschichtsbildes typische Grunddynamik,[243] wonach Israel die Gebote Gottes verläßt (1,9), fremden Göttern dient (1,11) und die Propheten tötet (1,12), woraufhin sich Gott von seinem Volk abwendet und es unter die Heidenvölker zerstreut (1,13). Erst in Zeiten schwerster Not kehrt das Volk zu seinem Gott um (1,15), der es darauf als Pflanze der Gerechtigkeit neu konstituiert und mit ihm fortan in Gemeinschaft um den Mittelpunkt des Tempels wohnt (1,15-17). Unterbrochen von den Interzessionen Moses für Israel (1,19-21), folgt ein

---

240 Vgl. ferner Dtn 5,16.33; 6,2; 11,9.21; 25,15; 32,47.
241 Die Verknüpfung des in Jub 23,9-13 vorgegebenen Themas der menschlichen Lebensdauer mit dem Geschick Israels bot sich über das Dtn nicht nur, wie gezeigt, hinsichtlich der Degeneration an, auch die positive Gegenentwicklung – langes Leben bei Gebotsbefolgung – ließ sich von hier ableiten (Dtn 32,47). In beiden Fällen ist ein Ebenenwechsel zu verzeichnen, insofern nicht mehr die *Aufenthaltsdauer* des Volkes, sondern die *Lebenszeit* des einzelnen Volksangehörigen im Land von Interesse ist.
242 Vgl. die Auflistung biblischer Referenztexte bei BERGER, *Buch der Jubiläen*, 313-321.
243 Vgl. STECK, *Israel*, 186f.

neuerlicher Vorausblick Gottes auf die finale Umkehr seines Volkes und seine endzeitliche Verwandlung (1,22-25).

Gerahmt ist die gesamte Geschichtsdarstellung durch an Mose ergehende Aufforderungen, die Offenbarungen niederzuschreiben (1,5.7.26), damit sie dem abtrünnigen Volk in der Zukunft als Zeugnis[244] dafür dienen, daß nicht Gott, sondern Israel selbst sein Unglück zu verantworten hat. Der mit Jub 1,5-26 eingetragene negative Geschichtsüberblick ist dabei nicht nur in allgemein dtr Ton gehalten, er positioniert sich, wie STECK gezeigt hat, in exakter Parallele zum Moselied (Dtn 32,1-44), das ebenfalls als Zeugnis gegen die von Gott vorhergesehene Sünde Israels im Land übermittelt wird, noch bevor das Volk dieses betritt (Dtn 31,20f.; vgl. Jub 1,7f.).[245] Wird die Tora durch das Moselied abschließend auf dtr Linie gebracht, so vollzieht sich derselbe Prozeß durch die Ergänzung der einleitenden Geschichtsschau Jub 1,5-26 für das Jubiläenbuch. Insofern die Zerstreuung Israels unter die Völker nach Jub 1,13f. den absoluten Tiefpunkt markiert, von dem die Restitution Israels ihren Ausgangspunkt nehmen muß (1,15), ist auch die hiermit gegebene Diasporaperspektive auf die Rezeption des Moseliedes zurückzuführen, dessen Resümee unzweideutig die dauerhafte Existenz im Land an die Befolgung der Gebote koppelt (Dtn 32,47).

Der negative Geschichtsüberblick in Jub 1,5-26 korrigiert aus dtr Perspektive die Voraussetzung des Grundentwurfes, der von der Möglichkeit eines geschichtlichen Gelingens der Existenz Israels im verheißenen Land ausgeht. Die Ereignisse der frühhasmonäischen Zeit ließen sich nur als Resultat des fortwährenden Ungehorsams Israels deuten, der die gesamte Geschichte im Land bestimmt.[246] Das Heil verwirklicht sich erst im Eschaton durch eine Neugestaltung des Gottesvolkes, der jedoch die Umkehr desselben zunächst vorausgehen muß (1,15). In seiner dtr geprägten Endgestalt hat sich das Jubiläenbuch von einer auf Identitätssicherung zielenden Programm- zu einer paränetischen Anklageschrift entwickelt, die nicht mehr die Befolgung der Gebote als integralen Bestandteil der Identität Israels einschärft, sondern durch die Kontrastierung der im Buchkorpus entfalteten idealen Geschichte bis zur Landnahme mit ihrem völligen Scheitern in der Folgezeit nunmehr die finale Umkehr als Voraussetzung der endzeitlichen Heilsverwirklichung anmahnt.

Während Jub 23,14-31 die letzte Krise innerhalb Israels schildert, dehnt Jub 1,5-26 gemäß seiner Vorgabe in Dtn 31f. den Blickwinkel auf

---

244 Erst hier hat der Begriff תעודה den von STECK, *Zeugen* I, 453-465, in unzutreffender Weise durchweg für den Grundentwurf vorausgesetzten Sinn eines im Vorherwissen der Sünde Israels begründeten Belastungszeugnisses; s.o., *3.1.*

245 Vgl. STECK, *Zeugen* I, 462; ähnlich VANDERKAM, *Studies on the Prologue*, 269.

246 Vgl. das Sündenbekenntnis in Bar 1,19f.

die gesamte Geschichte des Volkes im Land aus,[247] die unter Absehung von allen Details lediglich in ihrer geschichtstheologischen Grunddynamik dargestellt wird.[248] Das Jubiläenbuch avanciert so zu dem universalgeschichtlichen Entwurf, als den es auch der überarbeitete Vers Jub 1,4 tituliert, wobei das Ungleichgewicht im Verhältnis zwischen der Zeit vor und nach der Landnahme kaum krasser ausfallen könnte. Die karge Schilderung der Zeit im Land erfüllt jedoch ihren Zweck darin, die Gegenwart des Redaktors einzuholen und sie auf den Punkt im Geschichtslauf zurückzuspiegeln, an dem sich die Wege von unverwirklichter Heils- und verwirklichter Unheilsgeschichte gabelten. Der am Ende des Grundentwurfes stehende Vorausblick auf die 40 Wüstenjahre, definiert als Zeit zum Studium der Gebote (50,4), markiert exakt diesen Punkt und damit die unverändert gültige Perspektive: Die in Jub 1 erwartete Umkehr zu den Geboten Gottes vollzieht sich in einer Situation, die derjenigen der Wüstenväter entspricht und im Nachholen des damals Versäumten die endzeitliche Verwirklichung der bestimmungsgemäßen Existenz im Land heraufführen soll.[249]

3.4.2. Die Endgestalt als heptadischer Weltzeitentwurf?

Die durch Ergänzung von Jub 1,5-26.27f.; 23,14-31 und Nachträge in 1,4.29 hergestellte universalgeschichtliche Perspektive, durch die das Jubiläenbuch zur Kundgabe der ‚Einteilungen der Zeiten' von der Schöpfung bis zur endzeitlichen Neuschöpfung avanciert (1,4.26f.29), wird im Blick auf seine heptadische Chronologie mehr postuliert denn verwirklicht. Lediglich Jub 50,5, wonach die Sequenz der Jubiläen bis zur Reinigung

---

247 Erst mit der vom zweiten Bearbeiter von Kap. 1 in V. 29 vorgenommenen Ergänzung findet eine Verengung der Perspektive von ganz Israel auf ‚die Erwählten Israels' statt. Die ebenfalls auf seine Hand zurückgehenden Bezüge zum endzeitlichen Tempel (1,27f.29; 4,26) betonen dessen zentrale Bedeutung für die eschatologische Heilszeit, bringen aber darüber hinaus keine Verschiebung der dominanten dtr Geschichtsperspektive mit sich.

248 Lediglich in 1,13 klingt mit der Entfernung Israels aus dem Land und seiner Zerstreuung unter die Völker ein Reflex auf das Exil an – weder die Vorgeschichte noch der weitere Verlauf der Ereignisse werden konkretisiert. Daß sich zwischen Exil und endzeitlicher Restitution überhaupt nichts zu ereignen scheint – Rückkehr und Wiederaufbau werden unterdrückt –, findet eine Parallele in den negativen Geschichtsüberblicken, die während der Makkabäerzeit oder kurz zuvor entstanden (vgl. Dan 9,25; 1 Hen 89,72b-77; 93,9).

249 Diese perspektivische Verschränkung übersieht HALPERN-AMARU, *Exile*, 143, nach deren Ansicht nicht der Besitz des Landes, sondern die „quality of Israel's relationship with God" im Zentrum stehen. Beides ist vielmehr wesensmäßig miteinander verbunden – Ziel und integraler Bestandteil der wiederherzustellenden Gottesbeziehung ist die Existenz Israels im Land; ebenso, SCOTT, *On Earth*, 161-166, der ebenfalls das Konzept einer endzeitlichen Landnahme voraussetzt, das er in einen universalgeschichtlichen Entwurf eingebettet sieht (s.u., *3.4.2.*).

Israels von allen Sünden ihren Fortgang nimmt, behauptet eine heptadische Struktur auch für die geschichtlichen Exkurse in Jub 1; 23, ohne darüber hinwegtäuschen zu können, daß diese selbst nicht nur keine heptadische, sondern überhaupt keine chronologische Gliederung erfahren – der Kontrast zwischen dem detaillierten System des Grundentwurfes und den ausschließlich geschichtstheologisch fokussierten sekundären Passagen könnte kaum krasser ausfallen. Als zentrale Grundbeobachtung für die folgenden Ausführungen muß daher festgehalten werden, daß das Jubiläenbuch in seiner Endgestalt wie im Grundentwurf unverändert eine heptadische Chronologie präsentiert, die 50 Jubiläen umfaßt. In den sekundären Teilen existieren abgesehen von der Pauschalaussage in 50,5 keine expliziten heptadischen Angaben!

Trotz der kargen Daten wurde eine Anzahl von Versuchen unternommen, eine heptadische Chronologie des Jubiläenbuches auch für die Epoche nach der Landnahme zu rekonstruieren.[250] So nimmt TESTUZ in Anschluß an die in Jub 2-50 entfalteten 50 Jubiläen eine Ära der Tora an, die in Analogie zu den 21 (!) Schöpfungswerken vor dem Sabbat[251] und der gleichen Anzahl von Generationen vor Jakob (2,23) 21 Jubiläen umfasse, bevor mit dem 22. Jubiläum die unbegrenzte messianische Zeit einsetze.[252] Während dieses Modell, wie auch TESTUZ einräumt, sehr spekulativ bleibt, hat sich ein gewisser Forschungskonsens bezüglich einer Alternative gebildet, die in Analogie zu den 50 explizierten Jubiläen mit einer weiteren Sequenz identischer Länge bis zum Eschaton rechnet: „[T]he Jubilean writer reckoned 100 jubilees (4900 years) from creation until the Eschaton."[253] Daß damit zugleich die Weltzeitdauer der Zehnwochenapokalypse (1 Hen 93,1-10; 91,11-17) erreicht sei, wird vereinzelt als zusätzlicher Beleg angeführt.[254] Beide Texte gelten DIMANT gar als Zeugen desselben chronologischen Systems, einer „comprehensive chronology", die sich aus ihrer Kombination rekonstruieren lasse.[255]

---

250 Nach MURTONEN, *Chronology*, 137, ergibt sich durch Kombination „with the numbers of MT (including Daniel) [...] that the author of BJ [= Jub] expected the beginning of the Messianic age (the end of the 80th jubilee) 110 years later than Daniel." Da MURTONEN weder Textbelege aus Jub anführt, noch seine Rechnung weiter begründet, ist dieses Ergebnis nicht nachvollziehbar.

251 TESTUZ zählt den Sabbat unzutreffenderweise als 22. Werk und übersieht, daß in Jub 2,23 22 Werke *vor* dem Sabbat in Analogie zu den 22 Häuptern der Menschheit vor Jakob im Blick sind; s.o., *3.2.*

252 Vgl. TESTUZ, *Idées*, 173f.

253 WACHOLDER, *Date*, 87. Ebenso BECKWITH, *Significance*, 186 (identisch mit *Calendar*, 239); KOCH, *Sabbat*, 73.82; STEGEMANN, *Jüdische Apokalyptik*, 40f.; STEUDEL, אחרית הימים, 240, Anm. 81.

254 Vgl. FREY, *Weltbild*, 268-270; vorsichtig auch VANDERKAM, *Konzept*, 81.100.

255 Vgl. DIMANT, *Seventy Weeks Chronology*, 65-71.

Das Postulat einer zweiten, ebenfalls 50 Jubiläen umfassenden Epoche ist allein aufgrund der möglichen strukturellen Entsprechung nicht begründbar: Ein Zwei-Epochen-Schema läßt sich aus der Endgestalt des Textes ebenso wenig ableiten wie irgendeine explizite Information über die Dauer des Zeitraumes nach der Landnahme. Aber auch durch die Einbeziehung der Zehnwochenapokalypse ist nur wenig gewonnen, da die Annahme, sie umfasse einen Gesamtzeitrahmen von 4900 Jahren, zwar plausibel ist, aus dem Text aber, der nur von ,Siebenten' (שבעין) nicht näher spezifizierter Dauer spricht, nicht mit letzter Sicherheit abgeleitet werden kann.[256] Hier droht vielmehr die Gefahr eines Zirkelschlusses, da ein Argument für die 4900 Jahre sich gerade aus dem Vergleich mit dem Jubiläenbuch gewinnen läßt, dessen 50 Jubiläen sich genau über die Hälfte dieses Zeitraumes (2450 Jahre) erstrecken. Doch selbst wenn die Hypothese zutrifft, daß Jub mit 2450 Jahren genau die Hälfte des Zeitraums umfaßt, den der Henochtext zum Gegenstand hat, ist damit noch keine chronologische Übereinstimmung gegeben, im Gegenteil: Während nach fünf שבעין der erste Tempel errichtet wird (1 Hen 93,7), markiert der Einzug ins verheißenen Land das Ende der 50 יובלים (Jub 50,4) — Jub erreicht also nach 2450 Jahren keineswegs dieselbe Zäsur, die das Ende des fünften Siebents im Henochbuch markiert.[257] Die Zusatzannahmen, die nötig sind, um die Parallelisierung beider Texte aufrechtzuerhalten, machen einen derartigen Ansatz mehr als fraglich.[258]

Auch SCOTT kommt in seiner jüngst veröffentlichten Studie zu dem Ergebnis, daß sich die Chronologie des Jubiläenbuches nicht in der dargestellten Weise aus der Zehnwochenapokalypse ergänzen läßt, setzt aber gleichwohl den Henochtext, der in Jub 4,18 explizit erwähnt werde, als Vorlage voraus, die allerdings in mancher Hinsicht radikal modifiziert worden sei.[259] Beide Texte rechneten mit einer langen Restitutionsphase, das Jubiläenbuch setze jedoch eine in 1 Hen 93,1-10; 91,11-17 so nicht gegebene „rigorous symmetry between *Urzeit* and *Endzeit*"[260] voraus. Der Degeneration der menschlichen Lebensdauer von Adam bis Mose entsprechend (Jub 23,11) nehme der Text eine ebenfalls 50 Jubiläen umfas-

---

256 S.o., *III. 2.2.2.*
257 Auch GLEßMER, *Aussagen*, 133, sieht nur eine grobe strukturelle Ähnlichkeit zwischen Jub und 1 Hen 93,1-10; 91,11-17.
258 So muß DIMANT, *Seventy Weeks Chronology*, 66f., – ohne Belege im Text! – annehmen, das erste Siebent umfasse die doppelte Dauer (980 Jahre), das letzte hingegen lediglich die bis ins Jahr 5000 verbleibenden 100 Jahre. Zur Auseinandersetzung mit dieser Position s.o., *III. 2.2.2.*
259 Vgl. SCOTT, *On Earth*, 128.131f.213.
260 SCOTT, *On Earth*, 132. Daß hier die – im Gegensatz zum Jubiläenbuch nicht erst zu rekonstruierende, sondern explizite! – Symmetrie der Zehnwochenapokalypse unterbelichtet bleibt, muß nach den obigen Ausführungen (*III. 2.2.1.*) als erwiesen gelten.

sende Zeitspanne der Wiederherstellung an, an deren Ende jeder Mensch
die bereits in der Schöpfung intendierten 1000 Jahre erreiche (23,27).[261]
Diese beiden einander zugeordneten Sequenzen von je 50 Jubiläen – Degeneration und Restitution – stünden jedoch nicht in einer direkten Abfolge, sondern seien durch 20 Jubiläen getrennt, die für den Zeitraum zwischen Landnahme und Verfasserzeit veranschlagt würden. Die Länge dieses Mittelsegmentes von 20 Jubiläen oder 980 Jahren begründet SCOTT
auf zwei Arten: Einerseits sei davon auszugehen, daß der Text an die etwa
in Dan 9 bezeugte Tradition einer exilisch-nachexilischen Strafzeit von
490 Jahren anschließe und vor dem Hintergrund von Lev 26 in exakter
Entsprechung den Zeitraum der Übertretung definiere, in dem Israel die
Sabbatruhe des Landes vernachlässigte (ebenfalls 490 Jahre);[262] andererseits legten sich die 980 Jahre auch aufgrund der biblischen Chronologie
nahe.[263]

Im Gegensatz zur *communis opinio* nimmt SCOTT also für das Jubiläenbuch keine zweigeteilte, sondern eine „*threefold* structure of world history"
an: „the patriarchal era (Adam to Moses), the preexilic and exilic era [...],
and the restoration era (from the return to the land to the new
creation)."[264] Da nur die Länge der ersten Epoche im Text explizit genannt ist (50 Jubiläen), muß SCOTT die Länge der beiden folgenden (20
bzw. 50 Jubiläen) erschließen. Als Textbeleg im Jubiläenbuch kann SCOTT
allein Kap. 23 anführen, wo er, vermittelt über das Thema der menschlichen Lebenszeit, eben diese dreigeteilte Struktur angelegt sieht: Die sich
seit Adam stetig verringernde Lebenszeit werde wegen Israels Sünde im
Land nochmals reduziert (23,11), um erst in der dritten Epoche, nach der
Umkehr zur Tora, wieder langsam anzuwachsen (23,26f.).[265] Ein letztes
Argument für die Korrektheit des von ihm rekonstruierten heptadischen
Systems findet SCOTT in der Makrostruktur der 'Otot-Zyklen, die er in
Jub 4,21 eingeführt sieht. Nicht nur entspreche die Weltdauer von 120 Ju-
biläen exakt 20 'Otot-Zyklen, vielmehr sei, da die Tempelzerstörung genau
auf das Ende des 60. Jubiläums falle, das zugleich das Ende des zehnten

---

261 Vgl. SCOTT, *On Earth*, 120.
262 Vgl. SCOTT, *On Earth*, 93-99. „In view of the Second Temple tradition in which the *Book of
     Jubilees* stands [...] we have grounds for suspecting that the book's sabbatical chronology
     regards the length of the preexilic and exilic era consisting of two equal eras of 70 ‚weeks'
     each for a total of 980 years" (99).
263 SCOTT, *On Earth*, 99f., verweist hier auf die von KOCH, *Zahlen*, 439, gemachte Beobach-
     tung, daß sich die 480 Jahre zwischen Exodus und Tempelbau (1 Kön 6,1) mit den 430 Re-
     gierungsjahren der Könige Judas und den 70 Exilsjahren genau zu 980 Jahren aufaddieren.
264 SCOTT, *On Earth*, 103.
265 Vgl. SCOTT, *On Earth*, 113-125.

'Otot-Zyklus markiere, dieses für den Kultus einschneidende Ereignis in Übereinstimmung mit den sakralzeitlichen Großzyklen datiert worden.[266]

SCOTT kommt unbestreitbar das Verdienst zu, die erste ausführlich begründete Rekonstruktion einer heptadischen Chronologie für den universalgeschichtlichen Zeitrahmen vorzulegen, den die Endgestalt des Jubiläenbuches im Blick hat. Der Gefahr seines Vorgehens, das nur in geringem Maße auf explizite Aussagen des Textes selbst zurückgreifen kann, ist sich SCOTT dabei wohl bewußt: „Needless to say, the process of gathering, distilling and synthesizing this disparate information into a presumably coherent system may reflect more about the ingenuity of the modern scholar than it does about the *Book of Jubilees*.“[267] Leider trifft genau dies zu. Das imposante Gesamtsystem ist zur Gänze die ingeniöse Leistung SCOTTs, ohne auch nur in einem einzelnen Punkt hinreichend aus dem Jubiläenbuch begründbar zu sein. So ist ein Grundproblem bereits darin angelegt, daß SCOTT, wie in der Forschung üblich, die Frage der literarischen Genese des Jubiläenbuches völlig ausblendet, was zur Folge hat, daß die sich aus der diachronen Exegese notwendig ergebenden Differenzierungsmöglichkeiten verloren gehen. Eine synchrone Untersuchung des vorliegenden Endtextes hat zwar unbestreitbar ihr Recht, dies aber nur im Horizont der Diachronie, da sie sonst eine kompositorische Geschlossenheit voraussetzt, die nicht gegeben ist.

Dieses Problem zeigt sich ganz konkret im Umgang mit Jub 23, einem eindeutig gewachsenen Kapitel, das SCOTT nicht nur für homogen hält, sondern überdies zu *dem* Schlüsseltext für die Begründung des dreigeteilten chronologischen Schemas macht. Er übersieht dabei, daß V. 14-31 überhaupt nicht ursprünglich sind, sondern an den literarischen Topos des sinkenden Lebensalters eine Beschreibung des ‚bösen Geschlechts‘ anschließen, dem das Hauptinteresse gehört. Der vorliegende Text ist damit nicht nur literarisch heterogen, sondern überdies auf keiner seiner Stufen daran interessiert, eine konkrete *Strukturierung* der in Jub 2-50 nicht explizierten weltgeschichtlichen Epochen vorzugeben. Die geschichtstheologischen Gemeinplätze ‚Sünde Israels‘ – ‚Umkehr‘ – ‚endzeitliche Restitution‘ rechtfertigen keine begründete Abgrenzung zweier weiterer Epochen, ganz zu schweigen von der Bestimmung deren genauer Länge sowie heptadischer Struktur. Daß nach Jub 23,27 nicht mit einer plötzlichen,

---

266 Vgl. SCOTT, *On Earth*, 144.151. Die zwei Hälften der Geschichtsschau zu je 10 'Otot-Zyklen seien ferner in exakter Symmetrie weiter untergliedert zu denken: Da Henoch den „primeval Temple“ genau drei 'Otot-Zyklen nach der Schöpfung betrete, sei mit der Errichtung des endzeitlichen Heiligtums drei 'Otot-Zyklen vor Vollendung des Weltenlaufes zu rechnen. „[T]he total world era may be calculated as 3+7+7+3 = 20 ,*otot* cycles/120 jubilees/ 5880 years, in which the destruction of the First Temple takes place at the exact midpoint of history“ (151).

267 SCOTT, *On Earth*, 74.

sondern mit einer sich über einen bestimmten Zeitraum erstreckenden
Wiederherstellung menschlicher Langlebigkeit zu rechnen ist,[268] bedeutet
in keiner Weise, daß hier in Entsprechung zu den 50 Jubiläen bis zur
Landnahme ein Zeitraum identischer Länge im Blick ist. Die Restitutionsphase steht nicht nur in keinem expliziten Zusammenhang zur heptadischen Chronologie des Buchkorpus, sie ist selbst im begrenzten Rahmen
von Jub 23 als letzte Epoche eines symmetrischen Drei-Epochen-Sche-
mas überinterpretiert.[269]

SCOTT übersieht bei seiner Interpretation von Jub 23 nicht nur die
Genese des Kapitels, er bürdet ihm zudem eine chronologische Schlüsselfunktion auf, die es nicht zu tragen vermag. Weder die Abgrenzung von
drei Epochen noch deren Verhältnis zueinander oder ihre symmetrische
Anordnung im Ganzen des heptadischen Entwurfs lassen sich aus dem
Kapitel ableiten, das in seiner Endgestalt lediglich eine über das Thema
des menschlichen Lebensalters kontextualisierte Darstellung des ‚bösen
Geschlechts' bietet. Die Annahme, daß „*Jubilees 23* uses the differences in
human longevity as a key indicator of the division between the first and
the second eras"[270], kann daher nicht aufrechterhalten werden. Damit fällt
jedoch das Hauptargument für die von SCOTT angenommene Dreiteilung
des chronologischen Schemas, die nun nur noch auf der Annahme einer
stringent durchgeführten Symmetrie beruht und durch die vermeintlichen
'Otot-Zyklen abgesichert wird. Da diese aber, wie unter *3.3.3.* dargelegt,
an keiner Stelle des Textes expliziert, geschweige denn als chronologische
Makrostruktur eingeführt werden, können sie nicht zur Begründung der
rekonstruierten Chronologie herangezogen werden. Der am Ende einzig
verbleibenden Möglichkeit, Teile der Chronologie in Analogie zu anderen
heptadischen Entwürfen zu rekonstruieren, kann in Ermangelung einer
Textbasis im Jubiläenbuch keine argumentative Schlagkraft zugemessen
werden.

Das von SCOTT vorgelegte Modell einer im Jubiläenbuch entfalteten
heptadischen Universalchronologie ist damit trotz seiner ingeniösen Aus-

---

268 Vgl. FREY, *Weltbild*, 269.

269 So ist es reine Spekulation, daß die – zum Grundbestand gehörende! – Aussage, die Gene-
     rationen in der Zukunft Moses würden noch vor dem Erreichen von zwei Jubiläen sterben
     (23,11), in der vorliegenden Endgestalt des Kapitels (!) als Epochenmarke fungiert, wie dies
     SCOTT, *On Earth*, 106, voraussetzt. Daß schließlich der Tiefpunkt der Degeneration an
     dem Punkt erreicht sei, an dem die Menschen nur noch die 70 Jahre zählen, die Adam an
     1000 Jahren fehlen und zugleich der Anzahl der im Land versäumten Sabbatjahre entspre-
     chen, ist eine interessante Vermutung SCOTTs, a.a.O., 118, die jedoch erneut am Text vor-
     beiführt. In Jub 23,15 ist in Anschluß an Ps 90,10 von 70 *bis 80* Jahren die Rede, die Ana-
     logie existiert also, wenn überhaupt, nur gebrochen; zudem ist hier mitnichten der absolute
     Tiefpunkt erreicht, denn diesen markieren erst die völlig vergreisten Kleinkinder (23,25),
     die SCOTT nicht plausibel in sein System zu integrieren vermag (ebd.).

270 SCOTT, *On Earth*, 106.

gestaltung pure Spekulation, zu deren Untermauerung sich nicht ein einziger sicherer Anhaltspunkt im Text, sondern lediglich eine Verkettung vager Indizien finden läßt. Von allen Detailfragen abgesehen muß es sich – wie alle anderen Rekonstruktionen auch – die Anfrage gefallen lassen, warum das Jubiläenbuch an keiner einzigen Stelle einen expliziten Hinweis auf die heptadische Struktur der Geschichte nach der Landnahme gibt, sondern sich lediglich mit der Aussage begnügt, die Sequenz der Jubiläen werde bis zur endzeitlichen Reinigung Israels ihren Fortgang nehmen (50,5). Bei der von SCOTT hierauf gegebenen Antwort, „the author evidently felt that an explicit detailing of the whole timetable would be superfluous, for the *Endzeit* corresponds almost exactly to the *Urzeit*"[271], ist eine gewisse Hilflosigkeit unübersehbar. Von einer absoluten Evidenz des vermeintlichen Gesamtsystems kann, führt man sich den detektivischen Spürsinn SCOTTs vor Augen, den dieser zu dessen Freilegung anwenden muß, wohl kaum die Rede sein. Nimmt man schließlich den „Kampf um die gottgesetzten Zeitepochen im Spätisraelitentum"[272] als Hintergrund an, so erscheint die Annahme vollkommen unplausibel, das Jubiläenbuch habe sich hier bei der Schaffung eines dezidiert eigenen Entwurfs mit derart vagen Angaben beschieden.[273]

Daß nicht nur alle konkreten Angaben in Jub 1; 23 fehlen, sondern sich die Endredaktoren überdies mit der knappen Pauschalangabe in Jub 50,5 begnügten, die Jubiläen nähmen auch nach der Landnahme ihren Fortgang, wenn sie doch, wäre ihnen daran gelegen gewesen, zumindest ebenso knapp die konkrete Länge des folgenden Zeitraumes hätten benennen können, läßt grundsätzlich nur eine Erklärungsmöglichkeit zu: Offensichtlich lagen Aussagen über die Dauer der Weltzeit oder auch nur eines ihrer Segmente nach der Landnahme nicht im Interesse der Personen, denen wir die Endgestalt des Jubiläenbuches verdanken! Daß spätere Rezipienten des Textes konkretere Vorstellungen über die Länge des Zeitraumes nach der Landnahme entwickelt haben können, soll dabei keineswegs bestritten werden, ist aber für die Interpretation der Aussageintention des Jubiläenbuches nicht von Belang. Alleinige Basis hierfür kann nur der Text in seiner vorliegenden Endgestalt sein, in dem weder explizit noch implizit der in 1,4.26f.29; 50,5 postulierte heptadische Gesamtzeitrahmen von der Schöpfung bis zum Eschaton entfaltet wird. Diese überarbeiteten bzw. ergänzten Verse erfüllen ihren Zweck darin, die sekundären eschatologischen Exkurse in Jub 1,5-26.27f.; 23,14-31 an das

---

271 SCOTT, *On Earth*, 156.
272 KOCH, *Sabbatstruktur*, 422.
273 Auch SCOTT, *On Earth*, 131f., verortet die im Jubiläenbuch entfaltete Chronologie als dezidierten Gegenentwurf zur Zehnwochenapokalypse, ohne dabei zu klären, warum sie ihr eigenes System dann nicht klarer akzentuiert.

Buchkorpus rückzubinden, ohne daß sie die Diskrepanzen zwischen der detaillierten Darstellung der Zeit bis zur Landnahme gegenüber dem knappen Abriß der Folgezeit überdecken könnten. Mag auch die heptadische Ordnung der gesamten Geschichte Mose offenbart worden sein, das Jubiläenbuch vermittelt sie nicht!

Müssen alle Versuche, die Chronologie des in der Endgestalt des Jubiläenbuches umrissenen gesamtgeschichtlichen Rahmens zu rekonstruieren, hochgradig spekulativ und aus genannten Gründen zugleich in hohem Maße problematisch bleiben, bietet sich ein expliziter Anknüpfungspunkt für einen Gegenwartsbezug geradezu an: die 40 Jahre, die nach Jub 50,4 den Wüstenvätern verbleiben, um bis zum Eintritt ins verheißene Land die Gebote zu erlernen. Während die eschatologischen Passagen in Jub 1; 23 abrißartig die Entwicklung bis in die Tage der Verfasser wiedergeben, bleibt mit Jub 50,4 der Punkt formuliert, an dem die Umkehr einzusetzen hat: Zwar hat Israel das Land faktisch in Besitz genommen, die sich anschließende Geschichte ist jedoch irreversible Unheilsgeschichte, an die es keinen positiven Anknüpfungspunkt mehr gibt (vgl. Jub 1,7f.). Die eschatologischen Teile holen somit die Verfasserzeit ein und werfen sie auf die Situation zurück, als Israel in der Wüste die Gelegenheit hatte, sich durch Verinnerlichung der Gebote auf eine bestimmungsgemäße Existenz im verheißenen Land vorzubereiten. Der Vorausblick auf den Eintritt ins verheißene Land, mit dem der Grundentwurf seiner angenommenen Offenbarungssituation am Sinai entsprechend schließt, gibt die gültige Perspektive auch für seine eschatologische Neuinterpretation vor.

Durch Identifizierung der eigenen Gegenwart mit der in Jub 50,4 geschilderten Situation der Wüstengeneration nehmen die qumranischen Ergänzer des Grundentwurfes eine heilsgeschichtliche Selbstverortung vor,[274] mit der das Ende des in Jub 50,5 angekündigten Zeitraumes unbestimmter Länge erkennbar wird: Sie sind es, die zu den Geboten umkehren und damit den Weg für eine zweite, eschatologische Landnahme bereiten. Daß die heptadische Struktur der seit der ersten Landnahme vergangenen Zeit nicht dargestellt wird, trägt indirekt vielleicht gerade der Tatsache Rechnung, daß nach Jub 1,5-26 die gesamte Geschichte im Land durch Israels Ungehorsam gekennzeichnet und ein Beschreiten des vorgezeichneten heilsgeschichtlichen Weges in perfekter Harmonie mit der heptadischen Ordnung der Zeit hier gerade nicht mehr vermeldet werden kann. Israel verharrt gemessen am göttlichen Heilsplan in der Situation der Wüstenväter, weil es die Frist zum Verinnerlichen der Tora bis in die Gegenwart des Endredaktors hat verstreichen lassen. Nicht die Chrono-

---

274 Daß es sich hierbei um ein für die Qumrangruppierung typisches Element der Gegenwartsdeutung handelt, zeigen die Parallelen in CD I 7; XX 15; 1QM I 6-9; 1QS VIII 13f.; IX 19-21; 4Q171 II 6-8.

logie der Zeit im Land oder eine damit verbundene Berechnung der Endzeit, sondern die Forderung der Umkehr zum göttlichen Gebot in einer
als Wüstenzeit gedeuteten Gegenwart bildet das Zentrum des Jubiläenbuches in seiner vorliegenden Gestalt (1,15; 23,26).

Die in Lev 26 formulierte Segen-Fluch-Alternative kommt dabei zwar
als zentraler biblischer Anknüpfungspunkt der Umkehrforderung in den
Blick, ist aber fehlinterpretiert, setzt man wie GLEßMER voraus, daß es
dem Jubiläenbuch im Kern darum gehe, die nachzuholenden Sabbate des
Landes „*irgendwie* [...] abzählbar [zu machen]. Diese Abzählbarkeit verge-
wissert zugleich, daß *irgendwann* wieder Segenszeit möglich ist.“[275] Für
diese Annahme fehlen nicht nur klare Textbelege, sondern es ergibt sich,
nimmt man die dargestellte Identifikation von eigener Gegenwart und
Wüstenzeit ernst, ein weiterer potentieller Einwand, der in Erwägung zu
ziehen ist: Unabhängig davon, welche praktischen Konsequenzen sich für
die Rezipienten des Jubiläenbuches mit ihrer Wahrnehmung, vor der endzeitlichen Landnahme zu leben, verbanden,[276] legt diese doch zunächst
nahe, daß sie die Gebote zu observieren suchten, die nicht an den Besitz
des Landes gebunden sind,[277] und stützt gerade nicht die Annahme, sie
hätten versucht, durch genaue Observanz von Sabbat- und Jobeljahrzyklen den endzeitlichen Eintritt ins Land berechenbar zu machen bzw.
zugleich heraufzuführen.

---

275 GLEßMER, *Aussagen*, 130. Interessanterweise hebt auch GLEßMER in späterem Kontext zutreffend hervor, daß das Jubiläenbuch keine Berechnung der verbleibenden Zeit vornimmt
(a.a.O., 159), ohne diesen Widerspruch zum vermeintlich zentralen ‚Abzählen‘ der Sabbate
aufzulösen.

276 Ist das Landnahmekonzept symbolischer Natur, vertreten von einer Gruppe, die in Wahrheit selbst in Palästina lebte, oder handelte es sich um Menschen, die tatsächlich außerhalb
des Landes lebten und gemäß Jub 50,4 in Einübung der Gebote die – 40 ? – ausstehenden
Jahre bis zum finalen Einzug ins Land verbrachten? Daß letzteres nicht unmöglich ist, zeigen die Ausführungen STEGEMANNs, *Essener*, 203f., der bereits für die Zeit der seleukidischen Religionsverfolgungen damit rechnet, daß sich mehrere jüdische Gruppierungen
außerhalb des Kernlandes sammelten. Da Jub wahrscheinlich in der frühen Qumrangruppierung seine Endgestalt erhielt, läßt sich die Frage jedoch nicht abstrakt beantworten, sondern zielt im Kern auf die Anfangsjahre der Gruppierung und damit auch auf die konkrete
Bedeutung eines Konzeptes wie des in CD VI 5; XIX 33 erwähnten ‚Bundes im Lande Damaskus‘, Problemkreise, die sich im Rahmen dieser Arbeit nicht abschließend klären lassen.
Ebenfalls unklar bleibt, welche konkreten Konsequenzen sich aus den in Jub abgesteckten
idealen Grenzen Palästinas für die Trägerkreise des Buches ergaben. Daß sich, wie SCOTT,
On Earth, 206, meint, die intendierte Konformität von „sacred time and sacred space“ bei
der endzeitlichen Landnahme deshalb realisieren lasse, weil Israel nun durch Jub die korrekten Grenzen des Landes kenne, ist eine sehr abstrakte Aussage, die wenig Anhalt am
Text hat und den Ablauf des eschatologischen Fahrplanes mehr verschleiert denn offen-
legt.

277 Das sind selbstredend alle Bestimmungen, die Jub unter Rekurs auf die Praxis der Patriarchen entfaltet!

Zusammenfassend ist festzuhalten, daß die Endgestalt des Jubiläenbuches weder ein heptadisches Schema des gesamten Geschichtslaufes noch eine entsprechende Berechnung des Endtermins oder gar einen Kalender zur konkreten Observanz von Sabbat- und Jobeljahr bieten will. Die Exkurse in Jub 1,5-26; 23,14-31 holen die Zeit der Redaktoren ein, um sie geschichtstheologisch mit der vierzigjährigen Wüstenzeit zu identifizieren, auf die auch der Grundentwurf aus der Perspektive Moses vorausblickt. Das im Jubiläenbuch propagierte halachische Programm harrt weiterhin seiner Realisierung, nun jedoch nicht mehr innergeschichtlich gefaßt, sondern als Vorgabe der von Israel an der Schwelle zum Eschaton zu vollziehenden Umkehr. Diese bildet die unabdingbare Voraussetzung für die eschatologische Verwirklichung der Existenz Israels im verheißenen Land, die das Jubiläenbuch, gegenüber Texten wie Dan 9; 1 Hen 85-90; 93,1-10; 91,11-17 nochmals radikalisiert, nicht an das Ende des Exils, sondern an den allererst zu vollziehenden Eintritt ins Land anschließt. Die 40 Jahre in der Wüste als Zeit der Umkehr werden, ob konkret berechnet oder nicht, zum zentralen Schlüssel einer Gegenwartsdeutung, die nicht nur die qumranische Endgestalt des Textes dominiert, sondern auch dessen Rezeption innerhalb der Qumrangruppierung prägt, wie das Beispiel von CD XVI 3f. zeigt.[278]

4. Fazit

Die hier vorgelegte Untersuchung des Jubiläenbuches ging von der Beobachtung aus, daß, wie in der Forschung seit jeher notiert, eine eigentümliche Spannung zwischen dem in Jub 1 formulierten Anspruch, einen universalgeschichtlichen Entwurf zu präsentieren, und dem Ende der heptadischen Geschichtsschau mit der Landnahme (Jub 50) besteht. Da allein die in Jub 1,5-28; 23,14-31 erhaltenen, eschatologisch zugespitzten Geschichtsexkurse den Anspruch rechtfertigen, Jub stelle die Geschichte von der Schöpfung zur endzeitlichen Neuschöpfung dar, kam ihrer Untersuchung ein besonderes Gewicht zu. Hierbei ließ sich zeigen, daß sie sowohl literarisch als auch im Hinblick auf ihre dominierende dtr Geschichtsperspektive nicht als ursprünglicher Bestandteil von Jub gelten können, sondern dem Text zu einem späteren Zeitpunkt zugewachsen sein müssen. Aufgrund der sich abzeichnenden Notwendigkeit einer diachronen Analyse des Jubiläenbuches wurde daher folgendes grundlegende Redaktionsmodell entwickelt, das auch die eingangs notierte Spannung auflöst:

---

278   S.u., *V. 2.2.3.*

Der als priesterliche Programmschrift wahrscheinlich in den Jahren 159-152 v. Chr. verfaßte heptadische Grundentwurf schloß ursprünglich mit dem Vorausblick auf die Landnahme am Ende des 50. Jubiläums. Erst das Scheitern des propagierten Programms, historisch greifbar mit der Vertreibung des Lehrers der Gerechtigkeit aus dem Amt des Hohenpriesters, bot den Anlaß für wahrscheinlich in der Frühzeit der Qumrangruppierung anzusetzende Überarbeitungen, die durch Rückkehr zum dtr Erbe die fortdauernde Sündenschuld Israels betonen und nicht mehr mit einer innergeschichtlichen, sondern nur noch mit einer endzeitlichen Verwirklichung der bestimmungsgemäßen Existenz Israels im verheißenen Land rechnen. Mit Jub 23,14-31 wird die erste Fortschreibungsstufe greifbar, die noch direkt die geschichtliche Erfahrung in frühhasmonäischer Zeit reflektiert. Während der vermutlich auf denselben Redaktor zurückgehende Vers Jub 50,5 auch für die im Grundentwurf nicht mehr ausgeführte Zeit nach der Landnahme bis zur endzeitlichen Reinigung Israels von aller Sünde eine heptadische Struktur postuliert, trägt ein weiterer Redaktor dem geschichtstheologischen Perspektivwechsel abschließend Rechnung, indem er ihn als programmatische Gottesrede in Jub 1,5-26 sowie durch Überarbeitung von 1,4.29 im Eröffnungskapitel festschreibt. Der Hand eines letzten Redaktors sind die Ergänzungen der Heiligtumsbezüge in 1,27f.29; 4,26 zuzuschreiben.

Wesentlich für das Verständnis des Grundentwurfes ist sein Verhältnis zum biblischen Text. Nicht um die Tora zu ersetzen, sondern um sie in ihrem eigentlichen Sinn zu erschließen, folgt Jub dem Erzählfaden von Gen 1 bis Ex 24 aufs Genaueste und positioniert sich über die abschließende Sabbatparänese (Jub 50,6-13; vgl. Ex 31,12-17) so in Relation zum biblischen Text, daß die Tora, von deren Gabe Ex 31,18 berichtet, nun unter dem hermeneutischen Vorzeichen des Jubiläenbuches zu lesen ist. Den Anspruch, eine autoritative Leseanleitung nicht nur für die Tora, sondern auch für das außerbiblische Zeugnis zu liefern, formuliert bereits Jub 1,4, wonach Mose die heptadischen Einteilungen der Zeiten für Tora und Zeugnis offenbart werden – ein Programm, das seine exakte Verwirklichung im Buchkorpus (Jub 2-50) findet, insofern dieses genau den auch vom Pentateuch abgedeckten Zeitrahmen umfaßt. Daß dieser als Sequenz von 50 Jubiläen dargestellt wird, ist dabei nicht zufällig, sondern verdankt sich der Rezeption des in Lev 25 eingeführten Jobeljahres, dessen soziale Bestimmungen historisiert werden: In Analogie zu der im 50. Jahr zu vollziehenden allgemeinen Freilassung und Ackerbrache wirft Israel im 50. Jubiläum das Joch der ägyptischen Knechtschaft ab, um sodann das verheißene Land zu betreten.

Daß zwischen Schöpfung und Landnahme exakt 50 Jubiläen verstreichen, hebt den Eintritt ins verheißene Land vor dem biblischen Hintergrund als heilsgeschichtlichen Zielpunkt hervor, der bereits in der Schöpfung angelegt ist. Die Erwählung Israels am siebten Schöpfungstag zielt auf ihre geschichtliche Verwirklichung im verheißenen Land, womit die beiden Pole definiert sind, zwischen denen die Geschichtsschau aufgespannt ist. Ihr heptadisches System, in all seinen Teilen aus der Schöpfungswoche entwickelt, bringt strukturell die geschichtstheologische Grundüberzeugung zum Ausdruck, daß der Weg Israels ins verheißene Land nichts anderes als die konsequente geschichtliche Entfaltung der Schöpfungsordnung ist. Das Jubiläenbuch beschränkt sich aber nicht auf diese theologische Spitzenaussage, die eine unangreifbare Begründung der Sonderstellung Israels liefert, sondern verbindet die Erwählung des Gottesvolkes untrennbar mit der Befolgung der göttlichen Gebote, eine Synthese, die ebenfalls bereits am siebten Schöpfungstag angelegt ist, an dem Israel zur Heiligung des Sabbats erwählt wird. Der Grundentwurf betont daher mit deutlich antihellenistischer Stoßrichtung, daß die Aussonderung Israels kein später und daher zu revidierender geschichtlicher Irrweg, sondern Teil der Weltordnung ist – eine Auszeichnung vor allen Völkern, deren integraler Bestandteil die Befolgung der göttlichen Gebote ist, die der Text gleichermaßen anmahnt.

Während erst mit der Gabe der Tora der göttliche Wille zur Gänze offenbart wird und seine vollständige Befolgung erst im verheißenen Land gefordert ist, verbindet der Verfasser zentrale Gebote bereits mit der Praxis der Patriarchen, nimmt also eine Abfolge von Offenbarungen schon vor dem Sinai an, die das hohe Alter der religiösen Praktiken Israels betonen und auf dessen Auftreten hinleiten. Wurde hier zum Erreichen der Aussageintention der biblische Erzählfaden notwendigerweise erweitert und umakzentuiert, so zeigt sich ein gestalterisches Interesse auch im Umgang mit den chronologischen Vorgaben der Bibel, die für den Verfasser die Hauptgrundlage zur Konstruktion seines heptadischen Systems bilden und als solche auch den Rahmen für das rezipierte außerbiblische Material definieren. Ausgehend vom vorausgesetzten Gesamtzeitrahmen von 50 Jubiläen wurden durch Kombination biblischer Jahresangaben die Geburtsjahre Abrahams und Moses als chronologische Fixpunkte bestimmt, für die Chronologie der Stammfolge Seths folgte der Verfasser einer Gen 5 𝔖𝔪 entsprechenden Vorlage und mußte allein zum Schließen der chronologischen Lücke zwischen Noah und Abraham selbst gestalterisch tätig werden, da hier die Vorgaben aus Gen 11 nicht mehr passen konnten.

Das Jubiläenbuch spiegelt dabei in seinem Umgang mit den biographischen Daten ein Vorgehen, das für die Fassungen des biblischen Textes selbst charakteristisch ist: Während die Lebensdaten der biblischen Zentralgestalten nicht mehr angetastet werden, geben die genealogischen Statisten die chronologischen Sollbruchstellen vor, an denen zum Erreichen der jeweiligen geschichtstheologischen Ziele zum Teil drastische Modifikationen vorgenommen werden. Das Jubiläenbuch bildet hier im Blick auf Gen 11 keine Ausnahme, was dafür spricht, daß auch sein Verfasser verschicdene Grade von Autorität in der biblischen Tradition unterschied: Erst diese hermeneutische Grundentscheidung ermöglichte es ihm überhaupt, seine notwendig in Spannung zur Ganzheit der biblischen Angaben stehende Chronologie nicht als Gegenentwurf, sondern als Freilegung des auch biblisch bereits Gemeinten zu präsentieren. Ließen sich auf Kosten biblischer Randfiguren eigene gestalterische Ziele verwirklichen, konnte die Unmöglichkeit, als autoritativ erachtete Vorgaben zu modifizieren oder zu unterdrücken, umgekehrt dazu führen, daß diese auch dann noch zitiert wurden, wenn sie aufgrund einer im heptadischen System vorgenommenen Neuakzentuierung – etwa der Verschiebung eines Schlüsselereignisses auf das Ende einer Jahrwoche – bereits überholt waren und so systemintern Spannungen hervorrufen mußten.

Während die ausgefeilte heptadische Chronologie im Detail darstellt, wie sich die von Gott in der Schöpfungswoche etablierte zeitliche Grundordnung bis zur Landnahme geschichtlich verwirklicht, liegt die Zeit im Land lediglich insofern im Blick des Verfassers, als nun die Gebote zur Gänze zu erfüllen sind. Nicht über eine chronologische Brücke, sondern über den Appell zum Toragehorsam holt der Grundentwurf die Gegenwart Israels im Land ein, das seiner in Jub geschichtstheologisch begründeten Identität durch Befolgung der Gebote in eben der Weise entsprechen soll, wie es der Text in seinen halachischen Passagen propagiert. Auch die in der Chronologie Verwendung findenden Zeitmaße, eingangs sukzessive aus der Schöpfungswoche entfaltet, werden am Ende in halachische Bestimmungen überführt, bevor sich der Kreis mit der Sabbatparänese schließt. Mit dem Eintritt ins Land sind auch Sabbat- und Jobeljahr zu observieren, die ihnen zugeordneten Zyklen setzen nahtlos die im Text bis zur Landnahme dargestellten Jahrwochen- und Jubiläenfolgen fort, denen erst jetzt ein halachisches Korrelat zukommt. Wie Sabbat- und Jobeljahr dabei konkret für die Gegenwart des Verfassers berechnet wurden, ist allerdings nicht mehr Gegenstand des Jubiläenbuches.

Geht der Grundentwurf grundsätzlich von der Umsetzbarkeit des propagierten halachischen Programms aus, so spiegelt die erweiterte Endgestalt des Jubiläenbuches dessen Scheitern. Dieses Faktum wird theologisch durch den Nachtrag einer dtr Perspektive eingeholt, die in Gestalt der Gottesrede in Jub 1 heute das gesamte Werk dominiert: Gott wußte von Anfang an, daß Israels Geschichte im Land eine einzige Geschichte des Abfalls sein und das Heil erst im Eschaton Verwirklichung finden würde, heraufgeführt von der Umkehr zum göttlichen Gebot an der

Schwelle zur Endzeit. Erst durch den Eintrag der konkreten endzeitlichen Erwartung sowie des negativen Überblicks über die Geschichte im Land wird das Jubiläenbuch zu dem universalgeschichtlichen Entwurf, als der es in der Endgestalt tituliert ist. Die Diskrepanzen zum Grundentwurf bleiben allerdings gewaltig: Während dieser ein minutiöses heptadisches System präsentiert, fehlen den sekundären Exkursen in Jub 1; 23 nicht nur heptadische Strukturelemente, es ist nicht einmal eine klare chronologische Gliederung vorhanden. Ihr gesamtes Interesse ist auf die geschichtstheologische Dynamik der Zeit im Land gerichtet, und lediglich in Jub 50,5 wird ein Fortgang der Jubiläensequenz bis zur endzeitlichen Vollendung postuliert, um das Ende des Grundentwurfs auf die neu eingetragene Perspektive zu weiten und so zumindest formal der in Jub 1 formulierten universalgeschichtlichen Perspektive auch am Ende des Textes Rechnung zu tragen.

Da das Jubiläenbuch in seiner Endgestalt offensichtlich kein Interesse hat, eine heptadische Universalchronologie zu explizieren, sind die in der Forschung vertretenen Versuche, ein derartiges System zu rekonstruieren mit großer Skepsis zu beurteilen. Sie füllen die chronologischen Lücken des Jubiläenbuches durch Kombination mit anderen heptadischen Entwürfen, ohne dafür einen tragfähigen Beleg aus dem Text anführen zu können. Dabei wird zumeist der einzige explizite Anhaltspunkt übergangen, den Jub für die Bestimmung des chronologischen Konzeptes seiner Endgestalt bietet: die 40 Wüstenjahre, auf die Mose, vermittelt über die biblische Vorlage, bereits im Grundentwurf vorausblickt. Diese bilden offenkundig den ganz konkreten Anknüpfungspunkt für die Gegenwartsdeutung der Kreise, denen das Jubiläenbuch seine Endgestalt verdankt. In Jub 50,4 als Zeitraum zum Erlernen der frisch verliehenen Tora spezifiziert, geben die 40 Wüstenjahre nach wie vor die gültige Perspektive vor, auf die das komplette Scheitern der Geschichte im Land zurückverweist. Nicht ein differenzierter heptadischer Weltzeitentwurf bildet das Ergebnis der in Jub nachgezeichneten Wachstumsprozesse, am Ende steht vielmehr die Einsicht, daß in einer als Wüstenzeit erfahrenen Gegenwart der alleinige Weg zur endzeitlichen Landnahme über das Nachholen dessen führt, was Israel seit der Zeit der Wüstenväter kontinuierlich vernachlässigte: die Befolgung der Tora.

Kapitel V
DIE QUMRANTEXTE

1. Einleitung

Die Textfunde vom Toten Meer können in ihrer Bedeutung für die Erforschung des Judentums zur Zeit des Zweiten Tempels schwerlich überschätzt werden, und dies gilt nicht zuletzt auch für das hier behandelte Thema heptadischer Geschichtskonzeptionen. Während auf die in *Khirbet Qumran* gefundenen Abschriften des Daniel-, Henoch- und Jubiläenbuches bereits in den vorangehenden Abschnitten eingegangen wurde, ist es Gegenstand dieses Kapitels, all jene Texte zu untersuchen, die allein aus den Höhlen am Toten Meer bekannt sind.[1] Nach Abschluß des Editionsprozesses liegt mit der Reihe *Discoveries in the Judaean Desert* erstmals eine Edition vor, die alle für das Thema dieser Arbeit relevanten Quellen zugänglich macht und die Untersuchung derselben auf eine solide textliche Basis stellt. Diese Edition ermöglicht einen Neubeginn bei der Erforschung der Qumrantexte, der auch die Chance bietet, in den vergangenen Jahrzehnten etablierte Konsensmodelle zu hinterfragen.

Obwohl daher auch die Geschichte der Qumrangruppierung sowie ihr Ort im antiken Judentum nicht als abschließend geklärt gelten können, ist folgendes Grundmodell als Arbeitshypothese vorauszusetzen, da es nach heutigen Kenntnissen die größte Plausibilität für sich beanspruchen kann:[2] Der Ursprung der Qumrangruppierung fällt zusammen mit der Einsetzung Jonathans als Hohenpriesters (152 v. Chr.), der seinen in den Qumrantexten als ‚Lehrer der Gerechtigkeit‘ bezeichneten Amtsvorgänger verdrängte. Die sich um dessen Person scharende Gruppierung kehrte sich daraufhin vom offiziellen Jerusalemer Tempelkult ab und besiedelte nach einer kurzen Zwischenphase die heute als *Khirbet Qumran* bekannte Ortslage am Toten Meer, in deren unmittelbarer Nähe, in Höhlen verborgen, 1947 die ersten Textfunde gemacht wurden. Die naheliegende Identifizierung der Qumrantexte als Bibliothek der Qumrangruppierung ist dabei nicht mehr als eine Hypothese, die der archäologische und textliche

---

1   Eine Ausnahme bildet die Damaskusschrift, die bereits bei der Öffnung der Kairoer Geniza entdeckt wurde. Da es sich um einen zentralen Text der Qumrangruppierung handelt, wird sie nicht gesondert, sondern im Kontext dieses Kapitels untersucht; s.u., 2.

2   Vgl. STEGEMANN, *Essener*, 206-213; VANDERKAM, *Einführung*, 121-131.

Gesamtbefund nicht mit letzter Sicherheit stützen kann. Als dessen plausibelste Interpretation ist sie jedoch alternativen Modellen vorzuziehen.

Trotz des anzunehmenden Verhältnisses zwischen den entdeckten Texten und den Bewohnern von *Khirbet Qumran* ist eine Charakterisierung der Qumrangruppierung auf der Basis dieser Texte kein einfaches Unterfangen: Die Qumrantexte bilden wie eine moderne Bibliothek eine Sammlung von Schriften unterschiedlichen geschichtlichen und sozialen Ursprungs, die trotz der sich ergebenden Spannungen gemeinsam tradiert wurden. Die Definition klarer Kriterien dafür, welchen Stellenwert ein einzelner Text in dieser Sammlung hatte, ist daher die entscheidende Voraussetzung für die Darstellung von Struktur und Gedankenwelt der hinter den Texten stehenden Gruppierung. In diesem Zusammenhang ist die handschriftliche Bezeugung eines Textes zwar ein wesentlicher Indikator für die ihm entgegengebrachte Wertschätzung, aber kein in jeder Hinsicht eindeutiges Kriterium, da offen bleibt, mit welchem Interesse der Text tradiert wurde, und zugleich festzuhalten ist, daß die erhaltenen Qumrantexte lediglich einen Zufallsbefund spiegeln, der nicht repräsentativ sein muß.

Das facettenreiche Gesamtbild der Qumrantexte findet eine Entsprechung im Bereich der bezeugten Chronologien, unter denen sich auch verschieden akzentuierte heptadische Systeme befinden, die im folgenden zu untersuchen sind. Sie belegen, daß heptadische Chronologien Teil der geschichtstheologischen Reflexion der Qumrangruppierung waren, wobei der Ursprung der einzelnen Texte einen besonderen Klärungsbedarf mit sich bringt. Da u.a. auch das Jubiläenbuch und die Zehnwochenapokalypse in Qumran belegt sind, ist selbst für nur aus Qumran bekannte Texte mit dem Fall zu rechnen, daß diese von der Qumrangruppierung tradiert, gegebenenfalls fortgeschrieben, aber ursprünglich nicht verfaßt wurden. Die Möglichkeit einer qumranischen Verfasserschaft ist daher in jedem einzelnen Fall unter Auswertung von paläographisch begründeten Datierungen, Terminologie und theologischen Konzeptionen zu prüfen, wobei das Ergebnis notwendig immer in Relation zu solchen Texten formuliert werden muß, die als typische Beispiele eines aus den Kreisen der Qumrangruppierung stammenden Werkes gelten.[3]

Das Grundproblem bei der Auslegung der meisten Texte stellt sich nicht erst auf der Ebene der Deutung, sondern bereits durch ihren extrem schlechten Erhaltungszustand. Nur in wenigen Fällen sind die Handschriften gut genug erhalten, um ihren Gedankengang – wenn auch nur auszugsweise – nachzeichnen zu können; häufig sind sie dagegen so fragmen-

---

3   Kriterien für die Bestimmung dessen, was einen in der Qumrangruppierung entstandenen Text charakterisiert, benennen LANGE, *Kriterien*, 59-69, und HEMPEL, *Kriterien*, 71-85.

tarisch, daß lediglich aufgrund der Bezeugung bestimmter Begriffe wie
שבוע oder יובל vermutet werden kann, ein Text habe eine heptadisch
strukturierte Geschichtsdarstellung enthalten, aber keine genaueren Aussagen mehr möglich sind. Das folgende Kapitel wird daher in manchen Passagen mehr eine Bestandsaufnahme denn eine detaillierte Exegese bieten
können; es hat gleichwohl den Anspruch, alle für das Thema dieser Arbeit
relevanten Texte zu behandeln und so den Überblick über den Qumranbefund nicht einer selektiven Betrachtung der wenigen gut erhaltenen
Schriftrollen zu opfern. Die Reihenfolge der Behandlung folgt der Zählung der Manuskripte (*2.-9.*), wovon nur die unter *10.* behandelten kalendarischen Texte ausgenommen sind: Diese weisen zwar heptadische Elemente auf, haben jedoch kein geschichtliches Interesse und werden im
Rahmen dieser Arbeit lediglich gestreift, um ihre gelegentlich in der Forschung zu verzeichnende unkritische Veranschlagung für das Phänomen
heptadischer Geschichtskonzeptionen zu korrigieren. Den Abschluß des
Kapitels bildet eine Zusammenschau der Ergebnisse (*11.*).

2. Die Damaskusschrift (CD)

2.1. Der Text: Erhaltungszustand, Datierung und Inhalt

Unter den Tausenden von Fragmenten, die SCHECHTER nach seinem
Kairoaufenthalt von 1896 aus der Geniza der dortigen Karäer-Synagoge
mit nach Cambridge brachte, befanden sich auch zwei teilweise erhaltene
Handschriften, die er 1910 unter dem Titel „Fragments of a Zadokite
Work" publizierte. Nach seiner Einschätzung handelte es sich um eine
exzerptartige Auswahl aus einem zadokitischen Werk, dessen Trägerkreise
er als Vorläufer der Dosithäer im antiken Judentum verortete.[4] Vor allem
die Auseinandersetzung mit dieser These beherrschte die Diskussion bis
zur Mitte des 20. Jhs., wobei SCHECHTER in seinem New Yorker Kollegen
GINZBERG, der für einen pharisäischen Ursprung der Gruppierung op-
tierte, einen seiner prominentesten Gegner fand.[5] Herrschte hier noch
Einigkeit in der Annahme eines vorchristlichen Ursprungs des Textes, so
hielt MARGOLIOUTH diesen für das um die Zeit der Tempelzerstörung
entstandene Werk der „Sadducean Christians of Damascus"[6]. BÜCHLER
nahm gar einen Ursprung im siebten oder achten nachchristlichen Jahr-

---

4   Vgl. SCHECHTER, *Fragments*, xxi-xxix.
5   GINZBERG, *Sekte*, 231, verzeichnet eine „volle Übereinstimmung mit der Theologie der
    Pharisäer in all den Punkten, in denen diese sich von den Zaddukäern unterschieden."
6   Vgl. MARGOLIOUTH, *Sadducean Christians*, 499-517.

hundert im Rahmen der Entwicklungen an, die zur Entstehung der Karäer führten.[7]

Erst mit der Entdeckung der Qumrantexte, unter denen in den Höhlen 4Q, 5Q und 6Q auch Fragmente des von SCHECHTER edierten Textes gefunden wurden, ließ sich größere Sicherheit bezüglich der Ursprünge desselben gewinnen, belegten sie doch seine Existenz in bereits vorchristlicher Zeit und verdeutlichten, daß er aus dem Kreis der Qumrangruppierung oder einer Vorgängergruppe stammen mußte.[8] Der Text, für den sich die Bezeichnung ‚Cairo Damascus Document' (CD) durchgesetzt hatte, konnte nun auf einer wesentlich breiteren Textbasis untersucht werden; die Grundlage hierfür legten die Editionen der Qumrantexte[9] sowie Neueditionen der Geniza-Fragmente.[10] Neben den beiden von SCHECHTER als Text A und Text B edierten mittelalterlichen Handschriften (10. bzw. 11./12. Jh.)[11] stehen nun zusätzlich Fragmente von acht Schriftrollen aus der Qumranbibliothek zur Verfügung, die vom ersten vorchristlichen bis ins erste nachchristliche Jahrhundert datieren.[12]

---

7   Vgl. BÜCHLER, *Jewish Sectaries*, 429-485. Einen guten Überblick über weitere Tendenzen der frühen Forschung bieten DAVIES, *Damascus Covenant*, 5-14, und REIF, *Damascus Document*, 113-131.

8   Verschiedenste Lösungen werden für die Frage diskutiert, wie die Damaskusschrift in die Hände der Karäer gelangt ist; neben der Annahme einer die Jahrhunderte überbrückenden Überlieferung wird auch die Möglichkeit erwogen, die Damaskusschrift sei unter den Schriften gewesen, von deren Fund in einer Höhle nahe Jericho der nestorianische Patriarch Timotheus I. in einem Brief um 800 n. Chr. berichtet; vgl. KAHLE, *Cairo Geniza*, 16-18; ROWLEY, *Zadokite Fragments*, 22-26; STEGEMANN, *Essener*, 101-104.165. Zur Sache vgl. auch GROSSMAN, *Reading*, 213-218.

9   Die Texte 5QD und 6QD wurden bereits 1959 von BAILLET und MILIK in DJD 3, 128-131.181, ediert. Die abschließende Ausgabe des weitaus umfangreicheren Materials aus Höhle 4Q (4Q266-273) folgte 1996, nach der von ABEGG / WACHOLDER, *Preliminary Edition* I, 1-59, vorgelegten Edition, durch BAUMGARTEN, DJD 18, 23-198.

10   Die von SCHECHTER nur in Auszügen veröffentlichten Faksimiles der Fragmente wurden 1952 durch ZEITLIN, *Zadokite Fragments*, erstmals komplett der Öffentlichkeit zugänglich gemacht. RABIN, *Zadokite Documents*, legte 1954 eine neue Transkription mit Übersetzung vor, die sich jedoch nur auf Fotos der Texte stützte. LOHSE, *Texte* I, bot 1964 eine ähnlich ausgerichtete Ausgabe in deutscher Sprache. 1992 schließlich erschien unter der Regie von BROSHI, *Damascus Document*, 9-49, eine neue Edition, die neben den Originalen der Geniza-Fragmente auch die Qumrantexte berücksichtigte.

11   Vgl. SCHECHTER, *Fragments*, xif. Da fol. 1-4 (CD I-VIII) je 21, fol. 5-8 (CD IX-XVI) je 23 Zeilen aufweisen, besteht allerdings die Möglichkeit, daß Text A nicht von einer, sondern von zwei Handschriften repräsentiert ist; vgl. STEGEMANN, *Physical Reconstructions*, 177, Anm. 4. Um hier Gewißheit zu erlangen, bedarf es einer gründlichen paläographischen und kodikologischen Analyse.

12   5QD ist nach MILIK, DJD 3, 181, in die zweite Hälfte des 1. Jh. v. Chr. zu datieren, während 6QD nach BAILLET, DJD 3, 129, aus dem 1. Jh. n. Chr. stammt. BAUMGARTEN, DJD 18, 1f., datiert 4Q267-270 und 4Q272 in herodianische Zeit, 4Q271 gehe dagegen in frühherodianische oder bereits späthasmonäische Zeit zurück, während die älteste Kopie der Damaskusschrift mit der in einer hasmonäischen Semikursive abgefaßten Handschrift 4Q266 vorliege.

Weisen die beiden mittelalterlichen Handschriften in den gemeinsamen Passagen deutliche Unterschiede auf,[13] so bezeugen die 4Q-Fragmente abgesehen von wenigen Abweichungen die von Text A gebotene Fassung.[14] Während dieser Befund für eine hohe Überlieferungstreue der von Text A repräsentierten Texttradition spricht, führen die Varianten in Text B und – in geringerem Maße – auch in den Qumrantexten vor Augen, daß die lange Überlieferungsgeschichte der Damaskusschrift nicht spurlos am Text vorbeigegangen ist. Auch hinsichtlich der von SCHECHTER rekonstruierten Reihenfolge der Seiten ergeben sich ausgehend von den Qumrantexten neue Gesichtspunkte: Die Seiten CD XV-XVI sind vor CD IX zu plazieren, um die auch inhaltlich schlüssige Textsequenz von 4Q266 und 4Q270 zu erhalten.[15] Umgekehrt bieten die mittelalterlichen Textzeugen einen zusätzlichen Anknüpfungspunkt, der bei der materiellen Rekonstruktion der 4Q-Fragmente hinzuzuziehen ist. STEGEMANN hat hier Pionierarbeit geleistet und eine Edition vorbereitet, der eine vollständige Rekonstruktion des erhaltenen Textmaterials zugrunde liegen soll.[16]

Unabhängig von Details der Rekonstruktion zeichnet sich ein inhaltliches Profil der Damaskusschrift ab, in dem halachische und paränetische Passagen miteinander verzahnt sind. Beide Aspekte haben in den seit der Entdeckung der Qumrantexte vergangenen Jahrzehnten ein großes Maß an Aufmerksamkeit erfahren, wobei besonders ihre Implikationen für Geschichte und Sozialstruktur ihrer Trägerkreise umstritten sind. Wurde bezüglich der Regelwerke von Damaskusschrift und Gemeinderegel (1QS) etwa vermutet, diese beträfen unterschiedliche Teile der essenischen Bewegung, so hat METSO zu Recht herausgestellt, daß für einen ernstzunehmenden Vergleich nicht allein die Endgestalt der Texte, sondern auch die komplexen Redaktionsprozesse, die sich hinter ihnen abzeichnen, wahrzunehmen sind. Die Unzulässigkeit einer unkritisch historisierenden Deutung läßt sich etwa anhand der Parallelen zwischen den Strafcodizes

---

13 Vgl. die Parallele zwischen CD VII 5 - VIII 21 (Text A) und CD XIX 1-33 (Text B); eine synoptische Darstellung bietet SCHECHTER, *Fragments*, xxxix-xliii.

14 Vgl. BAUMGARTEN, DJD 18, 6.

15 Vgl. BAUMGARTEN, DJD 18, 2. Unglücklicherweise herrscht eine gewisse Konfusion bei der Zitation der Damaskusschrift: SCHECHTER zählte die Seiten fortlaufend mit arabischen Ziffern und bot darüber hinaus eine römische Paragrapheneinteilung. In der Literatur hat sich die Tendenz durchgesetzt, mit römischen Ziffern auf die Seiten dieser Edition zu verweisen, wobei unzutreffend von Kolumnen und / oder Folios die Rede ist: Einerseits handelt es sich um einen Kodex, wogegen der Begriff ‚Kolumne' zunächst an eine Schriftrolle denken läßt; andererseits ist die Rede von Folios irreführend, da ein Folio ein ganzes Blatt (Vorder- und Rückseite) bezeichnet, SCHECHTER aber nicht Blätter, sondern Seiten zählte. Um jegliche Konfusion zu vermeiden, wird im folgenden auf beide Begriffe verzichtet; die verwendete Zählung nach dem Schema ‚CD I' bezeichnet eine Einzelseite nach der Zählung SCHECHTERs.

16 Vgl. STEGEMANN, *Physical Reconstructions*, 177-200.

in CD und 1QS demonstrieren, deren Vergleich METSO zu folgender Frage führt: „If various groups were using common sources and borrowing material from each other and *revising* it, how can we identify the specific groups behind the manuscripts?"[17]

Nur im Kontext vergleichbarer Texte wie 1QS, 1QSa und 4QMMT und unter Einbeziehung der redaktionskritischen Fragestellung kann daher untersucht werden, welche Rückschlüsse die Damaskusschrift auf Geschichte und Sozialstruktur ihrer Trägerkreise zuläßt. Es würde den Rahmen dieser Arbeit sprengen, die vertretenen Entstehungsmodelle des Textes und die mit ihnen verbundenen sozialgeschichtlichen Hypothesen im einzelnen zu diskutieren.[18] Ein Konsens scheint noch in weiter Ferne zu liegen und setzt neue Untersuchungen aller Textzeugen unter den oben aufgestellten methodischen Leitlinien voraus. Als gesichert festzuhalten ist demnach zunächst nur, daß die Damaskusschrift unter den Qumrantexten bezeugt ist und aufgrund des handschriftlichen Befundes spätestens im ersten vorchristlichen Jahrhundert entstanden sein muß. Daß dieser Befund trotz der sich im Text abzeichnenden Wachstumsspuren sehr homogen ausfällt, spricht allerdings dafür, daß sich die vorliegende Fassung der Damaskusschrift zu diesem Zeitpunkt bereits als autoritativ durchgesetzt hatte;[19] ihre Ursprünge und redaktionellen Erweiterungen müssen daher in frühere Zeit zurückreichen. Näheren Aufschluß über die Entstehung des Textes versprechen nicht zuletzt seine chronologischen Angaben, denen es sich nun zuzuwenden gilt.

2.2. Die Jahresangaben der Damaskusschrift

2.2.1. Die Jahresangaben im Kontext von CD I-VIII; XIX-XX

Eingebettet in die paränetischen Passagen in CD I-VIII begegnen mehrere Jahresangaben, die Zeiträume aus der Geschichte der hinter dem Text stehenden Gruppierung bezeichnen. Legt man diesen in seiner vorliegenden Endgestalt zugrunde, so ergibt sich folgendes Bild:[20] Gott hat sich

---

17 METSO, *Methodological Problems*, 322; vgl. DIES., *Damascus Document*, 91. Zu einem vergleichbaren Ergebnis gelangt auch HEMPEL, *Laws*, 84, als Fazit ihres Vergleiches zwischen halachischen Traditionen in der Damaskusschrift und 4QMMT.

18 Vgl. etwa BOYCE, *Poetry*, 615-628; DAVIES, *Damascus Covenant*, 198-201; DERS., *Birthplace*, 503-519; MURPHY-O'CONNOR, *Essenes*, 215-244; DERS., *Damascus Document*, 223-246.

19 In auffälligem Gegensatz dazu steht die Gemeinderegel, deren Text noch im ersten vorchristlichen Jahrhundert stark fluktuiert.

20 Die folgenden Ausführungen basieren auf dem Text der Geniza-Fragmente nach der Ausgabe von BROSHI, *Damascus Document*, 9-49. Wo Parallelen in den Qumrantexten bestehen, wurden diese in die Betrachtung einbezogen, wobei nur dort auf sie eingegangen wird, wo

von Israel abgewandt und sein Volk dem Schwert preisgegeben, eingedenk des Bundes aber einen Rest übriggelassen (CD I 3-5a). In der Zorneszeit (ובקץ חרון),[21] 390 Jahre nachdem Gott Israel in die Hand Nebukadnezars auslieferte (שנים שלוש מאות ותשעים לתיתו אותם ביד נבוכדנאצר מלך בבל),[22] läßt er aus Aaron und Israel die Wurzel einer Pflanzung (שורש מטעת) entsprießen, damit sie sein Land in Besitz nehme (CD I 5b-8a). Die Angehörigen der so bezeichneten Gruppierung erkennen ihre Schuld (ויבינו בעונם), tasten aber wie Blinde für 20 Jahre nach dem Weg (ויהיו כעורים וכימגששים דרך שנים עשרים), bis Gott ihnen den Lehrer der Gerechtigkeit (מורה הצדק) erweckt, um sie auf den rechten Weg zu führen (CD I 8b-11) und kundzutun, was Gott am letzten Geschlecht, der Versammlung der Abtrünnigen, tun wird (I 12: אשר עשה בדור אחרון בעדת בוגדים).

Dem Lehrer der Gerechtigkeit wird in CD I 14f. der Lügenmann (איש הלצון) gegenübergestellt, der Israel in die weglose Wüste führt (ויתעם בתוהו לא דרך). Damit ist der Grundantagonismus zwischen den Gerechten und den sie verfolgenden Frevlern etabliert, der bis CD II 1 ausgemalt wird. Die Anrede an diejenigen, die in den Bund eingetreten sind (כל באי ברית) markiert in CD II 2 einen Neueinsatz, der Ausführungen über die reichen Gaben, die den Gottesfürchtigen in Aussicht gestellt sind, und die schweren Bestrafungen für die Frevler einleitet (CD II 3-7a). Der Gedanke wird in CD II 7b-13 mit der göttlichen Prädestination verknüpft, der alle Menschen zu ihren Zeiten (CD II 10: בקציהם לכל שני עולם) unterworfen sind. Es schließt sich ab CD II 14 ein paränetisch zugespitzter negativer Geschichtsüberblick an, der, von den gefallenen Engeln der Tage Henochs bis zu den Königen Israels (CD III 10a), Beispiele für Verirrungen liefert, welche die biblische Geschichte prägen. Weil die Vorväter verstockten Herzens den Bund verließen (CD III 11: בעזבם את ברית),

---

21 Daß der Begriff קץ hier einen Zeitraum beschreibt, wird bereits von GINZBERG, *Sekte*, 39-41, im Zuge seiner Ausführungen zu CD VI 10 beobachtet; für diese in den Qumrantexten häufige Bedeutung vgl. BRIN, *Concept*, 264-269. SCHECHTER, *Fragments*, xxxi, wählt dagegen die nicht unmögliche, aber im Kontext unzutreffende Bedeutungsalternative und übersetzt mit „end".

22 Die in der Forschung mehrheitlich vertretene Übersetzung der Wendung לתיתו אותם ביד נבוכדנאצר mit ‚nachdem er sie in die Hand Nebukadnezars ausgeliefert hatte', wurde erstmals von RABINOWITZ, *Reconsideration*, 14, in Frage gestellt, da sich die Präposition ל nicht mit ‚nachdem' übersetzen lasse. Daß dieser sprachliche Einwand nicht stichhaltig ist, hat WIESENBERG, *Chronological Data*, 286f., gezeigt; vgl. JEREMIAS, *Lehrer*, 154. Läßt sich sprachlich daher die Übersetzung mit ‚nachdem' weder veri- noch falsifizieren, erweist sie sich aus dem Kontext sowie im Hinblick auf die geschichtlichen Gegebenheiten, die hier dargestellt werden, als die einzig sinnvolle Möglichkeit; vgl. JEREMIAS, a.a.O., 154f.; s.u., *2.2.2*.

sich sinnverändernde Varianten ergeben. Die vorgestellte Gliederung von CD I-VIII ist gegenüber den in der Literatur vertretenen, differierenden Modellen eigenständig; für einen Überblick vgl. DAVIES, *Damascus Covenant*, 48-55.

wurden sie dem Schwert ausgeliefert (CD III 10b-12a); mit den Getreuen jedoch, die Gottes Gebote hielten, hat Gott seinen Bund für immer aufgerichtet (CD III 12b-13: ובמחזיקים במצות אל [...] הקים אל את בריתו לישראל עד עולם).

Die Offenbarung besonderen Wissens an die dem Bund Zugehörigen sowie die den Umkehrenden gewährte göttliche Vergebung bilden zentrale Themen der folgenden Passage (CD III 12b - IV 12a),[23] die unter Rückgriff auf biblische Texte und Motive erneut Ursprung und Bedeutung des Bundes behandelt und auf den vorherbestimmten Zeitpunkt blickt (IV 10f.: ובשלום הקץ למספר השנים האלה),[24] an dem der Bund seine endgültige Stärke erreicht. Gottes Gegenspieler Belial und die mit dessen Herrschaft verbundenen Schandtaten sind Gegenstand von CD IV 12b - VI 1, wo sie unter Rückgriff auf Beispiele der biblischen Geschichte ausgeführt werden. Mit CD VI 2 schwenkt der Blick wieder auf die von Gott erweckten Verständigen ein, die umkehrten und das Land Juda verließen, um im Lande Damaskus zu wohnen (VI 5: ויגורו בארץ דמשק); die Passage leitet auf die mit dem Eintritt in den Bund verbundenen halachischen Bestimmungen hin, die in CD VI 11b - VII 9a thematisiert werden. Zwei Ermahnungen in CD VII 9b - VIII 2a und VIII 2b-20 führen unter Berufung auf biblische Texte die Konsequenzen vor Augen, zu denen die Mißachtung des göttlichen Willens am Ende führen wird.

Der A-Text reißt mit CD VIII 21 ab, der hier beginnende Abschnitt hat jedoch eine Parallele im B-Text (CD XIX 33b - XX 34). Es handelt sich um eine Passage, die das Phänomen des Abfalls und Ungehorsams innerhalb des Bundes zum Inhalt hat und dessen Folgen im Endgericht darstellt: Während die Gesetzestreuen Gottes Heil schauen (XX 34: וראו בישועתו), werden die Abtrünnigen ausgerottet (XX 26: יכרתו). Eingebettet in diesen Zusammenhang begegnet ein Abschnitt, der die Anhänger des Bundes in einer Zeit der großen Bedrängnis zu ermutigen sucht, indem er den finalen Triumph der göttlichen Gerechtigkeit ins Gedächtnis ruft (XX 13b-22a). Die Hinwegnahme des Lehrers markiert den Beginn einer Krisenzeit, deren Dauer in CD XX 15 mit ‚etwa 40 Jahre‘ (כשנים ארבעים) angegeben wird. Konkret sind es ‚die Männer des Kampfes‘, die sich mit dem Lügenmann abkehrten (CD XX 14f.: אנשי המלחמה אשר שבו עם איש הכזב), auf deren Ende der Text hier vorausblickt. Die 40 Jahre markieren

---

23 CD III 14f. erwähnt unter den offenbarten Dingen auch die Ordnungen der Zeit, in denen Israel in der Vergangenheit in die Irre ging (שבתות קדשו ומועדי כבודו). Eine entsprechende Aussage findet sich in Jub 1,9.14; 23,19, Passagen, die CD hier voraussetzen könnte; zum Verhältnis beider Texte, s.u., *2.2.3*.

24 BAUMGARTEN, DJD 18, 40, rekonstruiert den entsprechenden Text in 4Q266 Fr. 3 I 4 als ובשלום קץ השני[ם] [הא]לה]. Obwohl die Zeile stark zerstört ist, kann aufgrund ihrer Länge geschlossen werden, daß die in CD IV 10 bezeugte Form למספר nicht Teil von 4Q266 gewesen sein kann.

eine Ära des göttlichen Zornes über Israel, die unter deutlichen Anklängen an biblische Texte dargestellt wird,[25] um eine konkrete Konfliktsituation auf diese Weise in ihrer geschichtstheologischen Tiefendimension zu präsentieren.

Der kurze Durchgang durch die paränetischen Passagen der Damaskusschrift in CD I-VIII; XIX-XX zeigt, daß der Text in seiner Endgestalt ein Geflecht thematisch verwandter Stücke bildet, die auf einen komplexen Wachstumsprozeß hindeuten. Es ist damit zu rechnen, daß hier nicht nur die Geschichte und Vorstellungswelt einer, sondern mehrerer Gruppierungen bzw. Entwicklungsstadien derselben ihren Niederschlag gefunden haben, was entsprechende Konsequenzen für die Interpretation der bezeugten Jahresangaben haben muß. Sind die 390 Jahre, die nach CD I 5f. zwischen Exilsbeginn und Gründung der Gruppierung vergangen sein sollen, sowie die sich gemäß CD I 10 anschließenden zwanzig Jahre des Tastens nach dem rechten Weg ursprünglicher Bestandteil des Textes oder von einer späteren Hand nachgetragen? Entlarvt letztere Annahme die Chronologie als historisch wertlos, oder ist umgekehrt mit BOYCE zu vermuten, „[that] the very fact of its secondary nature may ironically prove its validity"[26]?

2.2.2. Vergangenheit und Zukunft im Licht der Schrift

Die Mehrzahl der modernen Ausleger hält die Jahresangaben in CD I für einen Nachtrag, wobei vor allem stilistische und metrische Gründe angeführt werden.[27] Diese sicherlich zutreffende Beobachtung ist jedoch für die Bedeutung dieser Zeiträume nur von bedingter Tragweite, da sie nach wie vor die Frage offen läßt, ob es sich um historisch zuverlässige oder anders motivierte Notizen handelt. Bereits CHARLES verweist darauf, daß die 390 Jahre in CD I 5f. von Ez 4,5 her inspiriert sein dürften.[28] Dort ist von 390 Tagen die Rede,[29] die Ezechiel auf einer Seite liegend zubringen soll, entsprechend der 390 Jahre dauernden Schuld Israels. Obwohl das Ezechielbuch hier an das Nordreich denkt – ein analog konnotierter Zeitraum von 40 Jahren für Juda folgt in Ez 4,6 –, liegt es nahe, die in CD I 5f.

---

25 Vgl. die von DAVIES, *Damascus Covenant*, 186-190, notierten Bezüge.
26 BOYCE, *Poetry*, 620.
27 Vgl. BOYCE, *Poetry*, 617.620; DAVIES, *Damascus Covenant*, 63; KNIBB, *Exile*, 112f.; MURPHY-O'CONNOR, *Damascus Document*, 228; RABINOWITZ, *Reconsideration*, 13-15; STEGEMANN, *Entstehung*, 242. Zurückhaltender äußert sich JEREMIAS, *Lehrer*, 152, indem er feststellt, daß „die beiden parenthetisch eingeschobenen, erläuternden Zeitbestimmungen [...] nicht notwendig literarische Einschübe zu sein brauchen."
28 Vgl. CHARLES, *Apocrypha* II, 800.
29 So in 𝔐; 𝔊 bietet die Variante ‚190 Tage'.

genannten 390 Jahre von hier aus in den Blick zu nehmen: Einerseits bildet in beiden Fällen das Exil den geschichtlichen Hintergrund der Aussage, und andererseits ist nachzuweisen, daß sich die Damaskusschrift in der gesamten Passage prophetischer Schlüsseltexte bedient.[30]

Die Parallele zu Ez 4 kann daher kaum zufällig sein, sondern bestätigt die Annahme, daß ein Redaktor der Damaskusschrift hier einen traditionell geprägten Zeitraum aufgreift. Die 390 Jahre der Schuld Israels gemäß Ez 4,5 werden in CD I 5f. ab Nebukadnezar gerechnet und markieren den Zeitraum bis zum ersten Auftreten der Gruppierung, deren Vertreter den Zeichen der Zeit gemäß zunächst ihre Schuld bekennen (CD I 8f.: ויבינו בעונם וידעו כי אנשים אשימים הם).[31] Durch den Rückgriff auf Ez 4,5 wird der durch die Umkehr der Erwählten markierte Neuanfang in Einklang mit der prophezeiten Geschichtsordnung gebracht, was das Entstehen der Gruppe zusätzlich legitimiert. Ist damit erwiesen, daß die 390 Jahre sich nicht auf eine rein historische Dimension verengen lassen, so schließt dies umgekehrt eine solche nicht aus. Daß ihr Vorhandensein ernsthaft in Erwägung zu ziehen ist, legt sich auch von CD I 10 her nahe, insofern die dort genannten 20 Jahre auf keine Bibelstelle zurückführbar sind, sondern mit hoher Wahrscheinlichkeit konkrete Reminiszenzen aus der jüngeren Vergangenheit der Verfasserkreise widerspiegeln. Als „allenfalls eine etwas abgerundete Zahl"[32] bezeichnen sie den Zeitraum zwischen dem Entstehen der Muttergruppierung und dem Auftreten des Lehrers der Gerechtigkeit (CD I 7-11). Identifiziert man diesen mit dem 152 v. Chr. von

---

30 Vgl. CAMPBELL, *Use*, 60-63. Daß die Damaskusschrift eine Stelle, die ursprünglich auf das Nordreich gemünzt war, hier auf das Exil Judas bezieht, ist im Kontext kontemporärer Prophetenexegese nichts Ungewöhnliches, sondern selbstverständlich, wie etwa die in Dan 9,26f. bezeugte Umdeutung der ursprünglich auf Assur bezogenen Stelle Jes 10,23 auf die Seleukiden zeigt. HVIDBERG, *390 Jahre*, 309-311, übersieht dieses Charakteristikum aktualisierender Schriftauslegung, wenn er meint, Ez 4,5 sei als Hintergrund von CD I 5f. auszuschließen. Die von ihm vorgeschlagene Alternative ist gleichwohl interessant: Nach Ansicht HVIDBERGs gibt die Damaskusschrift den Zeitraum zwischen Exilsbeginn und Entstehen der eigenen Gruppierung deshalb mit 390 Jahren an, weil nach Gen 5 𝔐 exakt derselbe Zeitraum zwischen Sem und Abraham liegt. CD I greife demnach eine biblische Typologie auf, welche die Dauer zwischen dem Aufkommen der Sünde der Söhne Noahs und dem Auftreten eines Gerechten (Abrahams) bezeichne, und appliziere diese auf die eigene Vergangenheit. Diese Erklärung ist unbestreitbar innovativ, jedoch bei weitem nicht so naheliegend wie der Bezug zu der in Ez 4,5 explizit genannten Zahl.

31 4Q266 Fr. 2 I 13 liest hier lediglich כי אשמים המה.

32 STEGEMANN, *Entstehung*, 242; ähnlich auch ROWLEY, *Zadokite Fragments*, 64. Dagegen ist MURPHY-O'CONNOR, *Essenes*, 224, zu widersprechen, der die zwanzig Jahre als „round number signifying half a generation" deuten will und sich dafür auf den biblischen Sprachgebrauch beruft. Zwar bilden 20 Jahre eine *glatte* Zahl, jedoch keine *runde* im Sinn einer besonderen Bedeutungsschwere, die ihr Auftreten allein erklären könnte. Dem Zeitraum einen historischen Hintergrund abzusprechen, erscheint daher nicht gerechtfertigt.

Jonathan verdrängten Hohenpriester,[33] so wäre hier konkret an die Jahre 172–152 v. Chr. zu denken.[34]

Läßt sich demnach zeigen, daß die in CD I 10 erwähnten 20 Jahre im Kern eine historisch zuverlässige Darstellung der in hellenistische Zeit fallenden Ursprünge jener Kreise bieten, aus der die Qumrangruppierung hervorging, so ist damit auch das entscheidende Argument gegen die etwa von RABINOWITZ oder JAUBERT vertretene Ansicht benannt, CD I beschreibe Vorgänge der Perserzeit.[35] Dies bedeutet ferner, daß die 390 Jahre לתיתו אותם ביד נבוכדנאצר (CD I 5f.) sich zwanglos als Bezeichnung einer Zwischenzeit interpretieren lassen – die Muttergruppierung tritt in der Zeit des Zornes, 390 Jahre *nach* der Auslieferung an Nebukadnezar auf –[36] und ebnet den Weg für die Freilegung einer möglichen historischen Dimension dieser Angabe. Geht man von der Annahme aus, die in CD I 6 erwähnte Auslieferung in die Hand Nebukadnezars bezeichne die Zerstö-

---

33 So MURPHY-O'CONNOR, *Damascus Document*, 239; STEGEMANN, *Entstehung*, 242; STEUDEL, אחרית הימים, 236-238; etwas vorsichtiger auch VANDERKAM, *Entstehung*, 121-126. Nicht aufrechtzuerhalten ist die von ROWLEY, *Zadokite Fragments*, 62-72, vertretene Ansicht, hinter dem Lehrer der Gerechtigkeit verberge sich Onias III.

34 So STEGEMANN, *Entstehung*, 242; ähnlich BECKWITH, *Calendar*, 247. Das Entstehen der Muttergruppierung 172 v. Chr. wäre dann möglicherweise mit dem Amtsantritt des Hohenpriesters Menelaos in Verbindung zu bringen.

35 Nach RABINOWITZ, *Reconsideration*, 15, ist der Lehrer der Gerechtigkeit in CD I 11 mit Nehemia zu identifizieren, die 20 Jahre gingen auf Neh 1,1 zurück. JAUBERT, *Pays de Damas*, 236, stimmt dieser Erklärung grundsätzlich zu, sieht aber in Anschluß an GASTER, *Scriptures*, 108, und WALKER, *390 Years*, 58, in der Gestalt des Lehrers Esra verkörpert.

36 Im Gegensatz dazu interpretiert RABINOWITZ, *Reconsideration*, 14, die 390 Jahre als Zeit der Sünde Israels *vor* der Heimsuchung durch Nebukadnezar, da sich die Wendung לתיתו אותם ביד נבוכדנאצר (CD I 6) nicht, wie zumeist angenommen, mit ‚*nachdem* er sie in die Hand Nebukadnezars ausgeliefert hatte' übersetzen lasse. Aus demselben Grund kommt auch WALKER, *390 Years*, 57, zu einem ähnlichen Ergebnis, setzt allerdings voraus, der Zeitraum schließe das Exil mit ein. Auch WIESENBERG, *Chronological Data*, 284-308, wendet sich gegen die herkömmliche Übersetzung, ohne daß er allerdings den von RABINOWITZ angeführten sprachlichen Einwand für zwingend hält. Nach seiner Ansicht bezeichnen die 390 Jahre gemäß Ez 4,5 die Sünde des Nordreiches, in dessen Tradition der Verfasser seine Gruppierung verorten wolle, ohne dabei mit Nebukadnezar oder dem Lehrer der Gerechtigkeit konkrete historische Bezugsgrößen zu verbinden: „To the writers themselves, the founders of the sect and their opponents were legendary figures looming dim and blurred through the mist across the vast expanse of many centuries" (304). JAUBERT, *Pays de Damas*, 214-248, schließlich deutet die Passage aus CD I auf den „reste pur de l'exil" (219), von dessen Umkehr während der 390 Jahre die Rede sei, ohne daß in diesem Modell klar wäre, „wieso man die Exilszeit auf 390 Jahre beziffern konnte" (JEREMIAS, *Lehrer*, 155). Alle vorgestellten Lösungsvorschläge verbindet, daß sie den direkten zeitgeschichtlichen Bezug zu Ereignissen des 2. Jh. v. Chr. übersehen, der für die in CD I gebotene Darstellung charakteristisch ist, und folglich die im Duktus des Textes naheliegendste Interpretation der 390 Jahre als Zeitraum zwischen Exilsbeginn und dem erstmaligen Auftreten der Gruppierung zugunsten spekulativer Alternativen aufgeben.

rung Jerusalems und den Exilsbeginn 586 v. Chr.,[37] so endet der 390-jährige Zeitraum 196 v. Chr.,[38] ein Datum, das über 20 Jahre von dem Jahr trennen, das sich nach CD I 10f. für den Ursprung der Gruppierung, zwei Dekaden vor dem Auftreten des Lehrers der Gerechtigkeit, ergeben würde (172 v. Chr.).[39] Die Übereinstimmungen mit der absoluten Chronologie des betreffenden Zeitraumes fallen also vordergründig nur recht grob aus, was angesichts der Tatsache, daß sich die 390 Jahre als theologisch motivierte Aufnahme von Ez 4,5 plausibilisieren lassen, zunächst fraglich erscheinen läßt, ob im Hintergrund präzisere geschichtliche Kenntnisse stehen.[40]

Auch LAATO bietet die dargestellte Rechnung der 390 Jahre ab 586 v. Chr.,[41] führt aber noch eine Alternative an, indem er auf die Chronologie des Demetrius verweist, die gegenüber der absoluten Chronologie des Zeitraums um 27 Jahre verkürzt ist.[42] Legte die Damaskusschrift dasselbe System zugrunde, so kommt man nach LAATO in die Zeit um 170 v. Chr. für die Entstehung der Muttergruppierung, der Lehrer der Gerechtigkeit wäre folglich um 150 v. Chr. anzusetzen. Ein weiteres Modell, das die 390 Jahre exakt mit den historischen Realitäten zur Deckung bringt, geht auf PUECH zurück:[43] Nach seiner Ansicht steht hinter CD I dasselbe chronologische System, das auch in 2 Bar 1 bezeugt ist. Dort werde die zweite Belagerung Jerusalems in das Jahr 562 v. Chr. datiert, und von diesem Punkt an gerechnet käme man nach 390 Jahren ins Jahr 172 v. Chr., von

---

37 Anders ZEITLIN, *Zadokite Fragments*, 18-23, der die 390 Jahre unter Rückgriff auf rabbinische Traditionen erst in der Zeit Hillels enden sieht. Seine These, die karäischen *Verfasser* des Textes wollten durch diese Datierung ihre Ursprünge zu den Shammaiten rückverorten, geht jedoch von falschen Voraussetzungen aus und muß von daher als widerlegt gelten. Sie zeigt lediglich mögliche Implikationen für die späte Rezeptionsgeschichte auf, kann jedoch die Entstehungsumstände und frühe Rezeption nicht erhellen. Wie ZEITLIN findet auch WEIS, *Date*, 142, das Ende der 390 Jahre in der Zeit Hillels, woran er die unzutreffende Vermutung anschließt, hinter dem 20 Jahre später auftretenden Lehrer der Gerechtigkeit (vgl. CD I 10) verberge sich Jesus.

38 Entsprechend rechnen BARDTKE, *Handschriftenfunde* II, 156f., MICHEL, *Maître de Justice*, 118, und GREIG, *Teacher of Righteousness*, 119, letzterer allerdings ab 587 v. Chr.

39 MAIER, *Texte* III, 133f., zieht ferner die Möglichkeit in Betracht, die 390 Jahre seien bereits ab 597 v. Chr. zu rechnen. Da für diese Annahme, mit der die Diskrepanz zur absoluten Chronologie um weitere zehn Jahre vermehrt würde, keine schlagenden Argumente aus dem Text beizubringen sind, ist sie allein als eine unnötige Verkomplizierung des Sachverhaltes anzusehen.

40 ROWLEY, *Zadokite Fragments*, 62f., hält es für kaum möglich, daß der Verfasser die Chronologie der Perserzeit gekannt habe, und deutet etwaige Übereinstimmungen mit der absoluten Chronologie als zufällig. STEGEMANN, *Entstehung*, 242, stellt fest, der Verfasser könne sich „bei einer derart großen Zeitspanne um einige Jahrzehnte vergriffen haben."

41 Vgl. LAATO, *Chronology*, 606f.

42 Auch BECKWITH, *Calendar*, 233f., Anm. 26, hebt die große Nähe zu Demetrius hervor, scheint aber keine Abhängigkeit der 390 Jahre von dessen Chronologie anzunehmen.

43 Vgl. PUECH, *Croyance*, 506, Anm. 29; ebenso STEUDEL, אחרית הימים, 237f.

dem ausgehend exakt die 20 Jahre bis zum Auftreten des Lehrers der Gerechtigkeit (152 v. Chr.) vergehen, die in CD I 10f. vorausgesetzt sind. Beide Modelle stellen eine volle Übereinstimmung mit der absoluten Chronologie her, müssen aber mit der Zusatzhypothese operieren, die Damaskusschrift stimme mit dem chronologischen System eines anderen Textes bzw. einer verbreiteten chronologischen Tradition überein, für die sich keine Belege anführen lassen. Hier droht die Gefahr eines methodischen Zirkels, insofern ausgehend von der Voraussetzung, die Angaben in CD I seien historisch zuverlässig, eine passende Quellengrundlage allererst konstruiert wird.

Ferner ist grundsätzlich an den dargestellten Deutungen der 390 Jahre zu kritisieren, daß sie die im Text zentrale exegetische Verbindung zu Ez 4,5 unberücksichtigt lassen. Zwar trifft zu, daß die 390 Jahre – bereits ohne die von LAATO und PUECH vertretenen Zusatzannahmen – den geschichtlichen Realitäten recht nahe kommen, ihre exakte Übereinstimmung mit Ez 4,5 läßt jedoch nur den Schluß zu, daß diese Angabe primär exegetisch motiviert sein muß. Die auffällige Genauigkeit der 390 Jahre muß dabei keinesfalls zufällig sein, sondern eine genauere Kenntnis der Chronologie des betreffenden Zeitraums ist durchaus denkbar, sie könnte sogar die Auswahl der 390 Jahre aus Ez 4,5 mit bedingt haben. Ihre entscheidende Plausibilität gewinnt die Angabe jedoch aus ihrem Schriftbezug: Schriftexegese wird so zu einem integralen Bestandteil der Chronologie, deren Geltungsanspruch durch den Rekurs auf das göttliche Wort gestärkt wird. Das prophetische Zeugnis gibt dabei der chronologischen Darstellung der fernen Vergangenheit ihre finale Gestalt, wogegen die in CD I 10 erwähnten 20 Jahre der näheren Vergangenheit primär aus der geschichtlichen Erfahrung abgeleitet sind.[44]

Man wird daher die Jahresangaben in CD I nur dann adäquat erfassen, wenn man sie als Ausdruck des Anspruches liest, die Ursprünge der eigenen Gruppierung unter Einbeziehung des biblischen Zeugnisses exakt zur Darstellung zu bringen – Geschichtsschreibung und Exegese gehen hier Hand in Hand.[45] Wurden die Jahresangaben in CD I 5f.10 in diesem Sinne

---

44 Sicherlich unzutreffend ist die von JEREMIAS, *Lehrer*, 158-161, aufgestellte These, die 390+20 Jahre gingen auf eine Tradition zurück, die in SEZ 8 bezeugt ist: Demnach währte die Zeit des Ersten Tempels 410 Jahre, von denen 390 Jahre unter dem Vorzeichen des Götzendienstes standen. Obwohl die numerische Parallele unbestreitbar ist, besteht weder ein notwendiger noch ein hinreichender Grund für die Annahme, die in SEZ, einem wahrscheinlich zwischen dem 6. und 8. Jh. n. Chr. entstandenen Midrash (vgl. STEMBERGER, *Einleitung*, 332), erhaltenen Jahresangaben seien als Hintergrund von CD I zu sehen.

45 Dabei beschränkt sich die Schriftauslegung nicht auf die Übernahme von Ez 4,5, sondern es lassen sich eine Vielzahl weiterer Anklänge an biblische Texte verzeichnen, die eine theologische Tiefendimension des dargestellten Zeitraumes einziehen; vgl. CAMPBELL, *Use*, 51-67.

wahrscheinlich von einer Hand ergänzt, um die Darstellung der Gruppen-
ursprünge nachträglich mit einem chronologischen Raster zu verbinden,
so ist auch die dritte und letzte Jahresangabe des Textes (CD XX 14f.) als
aktualisierende Fortschreibung zu interpretieren. Sie spiegelt eine Situation
nach dem Tod des Lehrers der Gerechtigkeit, in der die Frage aufkam, wie
lange die Bedrängnisse der Gegenwart noch andauern würden. Die Antwort fällt mit ‚etwa vierzig Jahre' (XX 15: כשנים ארבעים) vorsichtiger aus
als im Fall der uneingeschränkten Jahresangaben von CD I, wobei dieser
Sachverhalt in seiner exegetischen Dimension wahrzunehmen ist, bevor
man mögliche chronologische Implikationen bedenkt.

STEUDEL hat zu Recht darauf hingewiesen, daß CD XX 14 mit der
Formulierung עד תם כל אנשי המלחמה fast wörtlich Dtn 2,14 aufnimmt
(עד תם כל הדור אנשי המלחמה).[46] Die ‚Männer des Kampfes' werden in
einer aktualisierenden Schriftauslegung zu den Gegnern, mit denen sich
die Gemeinschaft nach dem Tod des Lehrers konfrontiert sieht.[47] Während ihre Zeit in Dtn 2,14 mit 38 Jahren (שלשים ושמנה שנה) angegeben
wird, trägt die Damaskusschrift mit ihrer Rede von *ungefähr* 40 Jahren (CD
XX 15: כשנים ארבעים) offenkundig der Tatsache Rechnung, daß die Wüstenwanderung nach biblischem Zeugnis 40 Jahre währte.[48] Die Ver-
schmelzung beider Traditionen, der auf die eigene Zeit gedeuteten אנשי
המלחמה aus Dtn 2,14 und der ‚klassischen' Dauer der Wüstenzeit von 40
Jahren, hatte zur Folge, daß sich die 38 Jahre in den ‚ungefähr 40 Jahren'
wiederfanden. Auf diese Weise löst die Damaskusschrift das Problem der
Zitation miteinander in Spannung stehender biblischer Angaben durch die
Generierung einer biblisch nicht bezeugten Schnittmenge, die diese miteinander vereinbar macht.

Dieser exegetische Kunstgriff ist gleichwohl nicht ohne chronologische Implikationen: Entweder man ging von einer konkreten Anzahl von
Jahren aus, die sich hinter den ‚ungefähr 40 Jahren' verbirgt, oder die sich
hier äußernde Offenheit spiegelt auch die Unsicherheit des Verfassers wieder. Im ersten Fall wäre entweder mit einer Dauer von 38 Jahren gemäß
Dtn 2,14 gerechnet worden, und man hätte den klassischen Zeitraum der
40 Jahre allein aus dem Grund angeführt, um die eigene Gegenwart mit

---

46   Vgl. STEUDEL, אחרית הימים, 238; ebenso JEREMIAS, *Lehrer*, 158, und WIESENBERG,
     Chronological Data, 293. Letzterer weist mit Recht die von RABINOWITZ, *Reconsideration*, 18,
     Anm. 34, geäußerte Vermutung zurück, die in CD XX 15 genannten 40 Jahre speisten sich
     aus Ez 4,6.
47   So auch CAMPBELL, *Use*, 166: „Whatever the problems in identifying the characters and
     group(s) in this part of CD, it is clear that Dt 2:14 was used to express their activity, status
     and final lot." Vgl. auch die direkte Parallele in 1QM I 6-9, wo die Vorstellung eines 40
     Jahre andauernden endzeitlichen Kampfes begegnet. Schließlich leitet 4Q171 II 6-8 im sel-
     ben Geist aus Ps 37,10 ab, bis zur Vertilgung aller Frevler werde es 40 Jahre dauern.
48   Vgl. Ex 16,35; Num 14,33f.; 32,13; Dtn 2,7; 8,2.4; 29,4; Jos 5,6.

der Wüstenzeit zu identifizieren; oder aber man rechnete mit 40 Jahren, sprach aber im Hinblick auf die inhaltlich zentrale Aufnahme von Dtn 2,14 (38 Jahre) von ‚ungefähr 40 Jahren'. Im zweiten Fall bliebe die in der Schrift angelegte Spannung unaufgelöst bestehen, und der Verfasser hätte keine exakte Bestimmung der verbleibenden Zeit vorgenommen, da diese exegetisch nicht ableitbar war. Da offen bleibt, welche exegetischen Prioritäten der Verfasser setzte, ist der Fall nicht eindeutig zu entscheiden. Grundsätzlich ändert jedoch auch die Einsicht in den exegetischen Hintergrund der Formulierung ‚ungefähr 40 Jahre' nichts daran, daß diese, will man Aussagen über die Chronologie treffen, als einzige chronologische Angabe zum betreffenden Zeitraum in ihrer Offenheit ernstzunehmen ist.

Es sollte demnach mit der Möglichkeit gerechnet werden, daß die Wendung ארבעים כשנים in CD XX 15 Teil einer Fortschreibungsstufe ist, die nach dem Tod des Lehrers der Gerechtigkeit die Frage nach dem Ende der Bedrückung stellte und darauf nicht primär mit einer präzisen Angabe der Länge der Zeit, sondern mit einer Deutung der Zeichen der Zeit antwortete, die die eigene Gegenwart im Licht der Schrift mit der Zeit der Wüstenväter identifizierte.[49] Unglücklicherweise tritt dieser zentrale Aspekt der Gegenwartsdeutung in den meisten Untersuchungen zur Chronologie der Damaskusschrift hinter einer verengten Perspektive zurück, die einzig auf die Rekonstruktion eines chronologischen Systems gerichtet ist. Unter Aufgriff der Zeiträume aus CD I 5f.10 werden hier die 40 Jahre aus CD XX 15 in ein Schema integriert, das sowohl die Anfänge der Gemeinschaft als auch eine Kalkulation der Endzeit umfassen und überdies in deutlicher Nähe zu heptadischen Entwürfen wie Dan 9 stehen soll. Ob diese Deutung dem Text gerecht wird, ist im folgenden zu fragen.

2.2.3. Bezeugt die Damaskusschrift eine 490-Jahre-Chronologie?

Bereits SCHECHTER optiert in der Einleitung seiner Edition dafür, die 390 Jahre, von denen in CD I 5f. die Rede ist, zu 490 Jahren zu emendieren, „corresponding with the seventy weeks of years of Dan. 9 2, 24."[50] Während SCHECHTER die Jahresangaben in CD I 10; XX 15 nicht mit diesem Zeitraum in Verbindung bringt, hat sich in den vergangenen Jahrzehnten eine Interpretation etabliert, die alle Angaben der Damaskusschrift als Teil eines 490 Jahre umspannenden Zeitrahmens sieht. Die Argumentation läuft wie folgt: 390 Jahre nach der Eroberung Jerusalems durch Nebukad-

---

49 Daß die Offenheit der Formulierung in CD XX 15 in der Rezeptionsgeschichte des Textes den Ermöglichungsgrund verschiedenster „re-readings" bildete, wird überzeugend von GROSSMAN, *Reading*, 142f., dargestellt.
50 SCHECHTER, *Fragments*, xxiif.

nezar entsteht nach CD I 5f. die Gruppierung, der sich nach weiteren 20 Jahren der Lehrer der Gerechtigkeit anschließt (CD I 10f.). Addiere man zu diesen 410 Jahren „the circa 40 years of his life in the יחד (from about 152 BC until shortly before 100 BC), and the *about 40* years between his death and the end, we obtain the 490 years known from *Daniel*"[51].

Die Schwächen dieser Argumentation werden auch durch weitere Verweise auf vermeintliche Paralleltexte wie 11QMelchizedek nur verstärkt,[52] demonstriert dieses Vorgehen doch, daß die Chronologie nicht aus dem Text der Damaskusschrift entwickelt, sondern von außen an ihn herangetragen wird. Dies zeigt sich vor allem daran, daß es für die vierzigjährige Wirkensperiode des Lehrers keinerlei Textbasis gibt,[53] sondern ihre Existenz erschlossen werden muß, um die nach Addition der 390, 20 und 40 Jahre aus CD I 5f.10; XX 15 bis zu dem vorausgesetzten Gesamtzeitrahmen von 490 Jahren verbleibende Zeit zu überbrücken.[54] Ein derartiges Vorgehen ist nicht nur exegetisch unzulässig, sondern das ‚Rechenspiel‘ setzt sich zudem auch dadurch ins Unrecht, daß es die ‚*ungefähr* 40 Jahre‘ (CD XX 15) ohne Kommentar als Voraussage von *exakt* 40 Jahren integriert. Gerade die feinen Unterschiede zwischen den Jahresangaben sollten zu der Frage führen, mit welchem Recht hier überhaupt von *einem* homogenen Konzept gesprochen werden kann.

Wie dargelegt sind auch die Jahresangaben dem Text im Laufe seiner komplizierten Entstehungsgeschichte zugewachsen, und es bestehen keine zwingenden Gründe für die Annahme, daß sie einen Teil derselben Fort-

---

51 STEUDEL, אחרית הימים, 238. Dieselbe Argumentation findet sich bei BRUCE, *Biblical Exegesis*, 59f., MAIER, *Texte* III, 133f., und VERMES, *Dead Sea Scrolls*, 147f. Auch DAVIES, *Damascus Covenant*, 188, GROSSMAN, *Reading*, 143.158, SCOTT, *On Earth*, 96f., und VANDERKAM, *Calendars*, 99, halten die 490 Jahre für einen möglichen Hintergrund, äußern sich jedoch zurückhaltend.

52 Nach STEUDEL, אחרית הימים, 233-238, bezeugen 11QMelchizedek und die Damaskusschrift dasselbe, an Dan 9 angelehnte chronologische System, das mit dem Beginn der Endzeit im Jahr 72 v. Chr. rechnete. Eine Untersuchung des Melchizedek-Textes folgt unter *9*.

53 TANTLEVSKIJ, *Wicked Priests*, 14, will aus CD I 11f. (ויודע לדורות אחרונים את אשר עשה בדור אחרון) ableiten, daß für die Amtszeit des Lehrers eine Generation (דור) als traditionelle Wiedergabe des Zeitraums von 40 Jahren veranschlagt worden sei. Dies entbehrt jeglicher Begründung aus dem Text, da hier einerseits überhaupt nicht von der Amtszeit des Lehrers der Gerechtigkeit die Rede ist und andererseits die Wendungen דור אחרון bzw. דורות אחרונים (!) als geschichtstheologische Zeitbegriffe in den Kontext der ‚letzten Tage‘ gehören, ohne daß ein chronologisch exaktes Generationenkonzept eine Rolle spielte; zur Kritik der These TANTLEVSKIJs vgl. auch VANDERKAM, *Calendars*, 99, der ihr zwar jede Beweiskraft abspricht, eine vierzigjährige Amtszeit des Lehrers aber dennoch für möglich hält.

54 Denselben Kritikpunkt äußert auch WACHOLDER, *Date*, 97f.; vgl. JEREMIAS, *Lehrer*, 158.

schreibungsstufe bilden.[55] Vielmehr ist mit der Möglichkeit zu rechnen, daß die ‚etwa 40 Jahre‘, die nach CD XX 15 die mit dem Tod des Lehrers einsetzende Zorneszeit markieren, den Teil einer späteren Wachstumsstufe (CD XX 13b-22a) bilden als die Jahresangaben in CD I, da nicht mehr die Entstehung der Muttergruppierung, sondern ein Konflikt der aus ihr hervorgegangenen Gruppe mit Gegnern innerhalb Israels chronologisch beleuchtet wird.[56] Wiese man die einzelnen Jahresangaben verschiedenen Stufen der Textentwicklung zu, so würde ihre pauschale Veranschlagung für ein konzeptionell geschlossenes chronologisches System noch problematischer. Da gleichwohl die Möglichkeit nicht ausgeschlossen werden kann, daß alle Jahresangaben Teil desselben redaktionellen Stratums bilden, sollte diese Fragerichtung nicht überstrapaziert werden – daß der Text keine 490-Jahre-Chronologie expliziert, ist in beiden Fällen evident.

Bei einer den expliziten Aussagen des Textes verpflichteten Exegese läßt sich demnach nichts für die Annahme ins Feld führen, die ‚*ungefähr* 40 Jahre‘ aus CD XX 15 seien Bestandteil eines die 390+20 Jahre aus CD I einschließenden homogenen Systems, das unter der Zusatzannahme von nicht erwähnten 40 Jahren auf 490 Jahre führe. Wer von Dan 9 oder einem anderen Text ausgehend einen Zeitraum von 490 Jahren an die Damaskusschrift heranträgt, steht jedoch nicht nur vor der Notwendigkeit von Ergänzungen und Glättungen, sondern muß zusätzlich mit der Tatsache umgehen, daß es sich bei Dan 9 und allen möglichen Paralleltexten um heptadisch strukturierte Chronologien handelt, welche die 490 Jahre als Sequenz entweder von Jahrwochen oder von Jubiläen, nie jedoch als absoluten Zeitraum darstellen. Die Damaskusschrift erwähnt hingegen abgesehen vom Titel des Jubiläenbuches (CD XVI 3f.) an keiner Stelle ein strukturbildendes Element heptadischer Chronologien, sondern beschränkt sich auf die drei hier diskutierten Jahresangaben.[57] Auch von dieser Seite her legt es sich also nicht nahe, einen Einfluß von Dan 9 oder

---

55 Mehrere Schichten einer Qumran-Redaktion der Damaskusschrift vermutet auch DAVIES, *Damascus Covenant*, 199: „It is probable that more than one level might ultimately be distinguishable within the Qumran reworking of the *Admonition.*"

56 Die in CD XX 14f. erwähnte Abkehr der ‚Männer des Kampfes‘ und des ‚Lügenmannes‘ legen nahe, daß hier erneut derselbe Konflikt – offensichtlich die Abspaltung eines Teils der Muttergruppierung – reflektiert wird, der bereits in CD I 14-19 im Blick ist; vgl. DAVIES, *Damascus Covenant*, 186-188.

57 Daß CD III 14f. unter den der Gruppierung neu offenbarten Dingen auch die vom Israel der Vergangenheit falsch observierten שבתות קדשו ומועדי כבודו nennt, bedeutet lediglich, daß sich deren Anhänger im Besitz des richtigen kalendarischen Systems wußten. Ist hier an den 364-Tage-Kalender zu denken, so berechtigt diese Beobachtung nicht dazu, Kalender und Chronologie gleichzusetzen und aus CD III 14f. abzuleiten, daß die Damaskusschrift eine heptadische Chronologie entfaltet.

verwandter Traditionen auf die Damaskusschrift anzunehmen und damit einen chronologischen Gesamtrahmen von 490 Jahren zu begründen.

Auch WACHOLDER ist der Ansicht, daß die Damaskusschrift nicht mit einer 490-Jahre-Chronologie in Verbindung gebracht werden kann, vertritt jedoch seinerseits einen nicht weniger spekulativen Ansatz:[58] Nach seiner Ansicht schließt der Text an das Jubiläenbuch an, wobei die sich nach CD I 5f.10 ergebenden (390+20 =) 410 Jahre gemeinsam mit den in CD XX 15 erwähnten 40 Jahren die letzten 450 Jahre bis zum Anbruch der Endzeit bildeten. Dies sei deshalb signifikant, weil das Jubiläenbuch mit einer 2450 Jahre dauernden Epoche zwischen Landnahme und Anbruch der messianischen Zeit rechne, auf dessen letzten Teil die Damaskusschrift rekurriere. Die fehlenden 2000 Jahre seien zwar nicht belegt, hätten aber mit hoher Wahrscheinlichkeit den Teil einer in den Geniza-Handschriften verlorenen Eingangspassage gebildet. Zwar kommt WACHOLDER ohne das Postulat einer vierzigjährigen Amtszeit des Lehrers der Gerechtigkeit aus, sein Modell kann jedoch trotzdem in keinem Punkt überzeugen. Dies liegt zum einen an einer verfehlten Interpretation des Jubiläenbuches, das in seiner Grundschicht lediglich die 50 Jubiläen bis zur Landnahme darstellt und auch mit sekundären Zusätzen keinen Gedanken an eine zweite, ebenfalls 2450 Jahre währende Epoche erkennen läßt.[59] Zum anderen muß WACHOLDER mit weitreichenden Hypothesen bezüglich verlorener Passagen der Damaskusschrift operieren, für die der Text keine Anhaltspunkte bietet.[60]

Bei seinem Bestreben, ein stringentes chronologisches System hinter der Damaskusschrift nachzuweisen, macht WACHOLDER eine wesentliche Beobachtung, ohne aus ihr die korrekten Konsequenzen zu ziehen: Wie die Endgestalt des Jubiläenbuches die Situation des gegenwärtigen Israel mit der Situation der Wüstenväter identifiziert, nimmt auch CD XX 15 eine Identifikation von eigener Gegenwart und vierzigjähriger Wüstenzeit vor.[61] Hier wird ein Konflikt der Gruppierung mit ihren Gegnern unter Rückgriff auf Dtn 1,26f.35; 2,14 mit dem Murren Israels und der dadurch eingetretenen Verzögerung der Landnahme assoziiert – wie die אנשי המלחמה müssen die Gegner der Gegenwart verschwinden, damit das

---

58   Zum Folgenden vgl. WACHOLDER, *Date*, 98-100.

59   Vgl. dazu die Ausführungen unter *IV. 3.4.2.*

60   Der in 4Q266 Fr. 1; Fr. 2 I 1-6a (par 4Q267 Fr. 1; 4Q268 Fr. 1) erhaltene Text umfaßt Teile des in den Geniza-Handschriften verlorenen Eingangsteils, zeigt dabei aber keine Spur der von WACHOLDER postulierten 2000 Jahre.

61   Vgl. WACHOLDER, *Date*, 99. Daß es sich dabei um ein prominentes Motiv der Gegenwartsdeutung innerhalb der Qumrangruppierung handelt, zeigen die Parallelen in 1QM I 6-9 und 4Q171 II 6-8; vgl. 1QS VIII 13f.; IX 19-21.

heilsgeschichtliche Ziel erreicht werden kann.[62] Die in CD XX begegnende aktualisierende Exegese der Pentateuchstellen ist daher in demselben Geist formuliert, der auch die Endgestalt des Jubiläenbuches prägt. Daß die Damaskusschrift hier auf das Jubiläenbuch rekurriert, ist daher gut denkbar und könnte eine nähere Bestätigung erfahren, wenn man CD XVI 2b-4a in die Betrachtung einbezieht. Hier wird das Jubiläenbuch (ספר מחלקות העתים ליובליהם ובשבועותיהם)[63] im Kontext einer Passage über die Umkehr zum Gesetz des Mose als Referenzwerk angeführt, zugespitzt auf die Erläuterung der Zeiten der Blindheit Israels (ופרוש קציהם לעורון ישראל).[64]

Es ist davon auszugehen, daß es sich bei dieser Erwähnung des Jubiläenbuches in CD XVI 2b-4a um einen Nachtrag handelt, der in den Zusammenhang der Umkehr zur Tora eingeschoben wurde:[65] Wie in der Tora des Mose alles hinsichtlich der Umkehr festgelegt ist (CD XVI 2: בה הכל מדוקדק), so soll betont werden, ist im Jubiläenbuch festgeschrieben (CD XVI 3: הנה הוא מדוקדק), wie es sich mit den Zeiten der Blindheit Israels verhält. Das Jubiläenbuch gilt dem Redaktor daher nicht als chronologisches Referenzwerk *par excellence*, sondern gibt besonderen Aufschluß über die Zeiten, in denen Israel der Umkehr bedarf. Da Jub die als Sündenzeit wahrgenommene Geschichte Israels im Land gerade nicht detailliert darstellt, bieten sich, will man sich nicht in unnötigen Spekulationen verlieren, als einziger expliziter Anknüpfungspunkt für seine in CD XVI vorgenommene Charakterisierung die 40 Wüstenjahre an, die nach Jub 50,4 auch in CD XX 15 zum Thema werden:[66] Hier könnte das Jubiläenbuch mit seiner eschatologisch überhöhten Landnahmeperspektive als Referenzmodell gedient haben,[67] nach dem sich unter Rückgriff

---

62 Diesen Aspekt rückt auch DAVIES, *Damascus Covenant*, 188, ins Zentrum: „Those who rebelled and left the community must be allowed to die before the new, purged congregation of Israel can fulfil the divine promise of occupying the land as the rightful Israel."

63 Vgl. 4Q271 Fr. 4 II 5 (ספר[] מח[ל]קות). Daß es sich hierbei um den Titel des Jubiläenbuches handelt, konnte bereits unter *IV. 1.* gezeigt werden; vgl. RABIN, *Zadokite Documents*, 75, Anm. 4.

64 Rein sprachlich legt sich auch ein Bezug zu CD I 9f. nahe, allerdings irren hier die Erwählten der Muttergruppierung wie Blinde (כעורים), wogegen in CD XVI 2f. die Blindheit Israels (עורון ישראל) in den Blick genommen wird. Beide Fälle sind demnach zu unterscheiden, und CD XVI 2b-4a wäre als interpretativer Schlüssel für CD I fehlgedeutet.

65 CD XVI 2b-4a (ופרוש קציהם ... ליובליהם ובשבועותיהם) sprengt formal wie inhaltlich den Textzusammenhang.

66 Es wäre daher zu erwägen, ob CD XX 13b-22a und XVI 2b-4a einen Teil derselben Redaktionsschicht bilden.

67 So auch WACHOLDER, *Date*, 98f. Daß jedoch, wie WACHOLDER meint, das Jubiläenbuch hinter dem in CD V 2 erwähnten ספר התורה steht, ist unzutreffend.

auf Dtn 2,14 eine eigene Deutung der Gegenwart als Wüstenzeit gestalten ließ.[68]

Dies vorausgesetzt, böte CD XX 15 eine Interpretation des Jubiläenbuches, die nicht auf dessen minutiöse heptadische Chronologie der bis zum Sinai reichenden Epoche, sondern allein auf den in Jub 50,4 formulierten Ausblick auf die bis zur Landnahme verbleibenden 40 Jahre angewiesen ist,[69] der durch die Fortschreibungen in Jub 1; 23 in seiner geschichtlichen Dimension transzendiert und für aktualisierende Deutungen geöffnet wurde.[70] Eine solche präsentiert CD XX im Hinblick auf die Auseinandersetzungen der Gruppierung mit ihren verirrten Gegnern, und es ist derselbe Aspekt, unter dem das Jubiläenbuch in CD XVI 2b-4a als Referenzwerk für die Zeiten der Blindheit Israels angeführt wird. Setzt man voraus, daß dieses seine Endgestalt erst in den Kreisen der frühen Qumrangemeinschaft erhalten hat,[71] so spiegelt CD XX 15 nichts anderes als eine weitere Aktualisierung der 40 Wüstenjahre für die Zeit nach dem Tod des Lehrers der Gerechtigkeit,[72] die nun unter Rekurs auf Dtn 2,14 exegetisch eingeholt wird: Noch ‚*ungefähr* 40 Jahre' vergehen bis zum Ende aller ‚Männer des Kampfes', eine Angabe, deren Offenheit nicht nur einem exegetischen Kompromiß geschuldet sein muß, sondern nach dem Tod des Lehrers zugleich eine gewisse Vorsicht gegenüber präzisen Endzeitberechnungen signalisieren könnte.

Während die ‚ungefähr 40 Jahre' in CD XX 15 die Gegenwart und Zukunft der Qumrangruppierung betreffen und in den Kontext von Endzeitspekulationen gehören, dienen die Jahresangaben in CD I 5f.10 der Verankerung ihrer Vorgeschichte in der nachexilischen Zeit. In beiden Kapiteln stehen je eigene Aspekte im Vordergrund, und es ist auffällig, daß der Text auch in seiner Endgestalt keinerlei Tendenz erkennen läßt,

---

68 Eine ähnliche Landnahmeperspektive, allerdings ohne Bezug auf die 40 Wüstenjahre, entfaltet bereits CD I 7f. Daß schon an dieser Stelle eine thematische Orientierung an Jub vorliegt, erscheint in Anbetracht der sonst grundsätzlich zu verzeichnenden inhaltlichen Übereinstimmungen zwischen beiden Texten durchaus naheliegend; vgl. hierzu die Übersicht bei TESTUZ, *Idées*, 179-183.

69 Gegen SCOTT, *On Earth*, 88, der in CD XVI 2-4 einen Beleg für die von ihm rekonstruierte heptadische Universalchronologie findet, die jedoch, wie unter *IV. 3.4.* gezeigt, nicht für Jub nachweisbar ist.

70 Eine endzeitliche Interpretation von Jub ohne Rückgriff auf dessen heptadische Chronologie scheint auch 4Q228 vorauszusetzen; s.u., *5.2.*

71 S.o., *IV. 2.2.*

72 Unzutreffend ist allerdings die von SCOTT, *On Earth*, 96f., hervorgehobene Analogie zwischen dem Tod des Lehrers der Gerechtigkeit und dem Tod Moses: Während ersterer zu Beginn der erwarteten 40 Jahre stirbt, fällt Moses Tod, in Jub nicht mehr erwähnt, auf das Ende der Wüstenzeit!

diese miteinander in einem chronologischen Rahmen zu verbinden.[73] Daß es möglich ist, unter diversen Zusatzannahmen einen solchen Rahmen, etwa von 490 Jahren, zu konstruieren und diesen gar weitestgehend mit den historischen Realitäten zur Deckung zu bringen, zeigt die Forschungsgeschichte. Damit ist jedoch für das Verständnis der Jahresangaben in CD I; XX schlechterdings nichts gewonnen, da eine dem Text verpflichtete Exegese nicht bei allen *denkbaren Querbezügen*, sondern bei den *expliziten Aussagen* desselben anzusetzen hat.[74] Die Jahresangaben der Damaskusschrift lassen sich nur dann einer ungezwungenen Deutung zuführen, wenn man sie in ihrer Dimension als exegetisch verantwortete Geschichtsschreibung und Zukunftsdeutung begreift und zugleich von der unbegründeten Annahme Abstand nimmt, hinter jedem Text müsse dasselbe chronologische Gesamtsystem stehen.

2.3. Fazit

Mit der Damaskusschrift liegt ein Text vor, der als identitätsstiftendes Dokument der Qumrangruppierung mehrere redaktionelle Phasen durchlaufen hat. Im Verlauf seiner Genese gelangten auch die Jahresangaben in CD I 5f.10 in den Text, welche die Vorgeschichte der Gruppierung in der nachexilischen Zeit verankern. Dabei ist, wie die Aufnahme der 390 Jahre aus Ez 4,5 zeigt, einerseits ein exegetisches Interesse leitend, das die Wahrnehmung der ferneren Vergangenheit prägt und auch Priorität gegenüber den grundsätzlich anzunehmenden historischen Kenntnissen beansprucht. Andererseits gehen in die Darstellung der jüngeren Vergangenheit auch geschichtliche Reminiszenzen ein, wie die 20 Jahre zwischen der Gründung der Gemeinschaft und dem Auftreten des Lehrers der Gerechtigkeit zeigen. CD I konstruiert damit durch Verknüpfung verschiedener Aspekte zu einer chronologischen Sequenz eine Vorgeschichte der Qumrangruppierung, die Geschichtserfahrung mit Schriftexegese verbindet.

Während CD I in die Vergangenheit blickt, thematisiert CD XX 15 nach dem Tod des Lehrers der Gerechtigkeit die Frage nach der Dauer

---

73 Daß die Damaskusschrift kein eigenes chronologisches System entwickelt, kommt auch in CD I 11f. zum Ausdruck, wo davon berichtet wird, der Lehrer der Gerechtigkeit tue kund, was mit dem letzten Geschlecht geschehen werde. Anders als in 11Q13 II 20 sind hier nicht die Zeiten Gegenstand seiner Lehre, sondern allein die endzeitlichen Begebenheiten – nicht das *Wann*, sondern das *Was*. Die Kenntnis des vorherbestimmten Geschichtslaufes in allen Details kommt nach CD II 9f. lediglich Gott zu!

74 So ist etwa GROSSMAN, *Reading*, 143, darin zuzustimmen, eine Verknüpfung mit den hinter Dan 9 stehenden 490 Jahren bilde „a possible mobilization of the text's themes and imagery." Man bewegt sich hier jedoch bereits im Bereich seiner Rezeptionsgeschichte, für die vieles denkbar, in Ermangelung von Quellen jedoch nichts sicher aussagbar ist.

der göttlichen Zorneszeit, deren Auswirkungen in Gestalt der innerjüdischen Gegner greifbar waren. Die Antwort, vom Tod des Lehrers bis zum Ende der ‚Männer des Kampfes' seien es *ungefähr* 40 Jahre', basiert auf einer aktualisierenden Interpretation von Dtn 2,14, wobei die einschränkende Formulierung primär ein Resultat der Abweichung der dort genannten 38 Jahre von den klassischen 40 Jahren des Wüstenaufenthalts bildet. Das theologische Ziel der Jahresangabe liegt in der Identifikation der eigenen Gegenwart mit der vierzigjährigen Wüstenwanderung Israels, die hier wie auch in der Endgestalt des Jubiläenbuches den Gegenstand einer eschatologischen Interpretation bildet. Da sich die Damaskusschrift in CD XVI 2b-4a auf das Jubiläenbuch als Zeugen für die ‚Zeiten der Blindheit Israels' beruft, ist anzunehmen, daß sie mit ihrer Deutung der innergemeindlichen Spaltung im Sinne der Wüstentypologie an die eschatologisierte Endgestalt des Jubiläenbuches anschließt und die bereits dort mit einem Gegenwartsbezug versehenen 40 Wüstenjahre für die Zeit nach dem Tod des Lehrers der Gerechtigkeit aktualisiert.

Lassen sich die Angaben in CD I; XX im Kontext der jeweiligen Kapitel problemlos plausibilisieren, so scheitern doch alle Versuche, diese zu einem System zu verbinden, das sich in anderen Quellen findet. Der zumeist vertretene Ansatz, die Damaskusschrift rechne wie Dan 9 mit einem heptadisch begründeten Gesamtzeitrahmen von 490 Jahren, ist auf die Annahme zusätzlicher 40 Jahre angewiesen, von denen im Text an keiner Stelle die Rede ist, und opfert die zentralen exegetischen Hintergründe wie auch terminologische Feinheiten einer rein auf den numerischen Aspekt verengten Untersuchung. Der erhaltene Text der Damaskusschrift entwickelt weder eine geschlossene Chronologie, noch zeigt er ein Interesse an heptadischen Systemen oder greift deren Strukturelemente auf – ein Befund, der nicht nur verhindern sollte, ein derartiges System von außen an ihn heranzutragen, sondern die viel grundsätzlichere Frage anstoßen muß, warum Texte, deren konzeptionelle Unterschiede niemand zu leugnen bestrebt ist, ausgerechnet im Bereich der Chronologie Einigkeit erzielen sollten.

3. 4Q180 und 4Q181

3.1. Der Text: Erhaltungszustand, Datierung und Inhalt

3.1.1. 4Q180

Die erhaltenen Fragmente des von ALLEGRO publizierten Textes 4Q180 befinden sich in sehr schlechtem Zustand und sind in manchen Passagen kaum zu entziffern.[75] Die paläographische Analyse ergibt eine Datierung der Schrift in spätherodianische Zeit.[76] Fr. 1 umfaßt mehrere Zeilen einer Kolumne, die vermutlich den Anfang eines Textes bezeugt,[77] der in Z. 1 mit der Wendung פשר על הקצים[78] einsetzt.[79] Zentrales Thema des Z. 1-5 umfassenden Abschnitts ist die Vorstellung, Gott habe alle Zeiten (קצים) geordnet und einem jeden Ding bereits vor seiner Schöpfung seinen Platz zugewiesen. Nach einer Leerzeile folgt in Z. 7 ein inhaltlicher Neueinsatz, der parallel zu Z. 1 als *Pesher* über 'Azaz'el (פשר על עזזאל[ו]) gestaltet ist. Der verbleibende Teil des Fragments umfaßt Ausführungen zum Wächtermythos (vgl. Gen 6,1-4), in denen analog zu 1 Hen 6-8; 86 besonderes Augenmerk auf 'Azaz'el als Verführer der Menschen gelegt ist.

In Fr. 2-4 sind Reste zweier aufeinanderfolgender Kolumnen erhalten, deren erste kaum entzifferbar ist und von Abraham gehandelt zu haben scheint.[80] Der Text der zweiten Kolumne ist sehr viel besser zu lesen und bietet in Anlehnung an Gen 18 gestaltete Ausführungen über Abrahams Begegnung mit den drei Männern bei der Eiche von Mamre (II 4) und die sich im biblischen Text anschließende Sodomepisode. Der erhaltene Text von Kol. II ermöglicht vor allem einen Nachvollzug der für 4Q180 charakteristischen Auslegungsarbeit: So werden die drei Männer in Z. 4 explizit als Engel gedeutet (מלאכים המה), und die Struktur der Z. 5-10 mit dem langen Zitat aus Gen 18,20f. und seiner folgenden Erläuterung spiegelt die

---

75 Partielle Erstedition durch ALLEGRO, *Unpublished Fragments*, 3-5. Weitere Editionen oder Diskussionen von Lesungen in chronologischer Reihenfolge: ALLEGRO, DJD 5, 77-79 (unter dem Titel „Ages of Creation"); STRUGNELL, *Notes en marge*, 252-254; MILIK, *Milkî-ṣedeq*, 112f.; DERS., *Books of Enoch*, 249f.; DIMANT, *Pesher on the Periods*, 77-86; ROBERTS, *Wicked and Holy*, 204-213.

76 Vgl. STRUGNELL, *Notes en Marge*, 252; ROBERTS, *Wicked and Holy*, 205.

77 Diese Vermutung äußert auch STRUGNELL, *Notes en marge*, 252; vgl. MILIK, *Books of Enoch*, 251; DIMANT, *Pesher on the Periods*, 91.

78 Die Textgrundlage aller folgenden Ausführungen zu 4Q180 bildet, wenn nicht anders vermerkt, die von DIMANT, *Pesher on the Periods*, 78-83, vorgelegte Transkription; diese berücksichtigt die Lesungen STRUGNELLs und ist daher gegenüber ALLEGRO, DJD 5, 77-79, vorzuziehen.

79 DIMANT deutet die Wendung פשר על הקצים als Titel und bezeichnet den Text daher in ihrem gleichnamigen Aufsatz als „Pesher on the Periods".

80 Vgl. DIMANT, *Pesher on the Periods*, 82; STRUGNELL, *Notes en marge*, 253.

exegetische Vorgehensweise der *Pesharim* (Z. 7: הדבר [פשר]). Indem die Auslegung von Gen 18 am Ende des erhaltenen Textes wieder auf das Thema der göttlichen Vorherbestimmung einschwenkt (בטרם בראם: II 10; vgl. Fr. 1 2), schließt sich der Kreis zum Eingangsteil (Fr. 1 1-5).

4Q180 ist demnach ein Text mit Interesse an der gottgesetzten Ordnung der Zeiten, der zur Erläuterung derselben auch auf die Methodik der *Pesharim* rekurriert, den Begriff פשר dabei jedoch von der Schriftauslegung auf die Erläuterung theologischer Sachverhalte ausdehnt.[81] Der Auslegungscharakter des Textes sowie die verwendete Terminologie machen einen Ursprung in den Reihen der Qumrangruppierung wahrscheinlich;[82] als vermutliche Abfassungszeit legt sich in Anbetracht der Datierung der Handschrift das 1. Jh. v. Chr. nahe.

3.1.2. 4Q181

Die beiden erhaltenen Fragmente des zuerst von ALLEGRO edierten Textes 4Q181 sind Teil einer Handschrift,[83] die sich in früh- oder mittelherodianische Zeit datieren läßt.[84] Fr. 1 handelt von der Sünde der Frevler und ihrer Bestrafung (Z. 1) sowie von der ewigen Teilhabe der Gerechten am himmlischen Leben (Z. 3f.). Die Unterscheidung der Menschen in Gerechte und Frevler wird auf Gottes Wirken zurückgeführt, der über einen jeden das Los wirft (Z. 5: איש לפי גורלו אשר הפי[ל] לו).[85] Der Inhalt von Fr. 2 ist aufgrund der Kürze der erhaltenen Zeilen schwerer zu bestimmen: Nach einer Erwähnung Isaaks (?), der prädiluvischen Riesen und Israels (Z. 3) nennt Z. 4 eine Negativgruppe (אוהבי עולה ומנחילי אשמה),

---

81 Man wird daher der von DIMANT, *Pesher on the Periods*, 99, geäußerten Vermutung, 4Q180 repräsentiere einen „different type of pesher, not necessarily identical with the previously known types", zustimmen müssen. Die These MILIKs, der aufgrund der Einleitung פשר על הקצים postuliert, 4Q180 stelle den Kommentar zu einem kanonischen chronologischen Werk dar, und die Stelle folglich mit „[c]ommentaire sur (le livre des) Périodes" übersetzen will, tritt von hier aus eindeutig als unvertretbare Engführung in den Blick (vgl. MILIK, *Milkî-ṣedeq*, 112). Sie wird nicht zuletzt von MILIK selbst als gezwungen entlarvt, insofern dieser die exakt parallel strukturierte Z. 8 zutreffend mit „commentaire au sujet de 'Azaz'el" übersetzt (ebd.), obwohl er doch auch hier konsequenterweise die Annahme eines ‚livre de 'Azaz'el' propagieren müßte.

82 So auch DIMANT, *Pesher on the Periods*, 78; vgl. ROBERTS, *Wicked and Holy*, 205.

83 ALLEGRO, DJD 5, 80 (vgl. Plate XVIII), zählt noch ein weiteres, winziges Fragment zu 4Q181, auf dem lediglich ein Aleph zu Beginn einer Zeile erhalten ist. Da sich dieser Buchstabe charakteristisch von seiner in Fr. 1-2 bezeugten Form unterscheidet, ist jedoch fraglich, ob Fr. 3 wirklich zu 4Q181 gehört. Die Editionsgeschichte von 4Q181 ist identisch mit der von 4Q180, da beide Texte immer gemeinsam behandelt wurden; s.o., *3.1.1.*

84 Vgl. STRUGNELL, *Notes en marge*, 254; ROBERTS, *Wicked and Holy*, 205.

85 Grundlage der folgenden Ausführungen zu 4Q181 ist, wo nicht gesondert vermerkt, erneut die von DIMANT, *Pesher on the Periods*, 86f., gebotene Transkription; s.o., *3.1.1.*

der in Z. 5 die Positivgruppe derer, die ihn (= Gott) kennen (כול יודעיו), gegenübergestellt wird. Die Reste der letzten vier Zeilen deuten darauf hin, daß sich hier ein Lobpreis der Größe und wunderbaren, für Menschen undurchschaubaren Weltenlenkung Gottes anschloß.

Die auf ALLEGRO zurückgehende Zählung beider Fragmente setzt voraus, daß Fr. 2 in der Schriftrolle auf Fr. 1 folgte. STRUGNELL hat diese Anordnung mit überzeugenden Argumenten in Zweifel gezogen: Da Fr. 2 einen breiten rechten Rand aufweist, auf Fr. 1 hingegen noch der Rest eines Zeilenendes der vorhergehenden Kolumne erhalten ist, der auf einen geringeren Kolumnenabstand schließen läßt, vermutet STRUGNELL, Fr. 2 bezeuge den Anfang der Schriftrolle, wogegen Fr. 1 dann notwendigerweise eine spätere Passage desselben Textes umfassen müsse.[86] „Le deuxième [des fragments] pourrait faire partie d'un *prolégomène* historique à cette section, avec ses références à Isaac (?), les fils des anges et les filles de l'homme, et Israël (?)."[87] Diese Möglichkeit kann grundsätzlich nicht bestritten werden, allerdings bleibt festzuhalten, daß aufgrund des wenigen erhaltenen Textes und der Unsicherheit, auf welcher Höhe der ersten Kolumne des Werkes Fr. 2 anzusiedeln ist, alle Aussagen über die Funktion dieser Passage für das Textganze in hohem Maße spekulativ bleiben.

Die terminologische und konzeptionelle Nähe zu anderen Qumrantexten macht es wahrscheinlich, daß 4Q181 seinen Ursprung in der Qumrangruppierung hatte,[88] wobei das 1. Jh. v. Chr. als naheliegendster Entstehungszeitraum in den Blick zu nehmen ist. Kann so davon ausgegangen werden, daß 4Q181 und 4Q180 in zeitlicher Nähe zueinander entstanden, wurde und wird aufgrund textlicher Berührungspunkte sogar die These vertreten, beide Handschriften seien Kopien ein und desselben Werkes. Dieser Frage soll nun abschließend nachgegangen werden.

3.1.3. Sind 4Q180 und 4Q181 Kopien desselben Werkes?

Aufgrund der Beobachtung von Parallelen zwischen 4Q180 Fr. 1 und 4Q181 Fr. 2, wie gezeigt mit hoher Wahrscheinlichkeit Passagen aus der ersten Kolumne der jeweiligen Schriftrollen, gelangt MILIK zu seiner These, beide Stellen bezeugten den Beginn ein und desselben Werkes.[89] Da die Zeilen in 4Q180 nur halb so lang sind wie in 4Q181, füllt MILIK die Lakunen jeweils einer Zeile von 4Q181 mit dem erhaltenen Text aus zwei

---

86 Vgl. STRUGNELL, *Notes en marge*, 254. Ihm folgen MILIK, *Milkî-ṣedeq*, 113 (vgl. DERS., *Books of Enoch*, 251), und DIMANT, *Pesher on the Periods*, 86-89.99.

87 STRUGNELL, *Notes en marge*, 254.

88 So auch DIMANT, *Pesher on the Periods*, 86; vgl. ROBERTS, *Wicked and Holy*, 205.

89 Vgl. MILIK, *Milkî-ṣedeq*, 113; DERS., *Problèmes*, 357; DERS., *Books of Enoch*, 251.

Zeilen von 4Q180. Das Ergebnis seiner Rekonstruktion braucht nicht im Detail diskutiert werden, da sich ihre ganze Problematik bereits an ihren Voraussetzungen zeigt: MILIKs korrekte Beobachtung von Parallelen führt unzulässigerweise direkt zum Postulat der Identität beider Texte, ohne die im Detail nicht unbeträchtlichen Unterschiede zu berücksichtigen.

So ist die Parallele zwischen 4Q180 Fr. 1 5 (ע]ד הוליד ישחק]) und 4Q181 Fr. 2 1 (עד הולי]ד ישחק]) zwar vorhanden, erweist sich jedoch, sieht man von den Konjekturen ab, als äußerst schmal. Im Fall von 4Q180 Fr. 1 8 (ויל]דו להם גברים]) und 4Q181 Fr. 2 2 (להמה גבור]ים]) weichen beide Texte bereits erkennbar voneinander ab, wobei sich die Unterschiede auf orthographische Varianten beschränken. Der Vergleich zwischen 4Q180 Fr. 1 9 (לאהבת] עולה ולהנחיל רשעה]) und 4Q181 Fr. 2 4 (ואוהבי עולה ומנחילי אשמה) schließlich macht deutliche Unterschiede in Satzbau und verwendeter Terminologie erkennbar. Auch MILIK leugnet nicht das Vorhandensein von Abweichungen zwischen 4Q180 und 4Q181, stuft diese jedoch, ausgehend von seiner Grundthese der Identität beider Texte, als „variants" ein.[90] Er übersieht dabei, daß von textlichen Varianten nur dann die Rede sein kann, wenn die Behauptung der Identität zuvor bewiesen wurde. Dieser Beweis ist jedoch angesichts der äußerst schmalen parallelen Textbasis und der deutlichen Abweichungen nicht zu erbringen.[91]

Handelt es sich bei 4Q180 und 4Q181 nicht um Kopien desselben Textes, so verlangt dennoch die zutreffende Beobachtung von grob übereinstimmenden Textpassagen eine Erklärung. Meines Erachtens legt sich hier am ehesten die von DIMANT geäußerte Annahme nahe, daß es sich um einen Fall von Zitation handelt: „Both works may well cite a third independent source [...], or perhaps they cite each other"[92]. Ist auch hier in anbetracht des schlechten Erhaltungszustandes von 4Q180 und 4Q181 keine gesicherte Entscheidung zu treffen, bleibt doch festzuhalten, daß die

---

90 MILIK, *Books of Enoch*, 251.

91 Zum selben Ergebnis gelangt DIMANT, *Pesher on the Periods*, 90. ROBERTS, *Wicked and Holy*, 204-213, geht dagegen in Anschluß an MILIK nach wie vor von der Identität beider Texte aus, ohne die von DIMANT geäußerten Einwände zu berücksichtigen. Auch TOV, DJD 39, 51, scheint mit seiner Bezeichnung der Texte als AgesCreat A und B vorauszusetzen, es handele sich um zwei Kopien desselben Werkes.

92 DIMANT, *Pesher on the Periods*, 90. Die Zitationsthese ist der Vermutung STRUGNELLs, *Notes en marge*, 252, vorzuziehen, 4Q180 bilde einen Kommentar zu 4Q181, da diese eine genauere Kenntnis des jeweiligen Werkcharakters nötig machte, die aufgrund des Erhaltungszustandes beider Handschriften nicht zu gewinnen ist. Im Fall einer direkten literarischen Abhängigkeit zwischen beiden Texten stellt sich die Frage des Zitationsgefälles. DIMANT, a.a.O., 99f., hält hier 4Q180 für den wahrscheinlicheren Grundtext, da die parallele Passage in 4Q181 keinen integralen Teil des Textes bilde. Dem ist allerdings entgegenzuhalten, daß gerade die Passage 4Q180 Fr. 1 4f. strukturell Zitatcharakter aufweist; s.u., *3.2.1*. Eine eindeutige Verhältnisbestimmung gestaltet sich daher schwierig.

literarische Identität beider Texte ausgeschlossen werden kann. Sie sollen daher im folgenden Kapitel als zwei eigenständige Kompositionen auf ihr geschichtstheologisches Profil hin untersucht werden.

3.2. Das geschichtstheologische Profil

3.2.1. 4Q180: Zehn Generationen

Wie dargelegt ist mit 4Q180 Fr. 1 vermutlich der Anfang eines Textes erhalten, der mit der Wendung פשר על הקצים einsetzt. Die ersten fünf Zeilen formulieren zentrale geschichtstheologische Voraussetzungen, die hinter dem Text stehen und zugleich für andere Werke aus dem Kreis der Qumrangruppierung charakteristisch sind: Objekt der Auslegung (פשר) sind die gottgesetzten Zeiten (הקצים אשר עשה אל), die allem Seienden den Rahmen seiner zeitlichen Existenz vorgeben (ונהיה [הויה כל [להתם).[93] Bereits vor ihrer Erschaffung hat Gott allen Wesen ihre Handlungen bestimmt (Z. 2: בטרם בראם הכין פעולות[יהם),[94] und eine jede gottgesetzte Zeit ist auf den himmlischen Tafeln fixiert (Z. 3: והוא חרות על לחות השמים]), einschließlich der in Z. 4 erwähnten Zeiten ihrer Herrschaft (ל[קצי ממשלותם).[95]

An diese Aussagen über die göttliche Vorherbestimmung (4Q180 Fr. 1 1-4a) schließt sich in Z. 4b-5 offenkundig ihre Übertragung auf die Binnenstruktur eines konkreten Zeitraumes an, dessen Ende die Zeugung Isaaks durch Abraham markiert[96] und der zehn Elemente zu umfassen

---

93 DIMANT, *Pesher on the Periods*, 92, folgert angesichts der Bezeugung von קץ in 1QpHab VII 12-14; 1QS III 15; IV 13.16; 1QH I 24; CD II 9-10: „According to this teaching and other related writings, the Periods are the preordained, fixed spans of time which constitute the sequence of historical events. [...] This means that the Periods, by their very nature, bring everything created to an end."

94 Ich folge der Lesung DIMANTs, *Pesher on the Periods*, 78. MILIK, *Milkî-ṣedeq*, 112, konjiziert zu פעולות[המלאכים und folgt darin seiner unzutreffenden Grundannahme, die Einflußnahme der Engel auf die menschliche Welt sei das Zentralthema des Textes. Gleichwohl ist nicht auszuschließen, daß 4Q180 Fr. 1 2 neben den Menschen auch die himmlischen Wesen mit im Blick hat.

95 Wie im Fall des vorangehenden פעולותיהם (Z. 2) ist mit DIMANT, *Pesher on the Periods*, 93, anzunehmen, daß auch der Begriff ממשלותם (Z. 3) eine primär menschliche Dimension zum Ausdruck bringt („the ages of prominence of certain human groups"), wobei erneut nicht kategorisch ausgeschlossen werden sollte, daß auch himmlische Wesen mit im Blick sein könnten.

96 Daß Isaak hier als Objekt und nicht, wie ALLEGRO, DJD 5, 78, voraussetzt, als Subjekt des Zeugungsvorganges zu denken ist, erscheint deshalb zwingend, weil die Aussage ,Isaak zeugte zehn [Nachkommen]' ohne Anhaltspunkt in der biblischen wie außerbiblischen Tradition wäre. Die Phrase יצחק הוליד ע[ד] läßt sich daher sinnvoll nur als ,bis er [sc. Abraham] Isaak zeugte' wiedergeben. Die Partikel את fungiert folglich nicht als *nota accusa-*

scheint, deren Identität aus dem erhaltenen Textbestand nicht mehr eindeutig hervorgeht (Z. 5 ה עשרה את ישחק הוליד ע[ד]).[97] Unglücklicherweise ist die zweite Hälfte von Z. 4, die den Anfangspunkt des erwähnten
Zeitraumes bezeugt haben dürfte, nicht erhalten. Mit der Einleitung זה סרך
ב] („dies ist die Ordnung...‘) zu der betreffenden Passage reißt der Text ab
und setzt erst mit ישחק הוליד ע[ד] in Z. 5 wieder ein. Das Interpretations-
spektrum, das der fragmentarische Text zuläßt, zeigen die vorgeschlagenen Konjekturen. So rekonstruiert MILIK die Passage in Anklang
an 4Q181 Fr. 2 3 als זה סרך בר[י]את אדם ומנוח לאברהם] [ע[ד] הוליד ישחק את
עשרה ה[שבועים,[98] während DIMANT folgende Variante ohne Jahrwochenbezug vorzieht: זה סרך ב[נ]י נוח משם לאברהם] [ע[ד] הוליד ישחק את עשרה
ה[דורות.[99]

Da sich, wie dargelegt, die von MILIK postulierte Identität von 4Q180
und 4Q181 nicht beweisen läßt und in 4Q180 kein heptadisches Zeitmaß
erhalten ist, fehlt jeder Anhaltspunkt für die Annahme, der Text habe in
Fr. 1 5 mit עשרה ה[שבועים ein solches erwähnt.[100] Gegenüber einem Jahr-
wochen- oder gar Jubiläenbezug[101] ist die Annahme DIMANTs, die Stelle

---

tivi, sondern leitet wie in CD XV 9 eine Apposition im Nominalsatz ein: ‚bis er Isaak zeugte, [sind es] zehn ...‘; vgl. DIMANT, *Pesher on the Periods*, 81.

97 Die von ALLEGRO, DJD 5, 78, gebotene Lesung עשרים ist nach STRUGNELL, *Notes en
marge*, 253, sicher auszuschließen. Dies ist auf Plate XXVII nur zu erahnen, konnte jedoch
durch Einsicht eines besseren Photos (PAM 43.425) bestätigt werden.

98 Vgl. MILIK, *Milkî-ṣedeq*, 112.

99 Vgl. DIMANT, *Pesher on the Periods*, 78.

100 KOCH, *Sabbatstruktur*, 415, verweist auf die Tatsache, daß nach 𝔐 genau 490 Jahre zwischen der Zeugung Sems und Isaaks liegen, und sieht hierin die Rekonstruktion את עשרה
ה[שבועים bestätigt, da hier derselbe Zeitraum im Blick sei. Das Grundproblem dieser Interpretation besteht schlicht darin, daß ‚zehn Siebente‘, in der naheliegendsten Bedeutung als
zehn Jahrwochen gefaßt, nur 70 (10x7) Jahre, umspannen, nicht aber 490 Jahre. Die von
KOCH zur Lösung dieses Problems aufgestellte These, שבוע werde „im Päschar wieder [!]
als Sabbatjahr verstanden", zu denken sei also an eine Sequenz von 70 Sabbatjahrzyklen (=
490 Jahre), hat weder in 4Q180 noch in einem anderen Text den geringsten Anhalt. Das
Modell KOCHs kann daher den von MILIK rekonstruierten Jahrwochenbezug nicht bestätigen; vgl. auch die kritischen Anmerkungen bei WACHOLDER, *Date*, 91f., Anm. 21.

101 So rekonstruiert BECKWITH, *Calendar*, 221, der 4Q180 und 4Q181 als Kopien desselben
Werkes ansieht, in 4Q180 Fr. 1 4f. folgendes Jubiläen-Schema: „This is the order of the
cre[ation to Jared, to Noah, to Eber, and to Abraham un]til he begot Isaac: the 10 [jubi-
lees]." Der Text habe hiermit zum Ausdruck gebracht, daß zwischen den genannten Personen jeweils genau 10 Jubiläen vergingen, wobei BECKWITH als Referenztext auf das Jubiläa-
enbuch verweist. Dieses Modell ist aus verschiedenen Gründen unhaltbar: Erstens versäumt es BECKWITH, den Originaltext zu rekonstruieren, und begnügt sich mit einer englischen Übersetzung, die sich jedoch kaum auf einen sinnvollen hebräischen Text zurückführen läßt, der die Lakune in 4Q180 Fr. 1 4 füllt. Zweitens setzt BECKWITH eine Abhängigkeit von der Chronologie des Jubiläenbuches einfach voraus, ohne diese argumentativ
zu untermauern, und drittens ist die von ihm präsentierte Ableitung der Generationen-
sequenz aus Jub in sich überhaupt nicht schlüssig, da, wie auch DIMANT, *Pesher on the*

handle von den zehn Generationen (עשרה ה[דורות](102 von Sem bis Abraham, nicht nur als zwangloser, sondern aufgrund des hier gegebenen Anknüpfungspunktes in der biblischen Tradition auch als naheliegender vorzuziehen.[103] Dabei ist allerdings hinsichtlich der Chronologie Folgendes zu beachten: Abraham verkörpert nur nach 𝕸 und 𝔖𝔞𝔪 die zehnte Generation, 𝕲 (vgl. Jub 8-11) erreicht diese dagegen durch die zusätzliche Erwähnung Kainams bereits mit Terach. Isaak, die einzige in 4Q180 explizit erwähnte Gestalt, repräsentiert also je nach biblischer Version entweder die elfte oder bereits die zwölfte Generation nach Noah. Die Annahme eines Zehn-Generationen-Schemas setzt daher einerseits voraus, daß der Text einer 𝕸 oder 𝔖𝔞𝔪 entsprechenden (biblischen) Vorlage folgte, und schließt andererseits aus, daß Isaak selbst Teil der zehn Generationen ist.

Ist Isaak nicht unter die zehn Generationen zu zählen, stellt sich natürlich die Frage nach dem Sinn der Erwähnung seiner Zeugung in 4Q180 Fr. 1 5. Nach Ansicht DIMANTs markiert „the birth of Isaac [...] the beginning of the next group of generations"[104]; allerdings bliebe zu klären, warum der Text die Zeugung Isaaks nicht explizit als chronologischen Neueinsatz hervorhebt, sondern mit der Formulierung ע[ד הוליד ישחק den Zeitraum der zehn Generationen faktisch bis zu diesem Ereignis *ausdehnt*: ‚von Sem bis Abraham, *bis dieser Isaak zeugte*, sind es zehn Generationen'. Liegt mit der Zeugungsnotiz im Kontext der Aussage eine chronologische Näherbestimmung vor, so ließe sich ihr Zweck mit DIMANT in der Weise bestimmen, daß der Text hier den zeitlichen Rahmen für alle in 4Q180 dargestellten Ereignisse absteckt.[105] Dies ist denkbar, bleibt aber spekulativ, da einerseits, wie noch zu zeigen ist, eine entsprechende Funktion von 4Q180 Fr. 1 1-5 für das Textganze nicht ohne Weiteres vorausgesetzt werden kann und andererseits nicht übersehen werden darf, daß die in

---

Periods, 102, bemerkt, überhaupt keine der von BECKWITH vorgeschlagenen Personen in Jub charakteristisch mit einer einzigen Abfolge von zehn Jubiläen verbunden wird.

102 Interessanterweise assoziiert auch MILIK, *Books of Enoch*, 250, zuerst die zehn Generationen „between Noah and Abraham", setzt diese jedoch sofort mit zehn Jahrwochen gleich, indem er auf den Jahrwochenbezug in 4Q181 zurückgreift. In Ermangelung jeglicher Argumente für die Identifizierung gänzlich verschiedener Zeitmaße mutet diese höchst willkürlich an. ROBERTS, *Wicked and Holy*, 206, Anm. 7, hält sowohl die Variante דורות als auch שבועים für möglich und erwägt als weitere Alternative תולדות. Dies ist wenig wahrscheinlich, da תולדות eine Generationenfolge bezeichnet und nie in Verbindung mit einem Zahlwort (im Fall von 4Q180 עשרה) belegt ist.

103 Dies gilt damit auch für DIMANTs Rekonstruktion von Z. 4b (זה סרך ב[ני נוח משם לאברהם]).

104 DIMANT, *Pesher on the Periods*, 95.

105 „[I]n the fragments surviving, the Pesher deals with two major events – the Flood and the Story of Sodom, the former begins and the latter closes the Period under discussion" (DIMANT, *Pesher on the Periods*, 95f.).

Fr. 2-4 berichteten Vorfälle nach dem biblischem Bericht zwar in die Zeit vor der *Geburt* Isaaks fallen, hier aber von der *Zeugung* die Rede ist.[106]

Auch wenn sich die Funktion, die der Zeugungsnotiz Isaaks im engeren wie im weiteren Kontext von 4Q180 Fr. 1 5 zukommt, nicht mehr mit letzter Sicherheit erhellen läßt,[107] bleibt doch die Vermutung, der Text nehme hier die zehn Generationen zwischen Sem und Abraham in den Blick, ohne ernstzunehmende Alternativen. Offen ist dabei vor allem die Funktion des mit der Erwähnung dieser Generationenfolge endenden Abschnitts in Fr. 1 1-5, wahrscheinlich der Eingangspassage des Textes, für das Textganze. Da über Aufbau und Umfang der von 4Q180 bezeugten Komposition nichts bekannt ist, geht DIMANTs Interpretation von Z. 1-5 als inhaltlichen Kurzabrisses, der im folgenden im Detail ausgeführt werde, sehr weit.[108] Auch die Leerzeile, durch die Z. 1-5 von der folgenden Passage über die Wächter abgegrenzt werden, markiert zunächst nichts als einen Neueinsatz und läßt keine eindeutigen Schlüsse auf das Verhältnis beider Passagen zueinander zu. Folgt man der von DIMANT vertretenen Deutung, nach der mit 4Q180 Fr. 1 7 die Ausführungen zu dem in Z. 4f. erwähnten Zeitraum von Sem bis Isaak folgen, so verwundert, daß Z. 7 wie Z. 1 mit der Formulierung פשר על eingeführt wird. Durch die Kopula, die vermutlich am Anfang von Z. 7 stand (ו[פשר על]), wird der Eindruck noch verstärkt, daß der ,Pesher' über die Zeiten' (Z. 1-5) von einem in der Textlogik gleichgeordneten ,Pesher' über 'Azaz'el' (Z. 7-10) gefolgt wird, nicht jedoch von einer näheren Entfaltung der קצים. Ob sich daher die

---

106 Diese Beobachtung ist nicht ohne Folgen: DIMANT, *Pesher on the Periods*, 95, betont die große Nähe der Abrahamepisoden in 4Q180 zur erzählerischen Sequenz von Gen 17-21 und Jub 16, übersieht aber, daß nur Jub die Zeugung Isaaks (indirekt) datiert. Nach Jub 16 fallen die Ereignisse vom Besuch der drei Männer bis zur Vernichtung Sodoms alle in den vierten Monat des Jahres 41/4/5, im siebten Monat ist Sara schwanger, und Isaak wird genau neun Monate später im dritten Monat des Folgejahres geboren (s.o., *IV. 3.3.2. a)*). Will man 4Q180 Fr. 1 5 (ע]ד הוליד ישחק) mit DIMANT im Sinne einer Begrenzung des im folgenden entfalteten chronologischen Rahmens interpretieren, so muß man voraussetzen, daß der Text eine Jub entsprechende Chronologie voraussetzt, was denkbar, aber angesichts des schlechten Erhaltungszustandes nicht nachweisbar ist.

107 Das Problem der chronologischen Verbindung der Zeugungsnotiz mit der Generationenfolge ließe sich teilweise umgehen, wenn man den Text mit WACHOLDER, *Date*, 91f., Anm. 21, nicht als [ע]ד הוליד ישחק את עשרה ה[דורות] משם לאברהם, sondern als [משם לאברהם [אש]ר הוליד ישחק את עשרה ה[דורות rekonstruiert, da der relativische Anschluß mit [אש]ר im Gegensatz zu [ע]ד keine zeitliche Verknüpfung expliziert. Da allerdings das *resh* an dieser Stelle gegenüber dem *dalet* graphisch nicht eindeutig zu präferieren ist und vor allem zweifelhaft erscheint, ob die Lakune zu Zeilenbeginn genügend Raum für zwei (אש]) anstelle von einem Buchstaben (ע]) läßt, fehlt eine klare Basis für die alternative Rekonstruktion WACHOLDERs, die zudem auch keine automatische Erklärung für die Funktion der Zeugungsnotiz böte.

108 Auch DIMANT, *Pesher on The Periods*, 96, will nicht ausschließen, daß der Text ursprünglich eine längere geschichtliche Sequenz zum Inhalt hatte, als von den erhaltenen Fragmenten bezeugt wird.

Wendung פשר על הקצים (Z. 1) mit DIMANT als Titel des gesamten Werkes interpretieren läßt, erscheint zumindest fraglich.

Obwohl der mit der Generationenfolge in 4Q180 Fr. 1 5 schließende
Einleitungsabschnitt mit dem Zeitraum von Sem bis Abraham einen Rahmen absteckt, den die in Fr. 1 6-10 sowie Fr. 2-4 dargestellten Ereignisse
nicht sprengen, zeigen die vorangehenden strukturellen Beobachtungen,
daß seine funktionale Zuordnung zu den Folgepassagen nicht eindeutig
ist. Ist hier in Anbetracht eines nur in Ausschnitten erhaltenen Textes
keine letzte Klärung zu erwarten, so ist abschließend der Blick auf die
Struktur der mutmaßlichen Einleitung 4Q180 Fr. 1 1-5 selbst zu richten,
bezüglich derer sich zwei zentrale Fragen stellen: Wie genau ist die
Verbindung zwischen dem in Z. 1-4a formulierten Konzept der göttlichen
Vorherbestimmung und dem in Z. 4b-5 folgenden Passus, der die zehn
Generationen von Sem bis Abraham zum Inhalt hat, konstruiert? Und ferner: Warum werden ausgerechnet diese zehn Generationen angeführt,
nicht jedoch die zehn Generationen von Adam bis Noah?

DIMANT vermutet, „that the Pesher begins with the second Ten
Generations because of it [...] is interested in the Just and the Wicked."[109]
Aus eben diesem Interesse betrachte der Text den Zeitraum zwischen den
Wächtern und den Sodomiten. Diese Erklärung läßt sich auf der Grundlage des erhaltenen Textes nicht falsifizieren, hat allerdings aufgrund der
oben dargelegten Unsicherheit hinsichtlich des Werkcharakters auch keine
unangreifbare Basis. Offen bleibt bei alledem, wie sich Z. 4b-5 mit ihrem
Neueinsatz זה סרך בנ]ני נוח in den Duktus des Textes einfügen. Angesichts
dieses etwas abrupten Übergangs ohne eindeutigen Anschluß an Z. 4a
ließe sich spekulieren, ob mit Z. 4b-5 nicht ein literarisches Versatzstück
in der Funktion eines erläuternden Zitates vorliegen könnte.[110] In diesem
Fall würde sich die Generationenfolge als exemplifizierender Abschluß der
Ausführungen in Z. 1-4a in den Text einfügen und so den als פשר על
הקצים überschriebenen Teil abschließen, bevor nach einer Leerzeile ein
פשר על עזזאל beginnt.[111]

Die vorangehenden Ausführungen haben gezeigt, daß nur sehr wenig
Gesichertes über 4Q180 aussagbar ist: Weder der Umfang noch die
Struktur des Textes sind angesichts seines schlechten Erhaltungszustandes
bestimmbar, und selbst die erhaltenen Passagen lassen verschiedene Inter-

---

109 DIMANT, *Pesher on the Periods*, 97.
110 Dabei könnte 4Q181 Fr. 2 1 oder ein dritter Text zitiert worden sein; s.o., *3.1.3.*
111 Da auch die Z. 7-10 Parallelen mit 4Q181 Fr. 2 aufweisen, wäre auch hier die Möglichkeit
    einer Zitation dieses oder eines dritten Textes zu erwägen. Bildet 4Q180 Fr. 1 also eine an
    einer literarischen Vorlage orientierte Form von *Pesher*? Dies erscheint durchaus denkbar,
    ist jedoch angesichts des schlechten Erhaltungszustandes von 4Q180 nicht näher belegbar;
    s.o., *3.1.3.*

pretationen zu. Bei der für die Fragestellung dieser Arbeit zentralen Passage 4Q180 Fr. 1 4-5 ist man in hohem Maße auf Konjekturen angewiesen, wobei die Rekonstruktion DIMANTs von zehn Generationen zwischen Sem und Abraham den sonst vertretenen, heptadischen Modellen eindeutig vorzuziehen ist. Demnach läge mit 4Q180 ein Text vor, dessen geschichtstheologisches Interesse aufs engste mit der Konzeption der göttlichen Vorherbestimmung eines jeden Geschöpfes zusammenhängt und der im Rahmen seiner Erläuterungen (פשר) zu den gottgesetzten Zeiten (קצים) – möglicherweise als Zitat – eine Passage anführt, die dieses Theologumenon im Blick auf die zehn Generationen zwischen Sem und Isaak exemplifiziert. Ob damit die inhaltliche Vorgabe für den gesamten Text oder einen Teil desselben formuliert wurde, oder ob nicht vielmehr eine Argumentationsschiene eines facettenreichen Auslegungstextes einen (vorläufigen) Abschluß findet, bevor die nächste, als פשר על עזזאל eingeleitet, einsetzt, muß dahingestellt bleiben.

3.2.2. 4Q181: 70 Jahrwochen

In der Einleitung zu 4Q181 unter *3.1.2.* wurde dargelegt, daß Fr. 2 mit hoher Wahrscheinlichkeit einen Teil der ersten Kolumne der Schriftrolle bezeugt, wogegen Fr. 1 eine spätere Passage des Textes wiedergeben muß. Zwischen der Schilderung der Geburt der Riesen, Ergebnis der Vermischung von Engeln und Menschen, (Z. 2: וילד[ו] להמה גבור[ים) und der Erwähnung von ‚Freunden von Unrecht und Vererbern von Schuld' (Z. 4: ואוהבי עולה ומנחילי אשמה) bietet 4Q181 Fr. 2 3 einen möglichen Jahrwochenbezug. Während ALLEGRO Z. 3 als א[ת ישראל בשבעים השביע ל]ן transkribiert und zu der Übersetzung „Israel he has sated with plenty" gelangt,[112] liest MILIK nicht השביע, sondern השבוע und übersetzt demzufolge „durant soixante-dix semaines"[113]. Da *yod* und *waw* beim Schreiber von 4Q181 nur schwer zu unterscheiden sind, ist die Lesung ALLEGROs nicht völlig unmöglich, bei genauerer Untersuchung der Handschrift wird jedoch deutlich, daß MILIKs Fassung (השבוע) graphisch zu bevorzugen ist.[114] Da zudem die Verbindung בשבעים השביע ohne Parallele wäre,[115]

---

112 ALLEGRO, *Unpublished Fragments*, 4f.; vgl. DERS., DJD 5, 80.
113 MILIK, *Milkî-sedeq*, 112; vgl. DERS., *Books of Enoch*, 249-251.
114 Da das *waw* tendenziell länger ist und einen weniger ausgeprägten Kopf hat als das *yod*, ist an der fraglichen Stelle 4Q181 Fr. 2 3 von einem *waw* auszugehen.
115 Das Hif'il השביע ist biblisch wie auch in den Qumrantexten an mehreren Stellen belegt (Jes 58,10f.; Jer 5,7; Ez 27,33; Ps 107,9; Hi 9,18; 38,27; 4Q286 Fr. 6 3; 4Q370 Fr. 1 I 1; 4Q416 Fr. 2 II 18), nie jedoch in Verbindung mit einer Nominalbildung von derselben Wurzel. Lediglich in 1 Sam 2,5 findet sich eine Nominalbildung im Plural (שְׂבֵעִים).

verwundert nicht, daß sich MILIKs Lesung in der Diskussion durchsetzten konnte.

Ist MILIK bei seiner Lesung von 4Q181 Fr. 2 3 (בשבעים השבוע) zu folgen, so sind doch seine Ergebnisse, die er aus der Erwähnung von ‚siebzig Siebenten' gewinnt, zu kritisieren. Sie beruhen zu einem wesentlichen Teil auf der unzutreffenden Annahme, 4Q180 und 4Q181 seien zwei Kopien desselben Textes, in dem „l'histoire du monde est repartie sur ‚soixante-dix semaines'"[116]. Im Hintergrund steht das Postulat eines chronologischen Referenzwerkes, auf das sich nach MILIK auch 4Q180 und 4Q181 beziehen, für dessen Existenz er jedoch keine Belege beizubringen vermag.[117] Bei seinem Interesse an chronologischen Großthesen versäumt er zudem zur Gänze, die konkreten chronologischen Fragen, die 4Q181 aufwirft, zu diskutieren. So wird mit keinem Wort darauf eingegangen, was der einzige unbestreitbare Jahrwochenbezug בשבעים השבוע (4Q181 Fr. 2 3) in seinem jetzigen Kontext, in dem ihm die Objektverbindung את ישראל syntaktisch direkt vorgeordnet ist, bedeuten könnte. Bei allem Bedeutungsspielraum bietet diese Stelle nämlich keinerlei Anhaltspunkt für MILIKs pauschale Behauptung, 4Q181 bezeuge (mit 4Q180) „knowledge of a work which devided the sacred history into seventy ages."[118]

Eine alternative Erklärung der 70 Siebente (4Q181 Fr. 2 3), die auch den Israelbezug im direkten Kontext wahrnimmt, legt BECKWITH vor:[119] Er geht wie MILIK von der Grundannahme aus, 4Q180 und 4Q181 seien Teil desselben Werkes. Dieses spannt nach seiner Ansicht eine Gesamtchronologie von zehn mal zehn Jubiläen auf, wobei er bemüht ist, die ersten vier Dekajubiläen mit der Generationenfolge in 4Q180 Fr. 1 4f. in Verbindung zu bringen.[120] Die zutreffend als Jahrwochen verstandenen 70 Siebente[121] aus 4Q181 Fr. 2 3 werden von BECKWITH als „Era of Wicked-

---

116 MILIK, *Milkî-ṣedeq*, 110.

117 Zu der These, 4Q180 Fr. 1 1 zitiere das besagte chronologische Referenzwerk, s.o., *3.2.1*.

118 MILIK, *Books of Enoch*, 248. Ähnlich kritisch äußert sich auch DIMANT, *Pesher on the Periods*, 100: „One certainly should avoid doing what was done by Milik who deduced from it [sc. 4Q181 Fr. 2 3] that a system dividing history into seventy weeks is reflected here"; ähnlich BECKWITH, *Calendar*, 222.

119 Vgl. zum Folgenden BECKWITH, *Calendar*, 221-223.

120 Zur Kritik an diesem nicht überzeugenden Versuch s.o., *3.2.1*.

121 Lediglich in der Zehnwochenapokalypse dient der Begriff ‚Siebent' (שבוע) nicht zur Bezeichnung einer Jahrwoche, sondern eines deutlich längeren Zeitraumes von vermutlich 490 Jahren (s.o., *III. 2.2.2.*). Eine entsprechende Deutung für 4Q181 vorauszusetzen, erscheint kaum plausibel, da nach der Darstellung des Henochtextes bereits zehn שבעין die gesamte Weltgeschichte umspannen, wogegen in 4Q181 Fr. 2 3 von ganzen 70 Siebenten allein in bezug auf Israel die Rede ist. Für die Deutung der 70 Siebente als Jahrwochen spricht schließlich auch die wahrscheinliche Analogie zu der in Dan 9 greifbaren Tradition,

ness" mit dem achten Dekajubiläum identifiziert, „during which ‚Azazel'
led ‚Israel' astray."[122] Da 4Q181 selbst nichts von einer zehn Dekajubiläen
umfassenden Gesamtchronologie erkennen läßt, muß BECKWITH chronologische Angaben verschiedenster Provenienz – von 1 Kön über die Hirtenvision (1 Hen 89,59 - 90,19) bis hin zum Jubiläenbuch – miteinander
kombinieren, ohne beim Auf- oder Abrunden allzu kleinlich zu sein.
BECKWITH geht nicht nur von der unzutreffenden Voraussetzung einer
Identität von 4Q180 und 4Q181 aus, sondern entwirft zudem völlig unkritisch, da an den Quellen vorbei, eine Gesamtchronologie, die er dann
als Interpretationsmuster an 4Q181 heranträgt. Diese Vorgehensweise
kann nichts zum Verständnis von 4Q181 beitragen.[123]

Es ist deutlich geworden, daß die Verbindung בשבעים השבוע in
4Q181 Fr. 2 3 keinen Anknüpfungspunkt für chronologische Großthesen
liefert. Eine Annäherung an den Sinn dieser „cryptic allusion to the seventy weeks"[124] darf daher nicht von potentiellen Referenztexten, sondern
allein von ihrer Untersuchung im Rahmen des direkten Kontextes ausgehen. Da die Gegenüberstellung von Gerechten und Frevlern vor dem
Hintergrund der göttlichen Erwählung ein Grundmuster des gesamten erhaltenen Textes von 4Q181 bildet, von dem neben Fr. 1 auch Fr. 2 4-6
zeugen, läßt sich dieses auch für den zur Diskussion stehenden Teil annehmen. Da ferner Fr. 2 2 die Übertretungen der Wächter erwähnt, in
Z. 3 aber bereits Israel genannt wird, ist auszuschließen, daß die betreffende Passage des Textes eine ausführliche Geschichtsdarstellung bot. Verbindet man beide Aspekte miteinander, so treten sowohl die erwähnte
Wächterepisode als auch das Israel betreffende Ereignis unter das zentrale
Thema von Gerechten und Frevlern.

Es ließe sich demnach vermuten, daß – wie explizit 4Q181 Fr. 2 2.4 –
auch Z. 3 vom Frevel handelte. Der Gedankengang der Passage mündete
in diesem Fall, ausgehend von der Degeneration der Menschheit als Folge
der Taten der Wächter, in die Darstellung einer ähnlichen Situation Israels,
die eine Trennung des Gottesvolkes in Frevler (Z. 4: אוהבי עולה ומנחילי
אשמה) und Gerechte (Z. 5: כול יודעיו) zur Folge hat. Der Übergang zwischen Z. 2 und 3 ließe sich näherhin über himmlische Wesen als Akteure
konstruieren: Wie die Wächter die Menschheit verführten, so wären auch
Engel für den Frevel Israels verantwortlich gewesen, eine Annahme, welche eine Rekonstruktion von Z. 2f. als עזזאל את[התעה א[ת ישראל[125] oder

---

die dem Zeitraum zwischen Exil und Eschaton eben diese Länge zuschreibt; vgl. die folgenden Ausführungen.
122 BECKWITH, _Calendar_, 222.
123 Zur Kritik an BECKWITHs These vgl. auch DIMANT, _Pesher on the Periods_, 102.
124 DIMANT, _Pesher on the Periods_, 100.
125 So MILIK, _Milkî-ṣedeq_, 112.

המלאכים התעו א[ת ישראל nahelegt. Akzeptiert man diese Voraussetzungen, so schließt sich die Wendung בשבעים השבוע nahtlos als nähere Bestimmung des Zeitraumes an, in dem ein oder mehrere Engel Israel in die Irre führten.[126] Während sich in der Literatur fast durchweg die Wiedergabe *„für siebzig Jahrwochen"* findet, legt sich aufgrund der determinierten Singularform השבוע eher die Alternative nahe, daß hier vor der Irreleitung Israels *„in der 70. Jahrwoche"* die Rede ist.[127]

Diese mögliche Rekonstruktion der Passage 4Q181 Fr. 2 2-4 bleibt selbstredend spekulativ, hat jedoch gegenüber chronologischen Großthesen den Vorteil, nur auf im Text nachweisbaren Elementen zu beruhen. Dabei ist gut denkbar, daß der Text mit der 70. Jahrwoche das Ende desselben Zeitraumes in den Blick nimmt, der als Sequenz von 70 Jahrwochen in Dan 9 sowie als Abfolge von zehn Jubiläen auch in 4Q387 und 11Q13 Thema ist; die Hervorhebung der 70. Jahrwoche findet gar eine direkte Entsprechung in Dan 9,26f.[128] Ist hiermit ein möglicher Bezug zum Danielbuch gegeben, so ist dieses als der zentrale Referenztext von 4Q181 sicherlich verkannt, finden sich doch in dem Qumrantext mit den Anklängen an den Wächtermythos auch Elemente, die in Dan keine Rolle spielen und vielmehr aus der Henochtradition bekannt sind. Es ist daher sowohl vorstellbar, daß der Verfasser von 4Q181 mit der 70. Jahrwoche eine aus Dan 9 gewonnene Vorgabe mit weiterem traditionellen Material verband, als auch, daß hier ein bereits in der Tradition etabliertes Motiv – 70 Jahr-

---

126 Auch BECKWITH, *Calendar*, 222, nimmt einen entsprechenden Zusammenhang an, geht aber, wie gezeigt, mit der Verortung der Ereignisse in einem spekulativen Weltzeitschema deutlich zu weit.

127 Ebenso VANDERKAM, *Sabbatical Chronologies*, 177. Handelte die Stelle von einem Geschehen *„in den 70 Jahrwochen"*, so wäre im Hebräischen die Wendung בשבעים שבועים oder בשבועים שבעים (vgl. Dan 9,24) zu erwarten, bereits ungewöhnlich wäre בשבעים שבוע. Die in 4Q181 Fr. 2 3 bezeugte Begriffsverbindung בשבעים השבוע läßt sich dagegen unproblematisch in dem hier vertretenen Sinne (*„in der 70. Jahrwoche"*) interpretieren, da sich so sowohl der determinierte Singular als auch die vorangehende Zahl zu einer stimmigen Gesamtaussage verbinden. Daß die Ordinalzahl dem Gezählten voransteht, ist dabei ebensowenig ungewöhnlich wie die Tatsache, daß sich ihre Form – wie bei allen Zahlen über zehn – von der der entsprechenden Kardinalzahl nicht unterscheidet (vgl. Dtn 1,3); vgl. § 134o bei GESENIUS, *Grammatik*, 456.

128 Auch DIMANT, *Pesher on the Periods*, 102, sieht einen möglichen Bezug zu den 70 Jahrwochen in Dan 9, führt darüber hinaus aber auch 1 Hen 10,12 und 1 Hen 89,59 - 90,16 als mögliche Referenztexte an, wobei sie übergeht, daß die genannten Texte weder ein einheitliches Konzept einer Zeit des Zornes noch identische Chronologien propagieren – ein Jahrwochenbezug findet sich allein in Dan 9; zu den genannten Texten vgl. die Ausführungen unter *II. 2.3.*; *III. 2.2.*; *4*.

wochen als die exilisch-nachexilische Zeit umgreifende Negativepoche –
Aufnahme fand, ohne daß ein konkreter Text im Hintergrund stand.[129]

Die geäußerte Vermutung, 4Q181 betrachte in Analogie zu einem
Text wie Dan 9 den Zeitraum zwischen Exil und Eschaton als eine Abfolge von 70 Jahrwochen, deren letzte in Fr. 2 3 gesondert hervorgehoben
wird, kennzeichnet im Kontext der gedanklichen Positionen der Qumrangruppierung ein plausibles Modell, mit dem sich auch die erhaltenen
Stücke der Folgepassagen (Fr. 2 4-10; Fr. 1) verbinden lassen: Die hier in
der Gegenüberstellung von Frevlern und Gerechten reflektierten Vorgänge fügen sich inhaltlich gut in den betreffenden Zeitraum ein. Ob die 70
Jahrwochen in 4Q181 chronologisch weiter untergliedert oder gar in ein
umfassenderes heptadisches System eingezeichnet wurden, oder ob es sich
lediglich um ein chronologisches Versatzstück handelt, dessen strukturelle
Komponente für den Text aufs Ganze gesehen ohne weiterreichende Bedeutung ist, läßt sich nicht mehr bestimmen. Festzuhalten bleibt, daß mit
4Q181 Fr. 2 3 die einzige erhaltene heptadische Zeitangabe vorliegt.[130]

3.3. Fazit

Mit 4Q180 und 4Q181 liegen zwei Kompositionen vermutlich qumranischen Ursprungs vor, die möglicherweise in einem über eine Zitation vermittelten, literarischen Abhängigkeitsverhältnis stehen. Beide Texte verbindet ein geschichtstheologisches Interesse, das gleichwohl je eigen akzentuiert ist: 4Q180 verkörpert eine besondere Art von Auslegungstext,
der neben klassischer *Pesher*-Exegese auch thematisch orientierte Auslegungen unter der Überschrift *Pesher* präsentiert. Während hier die göttliche
Vorherbestimmung eines jeden noch vor seiner Erschaffung ein zentrales
Thema bildet, findet sich in 4Q181 ein verwandtes Konzept in der Vorstellung, Gott bestimme per Los (גורל) die Zugehörigkeit zu Gerechten
oder Frevlern, deren Gegenüberstellung ein Kerninteresse von 4Q181
markiert.

Da beide Texte nur unvollständig erhalten sind, ist eine Bestimmung
des Werkcharakters und Inhalts nur noch näherungsweise möglich, was
auch für die Auslegung der diskutierten chronologischen Passagen nicht
folgenlos bleibt. Bei der Deutung der hinter 4Q180 Fr. 1 4f. stehenden

---

129 Daß die 70. Jahrwoche besonders hervorgehoben wird, bedarf ebenfalls nicht des Hinter-
    grundes von Dan 9, sondern ist, eine entsprechende Tradition von 70 Jahrwochen voraus-
    gesetzt, bereits in ihrer Position als Zielpunkt dieser Jahrwochensequenz angelegt.

130 Fr. 2 9 enthält mit der Wendung בכול קצותם ('in allen ihren Zeiten') den einzigen weiteren
    chronologischen Reflex, der aber aufgrund des fehlenden Kontextes nichts zur Erhellung
    des chronologischen Profils von 4Q181 beizutragen vermag.

Vorstellung ist man zu einem großen Teil auf Konjekturen angewiesen, wobei der von DIMANT vertretenen These, der Text habe ursprünglich die zehn Generationen von Sem bis Abraham erwähnt, die höchste Plausibilität zukommt. Kann damit eine heptadische Zeitangabe an dieser Stelle ausgeschlossen werden, so ist allerdings die Funktion der Passage für das Textganze nicht eindeutig: Daß die zehn Generationen einen Kurzabriß des Zeitraumes bieten, der im folgenden ausgeführt wird, ist angesichts der strukturellen Besonderheiten des erhaltenen Textes ebenso unsicher wie die Annahme, mit der Wendung פשר על הקצים in Fr. 1 1 sei der Titel des Werkes erhalten.

Im Gegensatz zu 4Q180 muß die chronologische Angabe in 4Q181 Fr. 2 3 nicht erst rekonstruiert werden: Was allerdings mit Israel in der 70. Jahrwoche (בשבעים השבוע) geschieht, ist aufgrund des fragmentarischen Kontextes alles andere als eindeutig. Angesichts des zentralen Interesses von 4Q181 an Gerechten und Frevlern läßt sich ein Textzusammenhang vermuten, in dem die 70. Jahrwoche als Zeit einer möglichen Verführung Israels durch Engelsmächte, entsprechend der zuvor berichteten Verführung der Menschheit durch die Wächter, kontextualisiert ist. Der Vermutung, daß hier in Analogie zu oder unter direktem Rekurs auf Dan 9 die Tradition einer 70 Jahrwochen umspannenden Zornesepoche zwischen Exil und Eschaton aufgegriffen wird, steht im Text nichts entgegen, obwohl sie über den Grad einer Hypothese nicht hinauskommt. Im Gegensatz zu 4Q180 ist mit den 70 Jahrwochen in 4Q181 zwar ein eindeutiges heptadisches Element belegt; welchen Stellenwert entsprechende Strukturen für das Textganze hatten, ist gleichwohl nicht mehr erkennbar.

4. 4Q225-227 (4QpsJub^{a-c})

Der folgende Abschnitt ist drei Texten gewidmet, die seit MILIK in der Literatur als ‚Pseudo-Jubiläen-Texte' bezeichnet werden. Im Hintergrund steht die Beobachtung, „[that] the texts employ language that is familiar from and to some extent characteristic of *Jubilees,* but the documents themselves are not actual copies of *Jubilees.*"[131] Während dieser Befund am einfachsten damit zu erklären ist, daß die Texte vom Jubiläenbuch literarisch abhängig sind,[132] bleibt zu prüfen, wie sich das Verhältnis jeweils ge-

---

131 VANDERKAM, DJD 13, 142.
132 Für eine literarische Abhängigkeit spricht die Verbindung sprachlicher, inhaltlicher und konzeptioneller Parallelen, die sich ohne die Voraussetzung einer Kenntnis des Jubiläenbuches nur unzureichend plausibilisieren läßt. Zwar sind theoretisch auch komplexere Modelle denkbar, etwa die Vermittlung über weitere literarische Zwischenstufen, sie sind jedoch angesichts des Quellenbefundes weder naheliegend noch notwendig. Daß schließlich die

staltet. Dieser Frage ist unter besonderer Berücksichtigung der Chronologie im folgenden nachzugehen (*4.1.* bis *4.3.*). In einer abschließenden Zusammenschau der Ergebnisse (*4.4.*) wird schließlich auch zu klären sein, ob die Bezeichnung von 4Q225-227 als ‚Pseudo-Jubiläen-Texte‘ sachgerecht ist.[133]

4.1. 4Q225

4.1.1. Der Text: Erhaltungszustand, Datierung und Inhalt

Von der Handschrift 4Q225[134] sind lediglich drei Fragmente erhalten, deren paläographische Analyse eine Datierung in das ausgehende 1. Jh. v. Chr. nahelegt.[135] Inhaltlich bietet 4Q225 eine Neuerzählung von in Genesis, Exodus und dem Jubiläenbuch überlieferten Traditionen, in Fr. 2 finden sich Anklänge an die an Abraham ergehende Sohnesverheißung (Gen 15), die Geburt und Bindung Isaaks (Gen 21f.) sowie eine Genealogie von Isaak bis Levi. Fr. 1 bezeugt demgegenüber eine fragmentarische Schilderung des Exodus (vgl. Jub 48f.) und ist demzufolge nach Fr. 2 zu plazieren;[136] das kleine Fr. 3 ist nicht eindeutig zuzuordnen. Die Datierung der

---

‚Pseudo-Jubiläen-Texte‘ von Jub abhängig sind und nicht umgekehrt, spiegelt sich bereits rein äußerlich in den jeweils frühesten textlichen Bezeugungen, legt sich ferner aufgrund der Verwendung von Konzepten nahe, die in Jub noch keine zentrale Rolle spielen (z.B. Belial), und findet schließlich eine Bestätigung darin, daß die gegenüber Jub verkürzten und umakzentuierten Parallelen zwar sinnvoll als selektive Rezeption des Jubiläenbuches erklärbar sind, der umgekehrte Weg aber ausgeschlossen ist, da der Grundentwurf von Jub mit seinem spezifischen geschichtstheologischen Profil als Leistung des Verfassers anzusehen ist und nicht die Aufnahme vereinzelter Traditionen in einer Form voraussetzt, wie sie 4Q225-227 bezeugen. (s.o., *IV. 3.3.2. a)*).

133 Ein weiterer potentieller ‚Pseudo-Jubiläen-Text‘ könnte mit 4Q217 vorliegen, allerdings ist angesichts der großen Nähe von Fr. 1 und 2 zu Jub 1,4.29 nicht auszuschließen, daß hier eine vom äthiopischen Text des Jubiläenbuches abweichende Version desselben vorliegt. Da sich der Text abgesehen von diesen Passagen in einem extrem schlechten Erhaltungszustand befindet und zudem von der einmaligen Erwähnung von Jubiläen (Fr. 3 5: מיובלים) abgesehen keine weiteren heptadischen Elemente aufweist, wird auf eine gesonderte Diskussion im Rahmen dieser Arbeit verzichtet; zu 4Q217 vgl. grundlegend VANDERKAM, DJD 13, 23-33.

134 Der Text wurde erstmals ediert von ABEGG / WACHOLDER, *Preliminary Edition* II, 204-206. Grundlage der folgenden Ausführungen ist grundsätzlich die von VANDERKAM, DJD 13, 141-155, besorgte Edition; lediglich für Fr. 1 wird auf die von KUGLER / VANDERKAM, *Note*, 109-116, vorgelegte verbesserte Transkription zurückgegriffen.

135 Vgl. VANDERKAM, DJD 13, 141; KUGLER, *Hearing 4Q225*, 89.

136 Die Möglichkeit einer Anordnung von Fr. 1 hinter Fr. 2 wurde bereits von VANDERKAM, DJD 13, 142, in Erwägung gezogen, ihr schien aber Z. 4 – der Bundesschluß mit Abraham und die Beschneidung – entgegenzustehen. Dieser Widerspruch löst sich mit der von KUGLER / VANDERKAM, *Note*, 109-116, gelieferten, verbesserten Transkription von Fr. 1,

Handschrift sowie ihr erhaltener Inhalt ermöglichen lediglich eine Annäherung an die Entstehungszeit und -umstände des Werkes. Dieses setzt
das Jubiläenbuch in seiner Endgestalt voraus und wird daher zwischen
dem späten 2. und dem ausgehenden 1. Jh. v. Chr. entstanden sein.[137] Ein
Ursprung in Kreisen der Qumrangemeinschaft ist denkbar,[138] wobei es
allerdings keine überzeugenden Argumente für die Annahme KUGLERs
gibt, das Werk habe seinen Ursprung im Rahmen regelmäßiger, gemäß
1QS VI 7 abgehaltener nächtlicher Treffen.[139]

4.1.2. Das Verhältnis zum Jubiläenbuch und seiner Chronologie

Obwohl die heptadische Chronologie des Jubiläenbuches keinerlei Niederschlag in 4Q225 gefunden hat – weder Jahrwochen noch Jubiläen werden
erwähnt –, bestehen doch deutliche inhaltliche Berührungspunkte, die für
eine große Nähe zwischen beiden Texten sprechen. 4Q225 Fr. 1 6 belegt
nicht nur, daß sich der Text wie Jub die Gestalt einer an Mose gerichteten
Rede gibt, die folgende Zeile bezeugte zudem mit hoher Wahrscheinlichkeit ursprünglich die Phrase מן [הבריאה עד יום הבריאה] החדשה, die eine
direkte Parallele in Jub 1,29 findet. Unklar ist allerdings die inhaltliche

---

das in der betreffenden Zeile lediglich einen Rückblick auf den Bundesschluß, grundsätzlich aber eine Darstellung des Exodus bietet und folglich problemlos an Fr. 2 anschließt.

137 VANDERKAM, *Aqedah*, 241, vermutet eine Abfassung im 1. Jh. v. Chr.

138 Dem scheint entgegenzustehen, daß in 4Q225 Fr. 2 II 10 das Tetragramm bezeugt ist, dessen freie Verwendung nach LANGE, *Kriterien*, 63, in den Qumrantexten nicht zu beobachten sei, womit diese „einen ab der Mitte des 2. Jh. v. Chr. im ganzen Judentum zu
beobachtenden Usus" praktizierten. Da jedoch keine Gründe für die Annahme vorliegen,
daß 4Q225 vor diesem Zeitpunkt entstanden sein könnte, bricht der Text auf jeden Fall die
postulierte gemeinjüdische Konvention und stellt so deren umfassende Geltung in Frage.
Die einfachste Lösung wäre sicherlich, den Text einer unbekannten Gruppierung zuzuschreiben, die dieser Konvention nicht folgte, diese Abschiebung des Textes in ein quellen-
loses Dunkel kann aber nur *ultima ratio* sein. Es wäre statt dessen zunächst zu fragen, ob
die freie Verwendung des Tetragramms wirklich als alleiniges Ausschlußkriterium für eine
qumranische Verfasserschaft gelten kann – hier zeigt sich bereits PUECH, *Psaumes
Davidiques*, 80, skeptisch – und ferner, ob mit 4Q225 Fr. 2 II 10 überhaupt ein Fall vorliegt,
der unter die Kategorie ‚freie Verwendung' fällt. Die Passage steht in deutlicher Nähe zu
der Neugestaltung von Gen 22,17 in Jub 18,15 und könnte das Tetragramm von hier übernommen haben, so daß der Verfasser primär seine Vorlage wiedergegeben hätte und im
strengen Sinne keine freie Verwendung des Tetragramms vorläge. Der Fall ist nicht identisch, aber zumindest verwandt mit der in Eigenkompositionen der Qumrangruppierung
bezeugten Praxis, Schriftzitate unter Einschluß des Tetragramms anzuführen. Dessen Auftreten in 4Q225 Fr. 2 II 10 sollte daher nicht vorschnell als ein qumranische Verfasserschaft des Textes ausschließendes Argument angeführt werden, sondern vielmehr eine
sorgfältige Untersuchung des Materials anstoßen, die auch nach Gattungen und intertextuellen Bezügen fragt und dazu beitragen könnte, ein differenzierteres Bild von der Verwendung des Tetragramms in Qumran zu zeichnen.

139 Vgl. KUGLER, *Hearing 4Q225*, 103.

Verbindung der beiden nur unvollständig erhaltenen Zeilen sowie ihre
Funktion im weiteren Kontext. Da in Z. 3-5 offensichtlich der Exodus
und die Feier des Passafestes thematisiert werden, legt sich zunächst folgende von KUGLER und VANDERKAM hergestellte Verbindung nahe:
„Lines 6-7 preserve traces of the heavenly command to Moses that he
instruct the people regarding Passover [...], and of the declaration that its
observance (and rubrics?) is (are?) recorded in the ‚the [sic!] table of the
divisions of the year... from the time of the creation until the time of the
new creation' (*Jub.* 1:29).“[140] Vollständige Klarheit ist allerdings auch so
nicht zu erlangen, bleibt doch undeutlich, warum hier der *universalgeschichtliche* Inhalt der himmlischen Tafeln als Quelle der Passa*vorschriften*
angegeben werden sollte.[141]

Trotz der klaren sprachlichen Nähe bleibt daher nicht nur der genaue
Sinn von 4Q225 Fr. 1 7, sondern damit auch das Verhältnis, in dem sich
der Text hier gegenüber Jub 1,29 positioniert, offen. Dagegen läßt sich zumindest aus Z. 6 wahrscheinlich machen, daß die erzählerische Situation
in 4Q225 wie in Jub einen Engel als Gesprächspartner Moses voraussetzt:
Die sich in Z. 6 in Ich-Perspektive an Mose wendende Person wird nicht
identisch mit Gott sein, *über den* in der vorangehenden Zeile berichtet
wird.[142] Besteht damit sowohl konzeptionell als im Blick auf Fr. 1 7 auch
sprachlich eine deutliche Nähe zwischen 4Q225 und Jub, so läßt sich diese
ebenso inhaltlich demonstrieren, insofern das Wirken von Engeln eine
entscheidende Rolle beim Exodus spielt.[143] Während in Fr. 1 8 der Fürst
der Anfeindung (Mastema) erwähnt sein könnte, der Israel bei der Flucht
im Wege steht,[144] zeigt sich indes eine Perspektivverschiebung gegenüber

---

140 KUGLER / VANDERKAM, *Note*, 115.
141 Die dargestellte Interpretation KUGLERs und VANDERKAMs suggeriert zwar ein Zitat aus
     Jub 1,29, modifiziert dabei aber den Text (unbewußt?) dahingehend, daß nun von nur noch
     einer himmlischen Tafel die Rede ist, welche die Einteilungen des Jahres, nicht mehr der
     Jahre (!), zum Inhalt hat. Jub 1,29 wird so als Charakterisierung einer Kalenderschrift gele-
     sen, was dem Erklärungsmodell zwar entgegenkommt, aber ohne Begründung unterstellt,
     daß auch der Verfasser von 4Q225 eine entsprechende Interpretation des Verses voraus-
     setzt, die sich aus dessen Duktus nicht direkt ableiten läßt.
142 Widersprüchlich sind in diesem Zusammenhang die Aussagen VANDERKAMs, der einer-
     seits behauptet, Gott wende sich in Fr. 1 6 an Mose (*Aqedah*, 244, Anm. 8), in späterem
     Kontext (a.a.O., 260f.) aber festhält, es lasse sich nicht ausmachen, wer in 4Q225 als Er-
     zähler und Gesprächspartner des Mose auftritt.
143 Zu den Parallelen zwischen 4Q225 Fr. 1 und Jub vgl. auch VANDERKAM, *Aqedah*, 254f.
144 4Q225 Fr. 1 8 läßt sich angesichts der Parallele in Jub 48,9 rekonstruieren, wobei der
     Zeilenanfang, gegen KUGLER / VANDERKAM, *Note*, 111, nicht zu ומשטמ]ה עומד, sondern
     vor dem Hintergrund von Jub und in Anbetracht der Parallele in 4Q225 Fr. 2 I 9; II 13 zu
     ושר המשטמ]ה עומד (‚und der Fürst der Anfeindung stand') ergänzt werden sollte. Mastema
     scheint hier nicht als Eigenname zu fungieren, sondern als Abstraktum ‚Anfeindung' eine
     Klasse widriger Engel zu bezeichnen; vgl. auch Fr. 2 II 6 (מלאכי המ]שטמה) sowie die Paral-

Jub darin, daß auch Belial auftritt (Fr. 1 3).[145] Dieser spielt nicht nur in den Exoduspassagen des Jubiläenbuches keine Rolle, sondern scheint überhaupt erst nachträglich im Zuge der Fortschreibungen seinen Eingang in das Buch gefunden zu haben,[146] eine Entwicklung, die sich in 4Q225 Fr. 1 in der Rezeption des Werkes fortsetzt. Dasselbe Phänomen zeigt sich auch in Fr. 2 II 13f., der möglichen Einleitung der in Fr. 1 erhaltenen Exodussequenz, wo neben dem Fürsten der Anfeindung (Mastema) erneut Belial begegnet.[147]

Bezieht man die Fr. 2 I-II beherrschende Darstellung der Bindung Isaaks in die Betrachtung mit ein, so ist erneut eine deutliche Nähe zu Jub bei gleichzeitig festzuhaltenden Akzentverschiebungen zu konstatieren: Während Jub 18 dem Bericht von Gen 22 sehr genau folgt, bietet 4Q225 eine gekürzte Version, die allerdings mit Jub verbindet, daß hier erneut der Fürst der Anfeindung (Mastema) auftritt, dessen Rede die göttliche Prüfung allererst initiiert (4Q225 Fr. 2 I 9f.; vgl. Jub 17,15).[148] Im Vergleich zu Jub zeichnet sich dabei erneut die Tendenz ab, das Wirken der himmlischen Agenten weiter auszugestalten, indem zwei Engelsklassen – die guten מלאכי ק'דש (Fr. 2 II 5) und die bösen מלאכי המ[ש]טמה (Fr. 2 II 6) – einander gegenübergestellt werden, die ob der Bindung Isaaks klagen bzw. frohlocken. Beide Fragmente verbindet daher, daß sie geschichtliche Episoden behandeln, die bereits in Jub mit dem negativen Wirken des Fürsten der Anfeindung (Mastema) in Beziehung gebracht werden, und diesen Aspekt weiter ausgestalten.

Dabei bot sich in Jub nicht allein der dargestellte inhaltliche Anknüpfungspunkt für die Kombination der Bindung Isaaks mit dem Exodus, auch chronologisch sind beide Ereignisse in Jub miteinander verklammert, insofern sich die Isaakepisode an denselben Tagen ereignet wie die Feier

---

lelen in 4Q387 Fr. 2 III 4; 4Q390 Fr. 1 11; Fr. 2 I 7, wo der Plural מלאכי המשטמות Verwendung findet.

145 Unklar bleibt in der von KUGLER / VANDERKAM, *Note*, 111, vorgeschlagenen Rekonstruktion von 4Q225 Fr. 1 3 (ויכא אותם בל[ו]יעל ברוח ר[שעה]), gegen wen sich das Wirken Belials richtet. Die Autoren favorisieren Belial als Gegner Israels, ziehen jedoch auch in Erwägung, „that Belial takes Prince Mastemah's place as the agent of destruction in bringing to death all the first born of Egypt; cf. *Jub.* 49:2" (a.a.O., Anm. 11). Letzteres ist angesichts der Parallele in Jub sowie der Tatsache, daß Objekt der im Kontext zu erwartenden Schläge auch biblisch immer die Ägypter sind (Ex 12,12.13.29), zu favorisieren.

146 S.o., *IV. 2.2.*

147 Die Vorstellung, der Fürst der Anfeindung (Mastema) werde gebunden (4Q225 Fr. 2 II 13), findet ebenfalls eine Parallele im Exodusbericht des Jubiläenbuches (Jub 48,15); vgl. VANDERKAM, *Aqedah*, 255, der zudem die Erwähnung Belials in Z. 14 in Beziehung zu CD V 18f. setzt, wo dieser Jannes und seinen Bruder gegen Mose und Aaron opponieren läßt.

148 Zum Verhältnis der Darstellungen in Jub 17,15 - 18,19 und 4Q225 Fr. 2 I-II vgl. grundlegend die Ausführungen von VANDERKAM, *Aqedah*, 255-259.

des Passafestes (Jub 17,15; 18,3; 49,1).[149] 4Q225 greift daher zwei Episoden aus der (Vor-)Geschichte Israels auf, deren Verwandtschaft bereits
eine genaue Lektüre von Jub in zweierlei Hinsicht nahelegt, und nimmt
schließlich auch deren erzählerische Verknüpfung in deutlicher Nähe zu
Jub vor: Die in Fr. 2 II 10-12 entfaltete Genealogie mit den Gliedern
Isaak, Jakob und Levi überbrückt den Zeitraum zwischen Abraham und
dem Exodus und konvergiert dabei zugleich mit der in Jub vorausgesetzten Tradentenkette der vorväterlichen Schriften, die seit den Tagen
Levis unter priesterlicher Obhut stehen (Jub 45,16).[150] Das genealogische
Stück erschöpft sich allerdings nicht in der Funktion einer redaktionellen
Klammer, sondern führt selbst das Thema der Nachkommenschaft Abrahams aus, das, in Fr. 2 I 3-9 eingeführt, den kompletten erhaltenen Text
von 4Q225 Fr. 2 umgreift[151] und in Fr. 1 seine logische Fortsetzung
findet.

Das inhaltliche Profil von 4Q225 läßt sich demnach mit KUGLER im
Sinne einer geschichtlichen Entfaltung des Themas der göttlichen Zusagen bestimmen: „how they were made long ago; how God began to fulfill
them in the birth of Isaac, a birth that led to the beginning of the priestly
line in Levi; and how they were threatened by Prince Mastemah, but were
nonetheless protected by God."[152] Der Text greift dabei in deutlichem
Maße auf das Jubiläenbuch zurück,[153] in dem bereits die thematische Verknüpfung zentraler Stoffe angelegt ist, formt diese aber mit klarem gestalterischen Interesse um, wobei besonders die Ebene der himmlischen Protagonisten ausgestaltet wird. Ein mögliches chronologisches System des
Textes ist dabei nicht zu rekonstruieren, heptadische Elemente sind nicht
erhalten und auch die Angabe der gemeinsamen Lebenszeit Abrahams,
Isaaks, Jakobs und Levis ist verloren (Fr. 2 II 12).[154] Ob und in welchem
Maße 4Q225 auch die Chronologie des Jubiläenbuches rezipierte und
welche möglichen Implikationen der Rückgriff auf Jub 1,29 in Fr. 1 7 für
die geschichtliche Perspektive des Textes hat, läßt sich daher auf der
Grundlage des erhaltenen Textbestandes nicht mehr sicher sagen.[155]

---

149 Vgl. VANDERKAM, *Aqedah*, 245-248.
150 Vgl. VANDERKAM, DJD 13, 153.
151 Vgl. VANDERKAM, *Aqedah*, 252.
152 KUGLER, *Hearing 4Q225*, 99.
153 VANDERKAM, *Aqedah*, 261, geht daher zu weit, wenn er die Alternative einräumt, beide
     Texte ließen sich auch als „two largely independent embodiments of exegetical traditions"
     verstehen.
154 Die Angabe ist auch in der Parallele 4Q226 Fr. 7 5 nicht erhalten.
· 155 Auffälligerweise steht die einzige erhaltene Jahresangabe in Fr. 2 I 2 in keinem erkennbaren
     Bezug zu Jub: Welche Person 20 Jahre in Haran weilte (יש[ב בחרן עשרי[ם ש[נה]), geht aus
     dem Text nicht mehr hervor, im Kontext wäre aber zunächst an Abraham zu denken, da
     Z. 1 auf die Beschneidung anzuspielen scheint (vgl. Gen 17,14) und der Text in Z. 3f. in
     Anlehnung an Gen 15,2f. seinen Fortgang nimmt und Abraham explizit nennt. Allerdings

4.2. 4Q226

4.2.1. Der Text: Erhaltungszustand, Datierung und Inhalt

Insgesamt 15 Fragmente der Handschrift 4Q226[156] sind erhalten, von denen die Mehrzahl jedoch lediglich einige Wörter oder Wortteile bezeugt. Eine paläographisch begründete Datierung führt in die 2. Hälfte des 1. Jh. v. Chr.[157] Der Text bietet eine Wiedergabe bestimmter Ereignisse der biblischen Geschichte wie des Auszugs aus Ägypten, der Wüstenzeit und der Überschreitung des Jordans. Von besonderer Bedeutung ist die Tatsache, daß sich Fr. 7 mit 4Q225 Fr. 2 II in der Bezeugung einer von Abraham bis Levi reichenden Genealogie partiell überschneidet, was für eine enge Beziehung zwischen 4Q225 und 4Q226 spricht. Allerdings ist unwahrscheinlich, daß es sich, wie VANDERKAM voraussetzt,[158] um zwei Kopien desselben Werkes handelt, da der Text einerseits auch in der parallelen Passage auffällig fluktuiert[159] und 4Q226 andererseits eindeutig als an Mose gerichtete Gottesrede gestaltet ist, wogegen in 4Q225 vermutlich ein Engel als dessen Gesprächspartner zu denken ist.[160] Das Verhältnis zwischen beiden Texten ist daher am ehesten im Sinn einer literarischen Abhängigkeit zu bestimmen, deren genaue Art im Dunkeln bleibt. Auch

---

ist ein zwanzigjähriger Aufenthalt Abrahams in Haran sonst nicht belegt, nach Jub 27,19; 29,5 bringt lediglich Jakob eine entsprechende Zeit an diesem Ort zu; vgl. VANDERKAM, *Aqedah*, 252.

156 Die Erstedition des Textes, von dem zunächst nur 14 Fragmente bekannt waren, erfolgte bei ABEGG / WACHOLDER, *Preliminary Edition* II, 207-210. VANDERKAM, DJD 13, 159-169, legte sodann eine Neuedition desselben Materials vor, welche die Grundlage der folgenden Ausführungen bildet. Das 15. Fragment wurde erst jüngst von ESHEL identifiziert und als Fr. 6a ediert (*New Fragments*, 142-144).

157 Vgl. VANDERKAM, DJD 13, 157; ESHEL, *New Fragments*, 142.

158 Vgl. VANDERKAM, *Aqedah*, 244.

159 So folgt auf die Phrase ואם לא ימצא נאמן אב[רהם לאלוהים in 4Q225 Fr. 2 II 8 zunächst ein in Anklang an Gen 22,11 gestalteter Redegang, der in 4Q226 Fr. 7 keine Parallele hat. Der hier bezeugte Text weicht zudem im Wortlaut ab (Z. 1: נמצא אברהם נאמן לא[ל]הים) und bietet zu Beginn von Z. 2 das Wort לרצון, das in 4Q225 fehlt. Die Unterschiede der sich anschließenden Genealogie verdeutlicht folgende Tabelle (Transkription nach DJD 13, 149.165):

4Q225 Fr. 2 II 10-13	4Q226 Fr. 7 2-6
ויברך אל יהוה את יש[חק כל ימי חיו ויוליד	ויברך יהוה] את ישחק כל ימי[חיו ויולד את
את יעקוב	י]עקב
ויעקוב הוליד את לוי דו[נ]ר שלישי	ויעקב הוליד את] לוי דור של[י]שי
ויהיו כול[ ]ימי אברהם וישחק ויעקוב	והי כל ימי] אברהם ישחק ויע[קב
ולו[י שנה]	ולי שנה]
... ושר המשטמה	... ומלאכי הקדש מ[ן

Der sich jeweils anschließende Text weist keine deutliche Parallele zum anderen Fragment auf.

160 Vgl. die Ausführungen unter *4.1.2.* und *4.2.2.*

4Q226 setzt das Jubiläenbuch voraus und wird zwischen dem späten 2. und dem ausgehenden 1. Jh. v. Chr., möglicherweise in Kreisen der Qumrangruppierung,[161] entstanden sein.

4.2.2. Das Verhältnis zum Jubiläenbuch und seiner Chronologie

Deutliche Bezüge zum Jubiläenbuch treten bereits in 4Q226 Fr. 1 zutage, wo eine Darstellung der Ereignisse in Ägypten unter Rückgriff auf Jahrwochen und Jubiläen chronologisch gestaltet wird. Z. 2-4 bezeugen Reste einer an Mose gerichteten Gottesrede,[162] die Reminiszenzen an den brennenden Dornbusch (Ex 3,2), den Auftrag, nach Ägypten zu ziehen, um das Volk herauszuführen (Ex 3,10.12; 6,13), und die vollbrachten Zeichen enthält (Ex 4,8f.28.31; 7ff.). Z. 5 blickt auf die Anzahl an Jahren zurück, die Mose seit einer bestimmten Jahrwoche an einem bestimmten Ort verbracht hat (שנים עשית מן השבוע), wobei die numerische Bestimmung der Aufenthaltsdauer, der Ort und die Zählung der Jahrwoche nicht erhalten sind. Aufgrund des Kontextes legt sich jedoch die Vermutung nahe, daß hier die Dauer des Aufenthaltes Moses in Midian angegeben wurde, wobei sich in Anbetracht der sachlichen wie sprachlichen Parallele Jub 48,1 als wahrscheinlicher Hintergrund anbietet.[163]

Ebenfalls auf Konjekturen angewiesen ist man bei der Deutung von Z. 6, in der ein bestimmtes Jubiläum erwähnt wird, das sich durch eine besondere Heiligkeit auszeichnet: היובל הזה כי קדש הוא]. Nimmt man erneut Jub 48,1 als Hintergrund an, so könnte hier das 50. Jubiläum erreicht sein, in dem Mose nach Ägypten zurückkehrte, um das Volk aus der Knechtschaft zu führen. Dessen Bedeutung als zentraler Schwellenepoche wäre dann im Sinne von Jub durch die Betonung seiner besonderen Heiligkeit herausgestellt worden.[164] Sollte der angenommene Bezug zu Jub zutreffen, so wäre 4Q226 nicht nur ein Text, der das 50. Jubiläum als entscheidende geschichtstheologische Zäsur wahrnimmt, er würde ferner wahrscheinlich, wie auch das Jubiläenbuch, die Ebene des Erzählers im

---

161 Dieser Vermutung muß die Bezeugung des Tetragramms in Fr. 7 2 nicht zwingend entgegenstehen; s.o., *4.1.1.*

162 Daß Gott als Sprecher vorausgesetzt ist, zeigt neben Fr. 1 2-4 auch Fr. 4 3.

163 Vgl. VANDERKAM, DJD 13, 160.

164 Vgl. VANDERKAM, DJD 13, 160. Auch 4Q226 Fr. 1 7 könnte sich auf das 50. Jubiläum beziehen, da hier Heiligkeit und Ewigkeit in einem Kontext stehen. Die Rekonstruktion der stark beschädigten Zeile ist jedoch nicht eindeutig – das Spektrum der von VANDERKAM (ebd.) erwogenen Möglichkeiten reicht von כי קודש יהיה/הוא bis zu כי קודש בעולם עולמים עולמים לך –, so daß diese Passage nicht überbewertet werden darf: Daß hier die die Zeiten überdauernde Heiligkeit des 50. Jubiläums Thema war, erscheint denkbar, bleibt aber letztlich unbeweisbar.

Rahmen eben ‚dieses Jubiläums‘ (Z. 6: היובל הזה) situieren, mit dem Unterschied nur, daß hier kein Offenbarungsmittler eingeschaltet ist, sondern
eine direkt an Mose gerichtete Gottesrede vorliegt.

Bietet 4Q226 Fr. 1 auch deutliche Parallelen zu Jub, so verlieren sich
diese doch in den weiteren Fragmenten fast vollständig: Fr. 2 bezeugt in
der dritten Zeile lediglich das Wort יובלים[; aus der Rekonstruktion der
Vorzeile (במצר[ים) läßt sich auf Ägypten als geschichtlichen Kontext
schließen, der genaue Hintergrund der erwähnten Jubiläen bleibt hingegen
angesichts des extrem schlechten Erhaltungszustandes dieses Fragments
völlig unklar. Nur wenig besser ist die Situation bei Fr. 3: Zwar lassen die
Zeilen 3 und 5 Anklänge an die Wüstenzeit (ה[מדבר ה]זה) und den Eintritt
ins Land Kanaan ([לארץ כנען) erahnen, der von Zeile 2 erhaltene Rest
תשעה וא]) ist jedoch alles andere als eindeutig. Nimmt man Jub als möglichen Hintergrund an, so ließe sich vermuten, daß hier ein Rückblick auf
die 49 (תשעה וא[רבעים) Jubiläen vorliegt, die nach Jub 50,4 am Sinai zur
Gänze verstrichen sind.[165] Diese Möglichkeit ist verlockend, weil sie den
erhaltenen Zahlenfragmenten einen plausiblen Sinn verleiht, sollte aber
angesichts des stark fragmentarischen Zustandes von Fr. 3 nicht überbewertet werden.

Während der bisherige Textbefund die Vermutung stützt, daß sich
4Q226 in Anlehnung an Jub die Gestalt einer an Mose ergehenden Offenbarungsschrift gibt und dabei den Zeitrahmen der 50 Jubiläen rezipiert,
läßt sich aus Fr. 4 und 6 ableiten, daß darüber hinaus auch die Landnahme
unter der Führung Josuas einen Inhalt der Darstellung bildet, der Text
also das näher ausführt, worauf Jub 50,4 lediglich vorausblickt.[166] Kann
damit vorausgesetzt werden, daß 4Q226 seine Geschichtsschau über den
in Jub vorgegebenen Rahmen hinaus ausdehnte, bleibt angesichts des fragmentarischen Zustandes des Textes unklar, wie weit diese reichte und ob
auch für die Zeit nach der Landnahme eine heptadische Chronologie entwickelt wurde.[167] Das einzige verbleibende Fragment, das eine längere
Textsequenz erhalten hat (Fr. 7), ist inhaltlich mit der Schilderung von

---

165 Vgl. VANDERKAM, DJD 13, 162. Nach Jub 50,4 befindet sich Mose 49 Jubiläen, eine Jahrwoche und zwei Jahre nach der Schöpfung auf dem Sinai, wo er neben der Tora auch das
Jubiläenbuch empfängt. Nimmt man für 4Q226 eine analoge Erzählperspektive an, so
wären in Fr. 3 2 Jahrwochen- und Jahresangabe verlorengegangen.

166 4Q226 Fr. 4 1 könnte im Anklang an Dtn 31,3 auf die Führungsrolle Josuas blicken, in
Fr. 6 2-6 ist wahrscheinlich der Durchzug durch den Jordan Thema (vgl. Jos 3), wobei Z. 5
möglicherweise auf das Aufstellen der zwölf Steine anspielt (Jos 4,9); vgl. VANDERKAM,
DJD 13, 163f.

167 In Fr. 8-14 sind jeweils nur einige Wörter erhalten, die eine inhaltliche Bestimmung unmöglich machen. Lediglich in Fr. 5 2 läßt sich mit der Phrase כו[ל הימים המה]ה eine Zeitangabe rekonstruieren, die jedoch in Ermangelung eines klaren Kontextes nicht zu einer Ver-
tiefung des chronologischen Profils von 4Q226 beiträgt.

Isaaks Bindung und der sich wie in 4Q225 Fr. 2 II anschließenden Genealogie im Duktus der Geschichtsschau vor dem Exodus zu verorten.[168] Ob dabei wie in 4Q225 Aqedah und Exodus auch über das Wirken von Engelsmächten inhaltlich miteinander verklammert waren, ist im erhaltenen Text von 4Q226 nicht mehr zu erkennen.[169]

4.3. 4Q227

4.3.1. Der Text: Erhaltungszustand, Datierung und Inhalt

Lediglich zwei Fragmente sind von 4Q227[170] erhalten, einem Manuskript, das in einer frühherodianischen Schrift abgefaßt wurde und daher im letzten Drittel des ersten vorchristlichen Jahrhunderts entstanden sein wird.[171] Während Fr. 1 Mose erwähnt (Z. 2), inhaltlich aber vage bleibt, bietet Fr. 2 mit der Schilderung der Unterweisung Henochs und seiner Einsetzung zum himmlischen Schreiber und Zeugen gegen die Sünder eine deutliche Parallele zu Jub 4,17-24.[172] Die Unterschiede zwischen beiden Texten sind gleichwohl zu groß, als daß 4Q227 eine direkte Abschrift des Jubiläenbuches sein könnte. Es scheint sich vielmehr um einen Text zu handeln, der auf Traditionen des Jubiläenbuches rekurriert und diese in einen eigenen Entwurf einbettet, dessen Umfang und inhaltlicher Aufriß im Dunkeln bleiben. Daß der Text aus dem Kreis der Qumrangruppierung stammt, erscheint denkbar, ist aber angesichts des extrem schlechten Erhaltungszustandes nicht belegbar.

---

168 Es wäre daher zu prüfen, ob Fr. 7 in der Schriftrolle nicht ursprünglich vor Fr. 1 stand; ob zwingende materielle Gründe für die jetzige Anordnung sprechen, geht nicht aus den Ausführungen von VANDERKAM, DJD 13, 157, hervor.

169 Lediglich 4Q226 Fr. 7 6 erwähnt mit den מלאכי הקדש himmlische Wesen. Da allerdings keine Darstellung des Exodus erhalten ist, kann über die mögliche Rolle von Engeln in diesem Zusammenhang nur spekuliert werden.

170 4Q227 wurde erstmals von MILIK, *Books of Enoch*, 12, ediert; weitere Editionen durch ABEGG / WACHOLDER, *Preliminary Edition* II, 211, und VANDERKAM, DJD 13, 171-175. Grundlage der folgenden Ausführungen ist der in DJD 13 gebotene Text.

171 Vgl. VANDERKAM, DJD 13, 171.

172 Darauf weist bereits MILIK, *Books of Enoch*, 12, hin; vgl. auch VANDERKAM, DJD 13, 173f. Auf die Parallelen im einzelnen geht VANDERKAM auch in seiner Übersetzung des Jubiläenbuches ein (*Book of Jubilees* II, 26f.).

4.3.2. Das Verhältnis zum Jubiläenbuch und seiner Chronologie

Obwohl 4Q227 Fr. 1 äußerst fragmentarisch ist, lassen sich doch einige Vermutungen über die Gestalt und den Inhalt des Textes anstellen: So ist in Fr. 1 2 zwar nicht erhalten, was sich vor Mose (] לפני משה [) ereignet, die Phrase legt jedoch den Schluß nahe, daß Mose hier, anders als in 4Q225 und 4Q226 nicht als Adressat zu denken ist, da er sonst direkt angeredet werden müßte (לפניך). Damit ist allerdings lediglich ein Ausschlußargument gewonnen, das keine positive Bestimmung des Textcharakters ermöglicht. Ferner liegen in Fr. 1 3 (] את כול ימי[) eine sichere und in Z. 5 (שני[ם) eine mögliche Zeitangabe vor, die sich zwar nicht mehr kontextualisieren lassen, aber zumindest ein Indiz dafür bilden, daß chronologische Fragen im Text eine gewisse Rolle gespielt haben könnten.[173]

Während Fr. 1 keine Berührungspunkte mit Jub aufweist, bietet Fr. 2 Reste eines Berichts über Henoch, die auf ein literarisches Abhängigkeitsverhältnis von Jub 4,17-24 hindeuten: Aus dem Mund von himmlischen Wesen erfährt man von der durch sie ergangenen Unterweisung Henochs (Z. 1; vgl. Jub 4,18), seiner himmlischen Zeugenrolle (Z. 3f.; vgl. Jub 4,18f.22.24) und Funktion als Schreiber, der astronomische Details festhält (Z. 4f.; vgl. Jub 4,17f.21).[174] Aufgrund der großen Nähe zu Jub 4,17-24 läßt sich auch die in 4Q227 Fr. 2 2 ohne direkten Kontext erhaltene Angabe ששה יובלי שנים mit großer Sicherheit als Aufnahme des Zeitraumes interpretieren, den Henoch nach Jub 4,21 (vgl. Gen 5,22) bei den Engeln verbrachte.[175] Angesichts der klaren sprachlichen Nähe bei gleichzeitig deutlichen Umstellungen in der Textsequenz ist 4Q227 Fr. 2 adäquat als exzerptartige Fassung des Henochsummars in Jub 4,17-24 zu interpretieren.[176] Dieser Befund ist jedoch keineswegs für 4Q227 zu verallgemei-

---

173 MILIK hat vermutet, in Fr. 1 3 werde Jub 1,29 aufgenommen („throughout all the days of the earth"; vgl. VANDERKAM, DJD 13, 173). Gegen ein direktes Zitat spricht allerdings die Konstruktion mit *nota accusativi* (] את כול ימי[), für die es in Jub 1,29 keinen Anhaltspunkt gibt. Es ist daher besser von der Verwendung einer geprägten Formulierung auszugehen, die auch in anderen Kontexten begegnet (1QH^a I 15; II 4; 4Q512 Fr. 67 1; 11QPs^a XXVII 6.8; 11QT^a LVII 18) und nicht direkt aus Jub übernommen worden sein muß.
174 Vgl. hierzu auch VANDERKAM, DJD 13, 174f.
175 Der Text stimmt auch in der Näherbestimmung der Jubiläenangabe durch den Begriff שנים mit Jub 4,21 überein und entspricht so einem bereits in Jub angelegten Sprachgebrauch (s.o., *V. 3.3.1.*); vgl. ferner 4Q390 Fr. 2 I 4 (שבוע שנים) und 4Q387 Fr. 2 II 4 (יבלי שנים); s.u., *8.2.*
176 Die engen Parallelen zwischen 4Q227 Fr. 2 und Jub 4,17-24 notieren auch DIMANT, *Biography*, 22f., und MILIK, *Books of Enoch*, 12. Während letzterer sich zum Verhältnis beider Texte nicht äußert, geht DIMANT nicht von einer literarischen Abhängigkeit, sondern vom Niederschlag derselben „aggadic tradition" aus. Angesichts der deutlichen sprachlichen Parallelen, nicht zuletzt im Blick auf die Angabe der Aufenthaltsdauer Henochs mit sechs

nern, dessen Werkcharakter wie sein grundsätzliches Verhältnis zu Jub im
Dunkeln bleibt. Je nachdem, ob mit Fr. 2 ein vereinzelter Rückgriff auf
oder eine für das Werkganze typische Orientierung an Jub vorliegt, variiert
auch der mögliche Stellenwert heptadischer Elemente: Die in Fr. 2 2 erwähnten ,sechs Jubiläen' können sowohl integraler Bestandteil einer nicht
mehr erhaltenen heptadischen Chronologie als auch nur eine versprengte,
aus Jub 4,21 übernommene chronologische Notiz sein.[177]

4.4. Fazit

Mit 4Q225-227 liegen drei Texte mit möglichem qumranischen Ursprung
vor, von denen 4Q225 und 4Q226 zwar nicht Abschriften desselben Werkes sind, aber in einer Passage enge Berührungspunkte aufweisen, was auf
ein literarisches Verhältnis hindeutet, dessen Art sich gleichwohl nicht
mehr präzise bestimmen läßt. Grund hierfür ist auch der schlechte Erhaltungszustand der Handschriften, der über den genauen Umfang und Charakter der drei Texte keine gesicherten Aussagen mehr zuläßt. Dennoch
kann als grundlegende Beobachtung festgehalten werden, daß jeder der
Texte eine Darstellung der biblischen Geschichte bot – oder diese zumindest in Teilen integrierte – und dabei in einem Abhängigkeitsverhältnis
zum Jubiläenbuch zu sehen ist, das im erhaltenen Textbestand mit je eigenem Interesse rezipiert wurde.

  4Q225, ein vermutlich als an Mose adressierte Engelrede stilisierter
Text, greift die bereits in Jub angelegte Verknüpfung der Bindung Isaaks
(Fr. 2) mit Passa und Exodus (Fr. 1) auf und bietet eine Darstellung beider
Ereignisse, in der besonders das Wirken der Engel der Anfeindung
(Mastema), ihres Fürsten sowie Belials in Opposition zu den Engeln der
Heiligkeit herausgearbeitet wird. Die Aqedah und der Exodus werden ver-
bunden über eine Genealogie von Abraham bis Levi, die die zentrale Tra-
dentenkette des Jubiläenbuches komprimiert darstellt. Lediglich hier und
an einer weiteren Stelle begegnen Jahresangaben, die allerdings in kein klares Verhältnis zu Jub zu bringen sind. Dessen heptadische Chronologie

---

Jubiläen, die ihren konkreten Ursprung und Ort im heptadischen Entwurf des Jubiläenbuches hat, muß die Annahme einer Vermittlung über die mündliche Tradition aber notwendig zu kurz greifen.

177 Da offen bleiben muß, wie der Befund von 4Q227 Fr. 2 für das nicht mehr erhaltene
Werkganze zu interpretieren ist, sind auch aus der in Z. 1 erhaltenen Formulierung ,wir [sc.
die Engel] lehrten ihn [sc. Henoch]' (למד'יהו) keine sicheren Rückschlüsse auf dessen Erzählperspektive abzuleiten. Zwar ist denkbar, daß 4Q227 als Engelrede gestaltet wurde,
der intertextuelle Bezug zu Jub 4 sollte allerdings Vorsicht anmahnen, könnte doch in Fr. 2 lediglich ein Exzerpt dieses Kapitels in einen anders akzentuierten Erzählzusammenhang
eingeschaltet sein.

hat keinen Niederschlag gefunden, sondern die Rezeption des Jubiläenbuches im erhaltenen Text von 4Q225 ist primär thematisch ausgerichtet.

Demgegenüber dominieren in 4Q226 gerade die chronologischen Bezüge: Der Text, vermutlich eine an Mose adressierte Gottesrede, scheint wie Jub einen Rahmen von 50 Jubiläen bis zur Landnahme vorauszusetzen, dessen letzter Teil, seit der Berufung Moses, in Fr. 1 dargestellt wird. Während hier die Chronologie des Jubiläenbuches zugrunde gelegt wird, zeigen Fr. 4 und Fr. 6, daß 4Q226 mit der Schilderung der Landnahme unter Josua über den Zeitrahmen seines Referenztextes hinausging – ob die heptadische Chronologie auch für die Zeit im Land fortentwickelt wurde, muß dabei ebenso offen bleiben wie der weitere Umfang der Geschichtsschau.

Noch weniger läßt sich über 4Q227 aussagen, dessen Werkcharakter wie auch sein ehemaliger Umfang völlig im Dunkeln liegt. Das mit Fr. 2 vorliegende Exzerpt des Henochsummars Jub 4,17-24 enthält zwar die Angabe, Henoch habe sechs Jubiläen bei den Engeln verbracht, ob und wie die heptadische Chronologie des Jubiläenbuches aber darüber hinaus rezipiert wurde, läßt sich nicht mehr ausmachen.

Daß 4Q225 das Jubiläenbuch primär thematisch rezipiert, während 4Q226 das Hauptaugenmerk auf die Chronologie richtet, läßt sich angesichts des fragmentarischen Zustandes der Handschriften nicht für den verlorenen Gesamtbestand der Werke verallgemeinern, zeigt aber ein mögliches Rezeptionsspektrum auf, mit dem seit dem ausgehenden 2. Jh. v. Chr. zu rechnen ist.[178] Bieten die vielen in Qumran gefundenen Kopien des Jubiläenbuches einen Beleg für die Hochschätzung dieses Textes, so zeigen 4Q225-227, daß wie im Bereich der biblischen Texte auch hier ein Prozeß der weiteren Reflexion einsetzte, der an die durch Fortschreibungen entstandene Endgestalt des Jubiläenbuches inhaltlich anschließt, selbst aber nicht weitere Nachträge in dessen als abgeschlossen geltendem Textbestand, sondern neue literarische Schöpfungen anstieß. Deren Charakter ist zwar durch einen deutlichen Bezug zu Jub gekennzeichnet, als ‚Pseudo-Jubiläen-Texte' sind sie gleichwohl unglücklich erfaßt, da diese Bezeichnung streng genommen eine vorgebliche Verfasserschaft durch den Autor des Jubiläenbuches[179] suggeriert, die sachlich nicht gegeben ist. Während sich 4Q225 und 4Q226 unter Beibehaltung derselben Kategorie zutreffender als Pseudo-Moses-Texte charakterisieren ließen, wäre im Sinne einer

---

178 In diesem Zusammenhang sind auch folgende Texte zu nennen, die in Teilen ihrer (nichtheptadischen!) Chronologien auf Jub rekurrieren oder rekurrieren könnten: 1QGenAp XIX 22-27 (vgl. Jub 13,10-15); 4Q379 Fr. 12 4-6 (vgl. Jub 50,1-4); 4Q559 Fr. 2 2 (vgl. Jub 27,19); zu Details vgl. die Ausführungen unter *IV. 3.3.2. a)* sowie *3.3.3.*

179 Ebenso VANDERKAM, *Aqedah*, 242.261.

treffenden Beschreibung des für 4Q225-227 typischen Verhältnisses zu
Jub die Bezeichnung ‚Deutero-Jubiläen-Texte' zu favorisieren.

5. 4Q228

5.1. Der Text: Erhaltungszustand, Datierung und Inhalt

Wie die ‚Deutero-Jubiläen-Texte' 4Q225-227 ist auch 4Q228 vom Jubiläenbuch abhängig, unterscheidet sich jedoch von jenen darin, daß Jub explizit als Referenztext genannt wird. 4Q228 kann aufgrund der Charakteristika der Schrift in die Zeit zwischen 50 und 25 v. Chr. datiert werden.[180]
Von der Handschrift sind ein großes und acht kleine Fragmente erhalten,
deren ursprüngliche Position in der Schriftrolle sich nicht mehr durchgängig bestimmen läßt. Da ab Fr. 1 II 5 kein Text mehr bezeugt ist, könnte
hier das Ende eines Werkes erreicht sein, über dessen ursprünglichen
Umfang sich jedoch auf der Basis des erhaltenen Textes keine gesicherten
Aussagen mehr treffen lassen. Die durchweg fragmentarischen Textpassagen lassen sich thematisch in einen endzeitlichen Gerichtskontext einordnen. Für die Möglichkeit einer Entstehung in Reihen der Qumrangruppierung spricht neben dem sich abzeichnenden inhaltlichen Profil auch die
Zitation des Jubiläenbuches, die eine Parallele in CD XVI 3f. findet (s.o.,
2.2.).[181]

5.2. Das Verhältnis zum Jubiläenbuch und seiner Chronologie

4Q228 Fr. 1 I enthält zahlreiche Varianten der Verbindung von מחלקת
und עת, die einerseits darauf hindeuten, daß das Thema der von Gott vorgängig geordneten Zeiten einen zentralen Stellenwert im Text einnimmt,
andererseits aber, in der konkreten Gestalt מחלקות העתים, auch den
hebräischen Titel des Jubiläenbuches angeben, auf das als Referenztext
Bezug genommen wird. Daß letzteres zutrifft, obwohl der Text nicht wie
CD XVI 3f. vom ספר מחלקות העתים ליובליהם ובשבועותיהם spricht (s.o.,
2.2.3.), zeigt sich eindeutig in Fr. 1 I 9: Die Wendung כן כתוב במחלק'ת am
Zeilenende schließt die Formel כן כתוב ein, mit der in anderen Qumran-

---

180 Vgl. Vanderkam, DJD 13, 177; frühere Edition durch Abegg / Wacholder,
     Preliminary Edition III, 30f.
181 Grundlage der folgenden Ausführungen ist der bei Vanderkam, DJD 13, 177-185, gebotene Text.

texten Zitate aus autoritativen Schriften eingeleitet werden.[182] Hieraus ergibt sich die zwingende Folgerung, daß die folgende Begriffsverbindung במחלק'ת den Titel des zitierten Werkes angibt, und hier kommt allein das Jubiläenbuch in Frage, das für den Verfasser von 4Q228 folglich den Stellenwert eines autoritativen Textes einnehmen muß.[183] Dies vorweggeschickt, soll nun eine nähere Untersuchung des erhaltenen Textes folgen.[184]

Bereits in 4Q228 Fr. 1 I 2 findet sich der erste mögliche Verweis auf das Jubiläenbuch (את[ם] [במחל[ק]ו[ת העתים), dessen Zusammenhang jedoch nicht mehr erhalten ist, so daß der genaue Sinn der Aussage unklar bleibt. Z. 3 ermöglicht eine erste Annäherung an den Charakter von 4Q228, insofern hier eine Gruppe direkt angesprochen wird, der eine bestimmte Kenntnis vermittelt wird: ‚ich tue euch kund, damit ihr wisset‘ (ואגיד[ה לכמה אשר תדעו).[185] VANDERKAM sieht hier eine „near citation" von Jub 1,5,[186] die gegenüber der Vorlage allein insofern modifiziert sei, daß als Adressat nicht mehr Mose, sondern eine Gruppe vorausgesetzt werde. Sollte der Text hier wirklich Jub 1,5 rezipieren – die vorige Zeile nimmt über den Titel des Jubiläenbuches Jub 1,4 auf –, so könnte in Z. 4 Mose in der dritten Person bezeichnet sein, dem ‚die Einteilung seiner Zeit‘ sowie weitere Dinge kundgetan werden (ואספ[ר לפנו מחלקת עתו וכל)[187] – nach VANDERKAM ein möglicher Reflex auf die in Jub 1,4 eingeleitete Offenbarung des Jubiläenbuches.[188] 4Q228 würde sich dann gegenüber Jub faktisch auf einer Metaebene positionieren, indem einer Gruppe (Israel?) von der an Mose ergehenden Offenbarung berichtet würde.

---

182 Vgl. die Stellenangaben bei VANDERKAM, DJD 13, 182f., sowie ferner die Ausführungen von ELLEDGE, *Exegetical Styles*, 177-187.

183 So mit VANDERKAM, DJD 13, 182f., gegen DIMANT, DJD 30, 114, Anm. 39, nach deren Ansicht mit der Wendung מחלקות העתים lediglich ein „technical term", nicht aber der Titel des Jubiläenbuches vorliegt. Zur Auseinandersetzung mit dieser Position s.o., *IV. 1.*

184 Auch 4Q384 Fr. 9 2 könnte sich mit der Wendung מ[חלקות העתים auf den Titel des Jubiläenbuches beziehen oder aber im allgemeineren Sinne von den ‚Einteilungen der Zeiten‘ handeln. Dieser Text, dessen Charakter unklar ist, weist über diese eine Parallele mit 4Q228 hinaus keine weiteren Passagen auf, die thematisch relevant wären, und wird von daher im Rahmen dieser Arbeit nicht ausführlich behandelt; zu 4Q384 vgl. SMITH, DJD 19, 137-152; DIMANT, DJD 30, 95.

185 Vgl. zu dieser Wiedergabe die Ausführungen bei VANDERKAM, DJD 13, 181. Allerdings ist zu korrigieren, daß mit לכמה nicht, wie im selben Zusammenhang wohl irrtümlich von VANDERKAM vermerkt, eine Singular-, sondern eine Pluralform vorliegt; vgl. QIMRON, *Hebrew*, 58.

186 VANDERKAM, DJD 13, 181.

187 Die Verbform ואספ[ר wird von VANDERKAM, DJD 13, 181, in Anschluß an CD XIII 8 rekonstruiert, wobei auch eine entsprechende Form der Wurzeln דבר oder אמר nicht auszuschließen ist.

188 Vgl. VANDERKAM, DJD 13, 181.

Die dargestellte Interpretation von 4Q228 Fr. 1 I 2-4 ermöglicht zwar ein kohärentes Verständnis des erhaltenen Textes unter Berücksichtigung seines Verhältnisses zu Jub, bleibt aber angesichts der Tatsache, daß über die Hälfte der betreffenden Zeilen verloren ist, hochgradig spekulativ. Vor allen Dingen kann nicht als gesichert vorausgesetzt werden, was die ‚Einteilung *seiner* Zeit' (מחלקת עתו) genau bezeichnet: Ist hier an die Zeit der zuvor genannten Person (Mose?) gedacht – und wenn ja, was ist dann konkret gemeint, der in Jub abgedeckte Gesamtzeitraum bis zu ihrem Auftreten oder doch eher ein einzelner Abschnitt in ihrem Leben? – oder ist nicht vielmehr auf die Zeit eines bestimmten Ereignisses oder Phänomens angespielt? Für letzteres könnte sprechen, daß in Fr. 1 I 7 eine parallele Begriffsverbindung, diesmal jedoch mit einem femininen Suffix (במחלקת עתה ימצאנה), begegnet, das sich als Rückbezug auf das letzte Wort der Vorzeile (רשעה) interpretieren läßt:[189] Dies vorausgesetzt, wäre in Z. 7 von der Einteilung der Zeit des Übels die Rede gewesen, eine Aussage, die sich gut in das inhaltliche Profil der Z. 5-9 einfügen würde, die unter dem Leitthema der ‚Zeiten des Frevels' (Z. 5: עתי עולה) und des ihm zugeordneten endzeitlichen Gerichtes (Z. 5: משפט) zu stehen scheinen.[190]

Zwar lassen sich mit diesem vorausgesetzten Leitthema alle in Z. 6-9 erhaltenen Aussagen verbinden, eine Rekonstruktion des Duktus dieser Passage ist jedoch nur noch in groben Zügen möglich: Das im Fundament des Übels wütende Feuer (Z. 6: אש בוערת אוכלת בסוד רשעה[) scheint die Vorstellung eines an den Frevlern vollstreckten Feuergerichtes zu spiegeln, wogegen der in Z. 8 genannte ‚Engel seines Friedens' (מלאך שלומו) sowie die mögliche Erwähnung ewigen Lebens in Z. 9 (חי]י נצח) bereits in den Zusammenhang des endzeitlichen Heils der Gerechten gehören dürften,[191] das auch Thema der verbleibenden Zeilen von Fr. 1 I sein könnte.[192] Der sich in Z. 9 direkt anschließende begründende Verweis auf Jub (כי כן כתוב במחלק'ת) wirft die Frage nach der möglichen Referenzpassage auf, für die grundsätzlich nur die eschatologischen Nachträge in Jub 1; 23 in Frage kommen. Da direkt zuvor ein Verweis auf das ewige Leben der

---

189 Vgl. VANDERKAM, DJD 13, 182.
190 Zur Verbindung von עולה und משפט vgl. Lev 19,15.35; Ps 82,2; 1QHᵃ I 26; V 8f.; 4Q381 Fr. 76-77 12; Fr. 79 4; 4Q418 Fr. 88 4. Hervorzuheben ist in diesem Zusammenhang auch das geballte Auftreten derselben Leitbegriffe in 4Q180 Fr. 1 9f. und 4Q181 Fr. 1 II 2f. (s.o., *3.2*.) Die Vorstellung einer von Gott begrenzten Sündenzeit findet eine Parallele in 1QS IV 18-20; 4Q265 Fr. 7 II 10; 4Q364 Fr. 2 5; 4Q418 Fr. 113 1; Fr. 211 4.
191 Besagter Engel begegnet auch in 3Q8 Fr. 1 2; 4Q428 Fr. 17 3; TestDan 6; vgl. Jes 33,7.
192 4Q228 Fr. 1 I 10-15 sind allerdings in einem derart fragmentarischen Zustand, daß sich keine gesicherten Aussagen über ihren Inhalt mehr treffen lassen. Zum mindesten läßt sich aber festhalten, daß die in Z. 11 angesagte Stärkung der Adressaten (יחזק אתכמה[) sowie ihre (?) Einsetzung als Erben (Z. 12: וינחילן) nicht der Grundannahme eines Heilskontextes widersprechen.

Gerechten vorliegen könnte (חי[י]‏ נצח), legt sich thematisch vor allem die Parallele in Jub 23,27-29 nahe, da hier von der endzeitlichen Restitution der menschlichen Lebenszeit zu ihrer in der Schöpfung intendierten Länge die Rede ist;[193] die Berührungspunkte mit Jub 1 fallen demgegenüber geringer aus.[194]

5.3. Fazit

Da außer 4Q228 Fr. 1 I-II kein Teil der Handschrift gut genug erhalten ist, um die Rekonstruktion eines Textzusammenhangs zu ermöglichen, müssen sich Aussagen über Inhalt und Gestalt der Komposition im wesentlichen auf diese Textpassage stützen. Dominierendes Thema des erhaltenen Textes, der wahrscheinlich mit Fr. 1 II 4 endete, sind die Einteilungen der Zeiten,[195] allerdings offensichtlich nicht im allgemeinen, sondern in bezug auf die bestimmten Zeiten des Unheils vor dem Endgericht und der sich anschließenden Heilszeit (vgl. 1QS IV 18-20).[196] Der Textcharakter bleibt demgegenüber, wie auch der ursprüngliche Umfang der Komposition, weitestgehend im Dunkeln: Zwar wird in 4Q228 Fr. 1 I 2 und II 4 eine Gruppe angesprochen, deren (literarische) Identität jedoch nicht eindeutig ist. Ob sich der Text in Fr. 1 I 2-4 in Relation zur Offenbarungsfiktion des Jubiläenbuches positioniert, bleibt dabei sehr spekulativ. Als entscheidend festzuhalten ist dagegen, daß Jub unter dem Titel מחלקות העתים als Referenztext für das verhandelte Thema angeführt wird (Fr. 1 I 2.9), womit 4Q228 thematisch an dessen eschatologisierte Endgestalt anschließt.

Wie bereits in CD XVI 3f. hat die das Korpus des Jubiläenbuches dominierende heptadische Chronologie des Zeitraums bis zur Landnahme keinen erkennbaren Niederschlag in 4Q228 gefunden, sondern das Werk

---

193 Dabei wäre – übrigens auch im Fall der von VANDERKAM, DJD 13, 182, vorgeschlagenen möglichen Alternativen שני נצח (vgl. 1QHa I 19) oder קצי נצח (vgl. 1QSb IV 26) – in 4Q228 Fr. 1 I 9 eine Akzentverschiebung gegenüber Jub 23 zu verzeichnen, insofern dort die Vorstellung des ewigen Lebens noch nicht gegeben ist.

194 VANDERKAM, DJD 13, 183, verweist auf eine Parallele der bereits in Z. 8 erwähnten ,Fallen der Zerstörung' (מקשי שחת) zu Jub 1,9.20f., kann aber für Z. 9 nur einen Anknüpfungspunkt in Jub 1,26 aufzeigen, wo es heißt, Gott werde in der Endzeit auf immer bei seinem Volk wohnen.

195 Eine Verbindung von מחלקת und עת begegnet in 4Q228 Fr. 1 I 2.4.7.9, der Begriff עת allein ferner noch in Fr. 1 I 5 und II 4. Weitere Zeitbegriffe finden sich darüber hinaus mit den möglichen Erwähnungen der Tage (ובימים) in I 13 sowie des Tages (היומן) (?) in II 1, ihr Sinn bleibt aber in Ermangelung eines Kontextes dunkel.

196 Die in Fr. 1 II 2 erwähnte ,Familie der Völker' (משפחת הגוי]ם) sowie ,die Zeit mit euren Irrenden' (Z. 4: עת עם טעיכם) lassen sich motivisch in denselben Kontext des endzeitlichen Gerichts einordnen, der bereits in Fr. 1 I vorliegt.

dient als Quelle für die letzte Geschichtsepoche und den erwarteten Einbruch der Endzeit. Zwar ist theoretisch denkbar, daß der Text mit dem in Jub nicht näher strukturierten Zeitraum zwischen Landnahme und Eschaton eine chronologische Struktur verbindet, für eine derartige Annahme fehlen jedoch alle Belege. Im erhaltenen Text von 4Q228 finden sich weder heptadische noch andere chronologische Versatzstücke, was die Folgerung nahelegt, daß hier eine primär thematisch orientierte Rezeption des Jubiläenbuches vorliegt. Wird dieses in Fr. 1 I 9 möglicherweise als Zeuge für das Leben in der Endzeit angeführt, so wäre angesichts der thematisch dominierenden ‚Einteilungen der Zeiten' zu erwägen, ob nicht 4Q228 wie bereits CD XVI; XX im Jubiläenbuch den Anknüpfungspunkt für eine eschatologische Interpretation der 40 Wüstenjahre gefunden haben könnte.[197]

6. 4Q243-244 (4QpsDan[a-b])

6.1. Der Text: Erhaltungszustand, Datierung und Inhalt

Unter den Kürzeln 4Q243-244 werden zwei aramäische Handschriften geführt, die in Gestalt einer Vielzahl kleiner Fragmente erhalten sind. Ihre Klassifizierung als Pseudo-Daniel-Texte verdanken sie dem Vorkommen des Namens Daniel und einer dem kanonischen Danielbuch entsprechenden erzählerischen Situation. Daß es sich um Kopien des Danielbuches handelt, kann umgekehrt zweifelsfrei ausgeschlossen werden. Obwohl beide MSS nur äußerst fragmentarisch erhalten sind, ist aufgrund ihrer inhaltlichen Übereinstimmungen und einer Textüberlappung zwischen 4Q243 Fr. 13 und 4Q244 Fr. 12 davon auszugehen, daß es sich um zwei Kopien desselben Werkes handelt.[198] Dagegen fehlen hinreichende Gründe für die Annahme, auch 4Q245 bezeuge dasselbe Werk,[199] was den Schluß nahelegt, daß es sich bei 4Q245 um das Fragment eines separaten Pseudo-

---

197 In 4Q228 Fr. 2 3 ist eine Erwähnung der Wüste (מדבר[) ohne Kontext erhalten. Da in Z. 2 vom Licht unter den Völkern (אור בגו[ים) die Rede sein könnte (vgl. Jes 42,6; 49,6; 60,3), wäre hier ein eschatologischer Zusammenhang zumindest denkbar. Damit ist zwar kein sicherer Beleg für eine eschatologische Interpretation der 40 Wüstenjahre gegeben, die Passage könnte aber immerhin ein Indiz für das Vorhandensein einer solchen bieten. Vielversprechend wäre in diesem Zusammenhang eine materielle Rekonstruktion von 4Q228, um das Verhältnis von Fr. 1 zu Fr. 2 näher zu beleuchten.

198 Vgl. COLLINS / FLINT, DJD 22, 133.

199 So unter Ausarbeitung der von MILIK, *Prière de Nabonide*, 411-415, vorgelegten Rekonstruktion von EISENMAN / WISE, *Jesus*, 70-74, vorausgesetzt; ähnlich BEYER, *Texte* II, 139, der jedoch die alternative Möglichkeit einräumt, mit 4Q245 könne „ein selbständiges Werk" vorliegen.

Daniel-Textes handelt.[200] Da 4Q245 für das Thema dieser Arbeit keine relevanten Passagen aufweist, wird im folgenden auf eine Diskussion dieses Textes verzichtet.[201]

4Q243 und 4Q244 lassen sich aufgrund der paläographischen Bestimmung der Schrift in das frühe 1. Jh. v. Chr. datieren.[202] Für die Entstehung des von beiden MSS repräsentierten Werkes ist so jedoch lediglich der *terminus ante quem* gewonnen, die Fixierung des *terminus post quem* bedarf weiterer Kriterien. Eine mögliche Annäherung bietet sich über die inhaltlichen Parallelen zum kanonischen Danielbuch: 4Q243-244 umfassen eine ausführliche Geschichtsschau,[203] die wahrscheinlich als Rede Daniels vor Belshazar konzipiert war und so eine den aramäischen Danielerzählungen (Dan 1-6) vergleichbare erzählerische Situation voraussetzt.[204] Die sich abzeichnenden Gemeinsamkeiten mit dem kanonischen Danielbuch fallen jedoch so allgemein aus, daß sie die Annahme einer literarischen Abhängigkeit keineswegs zwingend machen, sondern sich auch durch die Kenntnis einer gemeinsamen Tradition erklären ließen.[205] Doch selbst unter der Voraussetzung, daß 4Q243-244 von Dan literarisch abhängig ist, gewönne man kein klares Datierungskriterium, da sich nicht zweifelsfrei bestimmen ließe, in welcher Gestalt dieses vorausgesetzt wäre.

Wäre daher vor dem Hintergrund der Danieltradition selbst eine Entstehung des von 4Q243-244 verkörperten Werkes im 3. Jh. v. Chr. denkbar, sprechen doch zwei Hauptgründe gegen eine derartige Frühdatierung: Erstens finden sich analoge Beispiele für die entfaltete Geschichtsschau erst ab dem 2. Jh. v. Chr., womit ein *terminus post quem* gewonnen ist, auf den zweitens auch die unchiffrierte Verwendung griechischer Namen hindeutet.[206] Da der in 4Q243 Fr. 21 bezeugte Balakros (בלכרוס) nicht sicher

---

200 Vgl. COLLINS / FLINT, DJD 22, 154f.
201 Den folgenden Ausführungen zu 4Q243-244 liegt der von COLLINS / FLINT, DJD 22, 97-151, gebotene Text zugrunde.
202 Vgl. COLLINS / FLINT, DJD 22, 97.123.
203 COLLINS / FLINT, DJD 22, 133-151, rekonstruieren den Text in Anlehnung an das von MILIK, *Prière de Nabonide*, 411-415, entwickelte Grundmodell, das sie durch die Plazierung weiterer Fragmentteile erweitern und in einigen Punkten korrigieren. Die eindeutigen Bezüge auf alle wesentlichen Epochen der biblischen Geschichte legen die Anordnung der Fragmente in chronologischer Reihenfolge nahe, wodurch sich das rudimentäre Gerüst eines Geschichtsentwurfes ergibt, der von prädiluvischer Zeit bis in die Endzeit reicht. Daß die Plazierungen vieler kleiner Fragmente unsicher bleiben, räumen auch COLLINS / FLINT, DJD 22, 133, ein: „Certainty cannot be claimed for any of these placements in view of the minute size of the fragments".
204 Mit der Verfasserfiktion Daniels korrespondiert die Tatsache, daß bis in die Exilszeit in der Vergangenheit, danach aber im Futur berichtet wird; vgl. MERTENS, *Buch Daniel*, 47.
205 Vgl. COLLINS / FLINT, DJD 22, 136.
206 Vgl. hierzu MERTENS, *Buch Daniel*, 48.

als Alexander Balas identifiziert werden kann,[207] ist eine weitere Eingrenzung des von COLLINS und FLINT favorisierten Datierungsspektrums
„somewhere between the beginning of the second century BCE and the
coming of Pompey" nicht möglich.[208] Gegen eine Entstehung des Textes
in Kreisen der Qumrangruppierung spricht vor allem die Abfassung auf
Aramäisch,[209] daneben auch das Fehlen von Begriffen und gedanklichen
Konzepten, die für diese typisch sind. [210]

6.2. Der Charakter der Geschichtsdarstellung

Während 4QpsDan[a-b] mit dem kanonischen Danielbuch die erzählerische
Ebene teilt, geht der universalgeschichtliche Rahmen des von COLLINS
und FLINT rekonstruierten Textes deutlich über dessen Inhalt hinaus:
Selbst in seiner Endgestalt einschließlich der hebräischen Visionen in Dan
8-12 beschränkt sich das Danielbuch auf die Darstellung der exilisch-
nachexilischen Zeit bis zum Eschaton. Der Pseudo-Daniel-Text hat demgegenüber eine viel weitere geschichtliche Perspektive,[211] berührt sich
aber, folgt man MILIK, mit der Chronologie des Danielbuches, indem er
das diese beherrschende Vier-Reiche-Schema aufnimmt: MILIK rekonstruiert demzufolge 4Q243 Fr. 16 4 als היא מלכותא קד[מיתא],[212] womit eine
Beschreibung des babylonischen Reiches als des ersten der vier Weltreiche
gegeben sei;[213] die zuvor in Z. 1 erwähnten 70 Jahre – MILIK transkribiert

---

207 Gegen MILIK, *Prière de Nabonide*, 415, und mit FLINT, *Daniel Tradition*, 50, der auf die Mög-
      lichkeit verweist, Balakros „may simply have been a nickname, perhaps a pejorative one,
      for Macedonians (and Greeks?) in general in the first century CE and earlier."
208 COLLINS / FLINT, DJD 22, 137f. DITOMMASO, *4QPseudo-Daniel[A-B]*, 131, spricht sich für
      eine Entstehung des Textes „in the first quarter of the second century BCE" aus, da Dan 9,
      verfaßt unter Antiochus IV., einen Gegenentwurf zu ihm darstelle. Diese These kann je-
      doch nicht überzeugen, da DITOMMASO einerseits Dan 9 als anti-deuteronomistischen
      Entwurf völlig verzeichnet (s.o., *II. 2.*) und andererseits überzeugende Argumente schuldig
      bleibt, die überhaupt für ein – wie auch immer geartetes – Verhältnis zwischen beiden
      Texten sprechen. Der Blick auf Dan 9 ermöglicht keine Eingrenzung des möglichen Ent-
      stehungszeitraumes von 4Q243-244.
209 Vgl. LANGE, *Kriterien*, 64.
210 So auch COLLINS / FLINT, DJD 22, 137, die Pseudo-Daniel in Analogie zur Henochlitera-
      tur oder dem Jubiläenbuch als Produkt einer verwandten Vorgängergruppierung sehen.
      GARCÍA MARTÍNEZ, *Qumran and Apocalyptic*, 149, hält dagegen die Entstehung des Textes
      in den Kreisen der Qumrangruppierung für möglich, bleibt aber zwingende Gründe schul-
      dig.
211 Diesen Unterschied hebt auch DITOMMASO, *4QPseudo-Daniel[A-B]*, 115f., hervor.
212 Vgl. MILIK, *Prière de Nabonide*, 413.
213 So auch MERTENS, *Buch Daniel*, 49; GARCÍA MARTÍNEZ, *Qumran and Apocalyptic*, 143f.

hier שב[ע]ין שנין[^214] – wären demnach folgerichtig als Zeit Babels gemäß Jer 25,11f.; 29,10 zu verstehen.

Gegen diese von MILIK propagierte Deutung lassen sich mit COLLINS und FLINT einige gewichtige Gegengründe anführen:[^215] Zunächst ist festzuhalten, daß sowohl die Nennung der 70 Jahre als auch die des ersten Reiches auf Rekonstruktionen eines partiell zerstörten Textes gründen. Während zur Rekonstruktion von 4Q243 Fr. 16 1 als [איש שבעין שנין keine sinnvollen Alternativen bestehen,[^216] ist die vermeintliche Erwähnung des ersten Reiches in Z. 4 vor allem aus inhaltlichen Gründen in Zweifel zu ziehen. Da Z. 2 von der göttlichen Errettung handelt (בי[דה רבתא ויושע אנ]ון), wäre es ungewöhnlich, wenn diese Aussage von der Inauguration des ersten heidnischen Reiches gefolgt würde. Bezieht man die 70 Jahre (Z. 1) mit in die Betrachtung ein und deutet sie mit MILIK auf das Exil, so ergibt sich der unwahrscheinliche Fall, daß die Errettung aus dem Exil von der Einsetzung der vier Fremdherrschaften gefolgt wird. Dieser Gedanke stellt nicht nur die Dan zugrundeliegende Ereignisfolge auf den Kopf, sondern wäre auch im Horizont vergleichbarer Geschichtsdarstellungen singulär, insofern diese die Errettung Israels nur in eschatologischer Perspektive kennen, was gegebenenfalls die Überwindung der feindlichen Heiden einschließt, mit der Annahme eines Fortgangs der Fremdherrschaften jedoch inkompatibel ist. Es erscheint daher angeraten, nach einer alternativen Rekonstruktion von 4Q243 Fr. 16 4 zu suchen.

Ausgehend von der Errettungsaussage in Z. 2 plazieren COLLINS und FLINT 4Q243 Fr. 16 in dem Teil ihrer Rekonstruktion des Pseudo-Daniel-Textes, der das Ende der Geschichtsdarstellung und den Übergang zur Endzeit umfaßt.[^217] Sie sehen in Z. 2 die göttliche Errettung Israels im Anschluß an 70 Jahre Unterdrückung ausgesagt, woran sich in Z. 3 die Überwindung der heidnischen Reiche (מלכות עממ]יא) angeschlossen haben könnte, gefolgt von der Errichtung des Gottesreiches (Z. 4: מלכותא קד]ישתא). Die Konjektur zu מלכותא קד]ישתא fügt sich gut in den angenommenen eschatologischen Duktus ein und bietet den Abschluß eines Gedankenganges, der im Gegensatz zum Modell MILIKs spannungsfrei

---

[^214]: Vgl. MILIK, *Prière de Nabonide*, 413.

[^215]: Vgl. COLLINS / FLINT, DJD 22, 134.150.

[^216]: Von der ersten Hälfte der Zeile sind lediglich die Unterlängen der Buchstaben erhalten. COLLINS / FLINT, DJD 22, 134, problematisieren die Rekonstruktion des Wortes שבעין durch den Hinweis, für das Bet wäre kein Raum vorhanden, ziehen aber in Ermangelung von Alternativen eine supralineare Schreibung des Buchstabens in Erwägung.

[^217]: Diese Deutung hat dabei deutliche Vorzüge gegenüber einer Verknüpfung mit dem Exodusgeschehen, die von Z. 2 („göttliche Errettung mit starker Hand') her durchaus naheliegt, sich jedoch nicht mit der im Kontext direkt folgenden Erwähnung mehrerer heidnischer Reiche (Z. 3) verbinden läßt; vgl. COLLINS / FLINT, DJD 22, 150; FLINT, *Daniel Tradition*, 50f.

bleibt. Da die 70 Jahre (4Q243 Fr. 16 1) nicht auf einen historischen Exilsbezug fixiert sind, sondern auch in anderen Kontexten begegnen können,[218] spricht nur wenig dafür, an MILIKs Interpretation der Passage festzuhalten.[219] Damit fehlt im erhaltenen Textbestand von 4Q243-244 nicht nur jeglicher Beleg für ein Vier-Reiche-Schema, auch die erwähnten 70 Jahre der Unterdrückung sind weder im ursprünglichen Sinne Jeremias als Bezeichnung der Zeit Babels noch im übertragenen Sinne der in Dan 9 etablierten Jahrwochendeutung eingesetzt, sondern scheinen einen negativ konnotierten Zeitraum an der Schwelle zum Eschaton zu bezeichnen.

Daß der von 4Q243-244 bezeugte Pseudo-Daniel-Text mit dem Vier-Reiche-Schema und den 70 jeremianischen Jahren – in wörtlicher wie in übertragener Deutung – die zentralen chronologischen Vorgaben des Danielbuches gerade nicht rezipiert, sondern einen universalgeschichtlichen Entwurf vorlegt, der allein durch Jahresangaben strukturiert wird, die die Länge bestimmter Zeiträume angeben,[220] sollte Anlaß dazu bieten, das Verhältnis beider Texte kritisch zu betrachten. Die Annahme, in 4Q243-244 liege lediglich eine selektive Rezeption des makkabäischen Danielbuches vor, läßt sich zwar grundsätzlich nicht widerlegen, ist aber angesichts der sich in Qumran abzeichnenden Breite einer (auch schriftlich fixierten) Danieltradition[221] alles andere als zwingend. Ein Text wie die von 4Q243-244 bezeugte Komposition ist in keinem Punkt auf den Hintergrund des kanonischen Danielbuches angewiesen, sondern könnte auch eine von diesem unabhängige Ausformung der Danieltradition bilden, die auch Daniel – neben Henoch (1 Hen 85-90; 93,1-10; 91,11-17) und Mose (Jub) – in den Stand der Kenner des ganzen Geschichtslaufes erhebt. Ob und in welchem Maße der Text bei seiner Darstellung auch auf außerbiblische Quellen zurückgriff, läßt sich nicht mehr erkennen; sollte er die Kenntnis heptadischer Entwürfe voraussetzen, hätte deren Struktur faktisch keinen Niederschlag gefunden.

---

218 Ebenso COLLINS / FLINT, DJD 22, 134, mit Verweis auf 4Q390. Die hier erwähnten 70 Jahre (Fr. 2 I 6) fallen eindeutig in nachexilische Zeit; s.u., *8.2.2.*

219 Anders DiTOMMASO, *4QPseudo-Daniel^{A-B}*, 120, der ohne Beachtung der in DJD 22 vorgebrachten Argumente die 70 Jahre (4Q243 Fr. 16 2) mit MILIK als Verweis auf das Exil liest.

220 Vgl. 4Q243 Fr. 12 1 (offenkundig die 400 Jahre der ägyptischen Gefangenschaft nach Gen 15,13; vgl. Jub 14,13); 4Q243 Fr. 16 1; 4Q243 Fr. 19 1.3; 4Q243 Fr. 20 2; 4Q243 Fr. 21 1.

221 Greifbar etwa in 4Q242; 4Q245; 4Q246; vgl. GARCÍA MARTÍNEZ, *Qumran and Apocalyptic*, 116-149.

6.3. Fazit

4Q243 und 4Q244 bezeugen ein Werk, dessen zentralen Inhalt eine Geschichtsschau bildet, die ursprünglich wahrscheinlich von der Schöpfung
bis zur endzeitlichen Errettung Israels reichte. Die erzählerische Ausgangssituation – Daniel am babylonischen Hof – weist zwar eine deutliche
Parallele mit dem kanonischen Danielbuch auf, im übrigen sind jedoch
keine nennenswerten Übereinstimmungen zu verzeichnen: Pseudo-Daniel
sprengt mit dem Rahmen seiner Geschichtsdarstellung nicht nur den auf
die exilisch-nachexilische Epoche begrenzten Horizont des Danielbuches,
auch dessen zentrale chronologische Strukturmomente – das Vier-Reiche-
Schema und die 70 jeremianischen Jahre – haben keinen Niederschlag gefunden. Lediglich in 4Q243 Fr. 16 1 werden 70 Jahre der Unterdrückung
erwähnt, die jedoch in einen späteren geschichtlichen Kontext gehören
und sich aus einer Tradition speisen, die in Dan keinen Eingang fand. Wie
hier lassen sich auch sonst keine zwingenden Gründe dafür benennen, daß
Pseudo-Daniel das Danielbuch voraussetzt.[222] Der Text läßt sich genauso
als unabhängige Ausformung der Danieltradition interpretieren, die hier
um eine universelle Geschichtsschau bereichert wurde. Heptadische
Geschichtskonzeptionen, die zu seiner vermutlichen Abfassungszeit im 2.
oder 1. Jh. v. Chr. bereits vielerorts bezeugt sind, haben für sein Geschichtsverständnis keine erkennbare Rolle gespielt.

7. 4Q247 (4QPesher on the Apocalypse of Weeks)

7.1. Der Text: Erhaltungszustand, Datierung und Inhalt

Von dem als 4Q247 katalogisierten Text ist lediglich ein kleines Fragment
erhalten, dessen Schrift sich in frühherodianische Zeit datieren läßt.[223] Ist
damit ein *terminus ante quem* gewonnen, fehlen angesichts des extrem
schlechten Erhaltungszustandes klare Kriterien für eine nähere Eingrenzung der Entstehungsumstände. Sollte es sich um einen (hebräischen)
Kommentar zur (aramäischen) Zehnwochenapokalypse (1 Hen 93,1-10;

---

222 Von daher erweist sich die Bezeichnung ‚Pseudo-Daniel-Text' als unglücklich, da sie, vom
   Ergebnis der Kanonbildung ausgehend, ein Verhältnis zum kanonischen Danielbuch voraussetzt und so nicht den Charakter und das Selbstverständnis des Textes treffen muß.
223 Vgl. BROSHI, DJD 36, 188. Frühere Editionen durch MILIK, *Books of Enoch*, 256, ABEGG /
   WACHOLDER, *Preliminary Edition* III, 32, und BROSHI, פשר, 39-42. Die folgenden Ausführungen basieren, wo nicht anders vermerkt, auf dem in DJD 36 gebotenen Text.

91,11-17) handeln, eine erstmals von MILIK aufgestellte These,[224] die mit der Bezeichnung ‚4QPesher on the Apocalypse of Weeks' in DJD 36 zementiert wurde, oder sollte zumindest eine literarische Abhängigkeit vom Henochtext nachweisbar sein, so könnte 4Q247 frühestens in der Mitte des 2. Jh. v. Chr. entstanden sein. Ein Ursprung in der Qumrangruppierung ist denkbar, läßt sich allerdings nicht belegen.[225]

7.2. Ein Kommentar zur Zehnwochenapokalypse?

Die auf MILIK zurückgehende Charakterisierung des Textes als Kommentar zur Zehnwochenapokalypse beruht zu einem großen Teil auf Rekonstruktionen verlorener Textpassagen, deren Ausmaß im Verhältnis zum erhaltenen Textbestand die folgende Übersicht zeigen soll:

4Q247

	ohne Ergänzungen	*nach* BROSHI, *DJD 36, 189*[226]
1	קוק[ ]	קץ ח]קוק [בלוחות השמים
2	]וא השבוע החמן	ואחריו יב]וא השבוע החמ[ישי ובסופו
3	]ארבע מאות שלו[ן	שנים שמונים ו]ארבע מאות שלו[מה יבנה את המקדש
4	]קיה מלך יהודה [	צד]קיה מלך יהודה [יגלה
5	]בני לוי ועם האר[ן	]בני לוי ועם האר[ץ
6	] מלן [ ] כתיים [	] מל[ך] כתיים [
7	]ולן [ה יאן	]ול[ה יא[ן

Die Ergänzungen in Z. 4-6 sind aufgrund der Satzsequenz zwingend, und auch gegen die Vervollständigung des Endes von Z. 2 zu השבוע החמ[ישי läßt sich nichts einwenden. Alle übrigen Konjekturen ergeben sich jedoch allein aufgrund inhaltlicher Erwägungen und gründen zu einem nicht unwesentlichen Teil auf der an Z. 2 festgemachten Charakterisierung von 4Q247 als Kommentar zur Zehnwochenapokalypse. Ihre Berechtigung ist im folgenden durch Untersuchung des erhaltenen und mit relativer Sicherheit zu rekonstruierenden Textbestands zu prüfen.

Die Erwähnung des fünften Siebents (השבוע החמ[ישי) in Z. 2 wird gefolgt von einer Bezeugung der Zahl 400 (Z. 3: ארבע מאות) und der

---

224 Vgl. MILIK, *Books of Enoch*, 256: „A small fragment from Cave 4 at Qumrân seems to belong to a kind of commentary to the Apocalypse of Weeks in the Epistle of Enoch." Dieser Charakterisierung folgen BROSHI, פשר, 39-42 (vgl. DERS., DJD 36, 188), und MAIER, *Qumran-Essener* II, 191, letzterer allerdings unter Vorbehalt.

225 Vgl. BROSHI, פשר, 41: „אין לדעת אם אכן נתחבר בתוך הכת".

226 Gegenüber der weniger ausführlichen Rekonstruktion MILIKs, *Books of Enoch*, 256, ergeben sich keine sinnverändernden Varianten.

Nennung Zedekias als König von Juda (Z. 4). Z. 5 erwähnt die Gruppen בני לוי ועם הארץ, bevor das Fragment in Z. 6 mit dem Hinweis auf den König der Kittäer (מלך] כתיים) als letztem entzifferbaren Text schließt. Die Erwähnungen der Könige lassen vermuten, daß der Text ein geschichtliches Interesse verfolgt; interpretiert man die Kittäer als Synonym für die Griechen oder, wie es sich von der Mehrzahl der Qumrantexte her nahelegt, für die Römer,[227] so spricht alles dafür, daß der Duktus von 4Q247 an einer geschichtlichen Sequenz orientiert ist, die im erhaltenen Textbestand von der Spätzeit Judas bis in die Gegenwart des Verfassers reicht. Bezieht man Z. 2 in diese Überlegungen ein, so ist ferner deutlich, daß in den Rahmen dieser Geschichtsdarstellung ein heptadisches Strukturelement integriert ist.

Die von MILIK und BROSHI vertretene Charakterisierung von 4Q247 als Kommentar zur Zehnwochenapokalypse gründet nun in der Annahme, daß die heptadische Angabe in 4Q247 2 (השבוע החמ[ישי) das fünfte Siebent des Henochtextes (1 Hen 93,7) reflektiere. Die hiermit vorausgesetzte Analogie findet eine mögliche Bestätigung darin, daß 4Q247 wie gezeigt eine geschichtliche Sequenz zur Darstellung bringt, die erst in Z. 4 die Spätzeit Judas erreicht. Z. 2 wird folglich einen früheren Teil der Geschichte Israels zum Inhalt gehabt haben, weshalb der Verbindung mit dem fünften Siebent der Zehnwochenapokalypse aus dem Duktus von 4Q247 nichts entgegensteht. Der erhaltene Teil der Geschichtsschau begönne demnach in Z. 2 in Analogie zu 1 Hen 93,7 mit der Frühzeit Israels im Land bis zum Tempelbau, wogegen in Z. 6 mit der Erwähnung des מלך] כתיים bereits die Verfasserzeit erreicht wäre. Aufgrund des so rekonstruierten Rahmens stellen MILIK und BROSHI auch Vermutungen über den Inhalt von Z. 3 und 5 an, die die dargestellten Konjekturen zum Ergebnis haben:[228] Z. 3 wird als Verweis auf die 480 Jahre gedeutet, die nach 1 Kön 6,1 zwischen dem Exodus und dem Baubeginn des salomonischen Tempels verstrichen sind;[229] בני לוי und עם הארץ (Z. 5) werden als Gruppierungen während des perserzeitlichen Wiederaufbaus verstanden.[230]

227 Zur Rede von den כתיים als Chiffre für Griechen oder Römer vgl. BROSHI, DJD 36, 191.

228 Vgl. BROSHI, DJD 36, 189-191; MILIK, *Books of Enoch*, 256.

229 ABEGG / WACHOLDER, *Preliminary Edition* III, 32, gelangen zu einer anderen Rekonstruktion von 4Q247 3: Sie lesen שנים שמונים ו[ארבע מאות שלו[שים שנה statt ארבע מאות שלו[שים שנה שלו[מה (MILIK und BROSHI), scheinen hier also einen Reflex auf die 430 Jahre zu sehen, die Israel nach Ex 12,40f. in ägyptischer Knechtschaft zubringt. Diese Rekonstruktion von Z. 3 ist nicht unmöglich, aus sprachlichen Gründen – die zwischen beiden Zahlen zu erwartende Kopula fehlt – jedoch weniger wahrscheinlich als ihre Alternative.

230 So bei BROSHI, פשר, 40, der für einen perserzeitlichen Bezug der Wendung עם הארץ auf Esr 4,4; Est 8,17 verweist.

Obwohl die skizzierte Rekonstruktion von 4Q247 ein kohärentes Bild ergibt, darf nicht übersehen werden, daß sie im hohen Maße auf Konjekturen beruht und daher am Text nicht mehr überprüfbar ist. Diese Feststellung mahnt eine kritische Distanz an, die besonders gegenüber der Charakterisierung von 4Q247 als Kommentar zur Zehnwochenapokalypse angeraten erscheint. Selbst unter Absehung von der sachlich nicht gerechtfertigten Verwendung des Pesher-Begriffs zur Bezeichnung des Textes[231] bleibt doch grundsätzlich unklar, da in der Literatur nicht weiter reflektiert, was konkret unter dem hier bezeichneten Verhältnis zum Henochtext vorzustellen ist und was eine derartige Annahme eigentlich rechtfertigt. Meines Erachtens wäre die Charakterisierung von 4Q247 als Kommentar zur Zehnwochenapokalypse nur dann gerechtfertigt, wenn sich zeigen ließe, daß sich der Qumrantext an mehreren Stellen erläuternd auf deren Inhalt bezieht. Daß dieser Nachweis auf der Grundlage des erhaltenen Textes positiv nicht zu erbringen ist, macht die gängige Bezeichnung von 4Q247 fraglich; fragwürdig wird sie, insofern der Text von 4Q247 _einschließlich der diskutierten Rekonstruktionsvorschläge_ bei genauerem Hinsehen kaum inhaltliche Entsprechungen zur Zehnwochenapokalypse aufweist.

Im Gegenteil läßt 4Q247 ein Interesse an Dingen erkennen, die in der heptadischen Geschichtsschau des Henochbuches keine Rolle spielen: Dies gilt für die explizite Erwähnung historischer Gestalten (Z. 4), die Angabe längerer Zeiträume in Jahren, so diese Deutung von Z. 3 zutrifft, und die Nennung von Völkern wie den Kittäern (Z. 6). Auch für die in Z. 5 erwähnten בני לוי und den עם הארץ findet man keine Entsprechungen im Henochtext, so daß als einziger expliziter Anknüpfungspunkt die Bezeugung des fünften Siebents (4Q247 2; vgl. 1 Hen 93,7) bleibt.[232] Hinreichende Gründe für die Annahme eines _Kommentierungsverhältnisses_ sind allerdings auch hier nicht gegeben, sondern die Parallele rechtfertigt allenfalls die Annahme, daß 4Q247 an diesem Punkt auf die chronologische Struktur der Zehnwochenapokalypse rekurriert und seine Geschichtsdarstellung hier (und im folgenden?) an dieser orientiert. Im Grunde scheint es genau eine derartige fortlaufende _Orientierung_ an der

---

231 Mit 4Q247 liegt weder ein _Pesher_ im Sinne der geprägten Gattungsbestimmung vor (s.o., _II. 2.2.1._), noch begegnet eine 4Q180 Fr. 1 1 (פשר על הקצים) analoge Formulierung (s.o., _3.1.1._), die eine Bezeichnung des Textes als ‚4QPesher on the Apocalypse of Weeks' rechtfertigen würde.

232 MILIK, _Books of Enoch_, 256, und BROSHI, DJD 36, 189, sind überdies bemüht, die Nähe zur Zehnwochenapokalypse dadurch zu stützen, daß sie in Anklang an die wiederkehrende Einleitung eines jeden Siebents den Anfang von 4Q247 2 als ומאחריו/ואחריו יב]וא השבוע החמ]ישי rekonstruieren. Diese Rekonstruktion ist denkbar, da aber von den letzten beiden Buchstaben des Wortes יבוא lediglich kleine Reste erhalten sind, materiell nicht eindeutig zu stützen.

traditionellen Sequenz der zehn Siebente zu sein, die BROSHI und MILIK als Charakteristikum von 4Q247 annehmen,[233] ohne zu bemerken, daß der Text damit als ‚4QPesher on the Apocalypse of Weeks' fehlinterpretiert ist.

Doch selbst die Annahme, 4Q247 sei durchweg nach dem Modell der zehn Siebente gestaltet, ist problematisch, zumal sie mit der vor dem Hintergrund der Henochtradition sowie der Qumrantexte durchaus sinnvollen Rekonstruktion von Z. 1 kollidiert (קץ ח[קוק]בלוחות השמים):[234] Angesichts der Erwähnung des fünften Siebents (Z. 2) wäre für Z. 1 mit einer Beschreibung der vorangehenden Epoche, nicht aber mit einem Verweis auf die himmlischen Tafeln zu rechnen – mit den Worten BROSHIs: „Did the beginning [of 4Q247] deal with the earlier four weeks? If so, why should the ‚period engraved in the heavenly tablets' be mentioned in the middle of the work?"[235]

Es wird deutlich, daß die Verhältnisbestimmung zwischen 4Q247 und der Zehnwochenapokalypse weitaus komplizierter ist, als die Titulierung des Qumrantextes suggeriert. Verbietet sich die Bezeichnung als *Pesher* bereits aus terminologischen Gründen, konnte gezeigt werden, daß von einem Kommentierungsverhältnis überhaupt keine Rede sein kann.[236] Bei kritischer Betrachtung kann nicht einmal die Annahme einer fortlaufenden Orientierung an der Chronologie der zehn Siebente als zwingend gelten: Allenfalls in Z. 2-6 finden sich Anklänge an geschichtliche Ereignisse, deren Sequenz sich zwar mit den Siebenten fünf bis sieben des Henochtextes zur Deckung bringen läßt, aber eben nicht notwendig an diesen orientiert sein muß. Die Möglichkeit ist gleichwohl nicht in Abrede zu stellen und markiert die Maximalposition für eine mögliche Verhältnisbestimmung zwischen 4Q247 und der Zehnwochenapokalypse; die ebenfalls denkbare Minimalposition wäre durch die Annahme gekennzeichnet, daß

---

233 Nach BROSHI, DJD 36, 187.189-191, entspricht 4Q247 2-3 dem fünften, Z. 4 dem sechsten und Z. 5(f.) dem siebten Siebent der Zehnwochenapokalypse; ähnlich MILIK, *Books of Enoch*, 256.

234 Die Rekonstruktion von Z. 1 kann sich auf vergleichbare Formulierungen in 1QHᵃ I 23f.; 1QS X 1; 1QpHab VII 13 stützen; für weitere Bezeugungen des Motivs der himmlischen Tafeln als Verzeichnisse des Geschichtslaufes vgl. BROSHI, פשר, 39.

235 BROSHI, DJD 36, 187.

236 Wenig sinnvoll ist auch die von NICKELSBURG, *1 Enoch*, 77, mit der Bezeichnung von 4Q247 als „commentary or expansion on the Apocalypse of Weeks" eingeführte Alternative: Daß 4Q247 auch als „expansion" der Zehnwochenapokalypse nicht adäquat erfaßt sein kann, zeigt bereits ein Blick auf den Umfang des Textes: Obwohl die ursprüngliche Kolumnenbreite nicht sicher rekonstruierbar ist, läßt sich doch aus der Abfolge der Zeilen folgern, daß es sich um einen äußerst knappen Geschichtsabriß gehandelt haben muß. Ein Text, der in wenigen Zeilen den in 1 Hen 93,7-10; 91,11 ausführlich beschriebenen Zeitraum zwischen Tempelbau und spät-nachexilischer Zeit darstellt, kann kaum als „expansion" desselben gelten.

überhaupt kein Verhältnis zwischen beiden Texten vorliegt – das in 4Q247 2 erwähnte fünfte Siebent, die einzige explizite Parallele mit dem Henochtext, könnte schließlich, nicht zuletzt angesichts der Offenheit des Begriffs שבוע, der Zeitsiebente verschiedener Länge bezeichnen kann, auch ohne einen Bezug zur Zehnwochenapokalypse zustande gekommen sein.

Daß eine Interpretation von 4Q247 allein vor dem Hintergrund der Zehnwochenapokalypse im besonderen sowie der Henochtradition im allgemeinen eine Engführung darstellt, zeigen auch die trotz des schlechten Erhaltungszustandes erkennbaren Charakteristika der Geschichtsschau, auf die bereits eingegangen wurde: Sowohl die Erwähnung von Königen als auch die Angabe längerer Zeiträume in Jahren finden keine Parallelen in 1 Hen, sondern erinnern viel eher an die Danieltradition.[237] Sollte sich 4Q247 wirklich, zumindest in Teilen, an der Chronologie der Zehnwochenapokalypse orientieren, so wäre hiermit lediglich ein Ausschnitt aus dem Spektrum der Tradition erfaßt, das der Verfasser in die Schaffung einer Geschichtsdarstellung mit eigenem Profil eingehen ließ.[238] Obwohl der erhaltene Text keine präzisen Aussagen über Inhalt und Umfang der von 4Q247 bezeugten Geschichtsdarstellung mehr ermöglicht – auch der Stellenwert heptadischer Elemente bleibt aufs Ganze gesehen unklar –, ist damit deutlich, daß dessen Charakter als Kommentar zur Zehnwochenapokalypse unzutreffend erfaßt ist. Es erscheint angeraten, bei der Bezeichnung von 4Q247 künftig auf den Ausdruck einer Relation zu diesem Henochtext zu verzichten und statt dessen eine neutrale Titulierung, etwa schlicht als ‚Chronologischer Text', zu wählen.[239]

---

237 Vgl. neben dem kanonischen Danielbuch auch die ‚Pseudo-Daniel'-Texte 4Q243-245; s.o., 6.

238 Ist die von MILIK und BROSHI vorgenommene Rekonstruktion von 4Q247 3 korrekt und wurden hier wirklich die 480 Jahre erwähnt, die nach 1 Kön 6,1 zwischen Exodus und Tempelbau vergingen, und ist ferner die vorausgesetzte Orientierung an der Zehnwochenapokalypse zutreffend, so hätte der Text hier Angaben unterschiedlicher Provenienz und Art (heptadisch und nicht-heptadisch) miteinander verknüpft, um zu einer im Rahmen seiner Geschichtsschau neu akzentuierten Darstellung der Existenz Israels im verheißenen Land vorzustoßen.

239 Auch die von ABEGG / WACHOLDER, *Preliminary Edition* III, 32, eingeführte Bezeichnung des Textes als „Apocryphal Weeks" ist unglücklich, da sie zwar auf den Ausdruck einer Relation zur Zehnwochenapokalypse verzichtet, dafür aber die heptadische Struktur der Geschichtsdarstellung zum Hauptcharakteristikum erhebt, ohne daß deutlich wäre, welcher Stellenwert dieser im Text zukam.

7.3. Fazit

4Q247 umfaßt einen nur bruchstückhaft erhaltenen Teil einer Darstellung der Geschichte Israels, der von der Königszeit bis in die Tage des Verfassers zu reichen scheint. Mit dem in Z. 2 erwähnten fünften Siebent (השבוע החמן]ישי) ist eine mögliche Verbindung zur Zehnwochenapokalypse gegeben, an deren chronologischer Sequenz sich der Text orientieren könnte. Da weitere Bezüge zwischen beiden Texten fehlen, ist bereits diese Vermutung sehr weitreichend. Daß 4Q247, wie in der Literatur vertreten, einen Kommentar zur Zehnwochenapokalypse bietet, ist dagegen ein unzutreffender Schluß, der ein intertextuelles Verhältnis spezifiziert, das vom Textbefund her keinerlei Bestätigung findet. Da inhaltlich etwa mit der Erwähnung von Königen sowie der Angabe längerer Zeiträume in Jahren gerade Elemente dominieren, die in der Henochtradition keine Parallele haben, sollte die von 4Q247 repräsentierte Geschichtsdarstellung als ein eigenständiger Entwurf verstanden werden, der unter Aufnahme von traditionellem Material gestaltet wurde und dabei strukturell auf die Zehnwochenapokalypse rekurrieren könnte, ohne daß dieser darüber hinaus eine zentrale Bedeutung zukommen würde. Da lediglich ein kleines Fragment erhalten ist, bleibt mit dem ursprünglichen Umfang und dem genauen Charakter des Werkes auch der Stellenwert eines heptadischen Systems im Dunkeln.

8. 4QApocryphon of Jeremiah C und 4Q390

8.1. Der Text : Erhaltungszustand, Datierung und Inhalt

Die Handschriften 4Q385-390 waren Gegenstand eines komplizierten Editionsprozesses, während dessen sich die Abgrenzung der zusammengehörigen Textkomplexe sowie die Bezeichnung der von ihnen repräsentierten Texte wiederholt änderte. STRUGNELL zur Edition übergeben, wurden sie von ihm 1956 als „un écrit *pseudo-jérémien*" charakterisiert;[240] aber bereits wenig später hob STRUGNELL hervor, „that the work was vaster and contained a notable pseudo-Ezekiel section"[241]. MILIK schloß hier an und bestimmte die Texte 4Q385-390 zusammen mit 4Q384 als Kopien eines als „pseudo-Ezechiel" bezeichneten Werkes, ohne dabei auf das jeremianische Material einzugehen.[242] Am Fortgang des Editionspro-

240 STRUGNELL, *Travail*, 65.
241 STRUGNELL, *Angelic Liturgy*, 344.
242 MILIK, *Books of Enoch*, 254f.; vgl. DERS., *Problèmes*, 357; DERS., *Milkî-ṣedeq*, 123.

zesses war neben STRUGNELL auch DIMANT beteiligt, und in gemeinsamen Artikeln etablierte sich die Bezeichnung des Textes als „Second
Ezekiel"[243].

Während STRUGNELL die Zugehörigkeit der Fragmente 4Q385-390
zu einem einzigen Werk hauptsächlich aufgrund materieller und paläogra-
phischer Ähnlichkeiten sowie angesichts grober inhaltlicher Übereinstimmungen und einiger Textüberschneidungen folgerte, gelangte DIMANT,
die von STRUGNELL die Editionsverantwortung übernahm, im Zuge ihrer
Arbeit zu der Erkenntnis, daß die formale und inhaltliche Disparität zwischen den Fragmenten zu groß sei, um sie als Repräsentanten ein und desselben Werkes verstehen zu können. Nehme man die Unterschiede ernst,
so müsse man drei verschiedene Werke unterscheiden, zwei davon pseud-
epigraphischer Natur (Pseudo-Ezechiel und Pseudo-Moses) und einen
Text mit narrativen Stücken über Jeremia, von DIMANT als „Apocryphon
of Jeremiah" bezeichnet.[244]

DIMANT arbeitete diese These in der Folgezeit durch Beiträge zum
Jeremia-Apokryphon und zu Pseudo-Moses weiter aus,[245] distanzierte sich
jedoch im Zuge der Vorbereitung der Edition von 4Q385-390 in der
Reihe *Discoveries in the Judaean Desert* aufgrund inhaltlicher und stilistischer
Gründe wieder von der Annahme eines Pseudo-Moses-Textes.[246] Das
Resultat ist „the emergence of only two coherent writings, *Pseudo-Ezechiel*
and the *Apocryphon of Jeremiah* C. Each of them possesses its own distinc-
tive themes, style, and vocabulary. This conclusion results from a combination of material, stylistic, structural, and thematic arguments"[247]. Damit
stand am Ende des Editionsprozesses ein Ergebnis, das STRUGNELLs an-
fänglicher Aufteilung von 4Q385-390 in Jeremia- und Ezechielmaterial
folgt, sich aber prinzipiell darin unterscheidet, daß es eine Unterscheidung
von zwei Werken voraussetzt,[248] wogegen STRUGNELL offenkundig von
einem Werk mit zwei thematischen Schwerpunkten ausging.

Die stark abweichenden Klassifizierungen von 4Q385-390 während
des Editionsprozesses machen deutlich, daß angesichts des schlechten
Erhaltungszustandes weder eine Bestimmung des Werkcharakters noch
eine eindeutige Zuordnung der Fragmente mit Sicherheit möglich ist.

---

243 Vgl. STRUGNELL / DIMANT, *4Q Second Ezekiel*, 45-58; DIES., *Merkabah Vision*, 331-348.
244 DIMANT, *New Light*, 408.
245 Vgl. DIMANT, *Apocryphon of Jeremiah*, 11-30; DIES., *Seventy Weeks Chronology*, 72-76.
246 Bereits GARCÍA MARTÍNEZ, *Nuevos Textos*, 130f., hatte die Identifizierung von 4Q390 als
    Pseudo-Moses-Text in Zweifel gezogen, war aber weiterhin davon ausgegangen, mit
    4Q390 läge ein eigenständiges Werk vor; ihm folgt KNIBB, *Note*, 170-177.
247 DIMANT, DJD 30, 3.
248 Auch ABEGG / WACHOLDER, *Preliminary Edition* III, 228-266, teilen die Fragmente auf
    zwei Kompositionen auf, nehmen aber kein Jeremia-Apokryphon an, sondern identifizie-
    ren neben dem Pseudo-Ezechiel-Material (4Q385-389) einen Pseudo-Moses-Text (4Q390).

Unter diesem Vorbehalt ist gleichwohl der von DIMANT in DJD 30 vorgelegten Rekonstruktion zuzustimmen, da sie auf überzeugende Art formale
und inhaltliche Argumente miteinander verbindet und deshalb zur Zeit die
plausibelste der diskutierten Alternativen bildet.[249] Es wird daher im
folgenden als Arbeitshypothese vorausgesetzt, daß der Komplex 4Q385-
390 in zwei Kompositionen, Pseudo-Ezechiel und ein Jeremia-Apokryphon, zerfällt. Da Pseudo-Ezechiel nach der Rekonstruktion DIMANTs
keine für das Thema dieser Arbeit entscheidenden Passagen aufweist, wird
auf eine weitere Diskussion dieses Textes verzichtet.[250]

4QApocryphon of Jeremiah C ist nach DIMANT in sechs Kopien
erhalten (4Q385a, 4Q387, 4Q387a, 4Q388a, 4Q389, 4Q390), die bis auf
4Q390 (30 bis 20 v. Chr.) in den Zeitraum zwischen 50 und 25 v. Chr. zu
datieren sind.[251] Eine weitere Abschrift des Textes könnte mit 6Q12 vorliegen, die Identifikation dieses winzigen Fragmentes kann jedoch nicht als
gesichert gelten;[252] sehr unwahrscheinlich ist die Identifizierung von
4Q383, 4Q384 und 4Q470 als weitere Kopien des Jeremia-Apokryphons
C.[253] Den Großteil des erhaltenen Textes bildet eine in der ersten Person
Singular gehaltene Rede, die vereinzelt an einen oder mehrere Adressaten
gerichtet ist. Während einige Passagen Episoden der frühen biblischen
Geschichte darstellen, handeln andere Stücke von Ereignissen aus der
Epoche des Zweiten Tempels und endzeitlichen Begebenheiten, die aus
der Sicht des Sprechers in der Zukunft liegen. Darüber hinaus sind zwei
längere narrative Abschnitte erhalten, die von Ereignissen rund um die
Person Jeremias berichten (4Q389 Fr. 1; 4Q385a Fr. 18 I-II).

---

249 Auch DOERING, *Jeremia*, 50-54, kommt bei seiner Auseinandersetzung mit den von
     WACHOLDER und BRADY geäußerten Kritikpunkten an der von DIMANT vertretenen Auf-
     teilung des Materials auf zwei Kompositionen zu dem Ergebnis, daß diese das plausibelste
     Modell darstelle.
250 Von der Pseudo-Ezechiel-Komposition sind nach DIMANT, DJD 30, 7-9, folgende sechs
     Kopien erhalten: 4Q385, 4Q386, 4Q385b, 4Q388, 4Q385c (ediert a.a.O., 17-88) sowie das
     Papyrusfragment 4Q391 (ediert von SMITH, DJD 19, 153-193).
251 Vgl. DIMANT, DJD 30, 92-94.
252 Der Text wurde ediert von BAILLET, DJD 3, 126; DIMANT, DJD 30, 94, Anm. 3, bietet
     eine verbesserte Transkription. Interessant ist der Text auch wegen des Jubiläenbezuges in
     Z. 3 (ואחר היובלים), über dessen Sinn sich jedoch in Ermangelung eines klaren Kontextes
     nichts mehr sagen läßt.
253 Nach DIMANT, DJD 30, 94f., sprechen stilistische Besonderheiten dafür, daß mit 4Q383
     ein weiterer Jeremiatext, von ihr als *„Apocryphon of Jeremiah A"* bezeichnet, vorliegt. 4Q384,
     von SMITH in DJD 19 als „4QpapApocryphon of Jeremiah B?" bestimmt, scheint nicht zu
     den Jeremia-Apokryphen zu gehören, sondern weist vielmehr Charakteristika der ‚Pseudo'-
     Jubiläen-Texte auf (vgl. die Erwähnung von מ[חלקות הע[ו]תים in Fr. 9 2); vgl. hierzu die
     Ausführungen unter 5. sowie DIMANT, a.a.O., 95. 4Q470 schließlich weist nach DIMANT,
     a.a.O., 95f., eine zu geringe Ähnlichkeit mit dem erhaltenen Text des Jeremia-Apokryphons
     C auf, um als eine Kopie desselben gelten zu können: „[I]t could be a reworking of the
     Book of Kings".

Aufgrund des Inhalts und des verwendeten Vokabulars muß Gott der Sprecher sein, bei den Adressaten der Rede wird es sich folglich um Jeremia und das Volk Israel bzw. Teile desselben handeln.[254] Kernbestandteil des Textes, so DIMANT, sei unter diesen Voraussetzungen eine in der Zeit Jeremias situierte Gottesrede, die einen Geschichtsüberblick von der biblischen Vorgeschichte bis in die eschatologische Heilszeit umfaßt habe. Auf dieser Basis rekonstruiert DIMANT die Anordnung der erhaltenen Fragmente in chronologischer Reihenfolge. Die beiden narrativen Teile über Jeremia finden ihren Platz als Rahmung der Gottesrede, so daß sich nach DIMANT folgendes Bild von Aufbau und Inhalt des Textes ergibt:[255] Eine Einleitung (4Q389 Fr. 1) gibt das erzählerische Setting vor, wonach es sich bei dem Text um ein Schreiben handelt, das Jeremia aus dem ägyptischen Exil (Z. 5: מארץ מצרי[ם) an die nach Babylon Exilierten schickt, wo sein Inhalt dem am Fluß Sur versammelten Israel verlesen wird (Z. 6f.: קראו הדברים] האלה לפני] כ]ל בני י]שראל על נהר סור).[256]

Es schließt sich der als Gottesrede gestaltete Geschichtsüberblick an, beginnend mit biblisch bezeugten Ereignissen wie der Wüstenwanderung (4Q388a Fr. 2; 4Q389 Fr. 2), der frühen Königszeit (4Q385a Fr. 1), dem Götzendienst des Volkes und seinen negativen Folgen (4Q385a Fr. 3; 4Q387 Fr. 1; 4Q388a Fr. 3; 4Q389 Fr. 6-7).[257] Die Geschichtsschau geht über in eine Schilderung der – in der Erzählperspektive bereits in der Zukunft liegenden – Epoche des Zweiten Tempels: Israel verliert die staatliche Souveränität, gerät unter Fremdherrschaft und wird feindlichen Engeln ausgeliefert (4Q390 Fr. 1; 4Q385a Fr. 4; 4Q387 Fr. 2 II; 4Q388a Fr. 7; 4Q389 Fr. 8). Volk und Land leiden unter feindlichen Übergriffen, die in dem Maße zunehmen, in dem Israel der Gottlosigkeit verfällt (4Q385a Fr. 4-5; 4Q387 Fr. 2 III; 4Q388a Fr. 7; 4Q389 Fr. 8; 4Q390 Fr. 1-2), bis es in den Reihen des Volkes zum Kampf um Bund und Tora kommt (4Q387 Fr. 3).

Das Ende des Geschichtsüberblicks markieren Episoden, die bereits in die Endzeit gehören: 4Q385a Fr. 16-17 erwähnen den Untergang von Griechenland und Ägypten sowie die heilvolle Zukunft unter dem Baum

---

254 Vgl. DIMANT, DJD 30, 96.

255 Vgl. DIMANT, DJD 30, 96-100; DIES., *L'Apocryphe de Jérémie C*, 500f.

256 Der Fluß Sur ist sonst nicht belegt. Bar 1,4 𝕲 erwähnt den Fluß Sud in Babylon, an dem Baruch seinen Brief verliest. Es ließe sich mit DIMANT, DJD 30, 222, erwägen, ob hier nicht an denselben Fluß gedacht ist, wofür auch die Variante in Bar 1,4 𝕾 (Sur) sprechen könnte.

257 DIMANT, DJD 30, 100, ordnet weitere Fragmente in den Rahmen dieser geschichtlichen Sequenz ein und findet etwa in 4Q389 Fr. 4 eine Erwähnung der Landnahme. Diese Deutung ist möglich, kann aber aufgrund des schlecht erhaltenen Textes nicht als gesichert gelten. Im folgenden wird nur auf die inhaltlich sicher zuzuordnenden Fragmente näher eingegangen.

des Lebens. Der Text schließt mit einem Bericht über die Aktivitäten Jeremias in bezug auf die nach Babylon und Ägypten Exilierten (4Q385a Fr. 18).[258] Während die narrativen Rahmenteile „die *Toraparänese* in den Mittelpunkt des Wirkens Jeremias"[259] stellen, zeigt der negative Geschichtsüberblick die Folgen auf, die die Mißachtung des göttlichen Willens unweigerlich zeitigen muß. Konsequenterweise bildet der Kampf um Bund und Tora den zentralen innergeschichtlichen Ausgangspunkt der sich in 4Q387 Fr. 3 7-9 andeutenden Heilswende.

Die von DIMANT vorgelegte Rekonstruktion des Jeremia-Apokryphons C kann über weite Strecken überzeugen, bedarf jedoch einiger kritischer Anmerkungen. Die Grundannahme, der Text habe einen ausführlichen, als Gottesrede gestalteten Geschichtsüberblick geboten, ist grundsätzlich plausibel und kann sich zudem auf die längste rekonstruierbare Passage 4Q387 Fr. 2 II-III berufen. Die Folgerung DIMANTs, „that the historical review, now lost, began with early biblical times, moved on to post-biblical events, and concluded with the eschatological era"[260], ist gleichwohl nicht zweifelsfrei aus dem erhaltenen Text abzuleiten, sondern beruht auf einer Kombination materieller und inhaltlicher Argumente: Da die am besten erhaltenen Fragmente, mit hoher Wahrscheinlichkeit der Mittelteil der Schriftrolle, von Ereignissen aus der Zeit des Zweiten Tempels handeln, enthielten nach DIMANT die zu einem großen Teil verlorenen Anfangs- und Endpassagen der Schriftrolle eine entsprechend ausführliche Darstellung der Vor- und Nachgeschichte. Diese Theorie ist nicht unproblematisch, da sich aus dem ursprünglichen *Umfang* einer Schriftrolle weder einfach proportional auf den konkreten *Inhalt* noch auf die *Struktur* der verlorenen Passagen schließen läßt. Daß Abschnitte zu verschiedenen Epochen der Geschichte Israels erhalten sind, läßt vor diesem Hintergrund komplexere Modelle als das *einer* fortlaufenden Geschichtsschau zu: So wäre etwa die Möglichkeit in Betracht zu ziehen, daß *mehrere* inhaltlich geschlossene Einheiten, etwa Offenbarungen an Jeremia, miteinander in einem literarischen Kontext verbunden wurden.

Daß die der Rekonstruktion zugrundeliegende Prämisse eines fortlaufenden Geschichtsüberblicks eine notwendige Vereinfachung des textlichen Befundes darstellt, zeigt sich auch an einigen Details, die zu ihr in Spannung stehen.[261] Sie bietet trotzdem die einzige brauchbare Arbeits-

---

258 Eine ausführliche Untersuchung des narrativen Rahmens findet sich bei DOERING, *Jeremia*, 55-76.
259 DOERING, *Jeremia*, 72.
260 DIMANT, DJD 30, 94.
261 So scheint 4Q387 Fr. 1 7-10 Exil und Rückkehr zu erwähnen, die Spätzeit Judas ist aber nochmals in 4Q387 Fr. 2 II 5-7 im Blick, obwohl zwischen beiden Stellen mindestens eine weitere Kolumne gestanden hat. Dies zeigt, daß auch im Fall einer fortlaufenden Geschichtsschau im Detail mit einer gewissen Redundanz zu rechnen ist.

hypothese, da ein komplexerer Aufbau des Textes zwar theoretisch nicht ausgeschlossen werden kann, aber aufgrund des erhaltenen Textbestandes nicht positiv rekonstruierbar ist. Da die von DIMANT präsentierte Rekonstruktion des Jeremia-Apokryphons C als fortlaufende Geschichtsschau alle Fragmente, deren Zugehörigkeit zu diesem Werk aufgrund von Überschneidungen zwischen den erhaltenen Handschriften erwiesen ist, trotz kleinerer Spannungen im Detail sinnvoll integriert, lege auch ich sie meinen Ausführungen zugrunde.

Lediglich 4Q390 fügt sich nicht in den so abgesteckten Interpretationsrahmen:[262] DIMANT identifiziert diese Handschrift als einen Teil des Jeremia-Apokryphons C „by virtue of its style, terminology, form and themes which are all identical to those of the four other manuscripts [sc. of the Apocryphon].“[263] Obwohl die von DIMANT festgestellten Parallelen unbestreitbar vorhanden sind, bleibt doch festzuhalten, daß sie allein nicht die Zugehörigkeit von 4Q390 zu 4QApocryphon of Jeremiah C belegen können. Da textliche Überschneidungen fehlen, sind die notierten stilistischen, formalen und inhaltlichen Übereinstimmungen zwar ein notwendiges, aber kein hinreichendes Kriterium für die Identifizierung von 4Q390 als weiterer Kopie des Jeremia-Apokryphons C. Letztlich entscheidend ist, ob sich 4Q390 in den rekonstruierten Text der Geschichtsschau sinnvoll integrieren läßt.[264]

Aus dieser Perspektive allerdings sind berechtigte Zweifel anzumelden: 4Q390 Fr. 1 7f. springt nach der Erwähnung von Exil und Rückkehrern direkt in das siebte Jubiläum der Verwüstung des Landes (יובל השביעי לחרבן הארץ) und schildert Umstände, die bereits weit in die hellenistische Epoche reichen. 4Q387 Fr. 2 II, DIMANT zufolge *nach* dieser Passage einzuordnen, müßte folglich hier zeitlich anschließen. Das Gegenteil ist jedoch der Fall: 4Q387 Fr. 2 II setzt allem Anschein nach noch in vorexilischer Zeit ein und erreicht mit Kol. III einen bereits fortgeschrittenen Teil der hellenistischen Epoche. Folgt man daher der von DIMANT vorgeschlagenen Anordnung der Fragmente, so hätte der Text direkt nacheinander zweimal dieselben Ereignisse dargestellt. Das identische Phänomen tritt

---

262 Meine folgenden Ausführungen zum Verhältnis von 4QApocryphon of Jeremiah C und 4Q390 wurden von mir in Teilen bereits auf dem Göttinger Qumrantag am 18.01.2005 vorgetragen. Ich danke vor allem Devorah DIMANT, die sich den kritischen Anfragen an ihre Rekonstruktion stellte und der ich, wie auch den weiteren Teilnehmenden, manche weiterführende Anregung zur Präzisierung meiner Position verdanke.

263 DIMANT, DJD 30, 92.

264 DIMANT, DJD 30, 249, rekonstruiert die Textsequenz so, daß 4Q387 Fr. 2 II nach 4Q390 Fr. 1, aber noch vor Fr. 2 II einzuordnen wäre: „Given the fact that the restored sequence of 4Q387 ii-iii runs uninterrupted from the disappearance of the old kingdoms to the withdrawal of God from the land, 4Q390 2 i-ii could hardly precede it, since it is already describing the rule of Belial (line 3) and the iniquity of those times.“

auch bei der Plazierung von 4Q390 Fr. 2 hinter 4Q387 Fr. 2 III auf, insofern erneut eine Wiederholung von Ereignissen, diesmal der hellenistischen Zeit, zu verzeichnen ist.[265] Die von DIMANT vertretene Rekonstruktion des Textes in der Reihenfolge 4Q390 Fr. 1 – 4Q387 Fr. 2 II-III
– 4Q390 Fr. 2[266] endet demnach unweigerlich in Dublettenbildungen, die
zu einer eklatanten Kollision mit der der Rekonstruktion zugrundeliegenden Annahme einer fortlaufenden Geschichtsschau führen.[267]

Zur Lösung dieses Problems bestehen grundsätzlich zwei Alternativen: Entweder der Text bot keine fortlaufende Geschichtsschau, sondern
folgte einer anderen Struktur, welche die Existenz paralleler Abschnitte ermöglichte, oder 4Q390 und 4Q387 können nicht Teil derselben Komposition sein. Wie dargelegt, kann nicht kategorisch ausgeschlossen werden,
daß der Text anders strukturiert war, als es die der Rekonstruktion
DIMANTs zugrundeliegende Prämisse einer fortlaufenden Geschichtsschau suggeriert. Da sich jedoch auf der Grundlage der eindeutig zu
4QApocryphon of Jeremiah C gehörigen Textzeugen keine entscheidenden Argumente gegen diese Arbeitshypothese beibringen ließen, ist es
nicht sinnvoll, dieselbe in Anbetracht von 4Q390 aufzugeben, dessen Zugehörigkeit zum Text ja allererst zu erweisen wäre. Insofern sich keine
positiven Gründe dafür benennen lassen, daß das von 4Q387 par repräsentierte Werk keine fortlaufende Geschichtsschau bot, ist es angesichts
der mit diesem Charakter des Textes unvereinbaren Dublettenbildung
angeraten, 4Q390 nicht als Teil derselben Komposition aufzufassen.
4Q390 repräsentiert demnach ein bisher unbekanntes Werk, das sich
ebenfalls die Gestalt einer Gottesrede gibt, die an einen exilischen Adressaten gerichtet ist. Wahrscheinlich handelt es sich um ein weiteres Propheten-Apokryphon.[268]

---

265 So findet sich die Auslieferung Israels an die מלאכי המשטמות sowohl in 4Q387 Fr. 2 III 4
   als auch in 4Q390 Fr. 2 I 7 (vgl. Fr. 1 11); ein innerisraelitisches Zerwürfnis erwähnt sowohl 4Q390 Fr. 2 I 6 als auch das nach DIMANTs Anordnung im direkten Anschluß folgende 4Q387 Fr. 3 7.
266 Vgl. DIMANT, DJD 30, 100.
267 Bezieht man 4Q387 Fr. 1 in die Betrachtung mit ein, so ergibt sich eine weitere Dublette
   mit dem nach DIMANT direkt folgenden Fragment 4Q390 Fr. 1, die diesmal in einer zwei-
   maligen Erwähnung von Exil und Rückkehr besteht. Da dieses Problem allerdings bereits
   zwischen 4Q387 Fr. 1 und 2 auftritt (s.u., 8.2.1.), ergeben sich hieraus keine eindeutigen
   Konsequenzen für das Verhältnis zu 4Q390.
268 Ausgeschlossen ist die von DIMANT, *New Light*, 405-447, ursprünglich vertretene Interpretation von 4Q390 als Pseudo-Moses-Text, da Fr. 1 eindeutig einen frühexilischen Adressaten der Gottesrede voraussetzt. Daß die Gottesrede an einen Exilspropheten (Jeremia /
   Ezechiel) gerichtet ist, läßt sich auch mit der in Fr. 1 3f. erwähnten Zeugenfunktion für den
   göttlichen Willen (ולא יתהלכון בדר]כי אשר אנוכי מצוך אשר תעיד) vereinbaren, die nicht auf
   die Person Moses beschränkt ist (vgl. 2 Chr 24,19). Eine Bestimmung des Verhältnisses
   zwischen 4Q390 und weiteren apokryphen Prophetentexten wäre ein lohnendes Unterfangen, das im Rahmen dieser Untersuchung nicht verwirklicht werden kann.

Die von DIMANT für ihre Zuweisung von 4Q390 zum Jeremia-Apokryphon C angeführten terminologischen und konzeptionellen Gemeinsamkeiten sind angesichts der dargestellten Gegengründe in diesem Punkt zwar nicht beweiskräftig, belegen aber eine große Nähe zwischen beiden Texten, die kaum zufällig sein wird.[269] Es ließe sich daher vermuten, daß ein literarisches Abhängigkeitsverhältnis vorliegt und ein Text unter Rückgriff auf den anderen eine Geschichtsdarstellung entwickelt, die trotz großer Nähe eigene Akzente setzt. Daß sich dies so verhält, läßt sich trotz des fragmentarischen Erhaltungszustandes der Texte an einigen Punkten demonstrieren: Während in 4Q387 das Hauptaugenmerk auf der Geschichte Israels in Relation zu den Fremdvölkern liegt, tritt dieser Aspekt in 4Q390 fast vollständig zurück. Dagegen sticht hier die auffallend positive Erwähnung der ersten Rückkehrer aus dem negativen Geschichtsüberblick hervor (4Q390 Fr. 1 5-7), wofür es keine Parallele in 4QApocryphon of Jeremiah C gibt. Auch terminologisch zeichnen sich trotz klarer Übereinstimmungen deutliche Unterschiede zwischen 4Q390 und 4Q387 par ab: So fällt auf, daß große Teile der nur in 4Q390 verwendeten Begriffsverbindungen Parallelen in Texten finden, die in der Qumrangruppierung entstanden.[270]

Angesichts der notierten Gemeinsamkeiten und Unterschiede zwischen 4QApocryphon of Jeremiah C und 4Q390 stellt sich die Frage nach ihrem Verhältnis, die untrennbar mit dem Versuch einer sozialgeschichtlichen Verortung verbunden ist. Beide Texte weisen in ihrer negativen Darstellung der Epoche des Zweiten Tempels unübersehbare Parallelen zu einem Geschichtsverständnis auf, wie es für dtr geprägte Texte aus der Zeit des 2. Jh. v. Chr. typisch ist. Zu notieren ist hier die gemeinsame Nähe zur Tiervision (1 Hen 85-90) und zu den eschatologischen Exkursen des Jubiläenbuches (Jub 1; 23).[271] Im Blick auf das Jeremia-Apokryphon C verdient ferner die Tatsache besondere Beachtung, daß das aus seinen narrativen Passagen ablesbare Bild des Propheten Jeremia in Teilen auch aus anderen Schriften des 2. Jh. v. Chr. bekannt ist: Im ersten Kap. der Epistel Jeremias und in 2 Makk 2,1-3 ermahnt Jeremia die Deportierten, die Tora zu halten und sich von den Götzen abzuwenden (vgl. 4Q385a

---

269 So verwenden beide Texte vergleichbare Motive zur Beschreibung der nachexilischen Zeit, wie etwa die Herrschaft der מלאכי המשטמות (4Q387 Fr. 2 III 4; vgl. 4Q390 Fr. 2 I 7), die Unkenntnis Israels über den Grund der göttlichen Strafe (4Q387 Fr. 2 II 15; vgl. 4Q390 Fr. 2 I 7) sowie die Frevel der Priester (4Q387 Fr. 2 III 6; vgl. 4Q390 Fr. 2 I 10).

270 So enthält die Darstellung der Sünde Israels auffällig viele Parallelen zu den Anfangskapiteln der Damaskusschrift, darüber hinaus etwa auch zu 1QH, 1QS und 1QM; eine Auflistung der Stellen bietet DIMANT, DJD 30, 102f. Auch die Bezeugung von „*o*-form imperfects, peculiar to Qumran documents" (DIMANT, a.a.O., 248) in 4Q390 Fr. 2 I 9 spricht für die Nähe dieses Textes zu Kompositionen der Qumrangruppierung.

271 Vgl. DIMANT, *New Light*, 437-447; DIES., DJD 30, 100-104.107-112.

Fr. 18 II 8f.). Das erzählerische Setting der öffentlichen Verlesung eines Dokumentes (4Q389 Fr. 1) schließlich erinnert an die Eingangspassage des wahrscheinlich kontemporären Baruchbuches (Bar 1,1-3).[272]

Obwohl unbestreitbar inhaltliche und konzeptionelle Parallelen vorliegen, ermöglichen diese doch keine Ableitung eindeutiger Kriterien für die Datierung des Jeremia-Apokryphons C: Dies liegt einerseits daran, daß keiner der Paralleltexte für sich genommen präzise datierbar ist, und ist andererseits der Tatsache geschuldet, daß ihr Verhältnis zum Jeremia-Apokryphon C unklar bleibt. Beispielsweise ist es, obwohl 2 Makk 2,1 hervorhebt, die folgenden Informationen über Jeremia stünden ‚in den Schriften' (ἐν ταῖς ἀπογραφαῖς), nicht möglich, eine literarische Abhängigkeit − so überhaupt eine Beziehung besteht! − zwischen 2 Makk 2, EpJer 1 und dem Qumrantext nachzuweisen.[273] Die dargestellten Gemeinsamkeiten beim Prophetenbild können, wie auch die Übereinstimmungen im Geschichtsverständnis, gesichert lediglich die Existenz traditionsgeschichtlicher Verbindungslinien aufzeigen, bieten jedoch kein präzises Datierungskriterium.

Insofern die paläographische Bestimmung der Handschriften mit der zweiten Hälfte des 1. Jh. v. Chr. nur den *terminus ad quem* für die Komposition von 4QApocryphon of Jeremiah C liefert, bleibt die Frage nach dem *terminus a quo* und mit ihr die Notwendigkeit eines geeigneten Datierungskriteriums bestehen. Eine Möglichkeit, die Entstehungszeit des Textes weiter einzugrenzen, besteht in der Suche nach zeitgeschichtlichen Anklängen. Als wahrscheinlich kann mit DIMANT angenommen werden, daß 4Q387 Fr. 2 II 17f. die Herrschaft Antiochus' IV. (175-164 v. Chr.) in den Blick nimmt;[274] welche weiteren Ereignisse das Jeremia-Apokryphon C reflektiert, ist jedoch angesichts des fragmentarischen Zustandes seiner letzten Passagen sowie der in ihnen gebotenen vagen Anspielungen unklar. Dasselbe gilt für 4Q390, wo ebenfalls Zustände des 2. Jh. v. Chr. vorausgesetzt sind, ohne daß eine präzisere Eingrenzung möglich wäre.[275] Die Bemühungen um eine Datierung des Jeremia-Apokryphons C und des ihm nahestehenden Textes 4Q390 werden daher durch den Blick auf zeitgeschichtliche Anspielungen nur um ein unscharfes Kriterium bereichert. Verknüpft man alle Indizien, läßt sich die wahrscheinliche Entstehungszeit beider Texte auf die letzten beiden Drittel des 2. Jh. v. Chr. eingrenzen: Hierfür sprechen sowohl die inhaltlichen und konzeptionellen Übereinstimmungen mit kontemporären Geschichtsdarstellungen als auch die

---

272 Für eine eingehendere Diskussion der Parallelen vgl. DIMANT, *Apocryphon*, 24-30; DIES., DJD 30, 107f.
273 So auch DIMANT, DJD 30, 108.
274 Vgl. DIMANT, DJD 30, 116.189.
275 Zur Deutung der geschichtlichen Anspielungen s.u., *8.2.2.*

möglichen zeitgeschichtlichen Bezüge sowie zuletzt auch die Tatsache, daß sich noch keine Reflexe auf die römische Herrschaft finden.[276]

Eine letzte Annäherung an die Entstehungsumstände beider Texte bietet die notwendige Frage nach dem Verhältnis des Jeremia-Apokryphons C zu 4Q390. DIMANT kommt, ausgehend von der Zuschreibung beider Texte zum selben Werk zu dem Schluß, daß dieses inhaltlich eine große Nähe zu Schriften der Qumrangruppierung aufweist, ohne dabei im ganzen die für sie typische Terminologie zu verwenden. „Thus, *Apocryphon of Jeremiah* C cannot be identified simply as a sectarian document, nor, for that matter, as non-sectarian. It presents a type of intermediate category related, but not identical, to the sectarian literature."[277] Dieses Ergebnis läßt sich entscheidend präzisieren, wenn man 4Q390 als eigenständiges Werk versteht: Wie bereits erwähnt entfallen die meisten terminologischen Parallelen mit den Schriften der Qumrangruppierung auf eben diesen Text, wogegen sie in 4QApocryphon of Jeremiah C stark in den Hintergrund treten. Dies legt die Vermutung nahe, daß mit dem Jeremia-Apokryphon C ein vorqumranischer Text vorliegt, der von der Gruppierung geschätzt wurde und die Vorlage für ein Werk bot, das in Qumran entstand und von dem eine Kopie mit 4Q390 erhalten ist. 4QApocryphon of Jeremiah C rückt damit an den Beginn des wahrscheinlichen Entstehungszeitraums beider Texte (165–100 v. Chr.), wogegen 4Q390 eher an seinem Ende entstanden sein wird.

8.2. Elemente einer heptadischen Chronologie

In einigen der erhaltenen Passagen von 4QApocryphon of Jeremiah C und 4Q390 finden sich Erwähnungen von Jahrwochen und Jubiläen, die darauf schließen lassen, daß heptadische Elemente im Geschichtsentwurf dieser Texte eine Rolle spielten. Auffälligerweise stammen alle Belegstellen aus jeweils dem Teil der Geschichtsschau, der nach DIMANTs Rekonstruktion die exilisch-nachexilische Zeit zum Inhalt hat.[278] Da diese Abschnitte des Textes am besten erhalten sind, ist es möglich, die heptadischen Angaben in einem breiteren Kontext zu untersuchen. Die daneben belegten, versprengten chronologischen Notizen ohne Textzusammen-

---

276 Vgl. DIMANT, DJD 30, 116. DIMANT spricht sich für das letzte Viertel des 2. Jh. v. Chr. als wahrscheinliche Entstehungszeit des Jeremia-Apokryphons C (unter Einschluß von 4Q390!) aus. Dieser Zeitrahmen scheint mir angesichts der Tatsache, daß mit 4Q390 ein eigenständiges Werk vorliegt, zu eng gegriffen; zu einer Präzisierung der Datierungen aufgrund einer Verhältnisbestimmung beider Werke s. im folgenden.

277 DIMANT, DJD 30, 112.

278 Den folgenden Ausführungen liegen, wo nicht anders vermerkt, die von DIMANT, DJD 30, 89-260, erarbeitete Rekonstruktion und Transkription des Textes zugrunde.

hang lassen über die Feststellung ihres Vorhandenseins hinaus kaum weitere Schlüsse zu. Im folgenden sollen zunächst die relevanten Passagen aus 4Q387 par und 4Q390 untersucht und im geschichtstheologischen Profil des jeweiligen Textes verortet werden (*8.2.1.* und *8.2.2.*). Unter *8.2.3.* soll abschließend geklärt werden, ob und wie sich das enge Verhältnis zwischen beiden Texten auf der Ebene der Chronologie niederschlägt.

8.2.1. 4QApocryphon of Jeremiah C

4Q387 Fr. 2 II (mit Textparallelen in 4Q385a Fr. 4 und 4Q389 Fr. 8 II) bezeugt einen Teil der Gottesrede, der unter starkem Rückgriff auf dtr Terminologie die göttlichen Strafen aufführt, die Israel aufgrund seiner Übertretungen (Z. 3: מעלם) treffen werden.[279] Bis zur Vollendung eines Zeitraumes von zehn Jubiläen (Z. 3f.: עד שלמות עשרה יבלי שנים) wird sich Gott seinem Volk nicht mehr zuwenden, unabhängig davon, wie sehr es ihn sucht (Z. 2). Bilden die genannten zehn Jubiläen einen Zeitraum des göttlichen Zornes,[280] so stellt sich die Grundfrage, wie ihr Verhältnis zu den im Anschluß (Z. 4-12) geschilderten Ereignissen zu bestimmen ist. Läßt der Text ein klares chronologisches Schema erkennen, und, wenn ja, wie ist dieses akzentuiert?

Obwohl die theologische Konnotation der Jubiläensequenz deutlich ist, bleibt zu konstatieren, daß der Text, an dieser Stelle fast vollständig erhalten, keine explizite Verortung der eingeführten Sequenz von zehn Jubiläen vornimmt und auch die folgenden chronologischen Notizen nicht eindeutig mit dieser verklammert. Nachdem Z. 4f. die Jubiläensequenz näher als eine Zeit der Blindheit und Verirrung des hier direkt angesprochenen Volkes charakterisieren, schließt sich in Z. 5 die Aussage an, daß Gott ‚nach dem Ende dieser Generation' (ומתם הדור] [וההוא) die Herrschaft denen entreißen wird, die sie ergreifen; das Volk wird unter Fremdherrschaft geraten, und das israelitische Königtum wird untergehen (Z. 7: וממלכת ישראל תאבד). Dabei wirft die bestimmte Rede von ‚dieser Generation' die Frage nach deren Identität auf, auf die sich grundsätzlich zwei Antworten geben lassen: Entweder der Text greift auf eine zuvor genannte, aber im Fragment nicht mehr erhaltene Passage zurück, vor deren Hintergrund die Identität der genannten Generation deutlich wird, oder aber die Lösung verbirgt sich im direkt vorangehenden Kontext.

Da sich Gott in 4Q387 Fr. 2 II 4 wahrscheinlich an Teile seines Volkes wendet, ließe sich vermuten, hinter der in Z. 5 erwähnten Generation

---

279 Zur reichen Verwendung dtr Terminologie in der gesamten Passage vgl. die Stellenangaben bei DIMANT, DJD 30, 181-184.
280 So auch DIMANT, DJD 30, 185.

verberge sich die Generation eben dieser Adressaten.[281] Sind diese mit der frühen babylonischen Gola identisch, an die der Brief Jeremias gerichtet ist (vgl. 4Q389 Fr. 1), so befände man sich mit Z. 5 in deren direkter Zukunft.[282] An dieser Stelle tritt das Problem auf, daß die in 4Q387 Fr. 2 II 5–7 als zukünftig dargestellten Ereignisse aus der Perspektive der Gola bereits in der Vergangenheit liegen müßten: Daß Gott die Herrschaft aus den Händen derer entreißt, die sie ergreifen,[283] läßt an die Entmachtung illegitimer Herrscher denken (vgl. Z. 8f.), und insofern im Anschluß der Untergang des israelitischen Königtums vermerkt wird (Z. 7: וממלכת ישראל תאבד), scheint die ganze Passage auf die Spätzeit Judas zu blicken. Da die Ereignisse aus der Perspektive des Textes in der Zukunft liegen, ist zu überlegen, ob die Gottesrede nicht sinnvoll einer vorexilischen Phase des Wirkens Jeremias zuzuordnen wäre, was ja ihre spätere briefliche Übermittlung an die Gola keineswegs ausschließt.

Zwar legt die Schilderung in 4Q387 Fr. 2 II 5–7 eine Interpretation als Darstellung der Spätzeit und des Untergangs Judas nahe, der Versuch einer präzisen Bestimmung der einzelnen Ereignisse droht jedoch den Text überzustrapazieren: Die Entmachtung der genannten Herrscher und ihre Ersetzung durch andere aus einem anderen Volk läßt DIMANT an „Jewish high priests or gentile governors" denken, „linked to the successive control of the Babylonian, Persian, and Hellenistic empires of the Land of Israel."[284] Da die Ereignisse im Kontext der Spätzeit Judas stehen, erscheint diese Interpretation aber als zeitlich zu weitreichend, und es werden eher machtpolitische Verwerfungen in der Frühzeit der babylonischen Herrschaft im Blick sein, auf die Z. 6f. mit der Wendung ומשל [הז]דון בכל הארץ anspielen könnte.[285] 4Q387 Fr. 2 II 5–7 ist daher am zwanglosesten als Wiedergabe mehrerer Teile aus einem großen Ereigniszusammenhang zu interpretieren, der mit der Entmachtung der letzten Herrscher Judas[286] und der Einsetzung der babylonischen Fremd-

---

281 Die Vermutung DIMANTs, DJD 30, 182, die Rede von ‚dieser Generation' assoziiere terminologisch die Generation der Wüstenzeit, ist nicht unmöglich, vermag aber den Inhalt und die Chronologie der Passage nicht weiter zu erhellen. Eine explizite Erwähnung der vierzigjährigen Wüstenwanderung findet sich in 4Q389 Fr. 2 8.

282 4Q389 Fr. 1 6 datiert die Verlesung des Schreibens, dessen Inhalt nach der literarischen Fiktion des Textes die Gottesrede bildet, wahrscheinlich im 36. Jahr des Exils (שלו[שים] ושש שנה לגלות ישראל). Im Hintergrund dieser Angabe könnte die Begnadigung Jojachins im 37. Jahr nach der ersten Deportation (597 v. Chr.) stehen (2 Kön 25,27; Jer 52,31); vgl. DIMANT, DJD 30, 221f.

283 DIMANT, DJD 30, 182, ist bei ihrer Rekonstruktion von Z. 5 (א]קרע [את הממלכה מיד המחזיקים) zuzustimmen, da dieselbe Wendung in Z. 8f. wieder begegnet.

284 DIMANT, DJD 30, 185.

285 Vgl. die Parallele in Jer 50,31f., wo Babel als זדון bezeichnet wird.

286 Diese Deutung von 4Q387 Fr. 2 II 5f. (א]קרע[את הממלכה מיד המחזיקים) bietet sich auch vor dem Hintergrund der biographischen Passage Jer 36–41 an, deren Darstellung der

herrschaft zwei Seiten aufweist. Da diese faktisch das Ende der staatlichen Souveränität Judas bedeuten, wird es als Zielpunkt des Gedankens am Ende genannt (Z. 7: וממלכת ישראל תאבד).

Die angeführte Interpretation von 4Q387 Fr. 2 II 5-7 als Schilderung des Niedergangs Judas und des Beginns der babylonischen Herrschaft findet eine Bestätigung im Blick auf den weiteren Fortgang des Textes:[287] Im Anschluß an den in Z. 7 erwähnten Untergang des israelitischen Königtums folgt die Schilderung einer Situation, die durch die Wendung ,in diesen Tagen' (Z. 7f.: בימים ההמה) eingeleitet wird und durch das Auftreten eines Königs gekennzeichnet ist. Da dieser König frevelhaft handelt (Z. 8: וה]וא גדפן ועשה תעבות), wird auch er von Gott entmachtet (Z. 8f. וקרעתי ממלכתו [את].[288] Gottes Antlitz hingegen ist von dem unter die Völker zerstreuten Israel abgewandt, dessen Hilfeschreie zur Strafe für seinen Ungehorsam ungehört verhallen (Z. 9-12).[289] Auch dieser letzte Abschnitt aus 4Q387 Fr. 2 II ist von derselben Grunddynamik geprägt, die für die Kolumne als ganze kennzeichnend ist und von DIMANT zutreffend als „ful-

---

Widerfahrnisse Jeremias unter den letzten judäischen Königen hier als Vorlage gedient haben könnte.

287 Das einzige schwerwiegende Problem stellt Fr. 1 dar, das unter materiellen Gesichtspunkten als Teil einer früheren Passage der Handschrift identifiziert werden kann (vgl. DIMANT, DJD 30, 175) und in Z. 7-10 folgende Schilderung der Strafen Gottes bietet: Dieser hat sein Volk an dessen Feinde ausgeliefert und das Land veröden lassen (Z. 7: ואתנ]כם ביד אי[ב]כם ואשמה] [את] ארצכם), das nun seine zuvor versäumten Sabbate nachholt (Z. 8: והארץ]רצתה את ש[ב]תו[תי]ה בהשמה). Der Text reißt in Z. 9f. mit der Erwähnung des Jahres ab, in dem Israels Zerstreuung unter seine Feinde endet (ם באר[צ]ות] איבי[כ]ם [עד שנת]) und sich die Rückkehr in das eigene Land (א]ל אדמתכם) ereignet. Trotz des fragmentarischen Zustandes der Passage sind die Anklänge an Exil und Rückkehr evident, was eine unbestreitbare Spannung mit dem Beginn von Fr. 2 II zur Folge hat, das nach meiner Deutung mit der Spätzeit Judas einsetzt. Daß mindestens eine weitere Kolumne zwischen beiden Stellen stand (Fr. 2 I), verschärft das Problem zusätzlich. Angesichts des schlechten Erhaltungszustandes von 4Q387 lassen sich Fr. 1 und Fr. 2 in kein klares inhaltliches Verhältnis zueinander setzen, und die notierte Spannung muß unaufgelöst bestehen bleiben. Die unklare Makrostruktur dieses Teils des Textes ändert jedoch grundsätzlich nichts an der Möglichkeit und Notwendigkeit, die aufgrund der vorhandenen Parallelen in 4Q385a und 4Q389 fast komplett rekonstruierbare Passage 4Q387 Fr. 2 II in der dargestellten Weise einer in sich schlüssigen Interpretation zuzuführen.

288 Der Sinn der zweiten Hälfte von Z. 9 ist dunkel: Während 4Q387 an dieser Stelle והמלך ה[הוא למכלי[ו]ם liest, bietet die Parallele in 4Q385a Fr. 4 7 die Variante למלכים. DIMANT, DJD 30, 183f., hält 4Q387 an dieser Stelle für ursprünglich und übersetzt „and th]at [king] (will be) to the destroy[e]rs" (a.a.O., 181). Obwohl auch diese Aussage enigmatisch bleibt, fügt sie sich als mögliche Ansage des Untergangs besagten Herrschers besser in den Textzusammenhang als die völlig unverständliche Variante למלכים, die sich textkritisch als Anpassung an den im Kontext verwendeten Wortstamm מלך erklären läßt.

289 Z. 11f. sind fast vollständig zerstört, können aber aufgrund der Parallelpassage 4Q389 Fr. 8 II 3f. rekonstruiert werden.

fillment of the biblical covenant curses"[290] (vgl. Dtn 28; Lev 26) charakterisiert wird.

Während die geschichtstheologische Grunddynamik in wiederholter
Durchführung deutlich zutage tritt, insofern Gott die Mächte nach Belieben ein- und absetzt, seinem Volk jedoch nicht zu Hilfe eilt, bleiben die
geschichtlichen Bezüge im Fall des letztgenannten Königs auf den ersten
Blick vage. Die Kontextualisierung durch בימים ההמה (Z. 7f.) schließt
Aufstieg und Niedergang besagten Herrschers an die vorhergehende Notiz über das Ende der ממלכת ישראל an. Daß es sich um einen heidnischen
König handelt, legt neben dieser zeitlichen Einordnung seines Auftretens
auch die enge Parallele zu 4Q387 Fr. 2 II 18 nahe.[291] DIMANTs Vermutung, bei dem frevelhaften König sei an Nebukadnezar zu denken,[292] ist
daher angesichts der vorangehenden Passage, die den Niedergang Judas
beschreibt, durchaus plausibel. Mit der Entmachtung dieses Herrschers
beweist Gott, daß seine Herrschaft auch die Fremdvölker einschließt
(Z. 8f.); erweist er sich hier als geschichtsmächtig, so läßt er umgekehrt
das Flehen der Israeliten, zur Strafe für ihre Übertretungen unter die Heiden zerstreut, ohne Reaktion verhallen (Z. 9-12).

Die letzten Zeilen von 4Q387 Fr. 2 II sind nicht erhalten, lassen sich
jedoch aufgrund der Textparallelen mit weiteren Kopien des Jeremia-Apokryphons zu einem großen Teil rekonstruieren.[293] Während Z. 12b-17a
erneut die göttliche Abwendung als Folge wachsender Übertretungen Israels, kulminierend im Bundesbruch, thematisieren, führt Z. 17b den Handlungsfaden mit dem Auftreten eines heidnischen Königs ‚in diesen Tagen‘
(ובימים ההמה) fort, der wie sein in Z. 8 genannter Vorgänger durch Fre-
veltaten hervorsticht (Z. 18: יקום מלך לגוים גדפן ועשה רעות). Zur Zeit
dieses Herrschers wird Gott die Existenz Israels als Volk aufheben (II 18 -
III 1: ובימו אעביר את ישראל מעם), Ägypten und Israel zerschmettern, Israel dem Schwert ausliefern und das Land zur Einöde machen (III 3:
והשמותי את הארץ). Der göttlichen Abwendung (III 4f.: הסרתי פני
מישראל) korrespondiert die Auslieferung des Landes in die Hand der
‚Engel der Anfeindungen‘ (III 3f.: ועזבתי את הארץ ביד מלאכי המשטמות).
Am Tag, an dem Gott das Land verläßt, werden die Jerusalemer Priester
sich erneut dem Götzendienst verschreiben (III 5).[294]

---

290 DIMANT, DJD 30, 185.
291 Hier wird ein מלך לגוים גדפן, wahrscheinlich Antiochus IV., auf dieselbe Weise dargestellt
     wie sein in Z. 8 genannter Vorgänger; zu 4Q387 Fr. 2 II 18 s. im folgenden.
292 Vgl. DIMANT, DJD 30, 185.
293 Vgl. die Parallelen in 4Q385a Fr. 4; 4Q388a Fr. 7 II; 4Q389 Fr. 8 II. Die Rekonstruktion
     von 4Q387 Fr. 2 II findet sich bei DIMANT, DJD 30, 190. Da der Text durch die Parallel-
     stellen gut bezeugt ist, wird im folgenden auf die Wiedergabe von Lakunen verzichtet.
294 4Q387 Fr. 2 III läßt sich aufgrund o.g. Parallelen rekonstruieren, die auch zur Rekonstruk-
     tion der vorangehenden Kolumne herangezogen wurden.

Der Text von 4Q387 Fr. 2 II 15 - III 7 bietet gewichtige Indizien, die dafür sprechen, hier einen Reflex auf Ereignisse der hellenistischen Epoche zu sehen. Dieser Schluß legt sich zunächst deshalb nahe, weil in II 15f. das von Israel begangene Übel mit dem ‚ersten Übel' verglichen und als dieses noch übertreffend dargestellt wird (ושבו ועשו רעה רבה מן הרעה הראשנה). Es ist wahrscheinlich, daß als Vergleichspunkt die Sünden Israels gewählt wurden, die zur Zerstörung des Ersten Tempels führten;[295] die Charakterisierung der hellenistischen Epoche als Zeit der schlimmsten Verfehlungen jedenfalls bildet ein aus vielen kontemporären Geschichtsdarstellungen bekanntes Motiv.[296] Die vom Text gelieferten Details von Bundesbruch, frevelhafter Fremdherrschaft, Bedrohung der Identität Israels und kultischer Verfehlungen am Jerusalemer Tempel machen die Vermutung DIMANTs wahrscheinlich, hier sei die Herrschaft von Antiochus IV. im Blick.[297]

Schlägt man von den in 4Q387 Fr. 2 II 15 - III 7 geschilderten Ereignissen aus hellenistischer Zeit den Bogen zurück zum Beginn der in 4Q387 Fr. 2 betrachteten geschichtlichen Sequenz, so zeichnet sich ein graduelles Anwachsen der Sünde Israels und der ihr korrespondierenden göttlichen Strafen ab:[298] Während zunächst das Königtum untergeht (II 7) und Israel den Völkern ausgeliefert ist (II 10), führt der Bruch des Bundes schließlich zur Aufkündigung des besonderen Status Israels als Volk Gottes (II 18 - III 1) und zur Einsetzung der ‚Engel der Anfeindungen' (III 3f.). Die geschichtstheologische Grunddynamik dieses Zeitraums und seine Begründung als Strafe für die Übertretungen der Vorfahren ist mit der Einführung der zehn Jubiläen in II 3f. vorgegeben, sein Einsatzpunkt מתם הדור ההוא wird im direkten Anschluß (II 5) genannt. Nach dem Vorausblick auf das Ende einer zehn Jubiläen umfassenden göttlichen Zorneszeit (Z. 3f.) folgt somit ab Z. 5 deren konkrete Darstellung: Sie beginnt ‚nach dem Ende dieser Generation', an der Schwelle zum Untergang Judas.

Daß die in 4Q387 Fr. 2 II-III dargestellte Unheilsgeschichte Israels die inhaltliche Bestimmung der zehn Jubiläen im einzelnen ausführt, zeigen auch terminologische Beobachtungen: Die Aussage, Israel werde bis zum Vollwerden seiner Schuld (II 13: עד] אשר ישלימו עונם) keine Zuwendung Gottes erfahren, erinnert an II 3f., wo von der ‚Erfüllung von zehn Jubiläen' die Rede ist (עד שלמות עשרה יבלי שנים), während derer Gott sein

---

295　So auch DIMANT, DJD 30, 188f.
296　Vgl. etwa Dan 9,25-27; 1 Hen 90,2-7; 93,9f.
297　Vgl. DIMANT, DJD 30, 189; ebenso BECKWITH, *Calendar*, 225. Die in III 1 erwähnte Zerschlagung Ägyptens könnte auf die militärischen Operationen anspielen, die Antiochus IV. – wenn auch ohne bleibenden Erfolg – ab 168 v. Chr. gegen die Ptolemäer durchführte.
298　Vgl. hierzu auch DIMANT, DJD 30, 231f.

Antlitz vor Israel verbergen wird.[299] Somit verklammert die Aussage in
II 13 die Situation der Auslieferung Israels an die Völker mit der eingangs
gesetzten Zorneszeit von zehn Jubiläen, deren Ende noch nicht in Sicht
ist, da auf das Vollwerden der Schuld Israels noch immer vorausgeblickt
wird. Dagegen schließt der Text in II 13f. direkt mit der Angabe des Zeichens an, das Israel בשלם עונם in Form des neuerlichen Rückzuges Gottes
zuteil wird. Die schwierige Wendung בשלם עונם ist am ehesten mit
DIMANT als בְּשְׁלֵם עוֹנם („beim Vollwerden ihrer Schuld‘) zu interpretieren;[300] einen Hinweis auf das Ende der zehn Jubiläen scheint allerdings
auch sie nicht zu bieten: Die Tatsache, daß Israels Schuld ihr volles Maß
erreicht, bewirkt gerade kein Ende der Gottesferne, sondern eröffnet im
Gegenteil erst die Phase der schwersten Bestrafung. Das Erreichen des
höchstmöglichen sündigen Zustandes markiert daher nicht den Zeitpunkt,
an dem die Auflehnung des Gottesvolkes abrupt endet, sondern scheint
vielmehr als das Niveau gedacht zu sein, auf dem auch die im Anschluß
(II 14 - III 7) dargestellten Übertretungen angesiedelt sind.

Da nach II 3f. die zehn Jubiläen als Zeitraum des Ungehorsams Israels
in den Blick treten und dieser Zustand die Schilderung bis zum Abreißen
des Textes prägt, ist davon auszugehen, daß der gesamte erhaltene Text
von Fr. 2 zur Darstellung der Jubiläendekade gehört. Mit den ab II 13 geschilderten Ereignissen ist lediglich das volle Maß der Sünde Israels erreicht, unter dessen Vorzeichen die gesamte weitere seleukidische Epoche
wahrgenommen wird. Ein Umschwung zeichnet sich erst in 4Q387 Fr. 3
7-9 ab, wonach Israel ‚in dieser Generation‘ (בדור הה[וא]) gespalten ist und
sich wegen Tora und Bund bekämpft. Das aufkommende Hungern und
Dürsten nach Gottes Wort scheint einen Umschlag in die Endzeit zu antizipieren, dessen Darstellung im Text nicht mehr erhalten ist. Obwohl das
Ende der zehn Jubiläen nicht ausdrücklich erwähnt wird, legt die Darstellung in 4Q387 Fr. 3 7-9 nahe, daß die gottgesetzte Zorneszeit hier, wenn
nicht bereits beendet, so doch zumindest ihrem Ende nahe ist.

Auf die dargestellte Weise ergibt sich ein geschlossenes Bild des hinter
dem Text stehenden geschichtstheologischen Konzeptes: 4QApocryphon
of Jeremiah C faßt die gesamte exilisch-nachexilische Zeit als Zeitraum
des göttlichen Zornes und der wachsenden Übertretungen Israels auf und
definiert sie näherhin als eine Abfolge von zehn Jubiläen. Sowohl die
geschichtstheologische Perspektive, aus der Israels Geschick in Anknüpfung an dtr Vorstellungen und im besonderen an die Bundesflüche (Dtn
28; Lev 26) als Konsequenz seines fortwährenden Ungehorsams in den

---

299 Ein paralleler Gedanke begegnet in Dan 9,24, wo der Zeitraum der 70 Jahrwochen von
     Gott beschlossen wird, um Sünde und Frevel ihr volles Maß erreichen zu lassen; s.o., *II.*
     2.2.3.
300 Vgl. DIMANT, DJD 30, 230f.

Blick genommen wird, als auch die konkrete Länge der heptadisch strukturierten Zorneszeit entsprechen der Darstellung von Dan 9 (70 Jahrwochen)[301] und ihrer wahrscheinlichen Aufnahme in 11QMelchizedek als
zehn Jubiläen.[302] Da das Jeremia-Apokryphon C jedoch weder eine heptadische Untergliederung des Zeitraumes bietet noch solche inhaltlichen
Aspekte aufweist, die sich nur als Resultat einer direkten Abhängigkeit erklären ließen, und sich ferner auch Nähen zu weiteren kontemporären
Texten wie etwa der Hirtenvision (1 Hen 89,59 - 90,19) zeigen,[303] ist die
Erwähnung der zehn Jubiläen am zwanglosesten als Resultat der Kenntnis
eines breiten traditionsgeschichtlichen Rückraumes zu erklären, die über
die Rezeption uns bekannter Texte vermittelt sein kann, aber nicht muß.

Die vom Text zur Gliederung der zehn Jubiläen verwendeten chronologischen Vermerke ‚nach dem Ende dieser Generation' (Fr. 2 II 5: ומתם
הדור ההוא), ‚in dieser Generation' (Fr. 3 7: בדור הה[וא]), ‚in diesen Tagen'
(Fr. 2 II 7f.17: בימים ההמה) und ‚zu seiner Zeit' (Fr. 2 II 18; III 1: בימו)
sind im Gegensatz zu diesen ohne Ausnahme nicht-heptadischen Charakters.[304] Sie sind vage gehalten, bleiben ohne eindeutige chronologische Implikationen und fungieren primär als ein Mittel der literarischen Gestaltung und Strukturierung. Der Zeitraum der zehn Jubiläen wird durch die
besagten Angaben unter völliger Absehung von seiner heptadischen
Struktur gegliedert, wobei der erhaltene Text ein zentrales Interesse an der
Gegenüberstellung der babylonischen und der seleukidischen Zeit zeigt:
Sowohl Nebukadnezar als auch Antiochus IV. werden als מלך גדפן einge-
führt (II 8.18), das Auftreten beider ereignet sich in Anschluß an Israels
Übertretungen, deren Schwere im zweiten Fall explizit als Überbietung der
Sünde der Vorväter, Auslöser der Vernichtung Judas, dargestellt wird
(II 15f.: ועשו רעה רבה מן הרעה הראשנה).

Die von 4QApocryphon of Jeremiah C gebotene Schilderung der exilisch-nachexilischen Zeit zielt demnach auf den Aufweis ihrer geschichtstheologischen Grunddynamik als Epoche des göttlichen Zornes und der
Verirrungen Israels, deren degenerative Tendenz anhand der Darstellung

---

301 So auch DIMANT, DJD 30, 115.

302 Vgl. zu diesen Texten die Darstellungen unter *II. 2.3.* und *V. 9.*

303 Das Jeremia-Apokryphon C teilt mit dem Danielbuch etwa das Interesse am Geschick der
     Weltreiche (4Q387 Fr. 2 II-III; vgl. Dan 2; 7f.; 10f.), hebt jedoch viel stärker Gottes aktives
     Geschichtsregiment hervor; aus der Hirtenvision bekannt ist das Motiv der Einsetzung
     dämonischer Herrscher über Israel (4Q387 Fr. 2 III 4; vgl. 1 Hen 89,59). Trotz der unbe-
     streitbaren Nähe zu diesem Henochtext ist eine direkte Ableitung der zehn Jubiläen in
     4Q390 Fr. 2 II 3f. von den dort genannten 70 Hirten unmöglich. DIMANT, DJD 30, 115,
     verfällt bei diesem Versuch einer unkritischen Gleichsetzung von 70 Hirten und 70 Jahr-
     wochen, die im Text nicht impliziert ist; s.o., *III. 3.2.*

304 Eine gliedernde Funktion haben ferner die beiden Bezugnahmen auf ein Zeichen (אות),
     das im einen Fall beim Vollwerden der Schuld Israels (II 14: בשלם עונם), im anderen am
     Tag, an dem Gott das Land verläßt (III 5: ביום עזבי את הארץ), auftreten wird.

zentraler Gestalten und Ereignisse exemplarisch herausgestellt wird. Zwar ist der gesamte Zeitraum als Folge von zehn Jubiläen verstanden, die Tatsache aber, daß deren heptadische Struktur nicht weiter ausgeführt wird und sich im gesamten erhaltenen Text des Jeremia-Apokryphons C keine einzige weitere heptadische Datierung findet,[305] spricht dafür, daß die Jubiläendekade hier wahrscheinlich als ein Zeitraum des göttlichen Zornes rezipiert wurde, der traditionell als zwischen Exil und Anbruch der Endzeit liegend gesehen werden konnte.[306] Das Jeremia-Apokryphon C greift somit die zehn Jubiläen nur als geschichtstheologische Chiffre auf, in einer Weise, die an die Aufnahme der 70 jeremianischen Jahre als Exilschiffre etwa beim Chronisten erinnert (vgl. 2 Chr 36,21f.; Esr 1,1).

Abschließend seien die zentralen Beobachtungen der vorangehenden Ausführungen auf der folgenden Seite in einer schematischen Darstellung zusammengefaßt.

---

305 Nach der Rekonstruktion DIMANTs, DJD 30, 113, erwähnt 4Q388a Fr. 4 2 die ‚Sabbate der Jahre' (שבתות הש[נ]ים); einen Verweis auf das Nachholen der versäumten Sabbatjahre (והארץ [רצתה את ש[ב]תו[תי]ה בהשמה), allerdings ohne chronologische Implikationen, bietet 4Q387 Fr. 1 8. Daß, wie VANDERKAM, *Calendars*, 105, meint, in der folgenden Zeile ursprünglich die 70 Exilsjahre erwähnt wurden, ist reine Spekulation, da die Aussage, Israel werde עד שנת[ן] in die Länder der Feinde zerstreut, verschiedenste Ergänzungen zuläßt; vgl. DIMANT, DJD 30, 178. Die in 4Q385a Fr. 11 I 4 und Fr. 12 2 bezeugten Zahlen 70 (שבעים) und 700 (שבע מאו[ת]) können, aber müssen keine Zeitangaben darstellen. Abgesehen von zwei Erwähnungen einer bestimmten Generation (דור) in 4Q385a Fr. 4 2 und 4Q387 Fr. 2 II 5 finden sich nur noch Angaben von Zeiträumen in Jahren (4Q385a Fr. 12 5: שנתים י[מים]; 4Q387 Fr. 1 9: [עד שנת; 4Q387 Fr. 4 I 2: שנים), wobei die in 4Q388a Fr. 2 3 und 4Q389 Fr. 2 8 genannten ‚40 Jahre' (ארבעים שנה) wahrscheinlich auf die Zeit der Wüstenwanderung abzielen. Bereits nicht mehr Teil der Gottesrede ist die einen Teil des Erzählrahmens bildende Datierung der Verlesung des Dokuments in das 36. Jahr des Exils (4Q389 Fr. 1 6).

306 Die von DIMANT, DJD 30, 113-115, geäußerte Vermutung, das Jeremia-Apokryphon C kenne ein System der fortlaufenden Einteilung der gesamten Geschichte in Zyklen aus Jahrwochen und Jubiläen, kann nach dem Wegfall von 4Q390 als Textzeugen und angesichts nur noch einer verbliebenen Belegstelle in 4Q387 Fr. 2 II 3f. nicht mehr überzeugen.

Datierung	Ereignisse	Stelle in 4Q387
	Gottes Zorn und Israels zunehmende Übertretungen	Fr. 2 II 3f.
ומתם הדור ההוא	Niedergang Judas / Herrschaft Babels	Fr. 2 II 5-7
בימים ההמה	מלך גדפן (Nebukadnezar)	Fr. 2 II 7-9
עד אשר ישלימו עונם	*Auslieferung Israels an die Heiden* *Gott verbirgt sein Antlitz*	Fr. 2 II 13
האות בשלם עונם	Gottverlassenheit des Landes ועשו רעה רבה מן הרעה הראשנה	Fr. 2 II 14-17
בימים ההמה	מלך גדפן (Antiochus IV.)	Fr. 2 II 17f.
ובימו	Gott hebt Israels Existenz als Volk auf	Fr. 2 II 18 - III 1
ובימו	Gott zerschlägt Ägypten und Israel Herrschaft der מלאכי המשטמות	Fr. 2 III 1-4
האות ביום עזבי את הארץ	Götzendienst der Jerusalemer Priester	Fr. 2 III 5f.
בדור ההוא	Kampf um Tora und Bund / Hungern und Dürsten nach Gottes Wort	Fr. 3 7-9

Links (vertikal): עד שלמות עשרה יבלי שנים
Rechts (vertikal): שבעים שנה מיום אשר עזבו את

8.2.2. 4Q390

Auch die beiden erhaltenen großen Fragmente von 4Q390 weisen Spuren einer heptadischen Chronologie auf: Fr. 1 bezeugt den Teil einer Gottesrede, der einen Ausschnitt aus einem dem Inhalt von 4Q387 Fr. 2 vergleichbaren, ebenfalls auf dtr Formulierungen basierenden Geschichtsüberblick umfaßt. Auffälligerweise wird das Grundschema der kontinuierlichen Sünde Israels und der ihr entsprechenden göttlichen Bestrafung[307] im Hinblick auf die Generation der ersten Rückkehrer aus dem Exil durchbrochen: Diese hebt sich nach 4Q390 Fr. 1 5-7 deutlich von der Zeit der Vorväter ab,[308] insofern Gott nun wieder direkt mit seinem Volk spricht (Z. 6: אדברה בהמה ואשלחה אליהם מצוה) und dieses seine Gebote erkennt, die es zuvor verlassen hatte (Z. 6f.: ויבינו בכול אשר עזבו הם

---

307 Das Wechselspiel zwischen Sünde Israels und göttlicher Strafe ist für den gesamten Text charakteristisch; daß es sich um immer wiederkehrende Phasen gleicher Dynamik handelt, zeigt die Verwendung des Verbs שוב (4Q390 Fr. 1 2.11).

308 Die Gegenüberstellung wird dadurch verstärkt, daß die in 4Q390 Fr. 1 5 als Negativepoche eingeführten *früheren* Tage des Königtums Israels (ימי ממלכתו הרישונים) terminologisch mit der Zeit der *ersten* Rückkehrer (העולים רישונה מארץ שבים) in Beziehung stehen.

ואבותיהם).[309] Die ausdrücklich positive Bewertung der Rückkehrer
schließt den Wiederaufbau des Tempels ein, der hier explizit als Grund
der Rückkehr genannt wird (Z. 5f.: שבים לבנות את המקדש). Dies ist deshalb besonders bemerkenswert, da die Texte, denen 4Q390 in anderer
Hinsicht sehr nahe steht, die Epoche der Restitution entweder ganz übergehen oder bewußt negativ darstellen.[310]

Die positive Schilderung der Zeit der ersten Rückkehrer aus dem Exil
ist eingebettet in eine dezidiert negative Beschreibung der Geschichte Israels, in der auch die nun zu diskutierenden chronologischen Notizen begegnen. 4Q390 Fr. 1 3-5 handeln von der Herrschaft der ‚Söhne Aarons'
über Israel und dem Ungehorsam des Volkes, Z. 2 spezifiziert den Zeitraum dieser Herrschaft mit 70 Jahren und charakterisiert sie als gottgesetzt.[311] Durch den Vergleich der Zeit mit den genauso negativ konnotierten *früheren* Tagen der Königszeit (Z. 4f.: ככל אשר עשו ישראל בימי ממלכתו
הרישונים) wird deutlich, daß die Herrschaft der Söhne Aarons eine spätere
Epoche der Geschichte Israels markiert. Da ferner Z. 5-7 die Rückkehr
aus dem Exil thematisieren, liegt der Schluß nahe, daß Z. 2-5 die Exilszeit
zwischen Fall und Wiederaufbau Jerusalems zum Inhalt haben.[312]
DIMANT deutet vor diesem Hintergrund die Herrschaft der Söhne Aarons
als den historischen Umständen getreue Umschreibung der priesterlichen
Führung, die das staatliche Machtvakuum der frühen Exilszeit ausgefüllt
habe.[313]

---

309 GARCÍA MARTÍNEZ, *Nuevos Textos*, 134, sieht hier eine Anspielung auf die Reform Esras,
     was durchaus erwägenswert ist.
310 Vgl. etwa Dan 9,25; 1 Hen 89,72-74. Auch DIMANT, DJD 30, 243f., hebt die im Kontext
     verwandter Geschichtsdarstellungen untypisch positive Bewertung der ersten Rückkehrer
     hervor.
311 4Q390 Fr. 1 2 ist stark zerstört, die Rekonstruktion DIMANTs, DJD 30, 237, וא[שוב] ונתתים
     [ביד בני אהר]ון ‏[שבעים שנה (‚und wieder liefere ich sie aus in die Hand der Söhne Aarons
     für 70 Jahre') erscheint dennoch nicht als zu spekulativ, da der Anschluß in Z. 3 einen
     derartigen Text erfordert. MILIK, *Books of Enoch*, 255, rekonstruiert die Passage als [ליד בני
     אהר]ון שנים [שבעים שנה] ביובל ההוא]. Er setzt hier wie auch für Fr. 2 I 6 (s. im folgenden)
     voraus, daß der Text ‚zwei Jahrwochen' und nicht ‚70 Jahre' meint. Dem ist entgegen-
     zuhalten, daß der Text den Begriff ‚Jahrwoche' nur mit dem Plural als שבוע שנים wieder-
     gibt (vgl. 4Q390 Fr. 2 I 4; vgl. auch 4Q387 Fr. 2 II). MILIKs Deutung des Singulars שנה als
     Jahrwochenspezifizierung ist nicht nur sehr konstruiert, sondern zudem völlig unnötig, da
     die verbreitete Wendung שבעים שנה (‚siebzig Jahre'; vgl. etwa 2 Chr 36,21f.; Jer 25,11f.;
     29,10; Dan 9,2) keiner Emendierung bedarf und sich, wie im folgenden zu zeigen ist, auch
     inhaltlich problemlos in den Duktus des Textes einfügt.
312 Nicht nachvollziehbar ist die Interpretation BECKWITHs, *Calendar*, 225f., der die in 4Q390
     Fr. 1 2 genannten 70 Jahre zeitlich an die in Fr. 2 I 4 erwähnte Jahrwoche anschließt und
     mit dem Jahr 175 v. Chr. einsetzen läßt. BECKWITH, der nicht auf die einzelnen Fragmente
     eingeht, sondern immer nur von 4Q390 spricht, muß hier den Text beider Fragmente
     irrtümlich miteinander vermischt haben.
313 Vgl. DIMANT, DJD 30, 243.

Der Reflex auf die 70 Exiljahre ist wie auch die übrigen chronologischen Angaben des Textes kein Teil eines formalen Rasters, sondern in die Gottesrede eingeflochten, die das Thema der Sünde Israels und der ihr entsprechenden Strafe Gottes ausführt: Der Gedankengang geht von der Erwähnung der Söhne Aarons zum Ungehorsam des Gottesvolkes über, mündet darauf in eine direkte Anrede des Adressaten als Mahner zum Gebotsgehorsam ein, um dessen Scheitern direkt im Anschluß mit dem Verweis darauf vorwegzunehmen, daß Israel getreu seiner Vorgeschichte auch in Zukunft ungehorsam bleiben wird – ein Zustand, von dem nur die Generation der ersten Rückkehrer ausgenommen ist. Zentraler Gegenstand der in 4Q390 Fr. 1 2-7 entwickelten Darstellung ist somit nicht die Chronologie, sondern das gestörte Verhältnis zwischen Gott und Israel, wie es sich in der geschichtlichen Sequenz der Exilszeit niederschlägt. Chronologische Feinheiten treten hinter diesem theologischen Interesse zurück: Nicht die göttliche Ordnung der Geschichte steht im Mittelpunkt, sondern der Blickwinkel Gottes auf die Verfehlungen seines Volkes.

In Z. 7 beginnt ein weiterer Sinnabschnitt, der die zweite Hälfte von 4Q390 Fr. 1 (bis Z. 11) umfaßt. Der textliche Neueinsatz wird gleich durch zwei chronologische Vermerke markiert, deren erster den Anknüpfungspunkt an die zuvor erwähnte Generation der Rückkehrer bildet: Nach ihrem Ende (Z. 7: ומתום הדור ההוא) wird sich ein erneuter Abfall Israels vom göttlichen Gebot ereignen, der zur Folge hat, daß Gott sein Antlitz verbirgt und Israel seinen Feinden ausliefert; lediglich ein Rest wird verschont, während über das Volk dämonische Mächte herrschen (Z. 8-10). Der zweite Vermerk datiert den Beginn dieser Ereignissequenz in das siebte Jubiläum der Verwüstung des Landes (Z. 7f.: ביובל השביעי לחרבן הארץ), also das siebte Jubiläum seit Beginn des Exils.[314] Auf welche geschichtliche Epoche hier angespielt wird, ist nicht eindeutig. Klar ist aufgrund der vorangehenden Passage lediglich, daß die Ereignisse in die Zeit des Zweiten Tempels fallen, ohne daß sich der Bezugszeitraum auf den ersten Blick näher eingrenzen ließe.

Die Schwierigkeit einer historischen Einordnung der in 4Q390 Fr. 1 7-11 dargestellten Ereignisse rührt zu einem Teil daher, daß die beiden ihren Anfang bildenden chronologischen Notizen in Spannung zueinander zu stehen scheinen. Wenn mit ‚dieser Generation' (הדור ההוא) in Z. 7

---

[314] Ebenso MILIK, *Books of Enoch*, 255; VANDERKAM, *Sabbatical Chronologies*, 177. Für die Verbindung חרבן הארץ als Bezeichnung des Exils vgl. CD V 20. Daß, wie KNIBB, *Note*, 173, vermutet, die sieben Jubiläen auch den Zeitraum vor dem Exil bezeichnen könnten, ist daher auszuschließen. Ebenfalls abzulehnen ist die von BECKWITH, *Calendar*, 224, Anm. 12, vertretene Position, wonach die Jubiläenfolge am Ende des Exils einsetzt: „The present document [...] refers to a desolation of the land which had ended after 70 years." Diese These ist aus dem Text nicht begründbar, sondern setzt unkritisch das chronologische Modell voraus, das BECKWITH für Dan 9 veranschlagt.

die Generation der ersten Rückkehrer aus dem Exil gemeint ist – und nur
diesen Schluß läßt der Kontext zu –, dann suggeriert Z. 7f., daß man sich
nach dieser Generation bereits im ‚siebten Jubiläum der Verwüstung des
Landes' befindet. Ist mit dieser Formulierung das Konzept einer verlängerten Exilszeit verbunden,[315] wie es etwa auch Dan 9,24 vertritt, so wäre
ihr Beginn dennoch mit dem Beginn des ‚historischen' Exils identisch, das
in der ersten Hälfte von 4Q390 Fr. 1 Thema zu sein scheint. Ohne detaillierte Rechnungen durchführen zu müssen, kann man zeigen, daß zwischen der Rückkehrergeneration, die laut Z. 2-7 nach Ablauf von 70
Jahren angesiedelt wird, und der erneuten Zeit des Abfalls im siebten Jubiläum, also nach Ablauf von 295 bis 343 Jahren, eine zu große Lücke klafft,
um die in Z. 7-11 dargestellten Ereignisse im Sinne eines direkten Anschlusses an die Rückkehr der Exulanten zu interpretieren.

Die einzige Lösung dieses chronologischen Dilemmas besteht darin,
die zeitliche Identifizierung der beiden chronologischen Angaben in Z. 7f.
aufzugeben. Das Ende der Rückkehrergeneration, von dem der Text
spricht, markiert demnach nicht den Beginn des direkt im Anschluß genannten siebten Jubiläums, sondern das Verhältnis zwischen den beiden
chronologischen Notizen ist im Sinne eines erzählerischen Anschlusses zu
deuten, der zwei zeitlich nicht direkt aufeinanderfolgende Epochen in
einen Erzählzusammenhang stellt. Die Passage ist demnach folgendermaßen zu verstehen: Nach dem Ende der Rückkehrergeneration (ומתום הדור
ההוא), nicht aber im direkten Anschluß, sondern bereits im siebten Jubiläum der Verwüstung des Landes (ביובל השביעי לחרבן הארץ), ereignet sich
ein neuerlicher Abfall Israels.

Diese Interpretation vorausgesetzt, löst sich der Widerspruch zwischen den chronologischen Notizen auf – eine Antwort auf die Frage
nach den geschichtlichen Ereignissen, die der Text im zweiten Teil von
4Q390 Fr. 1 beschreibt, ist damit jedoch immer noch nicht gegeben. Die
einzig mögliche Annäherung hieran bietet sich über die Darstellung der
Übertretungen Israels und der sie begleitenden Umstände an, die in Z. 8-
10 nicht auf den pauschalen Vorwurf beschränkt ist, Israel habe das Böse
in den Augen Gottes getan (Z. 8f.: ויעשו הרע בעיני), sondern die Art des
Fehlverhaltens näher bestimmt: ישכחו חוק ומועד ושבת ויפרו הכל (Z. 8).
Die hier geäußerte Kritik an einer falschen kalendarischen Praxis findet
deutliche Parallelen in Jub 1,10.14; 6,34-38; 23,19; CD III 14f. und Texten
der Qumrangruppierung.[316] 4Q390 spiegelt wie diese Quellen einen innerjüdischen Konflikt um die Frage des korrekten Kalenders, reflektiert hier
also vermutlich Zustände der hellenistischen Zeit; welcher Teil dieser

---

315 So auch KNIBB, *Note*, 177: „[T]he author viewed the whole post-exilic period as a time of
continuing ‚desolation' – of exile."
316 Für eine genaue Auflistung der weiteren Parallelen vgl. DIMANT, DJD 30, 241.

Epoche allerdings in Fr. 1 7-11 genau im Blick ist, bleibt auch vor dem Hintergrund der angeführten parallelen Darstellungen unklar.

Ein weiterer Aspekt, der die Darstellung dieser Epoche der Geschichte Israels prägt, besteht darin, daß Gott nach 4Q390 Fr. 1 10 einen Rest seines Volkes der Verfolgung durch die Feinde entkommen lassen wird (פליטים מהם והשארתי), um dessen vollständige Vernichtung zu verhindern. An der Ferne Gottes ändert dies gleichwohl nichts, Israel steht vielmehr unter der Herrschaft der ‚Engel der Anfeindungen‘ (Z. 11: ומשלו בהמה מלאכי המשט]מות).[317] Der belassene Rest bildet daher primär die Garantie dafür, daß es Israel auch in Zukunft gibt, und somit letztlich den Ermöglichungsgrund weiterer göttlicher Strafen; die Aussparung eines Teils des Volkes vor dem Wüten der Feinde ist also nicht als Wendepunkt im Verhältnis zwischen Gott und Israel mißzuverstehen. Daß die Unheilsgeschichte in derselben Weise ihren Fortgang nimmt, zeigt nicht zuletzt der Beginn einer weiteren Epoche, die noch immer durch die Mißachtung des göttlichen Willens gekennzeichnet ist (Z. 11f.: ו[ישובו] ויעשו [את] הרע בעינ[י]).

Der zweite Teil von 4Q390 Fr. 1 (Z. 7-11) beschreibt demnach eine Periode aus der Zeit des Zweiten Tempels, die, datiert in das siebte Jubiläum der Verwüstung des Landes, erneut von den beiden Polen der Sünde Israels und der göttlichen Bestrafung gekennzeichnet ist. Ihre besonderen Charakteristika, kalendarische Irrtümer, das Belassen eines Restes und die Herrschaft dämonischer Wesen, bieten kein eindeutiges Kriterium, das die hier dargestellten historischen Ereignisse erhellen könnte.[318] Der Text greift vielmehr auf traditionelle Motive zurück und kombiniert diese in seinem Interesse neu, ohne daß dies hieße, er beschreibe dieselben Ereignisse wie Paralleltexte, in denen etwa der Vorwurf einer falschen kalendarischen Praxis begegnet. Als gesichert kann lediglich gelten, daß hier Zustände aus hellenistischer Zeit im Blick sind, ein Sachverhalt, mit dem auch die gegebene Jubiläendatierung übereinstimmt, nach der man sich im dritten vorchristlichen Jahrhundert befände.[319] Die vorherrschende ge-

---

317 Die pluralische Wendung מלאכי המשט]מות (‚Engel der Anfeindungen‘) zur Bezeichnung einer Klasse dämonischer Wesen ist nur in 4QApocryphon of Jeremiah C und 4Q390 belegt; vgl. DIMANT, DJD 30, 242f. Die nächste Parallele bildet der an Jub anschließende Sprachgebrauch in 4Q225 Fr. 1 8; Fr. 2 II 6 (מלאכי המשטמה) sowie in Fr. 2 I 9; II 13 (שר המשטמה); s.o., *4.1.2.*

318 KNIBB, *Note*, 175f., findet in 4Q390 Fr. 1 8-10 einen Reflex auf Ereignisse des frühen 2. Jh. v. Chr. Dieser Deutung widerspricht allerdings eindeutig, daß erst Fr. 2, entgegen der Meinung KNIBBs, eine Darstellung dieses Jahrhunderts bietet, weshalb in Fr. 1 8-10, will man keine inhaltliche Dublette annehmen, ein früherer Zeitraum im Blick sein muß.

319 Das siebte Jubiläum umfaßt den Zeitraum der Jahre 295 bis 343 nach Beginn der Jubiläenzählung. Setzt man diesen mit dem Ende des Königreiches Juda am Beginn des 6. Jh. v. Chr. gleich, so endet das siebte Jubiläum um die Mitte des dritten vorchristlichen Jahrhunderts, es fällt also bereits in helle1nistische Zeit; ähnlich auch MAIER, *Texte* III,

schichtliche Grunddynamik besteht seit dem Exil fort und prägt sich in dieser Epoche besonders in Gestalt kalendarischer Verfehlungen aus. Daß auch die Zukunft denselben Gesetzen gehorcht, zeigt der Beginn der folgenden Passage (4Q390 Fr. 1 11f.), mit dem Fr. 1 abreißt.

Während 4Q390 Fr. 1 insgesamt drei geschichtliche Epochen in chronologischer Reihenfolge beschreibt – die Zeit des Exils und der ersten Rückkehrer (Z. 1-7), den Abfall Israels im siebten Jubiläum der Verwüstung des Landes (Z. 7-11) und eine weitere Epoche der nachexilischen Zeit (Z. 11f.) –, ist eine Identifikation der in Fr. 2 dargestellten Ereignisse schwieriger. Dies gilt um so mehr, als nach materiellen Gesichtspunkten nicht sicher entschieden werden kann, ob Fr. 2 bei der Rekonstruktion der Schriftrolle vor oder hinter Fr. 1 einzuordnen ist.[320] Man scheint daher ausschließlich auf inhaltliche Gesichtspunkte angewiesen zu sein, deren Ambivalenz zu recht unterschiedlichen Resultaten führen kann. So gelangt KNIBB in Anschluß an GARCÍA MARTÍNEZ zu dem Schluß, 4Q390 Fr. 2 beschreibe Ereignisse der vorexilischen Zeit und sei deshalb vor Fr. 1 zu plazieren,[321] DIMANT geht umgekehrt davon aus, die Zählung der Fragmente entspreche ihrer ursprünglichen Reihenfolge.[322] Ein Ziel der folgenden Untersuchung von Fr. 2 soll es daher sein, ausgehend von der Erhellung des im Text dargestellten geschichtlichen Zusammenhanges auch die Frage nach dem Verhältnis zu Fr. 1 und damit nach der erzählerischen Sequenz von 4Q390 zu beantworten.

4Q390 Fr. 2 umfaßt zwei Kolumnen, von deren zweiter lediglich der Anfang einiger Zeilen erhalten ist.[323] Kol. I beginnt mit einer Erwähnung des Heiligtums (Z. 2: מקדש הקד[ש), deren Sinn aufgrund des fehlenden Kontextes nicht mehr zu eruieren ist. Während Z. 3a möglicherweise vom Kommen göttlicher Strafen über Israel handelt (כי אלה יבואו עליהם), beginnt in Z. 3b-4 eine inhaltliche Einheit, die mit einem chronologischen Versatzstück schließt: Für eine Jahrwoche wird Belial über Israel herrschen,[324] um dieses an das Schwert auszuliefern (Z. 4: ות[ת]הי ממשלת בליעל

---

134. Dieses Ergebnis dient allerdings nur der groben Orientierung und darf nicht darüber hinwegtäuschen, daß nicht geklärt ist, ob und wie die sieben Jubiläen berechnet wurden.

320 DIMANT, DJD 30, 235, beruft sich auf eine Aussage STEGEMANNs, nach dessen Meinung sich zwischen beiden Fragmenten vier Kolumnen befunden haben könnten. Die Reihenfolge von Fr. 1 und 2 lasse sich gleichwohl nicht allein unter materiellen Gesichtspunkten bestimmen, da nicht deutlich sei, in welcher Richtung die Schriftrolle gewickelt war.

321 Vgl. KNIBB, *Note*, 171.173; GARCÍA MARTÍNEZ, *Nuevos Textos*, 133.

322 Vgl. DIMANT, DJD 30, 235.244.249; demselben Modell folgen nun auch GARCÍA MARTÍNEZ / TIGCHELAAR, *Study Edition* II, 782-784.

323 4Q390 Fr. 2 II läßt aufgrund des schlechten Erhaltungszustandes keine Schlüsse auf den Inhalt der verlorenen Teile zu und kann daher zur Erhellung der in Kol. I geschilderten Ereignisse nichts beitragen.

324 Aufgrund der Parallelen mit 4Q390 Fr. 1 11 und Fr. 2 I 7 ist davon auszugehen, daß hier an die Herrschaft des Engelsfürsten Belial gedacht ist, בליעל also als Name und nicht als

בהם להסגירם לחרב שבוע שנים). Die Begrenzung dieser bereits in Fr. 1 9f. als Strafe zur Dezimierung des Gottesvolkes eingesetzten Maßnahme auf eine Jahrwoche bietet über die Festlegung der Dauer der Herrschaft Belials hinaus keinerlei Hinweis darauf, wie dieser Zeitraum in den Rahmen der Geschichtsschau eingeflochten ist.

Ist die Struktur der heptadischen Binnenchronologie in 4Q390 Fr. 2 I 2-4 aufgrund des schlechten Erhaltungszustandes auch nicht mehr sicher eruierbar, so legt doch der deiktische Neueinsatz in Z. 4b mit ‚und in *diesem* Jubiläum' (ו[ביובל ההוא) den Schluß nahe, daß die im folgenden geschilderten Ereignisse mit ihrem vorangehenden Kontext durch ein heptadisches Gerüst verbunden sind. Die Rede von ‚diesem Jubiläum' setzt voraus, daß die Identität desselben aus dem Textzusammenhang deutlich wird. Entweder wurde das Jubiläum bereits zuvor zumindest einmal erwähnt, wobei die entsprechende Passage nicht erhalten wäre, oder seine chronologische Verortung ist von der zuvor erwähnten Jahrwoche ableitbar. In letzterem Fall ließe sich die Jahrwoche als Beginn des daraufhin erwähnten Jubiläums verstehen, der Anschluß ו[ביובל ההוא müßte also sinngemäß als ‚und in dem Jubiläum, das mit der zuvor genannten Jahrwoche einsetzt' interpretiert werden.[325]

Da sich ein ähnlich formulierter Anschluß an die direkt vorangehende Passage auch in Fr. 1 7 findet (ומתום הדור ההוא), ist die zweite Erklärung, die der in der einen Jahrwoche, die Belial nach Fr. 2 I 4 über Israel herrscht, den Anknüpfungspunkt für die chronologische Verortung des direkt danach genannten Jubiläums sieht, durchaus wahrscheinlich. Sie hat neben der Berücksichtigung analoger Verknüpfungen in 4Q390 den Vorteil, nicht auf die Annahme einer verlorengegangenen Einführung des besagten Jubiläums angewiesen zu sein, auf die sich Z. 4b zurückbezöge.[326]

Abstraktum (‚Frevel') aufzufassen ist. Eine Auflistung paralleler Stellen in den Texten der Qumrangruppierung und verwandter Literatur, die Belials Wirken zum Inhalt haben, bietet DIMANT, DJD 30, 246.

325 Ein Grundproblem bei der Verknüpfung der beiden heptadischen Angaben aus Z. 4 liegt darin, daß sie von einer Lakune getrennt werden, deren Inhalt nicht rekonstruierbar ist. Es ist gut denkbar, daß der Schreiber hier Platz gelassen hat, um einen Neueinsatz zu markieren; andererseits kann nicht ausgeschlossen werden, daß hier Text verlorengegangen ist, der für die chronologische Verknüpfung von Bedeutung war. Die Rekonstruktion MILIKs, *Books of Enoch*, 255, als שבוע שני[ם אחד ב]יובל ההוא kann nicht überzeugen, da sie die Größe der Lakune unterschätzt und zudem offenkundig an der Bezeugung eines vermeintlich fest geprägten chronologischen Formulars interessiert ist, für dessen Existenz es im Text keine einzige Belegstelle gibt.

326 Sollte sich die Wendung ו[ביובל ההוא auf eine zuvor erwähnte Jubiläendatierung zurückbeziehen, bliebe die Frage bestehen, wie sich die eine Jahrwoche (Z. 4) in diese Erklärungsstrategie einfügt. Da sie direkt vor dieser Wendung steht, ist der Schluß unumgänglich, daß die Jahrwoche auch nach diesem Modell Teil von besagtem Jubiläum wäre, da sie gerahmt von der (zu postulierenden) ersten Erwähnung desselben und seinem Wiederaufgriff in Z. 4b zu stehen käme.

Unabhängig vom favorisierten Erklärungsmodell ist festzuhalten, daß beide Modelle lediglich eine Rekonstruktion des Duktus der Passage ermöglichen, die keinen Aufschluß darüber gibt, wie sich die Erwähnungen von Jahrwoche und Jubiläum in den weiteren Kontext der Geschichtsdarstellung einfügen. Dies liegt nicht primär am schlechten Erhaltungszustand des Textes, sondern hat seinen Grund vielmehr darin, daß das chronologische Netz, wie bereits bei der Betrachtung von Fr. 1 deutlich wurde, nur sehr locker geknüpft ist.

Die unklare Verknüpfung der chronologischen Notizen in 4Q390 Fr. 2 I 4 hat zur Folge, daß das heptadischen Modellen innewohnende Potential zu einer präzisen Darstellung geschichtlicher Abläufe in Form ineinander verschachtelter Jahrwochen- und Jubiläenfolgen nicht eingeholt wird. Ob und inwiefern hier tiefergehende systemische Erwägungen im Hintergrund stehen, muß daher offen bleiben; auf jeden Fall bildet die Jubiläendatierung in Z. 4b ein kompositorisches Mittel zur Kontextualisierung des Ereigniszusammenhanges, der sich im Text anschließt: ‚In diesem Jubiläum' wird Israel die göttlichen Vorschriften und Gebote brechen (Z. 4f.: יהיו מפרים את כול חקותי ואת כל מצותי), die Gott befiehlt und durch die Propheten übermitteln läßt (Z. 5: אשר אצוה או[ותם ואשלח בי]ד עבדי הנביאים). Der Vorwurf der Mißachtung des göttlichen Willens, wie auch sonst im Text unter Aufgriff dtr Terminologie formuliert,[327] geht über in die Schilderung einer inner-israelitischen Auseinandersetzung (וי[ח[ל[ו] להריב אלה באלה), deren Dauer mit שנים שבעים angegeben wird.

Die intendierte Länge dieses Zeitraumes bedarf gesonderter Erörterung. Während sich in Anschluß an DIMANT die Übersetzung als „seventy years" durchgesetzt hat,[328] ging MILIK davon aus, daß statt שָׁנִים שִׁבְעִים (‚70 Jahre') שְׁנַיִם שְׁבֻעִים (‚zwei Jahrwochen') zu lesen sei.[329] MILIK bleibt eine Erklärung dieser Entscheidung schuldig, scheint aber zu seinem Ergebnis zu kommen, da er eine reine Jahrwochenstruktur des Textes voraussetzt. Diese unbegründete Annahme stellt selbstredend keinen hinreichenden Grund dar, MILIK zu folgen, zumal sie aufgrund der Erwähnung von 70 Jahren in 4Q390 Fr. 1 2 falsifizierbar ist. Gegen die These MILIKs lassen sich aber vor allem sprachliche Argumente anführen: Bereits die von MILIK angenommene emphatische Konstruktion (שְׁנַיִם שְׁבֻעִים), in der neben der Zahl auch das Gezählte im Dual steht, ist ungewöhnlich.[330] Die wahrscheinlichere Alternative wäre die Annahme der Pluralkonstruktion שְׁנַיִם שְׁבֻעִים, die an der Bedeutung des Ausdrucks nichts ändern

---

327 Zu Parallelstellen in inner- und außerbiblischen Texten vgl. DIMANT, DJD 30, 247.
328 DIMANT, DJD 30, 246; vgl. GARCÍA MARTÍNEZ, *Nuevos Textos*, 132 („setenta años"); KNIBB, *Note*, 172.
329 Vgl. MILIK, *Books of Enoch*, 255.
330 Eine entsprechende Konstruktion findet sich biblisch lediglich in Ri 16,28 und Am 3,12.

würde. Daß auch sie nicht überzeugen kann, liegt nicht primär an der Voranstellung der Kardinalzahl im *status absolutus*, sondern hat seinen Hauptgrund in der Tatsache, daß der Text sonst seine Jahrwochenangaben mit dem erläuternden Zusatz שָׁנִים versieht.[331] Daß die Jahrwochenkonstruktion שָׁנִים שָׁבְעִים (statt שנים שבעי שנים) somit im Text singulär wäre, spricht eindeutig gegen die von MILIK vertretene Interpretation.[332]

Verdient daher die von DIMANT favorisierte Interpretation der Stelle als שָׁנִים שָׁבְעִים den Vorzug, so ist auch sie nicht unkommentiert stehenzulassen. Die Nachstellung der Kardinalzahl zeigt eine zwar für das biblische Hebräisch ungewöhnliche, in den Qumrantexten jedoch bereits häufiger bezeugte Konstruktion.[333] Obwohl sich somit sprachlich nichts gegen die Vokalisierung des Begriffspaares als שָׁנִים שָׁבְעִים (,70 Jahre') einwenden läßt, verlangt doch die Tatsache eine Erklärung, daß derselbe Zeitraum in 4Q390 Fr. 1 2 als שבעים שנה wiedergegeben wird. Diese sprachliche Differenz scheint einen intentionalen Hintergrund zu haben: Während Fr. 1 2 (שבעים שנה) terminologisch exakt auf die 70 jeremianischen Jahre (Jer 25,11f.; 29,10) rekurriert und diese als Zeitraum des Exils übernimmt, blickt Fr. 2 I 6 (שָׁנִים שָׁבְעִים) auf einen anderen Zeitraum gleicher Dauer, der nicht mit der jeremianischen Exilschiffre beschrieben werden soll. Diese Erklärung gibt den letzten Ausschlag zugunsten der von DIMANT favorisierten Interpretation.

Es ist daher davon auszugehen, daß 4Q390 Fr. 2 I 6 mit der Wendung שנים שבעים einen weiteren Zeitraum von 70 Jahren einführt, der im Gegensatz zu Fr. 1 2 nicht die Exilszeit bezeichnet, sondern die Dauer einer innerisraelitischen Auseinandersetzung angibt. Blickt man auf den direkten Kontext, so fällt auf, daß die 70 Jahre durch die Nennung des Zeitpunktes bestimmt werden, an dem sie beginnen: Mit dem Tag, an dem Israel Eid und Bund verletzte (Fr. 2 I 6: מיום הפר ה[אלה וה]ברית אשר יפרו), setzt die Zeit ein, während der das Volk gespalten ist. Fragt man nach einem Anknüpfungspunkt dieser Ereignisse in der rudimentären Chronologie der vorangehenden Passage, so fällt auf, daß die Übertretungen, die das in

---

331 Vgl. 4Q390 Fr. 2 I 4: שבוע שנים; derselbe Sprachgebrauch begegnet in 4Q387 Fr. 2 II 4 in Bezug auf Jubiläen (יבלי שנים). In beiden der eng miteinander verwandten Texte werden alle Jahrwochen- und Jubiläenangaben durch den Zusatz שנים näherbestimmt, die ohne einleitende Präposition die Länge eines Zeitraums nennen (,für x Jahrwochen/Jubiläen'); beim Blick auf ein konkretes heptadisches Segment, eingeleitet mit der Präposition ב, steht dagegen kein Zusatz (4Q390 Fr. 1 7: ביובל השביעי; Fr. 2 I 4: ביובל ההוא). Dieser Sprachgebrauch ist bereits im Jubiläenbuch bezeugt; s.o., *3.3.1*.

332 DIMANT, DJD 30, 247, weist die von MILIK vertretene Meinung als „awkward" zurück, nennt jedoch keine Gründe, die diese ausschlössen. KNIBB, *Note*, 174, räumt ein, daß auch MILIKs Vorschlag möglich sei, geht aber auf den Punkt nicht weiter ein.

333 So etwa in CD I 5: שנים שלוש מאות ותשעים. Zu weiteren Stellen und einer Diskussion des grammatischen Phänomens vgl. QIMRON, *Hebrew*, 85f.

Z. 4f. beschriebene Jubiläum kennzeichnen, mit dem Verb פרר dargestellt werden, dessen Wurzel auch in Z. 6 den Handlungsfaden trägt. Zwar unterscheidet sich an beiden Stellen der Gegenstand der Übertretung Israels, die terminologische Parallele ist gleichwohl unübersehbar.

Wenn 4Q390 Fr. 2 I 6 den Beginn des innerisraelitischen Zerwürfnisses mit dem Verweis auf ‚den Tag, an dem Eid und Bund verletzt werden‘ festlegt, ist zu erwarten, daß dieser Tag des Näheren bestimmbar sein muß, da sonst die chronologische Notiz sinnlos wäre. Entweder es handelt sich um einen kryptischen Verweis, der sich nur dem Eingeweihten erschließt, oder der Anknüpfungspunkt ist im direkt vorangehenden Kontext zu suchen. Trifft letzteres zu, so bietet sich die einzige Brücke über die Wurzel פרר, die die Verletzung der göttlichen Weisung (Z. 5) und des Bundes (Z. 6) terminologisch miteinander verknüpft. Dies legt den Schluß nahe, daß es sich um sprachlich unterschiedlich gestaltete Schilderungen derselben Epoche handelt, daß also in Z. 6 mit der Notiz ומיום הפר ה[אלה וה[ברית ein chronologischer Rückverweis vorliegt, der den Beginn der Epoche, in der die Spaltung Israels eintritt, in das in Z. 4 erwähnte Jubiläum datiert. Unabhängig davon, auf welchen exakten Zeitpunkt des in Z. 4 genannten Jubiläums der Beginn der in 4Q390 Fr. 2 I 6 erwähnten 70 Jahre fällt, ist zu konstatieren, daß diese den Zeitraum eines Jubiläums bei weitem sprengen. Während im Blick auf Z. 4 festzuhalten war, daß sich das Verhältnis zwischen der einen Jahrwoche und dem darauf erwähnten Jubiläum nicht eindeutig bestimmen läßt, beweist die Einführung der 70 Jahre in Z. 6, daß der Text offenkundig auch längere Zeiträume über terminologische Verknüpfungen mit einem Jubiläenraster verbinden konnte, was seine chronologische Struktur noch unklarer macht.

Die Unschärfe des Verhältnisses der in 4Q390 Fr. 2 I 4-6 bezeugten chronologischen Notizen zueinander hat zur Folge, daß auch der zeitliche Zusammenhang zwischen den hier geschilderten Übertretungen Israels und der im Anschluß (Z. 6f.) dargestellten göttlichen Reaktion nicht eindeutig bestimmbar ist. Diese könnte sich sowohl an die zuvor genannten 70 Jahre anschließen als auch Teil derselben (und damit des in Z. 4 eingeführten Jubiläums?) sein, ohne daß dies eindeutig aus dem Text ablesbar wäre. In Ermangelung weiterer chronologischer Interpretamente tritt lediglich das zugrundeliegende narrative Schema deutlich zutage, das in für 4Q390 typischer Weise die Grunddynamik ‚Abfall Israels – Strafe Gottes‘ ausführt. Dabei sind auch inhaltlich die Übereinstimmungen mit der in Fr. 1 erhaltenen Passage unübersehbar: Gott liefert Israel der Herrschaft der Engel der Anfeindungen aus (Fr. 2 I 6f.: ונתתים [ביד מל[אכי המשטמות ומשלו בהם; vgl. Fr. 1 11), ohne daß das Volk die Ursache der göttlichen Strafe kennte (Fr. 2 I 7), die in der Nichtbefolgung des göttlichen Willens liegt (Fr. 2 I 8: ויעשו הרע בעיני; vgl. Fr. 1 4).

Der Abfall Israels äußert sich in der in Fr. 2 I 8-10 beschriebenen Epoche primär in sozialen und kultischen Mißständen (Z. 9: ויעשוקו איש את רעהו את מקדשי יטמאו), zwei Aspekte, die sich in der Anklage der Priester miteinander verbinden (Z. 10b: כוהניהם יחמסו).[334] Aufgrund des schlechten Erhaltungszustandes von Z. 10 ist der Inhalt der ersten Zeilenhälfte weitestgehend verloren: DIMANT rekonstruiert die Passage als את] שבתותי יחללו [את] מו[עדי יש[כח]ו, vermutet also eine Beschreibung kalendarischer Verirrungen,[335] was durchaus wahrscheinlich ist, aber nicht die Tatsache aus dem Blick drängen darf, daß man hier in hohem Maße auf Konjekturen angewiesen ist. Im Fortgang der Zeile verbessert sich zwar der Erhaltungszustand des Fragments, der Sinn der Aussage ובבני] נכר [יחללו [את זר[ע]ם ist jedoch mehrdeutig: Je nach der Bedeutung von זרע wird Israel angeklagt, entweder seine Kinder oder ganz konkret seinen Samen im Umgang mit Fremden zu entweihen. Beide Alternativen weisen in den Bereich eines Verbotes sexuellen Verkehrs zwischen den Angehörigen des erwählten Volkes und den Heiden.[336]

Die in 4Q390 Fr. 2 I geschilderten Umstände werfen die Frage auf, welche Epoche der Geschichte Israels hier im Blick ist. Da die chronologischen Notizen hierauf wie dargelegt keine Antwort ermöglichen, ist man auf die Auswertung inhaltlicher Indizien angewiesen. KNIBB geht in Anschluß an GARCÍA MARTÍNEZ davon aus, daß das Fragment eine Schilderung der vorexilischen Zeit bietet, wobei er sich besonders auf die Beobachtung stützt, der Vorwurf, Israel habe nicht dem durch die Propheten übermittelten göttlichen Willen gehorcht (4Q390 Fr. 2 I 5), begegne biblisch in Darstellungen vorexilischer Begebenheiten.[337] KNIBB muß aber einräumen, daß die im folgenden gebrandmarkten Verfehlungen sehr allgemein gehalten sind und deshalb auch andere Epochen der Geschichte Israels kennzeichnen könnten. Demnach basiert die Identifizierung von Fr. 2 als Schilderung vorexilischer Gegebenheiten im Kern auf der Beobachtung von Gemeinsamkeiten mit dtr geprägten biblischen Texten, die den Vorwurf des Ungehorsams gegenüber den Propheten enthalten.

Das mit dieser Argumentation verbundene Problem liegt darin, daß terminologische Gemeinsamkeiten nicht bedeuten müssen, daß Texte dieselben Ereignisse beschreiben. Die Rezeption dtr Motive zur Darstellung

---

334 Der gesamte Abschnitt weist deutliche Anklänge an das Ezechielbuch auf (vgl. Ez 22,26.29; 23,39) und hat darüber hinaus viele Parallelen mit Texten der Qumrangruppierung. Besonders deutlich sind die terminologischen Übereinstimmungen mit Jub 23,21, Teil einer qumranischen Fortschreibung des Jubiläenbuches (s.o., *IV. 2.*), und einschlägigen Passagen der Damaskusschrift (CD III 14f.; IV 18; V 6); für eine Übersicht über weitere Parallelstellen in den Qumrantexten vgl. DIMANT, DJD 30, 248f.

335 Vgl. DIMANT, DJD 30, 245.

336 Vgl. DIMANT, DJD 30, 248.

337 Vgl. KNIBB, *Note*, 173.

nachexilischer Umstände stellt vielmehr ein Vorgehen dar, das für viele
Schriften des zweiten vorchristlichen Jahrhunderts typisch ist.[338] Phraseo-
logische Übereinstimmungen mit dem biblischen Text können daher nicht
beweisen, daß dieselben geschichtlichen Umstände im Blick sind, es bedarf vielmehr zusätzlicher inhaltlicher Argumente. Weil allerdings der
Vorwurf, Israel habe nicht der Botschaft der Propheten gehorcht (Fr. 2 I
5), auch in kontemporären Texten immer im Zusammenhang von Darstellungen der Verschuldungen begegnet, die das Exil verursachten, ist das
Argument KNIBBs, 4Q390 Fr. 2 I schildere Begebenheiten der vorexilischen Zeit, nicht vorschnell von der Hand zu weisen.[339]

Läßt sich der Verweis auf die Propheten in 4Q390 Fr. 2 I 5 auch als
inhaltliches Argument für die Zuordnung des Fragmentes zu einer Darstellung der vorexilischen Epoche lesen, was eine Plazierung von Fr. 2 vor
Fr. 1 nach sich zöge, so kann DIMANT doch eine Anzahl von inhaltlichen
Indizien anführen, die in die entgegengesetzte Richtung weisen: „The rule
of Belial (frg. 2 4), caused not only by the familiar sins of breaching the
covenant, but also, among other things, by an inner rift (line 6), an
absence of understanding (line 7, in contrast with the understanding of the
returnees, mentioned in frg. 1 6), and the pursuit of gain and plunder
(lines 8-9) are all elements not mentioned in frg. 1. They are strikingly
similar to the criticism of their contemporaries expressed by the Qumran
sectarian literature and related pseudepigrapha"[340]. Die von DIMANT
aufgewiesenen inhaltlichen Gemeinsamkeiten zwischen 4Q390 Fr. 2 und
kontemporären Darstellungen der hellenistischen Zeit legen nahe, das
Fragment ebenfalls als eine solche zu deuten, ohne dabei jedoch die
gegenteilige Interpretation kategorisch auszuschließen.[341] Gegen eine
nachexilische Deutung bliebe allerdings die Erwähnung der Propheten in
Z. 5 als zentrales Argument bestehen.

Während die Ambivalenz inhaltlicher Deutungen eine eindeutige Plazierung von 4Q390 Fr. 2 unmöglich macht, läßt sich das Problem doch
auf andere Weise eindeutig lösen: Bezieht man die Verfasserfiktion des
Textes in die Argumentation mit ein, so zeigt sich, daß aus sprachlichen
Gründen eine Verbindung von Fr. 2 mit vorexilischen Begebenheiten
auszuschließen ist. Daß die Gottesrede, wie DIMANT meint, an Jeremia
oder zumindest einen Zeitgenossen aus der frühen Exilszeit gerichtet ist,
muß aufgrund der kontextuellen Einbindung der direkten Anrede in

---

338   Vgl. neben Dan 9 und Jub 1,5-26; 23,14-31 nicht zuletzt 4QApocryphon of Jeremiah C.
339   Vgl. etwa Dan 9,10; 1 Hen 89,51.53; CD V 21 - VI 1.
340   DIMANT, DJD 30, 244.
341   Auch diese inhaltliche Argumentation ist problematisch, da Motive wie das Unverständnis
      des Volkes und die Herrschaft Belials zwar für Darstellungen der nachexilischen Zeit ty-
      pisch sind, aber auch in anderen Kontexten begegnen können, wie etwa CD V 16-19 zeigt.

4Q390 Fr. 1 3 als unbestritten gelten. Mit dieser Erzählperspektive ist zugleich der Punkt fixiert, an dem die Gottesrede von einer Nacherzählung vergangener Ereignisse in die Prophezeiung der Zukunft umschlägt. Wenn Fr. 2 die vorexilische Zeit beschreibt, müßte der Text folglich mit Verben der Vergangenheit gestaltet sein – das Gegenteil ist der Fall! Demzufolge kann es sich bei der im Futur gehaltenen Darstellung nur um eine Epoche aus der Zeit des Zweiten Tempels handeln, eine Schlußfolgerung, die DIMANTs inhaltliche Argumente abschließend untermauert.

Ist damit nachgewiesen, daß 4Q390 Fr. 2 nach Fr. 1 einzuordnen ist, so hat dies einige überraschende Konsequenzen: Zunächst ergibt sich der eher seltene materielle Befund, daß die Schriftrolle mit dem Anfang nach innen aufgerollt war.[342] Inhaltlich ist darüber hinaus festzuhalten, daß die Sendung von Propheten als Boten des göttlichen Willens nicht auf ein theologisches Konzept für die Darstellung der vorexilischen Zeit beschränkt bleibt, sondern daß der Text dieselbe Situation auch für die nachexilische Zeit voraussetzt. Da Fr. 1 bereits Ereignisse aus hellenistischer Zeit wiedergibt (Z. 7f.: ‚im siebten Jubiläum der Verwüstung des Landes‘), muß sich Fr. 2 mit Gegebenheiten beschäftigen, die nach diesem Jubiläum zu datieren sind. Trifft die materielle Rekonstruktion in dem Punkt zu, daß bis zu vier Kolumnen zwischen beiden Fragmenten liegen, so könnte es sich um eine um einiges spätere Epoche handeln. Da völlig unbekannt ist, welchen Zeitraum die verlorenen Kolumnen zum Inhalt hatten und Fr. 2 keine eindeutigen zeitgeschichtlichen Bezüge erkennen läßt, ist nicht mit letzter Sicherheit zu bestimmen, wo genau man sich hier in der hellenistischen Zeit befindet: Als Referenzzeitraum kommt das gesamte 2. Jh. v. Chr. in Betracht;[343] ein noch späteres Datum ist aufgrund der wahrscheinlichen Entstehungszeit des Textes ausgeschlossen.

---

342 Vgl. DIMANT, DJD 30, 235, Anm. 1.

343 Ein Bezug auf die Zeit Antiochus' IV. ist angesichts der zeitgeschichtlichen Anspielungen möglich, aber nicht eindeutig nachweisbar. Daß sich, wie BECKWITH, *Calendar*, 226, vermutet, die in 4Q390 Fr. 2 I 4 genannte Jahrwoche von 171 bis 164 v. Chr. erstreckt, ist somit reine Spekulation.

Die folgende schematische Übersicht faßt die chronologischen Implikationen der dargestellten Anordnung von 4Q390 Fr. 1 und 2 zusammen:

Datierung	Jahre seit Exilsbeginn	Ereignisse	Stelle
		Israels Ungehorsam in der Königszeit	4Q390 Fr. 1 4f.
für 70 Jahre	1-70	Herrschaft der Söhne Aarons	4Q390 Fr. 1 2
	(70)	Rückkehr der Exulanten	4Q390 Fr. 1 5
im 7. Jubiläum der Verwüstung des Landes	295-343	Sünde Israels – göttliche Strafe	4Q390 Fr. 1 7f.
für eine Jahrwoche	?	Herrschaft Belials / Auslieferung Israels an das Schwert	4Q390 Fr. 2 I 4
in diesem Jubiläum	?	Verletzung aller Gebote	4Q390 Fr. 2 I 4f.
für 70 Jahre seit dem Tag des Bundesbruches	?	Spaltung in Israel	4Q390 Fr. 2 I 6

Obwohl sich der Text beider Fragmente in eine sinnvolle geschichtliche Sequenz bringen läßt, wäre es unzutreffend, von einer ausgefeilten Chronologie zu sprechen: Während Fr. 1 einen klaren chronologischen Faden erkennen läßt, dabei allerdings weite Teile der frühen nachexilischen Zeit überspringt, fällt das Verhältnis der in Fr. 2 I bezeugten heptadischen Angaben zueinander sehr vage aus. Vermutlich beginnen die in Z. 6 erwähnten 70 Jahre in dem zuvor genannten Jubiläum, das seinerseits mit der in Z. 4 beschriebenen Jahrwoche einsetzen könnte. Daß sich trotz des guten Erhaltungszustandes dieser Passage kein stringentes heptadisches System abzeichnet, liegt am Fehlen eindeutiger Verknüpfungen der einzelnen Angaben. Der Text schöpft an dieser Stelle die Möglichkeit, durch die stringente Staffelung von Jahrwochen- und Jubiläensegmenten ein präzises chronologisches System zu konstruieren, nicht aus. Er operiert überdies mit dem ein Jubiläum sprengenden Zeitraum von 70 Jahren, ohne dessen Verhältnis zu den vorangehenden Angaben eindeutig zu bestimmen. Insofern hat die Tatsache, daß Fr. 2 im Rahmen der Geschichtsschau nicht eindeutig positioniert werden kann, nicht nur ihren Grund in den nach Fr. 1 fehlenden Kolumnen, sondern ist auch auf die unscharf ausgeführte Chronologie zurückzuführen, die zwar mit Jahrwochen und Jubiläen operiert, dabei aber sowohl im Blick auf den engeren Kontext als

auch auf den in Fr. 1 vorangehenden Text keine präzise Verortung derselben vornimmt.

Trotz des Verlustes eines Großteiles der Handschrift kann als Ergebnis festgehalten werden, daß 4Q390 keine im Detail ausgeführte heptadische Chronologie bot. Nicht nur die unklare Beziehung der einzelnen Notizen zueinander, auch die, abgesehen von Fr. 1 7f., fehlende Zählung der
Jahrwochen und Jubiläen sowie schließlich ihre Verbindung mit nicht-
heptadischen Angaben (Fr. 1 7) machen deutlich, daß die Entfaltung eines
derartigen chronologischen Systems nicht das Kernanliegen des Textes
darstellt. Die chronologischen Notizen sind vielmehr in eine Schau der
Geschichte Israels eingestreut, die im Anschluß an dtr Motive primär auf
eine Darstellung der hinter den Widerfahrnissen Israels stehenden Grunddynamik zwischen Sünde des Volkes und göttlicher Strafe abzielt. Dabei
bilden Kultus und Priestertum (4Q390 Fr. 1 2f.5f.8; Fr. 2 I 2.9f.; II 11)
sowie die Auslieferung Israels an strafende Engel (4Q390 Fr. 1 11; Fr. 2 I
4.6f.)[344] zentrale Themen, hinter die das Interesse am Wirken der Fremdvölker auffälligerweise ganz zurücktritt.

8.2.3. 4QApocryphon of Jeremiah C und 4Q390 – chronologische Gemeinsamkeiten und Unterschiede

Wie unter *8.1.* gezeigt, ist davon auszugehen, daß 4Q390 Teil eines Werkes ist, das unter Rückgriff auf 4QApocryphon of Jeremiah C im Kreis
der Qumrangemeinschaft verfaßt wurde. Während bereits auf konzeptionelle, stilistische und terminologische Gemeinsamkeiten und Unterschiede
eingegangen wurde, ist nun abschließend ein Vergleich der chronologischen Konzepte zu unternehmen. Dabei ist einschränkend vorwegzuschicken, daß angesichts des fragmentarischen Erhaltungszustandes beider
Texte keine Rückschlüsse auf das jeweilige Gesamtkonzept möglich sind.
Vieles muß hier notwendigerweise im Dunkeln bleiben, da weder über den
exakten Umfang noch über die präzise Struktur des jeweiligen Geschichtsüberblicks eindeutige Aussagen getroffen werden können. Festzuhalten ist
aber, daß beide Texte die exilisch-nachexilische Zeit als eine längere Jubiläensequenz darstellen, die vom Zorn Gottes und den sich sukzessive ver-
schärfenden Übertretungen Israels gekennzeichnet ist. In beiden Fällen
begegnen heptadische Elemente ausschließlich in der Darstellung dieses
Zeitraums; dabei sind im Fall von 4QApocryphon of Jeremiah C auch frühere Teile des Geschichtsüberblicks erhalten, die diesen Befund positiv

---

344 Der Text steht hiermit in großer konzeptioneller Nähe zur Hirtenvision (1 Hen 89,59 -
90,19), wo allerdings nicht von mehreren Phasen der Herrschaft verschiedener Engel, sondern einem 70 Hirtenzeiten umfassenden Strafzeitraum die Rede ist; s.o., *III. 3.2.*

stützen, wogegen in 4Q390 entsprechendes Material fehlt und somit unklar bleibt, ob die verlorenen Passagen des Textes weitere heptadische
Elemente enthielten.

Während die in 4Q387 Fr. 2 II 3f. erwähnten zehn Jubiläen die Länge
der Unheilszeit definieren, die dann im folgenden, ohne weitere heptadische Strukturierung, im einzelnen dargestellt wird, ist die Länge der in
4Q390 angenommenen Jubiläensequenz aus dem Text nicht ablesbar.
Deutlich ist lediglich, daß auch Ereignisfolgen nach dem in 4Q390 Fr. 1
7f. genannten siebten Jubiläum der Verwüstung des Landes mit weiteren
Jubiläen- und Jahrwochenstrukturen gegliedert wurden (Fr. 2 I), ohne daß
sich das Verhältnis zu diesem siebten Jubiläum eindeutig bestimmen ließe.
Da die Jubiläensequenzen in beiden Texten ihren Einsatzpunkt mit dem
Untergang Judas und dem Beginn des Exils finden und 4Q390 das
Jeremia-Apokryphon C voraussetzt, ließe sich vermuten, daß auch in
4Q390 ein Unheilszeitraum von zehn Jubiläen im Blick ist.[345] Gewißheit
ist hier gleichwohl nicht zu erlangen, da einerseits nur sehr wenig vom
ursprünglichen Textumfang erhalten ist und andererseits die in Fr. 2 I
erwähnten heptadischen Strukturen in Ermangelung einer Zählung nicht
präzise verortet werden können.

Obwohl eine unbestreitbare Nähe in der Verwendung einer mit dem
Exil einsetzenden Jubiläensequenz zwischen beiden Texten zu konstatieren ist, die sich auch in der ferner in Jub bezeugten Näherbestimmung
heptadischer Zeiträume durch den Zusatz שנים terminologisch niederschlägt,[346] zeigt der nähere Blick auf 4QApocryphon of Jeremiah C, daß
dieser Text nicht als Generalschlüssel für ein Verständnis der chronologischen Details in 4Q390 dienen kann: Das Jeremia-Apokryphon C bietet
als einziges eindeutiges Element einer heptadischen Chronologie die in
4Q387 Fr. 2 II 3f. eingeführten zehn Jubiläen, die im folgenden zwar de-
taillierter in den Blick genommen, dabei aber nicht durch heptadische Notizen, sondern ausschließlich durch vage gehaltene Angaben gegliedert
werden.[347] Da Jahrwochen- und Jubiläenangaben bei der Darstellung desselben Zeitraums in 4Q390 Fr. 1 und 2 eine viel größere Rolle spielen als
in der entsprechenden Passage des Jeremia-Apokryphons C, ist deutlich,
daß jenes in diesem Punkt nicht als Vorlage gedient haben kann.

---

345 So auch von MILIK, *Books of Enoch*, 254, und BECKWITH, *Calendar*, 225, angenommen, al-
     lerdings ohne eine klare Verhältnisbestimung zwischen 4Q390 und 4QApocryphon of
     Jeremiah C.
346 Vgl. 4Q390 Fr. 2 I 4 (שבוע שנים), 4Q387 Fr. 2 II 4 (יבלי שנים) sowie den ‚Pseudo‘-
     Jubiläen-Text 4Q227 Fr. 2 2 (ששה יובלי שנים); zum Sprachgebrauch im Jubiläenbuch s.o.,
     IV. 3.3.1.
347 Vgl. etwa die Rede vom ‚Ende dieser Generation (ומתום הדור ההוא) in 4Q387 Fr. 2 II 5 so-
     wie die Angabe ‚in diesen Tagen‘ bzw. ‚in seinen Tagen‘ (בימים ההמה / בימו) in 4Q387
     Fr. 2 II 7f.17; III 1.

4Q390 bezeugt somit nicht nur in der theologischen Wahrnehmung der exilisch-nachexilischen Zeit – vgl. etwa die positive Würdigung des perserzeitlichen Wiederaufbaus –, sondern auch in ihrer chronologischen Darstellung Akzentverschiebungen gegenüber 4QApocryphon of Jeremiah C: Während das Apokryphon die zehn Jubiläen dauernde Zeit des göttlichen Zornes als traditionell aufgeladenes Versatzstück rezipiert, ohne weiteres Interesse an ihrer heptadischen Binnenstruktur zu zeigen, belegen einige der in 4Q390 in die Darstellung der exilisch-nachexilischen Zeit eingeflochtenen chronologischen Angaben ein dezidiert eigenes Interesse im Umgang mit der Tradition: So verbindet 4Q390 Fr. 1 2 die Zeit des Exils mit der traditionellen jeremianischen Chiffre der 70 Jahre (Jer 25,11f.; 29,10) und konnotiert diese als negativ wahrgenommenen Zeitraum priesterlicher Herrschaft neu. Gleichzeitig verrät der Text Kenntnis der Rezeptionsgeschichte der 70 Jahre, wenn er in Fr. 1 7f. die nachexilische Zeit ‚im siebten Jubiläum der Verwüstung des Landes' (ביובל השביעי לחרבן הארץ) beschreibt. 4Q390 Fr. 1 7f. spielt hier nicht auf die bereits in 2 Chr 36,21 präsente und auf eine Kombination der 70 jeremianischen Jahre mit Lev 26,40 zurückgehende Theorie der Sabbatruhe des verlassenen Landes an, sondern formuliert wie CD V 20 die Einsicht in die verlängerte Dauer des Exils unter Rückgriff auf den Aspekt der Verwüstung des Landes (Jer 25,11) neu.

4Q390 operiert daher nicht nur wie 4QApocryphon of Jeremiah C mit der traditionellen Einsicht in eine Fortdauer des Exils auch über die perserzeitliche Restitution hinaus, sondern verbindet damit über die Aufnahme der 70 jeremianischen Jahre auch ein wörtliches Exilsverständnis (Fr. 1 2). Daß in Fr. 2 I 6 erneut von 70 Jahren die Rede ist, terminologisch klar abgegrenzt von der Exilszeit, beweist, daß diese auch zur Darstellung eines negativ konnotierten Zeitraums in einer späteren Epoche eingesetzt werden konnten.[348] Aus der Tradition gänzlich unableitbar ist dagegen die Nennung des siebten Jubiläums in einer mit dem Exil beginnenden Jubiläensequenz als Zeit besonderer kalendarischer Verirrungen.[349] Hier wie

---

348 Vgl. 4Q243 Fr. 16 1; s.o., 6.2.
349 Häufig wird eine enge Verbindung zwischen dieser Stelle und TestLev 17 angenommen; vgl. etwa BECKWITH, *Calendar*, 226. Die Gemeinsamkeiten zwischen beiden Texten beschränken sich jedoch auf ein priesterliches Interesse und die Erwähnung eines siebten Jubiläums, während im Detail die Unterschiede überwiegen. Die hinter TestLev 17 stehende jüdische Quelle stellt schematisch die Entwicklung der nachexilischen Priesterschaft dar (s.u., VI. 3.2.) und unterscheidet sich damit signifikant von 4Q390 Fr. 1 7f. Weder der Aspekt der kalendarischen Verirrungen, der für 4Q390 das siebte Jubiläum prägt, noch der Beginn der Jubiläensequenz mit dem babylonischen Exil findet sich in TestLev 17. Beide Texte messen unabhängig voneinander dem siebten Jubiläum einer heptadischen Sequenz besondere Bedeutung zu, was bereits in der Logik eines heptadischen Systems liegt und daher kein Argument für ein wie auch immer geartetes näheres Verhältnis zwischen ihnen bietet.

auch im Fall der heptadischen Angaben in Fr. 2 I 4.6 bleibt ein exakter historischer Bezugspunkt im Dunkeln; letztere unterstreichen aber, daß der Text, wie bereits hervorgehoben, auch für die Darstellung der späten nachexilischen Zeit jenseits der sieben Jubiläen (Fr. 1 7f.) mit weiteren heptadischen Elementen operierte.

Daß im Hinblick auf 4QApocryphon of Jeremiah C, angesichts nur einer heptadischen Notiz (4Q387 Fr. 2 II 3f.), der Erwähnung der zehn Jubiläen, keine Rede von einer umfassenden heptadischen Chronologie sein kann, dürfte deutlich sein.[350] Die lockere Verknüpfung der chronologischen Notizen, die zur Untergliederung der Jubiläensequenz eingesetzt werden, zeigt ferner, daß auch diese mehr der Strukturierung des Textes denn der Konstruktion eines detaillierten chronologischen Systems dienen; das Jeremia-Apokryphon C bezeugt weder eine ausgefeilte heptadische noch eine anders akzentuierte Chronologie.

4Q390 enthält im Gegensatz dazu, von dem Verweis auf das ‚Ende dieser Generation‘ in Fr. 1 7 abgesehen, zwar nur heptadische Angaben, diese fügen sich jedoch nicht in ein scharf umrissenes System, da lediglich das in Fr. 1 7f. genannte ‚siebte Jubiläum‘ durch seine Zählung näher eingegrenzt wird und alle weiteren Angaben in Fr. 2 unbestimmt bleiben. Daß Fr. 1 7f. von der Zeit der ersten Rückkehrer aus dem Exil direkt ins siebte Jubiläum springt, macht es zudem wahrscheinlich, daß die vorigen sechs Jubiläen keine Erwähnung fanden. 4Q390 bietet demnach keine ausgefeilte heptadische Gesamtchronologie, obwohl aufgrund der relativ guten Bezeugung von Jahrwochen- und Jubiläendatierungen dieselben nicht pauschal auf literarische Versatzstücke reduzierbar sind, die vordringlich der Gliederung des Textes dienten. Welche tieferen chronologischen Implikationen hier im Hintergrund stehen könnten und welchen Stellenwert heptadische Angaben im Blick auf das Ganze der Geschichtsschau hatten, läßt sich in Anbetracht des fragmentarischen Erhaltungszustandes von 4Q390 nicht mehr ausmachen.

---

350 Auszuschließen ist auch die von SCOTT, *On Earth*, 98f., aufgestellte Behauptung, der Text stelle 10 Jubiläen, während derer keine Sabbatjahre observiert wurden, eine entsprechende Zeit des göttlichen Gerichts gegenüber. Für die Annahme dieses zeitlichen Korrespondenzverhältnisses finden sich keine expliziten Textbelege, sondern es wird von SCOTT als Interpretationsschlüssel bereits vorausgesetzt: „The number of sabbath years that were missed and that therefore need to be paid off is not explicitly stated, but it can be deduced from the length of the period of desolation."

8.3. Fazit

In den vorangehenden Ausführungen konnte gezeigt werden, daß 4Q390 nicht Teil des sicher von 4Q385a, 4Q387, 4Q388a und 4Q389 bezeugten Textes 4QApocryphon of Jeremiah C sein kann: Die sich bei der Zuordnung von 4Q390 unausweichlich ergebenden Dubletten stehen im Widerspruch zu der im Jeremia-Apokryphon C grundsätzlich nachweisbaren Gestalt eines fortlaufenden Geschichtsüberblicks. Da 4Q390 keine Überlappungen mit den übrigen Textzeugen von 4QApocryphon of Jeremiah C aufweist, spricht daher nichts positiv dafür, hier von Teilen desselben Werkes auszugehen. Insofern neben den zu verzeichnenden Gemeinsamkeiten in Form und Inhalt auch charakteristische Unterschiede erkennbar sind, die 4Q390 in größere Nähe zu den Texten der Qumrangruppierung rücken, ist davon auszugehen, daß mit 4QApocryphon of Jeremiah C eine ältere Komposition vorliegt, die in Qumran geschätzt wurde und vom Verfasser des hier entstandenen Textes 4Q390 vorausgesetzt wird.

Beide Texte verbinden konzeptionelle und theologische Gemeinsamkeiten: Es handelt sich in beiden Fällen um als Gottesrede gestaltete Überblicke über die Geschichte Israels, die durch einen prophetischen Mittler an die frühen Exulanten gerichtet sind. Im Zentrum steht die im Rückgriff auf dtr Material gestaltete Darstellung der exilisch-nachexilischen Zeit im Spannungsfeld zwischen der Sünde Israels und Gottes Zorn: Gott erweist seine Macht, indem er durch Ein- und Absetzen menschlicher und himmlischer Herrscher die Strafbedingungen für Israel variiert, ohne seinem Volk zu Hilfe zu kommen. Dem sich hinter der Darstellung verbergenden theologischen Konzept einer auch nach dem Ende des Exils fortdauernden Zeit des göttlichen Zornes wird in Gestalt einer längeren Jubiläenfolge Ausdruck verliehen, die als mit dem Exil einsetzend gedacht ist.

Hinter dem in 4Q387 Fr. 2 II 3f. erwähnten Zeitraum von zehn Jubiläen scheint dabei ein traditionelles Konzept einer verlängerten Exilszeit zu stehen, wie es auch in Dan 9,24 und 11QMelchizedek seinen Niederschlag gefunden hat. Die Ausgestaltung des Zeitraums durch ein lockeres Geflecht von Tagen, Jahren und Generationen, das mehr der Gliederung der Geschichtsschau denn ihrer präzisen chronologischen Strukturierung dient, verdeutlicht, daß die zehn Jubiläen allein aufgrund ihrer geschichtstheologischen Bedeutung und ohne weiteres Interesse an ihrer heptadischen Binnenstruktur rezipiert wurden. Da es sich um die einzige heptadische Angabe im gesamten erhaltenen Text des Jeremia-Apokryphons C handelt, ist zu folgern, daß der Text keine ausgefeilte heptadische Chronologie bot.

Auch 4Q390 operiert mit dem Einsetzen einer Jubiläensequenz zu Exilsbeginn, bietet aber im Gegensatz zu 4QApocryphon of Jeremiah C

mehr chronologische Details: So rezipiert der Text in Fr. 1 2 die 70 jeremianischen Jahre (Jer 25,11f.; 29,10) als Dauer des Exils und setzt zudem
die Kenntnis ihrer übertragenen Deutung als verlängerter Exilszeit voraus,
die in Fr. 1 7f. durch die Verknüpfung mit dem Aspekt der Verwüstung
des Landes (חרבן הארץ) erneut an die biblische Quelle (Jer 25,11) rückgebunden wird. Während das siebte Jubiläum der mit dem Exil einsetzenden
Jubiläenfolge in Fr. 1 7f. explizit hervorgehoben wird, weisen die heptadischen Angaben in Fr. 2 I keine Zählung auf und lassen sich daher nicht
eindeutig ins Verhältnis zu den chronologischen Notizen aus Fr. 1 setzen.
Da die in Fr. 2 I bezeugten heptadischen Angaben zudem nur unscharf
miteinander verknüpft sind, bleiben die chronologische Struktur dieser
Passage und ihre Verortung im Gesamtentwurf undeutlich.

9. 11Q13 (11QMelchizedek)

9.1. Der Text: Erhaltungszustand, Datierung und Inhalt

Die erhaltenen Fragmente des erstmals 1965 von VAN DER WOUDE edier-
ten Textes 11Q13[351] lassen sich zwei aufeinanderfolgenden Kolumnen zu-
ordnen (Kol. II und III); auf die Existenz einer vorhergehenden Kolumne
(Kol. I) kann aufgrund einer Randnotiz rückgeschlossen werden.[352] Die
Charakteristika der Schrift legen eine Datierung des Manuskripts um die
Mitte des 1. Jh. v. Chr. nahe;[353] aus formalen und inhaltlichen Gründen ist
davon auszugehen, daß das Werk bereits im ausgehenden 2. Jh. v. Chr. im
Kreis der Qumrangruppierung entstand.[354]

Die teilweise erhaltenen drei Kolumnen lassen keine Rückschlüsse auf
den Umfang des gesamten Werkes zu, ermöglichen aber grundlegende
Aussagen über dessen Gattung und Inhalt.[355] Es handelt sich bei 11Q13

---

351 Vgl. VAN DER WOUDE, *Melchisedek*, 354-373; weitere Editionen bei STEUDEL, *Texte* II, 175-
185, sowie bei GARCÍA MARTÍNEZ u.a., DJD 23, 221-241. Der in DJD 23 gebotene Text
liegt, wo nicht anders vermerkt, den folgenden Ausführungen zugrunde.

352 Besonders die Rekonstruktion von Kol. III hat in der Forschung zu unterschiedlichen Ergebnissen geführt; vgl. GARCÍA MARTÍNEZ u.a., DJD 23, 221-223, Plate XXVII; PUECH,
Notes sur le manuscrit de XIQMelkîsédeq, 483-513; STEUDEL, *Texte* II, 175-185.

353 Vgl. GARCÍA MARTÍNEZ u.a., DJD 23, 223; MILIK, *Milkî-ṣedeq*, 97; PUECH, *Notes sur le
manuscrit de XIQMelkîsédeq*, 507f.; STEUDEL, *Texte* II, 175; anders VAN DER WOUDE,
Melchisedek, 357, der sich für das 1. Jh. n. Chr. ausspricht.

354 Als Gründe hierfür lassen sich sowohl die Art der Zitationsformeln als auch die wahrscheinliche Identifizierung des ‚Freudenboten' (11Q13 II 16.18-20) mit dem noch amtierenden Lehrer der Gerechtigkeit anführen; vgl. MILIK, *Milkî-ṣedeq*, 126; PUECH, *Notes sur le
manuscrit de XIQMelkîsédeq*, 508f.; STEUDEL, *Texte* II, 175.

355 Als gänzlich unbegründet zurückzuweisen ist die These MILIKs, *Milkî-ṣedeq*, 112f., mit
11Q13 liege nach 4Q180 und 4Q181 die dritte Kopie eines „Pesher sur (le livre) des

um einen *thematischen Midrash*,[356] der unter – direktem oder indirektem – Rekurs auf Lev 25; Dtn 15; Jes 52,7; 61,1-3; Ps 7,8f. und 82,1f. Ereignisse der letzten Tage thematisiert, in deren Rahmen der Figur des Melchizedek eine entscheidende Bedeutung zukommt. Dieser wird dem Endgericht vorstehen (II 14), in dem er Belial und die Geister seines Loses (גורל) endgültig entmachten wird (II 12f.25). Dem entspricht die Errettung und Rechtfertigung der Gerechten, die zum Lose Melchizedeks gehören (II 5.8f.). Somit ist für 11Q13 eine Gegenüberstellung himmlischer Machtbereiche charakteristisch, denen korrespondierend irdische Wirksphären zu denken sind.[357] Alle Menschen gehören wie die himmlischen Wesen entweder zum Los Belials oder Melchizedeks (II 8.12), eine Zugehörigkeit, die für ihr Ergehen im Gericht zentral ist.

Melchizedek als Hauptakteur im Endgericht wird, wie PUECH gezeigt hat, als himmlisches Wesen vorgestellt, das viele Attribute Gottes an sich gezogen hat: „Il est un fait que Melkisédeq est appelé Elohîm et qu'il est un Elohîm, un être céleste, qui exerce la vengeance de Dieu, juge, se prononce pour les justes et les délivre, et qui préside l'assemblée divine."[358] Aus dem Priesterkönig von Salem (Gen 14,18; vgl. Ps 110,4) ist das mächtigste himmlische Wesen geworden, das die Heilsvollendung, biblisch immer als Werk Gottes gedacht, selbst heraufführt, ohne daß Gott noch erwähnt würde.[359] Der priesterliche Hintergrund der Figur Melchizedeks ist dabei nicht verloren, sondern prägt derselben ein unverwechselbares Profil auf, indem Melchizedek zum Hohenpriester des himmlischen Kultes

---

Périodes" vor: Bereits unter *3.1.3.* konnte gezeigt werden, daß 4Q180 und 4Q181 nicht dasselbe Werk repräsentieren, und auch 11Q13 ist als eigenständige Komposition zu fassen, die sich in Inhalt und Gattung deutlich von beiden Texten aus Höhle 4Q unterscheidet; vgl. hierzu auch DIMANT, *Pesher on the Periods*, 77-102.

356 Zur Gattungsbestimmung vgl. FITZMYER, *Further Light*, 25f.; GARCÍA MARTÍNEZ u.a., DJD 23, 222; STEUDEL, *Texte* II, 175; VAN DER WOUDE, *Melchisedek*, 357. Die in der Qumranforschung fest geprägte Gattung *thematischer Midrash* ist dabei selbstverständlich nicht mit den rabbinischen Midrashim zu vermischen.

357 Dieser Gedanke markiert eine der Grundüberzeugungen der Qumrangruppierung, wie etwa 1QM XIV zeigt; vgl. zu weiteren Stellen auch PUECH, *Notes sur le manuscrit de XIQMelkîsédeq*, 510.

358 PUECH, *Notes sur le manuscrit de XIQMelkîsédeq*, 511.

359 Besonders deutlich tritt die Überhöhung Melchizedeks in 11Q13 II 9 hervor, wo aus dem שנת רצון ליהוה (Jes 61,2) das שנת הרצון למלכי צדק geworden ist. Dennoch ist Vorsicht vor übertriebenen Schlußfolgerungen angebracht: Daß, wie MILIK, *Milkî-ṣedeq*, 125, meint, Melchizedek „est en réalité une hypostase de Dieu, autrement dit le Dieu transcendant lorsqu'il agit dans le monde, Dieu lui-même sous la forme visible où il apparaît aux hommes, et non pas un ange créé distinct de Dieu", läßt sich aus dem Text nicht belegen. Grundsätzlich zu bemängeln ist hierbei die Verwendung des Begriffs ,Hypostase', mit dem eine philosophische Kategorie an den Text herangetragen wird, die für die Vorstellungswelt der Trägerkreise von 11Q13 nicht vorausgesetzt werden kann.

avanciert, als der er auch in den *Shirot 'Olat ha-Shabbat* vorgestellt ist.[360] Es ist diese Gestalt des himmlischen Hohenpriesters Melchizedek, die auch im heilsgeschichtlichen Konzept von 11Q13 ihren Niederschlag findet, dessen Zielpunkt der große Versöhnungstag am Ende des zehnten Jubiläums bildet (II 7): „Le salut ou libération eschatologique sera l'œuvre d'un grand prêtre céleste, le Jour des Expiations, à la fin du dixième jubilé."[361]

9.2. Geschichtstheologie als Schriftauslegung

Die Gattung eines *thematischen Midrash* bringt es mit sich, daß alle in 11Q13 getroffenen Aussagen in ein Auslegungsgeflecht verschiedener Schriftstellen eingebunden sind, deren Exegese selbst integraler Bestandteil des sich entwickelnden Gedankenganges ist. Folglich sind auch die Reflexe auf Jahrwochen und Jubiläen in einem derartigen exegetischen Flechtwerk zu sehen: Sie werden aus Schriftstellen entwickelt und münden ein in neuerliche Zitate biblischer Texte. Bereits am Anfang von Kol. II – zugleich der Beginn des erhaltenen Textes – finden sich Reste eines Zitates (Z. 2), bei dem es sich mit hoher Wahrscheinlichkeit um Lev 25,13 handelt:[362] Die Bibelstelle überliefert Bestimmungen zum Jobeljahr (שנת היובל), in dem ein jeder zu seinem Besitz zurückkehren soll.[363] Die hier anklingende soziale Dimension eines allgemeinen Schuldenerlasses findet in 11Q13 II 3f. ihre Aufnahme durch den direkten Anschluß eines Zitates aus Dtn 15,2,[364] wo die Bestimmungen des Erlaßjahres (שמטה) thematisiert werden (II 2-4). Beide Stellen werden hinsichtlich ihrer sozialen Dimension zusammengeschaut und bilden den Ausgangspunkt einer dieselbe transzendierenden Deutung in II 4, wo sie im Blick auf die Gefangenen (השבויים) am Ende der Tage (לאחרית הימים) ausgelegt werden.[365]

---

360 Vgl. PUECH, *Notes sur le manuscrit de XIQMelkîsédeq*, 512.

361 PUECH, *Notes sur le manuscrit de XIQMelkîsédeq*, 513.

362 Vgl. GARCÍA MARTÍNEZ u.a., DJD 23, 230; VANDERKAM, *Sabbatical Chronologies*, 170. Daß bereits die Kol. I zuzuordnende Randnotiz, zugleich der einzige erhaltene Teil dieser Kolumne, wie von MILIK, *Milkî-ṣedeq*, 101, vorausgesetzt, Lev 25,12 zitiert, ist am Text nicht zu verifizieren; vgl. PUECH, *Notes sur le manuscrit de XIQMelkîsédeq*, 492.

363 FITZMYER, *Further Light*, 29, hebt mit Recht hervor, daß Lev 25 im erhaltenen Text von 11Q13 eine exegetische Schlüsselfunktion zukommt, insofern sich gleich an drei Stellen Bezugnahmen auf dieses Kapitel finden (II 2.6.25).

364 Abweichungen gegenüber Dtn 15,2 𝔐 finden sich lediglich an zwei Stellen: So liest 11Q13 יד (II 3) statt ידו und שמטה לאל (II 3f.) statt שמטה ליהוה.

365 Die zentrale Rolle, die Melchizedek im Zusammenhang dieser eschatologisierten Interpretation der Erlaßbestimmungen spielt, könnte nach VANDERKAM, *Sabbatical Chronologies*, 173, für den Verfasser bereits in Gen 14 angelegt gewesen sein: „[T]he Melchizedek-king of Sodom pericope revolves about the subject of returning people and property to their proper owners."

Zwar gehört der mit dem Auftreten Melchizedeks gegebene Zielpunkt dieser Auslegung (II 7-14) in den Bereich der eschatologischen Heilserwartung, die Wendung אחרית הימים hingegen läßt sich nicht auf die Eschatologie verengen, sondern subsummiert, wie STEUDEL gezeigt hat,[366] Ereignisse einer letzten Geschichtsepoche, die auch die Gegenwart und nähere Vergangenheit des Verfassers abdecken kann. Die Auslegung von Lev 25 und Dtn 15 kann von daher nur insofern als eschatologisch charakterisiert werden, als sie auf ein endzeitliches Ziel zuläuft, dabei aber, auf dieses hingeordnet, auch Elemente der Gegenwartsdeutung aufweist. Das so geartete Auslegungsgeflecht findet in Z. 4 seine Fortsetzung vermutlich mit einem Zitat aus Jes 61,1 (לקרוא לשבויים דרור),[367] das die Deutung auf die letzten Tage untermauert und von dem ausgehend in Z. 6 erneut eine Verbindung zu Lev 25 hergestellt wird:[368] Durch diese gezielte Verknüpfung der biblischen Zitate ergibt sich ein neuer, homogener Gedankengang, in dem die sozialen Implikationen von יובל, דרור und שמטה nur noch Chiffren bilden, hinter denen ihre wahre Bedeutung für das Ende der Tage durchscheint.[369]

Mit dem Zitat von Jes 61,1 in II 4 und dem Anklang an Lev 25,10 in II 6 ist ein Anknüpfungspunkt für die Deutung der Person des Freudenboten gegeben,[370] die in II 6f. erfolgt: Mit seiner Botschaft von der Freilassung der Gefangenen tritt er als Ankündiger der Geschehnisse auf, die mit dem Kommen Melchizedeks ihre volle Verwirklichung finden werden. Die Unterscheidung beider Personen und ihre Zuordnung zu unterschied-

---

366 Vgl. STEUDEL, אחרית הימים, 225-246.
367 Die nicht erhaltene zweite Zeilenhälfte von 11Q13 II 4 läßt sich mit GARCÍA MARTÍNEZ u.a., DJD 23, 230, folgendermaßen rekonstruieren: אשר] אמר עליהמה לקרוא לשבויים דרור [. Für diese Rekonstruktion eines Zitates von Jes 61,1 spricht neben dem direkten terminologischen Anknüpfungspunkt in Z. 4 (השבויים) auch die Tatsache, daß Jes 61,1-2, wie noch zu zeigen ist, eine Schlüsselfunktion im folgenden Text zukommt; vgl. VANDERKAM, *Sabbatical Chronologies*, 170.
368 Vgl. die Parallele zwischen 11Q13 II 6 (וקרא להמה דרור) und Lev 25,10 (וקראתם דרור). Die Wendung לקרא דרור findet sich ferner in Jer 34,8.15.17, hier allerdings ohne ‚prophetischen Überschuß‘ im Kontext der Schilderung einer konkreten Maßnahme Zedekias, was es unwahrscheinlich macht, daß 11Q13 mit seinem eschatologischen Freilassungskonzept auf Jer 34 Bezug nimmt.
369 So auch VANDERKAM, *Sabbatical Chronologies*, 170: „These institutions have been transformed from recurring historical and sociological entities to eschatological realities.“ Eine analoge Tendenz ließ sich bereits bei der Exegese von Dan 9 aufweisen; s.o., *II. 2.3.2.*
370 11Q13 II 5 ist äußerst schwer zu entziffern, was sich in den verschiedenen Rekonstruktionsvorschlägen spiegelt. Gesichert ist lediglich die zweimalige Erwähnung des ‚Erbteils Melchizedeks‘ (נחלת מלכי צדק), eines möglichen Äquivalents des ‚Loses Melchizedeks‘ (II 8), ohne daß die genaue Aussage der Passage und ihre kontextuelle Einbettung deutlich wäre. Ist hier von Melchizedek selbst oder vom im folgenden thematisierten Handeln des Freudenboten die Rede? Zu 11Q13 II 5 vgl. grundsätzlich GARCÍA MARTÍNEZ u.a., DJD 23, 231.

lichen heilsgeschichtlichen Phasen findet ihren Widerhall in den heptadischen Datierungen, die in II 7 den Freudenboten ‚in der ersten Jahrwoche
des Jubiläums nach den neun Jubiläen' (בשבוע היובל הראישון אחר תש[עה
ה[יובלים)[371] auftreten lassen, wogegen der Versöhnungstag, an dem Melchizedek tätig wird, auf das Ende des zehnten Jubiläums fällt (וי[ום
הכפ[ורים ה[וא]ה ס[וף ה[י]ו[בל העשירי). Das zehnte Jubiläum rückt demnach
als entscheidende Epoche in den Blick, an deren Anfang sich die Ankündigung dessen vollzieht, was sich am Ende ereignen wird.

Die folgenden, fragmentarisch erhaltenen Zeilen (II 8-11) schildern
das Gerichtswirken Melchizedeks am Ende des zehnten Jubiläums, wobei
das Gericht als großer Yom Kippur eingeführt wird,[372] an dem Melchizedek gemäß seiner Funktion als himmlischer Hohepriester Sühne wirkt
(vgl. Lev 16).[373] Während weite Teile von II 8 und mit ihnen zentrale Elemente dieses Geschehens nicht erhalten sind, tritt am Übergang zu II 9 erneut die exegetische Struktur des Textes klar zutage, da hier ein Zitat von
Jes 61,2 als Interpretament in die Schilderung des Gerichtshandelns eingeflochten ist: ‚denn dieses ist die Zeit des Jahres des Wohlgefallens für Melchizedek' (כיא הואה הקץ לשנת הרצון למלכי צדק). Somit findet in II 9 die
Zitation von Jes 61,1 (II 4) ihre direkte Fortsetzung durch den Aufgriff
des Folgeverses 61,2;[374] unter Rekurs auf die Jesajapassage wird das Handeln des Freudenboten mit dem von ihm angesagten endzeitlichen Wirken
Melchizedeks verklammert.

Der Mittelteil von II 9 bleibt dunkel, was sich nicht zuletzt an stark
voneinander abweichenden Rekonstruktionen zeigt.[375] Die Erwähnung

---

371 Diese in den Übersetzungen durchgängig gewählte Wiedergabe von 11Q13 II 7 markiert
nicht das einzige grammatikalisch mögliche Verständnis des Textes. Die Alternative ‚in der
Jahrwoche des ersten Jubiläums nach den neun Jubiläen' ist jedoch wenig sinnvoll, da sie
die Jahrwoche unbestimmt ließe und das 10. Jubiläum umgekehrt durch seine Kennzeichnung ‚als erstes' nach den neun Jubiläen ohne Notwendigkeit doppelt bestimmt wäre.

372 Die Verbindung von Jubiläenstruktur und Versöhnungstag ist bereits in der exegetischen
Schlüsselpassage Lev 25,8-10 angelegt, wonach das Jobeljahr am Yom Kippur des 50. Jahres auszurufen ist; vgl. VANDERKAM, *Sabbatical Chronologies*, 175.

373 Das Objekt der Entsühnung ist nicht eindeutig, da in II 8 das zu בני gehörige *nomen regens*
verlorengegangen ist. MILIK, *Milkî-ṣedeq*, 104, und PUECH, *Notes sur le manuscrit de
XIQMelkîsédeq*, 494, sprechen sich für eine Ergänzung zu בני אל aus, wogegen GARCÍA
MARTÍNEZ u.a., DJD 23, 225.231, die Variante בני אור bevorzugen. Im ersten Fall wäre an
Engelwesen zu denken, im zweiten an Menschen, genauer an die Qumrangruppierung.
Welche Alternative im Kontext angemessener ist, kann letztlich nicht entschieden werden
– auch dann nicht, wenn man das zweite Objekt des Sühnehandelns, die כי גורל מל[כי
אנשי] , bei denen es sich zweifelsohne um Menschen handelt, in die Betrachtung einbezieht.
צדק

374 Vgl. VANDERKAM, *Sabbatical Chronologies*, 171.

375 GARCÍA MARTÍNEZ u.a., DJD 23, 225.227f., lesen ולצבא]איו ע[ם קדושי אל, wogegen MILIK,
Milkî-ṣedeq, 98, die Stelle als [והו]אה בחזקו יד[ו]ן קדושי אל rekonstruiert. STEUDEL, *Texte* II,
180, schließlich bietet in Anlehnung an PUECH, *Notes sur le manuscrit de XIQMelkîsédeq*,
486f., die Lesung ולהר[ו]ים בדי[ן קדושי אל.

der Heiligen Gottes (קדושי אל) und der Herrschaft des Gerichtes (ממשלת משפט) am Zeilenende legt als inhaltlichen Zusammenhang Vorbereitungen der himmlischen Welt auf das Endgericht nahe, die sich im Detail nicht mehr erhellen lassen. Da das Gericht über Belial und sein Gefolge erst in II 13 dargestellt wird, ist es wahrscheinlich, daß II 9 von der Einsetzung der gottgetreuen Engel (קדושי אל) als Helfer Melchizedeks im Gericht handelte.[376] Diese Vermutung wird auch im Blick auf das sich anschließende Schriftzitat aus Ps 82,1 bestätigt, das im Kontext von 11Q13 nicht mehr Gottes, sondern Melchizedeks hervorgehobene Position in der himmlischen Gerichtsversammlung preist (II 10).[377] Der Betonung der richterlichen Autorität Melchizedeks dient auch das hierauf direkt folgende Zitat aus Ps 7,8f. (II 11), in dessen Anschluß das erste Psalmzitat erneut aufgegriffen wird: Die Anführung der Klage über das ungerechte Gericht (Ps 82,2) bildet die Überleitung, ‚Belial und die Geister seines Loses‘ (בליעל ורוחי גורלו) als Antagonisten Melchizedeks einzuführen, die für den Abfall von Gottes Geboten verantwortlich sind (II 12).

Dieses durch die Gegenüberstellung der Sphären Belials und Melchizedeks charakterisierte und durch Psalmauslegung biblisch rückgebundene Szenario findet sein vorherbestimmtes Ende mit der Entmachtung Belials und seiner Geister und der Vollstreckung des Gerichtes durch die himmlische Versammlung unter dem Vorsitz Melchizedeks (II 13f.).[378] Hat der Text hiermit den Zielpunkt seiner Darstellung erreicht, so schlägt er in II 15f. durch das Einschalten eines weiteren Jesajazitates (Jes 52,7) erneut einen Bogen zurück in die Zeit vor dem Endgericht.[379] Wie bereits in II 4-7 wird der Blick auf die Ansage des eschatologischen Heilsgeschehens gelenkt, wobei nun vor dem Hintergrund des Jesajatextes der Freudenbote (המבשר) nicht mehr allein genannt, sondern zu den Propheten als einer weiteren Gruppe in Beziehung gesetzt wird.

---

376 Die Vorstellung einer aktiven Beteiligung himmlischer Wesen als Helfer im Endgericht kennt auch die Tiervision; vgl. 1 Hen 90,21.

377 Mit VANDERKAM, *Sabbatical Chronologies*, 174, ist davon auszugehen, „that the writer understood the word אלהים in Psalm 82 as a reference to Melchizedek.“

378 Vgl. auch 4Q463 Fr. 2 2f., wo nach der möglichen Erwähnung des Endes eines Jubiläums (Z. 2: [תום היובל) von der Zurückweisung Belials (Z. 3 [ויגער בליעל) die Rede ist. Hier könnte ein vergleichbarer Gerichtskontext vorliegen, in dem ebenfalls dem Jubiläenende eine besondere geschichtstheologische Signifikanz zukommt. Dies bleibt allerdings in Anbetracht des extrem fragmentarischen Charakters des Textes sowie der unsicheren Transkription von Z. 2 – STEUDEL, *Midrasch*, 56, liest hier ohne jeden Jubiläenbezug [תים היו ל] – pure Spekulation; zu 4Q463 vgl. SMITH, DJD 19, 211-214; STEUDEL, a.a.O., 54-56.

379 VANDERKAM, *Sabbatical Chronologies*, 171, vermutet zu Beginn von Z. 15 einen Anklang an Jes 49,8, der Text wäre folglich als הואה יום ה[ישוע zu rekonstruieren. Dagegen spricht jedoch, daß die Lakune zu wenig Platz für diese Rekonstruktion bietet; vgl. GARCÍA MARTÍNEZ u.a., DJD 23, 232. Im Kontext der im direkten Anschluß zitierten Stelle Jes 52,7 ist die Rekonstruktion יום ה[שלום vorzuziehen.

Die in II 17 beginnende Auslegung von Jes 52,7 deutet zuerst die genannten Berge (ההרים) auf die Propheten,[380] um sodann in II 18 den Freudenboten (המבשר) als Geistgesalbten (משיח הרו[ח]) zu interpretieren. Auch wenn das Ende dieser Zeile nicht erhalten ist, spricht vieles dafür, daß diese Interpretation durch ein Zitat aus dem Danielbuch untermauert wurde.[381] Der Inhalt desselben ist zwar nicht mehr erhalten, wird in der Forschung jedoch mehrheitlich mit Dan 9,25 identifiziert, da der dort genannte משיח נגיד eine Parallele zum משיח הרו[ח] aus 11Q13 II 18 bietet.[382] In Ermangelung plausibler Alternativen ist die Rekonstruktion eines Zitates aus Dan 9,25 als Arbeitshypothese zu übernehmen; auf ihre chronologischen Implikationen wird unter *9.3.* gesondert einzugehen sein. Die Erörterungen zur Gestalt des Freudenboten werden durch einen neuerlichen Rückgriff auf Jes 61,2 vertieft, indem das Trösten der Trauernden als Belehrung über alle Zeiten der Weltgeschichte ausgelegt wird (II 20: (ל[ה]שכילמה בכול קצי העו[לם/העו]למים.

Durch Verknüpfung von Jes 52,7, Dan 9,25 und Jes 61,2 entsteht ein für das Verständnis von 11Q13 zentrales Bedeutungsgeflecht, in das mit der Person des Freudenboten zugleich der Schlüssel zur Hermeneutik des Textes integriert ist. Hinter ihm verbirgt sich eine Gestalt, deren Funktion in der Belehrung über den Lauf der Geschichte liegt, die sie autoritativ durch Interpretation der Propheten vornimmt. Der Freudenbote personifiziert die hermeneutische Grundstruktur der exegetischen Qumrantexte, die in einer gegenwartsbezogenen Schriftauslegung besteht, und weist unleugbare Parallelen mit der Person des Lehrers der Gerechtigkeit auf, wie sie etwa in 1QpHab dargestellt wird.[383] Liegt demnach mit 11Q13 II 20 ein Reflex auf den Lehrer der Gerechtigkeit als Ankündiger Melchizedeks

---

380 Die Zeile ist in einem sehr schlechten Erhaltungszustand, weshalb über die Deutung der Berge auf die Propheten hinaus keine gesicherten Aussagen bezüglich ihres Inhaltes möglich sind.

381 Das erhaltene Zeilenende כאשר אמר דנ[ל] läßt sich eindeutig als Einleitung eines Schriftzitates identifizieren. Unter dieser Voraussetzung erscheint die Ergänzung zu דניאל als zwingend, da kein anderer Prophet mit diesen Anfangsbuchstaben existiert. Die Bedeutung dieser Stelle kann schwerlich überschätzt werden, bietet sie doch den frühesten Beleg für eine quasi-kanonische Geltung des Danielbuches, und das kaum 50 Jahre nach dessen vermutlicher Endredaktion; vgl. STEUDEL, *Texte* II, 175.

382 Vgl. FITZMYER, *Further Light*, 30.40; GARCÍA MARTÍNEZ u.a., DJD 23, 232; MILIK, *Milkîsedeq*, 107; STEUDEL, *Texte* II, 181; VANDERKAM, *Sabbatical Chronologies*, 171f. PUECH, *Notes sur le manuscrit de XIQMelkîsédeq*, 499, verweist darauf, daß auch Dan 9,26 vom Schicksal eines Gesalbten handelt. Daß diese Stelle in 11Q13 II 18 zitiert wird, ist jedoch wenig wahrscheinlich, da sie dessen gewaltsames Ende ankündigt (יכרת משיח), ein Thema, das sich kaum mit dem Inhalt dieser Passage des Melchizedek-Textes verbinden läßt. Zudem läßt sich ein sinnvolles Zitat aus Dan 9,26 nicht in der Lakune in 11Q13 II 18 unterbringen.

383 Vgl. STEUDEL, אחרית הימים, 235f.

vor, so ergeben sich daraus auch Implikationen für das Verständnis der Chronologie, auf die unter *9.3.* näher einzugehen ist.

Da sich der Erhaltungszustand des Textes am Ende von Kol. II zunehmend verschlechtert, ist ein inhaltlicher Zusammenhang der Zeilen 21-25 kaum noch herzustellen. Aus II 22 läßt sich lediglich ablesen, daß etwas von Belial entfernt wurde, und erst in Z. 23 ist ein fragmentarischer Kontext rekonstruierbar, in dem die Erwähnung der Gerichte Gottes zur erneuten Zitation des Endes von Jes 52,7 (אומר לצי]ון מלך אלוהיך[) führt. Es folgt in II 24 zunächst eine Auslegung des Begriffes ציון auf die Gemeinschaft der Gerechten, die dem Weg des Volkes entsagten (הסרים מ[דרך העם) und statt dessen den Bund hielten (הברית] מקימ[י]); im direkten Anschluß steht eine Deutung von אלוהיך (II 25), die nicht mehr erhalten ist, sich aber mit hoher Wahrscheinlichkeit auf Melchizedek bezog (מלכי צדק אשר יצי]לו[מה מי]ד בליעל[). Während Kol. II in Z. 25 mit einem Zitat aus Lev 25,9 schließt, welches das Blasen des Shophar am Versöhnungstag des Jobeljahres zum Inhalt hat, verliert sich die Textkohärenz am Beginn von Kol. III zur Gänze. Lediglich einige fragmentarische Reste lassen Rückschlüsse auf den Inhalt dieser Textpassagen zu, wie etwa die Verbrennung Belials (III 7: יתממ]ו[בליעל באש), die auf eine Bestrafung desselben schließen läßt, wie sie analog die abtrünnigen Engel der Tiervision (1 Hen 90,24f.) trifft.[384] Die weiteren Zeilen sind äußerst kryptisch, in ihrer Rekonstruktion umstritten und lassen keine eindeutige Interpretation zu. Die Erwähnung der Mauern Judas (חומ]ו[ת יהודה) sowie möglicherweise der Stadtmauer Jerusalems (חומת ירו]שלים) in Z. 9[385] rufen Assoziationen mit dem perserzeitlichen Wiederaufbau (vgl. Neh 1-6) und seiner kritischen Aufnahme in Dan 9,26 wach. Denkbar wäre, daß hier der endzeitliche Wiederaufbau thematisiert wurde, wofür auch die Rede vom ‚Aufrichten einer Säule‘ (ולשית עמוד) sprechen könnte (III 10).[386]

Die verbleibenden Zeilen der dritten Kolumne (Z.11-20) sind so stark zerstört, daß der Inhalt völlig im Dunkeln bleibt: Die Zahl 200 (מאתים) in III 16, eine Jahrwoche (השבוע) in III 17 sowie ein zum Großteil zu rekon-

---

384 Da die Anordnung der zu Kol. III gehörenden Fragmente nicht unumstritten ist, ergeben sich verschiedene Rekonstruktionen. STEUDEL, *Texte* II, 182, zählt zu Z. 6 eine fragmentarische Notiz über das Binden der Hände (יר]תקו ידי[). Sollte diese Rekonstruktion zutreffen, so könnte hier parallel zu 1 Hen 90,23 von der Fesselung Belials und/oder seiner Geister vor ihrer Überantwortung in die Feuergrube die Rede gewesen sein.

385 Letzteres nach der Rekonstruktion bei STEUDEL, *Texte* II, 182; vgl. PUECH, *Notes sur le manuscrit de XIQMelkîsédeq*, 489.

386 Auch von Dan 9 her würde sich eine solche Deutung nahelegen, da den Ausgangspunkt dieses in 11Q13 II 18 zitierten Textes die Frage nach der Dauer der Verwüstung Jerusalems bildet (Dan 9,2; vgl. Jer 25,11); zur Vorstellung eines endzeitlichen Wiederaufbaus vgl. auch 1 Hen 90,28f.

struierender Verweis auf ‚die Einteilungen der Zeiten' ([מח]לקות [העתים]) in III 18, zugleich Titel des Jubiläenbuches,[387] sind lesbar, aber nicht mehr sinnvoll zu kontextualisieren. Auch die von STEUDEL konjizierten Jubiläenbezüge in III 13f. können das Bild nicht weiter erhellen, sondern bleiben im hohen Maße spekulativ, da auf der Basis der erhaltenen Zeilen nicht als zwingend erweisbar.[388]

9.3. Kontext und chronologischer Hintergrund des zehnten Jubiläums

Wie gezeigt entfaltet der *thematische Midrash* 11Q13 unter kontinuierlichem Rückgriff auf die Schrift eine Deutung der letzten Tage, in deren Rahmen eine Selbstverortung der Trägerkreise in Relation zum göttlichen Heilsplan und seinen himmlischen Protagonisten Melchizedek und Belial stattfindet. Die im erhaltenen Textbestand geschilderten Ereignisse tragen sich nach II 7 im zehnten Jubiläum zu, dessen Abschluß das als Yom Kippur stilisierte und vom himmlischen Hohenpriester Melchizedek vollzogene Endgericht bildet. Da hiermit bereits der Überschritt in die eschatologische Heilszeit erreicht ist, muß das Ende des zehnten Jubiläums im geschichtstheologischen Konzept des Textes eine entscheidende Schwelle bilden.

Vor weiterführenden Erwägungen zur Chronologie sei zunächst auf die Vorzeichen hingewiesen, unter denen diese stehen: Jeder Ausleger sieht sich bei seiner Arbeit über 11Q13 mit der Tatsache konfrontiert, daß es sich um einen fragmentarischen Ausschnitt aus einem Text handelt, über dessen Umfang wir keine Kenntnisse haben. Die eschatologische Prägung der erhaltenen Passagen könnte dafür sprechen, daß diese am Ende des Werkes standen, wobei keineswegs sicher ist, ob und wenn ja wieviel Text auf Kol. III folgte. Ebenso ist völlig unsicher, in welchem Rahmen die neun vorhergehenden Jubiläen thematisiert wurden. Handelte es sich bei 11Q13 um einen Text, der die Geschichte als Ganze oder lediglich einen Ausschnitt derselben betrachtete? Wie schließlich wurde das Eschaton dargestellt: Erreichte der Text mit dem zehnten Jubiläum seinen Endpunkt oder bot er darüber hinaus eine Schilderung der eschatologischen Heilszeit, die womöglich gleichermaßen als in Jubiläen strukturiert gedacht wurde?

Die aufgeworfenen Fragen lassen sich aus dem erhaltenen Text von 11Q13 nicht mehr beantworten, weshalb Vorsicht vor einer übermäßig optimistischen Bestimmung von dessen chronologischem Profil angebracht ist. Gleichwohl läßt sich dieses näherungsweise eingrenzen, indem

---

387 Vgl. dazu die Ausführungen unter *IV. 1.* sowie *V. 4.* und *5.*
388 STEUDEL, *Texte* II, 184, rekonstruiert in Anschluß an PUECH, *Notes sur le manuscrit de XIQMelkîsédeq*, 489, die Wendungen סוף הי[ובל (III 13) sowie היובל העש[ירי] (III 14).

man von den wenigen erhaltenen chronologischen Notizen ausgeht. Ein entscheidender Sachverhalt, der in diesem Zusammenhang zunächst zu berücksichtigen ist, hängt mit der Gattung von 11Q13 zusammen: Insofern der Gedankengang über ein Geflecht aus Schriftzitaten entfaltet wird, begegnen auch die chronologischen Angaben in dieses integriert. Anders als in Texten wie dem Jubiläenbuch oder der Zehnwochenapokalypse bildet die Chronologie kein formales Raster, das dann mit der Wiedergabe bestimmter Ereignisse gefüllt würde, sondern ist selbst in die Auslegungsstruktur des Textes eingeflochten.[389] Zutreffend charakterisiert ist 11Q13 demnach nur als exegetische Komposition, in deren vielschichtiger Argumentation *auch* chronologische Interpretamente Verwendung finden; es handelt sich jedoch nicht um einen Text, der von der Entfaltung einer sukzessiven Chronologie seinen argumentativen Ausgangspunkt nimmt.

Erkennt man die Funktion der erhaltenen Jubiläenangaben als chronologische Interpretamente im Rahmen der am Thema אחרית הימים orientierten Ausführungen, so kristallisiert sich für den ursprünglichen Textbestand von 11Q13 ein Spektrum heraus, das sowohl eine einmalige Nennung des zehnten Jubiläums als auch eine Beschäftigung mit allen zehn Jubiläen denkbar erscheinen läßt. Da nach II 7 die neun vorangehenden Jubiläen zumindest im Blick sind, ist gut denkbar, daß diese auch explizit Erwähnung fanden; angesichts der Verwendung chronologischer Angaben als Interpretamente ist dies jedoch keineswegs notwendig. Auch die unsicheren heptadischen Bezüge in Kol. III geben keinen weiteren Aufschluß darüber, in welchem Ausmaß der Text von chronologischen Versatzstücken im Rahmen seiner Argumentation Gebrauch machte. Die Struktur des Textes in seinem jetzigen Erhaltungszustand ermöglicht daher keine abschließende Stellungnahme dazu, ob dieser selbst der in II 20 definierten Aufgabe des ,Freudenboten' gerecht wurde, über alle Zeiten des Weltenlaufes zu unterrichten (לה[שכילמה בכול קצי הע[ולם).[390]

Ausgehend von den wenigen expliziten Aussagen zur Chronologie, die 11Q13 bietet, läßt sich zunächst lediglich Folgendes festhalten: Nach 11Q13 II 6f. fällt die Proklamation des großen Versöhnungstages in die erste Jahrwoche des zehnten Jubiläums, der Tag selbst markiert das Ende desselben. Geht man von der Identität des ,Freudenboten' mit dem Lehrer der Gerechtigkeit aus, so wurde dessen Wirken offenbar in eben dieser ersten Jahrwoche angesiedelt, in deren Anschluß mit dem Verstreichen weiterer sechs Jahrwochen oder 42 Jahre bis zum endzeitlichen

---

389 Vgl. 11Q13 II 6-8: ,Und dies [die Ausrufung der Freilassung] wird sich in der ersten Jahrwoche nach den neun Jubiläen ereignen; und der Versöhnungstag, das ist das Ende des zehnten Jubiläums, an ihm sollen entsühnt werden ...' וכ]ן יהי]ה הדבר הזה בשבוע היובל] .הראשון אחר תש]עה ה]יובלים ויו]ום הכפ]ורים ה]ואה] סו]וף]הו]ין]בל העשירי לכפר בו ...

390 Ähnlich vorsichtig äußert sich auch VANDERKAM, *Sabbatical Chronologies*, 176.

יום הכפורים gerechnet wurde. Setzt man ferner voraus, daß sich der Lehrer der Gerechtigkeit aufgrund der Ernennung Jonathans zum Hohenpriester (152 v. Chr.) mit seinen Anhängern vom offiziellen Jerusalemer Tempelkult abwandte und spätestens um 110 v. Chr. starb, so verbleibt maximal eine etwa vierzigjährige Wirkungszeit.[391] Welches der diesen Zeitraum füllenden sechs Septennien die erste Jahrwoche des zehnten Jubiläums bildet, in der der Freudenbote nach 11Q13 II 7 auftritt, ist offen; das Spektrum der möglichen Erwartungen des großen Versöhnungstages am Ende desselben Jubiläums reicht demzufolge von 103 bis 61 v. Chr.

Läßt sich das zehnte Jubiläum trotz seiner evidenten Verbindung zur Geschichte der Qumrangruppierung allein auf der Basis von 11Q13 nicht präzise im Rahmen derselben verorten, so legt sich der Versuch nahe, hier durch die Einbeziehung weiterer Quellen größere Klarheit zu erlangen. Da der, wenn auch nicht im Detail ausgeführte, aber implizit vorausgesetzte Zeitrahmen von zehn Jubiläen, also 490 Jahren,[392] sich exakt mit den 70 Jahrwochen aus Dan 9 zur Deckung bringen läßt, nimmt es nicht wunder, daß bei der Untersuchung des chronologischen Profils von 11Q13 häufig auf diese Parallele verwiesen wird: „[T]he system of calculation in *11QMelch* corresponds to that of the biblical *Book of Daniel*, that is, the 10 jubilees of *11QMelch* are identical with the 70 weeks of years of *Daniel.*"[393] Die genaue Entsprechung der Zeiträume sowie die Tatsache, daß bereits Dan 9 eine Jubiläenstruktur implizit ist,[394] unterstreichen die Verwandtschaft der chronologischen Konzepte beider Texte, bieten jedoch noch kein hinreichendes Argument für ein literarisches Abhängigkeitsverhältnis. Daß ein solches vorliegt und 11Q13 die Jahrwochenchronologie aus Dan 9 voraussetzt, kann lediglich aufgrund des Zitates von Dan 9,25 in II 18 als gesichert gelten.

---

391 Das Todesjahr des Lehrers der Gerechtigkeit läßt sich nicht sicher bestimmen. Die etwa von STEUDEL, אחרית הימים, 238, vertretene These, der Lehrer sei um 110 v. Chr. gestorben, beruht im Kern auf der Rekonstruktion einer vierzigjährigen Wirkensperiode durch Kombination der in CD I; XX erhaltenen Jahresangaben mit dem imaginären Gesamtzeitrahmen der 70 danielischen Jahrwochen (Dan 9). Auf die methodische Problematik dieses Vorgehens wurde unter *2.2.3.* ausführlich eingegangen. Obwohl somit nicht aus der Damaskusschrift ableitbar, bleibt die Annahme, der Lehrer der Gerechtigkeit sei spätestens um 110 v. Chr. gestorben, in Anbetracht der Tatsache, daß dieser wahrscheinlich 152 v. Chr. aus dem Amt des Hohenpriesters vertrieben wurde, eine brauchbare Arbeitshypothese.

392 Am Text nicht nachvollziehbar ist die von KOCH, *Sabbat*, 73, getroffene Feststellung, die „Melchisedeqrolle (4QMelch) [sic!]" rechne „mit 10 mal 490 Jahren insgesamt oder deren Zehnfachem".

393 STEUDEL, אחרית הימים, 234; ebenso BECKWITH, *Calendar*, 223; FITZMYER, *Further Light*, 29; SCOTT, *On Earth*, 96; WACHOLDER, *Chronomessianism*, 211.

394 Vgl. die Ausführungen unter *II. 2.3.2.*

Wie aber ist das Verhältnis zu der in Dan 9 entfalteten Chronologie näherhin zu fassen: Adaptierte 11Q13 lediglich einen traditionell geprägten Gesamtzeitrahmen gleichsam als Chiffre für die verlängerte Exilszeit, oder bildete Dan 9 die Quelle für die Entfaltung eines chronologischen Systems, hinter dem sich exakte Berechnungen verbergen? Das skizzierte Spektrum möglicher Verhältnisbestimmungen zwischen den zehn Jubiläen (11Q13) und den 70 Jahrwochen (Dan 9) macht die Abwägung mehrerer Szenarien notwendig: Gesetzt den Fall, der Verfasser von 11Q13 identifizierte gemäß Dan 9 den Einsatzpunkt der Jubiläensequenz mit dem Beginn des Exils und berechnete davon ausgehend unter genauer Kenntnis der historischen Umstände die Folgezeit, so fiele, ab 586 v. Chr. gerechnet, das erste Septennium des zehnten Jubiläums in die Jahre 145-139 v. Chr., und das Jahr 96 v. Chr. markierte den Endpunkt der Geschichtssequenz. Die so erreichten Daten ließen sich problemlos mit der dargestellten Biographie des Lehrers der Gerechtigkeit und der vermutlichen Entstehungszeit des Textes im ausgehenden 2. Jh. v. Chr. verknüpfen und ermöglichten eine spannungsfreie Interpretation der bei Daniel in Relation zur absoluten Chronologie nur gestaucht denkbaren 490 Jahre.

Ein verwandtes Szenario, das die zehn Jubiläen ebenfalls als Ergebnis genauer chronologischer Berechnungen faßt, bietet der in der Literatur vertretene Ansatz bei einer Endzeiterwartung der Qumrangruppierung, die auf das Jahr 72 v. Chr ziele.[395] STEUDEL entwickelt in Anlehnung an die Damaskusschrift ein Modell, welches die erste Jahrwoche des zehnten Jubiläums als Zeit des Lehrers der Gerechtigkeit 121 v. Chr. beginnen läßt, was zur Folge hat, daß das zehnte Jubiläum genau im Jahr 72 v. Chr. endet.[396] Sie bringt somit die Endzeiterwartung beider Texte (CD und 11Q13) zur Deckung, hinter denen sie jeweils die 70 Jahrwochen aus Dan 9 stehen sieht. Der Beginn der diesen entsprechenden 490 Jahre müßte demnach in das Jahr 562 v. Chr. fallen, und es ist exakt dieses Datum, das nach PUECH in einer von 2 Bar 1 bezeugten chronologischen Tradition den Fall Jerusalems markiert.[397] Unter Voraussetzung dieser Tradition sei demnach, so STEUDEL, das Zehn-Jubiläen-System von 11Q13 in der skizzierten Form entwickelt worden: 490 Jahre von 562 v. Chr. an gerechnet führten auf das Jahr 72 v. Chr. als Endpunkt, die erste Jahrwoche des zehnten Jubiläums habe ihren Ausgangspunkt im Jahr 121 v. Chr.

Diese vordergründig glatte Lösung des chronologischen Problems von 11Q13 täuscht leicht über die Tatsache hinweg, daß sie auf einer Vielzahl anfechtbarer Grundannahmen basiert: Sie geht einerseits von einer Interpretation der Damaskusschrift aus, die auf höchst problematische

---

395 Vgl. STEGEMANN, *Bedeutung*, 522, Anm. 98.
396 Vgl. STEUDEL, אחרית הימים, 233-246.
397 Vgl. PUECH, *Croyance*, 506, Anm. 29.

Weise Dan 9 als chronologischen Schlüssel zugrundelegt,[398] und setzt
andererseits voraus, daß auch der Melchizedek-Text dieselbe Chronologie
bezeugt, ohne diese postulierte Übereinstimmung zwischen den Quellen
nachweisen zu können. Der Verweis auf die Baruchtradition schließlich
liefert keine Begründung der chronologischen Schlußfolgerungen, sondern
ist in der Konsequenz derselben notwendig, um einen Anfangspunkt zu
definieren, der die 490 Jahre in Übereinstimmung mit der absoluten
Chronologie bringt. Das zentrale Problem des von STEUDEL vertretenen
Modells liegt jedoch nicht in den dargestellten Punkten, sondern – und
dasselbe gilt für das erste dargestellte Szenario – in einer historisierenden
Ableitung der Chronologie, die, zugespitzt ausgedrückt, suggeriert, der
Verfasser habe die Jubiläensequenz von ihrem Anfang her entfaltet und
mit dem zehnten Jubiläum seine eigene Gegenwart erreicht.

Ein derartiges Modell ist nicht nur wenig wahrscheinlich, es verkehrt
vielmehr die Fragerichtung des Textes ins Gegenteil, der ja gerade von
einer Deutung der Gegenwart als אחרית הימים ausgeht und zu diesem
Zweck unter Rückgriff auf den traditionellen Zeitraum von 70 Jahrwochen respektive zehn Jubiläen eine signifikante Chronologie konstruiert.
Entscheidender Angelpunkt der Chronologie ist daher nicht deren vermutlich exilischer Einsatzpunkt, sondern vielmehr deren Zielpunkt in der
Zeit des Verfassers, der seine jüngere Vergangenheit und seine endzeitliche Erwartung über die Darstellung des zehnten Jubiläums mit der vorgegebenen chronologischen Tradition verbindet. Dies wiederum bedeutet,
daß, eine exakte Berechnung der zehn Jubiläen vorausgesetzt, der Beginn
des Zeitraumes erst sekundär von der Bestimmung seines Endes her zurückverlegt worden wäre und der Gesamtzeitraum dann theoretisch auch
in der von STEUDEL angenommenen Weise chronologisch hätte verifiziert
werden können. Es läßt umgekehrt aber auch ein weiteres, bereits an-
gedeutetes Szenario denkbar erscheinen, in dem die 70 Jahrwochen aus
Dan 9 aktualisierend als zehn Jubiläen aufgegriffen worden wären, ohne
daß, vom zehnten Jubiläum abgesehen, konkretere chronologische Überlegungen eine Rolle gespielt hätten.

Obwohl die in 11Q13 erwähnten zehn Jubiläen eine Kenntnis der 70
Jahrwochen aus Dan 9 voraussetzen, ermöglicht auch diese Tatsache
keine eindeutigere Bestimmung des chronologischen Profils des
Qumrantextes: Festhalten läßt sich lediglich, daß dieser die in Dan 9
implizierte Jubiläenstruktur des Zeitraumes expliziert, ohne daß dabei die
Dan 9 eigene chronologische Unterteilung der 70 Jahrwochen einen
erkennbaren Niederschlag gefunden hätte. Im Blick auf das in 11Q13 II
18 zu rekonstruierende Zitat von Dan 9,25 ist sogar der Negativbefund zu

---

398 Daß diese Annahme unzutreffend ist, wurde unter *2.2.3.* demonstriert.

konstatieren, daß sich die dort erwähnten sieben Jahrwochen auf keine erkennbare Weise mit der 11Q13 eigenen Chronologie verbinden lassen.[399] Lediglich hinsichtlich des Gesamtzeitrahmens von zehn Jubiläen haben die chronologischen Vorgaben aus Dan 9 einen nachweisbaren Niederschlag in 11Q13 gefunden, und die dem Qumrantext eigene Hervorhebung des zehnten Jubiläums hat als originäre Leistung des Verfassers zu gelten, soweit hier nicht weitere, uns unbekannte Traditionen im Hintergrund stehen.[400] Schließlich ergeben sich aufgrund der Danielparallele auch für die Datierung des zehnten Jubiläums keine schärferen Kriterien: Für den an seinem Ende erwarteten großen Versöhnungstag bleibt aufgrund der vermutlichen Lebenszeit des Lehrers der Gerechtigkeit ein Zeitfenster zwischen 103 und 61 v. Chr. bestehen.[401]

9.4. Fazit

11Q13, ein von einem Mitglied der Qumrangruppierung verfaßter *thematischer Midrash*, verbindet unter dem Vorzeichen der ‚letzten Tage' (אחרית הימים) eine Darstellung der Verfasserzeit und der nahe geglaubten endzeitlichen Heilswende. Die Ausführungen bilden ein Flechtwerk von Schriftzitaten und Anklängen an biblische Passagen, in deren aktualisierender Auslegung das geschichtstheologische Konzept des Textes grün-

---

399 Da nach Dan 9,25 der Gesalbte nach sieben Jahrwochen auftritt, der in 11Q13 II 18 unter Rekurs auf eben diese Danielstelle als Geistgesalbter gedeutete Lehrer der Gerechtigkeit aber nach Z. 6f. erst in der ersten Jahrwoche des zehnten Jubiläums angesetzt wird, bleibt die chronologische Verbindung beider Angaben dunkel. Unzutreffend ist die von BECKWITH, *Calendar*, 223f., aufgestellte These, 11Q13 ziehe die sieben Jahrwochen aus Dan 9,25 mit den zu Beginn des Folgeverses genannten 62 Jahrwochen zu einem Gesamtzeitraum von 69 Septennien zusammen, nach deren Ablauf das Kommen des Messias erwartet werde. Weder geht es an dieser Stelle um eine Messiaserwartung, noch lassen sich die 69 Jahrwochen mit den chronologischen Angaben in II 6f. verbinden, da man sich in Anschluß an sie weder in der ersten Jahrwoche des zehnten Jubiläums noch an dessen Ende, sondern in der letzten Jahrwoche desselben befände. Gegen die Annahme einer Verbindung der beiden Jahrwochensegmente, die BECKWITH fälschlicherweise bereits in Dan 9 für ursprünglich hält (s.o., *II. 2.2.3.*), spricht ferner, daß die Lakune in 11Q13 II 18 überhaupt nicht genug Platz für ein derartig langes Zitat böte.

400 Zehn Jubiläen werden auch in 4QApocryphon of Jeremiah C sowie möglicherweise in 4Q390 für den Zeitraum zwischen Exil und Eschaton veranschlagt (s.o., *8.2.3.*), ohne daß sich zwingende Argumente für die Annahme einer literarischen Abhängigkeit beibringen ließen; gegen MILIK, *Milkî-ṣedeq*, 110, nach dessen Ansicht „l'auteur de 11QMelch s'est inspiré de ce ‚Pseudo-Ezéchiel' pour encadrer l'histoire du monde dans dix jubilés".

401 Dabei ist durchaus mit der Möglichkeit zu rechnen, daß das zehnte Jubiläum in Übereinstimmung mit real observierten Sabbatjahrzyklen gesehen wurde. Eine präzise Eingrenzung des Zeitrahmens ist allerdings auch auf diesem Weg nicht möglich, da eine entsprechende Synchronisierung im Text nicht explizit wird und verläßliche Quellen für die Datierung der in Qumran observierten Sabbatjahrzyklen fehlen.

det: Der im Freudenboten aus Jes 52 erkannte Lehrer der Gerechtigkeit sagt das Kommen des himmlischen Hohenpriesters Melchizedek an, der als endzeitlicher Richter (Ps 7; 82) Belial und alle zu dessen Los Gehörigen verurteilen wird. Das Auftreten des Freudenboten wird in die erste Jahrwoche des zehnten Jubiläums datiert, auf dessen Ende der große Versöhnungstag fällt, an dem Melchizedek das Endgericht vollziehen wird. Diese eschatologisierte Interpretation des Versöhnungstages als Abschluß der Jubiläensequenz ist exegetisch in einer Kombination von Bibelstellen begründet: Der nach Lev 25 am Yom Kippur des Jobeljahres auszurufende Erlaß wird im Licht von Jes 61 von einer sozialen Institution zu einem endzeitlichen Heilsereignis umgedeutet; aus der im Jahresrhythmus auf denselben Tag fallenden kultischen Entsühnung des Volkes (Lev 16) wird die endgültige Entsühnung der Söhne des Lichtes durch den himmlischen Hohenpriester Melchizedek.

Daß das Auftreten Melchizedeks am Ende einer Sequenz von _zehn_ Jubiläen erwartet wird, ist auf die Exegese des Danielbuches zurückzuführen, das in 11Q13 II 18 bereits wie ein kanonischer Prophetentext zitiert wird: Da das Zitat mit hoher Wahrscheinlichkeit einen Teil von Dan 9,25 umfaßte, ist es naheliegend, daß die zehn Jubiläen des Qumrantextes vor dem Hintergrund der ebenfalls 490 Jahre umfassenden 70 Jahrwochen entfaltet wurden, die das Zentrum von Dan 9 bilden. 11Q13 legt dabei die bereits in Dan 9 implizierte Jubiläenstruktur des Zeitraumes frei, ohne daß allerdings dessen danielische Binnenchronologie einen erkennbaren Niederschlag gefunden hätte. Der erhaltene Text von 11Q13 bietet mit der Hervorhebung des zehnten Jubiläums vielmehr eine aus Dan 9 unableitbare Akzentuierung des chronologischen Systems, das die Biographie des Lehrers der Gerechtigkeit mit der endzeitlichen Naherwartung verklammert.

Da 11Q13 ausschließlich das zehnte Jubiläum erwähnt, bleiben trotz des Hintergrundes von Dan 9 weite Teile der Chronologie im Dunkeln: Wurden auch die vorangehenden neun Jubiläen dargestellt, oder beschränkte sich der Text – im Kontext ‚אחרית הימים‘ hinreichend – auf das zehnte Jubiläum? Schließlich kann auch die Frage nach dem Verhältnis der Jubiläensequenz zur absoluten Chronologie nicht eindeutig beantwortet werden: Der Verfasser kann, ausgehend von der Verortung des zehnten Jubiläums in seiner Gegenwart, den vermutlich mit dem Exilsbeginn markierten Einsatzpunkt der Jubiläensequenz und damit deren Gesamtlänge durch chronologische Berechnungen überprüft und verifiziert gefunden haben, aber es ist gleichzeitig denkbar, daß lediglich das zehnte Jubiläum von Interesse war und die Länge des aus der Tradition aktualisierend übernommenen Zeitraumes als zutreffend vorausgesetzt wurde. Die Überzeugung, daß das Ende der bereits Daniel offenbarten 70 Jahrwochen in der eigenen Gegenwart gekommen ist, bedarf jedenfalls nicht zwingend der Prüfung ihrer chronologischen Stimmigkeit.

Läßt sich daher das Verhältnis der zehn Jubiläen zur absoluten Chronologie der exilisch-nachexilischen Zeit nicht mit Sicherheit bestimmen, so fehlen auch klare Kriterien für eine präzise Datierung des zehnten Jubiläums. Als gesichert kann nach 11Q13 II 7 lediglich gelten, daß die erste Jahrwoche dieses Jubiläums in die Wirkungszeit des Lehrers der Gerechtigkeit (ca. 152-110 v. Chr.) fallen muß. Seine autoritativen Ausführungen über die letzten Tage (II 20), die 11Q13 selbst augenscheinlich wiederzugeben intendiert, müssen für das Ende des zehnten Jubiläums spätestens auf das Jahr 68 v. Chr. geführt haben. Daß diese Hoffnungen enttäuscht wurden, hat weder den Bestand der Qumrangruppierung gefährdet noch die Überlieferung des Melchizedek-Textes verhindert: Dessen einzige erhaltene Kopie stammt auffälligerweise aus einer Zeit, zu der die vorausgesagte Heilswende bereits verstrichen war. 11Q13, seinerseits ein Auslegungstext, reihte sich ein in die Phalanx chronologischer Referenztexte, um künftigen Generationen zum Grund ihrer Deutung der Gegenwart und Berechnung der Endzeit zu werden.

10. Kalendarische Texte mit Jahrwochen- und Jubiläenstrukturen

Wie eingangs unter *I. 1.3.1.* dargelegt, sind heptadische Geschichtskonzeptionen, also Texte, die auf der Siebenzahl basierende Ordnungsgefüge zur Darstellung geschichtlicher Sequenzen einsetzen, von rein kalendarischen Modellen zu unterscheiden. Der Untermauerung dieser Unterscheidung dient das folgende Kapitel: Es ist ausschließlich solchen kalendarischen Systemen gewidmet, die mit Jahrwochen- und Jubiläenstrukturen operieren und deshalb leicht mit strukturell identischen Geschichtskonzeptionen zu verwechseln sind, ja bereits in der Forschung irrtümlich als solche gehandelt wurden. Hier sollen die folgenden Ausführungen Klarheit schaffen, als deren Grundlage zunächst einige einführende Beobachtungen zu den in Qumran belegten kalendarischen Modellen anzustellen sind.

10.1. Kalendarische Modelle in den Qumrantexten

Wie das Jubiläenbuch (Kap. 6) arbeiten auch die Qumrantexte mit einem
364-Tage-Kalender, der in verschiedenen literarischen Ausgestaltungen
begegnet:[402] Die einfachste Form findet sich möglicherweise in 6Q12,
einem Fragment, das eine mnemotechnisch verwendete Phrase über die
Länge einzelner Monate enthalten haben könnte. Die Rekonstruktion
führt auf ein System von vier Jahreszeiten (תקופות), die je aus drei Monaten bestehen, von denen die ersten beiden 30, der dritte 31 Tage zählen.
Vier Jahreszeiten zu je 91 Tagen addieren sich zu den 364 Tagen eines
Jahres, das in exakt 52 Wochen zerfällt. Dieses kalendarische Grundschema ermöglicht durch seine klare heptadische Struktur die Etablierung
eines unveränderlichen Kultkalenders, in dem jedes Jahr mit einem Mitt-
woch im ersten Monat beginnt und mit einem Dienstag im zwölften
Monat endet. Die konstante Wiederholung dieser Ordnung schließt Verschiebungen zwischen Wochen- und Jahresebene aus und gewährleistet,
daß ein Fest in jedem Jahr exakt dieselbe Position hat. Diesen Grundzug
des 364-Tage-Kalenders machen sich Texte wie 4Q326 und 4Q394 zur
Darstellung ihres Festkalenders zunutze.

Ebenfalls am Kultus orientiert sind die sog. Mishmarot-Texte, welche
die Abfolge der Priesterdienstzyklen im Jahreslauf behandeln. Im Hintergrund steht 1 Chr 24, wo der scheidende David per Los die Dienstrotation
von 24 Priesterfamilien bestimmen läßt.[403] Da ein Jahr im 364-Tage-Ka-
lender exakt 52 Wochen umfaßt, hat jede der 24 Priesterabteilungen zwei
Dienstwochen, vier Familien müssen darüber hinaus in jedem Jahr eine
dritte Woche Dienst tun. Aufgrund dieses kalenderbedingten Überhangs
dauert es sechs Jahre, bis sich ein großer Dienstzyklus geschlossen hat und
dieselbe Abteilung wieder in der gleichen Woche an der Reihe ist. 4Q320-
330 setzen ein derartiges System der priesterlichen Dienstrotation voraus,
das in den Texten jeweils eigen akzentuiert und mit weiteren Aspekten
kombiniert wird: So begegnen unter anderem Listen, die sich auf die
Priesterabteilungen beschränken, die zu Beginn bestimmter Jahre, Jahreszeiten und Monate Dienst tun (4Q329; vgl. 4Q319), Listen, die Priesterdienst und Festkalender miteinander verbinden (4Q325; 4Q329a), und fer-

---

402 Vgl. zum Folgenden die Darstellungen bei ALBANI, *364-Tage-Kalender*, 79-125; GLEßMER,
     Calendars, 213-278; TALMON, DJD 21, 3-36; VANDERKAM, *Calendars*, 71-90.
403 Die Bezeichnung der Texte als ‚Mishmarot‘ ist dabei anachronistisch, weil der Begriff
     משמר (‚Dienstabteilung‘) weder in 1 Chr 24 noch in den kalendarischen Qumrantexten zur
     Bezeichnung einer Priesterabteilung verwendet wird, sondern sich in dieser Bedeutung erst
     in der Mishna findet (vgl. mBik 3,12; mSuk 5,7f.; mTaan 2,6f.; 4,2; mBQ 9,12; mTem 3,4).
     1QM II 2 spricht zwar von 26 Mishmarot, ein priesterlicher Bezug dieser Angabe ist aber
     mit GLEßMER, *Kultordnung*, 116, in Zweifel zu ziehen.

ner solche, die astronomische Aspekte wie die Beobachtung lunarer Phänomene integrieren (4Q320; 4Q321; 4Q321a).[404]

Der 364-Tage-Kalender und die Priesterdienstabteilungen bilden lediglich das Rohmaterial für die kalendarischen Texte, die in den Höhlen am Toten Meer gefunden wurden. Trotz ihres zum Teil äußerst schlechten Erhaltungszustandes ist deutlich, daß die Texte auf verschiedene Weise auf dieselben kalendarischen Grundmuster zurückgreifen und dabei auch zueinander in Widerspruch treten können. Man wird daher kaum angemessen von dem *einen* Kalender der *einen* Qumrangruppierung sprechen können, sondern muß mit TALMON davon ausgehen, „that certain variances among the Covenanters' calendar-related documents may reflect a synchronous use of somewhat-differing chronometric schedules or evidence diachronic developments of the calendrical system by which they abided"[405]. Teil dieses sich abzeichnenden facettenreichen Quellenbefundes sind auch die im folgenden zu diskutierenden Texte, in denen Sieben-Jahres-Folgen mit dem Grundmuster der sechsjährigen priesterlichen Rotation kombiniert werden.

10.2. Die Texte

10.2.1. 4Q319 (4QOtot)

Der kalendarische Text 4Q319 ist Teil derselben Schriftrolle, der auch 4Q259 (= 4QSᵉ) zuzurechnen ist, und bildet somit einen Anhang zu der in Kol. I-IV erhaltenen Kopie der Gemeinderegel. Der erste Teil der Schriftrolle (4Q259) wurde von ALEXANDER und VERMES in DJD 26 unter den Abschriften der Gemeinderegel aus Höhle 4Q ediert, der zweite, kalendarische Teil (4Q319) wurde für DJD 21 von BEN-DOV bearbeitet.[406] 4Q319 beginnt in der neunten Zeile von Kol. IV der Schriftrolle und läßt sich sicher bis in Kol. VII rekonstruieren, wobei der Text in Kol. IX geendet haben könnte; über 60 der ursprünglich 4Q319 zugeschriebenen, zumeist winzigen Fragmente können dagegen aufgrund materieller Gesichts-

---

404 Die umstrittenen astronomischen Details sind hier ebensowenig zu thematisieren wie die Frage einer möglichen Interkalation des 364-Tage-Kalenders, über die es in den Texten keine expliziten Aussagen gibt; vgl. dazu die zu Beginn des Kapitels genannten Autoren. Ob und wie die kalendarischen Idealsysteme über einen längeren Zeitraum praktiziert wurden, ist eine Frage, die sich auf der zugänglichen Quellenbasis kaum wird klären lassen.
405 TALMON, DJD 21, 14.
406 Vgl. ALEXANDER / VERMES, DJD 26, 129-152; BEN-DOV, DJD 21, 195-244; bereits ABEGG / WACHOLDER, *Preliminary Edition* I, 96-101, bieten eine Edition des kalendarischen Teils. Zur Rekonstruktion der Schriftrolle vgl. GLEßMER, *Otot-Texts*, 125-141; METSO, *Textual Development*, 48-54; DIES., *Results*, 303-310.

punkte nicht Teil derselben Handschrift gewesen sein, sondern gehören zu einer weiteren Schriftrolle kalendarischen Inhalts.[407] Das 4Q259 und 4Q319 umfassende Manuskript läßt sich aufgrund der paläographischen Bestimmung der Schrift in die Zeit zwischen 50 und 25 v. Chr. datieren,[408] die Fixierung eines präzisen *terminus post quem* des hier zu diskutierenden kalendarischen Teils ist hingegen nicht möglich.[409]

4Q319 enthält eine Sammlung kalendarischer Listen, in deren erstem Teil (Kol. IV 10 - VI 18) der Begriff אותות eine prominente Rolle spielt, was dem Text seine Bezeichnung als 4QOtot eingebracht hat. Der zweite Teil (ab Kol. VI 19) enthält kalendarisches Material, das in großer Nähe zu den sog. *Mishmarot*-Texten (4Q320-330) steht. Die im Rahmen dieser Studie zu thematisierende 'Otot-Sektion verbindet die heptadische Ordnung der Sabbatjahr- und Jubiläenzyklen, den Sechs-Jahres-Rhythmus der Priesterdienstabteilungen und das 'Otot-Phänomen zu einem großen System. Der Text folgt dabei einem fest geprägten Schema, das sich wie folgt darstellen läßt: In einem ersten Schritt werden die Jahre genannt, an deren Beginn die Priesterabteilungen Gamul und Shekhania während eines Jubiläums Dienst tun. So bieten 4Q319 V 6f. für die ersten beiden Erlaßjahr-Zyklen eines Jubiläums die Abfolge שכניה[ן בשנה הש[ני]ת אות גמו]ל בחמישית אות שכניה אחר השמטה און]ת גמול ברביעית (‚[das Zeichen] Shekhanias im zweiten Jahr [des ersten Erlaßjahr-Zyklus], das Zeichen Gamuls im fünften Jahr [des ersten Erlaßjahr-Zyklus]; das Zeichen Shekhanias nach dem Erlaßjahr [= im ersten Jahr des zweiten Erlaßjahr-Zyklus], das Zeichen Gamuls im vierten Jahr [des zweiten Erlaßjahr-Zyklus]).

Bei der Betrachtung des dargestellten Grundschemas fällt einerseits auf, daß die Abteilungen Gamul und Shekhania gemäß ihrer Position im Priesterdienstkalender mit einem kontinuierlichen Abstand von drei Jahren aufeinander folgen. Durch die Verbindung des hier zugrundeliegenden Sechs-Jahres-Rhythmus mit einem Sieben-Jahre-Schema ergibt sich andererseits, daß die Dienstzeit derselben Abteilung mit jedem Erlaßjahr-Zyklus um ein Jahr nach hinten wandert, bis sie nach Ablauf von sechs Erlaßjahr-Zyklen wieder ihre ursprüngliche Position erreicht: Hat Gamul demzufolge zu Beginn des ersten Jahres des ersten Erlaßjahr-Zyklus des ersten Jubiläums Dienst, so ergibt sich dieselbe Konstellation wieder im siebten Erlaßjahr-Zyklus desselben Jubiläums. Durch den bis zum Beginn

---

407 Vgl. BEN-DOV, DJD 21, 196-200.213.
408 Vgl. ALEXANDER / VERMES, DJD 26, 133f.; BEN-DOV, DJD 21, 213f.; VANDERKAM, *Calendars*, 81. Eine frühere Datierung in die zweite Hälfte des 2. Jh. v. Chr. vertritt MILIK, *Books of Enoch*, 61, der 4Q319 als 4Q260B zählt.
409 Textgrundlage der folgenden Ausführungen ist die von BEN-DOV, DJD 21, 214-244, gebotene Transkription.

des nächsten Jubiläums noch ausstehenden Erlaßjahr-Zyklus ergibt sich auf der Jubiläenebene dasselbe Phänomen einer fortlaufenden Verschiebung, die ihrerseits sechs Jubiläen benötigt, um ausgeglichen zu werden. Erst nach diesen sechs Jubiläen oder 294 Jahren ist die Ausgangssituation wiederhergestellt: Die Abteilung Gamul hat Dienst zu Beginn des ersten Jahres des ersten Erlaßjahr-Zyklus eines Jubiläums.[410]

4Q319 gibt in dargestellter Weise die 'Otot der Abteilungen Gamul und Shekhania jeweils für ein Jubiläum an, woraufhin notiert wird, mit welchem Zeichen das Jubiläum endet (V 12: א[ו]ת סוף היובל). Darauf folgt ein Vermerk zur Gesamtzahl der Zeichen in einem mit Ordinalzahl gezählten Jubiläum (V 12: אתות – היובל הרב[יעי 17 אתות – ‚die Zeichen des vierten Jubiläums [sind] 17 Zeichen') sowie dazu, wie viele von ihnen in ein Erlaßjahr fallen (V 13: מז[ה בשמטה 2 אותות – ‚davon [sind] in einem Erlaßjahr 2 Zeichen'). Da sich eine Auflistung der 'Otot des nächsten Jubiläums anschließt, bestehen grundsätzlich zwei Möglichkeiten, diesen Vermerk zu interpretieren: Entweder er bezieht sich als Summar auf das vorangehende Jubiläum, oder er ist dem folgenden als Einleitung zugeordnet. Die Entscheidung wird dadurch erschwert, daß der Text zwar insgesamt sechs Jubiläen darstellt, in den Summarien aber die Zahlen zwei bis sieben verwendet. MILIK nahm daher ausgehend von seiner Interpretation der Summarien als Abschluß des zuvor dargestellten Jubiläums an, der Text habe ursprünglich sieben Jubiläen umfaßt und eine Passage mit Ausführungen über das erste Jubiläum sei verloren.[411]

Diese Interpretation ist angesichts der Rekonstruktion von 4Q319 nicht aufrechtzuerhalten, weshalb BEN-DOV aufgrund seiner mit MILIK geteilten Interpretation der Summarien als Abschlußformeln[412] zu der Vermutung veranlaßt wird, der Text spiegele in seiner Auslassung des ersten Jubiläums ein „previously unknown concept of primordial time."[413] Eine alternative Interpretation hat GLEßMER in Anschluß an ALBANI aufgezeigt, indem er die Summarien als Einleitung der jeweils im Anschluß dargestellten Jubiläen versteht, dabei aber zugleich mit der Tatsache umgehen muß, daß auf die Nennung des siebten Jubiläums in 4Q319 VI 17 keine Darstellung desselben folgt, sondern die kalendarische Komposition in VI 18f. offenkundig mit einer Schlußnotiz endet.[414] Demzufolge wäre VI 17 als Vorausblick auf den Beginn einer weiteren, sechs Jubiläen um-

---

410 Für eine tabellarische Darstellung des Schemas vgl. BEN-DOV, DJD 21, 203.
411 Vgl. MILIK, *Books of Enoch*, 64. Dieselbe These findet sich bei BECKWITH, *Calendar*, 123.
412 Ebenso VANDERKAM, *Calendars*, 82.
413 BEN-DOV, DJD 21, 208.
414 Vgl. GLEßMER, *Kultordnung*, 190f.; ALBANI, *Zyklen*, 32.

fassenden Sequenz identischen Aufbaus zu deuten.[415] Angesichts des stark fragmentarischen Erhaltungszustandes des Textes und weiterer Unsicherheiten im Detail[416] ist der Fall nicht mit letzter Sicherheit zu entscheiden. Dennoch bleibt festzuhalten, daß sich die Grundzüge des in 4Q319 entwickelten kalendarischen Systems – ein über sechs Jubiläen reichender Ausgleich von Sechs- und Sieben-Jahres-Zyklen – ohne Zweifel rekonstruieren lassen.

Abschließend bleibt die Frage nach dem Sinn des Begriffs אות zu stellen. Wie notiert werden lediglich die 'Otot der Priesterabteilungen Gamul und Shekhania dargestellt, die stets drei Jahre auseinander liegen. Wäre der Text ausschließlich daran interessiert, den Sechs-Jahres-Rhythmus des priesterlichen Dienstes in ein heptadisches System einzuzeichnen, so ließe sich dieses Unterfangen einfacher mit nur einer Priesterabteilung realisieren. Daß die Grundfolge der sechs Jahre in Gestalt von Drei-Jahres-Zyklen dargestellt wird, muß daher einen weiteren Grund haben, den die meisten Ausleger in einer Synchronisation von Sonnen- und Mondlauf finden. Nach 4Q320-321 wird alle drei Jahre ein zusätzlicher Monat von 30 Tagen eingeschaltet, um die sich jährlich ergebende Differenz zwischen dem 364-Tage-Kalender und den 354 Tagen eines am Mond orientierten Systems auszugleichen (364-354 = 10; 10x3 = 30).[417] Die 'Otot Gamuls und Shekhanias bezeichneten demnach die Jahre, in denen die Einschaltung eines dreizehnten Monats die kalendarische Differenz beheben soll.

Handelt es sich bei 4Q319 also ausschließlich um ein „manual for the maintenance of the lunar calendar"[418]? In diesem Fall bliebe zu klären, warum sich der Text die Mühe macht, die 'Otot in einem für die Synchronisation zwischen Sonnen- und Mondjahr nicht notwendigen System von sechs Jubiläen zu präsentieren. GLEßMER hat angesichts dieses Gesamt-

---

415 Auch BECKWITH, *Calendar*, 122, vertritt trotz seiner entgegengesetzten Interpretation der Summarien die Auffassung, das siebte Jubiläum habe die Aufgabe „to show the sequence beginning again."

416 So herrscht etwa eine gewisse Unschärfe bei der Zuordnung von Zeichen am Übergang zwischen zwei Jubiläen; vgl. BEN-DOV, DJD 21, 204; GLEßMER, *Kultordnung*, 185-190. Grundsätzlich ist bei der Erklärung systeminterner Spannungen auch mit einem Irrtum des Schreibers zu rechnen – der tabellarische Charakter des Textes lädt zu Fehlern ein –, wofür nicht zuletzt Nachträge und Verbesserungen sprechen. Die eigentümliche Erwähnung des siebten Jubiläums läßt sich gleichwohl nicht einfach als Irrtum abtun. Unabhängig davon, welches der vorgestellten Deutungsmodelle man favorisiert, findet hier das Interesse an einer heptadischen Struktur der Zeit seinen deutlichen Niederschlag, insofern entweder eine Liste von sechs Jubiläen von zwei bis sieben gezählt oder um den Ausblick auf das in der heptadischen Logik zentrale siebte Jubiläum ergänzt wurde. So oder so gilt: „Der Verfasser wollte die Zahl Sieben betonen" (EISENMAN / WISE, *Jesus*, 136).

417 Vgl. ALBANI, *Astronomie*, 91f.; DERS., *Zyklen*, 28; BECKWITH, *Calendar*, 121; BEN-DOV, DJD 21, 208-210; GLEßMER, *Otot-Texts*, 144f.; MAIER, *Qumran-Essener* III, 116.

418 BEN-DOV, DJD 21, 210.

rahmens vermutet, der Text entfalte ein System der Interkalation mit dem tropischen Sonnenjahr.[419] Problematisch bleibt dabei, daß, wie GLEßMER selbst einräumt, der Text weder explizit von Interkalation spricht, noch das tropische Sonnenjahr erwähnt.[420] Die Annahme, 4Q319 biete ein Schema zur Synchronisierung mit dem Mondkalender, ist daher vorzuziehen, zumal sie in 4Q320-321 Parallelen findet.[421] Daß der Text die dazu überflüssige Darstellung im Rahmen einer Folge von sechs Jubiläen wählt, steht zu dieser Annahme nur dann in Spannung, wenn man ihn auf einen Zweck beschränkt sieht. Das in 4Q319 entworfene System legt aber eine derartige Beschränkung nicht nahe, sondern ist vielmehr adäquat erfaßt als der Versuch, die zwischen verschiedenen Systemen der Zeiteinteilung bestehenden Spannungen durch die Einführung einer Makrostruktur von sechs Jubiläen zum Ausgleich zu bringen.[422]

Die Verbindung von Priesterdienstzyklen, heptadischen Folgen und Angaben zur Synchronisation des 364-Tage-Kalenders mit dem Mondjahr in einem kalendarischen System erschöpft sich nicht in einem theoretischen Konstrukt, sondern trägt eindeutig schöpfungstheologische Konnotationen. So steht der ständig wiederholte Begriff אות in Beziehung zu Gen 1,14-18, wonach die am vierten Schöpfungstag geschaffenen Himmelslichter ihre Zielbestimmung als ‚Zeichen' der Zeiteinteilung erfahren (1,14: ויהיו לאתת ולמועדים ולימים ושנים). Die Verbindung zum Schöpfungsbericht beschränkt sich dabei nicht auf die implizit-begriffliche Ebene, sondern wird am Beginn von 4Q319 (wie auch in 4Q320) explizit hergestellt: „The opening proclamations of those documents clearly paraphrase the creation story, as if aiming to integrate the list they introduce into the fabric of the biblical text."[423] 4Q319 IV 10 spricht in diesem Zusammenhang vom Auftreten des Sonnenlichtes am vierten Tag (אורה

---

419 Vgl. GLEßMER, *Otot-Texts*, 147-157; DERS., *Calendars*, 262-268; DERS., *Kultordnung*, 213-223. Nach sechs Jubiläen oder 294 Jahren beläuft sich die Differenz zwischen 364-Tage-Kalender und tropischem Sonnenjahr auf etwa 367,5 Tage. GLEßMER schließt aufgrund der Anordnung der 'Otot auf reguläre Einschaltungen ganzer Wochen nach sechs Jahren. Nach Ablauf von 84 Jahren wäre eine weitere Einschaltung erfolgt, um die verbleibende Differenz zu überbrücken. Zur Interkalationsfrage vgl. auch ALBANI, *Astronomie*, 284-296.

420 Vgl. GLEßMER, *Otot-Texts*, 157; zur Kritik am Standpunkt GLEßMERs vgl. BEN-DOV, DJD 21, 211.

421 Anders VANDERKAM, *Calendars*, 84: „[T]he text does point to some intercalary system and thus to an interest on the part of the author(s) in making the calendar practicable over very long periods."

422 So auch BEN-DOV, DJD 21, 210: „The need to harmonize discrete time-reckoning devices was the main motivation for the various calendrical documents from Qumran; it was this motivation that prompted the development of the highly intricate *otot* roster with its technicalities and peculiarities."

423 BEN-DOV, DJD 21, 208. Die zentrale Bedeutung von Gen 1,14 für die Interpretation von 4Q319 hebt auch GLEßMER, *Calendars*, 263, hervor.

באַרבעה), wobei Z. 11 den vierten Schöpfungstag mit der Priesterabteilung
Gamul verbindet (ה[בריאה בארבעה בג[מול; vgl. IV 17).[424]

Durch den klaren Schöpfungsbezug zu Beginn des Textes wird das im
folgenden entfaltete kalendarische System als Schöpfungsordnung etabliert, die der Welt irreversibel eingestiftet ist. Die in der Superstruktur der
sechs Jubiläen aufgehende Verbindung von Astronomie und Kultus will
demnach nicht als das Ergebnis einer nachträglichen Vereinheitlichung
verschiedener Modelle verstanden werden, sondern bringt die von jeher
gottgesetzte Einheit derselben zum Ausdruck.[425] Die Kenntnis dieser Einheit markiert ein besonderes Wissen über die zeitliche Ordnung, das eine
konstitutive Komponente des Gruppenbewußtseins der Qumrangruppierung gebildet haben muß. Vor diesem Hintergrund ist in Erinnerung zu
rufen, daß 4Q319 im direkten Anschluß an eine Abschrift der Gemeinderegel (4QSᵉ) überliefert wurde. Gegen die von MILIK vertretene Interpretation von 4QSᵉ und 4QOtot als getrennte Kompositionen[426] hat
GLEßMER eine Vielzahl von überzeugenden Gründen ins Feld geführt, die
nahelegen, 4QOtot als kalendarischen Anhang einer frühen Form der Gemeinderegel zu interpretieren.[427]

Abweichend von den anderen Handschriften der Gemeinderegel steht
in 4Q259/319 an Stelle des hymnischen Teils (1QS IX 26 - XI 22) die als
4QOtot bezeichnete kalendarische Passage. Der vorangehende Schlußab-
schnitt der Gemeinderegel steht unter dem Vorzeichen einer aktualisierten
Interpretation von Jes 40,3 in 4Q259 III 5f., die das ‚Bereiten eines Weges
in der Wüste' (במד[בר פ[נו דרך האמת)[428] als das Studium der Tora erklärt
(הואה [מד[ר[ש התורה) und diesen Gedanken in III 6 - IV 8 in eine ausführliche Erörterung der Vorschriften des Unterweisers (III 6f.: החן[וקים
למשן[כיל) münden läßt. „The special interest in citation of Isa 40,3 [...]
seems to be the repeated reference to *time* or *times* in the application as

---

424 Die Schöpfung der Gestirne ereignet sich demnach am vierten Tag der Dienstwoche Ga-
    muls, die das erste Jahr des Weltenlaufes eröffnet; vgl. 4Q320 Fr. 1 I 1-5; Fr. 3 I 10; Fr. 4 II
    13f.

425 Die enge Verbindung von Astronomie und Kultus wird durch die Wendungen אות שכניה
    und אות גמול unterstrichen, insofern hiermit das astronomische Phänomen lunarer Interka-
    lation unter das Zeichen einer Priesterabteilung gestellt wird „with each sign figuratively
    ‚leading' the next three years" (BEN-DOV, DJD 21, 209). Eine vergleichbare, aber nicht ka-
    lendarisch akzentuierte Ordnungsfunktion erfüllen die ebenfalls als אותות bezeichneten
    Feldzeichen Israels in 1QM III 13 - V 2.

426 Vgl. MILIK, *Books of Enoch*, 61-64. Nach Ansicht MILIKs liegt mit 4QOtot eine Abschrift
    des „Book of the Signs" vor, für dessen Existenz er Jub 4,18 ins Feld führt. Diese Annah-
    me entbehrt jeder Begründung.

427 Vgl. GLEßMER, *Otot-Texts*, 125-141.

428 Der Text wird hier und im folgenden nach der von ALEXANDER / VERMES, DJD 26, 135-
    152, vorgelegten Transkription wiedergegeben.

already indicated in the resumé:"[429] למדבר] עת פנות הדרך[היאה (III 19).
Der Deutung der eigenen Situation als Wüstenzeit[430] korrespondiert dabei
ein Gruppenbewußtsein, das vom Besitz besonderen Wissens gekennzeichnet ist, welches auch den Aspekt der Zeit einschließt.[431] Während der
Begriff עת in 4Q259 III 6 - IV 8 eine zeitliche Ordnung der Lebenswelt in
ihrer geschichtlichen Ausprägung bezeichnet, liefert der Appendix 4Q319
– hier begegnet עת nicht ein einziges Mal! – ein schöpfungstheologisch
rückgebundenes System, das die kalendarische Dimension der zeitlichen
Ordnung zum Ausdruck bringt.

4Q319 ist damit als Bestandteil einer in 4Q259 repräsentierten Form
der Gemeinderegel zu fassen, der den für die Gruppenidentität zentralen
Bereich des Kalenders abdeckt. Demgegenüber läßt die sich in 4Q259 III
6 - IV 8 an das Zitat von Jes 40,3 anschließende Passage durch die wiederholte Verwendung des Begriffes עת ein Interesse an der geschichtlichen
Dimension der zeitlichen Ordnung erkennen. Beide Aspekte sind zueinander in Beziehung zu setzen und zugleich zu differenzieren, da keine explizite Verbindung zwischen ihnen stattfindet. Daß das in 4Q319 entfaltete
kalendarische System als theoretische Grundlage für die zuvor in 4Q259
erwähnten עתים deutbar ist, muß unbestreitbar gelten, hat aber keinen
konkreten Niederschlag im Text gefunden. 4Q319 bleibt auch als Anhang
von 4Q259 ein Text, der sich mit der Entwicklung einer idealen kalendarischen Superstruktur von sechs Jubiläen befaßt und dabei zwar das Potential für eine heptadische Geschichtsperiodisierung enthält, dieses aber
nicht entfaltet.[432]

Während sich der Inhalt von 4Q319 IV-VII in der dargestellten Weise
rekonstruieren läßt, folgen nach BEN-DOV in Kol. VIII-IX weitere kalendarische Abhandlungen, die auf der Sechs-Jahres-Rotation der Priesterdienstabteilungen aufbauen, aber keine Verbindung mit einer heptadischen Struktur vornehmen.[433] Lediglich auf vier der vielen einst 4Q319
zugeschriebenen Kleinstfragmente, die heute als Teil einer weiteren Kom-

---

429 GLEßMER, *Otot-Texts*, 135f.
430 Vgl. hierzu die Ausführungen zu CD XX 14f. unter *2.2.*
431 Die zentrale Stellung des Begriffs עת und der Wurzel שכל findet einen Niederschlag in der
    Zahl ihrer Bezeugungen (vgl. 4Q259 III 7.8.9.10.11.13.16.18.19; IV 1.2.5).
432 Gegen MAIER, *Qumran-Essener* III, 119, nach dessen Ansicht 4Q319 „offenbar die 10 Jubi-
    läen innerhalb des Dekajubiläums 05" auflistet. Diese Interpretation setzt zur Lösung einer
    von MAIER nur unzureichend beschriebenen und aufgrund des in DJD 21 gebotenen Ma-
    terials nicht mehr nachvollziehbaren Spannung in Kol. V einen universalgeschichtlichen
    Bezug voraus, der sich am Text in keiner Weise erhärten läßt. Im Hintergrund steht die
    Konstruktion einer chronologisch-kalendarischen Superstruktur, die durch unkritische
    Kombination aller erreichbaren Quellen gewonnen wird, um in einem zweiten Schritt wie-
    der zu deren Interpretation herangezogen zu werden. Dieses Vorgehen ist exegetisch nicht
    zu verantworten und kann in seinen Ergebnissen nicht überzeugen.
433 Vgl. BEN-DOV, DJD 21, 211-213.

position zu gelten haben,[434] finden sich Erwähnungen von Septennien und Jubiläen: So bezeugen Fr. 55 1 und Fr. 88 2 die Form שבתות, in Fr. 59 1 ist von יובלות die Rede, und Fr. 79b 2 läßt sich als יובל[ן] rekonstruieren. Da sich über Struktur und Inhalt des hier repräsentierten kalendarischen Textes nichts Genaueres sagen läßt, sind keine Rückschlüsse auf die Art der Verbindung zwischen heptadischen Angaben und den darüber hinaus bezeugten Bruchstücken einer Priesterdienstfolge möglich. Daß jedoch im Gegensatz zum singularischen Gebrauch von שמטה und יובל in 4Q319[435] die Pluralformen שבתות und יובלות für Septennien und Jubiläen begegnen, läßt darauf schließen, daß hier keine fortlaufende, detaillierte Synchronisation einer Sieben- und einer Sechs-Jahres-Folge vorliegt, sondern ein Text, der auch längere heptadische Zeiträume darstellte.

10.2.2. 4Q320 (4QCalendrical Document/Mishmarot A)

Auf den zehn 4Q320 zugeordneten Fragmenten sind Teile der unter den Qumranfunden umfangreichsten kalendarischen Handschrift erhalten, die sich unter paläographischen Gesichtspunkten ins letzte Viertel des zweiten vorchristlichen Jahrhunderts datieren läßt.[436] Nach der von TALMON vorgelegten Rekonstruktion enthält der Text mehrere kalendarische Abschnitte, die unter Rückgriff auf die Priesterdienstabteilungen astronomische und kultorientierte Aspekte behandeln.[437] Wie bereits 4Q319 bietet auch 4Q320 einige direkte Rückverweise auf die Schöpfung (Fr. 1 I 3f.; Fr. 3 I 6.11f.; vgl. 4Q319 IV 11.17), an deren viertem Tag, mit der Erschaffung der Himmelskörper, auch der Ursprung der kalendarischen Systeme gesehen wird. So scheint in 4Q320 Fr. 3 I das Ende einer kalendarischen Teilkomposition vorzuliegen, die wie 4Q319 IV 11 den vierten Schöpfungstag in die Dienstwoche der Abteilung Gamul verlegt (Fr. 3 I 10-12). In Z. 13f.

---

434 Vgl. BEN-DOV, DJD 21, 213.234.

435 Die verwendete Terminologie steht im Zusammenhang mit dem Interesse an der Entwicklung eines kalendarisch-modellhaften Systems. Da 4Q319 zu diesem Zweck auf eine präzise Bezeichnung *Zeitpunktes* des siebten Jahres angewiesen ist, greift der Text auf den aus Ex 23; Dtn 15 entlehnten Begriff שמטה zurück, mit dem zugleich soziale Konnotationen verbunden sind. Die Parallelpassage in 1QS bringt dagegen in ihrem hymnischen Lob der göttlichen Zeitordnung (X 7f.) den Sachverhalt ihrer heptadischen Struktur unter Verwendung des Terminus שבוע zum Ausdruck, womit der Aspekt des *Zeitraumes* in den Vordergrund tritt.

436 Vgl. TALMON, DJD 21, 41f.; frühere Edition durch ABEGG / WACHOLDER, *Preliminary Edition* I, 60-67. Grundlage der folgenden Ausführungen ist der von TALMON, a.a.O., 48-63, gebotene Text.

437 Eine detaillierte Darstellung der Inhalte ist im Rahmen dieser Arbeit zu vernachlässigen; vgl. dazu GLEßMER, *Calendars*, 240-252; TALMON, DJD 21, 40f.; VANDERKAM, *Calendars*, 77-80.

schließt sich daran eine an die Summarien in 4Q319 erinnernde Passage an, welche die Anzahl der Zeichen des zweiten Jubiläums zusammenfaßt (את[ו]ת היובל השני [17 אתו]ת).[438]

Da es sich in 4Q320 Fr. 3 I vermutlich um den Schlußteil einer kalendarischen Teilkomposition handelt, sind aus dem erhaltenen Text der Kolumne nur noch bruchstückhafte Informationen über deren Inhalt zu gewinnen. Deutlich ist, daß hier ein 4Q319 vergleichbares Phänomen vorliegen könnte, insofern erneut eine Verbindung zwischen einem Sechs- und einem Sieben-Jahres-Zyklus stattfindet. Sollte TALMONs Vermutung zutreffen, daß Fr. 5-6, in denen ebenfalls von 'Otot die Rede ist, vor Fr. 3 zu plazieren und damit Teil der hier endenden Passage sind, so hätte diese anders als 4Q319 Angaben von Zeiträumen mit einer Länge mehrerer tausend Tage enthalten (Fr. 6 3f.), die wahrscheinlich im Kontext der 'Otot-Zyklen zu deuten sind.[439] Angesichts des schlechten Erhaltungszustandes sind keine weiterreichenden Schlüsse auf Inhalt und Struktur der kalendarischen Passage möglich, und es kann lediglich festgehalten werden, daß diese dem in 4Q319 entfalteten System in wesentlichen Punkten ähnelt, ohne deshalb notwendigerweise mit ihm identisch zu sein. Entscheidend ist, daß auch die mit 4Q320 Fr. 3 I endende Komposition ein modellhaftes kalendarisches System mit heptadischen Elementen entwirft, ohne es auf den Geschichtslauf zu applizieren.

Zwischen zwei weiteren kalendarischen Teilkompositionen in Fr. 3 II - Fr. 4 I und Fr. 4 III-VI steht mit Fr. 4 II ein Schluß- oder Eingangsformular, das in für thematisch verwandte Texte typischer Weise eine Folge der relevanten Zeitmaße präsentiert: Die Erwähnung von Tagen, Sabbaten, Monaten, Jahren, Erlaßjahren und Jubiläen (II 10-13: הימים ולשבתת לחדשים [ול]שנים ולשמטים וליובלות)[440] könnte sich an eine Fr. 1 I 1-3 vergleichbare Aussage über die Erschaffung der für die Zeiteinteilung zentralen Himmelskörper anschließen,[441] die in Fr. 4 II gleichwohl nicht erhalten ist. Daß dieses auf den vierten Schöpfungstag fallende Ereignis im Hintergrund steht, zeigt jedoch seine direkt auf die Nennung der Zeitmaße folgende Erwähnung in Fr. 4 II 13f.: בא 44 בשבת בני גמול (,am vierten Tag in der Woche der Söhne Gamuls'). Der Text vertritt daher an dieser Stelle erneut die in Fr. 1 I 3-5 formulierte Überzeugung, daß die Priesterabteilung Gamul in der ersten Schöpfungswoche Dienst tat. Damit bietet

---

438 Vgl. hierzu TALMON, DJD 21, 40f.50f. Auffällig ist dabei, daß wie in 4Q319 IV auf die Erwähnung der Schöpfung nicht ein Verweis auf das erste, sondern auf das zweite Jubiläum folgt; s.o., *10.2.1*. Nach Ansicht TALMONs folgten weitere parallel konstruierte Formulierungen zu den Jubiläen drei bis sieben in den verlorenen ersten Zeilen von Fr. 3 II.

439 Vgl. hierzu TALMON, DJD 21, 41.51. Die Plazierung von Fr. 5-6 vor Fr. 3 I wäre allerdings durch eine materielle Rekonstruktion der Handschrift kritisch zu überprüfen.

440 Vgl. die Parallelen in Lev 23,37f.; Num 29,39; 1 Hen 75,3; 82,10; Jub 2,9; 1QS X 5-8.

441 Diese Vermutung äußert TALMON, DJD 21, 54.

4Q320 Fr. 4 II eine schöpfungstheologische Grundlegung der Zeitmaße, die in den die Kolumne umgebenden kalendarischen Kompositionen maßgeblich sind.

Unter den in 4Q320 enthaltenen kalendarischen Teilkompositionen befindet sich demnach einerseits ein mit 4Q319 vergleichbarer Text, der eine Verbindung von Sechs- und Sieben-Jahres-Zyklen vornimmt (Fr. 3 I), andererseits eine formelhafte Passage (Fr. 4 II), die in ihrer Aufzählung der in der Schöpfungsordnung legitimierten Zeitmaße auch Erlaßjahre (שמטים) und Jubiläen (יובלות) nennt. An keiner der beiden Stellen wird eine Verbindung zu geschichtlichen Ereignissen hergestellt, weshalb der Text in seinem erhaltenen Umfang lediglich einen Umgang mit heptadischen Strukturen auf der kalendarischen Ebene erkennen läßt. Der von DIMANT aufgestellten Behauptung, 4Q320 Fr. 4 II „clearly indicates the existence of an overall chronology, by years and jubilees, within the circles of the community"[442], ist daher deutlich zu widersprechen: 4Q320 bezeugt nicht die Existenz einer heptadischen _Universalchronologie_, sondern lediglich die Kenntnis der zur Schaffung eines derartig akzentuierten chronologischen Systems _gleich welchen Umfangs_ nötigen Zeitmaße. Festhalten läßt sich lediglich, daß 4Q320 strukturell mit heptadischen Geschichtskonzeptionen kompatibel ist, ohne selbst in diese Kategorie zu fallen.

10.3. Fazit

Die Texte 4Q319 und 4Q320 bezeugen die Entwicklung kalendarischer Superstrukturen, die in einem Gesamtrahmen von sechs Jubiläen die sechsjährige Rotation der Priesterdienstabteilungen mit heptadischen Folgen synchronisieren. Sie lösen die sich zwischen Sechs- und Sieben-Jahres-Folgen ergebenden Verschiebungen auf, indem sie diese in ein zeitliches Gefüge höherer Ordnung integrieren, welches nach sechs Jubiläen wieder seinen Ausgangszustand erreicht. Durch den explizit hergestellten Schöpfungsbezug werden die kalendarischen Systeme als gottgesetzte Ordnungen ewiger Dauer begründet, was zugleich impliziert, daß die hinter ihnen stehenden kultischen Strukturen nicht erst das Produkt menschlicher Konstruktion, sondern bereits in Gottes Schöpfung angelegt sind. 4Q319 und 4Q320 repräsentieren damit ein Stück kalendarischer Ordnungstheologie, die ein Idealbild der astronomischen Realitäten konstruiert, wie es

---

442 DIMANT, _New Light_, 438, Anm. 68. Vorsichtiger äußert sich VANDERKAM, _Calendars_, 79, der aufgrund von 4Q320 mit der Möglichkeit rechnet, es habe Listen gegeben, welche die Mishmarot zwischen Schöpfung und Verfasserzeit auflisteten. Dies erscheint denkbar, bleibt aber in Ermangelung jeglichen Textbeleges reine Spekulation.

sich, je eigen akzentuiert, in einer Vielzahl von Texten seit dem Astronomischen Henochbuch (1 Hen 72-82) findet.

Besteht die Besonderheit von 4Q319 und 4Q320 darin, daß in diesen Texten ein kalendarisches Modell unter Rückgriff auf heptadische Strukturen entwickelt wird,[443] so bleibt trotz der durch einen Gesamtzeitraum von sechs Jubiläen vorgegebenen Langzeitperspektive festzuhalten, daß keiner der beiden Texte die Ebene des Kalendarisch-Modellhaften verläßt und das dem System inhärente Darstellungspotential auf die Sphäre des Geschichtlichen appliziert. Daß ein solcher Überschritt in verschiedener Weise möglich ist, zeigen die Beispiele einiger anderer Qumrantexte.[444] Vor dem Hintergrund der vielen bezeugten rein kalendarischen Werke sollte jedoch nicht weiter verwundern, daß in 4Q319 und 4Q320 kein Überschritt in die Geschichtsdarstellung erfolgt. Die Texte sind demnach mißverstanden, wenn man sie aufgrund ihrer heptadischen Elemente in den Bereich vergleichbar strukturierter Geschichtskonzeptionen einordnen will. Sie bezeugen vielmehr ein nicht minder theologisches, aber auf den Bereich des Kalenders beschränktes Interesse an der heptadischen Ordnung der Zeit und bereichern den Befund der Qumrantexte um eine weitere Facette der Beschäftigung mit diesem Phänomen.

11. Fazit: Heptadische Geschichtskonzeptionen in den Qumrantexten

Obwohl das vorangehende Kapitel eine Untersuchung aller publizierten Qumrantexte bietet, die heptadische Geschichtskonzeptionen bezeugen oder in der bisherigen Forschung mit solchen in Verbindung gebracht wurden, stehen die folgenden, zusammenfassenden Beobachtungen zum Gesamtphänomen in mehrfacher Hinsicht unter Vorbehalt: So ist zunächst festzuhalten, daß die in Qumran gefundenen Schriftrollen einen historischen Zufallsbefund darstellen, der inhaltlich nicht repräsentativ sein muß. Ferner ergibt sich die Schwierigkeit, in der Handschriftensammlung zwischen vorqumranischen und qumranischen Kompositionen

---

443 Ein ähnliches System steht möglicherweise auch hinter 4Q330, wobei aufgrund des stark fragmentarischen Zustandes dieses Textes keine näheren Aussagen über seine Struktur möglich sind; vgl. hierzu TALMON, DJD 21, 151-154.

444 So appliziert 4Q252 den 364-Tage-Kalender auf die Sintfluterzählung der Genesis, verbindet also Kalender und Schriftexegese. In den stark fragmentarischen Texten 4Q331-333 werden dagegen Personen aus hasmonäischer Zeit unter Rückgriff auf Priesterdienstabteilungen – nicht auf Jahrwochen oder Jubiläen! – datiert. Ein vergleichbares annalistisches Interesse ist in keinem der theoretischen Kalendertexte nachweisbar, die sich mit der sechsjährigen priesterlichen Rotation befassen; vgl. TALMON, DJD 21, 13.

zu unterscheiden, ohne daß hierfür unangreifbare Kriterien vorlägen. Eine
letzte wesentliche Einschränkung ist schließlich mit dem teilweise extrem
schlechten Erhaltungszustand der Texte verbunden, der in vielen Fällen
über Umfang und inhaltliche Struktur bestenfalls Mutmaßungen zuläßt.
Der folgende Ergebnisteil bleibt daher in Teilen notwendigerweise spekulativ, wobei der Grad der Spekulation durch größtmögliche Rückbindung
an den erhaltenen Textbestand und gleichzeitigen Verzicht auf chronologische Großthesen auf ein Minimum reduziert ist.

Daß Jahrwochen und Jubiläen der Qumrangruppierung als integraler
Bestandteil der Zeitordnung gegolten haben, zeigt eine Passage wie 1QS X
7f., die jene in den Lobpreis dieser als gottgesetzt geglaubten Zeitordnung
einschließt. Während jedoch hier, wie auch an anderen Stellen,[445] die
ursprüngliche, kultisch-kalendarische Dimension der heptadischen Zeitmaße, also das ihren jeweiligen Abschluß bildende Sabbat- bzw. Jobeljahr,
im Blick ist, kann von heptadischen *Geschichtskonzeptionen* nur dort die
Rede sein, wo Jahrwoche und Jubiläum als Zeiträume von sieben bzw. 49
Jahren zur *Strukturierung und theologischen Akzentuierung* auf die *Darstellung
geschichtlicher Sequenzen* appliziert werden. Alle in Qumran gefundenen Texte, die diesem Kriterium genügen – in vielen Fällen nachweisbar, in manchen lediglich nach Ansicht einiger Interpreten –, wurden im Rahmen
dieser Arbeit untersucht.[446] Sie verbindet bei allen inhaltlichen und konzeptionellen Unterschieden die terminologische Gemeinsamkeit, daß die
Zeiträume Jahrwoche und Jubiläum als שבוע und יובל bezeichnet werden.[447]

Wendet man sich den diskutierten Texten im einzelnen zu, so zeigt
sich der Befund der ‚Qumranbibliothek' erwartungsgemäß facettenreich:
Diese umfaßt nicht nur qumranische Eigenkompositionen (CD; 4Q180;
4Q181; 4Q225-227 [?]; 4Q228; 4Q390; 11Q13), sondern auch Werke an-

---

445 Vgl. CD III 14f.; 4Q286 Fr. 1 II 9-11; 4Q512 Fr. 33+35 1.
446 Nicht eingegangen wurde auf die beiden Erwähnungen von Jubiläen in 4Q372 (Fr. 9 2:
    יובלים מספרם היה; Fr. 10 2:]ן ובלים[י), die sich im erhaltenen Text dieser poetisch-narra-
    tiven Komposition nicht mehr sinnvoll kontextualisieren lassen; vgl. SCHULLER /
    BERNSTEIN, DJD 28, 188-190. Während hier Elemente einer heptadischen Geschichts-
    periodisierung unklaren Inhalts und Umfangs vorliegen könnten, ist ein entsprechender
    Hintergrund für folgende Passage aus den Sabbatliedern unwahrscheinlich: Der mögliche
    Jahrwochenbezug in 4Q401 Fr. 13 2 (ל]בוע שני יהלל שבעה לל[שו) gehört vermutlich in den
    Kontext des Lobpreises der sieben priesterlichen Engelsgruppen, die im Text eine promi-
    nente Rolle spielen, hat aber, wie der Text als Ganzer, keinen erkennbaren geschichtlichen
    Bezug; vgl. NEWSOM, DJD 11, 206.
447 Dagegen wird das Sabbat-/Erlaßjahr entweder als שמטה (4Q319 IV passim) bzw. שנת
    השמטה (1QM II 6.8; 4Q496 Fr. 7 3) oder als שבת (CD III 14; 4Q319 Fr. 55 1; Fr. 88 2;
    4Q388a Fr. 4 2) bezeichnet; 4Q320 Fr. 4 II 12 scheint sich mit dem Plural שמטים auf Er-
    laßjahrzyklen zu beziehen. Für das Jobeljahr ist die Wiedergabe als מועד דרור (1QS X 8;
    4Q258 IX 6; 4Q286 Fr. 1 II 11) oder שנת היובל (4Q366 Fr. 2 5; 11Q13 II 2; vgl. 4Q319 VI
    18: [ש]נת יובלים) bezeugt.

derer, vermutlich vorqumranischer Provenienz, was neben den gefundenen Kopien des Daniel-, Henoch- und Jubiläenbuches auch für die Pseudo-Daniel-Texte (4Q243-245) und 4QApocryphon of Jeremiah C gilt. Angesichts der erheblichen Unsicherheiten bei der Datierung der in diesem Kapitel behandelten Texte ergibt sich ein Spektrum für ihre Entstehung, das sich zwischen den sechziger Jahren des 2. und dem Beginn des 1. Jh. v. Chr. erstreckt. Die in diesem Zeitraum entstandenen Texte decken eine gattungsgeschichtliche Bandbreite ab, die von der Schriftauslegung bis hin zur Geschichtsdarstellung im Medium der Pseudepigraphie reicht, und setzen heptadische Elemente auf verschiedenste Weise ein. Obwohl angemessen nur als eigenständige Entwürfe erfaßt, weisen die Texte auf dem Gebiet der Chronologie traditionsgeschichtliche und zum Teil auch literarische Verbindungen auf und spiegeln hier vor allem die Entwicklung von zwei dominanten chronologischen Traditionslinien, der Chronologie des Jubiläenbuches sowie der etwa in Dan 9 greifbaren Vorstellung einer 70 Jahrwochen respektive zehn Jubiläen andauernden Zorneszeit zwischen Exilsbeginn und eigener Gegenwart.

Daß das Jubiläenbuch, das seine eschatologische Endgestalt vermutlich in der frühen Qumrangruppierung erhielt, im Laufe der Zeit zu einem quasi-kanonischen Referenzwerk zum Thema מחלקות העתים avancierte, belegt seine Zitation in CD XVI 3f. und 4Q228 Fr. 1 I 9. Dabei lassen sich unter den Texten qumranischer Verfasserschaft zwei grundsätzlich verschiedene Arten im Umgang mit dem Jubiläenbuch unterscheiden: Die unpräzise als ‚Pseudo-Jubiläen-Texte‘ (besser: ‚Deutero-Jubiläen-Texte‘) bezeichneten Schriften 4Q225-227 verbindet bei allen Unterschieden im Detail ein Rückgriff auf Themen der Grundschrift: Während 4Q225 im Kontext der Bindung Isaaks und des Exodus besonders das Thema in das menschliche Geschick eingreifender Engel ausgestaltet und ferner beide Epochen durch ein aus Jub gewonnenes genealogisches Stück verbindet, greift 4Q226 im Kontext der Biographie Moses auf die heptadische Chronologie des Jubiläenbuches zurück, weitet aber den Zeitrahmen – ob heptadisch strukturiert, ist unklar – auf die Zeit im Land. 4Q227 zitiert mit dem Henochsummar Jub 4,17-21 eine zentrale Passage der heptadischen Geschichtsdarstellung. Zeichnet sich hier ein Spektrum von primär thematisch bis hin zu stärker chronologisch orientierten Rezeptionsmöglichkeiten ab, so verbindet doch alle Texte, daß sie Jub als Quelle für die biblische Geschichte verwenden und in unterschiedlicher Weise ausgestalten und ergänzen.

Im Unterschied dazu schließt die zweite in den Quellen bezeugte Rezeptionsweise des Jubiläenbuches an dessen eschatologisierte Endgestalt an und liest es als Referenzwerk für die ‚Einteilungen der Zeiten‘ (מחלקות העתים), dies jedoch nicht absolut, sondern zugespitzt auf die bestimmten

Zeiten des Unheils vor dem Endgericht und der sich anschließenden Heilszeit (4Q228) oder auf die ebenfalls an der Schwelle zum Eschaton angesiedelten Zeiten der Blindheit Israels (CD XVI 2-4). Beide Texte qumranischen Ursprungs verbindet, daß sie das Jubiläenbuch in einem verwandten Kontext mit seinem Titel zitieren. Sie bezeugen damit eine aktualisierende Interpretation der eschatologischen Endgestalt des Textes und bestätigen, daß Jub weiter unter dieser Perspektive gelesen wurde.

Wie aber erklärt sich, daß Jub als Referenztext für einen Zeitraum angeführt werden kann, dessen Chronologie es weder heptadisch noch anders strukturiert ausführt? Der einzige explizite chronologische Anknüpfungspunkt bietet sich über die aktualisierende Deutung der vierzig Wüstenjahre, die in der Endgestalt von Jub auf die Gegenwart der Kreise gedeutet werden, denen der Redaktor zugehört. CD XX 15 bezieht sich auf denselben Zeitraum und setzt damit eine bereits in Jub angelegte Auslegungslinie fort; dasselbe gilt theoretisch auch für 4Q228, wenngleich hier klare Textbelege fehlen. Da sich in den erhaltenen Qumrantexten nicht ein einziger expliziter Beleg für eine chronologische Ausgestaltung der in Jub 1; 23 nur abrißartig dargestellten Zeit nach der Landnahme findet, bleibt die Annahme, daß die gegenwartsbezogene Interpretation von Jub im Kern in einer neuerlich aktualisierten Deutung der 40 Wüstenjahre bestand, ohne plausible Alternativen. Sie kann sich nicht nur darauf berufen, daß die Darstellung der Gegenwart als Wüstenzeit in den Qumrantexten auch sonst bezeugt ist, sondern fügt sich überdies bestens in ein Gesamtbild, in dem die Fortschreibungs- und Rezeptionsgeschichte des Jubiläenbuches über das Motiv der 40 Jahre mit der Entwicklung der Qumrangemeinschaft verbunden ist.

Während CD XX 15 an die Endgestalt des Jubiläenbuches anschließend die 40 Wüstenjahre auf die endzeitliche Erwartung der Qumrangruppierung bezieht, werden deren Ursprünge in CD I durch eine Kombination von Prophetenexegese und historischen Reminiszenzen geschichtstheologisch eingeholt, ein Sachverhalt, der verdeutlicht, daß der vorliegende Text der Damaskusschrift nicht eine homogene Gesamtchronologie bietet, sondern verschiedene chronologische Elemente jeweils kontextbezogen einsetzt. Da jede Spur einer übergreifenden 490-Jahre-Chronologie fehlt, ist das in der Forschung gängige Postulat eines entsprechenden, die Einzelangaben der Damaskusschrift integrierenden Systems zurückzuweisen. Es beruht auf der zwar zutreffenden Beobachtung, daß eine Darstellung der exilisch-nachexilischen Zeit als 70 Jahrwochen währende Unheilsepoche in verschiedenen Texten anzutreffen ist, wobei jedoch übersehen wird, daß das Vorhandensein einer dominanten chronologischen Tradition nicht die Pauschalannahme rechtfertigt, diese stehe im

Hintergrund aller Texte, die auf irgendeine Weise den entsprechenden Zeitraum behandeln.

Doch auch bei einer Untersuchung der Texte, die explizit eine 70-Jahrwochen- respektive 10-Jubiläen-Chronologie für die exilisch-nachexilische Zeit bezeugen, droht die Gefahr einer harmonisierenden Betrachtung, die die jeweiligen Akzente verschleiert sowie zu leicht von letztlich nicht belegbaren textlichen Interdependenzen ausgeht. Letzteres wird etwa daran deutlich, daß in der Forschung häufig unkritisch eine Abhängigkeit von Dan 9 vorausgesetzt wird, ohne daß Gründe hierfür angegeben, geschweige denn Kriterien reflektiert würden. Daß die 70 Jahrwochen in Dan 9 nicht pauschal zur ‚Mutter' aller 490-Jahre-Chronologien erklärt werden dürfen, muß schon deshalb gelten, weil gar nicht für alle Texte die Kenntnis des Danielbuches in seiner Endgestalt vorausgesetzt werden kann: So scheint 4QApocryphon of Jeremiah C in großer zeitlicher Nähe zu Dan 9 entstanden zu sein, und es fehlen sämtliche Anzeichen dafür, daß der Verfasser dieses vorqumranischen Textes seine Sequenz von zehn Jubiläen im Anschluß an das Danielkapitel konzipierte. Doch selbst im Fall der qumranischen Kompositionen, für deren Verfasser eine Kenntnis des Danielbuches naheliegend ist, da dieses in mehreren Kopien in Qumran gefunden wurde, bleibt festzuhalten, daß in keiner der erhaltenen Chronologien Dan 9 explizit als chronologischer Referenztext angeführt wird.

Es ergibt sich, daß das Danielbuch, obwohl es als prophetische Schrift einen hohen Stellenwert für die Qumrangruppierung hatte, nicht pauschal als Schlüsseltext für jede 490-Jahre-Chronologie veranschlagt werden darf. Der Befund der qumranischen und vorqumranischen Texte legt vielmehr nahe, von einer dtr geprägten chronologischen Tradition auszugehen, deren Kenntnis für bestimmte Kreise vorauszusetzen ist und in literarische Neuschöpfungen einging. Daß dabei zum Teil auch ein vorliegender Text wie Dan 9 ausgelegt werden sollte, ist keineswegs auszuschließen, stellt aber keine notwendige Annahme dar und bedarf daher eines besseren Nachweises als der bloßen Übereinstimmung des jeweiligen Gesamtzeitrahmens. So ist selbst die Tatsache, daß 4Q181 wie Dan 9 die 70. Jahrwoche besonders hervorhebt, kein hinreichendes Kriterium für eine Abhängigkeit von Daniel, kann doch eine entsprechende chronologische Zäsur einfach systemimmanent bedingt sein. Konkret greifbar ist eine literarische Abhängigkeit von Dan 9 lediglich in 11Q13, da hier Dan 9,25 zitiert wird. Daß der Verfasser des Qumrantextes jedoch über den Gesamtrahmen der hier als zehn Jubiläen gefaßten 70 Jahrwochen hinaus in irgendeiner Weise auch die Binnenchronologie von Dan 9 rezipiert hätte, läßt sich bereits nicht mehr nachvollziehen.

Gilt somit auch für die Texte, die explizit die Kenntnis von Dan 9 voraussetzen, daß sie eine eigenständige, den jeweiligen Interessen entsprechende Ausgestaltung der vorgegebenen Tradition einer 490 Jahre währenden Unheilsepoche zwischen Exilsbeginn und eigener Gegenwart bieten, so ergibt sich um so deutlicher als Aufgabe des Auslegers, das jeweilige Profil herauszuarbeiten. Angesichts des fragmentarischen Erhaltungszustandes der Texte läßt sich das mögliche Spektrum lediglich schlaglichtartig erhellen: 11Q13 verbindet im Rahmen des zehnten Jubiläums die Zeit des Lehrers der Gerechtigkeit, in dessen erster Jahrwoche verortet, mit dem am Ende des Zeitraumes erwarteten Auftreten Melchizedeks als endzeitlichen Richters. Während hier eine zeitgeschichtliche Darstellung mit einer Berechnung der Endzeit über die traditionell aufgeladene Jubiläensequenz verbunden wird, rezipiert der vorqumranische Text 4QApocryphon of Jeremiah C die zehn Jubiläen lediglich als geschichtstheologische Chiffre für seine Darstellung der exilisch-nachexilischen Zeit; ein Interesse an chronologischen Details fehlt im erhaltenen Textbestand ebenso wie jede weitere heptadische Angabe. Beide Texte verbindet daher über die Länge des Zeitraumes hinaus nur, daß sie diesen als Jubiläensequenz darstellen und damit im Vergleich zu Dan 9 explizieren, was in den dortigen 70 Jahrwochen lediglich impliziert ist.

Daß von der Qumrangruppierung verfaßte chronologische Texte an vorqumranische Kompositionen aktualisierend anknüpfen können, zeigt 4Q390, ein Propheten-Apokryphon, das von 4QApocryphon of Jeremiah C abhängig ist. Der Text stellt die exilisch-nachexilische Zeit ebenfalls als eine längere Jubiläensequenz dar, wobei es denkbar, aber nicht sicher nachweisbar ist, daß er, seiner vorqumranischen Vorlage folgend, ebenfalls zehn Jubiläen für den Zeitraum veranschlagte. Für das chronologische Profil von 4Q390 entscheidend ist die Hervorhebung des siebten Jubiläums als Zeit besonderer Verirrungen Israels sowie die Tatsache, daß der Text auch für die Darstellung späterer Ereignisse Jahrwochen- und Jubiläenstrukturen einsetzt. Bietet 4Q390 damit eine gegenüber 4QApocryphon of Jeremiah C weiter ausgestaltete heptadische Chronologie, so ist doch kein stringent durchgeführtes Datierungssystem erkennbar. Der Text verbindet Jahrwochen- und Jubiläenangaben lediglich zu einem lockeren Geflecht, das auch weitere chronologische Versatzstücke wie die 70 jeremianischen Jahre als traditionellen Zeitraum des babylonischen Exils integriert. Daß überdies wie in 4Q243 ein negativ konnotierter Zeitraum von 70 Jahren auch für die nachexilische Zeit veranschlagt wird, läßt auf die Existenz einer weiteren chronologischen Tradition schließen, die sich aus den 70 Exilsjahren entwickelt haben mag, aber von ihnen klar zu unterscheiden ist.

4Q390 präsentiert sich damit als Schmelztiegel verschiedener chronologischer Traditionen, die aktualisierend aufgegriffen und in ein neues Gesamtbild integriert werden. Läßt sich die daraus resultierende Chronologie zutreffend nur als geschichtstheologisches Konstrukt bezeichnen, so ist damit ein Grundcharakteristikum benannt, das auch für verwandte Texte Gültigkeit hat: Der Versuch, die eigene Gegenwart als Schwellenepoche in einen von Gott geordneten Geschichtsverlauf einzuordnen, führt zur Aufnahme signifikanter, traditionell geprägter Zeiträume wie der 70 Jahrwochen, mittels derer Geschichte immer neu konstruiert wird. Dies bedeutet nicht, die Texte seien notwendig historisch ungenau, sondern schließt lediglich Erklärungsmodelle aus, die die Chronologien als Ableitungen von der absoluten Chronologie in den Blick nehmen. Daß von der Makkabäerzeit bis ins erste vorchristliche Jahrhundert verschiedene Gruppierungen die Überzeugung formulieren konnten, am Ende der seit Exilsbeginn verflossenen 490 Jahre zu leben, ist durch derartige historisierende Modelle nicht zu plausibilisieren, sondern erklärt sich nur aus der Hermeneutik der Verfasser, die eine entsprechende Einordnung der eigenen Gegenwart nicht aus der fernen Vergangenheit berechnen, sondern bereits voraussetzen.[448]

Daß diese hermeneutische Grundvoraussetzung nicht von konkreten chronologischen Berechnungen zu trennen ist, sondern sich gerade im Blick auf die Chronologie der jüngeren Vergangenheit mit solchen berühren wird, denen hier durchaus auch eine hohe historische Präzision zuzugestehen ist, ändert nichts an der dargestellten Charakterisierung der Texte. Dasselbe gilt für Versuche, den Gesamtzeitrahmen rechnerisch zu verifizieren, die grundsätzlich denkbar, wenn auch nicht nachweisbar sind, da unklar bleibt, auf welches Quellenmaterial sich der jeweilige Verfasser stützen konnte. Das *Prä* des geschichtstheologisch signifikanten Zeitraumes ermöglicht grundsätzlich nur dessen rechnerische Verifizierung, immunisiert ihn aber gegen eine Falsifizierung aufgrund externer Daten. Ein modernes Konzept historischer Genauigkeit, nach dem ein Verfasser, seinen präzisen historischen Kenntnissen verpflichtet, in einem gegebenen Fall nicht von zehn Jubiläen, sondern etwa von neun Jubiläen, drei Jahrwochen und einem Jahr sprechen müßte, ist daher für die hier diskutierten Texte unbrauchbar. Historisch unpräzise sind diese jedoch ebenfalls nur aus moderner Perspektive, für ihre Trägerkreise hingegen muß ihre historische Präzision wesentlich mit ihrer geschichtstheologischen Plausibilität als aktualisierender Neudeutungen einer autoritativen chronologischen Tradition verbunden gewesen sein.

---

[448] Hermeneutisch besteht hier grundsätzlich eine Parallele zur aktualisierenden Schriftauslegung in den *Pesharim* und verwandten Texten.

Obwohl der Tradition einer 70 Jahrwochen respektive zehn Jubiläen umfassenden Negativepoche zwischen Exil und eigener Gegenwart für das geschichtliche Selbstverständnis der Qumrangruppierung ein entscheidender Stellenwert zukommt, handelt es sich doch nicht um das einzige chronologische Modell der Gegenwartsdeutung, wie die wahrscheinlich durch Jub inspirierte eschatologische Interpretation der 40 Wüstenjahre zeigt. Beide Traditionen existieren nebeneinander in unterschiedlichen Texten, ohne in einen chronologischen Gesamtentwurf integriert zu werden. Ist der Textbefund daher bereits im Blick auf die begrenzte Frage nach einer maßgeblichen Chronologie der ‚letzten Tage‘ zu komplex, um eine eindeutige Antwort zu ermöglichen – um wieviel mehr verbietet sich die Rede von *der einen autoritativen Gesamtchronologie* der Qumrangruppierung oder gar der Essener! Die Texte spiegeln vielmehr einen Prozeß fortwährender Neudeutungen des traditionellen chronologischen Materials, der dem historischen Wandel entspricht, dem die Qumrangruppierung wie ihre Vorgängergruppen ausgesetzt war.

Eine überzeitliche Geltung konnten daher naturgemäß weder ein einzelner Text noch die in 11Q13 II 20 für den Lehrer der Gerechtigkeit veranschlagten chronologischen Lehren beanspruchen, die vom Tod des Lehrers und dem Ausbleiben der endzeitlichen Wende nicht unberührt geblieben sein werden. Ist daher mit einer Entwicklung chronologischer Konzepte der Qumrangruppierung zu rechnen, so läßt sich diese doch aufgrund des Befundes der ‚Bibliothek‘ nicht im Detail nachvollziehen: Dies liegt nicht nur an ihrem fragmentarisch erhaltenen Bestand, sondern hat eine zentrale Ursache auch darin, daß ältere Entwürfe nicht aufgegeben oder vernichtet, sondern weiter abgeschrieben wurden, was den Fundus potentieller chronologischer Referenztexte ständig erweiterte. Wie im Fall der Gemeindeordnungen bietet die ‚Qumranbibliothek‘ auch auf dem Gebiet der chronologischen Texte ein Nebeneinander verschiedener, in Teilen konkurrierender Modelle, das keine Aussagen darüber ermöglicht, welcher Text zu welcher Zeit autoritative Geltung für sich beanspruchen konnte. Ob es überhaupt zu jedem gegebenen Zeitpunkt *eine gültige Chronologie* der Qumrangemeinschaft gab, muß letztlich genauso offen bleiben wie die Frage, wie hier gegebenenfalls der Stellenwert der Mündlichkeit im Verhältnis zu den schriftlich fixierten Chronologien zu beurteilen wäre.

Faßt man die Ergebnisse zusammen, so bleibt festzuhalten, daß heptadische Geschichtskonzeptionen in den Qumrantexten auf vielfältige Weise bezeugt sind: Als geschichtstheologische Entwürfe gewinnen die Texte ihr je eigenes Profil nicht als isolierte Neuschöpfungen, sondern gerade durch die aktualisierende Integration und Ausgestaltung traditioneller Vorgaben. Neben den dominanten Traditionslinien des Jubiläenbuches und einer 70 Jahrwochen bzw. zehn Jubiläen währenden Zorneszeit haben auch die 70 jeremianischen Jahre als Dauer des Exils sowie ferner eine Tradition Aufnahme gefunden, die ebenfalls 70 Jahre für einen späteren negativ konnotierten Zeitraum veranschlagt. Kreist das Interesse hier im Kern um die nähere Vorgeschichte und Endzeiterwartung der Verfasserkreise, so finden sich auch Beispiele für eine Beschäftigung mit der Chronologie der biblischen Geschichte. Dabei ist auffällig, daß es keinen sicheren Beleg für die qumranische Neuschöpfung einer heptadisch gegliederten *universalgeschichtlichen* Darstellung gibt, ein Sachverhalt, der eine Entsprechung in der geringen Rezeption der Zehnwochenapokalypse findet: Ein möglicher Einfluß des Henochtextes ist lediglich im Fall von 4Q247 zu verzeichnen.

Konnten heptadische Chronologien hinsichtlich ihrer strukturellen Kompatibilität mit den kalendarischen Entwürfen sowie ihrer in der Siebenzahl verwurzelten numerischen Symbolik[449] als integraler Bestandteil der Raum und Zeit umgreifenden göttlichen Schöpfungsordnung gelten und entsprechend für die Qumrangruppierung einen hohen Stellenwert beanspruchen, so darf doch gleichzeitig nicht übersehen werden, daß deren ‚Bibliothek' auch nicht-heptadische Chronologien umfaßte: Der im Rahmen dieser Arbeit untersuchte Text 4Q180 zeigt eine Beschäftigung mit einem Generationenschema, wogegen andernorts etwa Genesisstoffe mit ‚einfachen' Jahresangaben chronologisch bearbeitet wurden (4Q252; 4Q559). Daß letztgenannter Text dabei möglicherweise das Jubiläenbuch voraussetzt, macht deutlich, daß dessen heptadische Chronologie auch hinter strukturell anders akzentuierten Entwürfen stehen kann. Es ist daher ausdrücklich mit Berührungspunkten zwischen den chronologischen Systemen zu rechnen, was den facettenreichen Befund um einen weiteren Aspekt bereichert. Das von der Neuinterpretation traditioneller heptadischer Chronologien über ihre Verbindung mit nicht-heptadischen Elementen bis hin zu ihrer Konvertierung in anders strukturierte Systeme reichende Textspektrum zeigt, daß eine individuelle Würdigung der Texte ebenso unumgänglich ist, wie eine unkritisch historisierende oder den Textbefund harmonisierende Betrachtung unangemessen.

---

449 Vgl. etwa die dominante Rolle, die die Zahl Sieben in den Shirot ʿOlat ha-Shabbat spielt (4Q 403 Fr. 1 I 26f.; Fr. 1 II 30; 4Q404 Fr. 2 9; Fr. 11 2; 4Q405 Fr. 3 II 19).

Kapitel VI
DAS TESTAMENT LEVIS

1. Forschungslage und Aufgabenstellung

Die Testamente der Zwölf Patriarchen bilden eine Sammlung von Texten, die als Vermächtnisreden der Söhne Jakobs gestaltet sind. Sie verbinden auf unterschiedliche Weise Informationen über das Leben der Patriarchen, paränetische Abschnitte und Vorhersagen zukünftiger Ereignisse. Neben der Verwendung des biblischen Textes ist mit der Kenntnis außerbiblischer Traditionen und der Aufnahme schriftlicher Quellen zu rechnen, wobei eine Erklärung des nicht immer spannungsfreien Textes der Testamente auch die Frage nach einem literarischen Wachstum nicht ausklammern darf. Diese stellt sich mit besonderer Schärfe schon deshalb, weil die Testamente in ihrer Endgestalt ein christlicher Text sind, der zugleich viele Elemente enthält, die unbestreitbar jüdischen Ursprungs sind. Dieser Befund ermöglicht grundsätzlich zwei Erklärungen: Entweder es handelt sich um eine christliche Komposition, die auf jüdische Traditionen rekurriert, oder eine einstmals selbständige jüdische Schrift wurde nachträglich christlich überarbeitet.

Jeder Versuch, die Genese der TestXII zu erklären, muß zunächst ihrer handschriftlichen Bezeugung Rechnung tragen. Der Text ist vollständig auf Griechisch erhalten, wobei sich die bekannten MSS zwei Textfamilien zuordnen lassen. Daß eine griechische Fassung der Testamente spätestens im 3. Jh. n. Chr. existiert hat, zeigt ihre Erwähnung bei Origenes; da aus dieser Zeit keine Textzeugen erhalten sind, muß allerdings offen bleiben, wie nahe die spätantike Fassung den mittelalterlichen griechischen MSS stand, deren ältestes aus dem 10. Jh. stammt.[1] Der handschriftliche Befund bietet allerdings keine direkten Hinweise auf Ursprung und Genese der TestXII, denn „if it remains hazardous to use arguments from the textual history known to us for the reconstruction of the transmission of the text [...], it is all the more dubious to use textcritical arguments to trace the history of the text before 200 A.D., particularly in the hope of recon-

---

1 Auf die textkritisch bedeutsame armenische Übersetzung kann hier nicht weiter eingegangen werden; selbiges gilt für die slawische, serbische und lateinische Übersetzung. Vgl. hierzu die ausführliche Erörterung bei DE JONGE, *Testaments* [PVTG 1/2], xi-xli.

structing an older Jewish document."² Die Frage nach der Genese der Testamente kann daher nur unter Anwendung textimmanenter Kriterien beantwortet werden.

Die bereits 1698 von GRABE aufgestellte These, die TestXII seien ursprünglich eine jüdische Schrift gewesen, die eine christliche Überarbeitung erfahren habe,³ wurde in der 1884 von SCHNAPP vorgelegten Dissertation aufgegriffen und mit den Mitteln der Literarkritik durchgeführt.⁴ Im Gefolge SCHNAPPs erschienen weitere literar- und redaktionskritische Untersuchungen, die in den Abgrenzungen der einzelnen literarischen Strata beträchtlich differieren.⁵ Die Vielzahl divergierender Entstehungsmodelle der TestXII sind für HOLLANDER und DE JONGE ein Indiz dafür, daß hier die Grenzen der diachronen Analyse erreicht seien: Es sei „practically impossible to answer the question whether there ever existed Jewish Testaments in some form. If they existed, we shall never be able to reconstruct them with any degree of certainty." Die Autoren kommen zum Ergebnis, „that the Testaments received (more or less) their present form some time during the second half of the second century in Christian circles."⁶

Die von HOLLANDER und DE JONGE mit Recht geäußerte Skepsis gegenüber bisherigen Redaktionsmodellen der TestXII darf selbstredend nicht dahingehend mißverstanden werden, die Testamente hätten keinen jüdischen Hintergrund. Auch bei der Annahme einer Erstverschriftlichung des Textes *als Sammlung von Testamenten* in christlichen Kreisen kann als gesichert gelten, daß sich der christliche Redaktor auf schriftliche Vorlagen jüdischen Ursprungs stützte (s. im folgenden). Umgekehrt ist auch die Existenz einer jüdischen Testamentensammlung nicht auszuschließen, wenngleich diese als eigenständiges Werk nicht bezeugt ist⁷ und sich wie dargelegt aus TestXII nicht sicher rekonstruieren läßt. In jedem Fall ist mit einem komplexen Entstehungsprozeß zu rechnen, was sich nicht zu-

---

2   HOLLANDER / DE JONGE, *Testaments*, 17.

3   Vgl. GRABE, *Spicilegium*, 134.

4   Vgl. SCHNAPP, *Testamente*, 5-88.

5   Vgl. BECKER, *Untersuchungen*; HULTGÅRD, *L'eschatology* II; ULRICHSEN, *Grundschrift*. Eine eingehende Diskussion der Ansätze kann im Rahmen dieser Arbeit nicht erfolgen; vgl. hierzu HOLLANDER / DE JONGE, *Testaments*, 2-8, sowie die von SLINGERLAND, *Testaments*, 19-90, vorgelegte Forschungsgeschichte.

6   HOLLANDER / DE JONGE, *Testaments*, 85; ebenso KUGLER, *Testaments*, 31-39.

7   Auch die Qumrantexte bieten keinen Beleg für die Existenz einer entsprechenden Sammlung. DE JONGE, *The Testaments of the Twelve Patriarchs and Related Qumran Fragments*, 77, notiert zwar das Vorhandensein einzelner autobiographischer – nicht testamentarischer! – Schriften über die Jakobssöhne Naphtali, Joseph und möglicherweise Benjamin, betont aber, „[that i]n general [...] the scrolls, in all their diversity, seem to focus their attention on Levi and his descendants." Vgl. GREENFIELD / STONE / ESHEL, *Aramaic Levi Document*, 25-32.

letzt angesichts deutlicher Unterschiede der einzelnen Testamente zeigt, die im Kontext der Sammlung klar hervortreten. Letztere bildet ähnlich dem Dodekapropheton einen verbindenden Rahmen, der Traditionen verschiedener Prägung formal vereinheitlichend umfaßt. Manche Passagen werden aus einer Quelle übernommen sein, während andere, möglicherweise ganze Testamente, erst für die Sammlung verfaßt wurden.[8]

Die angestellten Überlegungen zur Genese der TestXII finden einen besonderen Anhalt am TestLev, das den Gegenstand der folgenden Ausführungen bildet: Der Text sticht nicht nur inhaltlich aus der Sammlung heraus, er weist überdies eindeutige Parallelen mit anderen Levischriften auf, die bereits unter den Qumrantexten bezeugt sind. Die heute üblicherweise als *Aramaic Levi Document* (ArLev) bezeichnete Komposition ist in Qumran mit sieben Handschriften (1Q21; 4Q213-214b) vertreten, die ins erste vorchristliche Jahrhundert datiert werden;[9] auch die Fragmente eines Kodex aus der Kairoer Geniza sowie der Anhang einer griechischen Handschrift des TestLev enthalten Teile von ArLev.[10] Trotz deutlicher Parallelen zwischen beiden Texten handelt es sich nicht um dasselbe Werk – ArLev ist kein semitischer Textzeuge für TestLev. Das Vorhandensein von ArLev und verwandter aramäischer Texte[11] verlangt jedoch nach einer Klärung ihres Verhältnisses zum griechischen TestLev.

Während BECKER die Verbindung zwischen TestLev und ArLev allein auf der Ebene einer gemeinsamen „Erzähltradition" sieht,[12] nimmt die Mehrzahl der Ausleger ein literarisches Verhältnis an, das entweder in einer direkten Benutzung von ArLev durch den Verfasser von TestLev bestehend oder vorsichtiger als möglicherweise durch weitere Texte vermittelt zu denken ist.[13] Angesichts der schmalen Textbasis kann nur

---

8   So etwa TestBen, das ähnlich dem Buch Mal eine Abschlußschrift der Sammlung TestXII bildet; vgl. HOLLANDER / DE JONGE, *Testaments*, 411; KUGLER, *Testaments*, 83.

9   Vgl. GREENFIELD / STONE, DJD 22, 3.27.37.44.54.62. MILIK, DJD 1, 87, läßt die Datierung von 1Q21 offen; das MS kann aber nach WEBSTER, DJD 39, 373, im 1. Jh. v. Chr. angesetzt werden. Zur Datierung der qumranischen Textzeugen vgl. auch DRAWNEL, *Wisdom Text*, 21-29, nach dessen Ansicht 4Q213a als ältester Textzeuge bereits in der zweiten Hälfte des 2. Jh. v. Chr. entstanden sein könnte. Die auf MILIK zurückgehende Identifikation von 4Q540-541 und 4Q548 als weiterer Textzeugen von ArLev (bei PUECH, *Fragments*, 491) entbehrt stichhaltiger Gründe; vgl. KUGLER, *From Patriarch to Priest*, 51f. PUECH identifiziert die Texte in DJD 31, 213-216.391f., unter Vorbehalt als ‚4QApocryphe de Lévi^{a-b}(?) ar' (4Q540-541) und ‚4QVisions of 'Amram^g(?) ar'.

10   Es handelt sich um die MSS Oxford Bodleiana Heb. c. 27 und Cambridge T-S 16.94 sowie das griechische MS Athos Koutloumousiou 39; vgl. GREENFIELD / STONE, *Remarks*, 214-216, sowie DRAWNEL, *Wisdom Text*, 29-31.

11   Greifbar etwa mit den Texten 4QVisions de 'Amram ar (4Q543-549) und 4QTestament de Qahat ar (4Q542).

12   BECKER, *Untersuchungen*, 77-87; ebenso ULRICHSEN, *Grundschrift*, 186.

13   Vgl. DE JONGE, *Testament*, 253; KUGLER, *From Patriarch to Priest*, 222; ebenso GREENFIELD / STONE / ESHEL, *Aramaic Levi Document*, 25. Eine forschungsgeschichtliche Übersicht zur

festgehalten werden, daß Levitraditionen bereits in vorchristlicher Zeit schriftlich fixiert waren und eine ArLev ähnliche Quelle in TestLev einging. Wann genau sich dieser Prozeß vollzog, ist nicht mehr auszumachen – die Existenz eines jüdischen, auf Hebräisch oder Aramäisch abgefaßten TestLev läßt sich weder beweisen noch widerlegen.

Die Frage nach der Entstehungszeit von ArLev gibt daher keinen direkten Aufschluß über die Datierung von TestLev, sondern ermöglicht zunächst nur eine Eingrenzung des Zeitraums, in dem mit der schriftlichen Fixierung der Levitraditionen zu rechnen ist, die dem Verfasser von TestXII vorlagen. Über die Datierung der Qumrantexte 1Q21 und 4Q213-214b ins erste vorchristliche Jahrhundert ist lediglich der *terminus ante quem* für die Entstehung von ArLev fixiert, was die Suche nach Kriterien für die Bestimmung des *terminus post quem* nötig macht. Da das in ArLev entworfene Idealbild Levis und seiner Nachkommen auch hinter Jub 30,1 - 32,9 steht, stellt sich die Frage, ob durch eine Verhältnisbestimmung beider Texte zueinander die Entstehungszeit von ArLev eingegrenzt werden kann. STONE hat versucht zu demonstrieren, daß ArLev hier die Quelle des Jubiläenbuches bildet, und unter Hinweis auf Berührungspunkte mit Henochstoffen eine Datierung des Levitextes ins 3. Jh. v. Chr. vorgeschlagen.[14] Wenngleich nach der Analyse KUGLERs keine direkte literarische Abhängigkeit zwischen Jub und ArLev angenommen werden kann, auf diesem Weg also kein klares Datierungskriterium zu gewinnen ist,[15] zeigen die jüngst von DRAWNEL vorgelegten Ergebnisse, daß mit einer Entstehung von ArLev wahrscheinlich noch in frühhellenistischer Zeit gerechnet werden kann.[16] Das hohe Alter von ArLev zeugt von der frühen Verschriftlichung der Levitradition in einer Zeit, als auch weite Teile des biblischen Textes noch im Werden begriffen waren.[17] In der Folgezeit entstanden weitere jüdische Levitexte wie 4QVisions de 'Amram ar (4Q543-549) und 4QTestament de Qahat ar (4Q542),[18] wogegen mit TestLev in seiner vorliegenden Gestalt ein noch späteres Stadium der Traditionsbildung greifbar wird, in dem das jüdische Erbe bereits christlich überformt ist.[19]

Frage des Verhältnisses zwischen TestLev und ArLev bieten KUGLER, *Testaments*, 49, und HOLLANDER / DE JONGE, *Testaments*, 17-25.

14 Vgl. STONE, *Enoch*, 159, Anm. 2; ebenso GREENFIELD / STONE / ESHEL, *Aramaic Levi Document*, 19-22; KUGLER, *From Patriarch to Priest*, 222.

15 Vgl. KUGLER, *From Patriarch to Priest*, 146-155.222.

16 Vgl. DRAWNEL, *Wisdom Text*, 63-75.

17 Vgl. hierzu die Darstellung bei KUGLER, *From Patriarch to Priest*, 221-226.

18 Zum Verhältnis zwischen ArLev und den Texten 4QVisions de 'Amram ar (4Q543-549) und 4QTestament de Qahat ar (4Q542) vgl. DE JONGE, *Testament of Levi*, 247-250.

19 Die sich abzeichnenden überlieferungsgeschichtlichen Vorgänge machen die noch von MILIK, *Books of Enoch*, 24, vertretene Interpretation von TestLev als eines samaritanischen

ArLev und TestLev bezeugen sowohl die Kontinuität in der Überlieferung des Levimaterials als auch eine den Interessen der jeweiligen Rezipienten folgende Überformung desselben. Der mit TestLev greifbare christliche Text und das jüdische ArLev verdeutlichen das große dem Material inhärente Deutungspotential, eine Beobachtung, die nahelegt, auch für die vorchristliche Zeit mit verschiedenen Entstehungs- und Rezeptionszusammenhängen von Levitexten zu rechnen. Die Bezeugung von ArLev in Qumran macht *eine* Stufe der Überlieferung greifbar, ohne daß damit die Qumrangruppierung zum Modell für die Trägerkreise aller Levitexte würde. Eine Vielzahl von Gruppen mit verschiedenen Identitäten ist denkbar, in denen Levitexte verfaßt, redigiert und tradiert wurden. Eine präzise Bestimmung der historischen Ursprünge dieser Texttradition entzieht sich unseren Möglichkeiten. Ihre ältesten rekonstruierbaren Zeugen stammen aus frühhellenistischer Zeit und müssen in einer Gruppierung entstanden sein, die besonderes Interesse am levitischen Priestertum hatte. Für ihre Verortung im damaligen Judentum und die Bestimmung ihres Verhältnisses zu den späteren Tradenten der Levitradition fehlen zuverlässige Quellen.[20]

Da sich die im folgenden zu diskutierenden Passagen in TestLev 16f. befinden, zwei Kapiteln, zu denen keine Parallelen in ArLev existieren, können sie sinnvoll nur im Kontext des christlichen TestLev behandelt werden.[21] Dabei ist der jüdische Hintergrund nicht aus den Augen zu verlieren, sondern es ist jeweils zu fragen, ob hinter TestLev 16f. – schriftliche oder mündliche – Traditionen stehen, die in vorchristliche Zeit zurückreichen.

Textes mit möglichem Ursprung im ausgehenden 4. Jh. v. Chr. unmöglich. Ebenso ist entschieden BECKWITH, *Calendar*, 226, zu widersprechen, der, von seinem Interesse geleitet, eine essenische Gesamtchronologie herauszuarbeiten, TestLev und ArLev miteinander identifiziert und als Textzeugen des 2. Jh. v. Chr. verbucht, ohne die komplizierten überlieferungsgeschichtlichen Verhältnisse zur Kenntnis zu nehmen.

20   Für einen Überblick über die Positionen der Forschungsgeschichte zum Entstehungsmilieu der aramäischen Levitexte vgl. HOLLANDER / DE JONGE, *Testaments*, 21-25; KUGLER, *Testaments*, 51; SLINGERLAND, *Testaments*, 44-90.

21   Textgrundlage der folgenden Ausführungen ist die von DE JONGE, *Testaments* [PVTG 1/2], 24-50, vorgelegte kritische Edition des griechischen Textes.

2. Das Testament Levis: Struktur und zentrale Themen

TestLev 1 bildet ein entsprechend den übrigen Testamenten gestaltetes Einleitungskapitel, in dem der folgende Text als Vermächtnisrede Levis eingeführt wird. Nach einer biographischen Notiz und einer ersten Erwähnung der Rache für Dina (2,1f.) schließt sich in 2,3 - 6,2 die Schilderung einer nächtlichen Traumvision mit Himmelsreise an. In 6,3 - 7,4 wird die für die Schändung Dinas vollzogene Rache an der Familie Hamors ausführlicher beschrieben (vgl. Gen 34). TestLev 8 enthält eine Vision über die Einsetzung Levis zum Priester, worauf in Kap. 9 an Levi gerichtete Ermahnungen Isaaks bezüglich der priesterlichen Pflichten folgen. Nach einer Prophezeiung zukünftiger Übertretungen der Nachkommen Levis (Kap. 10) bieten Kap. 11f. biographische Angaben über Levi und seine Söhne. In TestLev 13 schließt sich hieran ein paränetischer Abschnitt an, der von drei Voraussagen künftiger Vergehen der Nachkommenschaft Levis gefolgt wird (Kap. 14f.16.17), deren letzte in einem Vorausblick auf den messianischen Hohenpriester kulminiert (Kap. 18). Das Schlußkapitel TestLev 19 umfaßt eine abschließende Paränese sowie, analog zu den übrigen Testamenten, eine Notiz über Tod und Bestattung Levis.

Der Überblick über Aufbau und Inhalt von TestLev zeigt, daß der Text eine Sammlung formal und inhaltlich heterogener Stoffe bildet, die von der literarischen Fiktion eines Testaments zusammengehalten werden. Sie gruppieren sich thematisch um die Person Levis und die auf ihn zurückgehende priesterliche Linie: Dem in Levi verkörperten idealen Priester und Eiferer für die Befolgung des göttlichen Willens (6,3-5; 8) werden Korruption und Frevel seiner priesterlichen Nachkommen gegenübergestellt, die in der Ermordung Jesu Christi ihren Höhepunkt erreichen (10,2; 14,2; 16,3).[22] Das geschichtstheologische Grundschema Sünde – Bestrafung – Wiederherstellung,[23] in seiner dtr Prägung aus einer Vielzahl jüdischer Texte bekannt, begegnet in TestLev in einem dezidiert christlichen Rahmen, wie er für den vorliegenden Text im ganzen charakteristisch ist. TestLev greift auf priesterkritische Stoffe jüdischer Provenienz zurück und zeichnet sie in einen christlich geprägten heilsgeschichtlichen Entwurf ein; eine Errettung gibt es nach TestLev 16,5 nur für die Juden, die sich taufen lassen und den Glauben an Jesus Christus annehmen.

---

22 Aufgrund dieses thematischen Schwerpunkts erhält TestLev in den Handschriften den Untertitel ‚über Priesterschaft und Arroganz' (περὶ ἱερωσύνης καὶ ὑπερηφανίας).

23 Auf DE JONGE geht die Bezeichnung dieses Schemas als S.E.R. (Sin. Exile. Return) zurück (vgl. HOLLANDER / DE JONGE, *Testaments*, 53-56). Sie ist insofern mißverständlich, als das Schema in verschiedensten Modulationen begegnen kann, die keinen Bezug zum Exil haben müssen.

Die christliche Modifikation des Schemas Sünde – Bestrafung – Wiederherstellung zeigt sich auch im Blick auf die korrumpierte levitische Priesterschaft: Nicht die endzeitliche Restitution des von Levi verkörperten Priesterideals, sondern die ewige Priesterschaft Jesu Christi bildet den Zielpunkt des Textes (Kap. 18). Die Begrenzung der levitischen Priesterschaft auf den Zeitraum bis zum Auftreten Jesu Christi wird bereits Levi verkündet (TestLev 5,2), der am Ende des Textes mit den Erzvätern in das Lob des endzeitlichen Hohenpriesters Jesus Christus einstimmt (TestLev 18,14).[24] Während die hinter TestLev stehenden jüdischen Traditionen die priesterliche Verderbtheit mit dem Idealbild Levis kontrastieren und dabei implizit auf eine Wiederherstellung des von ihm verkörperten Zustandes abzielen, schließt der vorliegende christliche Text des Testaments diesen Schritt aus. Christologisch überhöht ist selbst das unverändert übernommene positive Levibild nicht mehr als eine bloße Kontrastfolie.

3. Heptadische Geschichtskonzeptionen in TestLev 16-17

3.1. 70 Siebente der Verirrung (TestLev 16)

TestLev 16 folgt in seinem Aufbau dem Schema Sünde – Bestrafung – Wiederherstellung: Auf eine Darstellung der von den Nachkommen Levis begangenen Übertretungen, die mit der Tötung Jesu Christi ihren Gipfelpunkt erreichen (16,1-3), folgt in 16,4-5b eine Beschreibung der Strafen: Verödung und kultische Verunreinigung des Heiligtums sowie Zerstreuung unter die Heiden. In 16,5c-d schließlich werden als einzige Möglichkeit der Errettung die Taufe und der Glaube an Jesus Christus genannt.[25] Obwohl priesterliche Fragen auch in TestLev 16 eine zentrale Rolle spielen, blickt die Passage nicht nur auf die Priester, sondern auf ganz Israel. Lediglich 16,1 nennt Übertretungen aus dem Bereich des Tempeldienstes; die in 16,2 angeführten Vorwürfe der Mißachtung von Gesetz und Propheten sowie der Unterdrückung der Gerechten lassen wie auch der Vorwurf der Ermordung Jesu Christi (16,3) bereits eine Transparenz auf ganz Israel erkennen. Dies tritt klar in 16,5 zutage, wo sowohl die Diaspora als

---

24 Zur Überbietung der priesterlichen Idealfigur Levi durch den endzeitlichen Hohenpriester Jesus Christus vgl. auch DE JONGE, *Levi*, 187f.

25 Die in TestLev 16,5 entfaltete Heilsperspektive bildet nicht nur den Fluchtpunkt von Kap. 16, sondern auch von Kap. 10 und 14f., die ohne Heilswende schließen. „In 16,5, the three passages come to a common end" (DE JONGE, *Levi*, 182).

auch die am Ende entwickelte Taufperspektive Israel als ganzes betref-fen.[26]

Unter der Oberfläche seiner Beschäftigung mit dem levitischen Prie-stertum beantwortet TestLev 16 demnach Fragen, die das Verhältnis zwi-schen Christen und Juden tangieren. Der christliche Text spiegelt dabei ein Bewußtsein der heilsgeschichtlichen Überlegenheit, insofern Israels Geschichte seit den Tagen der idealtypisch stilisierten Patriarchen allein unter dem Vorzeichen der Abtrünnigkeit in den Blick genommen wird. Dies hat seine Kehrseite in einer positiven Darstellung der Heiden, was dazu führt, daß die Zerstreuung Israels unter die Völker weniger als Strafe für Israel als vielmehr für die Heiden präsentiert werden kann (15,2; 16,5b). Der Glaube an die heilsgeschichtliche Erfüllung in Jesus Christus bildet den Ausgangs- und Zielpunkt der Ausführungen in TestLev 16, wo das spannungsvolle Verhältnis zum Judentum gerade unter Rekurs auf jüdische Traditionen thematisiert wird. Daß dieser Traditionsraum die Ba-sis des Kapitels bildet, zeigt unabhängig von der im folgenden zu klären-den Frage, ob sich ein jüdischer Grundstock des Kapitels rekonstruieren läßt, der direkte Rückgriff auf die Henochliteratur in TestLev 16,1.

Nach dem deutlich markierten Neueinsatz wird in TestLev 16,1 sofort die Grundlage der folgenden Ausführungen definiert: Καὶ νῦν ἔγνων ἐν βιβλίῳ Ἐνώχ ('Und nun: Ich habe aus dem Buche Henochs gelernt'). Die Fortführung des Satzes mit ὅτι charakterisiert das erwähnte Henoch-buch als Quelle Levis für die Voraussage, daß seine Nachkommen für 70 Siebente in die Irre gehen werden (ὅτι ἑβδομήκοντα ἑβδομάδας πλανηθήσεσθε). Die im Anschluß (TestLev 16,1-3) aufgeführten Vorwürfe konkretisieren die während der 70 Siebente begangenen Übertretungen in der oben dargestellten Weise. Neben der geschichtstheologischen und chronologischen Dimension der 70 Siebente bedarf vor allem ihre in TestLev 16,1 ausgesagte Verankerung in der Henochliteratur einer Klä-rung, wobei vorauszusetzen ist, daß von allen erhaltenen Henochschriften allein das Äthiopische Henochbuch als Referenztext in Frage kommt. Dies gilt nicht allein aus Gründen der Datierung,[27] sondern läßt sich auch am Text von TestLev demonstrieren: In TestLev 10,5 wird der Begriff 'Haus' unter Rekurs auf 'das Buch Henochs des Gerechten' als allego-rische Umschreibung Jerusalems erklärt, was sich nur als Rezeption des Sprachgebrauchs der Tiervision (1 Hen 85-90) verstehen läßt.[28]

---

26 So auch BECKER, *Untersuchungen*, 284; HULTGÅRD, *L'eschatologie* I, 101; ULRICHSEN, *Grund-schrift*, 202.

27 Vgl. dazu die Ausführungen unter *III. 1.; 2.1.2. a); 3.1.1.; 4.*

28 Zur Bezeichnung Jerusalems als 'Haus' (ቤት) und des Tempels als 'Turm' (ማኅፈድ) vgl. 1 Hen 89,35f.50.56.66; s.o., *III. 3.1.4. a).*

Neben TestLev 10 und 16 enthält auch die dritte nach dem Schema Sünde – Exil – Wiederherstellung strukturierte Passage einen Rückverweis auf das Henochbuch: In TestLev 14,1 wird eine γραφὴ Ἐνώχ als Referenzschrift für die endzeitliche Gottlosigkeit der Nachkommen Levis genannt. Da die hier geäußerten Vorwürfe sehr pauschal bleiben, ist nicht sicher auszumachen, welcher Text aus 1 Hen an dieser Stelle im Blick ist; möglicherweise ist hier im Gegensatz zu 10,5 gar nicht an eine konkrete Passage, sondern vielmehr an den in verschiedenen Modulationen begegnenden negativen Grundtenor aller Darstellungen der nachexilischen Zeit zu denken.[29] Während die Offenheit des Rückverweises auf 1 Hen in TestLev 14,1 keinen konkreten Referenztext fordert, ist angesichts der expliziten Ableitung einer 70 Siebente währenden Unheilszeit aus dem Henochbuch (TestLev 16,1) die Frage nach dem hier zitierten Text unumgänglich. Wie aus der Untersuchung der heptadischen Geschichtskonzeptionen in 1 Hen klar hervorgeht (s.o., *III.*), kommen hier nur drei Textpassagen in Frage: die Zehnwochenapokalypse (1 Hen 93,1-10; 91,11-17), die Hirtenvision (1 Hen 89,59 - 90,19) und die Erwähnung der 70 Generationen während Bindung der Wächter (1 Hen 10,12).

Daß letztgenannte Stelle in TestLev 16,1 nicht im Blick sein kann, ist deutlich, da sie keinerlei Bezug zur Geschichte Israels im allgemeinen oder der levitischen Priester im besonderen aufweist. Diese Voraussetzung ist bei den beiden anderen Texten zwar erfüllt, eine eindeutige Bestimmung des Referenztextes ist damit jedoch noch nicht möglich, da die Zehnwochenapokalypse zwar von ‚Siebenten' spricht, dabei aber auf eine Gesamtzahl von zehn und nicht siebzig kommt. Die Hirtenvision ist dagegen ganz an der Siebzig orientiert, erwähnt aber keine ‚Siebente', sondern Hirten(-zeiten). Die Verbindung beider Elemente in der in TestLev 16,1 bezeugten Weise ‚Siebzig Siebente' findet sich an keiner Stelle des Äthiopischen Henochbuches, dagegen aber in Dan 9:[30] Die im Levitext angegebenen ἑβδομήκοντα ἑβδομάδας entsprechen wörtlich der von Θ und 𝕲 gebotenen Übersetzung der שבעים שבעים (Dan 9,24). Dan 9 bietet jedoch nicht nur sprachlich die engste Parallele zu dem in TestLev 16,1 angeführten Zeitraum, auch dessen konkrete Ausmalung als Epoche der Abtrünnigkeit in 16,1-3 findet hier Entsprechungen.[31]

---

29 Konkret greifbar werden diese etwa in der abwertenden Darstellung des perserzeitlichen Wiederaufbaus in 1 Hen 89,73 und des siebten Siebents der Zehnwochenapokalypse (1 Hen 93,9 - 91,11).

30 Die Parallele zwischen TestLev 16,1 und Dan 9,24(-27) wurde in der Forschung häufig gesehen; vgl. ADLER, *Survey*, 209f.; BECKER, *Untersuchungen*, 287; BECKWITH, *Calendar*, 227; CHARLES, *Apocrypha* II, 313; DE JONGE, *Levi*, 183; FRAIDL, *Exegese*, 28; HULTGÅRD, *L'eschatologie* II, 117; ULRICHSEN, *Grundschrift*, 201.

31 Während das Jahrwochenorakel in Dan 9,24-27 vor allem auf die Kultfrevel Antiochus' IV. fokussiert ist, bietet das Bußgebet in 9,4b-19 auch Parallelen zu den in TestLev 16,2a

Die Parallelen zwischen TestLev 16 und Dan 9 beschränken sich jedoch nicht auf die Verwendung desselben Zeitraumes und seine negative Kennzeichnung. Die in TestLev 16,3-5 dargestellte Abfolge von Kreuzigung Jesu und anschließender Verwüstung entspricht, worauf bereits FRAIDL hingewiesen hat,[32] der in Dan 9,26f. entfalteten Ereignissequenz: Die von Daniel prophezeite Ermordung des Gesalbten (Dan 9,26a) ließ sich als Ansage der Kreuzigung Christi verstehen, wogegen die im Anschluß geschilderten Kultschändungen, die den Höhepunkt des Jahrwochenorakels bilden (Dan 9,26b-27), auf die Zerstörung des Herodianischen Tempels gedeutet werden konnten.[33] Die Einführung der 70 Siebente (TestLev 16,1) markiert demnach im vorliegenden Text das Ergebnis einer christlichen Danielauslegung,[34] die in der polemisch herausgestellten kollektiven Abtrünnigkeit des Judentums den geschichtlichen Hintergrund der Kreuzigung Jesu Christi sieht. Dieses Ereignis wird als Gipfelpunkt jüdischen Ungehorsams dargestellt und zieht als göttliche Strafe die Zerstörung des Tempels nach sich.

Bietet TestLev 16 somit eine Auslegung von Dan 9, wie erklärt sich dann die Tatsache, daß in V. 1 das Henochbuch als Quelle der 70 Siebente angegeben wird, obwohl dort dieser Zeitraum explizit nirgends erwähnt ist?[35] Dabei ist zunächst festzuhalten, daß das Danielbuch aus gutem Grund nicht selbst zitiert wird: Zu Lebzeiten Levis, als dessen Testament der Text stilisiert ist, war Daniel noch nicht geboren! Die gewählte Verfasserfiktion macht also einen Rekurs auf das Danielbuch unmöglich, nicht

---

aufgelisteten Vorwürfen der Mißachtung des Gesetzes und der Propheten. Lediglich die in 16,2b.c gebrandmarkte Unterdrückung der Gerechten findet keine explizite Entsprechung in Dan 9, widerspricht jedoch nicht dem Grundtenor des Danieltextes.

32 Vgl. FRAIDL, *Exegese*, 28.

33 Die entsprechenden intertextuellen Bezüge zwischen Dan 9 und TestLev 16 notiert bereits WIESELER, *70 Wochen*, 227, Anm. b) und f).

34 Obwohl sich hier bereits Grundlinien der patristischen Interpretation von Dan 9 abzeichnen (vgl. hierzu grundlegend ADLER, *Survey*, 219-236; FRAIDL, *Exegese*, 30-98), ist mit HOLLANDER / DE JONGE, *Testaments*, 175, zu notieren, daß die in der Patristik typischen chronologischen Erörterungen zum Zeitraum der 70 Jahrwochen sowie, damit verbunden, zur geschichtlichen Einordnung der Zentralfiguren der an Daniel ergehenden Offenbarung fehlen; s. dazu im folgenden.

35 Obwohl nicht alle MSS den Rückverweis auf das Henochbuch enthalten, läßt sich dieser kaum, wie von CHARLES, *Apocrypha* II, 313, oder BECKER, *Untersuchungen*, 285, Anm. 2, vertreten, als späte Glosse ausscheiden. Er findet sich in zuverlässigen Textzeugen (vgl. DE JONGE, *Testaments*, 43) und sein Fehlen in manchen MSS läßt sich am leichtesten als Resultat einer Tilgung mit der Intention erklären, die als problematisch empfundene Angabe des in seiner Geltung umstrittenen Henochbuches als Referenzschrift zu unterdrücken. Für diese Erklärung spricht auch die Variante ἐν βίβλῳ (statt ἐν βιβλίῳ Ἐνώχ) zu TestLev 16,1 (vgl. 10,5; 14,1).

aber auf die Schriften des prädiluvischen Patriarchen Henoch.[36] Daß Levi
an drei Stellen Henoch zitiert (10,5; 14,1; 16,1), hat jedoch nicht nur den
praktischen Grund, daß er sonst nichts zitieren könnte, sondern entspricht
dem Konzept einer Tradierung der vorväterlichen Schriften in priesterlichen Kreisen, das für die hinter dem Text stehende Levitradition charakteristisch ist.[37] Dabei erfolgt die Zitation Henochs nicht willkürlich, sondern im Kontext der Passagen, die nach dem Schema Sünde – Bestrafung
– Wiederherstellung aufgebaut sind.[38] Da auch die Dan 9 entsprechenden
70 Siebente in TestLev 16,1 demselben geschichtstheologischen Schema
folgen, für das Henoch offenkundig als besondere Autorität galt, und der
Danieltext aus genannten Gründen nicht zitiert werden konnte, bot sich
die Möglichkeit, hier das Henochbuch als Quelle anzugeben.

Da es allerdings angesichts der Bezugnahmen auf das Henochbuch in
TestLev 10,5; 14,1 wenig wahrscheinlich ist, daß in TestLev 16,1 ein entsprechendes Zitat lediglich konstruiert wird, ohne daß der Verfasser eine
konkrete Textpassage aus 1 Hen assoziiert,[39] steht und fällt der Wert des
bisherigen Erklärungsmodells mit dem Nachweis eines positiven Anknüpfungspunktes in 1 Hen. Dieser ist nicht schwer zu erbringen: Gesetzt den
Fall, hinter TestLev 16,1 verbirgt sich die Absicht, die aus Dan 9,24 bekannten 70 Siebente mit der Autorität Henochs zu verbinden, so konnte
sich der Verfasser darauf berufen, daß die Hirtenvision (1 Hen 89,59 -
90,19) zwar nicht von 70 Siebenten, wohl aber von 70 Hirten spricht.[40] Da
beide Texte eine dtr gefärbte Negativdarstellung der exilisch-nachexilischen Geschichte bieten, ist eine Identifizierung der verschiedenen chronologischen Konzepte ein nachvollziehbarer Schritt. Dies vorausgesetzt
kann TestLev 16,1 mit vollem Recht das Henochbuch als Quelle der 70
Siebente angeben, ein Verweis, der sich auf eine im Licht von Dan 9 gele-

---

36 In diese Richtung äußert sich bereits DILLMANN, *Buch Henoch*, xli: „Die 12 Erzväter waren
    keine Profeten; wenn sie dennoch die Zukunft vorausverkünden sollten, mussten sie
    profetische Quellen haben, und das waren eben die Bücher der Väter, namentlich des
    Henoch".
37 Vgl. HOLLANDER / DE JONGE, *Testaments*, 122. Das Selbstverständnis Levis und seiner
    Nachkommen als Tradenten des von den Vorvätern angesammelten Wissens tritt klar in
    TestLev 10,1 zutage; dasselbe Konzept steht hinter Jub 4,17ff.; 7,38f.; 10,17; 12,25-27;
    45,16. Zum Verhältnis zwischen TestLev und Jub s.o., *1*.
38 Neben TestLev 10,5; 14,1; 16,1 gilt dies auch für TestJud 18,1; TestDan 5,6; TestNaph 4,1;
    TestBen 9,1; vgl. HOLLANDER / DE JONGE, *Testaments*, 39f.
39 So augenscheinlich von FRAIDL, *Exegese*, 28, im Anschluß an DILLMANN vorausgesetzt,
    der die „Berufung auf die Geheimlehren Henochs" in TestLev 16,1 als „eine allgemeine
    Citirformel" erklärt.
40 Für eine gute Kenntnis der Tiervision (1 Hen 85-90), deren letzten Teil die Hirtenvision
    bildet, spricht, wie bereits erwähnt, auch TestLev 10,5.

sene Hirtenvision bezieht.[41] Somit besteht an dieser Stelle nur vordergründig eine Spannung, die sich als Resultat konzeptioneller Zwänge und theologischer Präferenzen erklären und damit zugleich auflösen läßt. TestLev 16,1 bietet damit den ersten Beleg für eine Identifizierung von Hirtenvision und Dan 9.

Mit dieser exegetischen Verknüpfung zweier *jüdischer* Texte ist ein wesentliches Charakteristikum des in seiner vorliegenden Gestalt unbestreitbar *christlichen* Kapitels TestLev 16 benannt, was allerdings kein Beleg dafür sein muß, daß dieser exegetische Kunstgriff notwendig einen christlichen Ursprung hat. Die Frage führt damit direkt auf das komplexe Feld der Redaktionsgeschichte von TestLev, auf die nun kurz einzugehen ist. Als Grundvoraussetzung ist dabei einerseits in Erinnerung zu rufen, daß zu Kap. 16 wie auch zu Kap. 10; 14f. keine direkten Parallelen in ArLev oder anderen Texten bestehen,[42] eine jüdische Vorlage also textlich nicht bezeugt ist. Andererseits sind die drei genannten Passagen inhaltlich miteinander verbunden, da sie jeweils einen nach dem Schema Sünde – Bestrafung – Wiederherstellung konstruierten Geschichtsüberblick umfassen und ferner 1 Hen als Referenzschrift angeben. Literarkritische Versuche, unter der vorliegenden Gestalt von TestLev 16 eine jüdische Version des Kapitels freizulegen – in der Literatur zumeist durch Ausscheidung von V. 3 und Teilen von V. 5 als christlicher Interpolationen durchgeführt[43] –, sind daher in ein Redaktionsmodell des ganzen Buches einzubetten.

Während BECKER den Grundstock von TestLev 16 für eine jüdische Interpolation hält, die später christlich überarbeitet wurde, und das Verhältnis der konzeptionell parallelen Kap. 10; 14f.; 16 diachron im Sinne eines sukzessiven Fortschreibungsprozesses erklärt,[44] zeigen die von HOLLANDER und DE JONGE notierten Beobachtungen, daß ein derartiges Redaktionsmodell den Textbefund zu sehr vereinfacht: Die Autoren verweisen darauf, daß die dreifache Bezeugung einer geschichtstheologisch analog gestalteten Passage „does not point to a later addition, but is a

---

41   Unzutreffend ist dagegen die von WIESELER, *70 Wochen*, 226f., Anm. a), propagierte Abhängigkeit von der Zehnwochenapokalypse, da dieser Text, wie bereits eingangs erwähnt, keine eindeutigen Parallelen mit TestLev 16 aufweist.

42   MILIK, *Books of Enoch*, 23, sieht in 4Q213 Fr. 3+4 eine Parallele zu TestLev 14, die zudem Phrasen aus TestLev 15f. enthalte. Der Text ist jedoch viel zu fragmentarisch, um eindeutige Schlüsse zuzulassen. Die rekonstruierbaren Teile lassen lediglich terminologische und inhaltliche Ähnlichkeiten mit TestLev 14 erkennen, ohne daß daraus ein direktes Verhältnis abzuleiten wäre: „[T]he two texts are clearly far from identical" (STONE / GREENFIELD, DJD 22, 21).

43   Vgl. BECKER, *Untersuchungen*, 284-287; HULTGÅRD, *L'eschatologie* I, 101-106; ULRICHSEN, *Grundschrift*, 201f.

44   Vgl. BECKER, *Untersuchungen*, 284-287, sowie ferner die Ausführungen bei HULTGÅRD, *L'eschatologie* II, 117, und ULRICHSEN, *Grundschrift*, 197-202.

deliberate redactional device to stress the things that are important."[45] Ferner sei das Moment der Wiederherstellung als Ziel des mit Sünde und göttlicher Bestrafung einsetzenden Schemas lediglich in TestLev 16,5 gegeben, was den Vers als Fluchtpunkt auch der beiden vorangehenden Passagen in Kap. 10; 14f. markiere. Diese Beobachtungen sprechen wie nicht zuletzt der gemeinsame Rückbezug auf 1 Hen eher für eine konzeptionelle Geschlossenheit der drei Passagen denn für ein sukzessives literarisches Wachstum. Veranschlagt man sie für ein gemeinsames redaktionelles Stratum, so bleibt jedoch immer noch zu klären, ob es sich um einen ursprünglichen Bestandteil eines jüdischen Testaments, einen jüdischen Zusatz mit späteren christlichen Überarbeitungen oder einen Teil des Textes handelt, der im ganzen einem christlichen Verfasser bzw. Redaktor zuzuschreiben ist.

Das Spektrum möglicher Deutungsmodelle führt die Komplexität der redaktionsgeschichtlichen Frage im Bezug auf TestLev vor Augen, die im Rahmen dieser Arbeit nicht abschließend zu beantworten ist. Deutlich ist allerdings, daß die Annahme einer leicht abhebbaren christlichen Überarbeitungsschicht nicht aufrechtzuerhalten ist. Durch die Ausscheidung des Taufbezuges in TestLev 16,5 geht das strukturell zentrale Moment der Restitution nicht nur für dieses Kapitel, sondern auch für Kap. 10; 14f. verloren, die 16,5 als Abschluß vorauszusetzen scheinen. Nimmt man TestLev 16,3 als christlichen Nachtrag aus dem Text, so wird der klare, fortlaufende Auslegungsbezug von V. 3-5 zu Dan 9,26f. zerstört. Es erscheint daher als zwangloseste Möglichkeit, daß TestLev 10; 14f.; 16 auf einen christlichen Redaktor zurückgehen, der möglicherweise mit dem Autor von TestLev identisch ist. Ein jüdischer Hintergrund der Passagen ist dabei nicht zuletzt aufgrund der expliziten Bezugnahmen auf 1 Hen evident, wobei sich über die Existenz sowie ggf. Gestalt weiterer, uns unbekannter jüdischer Vorlagen keine gesicherten Aussagen treffen lassen. Da eine jüdische Grundschicht von TestLev 16 nicht sicher rekonstruierbar ist und vergleichbare jüdische Texte nicht bekannt sind,[46] bleibt ein vorchristlicher Hintergrund der das Kapitel prägenden Verbindung von Dan 9 und der Hirtenvision spekulativ.[47]

---

45 HOLLANDER / DE JONGE, *Testaments*, 55.
46 Die in den Qumrantexten begegnenden heptadisch strukturierten Zeiträume in priesterlichem Kontext sind nicht mit TestLev 16,1 vergleichbar: 4Q390 Fr. 1 2 erwähnt eine siebzigjährige Herrschaft der Söhne Aarons; 11Q13 operiert mit einem Gesamtzeitrahmen von zehn Jubiläen. In beiden Fällen liegt keine direkte Parallele zu TestLev 16,1 vor; vgl. zu den genannten Texten die Ausführungen unter *V. 8.* und *9.*
47 Daß der in TestLev 16,1 greifbare Umgang mit 1 Hen zudem nicht auf die Vermittlung einer jüdischen Quelle zurückgeführt werden muß, sondern christlichen Ursprungs sein kann, bedarf angesichts einer die frühchristliche Literatur seit dem Neuen Testament (vgl.

Bisher wurde der in TestLev 16,1 erwähnte Zeitraum als ‚70 Siebente' wiedergegeben und damit die Frage nach seiner Länge bewußt offengelassen. Dies hat seinen Grund darin, daß sich trotz des deutlichen Auslegungsbezugs zu Dan 9 keine eindeutigen chronologischen Konsequenzen abzeichnen: Beide Texte stimmen in der negativen Darstellung des Zeitraums überein, dessen in Dan 9 vorgegebene Binnengliederung jedoch keine Aufnahme in TestLev 16 fand. Der Levitext schweigt sich sowohl über den Beginn der 70 Siebente als auch über konkrete Ereignisse, die in ihren Rahmen fallen, aus und bietet lediglich eine Aufzählung von allgemeinen Vorwürfen gegen die Nachkommen Levis und Israel als ganzes, die ihre alleinige Konkretisierung mit dem Hinweis auf die Kreuzigung Jesu (16,3) und die Zerstörung des Tempels findet. Das einzig Entscheidende an der Aufnahme der 70 Siebente sind die Ereignisse, die sich nach Dan 9,26f. an ihrem Ende zutragen und als Weissagung von Kreuzigung und Tempelzerstörung verstanden werden.

Daß auch der Vorausblick auf die Wiederkunft Christi chronologisch nicht näher bestimmt ist (TestLev 16,5), unterstreicht, daß mit TestLev 16 ein Beispiel christlicher Danielrezeption vorliegt, die nicht an den chronologischen Details interessiert ist, sondern „eine messianische Deutung"[48] von Dan 9 mit antijüdischer Stoßrichtung formuliert. Auch wenn dabei die 70 Siebente konkret als 70 Jahrsiebente verstanden worden sein dürften – die alternative Möglichkeit, ἑβδομας als ‚Sieben-Tage-Woche' zu interpretieren, kommt kontextuell bedingt kaum in Betracht –, spielt die Frage, wie genau diese 70 Jahrwochen den Zeitraum bis zu Jesus Christus füllen, in TestLev 16 keine Rolle.[49] Den einzigen chronologischen Fixpunkt und damit zugleich den zentralen hermeneutischen Ausgangspunkt markiert die Überzeugung, daß der Höhepunkt der traditionell aufgeladenen Jahrwochensequenz mit der Kreuzigung gekommen sein mußte. Auch unter christlichen Vorzeichen hält sich damit als ein Fundamentalprinzip der in dieser Arbeit diskutierten Texte, daß geschichtstheologisch signifikante Zeiträume nicht entwickelt, sondern bereits vorausgesetzt und von

---

2 Petr 2,4; Jud 6.13f.) durchziehenden Henochrezeption keiner weiteren Begründung; vgl. hierzu BERGER, Art. *Henoch*, 532-542.

48   FRAIDL, *Exegese*, 28.

49   Da sich eine jüdische Vorlage von TestLev 16 positiv nicht belegen ließ, erübrigen sich auf der schmalen Textbasis notwendigerweise fruchtlose Spekulationen über deren mögliche chronologische Implikationen; vgl. HOLLANDER / DE JONGE, *Testaments*, 175. Für das christliche TestLev unmöglich und selbst für eine etwaige jüdische Vorlage wenig wahrscheinlich ist die von SCOTT, *On Earth*, 95, in Anschluß an KNIBB geäußerte Vermutung, „[that] the 70 weeks of sin refer to the preexilic period". Sie hat keinerlei Anhalt am Text, ignoriert die Bezüge zu Dan 9 und zur Hirtenvision und zwingt somit zu der kaum plausiblen Annahme, daß das SCOTT vorschwebende Modell für den heutigen Kontext von TestLev 16 in solchem Maße modifiziert wurde, daß von seiner ursprünglichen Gestalt nichts mehr erkennbar ist.

ihrem Ende ausgehend konstruiert, wenn nicht, wie in TestLev 16, lediglich postuliert werden.

3.2. Sieben Priesterschaften in sieben Jubiläen (TestLev 17)

3.2.1. TestLev 17 als christliche Neudeutung einer jüdischen Quellenschrift

TestLev 17,1 schließt die in Kap. 17 folgenden Ausführungen explizit an Kap. 16 an: ‚Und weil ihr über die 70 Siebente gehört habt, hört auch über die Priesterschaft' (Καὶ ὅτι ἠκούσατε περὶ τῶν ἑβδομήκοντα ἑβδομάδων, ἀκούσατε καὶ περὶ τῆς ἱερωσύνης). Die Beziehung zwischen beiden Themen wird in V. 2 durch den Hinweis erläutert, in jedem Jubiläum gebe es eine Priesterschaft (καθ' ἕκαστον γὰρ ἰωβηλαῖον ἔσται ἱερωσύνη). Der direkte Rückgriff auf TestLev 16,1 in 17,1 trägt demnach der Tatsache Rechnung, daß Kap. 16 den heptadischen Zeitraum der 70 Siebente beschreibt, und schafft so eine inhaltliche Überleitung zu dem in Kap. 17 folgenden Jubiläen-Schema, mit dem Levis Unterweisung seiner Söhne ihren Fortgang nimmt: TestLev 17,2-11 bieten eine schematische Darstellung einer sieben Jubiläen respektive sieben Priesterschaften umspannenden Entwicklung, deren Zielpunkt das siebte Jubiläum als Zeit der siebten Priesterschaft bildet, das in V. 8-11 detailliert entfaltet wird.

Das erste Jubiläum (17,2) ist durch das Auftreten eines Priesters gekennzeichnet, der eine enge Beziehung zu Gott hat (λαλήσει θεῷ ὡς πατρί) und dessen Priesterschaft ungeteilt dem göttlichen Willen entspricht (ἡ ἱερωσύνη αὐτοῦ πλήρης μετὰ κυρίου).[50] Die Ausführungen zur Person dieses Priesters enden in 17,2e mit einem endzeitlichen Vorausblick: καὶ ἐν ἡμέρᾳ χαρᾶς αὐτοῦ ἐπὶ σωτηρίᾳ κόσμου αὐτὸς ἀναστήσεται (‚und am Tag seiner Freude wird er zum Heil der Welt auf[er]stehen'). Der im zweiten Jubiläum zum Priester Gesalbte (17,3) ‚wird in der Klage für/der geliebte[n] Menschen empfangen' (ἐν πένθει ἀγαπητῶν συλληφθήσεται); ‚seine Priesterschaft ist geehrt' (ἡ ἱερωσύνη αὐτοῦ τιμία) ‚und [er] wird unter allen verehrt/verherrlicht werden' (παρὰ πᾶσι δοξασθήσεται). Der dritte Priester (17,4) wird ‚in Trauer ergriffen' (ὁ δὲ τρίτος ἱερεὺς ἐν λύπῃ παραληφθήσεται). Der vierte Priester (17,5) wird Schmerzen leiden (ἐν ὀδύνῃ ἔσται), ‚denn viel Ungerechtigkeit wird ihm widerfahren' (ὅτι προσθήσει ἐπ' αὐτὸν ἡ ἀδικία εἰς πλῆθος). In seiner Zeit ‚wird ganz Israel seinen Nächsten hassen' (πᾶς Ἰσραὴλ μισήσουσιν ἕκαστος τὸν πλησίον αὐτοῦ).

---

50 Vgl. hierzu HOLLANDER / DE JONGE, *Testaments*, 175.

Der fünfte Priester (17,6) wird ‚in Finsternis empfangen' (ὁ πέμπτος ἐν σκότει παραληφθήσεται) und selbiges gilt nach 17,7 für den sechsten und den siebten Priester (ὡσαύτως καὶ ὁ ἕκτος καὶ ὁ ἕβδομος). Daß sich die in ihrem Verlauf immer knapper werdende Darstellung nicht auf diese Notiz über den siebten Priester beschränkt, sondern in TestLev 17,8-11 mit einer ausführlichen Schilderung des siebten Jubiläums schließt, verdeutlicht den zentralen Stellenwert, der diesem als Zielpunkt des Kapitels zukommt. Das ganze siebte Jubiläum steht nach 17,8 unter dem Vorzeichen einer unaussprechlichen Verunreinigung des Kultes (ἐν δὲ τῷ ἑβδόμῳ ἔσται μιασμός, ὃν οὐ δύναμαι εἰπεῖν ἐνώπιον κυρίου καὶ ἀνθρώπων). Als Strafe folgen gemäß 17,9 Gefangenschaft im Exil (διὰ τοῦτο ἐν αἰχμαλωσίᾳ καὶ ἐν προνομῇ ἔσονται) und Zerstörung von Land und Eigentum (καὶ ἡ γῆ καὶ ἡ ὕπαρξις αὐτῶν ἀφανισθήσεται).

Die ausführliche Darstellung des siebten Jubiläums wird in TestLev 17,10 um eine heptadische Binnengliederung des Zeitraums ergänzt, die bei den sechs zuvor beschriebenen Jubiläen fehlt: In der fünften Jahrwoche des siebten Jubiläums kehren die Exilierten in ihr verödetes Land zurück (ἐν πέμπτῃ ἑβδομάδι ἐπιστρέψουσιν εἰς γῆν ἐρημώσεως αὐτῶν) und bauen den Tempel wieder auf (ἀνακαινοποιήσουσιν οἶκον κυρίου). Der Text schließt in 17,11 mit einer Prophezeiung, nach der in der siebten Jahrwoche des siebten Jubiläums Priester auftreten werden (ἐν δὲ τῷ ἑβδόμῳ ἑβδοματικῷ ἥξουσιν οἱ ἱερεῖς), die für alle erdenklichen Schandtaten stehen, von Götzendienst (εἰδωλολατροῦντες) über Gesetzlosigkeit (ἄνομοι) bis hin zu sexuellen Ausschweifungen mit Kindern und Tieren (παιδοφθόροι καὶ κτηνοφθόροι). Mit diesem Katalog der von den Priestern in der siebten Jahrwoche des siebten Jubiläums begangenen Übertretungen[51] endet das in TestLev 17 entfaltete Jubiläenschema. Kap. 17 stellt demnach in einem sieben Jubiläen umspannenden Zeitraum eine Entwicklung des Priestertums dar, die von einem klaren Verfall gekennzeichnet ist – der Gottesunmittelbarkeit im ersten Jubiläum (17,2) steht der Götzendienst der letzten Priestergeneration (17,11) diametral gegenüber.

Bezieht man den Kontext von TestLev 17 in die Betrachtung ein, so fällt auf, daß das Kapitel in TestLev 18 seine direkte Fortsetzung findet: Nach der von Gott an den abtrünnigen Priestern vollzogenen Rache wird die Priesterschaft versagen (18,1) und durch einen neuen Priester ersetzt werden (18,2: τότε ἐγερεῖ κύριος ἱερέα καινόν). Die in 18,2-14 folgende Darstellung seines Wirkens läßt keinen Zweifel daran, daß hier Jesus Christus als endzeitlicher Priester beschrieben wird: Die jüdische Priesterschaft hat versagt (18,1f.) und wird endgültig durch Jesus Christus abgelöst (18,8). Das Jubiläenschema ist in einen unbestreitbar christlichen

---

51   Einen ähnlichen Lasterkatalog bietet TestLev 14,5-8.

Kontext eingebettet, der das ewige Priesteramt Jesu Christi propagiert.[52]
Dabei ist trotz Unsicherheiten im Detail deutlich, daß auch der in 17,2
beschriebene erste Priester als Vorabbildung des idealen Priestertums auf
Jesus Christus als den letzten Priester verweist[53] – beide bilden den Rahmen, von dem sich die Priester in den Jubiläen zwei bis sieben als Negativfolie abheben.[54]

Während das theologische Interesse hinter der Verwendung der
Jubiläenfolge in TestLev 17 deutlich zutage tritt, sind die chronologischen
Implikationen des Kapitels unklar. Die wenig konkrete Charakterisierung
der einzelnen Priester macht es im Einzelfall unmöglich festzustellen, an
welche geschichtlichen Gestalten gedacht sein könnte. Angesichts der
schematischen Darstellungsweise ‚ein Priester pro Jubiläum'[55] erscheint
die Frage nach exakten geschichtlichen Referenzgrößen zudem überhaupt
wenig sinnvoll. In der vorliegenden Gestalt von TestLev 17 spricht nichts
dafür, daß der Text mehr als eine typologische Darstellung der priesterlichen Degeneration als Kontrast zur ewigen Priesterschaft Jesu Christi
bieten will.

Die Funktionsbestimmung der in TestLev 17 überlieferten Jubiläensequenz als Vorsatz zu Kap. 18 sowie ihr strukturell vermittelter Anschluß
an Kap. 16 führt direkt auf die Frage nach der Redaktionsgeschichte dieses letzten Teils von TestLev und damit verbunden nach möglichen jüdischen Vorstufen der in ihrer Endgestalt unbestreitbar christlichen Passage.
BECKER hat darauf hingewiesen, daß Kap. 17 abgesehen vom einleitenden
V. 1 den für den Text typischen testamentarischen Stil verläßt, und interpretiert das Kapitel unter Hinzuziehung weiterer, inhaltlicher und struktu-

---

52 Diese Konzeption ist bereits neutestamentlich durch Hebr 7 begründet.
53 An welche konkrete Gestalt hier zu denken ist, bleibt unsicher: Unter den von
    HOLLANDER / DE JONGE, *Testaments*, 176, vorgeschlagenen Kandidaten scheint angesichts
    der engen Bezüge zwischen TestLev 18 und Hebr die plausibelste Annahme Melchizedek
    zu sein. TestLev 17,2e (ἐν ἡμέρᾳ χαρᾶς αὐτοῦ ἐπὶ σωτηρίᾳ κόσμου αὐτὸς ἀναστήσεται)
    wäre dann als Vorverweis auf das Auftreten Jesu Christi als endzeitlichen Priesters nach
    der Ordnung Melchizedeks zu deuten, ohne daß hier die Auferstehung von den Toten
    zwingend im Blick sein muß.
54 Alle in 17,3-11 beschriebenen Priester sind negativ konnotiert. Gegen Klage (17,3), Trauer
    (17,4), Schmerzen (17,5) und Finsternis (17,6f.) grenzt der Vorausblick auf den ‚Tag der
    Freude' des ersten Priesters (17,2: ἐν ἡμέρᾳ χαρᾶς) dessen Gestalt deutlich von den folgen-
    den Priestern ab und antizipiert zugleich das in Kap. 18 dargestellte Auftreten Jesu Christi.
55 HULTGÅRD, *L'eschatology* II, 118f., hält den Text für unvollständig, da lediglich das erste,
    zweite und siebte Jubiläum als solches bezeichnet werden, wogegen sonst Priester Gegen-
    stand der Zählung seien. Diese Folgerung geht am Text vorbei: Da eine fortlaufende Zäh-
    lung von eins bis sieben vorliegt, ist das Changieren der Begrifflichkeit als stilistische
    Besonderheit im Rahmen einer schematischen Darstellung zu interpretieren. Auch die
    Erwähnung des *ersten* Gesalbten im *ersten* Jubiläum (TestLev 17,2) bedeutet nicht, wie
    HULTGÅRD meint, daß hier mehrere Priester pro Jubiläum vorausgesetzt wären, sondern
    ist im Sinne einer redundanten Betonung des entsprechenden Zeitraums zu deuten.

reller Argumente als jüdischen Zusatz zu der von ihm postulierten Grundschicht von TestLev.[56] Der Beobachtung, daß mit TestLev 17 aus formalen Gesichtspunkten kein integraler Bestandteil des Levitestamentes
vorliegt, ist ohne Einschränkung zuzustimmen, wobei seine Interpretation
als jüdische Interpolation nur eine Möglichkeit darstellt, die auf der nicht
beweisbaren Annahme eines jüdischen TestLev beruht. Für die Alternative, daß das Kapitel erst von einem christlichen Redaktor in TestLev inkorporiert wurde, spricht hingegen, daß 17,1 explizit auf 16,1 zurückgreift
und damit das vermutlich ebenfalls christliche Kap. 16 voraussetzt: Das
bereits in TestLev 16 präsente Interesse an der Geschichte des Priestertums findet wie deren heptadische Darstellung eine direkte Fortsetzung in
TestLev 17.[57]

Auch wenn sich keine eindeutigen Belege für die Annahme beibringen
lassen, daß TestLev 17 jemals Teil eines jüdischen Levitestamentes war,
spricht doch nichts dafür, das Kapitel als christliche Schöpfung zu interpretieren. TestLev 17 enthält keine eindeutig christlichen Elemente,[58] sondern ist in seinem geschichtstheologischen Profil und in seiner Verwendung der Jubiläensequenz als eine jüdische Komposition zu bewerten, die
als Quelle in den Text von TestLev eingearbeitet wurde.[59] Die Annahme
einer Quellenschrift beruht dabei allein auf textinternen Kriterien, da
weder die Quellenschrift selbst noch charakteristische Elemente von ihr
außerhalb von TestLev 17 bezeugt sind. Ein Pendant zu Kap. 17 in ArLev
ist ebensowenig bekannt wie sonstige jüdische Paralleltexte mit einem
vergleichbar konnotierten Sieben-Jubiläen-Schema: 11QMelchizedek hat
zwar einen priesterlichen Schwerpunkt, betrachtet aber einen Gesamtzeitraum von zehn Jubiläen, bietet ferner keine Parallele für die schematische

---

56 Vgl. BECKER, *Untersuchungen*, 287f. BECKER, der den ersten Priester auf Levi deutet, fol-
    gert, dieser müsse sich in 17,2 selbst ansagen, was keinen Sinn mache. Zudem beziehe sich
    17,1 auf Kap. 16 zurück, das seinerseits bereits als Nachtrag entlarvt sei. Den Argumenten
    BECKERs folgt ULRICHSEN, *Grundschrift*, 203f.

57 Die strukturellen und inhaltlichen Parallelen zwischen TestLev 16 und 17 rechtfertigen
    allerdings nicht die von DE JONGE, *The Testaments of the Twelve Patriarchs and Related Qumran
    Fragments*, 67, geäußerte Vermutung einer Zugehörigkeit zu derselben Quellenschrift. Wie
    unter *3.1.* dargelegt, ist Kap. 16 zunächst im Zusammenhang mit Kap. 10; 14f. zu sehen; es
    bot seinerseits den Anknüpfungspunkt für die in Kap. 17 bezeugte Jubiläensequenz, die
    aus einer eigenen jüdischen Quelle stammen wird; s.u., *3.2.2.*

58 TestLev 17,2e (ἐν ἡμέρᾳ χαρᾶς αὐτοῦ ἐπὶ σωτηρίᾳ κόσμου αὐτὸς ἀναστήσεται) kann
    zwar als Vorverweis auf die Auferstehung Jesu Christi gelesen werden, dies schließt jedoch
    eine ursprünglich jüdische Deutung und damit die Zugehörigkeit des Versteiles zur Quel-
    lenschrift nicht kategorisch aus (vgl. HULTGÅRD, *L'eschatology* II, 120f.). Gleichwohl fehlen
    schlagende Argumente für diese Annahme, weshalb auch die Alternative einer christlichen
    Interpolation ernstzunehmen ist.

59 So auch HOLLANDER / DE JONGE, *Testaments*, 175. Ähnlich auch BECKER, *Untersuchungen*,
    288, und ULRICHSEN, *Grundschrift*, 204, mit dem Unterschied, daß sich beide auf die Einar-
    beitung in ein jüdisches TestLev festlegen.

Darstellung von TestLev 17 und mißt vor allem dem siebten Jubiläum keine erkennbare Bedeutung zu. 4Q390 Fr. 1 2-5 formuliert zwar mit der siebzigjährigen Herrschaft der Söhne Aarons ein priesterliches Interesse, das in Z. 7f. erwähnte ‚siebte Jubiläum der Verwüstung des Landes‘ hat jedoch explizit nichts mit einer Degeneration der Priesterschaft zu tun und scheidet als direkte Parallele zum Sieben-Jubiläen-Schema in TestLev 17 ebenso aus wie die von PUECH in 4Q540[60] rekonstruierte Jahrwochenangabe.[61]

Obwohl die in TestLev 17 inkorporierte jüdische Quellenschrift eigenständig nicht überliefert und somit keine externe Vergleichsgröße für die Beurteilung einer möglichen redaktionellen Bearbeitung gegeben ist, rechtfertigen die Kohärenz des Textes sowie das völlige Fehlen von klaren Spuren einer (christlichen) Redaktion die Grundannahme, daß die Quelle ohne nennenswerte Modifikationen übernommen wurde. Auch für die Vermutung, die heptadische Geschichtsdarstellung der Quelle sei nur selektiv rezipiert worden, läßt sich positiv nichts ins Feld führen, da der Zeitraum von sieben Jubiläen eine sinnvolle und geschlossene Einheit bildet.[62] Deutlich ist dagegen, daß die Quelle nicht mit 17,11 geendet haben kann: Der priesterliche Lasterkatalog markiert lediglich den Höhepunkt der Verirrungen und setzt dabei einen Kap. 18 entsprechenden Ausblick auf einen (endzeitlichen) Umschlag ins Heil voraus.[63]

Da TestLev 18 eindeutig christlich geprägt ist, ergeben sich zwei Grundalternativen: Entweder die in TestLev 17 rezipierte jüdische Quelle

---

60 PUECH, *Fragments*, 480-482 (vgl. DJD 31, 219f.), rekonstruiert in 4QTestLévi[c](?) (= 4Q540) Fr. 1 2 eine Erwähnung von 52 Jahrwochen („2+50 (?) שביע[ין"), d.h. sieben Jubiläen und drei Jahrwochen, die er in Beziehung zur Jubiläensequenz in TestLev 17 setzt. Von einer Parallele zwischen beiden Texten kann allerdings kaum die Rede sein: Wie auch im Fall der von PUECH, a.a.O., 484, zwischen 4Q540 Fr. 1 5 und TestLev 17,10 hergestellten Verbindung bleibt die Rekonstruktion des Qumrantextes an dieser Stelle spekulativ, wobei der rekonstruierte Text auch chronologisch nicht mit TestLev 17 übereinstimmt: Schließlich verläßt TestLev 17 im Gegensatz zu den von PUECH rekonstruierten 52 Jahrwochen an keiner Stelle den Rahmen der sieben Jubiläen, und auch die Deutung der שבע[ין als Jahrwochen ist keineswegs sicher, sondern wird von PUECH selbst (DJD 31, 220) aus Gründen der Textlogik mit einem Fragezeichen versehen. Es ist daher mit DE JONGE, *The Testaments of the Twelve Patriarchs and Related Qumran Fragments*, 67f., festzuhalten, daß keine hinreichenden Gründe für die Annahme eines engeren literarischen Verhältnisses zwischen TestLev 17 und 4Q540 bestehen, geschweige denn für die von STEUDEL, אחרית הימים, 240, in Anschluß an PUECH geäußerte Vermutung, der Qumrantext sei die Kopie eines aramäischen Levitestaments.

61 Mit Sicherheit unzutreffend ist die von FRAIDL, *Exegese*, 29, vorgenommene Ableitung der Jubiläenfolge aus Dan 9, da eine Parallele zu TestLev 17 lediglich im Vorhandensein einer heptadischen Struktur festzustellen ist und nichts für eine direkte Abhängigkeit zwischen beiden Texten spricht.

62 Gegen HULTGÅRD, *L'eschatology* II, 118f.

63 So auch BECKER, *Untersuchungen*, 290, allerdings unter der Voraussetzung, daß Kap. 17 ursprünglich mit V. 9 endete (s. im folgenden).

schloß bereits einen Grundstock von Kap. 18 ein, der nachträglich einer intensiven christlichen Überarbeitung unterzogen wurde, oder mit TestLev 17 wurde lediglich ein Teil der Quellenschrift übernommen und mit Kap. 18 als neuem Ende abgeschlossen.[64] Obwohl das erste Modell mit weniger Hilfsannahmen auskommt und daher grundsätzlich zu präferieren wäre, bleibt die Rekonstruktion eines jüdischen Grundstocks von TestLev 18 problematisch, da sie von der Annahme eines bestimmten messianischen Konzepts ausgehen muß, ohne dessen Präferenz aus dem Text eindeutig belegen zu können. Letzte Sicherheit ist hier nicht zu gewinnen,[65] und so ist die Feststellung, daß die Quellenschrift aller Wahrscheinlichkeit nach einen heilvollen Abschluß hatte, dem problematischen Versuch vorzuziehen, dessen konkrete Gestalt aus TestLev 18 zu rekonstruieren.[66]

Im Blick auf die in TestLev 17 rezipierte Jubiläen-Quelle bleibt abschließend die Frage nach der Bewertung von V. 10f. zu stellen. Die Verse bieten durch die Erwähnung der fünften und siebten Jahrwoche Elemente, die in der vorangehenden Darstellung der sieben Jubiläen fehlen, aber nicht in Spannung zu ihr stehen. MILIK hat zu Recht betont, daß V. 10f. im heutigen Kontext des Kapitels als Beschreibung des siebten und letzten Jubiläums fungieren.[67] Daß das Kapitel in seiner vorliegenden Form ein sinnvolles Verständnis ermöglicht, macht jedoch nicht die Frage obsolet, ob es verschiedene literarische Strata aufweist. Da TestLev 17,9 die Strafen für die Vergehen des siebten Jubiläums erwähne und 18,1f. hier gedanklich mit der Erweckung eines neuen Priesters anschließe, hat BECKER dafür plädiert, V. 10f. als Nachtrag auszuscheiden. Hier liege „ein versprengtes fragmentarisches Traditionsstück einer Sieben-Wochen-Apokalypse vor, die nach der Geschichtsschilderung in 17,9 eine unmögliche

---

64 BECKWITH, *Calendar*, 228, verweist auf 4Q541 Fr. 9 als mögliche Vorlage von TestLev 18, übersieht jedoch, daß der Text in kein direktes literarisches Verhältnis mit TestLev zu bringen ist, sondern lediglich konzeptionelle Parallelen aufweist, die für einen gemeinsamen traditionsgeschichtlichen Hintergrund sprechen; vgl. hierzu PUECH, DJD 31, 214f., sowie DE JONGE, *The Testaments of the Twelve Patriarchs and Related Qumran Fragments*, 68f., der mit Recht darauf hinweist, daß außer Fr. 9 mit seiner Beschreibung des idealen Priesters keines der übrigen 23 Fragmente von 4Q541 Parallelen mit TestLev aufweist.

65 Je nachdem, welches messianische Konzept vorausgesetzt wird, ergeben sich unterschiedliche Konsequenzen für Umfang und Inhalt der postulierten jüdischen Grundschicht von TestLev 18. Für eine kritische Diskussion des Problems vgl. KUGLER, *Testaments*, 52, der zu folgendem Ergebnis kommt: „We cannot be certain that an earlier Jewish version of the chapter proposed two messiahs or a single messiah with priestly and royal characteristics."

66 BECKWITH, *Calendar*, 231, leitet aus TestLev 18,2f. ab, bereits der jüdische Text kenne eine Erwartung Melchizedeks als messianischen Hohenpriesters. Dies bleibt aus genannten Gründen reine Spekulation.

67 Vgl. MILIK, *Books of Enoch*, 253. Bereits FRAIDL, *Exegese*, 29, bemerkt, Levi zähle „*sieben Jubiläen, deren jedes in sieben ‚Wochen' eingetheilt wird.*"

Stellung einnimmt, formal zu 17,1-8 gehört, hier aber inhaltlich nicht unterzubringen ist."[68]

Während BECKER mit seiner Ausscheidung von TestLev 17,10f. als Nachtrag konsequent den methodischen Leitlinien folgt, die seinem gesamten Redaktionsmodell zugrunde liegen, ist als Grundalternative auch mit der Möglichkeit zu rechnen, daß der von TestLev 17 bezeugte Text unter Aufnahme verschiedener literarischer Versatzstücke komponiert wurde und V. 10f. bereits Teil der in TestLev 17 rezipierten jüdischen Quelle waren.[69] Dabei darf jedoch in beiden Fällen nicht unberücksichtigt bleiben, daß die diachrone Perspektive lediglich einen ersten Schritt darstellt, bei dem es nicht stehenzubleiben gilt. Selbst wenn es sich bei TestLev 17,10f. um eine einstmals selbständige literarische Einheit handeln sollte, ermöglicht diese Einsicht noch kein Verständnis des Kapitels in seiner Gesamtheit. Die entscheidende Frage muß also lauten, welche Funktion die betreffenden Verse in Kap. 17 erfüllen, mit welcher Intention sie also ggf. nachträglich von einem Redaktor in dieses integriert wurden. Eine Beurteilung von TestLev 17,10f. ist daher nicht abstrakt, sondern nur im Zusammenhang einer Auslegung des ganzen Kapitels möglich, die nach dem ursprünglichen Sinn der hier rezipierten Quellenschrift fragt.

3.2.2. Das chronologische Profil der jüdischen Quellenschrift

Im Verlauf der vorangehenden Ausführungen wurde gezeigt, daß TestLev 17 in seinem heutigen Kontext vor Kap. 18 ein christlich gedeuteter Text ist, der die Degeneration der levitischen Priesterschaft als Negativfolie für die Priesterschaft Jesu Christi einführt, ohne daß erkennbar wäre, ob mit dem rezipierten Jubiläenschema chronologische Konsequenzen verbunden wurden. Welches chronologische Konzept und welche Darstellungsabsicht stehen aber hinter dem ursprünglich jüdischen Text, der in TestLev 17 eingegangen ist? Obwohl CHARLES das Kapitel als ganzes für „unintelligible" erklärte, stellte er Vermutungen zur Identität der ersten beiden Priester an,[70] die bis heute vertreten werden.[71] So hält es auch

---

68 BECKER, *Untersuchungen*, 289f.; ebenso ULRICHSEN, *Grundschrift*, 204. Ganz anders CHARLES, *Apocrypha* II, 314, der allein V. 10f. für den ursprünglichen Textbestand veranschlagt und das Jubiläenschema für sekundär hält. Diese nicht näher begründete Annahme scheint sich allein auf den Hintergrund von Kap. 16 zu stützen, geht am Textbefund von Kap. 17 völlig vorbei und kann die Genese dieses Kapitels nicht überzeugend erklären.

69 So auch HULTGÅRD, *L'eschatology* II, 120: „Le chapitre 17 est donc essentiellement un résumé, fait probablement à partir de matériaux différents".

70 CHARLES, *Apocrypha* II, 313. Der erste Priester ist nach Ansicht von CHARLES Levi oder Mose, der zweite Aaron.

BECKER für sicher, daß in 17,2 Levi und in 17,3 Aaron beschrieben werden, meint aber, daß im Blick auf V. 4-7 angesichts der hier gegebenen kargen Informationen auf eine Historisierung zu verzichten sei. Dem Text sei vielmehr an der Darstellung der nach „guten Anfängen" fortschreitenden „Perversion der levitischen Geschichte" gelegen, die ihren Höhepunkt in der in V. 8 dargestellten Kultreform unter Antiochus IV. finde.[72]

Nach BECKER liegt TestLev 17 demnach ein Text zugrunde, der auf eine Illustration der seleukidischen Kultfrevel abzielt und diese durch das verwendete Jubiläenraster in eine schematische Darstellung der seit biblischen Zeiten fortschreitenden priesterlichen Degeneration einzeichnet. Problematisch ist an diesem Modell, das, mit Abweichungen im Detail, die meisten Vertreter gefunden hat,[73] neben der unscharfen Charakterisierung der einzelnen Priestergestalten in TestLev vor allem, daß die Länge eines Jubiläums unberücksichtigt bleibt. Ob man mit 49 oder 50 Jahren rechnet,[74] sieben Jubiläen umspannen nicht annähernd den vorausgesetzten Zeitraum zwischen Levi und der Gegenwart des Verfassers. Vor ähnlichen Problemen steht auch das von DUPONT-SOMMER vertretene Modell, nach dem der Text die sieben Priesterfürsten von Judas Makkabäus bis Aristobul II. beschreibt:[75] Die Identifizierung der einzelnen Priester wirkt gezwungen, und der Zeitraum ihres Wirkens ist erneut nicht annähernd mit einer Folge von sieben Jubiläen zur Deckung zu bringen, da in diesem Fall viel zu kurz.

Während die Länge eines Jubiläums in den bisher vorgestellten Modellen unberücksichtigt bleibt, hat sich BECKWITH bemüht, ein präzises heptadisches System hinter TestLev 17 nachzuweisen.[76] Nach seiner Ansicht beginnt die Geschichtsschau des Textes mit der Rückkehr aus dem Exil und reicht bis in die Zeit der hasmonäischen Hohenpriester. Es sei demzufolge an die 15 Hohenpriester zu denken, deren Amtszeit nach dem Zeugnis des Josephus (Ant XX 234) in diesen Zeitraum fällt, wobei der Text aufgrund seiner Darstellung von einem Priester pro Jubiläum nur bestimmte Personen erwähne, deren Identität BECKWITH aus den kargen

---

71 Auf die Unmöglichkeit festzustellen, ob und wie die einzelnen Priester *auf der Ebene des christlichen TestLev 17* identifiziert wurden, wurde bereits unter *3.2.1.* eingegangen.

72 BECKER, *Untersuchungen*, 289.

73 Vgl. etwa BOUSSET, *Testamente*, 196; HULTGÅRD, *L'eschatology* I, 107; II, 118-121; OTZEN, *Sektenschriften*, 147; RIESSLER, *Altjüdisches Schrifttum*, 1336.

74 Grundsätzlich nicht vertretbar ist die von WIESELER, *70 Wochen*, 228, Anm. a), vorgelegte Rechnung, die bereits die 70 Jahrwochen in TestLev 16 als Einheiten von je zehn Jahren kalkuliert und in den sieben Jubiläen (TestLev 17) denselben Gesamtzeitraum von 700 Jahren beschrieben sieht, für ein Jubiläum folglich 100 Jahre veranschlagt.

75 Vgl. DUPONT-SOMMER, *Testament*, 38-53. Demnach spiegele TestLev 18 ein messianisches Verständnis des Lehrers der Gerechtigkeit, dessen Wirken DUPONT-SOMMER fälschlicherweise zur Zeit Aristobuls II. ansetzt.

76 Zum Folgenden vgl. BECKWITH, *Calendar*, 226-234.

Angaben zu erweisen sucht.[77] TestLev 17 dürfe jedoch nicht auf einen Zeitraum von sieben Jubiläen beschränkt gesehen werden, sondern ziele auf denselben Gesamtzeitrahmen von zehn Jubiläen ab, der in 4Q390 und 11QMelchizedek Thema und in Gestalt der 70 Jahrwochen (= 490 Jahre = 10 Jubiläen) bereits durch TestLev 16,1 vorgegeben sei. Der Autor beschreibe die ersten sieben Jubiläen, überspringe die beiden folgenden „as being of less interest, and [in ch. 18] proceeds straight to the messianic priest, who, as in the Melchizedek Document, doubtless belongs to the 10th jubilee."[78]

Das Grundproblem der von BECKWITH vertretenen Interpretation besteht darin, daß sie verschiedene Quellen auf unkritische Weise miteinander kombiniert und so letztlich einer gesicherten Textgrundlage entbehrt.[79] Die gesamte Argumentation ist hochgradig zirkulär, was sich besonders an der Annahme zeigt, der in TestLev 18 genannte Priester repräsentiere das zehnte Jubiläum, obwohl der Text an keiner Stelle von zehn Jubiläen spricht oder eine numerische Verbindung zwischen besagter Person und den sieben in Kap. 17 beschriebenen Priestern herstellt. BECKWITH kommt zu seinen Ergebnissen, ohne auf die Genese des Textes, das Verhältnis zwischen TestLev 17 und 18 sowie die Beziehung dieser Texte zu ihren vermeintlichen Parallelen außerhalb von TestLev einzugehen. Kap. 18 gegen alle Textevidenz zur Ansage des zehnten Hohenpriesters zu erklären und die fehlende Erwähnung des achten und neunten Jubiläums mit dem Hinweis abzutun, diese seien nicht von

---

77   Es handelt sich nach der Ansicht BECKWITHs um die Hohenpriester Josua (vgl. Esr 3,2), Jojakim (vgl. Esr 10,18f.; Neh 13,4-9.28-30), Eljashib (vgl. Neh 3,1), Jaddua, Simon I., Manasse und Simon II.

78   BECKWITH, *Calendar*, 228. Ein Zehn-Jubiläen-Schema hinter TestLev 17 halten auch HULTGÅRD, *L'eschatology* II, 118, und ADLER, *Survey*, 209, für möglich; ebenso KOCH, *Sabbat*, 73, der zwar nicht explizit von zehn Jubiläen spricht, diese aber vorauszusetzen scheint, insofern er als Gesamtzeitraum die in Kap. 16 genannten 70 Jahrwochen annimmt. Eine entsprechende Kombination von TestLev 16 und 17 scheint zur Begründung der für Kap. 17 postulierten zehn Jubiläen durchweg vorausgesetzt zu sein, obwohl sie in doppelter Hinsicht unzulässig ist: So wird einerseits übersehen, daß die Verbindung beider Kapitel erst auf der Ebene des christlichen TestLev gegeben ist und Kap. 16 nicht als interpretativer Hintergrund der in Kap. 17 rezipierten jüdischen Quelle herangezogen werden kann. Andererseits ist selbst bei der Interpretation des synchronen Textbefundes des christlichen Testaments keineswegs deutlich, wie – und ob überhaupt! – beide Kapitel in ein nicht expliziertes chronologisches Gesamtkonzept integriert zu denken sind. Ob der christliche Redaktor oder die Rezipienten des Textes in Kap. 17 eine Sequenz von zehn Jubiläen impliziert sahen, ist keineswegs sicher. Der Textbefund jedenfalls läßt dies nicht positiv erkennen.

79   So verhandelt BECKWITH TestLev 16-18 mit Qumrantexten und Passagen aus 1 Hen unter der Überschrift „Essene Chronology", ohne wahrzunehmen, daß diese Quellen nicht einfach für ein homogenes chronologisches Konzept unter dem zudem fragwürdigen Etikett ‚essenisch' veranschlagt werden können.

Interesse gewesen, zwingt dem Text eine Deutung auf, die für BECKWITH bereits von vornherein festzustehen scheint.

Wenn auch BECKWITH mit seiner Kernthese, TestLev 17f. spiegele ein Zehn-Jubiläen-Schema, nicht überzeugen kann, hat seine Grundannahme, der Text stelle einen konkreten Zeitraum der nachexilischen Epoche als Sequenz von Jubiläen dar, den Vorteil, mit einem wörtlichen Verständnis eines Jubiläums operieren zu können.[80] BECKWITH gelingt es sogar, die Jahrwochenangaben in 17,10f. in sein chronologisches Konzept zu integrieren: Der in 17,10 erwähnte Wiederaufbau in der fünften Jahrwoche des siebten Jubiläums (ἀνακαινοποιήσουσιν οἶκον κυρίου) beziehe sich auf die Wiedereinweihung des Tempels durch die Makkabäer, während bei den frevelhaften Priestern, die das Ende desselben Jubiläums markieren, an den Beginn der hasmonäischen Hohenpriesterschaft mit der Einsetzung Jonathans zu denken sei.[81] Dem steht zwar vordergründig entgegen, daß mit 17,9-11 eine Schilderung von Exil, perserzeitlichem Wiederaufbau und der sich unter seleukidischer Herrschaft anschließenden kultischen Konflikte vorzuliegen scheint.[82] Die hier entstehende Spannung löst sich allerdings dann auf, wenn man mit BECKWITH für diese Verse – ob ursprünglicher Bestandteil des Textes oder nicht, sei zunächst dahingestellt – eine übertragene Verwendung von Motiven aus dem klassischen Kontext Sünde – Exil – Rückkehr zur Darstellung späterer Ereignisse annimmt.[83]

Faßt man das in TestLev 17 entfaltete Sieben-Jubiläen-Schema mit BECKWITH als Darstellung der nachexilischen Priesterschaft, so ist eine Interpretation des Textes möglich, die der Länge des beschriebenen Zeitraums weitaus gerechter wird als alternative Modelle, die ein Jubiläum nur noch als Epochenbegriff ohne konkrete numerische Dimension fassen

---

80 Auch ULRICHSEN, *Grundschrift*, 203, favorisiert aus diesem Grund eine „Deutung auf die Geschichte des nachexilischen Priestertums", notiert jedoch eine Spannung zu V. 10f., die er als Schilderung des perserzeitlichen Wiederaufbaus interpretiert; zur Deutung der betreffenden Verse s. im folgenden.

81 Vgl. BECKWITH, *Calendar*, 232. Zwischen der Wiedereinweihung des Tempels (164 v. Chr.) und der Einsetzung Jonathans (152 v. Chr.) liegen zwölf Jahre, was sich mit der Angabe von fünfter und siebter Jahrwoche in Einklang bringen läßt: Je nach der Positionierung der Ereignisse in den Jahrwochen ergibt sich ein möglicher Zeitrahmen zwischen acht und zwanzig Jahren.

82 Eine Deutung der Verse auf Exil und Wiederaufbau vertreten u.a. HULTGÅRD, *L'eschatology* II, 119; MILIK, *Books of Enoch*, 253; ULRICHSEN, *Grundschrift*, 204.

83 Auch BECKER, *Untersuchungen*, 289, operiert mit einem übertragenen Sinn von V. 9 und findet hier einen Reflex auf die Eroberung Jerusalems durch Pompeius (63 v. Chr.). Diese Interpretation ist allerdings kaum wahrscheinlich, da sie die naheliegende Deutung von V. 10f. auf die makkabäische und frühhasmonäische Zeit unmöglich macht und damit den Sinn der betreffenden Verse im Dunkeln läßt.

können.[84] Gleichwohl bleibt festzuhalten, daß eine exakte Übereinstimmung mit der absoluten Chronologie auch nach der Rechnung
BECKWITHs nicht herzustellen ist: Sieben Jubiläen umfassen 343 Jahre
und reichen, gerechnet ab dem Auftreten des Hohenpriesters Josua um
538 v. Chr. bis an die Schwelle zum 2. Jh. v. Chr. Damit fehlen etwa 50
Jahre bis zur Inauguration der hasmonäischen Hohenpriesterschaft, auf
die TestLev 17,10f. nach BECKWITH blickt. Dieser verstrickt sich zudem
in Widersprüche, da er im selben Kapitel seiner Untersuchung eine Rechnung vorlegt, die auf einer Exilsdauer von genau 70 Jahren gründet, wonach der Beginn der Jubiläensequenz in das Jahr 516 v. Chr. fallen müßte.[85] Das siebte Jubiläum würde nach diesem Modell im Jahr 173 v. Chr.
enden, immer noch zwanzig Jahre vor dem Beginn der hasmonäischen
Hohenpriesterschaft.

Der Versuch BECKWITHs, eine exakte Übereinstimmung der sieben
Jubiläen mit der absoluten Chronologie des Zeitraums zwischen persi-
scher und hasmonäischer Herrschaft nachzuweisen, muß demnach als gescheitert gelten. Will man nicht auf die Hilfsannahme einer verkürzten
Referenzchronologie zurückgreifen, so bleibt nur zu konstatieren, daß die
Grundannahme, die TestLev 17 zugrundeliegende Quelle habe eine historisch zuverlässige Darstellung des nachexilischen Priestertums geboten,
ein Ende des Zeitraums nach dem Jahr 173 v. Chr. unmöglich macht.
Dies vorausgesetzt, bietet sich allerdings eine elegante Lösung an, die die
beiden plausibelsten Erklärungsmodelle der sieben Jubiläen miteinander
verbindet und dabei zugleich die an 17,10f. aufbrechende Frage der Textgenese berücksichtigt: Da 173 v. Chr. Jason das Amt des Hohenpriesters
erkaufte, was zur Absetzung von Onias III. führte (vgl. 1 Makk 1,11-15;
2 Makk 4,7-20), liegt die Vermutung nahe, daß dieses Ereignis als Hintergrund der in 17,8 gegebenen Beschreibung des siebten Jubiläums in Betracht zu ziehen ist. Der Text hätte dann eine ursprünglich mit der Entmachtung von Onias III. endende Geschichtsschau geboten, die auffällig
genau mit der absoluten Chronologie des Zeitraumes übereinstimmt (ca.
516-173 v. Chr.). Durch den Nachtrag von TestLev 17,9-11[86] erfolgte

---

84 Die Verwässerung des Jubiläenbegriffs in alternativen Interpretationen tritt exemplarisch in
    der Aussage von DUPONT-SOMMER, *Testament*, 38, zutage: „Le mot ‚jubilé' ne saurait
    évidemment avoir ici son sens propre [...]; par une transposition curieuse, il désigne le
    temps d'un sacerdoce".

85 Vgl. hierzu BECKWITH, *Calendar*, 229-231, der allerdings die Angabe konkreter Jahreszah-
    len schuldig bleibt.

86 V. 9 bildet aufgrund der hier eingeführten Exilsmotivik eine Einheit mit V. 10f., was die
    Annahme nahelegt, auch diesen Vers als Teil des Nachtrages zu sehen; auch HULTGÅRD,
    L'eschatologie II, 120, hebt die Einheit von V. 9-11 hervor, favorisiert allerdings ihre Inter-
    pretation als bereits bei der Erstredaktion eingearbeitete Quelle. Dagegen lehnt
    ULRICHSEN, *Grundschrift*, 204, eine Interpretation von V. 9-11 als Nachtrag ab, da 17,1-8

sodann eine Neudeutung des siebten Jubiläums, die dessen Jahrwochenstruktur freilegte[87] und es, historisch erneut durchaus präzise, im Bild von
Exil und Wiederaufbau als den Zeitraum faßte, in dem die frevelhafte hasmonäische Priesterschaft an die Macht kam.[88]

Die in TestLev 17 aufgenommene jüdische Quelle ist demzufolge
selbst bereits das Produkt eines mit ihrer aktualisierenden Neudeutung
einhergehenden Fortschreibungsprozesses, in dem ihr V. 9-11 zuwuch-
sen.[89] Trotz der historischen Präzision der ursprünglichen Jubiläensequenz
und ihrer Neudeutung, deren Nachweis die vorgelegte Interpretation entscheidend stützt, gilt es, nicht einer historisierenden Engführung zu verfal-

---

ohne V. 9 kein Element des Gerichts enthalten habe und daher nicht sinnvoll in 18,1ff. mit
einem Prozeß der Restitution seine Fortsetzung hätte finden können. Dieser Einwand trifft
so nicht, da 18,1 ein explizites Gerichtsmoment enthält. Die eigentliche, von ULRICHSEN
jedoch nicht explizierte Schwierigkeit besteht vielmehr darin, daß eben nicht als sicher vorausgesetzt werden kann, der jetzige Übergang von Kap. 17 zu Kap. 18 sei bereits in der
Quellenschrift vorhanden gewesen. Faßt man, wie hier vorgeschlagen, TestLev 17,9 als Teil
des Nachtrages auf, ist man daher darauf angewiesen, einen TestLev 18,1 zumindest im
Kern entsprechenden Textanschluß bereits für die Grundschicht der Quelle zu veranschla-
gen. Diese Annahme ist hypothetisch, erscheint aber plausibler als das einzige Alternativ-
modell, nach dem mit V. 9 ein übertragener Exilsbezug bereits den Abschluß der Grundschicht und als solcher den Aufhänger für den Nachtrag von V. 10f. geboten hätte. Hiermit
würde die konzeptionelle Einheit von V. 9-11 geopfert, um V. 9 als eine ursprüngliche Ge-
richtsschilderung fassen zu können, obwohl die auch hier notwendige Voraussetzung eines
übertragenen Exilsverständnisses erst im Zusammenhang der zeitgeschichtlich bezogenen
Jahrwochenstruktur von V. 10f. plausibilisierbar ist.

87 Ob dabei, wie HULTGÅRD, L'eschatology II, 119, und MILIK, Books of Enoch, 253, meinen, mit
der Erwähnung von fünfter und siebter Jahrwoche eine Aufnahme der Zehnwochenapokalypse vorliegt, wo in das fünfte Siebent der Tempelbau und in das siebte die Zeit der Verfasser fällt, ist äußerst zweifelhaft. Lediglich eine vage Analogie ist vorhanden, sollte aber
keineswegs überbewertet werden, zumal TestLev 17,10 allgemein vom Wiederaufbau,
1 Hen 93,7 aber konkret vom Bau des Salomonischen Tempels handelt. Die Hervorhebung der siebten Jahrwoche in 17,11 schließlich bedarf aufgrund der einem heptadischen
System eigenen Logik keiner Erklärung durch den Rekurs auf einen Referenztext.
HULTGÅRD geht überdies zu weit, wenn er in Analogie zu den letzten drei Siebenten des
Henochtextes Vermutungen über „une ou plusieurs semaines décrivant le jugement et le
salut" (a.a.O., 120) in der hinter TestLev 17,10f. stehenden Quelle anstellt.

88 Auch ADLER, Survey, 210, deutet den Text vor dem Hintergrund antihasmonäischer Priesterkritik, allerdings ohne Berücksichtigung seiner Genese und – somit konsequenterweise
– in einem Atemzug mit TestLev 16.

89 Das dargestellte Modell ist in seiner Verbindung von Chronologie und Textgenese ohne
plausible Alternativen: Die Annahme, das Ende eines ursprünglich die nachexilische Priesterschaft behandelnden Textes sei nachträglich als Darstellung der Exilszeit ausgestaltet
worden, hat das wenig wahrscheinliche Modell einer nachträglichen Historisierung auf
Kosten der klaren zeitgeschichtlichen Bezüge zur Konsequenz. Interpretiert man umgekehrt die ersten sechs Jubiläen als Darstellung der vorexilischen Zeit, so ließe sich zwar ein
wörtlicher Exilsbezug von V. 9-11 als Ausgestaltung des letzten Jubiläums vertreten, dies
geschähe aber zur Gänze auf Kosten der konkreten chronologischen Implikationen der
Jubiläensequenz, insofern ein Jubiläum dann nur noch als vager Epochenbegriff deutbar
wäre.

len. Sieben Jubiläen bilden in einem heptadischen System eine Makroeinheit mit besonderer systembedingter Signifikanz, und es ist eindeutig das Interesse an der schematischen Darstellung der geschichtlichen Dynamik und nicht an der Entwicklung einer ausgefeilten Chronologie, das den Text beherrscht. Eine Entsprechung zur absoluten Chronologie ist ursprünglich lediglich über die Länge des Gesamtzeitraums gegeben. Der um V. 9-11 erweiterte Text sprengt hingegen bereits diesen Rahmen und kann seinerseits lediglich bezüglich der in ein Jahrwochenschema übergeführten Darstellung der jüngeren Vergangenheit historische Genauigkeit beanspruchen. Was den Text auf beiden Entwicklungsstufen im Kern ausmacht, ist nicht seine chronologische Präzision, sondern die vom geschichtlichen Wandel unberührte Voraussetzung der sieben Jubiläen als geschichtstheologisch signifikanten Zeitraumes, an dessen Ende sich die eigene Gegenwart jeweils neu verorten ließ.

Die Beobachtungen zum Charakter des Sieben-Jubiläen-Schemas lassen sich auf die Interpretation der einzelnen Priester übertragen. Auch hier liegt eine schematische Darstellung vor, mit der, vermittelt über die Tradition und Erfahrungen der näheren Vergangenheit, im einzelnen sicherlich auch Charakteristika konkreter Priestergestalten verwoben wurden. Gleichzeitig muß gegen BECKWITH festgehalten werden, daß der Text als historisch ausgefeilte Charakterisierung einzelner Hoherpriester mißverstanden ist, was allein deshalb unbestreitbar gelten muß, weil TestLev 17 die Begriffe ἱερωσύνη, ἱερεύς und ἰωβηλαῖον changierend gebraucht. Die genannten Priester repräsentieren verschiedene Zustände der Priesterschaft,[90] die durch das gewählte Jubiläenschema in eine geschichtliche Sequenz gebracht werden. Über die Frage, welche Personen für einen Zustand ursprünglich modellhaft Pate gestanden haben könnten, läßt sich in Anbetracht der schematischen Darstellungsweise nur spekulieren: Während eine Verbindung des ,ersten Gesalbten' in TestLev 17,2 mit dem Hohenpriester Josua als idealtypischem Begründer der nachexilischen Priesterlinie plausibel ist und mit der frevelhaften Priesterschaft des siebten Jubiläums sicherlich Personen aus der Zeit des Verfassers verbunden wurden, ist eine Identifizierung weiterer Priester kaum möglich. Ob hinter den Jubiläen zwei bis sechs überhaupt konkrete Personen stehen, ist fraglich; das bereits vorgängig zwischen Ideal und vollständigem Verfall angelegte Gefälle des Textes macht diese Annahme jedenfalls obsolet.

Somit lassen sich folgende Ergebnisse zu der in TestLev 17 rezipierten jüdischen Quelle festhalten: Der Text bot eine sieben Jubiläen umspannende Darstellung des nachexilischen Priestertums, die ursprünglich wahr-

---

90 Bereits WIESELER, *70 Wochen*, 228, Anm. g), hebt dies hinsichtlich der Priester drei bis sieben hervor, wogegen sich hinter den ersten beiden Priestern seiner Ansicht nach konkrete Gestalten (Daniel und Esra) verbergen.

scheinlich auf die Absetzung von Onias III. abzielte und in ihrer um V. 9-11 erweiterten Endgestalt bereits die Frevel der hasmonäischen Priester anprangert. Während der ursprüngliche Text ab 173 v. Chr. entstanden sein wird, ist seine Fortschreibung um die Mitte des zweiten vorchristlichen Jahrhunderts anzusetzen. Ob und in welcher Gestalt TestLev 18 Teil der Quelle war, läßt sich aufgrund der massiven christlichen Bezüge dieses Kapitels nicht mit Sicherheit entscheiden, deutlich ist aber, daß sie zumindest eine diesem Kapitel entsprechende Heilsperspektive eingeschlossen haben wird. Die in TestLev 17 aufgenommene Quelle bietet die Darstellung einer über sieben Jubiläen respektive sieben Priesterschaften reichenden sukzessiven Degeneration des Priestertums. Während bis zum sechsten Jubiläum nur sehr vage eine zunehmende Verschlechterung zum Ausdruck gebracht wird,[91] wird im Blick auf das siebte Jubiläum, mit dem die Zeit des Verfassers erreicht ist, unverhohlen Priesterkritik geäußert (17,8.9-11).

Die jüdische Quelle wurde aufgrund ihres priesterlichen Themas vermutlich von einem christlichen Redaktor in TestLev inkorporiert, der das Jubiläenschema ohne erkennbare Veränderungen übernahm und lediglich die Heilsperspektive christlich überformte: In seinem heutigen Kontext stellt TestLev 17 das Versagen der jüdischen Priesterschaft als Negativfolie dar, von der sich das bereits in Gestalt des ersten Priesters (17,2) präfigurierte endzeitliche Priestertum Jesu Christi abhebt, das den Gegenstand von Kap. 18 bildet. Auf diese Weise wird aus einem Text, der die kultischen Verirrungen einer mit dem siebten Jubiläum synchronisierten Gegenwart kritisierte, ein Zeuge für die generelle Absage an den jüdischen Priesterdienst und für seine christliche Überhöhung.

Ob christlicherseits die chronologischen Implikationen des hier verarbeiteten heptadischen Schemas überhaupt von Interesse waren, ist äußerst unsicher. Eine christliche Aktualisierung der Chronologie wird jedenfalls nicht expliziert, weshalb damit zu rechnen ist, daß die sieben Jubiläen lediglich als symbolische Zeitangabe rezipiert wurden.[92] Was sich jedoch auch unter diesem veränderten Vorzeichen, jenseits des beide Stadien der jüdischen Quelle prägenden Versuchs, historische Genauigkeit zu erzielen,

---

91 Die passivischen Formulierungen ἐν πένθει ἀγαπητῶν συλληφθήσεται (17,3), ἐν λύπῃ παραληφθήσεται (17,4), ἐν ὀδύνῃ ἔσται (17,5) und ἐν σκότει παραληφθήσεται (17,6), lassen sich kaum konkretisieren, da das handelnde Subjekt nicht genannt ist; vgl. hierzu HOLLANDER / DE JONGE, Testaments, 175f.

92 Auch die Mißverständnisse der handschriftlichen Überlieferung sprechen dafür, daß christlicherseits eine Einsicht in oder ein Interesse an den konkreten chronologischen Implikationen des heptadischen Systems nicht sicher vorausgesetzt werden kann: So bezeugen manche MSS zu TestLev 17,11 die Variante ἐν δὲ τῷ ἑβδομηκοστῷ ἑβδόμῳ, machen also das siebte zum siebzigsten Siebent. Hier liegt wahrscheinlich eine Anpassung an die 70 Siebente aus TestLev 16,1 vor; so auch ULRICHSEN, Grundschrift, 204, Anm. 153.

durchhält, ist eine hermeneutische Grundhaltung, die die geschichtstheologische Signifikanz des Jubiläenschemas als gegeben voraussetzt und
diese erst dann und auf je unterschiedliche Weise verifiziert findet. Letzteres geschieht in der jüdischen Quellenschrift durch die Synchronisierung
mit der eigenen geschichtlichen Erfahrung, im christlichen TestLev dagegen im Bewußtsein der eigenen heilsgeschichtlichen Überlegenheit.

4. Fazit

Sowohl TestLev 16 als auch TestLev 17 sind nur als Teil des christlich geprägten Levitestaments erhalten, spiegeln aber auf unterschiedliche Weise
jüdische Traditionen. Angesichts der komplexen redaktionsgeschichtlichen Vorgänge, die sich hinter TestLev abzeichnen, kann auch die Frage
nach dem Ursprung dieser Kapitel nicht mit letzter Sicherheit beantwortet
werden: Kap. 16 bildet im Kontext von TestLev die letzte von drei Passagen (Kap. 10; 14f.; 16), die nach dem Schema Sünde – Bestrafung – Wiederherstellung strukturiert sind und im Ausblick auf die christliche Taufe
als einzigen Heilsweg für die Juden (16,5) einen gemeinsamen Zielpunkt
erreichen. Die christlichen Elemente bilden in Kap. 16 einen derart integralen Bestandteil, daß ein jüdischer Grundstock des Kapitels nicht sicher
zu rekonstruieren ist. Vermutlich liegt daher eine christliche Bildung für
den Kontext von TestLev vor, die sich auf das Daniel- und Henochbuch
stützt.

Im Gegensatz zu Kap. 16 steht hinter TestLev 17 nachweislich eine
jüdische Quelle, die eine Periodisierung der nachexilischen Priesterge-
schichte in Gestalt von sieben Jubiläen umfaßte. Es ist davon auszugehen,
daß diese Quelle mit einem Kap. 18 entsprechenden Ausblick schloß,
wobei sich dessen Gestalt nicht aus diesem stark christlich geprägten Kapitel rekonstruieren läßt. Die Quelle wurde wahrscheinlich als Reaktion
auf die Absetzung des Hohenpriesters Onias III. (173 v. Chr.) verfaßt und
später durch Ergänzung von V. 9-11 zu einer Anklageschrift gegen die
hasmonäische Priesterschaft erweitert. Das Jubiläenschema wurde ohne
erkennbare Veränderungen in TestLev inkorporiert, faktisch aber als Vorsatz zu der in Kap. 18 entfalteten christlichen Heilsperspektive zu einer
Abhandlung über das Scheitern der jüdischen Priesterschaft umgedeutet.
TestLev 17 bildet einen Anhang, der den Testamentsstil verläßt und mit
dem Korpus von TestLev nur noch thematisch verbunden ist. Dabei bot
die in Kap. 16 entfaltete Jahrwochenstruktur einen Anknüpfungspunkt für
das Sieben-Jubiläen-Schema: Die redaktionelle Verknüpfung in TestLev
17,1 setzt Kap. 16 voraus – ist dies wahrscheinlich eine christliche Schöp-

fung, so kann Kap. 17 erst von einem christlichen Redaktor in TestLev integriert worden sein.

TestLev 16 führt einen 70 Siebente währenden Zeitraum ein, der durch die Übertretungen nicht nur der Priester, sondern ganz Israels geprägt ist. Diese erreichen ihren Höhepunkt mit der Kreuzigung Jesu Christi (16,3), auf die Tempelzerstörung und Zerstreuung Israels unter die Heiden als Strafe folgen. Die Heilsperspektive in der gnädigen Annahme Gottes besteht nur für die getauften und an Christus glaubenden Juden (16,5). Der Text übernimmt die 70 Siebente als geprägten Typus für eine Zeit der Übertretungen aus Dan 9,24-27, wobei die dort für das Ende des Zeitraums angesagten Ereignisse auf Jesu Kreuzigung und die Zerstörung des Herodianischen Tempels gedeutet werden, ohne daß ein Interesse an chronologischen Details erkennbar wäre. In Anbetracht dieser typologischen Rezeption der in Dan 9 ausgefeilten Jahrwochenstruktur ist vor allem die Tatsache bemerkenswert, daß 16,1 gerade nicht Daniel, sondern Henoch als Quelle nennt, obwohl im gesamten Äthiopischen Henochbuch an keiner Stelle von 70 Siebenten die Rede ist.

Hierfür läßt sich eine doppelte Erklärung anführen: Einerseits kann ein als Testament Levis gestalteter Text Daniel gar nicht als Autorität anführen, da dieser erst lange nach Levi auftrat. Andererseits spiegeln weitere Rekurse auf 1 Hen, daß Henoch, vor allem in geschichtlichen Fragen, als besondere Autorität für TestLev gilt. Daß eine im Anschluß an Dan 9 gestaltete Passage auf Henoch zurückgeführt werden kann, beruht daher zunächst auf konzeptionellen und inhaltlichen Voraussetzungen, findet sodann aber den entscheidenden positiven Grund darin, daß die Hirtenvision (1 Hen 89,59 - 90,19) eine Parallele zu Dan 9 bietet, indem sie zwar nicht von 70 Jahrwochen, wohl aber von 70 Hirtenzeiten spricht. Für den Verfasser von TestLev 16,1 bot sich daher die Möglichkeit, beide Texte miteinander zu identifizieren und seine aus Dan 9 gewonnene Interpretation auf die Autorität Henochs zurückzuführen. Diese Identifizierung von Hirtenvision und Dan 9 ist erstmals auf der Ebene des christlichen Kapitels TestLev 16 greifbar; daß im Hintergrund bereits eine jüdische Auslegungstradition stand, ist dabei denkbar, bleibt aber zwangsweise Spekulation, da diese textlich sonst keinen Niederschlag gefunden hat.

Im Unterschied zu Kap. 16 konzentriert sich TestLev 17 ausschließlich auf eine Darstellung des Priestertums, dessen Entwicklung in einem Gesamtrahmen aus sieben Jubiläen zum Ausdruck gebracht wird. Macht man mit der Länge eines Jubiläums ernst und faßt es nicht im übertragenen Sinn als Epochenbegriff, so kann die in TestLev 17 rezipierte Quelle nur die Geschichte des nachexilischen Priestertums, von seinen Anfängen bis ins 2. Jh. v. Chr., im Blick gehabt haben. Ursprünglich den Zeitraum bis zur Absetzung Onias' III. (173 v. Chr.) beschreibend und erst durch die Ergänzung von V. 9-11 auch die hasmonäische Priesterschaft einschließend, kommt den sieben Jubiläen jeweils in unterschiedlichen Bereichen historische Genauigkeit zu: Während bei der Grundschicht die Gesamtlänge des Zeitraumes gut getroffen ist, stimmt auf der Ebene der Fortschreibung die aktualisierende Neudeutung des letzten Jubiläums mit den geschichtlichen Realitäten überein.

Insofern der Gesamtzeitrahmen von sieben Jubiläen auch nach der aktualisierenden Fortschreibung des Textes nicht korrigiert, sondern als signifikante geschichtstheologische Deutungskategorie beibehalten wurde, zeichnet sich jedoch ab, daß eine historisierende Interpretation am Kern der Texte vorbeigeht: Die in TestLev 17 erhaltene Jubiläenchronologie ist in beiden Stadien ihrer Genese als präzise Chronik des nachexilischen Priestertums fehlinterpretiert. Sie zielt vielmehr auf eine schematische Darstellung seiner Entwicklung, in der auch den erwähnten Priestern, ob im einzelnen durch geschichtliche Figuren inspiriert oder nicht, vor allem exemplarische Funktion als Repräsentanten des ihnen zugeordneten Jubiläums zukommt: Die Gottesunmittelbarkeit der Anfänge verkehrt sich immer mehr in ihr Gegenteil, bis am Ende des siebten Jubiläums ein Zustand höchster Gottlosigkeit erreicht ist und der Text in offener Polemik gegen die seiner Abfassung kontemporären Priester ausmündet.

Das Jubiläenschema konstruiert eine Vorgeschichte, die die in der Gegenwart erfahrenen priesterlichen Verirrungen als Resultat einer Entwicklung in den Blick rückt, die durch ihre klare Struktur letztlich unausweichlichen Charakter hat. Daß es so auch Grundlage der Gegenwartsdeutung späterer Generationen werden konnte, hat bereits im literarischen Wachstum der Quellenschrift seinen Niederschlag gefunden. Der hier angelegte Prozeß aktualisierender Neudeutungen läßt sich bis auf die Ebene des christlichen TestLev weiterverfolgen, wo die Jubiläensequenz der Quellenschrift den Niedergang der jüdischen Priesterschaft als Kontrast des ewigen hohepriesterlichen Amtes Jesu Christi einführt. Wie in beiden Entwicklungsstadien der Quellenschrift ist auch hier ein geschichtstheologisches Interesse leitend, wobei die konkreten chronologischen Implikationen der sieben Jubiläen keine erkennbare Rolle mehr spielen.

Obwohl eine Verbindung von kultischem Interesse und heptadischen Geschichtsdarstellungen auch aus den Qumrantexten bekannt ist, sind keine Quellen erhalten, die eine direkte Beziehung zu TestLev 17 erkennen lassen. Es ist von daher nicht nur müßig, die sieben Jubiläen mit anderen heptadischen Systemen zu korrelieren, sondern überdies auch unnötig, da sie systemimmanent eine signifikante Größe bilden, die nicht etwa auf die Annahme eines verlorenen Gesamtzeitrahmens von zehn Jubiläen angewiesen ist. Daß die 70 Siebente in TestLev 16 zehn Jubiläen entsprechen können, trägt für die Exegese der in Kap. 17 aufgenommenen Quellenschrift nichts aus, da beide Texte erst im Kontext von TestLev gemeinsam begegnen. Daß auf dieser Ebene eine gedankliche Verbindung der heptadischen Konzepte beider Kapitel vorliegt, die über die Konstatierung einer strukturellen Analogie (17,1) hinausgeht, ist unwahrscheinlich. TestLev 16 und 17 bereichern einen Text, der um die Vollkommenheit signalisierende Dimension der Siebenzahl weiß,[93] um das Element heptadischer Geschichtskonzeptionen, ohne sich auf erkennbare Weise zu einem homogenen chronologischen Konzept zu verbinden.

---

93 Vgl. TestLev 3,1 (sieben Himmel); 4,1 (sieben endzeitliche Wehen); 8,1-10 (sieben Erzengel / sieben priesterliche Insignien).

Kapitel VII
AUSWERTUNG

1. Historischer Ort und Trägerkreise der untersuchten Texte

Mit Ausnahme von TestLev 16f. handelt es sich bei allen im Rahmen dieser Arbeit untersuchten Texten um jüdische Kompositionen aus der Zeit vor der Zerstörung des Zweiten Tempels: Seit der ersten Hälfte des 2. Jh. v. Chr. sind ausgeführte heptadische Geschichtskonzeptionen bezeugt, sie erleben den Höhepunkt ihrer Produktion in den folgenden einhundert Jahren und spielen fortan nur noch eine marginale Rolle im antiken Judentum und frühen Christentum.[1] Die ältesten Zeugnisse für dieses Phänomen stammen somit aus einer Zeit, in der Tora und Propheten bereits als integraler Bestandteil einer Sammlung biblischer Schriften gelten müssen, und bezeugen selbst in ihrer Hinordnung auf den biblischen Text den fundamentalen Wandel von dessen Fortschreibung zur Auslegung und Kommentierung. Daß dieser Wandel sich noch nicht vollständig vollzogen hatte, zeigt umgekehrt gerade der Bereich der biblischen Chronologie: Deren verschiedene Ausprägungen, die in den Übersetzungen ihren Niederschlag gefunden haben, spiegeln einen „Kampf um die gottgesetzten Zeitepochen"[2], der bis in die Entstehungszeit der ebenfalls zur Reihe der Kombattanten zu zählenden heptadischen Geschichtskonzeptionen tobte.[3]

Obwohl aus der Zeit vor dem 2. Jh. v. Chr. keine heptadischen Geschichtsdarstellungen erhalten sind, reichen die Wurzeln des Phänomens nachweislich weiter zurück: Die 70 Exilsjahre (Jer 25,11f.; 29,10; Sach 1,12; 7,5) sowie die in 1 Hen 10,12 bezeugte, von den biblischen Belegen

---

1 Vgl. die Ausführungen zur Abgrenzung der Quellenbasis unter *I. 1.4.*
2 KOCH, *Sabbatstruktur*, 422-424.
3 Dabei gilt es festzuhalten, daß im Hintergrund der biblischen Angaben keine eindeutigen Spuren einer übergreifenden heptadischen Chronologie erkennbar sind. Die von MURTONEN, *Chronology*, 137, hervorgehobene Tatsache, daß nach 𝔊 zwischen Sintflut und Exil 2450 Jahre vergehen, bietet kein hinreichendes Argument für die Folgerung, hier sei implizit ein Zeitraum von 50 Jubiläen vorausgesetzt. In ihren Konsequenzen undeutlich bleibt die vage Beobachtung von KOCH, *Sabbatstruktur*, 428, daß die Chronologien in 𝔐 und 𝔊 „das Siebenersystem auf eine noch nicht durchsichtige Weise mit andern bedeutungsvollen Zahlenrelationen mischen."

möglicherweise unabhängige Tradition einer 70 Generationen währenden Einkerkerung der gefallenen Engel zeigen, daß Kreise des nachexilischen Judentums bereits zuvor der Zahl 70 eine signifikante geschichtstheologische Bedeutung zuschrieben. Mit den biblischen Bestimmungen zu Sabbat- und Jobeljahr war ferner das zentrale Strukturmoment für die heptadische Gliederung und theologische Akzentuierung geschichtlicher Sequenzen gegeben. Besonders letzterer Aspekt hat in 2 Chr 36,21f. Niederschlag gefunden, wo die 70 jeremianischen Jahre erstmals unter Rekurs auf Lev 26 mit dem Motiv der Sabbatruhe des Landes in Verbindung gebracht werden, ohne daß dabei eine heptadische Strukturierung des Gesamtzeitraumes expliziert würde. Der Chronist markiert so einen ersten Schritt auf dem Weg zu ausgeführten heptadischen Geschichtsentwürfen: Während letztere erst in späterer hellenistischer Zeit greifbar sind, ist mit entsprechenden Vorstufen bereits in der persischen Epoche zu rechnen.

Untrennbar verbunden mit der Bestimmung der Entstehungszeit heptadischer Geschichtskonzeptionen ist die Frage nach ihren Trägerkreisen, die allerdings aufgrund der dürftigen Quellenlage nicht erschöpfend beantwortet werden kann. Lediglich folgende Grundlinien lassen sich festhalten: Das Phänomen begegnet ausschließlich in Texten palästinischer Herkunft – in der griechischsprachigen Diaspora spielt es, obwohl sich diese bereits früh mit Fragen der biblischen Chronologie beschäftigt,[4] keine Rolle.[5] Die ältesten Texte stammen aus den Kreisen, in denen 1 Hen und Dan ihre heutige Gestalt erhielten, also aus einem Spektrum des Judentums, das trotz aller Differenzen im Detail den Frommen des Makkabäeraufstandes zuzurechnen ist: Treue zur Tora und eine klare Opposition gegen die hellenistischen Machthaber und die mit ihnen sympathisierenden jüdischen, vermutlich zu einem wesentlichen Teil der Jerusalemer Priesterschaft zugehörigen Schichten kennzeichnen ihre Position. Besagte Texte finden sich gemeinsam mit dem als priesterliche Programmschrift der frühhasmonäischen Zeit verfaßten Jub unter den autoritativen Schriften der Qumrangemeinschaft, die, ihre Identität neuerlich in Abgrenzung vom offiziellen Tempelkult konstituierend, den Fundus heptadischer Geschichtskonzeptionen um eigene Kompositionen erweiterte.

Mit den Henoch- und Danielkreisen sowie der Qumrangruppierung sind die jüdischen Gruppen benannt, deren Profil sich aufgrund der relativ großen Anzahl von ihnen produzierter Schriften am weitestgehenden bestimmen läßt. Während selbst hier noch vieles im Dunkeln bleibt, ent-

---

4   Vgl. das Werk des Demetrius (3. Jh. v. Chr.).

5   Ein zentraler Grund dafür liegt sicherlich darin, daß die als struktureller Hintergrund heptadischer Geschichtsperiodisierungen bedeutsamen biblischen Bestimmungen zu Sabbat- und Jobeljahr aufgrund ihrer Bindung an das Land für die Diaspora keine Relevanz hatten.

zieht sich ein Text wie das vorqumranische Jeremia-Apokryphon C oder die in TestLev 17 eingearbeitete Quellenschrift zur Gänze einer klaren sozialgeschichtlichen Verortung. Deutlich ist allerdings, daß trotz theologischer Berührungspunkte der Gruppen, in denen die heptadischen Entwürfe ihren Ursprung haben, mit einer Vielfalt von Gruppenidentitäten und theologischen Positionen zu rechnen ist. Die Qumranbibliothek gibt hiervon ein beredtes Zeugnis und zeigt ferner – wie letztlich bereits ein Sammelwerk wie 1 Hen –, daß ein Text nicht auf eine bestimmte Gruppensituation beschränkt zu sehen ist: Die parallele Tradierung konkurrierender Geschichtsentwürfe macht deutlich, daß ältere Texte, deren ursprüngliche Intention sich längst überlebt hatte, weiterhin Autorität und im Zuge einer *relecture* sogar erneut brennende Aktualität beanspruchen konnten, was ggf. auch literarische Neuschöpfungen anstieß, die ihrerseits zum Gegenstand der Auslegungen späterer Generationen wurden.

2. Sabbatstrukturen der Geschichte: Individuelle Ausprägungen und Traditionslinien heptadischer Geschichtskonzeptionen

Den komplexen Entstehungs- und Tradierungsverhältnissen der heptadischen Chronologien korrespondiert eine inhaltliche Vielfalt: Die Texte integrieren sich nicht in ein übergreifendes Referenzsystem, sondern ergänzen sich zu einem facettenreichen Gesamtbild, für das die Kontinuität bestimmter chronologischer Traditionslinien ebenso charakteristisch ist wie ihre je neue Überformung und Umakzentuierung, und in dem schließlich auch solche Entwürfe ihren Platz haben, die von diesen dominanten Linien weitestgehend unabhängig sind. Eine Gesamtdarstellung des Phänomens heptadischer Geschichtskonzeptionen, die die Texte zur Grundlage nimmt, muß daher notwendigerweise differenziert ausfallen, indem sie den Kontinuitäten und Diskontinuitäten in der Entwicklung chronologischer Traditionen Rechnung trägt. Endgültig aus der Forschungsdiskussion zu verabschieden ist dagegen die Theorie einer die einzelnen Geschichtsentwürfe verbindenden heptadischen Universalchronologie, die keinerlei Anhalt an den Texten hat, sondern sich, deren numerische und strukturelle Kompatibilität irrtümlich als Indiz für die vorgeordnete Realität eines Referenzsystems fassend, zur Gänze im Reich der Spekulation verliert.

Ziel dieses Ergebnisteils kann somit kein alle Texte integrierendes Gesamtsystem sein. Vielmehr geht es um einen systematisierenden, aber nicht nivellierenden Überblick über das inhaltliche Spektrum heptadischer

Geschichtskonzeptionen unter Einschluß der sich abzeichnenden verbindenden Traditionslinien.

2.1. Die Auslegungstradition der 70 jeremianischen Jahre: die wahre Dauer des Exils

Unabhängig davon, ob sich die älteste biblische Belegstelle für die Vorstellung einer siebzigjährigen Exilsdauer in Jer oder Sach findet, führt sie bereits der Chronist auf Jeremia zurück (2 Chr 36,21f.) und antizipiert auf diese Weise die auch ihre außerbiblische Auslegungsgeschichte prägende Zuschreibung zu diesem Propheten. Den *locus classicus* in der Interpretation der 70 jeremianischen Jahre markiert Dan 9: Hier wird durch eine aktualisierende Auslegung verschiedener Prophetentexte eine Deutung des Zeitraumes entwickelt, die aus den שבעים שנה שבעים (70 Jahren) שבעים שבעים (70 Jahrwochen = 70x7 Jahre) werden läßt. Der Zeitraum wird jedoch auf diese Weise nicht nur auf das Siebenfache verlängert, sondern mit seiner Unterteilung in drei Jahrwochensegmente unterschiedlicher Länge ist zudem eine Binnenchronologie etabliert, die der gegenwartsbezogenen Prophetenexegese des Textes direkt entspricht: Nicht nach sieben Jahrwochen – so wird gegen den Chronisten festgehalten –, sondern erst nach 70 Jahrwochen endet das Exil, und zwar in der unmittelbaren Zukunft des Verfassers von Dan 9, der zur Zeit der Religionsverfolgungen unter Antiochus IV. lebt. Die eigenen Geschichtserfahrungen finden Ausdruck in den 70 Jahrwochen als einer von Gott verhängten Zorneszeit, in der die Sünden Israels und das Wüten der Heiden ihren Höhepunkt erreichen müssen, damit dann das endzeitliche Heil hereinbrechen kann.

Eine vergleichbare Ausformung des dtr Geschichtsbildes bietet auch die Dan 9 ungefähr kontemporäre Hirtenvision (1 Hen 89,59 - 90,19), die eine Heilsmöglichkeit für Israel ebenfalls ins Eschaton verschiebt. Beide Texte verbindet ferner, daß sie die direkt vorangehende Epoche des Unheils als verlängerte Exilszeit interpretieren, also eine aktualisierende Neudeutung der 70 jeremianischen Jahre bieten. Diese werden vom Henochtext aber nicht als Jahrwochen, sondern unter Aufnahme des in Jer 23; Ez 34; Sach 11 angelegten Hirtenmotivs als 70 Hirtenzeiten nicht näher spezifizierter Länge gedeutet, in die der Verfasser die Geschichte Israels zwischen der Spätzeit Judas und der eigenen Gegenwart einteilt. Hinter den Hirten verbergen sich Engel, in deren strafende Hände Gott sein ungehorsames Volk für eine festgesetzte Zeit überantwortet. Daß diese ihren Strafauftrag massiv übertreiben, erklärt die als unmäßig empfundene Unterdrückung der eigenen Gegenwart und löst zugleich das Theodizeeproblem: Gott hat für den von ihm gesetzten und gemäß seinen Vorgaben in vier symmetrisch angeordneten Segmenten ablaufenden Strafzeitraum sein Hirtenamt unwiderruflich an die Engel delegiert. Er wird erst an der Schwelle zum Eschaton wieder tätig werden, um die Gerechten seines Volkes ins Recht zu setzen und Gerechtigkeit gegen die pflichtvergessenen Hirtenengel walten zu lassen.

Ein Charakteristikum der Hirtenvision ist, daß sie als Darstellung des letzten Segmentes der Geschichte Israels lediglich einen Teil einer umfassenden Geschichtsschau bildet, die im Medium der Allegorie den gesamten Zeitraum zwischen Schöpfung und endzeitlicher Vollendung umspannt (1 Hen 85-90). Ein gesamtgeschichtlicher Zeitrahmen ist auch für 4QApocryphon of Jeremiah C anzunehmen, eine vorqumranische Geschichtsdarstellung, die, ebenfalls in dtr Tradition stehend, die Vorstellung einer verlängerten Exilszeit voraussetzt: Für den Zeitraum von zehn Jubiläen (= 10x49 Jahre) setzt Gott nach Belieben himmlische und irdische Herrscher über sein abtrünniges Volk, ohne ihm zu Hilfe zu eilen; er wird also anders als im Konzept der Hirtenvision in der von ihm abgegrenzten Zorneszeit selbst aktiv tätig. Da der fragmentarisch erhaltene Text sonst an keiner weiteren Stelle mit heptadischen Elementen operiert, ist davon auszugehen, daß er lediglich die zehn Jubiläen als Dauer der Zorneszeit erwähnte. Daß es sich um denselben Gesamtzeitraum von 490 Jahren handelt, der auch hinter den 70 Jahrwochen aus Dan 9 steht, spricht für die Aufnahme derselben chronologischen Tradition, wobei alle Indizien dafür fehlen, daß diese über Dan 9 vermittelt wurde.

4QApocryphon of Jeremiah C scheint als Vorlage des in der Qumrangemeinschaft entstandenen Textes 4Q390 gedient zu haben, der ebenfalls eine heptadische Struktur der exilisch-nachexilischen Zeit voraussetzt. Daß dabei erneut mit einer Gesamtzeit von zehn Jubiläen zwischen Exilsbeginn und Eschaton gerechnet wurde, ist möglich, läßt sich jedoch aufgrund des schlechten Erhaltungszustandes nicht positiv belegen. Sicher ist allerdings, daß der Text auch für die Darstellung der Zeit nach dem besonders hervorgehobenen siebten Jubiläum Jahrwochen- und Jubiläenangaben einsetzt; deren unscharfe Verknüpfung führt allerdings dazu, daß sich kein präzises chronologisches Profil nachvollziehen läßt. Eine Besonderheit von 4Q390 besteht darin, daß der Text die 70 jeremianischen Jahre, gefaßt als Zeitraum priesterlicher Herrschaft während des Exils, explizit in die Geschichtsschau integriert, aber auch einem späteren Zeitraum besonderer Übertretungen die Dauer von 70 Jahren zumißt. Der Text verbindet auf diese Weise verschiedene Stadien der Traditionsbildung im Rahmen einer Chronologie: Die 70 Jahre Jeremias in ihrer ursprünglichen Bedeutung werden ebenso berücksichtigt wie die – wahrscheinlich auch in 4Q243 bezeugte – Tradition einer siebzigjährigen Zornesepoche, und alles wird überwölbt von der Vorstellung einer heptadisch gegliederten, verlängerten Exilszeit, die sich unter stetiger Verschlechterung der Lage bis zum Hereinbrechen der Endzeit erstreckt.

Eine thematisch verwandte Geschichtsdarstellung vermutlich qumranischer Herkunft liegt auch mit 4Q181 vor: Im Zentrum der erhaltenen Passage steht das Gegenüber von Gerechten und Frevlern, ein Thema, das unter besonderer Berücksichtigung der dämonischen Einflüsse auf die Menschen ausgeführt wird. In diesem Kontext scheint 4Q181 auch eine Verführung Israels ‚in der 70. Jahrwoche' zu erwähnen, und es ist naheliegend, daß hier die etwa in Dan 9 bezeugte Tradition einer 70 Jahrwochen während Exilszeit im Hintergrund steht, zu deren Ende hin der Frevel stetig zunimmt. Ist die Betonung der 70. und letzten Jahrwoche damit bereits in der geschichtstheologischen Grunddynamik der rezipierten Tradition angelegt, so schließt dies umgekehrt Dan 9 als konkreten Hintergrund nicht aus, zumal auch hier das Hauptinteresse auf dem finalen Septennium ruht. Daß 4Q181 hier Dan 9 rezipiert, ist demnach gut vorstellbar, am Text jedoch nicht positiv zu erweisen. Die Vermittlung der 70-Jahrwochen-Tradition muß daher letztlich ebenso offen bleiben wie das chronologische Gesamtprofil des Textes, in dessen erhaltenen Teilen sich jedenfalls keine weiteren heptadischen Elemente finden.

Ein deutlicher Auslegungsbezug zu Dan 9 ist in 11Q13 nachzuweisen, einem *thematischen Midrash* mit qumranischem Ursprung, der unter stetigem Rekurs auf biblische Referenztexte die Ereignisse der letzten Tage (אחרית הימים) behandelt. Der Geschichtsentwurf zielt auf den großen Versöhnungstag am Ende des zehnten Jubiläums als Zeitpunkt, an dem der himmlische Hohepriester Melchizedek dem Endgericht vorstehen wird. Sein Kommen kündigt der in Anschluß an Jes 52; Dan 9,25 als geistgesalbter Freudenbote dargestellte Lehrer der Gerechtigkeit an, dessen Auftreten in die erste Jahrwoche besagten Jubiläums verlegt wird. 11Q13 verklammert auf diese Weise Geschichte und Endzeiterwartung der Qumrangruppierung im Rahmen einer Chronologie, die sich aus der Tradition der 70 Jahrwochen respektive zehn Jubiläen speist. Obwohl Dan 9 als Referenztext zitiert und die implizite Jubiläenstruktur des Kapitels offengelegt wird, hat seine Binnenchronologie in 11Q13 keinerlei Niederschlag gefunden. Der Verfasser gestaltet die vorfindliche chronologische Tradition nach seinem eigenen Interesse aus und schafft so eine neu akzentuierte Chronologie, die sonst ohne Parallelen ist. Ob er dabei außer dem zentralen zehnten Jubiläum auch den vorangehenden Zeitraum einer Darstellung würdigte und wie dies gegebenenfalls geschah, ist aus dem erhaltenen Textbestand nicht mehr ablesbar.

Ein frühes Stadium der christlichen Rezeption von Dan 9 ist mit TestLev 16 bezeugt: Ohne erkennbares Interesse an den konkreten chronologischen Implikationen des heptadischen Systems werden die 70 Jahr-

wochen, in ihrer geschichtstheologischen Grunddynamik unverändert, als
Zeit der wachsenden Abtrünnigkeit Israels gefaßt, die in der Ermordung
Jesu Christi ihren Höhepunkt erreicht und mit der Zerstörung des Zweiten Tempels in der Katastrophe endet. Eine Heilsperspektive für das Judentum eröffnet sich nun nicht mehr in der Umkehr zur Tora am Ende
der Zorneszeit, sondern allein in der Taufe und im Glauben an Jesus
Christus; die 70 Jahrwochen beschreiben die finale Unheilsgeschichte des
Judentums, von der sich der in Christus eröffnete Heilsweg um so klarer
abheben soll. Auffälligerweise wird trotz der deutlichen Auslegungsbezüge
zu Dan 9 nicht dieser Text, sondern ‚das Henochbuch' als Quelle der 70
Jahrwochen genannt, ein exegetischer Kunstgriff, der der Tatsache Rechnung trägt, daß Levi in seinem Testament nicht den viel späteren Daniel,
wohl aber den prädiluvischen Patriarchen Henoch zitieren kann. Als Referenztext in 1 Hen ist die Tiervision zu denken, die dort genannten 70 Hirten werden also mit den 70 Jahrwochen Daniels identifiziert, womit zum
ersten Mal eine Verbindung der ursprünglich selbständigen Auslegungen
der 70 jeremianischen Jahre stattfindet.

Die expliziten Auslegungsbezüge zu Dan 9 in 11Q13 und TestLev 16
sowie der mögliche Anklang an das Danielkapitel in 4Q181 verdeutlichen,
daß dieses zur zentralen Belegstelle für die Tradition der 70 Jahrwochen
wurde. Dieser wirkungsgeschichtliche Befund besagt jedoch nicht, daß
auch die Ursprünge jener Tradition in Dan 9 zu suchen sind. Zwar bietet
der Text die einzige explizite Ableitung der Jahrwochensequenz aus den
70 jeremianischen Jahren, dies bedeutet aber keineswegs, daß hier ein
Ursprungsprotokoll der Traditionsbildung zu sehen ist und diese nicht
vielmehr begründend nachvollzogen wurde. Die Tatsache, daß neben der
älteren Zehnwochenapokalypse[6] auch ein Dan 9 ungefähr kontemporärer
Text wie das Jeremia-Apokryphon C ohne erkennbare Abhängigkeit vom
Danielkapitel einen identischen Gesamtzeitraum für die exilisch-nachexilische Epoche veranschlagt, spricht im Gegenteil dafür, daß die Tradition
der 70 Jahrwochen respektive zehn Jubiläen auch dem Verfasser von Dan
9 bereits bekannt gewesen sein dürfte. Ihre Bezeugung in den erwähnten
Texten ist daher nicht adäquat mit dem linearen Modell einer Rezeptionsgeschichte des Danielkapitels erfaßt,[7] sondern der Prozeß der Traditionsentwicklung war mit hoher Wahrscheinlichkeit von einem Miteinander
mündlicher und schriftlicher Überlieferung geprägt, in dem die erhaltenen
Texte lediglich die bekannten Fixpunkte darstellen. Auch Dan 9 wird trotz
seiner späteren wirkungsgeschichtlichen Bedeutung ursprünglich nicht
mehr als *ein* Gerinnungsstadium der mündlichen Tradition gewesen sein.

---

6   S.u., *2.3.*
7   Die von VANDERKAM, *Calendars*, 99, vorgenommene Definition eines „Jeremianic -
    Danielic stream of chronological calculations" ist von daher tendenziell irreführend.

Nimmt man die Texte als Stadien der Traditionsentwicklung in den Blick, so ist trotz der je eigenen Akzentsetzungen ein Grundbestand an motivischen Parallelen auszumachen: Nicht nur den Vertretern der breit bezeugten Jahrwochen-/Jubiläen-Tradition, sondern auch der Hirtenvision gilt das wahre Ende des Exils als ein Ereignis der nahen Zukunft, identisch mit dem Übergang zur eschatologischen Heilszeit. Als Exilszeit gelten nicht mehr nur die Jahre bis zum Kyrosedikt, sondern die gesamte letzte Epoche der Geschichte Israels unter den wechselnden Fremdherrschaften, in der die wachsende Gottlosigkeit des Gottesvolkes seinem zunehmenden Leiden entspricht. Die hier zutage tretende geschichtstheologische Grunddynamik ist typisch für die von STECK herausgearbeitete dritte Entwicklungsstufe des dtr Geschichtsbildes,[8] nach der es für Israel keine innergeschichtliche Heilsperspektive mehr gibt. Die endzeitliche Heilsverwirklichung hat gleichwohl einen zentralen innergeschichtlichen Anknüpfungspunkt im Auftreten der die Tora befolgenden Gerechten, die gerade in den schwersten Wehen der Unheilszeit deren nahes Ende erahnen lassen. Es ist diese Nahtstelle im Geschichtsmodell, an der sich die Verfasserkreise der Texte positionieren – sie sind es, in denen der Keim der nahen Heilsverwirklichung liegt.

Diese durchgängig bezeugte Selbstverortung der Verfasserkreise am Ende der Unheilszeit hat entscheidende chronologische Implikationen für die herausgearbeitete Jahrwochen-/Jubiläentradition: Obwohl die Texte mehrere Jahrzehnte trennen, operieren sie doch unverändert mit dem Zeitraum von 70 Jahrwochen respektive zehn Jubiläen, der, aufgespannt zwischen den Fixpunkten des Untergangs Judas und der eigenen Gegenwart, in Relation zur absoluten Chronologie immer weiter gedehnt wird.

Die chronologische Tradition wird fortwährend aktualisiert, bleibt im Kern aber unverändert: Die Texte fragen nicht immer neu nach der Dauer der Exilszeit, sondern setzen diese voraus und versuchen zu demonstrieren, daß ihr Ende nah ist. Diese Einsicht in den hermeneutischen Umgang mit besagter chronologischer Tradition hat einschneidende Folgen für das Verständnis der Texte als Geschichtsentwürfe: Diese speisen sich nicht aus einer akribischen Auswertung historischer Daten, sondern konstruieren Geschichte einschließlich der Länge bestimmter Ereignissequenzen ausgehend von ihren traditionellen Vorgaben und ihrem geschichtstheologischen Interesse je neu. Ein später Text wie 11Q13 kann so der absoluten Chronologie viel näher kommen als das von ihm zitierte neunte Kapitel des Danielbuches.

Die grundlegende Einsicht in den Charakter der Texte als geschichtstheologische Konstrukte schließt somit deren pauschale Veranschlagung

---

8   Vgl. STECK, *Israel*, 186f.

als historisch zuverlässige Zeugen für die Chronologie der nachexilischen
Zeit aus. Dies bedeutet aber keinesfalls, die Texte seien im ganzen notwendigerweise unhistorisch. Im Gegenteil kann etwa die Darstellung der
letzten Jahrwoche in Dan 9 absolute historische Präzision für sich verbu-
chen – sie ist gar mit einem Sabbatjahrzyklus zur Deckung zu bringen –,
und auch im Hintergrund des zehnten Jubiläums in 11Q13 stehen konkrete chronologische Berechnungen, die dem Ausleger eine relativ genaue
Annäherung an den erwarteten Endtermin ermöglichen. Die Texte sind
somit als reine Phantasieprodukte ebenso mißverstanden wie als detaillierte Chroniken, sie integrieren vielmehr die geschichtlichen Erfahrungen der
Verfasser sowie älteres chronologisches Material – und mit beidem durchaus auch historisch zuverlässige Aussagen über die Länge bestimmter
Zeiträume – in ein übergreifendes geschichtstheologisches System.

Die Unterscheidung zwischen Historischem und Unhistorischem, die
aus moderner Perspektive auf der Suche nach dem historisch Verwert-
baren der Chronologien zu treffen ist, liegt allerdings nicht im Horizont
der Texte selbst. Diese gehen von der Evidenz der vorgegebenen chronologischen Tradition aus, die gegen externe Falsifikation immun, aber für
jede Form der Verifikation durch konkrete Berechnungen offen ist. Erst
vor dem Hintergrund dieser Geschichtshermeneutik wird verständlich,
wie Texte über Jahrzehnte hinweg die Überzeugung ausdrücken können,
daß die auf 490 Jahre verlängerte Exilszeit kurz vor ihrem Ablauf steht.
Mit der Tradition der zehn Jubiläen respektive 70 Jahrwochen findet so
derselbe aktualisierende Auslegungsprozeß seine Fortsetzung, der bereits
die innerbiblischen Deutungen der 70 Exilsjahre prägte und dem diese
Tradition selbst einst ihre Entstehung verdankte.

2.2. Die nachexilische Priesterschaft (TestLev 17)

Während die Tradition der 70 Jahrwochen respektive zehn Jubiläen trotz
aller Modifikationen auf die exilisch-nachexilische Zeit bezogen bleibt, ist
in TestLev 17 eine Sequenz von sieben Jubiläen bezeugt, die erst in nachexilischer Zeit einsetzt: Die hier verarbeitete jüdische Quelle bot eine
schematische Darstellung der priesterlichen Degeneration dieser Epoche,
ausgehend von einem Idealzustand im ersten bis zum Erreichen des absoluten Tiefpunktes im siebten Jubiläum. Ursprünglich vermutlich als Reaktion auf die Absetzung des Hohenpriesters Onias III. (173 v. Chr.)
verfaßt, wurde der Text durch die spätere Ergänzung von V. 9-11 zu einer
Anklageschrift gegen die hasmonäische Priesterschaft. Während in der
Grundschicht der Gesamtzeitrahmen von sieben Jubiläen auffallend genau
mit der Länge des dargestellten Zeitraumes übereinstimmt, kann die End-

gestalt des Textes historische Genauigkeit im Bereich der für das siebte Jubiläum nachgetragenen Jahrwochenstruktur beanspruchen. Die sieben Jubiläen, wiewohl in Relation zur absoluten Chronologie überholt, werden dabei einfach beibehalten – ein Vorgang, der sich bereits bei der Aktualisierung der 70-Jahrwochen-/10-Jubiläen-Tradition demonstrieren ließ.

Trotz der in unterschiedlicher Weise gegebenen historischen Bezüge sind die sieben Jubiläen als präzise Chronik des nachexilischen Priestertums mißverstanden. Sie bilden vielmehr eine systembedingt abgeschlossene Größe (7x49 [7x7] Jahre), die sich zur intendierten Darstellung der priesterlichen Degeneration einsetzen ließ. Der Text, der jedem Jubiläum einen Priester zuordnet, ist nicht an der Charakterisierung individueller Priestergestalten interessiert, sondern beschreibt auf diese Weise exemplarisch Zustände des Priestertums, in die vereinzelt geschichtliche Reminiszenzen eingegangen sein werden, welche jedoch unter der Oberfläche bleiben. Im Zentrum steht dieselbe geschichtstheologische Grunddynamik, die bereits die Tradition der 70 Jahrwochen respektive zehn Jubiläen prägt, nur ist hier nicht mehr Israel im allgemeinen, sondern das jüdische Priestertum im besonderen Thema: Eine innergeschichtliche Restitution stellt auch in TestLev 17 keine Option mehr dar, Ziel ist die Etablierung einer endzeitlichen Priesterschaft. Über deren Gestalt läßt sich gleichwohl nur spekulieren, da dieser Teil der jüdischen Quelle nicht sicher rekonstruierbar ist. Lediglich die Antwort des christlichen Redaktors ist deutlich: Für ihn werden die sieben Jubiläen zur Negativfolie des in TestLev 18 eingeführten endzeitlichen Hohenpriesters Jesus Christus – in der geschichtstheologischen Grunddynamik unverändert, spielen ihre konkreten chronologischen Implikationen keine Rolle mehr.

2.3. Struktur und Symmetrie der Weltgeschichte (1 Hen 93,1-10; 91,11-17)

Die vermutlich kurz vor Ausbruch des Makkabäeraufstandes verfaßte Zehnwochenapokalypse (1 Hen 93,1-10; 91,11-17) gliedert die gesamte Weltgeschichte in eine Abfolge von zehn Siebenten gleicher Länge. Während der Begriff שבוע sonst im Kontext heptadischer Geschichtskonzeptionen durchweg den Zeitraum von sieben Jahren bezeichnet, ist ihm hier vermutlich die Dauer von 490 Jahren korrespondierend zu denken: Ein derartiges Zeitsiebent höherer Ordnung ist nicht nur strukturell plausibel, sondern könnte sich dem Verfasser überdies vermittelt über die unter *2.1.* dargestellte Tradition einer auf zehn Jubiläen respektive 70 Jahrwochen verlängerten Exilszeit nahegelegt haben, die eine Entsprechung in der Abgrenzung des siebten Siebents findet. Daß es sich, seine Evidenz erst einmal vorausgesetzt, auch durch Kombination von Angaben der biblischen Chronologie greifen ließ, wird seiner Verwendung als chronologischer Basisstruktur zudem förderlich gewesen sein. Das Ergebnis einer Einteilung des gesamten Geschichtslaufes in zehn entsprechende Siebente ist gleichwohl aus der Tradition unableitbar und stellt die originäre Leistung des Verfassers dar. Dieser expliziert nicht ein seit jeher gegebenes System, sondern konstruiert eine Chronologie der großen heptadischen Ordnungsgefüge, die für die biblische Geschichte eine Klarheit bietet, die die Bibel selbst gerade vermissen läßt.

Im Zentrum der Zehnwochenapokalypse steht dabei nicht ein Interesse an chronologischen Details oder konkreten Berechnungen des Endtermins, sondern vielmehr am Aufweis einer Symmetrie des Geschichtslaufes. Zu diesem Zweck hat der Verfasser die zehn Siebente als Ringkomposition angeordnet, die sichtbar macht, wie der göttliche Geschichtsplan mit dem die Siebente acht bis zehn umfassenden, endzeitlichen Gericht über Israel, die Menschheit und die Wächter eine Austilgung der Sünde vorsieht, die ihre Ausbreitung in den ersten Siebenten exakt umkehrt. In diese Ringkomposition eingezeichnet ist die Geschichte Israels, aufgespannt zwischen den Polen ihrer Begründung in Abraham (drittes Siebent) und ihrer endzeitlichen Vollendung nach der ersten Phase des Endgerichts (achtes Siebent). Sie bildet auch inhaltlich den Kern des gesamten Entwurfes, insofern hier mit Gesetz und Heiligtum bereits die Größen etabliert sind, die in der ewigen Heilszeit nach Ablauf der zehn Siebente die Koordinaten der Gottgemeinschaft vorgeben.

Daß die Israelgeschichte nicht nur den Kern des Entwurfes, sondern zugleich das *movens* der universellen heilsgeschichtlichen Vollendung bildet, wird durch die Selbstverortung der sich als die Erwählten des Gottesvolkes verstehenden Verfasserkreise am Ende des siebten Siebents festgeschrieben: Obschon vom Zielpunkt des Geschichtsentwurfes noch weit entfernt, stehen die Erwählten mit ihrem Zeugnis für die Gerechtigkeit an der zentralen Schnittstelle desselben, indem sie aktiv an der Heraufführung des dreistufigen Endgerichts beteiligt sind, das zur Vollendung des göttlichen Geschichtsplanes führen wird. Die Symmetrie zwischen den ersten und den letzten drei Siebenten auf der einen und das systembedingt zentrale siebte Siebent als Verfasserzeit auf der anderen Seite integrieren sich auf ingeniöse Weise in einen Gesamtentwurf, der eine heilsgeschichtliche Zentralposition der Verfasserkreise auch jenseits einer brennenden Naherwartung gewährleistet. Das gesamte System gewinnt seine Überzeugungskraft aus der Evidenz der Siebenzahl, die für den in der Henochtradition stehenden Verfasser die göttliche Ordnung von Raum und Zeit prägt und als Teil der konkreten Erfahrungswirklichkeit verbürgt, daß Gott den Geschichtslauf in der Weise zur Vollendung führen wird, wie es der perfekt symmetrische Entwurf der Zehnwochenapokalypse demonstriert.

Obgleich mit der Zehnwochenapokalypse das wahrscheinlich älteste erhaltene Zeugnis für das Phänomen heptadischer Geschichtskonzeptionen vorliegt und der Text – so zeigt der Befund der Qumranbibliothek – auch in der Folgezeit von Teilen des Judentums geschätzt wurde, ist er doch in der Epoche des Zweiten Tempels ohne größere wirkungsgeschichtliche Bedeutung geblieben. Lediglich in 4Q247 könnte ein Reflex auf die Chronologie der Zehnwochenapokalypse vorliegen, ohne daß, wie in einschlägigen Forschungsbeiträgen vorausgesetzt, ein fortlaufendes Auslegungsverhältnis nachweisbar wäre. Keinerlei Anhalt an den Texten hat die in der Literatur wiederholt vertretene Auffassung, die Zehnwochenapokalypse bilde den impliziten universalgeschichtlichen Hintergrund solcher heptadischen Entwürfe, die kürzere Zeiträume darstellen. So unbestreitbar die theoretische Möglichkeit einer Einzeichnung derselben in den Gesamtrahmen der zehn Siebente besteht, muß doch mit aller Deutlichkeit festgehalten werden, daß eine solche in den Texten nicht vollzogen wird. Wer sie dennoch voraussetzt, verläßt die gesicherte exegetische Basis und verliert sich in Spekulationen – auf Kosten der expliziten Aussagen des betreffenden Textes.

2.4. Das Jubiläenbuch: Grundentwurf, eschatologisierte Endgestalt und frühe Rezeptionsgeschichte

Das zwischen 159 und 152 v. Chr., also in dem Zeitraum, da der Lehrer der Gerechtigkeit wahrscheinlich das Amt des Hohenpriesters bekleidete, entstandene Jubiläenbuch schafft als priesterliche Programmschrift eine Synthese von Halacha und Chronologie. In beiden Bereichen ist es eng der Tora zugeordnet, wie bereits die literarische Fiktion des Erzählrahmens suggeriert: Im Gewand einer Mose auf dem Sinai übermittelten Offenbarungsschrift positioniert sich Jub als autoritative Leseanleitung des Pentateuch, indem es in halachischen Fragen Position bezieht und eine Chronologie entfaltet, die exakt auf den geschichtlichen Rahmen der fünf Bücher Moses zwischen Schöpfung und Wüstenwanderung bis an die Schwelle der Landnahme bezogen ist. 50 Jubiläen vergehen zwischen der Erwählung Israels am Schöpfungssabbat und dem Erreichen des verheißenen Landes, ein Gesamtzeitrahmen mit höchster Signifikanz, der direkt aus den biblischen Bestimmungen zum Jobeljahr (Lev 25) extrapoliert wurde: Wie der Einzelne im 50. Jahr aus der Schuldknechtschaft befreit wird, schüttelt Israel im 50. Jubiläum das Joch der ägyptischen Knechtschaft ab und zieht über den Sinai bis an die Grenzen Palästinas.

Der Eintritt ins Land wird so als der zentrale heilsgeschichtliche Zielpunkt im heptadischen System festgeschrieben und zugleich als die volle Entfaltung der göttlichen Schöpfungsordnung markiert, insofern über die Siebenzahl vermittelt auch die heptadische Makroeinheit der 50 Jubiläen strukturell aus der Schöpfungswoche erwächst.

Zwischen den beiden Polen Schöpfung und Landnahme aufgespannt, wird in Jub eine minutiöse heptadische Chronologie entfaltet, die die Ordnung des göttlichen Geschichtsplanes auch für die im Pentateuch beschriebene Vorgeschichte Israels sichtbar macht. Daß dabei die Kenntnis und Befolgung zentraler Gebote bereits für die Zeit der Patriarchen vorausgesetzt wird, unterstreicht ihre Bedeutung, ohne daß damit eine Abwertung der Sinaitora intendiert wäre. Im Gegenteil hält auch das Jubiläenbuch daran fest, daß die volle Kundgabe des seit jeher auf den himmlischen Tafeln fixierten Gotteswillens erst am Sinai erfolgt, 40 Jahre vor dem Eintritt ins Land, wo die Tora allererst zur Gänze befolgt werden kann. Die Landnahme ist daher in ihrer ganzen Tragweite erst dann erfaßt, wenn man der eingangs betonten Synthese von Halacha und Chronologie Rechnung trägt, die das Jubiläenbuch ausmacht: Die Erwählung Israels zielt auf die Befolgung des göttlichen Willens im Land, weshalb dessen Inbesitznahme nach 50 Jubiläen die Verheißungsgeschichte Israels nicht abschließt, sondern in ihrem Vollsinn allererst eröffnet. Jub demonstriert auf eindrückliche Weise, wie Gott sein Volk durch die Geschichte bis an die Grenzen des verheißenen Landes führt, damit dieses dort seiner Bestimmung gerecht werden kann.

Mit der Existenz Israels im Land blickt Jub auf eine Situation voraus, die für den Verfasser bereits geschichtliche Realität ist: Nicht durch die Integration der Verfasserzeit in den Geschichtsentwurf, sondern allein über den durch jenen begründeten Appell zum Gebotsgehorsam holt der Text die frühhasmonäische Gegenwart ein, in der Israel im Bewußtsein seiner urzeitlichen Erwählung und der unter ihrem Vorzeichen stehenden Geschichtslenkung Gottes allen Hellenisierungsbestrebungen entsagen und sich ganz auf seine Identität besinnen soll – durch die kompromißlose Befolgung der Tora in ihrer von Jub präsentierten Interpretation.

So wenig an der Tatsache Zweifel bestehen kann, daß der Verfasser des Jubiläenbuches an die Durchsetzbarkeit seines halachischen Programms glaubte, so sehr spiegelt der Text von Jub selbst dessen Scheitern. Die Nachträge in Kap. 1 und 23 sind ganz in dtr Ton gehalten und bringen einen radikalen Perspektivwechsel mit sich: Das verheißene Land, als Zielpunkt des Grundentwurfes Ort der Gebotserfüllung, ist in der Endgestalt des Jubiläenbuches zum Schauplatz einer gescheiterten Erfüllungsgeschichte geworden. Die ganze Zeit Israels im Land ist eine Zeit des Abfalls, und eine Heilswende ist nicht mehr innergeschichtlich, sondern nur noch im Eschaton denkbar.

Erst in seiner Endgestalt ist Jub zu einem universalgeschichtlichen Entwurf mit eschatologischer Perspektive geworden, wobei die heptadische Struktur der Unheilsgeschichte im Land – im scharfen Kontrast zur minutiösen Chronologie des Grundentwurfs – nicht mehr ausgeführt, sondern nur noch postuliert wird: Keine Chronologie der Weltzeit und keine heptadische Endzeitberechnung, sondern allein der vage Vorausblick, daß die Jubiläen bis zur Reinigung Israels von aller Sünde ihren Fortgang nehmen, steht am Ende des Textes (Jub 50,5). Den einzig konkreten chronologischen Anknüpfungspunkt für die Selbstwahrnehmung der Rezipienten bilden die 40 Wüstenjahre, auf die bereits der Grundentwurf aus der Perspektive Moses vorausblickte: Ihrer einstmaligen Bestimmung als Zeitraum der Gebotseinübung gemäß gilt es nun, in der eigenen Gegenwart durch radikale Gebotsobservanz die diesbezüglichen Versäumnisse der Wüstenväter nachzuholen, um so den Weg für eine zweite, endzeitliche Landnahme zu bereiten.

Der sich in Jub abzeichnende Fortschreibungsprozeß findet seinen historischen Ort in der frühen Qumrangruppierung: Er spiegelt das Scheitern des im Grundentwurf propagierten priesterlichen Programms, die Abkehr des Lehrers der Gerechtigkeit nach seinem Verlust des Hohenpriesteramtes vom Jerusalemer Tempelkult und das Aufleben der endzeitlichen Naherwartung in der von ihm geleiteten Gemeinschaft.

In seiner Endgestalt muß Jub bald zu einem autoritativen Text der Qumrangruppierung geworden sein, der nun nicht mehr selbst fortgeschrieben, sondern seinerseits zur Quelle literarischer Neuschöpfungen wurde. Dabei zeichnen sich zwei grundsätzlich verschiedene Beschäftigungsweisen mit dem Jubiläenbuch ab, deren erste in 4Q228 und in der Damaskusschrift bezeugt ist: Beide Texte nennen Jub explizit als chronologische Referenzschrift für die Unheilsepoche vor dem Einbruch der Endzeit, führen also direkt die Perspektive der Fortschreibungen weiter. Als expliziter chronologischer Anknüpfungspunkt läßt sich dabei allein die gegenwartsbezogene Neudeutung der 40 Wüstenjahre wahrscheinlich machen, für die sich die Texte auf Jub berufen konnten. Daß darüber hinaus auch versucht worden wäre, die in der Endgestalt des Jubiläenbuches lediglich postulierte heptadische Chronologie der Weltgeschichte konkret auszuführen, läßt sich weder hier noch in irgendeinem sonst bekannten Text belegen.

Ein Rekurs auf die Geschichtsdarstellung des Grundentwurfes ist dagegen für die zweite Beschäftigungsweise mit dem Jubiläenbuch charakteristisch, die von den Deutero-Jubiläen-Texten (4Q225-227) bezeugt ist: Während Jub in 4Q225 mit primär thematischem Interesse rezipiert wird, finden in 4Q226 auch Teile seiner heptadischen Chronologie Aufnahme, wobei der Rahmen der Geschichtsdarstellung auch auf die Zeit im Land geweitet ist. 4Q227 schließlich zitiert das Henochsummar Jub 4,17-21, wobei unklar bleibt, ob hier ein vereinzelter Reflex oder eine für den stark fragmentarischen Text im ganzen typische Orientierung am Jubiläenbuch vorliegt. Dessen Chronologie scheint schließlich auch auf die Texte 4Q379, 4Q559 und 1QGenAp Einfluß gehabt zu haben, wobei die beiden letzteren die heptadischen Vorgaben erneut in ein nicht-heptadisches System überführen. Sie runden ein trotz seines bruchstückhaften Charakters facettenreiches Gesamtbild der frühen Rezeptionsgeschichte des Jubiläenbuches ab, dessen geballtes geschichtstheologisches und chronologisches Potential ein Echo in seinen verschiedenen Auslegungen findet.

3. Geschichtstheologische Implikationen

Während die untersuchten Texte auf höchst unterschiedliche Weise Geschichte schreiben, verbindet sie doch grundsätzlich der Einsatz heptadischer Strukturen zur Konstruktion geschichtlicher Sequenzen. Ermöglichte dieses Charakteristikum eingangs eine klare Abgrenzung des Phänomens heptadischer Geschichtskonzeptionen als Untersuchungsgegenstand, so gilt es nun abschließend, seine geschichtstheologischen Implikationen herauszuarbeiten: Worin gründet das darstellerische Potential der heptadischen Systeme und was bringt ihr Einsatz über die Wahrnehmung des Wesens der Geschichte und ihrer göttlichen Lenkung zum Ausdruck?

Daß die Siebenzahl keine beliebige, sondern eine Zahl mit besonderer Signifikanz ist, stellt eine Einsicht dar, die Israel mit seinen Nachbarn teilt.[9] Diese Tatsache allein vermag jedoch ihre Verwendung zur Darstellung geschichtlicher Sequenzen kaum hinreichend zu plausibilisieren, kennt doch die biblische Tradition auch weitere heilige Zahlen, unter denen etwa die Zwölf eine ebenfalls prominente Rolle einnimmt. Daß es lediglich zur Produktion heptadischer, nicht aber dodekadischer Geschichtskonzeptionen kam, hat seinen wesentlichen Grund darin, daß die Siebenzahl über die im Sabbat kulminierende Woche fest mit der (sakral-)zeitlichen Dimension verbunden ist.[10] Sie hat so einerseits einen Anhalt an der konkreten Zeiterfahrung des nachexilischen Judentums, ist kein Theo-

---

9   Vgl. OTTO, Art. שבע / שבועות, 1000-1021.
10 Sie findet ferner einen deutlichen Niederschlag im Festkalender: Sowohl das Mazzot- als auch das Laubhüttenfest sind nach Dtn 16 für je sieben Tage zu begehen; das Wochenfest ist sieben Wochen nach dem Ende des Mazzotfestes terminiert (Dtn 16,9f.).

rem, sondern Bestandteil der alltäglichen Lebenswirklichkeit. Dieser Erfahrungsbezug wird andererseits theologisch eingeholt und begründet durch Schöpfungswoche und Sabbatgebot: Die Sieben-Tage-Woche ist Schöpfungsordnung und Ausdruck des Schöpferwillens zugleich, als zeitliche Grundordnung dem Weltenlauf eingestiftet, der so ganz auf Israels privilegierten Auftrag der Sabbatheiligung ausgerichtet ist.

Die auf Wochenebene greifbare Evidenz der Siebenzahl prägt auch die nach dem Vorbild der Sieben-Tage-Woche geformten Strukturen von Sabbat- und Jobeljahr. Auch sie sind ihrerseits in einer Doppelheit als göttliche Gebote und – zumindest partiell – historische Realitäten begründet, wobei es gerade ihre unvollkommene Umsetzung gewesen sein mag, die ihre Umdeutung vom halachischen Programm zur strukturellen Realität des gottgelenkten Geschichtslaufes vorantrieb. Analog dazu resultieren die diversen Neudeutungen der 70 jeremianischen Jahre aus der gebrochenen Geschichtserfahrung: Hier ist es die scheinbare Nichterfüllung des prophetisch vermittelten Gotteswortes, der es mit der Offenlegung seiner wahren Dimension entgegenzutreten gilt, um die in der Siebenzahl implizierte gottgesetzte Ordnung wieder mit den geschichtlichen Entwicklungen in Einklang zu bringen. Das Phänomen heptadischer Geschichtskonzeptionen ist damit angesiedelt im spannungsvollen Verhältnis von theologisch begründeter idealer Zeitordnung und Erfahrungswirklichkeit.[11] Während die Schnittmenge zwischen beidem die Evidenz der Siebenzahl als geschichtlichen Grundmusters gestärkt haben muß, wird umgekehrt gerade der mitunter breit klaffende Spalt dazu animiert haben, die verborgene heptadische Ordnung des Geschichtslaufes durch die Schaffung eigener Darstellungen offenzulegen.

Sowohl die Kontingenz der Geschichtserfahrung als auch das Dickicht traditioneller chronologischer Vorgaben bilden den Hintergrund, dem die heptadischen Entwürfe auf je verschiedene Weise ein Stück Ordnungstheologie entgegenhalten. Ihr darstellerisches Potential beschränkt sich jedoch nicht auf die Strukturierung geschichtlicher Sequenzen, sondern ermöglicht es zugleich, diese als zielgerichtet zu markieren: Wie die Woche auf den Sabbat, so zielt die Geschichte auf die Vollendung der großen heptadischen Folgen, eine Strukturanalogie, die ihren deutlichsten Ausdruck in den Texten gefunden hat, die explizit mit Jahrwochen und Jubiläen operieren: Sowohl die vielfach bezeugten 70 Jahrwochen respektive zehn Jubiläen als auch die 50 Jubiläen des Jubiläenbuches, ferner die

---

11 Dabei ist die Bedeutung der Siebenzahl nicht auf die zeitliche Dimension beschränkt zu sehen; sie begegnet vielmehr als Vollkommenheit signalisierender Ordnungsfaktor von Chronos und Kosmos, wie etwa die Rede von sieben Himmeln (TestLev 3,1), sieben Bergen (1 Hen 18,6; 24,2f.; 77,4), sieben Flüssen und Inseln (1 Hen 77,5-8) und von den sieben Erzengeln (1 Hen 87,2; 90,22; TestLev 8,2) zeigt.

sieben Jubiläen aus TestLev 17 und schließlich die zehn Siebente der Zehnwochenapokalypse bilden signifikante heptadische Makrostrukturen, die in den jeweiligen Geschichtsdarstellungen ein teleologisches Moment verankern. Gilt dies für den Gesamtzeitrahmen, so ist dieselbe Grunddynamik für eine in Jahrwochen und Jubiläen ausgeführte Binnenchronologie in Anschlag zu bringen: Mit der Sabbatstruktur sind zugleich Zäsuren vorgegeben, auf die sich zentrale Ereignisse verlegen lassen, um deren Bedeutung hervorzuheben. Der Geschichte wird so neben einem Ziel ein prägnanter Rhythmus in der Abfolge betonter und unbetonter Abschnitte eingeschrieben, in dem sich der in der Schöpfungswoche vorgegebene Zeittakt ausprägt.[12]

Ermöglicht der Sabbatbezug der heptadischen Systeme einerseits die Darstellung von Ziel, Struktur und Rhythmik der Geschichte, so setzt er dieselbe andererseits irreversibel in Beziehung zu Gott und dem von ihm erwählten Volk: In einem heptadischen System, so ließe sich pointiert sagen, kann es keine Geschichte geben, die nicht Israelgeschichte ist, insofern diese, wenn nicht durchweg als direkter Gegenstand, so doch immer als Zielpunkt im Blick ist.[13] Die Texte verankern in ihrer heptadischen Struktur die Überzeugung, daß der Schöpfer der Welt und Gott Israels die Geschichte lenkt und zu dem von ihm vorgesehenen Ziel führt. Dabei besteht bei den Darstellungen der exilisch-nachexilischen Zeit ein auffälliger Kontrast in der Tatsache, daß von Gottes geschichtsmächtigem Wirken keine Rede mehr ist und statt dessen mit einer ob der Sünden Israels eingetretenen Epoche der Entfremdung gerechnet wird. In einer Zeit, da die biblisch von der Vergangenheit berichtete und für die Zukunft prophezeite Geschichtslenkung Gottes nicht erfahrbar ist, wird diese in die heptadische Struktur der Geschichte hinein gerettet. Das verborgene Wirken Gottes läßt sich dem Rhythmus des von ihm strukturierten Geschichtslaufes abspüren, dessen Ordnung die Gewißheit seines baldigen Eingreifens zur Heraufführung eines heilvollen Zustandes vermittelt.

Daß der Aufweis der verborgenen heptadischen Struktur der Geschichte die Möglichkeiten menschlichen Forscherdrangs übersteigt und der Offenbarung bedarf, markiert eine letzte Überzeugung, die die Texte miteinander verbindet. Diese präsentieren sich selbst nicht als das Ergebnis akribischen Quellenstudiums, sondern als getreue Niederschrift dessen, was dem jeweiligen Offenbarungsempfänger von den unerforschlichen Geheimnissen des göttlichen Geschichtsplanes kundgetan wurde. Ihrem Anspruch nach Offenbarungsschriften, entfalten die Texte ihre Ge-

---

12 Den Aspekt der Rhythmik betont auch KOCH, *Zahlen*, 84, in Anschluß an BOMAN, *Denken*, 115.

13 Es gibt dementsprechend keinen einzigen heptadischen Entwurf, der sich ausschließlich auf ein Geschichtssegment der Vorzeit Israels beschränkt.

schichtsdarstellungen gleichwohl nicht im luftleeren Raum, sondern in enger Anlehnung an biblische und außerbiblische Überlieferung, die sie mit autoritativem Anspruch ergänzen, aber auch korrigieren. Sie geben auf diese Weise beredtes Zeugnis von der Tatsache, daß sich die Offenbarung der göttlichen Geschichtslenkung selbst in der Geschichte ereignet und sich im fortwährenden Prozeß aktualisierender Auslegung vollzieht.

LITERATURVERZEICHNIS

Die bei der Zitation von Literatur verwendeten Abkürzungen sind dem Verzeichnis von S.M. SCHWERTNER, *Internationales Abkürzungsverzeichnis für Theologie und Grenzgebiete [IATG²]*, Berlin u.a. 1992, entnommen.

1. Hilfsmittel

ABEGG, M.A. jr., *The Dead Sea Scrolls Concordance*, Bd. 1, 2 Teile, Leiden u.a. 2003.

BORGEN, P., *The Philo Index. A Complete Greek Word Index to the Writings of Philo of Alexandria, lemmatised & computer-generated*, Grand Rapids (MI) 1999.

BOTTERWECK, G.J. / RINGGREN, H. (Hgg.), *Theologisches Wörterbuch zum Alten Testament*, 10 Bde. Stuttgart u.a. 1973-2000.

CHARLESWORTH, J.H., *Graphic Concordance to the Dead Sea Scrolls*, Tübingen u.a. 1991.

CLINES, D.J.A. (Hg.), *The Dictionary of Classical Hebrew*, 5 Bde., Sheffield 1993-2001.

GESENIUS, W. / KAUTZSCH, E., *Wilhelm Gesenius' Hebräische Grammatik. Völlig umgearbeitet von E. Kautzsch*, Hildesheim 1985 (= Leipzig ²⁸1909).

GESENIUS, W., *Wilhelm Gesenius' hebräisches und aramäisches Handwörterbuch über das Alte Testament*, Berlin u.a. 1962 (= Leipzig ¹⁷1915).

DALMAN, G., *Grammatik des Jüdisch-Palästinischen Aramäisch*, Darmstadt 1981 (= Leipzig ²1905).

DILLMANN, A., *Lexicon linguae Aethiopicae cum indice Latino*, Osnabrück 1970 (= Leipzig 1865).

EVEN-SHOSHAN, A., *A New Concordance of the Bible*, Jerusalem 1993.

HATCH, E. / REDPATH, H.A., *A Concordance to the Septuagint and the Other Greek Versions of the Old Testament (Including the Apocryphal Books)*, 2 Bde. nebst Suppl., Graz 1975 (= Oxford 1897-1906).

JASTROW, M.A., *A Dictionary of the Targumim, the Talmud Babli and Yerushalmi, and the Midrashic Literature. With an Index of Scriptural Quotations*, 2 Bde., New York 1996 (= 1903).

KOEHLER, L. / BAUMGARTNER, W., *Hebräisches und aramäisches Lexikon zum Alten Testament*, 5 Lieferungen, Leiden u.a. ³1967-1995.

LAMBDIN, T.O., *Introduction to Classical Ethiopic (Ge'ez)*, Harvard Semitic Studies 24, Ann Arbor (MI) 1978.

LESLAU, W., *Comparative Dicitionary of Ge'ez (Classical Ethiopic)*, Wiesbaden 1987.

LIDDELL, H.G. / SCOTT, R., *A Greek-English Lexicon. With a Revised Supplement*, Oxford 1996.

QIMRON, E., *The Hebrew of the Dead Sea Scrolls*, Atlanta (GA) 1986.

RENGSTORF, K.H. (Hg.), *A Complete Concordance to Flavius Josephus*, 4 Bde., Leiden 1973-1983.

ROSENTHAL, F., *A Grammar of Biblical Aramaic*, PLO 5, sechste, überarbeitete Auflage, Wiesbaden 1995.

TROPPER, J., *Altäthiopisch. Grammatik des Ge'ez mit Übungstexten und Glossar*, Elementa Linguarum Orientis 2, Münster 2002.

VOGT, E., *Lexicon linguae Aramaicae Veteris Testamenti. Documentis antiquis illustratum*, Rom 1971.

Elektronische Hilfsmittel
BibleWorks 5.0
The Responsa-Project Version 8.0

2. Textausgaben

ADLER, W. / TUFFIN, P., *The Chronography of George Synkellos. A Byzantine Chronicle of Universal History from the Creation*, Oxford 2002.

ALAND, K. u.a. (Hgg.), *Novum Testamentum Graece*, 27., revidierte Auflage, Stuttgart 1993.

ALEXANDER, P.S. / VERMES, G., *Qumran Cave 4 XIX. Serekh ha-Yahad and Two Related Texts*, DJD 26, Oxford 1998.

ALLEGRO, J.M., *Qumrân Grotte 4 I (4Q158 - 4Q186)*, DJD 5, Oxford 1968.

AVIGAD, N. / YADIN, Y. (Hgg.), *A Genesis Apocryphon. A Scroll from the Wilderness of Judaea*, Jerusalem 1956.

BAILLET, M., *Document de Damas*, in: DERS. u.a. (Hgg.), *Les 'Petites Grottes' de Qumrân. Exploration de la falaise, les grottes 2Q, 3Q, 5Q, 6Q, 7Q à 10Q, le rouleau de cuivre*, DJD 3, Bd. 1, Oxford 1962, 128-131.

BAILLET, M., *Qumrân Grotte 4 III (4Q482 - 4Q520)*, DJD 7, Oxford 1982.

BARDTKE, H. / PLÖGER, O., *Zusätze zu Esther / Zusätze zu Daniel*, JSHRZ I/1, Gütersloh ²1977.

BAUMGARTEN, J.M., *Qumran Cave 4 XIII. The Damascus Document (4Q266-273)*, DJD 18, Oxford 1996.

BECKER, H.-J. / SCHÄFER, P. (Hgg.), *Synopse zum Talmud Yerushalmi*, 4 Bde., Tübingen 1991-1995.

BECKER, J., *Die Testamente der zwölf Patriarchen*, JSHRZ III/1, Gütersloh 1974.

BEER, G., *Das Buch Henoch*, in: KAUTZSCH, E. (Hg.), *Die Apokryphen und Pseudepigraphen des Alten Testaments*, Bd. 2, Tübingen 1921 (= 1900), 217-310.

BEER, G. (Hg.), *Faksimile-Ausgabe des Mischnacodex Kaufmann A 50*, 2 Bde., Jerusalem 1967.

BEN-DOV, J., *Otot*, in: TALMON, S. u.a. (Hgg.), *Qumran Cave 4 XVI. Calendrical Texts*, DJD 21, Oxford 2001, 195-244.

BERGER, K., *Das Buch der Jubiläen*, JSHRZ III/3, Gütersloh 1981.

BEYER, K., *Die aramäischen Texte vom Toten Meer. Samt den Inschriften aus Palästina, dem Testament Levis aus der Kairoer Genisa, der Fastenrolle und den alten talmudischen Zitaten. Aramaistische Einleitung, Text, Übersetzung, Deutung, Grammatik/Wörterbuch, deutsch-aramäische Wortliste, Register*, 2 Bde., Göttingen 1984.2004.

BLACK, M., *Apocalypsis Henochi Graece*, PVTG 3, Leiden 1970.

BLACK, M., *The Book of Enoch or I Enoch. A New English Edition*, SVTP 7, Leiden 1985.

BONNER, C., *The Last Chapters of Enoch in Greek*, StD 8, London 1937.

BORGER, R., *Die Inschriften Asarhaddons Königs von Assyrien*, AfO.B 9, Graz 1956.

BROSHI, M. (Hg.), *The Damascus Document Reconsidered*, Jerusalem 1992.

CHARLES, R.H., *The Apocrypha and Pseudepigrapha of the Old Testament in English*, 2 Bde., Oxford 1913.

CHARLES, R.H., *The Book of Enoch or 1 Enoch*, Oxford ²1912.

CHARLES, R.H., *The Book of Jubilees or the Little Genesis*, London 1902.

CHARLES, R.H., *The Ethiopic Version of the Book of Henoch*, Oxford 1906.

CHARLES, R.H., *The Ethiopic Version of the Hebrew Book of Jubilees*, Oxford 1895.

COLLINS, J.J. / FLINT, P., *Pseudo-Daniel*, in: BROOKE, G. u.a. (Hgg.), *Qumran Cave 4 XVII. Parabiblical Texts, Part 3*, DJD 22, Oxford 1996, 95-164.

DE JONGE, M., *The Testaments of the Twelve Patriarchs. A Critical Edition of the Greek Text*, PVTG 1/2, Leiden 1978.

DILLMANN, A., *Das Buch Henoch*, Leipzig 1853.

DILLMANN, A., *Das Buch der Jubiläen oder die Kleine Genesis*, 2 Teile, JBW 2 (1849), 230-256, JBW 3 (1850/51), 1-96.

DILLMANN, A., *Liber Henoch, Aethiopice. Ad quinque codicum fidem editus, cum variis lectionibus*, Leipzig 1851.

DILLMANN, A., መጽሐፈ ኩፋሌ *[maṣḥaf kufāle] sive Liber Jubilaearum qui idem a Graecis Η ΛΕΠΤΗ ΓΕΝΕΣΙΣ inscribitur versione Graeca deperdita nunc nonnisi in Geez lingua conservatus nuper ex Abyssinia in Europam allatus. Aethiopice ad duorum librorum manuscriptorum fidem primum edidit Dr. Augustus Dillmann*, Kiel u.a. 1859.

DILLMANN, A., *Veteris Testamenti Aethiopici Tomus Primus sive Octateuchus Aethiopicus*, Leipzig 1853.

DIMANT, D., *Qumran Cave 4 XXI. Parabiblical Texts, Part 4: Pseudo-Prophetic Texts*, DJD 30, Oxford 2001.

ELLIGER, K. / RUDOLPH, W. (Hgg.), *Biblia Hebraica Stuttgartensia*, vierte, verbesserte Auflage, Stuttgart 1990.

FITZMYER, J., *4QpapHistorical Text C-E*, in: ALEXANDER, P. u.a. (Hgg.), *Qumran Cave 4 XXVI. Cryptic Texts*, DJD 36, Oxford 2000, 275-289.

GARCÍA MARTÍNEZ, F. u.a. (Hgg.), *Qumran Cave 11 II. 11Q2-18, 11Q20-31*, DJD 23, Oxford 1998.

GARCÍA MARTÍNEZ, F. / TIGCHELAAR, E.J.C. (Hgg.), *The Dead Sea Scrolls. Study Edition*, 2 Bde., Leiden u.a. 2000.

GASTER, T.H. (Hg.), *The Scriptures of the Dead Sea Sect*, London 1957.

GOLDSCHMIDT, L. (Hg.), *Der Babylonische Talmud. Mit Einschluß der vollständigen Mišnah*, 9 Bde., Haag 1933-1935.

GREENFIELD, J.C. / STONE, M.E., *Aramaic Levi Document*, in: BROOKE, G. u.a. (Hgg.), *Qumran Cave 4 XVII. Parabiblical Texts, Part 3*, DJD 22, Oxford 1996, 1-72.

ISAAC, E., *1 (Ethiopic Apocalypse of) Enoch*, in: CHARLESWORTH, J.H. (Hg.), *The Old Testament Pseudepigrapha*, Bd. 1, New York 1983, 5-89.

JACOBY, F. (Hg.), *Die Fragmente der griechischen Historiker*, dritter Teil C, Bd. 2, Leiden 1958.

KNIBB, M.A., *The Ethiopic Book of Enoch. A New Edition in the Light of the Aramaic Dead Sea Fragments*, 2 Bde., Oxford 1978.

KOCH, K. / ROESEL, M., *Polyglottensynopse zum Buch Daniel*, Neukirchen-Vluyn 2000.

KOESTERMANN, E. (Hg.), *P. Cornelii Taciti libri qui supersunt*, Bd. 2/1, *Historiarium libri*, Leipzig 1969.

LIEBERMAN, S. (Hg.), *The Tosephta*, 4 Bde., New York 1955-1988.

LITTMANN, E., *Das Buch der Jubiläen*, in: KAUTZSCH, E. (Hg.), *Die Apokryphen und Pseudepigraphen des Alten Testaments*, Bd. 2, Tübingen 1921 (= 1900), 31-119.

LOHSE, E. (Hg.), *Die Texte aus Qumran. Hebräisch und Deutsch. Mit masoretischer Punktation. Übersetzung, Einführung und Anmerkungen*, Darmstadt 1964.

MAIER, J., *Die Qumran-Essener: Die Texte vom Toten Meer*,
Bd. 1, *Die Texte der Höhlen 1-3 und 5-11*, UTB.W 1862, München 1995.
Bd. 2, *Die Texte der Höhle 4*, UTB.W 1863, München 1995.

MILIK, J.T., *Papyrus*, in: BENOIT, P. u.a. (Hgg.), *Les grottes de Murabba'ât*, DJD 2, Bd. 1, Oxford 1961, 93-171.

MILIK, J.T., *The Books of Enoch. Aramaic Fragments of Qumran Cave 4*, Oxford 1976.

MILIK, J.T., *Document de Damas*, in: BAILLET, M. u.a. (Hgg.), *Les 'Petites Grottes' de Qumrân. Exploration de la falaise, les grottes 2Q, 3Q, 5Q, 6Q, 7Q à 10Q, le rouleau de cuivre*, DJD 3, Bd. 1, Oxford 1962, 181.

MILIK, J.T., *Livre des Jubilés*, in: BARTHELEMY, D. u.a. (Hgg.), *Qumran Cave 1*, DJD 1, Oxford 1955, 82-84.

MILIK, J.T., *Testament de Lévi*, in: BARTHELEMY, D. u.a. (Hgg.), *Qumran Cave 1*, DJD 1, Oxford 1955, 87-91.

MUNNICH, O. / ZIEGLER, J. (Hgg.), *Susanna / Daniel / Bel et Draco*, Septuaginta. Vetus Testamentum Graecum auctoritate Academiae Scientiarum Gottingensis editum, Bd. 16/2, Göttingen 1999.

NEWSOM, C., *Apocryphon of Joshua*, in: BROOKE, G. u.a. (Hgg.), *Qumran Cave 4 XVII. Parabiblical Texts, Part 3*, DJD 22, Oxford 1996, 237-288.

NEWSOM, C., *Shirot 'Olat Hashabbat*, in: ESHEL, E. u.a. (Hgg.), *Qumran Cave 4 VI. Poetical and Liturgical Texts, Part 1*, DJD 11, Oxford 1998, 173-401.

NIESE, B. (Hg.), *Flavii Iosephi Opera*,
Bd. 2, *Antiquitatum Iudicarum Libri VI-X*, Berlin ²1955.
Bd. 3, *Antiquitatum Iudicarum Libri XI-XV*, Berlin 1892.
Bd. 4, *Antiquitatum Iudicarum Libri XVI-XX et Vita*, Berlin 1890.
Bd. 6, *De Bello Iudaico Libri VII*, Berlin 1894.

OEGEMA, G.S., *Apokalypsen*, JSHRZ VI/1,5, Gütersloh 2001.

PUECH, É., *Qumrân Grotte 4 XXII. Textes Araméens. Première Partie. 4Q529-549*, DJD 31, Oxford 2001.

RABIN, C., *The Zadokite Documents. I. The Admonition. II. The Laws*, zweite, überarbeitete Auflage, Oxford 1958.
RAHLFS, A. (Hg.), *Septuaginta. Id est Vetus Testamentum graece iuxta LXX interpretes*, 2 Bde., Stuttgart 1979 (= 1935).
RIESSLER, P., *Altjüdisches Schrifttum ausserhalb der Bibel*, Darmstadt ²1966.
ROBERTS, J.J.M., *Wicked and Holy*, in: CHARLESWORTH, J.H. (Hg.), *The Dead Sea Scrolls. Hebrew, Aramaic and Greek Texts with English Translations*, Bd. 2, The Princeton Theological Seminary Dead Sea Scrolls Project, Tübingen 1995, 204-213.

SCHECHTER, S., *Fragments of a Zadokite Work*, Documents of Jewish Sectaries 1, LBS, New York 1970 (= Cambridge 1910).
SCHULLER, E. / BERNSTEIN, M., *4QNarrative and Poetic Composition^{a-c}*, in: BERNSTEIN, M. u.a. (Hgg.), *Qumran Cave 4 XXVIII. Miscellanea, Part 2*, DJD 28, Oxford 2001, 151-204.
SMITH, M., *4QNarrative D*, in: BROSHI, M. u.a. (Hgg.), *Qumran Cave 4 XIV. Parabiblical Texts, Part 2*, DJD 19, Oxford 1995, 211-214.
SMITH, M., *Apocryphon of Jeremiah*, in: BROSHI, M. u.a. (Hgg.), *Qumran Cave 4 XIV. Parabiblical Texts, Part 2*, DJD 19, Oxford 1995, 137-152.
SMITH, M., *Pseudo-Ezekiel*, in: BROSHI, M. u.a. (Hgg.), *Qumran Cave 4 XIV. Parabiblical Texts, Part 2*, DJD 19, Oxford 1995, 153-193.
STEUDEL, A. (Hg.), *Die Texte aus Qumran II. Hebräisch/Aramäisch und Deutsch. Mit masoretischer Punktation. Übersetzung, Einführung und Anmerkungen*, Darmstadt 2001.
STONE, M.E. / GREENFIELD, J.C., *Aramaic Levi Document*, in: BROOKE, G. u.a. (Hgg.), *Qumran Cave 4 XVII. Parabiblical Texts, Part 3*, DJD 22, Oxford 1996, 1-72.

TALMON, S., *Calendrical Documents and Mishmarot*, in: DERS. u.a. (Hgg.), *Qumran Cave 4 XVI. Calendrical Texts*, DJD 21, Oxford 2001, 1-166.

UHLIG, S., *Das Äthiopische Henochbuch*, JSHRZ V/6, Gütersloh 1984.
ULRICH, E. u.a. (Hgg.), *Qumran Cave 4 XI. Psalms to Chronicles*, DJD 16, Oxford 2000.

VANDERKAM, J.C., *The Book of Jubilees. A Critical Text*, CSCO.Ae 87, Leuven 1989.
VANDERKAM, J.C., *The Book of Jubilees*, CSCO.Ae 88, Leuven 1989.
VANDERKAM, J.C., *Jubilees*, in: ATTRIDGE, H. u.a. (Hgg.), *Qumran Cave 4 XIII. Parabiblical Texts, Part 1*, DJD 13, Oxford 1994, 1-185.
VON GALL, A. (Hg.), *Der hebräische Pentateuch der Samaritaner*, Gießen 1914-1918.

WALTER, N., *Fragmente Jüdisch-Hellenistischer Exegeten*, JSHRZ III/2, Gütersloh 1975.
WEBER, R. (Hg.), *Biblia Sacra iuxta vulgatam versionem*, 2 Bde., vierte, verbesserte Auflage, Stuttgart 1994.
WENDT, K., *Das Maṣḥafa Milād (Liber Nativitatis) und Maṣḥafa Sellāsē (Liber Trinitatis) des Zar'a Yā'qob*, CSCO.Ae 42, Leuven 1962.
WEVERS, J.W. (Hg.), *Genesis*, Septuaginta. Vetus Testamentum Graecum auctoritate Academiae Scientiarum Gottingensis editum, Bd. 1, Göttingen 1974.

ZEITLIN, S., *The Zadokite Fragments. Facsimile of the Manuscripts in the Cairo Genizah Collection in the Possession of the University Library, Cambridge, England*, JQR.MS 1, Philadelphia 1952.

3. Zitierte Sekundärliteratur

ADLER, W., *The Apocalyptic Survey of History Adapted by Christians: Daniel's Prophecy of 70 Weeks*, in: VANDERKAM, J.C. / ADLER, W. (Hgg.), *The Jewish Apocalyptic Heritage in Early Christianity*, CRINT III,4, Assen 1996.

ADLER, W., *How Christian Chroniclers viewed Pseudepigrapha as ,History'*, SBL.SP 2004, S 23-14, 1-24.

ALBANI, M., *Astronomie und Schöpfungsglaube. Untersuchungen zum astronomischen Henochbuch*, WMANT 68, Neukirchen-Vluyn 1994.

ALBANI, M., *Die lunaren Zyklen im 364-Tage-Festkalender von 4QMishmerot/4QSᵉ*, in: Theologische Fakultät Leipzig. Forschungsstelle Judentum. Mitteilungen und Beiträge 4, Leipzig 1993, 3-47.

ALBANI, M., *Zur Rekonstruktion eines verdrängten Konzepts: Der 364-Tage-Kalender in der gegenwärtigen Forschung*, in: ALBANI, M. / FREY, J. / LANGE, A. (Hgg.), *Studies in the Book of Jubilees*, TSAJ 65, Tübingen 1997, 79-125.

ALBECK, C., *Das Buch der Jubiläen und die Halacha*, BHWJ 47, Berlin 1930.

ALLEGRO, J.M., *Some Unpublished Fragments of Pseudepigraphical Literature from Qumran's Fourth Cave*, ALUOS 4, Leiden 1964, 3-5.

ANONYMUS, *A Free Inquiry into Daniel's Vision or Prophecy of the Seventy Weeks. In which the Vision is applied to the State of the Jews under the Persian Monarchy. And the Weeks are shewn to be Weeks of Days. With an Appendix on the Jewish Notion of a Messiah*, London 1776.

BACCHIOCCHI, S., *Sabbatical Typologies of Messianic Redemption*, JSJ 17 (1986), 153-176.

BARDTKE, H., *Die Handschriftenfunde vom Toten Meer*, 2 Bde., Berlin ²1953.1958.

BAUER, D., *Das Buch Daniel*, Neuer Stuttgarter Kommentar Altes Testament 22, Stuttgart 1996.

BECKER, J., *Untersuchungen zur Entstehungsgeschichte der Testamente der zwölf Patriarchen*, AGJU 8, Leiden 1970.

BECKWITH, R.T., *Calendar and Chronology, Jewish and Christian. Biblical, Intertestamental and Patristic Studies*, AGJU 33, Leiden u.a. 1996.

BECKWITH, R.T., *Daniel 9 and the Date of Messiah's Coming in Essene, Hellenistic, Pharisaic, Zealot and Early Christian Computation*, RdQ 10/4 (1981), 521-542.

BECKWITH, R.T., *The Significance of the Calendar for Interpreting Essene Chronology and Eschatology*, RdQ 10/2 (1980), 167-202.

BENTZEN, A., *Daniel*, HAT 1/19, zweite, verbesserte Auflage, Tübingen 1952.

BERGER, K., Art. *Henoch*, RAC 14 (1988), 473-545.

BERGSMA, J.S., *Once again, the Jubilee, every 49 or 50 Years?*, VT 55 (2005), 121-124.

BERTHOLDT, L., *Daniel. Aus dem Hebräisch-Aramäischen neu übersetzt und erklärt mit einer vollständigen Einleitung und einigen historischen und exegetischen Exkursen*, Erlangen 1806.

BICKERMANN, E., *Der Gott der Makkabäer. Untersuchungen über Sinn und Ursprung der makkabäischen Erhebung,* Berlin 1937.

BLACK, M., *The Apocalypse of Weeks in the Light of 4QHen,* VT 28 (1978), 464-469.

BLUHM, H., *Daniel 9 und die chronistische Geschichtsdarstellung,* ThGl 72 (1982), 450-460.

BOCCACCINI, G., *Beyond the Essene Hypothesis. The Parting of the Ways between Qumran and Enochic Judaism,* Grand Rapids (MI) 1998.

BOHN, F., *Die Bedeutung des Buches der Jubiläen. Zum 50jährigen Jubiläum der ersten, deutschen Übersetzung,* ThStKr 73 (1900), 167-184.

BOMAN, T., *Das hebräische Denken im Vergleich mit dem griechischen,* vierte, neubearbeitete und erweiterte Auflage, Göttingen 1965.

BOUSSET, W., *Die Testamente der zwölf Patriarchen,* ZNW 1 (1900), 141-175.187-209.

BOYCE, M., *The Poetry of the Damascus Document and its Bearing on the Origin of the Qumran Sect,* RdQ 14/4 (1990), 615-628.

BRIN, G., *The Concept of Time in the Bible and the Dead Sea Scrolls,* StTDJ 34, Leiden 2001.

BROCK, S.P., *Abraham and the Ravens: A Syriac Counterpart to Jubilees 11-12 and its Implications,* JSJ 9 (1979), 135-152.

BROSHI, M., פשר לאפוקאליפסה של השבועות, ErIs 26 (1999), 39-42.

BRUCE, F.F., *Biblical Exegesis in the Qumran Texts,* Ex. 3/1, Den Haag 1959.

BÜCHLER, A., *Schechters ,Jewish Sectaries',* JQR.NS 3 (1912/13), 429-485.

CAMPBELL, J.G., *The Use of Scripture in the Damascus Document 1-8,19-20,* BZAW 228, Berlin u.a. 1995.

CASEY, M., *Porphyry and the Origin of the Book of Daniel,* JThS 27 (1976), 15-33.

CHARLES, R.H., *A Critical and Exegetical Commentary on the Book of Daniel,* Oxford 1929.

CHARLESWORTH, J.H., *In the Crucible: The Pseudepigrapha as Biblical Interpretation,* in: CHARLESWORTH, J.H. / EVANS, C.A. (Hgg.), *The Pseudepigrapha and Early Biblical Interpretation,* JSPE.S 14, Sheffield 1993, 20-43.

COLLINS, J.J., *The Apocalyptic Imagination. An Introduction to Jewish Apocalyptic Literature,* The Biblical Resource Series, Grand Rapids (MA) u.a. ²1998.

COLLINS, J.J., *The Apocalyptic Vision of the Book of Daniel,* HSM 16, Missoula (MT) 1977.

COLLINS, J.J., *Daniel. A Commentary on the Book of Daniel,* Hermeneia, Minneapolis 1993.

CORRODI, H., *Kritische Geschichte des Chiliasmus,* erster Teil, Frankfurt u.a. 1781.

COUGHENOUR, R.A., *The Woe-Oracles in Ethiopic Enoch,* JSJ 9 (1978), 192-197.

DAVENPORT, G.L., *The Eschatology of the Book of Jubilees,* SPB 20, Leiden 1971.

DAVIES, P.R., *The Birthplace of the Essenes: Where is ,Damascus'?,* RdQ 14/4 (1990), 503-519.

DAVIES, P.R., *The Damascus Covenant. An Interpretation of the ,Damascus Document',* JSOT.S 25, Sheffield 1983.

DE JONGE, M., *Levi, the Sons of Levi and the Law, in Testament Levi X, XIV/XV and XVI,* in: DERS., *Jewish Eschatology, Early Christian Christology and the Testaments of the Twelve Patriarchs. Collected Essays of Marinus de Jonge,* NT.S 63, Leiden u.a. 1991, 180-190.

DE JONGE, M., *The Testament of Levi and ,Aramaic Levi',* in: DERS., *Jewish Eschatology, Early Christian Christology and the Testaments of the Twelve Patriarchs. Collected Essays of Marinus de Jonge,* NT.S 63, Leiden u.a. 1991, 244-262.

DE JONGE, M., *The Testaments of the Twelve Patriarchs and Related Qumran Fragments*, in: ARGALL, R.A. / BOW, B.A. / RODNEY, A.W. (Hgg.), *For a Later Generation. The Transformation of Tradition in Israel, Early Judaism, and Early Christianity* (FS G.W.E. Nickelsburg), Harrisburg (PA) 2000, 62-77.

DENIS, A.-M., *Introduction à la littérature religieuse judéo-hellénistique*, 2 Bde., Thurnhout 2000.

DENIS, A.-M., *Introduction aux pseudépigraphes grecs d'Ancien Testament*, SVTP 1, Leiden 1970.

DEQUEKER, L., *King Darius and the Prophecy of Seventy Weeks, Daniel 9*, in: VAN DER WOUDE, A.S. (Hg.), *The Book of Daniel in the Light of New Findings*, BEThL 106, Leuven 1993, 187-210.

DEXINGER, F., *Henochs Zehnwochenapokalypse und offene Probleme der Apokalyptikforschung*, SPB 29, Leiden 1977.

DIMANT, D., *1 Enoch 6-11: A Fragment of a Parabiblical Work*, JJS 53 (2002), 223-237.

DIMANT, D., *L'Apocryphe de Jérémie C de Qoumrân*, RHPhR 85 (2005), 497-515.

DIMANT, D., *An Apocryphon of Jeremiah from Cave 4 (4Q385ᴮ = 4Q385 16)*, in: BROOKE, G.L. / GARCÍA MARTÍNEZ, F. (Hgg.), *New Qumran Texts and Studies. Proceedings of the First Meeting of the International Organization for Qumran Studies, Paris 1992*, StTDJ 15, Leiden 1994, 11-30.

DIMANT, D., *The Biography of Enoch and the Books of Enoch*, VT 33 (1983), 14-29.

DIMANT, D., ‏(חנוך החבשי פה-צ)‏ ‏ההיסטוריה על-פי חזון החיות‏, Jerusalem Studies in Jewish Thought 2 (1982), 18-37.

DIMANT, D., ‏ירושלים והמקדש בחזון החיות (חנוך החבשי פה-צ) לאור השקפות כת מדבר‏ ‏יהודה‏, Shnaton 5-6 (1981/82), 177-193.

DIMANT, D., *New Light on Jewish Pseudepigrapha – 4Q390*, in: TREBOLLE-BARRERA, J. / VEGAS MONTANER, L. (Hgg.), *The Madrid Qumran Congress*, StTDJ 11/2, Leiden 1992, 405-448.

DIMANT, D. / STRUGNELL, J., *The Merkabah Vision in Second Ezekiel (4Q385 4)*, RdQ 14/3 (1990), 331-348.

DIMANT, D., *The ,Pesher on the Periods' (4Q180) and 4Q181*, IOS 9 (1979), 77-102.

DIMANT, D., *The Seventy Weeks Chronology (Dan 9,24-27) in the Light of New Qumranic Texts*, in: VAN DER WOUDE, A.S. (Hg.), *The Book of Daniel in the Light of New Findings*, BEThL 106, Leuven 1993, 57-76.

DITOMMASO, L., *4QPseudo-Danielᴬ⁻ᴮ (4Q243-244) and the Book of Daniel*, Dead Sea Discoveries 12 (2005), 101-133.

DIX, G.H., *The Enochic Pentateuch*, JThS 27 (1925/26), 29-42.

DOERING, L., *The Concept of the Sabbath in the Book of Jubilees*, in: ALBANI, M. / FREY, J. / LANGE, A. (Hgg.), *Studies in the Book of Jubilees*, TSAJ 65, Tübingen 1997, 179-205.

DOERING, L., *Jeremia in Babylonien und Ägypten. Mündliche und schriftliche Toraparänese für Exil und Diaspora nach 4QApocryphon of Jeremiah C*, in: KRAUS, W. / NIEBUHR, K.-W. (Hgg.), *Frühjudentum und Neues Testament im Horizont Biblischer Theologie. Mit einem Anhang zum Corpus Judaeo-Hellenisticum Novi Testamenti*, WUNT 162, Tübingen 2003, 50-79.

DOERING, L., *Jub 50:6-13 als Schlussabschnitt des Jubiläenbuches - Nachtrag aus Qumran oder ursprünglicher Bestandteil des Werks?*, RdQ 20/3 (2002), 359-387.

DOERING, L., *Schabbat. Sabbathalacha im antiken Judentum und Urchristentum*, TSAJ 78, Tübingen 1999.

DOEVE, J.W., *Parousieverzögerung*, NedThT 17 (1962/63), 32-38.

DOMMERSHAUSEN, W., Art. כנף, ThWAT IV (1984), 243-246.

DONADONI, S., *Un frammento della versione copta del ,Libro di Enoch'*, AcOr 25 (1960), 197-202.

DORAN, R., *The Non-Dating of Jubilees. JUB 34-38; 23:14-32 in Narrative Context*, JSJ 20 (1989), 1-11.

DRAWNEL, H., *An Aramaic Wisdom Text from Qumran. A New Interpretation of the Levi Document*, JSJ.S 86, Leiden u.a. 2004.

DUPONT-SOMMER, A., *Le Testament de Lévi (XVII-XVIII) et la secte juive de l'alliance*, Sem. 4 (1951/52), 33-53.

EDWARDS, O., *The Year of Jerusalem's Destruction. 2 Addaru 597 B.C. Reinterpreted*, ZAW 104 (1992), 101-106.

EGO, B., *Heilige Zeit – heiliger Raum – heiliger Mensch. Beobachtungen zur Struktur der Gesetzesbegründung in der Schöpfungs- und Paradiesgeschichte des Jubiläenbuches*, in: ALBANI, M. / FREY, J. / LANGE, A. (Hgg.), *Studies in the Book of Jubilees*, TSAJ 65, Tübingen 1997, 207-219.

EICHHORN, J.G., *Ueber die siebenzig Jahrwochen im Daniel. Daniel IX, 24-27*, ABBL 3, Leipzig 1790, 761-814.

EISENMAN, R. / WISE, M., *Jesus und die Urchristen. Die Qumran-Rollen entschlüsselt*, München 1993.

EISS, W., *Das Wochenfest im Jubiläenbuch und im antiken Judentum*, in: ALBANI, M. / FREY, J. / LANGE, A. (Hgg.), *Studies in the Book of Jubilees*, TSAJ 65, Tübingen 1997, 165-178.

EIßFELDT, O., *Ba'alšamēm und Jahwe*, ZAW 57 (1939), 1-31.

EIßFELDT, O., *Einleitung in das Alte Testament. Unter Einschluß der Apokryphen und Pseudepigraphen sowie der apokryphen- und pseudepigraphenhaften Qumran-Schriften*, Tübingen ⁴1976.

EIßFELDT, O., *Die Flügelsonne als künstlerisches Motiv und als religiöses Symbol*, FuF 18 (1942), 412-419.

EIßFELDT, O., *Wilhelm Gesenius als Archäologe. Ein Wort zur 100. Wiederkehr seines Todestages*, FuF 18 (1942), 297-299.

ELLEDGE, C.D., *Exegetical Styles at Qumran: A Cumulative Index and Commentary*, RdQ 21/2 (2003), 165-208.

ENDRES, J.C., *Biblical Interpretation in the Book of Jubilees*, CBQ.MS 18, Washington (DC) 1987.

ESHEL, E. u. H., *Dating the Samaritan Pentateuch's Compilation in Light of the Qumran Biblical Scrolls*, in: PAUL, S.M. / KRAFT, R.A. / SCHIFFMAN, L.H. / FIELDS, W.W. (Hgg.), *Emanuel. Studies in Hebrew Bible Septuagint and Dead Sea Scrolls in Honor of Emanuel Tov*, VT.S 94, Leiden u.a. 2003, 215-240.

ESHEL, E. u. H., *New Fragments from Qumran: 4QGenᶠ, 4QIsaᴮ, 4Q226, 8QGen, and XQpapEnoch*, Dead Sea Discoveries 12 (2005), 135-157.

EWALD, H., *Abhandlung über des Äthiopischen Buches Henókh Entstehung, Sinn und Zusammenhang*, Göttingen 1854.

FISHBANE, M., *Biblical Interpretation in Ancient Israel*, Oxford 1986.

FITZMYER, J.A., Art. *Genesis Apocryphon*, in: SCHIFFMANN, L.H. / VANDERKAM, J.C. (Hgg.), *Encyclopedia of the Dead Sea Scrolls*, Bd. 1, Oxford 2000, 302-304.

FITZMYER, J.A., *Further Light on Melchizedek form Qumran Cave 11*, JBL 86 (1967), 25-41.

FITZMYER, J.A., *Some Observations on the Genesis Apocryphon*, CBQ 22 (1960), 277-291.

FLINT, P.W., *The Daniel Tradition at Qumran*, in: EVANS, C.A. / FLINT, P.W. (Hgg.), *Eschatology, Messianism and the Dead Sea Scrolls*, Studies in the Dead Sea Scrolls and Related Literature 1, Grand Rapids (MI) u.a. 1997, 41-60.

FRAIDL, F., *Die Exegese der siebzig Wochen Daniels in der alten und mittleren Zeit* (FS Universität Graz), Graz 1883.

FREY, J., *Das Weltbild im Jubiläenbuch und die Funktion von Chronologie und Topographie*, in: ALBANI, M. / FREY, J. / LANGE, A. (Hgg.), *Studies in the Book of Jubilees*, TSAJ 65, Tübingen 1997, 261-292.

FRÖHLICH, I., *Pesher, Apocalyptical Literature and Qumran*, in: TREBOLLE-BARRERA, J. / VEGAS MONTANER, L. (Hgg.), *The Madrid Qumran Congress*, StTDJ 11/1, Leiden 1992, 295-306.

FRÖHLICH, I., *The Symbolical Language of the Animal Apocalypse of Enoch (1 Enoch 85-90)*, RdQ 14/4 (1990), 629-636.

FRÖHLICH, I., *Time and Times and Half a Time. Historial Consciousness in the Jewish Literature of the Persian and Hellenistic Eras*, JSPE.S 19, Sheffield 1996.

GAMMIE, J.G., *The Classification, Stages of Growth, and Changing Intentions in the Book of Daniel*, JBL 95/2 (1976), 191-204.

GARCÍA MARTÍNEZ, F. / TIGCHELAAR, E.J.C., *The Books of Enoch (1 Enoch) and the Aramaic Fragments from Qumran*, RdQ 14/1 (1989), 131-146.

GARCÍA MARTÍNEZ, F., *Nuevos Textos no Bíblicos procedentes de Qumrán*, EstB 49 (1991), 130-134.

GARCÍA MARTÍNEZ, F., *Qumran and Apocalyptic. Studies on the Aramaic Texts from Qumran*, StTDJ 9, Leiden 1992.

GEBHARDT, O., *Die 70 Hirten des Buches Henoch und ihre Deutungen mit besonderer Rücksicht auf die Barkochba-Hypothese*, AWEAT 2/2 (1872), 163-246.

GELZER, H., *Sextus Julius Africanus und die byzantinische Chronographie*, 2 Teile, Leipzig 1880.1885.

GESE, H., *Die dreieinhalb Jahre des Danielbuches*, in: DANIELS, D.R. (Hg.), *Ernten, was man sät* (FS K. Koch), Neukirchen-Vluyn 1991, 399-421.

GINZBERG, L., *Eine unbekannte jüdische Sekte*, erster Teil, Hildesheim u.a. 1972 (= New York 1922).

GLEßMER, U., *Explizite Aussagen über kalendarische Konflikte im Jubiläenbuch: Jub 6,22-32.33-38*, in: ALBANI, M. / FREY, J. / LANGE, A. (Hgg.), *Studies in the Book of Jubilees*, TSAJ 65, Tübingen 1997, 127-164.

GLEßMER, U., *Calendars in the Qumran Scrolls*, in: FLINT, P.W. / VANDERKAM, J.C. (Hgg.), *The Dead Sea Scrolls after Fifty Years. A Comprehensive Assessment*, Bd. 2, Leiden 1999, 213-278.

GLEßMER, U., *Der 364-Tage-Kalender und die Sabbatstruktur seiner Schaltungen in ihrer Bedeutung für den Kult*, in: DANIELS, D.R. (Hg.), *Ernten, was man sät* (FS K. Koch), Neukirchen-Vluyn 1991, 379-398.

GLEßMER, U., *Die ideale Kultordnung: 24 Priesterordnungen in den Chronikbüchern, den kalendarischen Qumrantexten und in synagogalen Inschriften*, unveröffentlichte Habilitationsschrift 1995.

GLEßMER, U., *The Otot-Texts (4Q319) and the Problem of Intercalations in the Context of the 364-Day-Calendar*, in: FABRY, H.-J. / LANGE, A. / LICHTENBERGER, H. (Hgg.), *Qumranstudien. Vorträge und Beiträge der Teilnehmer des Qumranseminars auf dem interna-*

tionalen Treffen der Society of Biblical Literature, Münster 25.-26. Juli 1993 (FS H.-P. Müller), Schriften des Institutum Judaicum Delitzschianum 4, Göttingen 1996, 125-164.

GOLDSTEIN, J.A., *The Date of the Book of Jubilees*, PAAJR 50 (1983), 63-86.

GOLDSTEIN, J.A., *I Maccabees. A New Translation with Introduction and Commentary*, AncB 41, New York u.a. 1976.

GOLDSTEIN, J.A., *II Maccabees. A New Translation with Introduction and Commentary*, AncB 41A, New York u.a. 1984.

GRABBE, L.L., ,*The End of the Desolation of Jerusalem'. From Jeremiah's 70 Years to Daniel's 70 Weeks of Years*, in: EVANS, C.A. / STINESPRING, W.F. (Hgg.), *Early Jewish and Christian Exegesis* (FS W.H. Brownlee), Atlanta (GA) 1987.

GRABE, J.E., *Spicilegium SS. Patrum ut et Hæreticorum, seculi post Christum natum I. II. & III.*, Bd. 1, Oxford 1698.

GREENFIELD, J.C. / STONE, M.E. / ESHEL, E., *The Aramaic Levi Document. Edition, Translation, Commentary*, SVTP 19, Leiden u.a. 2004.

GREENFIELD, J.C. / STONE, M.E., *Remarks on the Aramaic Testament of Levi from the Geniza*, RB 86 (1979), 214-230.

GREIG, J.C.G., *The Teacher of Righteousness and the Qumrân Community*, NTS 2 (1955/56), 119-126.

GRELOT, P., *Soixante-dix semaines d'années*, Bib. 50 (1969), 169-186.

GROSSMAN, M.L., *Reading for History in the Damascus Document. A Methodological Study*, StTDJ 45, Leiden 2002.

HALPERN-AMARU, B., *Exile and Return in Jubilees*, in: SCOTT, J.M. (Hg.), *Exile. Old Testament, Jewish, and Christian Conceptions*, JSJ.S 56, Leiden u.a. 1997, 127-144.

HARTMAN, L., *The Functions of Some So-Called Apocalyptic Timetables*, NTS 22 (1975/76), 1-14.

HARTMAN, L.F. / DILELLA, A.A., *The Book of Daniel*, AncB 23, New York 1978.

HAßLBERGER, B., *Hoffnung in der Bedrängnis. Eine formkritische Untersuchung zu Dan 8 und 10-12*, ATSAT (= MUS) 4, St. Ottilien 1977.

HASEL, G.F., Art. יע, ThWAT III (1982), 710-718.

HÄVERNICK, H.A.C., *Commentar über das Buch Daniel*, Hamburg 1832.

HEMPEL, C., *Kriterien zur Bestimmung ,essenischer Verfasserschaft' von Qumrantexten*, in: FREY, J. / STEGEMANN, H. (Hgg.), *Qumran kontrovers. Beiträge zu den Textfunden vom Toten Meer*, Einblicke 6, Paderborn 2003, 71-85.

HEMPEL, C., *The Laws of the Damascus Document and 4QMMT*, in: BAUMGARTEN, J.M. / CHAZON, E.C. / PINNICK, A. (Hgg.), *The Damascus Document. A Centennial of Discovery. Proceedings of the Third International Symposium of the Orion Center for the Study of the Dead Sea Scrolls and Associated Literature*, 4-8 February, 1998, StTDJ 34, Leiden u.a. 2000, 69-84.

HEMPEL, C., *The Place of the Book of Jubilees at Qumran and beyond*, in: LIM, T.H. (Hg.), *The Dead Sea Scrolls in their Historical Context*, Edinburgh 2000, 187-196.

HENGEL, M., *Judentum und Hellenismus. Studien zu ihrer Begegnung unter besonderer Berücksichtigung Palästinas bis zur Mitte des 2. Jh.s v. Chr.*, WUNT 10, Tübingen ²1973.

HENGEL, M., *,Schriftauslegung' und ,Schriftwerdung' in der Zeit des Zweiten Tempels*, in: HENGEL, M. / LÖHR, H. (Hgg.), *Schriftauslegung im antiken Judentum und im Urchristentum*, Tübingen 1994, 1-71.

HENGSTENBERG, E.W., *Christologie des Alten Testaments und Commentar über die messianischen Weissagungen der Propheten*, Bd. 2, Berlin 1832.

HILGENFELD, A., *Die jüdische Apokalyptik und die neuesten Forschungen*, ZWTh 3 (1860), 301-362.

HITZIG, F., *Das Buch Daniel*, KEH 10, Leipzig 1850.

HOFMANN, J.C.K., *Der Schriftbeweis. Ein theologischer Versuch*, Bd. 1, zweite, durchgängig veränderte Auflage, Nördlingen 1857.

HOLLANDER, H.W. / DE JONGE, M., *The Testaments of the Twelve Patriarchs. A Commentary*, SVTP 8, Leiden 1985.

HÖLSCHER, G., *Die Entstehung des Buches Daniel*, ThStKr 92 (1919), 113-138.

HUGGINS, R.V., *A Canonical ‚Book of Periods‘ at Qumran?*, RdQ 15/3 (1992), 421-436.

HUGHES, J., *Secrets of the Times. Myth and History in Biblical Chronology*, JSOT.S 66, Sheffield 1990.

HULTGÅRD, A., *L'eschatologie des testaments des douze patriarches*, 2 Bde., Acta Universitatis Upsaliensis: Historia Religionum 6-7, Stockholm 1977.1982.

HVIDBERG, H., *Die 390 Jahre der sogen. Damaskusschrift*, ZAW 51 (1933), 309-311.

JAUBERT, A., *Le calendrier des jubilés et les jours liturgiques de la semaine*, VT 7 (1957), 35-61.

JAUBERT, A., *Le calendrier des jubilés et de la secte de Qumran. Ses origines bibliques*, VT 3 (1953), 250-264.

JAUBERT, A., *‚Le pays de Damas‘*, RB 65 (1958), 214-248.

JEANSONNE, S.P., *The Old Greek Translation of Dan 7-12*, CBQ.MS 19, Washington (DC) 1988.

JEPSEN, A., Art. חזה, ThWAT II (1977), 822-835.

JENNI, E., *Das Wort ʿōlām im Alten Testament*, ZAW 64 (1952), 197-248; ZAW 65 (1953), 1-35.

JEREMIAS, G., *Der Lehrer der Gerechtigkeit*, StUNT 2, Göttingen 1963.

JONES, B.W., *The Prayer in Daniel IX*, VT 18 (1968), 488-493.

JUHL CHRISTIANSEN, E., *The Covenant in Judaism and Paul. A Study of Ritual Boundaries as Identity Markers*, AGJU 27, Leiden u.a. 1995.

KAHLE, P.E., *The Cairo Geniza*, Oxford ²1959.

KAWASHIMA, R.S., *The Jubilee, every 49 or 50 Years?*, VT 53 (2003), 117-120.

KISTER, M., לתולדות כת האיסיים - עיונים בחזון החיות, ספר היובלים וברית דמשק, Tarb. 56 (1986/87), 1-18.

KISTER, M., על שני מטבעות לשון בספר היובלים, Tarb. 70 (2000/01), 289-300.

KNIBB, M.A., *Exile in the Damascus Document*, JSOT 25 (1983), 99-117.

KNIBB, M.A., *A Note on 4Q372 and 4Q390*, in: GARCÍA MARTÍNEZ, F. / HILHORST, H. / LABUSCHAGNE, C.J. (Hgg.), *The Scriptures and the Scrolls* (FS A.S. van der Woude), VT.S 49, Leiden u.a. 1992, 164-177.

KNOWLES, L.E., *The Interpretation of the Seventy Weeks of Daniel in the Early Fathers*, WThJ 7 (1944), 136-160.

KOCH, K., *Die Bedeutung der Apokalyptik für die Interpretation der Schrift*, in: KLOPFENSTEIN, M. (Hg.), *Mitte der Schrift? Ein jüdisch-christliches Gespräch*, JudChr 11, Bern u.a. 1987, 185-215.

KOCH, K., *Das Buch Daniel*, EdF 144, Darmstadt 1980.

KOCH, K., *Spätisraelitisch-jüdische und urchristliche Danielrezeption vor und nach der Zerstörung des zweiten Tempels*, in: KRATZ, R.G. / KRÜGER, Th. (Hgg.), *Rezeption und Auslegung im Alten Testament und in seinem Umfeld*, OBO 153, Freiburg u.a. 1997, 93-123.

KOCH, K., *Dareios, der Meder*, in: DERS., *Die Reiche der Welt und der kommende Menschensohn. Studien zum Danielbuch*, Gesammelte Aufsätze, Bd. 2, hg. v. M. RÖSEL, Neukirchen-Vluyn 1995, 125-139.

KOCH, K., *Sabbat, Sabbatjahr und Weltenjahr. Die apokalyptische Konstruktion der Zeit*, Ars Semeiotica 20 (1997), 69-86.

KOCH, K., *Sabbatstruktur in der Geschichte. Die sogenannte Zehn-Wochen-Apokalypse (I Hen 93 1-10 91 11-17) und das Ringen um die alttestamentlichen Chronologien im späten Israelitentum*, ZAW 95 (1983), 403-430.

KOCH, K., *Weltgeschichte und Gottesreich im Danielbuch und die iranischen Parallelen*, in: DERS., *Die Reiche der Welt und der kommende Menschensohn. Studien zum Danielbuch*, Gesammelte Aufsätze, Bd. 2, hg. v. M. RÖSEL, Neukirchen-Vluyn 1995, 47-65.

KOCH, K., *Die mysteriösen Zahlen der judäischen Könige und die apokalyptischen Jahrwochen*, VT 28 (1978), 433-441.

KRATZ, R.G., *Translatio imperii. Untersuchungen zu den aramäischen Danielerzählungen und ihrem theologiegeschichtlichen Umfeld*, WMANT 63, Neukirchen-Vluyn 1991.

KRATZ, R.G., *Die Visionen des Daniel*, in: KRATZ, R.G. / KRÜGER, Th. / SCHMID, K. (Hgg.), *Schriftauslegung in der Schrift* (FS O.H. Steck), Berlin u.a. 2000, 219-236.

KUGEL, J., *The Jubilees Apocalypse*, Dead Sea Discoveries 1 (1994), 322-337.

KUGLER, R.A., *From Patriarch to Priest. The Levi-Priestly Tradition from Aramaic Levi to Testament of Levi*, SBL Early Judaism and its Literature 9, Atlanta 1996.

KUGLER, R.A., *Hearing 4Q225: A Case Study in Reconstructing the Religious Imagination of the Qumran Community*, Dead Sea Discoveries 10 (2003), 81-103.

KUGLER, R.A. / VANDERKAM, J.C., *A Note on 4Q225 (4QPseudo-Jubilees)*, RdQ 20/1 (2001), 109-116.

KUGLER, R.A., *The Testaments of the Twelve Patriarchs*, Guides to Apocrypha and Pseudepigrapha 10, Sheffield 2001.

LAATO, A., *The Chronology in the Damascus Document of Qumran*, RdQ 15/4 (1992), 605-607.

LAATO, A., *The Seventy Yearweeks in the Book of Daniel*, ZAW 102 (1990), 212-225.

LACOCQUE, A., *The Liturgical Prayer in Daniel 9*, HUCA 47 (1976), 119-142.

LACOCQUE, A., *Le livre de Daniel*, CAT 15b, Neuchâtel u.a. 1976.

LAMBERT, D., *Last Testaments in the Book of Jubilees*, Dead Sea Discoveries 11 (2004), 82-107.

LANG, B., Art. כפר, ThWAT IV (1984), 303-318.

LANGE, A., *Kriterien essenischer Texte*, in: FREY, J. / STEGEMANN, H. (Hgg.), *Qumran kontrovers. Beiträge zu den Textfunden vom Toten Meer*, Einblicke 6, Paderborn 2003, 59-69.

LAURENCE, R., *The Book of Enoch the Prophet. An Apocryphal Production, Supposed to Have Been Lost for Ages, but Discovered at the Close of the Last Century in Abyssinia, now First Translated from an Ethioic MS. in the Bodleian Library*, Oxford 1821.

LEBRAM, J.-C., Art. *Daniel / Danielbuch und Zusätze*, TRE 8 (1981), 325-349.

LEBRAM, J.-C., *Das Buch Daniel*, ZBK.AT 23, Zürich 1984.

LEMCHE, N.P., *The Manumission of Slaves – the Fallow Year – the Sabbatical Year – the Yobel Year*, VT 26 (1976), 38-59.

LICHT, J., *Time and Eschatology in Apocalyptic Literature and in Qumran*, JJS 16 (1965), 177-182.

LÓPEZ, G., Art. תורה, ThWAT VIII (1995), 597-637.

MCKANE, W., *A Critical and Exegetical Commentary on Jeremiah*, 2 Bde., ICC 17/1-2, Edinburgh 1986.1996.

MAIER, J., *Die Qumran-Essener: Die Texte vom Toten Meer*, Bd. 3, *Einführung, Zeitrechnung, Register und Bibliographie*, UTB.W 1916, München 1996.

MARGOLIOUTH, G., *The Sadducean Christians of Damascus*, The Expositor 2 (1911), 499-517.

MARSHAM, J., *Canon chronicus aegyptiacus, ebraicus, graecus, & disquisitiones. Liber non chronologicae tantum, sed & historicae antiquitatis reconditissima complexus; Londini primùm A.1672 editus: nunc longè emendatior in Germaniâ recusus, adjectis locorum scripturae, auctorum, & rerum indicibus locupletissimis*, Leipzig 1676.

MARTIN, F., *Le livre d'Hénoch*, Documents pour l'étude de la bible. Les apocryphes de l'ancien testament 1, Paris 1906.

MCCOMISKEY, T.E., *The Seventy ‚Weeks' of Daniel against the Background of Ancient Near Eastern Literature*, WThJ 47 (1985), 18-45.

MERTENS, A., *Das Buch Daniel im Lichte der Texte vom Toten Meer*, SBM 12, Stuttgart 1971.

METSO, S., *Methodological Problems in Reconstructing History from Rule Texts Found at Qumran*, Dead Sea Discoveries 11 (2004), 315-335.

METSO, S., *The Damascus Document and the Community Rule*, in: BAUMGARTEN, J.M. / CHAZON, E.C. / PINNICK, A. (Hgg.), *The Damascus Document. A Centennial of Discovery. Proceedings of the Third International Symposium of the Orion Center for the Study of the Dead Sea Scrolls and Associated Literature, 4-8 February, 1998*, StTDJ 34, Leiden u.a. 2000, 85-93.

METSO, S., *The Primary Results of the Reconstruction of 4QSᵉ*, JJS 44 (1993), 303-308.

METSO, S., *The Textual Development of the Qumran Community Rule*, StTDJ 21, Leiden u.a. 1997.

MICHAELIS, J.D., *Versuch über die siebenzig Wochen Daniels. Ein Auszug dessen, was er in seinem christlichen Collegio über das neunte Capitel Daniels neues bemerkt hat*, Göttingen u.a. 1771.

MICHEL, D., *Le Maître de Justice d'après les Documents de la Mer Morte, la littérature apocryphe et rabbinique*, Avignon 1954.

MILIK, J.T., *The Dead Sea Scrolls Fragment of the Book of Enoch*, Bib. 32 (1951), 393-400.

MILIK, J.T., *Fragments grecs du livre d'Hénoch (P. Oxy. Xvii 2069)*, CÉg 46 (1971), 321-343.

MILIK, J.T., *Hénoch au pays des aromates (ch. xxvii à xxxii): Fragments araméens de la grotte 4 de Qumran (Pl. I)*, RB 65 (1958), 70-77.

MILIK, J.T., *Milkî-ṣedeq et milkî-reša' dans les anciens écrits juifs et chrétiens*, JJS 23 (1972), 95-144.

MILIK, J.T., *‚Prière de Nabonide' et autres écrits araméens de qumrân*, RB 63 (1956), 407-415.

MILIK, J.T., *Problèmes de la littérature hénochique à la lumière des fragments araméens de Qumrân*, HThR 64 (1971), 333-378.

MILIK, J.T., *Recherches sur la version grecque du Livre des Jubilés*, RB 78 (1971), 545-557.

MILIK, J.T., *Le Testament de Lévi en Araméen. Fragments de la grotte 4 de Qumrân (Pl. IV.)*, RB 62 (1955), 398-406.

MONTGOMERY, J.A., *A Critical and Exegetical Commentary on the Book of Daniel*, ICC 18, Edinburgh 1927.

MÜLLER, K., *Die hebräische Sprache der Halacha als Textur der Schöpfung. Beobachtungen zum Verhältnis von Tora und Halacha im Buch der Jubiläen*, in: MERKLEIN, H. / MÜLLER, K. / STEMBERGER, G. (Hgg.), *Bibel in jüdischer und christlicher Tradition* (FS J. Maier), BBB 88, Frankfurt a.M. 1993, 157-176.

MÜLLER, K., *Studien zur frühjüdischen Apokalyptik*, SBAB 11, Stuttgart 1991.

MURPHY-O'CONNOR, J., *The Damascus Document Revisited*, RB 92 (1985), 223-246.

MURPHY-O'CONNOR, J., *The Essenes and their History*, RB 81 (1974), 215-244.

MURTONEN, A., *On the Chronology of the Old Testament*, StTh 8 (1954), 133-137.

NAJMAN, H., *Seconding Sinai. The Development of Mosaic Discourse in Second Temple Judaism*, JSJ.S 77, Leiden u.a. 2003.

NEBE, W., *4Q559 'Biblical Chronology'*, ZAH 10 (1997), 85-88.

NEWSOM, C.A., *Apocalyptic and the Discourse of the Qumran Community*, JNES 49 (1990), 135-144.

NEWTON, I., *Observations upon the Prophecies of Daniel, and the Apocalypse of St. John*, 2 Teile, London 1733.

NICKELSBURG, G.W.E., *1 Enoch 1. A Commentary on the Book of 1 Enoch, Chapters 1-36; 81-108*, Hermeneia, Minneapolis 2001.

NICKELSBURG, G.W.E., *The Apocalyptic Construction of Reality in 1 Enoch*, in: COLLINS, J.J. / CHARLESWORTH, J.H. (Hgg.), *Mysteries and Revelations. Apocalyptic Studies since the Uppsala Colloquium*, JSPE.S 9, Sheffield 1991, 51-64.

NICKELSBURG, G.W.E., *The Apocalyptic Message of 1 Enoch 92-105*, CBQ 39 (1977), 309-328.

NICKELSBURG, G.W.E., *The Books of Enoch at Qumran. What we Know and what we Need to Think about*, in: KOLLMANN, B. / REINBOLD, W. / STEUDEL, A. (Hgg.), *Antikes Judentum und frühes Christentum* (FS H. Stegemann), BZNW 97, Berlin u.a. 1999, 99-113.

NICKELSBURG, G.W.E., *The Books of Enoch in Recent Research*, RStR 7 (1981), 210-217.

NICKELSBURG, G.W.E., *'Enoch' as Scientist, Sage, and Prophet. Content, Function, and Authorship in 1 Enoch*, SBL.SP 38 (1999), 203-230.

NICKELSBURG, G.W.E., *The Epistle of Enoch and the Qumran Literature*, JJS 33 (1982), 333-348.

NICKELSBURG, G.W.E., *Jewish Literature between the Bible and the Mishnah. A Historical and Literary Introduction*, Philadelphia 1981.

OLSON, D.C., *Recovering the Original Sequence of 1 Enoch 91-93*, JSPE 11 (1993), 69-94.

OTTO, E., Art. שבע / שבועות, ThWAT VII (1993), 1000-1027.

OTTO, E., *Programme der sozialen Gerechtigkeit. Die neuassyrische (an-)durāru-Institution sozialen Ausgleichs und das deuteronomische Erlaßjahr in Dtn 15**, ZAR 3 (1997), 26-63.

OTZEN, B., Art. חתם, ThWAT III (1982), 282-288.

OTZEN, B., *Die neugefundenen hebräischen Sektenschriften und die Testamente der zwölf Patriarchen*, StTh 7 (1953), 125-157.

PLÖGER, O., *Siebzig Jahre*, in: DERS., *Aus der Spätzeit des Alten Testaments. Studien*, Göttingen 1971, 67-73.

PORTEOUS, N.W., *Das Buch Daniel*, ATD 23, Göttingen ⁴1985.

PORTER, P.A., *Metaphors and Monsters. A Literary-Critical Study of Dan 7 and 8*, CB.OT 20, Lund 1983.

PUECH, É., *La croyance des Esséniens en la vie future : immortalité, résurrection, vie éternelle ? Histoire d'une croyance dans le Judaisme Ancien*, 2 Bde., EtB.NS 21-22, Paris 1993.

PUECH, É., *Les deux derniers Psaumes Davidiques du rituel d'exorcisme, 11QPsApa IV 4-V 14*, in: DIMANT, D. / RAPPAPORT, U. (Hgg.), *The Dead Sea Scrolls. Forty Years of Research*, StTDJ 10, Leiden u.a. 1992, 64-89.

PUECH, É., *Fragments d'un apocryphe de Lévi et le personnage eschatologique. 4QTestLévi^(c-d)(?) et 4QAJa*, in: TREBOLLE-BARRERA, J. / VEGAS MONTANER, L. (Hgg.), *The Madrid Qumran Congress*, StTDJ 11/2, Leiden 1992, 449-501.

PUECH, É., *Notes sur le manuscrit de XIQMelkîsédeq*, RdQ 12/4 (1987), 483-513.

PUECH, É., *Notes sur le Testament de Lévi de la Grotte 1 (1Q21)*, RdQ 21/2 (2003), 297-310.

PUECH, É., *Une nouvelle copie du Livre des Jubilés. 4Q484 = pap4QJubilés*, RdQ 19/2 (1999), 261-264.

PREUß, H.D., Art. עולם, ThWAT V (1986), 1144-1159.

RABINOWITZ, I., *A Reconsideration of „Damascus‛ and „390 Years‛ in the „Damascus‛ („Zado-kite‛) Fragments*, JBL 73 (1954), 11-35.

REDDITT, P.L., *Daniel 9: Its Structure and Meaning*, CBQ 62 (2000), 236-249.

REDDITT, P.L., *Rezension* zu RIGGER: *Siebzig Siebener*, CBQ 61/1 (1999), 348f.

REESE, G., *Die Geschichte Israels in der Auffassung des frühen Judentums. Eine Untersuchung der Tiervision und der Zehnwochenapokalypse des äthiopischen Henochbuches, der Geschichts-darstellung der Assumptio Mosis und der des 4Esrabuches*, BBB 123, Berlin u.a. 1999.

REID, S.B., *1 Enoch: The Rising Elite of the Apocalyptic Movement*, SBL.SP 22 (1983), 147-156.

REID, S.B., *Enoch and Daniel. A Form Critical and Sociological Study of the Historical Apoca-lypses*, BIBAL Monograph Series 2, Berkeley 1989.

REID, S.B., *The Structure of the Ten Week Apocalypse and the Book of Dream Visions*, JSJ 16 (1985), 189-201.

REIF, S.C., *The Damascus Document from the Cairo Geniza*, in: BAUMGARTEN, J.M. / CHAZON, E.C. / PINNICK, A. (Hgg.), *The Damascus Document. A Centennial of Dis-covery. Proceedings of the Third International Symposium of the Orion Center for the Study of the Dead Sea Scrolls and Associated Literature, 4-8 February, 1998*, StTDJ 34, Leiden u.a. 2000, 109-131.

RICOEUR, P., *Stellung und Funktion der Metapher in der biblischen Sprache*, in: RICOEUR, P. / JÜNGEL, E. (Hgg.), *Metapher. Zur Hermeneutik religiöser Sprache*, EvTh.S, München 1974, 45-70.

RIGGER, H., *Siebzig Siebener. Die „Jahrwochenprophetie‛ in Dan 9*, TThSt 57, Trier 1997.

RÖNSCH, H., *Das Buch der Jubiläen oder die Kleine Genesis*, Amsterdam 1970 (= Leipzig 1874).

ROWLEY, H.H., *The Zadokite Fragments and the Dead Sea Scrolls*, Oxford 1956 (= 1952).

SCHÄFER, P., *Der Götzendienst des Enosch. Zur Bildung und Entwicklung aggadischer Traditio-nen im nachbiblischen Judentum*, in: DERS., *Studien zur Geschichte und Theologie des rabbi-nischen Judentums*, AGJU 15, Leiden 1978, 134-152.

SCHNAPP, F., *Die Testamente der Zwölf Patriarchen*, Halle 1884.

SCHÖTTLER, H.-G., *Gott inmitten seines Volkes. Die Neuordnung des Gottesvolkes nach Sacharja 1-6*, TThSt 43, Trier 1987.

SCHWARZ, E., *Identität durch Abgrenzung*, EHS.T 162, Frankfurt a.M. u.a. 1982.

SCOTT, J.M., *On Earth as in Heaven. The Restoration of Sacred Time and Sacred Space in the Book of Jubilees*, JSJ.S 91, Leiden u.a. 2005.

SEELIGMANN, S.I., *Voraussetzungen der Midraschexegese*, VT.S 1 (1953), 150-181.

SLINGERLAND, D.H., *The Testaments of the Twelve Patriarchs. A Critical History of Research*, SBL.MS 21, Missoula (MT) 1977.

SOKOLOFF, M., *Notes on the Aramaic Fragments of Enoch from Qumran Cave 4*, Maarav 1/2 (1979), 197-224.

STAHL, R., *Von Weltengagement zu Weltüberwindung. Theologische Positionen im Danielbuch*, Contributions to Biblical Exegesis and Theology 4, Kampen 1994.

STECK, O.H., *Die Aufnahme von Genesis 1 in Jubiläen 2 und 4. Esra 6*, JSJ 8 (1977), 154-182.

STECK, O.H. / KRATZ, R.G. / KOTTSIEPER, I., *Das Buch Baruch, Der Brief des Jeremia, Zu Ester und Daniel*, ATD.A 5, Göttingen 1998.

STECK, O.H., *Die getöteten ‚Zeugen‘ und die verfolgten ‚Tora-Sucher‘ in Jub 1,12. Ein Beitrag zur Zeugnis-Terminologie des Jubiläenbuches*, 2 Teile, ZAW 107 (1995), 445-465, ZAW 108 (1996), 70-86.

STECK, O.H., *Israel und das gewaltsame Geschick der Propheten. Untersuchungen zur Überlieferung des deuteronomistischen Geschichtsbildes im Alten Testament, Spätjudentum und Urchristentum*, WMANT 23, Neukrichen-Vluyn 1967.

STECK, O.H., *Weltgeschehen und Gottesvolk im Buche Daniel*, in: LÜHRMANN, H. / STRECKER, G. (Hgg.), *Kirche* (FS G. Bornkamm), Tübingen 1980, 53-78.

STEGEMANN, H., *Die Bedeutung der Qumranfunde für die Erforschung der Apokalyptik*, in: HELLHOLM, D. (Hg.), *Apocalypticism in the Mediterranean World and the Near East. Procedings of the International Colloquium on Apocalypticism, Uppsala, August 12-17, 1979*, Tübingen 1983, 495-530.

STEGEMANN, H., *Die Entstehung der Qumrangemeinde*, Bonn 1971.

STEGEMANN, H., *Jüdische Apokalyptik. Anfang und ursprüngliche Bedeutung*, in: EBERTZ, M.N. / ZWICK, R. (Hgg.), *Jüngste Tage. Die Gegenwart der Apokalyptik*, Freiburg u.a. 1999, 30-49.

STEGEMANN, H., *Towards Physical Reconstructions of the Qumran Damascus Document Scrolls*, in: BAUMGARTEN, J.M. / CHAZON, E.C. / PINNICK, A. (Hgg.), *The Damascus Document. A Centennial of Discovery. Proceedings of the Third International Symposium of the Orion Center for the Study of the Dead Sea Scrolls and Associated Literature, 4-8 February, 1998*, StTDJ 34, Leiden u.a. 2000, 177-200.

STEMBERGER, G., *Einleitung in Talmud und Midrasch*, achte, neubearbeitete Auflage, München 1992.

STEUDEL, A., *4QMidrEschat: ‚A Midrash on Eschatology‘ (4Q174 + 4Q177)*, in: TREBOLLE-BARRERA, J. / VEGAS MONTANER, L. (Hgg.), *The Madrid Qumran Congress*, StTDJ 11/2, Leiden 1992, 531-541.

STEUDEL, A., אחרית הימים *in the Texts from Qumran*, RdQ 16/2 (1993), 225-246.

STEUDEL, A., *Der Midrasch zur Eschatologie aus der Qumrangemeinde (4QMidrEschat^{a.b}). Materielle Rekonstruktion, Textbestand, Gattung und traditionsgeschichtliche Einordnung des durch 4Q174 (‚Florilegium‘) und 4Q177 (‚Catena A‘) repräsentierten Werkes aus den Qumranfunden*, StTDJ 13, Leiden u.a. 1994.

STONE, M.E., *Enoch, Aramaic Levi and Sectarian Origins*, JSJ 19 (1988), 159-170.

STRUGNELL, J. / DIMANT, D., *4Q Second Ezekiel*, RdQ 13/1 (1988), 45-58.

STRUGNELL, J., *Notes en marge du volume V des ,Discoveries in the Judaean Desert of Jordan'*, RdQ 7/2 (1970), 163-276.

STRUGNELL, J., *Le travail d'édition des fragments manuscrits de Qumrân*, RB 63 (1956), 49-67.

TANTLEVSKIJ, I.R., *The two Wicked Priests in the Qumran Commentary on Habakkuk*, The Qumran Chronicle 5 (1995), App. C, 1-39.

TESTUZ, M., *Les idées religieuses du Livre des Jubilées*, Genf 1960.

THIEL, W., *Die deuteronomistische Redaktion von Jeremia 1-25*, WMANT 41, Neukirchen-Vluyn 1973.

THIEL, W., *Die deuteronomistische Redaktion von Jeremia 26-45*, WMANT 52, Neukirchen-Vluyn 1981.

THORNDIKE, J.P., *The Apocalypse of Weeks and the Qumran Sect*, RdQ 3/2 (1961), 163-184.

TILLER, P.A., *A Commentary on the Animal Apocalypse of I Enoch*, SBL Early Judaism and its Literature 4, Atlanta 1993.

TOV, E. (Hg.), *The Texts from the Judaean Desert. Indices and an Introduction to the Discoveries in the Judaean Desert Series*, DJD 39, Oxford 2002.

TOWNER, W.S., *Retributional Theology in the Apocalyptic Setting*, USQR 26 (1971), 203-214.

ULRICH, E., *The Text of Daniel in the Qumran Scrolls*, in: COLLINS, J.J. / FLINT, P. (Hgg.), *The Book of Daniel. Composition and Reception*, VT.S 83/2, Leiden u.a. 2001, 573-585.

ULRICHSEN, J.H., *Die Grundschrift der Testamente der zwölf Patriarchen. Eine Untersuchung zu Umfang, Inhalt und Eigenart der ursprünglichen Schrift*, Acta Universitatis Upsaliensis: Historia Religionum 10, Uppsala 1991.

USSERIUS, J., *Annales Veteris Testamenti a prima mundi origine deducti*, 2 Teile, London 1650.1654.

VANDERKAM, J.C., *The 364-Day Calendar in the Enochic Literature*, SBL.SP 22 (1983), 157-165.

VANDERKAM, J.C., *The Aqedah, Jubilees and Pseudojubilees*, in: EVANS, C.A. / TALMON, S. (Hgg.), *The Quest for Context and Meaning. Studies in Biblical Intertextuality in Honor of James A. Sanders*, Biblical Interpretation Series 28, Leiden u.a. 1997, 241-261.

VANDERKAM, J.C., *Biblical Interpretation in 1 Enoch and Jubilees*, in: CHARLESWORTH, J.H. / EVANS, C.A. (Hgg.), *The Pseudepigrapha and Early Biblical Interpretation*, JSPE.S 14, Sheffield 1993, 96-125.

VANDERKAM, J.C., *Calendars in the Dead Sea Scrolls. Measuring Time*, New York 1998.

VANDERKAM, J.C., *Einführung in die Qumranforschung. Geschichte und Bedeutung der Schriften vom Toten Meer*, UTB.W 1998, Göttingen 1998.

VANDERKAM, J.C., *Enoch and the Growth of an Apocalyptic Tradition*, CBQ.MS 16, Washington (DC) 1984.

VANDERKAM, J.C., *Enoch Traditions in Jubilees and Other Second-Century Sources*, SBL.SP 13/1 (1978), 229-251.

VANDERKAM, J.C., *Genesis 1 in Jubilees 2*, Dead Sea Discoveries 1 (1994), 300-321.

VANDERKAM, J.C., *Jubilees and Hebrew Texts of Genesis-Exodus*, in: DERS., *From Revelation to Canon. Studies in the Hebrew Bible and Second Temple Literature*, JSJ.S 62, Leiden u.a. 2000, 448-461.

VANDERKAM, J.C., *The Jubilees Fragments from Qumran Cave 4*, in: TREBOLLE-BARRERA, J. / VEGAS MONTANER, L. (Hgg.), *The Madrid Qumran Congress*, StTDJ 11/2, Leiden 1992, 635-648.

VANDERKAM, J.C., *Das chronologische Konzept des Jubiläenbuches*, ZAW 107 (1995), 80-100.

VANDERKAM, J.C., *The Origin, Character, and Early History of 364-Day Calender. A Reassessment of Jaubert's Hypotheses*, CBQ 41 (1979), 390-411.

VANDERKAM, J.C., *The Origins and Purposes of the Book of Jubilees*, in: ALBANI, M. / FREY, J. / LANGE, A. (Hgg.), *Studies in the Book of Jubilees*, TSAJ 65, Tübingen 1997, 3-24.

VANDERKAM, J.C., *The Putative Author of the Book of Jubilees*, JSS 6/2 (1981), 209-217.

VANDERKAM, J.C., *Sabbatical Chronologies in the Dead Sea Scrolls and Related Literature*, in: LIM, T.H. (Hg.), *The Dead Sea Scrolls in their Historical Context*, Edinburgh 2000, 159-178.

VANDERKAM, J.C., *Some Major Issues in the Contemporary Study of 1 Enoch: Reflections on J. T. Milik's The Books of Enoch: Aramaic Fragments of Qumrân Cave 4*, Maarav 3/1 (1982), 85-97.

VANDERKAM, J.C., *Studies in the Apocalypse of Weeks (1 Enoch 93:1-10; 91,11-17)*, CBQ 46 (1984), 511-523.

VANDERKAM, J.C., *Studies on the Prologue and Jubilees 1*, in: ARGALL, R.A. / BOW, B.A. / RODNEY, A.W. (Hgg.), *For a Later Generation. The Transformation of Tradition in Israel, Early Judaism, and Early Christianity* (FS G.W.E. Nickelsburg), Harrisburg (PA) 2000, 266-279.

VANDERKAM, J.C., *Textual and Historical Studies in the Book of Jubilees*, HSM 14, Missoula (MT) 1977.

VAN DER WOUDE, A.S., *Melchisedek als himmlische Erlösergestalt in den neugefundenen eschatologischen Midraschim aus Qumran Höhle XI*, OTS 14 (1965), 354-373.

VAN RUITEN, J., *The Influence and Development of Is 65,17 in 1 En 91,16*, in: VERMEYLEN, J. (Hg.), *The Book of Isaiah. Le Livre d' Isaïe*, BEThL 81 (1989), 161-166.

VAN RUITEN, J., *Primaeval History Interpreted. The Rewriting of Genesis 1-11 in the Book of Jubilees*, JSJ.S 66, Leiden u.a. 2000.

VERMES, G., *The Dead Sea Scrolls. Qumran in Perspective*, London 1977.

VOLKMAR, G., *Beiträge zur Erklärung des Buches Henoch nach dem äthiopischen Text*, ZDMG 14 (1860), 87-134.296.

VON LENGERKE, C., *Das Buch Daniel*, Königsberg 1835.

VON RAD, G., *Theologie des Alten Testaments*, 2 Bde., Gütersloh [10]1992/93.

WACHOLDER, B.Z., *Chronomessianism: The Timing of Messianic Movements and the Calendar of Sabbatical Cycles*, HUCA 46 (1975), 201-218.

WACHOLDER, B.Z., *The Date of the Eschaton in the Book of Jubilees: A Commentary on Jub. 49:22-50,5, CD 1:1-10, and 16:2-3*, HUCA 56 (1985), 87-101.

WACHOLDER, B.Z., *How Long Did Abram Stay in Egypt? A Study in Hellenistic, Qumran, and Rabbinic Chronography*, HUCA 35 (1964), 43-56.

WACHOLDER, B.Z., *Jubilees as the Super Canon. Torah-Admonition versus Torah-Commandment*, in: BERNSTEIN, M. / GARCÍA MARTÍNEZ, F. / KAMPEN, J. (Hgg.), *Legal Texts and Legal Issues. Proceedings of the Second Meeting of the International Organization for Qumran Studies*, Cambridge 1995, StTDJ 23, Leiden u.a. 1997, 195-211.

WACHOLDER, B.Z., *The Relationship between 11QTorah (The Temple Scroll) and the Book of Jubilees: One Single or Two Independent Compositions?*, SBL.SP 24 (1985), 205-216.

WALKER, N., *Concerning the 390 Years and the 20 Years of the Damascus Document*, JBL 76 (1957), 57f.

WAMBACQ, B.N., *Les prières de Baruch (1,15-2,19) et de Daniel (9,5-19)*, Bib. 40 (1959), 463-475.

WEBSTER, B., *Chronological Index of the Texts from the Judaean Desert*, in: TOV, E. (Hg.), *The Texts from the Judaean Desert. Indices and an Introduction to the Discoveries in the Judaean Desert Series*, DJD 39, Oxford 2002, 351-446.

WEIS, P.R., *The Date of the Habakkuk Scroll*, JQR.NS 41 (1950/51), 125-154.

WERMAN, C., *'The* תורה *and the* תעודה *' Engraved on the Tablets*, Dead Sea Discoveries 9 (2002), 75-103.

WESSELIUS, J.-W., *The Writing of Daniel*, in: COLLINS, J.J. / FLINT, P. (Hgg.), *The Book of Daniel. Composition and Reception*, VT.S 83/2, Leiden u.a. 2001, 291-310.

WHITLEY, C.F., *The Term Seventy Years Captivity*, VT 4 (1954), 60-72.

WIESELER, C., *Die 70 Wochen und die 63 Jahrwochen des Propheten Daniel. Erörtert und erläutert mit steter Rücksicht auf die biblischen Parallelen, auf Geschichte und Chronologie. Nebst einer historisch kritischen Untersuchung über den Sinn und die über die ursprüngliche Gestalt der Reden Jesu von seiner Parusie in den synoptischen Evangelien*, Göttingen 1839.

WIESENBERG, E., *Chronological Data in the Zadokite Fragments*, VT 5 (1955), 284-308.

WIESENBERG, E., *The Jubilee of Jubilees*, RdQ 3/1 (1961), 3-40.

WILSON, G.H., *The Prayer of Daniel 9: Reflection on Jeremiah 29*, JSOT 48 (1990), 91-99.

YARBRO COLLINS, A., *Numerical Symbolism in Apocalyptic Literature*, ANRW II 21/2, Berlin u.a. 1984, 1221-1287.

YARDENI, A., *The Book of Hebrew Script. History, Palaeography, Script Styles, Calligraphy & Design*, Jerusalem 1997.

STELLENREGISTER

APOKRYPHEN

HELLENISTISCHES JUDENTUM

NEUES TESTAMENT

AUTORENREGISTER